Friedemann Stengel

Aufklärung bis zum Himmel

Emanuel Swedenborg im Kontext der Theologie
und Philosophie des 18. Jahrhunderts

Mohr Siebeck

FRIEDEMANN STENGEL, geboren in Eisenach (1966); Studium der evangelischen Theologie in Halle, Neuendettelsau und Bonn; Diplom (1992) und Promotion in Halle (1997: „Die Theologischen Fakultäten in der DDR"); Wissenschaftlicher Mitarbeiter an den Theologischen Fakultäten Halle und Jena (1998–2003); Vikariat in Halle-Neustadt (2002–2004), Zweites Theologisches Examen (2004); Mitarbeiter am Interdisziplinären Zentrum für die Erforschung der Europäischen Aufklärung in Halle (2004–2010; DFG-Forschergruppe 529); Habilitation in Heidelberg (2009); Vertretung der Professur für Kirchengeschichte an der Theologischen Fakultät der Martin-Luther-Universität Halle-Wittenberg (seit 2010).

ISBN 978-3-16-150965-0
ISSN 0340-6741 (Beiträge zur historischen Theologie)

Die Deutsche Nationalibliothek verzeichnet diese Publikation in der Deutschen Nationalbibliographie; detaillierte bibliographische Daten sind im Internet über *http://dnb. d-nb.de* abrufbar.

© 2011 Mohr Siebeck Tübingen.

Das Buch wurde von epline in Kirchheim/Teck aus der Stempel Garamond gesetzt, von Gulde-Druck in Tübingen auf alterungsbeständiges Werkdruckpapier gedruckt und von der Großbuchbinderei Spinner in Ottersweier gebunden.

Beiträge zur historischen Theologie

Herausgegeben von

Albrecht Beutel

161

Vorwort

Die vorliegende Studie basiert auf meiner Habilitationsschrift, die im Jahre 2009 von der Theologischen Fakultät der Ruprecht-Karls-Universität Heidelberg für das Fach Kirchengeschichte anerkannt worden ist.

Sie ist zwischen 2004 und 2009 im Rahmen der Forschergruppe 529 der Deutschen Forschungsgemeinschaft entstanden, die aus Historikern, Philosophen, Literaturwissenschaftlern, Theologen und Religionswissenschaftlern bestand und zu dem Thema *Die Aufklärung im Bezugsfeld neuzeitlicher Esoterik* am Interdisziplinären Zentrum für die Erforschung der Europäischen Aufklärung (IZEA) der Martin-Luther-Universität Halle-Wittenberg gearbeitet hat. Das Teilprojekt über Emanuel Swedenborg ist zugleich der theologische und religionswissenschaftliche Beitrag. Es galt, nicht nur die Quellen, die innere Struktur und die Vernetzung Swedenborgs in den zeitgenössischen Debatten herauszuarbeiten. Ziel war es auch, die Bedeutung seines Werks, in dem Geister, Naturphilosophie, ‚Aufklärung' und christliche Theologie so eng nebeneinander liegen, für die Genese ‚aufgeklärter' und ‚aufgeklärt'-christlicher Weltkonzepte im theologisch-philosophischen Diskurs der zweiten Hälfte des 18. Jahrhunderts und darüber hinaus zu beleuchten. Dabei war nicht zuletzt der Frage nachzugehen, wie sich Swedenborgs Position als Geburtshelfer der modernen Esoterik als eines vorgeblichen Nebenprodukts der ‚Aufklärung' des 18. Jahrhunderts beschreiben lässt. Die vorliegende, für den Druck leicht ergänzte und umgearbeitete Habilitationsschrift soll jedoch nicht das einzige Ergebnis der mehr als sechsjährigen Arbeit innerhalb der genannten Forschergruppe sein. Der in Arbeit befindliche zweite Band wird sich mit der Swedenborg-Debatte im letzten Drittel des 18. Jahrhunderts beschäftigen und dabei auch das historische Verhältnis Swedenborgs zur sogenannten Neologie, den Stellenwert swedenborgianischer Institutionen sowie die Rolle des Swedenborg-Diskurses im Vorfeld der sogenannten Erweckungsbewegung und des Spiritismus an der Wende vom 18. zum 19. Jahrhundert darstellen.

Den Mitarbeitern der genannten Forschergruppe, Antragstellern und Bearbeitern, sei besonders herzlich für die langjährige Zusammenarbeit und die fachlich-sachlichen Diskussionen gedankt, die den interdisziplinären Horizont öffnen halfen, der für das weitverzweigte, historisch-disziplinär tief und ausladend vernetzte Thema Swedenborg vonnöten war – hinsichtlich sowohl der interdisziplinären Aufklärungsforschung als auch innovativer Anregungen, Einsichten und neuer Perspektiven aus der Esoterikforschung.

Neben der Forschergruppenleiterin, Frau Prof. Dr. Monika Neugebauer-Wölk (Würzburg/Halle), gilt der größte Dank dem Betreuer des Projekts, Herrn Prof. Dr. Michael Bergunder (Heidelberg), für die langjährige intensive Beschäftigung mit dem Stoff, die kreativen Diskussionen, die persönliche Beteiligung und die dialogische Erarbeitung des theoretischen Zugangs und Rüstzeugs, ohne das diese Arbeit nicht denkbar gewesen wäre. Für die jahrelange persönliche und fachliche Begleitung, für Anregungen, Ideen und blickweitende Gespräche sei besonders den Herren Prof. Dr. Inge Jonsson (Stockholm), Prof. Dr. Helmut Obst und PD Dr. Daniel Cyranka (beide Halle) gedankt.

Dies gilt in gleichem Maße den Heidelberger Gutachtern im Habilitationsverfahren, ganz besonders und vor allem dem Erstgutachter Herrn Prof. Dr. Christoph Strohm, aber auch Herrn Prof. Dr. Michael Bergunder als Zweitgutachter und den Herren Prof. Dr. Wilhelm Kühlmann und Prof. Dr. Thomas Maissen. Herrn Prof. Dr. Albrecht Beutel möchte ich für die Aufnahme der Arbeit in die *Beiträge zur historischen Theologie* und Herrn Dr. Henning Ziebritzki für die redaktionelle Betreuung herzlich danken.

Bei den umfangreichen Korrektur- und Registerarbeiten waren Grit Neugebauer, Dr. Vico Leuchte und Dr. Wieland Berg (allesamt Halle) überaus hilfreich. Die Deutsche Forschungsgemeinschaft hat die Drucklegung der Arbeit mit einem namhaften Zuschuss unterstützt.

Dieses nun im ersten Teil abgeschlossene und der Öffentlichkeit übergebene Forschungsprojekt ist im Kontext einer zuerst dreiköpfigen, dann zur Fünfköpfigkeit gewachsenen Familie geleistet worden. Anne und meine Kinder Levin, Kay Antonia und Jack Albrecht haben mit altersbedingt unterschiedlichem Interesse diese Arbeit begleitet, nach Kräften gefördert und nach ihren eigenen Möglichkeiten ans Licht bringen helfen. Dank wäre hier ein allzu gelinder Ausdruck für Verbundenheit.

Halle, im Januar 2011   Friedemann Stengel

Inhaltsverzeichnis

3. Swedenborgs Theologie und Geisterweltlehre

5. Swedenborgs Theologie im Diskurs

Einleitung

Das Werk des Naturphilosophen, Naturforschers, Theologen und Geistersehers Emanuel Swedenborg (1688–1772) scheint auf den ersten Blick eine ungewöhnliche Rolle innerhalb der philosophischen und theologischen Debatten des 18. Jahrhunderts zu spielen. Swedenborgs Aufklärungsprogramm erstreckt sich nicht nur auf die empirische und rationale Beschreibung der Reiche der Natur und des Menschen, es erhebt vielmehr den Anspruch, ebenfalls auf mechanistische und rationale Weise auch die unsichtbare, geistige Welt, den ‚Himmel‘, zu beschreiben. Der *mundus spiritualis*, in dem sich der Mensch nach seinem innersten Wesen bereits zu Lebzeiten befindet, in dem er nach dem Tod des Körpers aber vollständig und ewig weiterexistiert, ist das Ziel von Swedenborgs Erkenntnisinteresse. „Verstandesmäßig in die Geheimnisse des Glaubens einzudringen"[1] – das ist das Motto seiner Theologie und Geisterweltlehre, die sich *bis zum Himmel* erstreckt. Damit ist ein Erkenntnisweg ausgesprochen, den Swedenborg zur ‚Aufklärung‘ der zeitgenössischen Theologie beschreiten möchte: Mit Hilfe der Vernunft gilt es, nicht nur die Dogmen der christlichen Konfessionen – für den Schweden Swedenborg in erster Linie das lutherische Bekenntnis – zu strukturieren, zu kritisieren und zu rationalisieren. Die ‚pneumatischen Gesetze‘ von ‚Himmel‘ – und ‚Hölle‘ – waren als Wohnstätte der Seelen verstorbener Menschen ebenfalls in Swedenborgs Rationalisierungsprojekt einbezogen. In welcher Weise Swedenborgs eigentümliches Aufklärungsprogramm im Kontext der Philosophie und Theologie des 18. Jahrhunderts entstand und welche Reaktionen es hervorrief, ist Gegenstand der vorliegenden Arbeit.

Swedenborg steht bis heute in der theologie- und philosophiehistorischen Forschung am Rande. Das liegt nicht nur daran, dass er sich als Geisterseher auf einem epistemologisch augenscheinlich kaum greifbaren ‚Feld‘ befindet und seine Einordnung in die ‚normalen‘ Gelehrtendiskurse aus diesem Grunde problematisch erscheint.

Darüber hinaus changiert Swedenborg auch zwischen Bereichen, die Philosophie, Theologie und Naturforschung gleichmäßig berühren. Seine eigenartige Verbindung dieser Disziplinen in einer okkulten Jenseitsschau scheint dafür verantwortlich zu sein, dass er in die historiographische Erforschung der ‚irdischen‘ Gelehrtendebatten kaum einbezogen und in den entsprechenden historischen Fachwissenschaften nur marginal oder gar nicht behandelt wird. Theologische Arbeiten sind seit den Arbeiten des Kirchenhistorikers Ernst Benz,[2] die in der

---

[1] VCR 508.
[2] ERNST BENZ: Swedenborg und Lavater. Über die religiösen Grundlagen der Physiogno-

Mitte des 20. Jahrhunderts entstanden und von einem gegenüber Swedenborg apologetischen Duktus geprägt sind, nicht aufzufinden. Eine systematische Darstellung der Theologie Swedenborgs fehlt deswegen bis heute. Sie wird in einem eigenen Abschnitt dieser Arbeit vorgelegt. Benz hat zwar auch die Naturphilosophie Swedenborgs in seine Studien einbezogen, ist aber weitgehend den am Ende des 19. Jahrhunderts ebenfalls mit apologetischem Impetus entstandenen Bewertungen Swedenborgs als verkanntes Genie gefolgt.

In der Wissenschaftsgeschichtsschreibung taucht der Name Swedenborg kaum auf. Bereits im 18. Jahrhundert lässt sich die Tendenz erkennen, Swedenborg ausschließlich noch als Geisterseher wahrzunehmen und seine jahrelange Beschäftigung mit naturphilosophischen Problemen, die sich in teils umfangreichen und von den Zeitgenossen sehr wohl zur Kenntnis genommenen Publikationen niedergeschlagen hat, nicht mehr zu erwähnen.

Dabei zeigt sich in Swedenborgs Gesamtwerk insofern ein geradezu exemplarisches Verhältnis zwischen Theologie, Philosophie und Naturforschung, als er meinte, durch die Behauptung einer göttlichen Offenbarung das disparate Verhältnis zwischen Glauben und Vernunft, das zu den theologisch-philosophischen Hauptthemen des 18. Jahrhunderts gehörte, bewältigt und ‚aufgeklärt‘ zu haben. Da er vorgab, dass ihm dies nur mit Hilfe und unter der Voraussetzung einer ‚empirisch‘ erfahrenen, göttlichen Offenbarung möglich gewesen sei, erweist sich sein Projekt als Variante einer empiristisch motivierten Kritik an der aprioristisch verfahrenden Metaphysik und an den philosophisch-theologischen Spekulationen des philosophischen Rationalismus.

Im Zentrum der vorliegenden Untersuchung steht demnach die Frage, wie eine sich rationalistisch gebende, aber nur empirisch – durch Offenbarung – ‚erlangte‘ Geisterweltlehre vor dem Hintergrund des Verhältnisses zwischen Naturphilosophie und Theologie im 18. Jahrhundert zu beschreiben ist. Wie kann Swedenborgs Entwicklung von der Naturphilosophie und Naturforschung zur Theologie und Geisterweltlehre innerhalb der gelehrten Debatten, in denen er sich bewegte, nachvollzogen werden?

Umgekehrt wird der Blick darauf gerichtet, wie seine philosophischen und theologischen Zeitgenossen diesen Anspruch bewertet haben und wie sich ihre Bewertung und ihre Lektüre der Werke Swedenborgs in ihren eigenen Lehrsystemen niedergeschlagen hat. Es geht also um eine zweifache Fokussierung, die diese disparaten Perspektiven zusammenführen soll: *Erstens* wird Swedenborgs Werk sowohl aus seiner vorvisionären als auch aus seiner visionären Phase im historischen Kontext des 18. Jahrhunderts untersucht, *zweitens* wird die Rezeption Swedenborgs im 18. Jahrhundert in Augenschein genommen, um herauszuarbeiten, welche produktiven Wirkungen Swedenborgs holistisches, die natürli-

---

mik. In: ZKG 57 (1938), 153–216; Ders.: Immanuel Swedenborg als geistiger Wegbahner des deutschen Idealismus und der deutschen Romantik. In: Deutsche Vierteljahresschrift für Literaturwissenschaft und Geistesgeschichte 19 (1941), 1–32, Ders.: Swedenborg in Deutschland. F. C. Oetingers und Immanuel Kants Auseinandersetzung mit der Person und Lehre Emanuel Swedenborgs. Frankfurt a. M. 1947; Ders.: Emanuel Swedenborg. Naturforscher und Seher. 2. Aufl. Zürich 1969 [1948, Nachdruck 2004].

che und die geistige Welt verbindendes Konzept auf die Zeitgenossen hatte. Dabei wird nicht der Frage nachgegangen, inwieweit das Phänomen der Offenbarung oder die Behauptung, in Kontakt mit einer höheren Welt zu stehen, epistemologisch, systematisch-theologisch oder psychohistorisch zu bewerten ist. Anstelle moderner Diagnoseverfahren, die nur auf der Basis solcher Paradigmen arbeiten können, deren Gültigkeit am historischen Ort des Forschers behauptet werden, wird der Fokus auf die von Swedenborgs unmittelbaren Zeitgenossen vorgenommenen Einordnungen und Bewertungen dieses Übersinnlichen gelenkt, um den historischen Kontext nicht durch heutige Beurteilungen zu überdecken.

In dieser Einleitung werden die Leitfragen und die Struktur der vorliegenden Arbeit vorgestellt. Meine Standpunkte, die auf der Basis der Quellenarbeit und in der Auseinandersetzung mit der Forschungsliteratur gewonnen worden sind, werden in den Einzelkapiteln vorgetragen.

In der biographischen Skizze (*Kapitel 1*) werden die Eckdaten von Swedenborgs Leben und die Grundlinien seiner beruflichen, intellektuellen und religiösen Entwicklung dargestellt. Hierbei werden insbesondere die Quellenzeugnisse für die biographische Wende des Mitte 50-jährigen Swedenborg zum Geisterseher ausgewertet, wobei historisch-kritisch herauszuarbeiten ist, wie sich Deutungen aus sekundärer Hand zu Swedenborgs eigenen Aufzeichnungen verhalten. Auch andere, in der Swedenborgliteratur seit dem 18. Jahrhundert beharrlich und mit hagiographischer Tendenz behauptete Daten werden in diesem Abschnitt kritisch untersucht.

Kapitel 2 nimmt die Naturphilosophie Swedenborgs in den Blick. Dabei war – wie erwähnt – auf der einen Seite zu berücksichtigen, dass Swedenborg in der Wissenschaftsgeschichte entweder marginalisiert oder – wie seit dem Ende des 19. Jahrhunderts im Umfeld der Königlich Schwedischen Akademie der Wissenschaften – in einer Weise gewürdigt worden ist, dass seine Bedeutung etwa auf den Gebieten der Kosmologie und der Hirnphysiologie als die eines Bahnbrechers erschien. Diese Einordnung schlägt sich noch bei Ernst Benz nieder, der Swedenborg in den „Olymp"[3] der europäischen Gelehrtenschaft des 18. Jahrhunderts erhoben hat. Diese aufgrund jeweils zeitgenössischer Auseinandersetzungen entstandenen Bedeutungszuschreibungen werden in der vorliegenden Arbeit zwar benannt, eine wissenschaftsgeschichtliche Evaluierung der Naturphilosophie Swedenborgs kann jedoch nicht ihr Thema sein. Vielmehr geht es darum, diese späteren Zuordnungen sorgfältig vom Kontext des 18. Jahrhunderts zu unterscheiden, um Swedenborgs Rolle in den zeitgenössischen naturphilosophischen Debatten und auf der Basis der Zeugnisse der Zeitzeugen zu eruieren. Damit wird eine streng historische Perspektive eingenommen, unter der nicht versucht wird, ein verkanntes Genie zu rehabilitieren und auf diese Weise die unmittelbare historische Faktizität zu ‚berichtigen'. Es soll vermieden werden, dass die Historizität der Debatten um Swedenborg durch moderne Zuschreibungen überlagert und auf diese Weise die Analyse beeinflusst wird.

---

[3] BENZ, 1969, 109.

Swedenborgs Naturphilosophie und Naturforschung werden unter folgenden Fragestellungen beschrieben: Zunächst werden die Schwerpunkte seines Forschungsinteresses und seiner Publikationen skizziert. Dabei wird besonders danach gefragt, inwieweit sich in dem Verhältnis zwischen Theologie und Naturphilosophie bereits vor Swedenborgs visionärer Wende zum Geisterseher Bausteine für seine spätere Geisterweltlehre erkennen lassen und ob solche Bausteine schon aus der Binnenperspektive seiner Naturphilosophie, vor allem aus seiner Psychologie und Kosmologie, herausgearbeitet werden können. Auf diese Weise soll die Grundlage geschaffen werden, das Verhältnis zwischen der Naturphilosophie und der Theologie und Geisterweltlehre auf der Ebene des *inneren Kontextes* von Swedenborgs Lehrsystem genauer zu beschreiben und die Kontinuitäten und Diskontinuitäten zwischen den beiden aufeinanderfolgenden Arbeitsgebieten Swedenborgs aufzudecken.

Anhand der Naturphilosophie ist auf der Ebene des *äußeren Kontextes* außerdem zu fragen, wo – im Sinne der von Swedenborg rezipierten theologisch-philosophischen Literatur – die Quellen für Swedenborgs Geisterwelt zu sehen sind.

Andererseits werden besonders die naturphilosophisch-naturkundlichen Eckpunkte beschrieben, die von den Zeitgenossen wahrgenommen und rezipiert wurden. Ferner wird danach gefragt, in welchen naturphilosophischen Kontexten Swedenborg sich bewegte und auf welcher rezeptionellen Basis er seine Forschungen vornahm. Schließlich wird die Sicht der Zeitgenossen auf Swedenborgs Forschungsergebnisse zu untersuchen sein, um den Stellenwert zu beschreiben, der ihm in den gelehrten Debatten zugewiesen wurde. Dafür werden zunächst ausgewählte europäische Gelehrtenzeitschriften untersucht, in denen Swedenborgs Arbeiten rezensiert wurden. Außerdem wird den Referenzen auf Swedenborg in den Schriften einzelner Fachautoren nachgegangen, die auf ähnlichen Feldern wie er arbeiteten und die seine Bücher oder deren Rezensionen in ihre eigenen Forschungen einbezogen. Auf der Basis dieses Materials wird gefragt:

a) nach dem Rang und dem ,wissenschaftlichen' Gewicht, das Swedenborg beigemessen wurde,
b) nach den Aussagen und Forschungsergebnissen Swedenborgs, die überhaupt wahrgenommen wurden,
c) in welche naturphilosophische Richtung Swedenborg eingeordnet wurde,
d) ob die Zeitgenossen in Swedenborgs vorvisionärer Arbeit theologische Implikationen oder gar Anzeichen für seine spätere Entwicklung zum Geisterseher erkannten.

Hierbei ist zu berücksichtigen, dass alle Urteile, die nach Bekanntwerden seiner biographischen Wende über die Naturphilosophie Swedenborgs gefällt wurden, unter der Perspektive entstanden sind, dass er nunmehr ein Geisterseher geworden war. Daher wird auch zu fragen sein, in welchem Verhältnis die Rezeption der Naturphilosophie Swedenborgs vor und nach seinem Wandel zum Geisterseher stand.

Schließlich ist Swedenborg auf der Basis der ihn rezipierenden Texte und Autoren selbst in die zeitgenössische Naturphilosophie des 18. Jahrhunderts einzuordnen.

Im *Kapitel 3* steht die nach Swedenborgs biographischer Wende ausgearbeitete Theologie und Geisterweltlehre im Mittelpunkt. Wie bereits erwähnt, geht es nicht darum, den Offenbarungsanspruch Swedenborgs in Frage zu stellen oder mit einem eigens entwickelten hermeneutischen Instrumentarium zu deuten. Beides ist mit den Methoden der historisch-kritischen Forschung nicht möglich. Ein psychohistorischer Fokus, der auf der Basis moderner Verfahren und Definitionen arbeitete, liefe darauf hinaus, den Blick auf die Historizität zu verstellen und zeitgenössische Interpretationen durch moderne Deutungen zu ersetzen. Demgegenüber wird der Blick auf die historische, literarische Gestalt gelenkt, in die Swedenborgs Geisterwelt, aber auch die Berichte über seine angeblichen übersinnlichen Fähigkeiten gekleidet sind. Nur auf der Basis dieser Literarizität ist es möglich, die zeitgenössischen Kontexte, Quellen und Interdependenzen zu beschreiben. Und nur dadurch ist es möglich, die Reaktionen der Zeitgenossen auf Swedenborgs visionäres Schrifttum auch aus deren Perspektive nachzuzeichnen. Begäbe man sich auf eine Position, der ein psychiatrisch, psychoanalytisch oder oder auf andere Weise erlangtes Urteil zugrunde läge, würde man Swedenborg entweder einer „pathographischen Analyse"[4] unterziehen, ihn als Prototyp paranormaler Phänomene innerhalb einer parapsychologischen Agenda[5] betrachten oder umgekehrt zu dem Ergebnis des Kantforschers Julius Ebbinghaus gelangen, der 1940 meinte, wenn man Swedenborgs Jenseitsschilderungen lese, könne man gar nicht anders reagieren als Kant.[6] Solche Urteile subordinieren historische Texte einer innerhalb des je geltenden Referenzrahmens gewonnenen Einschätzung und verunmöglichen eine historische Sicht auf die Ambivalenz der Rezeption, die Swedenborgs Werk gerade bei Kant, aber auch bei den anderen in dieser Arbeit untersuchten Autoren, erfuhr.

Kapitel 3 arbeitet vorwiegend auf der werkimmanenten Ebene die Strukturelemente und theologisch-philosophischen Grundentscheidungen der Theologie und Geisterweltlehre Swedenborgs heraus. Zur Darstellung dieses Abschnitts wird eine systematische, an den *Loci* evangelischer Dogmatiken orientierte Rekonstruktion vorgenommen, die sich insofern an die Architektur der Werke Swedenborgs anlehnt, als Swedenborg selbst einer topologischen Struktur folgt, die er in seiner späten Dogmatik, der *Wahren Christlichen Religion* (1771), auch offengelegt hat. Durch die systematische Rekonstruktion dieser Dogmatik wird

---

[4] KARL JASPERS: Strindberg und van Gogh. Versuch einer vergleichenden pathographischen Analyse. Mit einem Essay von Maurice Blanchot. Berlin 1998 [1922], 148–158.
[5] Vgl. zuletzt ERLENDUR HARALDSSON und JOHAN L. F. GERDING: Fire in Copenhagen and Stockholm. Indridason's and Swedenborg's „Remote Viewing" Experiences. In: Journal of Scientific Exploration 24 (2010), 425–436, besonders 433 f.
[6] Vgl. JULIUS EBBINGHAUS: Kant und Swedenborg, in: DERS.: Gesammelte Schriften, hg. von HARIOLF OBERER und GEORG GEISMANN. Bd. 3: Interpretation und Kritik. Schriften zur Theoretischen Philosophie und zur Philosophiegeschichte 1924–1972. Bonn 1990, 99–120, hier: 115 f. [Vortrag von 1940, Erstveröffentlichung 1943].

deutlich gemacht, dass seine visionäre Theologie ein strukturiertes, den zeitgenössisch geltenden rationalen Kriterien entsprechendes Ganzes darstellt, das mit den Berichten über seine persönlichen Kontakte in die Geisterwelt korrespondiert. In diesem Abschnitt wird auch die enge Verbindung der Person Swedenborgs mit seiner Lehre in Augenschein genommen.

Swedenborgs Theologie ist – von Ernst Benz' Büchern abgesehen – bislang kein Gegenstand historisch-theologischer Forschung. Die meisten Arbeiten, die sich mit Swedenborg als Theologen befassen, entstammen der akademischen Forschung der swedenborgianischen Neuen Kirche (*New Church*). Hier sind beachtliche Ergebnisse erzielt worden, die allerdings kaum oder nur wenig an den inhaltlichen Brüchen, Widersprüchen und ebenso wenig an der diskursiven Kontextualisierung der Theologie Swedenborgs interessiert sind, weil aus einer Anerkennung von Swedenborgs Offenbarungsanspruch, die der historischen Untersuchung vorausgeht, notwendigerweise die Behauptung folgen muss, dass Swedenborgs theologisches Werk insgesamt als letztlich außerdiskursives, nämlich durch göttliche Inspiration zustande gekommenes Ganzes zu betrachten ist. Die vorliegende Studie wird sich daher auch der Diskursivität und den werkimmanenten Diskontinuitäten widmen und versuchen, Brüche und Widersprüche innerhalb des Lehrsystems selbst wie auch anhand des Kontextes zu beschreiben, in dem Swedenborgs Theologie entstanden ist.

Da Swedenborg die Bibel zum größten Teil für verbalinspiriert hielt und Auslegungen einzelner biblischer Bücher sein theologisches Gesamtwerk bestimmen, wird ferner untersucht, auf welcher Textbasis er seine Exegese vornahm und wie sich die Theorie seiner Hermeneutik beschreiben lässt. Hierbei wird auch der Frage nachzugehen sein, ob Swedenborg tatsächlich die biblischen Urtexte benutzt hat, wie es seine Verbalinspirationsthese nahe zu legen scheint, und inwieweit Swedenborg sein hermeneutisches Programm selbst durchgehalten hat. Gerade in der swedenborgianischen Swedenborgforschung wird die Ansicht vertreten, dass mit Swedenborgs Offenbarungsanspruch nicht nur eine Übersetzungsarbeit auf der Basis der Originaltexte einherging, sondern dass die Anwendung seiner vermeintlich göttlich inspirierten Hermeneutik wie sein gesamtes theologisches Werk in sich auch keine Brüche, Inkonsequenzen oder Spannungen aufweist. Schließlich ist auch das Verhältnis von Theologie und Exegese im Auge zu behalten.

Nach der werkimmanenten Strukturierungsarbeit werden in *Kapitel 4* die Quellen und Kontexte der Theologie und Geisterweltlehre Swedenborgs beleuchtet.

Abgesehen von den herausragenden Arbeiten des schwedischen Komparatisten Inge Jonsson,[7] die sich in erster Linie auf die Untersuchung der Quellen der Naturphilosophie Swedenborgs beziehen, finden sich in der älteren Forschungsliteratur vielfach Versuche, Swedenborgs Lehre daraufhin zu betrachten, welche

---

[7] Vor allem: INGE JONSSON: A Drama of Creation. Sources and Influences in Swedenborg's Worship and Love of God. West Chester 2004 [schwedisch 1961]; DERS.: Swedenborgs korrespondenslära. Stockholm [u. a.] 1969; DERS.: Visionary Scientist. The Effects of Science and Philosophy on Swedenborg's Cosmology. West Chester 1999.

literarischen Motive aus der Theologie- und Philosophiegeschichte sich hier auffinden lassen. Häufig wurde dabei darauf verzichtet, historische Rezeptionszusammenhänge nachzuweisen. Vielfach blieb es bei lediglich phänomenologisch erbrachten Behauptungen. Nicht selten ist Swedenborg auf diese Weise ohne rezeptionelle Nachweise in ahistorische und ideengeschichtliche Strömungen eingeordnet worden. Ein solches Vorgehen geht über die historische Kontextualität der Lehre Swedenborgs hinweg. In den einzelnen Sachabschnitten von Kapitel 4 werden verschiedene Beispiele für solche rein motivgeschichtlichen Einordnungen in der Swedenborgforschung aufgezeigt.

Der dieser Arbeit zugrunde liegende historische Ansatz konzentriert sich hingegen auf die Quellen, die Swedenborg nachweislich gekannt und sogar exzerpiert hat, als er auf der Höhe seines Lebens daran ging, seine Theologie auszuarbeiten. Da Swedenborg seine Schriften nach 1749 als Ergebnisse einer göttlichen Offenbarung präsentierte, finden sich in diesen Texten naturgemäß (fast) keine Quellenhinweise mehr. Es können demnach nur solche Quellen herangezogen werden, die Swedenborg kurz vor seinem biographischen Wandel zum Geisterseher benutzt hat. Solche Quellen liegen in der Tat vor. Handschriftliche Notizen und Exzerpte, die sich im Archiv der Königlich Schwedischen Akademie der Wissenschaften in Stockholm befinden und zum großen Teil auch ins Englische übersetzt worden sind, können in großem Umfang als Rezeptionsmaterial ausgewertet werden.[8] Außerdem werden solche Titel herangezogen, die sich nach dem Auktionskatalog seiner Privatbibliothek in Swedenborgs Besitz befanden.[9]

Wie sich herausstellt, kann auf diese Weise die rezeptionelle Herkunft einer ganzen Reihe zentraler Themen der visionären Theologie Swedenborgs geklärt werden. Dies wird in Kapitel 4.2. ebenfalls nach der *Loci*-Methode dargelegt, wobei Swedenborgs lebensbeherrschendes Thema, das *commercium corporis et animae* sowie das Wesen der Seele, Ausgangspunkt der Untersuchung seiner Rezeption verschiedener Autoren ist.

Wenn in diesem Zusammenhang dennoch Literatur ausgewertet wird, deren Lektüre durch Swedenborg nicht in derselben Weise wie die genannten Quellen nachgewiesen werden kann, dann geschieht das mit dem Ziel, seine Lehre zeitgenössisch zu kontextualisieren, um den Diskussionsstand in bestimmten Themenfeldern zu klären. Dies geschieht vor allem bei solchen für Swedenborgs System grundlegenden Topoi, deren rezeptionelle Herkunft sich anhand der vorhandenen Exzerpte und Notizen oder durch andere, eine Rezeption nahe legende Indizien nicht ohne weiteres nachweisen lässt.

Sofern sich keine Nachweise führen lassen, bleiben *Kontexte* und *Quellen* aber strikt voneinander getrennt, um nicht Gefahr zu laufen, durch rein phänomeno-

---

[8] Vor allem: EMANUEL SWEDENBORG: A Philosopher's Note Book. Exzerpts from Philosophical Writers and from the Sacred Sriptures on a variety of Philosophical Subjects; together with some Reflections, and Sundry Notes and Memoranda, übers. von ALFRED ACTON. Philadelphia 1931.

[9] Catalogus bibliothecae Emanuelis Swedenborgii, hg. von ALFRED H. STROH. Stockholm 1907.

logisch erbrachte Parallelen Traditionen oder Wirkungsgeschichten zu behaupten, die sich einer modernen Konstruktionsleistung verdanken würden.

In Kapitel 4.3. werden auch bisherige Forschungsansätze überprüft, Swedenborg in kabbalistische, alchemistische und andere ‚esoterische‘ Traditionen zu integrieren. Dabei wird einerseits die historische Absicherung solcher Versuche untersucht, andererseits wird auch deren inhaltliche Plausibilität beleuchtet. Bereits in Kapitel 4.2., wo Swedenborgs Quellen in den Blick geraten, aber auch in dem Abschnitt über die Kontextualisierung seiner Theologie und Geisterweltlehre, wird überdies der Frage nachgegangen, ob Swedenborg als ‚Esoteriker‘ bezeichnet werden kann und ob am Beispiel Swedenborgs, der als „Geburtshelfer“ der modernen Esoterik mit Spiritismus und Okkultismus im 19. Jahrhundert angesehen wird,[10] bereits eine Spaltung zwischen ‚Aufklärung‘ und ‚Esoterik‘ zu erkennen ist oder ob sich ‚Esoterik‘ als ein Nebenprodukt der sogenannten Aufklärung erweisen lässt.

Schließlich wird auch in diesem Abschnitt die Perspektive der Historizität zur Geltung gebracht, indem gezielt die Frage gestellt wird, welchen literarischen oder motivischen Traditionen die Zeitgenossen Swedenborgs Lehre zuordneten, welche Motive also im unmittelbaren Kontext in seinem Werk erkannt worden sind. Diese Perspektive ist vor allem für die Beschreibung der Rezeption Swedenborgs notwendig.

Kapitel 5 nimmt die unmittelbare Rezeptionsgeschichte Swedenborgs in den Blick. Zu Oetinger und Kant liegen durchaus Arbeiten vor, die sich aber in erster Linie auf die äußerliche, durch die Namensnennung Swedenborgs erkennbare Rezeption beschränken. Demgegenüber wird die Fragestellung aufgenommen, ob sich unterhalb solcher offiziellen Bezeichnungen Rezeptionsprozesse erkennen lassen, die auf der Ebene desjenigen Phänomens liegen, das Ernst Benz bereits 1947 für das Verhältnis zwischen Oetinger und Swedenborg erkannt hat, ohne diese Erkenntnis bei seiner Untersuchung der Swedenborg-Rezeption Oetingers und Kants auch konsequent umzusetzen: Es sei schon bei Swedenborgs frühen Rezipienten gleichsam zur „Methode“ im Umgang mit Swedenborg geworden, sich „namentlich von ihm“ zu distanzieren, „um gewisse Lehren ohne Namensnennung von ihm zu übernehmen“.[11] Von diesem Befund ausgehend, wird bei der Untersuchung der Rezeption Swedenborgs gezielt nach ‚subkutanen‘, versteckten oder unterirdischen Auseinandersetzungen, Adaptionen und Zurückweisungen swedenborgischer Lehrelemente gefragt. Ferner werden Autoren, die sich mit Swedenborg befasst haben, unter der Fragestellung gelesen, ob sich bei ihnen die Entwicklung eigener Lehrelemente nachweisen lässt, deren Genese sich ohne Swedenborg historisch nicht erfassen ließe. Es geht mithin darum, die Kontingenz der Historizität bestimmter theologischer Entscheidungen zu beschreiben, die in der Folge der Auseinandersetzung mit Swedenborg gefallen sind.

---

[10] Vgl. WOUTER J. HANEGRAAFF: New Age and Western Culture. Esotericism in the Mirror of Secular Thought. Leiden 1996, 424–429.

[11] BENZ, 1947, 105.

In einem ersten Abschnitt (*5.1.*) werden die frühen Reaktionen untersucht, die sich in den Gelehrtenzeitschriften niedergeschlagen haben. Insbesondere die Bedeutung Swedenborgs für die ,hermeneutische Wende' in der deutschen evangelischen Theologie, die mit den Namen Johann August Ernestis und Johann Salomo Semlers verbunden ist, sowie für den sogenannten ,ersten Teufelsstreit' wird hierbei in den Blick genommen. Dafür werden nicht nur die Schriften dieser Personen betrachtet, es werden auch die Diskussionen untersucht, die in den Gelehrtenzeitschriften über Swedenborg und die Themen geführt wurden, die sich mit Swedenborg überschneiden und von seinen Rezipienten in den Diskurs eingespeist worden sind.

Den Ausgangspunkt bilden die ersten Rezensionen von Swedenborgs theologisch-visionären Büchern, die von Ernesti vorgelegt wurden. In der Swedenborgforschung sind diese Texte durchaus bekannt, aber als Belege für eine polemische Zurückweisung ohne weitere Prüfung zu den Akten gelegt worden. Sie wurden jedoch bisher noch nicht daraufhin untersucht, welche produktiven Auswirkungen die Swedenborg-Kritik seiner frühen Leser auf deren eigene Lehrsysteme und die mit ihnen zusammenhängenden Debatten hatte. Es fehlt bisher also eine historische Lokalisierung der frühen Swedenborg-Rezeptionen in den damaligen theologischen Diskussionen.

Hinsichtlich der Rezensionen und anderweitigen Besprechungen wird gefragt, welche Lehrinhalte hier referiert wurden, welche Punkte gerade nicht erwähnt wurden und an welchen Punkten sich die Kritik der Rezensenten entzündete. Die hier herauszuarbeitenden Rezeptionswege werden zugleich in die zeitgenössischen theologischen Debatten eingeordnet.

In *Kapitel 5.2.* wird mit Friedrich Christoph Oetinger der vielleicht wichtigste Swedenborg-Rezipient in der deutschen Theologie des 18. Jahrhunderts untersucht. Hierbei wird – anders als in den Kapiteln über Kant und die frühe Rezeption Swedenborgs – Oetingers lutherische Theosophie innerhalb der zeitgenössischen theologisch-philosophischen Frontstellungen beschrieben, um den Rahmen für seine umfangreiche Swedenborg-Rezeption herauszuarbeiten. Da Oetinger für den württembergischen Pietismus, für den mit ihm rezeptionell verbundenen deutschen Idealismus etwa Schellings und zugleich für die Esoterik des 19. Jahrhunderts eine zentrale Rezeptionsbasis produzierte, wird seine Swedenborg-Rezeption ins Verhältnis zu seinen böhmistisch-kabbalistischen und bengelianisch-apokalyptischen Grundentscheidungen gesetzt, die sich wiederum innerhalb des zeitgenössischen Diskurses entwickelt haben.

Gegenüber dem in der Forschung weit verbreiteten Urteil, Swedenborg sei nur ein vorübergehendes und wirkungsgeschichtlich eher marginales Segment in der Lehre Oetingers gewesen, wird wie in den anderen Abschnitten des 5. Kapitels nach subkutanen, unterhalb der ,offiziellen', d. h. mit dem Namen Swedenborgs verbundenen Rezeption befindlichen und versteckten Auseinandersetzungen und produktiven Anknüpfungen gefragt. Dem genannten Befund von Ernst Benz wird dabei insofern gefolgt, als das Verhältnis zwischen der zunehmenden personalen Ausgrenzung und der gleichzeitigen materialen Konservierung der

Lehre Swedenborgs thematisiert wird. Gerade im Falle Oetingers wird ferner der Frage nachgegangen, inwieweit die Ausprägung seiner eigenen Theologie im Gegenüber, ob nun als Adaption oder als Abwehr, zu Positionen Swedenborgs darzustellen ist, Oetinger sein theologisches System seit seiner ersten Swedenborg-Lektüre also in enger Verbindung mit Swedenborg ausgearbeitet hat.

Kapitel 5.3. nimmt mit Immanuel Kant einen weiteren wichtigen Rezipienten in den Blick, der Swedenborg (fast) zur gleichen Zeit wie Oetinger eine eigene Schrift, die *Träume eines Geistersehers*, gewidmet hat. Noch stärker als im Falle Oetingers geht der größte Teil der Swedenborg- und gleichermaßen der Kant-Forschung davon aus, dass mit den *Träumen eines Geistersehers* ein abschließendes literarisches – und philosophisches – Urteil Kants über Swedenborg gefällt worden ist und dieser Schlussstrich keine späteren Überschneidungen und inhaltlichen Parallelen, mithin keine Rezeption, mehr zulässt. Kant habe, so meint Ernst Benz, Swedenborgs Lehre in den *Träumen* geradezu hingerichtet[12] und damit Swedenborgs Werk in der Gelehrtenöffentlichkeit nicht nur lächerlich und rezeptionsuntauglich gemacht, sondern einen scharfen Schnitt auch für seine eigene Philosophie vorgenommen. Die historische Absicherung dieses Befundes wird überprüft.

In einem ersten Schritt werden die frühen Rezensionen der *Träume eines Geistersehers* im Hinblick darauf untersucht, ob sich das von der späteren Forschung gefällte Urteil eines überschneidungslosen Bruches zwischen Kant und Swedenborg schon auf Kants Zeitgenossen übertragen lässt. Was genau wurde in den *Träumen eines Geistersehers* gelesen? Da sich herausstellt, dass kein unmittelbarer Leser der *Träume eines Geistersehers* imstande war, etwas anderes in der Schrift zu erkennen, als in sich gebrochene, ambivalente, widersprüchliche und sogar ‚swedenborg-affine' Aussagen, werden in einem zweiten Schritt zunächst die Kontexte späterer Äußerungen Kants über Swedenborg in den Blick genommen. Hierfür wird sowohl auf das von Kant selbst veröffentlichte Werk als auch auf die Vorlesungsmitschriften seiner Schüler zurückgegriffen. Da die Untersuchung der fraglichen Positionen den Befund ergibt, dass Kant vor allem hinsichtlich der Eschatologie bis weit in seine kritische Phase hinein modifizierte und epistemologisch umgewertete swedenborgische Positionen vertrat, die in den Vorlesungen auch mit dem Namen Swedenborgs verbunden waren, in den selbst veröffentlichten Schriften aber von ihm losgelöst worden sind, wird anhand weiterer Topoi aus Kants Religionsphilosophie und seiner Moralphilosophie geprüft, ob hier – wie im Falle Oetingers – weitere Positionen zu finden sind, die Überschneidungen mit Kants Swedenborglektüre aufweisen. Diese Untersuchung hat eine ganze Reihe von auffälligen Parallelen zwischen beiden Autoren zu Tage gefördert.

Im Schlussteil von Kapitel 5.3. wird die Rezeption der Philosophie Kants bei einigen Schülern und Anhängern am Ende des 18. und am Beginn des 19. Jahrhunderts in den Blick genommen. Diese zum Teil viel gelesenen Autoren, die kaum den Namen Swedenborgs erwähnen, interpretierten Kants Moralphiloso-

---

[12] Vgl. BENZ, 1941, 13.

phie und Religionslehre im Kontext mystischer oder spiritistischer Konzepte und folgten auf diese Weise der Lesart, die verschiedene Autoren bereits aus den *Träumen eines Geistersehers* geschlossen hatten.

Gerade in dem Kapitel über die Swedenborg-Rezeption Kants und die Kant-Rezeption einiger seiner Schüler und Anhänger werden solche modernen Interpretationen im Blick zu behalten sein, die diese Rezeptionen als Missverständnisse der entsprechenden Autoren zurückgewiesen haben. Gegen die Behauptung deutlicher Brüche und überschneidungsloser ‚Nicht'-Rezeptionen wird das Quellenmaterial auf faktische Rezeptionen hin untersucht, die sich ungeachtet späterer Urteile historisch ereignet haben. Durch die konsequente Historisierung des Einflusses von Swedenborgs ‚Aufklärung bis zum Himmel' auf Kant und einige seiner Anhänger im 18. und beginnenden 19. Jahrhunderts soll eine Antwort auf die Frage gefunden werden, in welchem Zusammenhang sich manche Kantianer in dieser Zeit gleichzeitig auch als Vertreter von Geisterlehren verstanden haben.

Die *Quellen* zu Swedenborgs Biographie – Tagebücher, Korrespondenz, handschriftliche Notizbücher, unveröffentlichte Manuskripte und andere Archivalien – sind im 19. und 20. Jahrhundert von Anhängern und Mitgliedern der sich auf Swedenborg berufenden Neuen Kirche (*New Church*) mit ihren verschiedenen Gruppierungen umfassend aufgearbeitet und vorwiegend ins Englische übersetzt worden.[13] Die Swedenborgsammlung des Archivs der Königlichen Akademie der Wissenschaften in Stockholm, die den größten Teil der Handschriften enthält, wurde in einigen Fällen dennoch hinzugezogen, wo die englischen Übersetzungen mit den – fast durchweg lateinisch verfassten – Originalen zu vergleichen war.

Alle theologischen Schriften, die Swedenborg selbst veröffentlicht hat, sind ins Deutsche übersetzt worden. Allein der Stuttgarter Philosophieprofessor und Universitätsbibliothekar Johann Friedrich Immanuel Tafel (1796–1863) hat deutsche Übersetzungen im Umfang von etwa 30.000 Druckseiten publiziert.[14] Im Literaturverzeichnis werden die Ausgaben, nach denen sich die deutschsprachigen Zitate richten, ausgewiesen. Die Schreibweise basiert in der Regel auf den orthographisch und typographisch revidierten Übersetzungen, die von der Württembergischen Landesbibliothek Stuttgart im Internet bereitgestellt worden sind.[15] Die naturphilosophischen Schriften liegen hingegen nur im (meist) lateinischen Original und in der englischen Übersetzung vor. In einigen Fällen konnte

---

[13] Vor allem: RUDOLF LEONHARD TAFEL (Hg.): Documents concerning the Life and Character of Emanuel Swedenborg. 3 Bde., London 1875, 1877 [Nachdruck Whitefish 2004]; J. F. IMMANUEL TAFEL (Hg.): Sammlung von Urkunden betreffend das Leben und den Charakter Emanuel Swedenborg's. Tübingen 1839; ALFRED ACTON (Hg.): The Letters and Memorials of Emanuel Swedenborg. 2 Bde., 2. Aufl. Bryn Athyn 1948, 1955. Ende der 1990er Jahre waren wahrscheinlich weniger als 20.000 Swedenborgianer weltweit organisiert. Vgl. JONSSON, 1999, 199.

[14] Vgl. JEAN-FRANÇOIS MAYER: Swedenborg and Continental Europe. In: JONATHAN S. ROSE u. a. (Hg.): Scribe of Heaven. Swedenborg's Life, Work and Impact. West Chester 2005, 157–194, hier: 178.

[15] Vgl. http://www.wlb-stuttgart.de/referate/theologie/swedvotx.html.

nur die übersetzte Version benutzt werden. Dies wird in den Anmerkungen jeweils ausgewiesen.

Häufig zitierte Schriften Swedenborgs und andere Quellen werden abgekürzt.
Die Liste dieser Abkürzungen ist dem Literaturverzeichnis beigefügt.

Fast alle Schriften Swedenborgs sind nach dem zeitgenössisch häufig anzu-
treffenden Brauch von ihm selbst durchnumeriert worden. Wenn nicht anders angegeben, beziehen sich die Stellenangaben daher grundsätzlich nicht auf Seiten,
sondern auf Nummern. Dadurch wird die Auffindbarkeit in den verschiedenen
Swedenborg-Editionen erleichtert.

Kants Werke werden, von gekennzeichneten Ausnahmen abgesehen, durchweg nach der Akademie-Ausgabe (AA) zitiert. Hier werden die in der Kantforschung gebräuchlichen Abkürzungen einzelner Schriften Kants verwendet, die
ebenfalls im Abkürzungsverzeichnis aufgeführt sind.

Bibelzitate basieren in der Regel auf der Revidierten Elberfelder Bibel (1993).

Von mir selbst angefertigte Übersetzungen werden ebenfalls als solche gekennzeichnet [FS]. Auslassungen und von mir selbst vorgenommene Zufügungen
in Originalzitaten werden mit eckigen Klammern gekennzeichnet.

1. Zur Biographie Swedenborgs

1.1. Einleitende Bemerkungen

Der hier präsentierte Überblick konzentriert sich auf die Grundlinien der Biographie Swedenborgs. Themen, die die Genese seiner Naturphilosophie und Theologie und seiner Werke betreffen, werden in den entsprechenden thematischen Sachkapiteln diskutiert. Die politischen Verhältnisse Schwedens werden nur dann berührt, wenn sie für den Diskurs um Swedenborg von Belang sind.

Die Biographie Swedenborgs mit ihren scheinbar radikalen Brüchen und Swedenborgs Behauptung einer Offenbarung und eines übersinnlichen Kontakts mit der Geisterwelt ist vom 18. Jahrhundert bis in die Gegenwart hinein immer wieder Anlass für psychohistorische Deutungen gewesen. Sowohl Swedenborgs selbst verfasste Schilderungen seiner Erfahrungen als auch mehr oder weniger gut bezeugte Berichte aus anderer Hand über seine Person und bestimmte Ereignisse in seinem Leben sind dafür herangezogen und mit Hilfe der jeweils aktuellen psychologischen und psychiatrischen Paradigmen gedeutet worden. Die vorliegende Arbeit wird sich einer solchen psychohistorischen, lediglich auf historischen Dokumenten basierenden Diagnostik grundsätzlich enthalten. Wenn die zeitgenössischen und nach dem Tod Swedenborgs entstandenen Dokumente über seine Person und seinen Geisteszustand dennoch untersucht werden, dann geschieht das ausschließlich mit dem Interesse, die zeitgenössische Debatte um Swedenborgs Status als Geisterseher, ‚Wahnsinniger‘, Naturforscher oder Prophet zu beleuchten, um die in diesem Diskurs erkennbaren Sichtweisen und ihre produktive Wirkung für die auf ihnen aufbauenden religiösen und philosophischen Diskurse zu beschreiben, aus denen die psychohistorischen Deutungen solcher Phänomene wie der Visionarität Swedenborgs vom 18. Jahrhundert an erwachsen sind.

1.2. Jesper Swedberg

Emanuel Swedenborg wurde als Emanuel Swedberg am 29. Januar 1688 in Stockholm als eines von neun Kindern des Pfarrers Jesper Swedberg und der aus einer wohlhabenden Bergwerksbesitzerfamilie stammenden Sara Behm geboren, die aber bereits 1696 verstarb. Jesper Swedberg gelangte in bedeutende Positionen innerhalb der schwedischen Reichskirche: 1692 wurde er Theologieprofessor und zeitweise Rektor an der Universität von Uppsala, wo sein Sohn Emanuel

1699, im Alter von elf Jahren, immatrikuliert wurde. 1702 wurde Jesper Swedberg zum Bischof von Skara berufen. Als er im Jahr darauf Uppsala verließ, verblieb sein Sohn als Student an der dortigen Universität.

Swedenborgs Beziehung zu seinem offenbar sehr bestimmenden und einflussreichen Vater ist als sehr ambivalent beschrieben worden.[1] Diese Ambivalenz ist auch auf die theologischen Grundentscheidungen Swedenborgs auszudehnen, denn es ist unübersehbar, dass er hier sowohl an seinen Vater anknüpfte als sich auch, teilweise diametral, von ihm abgrenzte. Diese Auseinandersetzung fällt – abgesehen von einigen Erwähnungen in Swedenborgs Tagebüchern – zwar in den nicht dokumentierbaren Bereich, aber Gemeinsamkeiten und Unterschiede der theologischen Positionen Jespers und Emanuels lassen sich sehr wohl bezeichnen. Das ist insofern von Belang, als die Rezeptionsbasis insbesondere für die visionären Schriften Swedenborgs an vielen Punkten nicht rekonstruierbar ist, dafür aber Anstöße und Grundprägungen durch Jesper jenseits einer literarischen Rezeption erkennbar werden können.

Jesper Swedberg hat sich selbst nie als Pietist bezeichnet und zugleich behauptet, niemals pietistische Bücher gelesen zu haben, eine Aussage, die angesicht seiner nachweisbaren Bezugnahmen etwa auf Spener und Gottfried Arnold in Zweifel zu ziehen ist.[2] In der Tat führten diese Referenzen in Swedbergs theologischer Positionierung zu deutlichen Affinitäten zu den theologie- und kirchenreformerischen Gedanken des Pietismus, der in seiner halleschen Ausprägung um 1700 Schweden erreichte[3] und in der dortigen lutherischen Pfarrerschaft vielfach aufgenommen, aber auch bekämpft wurde. Erik Benzelius, der für Emanuel Swedenborg gerade in seiner Jugendzeit ausgesprochen einflussreiche Universitätsbibliothekar von Uppsala, kannte Francke persönlich und besuchte in Schweden pietistische Versammlungen.[4] Jesper Swedberg wandte sich demgegenüber zwar gegen das pietistische Konventikelwesen, setzte sich als Bischof aber für die Aufnahme pietistischer Anregungen innerhalb der Strukturen der schwedischen Kirche ein und geriet dadurch in Konflikte. Als der schwedische Reichstag (Diet) 1726 auf Betreiben des Königs und des Standes der Geistlichen ein Gesetz zum Verbot der Konventikel erließ, das erst 1858 wieder aufgehoben wurde, war Swedberg zwar nicht anwesend,[5] so dass seine Haltung in diesem konkreten Fall nicht genau bestimmt werden kann. Swedbergs Wunsch nach einer Reform des Christentums durch die Verbindung von Glauben und Leben, seine Betonung der Bedeutung guter Werke und eines Glaubens, der nicht nur im Kopf, sondern auch im Herzen verankert ist, führten ihn jedoch zu einer kritischen Position ge-

---

[1] JONSSON, 1999, 9f.; TTB, 14, 52, 54.
[2] Vgl. LARS BERGQUIST: Swedenborg's Secret. The Meaning and Significance of the Word of God, the Life of the Angels and Service to God. A Biography. London 2005, 195.
[3] JONSSON, 2004, 198.
[4] JONSSON, 2004, 199.
[5] BERGQUIST, 2005, 195, 98–100. Zum schwedischen Pietismus vgl. INGUN MONTGOMERY: Der Pietismus in Schweden im 18. Jahrhundert. In: MARTIN BRECHT und KLAUS DEPPERMANN (Hgg.): Geschichte des Pietismus. Bd. 2 Göttingen 1995, 490–522 (Swedenborg wird hier nur am Rande erwähnt, auf Dippel und den Dippelianismus in Schweden aber ausführlich eingegangen).

genüber dem lutherischen *sola-fide*-Prinzip und der antipietistischen Orthodoxie. Dadurch geriet er auch in Konflikte innerhalb der schwedischen Kirche.[6] Arndt und Arnold beeinflussten ihn bei diesem Wunsch nach einer undogmatischen Erneuerung der Kirche,[7] Christian Scrivers *Seelen-Schatz*[8] schätzte Swedberg nach der Bibel als wertvollstes Buch in seiner Bibliothek. Die *unio mystica* als geistliche Vereinigung zwischen Christus und der gläubigen Seele hielt er für die höchste Glückseligkeit und das größte Geheimnis, das nicht beschrieben, sondern nur erfahren werden könne.[9] Gottfried Arnolds *Unpartheyische Kirchen- und Ketzerhistorie* und seine *Wahre Abbildung der Ersten Christen im Glauben und Leben* enthielten Swedbergs Ansicht nach vieles, was man suche und in anderen Büchern nicht finden könne.[10] Johann Arndts *Wahrem Christentum*, das seit 1647 auf Schwedisch vorlag, folgte Swedberg darin, dass Rechtfertigung und Heiligung miteinander verbunden und der innere Mensch geistig wiedergeboren werden müsse, um mit Christi Hilfe die Kraft zur Nachfolge und zum Widerstand gegen die Versuchungen des Teufels zu erhalten.[11] Diese komplementäre Verbindung zwischen Rechtfertigung und Heiligung und der Kritik an einem das *sola fide* überbetonenden Verständnis der Rechtfertigung findet sich als Leitmotiv in allen theologischen Werken Swedenborgs wieder. Aber auch Swedenborgs jüngerer Bruder Jesper teilte die pietistischen Ansichten seines Vaters. Er übersetzte 1724 die damals Friedrich Breckling, einem Mitarbeiter an der *Unpartheyischen Kirchen- und Ketzerhistorie*, neuerdings aber Johann Amos Comenius zugeschriebene *Letzte Posaun über Deutschlandt, die in verdammliche Sicherheit versunckene Welt vom Sünden-Schlaff auffzuwecken*, ins Schwedische und sein Vater ließ das Buch auf eigene Kosten drucken und anonym herausgeben.[12]

Bischof Swedberg, durch den Emanuel auch eine musikalische Ausbildung erhielt,[13] trat ferner als Verfasser von Gesangbuchliedern hervor. 1694 ließ er ein eigenes Gesangbuch drucken, das wegen der Nichtkonformität mancher seiner Texte mit den Bekenntnisschriften nicht alle schwedischen Bischöfen akzeptierten und von dem daher 20.000 Exemplare beschlagnahmt wurden. Das ein Jahr

---

[6] Bergquist, 2005, 5 f., 195; Jonsson, 2004, 187, 199.

[7] Bergquist, 2005, xxii.

[8] Die benutzte Ausgabe ist nicht bekannt, vgl. etwa Christian Scriver: Seelen-Schatz, darinn von der menschlichen Seelen hohen Würde, tieffen und kläglichen Sündenfall, Busse und Erneuerung durch Christum […] gehandelt wird […]. Leipzig u. a. 1675 [viele Auflagen].

[9] Jesper Swedberg: Lefwernes Beskrifning, hg. von Gunnar Wetterberg. Teil 1 Lund 1941, § 783–800; zitiert nach Bergquist, 2005, 9.

[10] Swedberg, Beskrifning, Teil 1 Lund 1941, §§ 867 f., zitiert nach Bergquist, 2005, 198. Swedbergs Lebensbeschreibung, die er für seine Kinder anfertigte, ist erst posthum veröffentlicht worden.

[11] Bergquist, 2005, 196 f.

[12] Friedrich Breckling: Then sidste basun öfwer Tyskland til at upwieckia werlden ifrå syndennes sömn. Skara 1724; Bergquist, 2005, 98. Zu Breckling vgl. Friedrich Breckling: Autobiographie. Ein frühneuzeitliches Ego-Dokument im Spannungsfeld von Spiritualismus, radikalem Pietismus und Theosophie, hg. und kommentiert von Johann Anselm Steiger. Tübingen 2005.

[13] Anders Hallengren: Gallery of Mirrors. Reflections of Swedenborgian Thought. Foreword by Inge Jonsson. West Chester 1998, 4.

später erschienene offizielle Gesangbuch der schwedischen Kirche bestand allerdings zum großen Teil aus Texten und Liedern aus Jesper Swedbergs Gesangbuch.[14] In den schwedischen Gemeinden im nordamerikanischen Delaware, für
die Swedberg mit königlichem Mandat zuständig war, wurde es dennoch im Original verbreitet.[15]

Neben den Themen der Rechtfertigungslehre und der Wiedergeburt, die für
Emanuel Swedenborgs theologische Phase grundlegend waren, sind es aber auch
noch andere Prägungen Jespers, die auf seinen Sohn gewirkt haben und die bei
seiner späteren Entwicklung zum Geisterseher mit im Blick zu halten sind.[16]
Hier ist weniger der von manchen Autoren als naiv bezeichnete Wunderglaube[17]
Jespers zu nennen, sondern vor allem seine eigenen Erfahrungen mit Engeln. Er
dokumentierte in seiner Lebensbeschreibung nicht nur häufig seinen Glauben an
die unsichtbare Führung und Begleitung durch Engel, sondern berichtete konkret
über ein Gespräch mit einem Engel während seines Studiums von Arndt, Scriver
und der Bibel.[18] Swedberg kannte Schutzengel, eine Engelssprache,[19] er hielt irdische Geistererscheinungen für möglich, auch Exorzismen soll er betrieben haben.[20] Hierin können Anknüpfungspunkte der späteren Geisterwelt Swedenborgs gesehen werden. Dass Swedenborg bereits als Kind Erfahrungen mit Engeln gemacht habe und diese besondere Begabung bereits seinen Eltern aufgefallen sei, wie Swedenborg drei Jahre vor seinem Tod in einem Brief berichtete, lässt
sich durch Swedbergs gerade in diesem Bereich ausführliche Memoiren allerdings
nicht bestätigen.[21]

Mit den übersinnlichen Neigungen des Theologen Swedberg waren keine spekulativen Interessen etwa in naturphilosophisch-kosmologischer Hinsicht wie
später bei seinem Sohn verbunden, und in vielen anderen Punkten wichen auch
seine theologischen Vorstellungen stark von denen Swedenborgs ab. In der Eschatologie vertrat er im Gegensatz zu Swedenborg die lutherische Lehre vom
postmortalen Seelenschlaf, er hielt am Jüngsten Gericht fest und glaubte, dass
der Körper nach dem Tod zwar zu Staub verfällt, aber beim Jüngsten Gericht
wieder mit der Seele vereinigt wird.[22] In der Schrifthermeneutik wandte er sich

---

[14] Vgl. ALLAN ARVASTSON: Art. Swedberg, Jesper. In: RGG³ Bd. 6 (1962), 535; MARTIN
FRIEDRICH: Art. Swedberg, Jesper. In: RGG⁴ Bd. 7 (2004), 1915; sowie LARS HOLM: Jesper
Swedberg's Swensk Ordabok. Background and Origin. Uppsala 1986.

[15] BERGQUIST, 2005, 4 f. Zu den Verbindungen Swedbergs nach Delaware vgl. ALFRED J.
GABAY: The Stockholm Exegetic and Philanthropic Society and Spiritism. In: The New Philosophy 110 (2007), 219–253, hier: 224 f.

[16] Vgl. auch JONSSON, 2004, 134.

[17] JONSSON, 1999, 15.

[18] SWEDBERG, Beskrifning, § 101 ff., 180, 362 f.; zitiert nach BERGQUIST, 2005, 8.

[19] OLOF LAGERCRANTZ: Vom Leben auf der anderen Seite. Ein Buch über Emanuel Swedenborg. Frankfurt a. M. 1997, 92.

[20] MARTIN LAMM: Swedenborg. Eine Studie über seine Entwicklung zum Mystiker und
Geisterseher. Leipzig 1922, 6.

[21] Vgl. Swedenborg an Gabriel Beyer, 14. November 1769. In: TAFEL, Documents II,1,
278–280; JONSSON, 1999, 130 (hier unrichtige Seitenangabe beim Verweis auf TAFEL); BENZ,
1947, 79; BERGQUIST, 2005, 16 f.

[22] BERGQUIST, 2005, 10.

klar gegen die Auffassung cartesisch beeinflusster Schriftausleger, es gebe hinter
dem Schriftbuchstaben, besonders des Schöpfungsberichts, einen höheren oder
parabolischen Sinn.[23] Swedbergs eigener (unveröffentlichter) Kommentar zum
Pentateuch enthält sich aller Spekulationen über einen anderen als den Buchstabensinn.[24]

In diesen Punkten, der Eschatologie und der Hermeneutik, liegen tiefe Gräben
zwischen Jesper und Emanuel. Aber Jesper Swedbergs Einfluss ist auch an anderen Punkten eher als eine Kontrastfolie zu sehen.[25] Beispielsweise vertrat Jesper
offenbar aufgrund seiner Anlehnung an Gottfried Arnold und Johann Arndt und
deren Böhme-Rezeption die Auffassung einer lebenden Natur[26] – eine naturphilosophische Position, die dem zeitlebens eng an Descartes orientierten Swedenborg im Kern fremd blieb, ihn aber zu Modifikationen seines eigenen Systems
bis hin zu seiner neuplatonisierenden Geisterweltlehre veranlasst haben könnte.

Diese Grundlinien der Theologie Jesper Swedbergs sind im Blick auf die spätere theologische Entwicklung seines Sohnes festzuhalten. Besonders Swedbergs
Glaube an übersinnliche Erscheinungen[27] und seine kritische Position gegenüber
einer den Heiligungsaspekt vernachlässigenden lutherischen Rechtfertigungslehre
dürften nachhaltig auf Emanuels Biographie gewirkt haben.

1.3. Studium und erste Forschungen

Neben diesen unübersehbaren, wenn auch ganz unterschiedlich wirkenden theologischen Prägungen durch seinen Vater sind es vor allem zwei Personen, die für den
jungen Swedenborg Bedeutung erlangten, als Jesper die Universität Uppsala verließ: der Universitätsbibliothekar (ab 1702) und Theologieprofessor (ab 1723), spätere Bischof von Göteborg (1726–1731), Linköping (1731–1742) und Erzbischof
von Uppsala (1742/43) Erik Benzelius (1675–1743) und der Erfinder und Naturphilosoph Christopher Polhem (1661–1751).

Benzelius, der mit Swedenborgs Schwester Anna verheiratet war, verfügte
über Kontakte zu zahlreichen Gelehrten Europas wie etwa Leibniz, Malebranche
und Thomasius.[28] Er kann als einer der maßgeblichen Vermittler der schwedischen und kontinentaleuropäischen Gelehrtenkulturen gelten. Benzelius hatte
wie Johannes Bureus, Georg Stiernhielm, Olof Rudbeck d.Ä. und Olof Rudbeck

---

[23] JONSSON, 1969, 33 f.
[24] BERGQUIST, 2005, 11 f.
[25] So etwa unterscheidet sich Swedenborgs von seiner Korrespondenzlehre abgeleitete Engelssprache deutlich von der Engelssprache seines Vaters, vgl. JONSSON, 1969, 230.
[26] LAMM, 1922, 4.
[27] So auch JONSSON, 2004, 134.
[28] BERGQUIST, 2005, 24. Der Briefwechsel von Benzelius ist publiziert worden: ALVAR
ERIKSON (Hg.): Letters to Erik Benzelius the Younger from Learned Foreigners. 2 Bde., Göteborg 1979; ALVAR ERIKSON, EVA NYLANDER NILSSON (Hgg.): Erik Benzelius' Letters to
his Learned Friends. Göteborg 1983. Teile des Briefwechsels mit Leibniz sind in der Leibniz-
Gesamtausgabe enthalten, vgl. GOTTFRIED WILHELM LEIBNIZ: Sämtliche Werke und Schriften. 1. Reihe, Bd. 14: Nr. 368, 413; Bd. 15: Nr. 155, 280, 289, 326, 396.

d. J. Kontakte zu Vertretern der christlichen Kabbala in Schweden, die in der ersten Hälfte des 18. Jahrhunderts in Schweden weit verbreitet und im Kontext der Entstehung der wissenschaftlichen Orientalistik auch an den Universitäten etabliert war.[29] Unsicher ist, ob Swedenborg bereits in Uppsala eine Ausbildung in der hebräischen Sprache erhielt und mit dem christlichen Kabbalisten Johan Kemper zusammentraf, den Benzelius und Olof Rudbeck d. J. kannten.[30]

Benzelius, dessen eigene Interessen weniger naturkundlicher als historischer, patristischer und numismatischer Art waren, trat vor allem als Wissenschaftsorganisator und -förderer hervor.[31] Er dürfte aber auch Swedenborgs mathematische und physikalische Interessen unterstützt haben, die jahrzehntelang das Zentrum seiner Forschungen bildeten. Benzelius ergriff 1710 die Initiative zur Gründung der ersten schwedischen Gelehrtengesellschaft, des *Collegium Curiosorum* in Uppsala,[32] dessen Mitglied auch Polhem war, und gehörte seit 1740 zu den ersten Mitgliedern der 1739 gegründeten Königlich Schwedischen Akademie der Wissenschaften; kurz vor seinem Tod wurde er sogar zum Präsidenten gewählt.[33] Durch Benzelius kam Swedenborg auch mit renommierten Mitgliedern der Royal Society in Kontakt, und sein Interesse für Leibniz wurde durch ihn geweckt.[34] Benzelius verfügte als Mitglied von sechs Reichstagen und als zeitweiliger Sprecher der schwedischen Priesterschaft auch über enormen politischen Einfluss.[35]

---

[29] Vgl. dazu ausführlich, aber hinsichtlich der Verbindung Swedenborgs zur kabbalistischen Bewegung historisch unsicher: BERND ROLING: Erlösung im angelischen Makrokosmos. Emanuel Swedenborg, die Kabbala Denudata und die schwedische Orientalistik. In: Morgen-Glantz 16 (2006), 385–457, besonders 397–409. Den Studien von MARSHA KEITH SCHUCHARD (u. a. Leibniz, Benzelius, and the Kabbalistic Roots of Swedish Illuminism. In: ALLISON P. COUDERT, R. H. POPKIN und G. M. WEINER [Hgg.]: Leibniz, Mysticism and Religion. Dordrecht 1998, 84–106) ist mit großer Vorsicht zu begegnen, da hier vielfach ohne Belege gearbeitet wird und Hypothesen stillschweigend zu Tatsachen erklärt werden, vgl. auch den vielfach berechtigten Einspruch seitens der Swedenborgianer: BRIAN TALBOT: Schuchard's Swedenborg. In: The New Philosophy 110 (2007), 165–218. Swedenborgs mögliche Beeinflussung durch die christliche Kabbala wird in Kap. 4.3.2. diskutiert. Auf das besondere Interesse Benzelius' für Philo von Alexandria weisen hin: JANE K. WILLIAMS-HOGAN: The Place of Emanuel Swedenborg in Modern Western Esotericism. In: ANTOINE FAIVRE und WOUTER J. HANEGRAAFF (Hgg.): Western Esotericism and the Study of Religion. Leuven 1995, 211; JONSSON, 1999, 179.

[30] Kemper hieß vor seiner Taufe Rabbi Moses ben Ahron. SCHUCHARDS (1998, 97, 105 f.) Behauptung, Swedenborg sei durch Kemper, der Anhänger des zum Islam konvertierten Sabbatai Zevi gewesen sei, in den sabbatanischen Untergrund in England und Europa gelangt, ist durch Quellen nicht gestützt. Vgl. zum Verhältnis Kempers zu Swedenborg zurückhaltender ROLING, 2006, 403; WILLIAMS-HOGAN, Place (1995), 211, hält es für möglich, dass Swedenborg bei Benzelius hebräisch gelernt hat, schließt aber einen kabbalistischen Einfluss durch ihn als unbewiesen ganz aus (209).

[31] Ehrengedächtniß des Herrn Erzbischofs Doctor Benzelius. In: Der Königl. Schwedischen Akademie der Wissenschaften Abhandlungen aus der Naturlehre, Haushaltungskunst und Mechanik, auf das Jahr 1744, übers. von ABRAHAM GOTTHELF KÄSTNER. Bd. 6 Hamburg; Leipzig 1751, 304–308.

[32] JONSSON, 1999, 10,

[33] Vgl. Ehrengedächtniß, wie oben Anm. 31, 307.

[34] WILLIAMS-HOGAN, Place (1995), 211.

[35] Vgl. Ehrengedächtniß, wie oben Anm. 31, 308.

Uppsala war aber noch von anderer Bedeutung für Swedenborgs philosophische Grundorientierung. René Descartes, der von der schwedischen Königin Christina 1649, kurz vor seinem frühen Tod, nach Schweden geholt wurde, hatte hier eine tiefgreifende Wirkung hinterlassen, die 1663 bis 1689 in einem Universitätsstreit über die Lehre des Cartesianismus an der medizinischen Fakultät kulminierte, den die Cartesianer für sich entschieden. Königin Christina hatte nach Descartes' Tod bereits verfügt, die Professuren an der Philosophischen Fakultät nicht mehr an Geistliche zu vergeben. Die Theologen standen den Cartesianern damit als einzige nichtcartesische Fakultät gegenüber.[36] Karl XI. hatte zuvor angeordnet, dass sowohl die klassische Philosophie als auch der Cartesianismus gelehrt werden sollten, allerdings unter der Bedingung, die philosophische Kritik nicht auf die Bibel anzuwenden.[37] Unter dem Einfluss des Cartesianismus standen viele der akademischen Lehrer Swedenborgs bis auf seinen Vater, bei dem er seine theologische Ausbildung erhielt.

Am 1. Juni 1709 verteidigte Swedenborg, nachdem er außer den juristischen Angeboten die meisten theologischen und philosophischen Vorlesungen in Uppsala besucht hatte, unter dem Vorsitz des Philosophen Fabian Törner eine Dissertation über den Stoiker Publilius Syrus mit dem Titel *Selectae Sententiae*, die er bei dem Philosophen Johan Eenberg angefertigt hatte.[38]

Zwischen 1710 und 1715 hielt sich Swedenborg zu Studienzwecken in England (London, Oxford), Holland (Utrecht, Leiden), Frankreich (Paris) und Deutschland (Greifswald) auf. Besonders England avancierte später zu seiner zweiten Heimat, auch wenn er offenbar nie ein völlig assimilierter und perfekt anglophoner Einwohner Londons wurde.[39] In England und Holland wohnte Swedenborg bei verschiedenen Handwerkern und lernte deren Künste, etwa Linsenschleifen und Gravieren.[40] Hier entwickelte sich sein technisches Interesse. Er prüfte die vorhandenen Entwürfe von Dampfmaschinen, entwarf Skizzen und Konstruktionen eines für militärische Zwecke gedachten Tauchbootes, einer Flugmaschine, eines Luftgewehrs, verschiedener Pumpen, Schleusen, Wasseruhren, eines universalen Musikinstruments und anderer Geräte, an denen auch andere Forscher in Europa, besonders aber Swedenborgs Landsmann Polhem arbei-

---

[36] Vgl. ALFRED H. STROH: The Sources of Swedenborg's early Philosophy of Nature. In: DERS. (Hg.): Emanuel Swedenborg as a Scientist: Miscellaneous Contributions. Stockholm 1911, 83–112, hier: 83–89.

[37] ALFRED H. STROH: Emanuel Swedenborg as a cerebral anatomist and physiological psychologist. In: The New Philosophy 17 (1910), 161–176, hier: 162; BERGQUIST, 2005, 27; JONSSON, 1999, 4.

[38] BERGQUIST, 2005, 22–24, 28–31, betont, dass die Kerngedanken des Publilius Syrus, die Betonung des menschlichen Willens, die Fähigkeit, sein Leben zu beherrschen, Mäßigkeit, Selbstbeschränkung und der rechte Umgang mit dem Tod im Neostoizismus des 17. Jahrhunderts von tragender Bedeutung waren und zusammen mit den guten Werken zu den Leitmotiven Swedenborgs zu zählen sind. Swedenborgs Dissertation ist von Alfred Acton ins Englische übersetzt worden und abgedruckt in: The New Philosophy 70 (1967), 305–370.

[39] Dieser Ansicht ist BERGQUIST, 2005, 35, trotz der Tatsache, dass Swedenborg sehr wohl der englischen Sprache mächtig war und auch Briefe auf Englisch verfasst hat.

[40] Vgl. LENNART WETTERBERG: Swedenborg's View of the Brain. In: The New Philosophy 106 (2003), 427–436, hier: 428; BENZ, 1969, 50.

teten.[41] Auf einige dieser Ideen giff Swedenborg später während seiner Tätigkeit als Bergwerksassessor zurück.

In England kam Swedenborg mit bedeutenden Wissenschaftlern in Kontakt. Dass er Isaac Newton getroffen oder gar Vorlesungen bei ihm gehört hat, ist nicht belegbar, verbürgt ist aber sein intensives Studium der *Philosophia naturalis principia mathematica* Newtons.[42] Die cartesische Prägung, die Swedenborg aus Uppsala mitbrachte, geriet dadurch nach Ansicht mehrerer Forscher zwar nicht ins Wanken. In den Kapiteln zu seinen eigenen naturphilosophischen Schriften wird aber zu erörtern sein, wie Swedenborg Anregungen aus Newtons Naturphilosophie mit seinem Cartesianismus verband. Aus Swedenborgs Briefen geht hervor, dass er die Astronomen John Flamsteed und Edmond Halley, den Mediziner, Botaniker und Paläontologen Hans Sloane und den Geologen John Woodward persönlich kennengelernt sowie den Mathematiker, Astronomen und Theologen William Whiston wenigstens zur Kenntnis genommen hat.[43] Geradezu typisch für den jungen Swedenborg war, dass er Whistons in der englischen Öffentlichkeit viel diskutiertem Antrinitarismus – wie theologischen Fragestellungen insgesamt – zu dieser Zeit keine weitere Aufmerksamkeit schenkte, obwohl er Whistons Position Jahrzehnte später partiell teilte. Vielmehr interessierte er sich für die Versuche Whistons und vieler anderer, den geographischen Längengrad auf See zu berechnen.[44]

Die Cambridge-Platoniker Henry More, Lehrer Newtons, und Ralph Cudworth dürften Swedenborg in England kaum entgangen sein,[45] auch wenn sich in seinen späteren Schriften kaum Hinweise auf entsprechende Kenntnisse und Rezeptionen finden. Vorsicht ist den mit großer Sicherheit, aber durchweg ohne Belege und nur auf der Basis von Vermutungen vorgebrachten Behauptungen Marsha Keith Schuchards über Swedenborgs kabbalistische, freimaurerisch-jakobitische und rosenkreuzerische Verbindungen entgegenzubringen, die er in seiner Londoner Zeit eingegangen sein soll.[46] Diesen Tatsachenbehauptungen ist seitens der akademischen wie auch der swedenborgianischen Swedenborgforschung zu Recht widersprochen worden, wobei nicht die Tatsache zu bestreiten ist, dass

---

[41] Vgl. dazu ausführlich BENZ, 1969, 61–73; HORST BERGMANN: Die Flugmaschine des Daedalus. In: EBERHARD ZWINK (Hg.): Emanuel Swedenborg 1688–1772. Naturforscher und Kundiger der Überwelt. Stuttgart 1988, 24–26; BERGQUIST, 2005, 96–98.

[42] BERGQUIST, 2005, 35, 143; JONSSON, 1969, 29; BENZ, 1969, 32. Swedenborg informierte Benzelius brieflich über sein Studium der *Principia* Newtons.

[43] Vgl. BERGQUIST, 2005, 36; JONSSON, 1999, 11; ACTON, Letters and Memorials I, 48, 50 (eine Anspielung, aber keine Namensnennung Whistons im Zusammenhang mit dem Längengrad).

[44] Vgl. BENZ, 1969, 45–48; BERGQUIST, 2005, 36; zum Längengrad siehe unten Kap. 2.2.2.

[45] Vgl. LAMM, 1922, 33 f. Inge Jonsson steht dem direkten Einfluss der Cambridge-Platoniker auf Swedenborg zurückhaltend gegenüber und zieht nachweisbare Rezeptionen innerhalb des aktuellen Diskurses vor, vgl. etwa JONSSON, 1999, 58 f. In Swedenborgs Bibliothekskatalog finden sich keine Schriften von More und Cudworth. Vgl. Catalogus.

[46] Vgl. SCHUCHARD, 1998. Dass Swedenborg 1710 einer Loge beigetreten wäre (ebd., 98), ist quellenmäßig nicht belegt. Vgl. auch MARSHA KEITH SCHUCHARD: Swedenborg, Jakobiten und Freimaurer. In: Offene Tore (2002), 168–192.

Swedenborg nach seinem Tod vielfach in freimaurerischen Kreisen rezipiert und hier sogar ein Swedenborgischer Ritus ins Leben gerufen wurde.[47]

Nach einem kürzeren Aufenthalt in Holland reiste Swedenborg weiter nach Paris, wo er nicht nur die Bekanntschaft einiger Mathematiker und Physiker wie Philipp de La Hire und Pierre Varignon machte, sondern auf Empfehlung von Benzelius auch mehrere prominente Mitglieder des Oratorianerordens wie Abbé Bignon, den früheren Hofprediger Ludwig XIV., und den Historiker und Mathematiker Jacques Lelong kennenlernte.[48] Ob er den ein Jahr nach seiner Abreise 1715 verstorbenen Oratorianer Nicolas Malebranche, dessen Philosophie für Swedenborg ab den 1740er Jahren eine große Bedeutung gewann,[49] noch traf, ist nicht bekannt.

Über Hannover, wo er vergeblich gehofft hatte, Leibniz zu begegnen,[50] reiste Swedenborg nach Greifswald, 1648–1815 schwedisches Territorium. Hier ließ er seine ersten Publikationen überhaupt drucken: zwei Sammlungen, in Anlehnung an Ovid und auf der Basis antiker Mythen verfasster, lateinischer Gedichte mit teils erotischem Charakter und politischen, möglicherweise auch kritischen Anspielungen auf die kriegerische Außenpolitik Karls XII.[51] sowie eine Festschrift zur spektakulären Rückkehr Karls XII. aus dem Osmanischen Reich 1714.[52] Größere Bekanntheit dürfte Swedenborg als Poet in der Öffentlichkeit nicht erlangt haben.[53] Sein Schöpfungsdrama *De cultu et amore Dei*, mit dem er sich 1745 noch einmal im poetischen Genre betätigte, wurde öffentlich ebenfalls wenig bekannt und wahrscheinlich kaum gelesen.[54]

---

[47] Vgl. vor allem JAN A. M. SNOEK: Swedenborg, Freemasonry, and Swedenborgian Freemasonry. An Overview. In: MIKAEL ROTHSTEIN und REENDER KRANENBORG (Hgg.): New Religions in a Postmodern World. Aarhus 2003, 23–75, hier: 23; WILLIAMS-HOGAN, Place (1995), 235–240; ROLING, 2006, 387 u. ö.

[48] BENZ, 1969, 58 f.

[49] Vgl. insgesamt Kap. 4.2., besonders 4.2.9.

[50] Vgl. KURT P. NEMITZ: Leibniz and Swedenborg. In: The New Philosophy 114 (1991), 445–488, hier: 450; BENZ, 1969, 60 f.

[51] Ludus Heliconius, sive Carmina Miscellanea. Greifswald 1714; 2. Aufl. Skara 1716, lateinisch und englisch hg., übers. und kommentiert von HANS HELANDER. Uppsala 1995. Vgl. BERGQUIST, 2005, 41–44; Camena Borea. Greifswald 1715, publiziert unter E. S., lateinisch und englisch hg., übers. und kommentiert von HANS HELANDER. Stockholm; Uppsala 1988. Vgl. dazu Bergquist, 2005, 52 f.

[52] Festivus applausus in Caroli XII in Pomeraniam suam adventum. Greifswald 1714; 2. Aufl. 1715, lateinisch und englisch hg., übers. und kommentiert von HANS HELANDER. Stockholm; Uppsala 1985. Vgl. dazu BERGQUIST, 2005, 53 f.

[53] In seiner im Namen der Königlichen Akademie der Wissenschaften gehaltenen Gedenkrede zum Tod Swedenborgs im Adelshaus urteilte auch Samuel Sandel, Swedenborgs lyrische Versuche seien nicht sein „Hauptfach" gewesen, vgl. Samuel Sandel: Rede zum Andenken des Herrn Emanuel Swedenborg, gewesenen Mitgliedes der Königlichen Akademie der Wissenschaften und Assessors bei S. M. und des Reichs Bergwerks-Collegium, gehalten im Namen der Königl. Akademie der Wissenschaften im großen Saale des Adelshauses den 7. Okt. 1772. In: TAFEL, Sammlung, 7.

[54] Vgl. Kap. 2.4.3.

1.4. Christopher Polhem und der berufliche Aufstieg

Christopher Polhem, der schon von den Zeitgenossen als „schwedischer Archimedes" angesehen wurde[55] und heute (2011) auf der Rückseite der 500-Kronen-Banknote abgebildet ist, war ein Mechaniker, Ingenieur und Naturphilosoph. Er hat vor allem seit der Rückkehr Swedenborgs nach Schweden 1715 stark auf dessen Entwicklung zum physikalisch-mathematischen Forscher und Techniker gewirkt. Swedenborg befand sich mit seinen eigenen Erfindungen und naturphilosophischen Schwerpunkten bis in die 1720er Jahre hinein thematisch in der Nähe Polhems und nahm dessen Ideen auf.[56] Polhem, der bis zu seiner Erhebung in den Adelsstand 1716 Polhammar hieß, war weit über Schweden hinaus in der gelehrten Öffentlichkeit bekannt, unter anderem durch seine Uhren, Schleusen, Hebezüge, Trockendocks und Kanäle, als mechanischer Theoretiker[57] und Techniker im schwedischen Bergbau. Er gründete 1697 das *Laboratorium mechanicum*, die erste Ingenieurhochschule Schwedens. Durch seine Verdienste und Positionen stand er in Verbindung mit dem schwedischen Königshaus, insbesondere mit Karl XI. und Karl XII.

Polhem vertrat die Idee eines streng mechanistischen, auf mathematischen Gesetzen basierenden Universums, das nur mathematisch und mechanisch verstanden werden könne.[58] Sein Cartesianismus führte ihn zu zwei Grundsätzen: *erstens* zu der scharfen, geradezu diastatischen Differenz zwischen Gott und Mensch in Analogie zu der Differenz zwischen Unendlichkeit und Endlichkeit, und *zweitens* zu den beiden universalen Prinzipien Materie und Bewegung, wobei er Gott mit der immateriellen Bewegung identifizierte, aus der die Materie bei Schöpfungsbeginn geschaffen wurde.[59] Der Mensch vermag niemals Gott, sondern nur Materie zu begreifen. Diese beiden Grundsätze durchziehen einen großen Teil des naturphilosophischen Werkes Swedenborgs und werden hier in verschiedener Weise angewandt und modifiziert. Allerdings vertrat Polhem gegenüber observanten Cartesianern auch abweichende Positionen, die offenbar auf eine partielle Aneignung newtonscher Positionen oder auf die Integration beider naturphilosophischen Lehren zurückgehen. Für Gott verwendet Polhem zwar

---

[55] STROH, 1911, 103, bezieht sich offenbar auf Samuel Sandel, der Polhem in seiner Gedenkrede zu Swedenborgs Tod im Oktober 1772 als „Schwedischen Archimedes" bezeichnet, vgl. (unpaginierter) Vorbericht zu Oetingers Übersetzung von Swedenborgs *Himmel und Hölle* (1774); erneut abgedruckt von TAFEL, Sammlung, 1–29, hier: 9.

[56] STROH, 1911, 104.

[57] BERGQUIST, 2005, 35, Zu Polhem liegt auf Deutsch lediglich vor: BENGT NYSTRÖM: Christopher Polhem 1661–1751 – „The Swedish Daedalus" – „Der schwedische Dädalus". Wanderausstellung des Schwedischen Institutes in Zusammenarbeit mit dem Schwedischen Technischen Museum. Stockholm 1985; vgl. auch WILLIAM A. JOHNSON: Christopher Polhem: The Father of Swedish Technology. Hartford 1963, und einige neuere schwedische Arbeiten von DAVID DUNÉR: Polhems huvudvärk. In: Sjuttonhundratal 2005, 5–12; DERS.: Daedalus flykt. In: Teknikhistorisk årsbok 2005, 100–118; DERS.: Bubblor, kanonkulor och en tunna ärtor. Polhem och Swedenborg om materiens struktur. In: Tidskrift för teknikhistoria 2000/2001, årg. 18/19, 3–27.

[58] BERGQUIST, 2005, 35, 77.

[59] BERGQUIST, 2005, 75 f.

auch die Metapher eines Uhrmachers, jedoch vermag Gott das zu Schöpfungsbeginn eingestellte Uhrwerk der Welt zu ändern.[60] An diesem Punkt wird Swedenborg seinem Mentor nicht folgen, aber eine andere Position Polhems zwischen
Descartes und Newton wird von Swedenborg in mehreren Schriften aufgenommen werden: Polhem verwarf Descartes' Idee einer bewegungslosen Materie
ohne Vakuum. Seiner Theorie nach besteht die Materie aus runden Teilchen, zwischen denen ein leerer Raum als Voraussetzung für die Bewegung existiert, die aus
der Unendlichkeit stammt.[61] Diese Bullulartheorie spielt in Swedenborgs Schriften der 1720er Jahre eine wichtige Rolle. Sie ist meines Erachtens als eine Zwischenposition zwischen Descartes und Newton zu verstehen, gerade im Hinblick
auf die in der Forschung vertretene These, dass Swedenborg – und vor ihm Polhem – trotz seiner intensiven Newton-Studien nie ein überzeugter Newtonianer
wurde, sondern seine cartesische Prägung aus Uppsala beibehielt.[62] Später wird
für ihn vor allem bei der Leib-Seele-Problematik (*commercium corporis et animae*)
der in der Bullulartheorie enthaltene, auch von Newton vertretene Gedanke wichtig, dass nicht nur mechanische, sondern auch immaterielle Kräfte zwischen den
Körpern wirken, auch wenn der Grad der Immaterialität dieser Kräfte bei Swedenborg variiert.

Für Swedenborgs in den 1730er und 1740er Jahren zentrales Thema, das Verhältnis zwischen Körper und Seele, war noch eine andere Ansicht Polhems von
Belang. Von Descartes hatte Polhem die aus der galenischen und stoischen Philosophie und Medizin stammenden *spiritus animales* übernommen, die vom Blut
hervorgebracht würden und als Mittler zwischen Körper und Seele fungierten.
Ihre Energie bestehe aus Tremulationen. Gefühle und Gedanken erschienen auf
diese Weise als Schwingungen und Vibrationen der *spiritus animales* und waren
damit materiell und mechanisch beschreibbar.[63] Swedenborg lehnte diese *spiritus
animales* zunächst als okkulte Annahme ab,[64] wandte sich später jedoch diesem
Erklärungsmodell in verschiedenen Varianten zu. Polhems materialistische Erklärung des *commercium corporis et animae* hatte aber noch eine andere These zur
Folge, die für Swedenborgs spätere Entwicklung von kaum zu unterschätzender
Bedeutung war. Denn in einem Aufsatz über das *Wesen der Geister* nahm Polhem
(wie Newton) eine subtile Materie als Äther an, durch die nicht nur Phänomene
wie die Gedankenübertragung und Gefühle zwischen Freunden und Träume,

---

[60] Vgl. Christopher Polhem: Efterlämnade Skrifter, hg. von Axel Liljencrantz.
Uppsala 1952f. Teil 3, 312, zitiert nach Bergquist, 2005, 77.

[61] Bergquist, 2005, 78f.

[62] So Jonsson, 1969, 30. Jonsson hat an anderer Stelle allerdings stärker betont, dass Swedenborg Descartes auch kritisiert und modifiziert habe, seine Schülerschaft sei aber dennoch
„unbestreitbar". Vgl. Inge Jonsson: Emanuel Swedenborgs Naturphilosophie und ihr Fortwirken in seiner Theosophie. In: Antoine Faivre und Rolf Christian Zimmermann
(Hgg.): Epochen der Naturmystik. Hermetische Tradition im wissenschaftlichen Fortschritt.
Berlin 1979, 227–255, hier: 228.

[63] Bergquist, 2005, 78. Zum Niedergang des reinen Cartesianismus in Polhems und
Swedenborgs Zeit vgl. Jonsson, 1999, 35–39.

[64] Vgl. Inge Jonsson: Swedenborg and his Influence. In: Erland J. Brock u. a. (Hg.):
Swedenborg and his Influence. Bryn Athyn 1988, 29–43, hier: 33, 35, 37.

sondern auch Erscheinungen von Verstorbenen und Geistern auf rein mecha-
nisch-materialistische Weise durch den Transport von subtiler Materie erklärt
werden konnten.[65] Bei Polhem, dem angesehenen Mechaniker, Erfinder und
langjährigen Mentor Swedenborgs, lag demnach eine Lehre vor, die übersinnliche
Phänomene auf mechanische und materielle Weise zu erklären beanspruchte und
die für die „Wirklichkeit des Spukes" freien Raum ließ.[66] Diese Aspekte der Lehre Polhems sind hinsichtlich der intellektuellen Biographie Swedenborgs im Blick
zu behalten.

Als Swedenborg 1715 nach Schweden zurückkehrte, versuchte er, mit Hilfe
von Benzelius und Polhem einen beruflichen Einstieg zu schaffen. So schlug er
Benzelius vor, eine Professur für Mechanik in Uppsala – auf Kosten der anderen
Professuren – für ihn zu schaffen,[67] und er entwickelte den Plan, zusammen mit
Polhem eine wissenschaftliche Institution nach dem Vorbild der Londoner und
Pariser Akademie zu gründen – beide Pläne scheiterten offenbar auch am Widerstand der etablierten Gelehrten.[68] Allerdings gelang es ihm, gemeinsam mit Polhem die mathematisch-physikalisch und technisch orientierte Zeitschrift *Daedalus hyperboreus* zu gründen, die zwischen 1716 und 1718 in sechs Bänden als erste Zeitschrift dieser Art in Schweden überhaupt erschien und große Beachtung in
der gelehrten Öffentlichkeit fand.[69] Swedenborg fungierte als Herausgeber und,
gegenüber Polhem allerdings in geringerem Maße, als Autor, auch wenn sein
Name nicht auf dem Titelblatt erschien. Möglicherweise ist in dieser Zurückset-
zung[70] durch Polhem einer der Gründe für sein späteres Zerwürfnis mit ihm zu
sehen. Über Polhem kam Swedenborg in Kontakt mit dem schwedischen König.
Zweifellos trug diese Bekanntschaft zu seinem weiteren beruflichen Aufstieg bei,
denn bereits 1716 ernannte Karl XII. den mit bergbaulichen Angelegenheiten bisher kaum befassten Swedenborg zum außerordentlichen Assessor beim schwedischen Bergwerkskollegium (ohne Besoldung) und ordnete ihn Polhem als eine
Art Assistent zu.[71]

In seiner Zeit als außerordentlicher Bergwerksassessor wurde Swedenborg
auch in anderen Feldern tätig und konnte seine Reputation am schwedischen
Hof weiter ausbauen. Zusammen mit Polhem beteiligte er sich am Bau von
Schiffsdocks an der Ostsee und von Schleusen im schwedischen Innenland. Auf
Anregung Karls XII. arbeitete er an einem sexagenarischen Zahlensystem. Im
Krieg mit Norwegen beispielsweise soll es ihm – nach unsicheren Quellen – ge-
lungen sein, zwei Galeeren und mehrere Boote mittels einer mechanischen Kon-

---

    [65] POLHEM, 1952f., Teil 3, 314, zitiert nach BERGQUIST, 2005, 78. JONSSON, 1979, 232,
sieht in dieser Theorie Polhems einen frühen Anknüpfungspunkt für die Verbindung des
„wissenschaftlichen" und „theosophischen" Werks Swedenborgs.
    [66] LAMM, 1922, 38f.
    [67] Vgl. Briefe Swedenborgs an Benzelius vom 14. Februar und 4. März 1716. In: TAFEL,
Documents I, 247–251.
    [68] Vgl. BENZ, 1969, 73–77.
    [69] Vgl. dazu Kap. 2.2.1. Die Bände 1 bis 5 des *Daedalus* erschienen 1716/17 in Uppsala,
Band 6 1718 in Skara [Reprint Uppsala 1910].
    [70] BENZ, 1969, 78.
    [71] BENZ, 1969, 87; JONSSON, 1999, 13.

struktion zweieinhalb Meilen über Land zu transportieren.[72] Diese Zuschreibung dürfte vor allem posthum dazu beigetragen haben, Swedenborgs Ruf als kongenialer Techniker zu konstruieren und die akademische und politische Reputation des späteren Geistersehers zu rechtfertigen.

Nach mehreren Anträgen[73] wurde die Familie von Jesper Swedberg, also auch sein Sohn Emanuel, 1719 in den Adelsstand erhoben und erhielt den Namen Swedenborg. Dies geschah jedoch keinesfalls aufgrund Jespers oder Emanuels fachlicher Verdienste, wie es gelegentlich behauptet wird. Vielmehr versuchte Königin Ulrika Eleonore, die Schwester des 1718 gefallenen Karl XII., mit diesem Akt offenbar, die Übertragung der Krone auf ihren Ehemann Friedrich von Hessen-Kassel (ab 1720 Friedrich I.) durchzusetzen, denn mit den Swedbergs wurden 147 Bürgerfamilien geadelt, wodurch die Machtverhältnisse im Adelshaus des schwedischen Parlaments zu Ulrikas Gunsten verschoben wurden. Jesper Swedberg, der als Bischof bereits Mitglied der Kammer der Geistlichen in der Diet war, hatte mindestens seit 1716 die Erhebung seiner Familie in den Adelsstand beim König beantragt. Nun erhielt Emanuel Sitz und Stimme im Adelshaus des Reichstags.[74]

Swedenborg hat sich nach seiner biographischen Wende Mitte der 1740er Jahre von seinen früheren Mentoren, wenn auch nicht öffentlich, sondern in seinem privaten und erst posthum veröffentlichten Tagebuch *Diarium spirituale* (1747–1760)[75] scharf distanziert. Benzelius, Polhem und auch Karl XII.[76] gehören zu den Zeitgenossen, die Swedenborg nach ihrem Tod in der Geisterwelt getroffen haben will und deren jämmerliches jenseitiges Los Aufschluss über seine spätere Sichtweise des Verhältnisses zu ihnen gibt. Dabei dürften die Gründe für den Bruch ganz unterschiedlich sein. Benzelius erscheint, ungeachtet seiner pietistischen Neigungen und seiner früheren geistlichen Mentorschaft, in der Geister-

---

[72] BENZ, 1969, 90, zitiert diese Behauptung ohne Quellennachweis und macht aus den zweieinhalb kurzerhand 21 Meilen. Die Information wurde im deutschen Sprachraum durch ein Schreiben des schwedischen Reichsrats und Mitglieds der Philanthropischen und Exegetischen Gesellschaft Anders Johan von Höpken an den dänischen General Christian Tuxen vom 11.5.1772 verbreitet und bei der Gedenkrede zu Swedenborgs Tod am 7.10.1772, die im Auftrag der schwedischen Akademie im Adelshaus von Samuel Sandel gehalten wurde, weitergetragen, vgl. TAFEL, Sammlung, 10. Oetinger kolportierte den Schiffstransport aus der Gedenkrede Sandels im (unpaginierten) Vorbericht zu der Übersetzung von Swedenborgs *Himmel und Hölle* (1774). Seither wurde die Geschichte von den über Land gebrachten Schiffen literarisch immer wieder erwähnt, so etwa von JOHANN GOTTFRIED HERDER: Emanuel Swedenborg, der größte Geisterseher des achtzehnten Jahrhunderts. In: Adrastea 3 (1802), Bd. 3, 353f., und in ANDERS FRYXELLS Berättelser ur Svenska Historien (1828–1866), vgl. TAFEL, Documents I, 545f. Von Swedenborg selbst ist diese Begebenheit nicht bezeugt.

[73] Vgl. BERGQUIST, 2005, 84.

[74] Vgl. BERGQUIST, 2005, 84.

[75] Lateinisch: Experientiae Spirituales, hg. von JOHN DURBAN ODHNER. 6 Bde., Bryn Athyn 1983–1997; englisch: The Spiritual Diary, übers. von GEORGE BUSH und JOHN H. SMITHSON. London 1883–1902 sowie übers. von ALFRED ACTON (Bd. 1) London 1962 und in neuer Übersetzung London 2002f.; deutsch: Geistiges Tagebuch, übers. von WILHELM PHILIPP PFIRSCH. Philadelphia 1902 [Nachdruck Zürich 1986, enthält nur Auszüge].

[76] Im Diarium spirituale 6018 trifft Swedenborg in der Geisterwelt Karl XII. entkleidet. Er entzieht sich der sinnlich-geistigen Kommunikation und wird sinnlich wie Christian Wolff.

welt als Repräsentant der lutherischen Orthodoxie.[77] Swedenborg schildert ihn
als höllischen Geist in einer scheußlichen, geradezu unmenschlichen Gestalt und
unterstellt ihm, dass er wegen seiner Fixierung auf die materielle Welt ein insgesamt ungläubiger Mensch gewesen sei[78] – typischer Ausdruck von Swedenborgs
ablehnender Haltung gegenüber der lutherischen Lehre von der Rechtfertigung
sola fide, die zur moralischen Äußerlichkeit führe und auf einem falschen Gottesverständnis basiere. Benzelius' Bruder Jacob, Theologieprofessor in Uppsala, erscheint Swedenborg in der Geisterwelt ebenfalls als unbelehrbarer Anhänger der
Rechtfertigung *sola fide* und befindet sich aufgrund dessen in einem ebenso jäm-
merlichen Zustand wie sein Bruder Erik.[79] Es ist kaum anzunehmen, dass diese
Abwendung Swedenborgs von den Benzelius mit eventuellen Sympathien Swedenborgs für pietistische Gruppen zusammenhing, die nach Dippels Aufenthalt
in Schweden entstanden waren und von beiden Benzelius bekämpft wurden. An
dem Prozess gegen drei Anhänger Dippels, von denen einer nach 34 Jahren Haft
1771 im Gefängnis starb, war Jacob Benzelius als Richter beteiligt.[80] Sein Engagement trug zu einer gesetzlichen Verfügung von 1735 bei, das gegen falsche Interpreten des offiziellen evangelischen Christentums in Schweden gerichtet war.[81]
Swedenborg, der Dippel möglicherweise persönlich kennenlernte, äußerte sich in
seinem Reisetagebuch in der zweiten Hälfte der 1730er Jahre, etwa zu der Zeit,
als der Prozess gegen die schwedischen Dippelianer geführt wurde, aber eher ab-
fällig über Pietisten und Quäker.[82] Die genauen Hintergründe des ‚postmortalen‘
Zerwürfnisses zwischen Benzelius und Swedenborg lassen sich also nicht hinreichend nachvollziehen.

Dies verhält sich im Falle seines schon frühzeitigen Bruchs mit Polhem
ähnlich, wenngleich hier neben einem fachlichen Konkurrenzverhältnis[83] auch
die frühe und möglicherweise auf Empfehlung Karls XII. eingegangene Verlo-
bung Swedenborgs mit einer Tochter Polhems zu stellen ist, die Swedenborg –
nach eigenem Bericht[84] – wegen unerwiderter Liebe gelöst haben soll. Sweden-

---

[77] Vgl. Jonsson, 1999, 19, sowie Diarium spirituale 4757, 4851 (hier taucht Benzelius neben Christian Wolff und die mit der Benzelius-Familie verwandten Gustaf und Lars Benzelstierna, die Swedenborg zu Lebzeiten ebenfalls gut kannte, auf).

[78] Vgl. auch Bergquist, 2005; Lars Bergquist: Swedenborg's Dream Diary, übers. von
Anders Hallengren. West Chester 2001, 62, 241 f.

[79] Vgl. Diarium spirituale 6028, 6034, 6044, 5896.

[80] Vgl. Acton, Letters and Memorials I, 255; Bergquist, 2005, 100.

[81] Bergquist, 2005, 128. Jacob Benzelius enthielt sich auch in seiner Trauerpredigt zu
Jesper Swedbergs Tod nicht kritischer Bemerkungen über dessen pietistische und orthodoxie-
kritische Haltung, vgl. ebd., 127–130.

[82] Vgl. Jonsson, 2004, 200; Lamm, 1922, 66; Emanuel Swedenborg: Resebeskrifningar, under åren 1710–1739. 3. Aufl. Uppsala 1911, 65. Swedenborg notierte, die Stadt Kopenhagen sei vom Pietismus und Quäkerismus infiziert („inficierad af pietismo el. quakerismo").

[83] Vgl. Benz, 1969, 99 f.; Lamm, 1922, 35, vermutet vor allem persönliche Gründe für den
Bruch des Verhältnisses.

[84] Swedenborg soll sich nach einem späteren Bericht von Christian Tuxen in dieser Weise
zwei Jahre vor seinem Tod geäußert und dabei aber die Schuld für die misslungene Ehe dem
König zugeschoben haben, vgl. Christian Tuxen: Schreiben [...] betreffend das Leben und
den Charakter Eman. Swedenborg's, 4.5.1790. In: Tafel, Sammlung, 29–47, hier 41; Benz,
1969, 101. Es existieren freilich noch andere Berichte aus dritter Hand, vgl. ebd., 100 f.

borg blieb danach bis an sein Lebensende ledig. Möglicherweise ergänzen sich diese beiden Erklärungsmodelle. In der Geisterwelt erschien die Seele des verstorbenen Polhem dem Geisterseher Swedenborg allerdings aus ganz anderen Gründen in einem verzweifelten Zustand. Im *Diarium spirituale* taucht er 1750 als ein nur materieller und nicht geistig denkender Atheist auf, der im Jenseits dazu verdammt ist, sich immer wieder technischen Erfindungen hinzugeben und mechanische Katzen zu konstruieren.[85]

Auffällig ist allerdings, dass Polhem nach seinem Bruch mit Swedenborg dessen weitere Laufbahn nicht unterstützt zu haben schien. Die Initiative zur Aufnahme in die Akademie der Wissenschaften, deren Mitglied Polhem war, ging offenbar nicht von ihm aus.

Zu berücksichtigen ist, dass Swedenborgs Bemerkungen über seine früheren Förderer im 18. Jahrhundert nicht publiziert wurden und von Swedenborg auch nicht zur Veröffentlichung vorgesehen waren. Dem uneingeweihten Gelehrtenpublikum blieb diese persönliche ‚Abrechnung‘ mit den persönlichen Bekannten daher verborgen, während Swedenborgs scharfes Urteil über andere Zeitgenossen wie Christian Wolff oder den Leipziger Theologen Johann August Ernesti auch im veröffentlichten Werk vorhanden sind. Dass diese späten Urteile über Polhem und andere, einstmals für Swedenborg bedeutsame Persönlichkeiten nicht mit deren Einfluss auf sein Lehrsystems deckungsgleich sind, wird im Laufe dieser Arbeit zu zeigen sein.

1.5. Swedenborg als Bergwerksassessor

Swedenborgs Forschungen bis 1722 erstreckten sich auf ganz unterschiedliche Gebiete, wie sich jeweils an seinen schwedischen und zunehmend lateinischen Veröffentlichungen zeigt, die hier nur genannt werden. Nach ersten Aufsätzen im *Daedalus hyperboreus* über verschiedene Erfindungen und eine Theorie der Tremulationen in der menschlichen Anatomie legte er 1718 einen Beitrag zur Berechnung des Längengrades auf hoher See und ein schwedisches Algebra-Lehrbuch, 1719 eine Schrift über die Bewegung der Planeten und der Erde, im gleichen Jahr seine erwähnte, von Karl XII. angeregte Theorie eines sexagenarischen Rechensystems sowie einen Vorschlag zur Reform des schwedischen Münz- und Maßesystems und – in Analogie zu den oben genannten Forschungen Polhems – eine Schrift über Schiffsdocks, Schlösser und Salzwerke vor. Hydrostatische und erste physikotheologische bzw. kosmotheologische, die Sintflut und ihre geologischen und hydrologischen Folgen betreffende Überlegungen flossen 1719 in eine Untersuchung über die Eigenschaften von Wasser und die Gezeiten ein.[86]

In den Jahren 1721 und 1722 bereiste er Dänemark, Holland und Deutschland, studierte hier die Montanwirtschaft im Harz, in Sachsen und im Rheinland. In Amsterdam, Leipzig und Hamburg veröffentlichte er zwei seiner größeren frü-

---

[85] Vgl. Diarium spirituale 6049; BENZ, 1969, 100.
[86] Vgl. zu diesen Schriften Kap. 2.2.

hen Werke, den *Prodromus principiorum rerum naturalium,* und die *Miscellanea observata.* Die Vielfalt der in den zurückliegenden Jahren von Swedenborg bearbeiteten Bereiche schlägt sich in diesen beiden Werken nieder, wobei vor allem mineralogische Themen an Gewicht gewannen. Ebenfalls 1722 ließ er in Amsterdam einen erneuten Versuch zur Berechnung des Längengrades und eine Schrift über die Natur von Eisen und Feuer sowie Untersuchungen zur Erzschmelze, in Stockholm hingegen anonym eine Studie über die Inflation der schwedischen Währung drucken, die 1771 erneut aufgelegt wurde. Alle diese Werke wurden wenigstens in der schwedischen und deutschen Gelehrtenöffentlichkeit wahrgenommen und zum Teil ausführlich rezensiert. Möglicherweise im Zusammenhang mit einer gravierenden Kritik an einer seiner Arbeiten von 1722[87] legte Swedenborg bis 1734 eine zwölfjährige Publikationspause ein. Die Kernpunkte seiner Forschungsinteressen auch ab den 1730er Jahren hatte er aber bereits bis 1722 festgelegt.

Trotz der weiter unten noch auszuführenden Kritik wurden Swedenborgs insbesondere die schwedische Wirtschaft betreffenden und technischen Forschungsleistungen insofern gewürdigt, als er 1724, sechs Jahre nach dem Tod Karls XII., den vollen Titel als Assessor mit vollem Stimmrecht (seit 1723) und mit Besoldung erhielt. In diesem Amt blieb Swedenborg bis 1747. Noch vor seiner Ernennung zum Assessor wurde er in einen Parlamentsausschuss gewählt, der für die Angelegenheiten der Bergwerksbehörde zuständig war.[88] In den Jahren 1723, 1726, 1731 und 1734 war er Mitglied des Reichstages.

1729 wurde er in die *Societas literaria et scientiarum* in Uppsala berufen. Fünf Jahre zuvor hatte er das Angebot, in der Nachfolge des Vaters von Anders Celsius, Nils Celsius, eine Professur für Mathematik an der dortigen Universität mit dem Hinweis ausgeschlagen, dass er sich auf Geometrie, Metallurgie und Chemie konzentrieren wolle und ihm aufgrund seiner „Schwierigkeiten beim Reden" das „donum docendi" nicht gegeben sei.[89] Möglicherweise trug die genannte Kritik einer deutschen Gelehrtenzeitschrift, die sich unter anderem auf Swedenborgs mathematische Fähigkeiten bezog, aber auch zu dieser Entscheidung bei.[90]

Ungefähr 10.000 holländische Gulden[91] oder 2.400 bis 3.600 Reichstaler soll die Jahreseinkunft Swedenborgs als Assessor betragen haben. Sie ist aufgrund des wohlhabenden familiären Hintergrunds und hieraus stammender Erbschaften wahrscheinlich noch höher anzusetzen.[92] Diese komfortable finanzielle Situation

---

[87] Vgl. Kap. 2.2.5., c). Diese für Swedenborg nach eigenem Zeugnis einschneidende Kritik wird in der swedenborgianischen und akademischen Swedenborgforschung ignoriert, so merkwürdigerweise auch von JONSSON, 2004, 13 f., der sich aus diesem Grund auch die lange Publikationspause nicht erklären kann.

[88] BERGQUIST, 2005, 96.

[89] Swedenborg an Benzelius, 26. Mai 1724. In: TAFEL, Documents I, 337–339; JONSSON, 1999, 14; BENZ, 1969, 96.

[90] BENZ, 1969, 96, der wie viele andere die Kabale um die Kritik an Swedenborg ignoriert, meint, Swedenborg habe bei seiner Ablehnung aus „innerster Überzeugung" gehandelt.

[91] Vgl. TTB, 79.

[92] In den 1720er Jahren soll Swedenborg mehrere Erbschaften mit einer Gesamtsumme von ungefähr 50.000 Reichstalern gemacht haben. Vgl. BERGQUIST, 2005, 101. In swedenbor-

erlaubte es Swedenborg, seine Werke in Deutschland, Holland und England auf eigene Kosten drucken zu lassen und ausgedehnte Auslandsreisen zu unternehmen.

Ohne Quellenbeleg ist die in manchen Arbeiten aufgestellte Vermutung, Swedenborg sei 1726/27 mit dem deutschen Theologen, Arzt und Alchemisten Johann Conrad Dippel zusammengetroffen, der sich von 1726 bis 1729 in Schweden aufhielt, hier auf ein für seinen „radikalen Pietismus" offenes Umfeld traf und Schüler um sich sammelte, bis er des Landes verwiesen wurde.[93] Wenn es überhaupt einen Kontakt gab, dann möglicherweise im Zusammenhang mit dem Versuch Dippels, von der Bergwerkskommission eine Stelle zu erhalten, was offenbar in Verbindung mit dessen alchemistischer Arbeit stand: Dippel verstand nicht nur die Wiedergeburt des Menschen als alchemischen Prozess, sondern versuchte selbst, durch das alchemische Verfahren der Transmutation Gold herzustellen. Polhem und Swedenborg lehnten die Möglichkeit der Transmutation von Metallen und die Alchemie explizit ab,[94] nicht aber andere Mitglieder der Bergwerksbehörde wie deren Präsident Gustaf Bonde (1682–1764).[95] Das schwedische Bergamt war zu dieser Zeit in zwei konträre Lager gespalten, von denen das um Bonde paracelsistisch-alchemistisch und hermetisch, das um Polhem und seinen Schüler Swedenborg aber cartesisch-mechanistisch und alchemiefeindlich ausgerichtet war.[96] Es ist daher nicht unwahrscheinlich, dass Dippel in der Tat sogar eine Anstellung angeboten wurde, wie er es selbst behauptete. Und es ist kein Wunder, dass Erik Benzelius im Zuge der

---

gianischen Kreisen wird allerdings spekuliert, dass Swedenborgs hohe Auslagen für die Veröffentlichung seiner *Arcana coelestia* nur durch eine Jahrespension in Höhe von 5.000 Reichstalern erklärt werden könnten, die der französische König Ludwig XV. an ihn gezahlt habe. Vgl. Frans G. Lindh: Swedenborgs Ekonomi. In: Nya Kyrkans Tidning. Stockholm 1927–1930; Bergquist, 2005, 353–366 (hier weitere Angaben zu Swedenborgs finanzieller Situation). Diesen auf Indizien beruhenden Berechnungen, die im übrigen mit weitgehenden Vermutungen über politische Einflussversuche Ludwigs über Swedenborg auf die schwedischen Verhältnisse und Swedenborgs positive Würdigung der antijesuitischen und pro-jansenistischen Aktivitäten Ludwigs verbunden sind, fehlt jedoch ein quellenmäßig überzeugender Nachweis. Vgl. auch Talbot, 2007, 178.

[93] Vgl. Jonsson, 2004, 199; eine ältere Arbeit über den Dippelianismus liegt vor: Karl Henning: Johan Conrad Dippels vistelse i Sverige samt dippelianismen i Stockholm 1727–1741. Diss. phil. Uppsala 1881; Bergquist, 2005, 98–100.

[94] Von Polhem ist ein Spottgedicht über dieses Verfahren der Goldherstellung überliefert, das sich gegen Dippel richtet, vgl. Polhem, 1952f., Teil 4, 237, zitiert nach Bergquist, 2005, 203. Zu Swedenborgs Ablehnung der Alchemie vgl. Kap. 2.2.5., b-d) und 2.3.1.

[95] Vgl. Bergquist, 2005, 96.

[96] Vgl. Hjalmar Fors: Occult Traditions and Enlightened Science. The Swedish Board of Mines as an Intellectual Environment 1680–1760. In: Lawrence M. Principe (Hg.): Chymists and Chymistry. Studies in the History of Alchemy and Early Modern Chemistry. Sagamore Beach 2007, 239–252, hier: 245f. Der hermetisch-alchemistische Flügel war vor allem durch die Eingliederung von Urban Hiärnes (†1724) *Laboratorium Chymicum* in das Bergamt eingetreten, vgl. ebd., 242–245. Vgl. auch Ders.: Speaking About the Other Ones. Swedish Chemists on Alchemy, c. 1730–70. In: José Ramón Bertomeu-Sánchez, Duncan Thorburn Burns und Brigitte Van Tiggelen (Hgg.): Neighbours and Territories. The Evolving Identity of Chemistry Proceedings of the 6th International Conference on the History of Chemistry. Leuven 2008, 283–289.

Auseinandersetzung um Dippel dessen Behauptung eines Stellenangebots vehement bestritt.[97] Swedenborg dürfte zusammen mit Polhem jedoch zu den Gegnern wenigstens der alchemistischen Vorhaben Dippels gezählt haben. In seinem *Diarium spirituale* vermerkte Swedenborg zwar, dass er auch Schriften Dippels gelesen habe. Inwieweit diese Lektüre sich in Swedenborgs Theologie niedergeschlagen haben könnte, wird an anderer Stelle noch zu diskutieren sein.[98]

Bis 1733 unternahm Swedenborg keine Reisen außerhalb Schwedens, sondern war mit seiner Tätigkeit als Assessor beschäftigt. 1733 begannen seine jahrelangen Aufenthalte im Ausland, deren Stationen in seinem nicht zur Veröffentlichung vorgesehenen Reisetagebuch skizziert sind.[99] Seine erste Reise führte ihn 1733/ 34 nach Berlin, Dresden, Prag und Leipzig sowie in die böhmischen und hessischen Bergbaugebiete. In Dresden hatte er Kontakt zu dem sächsischen Bergrat Johann Friedrich Henckel,[100] in Leipzig vermutlich zu dem Naturforscher und Physikotheologen Julius Bernhard von Rohr.[101] Beide gehörten zu den Rezipienten und Rezensenten der frühen Schriften Swedenborgs.

In Leipzig gab Swedenborg 1734 sein erstes großes Werk, die dreibändigen *Opera philosophica et mineralia*, und in Leipzig und Dresden eine kleinere philosophisch-theologische Schrift *De infinito*[102] heraus. Danach folgte erneut eine Publikationspause von sechs Jahren. Die *Opera philosophica et mineralia* wurden in mehreren europäischen Ländern zur Kenntnis genommen und gewürdigt. Die Kaiserliche Akademie der Wissenschaften in St. Petersburg ließ Swedenborgs Werk, das er ihr selbst zugesandt hatte, prüfen. Dass sie ihn danach zum korrespondierenden Mitglied berief, wie es schon von einigen Zeitgenossen kurz nach Swedenborgs Tod und zuweilen bis in die jüngste Zeit in der Forschung nicht nur seitens der Swedenborgianer behauptet wird,[103] ist aber nicht nachweisbar. Mög-

---

[97] Vgl. JONSSON, 2004, 199, nennt mit dem Anwärter für das Bergwerkskollegium Erland Fredrik Hiärne, einen Sohn Urban Hiärnes, einen weiteren Anhänger Dippels. Vgl. auch FORS, 2007, 244. Das angebliche Stellenangebot war zeitgenössisch bekannt. Oetinger, der Dippel und Zinzendorf ein Streitgespräch im Totenreich führen ließ, berichtet ebenfalls davon und erwähnt auch die Verfahren gegen Dippels Anhänger. Vgl. FRIEDRICH CHRISTOPH OE-TINGER: Gespräch im Reiche der Todten zwischen dem gewesenen Urheber, Aeltesten und Bischof derer sogenannten mährischen Brüder, Nikolaus Ludwig, Grafen von Zinzendorf und Pottendorf, und dessen ehemaligen Freunde, dem berüchtigten Schwärmer, Johann Konrad Dippel, sonst DEMOCRITUS RIDICULUS genannt, der Arzneykunst Doktor und deklarirten Dänischen Kanzleyrath, worinnen beider seltene Handlungen und Begebenheiten erzählet werden. Bd. 1, Frankfurt 1760, 74–76.

[98] Vgl. Kap. 4.3.4., c).

[99] Swedenborg's Journals of Travel. In: TAFEL, Documents II,1. London 1877, 3–133 [schwed.: Resebeskrifningar].

[100] Vgl. The New Philosophy 32 (1929), 76; Resebeskrifningar, 57.

[101] Offensichtlich handelt es sich bei dem in Swedenborgs Schreiben an Benzelius vom 26.5.1724 genannten Julius aus Leipzig um von Rohr, vgl. Opera quaedam Bd. 1, 313 f.

[102] Vgl. zu beiden Schriften Kap. 2.3.

[103] Vgl. etwa HENRY DE GEYMÜLLER: Swedenborg und die übersinnliche Welt. Zürich [ca.] 1975 [Stuttgart 1936], 17; nach dem damaligen Forschungsstand auch noch von mir selbst behauptet, vgl. FRIEDEMANN STENGEL: Emanuel Swedenborg – ein visionärer Rationalist? In: MICHAEL BERGUNDER und DANIEL CYRANKA (Hgg.): Esoterik und Christentum. Religionsgeschichtliche und theologische Perspektiven; FS Helmut Obst. Leipzig 2005, 58.

licherweise geht Swedenborgs angebliche Berufung auf die anlässlich von Swedenborgs Tod gehaltene Rede vor der schwedischen Akademie der Wissenschaften zurück, in der behauptet wird, die Petersburger Akademie habe Swedenborg
1734 um die Mitgliedschaft gebeten. Diese Rede ist 1772 in Stockholm publiziert
und auf Deutsch als unpaginierter Vorbericht zu Friedrich Christoph Oetingers
Übersetzung von Swedenborgs *Himmel und Hölle* (1774) verbreitet worden. Der
Swedenborgübersetzer Friedrich Immanuel Tafel hat sie 1839 erneut abgedruckt.[104] Aber bereits die 1786 in Breslau als *Revision der bisherigen Theologie*
anonym herausgegebene Übersetzung von Swedenborgs *Summaria expositio
doctrinae Novae ecclesiae* (1769) enthält im Titel die Bezeichnung Swedenborgs
als Korrespondent der Petersburger Akademie.[105] Von hier aus scheint sich diese
Fehlinformation fortgesetzt zu haben, denn durch die Besprechung der *Revision*
in der *Allgemeinen deutschen Bibliothek* wurde die Mitgliedschaft Swedenborgs
der Öffentlichkeit unhinterfragt schon durch die vollständige Titelangabe be-
kanntgemacht.[106] Die Swedenborgübersetzungen des 19. Jahrhunderts führen die
Petersburger korrespondierende Mitgliedschaft im Titel nach Swedenborgs Namen, obwohl sie im Original der Schriften nicht erwähnt wurde und Swedenborg
sich meist nur als Assessor des *Collegium Metallicum* bezeichnete, wenn er nicht
ganz anonym veröffentlichte.[107]

Swedenborg besuchte 1734 auch Halle und das Waisenhaus der Franckeschen
Stiftungen.[108] Nach seinem eigenen Tagebuch traf er hier unter anderem mit dem
Mathematik- und Physikprofessor Hermann Lange, Sohn des strengen Wolff-
Gegners Joachim Lange zusammen. Dass der renommierte Mediziner Friedrich
Hoffmann noch lebte, wusste er zumindest. Christian Thomasius und den später
für ihn beachtlichen[109] Mediziner und Philosophen Andreas Rüdiger dürfte er
kaum gesehen haben – das wird in der Swedenborgforschung zuweilen behaup-
tet[110] –, denn Rüdiger war bereits 1731, Thomasius 1728 verstorben.

---

[104] Vgl. Tafel, Sammlung, 1–29, hier: 15.

[105] Emanuel Swedenborg's, weiland Königl. Schwedischen Assessors beim Bergwerkskollegium, der Königl. gelehrten Societät zu Upsala und Königl. Akademie der Wissenschaften zu Stockholm Mitgliedes, der Akademie der Wissenschaften zu Petersburg Korrespondenten. Revision der bisherigen Theologie [...]. Breslau 1786.

[106] Vgl. Allgemeine deutsche Bibliothek 83 (1788), 1. Stück, 40–58, hier: 40.

[107] Vgl. etwa die Auflistung von Hyde zur *Oeconomia regni animalis* und zum *Regnum
animale* in: James Hyde: A Bibliography of the Works of Emanuel Swedenborg. London
1906, 63–67, 100–102.

[108] Vgl. Aufzeichnungen aus Swedenborgs Reisetagebuch. In: Tafel, Documents II,1, 73 f.

[109] Zu Rüdiger vgl. Kap. 2.3.3., d–e)

[110] Swedenborg notierte in seinem Tagebuch, er habe einen gewissen „Rüdinger" getroffen, der eine Chemie geschrieben habe, vgl. Resebeskrifningar, 62. Tafel, Documents II,1, 74,
macht daraus: „Rudiger". Benz, 1969, 108, und Kurt P. Nemitz: The Development of Swedenborg's Knowledge of and Contact with Wolff. In: The New Philosophy 102 (1999), 467–
526, hier: 478–480, übernehmen die Lesart „Rüdiger" ungeprüft. Entweder handelt es sich um
einen Irrtum Swedenborgs oder es muss ungeklärt bleiben, um wen es sich bei dem genannten
Rüdinger gehandelt hat. Im Codex 88–93, 214 (Swedenborgsammlung des Archivs der Akademie der Wissenschaften Stockholm), der das Reisetagebuch enthält, ist der entsprechende
Namenseintrag unter dem 4. März jedenfalls nicht eindeutig, es spricht aber einiges für „Rüdinger".

Ob Swedenborgs Interesse an dem aus Halle vertriebenen Christian Wolff zu dieser Zeit oder schon früher bestand, ist nicht genau nachweisbar. Getroffen hat er ihn sicher nicht,[111] aber er besaß mehrere Bücher Wolffs, fertigte umfangreiche Auszüge an und zitierte ihn in seinen Werken. Wolff selbst hat Swedenborgs Arbeiten wenigstens zur Kenntnis genommen.

Nach den *Opera philosophica et mineralia* und *De infinito* verlagerte sich Swedenborgs Forschungsinteresse hin zur menschlichen Anatomie und Physiologie. Dieses Thema war zwar nicht völlig neu für ihn. Im *Daedalus hyperboreus* hatte er ja bereits seine an Polhem angelehnte Theorie von den Tremulationen vorgelegt, und *De infinito* enthielt neben kosmotheologischen Erwägungen Ausführungen über das Verhältnis von Leib und Seele.

Zwischen 1736 und 1738 hielt sich Swedenborg eineinhalb Jahre in Paris auf und befasste sich mit anatomischen und physiologischen Studien, nach eigenem Zeugnis, ohne selbst Sektionen vorgenommen zu haben.[112] Die begonnenen Arbeiten über die Physiologie des menschlichen Gehirns sind in umfangreichen Manuskripten erhalten und wurden posthum unter dem Titel *The Cerebrum* ins Englische übersetzt und herausgegeben.[113]

1738 verließ Swedenborg Paris und reiste über Mailand, Turin, Venedig und Florenz nach Rom, von dort 1739 nach Amsterdam. Kurz nach seiner Abreise aus Rom im Februar 1739 wurde der erste Band der *Opera philosophica et mineralia* am 13. April 1739 von Papst Benedikt XIV. auf den *Index Expurgatorius* gesetzt.[114]

Im Herbst 1740 kehrte er nach Stockholm zurück. Hier nahm er bis 1743 an den Reichstagen teil. Im Mai wurde die im zweiten Band (*De ferro*) von Swedenborgs *Opera philosophica et mineralia* von 1734 enthaltene Theorie über den Magnetismus in der Königlichen Akademie der Wissenschaften vorgetragen, was zu einer Kontroverse zwischen Swedenborg und dem Akademiemitglied Anders Celsius führte, die in Schweden, Deutschland und Italien durch die Veröffentlichung und Übersetzung der *Abhandlungen* der Akademie bekannt gemacht wurde.[115] Swedenborg, dem Celsius Messungenauigkeiten und eine falsche Theorie vorgeworfen hatte, wurde noch während dieser Auseinandersetzung am 26. November 1740 von dem früheren Vorsitzenden der Akademie, dem Botaniker und Zoologen Carl von Linné, für die Mitgliedschaft vorgeschlagen und am 10. Dezember als 60. Mitglied einstimmig gewählt. Am 8. Januar 1741 nahm Swedenborg seinen Sitz in der Akademie ein[116] und wurde seit diesem Jahr in der Mit-

---

[111] Benz hält es – ohne weiteren Beleg – nicht für „unwahrscheinlich", dass er Wolff in Marburg getroffen hat, vgl. BENZ, 1969, 107.

[112] Vgl. STROH, 1910, 174.

[113] 3 Bde., Bryn Athyn 1976 [1938, 1940].

[114] Vgl. Anmerkung ALFRED ACTONS in: The New Philosophy 32 (1929), 128; Stroh, 1911, 111. Auch die theologischen Schriften Swedenborgs wurden im 19. Jahrhundert auf den Index gesetzt, vgl. JONSSON, 2004, 110. Offenbar lag ein Grund dafür in Swedenborgs heterodoxer Kosmogonie, die sowohl eine *creatio ex nihilo* als auch eine *creatio continua* enthielt.

[115] Vgl. dazu den entsprechenden Exkurs Kap. 2.3.2., g).

[116] Vgl. Anmerkungen ALFRED ACTONS in: The New Philosophy 107 (2004), 146 f. Merkwürdigerweise wird Swedenborgs Mitgliedschaft in Oetingers (unpaginiertem) biographi-

gliederliste geführt.[117] Auffällig ist, dass Swedenborgs früherer Mentor Polhem als Mitglied offenbar keine Initiative zur Berufung Swedenborgs unternahm. Allerdings war 1740 auch Erik Benzelius in die Akademie berufen worden. Er könnte sich für Swedenborgs Aufnahme eingesetzt haben. Ein anderer Grund könnte aber auch darin bestanden haben, dass die Akademie bereits 1739 explizit beschlossen hatte, auch zahlungskräftige Personen aufzunehmen.[118] Dies könnte den wohlhabenden Swedenborg mit betroffen haben, der lediglich eine einzige kleine Veröffentlichung zu den fortlaufenden *Abhandlungen* der Akademie in den Jahren seiner Mitgliedschaft beitrug, und es lassen sich kaum weitere Indizien einer aktiven Mitgliedschaft erkennen.[119] Es ist bemerkenswert, dass Swedenborg in den intensiven Debatten, die die schwedische Akademie zu den Themen führte, die ihn selbst über viele Jahre beschäftigten – z. B. Längengrad, Wasser, Magnet – fast nie erwähnt wurde. Das ist bei einer bloßen Durchsicht der *Abhandlungen* der Akademie ohne weiteres erkennbar. Die starke Betonung der Mitgliedschaft(en) Swedenborgs in den Akademien seitens der Anhänger wie auch der Gegner des späteren Geistersehers Swedenborg stand offenbar in einem unausgewogenen Verhältnis zu Swedenborgs tatsächlicher akademischer Wirksamkeit in der Zeit der Mitgliedschaft selbst. Hier ging es offenbar um die akademische Aufwertung oder auch Problematisierung der Person Swedenborgs als Naturforscher und Techniker.

1740 und 1741 erschien Swedenborgs zweibändiges anatomisch-physiologisches Werk *Oeconomia regni animalis* in Amsterdam und London.[120]

1743 reiste Swedenborg, nachdem er der schwedischen Akademie einen Vorbericht über sein neuestes anatomisches Werk abgegeben hatte,[121] nach Holland und hielt sich hier in Amsterdam und Den Haag auf. In Den Haag begann – soweit aus den Quellen ersichtlich ist – 1744 seine religiöse Krise, die sich 1745 in London fortsetzte. Während dieser biographischen Wende publizierte er 1744 in Den Haag die ersten beiden Bände des *Regnum animale*, das erneut philosophische und physiologische Untersuchungen über den menschlichen Körper und damit zusammenhängende Fragen enthielt.[122] 1745 folgte in London der dritte

---

schem Vorbericht zu seiner Übersetzung von Swedenborgs *Himmel und Hölle* (1774) auf das Jahr 1758 datiert.

[117] Vgl. Mitgliederliste (unpaginiert) in: Der Königl. Schwedischen Akademie der Wissenschaften Abhandlungen aus der Naturlehre, Haushaltungskunst und Mechanik, auf das Jahr 1741, übers. von ABRAHAM GOTTHELF KÄSTNER. Bd. 3. 2. Aufl. Leipzig 1778.

[118] Im selben Protokoll der Sitzung vom 28. 11. 1739 wurde die Aufnahme von vier neuen Mitgliedern mit dem Kommentar verzeichnet, diese seien sowohl vermögend, ohne Erben und wunderbarerweise zudem gelehrte Männer. Vgl. Svenska Vetenskapsakademiens protokoll för åren 1739, 1740 och 1741 med anmärkningar utgifna af ERIK WILHELM DAHLGREN. Bd. 1, Stockholm 1918, 133. Diesen Hinweis verdanke ich INGE JONSSON (Stockholm).

[119] Vgl. unten Seite 46 f. 1764 übergab Swedenborg seine wegen der schwedischen Zensur im Ausland und anonym gedruckten theologischen Werke einem Mitglied der Akademie als Geschenk (vgl. JONSSON, 1999, 195). Eine Reaktion der Akademie ist nicht bekannt, obwohl HALLENGREN, 1998, XII, darin Recht zu geben ist, dass erst jetzt die öffentliche Rezension der bislang anonym herausgegebenen Bücher begann.

[120] Vgl. Kap. 2.4.1.

[121] Vgl. JONSSON, 1999, 123, mit dem Zitat einer protokollarischen Notiz.

[122] Vgl. Kap. 2.4.2.

Band des *Regnum animale* und das kaum beachtete Schöpfungsdrama *De cultu et amore Dei*.[123] 1746 nahm Swedenborg noch einmal am Reichstag teil. Ein Jahr später quittierte er seinen Dienst als Bergwerksassessor, erhielt aber die Hälfte seines Gehalts weiter.[124]

Während seiner religiösen Krise kam Swedenborg in Kontakt mit den Böhmischen und Mährischen Brüdern in London (in England: *Moravians*), die wenige Jahre später (1749) vom englischen Parlament offiziell anerkannt wurden.[125] Nach seinen eigenen Aufzeichnungen hatte er zunächst einen positiven Zugang zu den *Moravians*, denn er meinte, durch „Fügungen" in ihre Kirche geführt worden zu sein.[126] Von seinem zeitweiligen Interesse für die *Moravians* zeugen einige Titel in seiner gerade im Hinblick auf theologische Literatur eher dürftigen Bibliothek: ein kürzlich herausgekommenes Gesangbuch der Böhmischen Brüder und einige andere aktuelle Schriften von und über die Herrnhuter befanden sich darin.[127] Im Laufe des Jahres 1744 versuchte Swedenborg, selbst Mitglied der Brüdergemeine zu werden, wurde aber offenbar abgewiesen, was zu dieser Zeit gelegentlich vorkam.[128] Dies korrespondiert mit seiner später mehrfach geäußerten Abneigung gegen die Brüdergemeine und besonders gegen Zinzendorf.[129] Möglicherweise trug Swedenborgs Antipathie zu seiner Christologie und anderen theologischen Lehrstücken bei. Denn auffällig ist sein im Gegensatz zu den Herrnhutern und Zinzendorf ausgeprägtes Desinteresse am historischen Jesus,

---

[123] Vgl. Kap. 2.4.3.

[124] Vgl. JONSSON, 1999, 141.

[125] Zu den Herrnhutern und Zinzendorf in England vgl. DIETRICH MEYER: Zinzendorf und Herrnhut. In: BRECHT/DEPPERMANN, 1995, 5–106, hier: 40–45, 52–57; GEOFFREY und MARGARET STEAD: The Exotic Plant. A History of the Moravian Church in Britain 1742–2000. Werrington 2003.

[126] Vgl. TTB, 51, Aufzeichnung vom 19./20. Mai 1744. Der Begründer des Methodismus, John Wesley, erinnerte sich Jahre später, Swedenborg sei Gast im Hause des Herrnhuters Paul Brockmer gewesen und habe jeden Sonntag den Gottesdienst in Fetter Lane, dem Sitz der Brüdergemeine, besucht. Vgl. TAFEL, Documents II,1, 587; TTB, 84 (Kommentar des Übersetzers).

[127] Christliches Gesang-Buch der Evangelischen Brüder-Gemeinen. 1. Aufl. 1735, 3. Aufl. 1741, Teil 2; A Manual of Doctrine, Lond. 1742 = vermutlich NIKOLAUS LUDWIG ZINZENDORF: A Manual of Doctrine or a Second Essay to bring into the form of question and answer as well the fundamental doctrines, as the other scripture-knowledge, of the Protestant congregations who for 300 years past have been call'd the Brethren. [...] Written in High-Dutch, by the author of the first essay; and now translated into English. London 1742; ARVID GRADIN: A Short History of the Bohemian-Moravian Protestant Church of the United Brethren. London 1743; vgl. Catalogus, 4, 7f.

[128] Vgl. TTB, 67, Aufzeichnung vom 10./11. Oktober 1744. Swedenborg notierte im Anschluss an seine Bemerkung, nicht aufgenommen zu werden, dass er „keine Kenntnisse in der Religion" habe, wobei nicht klar ist, ob hiermit die spezielle Theologie der Brüdergemeine gemeint ist. In zwei Notizen aus dieser Zeit (20./21. Juni und 7./8. Juli 1744) äußerte er über eine geheime Gesellschaft, deren Mitglied sein Vater war, die jetzt seine eigene Mitgliedschaft prüfe. Kurze Zeit später träumte er von Jan Hus (Mitglied der Böhmischen Brüder), vgl. TTB, 54, 62. Offenbar handelte es sich bei dieser Geheimgesellschaft nicht um eine Freimaurerloge, sondern um die *Moravians*, die ihn 1744 in London beschäftigten.

[129] Vgl. auch JONSSON, 1999, 127. Möglicherweise war Swedenborgs Ablehnung der Londoner Böhmischen Brüder auch eine Reaktion darauf, dass diese für das Gerücht verantwortlich waren, Swedenborg sei geisteskrank. Vgl. auch LAMM, 1922, 165 f.; JONSSON, 1999, 202.

seine scharfe Ablehnung des Sühneopfers Christi wie an jeder Form von Christozentrik, an deren Stelle Swedenborg seine sabellianische, Vater und Sohn ineins setzende Christologie konstruierte. In seiner späteren Schrift *Vom Jüngsten Gericht* (1758) schilderte er den Zustand der Herrnhuter und Zinzendorfs in der Geisterwelt ausführlich – seine einzige Erwähnung einer christlichen Sondergemeinschaft des 18. Jahrhunderts neben den Quäkern, die er ebenfalls in England kennengelernt zu haben scheint.[130] Hier wird der wenig günstige postmortale Zustand der Herrnhuter darauf zurückgeführt, dass sie Christus als Lamm und Gnadenstuhl bezeichneten, sich selbst für die wahre apostolische Kirche hielten, den Apostel Paulus hoch-, die Evangelien und das Alte Testament aber geringschätzten. Zinzendorf selbst wird Arianismus und Adoptianismus vorgehalten: Jesus sei vom Vater nur als Sohn adoptiert worden, weil er am Kreuz gelitten habe – das diametrale Gegenteil von Swedenborgs patripassianischen Tendenzen.

Gegenüber den nur unsicher bezeugten Kontakten zu Dippel und den in Swedenborgs Jugend zu verortenden Berührungen mit der Gestalt des Pietismus, die ihm sein Vater Jesper Swedberg vermittelte, liegt mit den Herrnhutern eine theologische Quelle vor, die Swedenborg aber eher ‚negativ' beeinflusst haben dürfte.[131]

1.6. Die biographische Wende

Swedenborgs biographische Wende zwischen 1743 und 1745 ist häufig Gegenstand psychohistorischer Arbeiten gewesen. Die vorliegende Studie verschließt sich solchen Interpretationen, die Swedenborg posthum zum Patienten psychiatrischer Diagnoseverfahren machen und ihn auf diese Weise aus seinem historischen Kontext herauslösen. Hier wird es darauf ankommen, die dokumentierte, literarische Gestalt seiner biographischen Wende zu skizzieren und an anderer Stelle den zeitgenössischen Diskurs um den zum Geisterseher gewandelten Swedenborg aus historischer Perspektive zu beschreiben. Die Gestalt der Geister-

---

[130] Vgl. UJ cont 86, 89. In VCR 385 (1771) werden die Herrnhuter nur noch summarisch am Ende einer Reihe das wahre Christentum bedrohender Gruppierungen, von den altkirchlichen Donatisten und Photinianern, über Papisten, Zwinglianer, Anabaptisten, Schwenckfeldianer, Sozinianer, Antitrinitarier und Quäker genannt. Damit werden sie vollständig in die christliche Verfallsgeschichte eingeordnet. Zu den Quäkern vgl. aber auch seine abwertende Notiz im Resebeskrifningar, 65.

[131] Abwegig sind Marsha K. Schuchards Behauptungen, Swedenborgs hocherotische, sexuelle Magie sei von den Kabbalisten und den Moravians geprägt worden. Dem ist zu Recht widersprochen worden, denn es fehlt an Belegen für angebliche sexuelle Zeremonien der Juden und der Moravians, die Swedenborg in seinem *Diarium spirituale* beschreibt, das nun gerade nicht als zuverlässige historische Quelle gelten kann, da Swedenborg hier Erfahrungen aus der Geisterwelt zu berichten behauptet. Vgl. etwa TALBOT, 2007, 167, 196–202. Gerade im Vergleich mit analogen Schilderungen von Personen und Gruppen in der Geisterwelt ist es ausgesprochen problematisch, von hier aus über persönliche Aversionen hinausgehende historische Erfahrungen zu rekonstruieren.

welt, die Swedenborg nach seiner „religiösen Krise"[132] in seinen umfangreichen
Werken darstellt, besitzt einen literarischen Charakter, der auch für die Zeitgenossen, je nach der Kenntnis der Schriften Swedenborgs, nachlesbar war. Wie
sich zeigen wird, sind die infolge der Visionen und Offenbarungen Swedenborgs
entstandenen Texte keinesfalls als ein zusammenhangloses Ergebnis von Halluzinationen paranoider oder schizophrener Natur anzusehen, sondern als literarische „Bekräftigungen seiner eigenen Gedankenwelt" und als „Fortsetzung seiner
bewußten Spekulationen".[133] Wenn der zeitgenössische Diskurs um Swedenborg
untersucht werden soll, ist daher sicherlich auch den epistemologischen oder
auch medizinischen Urteilen der an der Debatte Beteiligten über die angeblichen
übersinnlichen Fähigkeiten Swedenbogs nachzugehen und danach zu fragen, ob
und welche Modifikationen der Diskurs um Status und Zugang zu einer intelligiblen, nicht- oder übersinnlichen Welt hierbei erfuhr. Da Swedenborg die Geisterwelt aber nur in literarischer Gestalt präsentierte, kann dabei ihre Literarizität
sowohl hinsichtlich ihrer Rezeptions- als auch ihrer Wirkungsgeschichte nicht
verlassen werden. Das bedeutet auch eine ständige Überprüfung späterer Urteile
theologischer, philosophischer oder psychiatrischer Provenienz, die ihre eigenen,
innerhalb des jeweiligen Diskurses eingebundenen Paradigmen zu Grunde legen.
    Im Gegensatz zu den plastischen Schilderungen der Geisterwelt ab 1749 ent-
ziehen sich die spirituellen Erfahrungen, die Swedenborg nach seinem eigenen
Zeugnis die Geisterwelt geöffnet haben sollen, jedoch der Literarizität insofern,
als sie zunächst unveröffentlicht waren und im zeitgenössischen Diskurs aus diesem Grund keine Rolle spielen konnten. Denn Swedenborg hat an keiner Stelle
seines veröffentlichten Werks die Begebenheiten der Jahre 1743 bis 1745 genau
berichtet, sondern nur summarisch darauf verwiesen. Der Leserschaft wurde
durch das Vorwort zum ersten Band der *Arcana coelestia* von 1749 lediglich bekannt gemacht, dass es Swedenborg durch die göttliche Barmherzigkeit des
Herrn *(ex Divina Domini Misericordia)* vergönnt worden sei, mit Geistern und
Engeln umzugehen, auf diese Weise den inneren Sinn der Heiligen Schrift erfahren zu haben und in Kontakt mit dem anderen Leben geraten zu sein.[134] Und
auch *De amore coniugiali* und sein letztes Werk *Vera christiana religio* enthalten
nur allgemeine Hinweise auf die Offenbarung des Herrn.[135] Der historische Ort

---

[132] Diesen Ausdruck verwenden JONSSON, 1999, 123–142, und bereits BENZ, 1969, 171–
204.
    [133] LAMM, 1922, 224.
    [134] Vgl. AC 5.
    [135] Vgl. Coniug 1: „[…] denn es hat dem Herrn gefallen, Sich selbst mir zu offenbaren,
und mich auszusenden, dasjenige zu lehren, was [Sache] der neuen Kirche, die unter dem
neuen Jerusalem in der Apokalypse verstanden wird, sein soll. Zu diesem Zweck hat er das
Inwendige meines Gemütes und Geistes aufgeschlossen, worauf mir gegeben worden ist, in
der geistigen Welt bei den Engeln, und zugleich in der natürlichen Welt bei den Menschen zu
sein; und dies nun schon fünfundzwanzig Jahre hindurch." VCR 779: „Daß der Herr Sich vor
mir, Seinem Knecht geoffenbart, und mich zu diesem Amt ausgesandt, und daß Er nach diesem das Gesicht meines Geistes geöffnet, und so mich in die geistige Welt eingelassen und mir
gestattet hat, die Himmel und die Höllen zu sehen, und auch mit Engeln und Geistern zu
reden, und dies nun schon ununterbrochen viele Jahre hindurch, bezeuge ich in Wahrheit;
und ebenso, daß ich vom ersten Tag jener Berufung an gar nichts, was die Lehren jener Kirche

und die Art dieser Barmherzigkeit werden weder hier noch in anderen Schriften genannt. Swedenborg stellt den Zugang zum Göttlichen und zur Geisterwelt von Beginn an als Offenbarung dar und verzichtet darauf, diese Offenbarung empirisch belegen oder beweisen zu wollen.[136]

Neben einigen sekundären Berichten findet sich das einzige literarische Zeugnis für Swedenborgs Offenbarung aus seiner eigenen Hand, das nicht im Rückblick entstanden ist, in einem schwedisch abgefassten Tagebuch aus den Jahren 1743 und 1744. Dieses *Drömmar* (Traumtagebuch) war zu Lebzeiten Swedenborgs in der Öffentlichkeit unbekannt. Es wurde erst im 19. Jahrhundert entdeckt und 1859 auf Schwedisch veröffentlicht.[137] Würde nun auf die literarische oder psychologische Debatte um das *Drömmar* und die in den Jahren danach folgenden Visionen eingegangen, könnte also lediglich die Interpretationsgeschichte des 19. und 20. Jahrhunderts beschrieben werden, die Swedenborg psychiatrische und medizinische Diagnosen von Epilepsie über Paraphrenia systematica[138] und Schizophrenie[139] bis hin zur paranoiden Besessenheit stellte,[140] wobei Swedenborg hier zuweilen geradezu als paradigmatischer Fall für bestimmte Krankheitsbilder verwendet wurde.

Die persönliche religiöse Entwicklung Swedenborgs bis zur Mitte der 1740er Jahre ist kaum rekonstruierbar. Physikotheologische und kosmotheologische Motive in seinen Büchern vor 1743 werden an anderer Stelle thematisiert werden.[141] Zeugnisse einer persönlichen Frömmigkeit hingegen, die als Vorboten der späteren Visionen gelten könnten, lassen sich nicht auffinden. Berichte über eine bereits in der Kindheit ausgeprägte übersinnliche Begabung Swedenborgs sind Jahrzehnte später entstanden oder sekundär. Erst drei Jahre vor seinem Tod schrieb Swedenborg an einen seiner Anhänger, Gabriel Beyer aus Göteborg, er habe bereits als Kind Umgang mit Engeln gehabt, das sei auch seinen Eltern aufgefallen.[142] Zwei Jahre nach seiner religiösen Krise, 1747, erinnerte er sich hinge-

---

betrifft, aus irgendeinem Engel, sondern vom Herrn selbst, als ich das Wort las, empfangen habe." Diese Passage dürfte sich gegen die von kritischen Zeitgenossen mehrfach geäußerten Bedenken gerichtet haben, Swedenborgs Botschaft könne auch von bösen Engeln stammen.

[136] Diese Haltung hat sich später auch in Swedenborgs Weigerung niedergeschlagen, Beweise für seine übersinnlichen Fähigkeiten vorzulegen, etwa gegenüber den Bitten Oetingers, vgl. dazu Kap. 5.2.5., b), bb).

[137] Vgl. im Folgenden: TTB. Das handschriftliche Original befindet sich in der Royal Library in Stockholm.

[138] EMIL A. G. KLEEN: Swedenborg, en lefnadsskildring. 2 Bde., Stockholm 1917, 1920. Kleens Diagnose ist zuletzt von Constantin Rauer kritisiert und mit Hilfe der aus dem Jahr 1998 stammenden Paranoia-Definition der *American Psychiatric Association* durch nosologische Spekulationen auf der Basis einer aktuellen pathogenetischen Terminologie ersetzt worden, vgl. CONSTANTIN RAUER: Wahn und Wahrheit. Kants Auseinandersetzung mit dem Irrationalen. Berlin 2007.

[139] Vgl. JASPERS, 1998 [1922], 148–158.

[140] Vgl. JONSSON, 1999, 132.

[141] Vgl. z. B. Kap. 2.2.3.

[142] Vgl. oben Seite 16; JONSSON, 1999, 130; TAFEL, Documents II, 278–280. Dafür finden sich etwa in der für diese ‚Materie' aufgeschlossenen Autobiographie Jesper Swedbergs keine Belege.

gen in seinem *Diarium spirituale* nicht etwa an einen Engelskontakt in seiner Kindheit. Während der Gebete mit seiner Mutter habe er eine bestimmte Technik der inneren Atmung eingeübt, die er auch in seiner naturphilosophischen Phase zur Kontemplation praktizierte.[143] Diese Respirationstechnik, die mit einem erhöhten Verstandesvermögen und spirituellen Erfahrungen verbunden gewesen sein soll, basierte auf Swedenborgs vor 1745 mehrmals erwähnten und in einigen anatomischen Schriften ausgeführten Theorie des Zusammenhangs zwischen Gehirn und Lunge.[144] In den *Arcana coelestia* wird die Theorie einer äußeren weltlichen und einer inneren himmlischen Atmung beibehalten und mit der Sprache der Engel verbunden. Durch innere Atmung will Swedenborg mit Geistern und Engeln in Kontakt getreten sein.[145] Die pauschale Behauptung, dass spezielle Atemtechniken allen Mystikern gemeinsam seien und zu Trancezuständen führten,[146] geht von einer universalen anthropologischen Konstante oder einem sich stets nur wiederholenden und letztlich nur psychologisch deutbaren Phänomen aus und kann zur Erklärung des speziellen Inhalts und der Folgen der Visionen Swedenborgs nicht dienen, sieht man einmal davon ab, dass Swedenborg in keiner Phase seiner Theologie eine *unio mystica* behauptet hat und daher nicht ohne weiteres als Mystiker bezeichnet werden kann.

Von den genannten, im Rückblick erinnerten Veranlagungen oder Begebenheiten abgesehen, sind Swedenborgs Reisetagebücher und sonstige persönliche Dokumente vor 1743 frei von Informationen über eine spezielle religiöse oder gar mystische Begabung, wie persönliche Angelegenheiten hier ehedem kaum zur Sprache kommen.[147]

Eine Neuorientierung der literarischen Interessen Swedenborgs lässt sich hingegen aufgrund seiner persönlichen, nicht für die Publikation bestimmten Exzerpte beobachten, die er seit etwa 1740 anfertigte, als er an der *Oeconomia regni animalis* arbeitete. Bedeutendstes Zeugnis dieser nicht nur in philosophischer, sondern auch in theologischer Hinsicht erkennbaren Neuorientierung ist das als Codex 36 im Archiv der Akademie der Wissenschaften in Stockholm überlieferte Notizbuch.[148] Neben ausführlichen Extrakten aus neuplatonischen Schriften, verschiedenen Autoren der klassischen und patristischen Antike wie Aristoteles, Plato und Augustin und des philosophischen Rationalismus wie Leibniz, Des-

---

[143] Vgl. BENZ, 1969, 166 f.

[144] Vgl. Kap. 2.2.1., a); 2.4.1., a); 2.4.1., b), ee).

[145] Vgl. auch Lamm, 1922, 232.

[146] So MICHAEL HEINRICHS: Emanuel Swedenborg in Deutschland. Eine kritische Darstellung der Rezeption des schwedischen Visionärs im 18. und 19. Jahrhundert. Frankfurt a. M. u. a. 1979, 22 f.; vgl. auch die psychologisch-medizinische Deutung religiöser Erfahrung durch Lamm 72 f., der den mystischen Lichtempfang als Folge der Atemnot betrachtet, die die innere Atmung auslöst.

[147] JONSSON, 1999, 15 f.

[148] Vgl. dazu Kap. 4.2.1. und 4.2.2. Codex 36 ist von dem Dekan der *Theological School of the Academy of the New Church*, Alfred Acton, als *Philosopher's Note Book* übersetzt und 1931 in Philadelphia herausgegeben worden. Zur Datierung und kritischen Einordnung des Codex vgl. das Vorwort Actons in PhN iii–xv und den kritischen Kommentar von JONSSON, 2004, 282–284.

cartes, Wolff, Malebranche und Bilfinger finden sich hier umfangreiche, systematisch gegliederte Zusammenstellungen von Bibelzitaten, die ein intensives Studium der Bibel und damit ein gegenüber den bisherigen Arbeiten entstandenes starkes biblisch-theologisches Interesse bezeugen. Das an anderer Stelle ausführlich zu untersuchende Vorgehen Swedenborgs in Codex 36 wird aufzeigen, inwiefern seine Theologie und Philosophie nach 1745 aus diesen Quellen hergeleitet worden ist. Swedenborgs Perspektivwechsel von den ‚Reichen den Natur‘, der Kosmologie, Mineralogie, Anatomie und Physiologie, zum geistigen Universum des *mundus spiritualis* ist schon mehrere Jahre vor seiner religiösen Krise mit Blick auf seine literarischen Arbeitsgegenstände erkennbar, auch wenn sich dieser Wandel nicht in persönlichen Dokumenten niedergeschlagen hat und er an seinen laufenden Forschungs- und Publikationsprojekten unvermindert weiterarbeitete.

Daher markiert das *Drömmar* von 1743 und 1744, als Swedenborg mit der Abfassung seines *Regnum animale* beschäftigt war, einen stilistischen und inhaltlichen Bruch gegenüber früheren Aufzeichnungen.[149] Im Oktober 1744 notierte er allerdings, ähnliche psychosomatische Symptome wie zu der Zeit seiner Arbeit an der *Oeconomia regni animalis* 1736 zu verspüren. Die betreffenden Seiten sind aus den Tagebüchern der 1730er Jahre aber herausgerissen worden. Auch das *Diarium spirituale* und das *Drömmar* selbst sind von solchen ‚Reinigungen‘ betroffen, wobei im letzteren Fall nicht geklärt werden kann, ob Swedenborg selbst oder spätere Besitzer für diese Tilgungen verantwortlich waren.[150]

Mit Swedenborgs religiöser Krise gingen psychosomatische Erfahrungen, Angstzustände, religiöse Anfechtungen und Träume vor allem religiöser und sexueller Natur einher, die im *Drömmar* bis ins Detail beschrieben werden. Swedenborg deutete diese Traumerlebnisse in seinem Tagebuch mit einem symbolischen Instrumentarium selbst. Sexuelle Liebe etwa wurde hier als Vorstufe zur himmlischen Liebe interpretiert, und Frauen bzw. die mit ihnen verbundenen sexuellen Phantasien verstand Swedenborg als *scientia*, *sapientia*, *veritas* oder *pietas* und deutete auf diese Weise seine erotischen Träume.[151] Ein Ergebnis der religiösen Krise war nach Swedenborgs eigener Auskunft, dass die „Vorliebe“ des 56-Jährigen für Frauen, die er als einstige „Hauptleidenschaft“[152] bezeichnete, gänzlich verschwand und durch sein theologisch-spirituelles Interesse ersetzt wurde.

Der Kern der religiösen Krise wird in der Swedenborgliteratur in zwei Offenbarungen gesehen, die Swedenborg in den Jahren 1744 und 1745 hatte.[153] Die Berichte über diese Offenbarungsvisionen sind von verschiedener Provenienz, und

---

[149] JONSSON, 1999, 17.

[150] TTB, 71; vgl. auch LAMM, 1922, 69, 142; BENZ, 1969, 160, 165. GABAY, 2007, 247, meint allerdings, dass die Londoner Swedenborgianer 1788 in den Besitz des *Diarium spirituale* geraten und von Swedenborgs erotischen und magischen Aufzeichnungen so entsetzt gewesen seien, dass sie einige Seiten daraus entfernten. Von dieser ‚Aktion‘ kann freilich das *Drömmar* nicht betroffen gewesen sein.

[151] Vgl. auch LAMM 173–175.

[152] TTB, 9, Notiz vor dem 24./25. März 1744.

[153] Swedenborg hat kurz vor seinem Tod seine Berufung mehrmals auf das Jahr 1743 zurückdatiert, vgl. Schreiben an Landgraf Ludwig IX. von Hessen-Darmstadt, 18.7.1771, zitiert nach BENZ, 1947, 213; sowie eigener Lebenslauf Swedenborgs in: FRIEDRICH CHRISTOPH

sie besitzen einen stark von der theologischen Entwicklung Swedenborgs abhängigen Inhalt.

Vom 6. auf den 7. April 1744 notierte Swedenborg, dass er in der Nacht wegen heftiger innerer Erregung aufgewacht sei und gebetet habe „O, Du allmächtiger Jesus Christus, da Du Dich in Deiner großen Gnade herablässest, zu einem so großen Sünder zu kommen, so mache mich dieser Gnade würdig!" Im gleichen Augenblick habe er in „seinem Schoß" gesessen und ihn „von Angesicht zu Angesicht" gesehen. Sein lächelndes Angesicht sei von einer unbeschreiblichen Heiligkeit gewesen, und, so notierte Swedenborg, er glaube, dies sei das Angesicht gewesen, das er auf Erden getragen habe. „Er" habe Swedenborg gefragt, ob er einen Gesundheitspass besitze. Swedenborg habe geantwortet: „Herr, das weißt Du besser als ich!", worauf „Er" sagte „Nun, so tue es!". Diese Aufforderung deutete Swedenborg im Anschluss so: „,Liebe mich wirklich, oder: Tue, was du versprochen hast!' Gott gebe mir Gnade dazu! Ich erkannte, daß es nicht in meinen Kräften stand."[154]

Der in dieser Vision erwähnte Gesundheitspass bezieht sich offenbar auf eine Erfahrung, die Swedenborg bei seiner ersten Ankunft in England gemacht hatte, als er an Land ging, ohne den geforderten Gesundheitspass bei sich zu haben, woraufhin er verhaftet wurde und nur knapp dem Galgen entkam.[155] Das Entscheidende an dieser Vision ist Swedenborgs nach einigem Zweifel getroffene Feststellung, dass Jesus Christus selbst sich ihm gezeigt habe.[156] Dass Swedenborg zu diesem Zeitpunkt eindeutig von der lutherischen Dogmatik und möglicherweise herrnhutischen Einflüssen[157] geprägt war, zeigt auch ein aus sechs Punkten bestehendes Summarium, das er am 5./6. Mai 1744 notierte:

„1. Es ist einzig und allein Gnade, durch die wir selig werden.
2. Die Gnade ist in Jesus Christus, der der Gnadenstuhl ist.
3. Durch die Liebe zu Gott in Jesus Christus wird die Seligkeit bewirkt.
4. Und daß man sich dann vom Geiste Jesu führen läßt.
5. Alles, was aus uns selbst kommt, ist tot und weiter nichts als Sünde und der ewigen Verdammnis würdig.
6. Daher kann kein Gutes von wo anders kommen als vom Herrn."[158]

Diese Liste enthält eine Reihe von Punkten, die erstens hinsichtlich der zweiten, nur aus späteren oder sekundären Quellen überlieferten Berufungsvision und zweitens im Hinblick auf Swedenborgs seit 1749 entwickelte und in mehreren Punkten diesem Summarium widersprechenden Theologie von Belang sind: Die

---

OETINGER (Hg.): Sammlung etlicher Briefe Herrn Emanuel Swedenborgs, betreffend einige Nachrichten von seinem Leben und Schriften, von einem Kenner und Liebhaber ins Deutsche übersetzt. o. O. 1772, 14.

[154] TTB, 18.
[155] Vgl. Reisenotizen Swedenborgs in: TAFEL, Documents II,1, 3f.; BERGQUIST, 2005, 33f. Die von BENZ, 1969, 29 (vgl. auch 183) und TALBOT, 2007, 174, erwähnte Intervention von Mitgliedern der schwedischen Kolonie in England oder gar des schwedischen Gesandten Gyllenborg ist nach den Reisenotizen Swedenborgs nicht nachweisbar.
[156] TTB, 18–21.
[157] So auch JONSSON, 2004, 206.
[158] TTB, 50.

Rechtfertigung *sola gratia,* die ausgeprägte Christozentrik des Gnadenaktes und der Wiedergeburt, die in der Führung durch den Geist Jesu besteht und nicht auf dem Menschen gegebenen Fähigkeiten zum Guten aufbauen kann, und schließlich die schroffe Entgegensetzung des eigentlich toten Menschen, der dem Wirken Gottes nichts eigenes entgegenzusetzen hat. Die Bezeichnung Christi als Gnadenstuhl weist möglicherweise auf einen Einfluss der Theologie der *Moravians* hin – 14 Jahre später wird es Swedenborg in seiner Darstellung des Zustandes der Herrnhuter in der Geisterwelt gerade als Kennzeichen ihrer Theologie herausstellen, dass sie Christus „Lamm" und „Gnadenstuhl" nennen.[159]

Für Swedenborgs zu diesem Zeitpunkt christozentrische Theologie stehen eine Reihe weiterer Zeugnisse, die einen Zusammenhang zu der pietistischen Prägung durch seinen Vater Jesper Swedberg nahe legen. Kurz vor der Christusvision notierte Swedenborg, das von einer ausgesprochenen Christusfrömmigkeit geprägte Lied „Jesus ist mein bester Freund" gesungen zu haben.[160] Dieses Lied von Jacob Arrhenius stammt aus dem schwedischen Gesangbuch von 1695, das zu großen Teilen aus dem ein Jahr vorher gedruckten Gesangbuch Jesper Swedbergs bestand. Nach der Christusvision plagten Swedenborg Zweifel, ob ihm seine Sünden tatsächlich vergeben würden, und an mehreren Stellen weist das *Drömmar* Zeugnisse für Swedenborgs Glauben an einen personifizierten Teufel auf, der nach der Erfahrung vom 6./7. April nicht sofort endete[161] – wiederum Zeichen einer aus dem traditionellen Luthertum stammenden Religiosität, die Swedenborg ab 1749 zum Teil radikal verwarf.

Gegenüber der von Swedenborg selbst zeitnah niedergeschriebenen Christusvision finden sich zwei Versionen einer ein Jahr später, im Frühjahr 1745, geschehenen Vision. Swedenborg selbst notierte vermutlich Ende 1747 in den posthum veröffentlichten *Adversaria in Libros Veteris Testamenti* und im *Diarium spirituale* ohne die Angabe eines genauen Ortes, während eines Mittagessens sei ein Engel bei ihm gewesen, der ihn ermahnte, nicht zu viel zu essen. Daraufhin sei eine Art Dunst aus seinem Körper ausgeströmt und es hätten sich Würmer auf dem Boden gesammelt, die dann in einem Knall verbrannten. Daraufhin sei ein „feuriges Licht" erschienen und ein „Knistern" hörbar geworden. Swedenborg sei es so vorgekommen, als ob er nun von allen Würmern, die „aus unmäßigem Appetit erzeugt werden könnten", gereinigt sei. Daraus, so schloss er, könne man sehen, wozu die „üppige Lebensart führe".[162]

Es ist nicht sicher, ob diese Begebenheit auf den April 1745 zu datieren ist, wie es Swedenborg tat, oder ob sie auf eine schon länger zurückliegende Erfahrung zurückgreift.[163] Bemerkenswert ist aber die starke Modifikation, die sie durch

---

[159] UJ cont 86.
[160] In TTB, 20, 78 sind die drei Strophen abgedruckt; und auch bei JONSSON, 2004, 207.
[161] TTB, 15 und 44.
[162] EMANUEL SWEDENBORG: Adversaria in Libros Veteris Testamenti, hg. von FRIEDRICH IMMANUEL TAFEL. 6 Bde., Tübingen; London 1847–1854 = englisch: The Word of the Old Testament Explained, übers. von ALFRED ACTON. 8 Bde., Bryn Athyn 1928–1948, 3557; sowie Diarium spirituale, 397; BENZ, 1969, 206. Der Vermerk ist auf April 1745 datiert, steht aber zwischen lauter chronologisch angeordneten Notizen von Ende Dezember 1747.
[163] Vgl. BERGQUIST, 2005, 445. Swedenborg meinte sich 1769 zu erinnern, der Herr sei

ihre sekundäre Nach- oder auch Neuerzählung erfuhr. Der mit Swedenborg bekannte und ihm zeitweise benachbarte Carl Robsahm (1735–1794), ein Kassierer
der schwedischen Nationalbank, gab einen Bericht ab, der erstmals 1784, zwölf
Jahre nach Swedenborgs Tod, in London und erst 1876 in Schweden veröffentlicht wurde und auf persönlichen Begegnungen und Gesprächen mit Swedenborg
in den 1760er Jahren basieren soll. Es ist nicht ausgeschlossen, dass dieser Bericht
erst im Umfeld der englischen Swedenborgianer entstanden ist.[164] Darin lässt
Robsahm Swedenborg in der Ich-Form sein Londoner Mittagserlebnis auf bemerkenswert abweichende Weise vortragen: Swedenborg habe in seiner Stamm-
gaststätte mit großem Appetit zu Mittag gegessen, als ein starker Nebel sich über
seine Augen verbreitete und er bei vollem Bewusstsein auf dem Boden „die
scheußlichsten kriechenden Tiere" wie Kröten und Schlangen sah. Plötzlich habe
er in der Ecke einen Mann sitzen sehen, der ihn durch diese Worte „in Schrecken
versetzte": „Iß nicht so viel.'" In der folgenden Nacht habe sich ihm dieser
Mann noch einmal vorgestellt, und zwar als „Gott der Herr, der Weltschöpfer
und Erlöser". Er habe ihn erwählt, die Heilige Schrift auszulegen und werde
ihm, Swedenborg, selbst diktieren. In derselben Nacht seien Swedenborg Geisterwelt, Himmel und Hölle geöffnet worden und er habe dort mehrere Bekannte
getroffen. Von diesem Tag an habe er aller „weltlichen Gelehrsamkeit" entsagt
und sich nur noch „geistigen Dingen" gewidmet, während ihm „der Herr" täglich die Augen öffnete, damit er in die Geisterwelt sehen und mit Engeln und
Geistern sprechen konnte.[165]

Der gemeinsame Kern dieser beiden Versionen besteht darin, dass Swedenborg bei einem Mittagessen ein Gespräch hatte, in dem ihm von zu reichlichem
Essen abgeraten wurde. Ob sich dies in London zugetragen hat, lässt sich nicht
sagen. Nach Swedenborgs eigenem Bericht war es ein Engel, der ihm erschien,
nach Robsahms Erinnerung hingegen Gott selbst, der Schöpfer und Erlöser. Hierin liegt wohl die schärfste Differenz einerseits zwischen den beiden Varianten
dieser Begebenheit und andererseits gegenüber der von Swedenborg selbst berichteten Christusvision von 1744. In Robsahms Variante ist unverkennbar Swedenborgs spätere sabellianische oder, in der Tendenz, patripassianische Christologie[166] eingeflossen, die in krassem Gegensatz zu dem *Drömmar*-Bericht von 1744
steht, wo von Jesus Christus die Rede ist. Dieser Variante korrespondiert der,
wenn auch unsicher, auf April 1745 datierte Bericht Swedenborgs. Denn hierbei
handelt es sich gerade nicht um eine Erscheinung des Sohnes oder des Vaters oder

---

ihm bereits 1743 erschienen. Damit kann aber kaum die frühestens 1745 niedergeschriebene
Erinnerung gemeint sein, denn hier geht es um eine Engelserscheinung. Entweder bezog
sich Swedenborg dabei auf ein Ereignis, das auf den aus dem *Drömmar* entfernten Seiten
notiert war, oder auf die Christusoffenbarung von 1744.

[164] HALLENGREN, 1998, 79–88, weist darauf hin, dass von Robsahms Memoiren kein Original vorhanden ist, sie erst 1842 von F. I. TAFEL publiziert und dabei mit anderen Berichten
vermischt wurden.

[165] Vgl. TAFEL, Documents I, 35f.; die deutsche Übersetzung auszugsweise bei BENZ,
1969, 204f.; zu den Problemen der Robsahm-Memoiren vgl. HALLENGREN, 1998, 79–88.

[166] Vgl. Kap. 3.3.2., i); 3.3.6., c).

eines Gottes, der beide Personen in sich vereinen würde, und damit, genau gesagt, gar nicht um eine Offenbarung oder eine Gottesvision, wie es in der Swedenborgforschung oftmals behauptet wird. Swedenborgs eigene Berichte dürften darum miteinander harmonieren, denn sie zeigen seine derzeitige, gegenüber der späteren Entwicklung stark abweichende, durch sein Luthertum und vielleicht herrnhutische Einflüsse geprägte Christologie und Soteriologie.

Schließlich sind Swedenborg nur laut Robsahms spätem und sekundärem Bericht nach der Gottesvision wie in einem plötzlichen Geschehen Geisterwelt, Himmel und Hölle geöffnet worden, und Swedenborg hat während dieser Vision unmittelbar seine Berufung erhalten, nämlich den geistigen Sinn der Heiligen Schrift auszulegen. In Swedenborgs eigenen Berichten ist weder von einer plötzlichen Öffnung der Geisterwelt (mit Himmel und Hölle) noch von einer Berufung die Rede. Beides fällt in die weitere Nacharbeit und Reflexion beider Erscheinungserlebnisse innerhalb einer längeren Phase bis 1745.

Die vielfach in den Swedenborg-Biographien referierte Erinnerung von Robsahm ist im Gegensatz dazu als Produkt der theologischen Entwicklung Swedenborgs anzusehen, die von 1749 mit dem ersten Band der *Arcana coelestia* bis hin zu seinem Alterswerk *Vera christiana religio* nachzuweisen ist und sich scharf gegenüber der nicänischen Christologie und der lutherischen Rechtfertigungslehre abgrenzt. Auch wenn es wegen des fehlenden Quellenmaterials ausgesprochen problematisch ist, die zwischen dem christologischen Zeugnis von 1744 und dem ersten Band der *Arcana coelestia* liegende erhebliche Modifizierung des Gottes- und Christusbildes und anderer dogmatischer Ansichten Swedenborgs literarisch oder durch den Einfluss anderer Autoren zu erklären: Der Gegensatz, der zwischen beiden Phasen liegt, kann nicht durch Robsahms Jahrzehnte später abgegebenes Zeugnis nivelliert werden, das deutlich die Züge der Christologie des alten Swedenborg trägt. Bereits im ersten Band der *Arcana coelestia* 1749 ist Swedenborgs sabellianische Christologie deutlich sichtbar; im *Drömmar* finden sich aber hiervon keinerlei Spuren.

Ähnlich wie im Falle der Robsahm-Memoiren verhält es sich mit einem weiteren Bericht, der nach Swedenborgs Tod notiert wurde. Gabriel Beyer schrieb 1776, er habe bei einem Mittagessen im Hause von Johan Rosén aus Göteborg Swedenborg selbst von seiner „Persönlichen Offenbarung des Herren" erzählen gehört, der „in Purpur und majestätischem Schein in der Nähe des Bettes" gesessen und ihm „ungefähr eine Viertelstunde" Aufträge gegeben habe.[167] In dieser Geschichte wird das Mittagessen aus London in das Haus des Swedenborganhängers Rosén verlagert, der zusammen mit Beyer einem kirchlichen Verfahren wegen seiner swedenborgischen Theologie ausgesetzt war.[168] Der Engel aus Swedenborgs eigenem, auf 1745 datiertem Bericht, wird zum Herrn, der Swedenborg am Bett diktiert und ihm Aufträge erteilt. Erscheinung und Berufung fallen nach diesem Bericht ineins. Die Bruchstücke aus den verschiedenen Versionen werden

---

[167] Vgl. Gabriel Beyer an Carl Fredrik Nordenskjöld, 25. März 1776. In: TAFEL, Documents II,1, 424–429.

[168] Vgl. auch Kap. 5.2.5., b), dd) und gg).

vertauscht, mit der Ausnahme, dass hier, wie es bei Swedenborg häufig der Fall ist, von Gott nur als vom *Dominus* die Rede ist, ohne die explizite Gleichsetzung des Schöpfers und Erlösers, der auch zu erscheinen vermag.

Swedenborg selbst hatte in seinem *Drömmar* ebenfalls ein Erlebnis notiert, das mit übermäßigem Essen zusammenhing: Durch den Anblick eines Soldaten fühlte er sich ermahnt, nicht mehr so viel zu essen und zu trinken, dies seien Werke des Fleisches. Von seinen Anfechtungen infolge dieser Ermahnung wurde er nach Gebet und Gesang befreit, „vor allem, weil ich nicht mein eigen sein, sondern als neuer Mensch in Christus leben will".[169] Hierbei handelt es sich aber keinesfalls um die Behauptung einer Offenbarung, wie Ernst Benz offenbar andeuten will,[170] sondern um die Deutung eines Traums durch Swedenborg.

Wenn diese verschiedenen, in der Swedenborgliteratur immer wieder zitierten Berichte hier ausgewertet werden, kann es, wie erwähnt, nicht darum gehen, den Wahrheitsgehalt der Offenbarung Swedenborgs zu prüfen oder sie einer psycho-historischen Diagnostik zu unterziehen, die nur von jeweils anerkannten psychiatrischen Paradigmen geleitet sein kann, aber in jedem Fall davon ausgehen muss, dass es sich bei Offenbarungen um pathologische, psychologisch deutbare Phänomene handelt. Im Rahmen des hier gewählten historischen Ansatzes können nur die verschiedenen schriftlichen Quellen kritisch ausgewertet werden. Dieses Vorgehen hat sich auf den Status der theologischen Ansichten Swedenborgs zum Zeitpunkt seiner mutmaßlichen Offenbarung zu beschränken und diesen von unsicheren, sekundären und von zeitlich und theologisch in anderen Kontexten zu verortenden Lehrmeinungen Swedenborgs abzugrenzen.

Wenn Swedenborgforscher wie Ernst Benz Robsahms Erinnerungen neben Swedenborgs eigenhändigen Bericht stellen, dann geschieht das meist mit der Tendenz, die Theologie Swedenborgs zu einem einheitlichen Ganzen zu glätten, das nach der Bekehrung keine Veränderung mehr erfahren habe. Swedenborgs Lehre wird auf diese Weise tendenziell als ein außerdiskursives, in sich abgeschlossenes System mit Ursprung in der durch Offenbarung geöffneten Geisterwelt betrachtet. Außerdem wird Swedenborgs erst in den *Arcana coelestia* entwickelte Theologie und besonders seine sabellianische Christologie mit dem Status einer Offenbarung versehen und auf diese Weise himmlisch ,zementiert'.

---

[169] Vgl. Notiz vom 30.4./1.5.1744, TTB, 48.

[170] BENZ, 1969, 207, lässt bei seinem Referat den Soldaten mit Degen und dessen angetrunkenen Zustand außer Acht. Wenn er behauptet, Swedenborg sei ermahnt *worden*, „ob nun durch eine Stimme oder durch eine visuelle Engelserscheinung" (beides steht ausdrücklich nicht im Text), scheint er dieser Notiz den Charakter einer wenigstens tendenziellen Gottesoffenbarung, wie bei Robsahm, beilegen zu wollen. Im Text steht aber nach der Vision des angetrunkenen Soldaten deutlich: „das *bedeutet*", es handelt sich also gerade nicht um eine Offenbarung, die Robsahms oder Swedenborgs eigenem Bericht gleichkäme, sondern um einen Traum mit anschließender Deutung. Durch Benz' Parallelisierung dieses Ereignisses mit den anderen Offenbarungsberichten soll den Memoiren Robsahms offenbar mehr Gewicht verliehen werden. Auf Seite 253 meint Benz sogar, im April 1745 habe Swedenborg seine eigentliche Berufungsvision erhalten; auf diese Weise wird den sekundären Quellen vor Swedenborgs eigenen Aufzeichnungen der Vorrang gegeben. Noch in neueren Swedenborgbiographien wird die unsicher bezeugte Vision von 1745 als Eröffnung der Geisterwelt ausgegeben, vgl. etwa BERGQUIST, 2005, 464.

Beide Visionen aus Swedenborgs Hand, die Engels- und die Christusvision, beinhalten weder eine unmittelbare Berufung noch die Aufforderung zu einem biographischen Wandel. Beides ist Ergebnis der auf die Visionen folgenden Auswertungen, die Swedenborg auch im *Drömmar* formulierte und die tatsächlich zu gravierenden Veränderungen in seiner Arbeit und in seinem Leben führten. Festzuhalten ist also, dass nicht die Visionen, sondern deren Interpretation durch Swedenborg, zu einem biographischen Einschnitt und Wandel führten. Und dieser Wandel stand bereits Ende April 1744 vor seinem Abschluss, als Swedenborg einen Traum im Sinne seines neuen Auftrages so deutete, dass er seine „verfügbare Zeit auf Höheres und nicht dazu verwenden soll, über Weltliches, das tief darunter steht, sondern vielmehr über das schreiben soll, was den eigentlichen Mittelpunkt aller (Dinge) bildet und Christus betrifft".[171]

In der folgenden Zeit verfestigte sich Swedenborgs Bewusstsein, ein göttliches Werkzeug und Knecht Christi zu sein, während er meinte, vorher auf einem „falschen Weg" gewesen zu sein, weil er seinem „eigenen Verstand" gefolgt war.[172] Bereits jetzt scheint sich bei ihm auch ein beruflicher Wechsel angedeutet zu haben, denn er interpretierte einen Traum so, dass sein Verbleib im Amt des Bergwerksassessors nicht mit seinem neuen Amt als „Soldat" im Kampf „gegen Satan" zu vereinbaren sei, und manchmal war er „fest entschlossen", seine bisherige Arbeit sofort aufzugeben.[173] Einige Monate später dokumentierte Swedenborg seine Gewissheit der göttlichen Führung bei seinem neuen Werk, einer „andere[n] Arbeit", bei der er nicht mehr den „Kram anderer", sondern nur noch seine eigenen Erfahrungen verwenden solle.[174]

Das Ergebnis dieses Wandels, der sich im Laufe des Jahres 1744 vollzog, war eine Umorientierung im Arbeitsbereich Swedenborgs. Seine letzten beiden Veröffentlichungen, die noch nicht seiner theologischen Phase zuzurechnen sind, den zweiten Band des *Regnum animale* und das Schöpfungsdrama *De cultu et amore Dei*, hatte er noch während seiner religiösen Krise abgeschlossen und sie 1745 in London publiziert. Von nun an widmete er sich nicht mehr den naturphilosophischen und naturkundlichen Themen, die er bis dahin bearbeitet hatte, sondern wandte sich dem Studium der Bibel und der Niederschrift seiner Visionen aus der Geisterwelt zu. In dieser Phase, bis zur Drucklegung des ersten Bandes der *Arcana coelestia* 1749, vollzog sich ein tiefgehender Wandel der theologischen Ansichten Swedenborgs, am auffälligsten in der Christologie und in der Eschatologie. Die genauen Umstände und die Einflüsse auf diesen Wandel sind zwar nicht exakt dokumentiert, allerdings lassen sich eine ganze Reihe von Quel-

---

[171] Vgl. TTB, Eintragung vom 28./29. April 1744, 47.

[172] Vgl. TTB, Eintragungen vom 29./30. September, 3.–6. Oktober und 7./8. Oktober 1744, 62–65.

[173] Vgl. TTB, Eintragung vom 7./8. Oktober und 9./10. Oktober 1744, 65f.

[174] Vgl. TTB, Eintragung vom 26./27. Oktober 1744, 70f. Hier erwähnt Swedenborg das Buch „Von der Anbetung und Liebe zu Gott", das er bereits in Angriff genommen habe. Dabei dürfte es sich um das 1745 erschienene *De cultu et amore Dei* handeln. Der Christusbegegnung, von der in diesem Eintrag die Rede ist, dürfte er nicht den Status eine Offenbarung zugeschrieben haben, denn er vermerkte, ihm „schien" es, dass er „mit Christus selbst verkehrte, wie mit einem anderen" (70).

len und anderen Kontexten beschreiben, die Swedenborg in den Jahren vor und
während seiner religiösen Krise zur Kenntnis genommen hat und die bei der Untersuchung der Kontinuitäten und Diskontinuitäten seiner Philosophie und
Theologie herangezogen werden können.[175]

1.7. Swedenborg nach der biographischen Wende – der Geisterseher

Ein offensichtlicher Bruch nach den visionären Erfahrungen der Jahre 1743/44
vollzog sich in Swedenborgs Leben nur partiell. Von seinem öffentlichen Amt
als Bergwerksassessor trat Swedenborg 1747 zurück. Er blieb aber Mitglied des
schwedischen Reichstages in den Jahren 1746, 1747, 1751, 1752, 1755, 1760, 1762
und 1765, also noch zu einer Zeit, als er bereits als Geisterseher bekannt war und
sich die europäische Gelehrtenwelt mit ihm zu beschäftigen begann.

Swedenborg war in dieser Zeit aber nicht nur passives Mitglied des Reichstages. Er trat mehrfach mit politischen Initiativen hervor, und zwar auffälligerweise
in stärkerem Maße als vor seiner visionären Wende. 1755 legte er ein Memorandum zur staatlichen Kontrolle der Herstellung von Branntwein in Schweden zur
Effektivierung der Produktivität und zur Erhöhung der Steuern vor,[176] Außerdem setzte er sich mit Denkschriften weiterhin für die Stärkung der schwedischen Stahlwirtschaft ein.[177] 1761 solidarisierte er sich in einem Memorandum
mit dem zurückgetretenen Premierminister Anders Johan von Höpken, der sich
für eine Mäßigung der schwedischen Rolle im Siebenjährigen Krieg gegen Preußen ausgesprochen hatte.[178] Im Juli desselben Jahres legte Swedenborg ein Memorandum vor, das gegen die absolutistischen Bestrebungen des Königspaares
für die Beibehaltung des parlamentarischen Systems plädierte, wobei er auch auf
drohende Rekatholisierungstendenzen aufmerksam machte, die sich in absolutistischen Systemen zeigten.[179] Auch votierte er für die Beibehaltung der außenpo-
litischen Allianz Schwedens mit Frankreich gegenüber dem seit 1714 von den
Hannoveranern regierten Großbritannien. Swedenborg zeigte sich in diesen Fragen keineswegs als ein aus dem öffentlichen Leben zurückgezogener Mensch, der
in einem geistigen Paralleluniversum lebte.

Auch zu ‚nichttheologischen‘ akademischen Themen meldete sich Swedenborg wenigstens noch zweimal zu Wort. Seine einzige[180] Abhandlung, die er im

---

[175] Vgl. insgesamt Kap. 4.
[176] Vgl. BENZ, 1969, 251.
[177] Vgl. BENZ, 1969, 250 f.; HEINRICHS, 1979, 37 f.
[178] Vgl. BERGQUIST, 2005, 346 f.
[179] Vgl. BERGQUIST, 2005, 347–350; BENZ, 1969, 243–249; HEINRICHS, 1979, 36 f.
[180] Vgl. Zwiefaches Universalregister über die ersten XXV Bände von den Abhandlungen
aus der Naturlehre, Haushaltungskunst und Mechanik der Königl. Schwed. Akademie der
Wissensch. nach der deutschen Übersetzung des Herrn Hofrath Kästners gefertiget. Leipzig
1771, 20. Über weitere Diskussionen um wissenschaftliche Leistungen und Bücher Swedenborgs wird in den gesamten *Abhandlungen* der Akademie kein weiterer Hinweis gegeben.

Rahmen der Akademie der Wissenschaften vortrug und die auch in deren *Abhandlungen* veröffentlicht wurde, befasste sich mit Marmor-Intarsienarbeiten.[181] Und 1766 meldete er sich noch einmal mit seinem mehr als vierzig Jahre zurückliegenden Vorschlag zur Berechnung des Längengrades mit Hilfe des Mondes zu Wort, ließ ihn nochmals drucken und sprach gar bei der *Royal Society* in London vor – vergeblich, aber wohl in der Hoffnung, etwas von dem exorbitanten Preisgeld zu erhalten.[182] Es lässt sich also nicht ohne weiteres sagen, dass er kein Interesse mehr an den Fragen hatte, die ihn vor 1743/44 beschäftigt hatten, auch wenn es möglich ist, dass Swedenborg lediglich drohenden Sanktionen, nämlich einem Ausschluss aus der Akademie, aus dem Weg gehen wollte, die weniger an seinem Wandel zum Geisterseher, sondern an seiner Passivität als Mitglied gelegen hätte.[183] Über die genannten Initiativen hinaus sind nämlich keine mit Swedenborgs naturphilosophisch-naturkundlicher Phase vergleichbaren Arbeiten nach 1745 entstanden. Es kann daher mit einem gewissen Recht als symbolischer, auch bis 1745 rückdatierbarer Akt verstanden werden, wenn Swedenborg einige Jahre nach seiner religiösen Krise dem schwedischen Premierminister von Höpken die *Biblia Naturae* von Jan Swammerdam, dem bedeutenden Mediziner und Naturforscher, den er vor 1745 in seinen Schriften häufig verwendet hatte, mit der Bemerkung zusandte, er brauche dieses Buch nicht mehr, denn sein Gedanken hätten sich von den „*Naturalia*" zu den „*Spiritualia*" gewendet.[184] Das bedeutet allerdings nicht, dass er seine früheren Notizen auch aus dem anatomisch-physiologischen Bereich, bei der Niederschrift seiner theologisch-visionären Schriften nicht parat hatte und hier vielfach einfließen ließ.

Swedenborg veröffentlichte seine Schriften nach der biographischen Wende bis 1766 vollständig anonym. Um 1760, also ungefähr zehn Jahre nach der Publikation des ersten Bandes, dürfte in Schweden bekannt geworden sein, dass Swedenborg Autor der *Arcana coelestia* und der darauf folgenden Schriften war. Bis dahin hatte Swedenborg seinen Namen streng geheim gehalten und auch seinen Buchhändler entsprechend angewiesen.[185] Johann August Ernesti aus Leipzig, ei-

---

[181] Beskrifning huru inläggningar ske marmor skrifvor, til bord eller annan hus-zirat, als Vortrag 1761 gehalten, in den Abhandlungen 1763 veröffentlicht und ins Deutsche übersetzt als: Beschreibung, wie eingelegte Arbeit in Marmorscheiben gemacht wird. In: Der Königl. Schwedischen Akademie der Wissenschaften Abhandlungen aus der Naturlehre, Haushaltungskunst und Mechanik, auf das Jahr 1763, übers. von Abraham Gotthelf Kästner. Bd. 25 Leipzig 1766, 166–121; Anzeige in den Göttingischen Anzeigen von Gelehrten Sachen 1766, April, 336, und in: Commentarii de Rebus in Scientia Naturali et Medicina Gestis, Bd. 13, Teil 3 (1766), 380; vgl. auch Benz, 1969, 241.

[182] Vgl. Kap. 2.2.2., b).

[183] Schon im Frühjahr 1748 waren vier nachlässige Mitglieder aus diesem Grund aus der Akademie wieder ausgeschlossen worden. Vgl. Sten Lindroth: Kungl. Svenska Vetenskapsakademiens Historia 1739–1818. Bd. 1, Stockholm 1967, 20. Diesen Hinweis verdanke ich Inge Jonsson (Stockholm).

[184] Vgl. Acton, Letters and Memorials II, 528; Opera quaedam I, 338; Bergquist, 2005, 145 [10.4., das Jahr ist unsicher, möglicherweise 1760].

[185] Nach Acton, Letters and Memorials II, 528–536, und Small Theological Works and Letters, 201, wurde die Anonymität spätestens 1760 durch einen Briefwechsel zwischen Gustaf Bonde, dem Rotterdamer Baron Louis d'Hatzel und Swedenborg gebrochen. Vgl. auch Jonsson, 1988, 29.

ner der ersten außerschwedischen Rezensenten Swedenborgs, wusste nach seinem eigenem Zeugnis bereits 1760, dass sich hinter dem Verfasser der *Arcana coelestia* Swedenborg verbarg, wollte aber noch 1764 seinen Namen nicht preisgeben.[186] Aus einer Tagebuchaufzeichnung des jungen Johann Caspar Lavater geht außerdem hervor, dass Swedenborgs Bücher im Hause von Propst Johann Joachim Spalding in Barth bereits im Herbst 1763 unter seinem Namen debattiert – und offensichlich durchaus geschätzt – wurden.[187] Spätestens durch Oetinger (1765) und Kant (Anfang 1766) wurde das außerschwedische Publikum allgemein über Swedenborg als Geisterseher informiert, wobei zu berücksichtigen ist, dass Kants Brief an Charlotte von Knobloch vom August 1763 eine wenigstens in der skandinavischen und deutschen Öffentlichkeit schon verbreitete, allerdings noch nicht mit dem Verfasser der *Arcana coelestia* verbundene Kenntnis der angeblichen hellseherischen Fähigkeiten Swedenborgs bezeugt.

Die ersten Dokumente über Swedenborgs angebliche hellseherische Fähigkeiten und die entsprechenden, später vielfach diskutierten Begebenheiten finden sich in Kants Brief an Charlotte von Knobloch und seinen *Träumen eines Geistersehers* (1766). Die zwei bzw. drei Begebenheiten, die Kant auf Anfrage Charlotte von Knoblochs und im Vorfeld der *Träume eines Geistersehers* recherchierte, fanden also alle vor 1763 statt. Auf ihren zeitgenössischen Bekanntheitsgrad kann jedoch gerade auch im Hinblick auf die nach 1766 folgenden und bis zum Ende des 18. Jahrhunderts andauernden öffentlichen Diskussionen um deren Wahrheitsgehalts nicht geschlossen werden – erst durch Kants gleichfalls anonym erschienen *Träume* wurden sie öffentlich bekannt gemacht. Swedenborg selbst hat sich – und das ist in diesem Zusammenhang besonders zu betonen – außerhalb seiner Schriften nie ausführlich über die von Kant veröffentlichten Geschichten geäußert. Entsprechende briefliche Bitten von Zeitgenossen, darunter auch Kants selbst, Stellung zu nehmen und Beweise für seine Fähigkeiten abzugeben, ließ Swedenborg fast durchweg unbeantwortet.[188]

---

[186] JOHANN AUGUST ERNESTI: [Rez. zu] Doctrina novae Hierosolymae de Domino. In: Neue theologische Bibliothek 1763, 725–733, hier: 725.

[187] Lavater hielt sich mit seinem Freund Felix Heß für längere Zeit bei Spalding auf und notierte im Zusammenhang mit einem Tischgespräch über Engel und das Leben im Jenseits: „Schwedenborch, ein vornehmer Schwede, hat sehr viel De Caelo, de Amore infinito etc. etc. geschrieben und vorgegeben, daß er mit Engeln über diese Materien geredet, und daß ein jeder durch Glauben und Liebe zu dem Umgang mit denselben gelangen könne. Er hat sonst sehr viel physicalische Schriften herausgegeben. Er soll daneben ein sehr vernünftiger und tugendhafter Mann seyn. Nebst sehr vielen Ungereimtheiten, die in seinen höhern Schriften vorkommen, sollen doch sehr viele sublime Gedanken enthalten seyn. Die Einbildungskraft hat schon mehr Wahrheiten entdekt als die Vernunft. Die Vernunft hat sie dann erst geprüft, ihren Gründen nachgespürt u. mit andern Wahrheiten in einen Zusammenhang gebracht." Eine Lektüreerfahrung lässt sich hiervon aber nicht ableiten, offensichtlich stammen diese Informationen von Spalding. Irrtümlich, aber im Hinblick auf seine spätere biographische Entwicklung aufschlussreich ist auch Lavaters Notiz, jeder könne nach Swedenborg mit Engeln in Kontakt gelangen. Vgl. JOHANN CASPAR LAVATER: Tagebuch von der Studien- und Bildungsreise nach Deutschland 1763 und 1764, hg. von HORST WEIGELT. Göttingen 1997, 437.

[188] Kant erwähnt in seinem Brief an von Knobloch ein vorhergegangenes Schreiben an Swedenborg, das ein englischer Kaufmann Swedenborg selbst übergeben habe, der es „ge-

Nach den zwei Berichten Kants in seinem Schreiben an von Knobloch und in den *Träumen* wurden folgende Begebenheiten bereits seit 1759 von schwedischen, dänischen, deutschen, österreichischen und englischen Persönlichkeiten des Bürgertums und Adels und in Kreisen um die schwedische Königin Luise Ulrike, der Schwester Friedrichs des Großen, diskutiert.

Im Sommer 1759[189] soll Swedenborg auf seiner Rückreise von London nach Stockholm in Göteborg Station gemacht haben und dort in Anwesenheit von 15 Personen ein zeitgleich in Stockholm ausgebrochenes Feuer geschaut haben, das erst zwei Tage später von Boten aus Stockholm bezeugt wurde. Nach Kants Bericht war diese Begebenheit über die Stadtgrenzen Göteborgs hinaus bis nach Stockholm bekannt.[190]

Die zweite von Kant berichtete Begebenheit, die sich 1761[191] zugetragen haben könnte, handelt von der Quittung der Witwe eines holländischen Gesandten in Stockholm. Sie soll Swedenborg gebeten haben, mit ihrem verstorbenen Mann Kontakt aufzunehmen, um diese Quittung ausfindig zu machen, damit sie beweisen konnte, dass der geforderte Betrag für ein Silberservice noch von ihrem Mann bezahlt wurde. Swedenborg soll ihr nach einem angeblichen Kontakt ein Geheimfach gezeigt haben, in dem sich die Quittung befand.

Die dritte Begebenheit deutete Kant in seinem Brief an von Knobloch nur an,[192] in den *Träumen eines Geistersehers* führte er sie mit dem Hinweis aus, dass sie von zwei Gesandten bezeugt worden sei. Demnach habe Swedenborg von der hier als Fürstin bezeichneten Königin einen geheimen Auftrag erhalten, „der in seine Geistergemeinschaft einschlug". Nach einigen Tagen habe Swedenborg eine Antwort gegeben, die die „Fürstin" in das „größte Erstaunen" versetzte, weil sie von keinem „lebendigen Menschen" erteilt worden sein könne.[193] Erst spätere Überlieferungen nach Kant enthalten die Information, es habe sich dabei um eine persönliche Mitteilung des 1758 verstorbenen Bruders von Königin Luise Ulrike, des preußischen Prinzen August Wilhelm, gehandelt, die Swedenborg von dessen Geist erhalten und der Königin überbracht haben soll.

Diese drei Geschichten sind im letzten Drittel des 18. Jahrhunderts vielfach diskutiert, bestritten, mit verschiedenen Interessen gedeutet, durch verschiedene Details inhaltlich verändert und durch weitere Überlieferungen ergänzt worden. Hier geht es zunächst um die Feststellung, dass Immanuel Kant – unabhängig von seiner differenziert zu betrachtenden Beurteilung der drei Begebenheiten – als der Urheber des literarischen Fundaments dieses Diskursgegenstands zu bezeichnen ist. Zugleich ist nochmals zu betonen, dass Swedenborg selbst keine

---

neigt" empfangen und eine Antwort versprochen habe, die jedoch nie eingetroffen sei, vgl. AA X, 44 f.

[189] Zur Diskussion um die Datierung (Kant gibt das Jahr 1756 an) vgl. etwa GREGORY R. JOHNSON: A Commentary on Kant's Dreams of a Spirit-Seer. Washington, The Catholic University of America. Diss. phil. 2001, 24–56.

[190] Vgl. AA X, 46–48.

[191] Vgl. JOHNSON, 2001, wie oben Anm. 189.

[192] Offenbar in seinen Ausführungen AA X, 44, wo von der Königin die Rede ist und Kant glaubte, diese Begebenheit dürfte von Knobloch „schon bekannt seyn".

[193] AA II, 354 f.

Zeugnisse für angebliche hellseherische Fähigkeiten abgegeben, sondern immer wieder auf die literarischen Berichte in seinen Schriften als ‚Beweis' verwiesen hat. Eine Deutung Swedenborgs selbst ist aber bemerkenswert: Dem hessisch-darmstädtischen Landgrafen schrieb er 1771, die Königin Luise Ulrike und ihren Bruder betreffende Geschichte, die ihm der Landgraf geschrieben hatte, sei „wahr", er solle sie aber wie die Memorabilien in seinen veröffentlichten Schriften nicht als Wunder betrachten, sondern ebenfalls als *Memorabile*, als Zeugnis dafür, dass er in die Geisterwelt eingeführt worden sei.[194]

Die einzigen selbst verfassten ‚Belege' seines nach eigener Auskunft bis zu seinem Lebensende anhaltenden Kontakts zur Geisterwelt sind in seinen voluminösen Büchern zu finden, die er seit 1749 publizierte, als der erste Band seiner fast 11.000 Paragraphen umfassenden *Arcana coelestia*, einer kapitelweisen Auslegung des 1. und 2. Buchs Mose, in London erschien. Die *Arcana* erschienen in einer Auflagenhöhe von 500 Exemplaren und waren möglicherweise 1771 ausverkauft.[195] Da außerdem der beachtliche Preis von sieben Pfund Sterling oder mehr als 30 Talern[196] dafür aufzubringen war, ist von einer ausgesprochen geringen Verbreitung auszugehen. Vielfach basierte die Kenntnis der *Arcana* auf der knappen Inhaltsangabe Kants in den *Träumen* und den übersetzten Auszügen aus dem ersten Band in Oetingers *Swedenborgs und anderer irdische und himmlische Philosophie* (1765)[197] sowie auf den allerdings zum Teil umfangreichen Rezensionen.[198]

1758, zwei Jahre nach der Veröffentlichung des letzten Bandes der *Arcana*, gab Swedenborg ebenfalls in London anonym fünf weitere, kleinere Bücher heraus, die zum großen Teil aus Auszügen aus den *Arcana* bestanden: *De telluribus in mundo nostro solari*, *De coelo ejus mirabilibus, et de inferno*, *De ultimo judicio*, *De nova Hierosolyma et ejus doctrina coelesti* und *De equo albo*. 1763 folgten in Amsterdam drei weitere Werke: *Doctrina novae Hierosolymae [...]*, *Continuatio de ultimo judicio* und *Sapientia angelica de divino amore et de divina sapientia*, 1764 *Sapientia angelica de divina providentia* und 1766 *Apocalypsis revelata* am selben Ort. Gleichfalls in Amsterdam gab Swedenborg 1768 sein erstes nicht mehr anonym herausgegebenes Werk *Delitiae sapientiae de amore coniugiali* heraus. Unter seinem Namen erschienen nun noch die kleinen Schriften *Summaria expositio doctrinae novae ecclesiae* (Amsterdam 1769) und *De commercio animae et corporis* (London 1769). Die englische Übersetzung der letztgenannten Schrift

---

[194] Vgl. Schreiben Swedenborgs an den Landgrafen von Hessen-Darmstadt, Ludwig IX., 13.7.1771. In: ACTON, Letters and Memorials II, 751.

[195] WILLIAMS-HOGAN, (Place) 1995, 230; BERGQUIST, 2005, 353.

[196] Vgl. Angabe Kants in den *Träumen eines Geistersehers*, AA II, 366; Information JOHANN AUGUST ERNESTIS in seiner Rezension zu den *Arcana coelestia*. In: Neue theologische Bibliothek 1760, 515–527, hier: 515 („etliche und dreißig Thaler"); [Rez. zu] F. C. OETINGER: Swedenborgs und anderer irdische und himmlische Philosophie. In: Erlangische Gelehrte Anmerkungen. 1765, 420f. Nach einem Schreiben Christoph Springers an Abbé Antoine-Joseph Pernety vom 18.1.1782 sollen die AC acht Pfund Sterling und 13 Schilling gekostet haben, vgl. TAFEL, Sammlung, 92–100, hier: 94. Offensichtlich war das Werk also noch zu haben.

[197] Vgl. dazu Kap. 5.2.5., a), bb).

[198] Vgl. dazu Kap. 5.1.

durch den anglikanischen Priester Thomas Hartley, der einer der Wegbereiter der
New Church in England war, enthielt einen von Swedenborg selbst verfassten
und an Hartley gesandten Lebenslauf.[199] Oetinger hat ihn auf Deutsch in mehrere seiner Swedenborg-Bücher aufgenommen und dem deutschsprachigen Publikum bekannt gemacht.[200] Swedenborgs letztes Werk, die *Vera christiana religio*,
eine umfassende theologische Dogmatik, hatte 1771 wiederum in Amsterdam ihren Druckort. Von diesen insgesamt 15 genannten Büchern sind vor allem die
Arcana coelestia, *De amore coniugali*, die *Apocalypsis revelata* und die *Vera
christiana religio* als diejenigen zu nennen, die einen eigenen Inhalt haben. Die
anderen Schriften bestehen zum großen Teil aus Kompilaten und Bruchstücken
vorheriger Veröffentlichungen, wobei es auch zwischen den genannten drei vielfach Überschneidungen gibt. Nach Swedenborgs Tod sind 12 zu seinen Lebzeiten
unbekannte Manuskripte aus der Zeit nach 1744, darunter sein umfangreiches
Geistiges Tagebuch (*Diarium spirituale*) und das bereits genannte *Drömmar*, aus
Swedenborgs Hinterlassenschaften, zum Teil noch von den Zeitgenossen, zum
Teil erst im Laufe des 19. Jahrhunderts herausgegeben und – vorwiegend ins Englische – übersetzt worden.

Die ersten Übersetzungen der durchweg auf Lateinisch verfassten Schriften
Swedenborgs wurden ab den 1770er Jahren in Deutschland angefertigt. Seit 1760
ist jedoch eine umfangreiche, wie erwähnt in erster Linie auf Rezensionen basie-
rende Rezeptionsgeschichte zu verzeichnen, die unter anderem nach neuen Übersetzungen in den 1770er Jahren und vor allem aufgrund der intensiv geführten
Debatte um die öffentlichkeitswirksame Gründung der Exegetischen und Philanthropischen Gesellschaft in Stockholm 1786 Höhepunkte hatte. Dies fällt jedoch nicht unmittelbar in den Bereich der biographischen Daten zu Swedenborgs
Leben.[201]

Die Kontakte und Korrespondenzen Swedenborgs als Geisterseher sind, betrachtet man die überlieferten Quellen aus immerhin 27 Jahren zwischen 1745
und 1772, nicht sehr umfangreich gewesen. Herauszuheben und von besonderer

---

[199] A theosophical Lucubration on the Nature of Influx, as it respects the Communication
and Operation of Soul and Body. London 1770.

[200] Vgl. Friedrich Christoph Oetinger: Beurtheilungen der wichtigen Lehre von
dem Zustand nach dem Tod und der damit verbundenen Lehren des berühmten Emanuel
Swedenborgs theils aus Urkunden von Stockholm theils aus sehr wichtigen Anmerkungen
verschiedener Gelehrten. o. O. 1771, 122–124; Ders.: Höchstwichtiger Unterricht vom Hohenpriesterthum Christi, zur richtigen Beurtheilung der Nachrichten des Herrn von Schwedenborgs, in einem Gespräch nach Art des Hiob, zwischen einem Mystico, Philosopho und
Orthodoxo, da jedesmal ein heutiger Hiob, ein um der Wahrheit willen leidender antwortet,
sammt einer Vorrede vom Neide bei Frommen und Gelehrten, herausgegeben von einem
Wahrheitsfreunde, der GOtte besonders über Oetinger danket. Frankfurt; Leipzig 1772, 77–
80; Oetinger, Sammlung (1772), 3–16; sowie unpaginierter Vorbericht zu Oetingers Übersetzung von Swedenborgs *Himmel und Hölle*. o. O. 1774.

[201] Vgl. dazu vorerst Alfred J. Gabay: The Covert Enlightenment. Eighteenth-century
Counterculture and Its Aftermath. West Chester 2005; Gabay, 2007; Diethard Sawicki:
Leben mit den Toten. Geisterglauben und die Entstehung des Spiritismus in Deutschland
1770–1900. Paderborn u. a. 2002, 77; sowie unten Kap. 2.4.1., c), hh); Kap. 4.3.2., d); 5.3.2., c),
ab Punkt 10.

Relevanz für die Rezeption seines Werks ist sein Briefwechsel mit dem schwäbischen Prälaten Friedrich Christoph Oetinger,[202] mit dem englischen Theologen und Swedenborg-Übersetzer Thomas Hartley und mit seinen Anhängern in Göteborg – der Stadt, in der er den Stockholmer Stadtbrand geschaut haben soll –, allen voran mit dem dortigen Lehrer und Konsistorialrat Gabriel Beyer, der ebenfalls in Kontakt mit Oetinger stand.[203]

Um Beyer und Johan Rosén, Lehrer der Eloquenz in Göteborg, entwickelte sich am Ende der 1760er Jahre das einzige Disziplinarverfahren, in das Swedenborg sich selbst einschaltete, ohne jemals von Konsequenzen bedroht gewesen zu sein, die sich aus seinen durchweg im Ausland veröffentlichten Büchern hätten ergeben können.[204] Swedenborg wurde dadurch zu einer der meistdiskutierten religiösen Persönlichkeiten Schwedens am Ende des 18. Jahrhunderts.[205] Der Göteborger Dompropst Ekebom und andere führende Geistliche Schwedens hatten unter anderem wegen Swedenborgs Trinitätslehre und seiner Ablehnung der lutherischen Rechtfertigungslehre ein Verfahren angestrengt, das sich aber nicht gegen Swedenborg als Person richtete, sondern gegen die Verbreitung seiner Lehre. Beyer hatte mehrere Predigten veröffentlicht, in denen Swedenborgs Theologie eingearbeitet war, ohne dass sein Name explizit erwähnt wurde.[206] In den hierauf folgenden Auseinandersetzungen wurde Swedenborgs 1768 erschienes Buch *De amore coniugiali* auf Initiative des Bischofs von Linköping, eines Sohnes von Erik Benzelius und Swedenborgs Schwester Anna, konfisziert, das er unter den schwedischen Honoratioren verteilt hatte,[207] so wie er schon in den 1760er Jahren viele seiner Bücher an Akademien und einzelne Persönlichkeiten innerhalb und außerhalb Schwedens versandt hatte.[208] Swedenborg schaltete sich mit mehreren Briefen ein und verfasste 1769 als eine Vorstufe zur *Vera christiana religio* die kleine Schrift *Summaria expositio doctrinae Novae Ecclesiae*, in der er seine theologischen Differenzen gegenüber den evangelischen und römisch-katholischen Dogmatiken darlegte.[209] Während Beyer und Rosén entgegen Swedenborgs Erwartun-

---

[202] Vgl. Kap. 5.2.5., vor allem b), bb) und c).

[203] Zum Briefwechsel Swedenborgs nach 1748 vgl. ACTON, Letters and Memorials II; Tafel, Documents II,1, 223–391.

[204] Vgl. hierzu ausführlich BENZ, 1947, 163–181.

[205] Vgl. BERGQUIST, 2005, 404. Ganz unbegründet und den Ergebnissen dieser Arbeit widersprechend ist die Behauptung, es habe bei Swedenborgs Tod nur ein Dutzend Leser seiner Schriften in Europa und nur eine Hand voll in Skandinavien gegeben. Vgl. JANE K. WILLIAMS-HOGAN: The Place of Emanuel Swedenborg in the Spiritual Saga of Scandinavia. In: Western Esotericism. Based on Papers Read at the Symposium on Western Esotericism Held at Åbo, Finland, on 15–17 August 2007, hg. von TORE AHLBÄCK. Vammala 2008, 254–280, hier: 254.

[206] Vgl. BERGQUIST, 2005, 404. Offensichtlich wurde das Hauptproblem darin gesehen, dass Beyer den Gymnasiasten das „Systema theologicum, völlig nach der Lehre" Swedenborgs vermitteln wolle. Vgl. „Unterthänigstes Bedenken" Ekeboms vom 12.2.1770, in: OETINGER, Beurtheilungen (1771), 25–27, hier: 26.

[207] Vgl. BERGQUIST, 2005, 409.

[208] 1764 schickte er der schwedischen Akademie seine theologischen Werke zu, vgl. JONSSON, 1999, 195.

[209] Swedenborg versandte die *Summaria expositio* an Professoren und Geistliche in Hol-

gen nur mild verwarnt, von der theologischen Lehre suspendiert und ihnen eine Bedenkzeit gegeben wurde, um von ihren Anschauungen Abstand zu nehmen,[210] wandte sich Swedenborg direkt an König Adolf Friedrich, bat ihn um seinen Schutz und protestierte gegen die Einrichtung eines Komitees „de Swedenborgianismo". Ihm habe sich der Erlöser Jesus Christus – das war eine wenigstens terminologische Rückkehr zu der lutherischen Christologie aus der Zeit vor 1745 – offenbart, und durch göttliche Gnade sei ihm der Verkehr mit Engeln und Geistern vergönnt worden. Seine Anhänger in Göteborg seien Opfer einer ungerechten Verfolgung, die darauf basiere, dass man seine Bücher offenbar als häretisch und seine Offenbarungen als falsch eingestuft habe. Sie seien aber mit dem Augsburger Bekenntnis, der Konkordienformel und dem „ganzen Wort Gottes" konform.[211]

Swedenborgs Intervention hatte, obwohl sein Brief an den König unbeantwortet blieb, insofern Erfolg, als offenbar keine weiteren Schritte gegen seine Anhänger und auch nicht gegen ihn unternommen wurden. Seine aus dem Ausland eingeführten Bücher blieben jedoch beschlagnahmt. Allerdings bestand offenbar auch königlicherseits kein Interesse daran, den Fall offiziell zu klären. Der Justizkanzler hatte dem König Ende 1769 geraten, auf eine Untersuchung dieser „absurde[n] Lehre" zu verzichten und sie besser sich selbst zu überlassen.[212] Erst 1778 wurde die Debatte offiziell beendet[213] – nach einer zeitgenössischen Deutung, weil „weder die Ankläger noch die Richter" Swedenborg verstanden und „keine Lust oder Capazität" hatten, „über solche Dinge zu urteilen".[214]

Swedenborgs in Amsterdam herausgegebene umfangreiche *Vera christiana religio* ist mit ihren Modifikationen früherer theologischer Standpunkte und ihrer Auseinandersetzung mit den lutherischen Bekenntnisschriften vor dem Hintergrund des Verfahrens gegen seine Göteborger Anhänger zu verstehen, bei dem der Vorwurf der Häresie zwar nicht offiziell ausgesprochen, aber auch nicht offiziell ausgeräumt wurde.

Die politischen und ‚nichttheologischen' Aktivitäten Swedenborgs fanden zwischen mehreren Reisen und langen Auslandsaufenthalten statt. Nach seiner religiösen Krise war Swedenborg 1745 aus London nach Schweden zurückgekehrt, zwei Jahre später reiste er erneut nach Holland und England ab. Den Winter 1749 verbrachte er in Aachen und kehrte im folgenden Jahr nach Stockholm zurück. Weitere Reisen mit mehrmonatigen Aufenthalten, die vor allem der Publikation seiner Werke dienten, führten ihn 1758/59, 1766, 1769 (hier mit Zwischenstation in Paris) und 1770 nach Amsterdam und London, den Verlagsorten

---

land und an die wichtigsten Universitäten in Deutschland, vgl. ACTON, Letters and Memorials II, 672.

[210] Die Erklärung Beyers (24.2.1770) ist abgedruckt bei OETINGER, Beurtheilungen (1771), 28–42.

[211] Vgl. ACTON, Letters and Memorials II, 721–726; BENZ, 1969, 528 f.; BERGQUIST, 2005, 411. Das Schreiben wurde bereits zeitgenössisch abgedruckt in: OETINGER, Beurtheilungen (1771), 18–21.

[212] Vgl. BENZ, 1969, 527.

[213] Vgl. BERGQUIST, 2005, 411.

[214] Schreiben Anders Johan von Höpkens an den dänischen General Christian Tuxen, 6.6.1781, zitiert nach TAFEL, Sammlung, 65.

aller seiner theologischen Schriften. In London, wo Swedenborg neben seinem Haus in Stockholm-Södermalm seinen Hauptwohnsitz hatte, erlitt er Ende 1771 einen Schlaganfall, an dessen Folgen er am 29. März 1772 verstarb. Etwa eine Woche später wurde er vom Pfarrer der schwedischen Gemeinde bestattet.[215]

---

[215] Zu den Angaben vgl. BERGQUIST, 2005, 465–468.

2. Swedenborg als Naturphilosoph und Naturforscher (1716–1745) im Urteil der Zeitgenossen

2.1. Einleitende Bemerkungen

Swedenborgs zu Lebzeiten und posthum veröffentlichtes Werk als Naturforscher, Naturphilosoph und Techniker erstreckt sich auf etwa die Hälfte seines umfangreichen Schrifttums und entstammt einem Zeitraum von etwa 30 Jahren. Im überwiegenden Teil der Swedenborgforschung wird dem Wirken Swedenborgs als Naturforscher auch ein großer Raum gewidmet, einmal abgesehen von Autoren, die ausschließlich diesen Abschnitt in Swedenborgs Biographie thematisieren und den Geisterseher der theologischen Perspektive überlassen.[1] Swedenborg hat als Naturforscher gearbeitet und er war als solcher auch in der Öffentlichkeit bekannt. Das zeigen die biographischen Daten. Besonders bei der Auswertung der Rezensionen zu seinen Büchern wird dies deutlich. Für die Untersuchung der Debatten um Swedenborgs theologische Werke und seine umstrittenen visionären Erlebnisse kann demnach seine Repräsentation als Bergwerksassessor, Naturforscher und Naturphilosoph nicht außer Acht gelassen werden. Viele Autoren des 18. Jahrhunderts berücksichtigten sie bei der Bewertung Swedenborgs. Auch wurde die ‚Geschichte‘ Swedenborgs schon von den Zeitgenossen, aber dann vor allem auch in der Swedenborgliteratur des 19. und 20. Jahrhunderts nicht nur gedeutet, sondern im Zuge interessegeleiteter Deutungen auch angereichert und ‚ergänzt‘. Beispielsweise hat der Marburger Kirchenhistoriker Ernst Benz in der bislang umfangreichsten deutschsprachigen und nicht ‚swedenborgianischen‘, von Anhängern der Neuen Kirche (*New Church*) verfassten, Swedenborgbiographie[2] Swedenborgs Rolle als Naturforscher in folgenden Weise beschrieben: Er habe die

„Fülle seiner Eindrücke in einer Reihe bedeutsamer wissenschaftlicher Werke zusammengefasst, die ihn an die Schwelle des europäischen Ruhmes brachten. Die gelehrten Zeitschriften aller Länder besprachen seine Neuerscheinungen; die Akademien öffneten ihm die Tore; er war seinem Ziel, in den Olymp der europäischen Gelehrten eingereiht zu werden, näher gekommen, als er jemals gehofft hatte – da traf ihn der höhere Ruf, der ihn auf einen anderen Weg der Erkenntnis führte und ihn zwang, sein bisheriges naturwissenschaftliches und philosophisches Werk als menschliche Eitelkeit hinter sich zu werfen und sich für eine höhere Form der Anschauung und Verkündigung zu bereiten.“[3]

---

[1] Vgl. etwa als neuere Arbeiten DAVID DUNÉR: Världsmaskinen. Emanuel Swedenborgs naturfilosofi. Nora 2004; FRANCESCA MARIA CRASTA: La filosofia della natura di Emanuel Swedenborg. Milano 1999.

[2] ERNST BENZ: Emanuel Swedenborg. Naturforscher und Seher. 1. Aufl. München 1948, 2. Aufl. Zürich 1969, Nachdruck 2004, englisch: Emanuel Swedenborg. Visionary Savant in the Age of Reason. West Chester 2002.

[3] BENZ, 1969, 109. „Genialität“ ist bei Benz eine häufige Qualifizierung des wissenschaftlichen Ranges Swedenborgs, vgl. etwa 74.

Es liegt auf der Hand, dass eine solche Bewertung der Rolle Swedenborgs im zeitgenössischen Diskurs zu einer apologetischen Haltung bei der Darstellung genau dieses Diskurses führen muss. Benz zeigt dies vor allem bei seiner Einschätzung der Auseinandersetzung Kants mit Swedenborg.[4] Er überträgt nämlich die von *den* Akademien und der europäischen Gelehrtenschaft angeblich bescheinigte Genialität Swedenborgs unausgesprochen vom Naturforscher auch auf den Geisterseher. Hieraus folgend betrachtet er zeitgenössische Gegner Swedenborgs als unrechtmäßig oder ungerecht agierende Autoren, die eben diese Qualitäten Swedenborgs schlichtweg verkannt oder vorsätzlich ignoriert hätten. Die Bewertung Swedenborgs als Naturphilosoph und Naturforscher durch Benz, die sich bei vielen Autoren und in mancherlei Schattierung wiederfindet,[5] wird damit in den Dienst einer Argumentation gestellt, die den Genialitätsgedanken gegen psychiatrische Diagnosen ins Feld führt und den unter anderem von Kant angeblich für ,verrückt' erklärten Swedenborg als zu Unrecht Pathologisierten verteidigt. Die „neueste Forschung", so Benz, habe hingegen Friedrich Christoph Oetingers Urteil bestätigt, dass Swedenborg in den Disziplinen Algebra, hohe Geometrie und besonders Kosmologie Leibniz ebenbürtig gewesen sei.[6]

Benz' überschwängliches Urteil enthält aber eine Reihe von Ungenauigkeiten und Fehlern, die aus seiner Bewertung resultieren oder ihr zugrunde liegen: Wenn er von Akademien im Plural spricht, dann meint er, ohne dies genauer zu benennen, neben der schwedischen offenbar auch die russische Akademie der Wissenschaften. Wie gezeigt worden ist,[7] ist hier aber ein Plural keineswegs berechtigt. Dass die europaweiten Rezensionen seiner Werke Swedenborg dem europäischen Gelehrtenolymp näher gebracht hätten, entspringt eher einer modernen als einer zeitgenössischen Einordnung seines wissenschaftlichen Ranges, denn Benz verzichtet, wie die Swedenborgforschung fast[8] durchgehend, darauf,

---

[4] Vgl. dazu Kap. 5.3.1.

[5] Der Swedenborgianer Kurt P. Nemitz etwa verglich Leibniz hinsichtlich seiner theologisch-philosophischen Ausgangsthesen mit einem endzeitlichen Johannes dem Täufer und übertrug diesen Vergleich auf das Verhältnis zwischen Leibniz und Swedenborg, dessen Lehre in der *New Church* mit dem neuen, endzeitlichen Wort identifiziert wird. Vgl. NEMITZ, 1991, 445f. Solche hagiographischen Überzeichnungen finden sich aber durchaus nicht nur seitens der Swedenborgianer – und auch dort nicht durchweg –, sondern auch bei akademischen Autoren wie Ernst Benz und seinem Schüler Friedemann Horn. Selbst der Anatomieprofessor Martin Ramström, der 1910 im Auftrag der schwedischen Akademie über Swedenborg als Naturwissenschaftler und Hirnforscher schrieb, betrachtete seine ersten Erfindungen, seine Untersuchungen zum Längengrad usw. als „ingenious", ohne den damaligen Referenzrahmen und Swedenborgs Vorgehensweise insbesondere bei der Benutzung anderer Autoren zu berücksichtigen, vgl. MARTIN RAMSTRÖM: Emanuel Swedenborgs investigations in natural science and the basic for his statements concerning the functions of the brain. Uppsala 1910, 12.

[6] Vgl. BENZ, 1947, 189. Die „neueste Forschung" habe Swedenborgs Bedeutung auf den „Gebieten der Philosophie, der Medizin, der Mathematik und Astronomie, der Geologie, der Mechanik, der Physiologie und der Wirtschaftswissenschaften" bestätigt. Auch EBERHARD ZWINK: Einleitung. In: ZWINK, 1988, 6f., hier: 7, meint, Swedenborgs Genie sei „nur" mit Leibniz, Newton oder da Vinci vergleichbar.

[7] Vgl. Kap. 1.5.

[8] DUNÉR, 2004, hat die Rezensionen bis 1734 berücksichtigt.

die zeitgenössischen Debatten um den vorvisionären Swedenborg zu untersuchen, ohne sich dabei von den Referenzrahmen des 19. und 20. Jahrhunderts leiten zu lassen. Die innerhalb dieser modernen Referenzrahmen angefertigten Studien hatten aber häufig eine nachträgliche Rehabilitierung oder Aufwertung Swedenborgs im Blick, die auch seitens der Königlichen Akademie der Wissenschaften in Stockholm seit der Wende vom 19. zum 20. Jahrhundert betrieben wurde.
Aufgrund des gewachsenen öffentlichen Interesses an Swedenborg gründete die
Akademie 1902 auf Vorschlag des Vorsitzenden der Anatomischen Gesellschaft,
Gustaf Retzius, ein Komitee zur Erforschung und Publikation der Schriften Swedenborgs, in dessen Folge eine ganze Reihe von unveröffentlichten Manuskripten
herausgegeben, Schriften nachgedruckt und einzelne Untersuchungen zur wis-
senschaftshistorischen Einordnung Swedenborgs vorlegt wurden. Die Arbeiten
von Martin Ramström und dem späteren Chemie-Nobelpreisträger Svante
Arrhenius, das Standardwerk von Martin Lamm und schließlich die umfangreichen Quellensammlungen und Aufsätze der Swedenborgianer Alfred H. Stroh
und Alfred Acton[9] sind als Früchte dieses Komitees zu nennen.[10] Auch die Um-
bettung Swedenborgs aus der schwedischen Kirche in London in die Kathedrale
von Uppsala 1908 dürfte in diesen Kontext einzuordnen sein. Die Debatten, aus
denen das akademische Interesse an dem Naturphilosophen Swedenborg insbesondere in Schweden um 1900 erwuchs, sind hier nicht weiter zu verfolgen, obwohl wenigstens anzumerken ist, dass Swedenborg als Geisterseher in den spiritistischen Diskursen des 19. Jahrhunderts eine signifikante Rolle spielte. In einem
Aufsatz über die Kosmogonie Swedenborgs im Kontext der Kant-Laplaceschen
Nebulartheorie, der in der Zeitschrift der Astronomischen Gesellschaft in Leipzig erschien, wies der renommierte schwedische Astronom Magnus Nyrén
(1837–1921) bereits 1879 darauf hin, dass Swedenborg trotz seiner „jetzt fast"
ausschließlichen Verbindung mit „Mysticism und Theosophie" in den „Naturwissenschaften ein für seine Zeit grundgelehrter Mann" gewesen sei. Dies sei
heute „den Meisten" unbekannt.[11] Die schwedische Akademie hatte vor diesem
Hintergrund immerhin mit der Tatsache umzugehen, dass das Konterfei Swedenborgs als eines ihrer ersten Mitglieder in ihrem Festsaal hing und seine Bedeutung
als Akademiemitglied angesichts der spiritistischen Vereinnahmung gegenüber
der Gelehrtenöffentlichkeit offenbar erklärt werden musste. Die wissenschaftliche Honorierung Swedenborgs stieß dann auch auf großes Interesse bei modernen Esoterikern, die Swedenborg für die Konstruktion der esoterischen Tradition
in Anspruch nahmen und seinen nun mit wissenschaftlicher Autorität behaupte-

---

[9] Vgl. STROH, 1910; STROH, 1911; ACTON, Letters and Memorials; PhN; sowie die Sammlung der Rezensionen in The New Philosophy 1929–1934.
[10] Vgl. RAMSTRÖM, 1910, 10; INGE JONSSON: Die Swedenborgforschung. Ein persönlicher
Überblick. In: FRIEDEMANN STENGEL (Hg.): Kant und Swedenborg. Zugänge zu einem umstrittenen Verhältnis. Tübingen 2008, 1–11, hier: 6.
[11] Vgl. MAGNUS NYRÉN: Ueber die von Emanuel Swedenborg aufgestellte Kosmogonie,
als Beitrag zur Geschichte der s. g. Kant-Laplace'schen Nebular-Hypothese; nebst einem Resumé von Thomas Wright's „New Hypothesis of the Universe". In: Vierteljahrsschrift der
Astronomischen Gesellschaft 14 (1879), 80–91. Vgl. dazu unten Kap. 2.3.2., f).

ten Rang befriedigt konstatierten. Rudolf Steiner etwa verwies ausdrücklich auf die Beschäftigung von Svante Arrhenius mit den „ganz exakt wissenschaftlichen" Arbeiten Swedenborgs. Es müsse schon „etwas im höchsten Grade unspirituell sein, wenn sich Arrhenius dafür interessiert". Nun müssten auch diejenigen schwedischen Gelehrten, die Swedenborgs Werke herausgäben, anerkennen, dass er eine der „genialsten Persönlichkeiten" seiner Zeit gewesen sei. Swedenborg sei, so kombinierte Steiner die von Arrhenius und anderen bescheinigte Genialität mit seiner Behauptung von „konkreten karmischen Zusammenhängen", die Reinkarnation des Ignatius von Loyola gewesen.[12]

Um Swedenborg in den zeitgenössischen Diskurs einordnen zu können, ist es unumgänglich, auch seine Naturforschungen und seine Naturphilosophie zu berücksichtigen. Im Folgenden wird aber nicht nur die Resonanz auf seine Schriften und seine Bewertung im Gelehrtendiskurs untersucht. Um erkennbar zu machen, an welchen Punkten sich in Form von Kontinuitäten und Diskontinuitäten Übergänge und Anknüpfungen zwischen seiner Naturphilosophie und seiner Theologie nach 1745 vollzogen, werden auch die Themen und Forschungsschwerpunkte Swedenborgs in seiner vorvisionären Phase skizziert, die seine intellektuelle Entwicklung ausgezeichnet haben. Dabei wird insbesondere auf solche Motive in den vorvisionären Werken zu achten sein, die auch in der theologischen Phase relevant waren oder bei der Genese seines Perspektivwechsels eine Rolle spielten. Auf eine umfassende Darstellung der Entwicklung der Naturphilosophie Swedenborgs wird verzichtet. Insbesondere die Arbeiten von Inge Jonsson (1969, 1999, 2004), Francesca Maria Crasta (1999) und David Dunér (2004) – bedauerlicherweise momentan nur auf Schwedisch[13] – haben sich dem eigens gewidmet, die beiden zuletzt genannten allerdings nur bis zur Veröffentlichung der *Opera philosophica et mineralia* 1734.

Die in der Swedenborgforschung diskutierte Frage des biographischen Bruchs wird bei der Untersuchung der Schwerpunkte von Swedenborgs vorvisionärer Entwicklung im Blick zu behalten sein und im Ergebnis neu aufgeworfen werden, um das Verhältnis zwischen ‚Wissenschaftler' und ‚Geisterseher' bzw. Theologe zu bestimmen. Es kann dabei weniger darum gehen, Swedenborgs Bedeutung in der Wissenschaftsgeschichte insgesamt zu eruieren und seine Ansätze etwa in der Nebulartheorie oder in der Hirnphysiologie, die im 19. und 20. Jahrhundert zuweilen als bahnbrechend angesehen wurden, erneut zu evaluieren.[14]

---

[12] Vgl. Rudolf Steiner: Die geistige Eigentümlichkeit und das „Karma" Swedenborgs. Aus Vorträgen vom 25.8. 1923 (Penmaenmawr) und 24.8.1924 (London). In: Zwink, 1988, 154–158.

[13] Die Veröffentlichung der englischen Übersetzung bei Brill (Leiden; Boston) steht bevor.

[14] Vgl. etwa Gustaf Arrhenius: Swedenborg as Cosmologist. In: Brock, 1988, 179–186; Ramström, 1910; Stroh, 1910; Gustaf Retzius: Emanuel Swedenborg als Anatom und Physiolog auf dem Gebiete der Gehirnkunde. Abdruck aus den Verhandlungen der Anatomischen Gesellschaft auf der siebzehnten Versammlung in Heidelberg vom 29. Mai bis 1. Juni 1903 [hier als titellose Eröffnungsrede des Vorsitzenden Retzius, 1–14]; James Speirs (Hg.): Transactions of the International Swedenborg Congress 1910. London 1911; Hans Hoppe: Die Kosmogonie Emanuel Swedenborgs und die Kantsche und Laplacesche Theorie. In: Zwink, 1988, 30–38; Wetterberg, 2003.

Stattdessen wird als Referenzrahmen die Perspektive der Zeitgenossen Swedenborgs gewählt. Deren Texte werden daraufhin zu untersuchen sein, wie hier Swedenborgs Arbeiten bewertet, wie seine Position in der Gelehrtenschaft eingeschätzt, was dabei als weiterführend oder irreführend betrachtet und wo etwa Aspekte oder gar Weichenstellungen erkannt wurden, die auf den späteren visionären Bruch hindeuteten. Dieser Fragehorizont soll also gerade nicht Werk und Person Swedenborgs aus der Sicht der heutigen Wissenschaftsgeschichte beleuchten, um ihn in ein bestimmtes Licht zu stellen oder ihn gegen berechtigte oder unberechtigte Vorwürfe und Unterstellungen zu verteidigen – es geht allein um die Rolle im unmittelbaren historischen Kontext.

Swedenborgs Werke aus der Zeit vor 1745 sind im Laufe des 18. Jahrhunderts in mindestens 120 Rezensionen, Briefen und Büchern erwähnt oder besprochen worden. Der größte Teil dieser Texte stammt von Autoren, die von Swedenborgs Wandel zum Geisterseher nichts wussten, der – wie oben ausgeführt – erst um 1760 in der Öffentlichkeit bekannt wurde. Dies ist gerade im Hinblick darauf zu betonen, dass beispielsweise die Rezeption Swedenborgs als Naturphilosoph bei Oetinger und Erwähnungen aus dem letzten Drittel des 18. Jahrhunderts wie etwa die knappen Kommentare Lichtenbergs,[15] Herders,[16] Hamanns oder in Gehlers *Physikalischem Wörterbuch*,[17] in den Referenzrahmen der europaweit diskutierten Geistererzählungen Swedenborgs oder seiner theologischen Werke einzuordnen sind und aus diesem Zusammenhang nicht gelöst werden können. Seit dem Beginn der 1750er Jahre, also etwa fünf Jahre nach der biographischen und literarischen Wende Swedenborgs, werden dessen naturphilosophische Schriften allerdings nur noch sehr selten erwähnt; das Gewicht der Besprechungen liegt in zeitlicher Nähe zu deren Publikation. Eine Ausnahme, die aus diesem Grund auch explizit zu diskutieren ist, bildet Oetingers Swedenborg-Buch von 1765, das Swedenborg mit mehreren anderen zeitgenössischen Philosophen, Naturforschern, der Theosophie Jakob Böhmes und kabbalistischen Lehren vergleicht. In diesem Rahmen wurde Swedenborgs Lehre in ein Rezeptionsfundament eingefügt, das eine eigene Wirkungsgeschichte bis ins 19. Jahrhundert hatte und von den Debatten um Swedenborgs eigene Schriften zu unterscheiden ist.[18]

---

[15] Lichtenberg spricht von dem „bekannte[n] Phantast[en] Schwedenborg" und dessen Behauptung, der Jüngste Tag habe am 9. Januar 1757 stattgefunden. Über nähere Kenntnisse seiner Schriften scheint Lichtenberg nicht verfügt zu haben. Vgl. GEORG CHRISTOPH LICHTENBERG: Schriften und Briefe. 3. Aufl. München; Wien 1991, Bd. 2, 47.

[16] Vgl. zu Herder Kap. 2.4.1., b), ff).

[17] Vgl. JOHANN SAMUEL TRAUGOTT GEHLER: Physikalisches Wörterbuch oder Versuch einer Erklärung der vornehmsten Begriffe und Kunstwörter der Naturlehre mit kurzen Nachrichten von der Geschichte der Erfindungen und Beschreibungen der Werkzeuge begleitet. Leipzig 1795. Bd. 5 (Supplementband), 596 f. Hier ist von „dem berüchtigten Emanuel Swedenborg" und seiner Erfindung einer hydraulischen Luftpumpe aus den *Miscellanea observata* die Rede, die wohl nur „schwerlich" funktionieren werde, auch wenn Gehler den – offenbar angesichts des Geistersehers – „merkwürdige[n] Umstand" bemerkte, Swedenborg sei der erste gewesen, der überhaupt eine hydraulische oder Quecksilberpumpe erfunden habe. Zu bemerken ist freilich, dass die Luftpumpe Swedenborgs im damaligen Diskurs kaum eine Rolle gespielt hat.

[18] Vgl. dazu Kap. 5.2.5., besonders a), bb).

Demgegenüber ist aber davon auszugehen, dass Swedenborgs naturphilosophische Hauptschriften am Ende des 18. Jahrhunderts weitestgehend vergessen gewesen sind oder gänzlich von den Debatten um den Geisterseher nach 1745 überlagert worden waren.

Eine öffentliche Rezeption der Schriften Swedenborgs lässt sich seit 1716 zunächst in schwedischen Zeitschriften feststellen. Als *Acta literaria Sueciae*, die erste schwedische, seit 1720 erscheinende Gelehrtenzeitschrift, regelmäßig auch im deutschsprachigen Raum rezipiert wurde, wurden die hier besprochenen oder angekündigten Werke Swedenborgs auch in Deutschland bekannt gemacht, und zwar ab 1721 zunächst nur der deutschsprachigen Öffentlichkeit über die *Neuen Zeitungen von Gelehrten Sachen* (Leipzig) und ab 1722 auch dem europäischen Publikum – durch *Acta eruditorum* (Leipzig) als eine der derzeit führenden Gelehrtenzeitschriften überhaupt. Andere deutsche Gelehrtenzeitschriften wie die *Deutschen Acta eruditorum* (Leipzig), die *Historie der Gelehrsamkeit unserer Zeiten* (Leipzig 1721–1725), *Commercium litterarium* (Nürnberg 1731–1745) und die *Zuverlässigen Nachrichten von dem gegenwärtigen Zustande, Veränderung und Wachsthum der Wissenschaften* (Leipzig 1740–1757) folgten. Swedenborg sandte viele seiner Bücher an Akademien und einzelne Persönlichkeiten. Auf diese Weise ist es in den 1730er Jahren auch zu internen Gutachten der *Royal Society* in London und der Kaiserlichen Akademie der Wissenschaften in St. Petersburg gekommen. Erst seit 1741 widmete sich die französischsprachige Gelehrtenzeitschrift *Bibliothèque Raisonnée des Ouvrages des Savans de l'Europe* aus Amsterdam Swedenborgs *Oeconomia regni animalis* und *Regnum animale*.

Die Rezensionen in diesen Zeitschriften unterscheiden sich stark voneinander. Die *Neuen Zeitungen für Gelehrte Sachen* beschränkten sich in der Regel auf knappe Anzeigen oder Referate von Rezensionen anderer Zeitschriften, während *Acta eruditorum*, die *Zuverlässigen Nachrichten* oder die *Bibliothèque Raisonnée* ausführliche, 20 bis 30 Seiten umfassende Besprechungen lieferten, die präzise Inhaltsangaben, Referate einzelner Abschnitte und die Sachkritik der Rezensenten enthalten. Dieses Verfahren hängt damit zusammen, dass auch noch im 18. Jahrhundert viele Bücher, so auch die Swedenborgs, nur schwer erhältlich oder sehr teuer waren und ihr Inhalt daher oftmals mehr durch Rezensionen als durch die unmittelbare Quellenlektüre vermittelt wurde.[19] Dies zeigt sich beispielsweise in den häufigen Verweisen auf *Acta eruditorum* und andere europäische Gelehrtenzeitschriften in den Anmerkungen der Werke Christian Wolffs.[20]

---

[19] Vgl. eine entsprechende Klage des Rostocker Theologieprofessor JOHANN HEINRICH BECKER in: De speciali, ac sensuali angelorum cum hominibus commercio hac mundi aetate non sine causa suspecto nunnulla praefatus, festum sanctorum angelorum, Christo, angelorum principi, sacrum, pro more indicit; utque illud, beneficiorum divinorum, per angelorum custodiam, memores, christiana erga deum pietate celebrent. Rostochii 1763, 19. Zu Becker vgl. Kap. 5.1.3. Eine weitere Klage über den hohen Preis der *Opera philosophica et mineralia* bei: JULIUS BERNHARD VON ROHR: Physikalische Bibliothek, worinnen die vornehmsten Schriften die zur Naturlehre gehören angezeiget werden. 2. Aufl. Leipzig 1754, 90.

[20] Vgl. etwa seine Elementa matheseos universae. 5 Bde., Editio nova Genevae 1732–1741.

Swedenborgs Schriften, Projekte und Hypothesen wurden nicht nur in den Zeitschriften, sondern vereinzelt auch in der zeitgenössischen Literatur, beispielsweise in Christian Wolffs *Elementa matheseos universae*, in Julius Bernhard von Rohrs *Physikalischer Bibliothek*, Albrecht von Hallers Lehrbuch der *Phisiologie des menschlichen Körpers* und der *Bibliotheca Anatomica* sowie von einigen Landsmännern wie Daniel Tiselius (1682–1744) und dem bedeutenden Chemiker Johan Gottschalk Wallerius (1709–1785, seit 1750 Mitglied der Akademie) auf verschiedene Weise, im Vergleich mit anderen Autoren meist sehr knapp, erwähnt. Solche Referenzen sind natürlich nicht flächendeckend für die gesamte zeitgenössische naturphilosophische oder etwa medizinische Literatur zu erarbeiten. Das gilt nicht im selben Maße für die Gelehrtenzeitschriften, deren Inhalt durch zumeist umfangreiche Register und Indices, häufig in drei Teilen, einem Schriften-, einem Autoren- und einem Sachregister, erschlossen und dadurch gut überschaubar ist. Zudem hat der frühere Dekan des College der *New Church* in Bryn Anthyn (Pennsylvania), Alfred Acton, zwischen 1929 und 1934 einen großen Teil der europäischen Rezensionen des vorvisionären Swedenborg auf Englisch in *The New Philosophy*, der Zeitschrift der *Swedenborg Scientific Association*, veröffentlicht. Hier sind diese Texte zwischen 2003 und 2010 zum großen Teil nachgedruckt worden. Acton konnte allerdings vielfach auf die Vorarbeiten von Rudolf L. Tafels Dokumentensammlung und die umfangreiche Bibliographie der Werke Swedenborgs von James Hyde zurückgreifen, die beide schon eine ganze Reihe von Referenzen Swedenborgs in der zeitgenössischen Literatur enthalten.[21]

---

[21] TAFEL, Documents; Hyde, 1906.

2.2. Swedenborgs frühe Schriften 1716 bis 1722

2.2.1. Der *Daedalus hyperboreus* und erste theoretische Arbeiten

Abgesehen von einigen lyrischen Versuchen, die – den vorhandenen Reaktionen nach zu urteilen[1] – in der Öffentlichkeit kaum bemerkt wurden, vollzogen sich Swedenborgs frühe literarische Aktivitäten innerhalb des *Daedalus hyperboreus*, der ersten technisch-naturkundlichen Zeitschrift in Schweden überhaupt, die er in sechs Ausgaben zwischen 1716 und 1718 gemeinsam mit Christopher Polhem herausgab. Der *Daedalus* wurde in Schweden in erster Linie als technische Zeitschrift wahrgenommen, die neue Erfindungen auf den verschiedensten Gebieten vorstellte und meist den Ideen Christopher Polhems folgte. Swedenborg selbst hat hierin 26 Artikel veröffentlicht, mit denen er erstmals in der schwedischen Öffentlichkeit als Forscher und Erfinder wahrgenommen wurde. Anfang 1716 berichtete eine Stockholmer Zeitung über die ersten beiden Ausgaben des *Daedalus*, in denen einige „Ohrentrompeten", Sprechröhren, Experimente zu Geräuschen als Erfindungen von Polhem vorgestellt würden. Swedenborg (zu diesem Zeitpunkt noch Swedberg) präsentiere die Erfindung zweier Windmaschinen und andere merkwürdige Experimente und Aufsätze.[2] Zur dritten Ausgabe berichtet eine Stockholmer Zeitung, dass darin ein Artikel Swedenborgs über eine hydraulische Luftpumpe enthalten sei[3] – dieselbe Erfindung, die Swedenborg in den *Miscellanea observata* erneut vorbrachte und die achtzig Jahre später in Gehlers *Physikalischem Wörterbuch* als einzige unter dem Eintrag Swedenborg diskutiert wurde, und zwar mit dem Hinweis, dass Swedenborg der erste gewesen sei, der eine solche Luftpumpe erfunden habe.[4] Der fünfte Teil des *Daedalus*

---

[1] Immerhin wurden die unter dem Namenskürzel „Ab E. S. Sueco" 1715 in Greifswald veröffentlichten *Camena borea* in den *Acta literaria Sueciae* angezeigt, ohne Swedenborg zugeordnet zu werden, vgl. Acta literaria Sueciae 1724, Oktober–Dezember, 588f.: Der Verfasser spiele mit den Taten von Heroen und Fabeln und schreibe im Stil Ovids. Zu den anderen Gedichten Swedenborgs, dem *Festivus applausus* und dem *Ludus Heliconius*, konnten keine Rezensionen oder Anzeigen ausfindig gemacht werden. Alfred Acton ordnet ein weiteres anonymes Werk Swedenborg zu: die *Fabula de Amore et Metamorphosi Uranies in virum et in famulam Apollinis*, die Graf Wellink, dem schwedischen Bevollmächtigten des Kongresses von Braunschweig, gewidmet war, in Hamburg veröffentlicht und in Acta literaria Sueciae 1724, Oktober–Dezember, 589, nur genannt wurde.

[2] Vgl. Anzeige des Daedalus Hyperboreus in: Ordinaire Stockholmiska Post Tidendes 1716, 10. Januar und 24. April, (The New Philosophy 32 [1929], 22f.).

[3] Vgl. Anzeige des Daedalus hyperboreus in: Ordinaire Stockholmiska Post Tidendes, 1716, 4. September (The New Philosophy 32 [1929], 23f.).

[4] Vgl. oben Seite 60, Anm. 17.

wurde 1717 mit dem Hinweis auf einen Aufsatz Swedenborgs angekündigt, der eine neue Methode präsentieren werde, den Längengrad zu berechnen – erster Hinweis auf dieses Swedenborg noch lange beschäftigende Thema.[5] Die neu gegründeten *Acta literaria Sueciae* kündigten 1720 ebenfalls eine neue Ausgabe an.[6]

a) Tremulationen und spiritus animalis

Dass sich das öffentliche Interesse am *Daedalus hyperboreus* vor allem auf technische Erfindungen bezog, zeigt die Tatsache, dass ein Text Swedenborgs in den Zeitungsanzeigen keinerlei Beachtung fand, der eine Reihe von Theorien enthielt, die Swedenborgs weiterer Forschungsarbeit zugrunde lagen. 1717 steuerte Swedenborg einen Aufsatz über Tremulationen bei, in dem er seine Theorie vorstellte, dass der mathematische Punkt Ursprung des organischen und anorganischen Lebens sei.[7] Dieses Leben pflanze sich durch Tremulationen, durch Schwingungen, fort. Am grundlegendsten seien die des Gehirns, des Herzens und der Lunge, am höchsten die Sensationen auf der Ebene des Nervensystems. Die Gehirndrüsen hätten dabei die Aufgabe, den Seelenstrom zu steuern. Die Seele wird damit gleichsam mechanisiert und materialisiert, sie findet in Nerven und Fibern statt.[8] Der Körper sei mit einem Musikinstrument[9] vergleichbar. Von mechanisch erklärbaren Wellen im Wasser gelangt Swedenborg zu den gleichfalls mechanisch zu begreifenden mentalen Wellen im Körper.[10]

Den *spiritus animalis*, einen zwischen den Organen und der Seele vermittelnden Nervengeist, identifizierte Swedenborg in Anlehnung an Raymond Vieussens mit der Lymphflüssigkeit und versuchte auf diese Weise eine rein mechanische Deutung des *commercium corporis et animae*, des Verhältnisses von Körper und Seele, und zwar letztlich unter Verzicht auf „okkulte" *spiritus*, die er zu diesem Zeitpunkt für empirisch nicht beweisbar hielt.[11] Damit ging er über Descartes, den prägenden Philosophen des akademischen Milieus von Uppsala, hinaus, für den die *esprits animaux* das Erklärungsmodell für die Verbindung zwischen Seele

---

[5] Vgl. Stockholmiska Kundgiorelser, 1717, 2. April, 1 f. (The New Philosophy 32 [1929], 24). Eine weitere kleinere anonyme Schrift Swedenborgs wurde zwar ebenfalls annonciert, aber Swedenborg nicht zugeordnet, vgl. Anzeige von: Underrättelse, om thet förtenta Stiernesunds arbete, thess bruk, och förtening. Stockholm 1717. In: Stockholmiska Kundgiorelser 1717, 9. April, 2 f. (The New Philosophy 32 [1929], 25).

[6] Vgl. Acta literaria Sueciae 1720, Januar–März, 26 (The New Philosophy 32 [1929], 25).

[7] Vgl. Bewis at wårt lefwande wesende består merendels i små darringar, thet är, Tremulationer [=Beweis, dass unser lebendiges Wesen meistenteils aus kleinen Zitterbewegungen besteht, das heißt: Tremulationen]. In: Daedalus hyperboreus 6 (1718); englisch: On Tremulation. Boston 1899; Bryn Athyn 1976, 2005. In einem unveröffentlichten Artikel von 1719 entwickelte Swedenborg seinen *Bewis* weiter. Vgl. JONSSON, 1969, 59–63; JONSSON, 1988, 35.

[8] Vgl. JONSSON, 1988, 35 f.

[9] Im *Daedalus* veröffentlichte Swedenborg insgesamt sechs Artikel über akustische Instrumente und Experimente, die seinen Vergleich des Körpers mit einem Musikinstrument vorbereiteten. Vgl. DAVID DUNÉR: The World Machine: Emanuel Swedenborg's natural philosophy. In: The New Philosophy 108 (2005), 225–231, hier: 228.

[10] Vgl. DUNÉR, 2005, 229.

[11] Vgl. JONSSON, 1969, 62 f.; JONSSON, 1988, 35; JONSSON, 1979, 230 f.

und Körper waren.[12] Descartes hatte sie mit einem „sehr feine[n] Hauch oder vielmehr" mit einer „sehr reine[n] und sehr lebhafte[n] Flamme" verglichen, durch die die Muskeln über Herz, Hirn und Nerven bewegt werden.[13] Swedenborg erwies sich bereits hier mechanistischer und gegenüber der unbeweisbaren Annahme der Lebens- oder Nervengeister empiristischer als Descartes: Alle Bewegungen funktionieren nach dem Prinzip der Kontiguität durch Druck und Stoß zwischen Materieteilchen, sogar die interpersonelle Gefühls- und Gedankenübertragung wird auf diese Weise erklärt. Andere Vermittlungsinstanzen zwischen Seele und Körper, Geist und Materie, als mechanisch funktionierende Flüssigkeiten sind für den Mechaniker Swedenborg zu diesem Zeitpunkt undenkbar. Während das Blut vom Herzen durch die Adern gepumpt wird, gelangt Lymphflüssigkeit vom Gehirn in das Nervensystem und vermittelt das *commercium* zwischen Körper und Geist. Dabei bezog er sich auf die anatomischen Theorien älterer und jüngerer Mediziner wie Giorgio Baglivi (1668–1707), Raymond Vieussens (1635–1715), Thomas Willis (1621–1675) und anderer, die er auch später immer wieder heranzog.[14]

Die *spiritus animales* und deren Qualität zwischen Geist und Materie wurden zu einem Thema, das wesentlich zu Swedenborgs visionärer Wende beitrug und ihn weit darüber hinaus bis in seine Beschreibungen des geistigen Universums beschäftigte. Damit befand er sich mitten in dem medizinisch-philosophisch-theologischen Diskurs großer gelehrter Kreise des 18. Jahrhunderts, der sich etwa in der Preisfrage der Preußischen Akademie der Wissenschaften für 1753 oder in den breiten Ausführungen noch Albrecht von Hallers in seinen Physiologielehrbüchern zeigte.[15]

Swedenborg knüpfte mit seiner Tremulationstheorie eng an Polhem an,[16] der in einem Aufsatz über das *Wesen der Geister* nichts anderes behauptet hatte: Übertragungen zwischen Gedanken und Gefühlen, etwa zwischen zwei Freunden, Träume und sogar Geistererscheinungen seien nur durch den Transport von höchst subtiler Materie, einer Analogie zu Newtons Äther, zu erklären.[17] Transpersonale Gefühls- und Gedankenkommunikation wird auf die Weise genauso wie übersinnliche Phänomene mechanisch und materialistisch verstanden. Genau wie Polhem meinte Swedenborg, dass die gesamte Natur durch Analogien strukturiert sei, dass also der menschliche Körper einschließlich der Seele nach mecha-

---

[12] Vgl. dazu insbesondere Kap. 4.2.2., 4.2.8. und zu Descartes' physiologischen Theorien, vor allem in *De homine*, vgl. KARL E. ROTHSCHUH: Die Rolle der Physiologie im Denken von Descartes. In: RENÉ DESCARTES: Über den Menschen (1632) sowie Beschreibung des menschlichen Körpers (1648), hg. und übers. von KARL E. ROTHSCHUH. Heidelberg 1969, 11–27; sowie WOLFGANG RÖD: Descartes. Die Genese des cartesianischen Rationalismus. 3. Aufl. München 1995, 133 f., 136 f.

[13] Vgl. RENÉ DESCARTES: Discourse de la méthode pour bien conduire sa raison, et chercher la vérité dans les sciences. In: DERS.: Philosophische Schriften in einem Band. Hamburg 1996, 5. Teil, Nr. 8 (S. 88): „[...] qui sont comme un vent très subtil ou plutôt comme une flamme très pure et très vive."

[14] Vgl. auch JONSSON, 1999, 39–41.

[15] Vgl. Kap. 2.4.1., b), ee); 2.4.1., c), bb).

[16] So auch BERGQUIST, 2005, 79, vgl. auch 287 f.

[17] POLHEM, 1952 f. Teil 3, 314, zitiert nach BERGQUIST, 2005, 78, vgl. aber Kap. 1.4.

nischen Gesetzen funktioniere und zusammen mit der Natur eine Maschine bilde.[18] Und er zitierte in seinem Aufsatz von 1717 das von Polhem angeführte Beispiel der zwei Freunde, um darauf hinzuweisen, dass die Hirnmembranen zwei
entfernter Menschen wie die Saiten eines Musikinstruments miteinander schwin-
gen, wenn sie aneinander denken, denn die Nervenfibern hängen mechanisch zusammen.[19]

b) Der Erfinder

Aber nicht nur im Falle dieser mechanistischen, ja geradezu materialistischen
Psychologie und Kosmologie war Swedenborg eng an Polhem angelehnt. Auch
auf dem Gebiet seiner im *Daedalus* vorgestellten Erfindungen knüpfte er eng an
ähnliche Projekte an, die die Rezensenten eher an Polhem erinnerten, als dass sie
sie für originelle Innovationen Swedenborgs hielten. Swedenborgs maßgebliche,
über eine bloße Mentorschaft hinausgehende Prägung – das erkannte auch die
Öffentlichkeit – kam von Polhem. Als Swedenborg 1721 neuartige Schiffsdocks
vorstellte, erinnerte ein Rezensent in *Acta eruditorum* daran, dass diese von Karl
XII. angeregten Konstruktionen von Polhem erfunden und vor Jahren unter
Swedenborgs Assistenz in Karlskrona an der Ostsee gebaut worden seien.[20] Die
14 Projekte, über die Swedenborg 1715 Erik Benzelius informierte, erweisen sich
zum einen nicht als besonders „originell",[21] weil sie bereits von vielen anderen
Gelehrten in Angriff genommen worden waren, zum anderen knüpfen sie zum
Teil an Erfindungen Polhems an.

In der frühesten Zeit sind also neben dem Ziel praktischer Erfindungen bereits
drei Generalthemen vorhanden, die Swedenborg in den darauffolgenden Jahren
beschäftigten: a) eine mechanistische Erklärung für die Entstehung des Universums, b) die Analogie des Universums zu den Mechanismen des menschlichen
Körpers, gewährleistet durch die gemeinsame Entstehung aus dem mathematischen Punkt, und c) die anatomisch-physiologische, gleichfalls mechanistische
Erklärung der Gefühls- und Gedankenabläufe innerhalb des menschlichen Körpers. Kosmologie und Anatomie sind bereits jetzt eng miteinander verbunden.
Diese Felder werden in den nächsten Jahrzehnten nur noch angewendet und ver-
feinert. Zunächst wird Swedenborg noch nicht durch sie wahrgenommen, sondern durch seine praktischen Erfindungen, die wesentlich dazu beitrugen, dass

---

[18] Vgl. DUNÉR, 2005, 227–229.

[19] Vgl. Bewis at wårt lefwande wesende består merendels i små darringar thet är tremulationer. In: Daedalus hyperboreus, 6 (1718), 10–14, hier: 13f. (On Tremulation, 6); Bergquist,
2005, 79f.

[20] Vgl. Acta eruditorum 1722, Mai, 269. Gleichzeitig berichteten Acta eruditorum (1722,
270) über neue Schiffskonstruktionen, die Swedenborg in: Modus mechanice explorandi virtutes et qualitates diversi generis et constructionis navigorum, vorgelegt hatte. Beide Schriften
sind nicht separat erschienen, sondern in Swedenborgs anonym erschienenem Methodus nova
inveniendi longitudines locorum terra marique ope lunae (Amstelodami 1721; Opera quaedam
III, 201–212) enthalten (englisch 1847).

[21] So auch BENZ, 1969, 64, vgl. zur genauen Schilderung dieser Entwürfe und Pläne Swe-

Swedenborg in die Kreise um Karl XII. geriet und schließlich seine Anstellung in der schwedischen Montanwirtschaft erhielt.

2.2.2. Der Längengrad – Swedenborgs Beschäftigung mit einem Jahrhundertthema

Zu Beginn der Gelehrtenbiographie Swedenborgs war zunächst das Thema des Längengrades leitend, nämlich unter der Fragestellung, wie man den Längengrad auf hoher See mit Hilfe des Mondes ermitteln könne – für den ökonomischen Horizont der aufstrebenden schwedischen Nation eine Frage von großer Bedeutung. Möglicherweise wurde Swedenborg auf dieses Problem bereits während seines Aufenthalts in England gestoßen, wo er auch von dem antitrinitarischen Theologen und Astronomen William Whiston erfuhr, der an der Längengradthematik arbeitete.[22] Erst mehr als ein halbes Jahrhundert später wurde dieses Problem durch das Chronometer John Harrisons (1693–1776) geklärt.[23] Swedenborg befasste sich von Jugend an mit dieser Thematik, die seit 1714, der Ausschreibung des 20.000 Pfund Sterling umfassenden ungeheuren Preises durch das englische Parlament unter Königin Anne,[24] die Gelehrtenschaft Europas umtrieb. Wie viele andere ist Swedenborg mit seinen Ideen gescheitert.

Bereits 1711 teilte er Erik Benzelius mit, er habe eine Methode gefunden, den Längengrad mit Hilfe des Mondes zu bestimmen, eine Anregung, die offenbar auf seinen Kontakt mit John Flamsteed zurückging.[25] 1716 stand er mit Polhem in der Frage des Längengrads im Briefwechsel und veröffentlichte einen ersten Artikel im *Daedalus hyperboreus*.[26] 1717 wurde ein Aufsatz von ihm angekündigt, der dann 1718 im *Daedalus* erschien. Erik Benzelius lobte (anonym) in *Acta literaria Sueciae* Swedenborgs Ansatz, der mit der Länge des Mondes, die über zwei beliebige Sterne errechnet werden könne, und mit dessen Parallaxe

---

denborgs mit Blick auf parallele zeitgenössische Vorhaben und Erfindungen ebd., 64–73; Swedenborgs Schreiben an Benzelius, 8.9.1714. In: TAFEL, Documents I, 228–233.

[22] Vgl. BERGQUIST, 2005, 36. Der Antitrinitarismus mit einer expliziten Kritik am nachnicänischen Christentum war für Swedenborg zu dieser Zeit offenbar nicht von Interesse, obwohl er später daran anknüpfte, vgl. aber Kap. 3.3.2., i); 3.3.6., a) und c); Kap. 4.3.4., b). Zu Whistons Rolle in der Diskussion um den Längengrad vgl. DAVA SOBEL und WILLIAM J. H. ANDREWS: Längengrad. Die wahre Geschichte eines einsamen Genies, welches das größte wissenschaftliche Problem seiner Zeit löste. 6. Aufl. Berlin 2007, 63–67.

[23] Vgl. dazu insgesamt SOBEL / ANDREWS, 2007; sowie DEREK HOWSE: Nevil Maskelyne. The Seaman's Astronomer. Cambridge 1989.

[24] Vgl. SOBEL/ANDREWS, 2007, 69–79.

[25] vgl. Opera quaedam I, 214; ACTON, Letters an Memorials I, 30. STROH, 1911, 94, hält Swedenborgs Ansatz zur Lösung der Längengradfrage von Newton beeinflusst und datiert ihn ebenfalls auf seine Englandreise und die Kontakte zu Flamsteed und Halley zurück.

[26] Vgl. Schreiben Polhems an Swedenborg, 5.9.1716. In: Opera quaedam I, 258f. Polhem gestand hier, dass er selbst keine Lösung des Längengradproblems kenne, aber doch drei Möglichkeiten sah, ihn zu bestimmen: entweder durch die Mondfinsternis, was nicht immer möglich sei, durch die Längenunterschied zwischen dem Mond und dem Äquator – das sei schwierig – oder durch die Parallaxen.

agiere. Dieses Vorgehen sei allen anderen Methoden vorzuziehen.[27] Die *Neuen Zeitungen von Gelehrten Sachen* druckten Benzelius' Rezension im folgenden Jahr nach.[28] Swedenborg wurde dadurch mit seinem Vorschlag über Schwedens Grenzen hinaus bekannt.

a) Ein falscher Weg?

Als Swedenborg 1721 seine Ideen ausführlicher in einem in Amsterdam gedruckten Werk, dem *Methodus nova inveniendi longitudines locorum terra marique ope lunae* vorstellte, reagierte der Astronomieprofessors Conrad Quensel (1676–1732) aus Lund, der in *Acta literaria Sueciae* einwandte, man könne mit Swedenborgs Methode weder die wirklichen Parallaxen des Mondes noch seinen wirklichen Ort finden. Seine Messung sei viel zu ungenau – er lasse einfach die Minuten weg. Der Nutzen von Swedenborgs Methode für die Schifffahrt sei daher fraglich.[29] Quensels Einwände wurden auch der deutschen Leserschaft bekannt gemacht.[30]

Im Mai 1722 wurde der *Methodus* Swedenborgs, der hier als „*Vir amplissimus*" tituliert wurde, in den *Acta eruditorum* besprochen und sein Verfahren ausführlich vorgestellt, aber, wie es in den Rezensionen dieser Zeitschrift häufig der Fall war, nicht bewertet.[31] Doch Quensels Kritik wirkte so nachhaltig, dass sich Swedenborg – oder ein anonymer Freund – zu einer Reaktion in den *Acta literaria Sueciae* veranlasst sah, die wiederum in den *Neuen Zeitungen* veröffentlicht wurde.[32] Hier verteidigte er sich vor allem gegen den Vorwurf, die Minuten vernachlässigt zu haben. Irrtümer würden dadurch nicht entstehen.

Swedenborg brach seine Bemühungen trotz dieser Kritik nicht ab und meldete sich trotz seiner Erfolglosigkeit und der fehlenden öffentlichen Anerkennung immer wieder zu Wort.[33] Dies ist auch im Hinblick auf Inge Jonssons Vermutung zu notieren, Swedenborgs Enttäuschung über seine Erfolglosigkeit in dieser Frage habe sich zu einem Trauma entwickelt.[34] Fast 20 Jahre später kam es in diesem

---

[27] Vgl. [Rez. zu] Försök att finna östra och westra lengden igen, igenom månan. Uppsala 1718. In: Acta literaria Sueciae 1720, April–Juni, 27–33. Die Verfasserschaft erschließt sich aus einem Brief Swedenborgs an Benzelius vom 3.3.1720, vgl. Opera quaedam I, 301; TAFEL, Documents I, 322 f.

[28] Vgl. Neue Zeitungen von Gelehrten Sachen 1721, 345–347, hierin Benzelius' Urteil: „Der Author überreicht hiermit den Gelehrten seine neue Auflösung des beruffenen Problematis, darüber sich die größten Mathematici zu allen Zeiten viele Mühe gegeben, welche allen, die bißher bekannt worden, mit Recht vorzuziehen ist."

[29] Vgl. CONRAD QUENSEL in: Acta literaria Sueciae 1722, Januar–März, 270 f.

[30] Vgl. Neue Zeitungen von Gelehrten Sachen 1723, März, 183.

[31] Vgl. Acta eruditorum 1722, Mai, 267 f.

[32] Vgl. Amicum responsum ad objectionem a celeberr. Dn. Profess. C. Quensel contra nobiliss. Dn. Assessor E. Swedenborgii novam methodum longitudinis inveniendae, datum in absentia auctoris ab Amico. In: Acta literaria Sueciae 1722, Juli–September, 315–317; sowie in: Neue Zeitungen von Gelehrten Sachen 1723, Dezember, 1012.

[33] Nach BERGQUIST, 2005, 39, ließ er seinen *Methodus* 1727 und 1754 noch einmal in Amsterdam nachdrucken – Reaktionen darauf sind nicht bekannt.

[34] Vgl. JONSSON, 1999, 11.

Zusammenhang noch einmal zu einer Auseinandersetzung, die mit der Längengradproblematik zusammenhing und Swedenborg in Konflikt mit dem prominenten Astronom und Mitglied der Akademie Anders Celsius brachte.[35]

b) Letzte Versuche

1766, zwanzig Jahre nach seinem Eintritt in die Geisterwelt und im Alter von 78 Jahren, ließ Swedenborg, der gehört hatte, dass neuere Forscher, so wie er einst selbst, das Längengrad-Rätsel ausschließlich über Monddistanzen lösen wollten, seinen *Methodus* von 1721 nachdrucken – eine bemerkenswerte Aktion angesichts der Tatsache, dass sich Swedenborg nur noch sehr selten öffentlich zu Fragen meldete, die nicht mit seinen theologisch-visionären Interessen zusammenhingen.

Auf Swedenborgs Vorstoß reagierte Nils Schenmark (1720–1788), Astronomieprofessor in Lund und Mitglied der Akademie. Er stellte erneut Swedenborgs Genauigkeit und die Methode der Berechnung der wahren Position des Mondes sowie die Praktibilität von Swedenborgs Vorschlag für die Seefahrt in Frage.[36] Dabei war sich Swedenborg seiner Sache offenbar so sicher gewesen, dass er der schwedischen Akademie am 10. September 1766 seinen *Methodus* mit der Bitte zugesandt hatte, sie in den *Abhandlungen* der Akademie abzudrucken.[37] Im Tagebuch der Akademie findet sich dazu ein auf das Votum des Astronomen und Mathematikprofessors von Uppsala, Fredrik Mallet (1728–1797), zurückgehender Vermerk, dass die Methode, den Längengrad mit Hilfe des Mondes zu finden, keinesfalls neu, sondern bereits vor langer Zeit und zudem besser von anderen Gelehrten ausgearbeitet worden sei.[38] Der ständige Sekretär der Akademie, Pehr Wargentin, hatte Mallet gegenüber zuvor beklagt, Swedenborg sei fernab vom neuesten Stand in der Längengrad-Frage und wisse nicht das Geringste von dem, was in den letzten 30 Jahren auf diesem Gebiet geleistet worden sei. Dennoch meine Swedenborg, seine Methode sei die beste, ja geradezu die einzige mögliche. Man müsste doch, setzte Wargentin hinzu, eigentlich Besseres von einem Mann erwarten, der „arcana coelestia" kenne und die Geister über alles befragen könne.[39]

Swedenborg teilte der schwedischen Akademie 1766 weiter mit, er habe Mitte Mai des gleichen Jahres bei James Douglas Morton (1702–1768), dem Präsidenten der *Royal Society*, vorgesprochen, der ihn informiert habe, dass die Längenkommission noch im selben Monat über John Harrisons Chronometer entscheiden

---

[35] Vgl. Kap. 2.3.2., g).
[36] Vgl. im Folgenden Schreiben Nils Schenmarks an Swedenborg, 22.5.1767, weitere Dokumente und Anmerkungen ACTONS in: The New Philosophy 36 (1933), 251–255.
[37] Vgl. TAFEL, Documents I, 591 f.
[38] Zitiert nach The New Philosophy 36 (1933), 254.
[39] Der Brief ist abgedruckt und übersetzt in: NILS V. E. NORDENMARK: Swedenborg och longitudproblemet. Med anledning av ett nyfunnet brev från Wargentin. In: Lychnos (årsbok för idé- och lärdomshistoria) 1944–1945, 245 f., 248; LINDROTH, 1967, Bd. 1, 445. Diesen Hinweis verdanke ich INGE JONSSON (Stockholm).

wolle.[40] Swedenborg habe daraufhin dem wissenschaftlichen Sekretär zehn Exemplare seines *Methodus* ausgehändigt, die auf einem Tisch in der Akademie ausgestellt worden seien. Am selben Tag habe die Kommission beschlossen, angesichts der Erfolglosigkeit, den Längengrad mit Hilfe des Mondes zu finden, Harrison den Preis zuzuerkennen (den er niemals in voller Höhe erhielt). Hierbei war Swedenborg offenbar nicht richtig informiert,[41] auch findet sich in den Protokollen der Längenkommission kein Vermerk über Swedenborgs *Methodus*. Allerdings scheint er dort tatsächlich angekommen zu sein. Denn Nevil Maskelyne (1732–1811), der Hofastronom und Widersacher Harrisons, der bei der Bestimmung des Längengrads auf die Monddistanzen setzte[42] und darin einen ähnlichen Weg wie Swedenborg gewählt hatte, erwähnte in seinem Bericht vom 18. Juni 1768 ausdrücklich auch Swedenborgs Vorschlag. Der sei einerseits nicht neu und zudem für eine genaue Observation untauglich. Darüber hinaus irre er sich mit seiner Annahme, dass der Mond keine andere Länge besitze als die durch seine Parallaxe gegebene.

In dieser Notiz Maskelynes finden sich Argumente, die mehrere Kritiker den Arbeiten Swedenborgs gerade der 1720er Jahre bescheinigt hatten: Seine Theorien ließen sich nicht in der Praxis erweisen; er halte die *observatio* zwar für wichtig, aber letztlich nur zur Bestätigung apriorischer Theorien – hier der These, dass die Berechnung nur einer Mondparallaxe ausreiche. Dies ist im Hinblick darauf im Auge zu behalten, dass Swedenborg die drei Kriterien der zeitgenössischen Wissenschaft, Experiment, Geometrie, Urteilsvermögen, die in den Gelehrtenzeitschriften dieser Zeit vielfach propagiert wurden und die sich Swedenborg formal zu eigen machte, zwar anzuwenden versuchte, ihm aber bei der Präzision seines Vorgehens nicht nur Fehler unterliefen, sondern diese Fehler auch daher rührten, dass er die Apriorität seiner Theorie gegenüber den empiristischen Perspektiven der *experientia* oder der *observatio* überwiegen ließ. Diese Einwände sind aus den Reaktionen der Zeitgenossen Quensel, Schenmark und schließlich Maskelyne ersichtlich.

2.2.3. Sintflut und Paradies: Physikotheologie und Kosmogonie

Swedenborgs frühe Forschungen waren von Beginn an auch ein theologisches Unternehmen. 1719 legte er eine erste schwedische Schrift unter dem Titel *Om*

---

[40] Vgl. TAFEL, Documents I, 591 f.

[41] Hinter Swedenborgs Schilderung stand offenbar lediglich die erneute Prüfung des Instruments von Harrison, die von der Längenkommission im April 1766 beschlossen wurde, vgl. SOBEL / ANDREWS, 2007, 165–169, 172; HOWSE, 1989, 81 f.

[42] Vgl. SOBEL, Längengrad, 143–155, hier und an anderen Stellen tendenziöse Beurteilungen Maskelynes. Mit Hilfe der Differentialgleichungen Leonhard Eulers erarbeitete der Deutsche JOHANN TOBIAS MAYER (1723–1762) Mondabstandtabellen, die die Methode der Monddistanzen für die Bestimmung des Längengrads auf See brauchbar machten. Maskelyne benutzte Mayers Tabellen. Die Monddistanzenmethode wurde insofern gewürdigt, als Euler 300 Pfund Sterling und Mayers Frau nach seinem Tod den zehnfachen Preis von der Längengradkommission erhielt, vgl. SOBEL, Längengrad, 120–122.

wattnens högd, och förra werldens starcka ebb och flod vor.[43] Hier sammelte er 17 geologische und paläontologische Beispiele für die Wirkungen der Sintflut in Schweden: Hügel und Gesteinsschichten in Westgotland, die Lage von Bergrücken, Findlinge und große Felsen, die von den Wassermassen fortgerissen worden seien, bestimmte Wassergrenzen, fossile Muscheln und Schalentiere im Inland, Schiffsteile und Wracks an Land als Beweis, dass sich hier einst Wasser befunden habe, Walfischskelette, Binnengewässer als Überbleibsel des zurückgewichenen Meeres, Schwarzerde, die ihren Ursprung im Meer habe, der jährlich sinkende Wasserspiegel der Ostsee.[44]

Hinter Swedenborgs Beispielen stand nicht nur der zeittypische „Diluvianismus" als „vorherrschendes Paradigma im Fossiliendiskurs",[45] der die genannten Phänomene auf die in Genesis 6–9 beschriebene Sintflut zurückführte. Es war auch eine kosmologische Theorie damit verbunden, die Swedenborg im selben Jahr in einer eigenen Schrift über die Bewegung und die Lage der Erde und der Planeten vorgelegt hatte.[46] Die Erde sei vor der Sintflut näher und schneller um die Sonne gekreist. Nun werde sie mit ihrer ursprünglich ovalen Achse immer kugelförmiger. Demzufolge sei auch der Mond in früheren Zeiten schneller gewandert und habe durch seinen Druck auf das Meer einen schnelleren Wechsel von Ebbe und Flut bewirkt. Aus dieser Theorie entstand Swedenborgs noch mehrmals dargelegte Auslegung des biblischen Paradieses als eines ewigen Frühlings mit weitaus kürzeren Jahren. Dadurch erklärte er, dass die Erzväter des Alten Testaments hunderte Jahre alt geworden seien.

a) Polhem, Whiston, Burnet

Mit seinem physikotheologischen Ansatz knüpfte Swedenborg an eine Grundauffassung seines Mentors Christopher Polhem an, der zwar in einer mathematischen Physik die einzig sichere Erkenntnisquelle sah, für den aber die Naturlehre nicht im Widerspruch zu Moses' Schöpfungsbericht stand.[47] Es ist durchaus denkbar, dass sich Swedenborg mit seiner Theorie konkret an den Theologen und Astronomen William Whiston (1667–1752) anlehnte, von dem er bereits in England Notiz genommen hatte. Whiston, der 1710 wegen seines Arianismus und Antitrinitarismus als Nachfolger Newtons seine Professur in Cambridge verlor, der später auch Kontakte mit den Herrnhutern hatte und schließlich Baptist

---

[43] Om wattnens högd, och förra werldens starcka ebb och flod. Bewis utur Swerje framstelld. Uppsala 1719. In: Opera quaedam I, 1–17; englisch: On the Height of Water and Strong Tides in the Primeval World. In: Scientific and Philosophical Treatises. 2. Aufl. Bryn Athyn 1992.

[44] Zu den geologischen Arbeiten Swedenborgs hat der Geologe und Botaniker ALFRED GABRIEL NATHORST im Auftrag der schwedischen Akademie 1907 eine Studie vorgelegt: Swedenborg as a Geologist. Stockholm; auch in: Opera quaedam I, IXX–LI.

[45] MICHAEL KEMPE: Wissenschaft, Theologie, Aufklärung. Johann Jakob Scheuchzer (1672–1733) und die Sintfluttheorie. Epfendorf 2003, 107.

[46] Om jordenes och planeternas gång och stånd, Skara 1719. In: Opera quaedam III, 299–320; englisch: The Motion and Position of the Earth and Planets. London 1900.

[47] Vgl. BERGQUIST, 2005, 77.

wurde,[48] hatte in seiner Schrift *Nova Telluris Theoria* (1696, deutsch 1713)[49] sehr ähnliche Gedanken, aber auf der Basis der Naturphilosophie Newtons,[50] geäußert. Auch er nahm an, dass das Alter der Antediluvianer „ungemein länger" war, des öfteren gar „nahe an tausend Jahren" betrug.[51] Die Erde habe sich vor der Flut jährlich nur einmal um die Sonne gedreht und drehe sich erst seit der Flut und infolge des göttlichen Fluchs täglich um die eigene Achse.[52] Das Paradies sei keinem Wechsel von Jahreszeiten, sondern wärmeren Temperaturen ausgesetzt gewesen, die eine höhere Fruchtbarkeit der Erde bewirkt habe.[53] Und auch Whiston ging davon aus, dass sich die Entfernung der Erde nach der Sintflut vergrößert habe, obwohl er den ursprünglichen „Erd-Kreiß-Zirkel" gegenüber dem jetzigen eliptischen für rund hielt.[54] Mit der Sintflut seien – wie bei Swedenborg – die Gezeiten „gewaltsamer" geworden.[55] Die Sintflut wurde nach Whistons Vermutung durch die „Lufft-Kugel" und den Schweif eines Kometen ausgelöst, was die Erdumlaufbahn veränderte.[56] Die Wassermassen stammten dabei zu einem Teil aus dem Erdinneren und zum anderen aus dem Dunst und der Luftkugel des Kometenschweifs, meinte er. Auch die Herkunft von Fossilien und fruchtbaren Böden, die Art von Gesteinsschichten und sedimentären Ablagerungen und die Form der Erdoberfläche als Ergebnisse der Flut bezog er in seine Überlegungen ein.[57]

---

[48] Vgl. Peter Harrison: Art. Whiston, William. In: RGG[4], Bd. 8 (2005), 1506; Martin Schmidt: Art. Whiston, William. In: RGG[3] 6 (1962), 1673 f.; James Edwin Force: William Whiston. Honest Newtonian. Cambridge u. a. 1985.

[49] William Whiston: Nova Telluris Theoria. Das ist: Neue Betrachtung der Erde, nach ihren Ursprung und Fortgang biß zur Hervorbringung aller Dinge, oder: eine gründliche, deutliche, und nach beygefügten Abrissen eingerichtete Vorstellung, daß so wohl die sechstägige Schöpffung, und darauf erfolgte Sündfluth, als auch die annoch zukünftige Conflagration der Welt, wie solche in Heil. Schrift beschrieben werden, mit der gesunden Vernunfft und wahren Philosophie keineswegs streite, sondern von beyden gar wohl begriffen, und folglich um so viel mehr, als untrügliche Wahrheiten angenommen werden können. Franckfurt 1713.

[50] Vgl. die naturphilosophischen Grundlagen Whistons in Whiston, 1713, 116–201.

[51] Vgl. Whiston, 1713, 440.

[52] Vgl. Whiston, 1713, 424, 421.

[53] Vgl. Whiston, 1713, 416, 429, 432.

[54] Vgl. Whiston, 1713, 430 und an vielen Stellen, so 421: „Die Figur der Erde, welche zuvor wahrhafftig Kugel-rund war, wurde in eine oblate sphaeroidem verwandelt."

[55] Vgl. Whiston, 1713, 421.

[56] Vgl. Whiston, 1713, 446, 467, 472 u. ö. Dass die Genesis nichts vom Kometen berichtete, führte er darauf zurück, dass a) keiner überlebte, der ihn hätte sehen können, und b), dass die Insassen der Arche ihn nicht sehen konnten, vgl. ebd. 459 f. Whistons Theorie wirkte lange nach. 1742 vermutete Johann Heyn, ein Freund Gottscheds in Leipzig, die Wiederkehr des Sintflutkometen für 1748 und berief sich dabei auf Whiston, vgl. Martin Mulsow: Freigeister im Gottsched-Kreis. Wolffianismus, studentische Aktivitäten und Religionskritik in Leipzig 1740–1745. Göttingen 2007, 40 f., 44–47, 69–74; sowie Kap. 4.3.3., besonders d).

[57] Vgl. Whiston, 1713, 493–507. Schwarzerde nennt Whiston im Gegensatz zu Swedenborg nicht, obwohl jener ihre Entstehung genauso erklärt wie Whiston seine Bodenqualitäten, nämlich als Folge des Wasserrückgangs nach der Sintflut. Damit wendet sich Swedenborg gegen den Versuch Olof Rudbecks d. Ä., durch die Schwarzerde das Alter der Erde festzustellen, vgl. Rezension in: Acta literaria Sueciae 1720, Januar–März 9 f.

Während sich Swedenborgs Argumentation in manchen Punkten genau gegen Whiston wandte,[58] teilte er an anderen Stellen seine Positionen. Beide hielten jedoch an den Kernpunkten der biblischen Urgeschichte fest. Whiston folgte noch enger den biblischen Berichten und schätzte beispielsweise das Alter der Erzväter tatsächlich so hoch ein, wie es dort stand.[59] Swedenborg relativierte hingegen implizit den Schriftgehalt der Genesis, wenn er meinte, das hohe Alter sei zwar in der Bibel ‚richtig' angegeben, erscheine aber nur aufgrund der schnelleren Erdumdrehung so hoch. An dieser Stelle schlug sich bereits der Versuch nieder, nicht naturkundliche, von naturphilosophischen Theorien begleitete Feststellungen durch biblisch-theologische Inhalte zu korrigieren, sondern genau umgekehrt. Damit deutet sich eine Hermeneutik an, die in Swedenborgs Bibelauslegung als Geisterseher zum Gesamtduktus wurde: Er hielt zwar an den einzelnen Angaben und Worten bis hin zu den Buchstaben fest, behauptete aber, dass sie einen *sensus internus* besäßen, also etwas anderes bedeuteten, als gemeinhin angenommen wurde: eine himmlische oder spirituelle Wahrheit. Diese Umdeutung biblischer Inhalte monierte noch Jahrzehnte später ein kritischer Anhänger Swedenborgs gerade im Blick auf das Alter der Erzväter.[60]

Sicher ist die weitbekannte und hinsichtlich ihrer verfallsgeschichtlichen Weltsicht für viele Physikotheologen bedeutsame *Theoria Telluris Sacra* des englischen Hofkaplans Thomas Burnet (1681, deutsch 1698) als Quelle für Swedenborgs Theorie von Planeten und Sintflut in Betracht zu nehmen.[61] Schon Burnet hatte in seinem Buch, das sich auch in Swedenborgs Bibliothek befand, versucht, die Sintflut und den Weltenbrand am Ende der Zeit mit der Begrifflichkeit der cartesischen Kosmogonie darzustellen. Sein Verfahren ist als Impulsgeber für die am Ende des 17. und Anfang des 18. Jahrhunderts geführte Debatte über die Angemessenheit naturgeschichtlicher Schilderungen biblischer Geschichten anzuse-

---

[58] Das gilt z. B. auch für Swedenborgs Auffassungen vom Chaos oder vom Vakuum, die Whiston entgegengesetzt und an Burnet angelehnt waren (WHISTON, 1713, u. a. 40 f., 125; JONSSON, 2004, 27 f.).

[59] Vgl. WHISTON, 1713, 484–487. Seite 487 wandte sich Whiston ausdrücklich gegen eine andere Berechnung der Dauer der Jahre und Monate vor der Flut, um das hohe Alter zu erklären. Für ihn galt, 1. dass der „Buchstäbliche Verstand" der Schrift der wahre und wirkliche sei, 2. dass allem natürlich Erklärbaren keine Wunderkraft zugeschrieben zu werden brauche, und 3. dass außerbiblische Quellen wie „alte Tradition" oder „mündliche Nachricht" von der Natur und deren Entstehung als „wahrhaftig" angesehen werden müssten, wo sie mit der „Schrifft, Vernunfft und Welt-Weißheit, völlig" übereinstimmten, vgl. WHISTON, 1713, 115.

[60] Johann Christian Cuno warf Swedenborg vor, seine Behauptung von der dichteren Umlaufbahn der Erde und den kürzeren Jahren durch nichts beweisen zu können. (Methusalem soll nach Mose 900, nach Swedenborg nicht einmal 100 Jahre alt geworden sein). Cuno glaubte ohne weiteres an die Wahrheit der biblischen Angaben ohne Swedenborgs Relativierung, auch an die unveränderliche Umlaufbahn der Erde seit ihrer Schöpfung, vgl. JOHANN CHRISTIAN CUNO: Aufzeichnungen eines Amsterdamer Bürgers über Swedenborg. Hannover 1858 [1770], 157–160.

[61] THOMAS BURNET: Telluris theoria sacra: orbis nostri originem et mutationes generales, quas aut jam subiit, aut olim subiturus est, complectens. Libri duo priores de diluvio & paradiso; posteriores duo de conflagratione mundi & meliori rerum statu. Francofurti ad Moenum 1691. Vgl. Catalogus, 8. Vgl. UDO KROLZIK: Art. Physikotheologie. In: RGG⁴, Bd. 6 (2003), 1328–1330, hier: 1329.

hen.[62] In dieser Debatte gehört Whistons Schrift zu den bemerkenswertesten Beiträgen, gerade weil er die cartesische Basis Burnets durch Newtons Naturphilosophie ersetzte. Leibniz bezog sich in seiner *Theodizee*, die einige Jahre später zu den wichtigsten Quellen Swedenborgs gehörte, partiell positiv auf Burnets kosmogonische Erwägungen.[63]

Inge Jonsson hat überzeugend darauf aufmerksam gemacht, dass Swedenborg seine Theorie vom paradiesischen Frühling und der Sintflut, die aus dem Erdinneren entsprungen sei, zu diesem Zeitpunkt genau gegen Burnet entwickelt haben dürfte, der gemeint hatte, die Flut sei durch eine Ausdehnung infolge von Hitze entstanden. Burnet ist nach Jonsson als eine der wichtigsten Inspirationsquellen für Swedenborgs Kosmologie zu betrachten, auch wenn er ihm manchmal als Negativfolie, manchmal aber auch als Quelle für eine positive Rezeption diente.[64] Demgegenüber ist auch der Einfluss Whistons denkbar, dessen Buch zwar nicht im Auktionskatalog der Bibliothek Swedenborgs erfasst ist, der Swedenborg aber im Falle der Längengradproblematik und später der Trinitätslehre beeinflusst haben könnte.[65] So wie im Falle Burnets hätte sich Swedenborg partiell gegen Whistons Ansichten gewandt, um an anderen Stellen seine Aussagen zu modifizieren.

b) Swedenborg als Diluvianismusforscher und Physikotheologe in der Gelehrtenöffentlichkeit

Swedenborgs Buch über die Folgen der Sintflut wurde öffentlich wahrgenommen. Eine umfangreiche Besprechung in den *Acta literaria Sueciae*, die erste Rezension zu einer eigenen Publikation Swedenborgs überhaupt, nannte alle 17 Beispiele und sah Swedenborgs Ziel darin,

---

[62] Vgl. PETER HARRISON: Physico-Theology and the Mixed Science. The Role of Theology in Early Modern Natural Philosophy. In: PETER R. ANSTEY und JOHN A. SCHUSTER (Hgg.): The Science of Nature in the Seventeenth Century: Patterns of Change in Early Modern Natural Philosophy. Dordrecht 2005, 165–183, hier: 174. Zur „Burnet-Kontroverse" vgl. KEMPE, 2003, 48–51. Zu weiteren geogonischen Entwürfen vgl. KATHARINE BROWNELL COLLIER: Cosmogonies of our Fathers. Some Theories of the Seventeenth and Eighteenth Centuries. New York 1968 [1934].

[63] Vgl. GOTTFRIED WILHELM LEIBNIZ: Die Theodizee. Von der Güte Gottes, der Freiheit des Menschen und dem Ursprung des Übels, hg. und übers. von HERBERT HERRING. 2. Aufl. Frankfurt a. M. 1986, III (Nr. 245): Burnet habe ganz richtig bemerkt, dass wir vielleicht nur auf den Ruinen der erkalteten Erdrinde leben, mehrere Sintfluten hätten stattgefunden, das Meer habe sich weit zurückgezogen. Leibniz bricht freilich an dieser Stelle seine positive Rezeption ab und meint gerade gegen Burnet, dass diese Revolutionen „zuletzt" aufgehört hätten und die Erde ihre gegenwärtige Gestalt erhalten habe. Leibniz dachte die Welt als *seria infinita* – im Gegensatz zu dem apokalyptischen Konzept des Newtonianers Burnet (und Whiston, vgl. hier ab Seite 519 über den Zeitenwechsel bis zur „Vollendung aller Dinge", wiederum von einem Kometen ausgelöst). Die Theodizee befand sich der lateinischen Ausgabe von 1739 (Francofurti) in Swedenborgs Bibliothek, vgl. Catalogus, 4.

[64] Vgl. JONSSON, 2004, besonders 61–66, 75 f., zahlreiche schlüssige Verweise auf Burnet als Quelle Swedenborgs insgesamt; sowie JONSSON, 1999, 27 f.; und JONSSON, 1969, 30.

[65] JONSSON, 2004, 298 (Anm. 109), hält die Argumente, die Benz für den Einfluss von Whiston auf Swedenborg geltend macht, für schwach und berührt Whiston konsequenterweise nur am Rande.

„dem göttlichen Wort und der Sache der Wahrheit einige Kraft oder einige Zeugnisse hinzuzufügen, die aus Naturphänomenen abgeleitet sind, welche in unserem Vaterland beobachtet wurden und die sozusagen die klarsten Denkmäler der allgemeinen Flut sind".[66]

Während Swedenborgs Buch über die Erde und die Planeten in den Gelehrtenzeitschriften oder anderswo nicht auf Resonanz stieß,[67] wurde seine Schrift über die Spuren der Sintflut auch in Deutschland rezipiert – die erste nachweisbare Erwähnung Swedenborgs in der ausländischen Gelehrtenwelt. Der Lübecker Pfarrer und Paläontologe Jakob von Melle (1659–1743) nannte noch 1720 in einer Beschreibung von Fossilienfunden neben John Woodward (1665–1733), Johann Jakob Scheuchzer[68] (1672–1733), David Sigismund Buttner[69] und anderen Sintflut-Forschern Swedenborgs *Om wattnens Högd*. Wie die Genannten habe Swedenborg mit nicht unerheblichen Argumenten die Verheerungen der Sintflut und deren Überbleibsel am Beispiel Schwedens belegt.[70] Empirische Forschung wird von Swedenborg wie von Jakob von Melle als Komplement der alttestamentlichen Urgeschichte betrachtet.

Auch der sächsische Naturforscher und Physikotheologe Julius Bernhard von Rohr (1688–1742) referierte die Kernthesen Swedenborgs in seiner *Physikalischen Bibliothek*, die Swedenborg selbst besaß.[71] Swedenborg, ein „geschickter Naturkündiger und Mathematikus", habe mit seinen Beschreibungen die „Wahrheit göttlicher Schrift" verteidigen wollen.[72] Durchgehend erkennbar seien dabei seine große „Erkänntniß" der „Naturwissenschaft und Mathematik". Von Rohr

---

[66] Vgl. Acta literaria Sueciae, 1720, Januar–März, 5–11, hier: 5 [Übers. FS]. Swedenborg schrieb an Erik Benzelius am 29.2.1720, dass er über diese Rezension sehr erfreut sei, auch wenn seine Beweise etwas ausführlicher hätten dargestellt werden können, vgl. Opera quaedam I, 299; TAFEL, Documents I, 319–322.

[67] In Acta literaria Suecia 1720, Januar–März, 26, wurde es lediglich angezeigt.

[68] Zu Scheuchzers Sintfluttheorie und seinen Beziehungen zu Woodward vgl. KEMPE 2003.

[69] Vgl. z. B. DAVID SIGISMUND BUTTNER: Rudera diluvii testes, i. e. Zeichen und Zeugen der Sündfluth, in Ansehung des itzigen Zustandes unserer Erd- und Wasser-Kugel, insonderheit der darinnen vielfältig auch zeither in Querfurtischen Revier unterschiedliche angetroffenen, ehemals verschwemten Thiere und Gewächse. Leipzig 1710; hierin neben einer ausführlichen Auseinandersetzung mit Burnet und anderen Theorien auch die Ansicht, dass die vernünftigen, mit Gotteserkenntnis ausgestatteten Wesen teils Geister, nach dem „stylus ecclesiasticus" auch Engel, seien und manche glaubten, auch auf anderen Planeten in diesem und in anderen „Systematibus solaris" gebe es solche Geschöpfe.

[70] Vgl. JAKOB VON MELLE: De lapidibus figuratis agri litorisque Lubecensis. Lubecae 1720, 4 (haud levibus nuper argumentis). Dieses Buch befand sich in Swedenborgs Bibliothek, vgl. Catalogus, 3.

[71] Swedenborgs Bibliothek enthielt neben der Physikalischen Bibliothek (1724) auch: JULIUS BERNHARD VON ROHR: Compendieuse Haußhaltungs-Bibliothek. 2. Aufl Leipzig 1726. Von Rohr starb 1742 und hinterließ ein überarbeitetes Exemplar der ersten Auflage der Physikalischen Bibliothek, das Abraham Gotthelf Kästner redigierte und 1754 mit Widmung an Albrecht von Haller neu herausgab. Vgl. Catalogus, 6, 15. Zu von Rohr als Physikotheologe vgl. SARA STEBBINS: Maxima in minimis. Zum Empirie- und Autoritätsverständnis in der physikotheologischen Literatur der Frühaufklärung. Frankfurt a. M. u. a. 1980.

[72] Vgl. ROHR, 1754, 229f.; eine knappere Erwähnung der Schrift bereits in der ersten Auflage von 1724, 61.

nannte besonders Swedenborgs Anwendung eines hydrostatischen Gesetzes, nach dem sich die Kraft des Wassers zu seiner Höhe verhalte. Auf diese Weise erkläre Swedenborg, wie selbst große Felsen von der Flut fortgerissen worden seien. Abgesehen davon, dass gerade diese letzte Vermutung Swedenborgs auf scharfe Kritik stieß, wie weiter unten noch auszuführen ist – von Rohr zeigte sich wie von Melle vom physikotheologischen Vorgehen Swedenborgs überzeugt.

Erstmalig wurde Swedenborg nun auch in einer außerschwedischen Gelehrtenzeitschrift wahrgenommen. Die *Neuen Zeitungen von Gelehrten Sachen* referierten Swedenborgs Sintflutbeispiele ausführlich und gaben ihnen eine eindeutig theologische Note. Der wegen seiner „Gelehrsamkeit, Reisen, Erfahrung und Schriften, sowohl von der Physick als der Mathematick und Mechanick" berühmte Swedenborg habe hier „zur Vertheydigung der Wahrheit und des Wortes GOttes einige in seinem Vaterlande wahrgenommene phaenomena, also so viel deutliche Merckmahle der allgemeinen Sündfluth, zusammen gebracht".[73]

In einem Brief an Jakob von Melle, der in *Acta literaria Sueciae*, in den *Neuen Zeitungen von Gelehrten Sachen* und einige Jahre später in einer englischen und einer französischen Zeitschrift erschien, reagierte Swedenborg auf von Melles Buch und präzisierte seine Erkenntnisse.[74] Es sei klar, so meinte er, dass die zahlreichen Beispiele von Fossilien, Schiffsresten, sogar Häfen weitab und hoch über dem Meer nicht allein auf die Sintflut zurückgeführt werden könnten. Vielmehr stehe fest, dass der Meeresspiegel immer noch falle und selbst in der Erinnerung schwedischer Einwohner merklich zurückgewichen sei. Vielleicht könnte man mit „Experimenten" die Vermutung bestätigen, dass sich die „pressio horizontalis" der Erde und die Distanz der Breitengrade nach wie vor änderten und einige Länder, die früher Inseln waren, durch das zu den Polen strebende Wasser zusammengehängt wurden.

Die folgenden Arbeiten der ersten naturphilosophischen Phase Swedenborgs zeigen, dass er mit dieser Einschränkung der unmittelbaren Wirkungen der Sintflut keineswegs von dem Ansatz abwich, den von Rohr und von Melle bei ihm erkannten. Vielmehr meinte er, spürbare Veränderungen erkannt zu haben, die auf einen die gesamte Erde betreffenden und möglicherweise als Folgeerscheinung des universalen Ereignisses der Sintflut zu betrachtenden kosmologischen Prozess zurückzuführen waren.

---

[73] Vgl. Neue Zeitungen von Gelehrten Sachen 1721, März, 202–206, hier: 202 f. Der von den Neuen Zeitungen übersetzte Titel der Schrift lautet: „Aus Schweden genommener Beweiß vor die Höhe des Wassers und die starcke Ebb und Fluth der ersten Welt." Besonders hervorgehoben wurde in dieser Rezension Swedenborgs Stützung der These von Olof Rudbeck [d. Ä., 1630–1702], das Schweden einmal eine Insel gewesen sei.

[74] Vgl. Swedenborg an von Melle. In: Neue Zeitungen von Gelehrten Sachen 1722, September 723–726. In: The New Philosophy 32 (1929), 62, finden sich auch Hinweise auf die Veröffentlichung in Acta literaria Sueciae, Acta germanica or the Literary Memoirs in Germany und in Memoires litteraires, sur différens sujets de Physique, de Mathématique, de Chymie, de Médecine, de Géographie, d'Agriculture, d'Histoire naturelle (Paris 1750).

c) Die Harmonie von Physik und Theologie

Eines der ersten Leitmotive der Arbeit Swedenborgs bestand darin, den Wortverstand der Bibel, hier der Sintflutgeschichte, der Paradieserzählung und des ‚biblischen' Alters der Erzväter des Alten Testaments theoretisch und zugleich empirisch zu belegen: empirisch durch *observationes* fossiler und geologischer Phänomene, theoretisch durch eine kosmogonische Auffassung, die von einer steten Entfernung der Erdbahn von der Sonne ausging. Diese Theorie hielt sich bei Swedenborg in den Folgejahren und darüber hinaus bis in die visionäre Phase. Für seine ersten Studien galt: Die in der *observatio* ausgedrückte Empirie und das Bibelwort stützen einander – ein für die physikotheologischen Autoren typischer Ansatz. Die durch den Deismus in Frage gestellte Beziehung zwischen Gotteswort und Naturlehre musste gestärkt werden, auch unter Einbeziehung kosmologischer und eschatologischer Spekulationen, die aus der Bibel auf die Naturphilosophie übertragen wurden.[75] Die drohende Kluft zwischen Physik und Theologie sollte mit dem Impetus einer „apologetische[n] Theologie" und durch den Versuch überwunden werden, die Theologie von der Physik und die Physik von der Theologie zu befreien.[76] Swedenborg verfolgte diesen Weg wohlgemerkt zu der gleichen Zeit, als er ‚okkulte' Instanzen wie den *spiritus animalis* zurückzuweisen und auf mechanische und materialistische Weise ‚aufzuklären' versuchte. Genauso wie er an der biblisch tradierten Schöpfungsgeschichte festhielt, konzentrierte er sich auch auf empirische und mechanische Erklärungsmodelle zu deren Zementierung – und umgekehrt. Gerade in der Frage der biblischen Kosmologie mit Paradies, Sintflut und den Vätererzählungen aus Genesis und Exodus vertrat Swedenborg nach seiner visionären Wende eine radikal andere Sicht: Er hielt an der Inspiriertheit dieser Texte zwar unbeirrt fest, trennte deren Inhalt durch seine allegorische Interpretation des verborgenen *sensus internus* aber zugleich von allen kosmologischen oder historischen Ansprüchen und Deutungen ab. Diese Interpretation der Erzählungen des Alten Testaments gehört zu einem der entscheidenden Wendepunkte in Swedenborgs Lehre insgesamt.[77]

Schließlich ist festzuhalten, dass Swedenborg zuerst als Physikotheologe, nicht als Techniker, Erfinder oder wegen seiner Vorschläge zum Längengradproblem, über Schweden hinaus bekannt wurde.

Wasser blieb Swedenborgs Thema am Anfang der 1720er Jahre. Er legte Untersuchungen über die unerklärliche Schwankung des Wasserinhalts des Vännern-

---

[75] Vgl. STEBBINS, 1980, 12. Zur Neueinordnung der Physikotheologie, mit Betonung der Frage nach ihrer theologischen Akzentuierung angesichts der bereits vorhandenen theologischen Dimensionen der Naturphilosophie vgl. HARRISON, 2005, 165–183, mit Hinweis auf Buffon, der noch 1749 die kosmologischen und eschatologischen Spekulationen Burnets, Whistons und anderer als „physikalische Theologie" bezeichnete, vgl. ebd., 175.

[76] Vgl. HANS-MARTIN BARTH: Atheismus und Orthodoxie. Analysen und Modelle christlicher Apologetik im 17. Jahrhundert. Göttingen 1971, 254.

[77] Vgl. Kap. 3.2.3. und 3.2.4. Stroh 1911, 110, hat darauf aufmerksam gemacht, dass Swedenborgs Referenz auf das 1. Buch Mose nach seiner ersten Planeten- und Sintfluttheorie 1719 immer seltener wird und in seinem kosmologischen Hauptwerk, den *Principia rerum naturalium* von 1734, nicht mehr vorkommt.

Sees vor und beobachtete Differenzen in den Eigenschaften von Salzwasser und Süßwasser am Vättern-See.[78] Er untersuchte die Eigenschaften von Eis im Wasser[79] und schlug vor, einen Kanal von der Ostsee bei Göteborg zu den großen Seen, dem Vännern und Vättern, zu bauen.[80] Swedenborgs Veröffentlichungen über dieses Gebiet wurden in Schweden und Deutschland angezeigt und besprochen. Der bereits erwähnte Daniel Tiselius bezog sich in zwei Büchern über den Vätternsee mehrmals auf die Schriften Swedenborgs als eines Mannes, der „im Aus- und Inland für seine gelehrten Spekulationen so sehr berühmt" sei. [81] Diese Reputation Swedenborgs blieb nicht mehr lange ungetrübt.

2.2.4. Algebra, Münzen und Maße

Münzen und Maße waren ein weiteres Thema, das Swedenborg um 1720 in Angriff nahm und das in der Öffentlichkeit wahrgenommen wurde, obwohl Swedenborg zunächst nicht namentlich in Erscheinung trat. 1719 stellte er anonym ein auf Anregung des mathematisch interessierten Karl XII. und nach gemeinsamen Gesprächen zwischen Swedenborg, Polhem und Karl[82] entwickeltes, auf der 60 basierendes Zahlensystem mit neuen Charakteren und Denominationen vor, das die Rechnung erleichtern, Brüche vermeiden und das Dezimalsystem ersetzen sollte.[83] Dieses alternative Zahlensystem hat sich bekanntlicherweise zwar nicht durchgesetzt, aber immerhin erwähnte Christian Wolff noch 1732 in seinen *Elementa matheseos universae* Swedenborg als Quelle für die Bemühungen Karls XII., einen *calculum sexagenarium* zu entwickeln, neben der *Arithmetica Tetractyca* Erhard Weigels und der auf 0 und 1 fußenden *Arithmetica binaria* von Leibniz als Alternativmodelle zum Dezimalsystem.[84] 1725 wurde Swedenborgs Buch ins Russische übersetzt.[85]

---

[78] Zunächst eine Anzeige dieses ungeklärten Problems in: Om Venners fallande och stigande, i. e. de incrementis & decrementis Wenneri lacus, una cum ichnographica caractarum Goth-Elbae fluvii delineatione accuratae. Dieser Aufsatz wurde vorgestellt in: Acta literaria Sueciae, 1720, Oktober–November, 111f., und in: Neue Zeitungen von Gelehrten Sachen, 1721, August, 502–504.

[79] Vgl. DANIEL TISELIUS: Ytterligare Försok och Siö-profwer uthi Wättern. Stockholm 1730, 50, 89.

[80] Vgl. RAMSTRÖM, 1910, 13. Pläne für einen solchen Kanal gab es seit dem frühen 16. Jahrhundert. Seit 1793 wurde ein zum Kattegat führender Kanal gebaut. Swedenborg nahm demnach alte Ideen auf.

[81] DANIEL TISELIUS: Uthförlig beskrifning öfwer den stora Swea och Giötha siön, Wätter, til des belägenhet, storlek och märkwärdiga egenskaper. Uppsala 1723, 13, sowie 6f., 95, 105.

[82] Vgl. zu diesen Gesprächen und dem persönlichen Engagement Karls XII. BENZ, 1969, 85–87; BERGQUIST, 2005, 68f. (ohne Erwähnung des *Förslag*); DUNÉR, 2005, 277

[83] Förslag til wårt mynts och måls indelning så at rekningen kan lettas och alt bråk afskaffas. Stockholm 1719; angezeigt in: Acta literaria Sueciae, 1720, Januar–März, 22.

[84] Vgl. CHRISTIAN WOLFF: Elementa matheseos universae. Bd. 1 Genevae 1732, 21 (Kap. 1, Nr. 46). Wolff bezog sich auf einen Abschnitt in Swedenborgs *Miscellanea observata* (Teil 4, 1ff.). Die Zahl der Finger spreche für das geltende Dezimalsystem. Ob Wolff die *Miscellanea* gelesen hat, ist unsicher. Er kann den Hinweis durchaus auch aus der Anzeige des Buches in Acta eruditorum, 1723, März, 96f., oder deren Kurzfassung in den Neuen Zeitun-

Finanzen beschäftigten Swedenborg als Mitglied des schwedischen Reichstages. 1722 legte er eine anonyme Schrift vor, in der er anhand von praktischen Beispielen vor den Gefahren der Entwertung des Münzsystems, vor Inflation und Deflation, warnte, eine Schrift, die als so plausibel bewertet wurde, dass sie fast 50 Jahre später erneut gedruckt und hochgepriesen wurde, allerdings ohne dass Swedenborg als Autor bekannt wurde.[86]

Entsprechend seinen mathematischen Interessen hatte Swedenborg 1718 ein Lehrbuch unter dem Titel *Regel-Konsten* herausgegeben, ein Grundlagenbuch zur Algebra, Geometrie und Mechanik,[87] das in *Acta literaria Sueciae* über die Maßen gelobt und ausführlich besprochen wurde. Das Lehrbuch Swedenborgs, der zur Beförderung der Gelehrtheit, insbesondere der Mathematik geboren worden sei, habe großen Applaus hervorgerufen, so der Rezensent. Swedenborg sei der erste Landsmann, der die Grundlagen der analytischen Wissenschaft auf schwedisch, leicht und klar, selbst für die unkultiviertesten Studenten, und mit vielen nützlichen Hinweisen auf die Praxisrelevanz der Mathematik für die Mechanik und auch im Blick auf waffentechnische Fragen dargelegt habe.[88] Diese Rezension wurde im darauffolgenden Jahr – ohne Hinweis auf die Quelle, wie es häufig der Fall war – auszugsweise auch dem deutschen Publikum bekannt gemacht, wobei die militärischen Hinweise weggelassen, aber ebenfalls betont wurde, dass diese erste einschlägige Schrift von den „Liebhabern sehr wohl aufgenommen worden" und „auch in der That mehr gutes in sich hält, als man in so wenig Bogen vermuthen solte, indem der Autor scheint zur Beförderung der Mathematick gebohren zu seyn".[89]

---

gen von Gelehrten Sachen, 1723, März, 235, entnommen haben. Schließlich nannte er gerade die erstere dieser Leipziger Zeitschriften häufig in den *Elementa matheseos universae* als Quelle.

[85] Von Wassili Tatischchew (1686–1759), einem Assessor im St. Petersburger Bergwerkskollegium, der mit Swedenborg bekannt gewesen sein soll, vgl. HALLENGREN, 1998, XXII, 32.

[86] Oförgripelige tanckar om swenska myntets förnedring och förhögning. Stockholm 1722; englisch: Modest Thoughts on Inflation of Swedish Currency. In: Studia Swedenborgiana 6 (1987, Januar). Die Verfasserschaft Swedenborgs geht nur aus seinem Brief an Benzelius vom 7.11.1722 hervor, vgl. Opera quaedam I, 310 f. 1766 beurteilte ein Anders Chydenius in Rikets Hielp genom en Naturlig Finance-System (Stockholm, 22–24, 29, vgl. The New Philosophy 32 [1929], 121–123) die Schrift als soliden Hinweis auf die Gefahren der Devaluation besonders für die schwedische Eisenindustrie. Dies werde mit einer solchen Kraft und Klarheit vorgetragen, dass das Buch schwerlich verbessert werden könne und nur der momentanen wirtschaftlichen Krise angepasst werden müsse. Offenbar aufgrund dieser Beurteilung wurde Swedenborgs Schrift in Uppsala 1771 neu aufgelegt.

[87] Regel-Konsten författad i tijo böcker. Uppsala 1718; englisch: Algebra, composed in Ten Books, als Manuskript nur im Archiv der Swedenborg Society.

[88] Vgl. Acta literaria Sueciae, 1721, Januar–März, 126–134. Der Rezensent betonte, Swedenborg habe alle benutzten mathematischen Begriffe ins Schwedische übersetzt und den Nutzen seiner Untersuchungen anhand von Öfen, Brücken, Dämmen, Schiffen, Mikroskoplinsen und vor allem beim Schießpulver und anderen waffentechnischen Fragen erwiesen. Dabei habe er 14 Probleme in der Artillerie gelöst, aber keine gewöhnlichen, sondern solche, die von allerhöchstem Nutzen seien. Vgl. ebd., 132–134.

[89] Vgl. Neue Zeitungen von Gelehrten Sachen, 1722, Mai, 378–380.

Auch noch nach der Auseinandersetzung um seine Werke von 1722 wurde Swedenborg in mindestens zwei geometrischen und algebraischen Fachbüchern gewürdigt. Swedenborgs muttersprachliche Arbeiten seien nichts anderes als der Beweis für seinen „Fleiß und die Sorgfalt", mit der er das Studium der Mathematik befördere.[90] Und 1743 zählte ein Verfasser Swedenborg zwischen Newton und Richard Sault zu den drei Autoren, die den Weg für das Studium der Algebra in Schweden eröffnet hätten.[91] Hieraus geht zwar nichts anderes hervor als die Würdigung Swedenborgs beim Aufbau algebraischer Studien in Schweden und deren Verbindung mit praktisch-technischen Fragestellungen, aber genau dies wurde offenbar an seiner Leistung geschätzt. Unbekannt – oder vielleicht auch unwichtig – war den Rezensenten offenbar, ob und welche Quellen Swedenborgs *Regel-Konsten* benutzte. Nach seiner eigenen Darstellung gegenüber Benzelius hatte er kein einziges Buch oder Hilfsmittel dabei zur Hand.[92] Wie David Dunér herausgearbeitet hat, ist jedoch davon auszugehen, dass seiner Geometrie und Algebra ein Lehrbuch des französischen Mathematikers Charles Reyneau zugrunde lag, das Swedenborg 1713 aus Paris mitbrachte, aber bereits von Zeitgenossen als sehr fehlerhaft beurteilt wurde. Es ist in Stockholm mit seinen Randnotizen erhalten.[93]

Inwieweit Swedenborgs *Regel-Konsten* tatsächlich im akademischen und im Bereich der Ausbildung verwendet wurde, lässt sich aufgrund der Rezensionen nicht sicher sagen.

2.2.5. Die Schriften von 1721/22

Swedenborgs Ruf als auf vielen Gebieten tätiger Forscher war am Beginn der zwanziger Jahre so gefestigt, dass er selbst eine Liste von demnächst erscheinenden Publikationen veröffentlichte, die in den *Acta literaria Sueciae* abgedruckt wurde.[94] Folgende Studien wurden hier dem Publikum angekündigt: über die natürlichen Prinzipien und runde Teilchen, Theorien über Wasser und Wasserteilchen und deren Zwischenräume, daneben chemische und mineralogische über Salz, Salpeter, Salzsäure, Blei, allesamt geometrisch und experimentell angelegt, über Licht und Farben, Feuer und Eisen, Eisenschmelzereien, Öfen, über Schiffsdocks und Dämme und schließlich noch einmal über den Längengrad. Über den Stand dieser Veröffentlichungsvorhaben wurde die Öffentlichkeit regelmäßig in-

---

[90] Vgl. JOHAN MÖRT: En Klar och Tydelig Genstig eller Anledning til Geometrien och Trigonometrien [...]. Stockholm 1727, Vorwort.

[91] Vgl. LORENZ JULIUS KULLIN: De usu algebrae. Uppsala, Univ. Diss. 1743, Teil II, 6.

[92] Vgl. Schreiben Swedenborgs an Benzelius, 14.1.1718. In: TAFEL, Documents I, 291.

[93] CHARLES RENÉ REYNEAU und PIERRE VARIGNON: Usage de l'analyse. Paris 1708; Dunér, 2005, 277. Varignon lernte Swedenborg nach eigener Auskunft in Paris kennen, vgl. TAFEL, Documents I, 226. Zur mathematikgeschichtlichen Beurteilung von Reyneaus Buch vgl. CLIFFORD TRUESDELL: Maria Gaetana Agnesi. In: Archive for History of Exact Sciences. 40 (1989), 113–142, hier: 124.

[94] Vgl. Acta literaria Sueciae, 1721, Juli–September, 209–211.

formiert. Noch im selben Quartal wurde berichtet, die 15 Traktate seien bereits erschienen und nach Information der Rezensenten von den Gelehrten mit großem Beifall aufgenommen worden.[95] Die *Neuen Zeitungen* setzten die deutschsprachigen Gelehrten darüber in Kenntnis,[96] so dass Swedenborgs Verfasserschaft bekannt wurde, obwohl er seinen Namen zum Teil nicht nannte.

1722 lagen die angekündigten Arbeiten in den drei Büchern *Miscellanea observata* (1722), *Prodromus principiorum rerum naturalium* (1721), *Nova observata et inventa circa ferrum et ignem* (1721) und einigen kleineren Schriften vor. Swedenborgs bisherige Forschungen fanden damit einen Höhepunkt, ein vorläufiges Ergebnis und eine Zusammenfassung, denn ein großer Teil der neuen Werke griff auf Artikel und kleinere Schriften zurück, die Swedenborg seit dem *Daedalus hyperboreus* verfasst hatte. Im August 1722 kündigte *Acta eruditorum* sogar ein im nächsten Jahr erscheinendes Buch Swedenborgs über das gesamte Mineralreich an, für das man bereits die Vorauszahlung leisten könne. Kupfer, Blei, Gold, Quecksilber, Zinn, Wismut, Vitriole und alle bekannten Elemente, Salze und deren Verarbeitungsmethoden sollten hier abgehandelt werden.[97] Doch dieses Werk wurde nie geschrieben. Die erst zwölf Jahre später erscheinenden *Opera philosophica et mineralia* sind nur ein kleiner Extrakt dieses großen Vorhabens. Was veranlasste Swedenborg zu dieser langen Publikationspause? 1723 erhielt er Stimmrecht und ein Jahr später die volle Besoldung als Assessor in der Bergwerksbehörde. Dadurch verstärkten sich sicherlich seine Verpflichtungen und Aktivitäten in diesem Rahmen. Aber wie wurden seine Arbeiten von 1721/22 beurteilt?

a) Eisen und Feuer

In *Circa ferrum et ignis*[98] (anonym erschienen) beschäftigte sich Swedenborg vor allem mit Schmelzprozessen in Hochöfen und der Verwendung von Holzkohle. Auf der Basis eigener Experimente beobachtete er 14 Regeln über die Eigenschaften von Feuer und legte – typisch für seinen praxisorientierten Ansatz – die Konstruktionspläne von sparsamen Holz- oder Holzkohleöfen vor. Swedenborgs Schrift wurde der deutschen Öffentlichkeit[99] ohne weitere Kritik vorgestellt und

---

[95] Vgl. Acta literaria Sueciae, 1722, April–Juni, 302; Juli–September, 1722, 366.

[96] Vgl. Neue Zeitungen von Gelehrten Sachen, 1722, Februar, 106f.; Neue Zeitungen von Gelehrten Sachen 1722, May, 418–420.

[97] Vgl. Acta eruditorum, Supplementa, 1722, August, 126–128. Hier ist nicht nur der 19 Kapitel umfassende Inhalt der geplanten Schrift *De genuina metallorum tractatione* enthalten, sondern auch die Versicherung, dass sie 1723 gedruckt werde und schon jetzt bei Buchhändlern in Amsterdam, Stockholm, Hamburg und Leipzig drei holländische Florin hinterlegt werden könnten. Dieser Entwurf von Swedenborgs Schrift wurde auch in den Neuen Zeitungen von Gelehrten Sachen, 1722, 1008, angezeigt.

[98] Nova observata et inventa circa ferrum et ignem et praecique circa naturam ignis elementarum; una cum nova camini inventione, Amstelodami 1721. In: Opera quaedam III, 171–199; englisch: New Observations and Discoveries respecting Iron and Fire […]. London 1847.

[99] Acta eruditorum, 1722, April, 225f.; Neue Zeitungen von Gelehrten Sachen, 1722, April, 318 (eine Kurzfassung der Anzeige in Acta eruditorum).

etwa von Julius Bernhard von Rohr gelobt, der mehrere Bücher Swedenborgs in seiner *Physikalischen Bibliothek* referierte. Jene Schrift, so von Rohr, müsse noch „vor anderen" mit „Ruhm" angeführt werden. Swedenborg habe sich bei der Sammlung fremder und eigener „Versuche" „alle Mühe" gegeben.[100] Auch Christian Wolff kannte Swedenborgs Arbeit über Eisen und Feuer. In seiner *Philosophia rationalis sive Logica* nannte er sie als Beispiel dafür, wie die Anwendung von Kunst *(ars)* und Experimenten verborgene Naturdinge ans Licht bringen könne und geheime historische Erkenntnis *(cognitio historica arcana)* öffentlich mache.[101] Hierbei bedeute es keinen Unterschied, ob die Natur den Sinnen Dinge vergegenwärtige oder ob die Kunst die Sinne mit Dingen versorge, die ihnen anderenfalls verborgen blieben. Mit der Hilfe aber von Geschicklichkeit würde lediglich scharfsinnige Aufmerksamkeit benötigt, um geheime und öffentliche historische Erkenntnis zu erlangen. So zeige die Schmelzkunst die verborgenen Eigenschaften und Wirkungen von Feuer und Experimente mit pneumatischen Pumpen die verborgenen Eigenschaften und Wirkungen von Luft. Beispiele dafür habe Swedenborg in seinem Buch über Eisen und Feuer und in den *Miscellanea observata* geliefert.[102]

b) „Vermischte Beobachtungen"

Demgegenüber wurden aber die beiden Arbeiten, in denen Swedenborg über bloße Experimente hinausgehende apriorische Theorien vorlegte, ganz disparat aufgenommen.

Die *Miscellanea observata*,[103] die in engem Kontakt mit Polhem[104] entwickelt worden waren, gliedern sich in vier Teile: Im ersten werden geologisch-paläontologische Beobachtungen behandelt wie etwa Fossilien, Gesteinsarten, Seen, Berge und heiße Quellen in Skandinavien. Hieran schließen sich kosmologische Überlegungen über die urzeitliche Erdmaterie (die Wasser gewesen sei) – als eine Abweichung von seinen Überlegungen von 1719. Dabei stellte Swedenborg seine Theorie über die Entstehung der gesamten Natur durch Wirbelbewegung aus ma-

---

[100] Vgl. ROHR, 1754, 160.

[101] CHRISTIAN WOLFF: Philosophia rationalis sive Logica, methodo scientifica pertractata et ad usum scientiarum atque vitae aptata. Praemittitur discursus praeliminaris de philosophia in genere. Francofurti; Lipsiae 1728, 11 f. (§ 24).

[102] Speziell erwähnt Wolff ein Experiment aus den *Nova observata circa ferrum et ignem*, bei dem es um die Wirkung von Feuer auf Kohle ging.

[103] Miscellanea observata circa res naturales & praesertim circa mineralia, ignem & montium strata. Lipsiae 1722 (Teile 1–3; 2. Aufl. 1727 Amsterdam); Hamburg 1722 (Teil 4). In: Opera quaedam I, 59–190; englisch: Miscellaneous Observations. London 1847; Bryn Athyn 1976.

[104] STROH, 1911, 104, weist darauf hin, dass zahlreiche Themen aus den *Miscellanea* mit Polhem besprochen worden seien. Ein Manuskript Swedenborgs De causis rerum (Opera quaedam III, 231–233) weise dieselben Überschriften und Themen wie ein viel längerer Text von Polhem auf. Nach JONSSON, 1969, 35, stimmt Swedenborg im Korpuskularmodell zwar mit Polhem überein, weicht aber in der Partikelform von ihm ab. LAMM, 1922, 39, hatte auch hier eine Übereinstimmung zwischen beiden gesehen. Der Einfluss Polhems auf Swedenborgs Projekte dürfte demnach kaum zu überschätzen sein.

thematischen Punkten vor, die er bereits 1717 im *Daedalus hyperboreus* entwickelt hatte. Er meinte, dass

„das Prinzip der Natur dasselbe wie das der Geometrie ist, das heißt, dass der Ursprung der natürlichen Partikel von mathematischen Punkten hergeleitet werden muss, so wie Linien, Formen und die ganze Geometrie; das Motiv ist, dass es in der Natur nichts gibt, was nicht geometrisch ist, und vice versa. [...] dass all diese Elemente gleichzeitig und an einem Platz bewegt werden können, und jedes einzelne natürlich, ohne Behinderung durch ein anderes, bewegt wird".[105]

Durch den Punkt, den er *punctum naturale* oder *punctum Zenonicus*[106] nennt, sah Swedenborg eine Analogie zwischen der mechanisch strukturierten Natur und der Geometrie bzw. Mathematik, die es erlaubt, die Natur vollständig mit Mitteln der Geometrie zu erforschen. Mechanik als die Strukturbestimmung der Natur ist nichts anderes als Geometrie in Aktion,[107] aber die Quelle der Bewegung stammt nach Swedenborgs cartesisch geprägter Sicht aus Gott als dem höchsten, unbewegten Beweger und ist der Vernunft nicht zugänglich.[108]

Im zweiten Teil der *Miscellanea observata* schließen sich 13 geologisch-mineralogische und montantechnische Untersuchungen an: über Glas, Aetiten und Belemniten, Salze, Hochöfen, Metalle, über ein archimedisches Instrument zur mechanischen Bestimmung von Metallmischungen. Angehängt ist ein Aufsatz über die Unmöglichkeit der von den Alchemisten behaupteten Transmutation von Metallen, insbesondere in Gold,[109] und eine *observatio* über den Blutkreislauf.

Im dritten Teil geht es vorwiegend um die Eigenschaften von Wasser und Wasser-, sowie Feuer- und Phosphorteilchen. Eigene Abschnitte befassen sich mit verschiedenen Ansichten über das Zentralfeuer *(ignis centralis)* und mit der *mate-*

---

[105] Opera quaedam I, 130: „2. ut statuamus idem principium naturae esse quod Geometriae; hoc est, naturalium particularum originem duci debere a punctis Mathematicis, pariter ut lineae, formae et tota Geometria; ratio est, quia nihil in natura est, quod non Geometricum, et vice versa. 3. Ut statuamus, omnia haec elementa simul in uno loco moveri posse, et unumquodque naturaliter moveri sine impedimento alterius." [Übers. FS].

[106] Vgl. u. a. Principia I,II,7 u. ö.

[107] Vgl. DUNÉR, 2005, 226.

[108] Vgl. JONSSON, 1969, 37; JONSSON, 1999, 30.

[109] Polhem, der alchemiekritische Mentor Swedenborgs, hatte zu dieser Zeit zwei Manuskripte über die Unmöglichkeit der Transmutation von Gold aus cartesischer Sicht erarbeitet. Vgl. FORS, 2007, 245. Das Verhältnis dieser Manuskripte zu Swedenborgs Text ist unbekannt. Swedenborg verfügte auch über alchemistische Titel in seiner Bibliothek, u. a.: Geberi Des Königes der Araber [...] Curieuse vollständige Chymische Schrifften, Worinnen in den vier Büchern das Quecksilber, Schweffel, Arsenicum, Gold, Silber, Bley, Zinn, Kupffer, Eißen etc. [...] Wie auch das Testament, Güldene Buch der dreyen Wörter Kallid Rachaidibi und andere Chymische Tractätgen, summa, die gantze Kunst die unvollkommen Metalle, als Kupffer, Zinn, Bley, Eissen etc. in Vollkommene, als Silber und Gold zu verwandeln, das ist, Wie man Silber und Gold machen soll, enthalten. Franckfurth; Leipzig 1710; sowie JOHANN KUNCKEL VON LÖWENSTERN: Collegium Physico-Chymicum Experimentale, Oder Laboratorium Chymicum, In welchem deutlich und gründlich Von den wahren Principiis in der Natur und denen gewürckten Dingen, sowol über als in der Erden, Als Vegetabilien, Animalien, Mineralien, Metallen wie auch deren wahrhaften Eigenschaften und Scheidung, Nebst der Transmutation und Verbesserung der Metallen gehandelt wird. 2. Aufl. Hamburg; Leipzig 1722.

ria subtilis, die zwischen den Wasserteilchen fließt – Swedenborgs Variante der Bullulartheorie, die er sicherlich in Anlehnung an Polhem entwickelt hatte.

Der in Hamburg erschienene Teil 4 enthielt erneut das auf Vorschlag von Karl XII. entwickelte Konzept eines auf der 60 basierenden Zahlensystems, verschiedene mineralogische und geologische Beobachtungen, unter anderem über Stalaktiten und Kristallisationsprozesse in der Baumannshöhle im Harz und über metallhaltige Quarze und Spate, die ihren Ursprung nur aus der Zeit nach der Sintflut haben konnten.

c) Kritik und Zustimmung

Die in Leipzig erschienenen *Miscellanea* wurden 1722 am selben Ort in einer umfangreichen Rezension in der *Historie der Gelehrsamkeit unserer Zeiten* besprochen.[110] Hier wurde zwar besonders hervorgehoben, dass es Swedenborg weder an „Gemüths- noch Glücksgaben" mangele, aber im Hinblick auf die folgenden Ausführungen kann die Bemerkung, seine „Bedienung" in Schweden habe es ihm ermöglicht, seine Wissenschaften „anzubringen" als kritischer Akzent verstanden werden.[111] Denn gleich zu Anfang drückte der Rezensent, der Swedenborgs eigenes Exemplar der *Miscellanea* in der Hand hatte,[112] seine Skepsis aus: „Wir müssen aber dem allen ungeachtet bekennen, daß wir sehr vieles gefunden, welches uns nicht ohne Ursache befremdet."[113] Je tiefer man in Swedenborgs Gedanken einsteige, desto „schwerer und unmöglicher wird es, mit ihm einerley Sinnes zu seyn; wenigstens haben wir vieles entweder gar nicht oder auf eine gantz andere Weise zu begreifen vermeynet."[114] Man könne zwar „zur Genüge" erkennen, dass Swedenborg Mathematik studiert hat,

„es scheinet aber, als wenn er dabey vor unnöthig gehalten hätte, die eigentliche Beschaffenheit, Einschränckung, und Absicht gedachter Sätze gar zu genau zu untersuchen, und in derselben anderweitigen Gebrauch allzu behutsam zu seyn. Wie er denn auch vermuthlich nicht das Ansehen zu haben verlangt, daß er in den Geheimnissen der höhern Geometrie gar sehr geübt sey, und seine Zeit bey den subtilen Erfindungen, oder nach anderer Mund-Art zu reden, bey den überflüßigen Grillen der neuern Mathematicorum verschwendet habe."[115]

Gegen seine Grundsätze der „eigentlich also genannte[n] Natur-Wissenschaft", die er „auf eine gantz neue Art" erkläre, „möchte vielleicht am meisten einzuwenden seyn".[116] Swedenborg gebe zwar häufig zu, dass seine Hypothesen nicht

---

[110] Vgl. Historie der Gelehrsamkeit unserer Zeiten, 1722, April, 315–326.
[111] Vgl. Historie der Gelehrsamkeit unserer Zeiten, 1722, April, 315.
[112] Er informierte, dass sich Swedenborg „incognito" in Leipzig aufgehalten habe. Sein Buch habe so viele Druckfehler, dass er es neu drucken lassen wolle. Dem Rezensenten habe Swedenborgs Buch mit seinen Corrigenda vorgelegen. Vgl. Historie der Gelehrsamkeit unserer Zeiten, 1722, April, 316.
[113] Vgl. Historie der Gelehrsamkeit unserer Zeiten, 1722, April, 316.
[114] Vgl. Historie der Gelehrsamkeit unserer Zeiten, 1722, April, 317.
[115] Vgl. Historie der Gelehrsamkeit unserer Zeiten, 1722, April, 317f.
[116] Vgl. Historie der Gelehrsamkeit unserer Zeiten, 1722, April, 318.

gewiss seien, sondern erst durch „Erfahrung und andere Gründe" bestätigt werden müssten, aber diese „Entschuldigung" reiche nicht aus. Swedenborg, der „ein
gantz sonderbahrer Verehrer des Herrn Newtons zu seyn" scheine, ignoriere,
„wie wenig dieser grosse Mathematicus und Physicus von allen ausgesonnenen
und nirgends, als in der Einbildung ihrer Erfinder, gegründeten Sätzen der Physick
zu halten pflege". Während es leicht falle, sich die Grundsätze anderer „Natur-
Kündiger" als „würckliches oder wahres" vorzustellen, sei das bei Swedenborg
„gantz und gar nicht" möglich, „so sehr man sich auch bemühet, dasjenige, was er
sich eben noch nicht getrauet vor gewiß auszugeben, nach seinem Verlangen nur
indessen verlohrner Weise und in der blossen Einbildung voraus zu setzen".[117]
Von dieser Kritik an Swedenborgs zu weit gehender Hypothesenfreundlich-
keit und der Unverständlichkeit seiner Prinzipienlehre ausgehend, nannte der Rezensent drei Punkte, die er besonders kritisierte: erstens Swedenborgs mit der
„allgemeine[n] Sündfluth" begründete These, dass die Wassermassen der Flut
große Steine habe forttragen können, weil die Kraft des Wassers mit seiner Höhe
steige. Dies, so der Rezensent, zeuge von einem völligen Unverständnis des hydrostatischen Lehrsatzes, nach dem es sich nämlich genau umgekehrt verhalte.[118]
Swedenborg wurde an dieser für seine Sintfluttheorie wesentlichen Stelle seines
physikotheologischen Unternehmens völlige ‚Unwissenschaftlichkeit' und Unkenntnis physikalischer Grundsätze bescheinigt.
Als zweites kritisierte der Rezensent Swedenborgs Theorie, die Prinzipien der
Physik und der Geometrie seien identisch, weil die ganze Natur durch Wirbelbewegung von dem mathematischen Punkt entstanden sei. Der mathematische
Punkt aber, so wandte der Anonymus ein, existiere nur „in der blossen Einbildung" als „untheilbares Zeichen" und sei mitnichten imstande, Linien, Kreise,
geschweige denn materielle Ausdehnung hervorzubringen.[119] Das sei eine „aus-
schweiffende und gantz unbegreiffliche Meynung". Punkte seien nichts anderes
als Zeichen des Anfangs und des Endes von Linien und Flächen, und Bewegungen von Punkten zur Beschreibung von Linien existierten nur in der Einbildung.
Der dritte Kritikpunkt richtete sich gegen die Voraussetzungen der Bullulartheorie Swedenborgs: Keinesfalls könne man behaupten, aus den mathematischen
Punkten seien Luftbläschen mit Feuerhüllen entstanden. Und genauso fraglich sei
Swedenborgs Behauptung, Luft, Äther, Licht bestünden aus Bläschen [bullulae –
FS], die sich nur in der Größe unterschieden und deren „Schale" aus Feuerparti-
keln bestehe.[120]

---

[117] Vgl. Historie der Gelehrsamkeit unserer Zeiten, 1722, April, 319.
[118] Vgl. Historie der Gelehrsamkeit unserer Zeiten, 1722, April, 320 f. Es ist unklar, wodurch Swedenborg zu diesem hydrostatischen Verständnis angeregt wurde. WHISTON, 1713,
467–469, 488, hatte – unter Bezugnahme auf Spekulationen Newtons – zwar ausführliche Berechnungen über die wahrscheinliche Höhe der Wassersäule der Sintflut angestellt, sie aber
nicht mit der Kraft und eventuellen Folgen auf den Transport von Felsen und Bergen in Zusammenhang gebracht.
[119] Möglicherweise kam diese Kritik aus dem Umfeld von Wolff, der genau dieser Meinung war, vgl. unten Kap. 2.3.2., a).
[120] Vgl. Historie der Gelehrsamkeit unserer Zeiten, 1722, April, 323–325. Der Rezensent
nannte hierbei den Mathematiker Francesco Bonaventura Cavalieri (1598–1647), der die Teil-

Diese Rezension war ‚harter Tobak' für Swedenborg und rief – wie aus mehreren Quellen ersichtlich ist – starke Reaktionen hervor. Schließlich wurden zwei wesentliche Pfeiler seiner bisherigen Theorie für völlig abwegig gehalten: sein physikotheologisches Projekt und seine Kosmologie als Versuch, Geometrie und Natur in eins zu setzen. Während letzterer Einwand möglicherweise auf Swedenborgs Ineinssetzung der von Leibniz sorgfältig unterschiedenen mathematischen und metaphysischen Punkte abzielte[121] und der Rezensent daher aus dem Umfeld der Leibniz-Wolffschen Philosophie zu kommen schien, wurde Swedenborg in Mathematik und Hydrostatik geradezu dilettantische Unkenntnis[122] bescheinigt – ein Vorwurf, der sozusagen ‚handwerklicher' Natur war und daher viel härter zu treffen schien. Mit Hydrostatik und Mathematik beschäftigte sich Swedenborg auch nie wieder so intensiv wie vor 1722.

Einige andere Rezensionen schienen nicht so vernichtend.[123] *Acta eruditorum* deuteten lediglich noch zu klärende Fragen an, hielten das Buch aber für lobenswert, weil es Beobachtungen und Experimente versammele, die zum Wachstum der Wissenschaft von der Natur *(rerum naturalium scientia)* und zum Nutzen des menschlichen Lebens *(usus vitae humanae)* beitrügen.[124] Nachdem sich die *Neuen Zeitungen von Gelehrten Sachen* zunächst dem recht neutralen Kommentar in den *Acta eruditorum* angeschlossen hatten,[125] gaben sie einige Monate später – ohne Angabe der Quelle – die Kernpunkte der scharfen Besprechung in der *Historie der Gelehrsamkeit* bekannt und bemängelten Swedenborgs „gantz falschen Begriff von dem Mathematischen Punckte" und seine hydrostatischen und geometrischen Unkenntnisse: Swedenborgs „Gedancken" hingen „so schlecht zusammen, daß man sie unmöglich begreifen, oder denselben Beyfall geben kann"; sein Beweis dafür, dass die „Sündfluth" selbst große Felsen habe fort-

---

chen von Linien Punkte, die einer Fläche Linie und die eines Körpers Fläche genannt habe. Diese Terminologie sei von den Mathematikern nicht übernommen worden.

[121] Vgl. unten 2.3.2., a).

[122] Die Kritik des Rezensenten in der *Historie der Gelehrsamkeit* geht weit über Inge Jonssons Urteil hinaus, Swedenborg habe wohl keine große mathematische Begabung besessen, aber eine weit größere als die seiner Landsleute, vgl. JONSSON, 1999, 14.

[123] Die Miscellanea observata wurden ohne weitere Besprechung lediglich angezeigt in: Acta literaria Sueciae 1722, 302.

[124] Vgl. Acta eruditorum 1722, Mai, 262–267 (hier: 263). Die Besprechung benennt vorwiegend die Überschriften der einzelnen *observata* und hebt besonders die Erfindungen, z. B. von Verglasungen, einer Luftpumpe und eines Ofens, hervor. Die Rezension zu Teil 4 der Miscellanea in: Acta eruditorum, 1723, 96 f., enthält nur eine knappe Inhaltsangabe. Allerdings wird Swedenborgs Kommentar zu seiner Skizze eines Hochofens, dieser werde viele Vorteile bringen, mit der Bemerkung relativiert, solche Verbesserungen könnten auf jeden Fall von ihrem Gebrauch erhofft werden.

[125] Die knappe Anzeige in der Ausgabe vom Juni 1722, 436 f., besteht lediglich aus der deutschen Wiedergabe des Eingangssatzes aus dieser Rezension: „Da der Herr Autor die Wissenschafft der Natur erweitern und zum Gebrauch des menschlichen Lebens geschickt machen will, thut er etwas löbliches, daß er die Observationes und Experimenta sammlet, wodurch eintzig und allein diese Wissenschafft kan vermehret werden, und die denen ohne Grund, oder aus Übereylung erdichteten hypothesibus Einhalt tun." Auch die Rezension von Teil 4 besteht nur aus einem kurzen Zitat aus Acta eruditorum, vgl. Neue Zeitungen von Gelehrten Sachen, 1723, März, 235.

schwemmen können, sei „den hydrostatischen Grundsätzen gantz zuwieder"; es
scheine, „daß er nicht verlange das Ansehen zu haben, daß er in der höheren
Geometrie gar sehr geübt sey".[126]

Swedenborg hingegen verfasste eine Verteidigungsschrift für seine Theorie
vom hydrostatischen Gesetz und vom mathematischen Punkt und sandte sie an
die *Societas literaria et scientiarum* in Uppsala. Sie wurde in den *Acta literaria
Sueciae* abgedruckt. Hierin bezeichnete er die Verfasser der Rezension seines
Buchs in der *Historie der Gelehrsamkeit* als „anonyme Sammler", die keinen Leiter und kein unter ihnen geltendes Gesetz hätten; jeder sei dem anderen unbekannt. Aufgrund dieser Anonymität könnten sie „getrost im Hinterhalt des vorbeigehenden Reisenden liegen". Sie müssten es verzeihen, „dass wir es weder für
anständig noch für weise halten, sie zu einem Kampf herauszufordern".[127]

Als diese Schrift mit seinen Bemerkungen gegen den Rezensenten in der *Historie der Gelehrsamkeit* in den *Acta literaria Suecia* und den *Neuen Zeitungen für
Gelehrte Sachen* besprochen wurde,[128] ließ dieser eine Replik veröffentlichen, in
der er sich gegen Swedenborgs Angriffe verteidigte und dabei ausdrücklich auf
Swedenborgs Verteidigungsschrift und seine polemischen Bemerkungen Bezug
nahm.[129] Er sei überhaupt nicht „befremdet", dass Swedenborg „sich mit ihm
nicht einlassen" wolle, wenngleich er schon den Eindruck erweckt habe. Seine
neuerlichen Erklärungen zum Zusammenhang zwischen Höhe und Kraft des
Wassers seien gleichwohl überhaupt nicht überzeugend.[130] Und die *Neuen Zeitungen* verteidigten sich gegenüber Swedenborg mit der Bemerkung, sie hätten
die Vorrede der Rezension in der *Historie*, die sie wiedergeben hatten, „niemahls
gäntzlich gebilligt" und die

„Regeln des Wohlstandes und der Billigkeit [...] auch gegen Herrn Swedenborgen nicht
überschritten; dem sein Gegner ohne Bedencken sich würde zu erkennen geben, wenn
etwas daran gelegen wäre; gleichwie er auch anderweit schon gezeiget, daß er sich nicht
scheue seinem Gegenpart ohne Masque unter die Augen zu treten".[131]

---

[126] Vgl. Neue Zeitungen von Gelehrten Sachen, 1722, August, 616.

[127] Vgl. Opera quaedam I, 195–197; The New Philosophy 32 (1929), 107–109 [Übers. FS].
Benzelius hatte Swedenborg am 11.12.1722 die baldige Lektüre der Rezension gewünscht,
damit man ihr ins Auge sehen könne; sie trage selbst eine Maske und sei daher verdächtig.

[128] Vgl. [Rez. zu] Expositio legis hydrostaticae, qua demonstrari potest effectus et vis
aquae diluvianae altissimae in saxa et materias fundi sui. In: Neue Zeitungen von Gelehrten
Sachen, 1724, Februar, 167 f. Swedenborg wolle mit seiner Schrift seine These aus den *Miscellanea observata* beweisen, dass die „Sündfluth" große Felsen forttreiben konnte, weil nach
den Gesetzen der Hydrostatik die Kraft des Wassers mit seiner Höhe zunehme. Zu den Angriffen auf seine Ansicht vom mathematischen Punkt wolle er sich anderswo äußern. Die Verfasser der Rezension in der Historie der Gelehrsamkeit meinten, so die Neuen Zeitungen, sie
hätten „keinen Directorem, kein Haupt, keine Gesetze" und würden es Swedenborg nicht
„verübeln, wenn er es weder vor anständig, noch vor rathsam hielte, sich mit denselben einzulassen".

[129] Vgl. Neue Zeitungen von Gelehrten Sachen, 1724, März, 230 f.

[130] Swedenborg verwechsele den natürlichen Druck und den „gewaltsamen Anstoß" des
Wassers. Ersteres sei eine tote Kraft, durch die die „Sündfluth" Felsen nicht habe forttreiben
können. Letzteres sei eine „lebendige" Kraft, die das erklären könne. Beides könne man nicht
miteinander vergleichen.

[131] Vgl. Neue Zeitungen von Gelehrten Sachen, 1724, März, 230 f.

Diese öffentliche, in Schweden und Deutschland gleichermaßen bekannte Auseinandersetzung war eklatant für Swedenborg, der in einem Brief an Erik Benzelius
seine Aufregung über den unliebsamen Rezensenten Luft machte: Der sei nichts
anderes als eine „Canaille", der die ganze Materie nicht verstanden habe und nur
„Ruhm" suche, indem er einen anderen in einen Disput ziehe. Nur so könne er
Ansehen gewinnen, da er selbst unbekannt, der andere aber bekannt sei. Swedenborg werde das Material an Polhem senden. Nach dessen Urteil möge es Benzelius an Christian Wolff und Bernhard Julius von Rohr weiterleiten; deren Urteil
werde Benzelius und andere Gelehrte sicherlich befriedigen.[132]

Lediglich von Rohr referierte trotz dieser Kontroverse noch in der zweiten
Auflage seiner *Physikalischen Bibliothek* (1754) Swedenborgs hydrostatischen
Grundsatz. Allerdings enthielt ausgerechnet diese Referenz keinen wertenden
Kommentar.[133]

Mit Blick auf die Rezeption der *Principia* von 1734 ist weiter zu notieren, dass
einige Rezensenten Swedenborgs strenge Abweisung des alchemistischen Prinzips der Transmutation von Metallen in den *Miscellanea observata* lediglich erwähnten, nicht aber kommentierten oder würdigten. Zehn Jahre später wurde
diese Position Swedenborgs von den Zeitgenossen als progressiv herausgestri-
chen.[134] Friedrich Christoph Oetinger wiederum kritisierte mehr als vierzig Jahre
später (1765) in seinem Referat der *Miscellanea observata* genau diesen Punkt:
Der Mechanist Swedenborg könne die Transmutation nicht verstehen, weil er
vom Prinzip der Kontiguität her denke; er verwerfe sie aus bloßem Raisonnement. Oetingers Rezeption der Naturphilosophie Swedenborgs gehört jedoch in
einen anderen zeitlichen Kontext und wird auch noch an anderer Stelle zu besprechen sein.[135]

d) Bullulartheorie und subtile Materie im Diskurs

Die dritte größere Schrift, der 1721 anonym in Amsterdam veröffentlichte *Prodromus principiorum rerum naturalium*,[136] überschneidet sich an vielen Punkten
mit den *Miscellanea observata*. Sie kann als deren Vorläufer betrachtet werden
und enthält ebenfalls mehrere Kapitel über die Form und Anordnung von Metallen und Salzen, Salpeter, Säuren, Elementen, Öl und Wasserteilchen. Insbesondere die Bullulartheorie Swedenborgs, die er im folgenden Jahr in den *Miscellanea
observata* mit der kosmologischen Theorie vom *punctum naturale* verband, wird
hier dargelegt.[137]

---

[132] Vgl. Schreiben Swedenborgs an Erik Benzelius, 26.5.1724. In: Opera quaedam I, 313 f.
(schwed.); ACTON, Documents I, 337–339 (engl.). Aufgrund mehrerer Referenzen von Rohrs
auf Swedenborgs Werke dürfte er mit dem hier genannten „Julius in Leipzig" gemeint sein.
[133] Vgl. ROHR, 1754, 229 f. In der ersten Auflage ist diese Passage noch nicht erhalten.
[134] Vgl. Kap. 2.3.1.
[135] Vgl. OETINGER, 1977 [1765], 9 f., sowie Kap. 5.2.5., a), bb).
[136] Prodromus principiorum rerum naturalium sive novorum tentaminum chymiam et
physicam experimentalem geometrice explicandi. Amstelodami 1721; englisch London 1847,
Bryn Athyn 1976.
[137] Vgl. dazu: FRANK W. VERY: Swedenborg's Bullular Hypothesis. Whitefish 2006 [nach-
gedruckter Auszug aus FRANK W. VERY: Epitome of Swedenborg's Science. Boston 1927].

Swedenborg geht am Beispiel von Wasser und den anderen genannten Stoffen davon aus, dass diese aus durchsichtigen, hohlen und runden Teilchen nicht aus Atomen, sondern aus unendlich teilbaren Bläschen *(bullulae)* oder Kügelchen *(globuli)* gleicher Größe bestehen, die – je nach Salz, Metall oder Element – in verschiedenen Formen enthalten sind. Die Oberfläche dieser Bläschen besteht wiederum aus Bläschen usf., die im mathematischen Punkt ihren Ursprung haben.[138] Zwischen den aneinander liegenden Teilchen bestehen leere Zwischenräume *(interstitia)*. Swedenborg errechnete nun das Größenverhältnis zwischen dem gefüllten und dem leeren Raum anhand der geometrischen Anordnung und Position der Teilchen in den jeweiligen festen oder flüssigen triangularen, pyramidalen, quadratischen Formen oder Mischformen[139] – erste Vorarbeiten für seine später weiter ausgebaute Lehre von den Formen.[140] Damit verband er Überlegungen über die Druckverhältnisse zwischen Teilchen. Die Wasserteilchen galten ihm als Grundbausteine für alle anderen Stoffe.[141] Salzteilchen seien lediglich in eine andere Form gebrachte Wasserteilchen, die Teilchen von Säure und Salpeter nichts anderes als Produkte von Salzteilchen usw. In den Zwischenräumen etwa des quadratisch angeordneten Salpeter – wie auch in den anderen Stoffen – nahm Swedenborg eine feine Materie *(materia subtilis)* an, deren Teilchen die Form von Bläschen besäßen und durch Bewegung ausgedehnt und zusammengepresst werden könnten.[142] Die Geometrie ist das Funktionsprinzip der Chemie und der Physik. Da alle Metalle, Salze und Elemente aus Teilchen bestünden, die sich nur in ihrer Form und Position unterschieden, ist die Geometrie der Schlüssel zu ihrer Erforschung.[143]

Swedenborg knüpfte bei einigen Segmenten dieser Bullulartheorie ganz offenbar an Vorstellungen von Christopher Polhem an, der ebenfalls eine *materia subtilis* annahm, die auf mechanische Weise wirke und unsichtbare, ja sogar übersinnliche Phänomene erkläre.[144] Mit diesen *interstitia* nahm Polhem, wie auch Swedenborg, der in der Forschungsliteratur häufig als strikter Cartesianer aufgefasst wird,[145] eine Position zwischen Newton und Descartes ein. Gegen Descartes' Vorstellung wird ein freier Raum behauptet, der von einer Materie gefüllt ist, deren subtile Qualität sich von der Materialität der Stoffpartikel oder *bullulae* unterscheidet.

Diese von Descartes abweichende Position wurde auch zeitgenössisch wahrgenommen. Sie wurde neben mehreren hypothetischen Versuchen, die Struktur von Teilchen zu beschreiben, genannt: entweder lang und eben wie Descartes, kubisch und aus einer zähflüssigen Materie bestehend oder in der Form hohler

---

[138] Vgl. Dunér, 2005, 229; Jonsson, 1969, 32.
[139] Vgl. Opera quaedam III, 8–13.
[140] Vgl. unten Seite 129, Anm. 8.
[141] Vgl. Opera quaedam III, 14–28.
[142] Vgl. Opera quaedam III, 68–88.
[143] Vgl. Some Specimens of a Work on the Principles of Chemistry, with other treatises, 1 f.
[144] Vgl. Kap. 1.4.
[145] Vgl. Jonsson, 1999, 22 f.; Jonsson, 1969, 29–31.

Parabeln. Demgegenüber sei die Auffassung, dass die Teilchen rund seien, die derzeitig vorherrschende. Die „besten Mathematiker", zu denen in Schweden Polhem und Swedenborg gehörten, teilten sie.[146]

Der *Prodromus* wurde kritisch, allerdings nicht mit solch prinzipiellen Zweifeln wie die *Miscellanea* wahrgenommen. *Acta eruditorum* etwa besprachen ausführlich und detailliert diese Schrift des als „Vir amplissimus" gelobten Assessors Swedenborg und bezeichneten zunächst das Verfahren, nach dem Swedenborg arbeitete. Seine Theorie basiere auf eigenen und auf den Experimenten renommierter Naturforscher wie Robert Boyle, Urban Hiärne, Herman Boerhaave[147] und Nicolas Lémery. Für die Erforschung der Ursachen hinter den Experimenten ziehe er die Geometrie mit Hilfe des *calculus* heran und formuliere schließlich Prinzipien, die mit den Experimenten übereinstimmten. Der Rezensent monierte Swedenborgs Terminologie: Wenn man seine Begriffe nicht verstehe, bleibe seine Untersuchung dunkel (*obscura*). Swedenborg habe seine Theorie zwar mit großem Scharfsinn (*magno ingenio*) und Fleiß (*industria*) vorgetragen, aber das Urteil hinsichtlich der Wahrheit, die Swedenborg damit erreicht habe, müsse anderen überlassen werden, so das Schlusswort dieser Besprechung.[148] Die *Neuen Zeitungen* druckten die Kernpunkte dieser Rezension nach und betonten dabei, Swedenborg ordne das Experiment der Geometrie und einer apriorischen Theorie unter, dass nämlich die letzten Gründe in Größe und Gewicht und in den „*Interstitiis* der *particularum*" zu suchen seien.[149]

Der sächsische Mineraloge, später Bergrat und Mitglied der Deutschen Akademie der Naturforscher Leopoldina, Johann Friedrich Henckel (1678–1744), den Swedenborg auch persönlich kennenlernte, würdigte Swedenborgs *Prodromus* in seiner *Pyritologia* zwar als „rühmlichen Versuch", die Natur der Körper rein geometrisch zu erfassen. Es sei aber noch „zu früh" für solche „Conclusiones", wie sie Swedenborg gezogen hatte. Es sei nötig, „vorerst mehr Experimenta nicht allein noch zu wiederholen, zu prüfen, sondern auch noch vielmehr zu machen".[150] Henckels Kommentar richtete sich damit implizit gegen zwei bereits

---

[146] Vgl. Schreiben des Mediziners Peter Martin in: Tiselius, 1723, 11 f. Zur Abweichung Swedenborgs von Descartes Partikellehre vgl. Stroh, 1911, 94.

[147] Zu Boerhaaves und Hiärnes Bedeutung für das schwedische Bergamt vgl. Fors, 2007, 246 f., 251.

[148] Vgl. Acta eruditorum, 1722, Februar, 83–87, hier: 83 f., 87.

[149] Vgl. Neue Zeitungen von Gelehrten Sachen, 1722, Februar, 135. Gerade der Schlusssatz aus Acta eruditorum wird hier auf Deutsch wiedergegeben: Swedenborg zeige „viel Scharfsichtigkeit und nicht weniger Fleiß, wie weit er aber die Wahrheit in seinen Theorien gefunden, überlassen die Verfasser [der Rezension in den *Acta* – FS] andern zu beurtheilen".

[150] Johann Friedrich Henckel: Pyritologia oder Kieß-Historie, Als des vornehmsten Minerals, Nach dessen Nahmen, Arten, Lagerstätten, Ursprung, Eisen, Kupffer, unmetallischer Erde, Schwefel, Arsenic, Gold, einfachen Theilgen, Vitriol und Schmeltz-Nutzung, Aus vieler Sammlung, Gruben-Befahrung, Umgang und Brief-Wechsel mit Natur- und Berg-Verständigen, vornehmlich aus Chymischer Untersuchung. Leipzig 1725, 1006 f. Henckel bat Swedenborg nach seinem Besuch in Dresden in einem Schreiben vom 21. 9. 1733, ihm bei seinen mineralogischen Projekten zu assistieren. Bei seinem Plan, ein mineralogisches Wörterbuch [offenbar die Opera philosophica et mineralia von 1734] zu verfassen, werde er sicher davon profitieren. Henckel vertrat im übrigen eine Urchaostheorie wie Swedenborg später in den Principia, allerdings nur in geogonischer, nicht in kosmogonischer Perspektive,

von den Zeitschriftenrezensenten beobachtete Ansätze Swedenborgs, die in den folgenden Jahren immer wieder bemängelt wurden: seine Anlehnung an die Experimente anderer Autoren, die er nur wiederhole und prüfe, und seine Eile bei der Aufstellung von Hypothesen auf der Basis ungenügender eigener Experimente.

Swedenborgs Wasser-Bullulartheorie, dass Wasserteilchen eine innere Bewegung vollführten, die von der *materia subtilis* zwischen den Teilchen bewirkt werde, wurde auch positiv im Rahmen einer Theorie der Elastizität von Wasserteilchen rezipiert, die der bereits mehrfach mit positiven Anknüpfungen an Swedenborg erwähnte Daniel Tiselius entwarf.[151] Und Julius Bernhard von Rohr, der ebenfalls mehrere Schriften Swedenborgs kannte, stellte ihn in den Kontext einer aufgeklärten Naturmagie: Durch die „geheimen Unterredungen" zwischen zwei „vertrauten Freunden", einem „Theologo Philosophizante" und einem „Philosopho Theologizante"[152] sei bewiesen worden, dass die *magia naturalis* „eine natürliche, nützliche und zuläßige Wissenschaft" sey. Dieser Sicht über die Entwicklung der ‚modernen' Wissenschaft aus der Magie ließ von Rohr unmittelbar und gleichsam zur Illustration den Hinweis auf Swedenborgs *Prodromus* folgen, der seine Theorien über Salze, Metalle und Elemente mit eigenen und Experimenten anderer Forscher verbunden habe, um dann nach den Prinzipien zu fragen. Swedenborgs letzte „Beweisthümer" sah von Rohr in Form, Größe und Gewicht der Teilchen sowie in den *interstitia* zwischen ihnen, in seiner Bullulartheorie also.[153]

Auf der einen Seite waren positive Bewertungen und Adaptionen durch den hydrologischen Theoretiker Tiselius und durch von Rohr zu verzeichnen, der Swedenborg als Beispiel für aufgeklärte, an *observatio* und *experientia* wie auch an *principia* orientierte Naturmagie betrachtete. Auf der anderen Seite blieb die Kritik an Swedenborg bestehen, weil er sein Verfahren nur nominell als experimentell bezeichnete, aber zu voreilig Schlüsse zog, die eine letztlich vor den Experimenten liegende apriorische Theorie erkennen ließen. Dies wurde auch in

---

vgl. 265 f., 289; er wandte sich mehrfach gegen „einiger Alchymisten theoretischen Grillen-Geschrey", vgl. u. a. 259, versuchte seine „Kieß-Historie" mit dem Mosaischen Schöpfungsbericht zu verbinden, 259–381, und stellte Reflexionen über die geologischen Folgen der Sintflut an, 299–329. Die Schöpfung der Welt geschah für Henckel durch „geistisch[e] und englisch[e] […] Ausflüsse der GOttheit", um zwei Ansichten zu vermeiden: eine direkte Erschaffung des Materiellen durch Gott und eine *creatio ex nihilo* des Geistigen und des Materiellen. Die „subordination" der Schöpfung gewährleistet eine „würckliche Unterthänigkeit und Zusammenhang der sichtbaren Welt mit der GOttheit", vgl. 262. Diese beiden Punkte, Konnex und Differenz, sind mit Blick auf Swedenborgs Kosmogonie in den *Principia* zu notieren.

[151] Tiselius, 1730, 93, 97, 110
[152] Gemeint dürfte sein: Geheime Unterredungen zwischen zweyen vertrauten Freunden, einem Theologo Philosophizante und Philosopho Theologizante von Magia naturali, deren Ursprung und Principiis, wo bewiesen wird, daß dieselbe eine natürliche, nützliche und zuläßliche Wissenschafft sey. Nebst einer Widerlegung aller Objectionum und Anführung vieler raren und natürlichen Experimenten. Zum Druck gegeben vom Collegio Curiosorum in Deutschland. Cosmopoli [Nürnberg] 1702.
[153] Rohr, 1754, 46 f. Die erste Auflage (1724), 46 f., enthielt nur einen Verweis, aber kein inhaltliches Referat des *Prodromus*.

Zukunft noch mehrfach wiederholt. Als der Göttinger Mathematikprofessor Abraham Gotthelf Kästner (1719–1800), der seit 1752 Mitglied der schwedischen Akademie war und von 1749 an jahrzehntelang deren *Abhandlungen* auf Deutsch herausbrachte, 1772 Swedenborgs Buch über die Planeten und deren Bewohner besprach, erinnerte er auch an den *Prodromus* von 1721 und urteilte im Rückblick wie bereits die unmittelbaren Rezensenten der 1720er Jahre: Swedenborg habe sich damals „um die Bergwerkswissenschaften große Verdienste" erworben. In diesen frühen Schriften habe sich ein „Hang" gezeigt „zu kühnen Hypothesen und unverständlichen Geheimnissen, doch mit brauchbaren Wahrheiten untermischt".[154] Diese Rezension entstammt jedoch bereits dem Diskurs um Swedenborg als Geisterseher, der das Urteil über Swedenborgs vorvisionäre Arbeiten stark beeinflusste. Im Hinblick darauf ist Kästners partielle Würdigung auffällig, weil sie andeutet, dass Swedenborg ‚ursprünglich' ein ‚ganz normaler' und zugleich ein tendenziell bereits obskurer Autor gewesen sei. Eine von dieser Ambivalenz unabhängige Evaluierung der Schriften Swedenborgs war aufgrund des neuen Referenzrahmens nicht möglich.

In den *interstitia* und der *materia subtilis* zeigt sich Swedenborgs Modifizierung der von Newton abgeleiteten Theorie von einem Vakuum ohne jede Form von Materie[155] und seine gleichfalls modifizierte Übernahme des mechanistischen Prinzips der Kontiguität bei gleichzeitiger Behauptung eines Zwischenraumes, nicht im All, sondern mikrokosmisch zwischen den Partikelteilchen. Swedenborg versuchte damit, anstelle der von Newton behaupteten immateriellen Kräfte in freien Räumen wie der Gravitation an der Druck- und Stoßmechanik und an den cartesischen Wirbeln zwischen Materieteilchen festzuhalten und diese Wirksamkeiten dennoch in einem Zwischenraum zu erklären, in einem Zwischenraum, der mit einer subtilen Form von Materie als Vermittlerin und Trägerin der Mechanik gefüllt war. Als er dies wenige Jahre später auf die Leib-Seele-Problematik übertrug, wurde ihm postwendend Materialismus vorgeworfen. Aber in diesem ‚Zwischenraum' zwischen Körper und Seele und in der hier wirkenden subtilen Materie, später dem *fluidum spirituosum*, konnte auch die Berührung zwischen dem Immateriellen des Geistes mit der Materie lokalisiert werden, in einem Bereich zwischen beiden also, in dem eines Tages Platz war für Geister. In diesem Versuch, der eng an die Vorstellungen des mechanistischen Naturforschers Polhem anknüpfte, nämlich den vermeintlichen cartesischen Dualismus sowohl zu überwinden, als auch an ihm festzuhalten, liegt eines der wesentlichen Einfallstore für Swedenborgs Geisterwelt. Und von hier aus wäre der Frage nachzugehen, ob der Geist-Materie-Dualismus mit seinen ungeklärten Vermittlungsinstan-

---

[154] ABRAHAM GOTTHELF KÄSTNER: [Rez. zu] Von den Erdcörpern der Planeten und des gestirnten Himmels Einwohnern. In: Allgemeine deutsche Bibliothek 16 (1772), 1. Stück, 308 f.

[155] BERGQUIST, 2005, 143 f., meint hingegen, Swedenborg habe Newtons Vakuum bereits in dieser Zeit aus theologischen Gründen abgelehnt. Nach meinem Dafürhalten handelt es sich um eine Zwischenposition, auch wenn Swedenborg Newton in der Geisterwelt der Behauptung eines leeren Raums abschwören lässt, vgl. Amore/Sap 82.

zen viel eher als der spinozistische Monismus die Einfallstore für Spiritismus und Okkultismus und damit für die moderne Esoterik in sich trug.

Martin Lamm hat in Swedenborgs frühen Forschungen den Versuch erkannt, die Grenzen zwischen Materiellem und Geistigem zu verwischen. Eine solche Beurteilung hängt jedoch von der Annahme einer Swedenborg bereits deutlich vor Augen stehenden Grenzziehung und eines scharfen Dualismus zusammen. Die Beeinflussung durch den ‚alternativen‘ Cartesianer Polhem und Descartes’ eigene Spekulationen über den zwischen Geist und Körper vermittelnden *spiritus animalis* lassen eine deutliche Grenzziehung meines Erachtens jedoch eher unwahrscheinlich erscheinen. Die Grenzen waren bereits durchlässig. Offenbar bemühten sich Swedenborg (wie auch Polhem) um die Vermittlung zwischen Positionen Descartes’ und Positionen Newtons.[156]

Nach den Auseinandersetzungen um seine Schriften von 1721/22 wurde Swedenborg 1723 zum Assessor der Bergbaubehörde ernannt, obwohl es eine öffentliche Kontroverse um seine *Miscellanea observata* gegeben hatte, die auch in Schweden nicht unbekannt geblieben war. Bemerkenswerterweise stand Swedenborgs Abneigung gegenüber der Alchemie, die er in den *Miscellanea* dargelegt hatte, in deutlichem Kontrast zu dem Präsidenten der Bergbaubehörde, Gustaf Bonde, der ein bekannter Alchemist und Hermetiker war.[157] Angesichts dieser Vorgänge ist es eine unbewiesene Behauptung, Swedenborg habe die Mitglieder des Kollegiums durch seine Schriften von 1721/22 von seinen Ambitionen und seiner Energie in Physik, Chemie, Geologie und Philosophie so überzeugt, dass ein Zusammenhang mit seiner Ernennung zu sehen sei.[158] Es ist nicht klar, aus welchen Gründen er trotz oder auch gerade wegen der genannten Punkte ernannt wurde. Ein anderer Karrieresprung Swedenborgs wies aber gewisse Parallelen auf, da er eine ganz ähnliche Vorgeschichte hatte. Die öffentliche Kontroverse zwischen Anders Celsius und Swedenborg mit einer gleichfalls deutlichen Kritik an Swedenborgs ‚handwerklichen‘ Fähigkeiten in Theorie und Praxis,[159] fand unmittelbar vor seiner Berufung in die Akademie der Wissenschaften in Stockholm 1740 statt. Möglicherweise haben bei diesen beruflichen und akademischen Förderungen andere Gründe als Verdienste auf dem Gebiet der Naturforschung und

---

[156] STROH, 1911, 94, 98, 102, konstatiert lediglich Anlehnungen Swedenborgs an Newton in der Frage des Längengrads und Abweisungen hinsichtlich der Gravitation, der (cartesischen) Wirbeltheorie, der Lichttheorie und zugleich die Annahme runder Teilchen gegen Descartes. Das mit der Figur der *interstitia* modifizierte Vakuum wäre hier ebenso zu ergänzen wie Swedenborgs und Polhems Versuch, auch ‚immaterielle‘ Fernwirkungen durch die *materia subtilis* materiell und mechanisch zu erklären.

[157] Vgl. BERGQUIST, 2005, 94 f., zu Bonde besonders 265, sowie Kap. 1.5.; 4.3.1. Bonde befasste sich auch mit dem Hermetismus, vgl. GUSTAF BONDE: Clavicula hermeticae scientiae ab hyperboreo quodam horis subsecivis calamo consignata anno MDCCXXII. Marburgi 1746; französisch: Amsterdam 1751 – eine auffällige Parallele zu Swedenborgs Mitte der 1740er Jahre verfasster und erst posthum veröffentlichter Schrift Clavis hieroglyphica arcanorum naturalium et spiritualium per viam repraesentationum et correspondentiarum (London 1784), die aber keine Beschäftigung mit hermetischem Schrifttum erkennen lässt. Vgl. dazu unten Kap. 3.2.2.

[158] Vgl. BERGQUIST, 2005, 95 f.

[159] Vgl. Kap. 2.3.2., g).

Naturphilosophie vorgelegen. Fest steht, dass beide Ernennungen gerade vor dem Hintergrund und vielleicht als Reaktion auf die fachliche Kritik an Swedenborg geschahen.

2.3. Natur, Gott, Mensch (1734)

2.3.1. Erze: *De ferro* und *De cupro.*
Die Sicht der europäischen Gelehrtenschaft

Nach der Kritik seiner ersten großen theoretischen Schriften von 1721/22 trat Swedenborg zwölf Jahre nicht mit Veröffentlichungen hervor. Abgesehen von wenigen Erwähnungen der genannten Tiselius, Wolff, von Rohr und Henckel wurde Swedenborg auch in den Gelehrtenzeitschriften nach 1724 nicht mehr besprochen. Es ist natürlich problematisch und eine unzulässige Schlussfolgerung, für dieses publizistische Schweigen ausschließlich Swedenborgs überspannte und gereizte Reaktion auf die Besprechung seiner *Miscellanea* verantwortlich zu machen. In der Swedenborgforschung wird häufig behauptet, Swedenborg sei durch sein Amt als Assessor in dieser Zeit beruflich eingespannt gewesen.[1] Die publikationslosen zwölf Jahre werden ferner als Vorbereitungszeit für die *Opera* von 1734 angesehen, wobei allerdings die Debatte um die negative Rezension zu den *Miscellanea* durchweg ignoriert wird. Sicherlich ist Swedenborgs berufliches Engagement als Assessor in Rechnung zu stellen. Das ist etwa aus den Protokollen des Bergwerkskollegiums und aus anderen Dokumenten ersichtlich.[2] Auffällig ist aber, dass er zwölf Jahre nach der genannten Rezension gleich im Vorwort seiner dreibändigen *Opera philosophica et mineralia*[3] wünschte, von „bitteren und zancksüchtigen Streitschriften" verschont zu werden. Aus diesem Grund habe er selbst keinen einzigen „Welt-Weisen" mit Namen genannt, denn es sei nicht seine Absicht gewesen, die Meinungen anderer zu bestreiten oder andere ihres Ruhmes zu berauben. Sollte er dennoch angegriffen werden, wolle er nicht antworten, es sei denn, dass jemand „auf eine bescheidene Art" die „Erläuterung seiner Sätze verlange". Er habe die *Opera* nicht geschrieben, um „Gunst oder einen grossen Nahmen bey der gelehrten Welt dadurch zu erwerben; er würde sich auch darum nicht bekümmern, ob er Beyfall finde, oder nicht". Diese Sätze wurden der

---

[1] Vgl. etwa JONSSON, 1999, 14, mit dem allerdings etwas merkwürdigen Hinweis, dass Swedenborgs Schweigen gerade angesichts positiver Besprechungen seiner Arbeiten in *Acta eruditorum* unverständlich sei.

[2] Vgl. TAFEL, Documents I, 402–466.

[3] Opera philosophica et mineralia. Dresdae; Lipsiae 1734; Bd. 1: Principia rerum naturalium sive novorum tentaminum phaenomena mundi elementaris philosophice explicandi; englisch: The Principia or The First Principles of Natural Things. 2 Bde., London 1846, 1912; Bryn Athyn 1976; Bd. 2: Regnum subterraneum sive minerale de ferro; Bd. 3: Regnum subterraneum sive Minerale de cupro et orichalco; englisch: Swedenborg's Treatise on Copper. 3 Bde., London 1938.

deutschsprachigen Öffentlichkeit durch die mehr als zwanzigseitige Besprechung eines anonymen Rezensenten in den *Deutschen Acta eruditorum* bekannt, der gerade diesen Teil des Vorworts ausführlich zitierte.[4] Ob der Rezensent bei seinem Referat die seinerzeit ebenfalls von Leipzig ausgehenden Angriffe auf Swedenborg im Blick hatte, sei dahin gestellt. In Swedenborgs eigenen Sätzen dürften diese Erinnerungen aus den 1720er Jahren jedoch nachgewirkt haben, was für die oben als Hypothese formulierte ‚Pausentheorie' spräche.

Der erste Band der *Opera* enthielt eine umfangreiche naturphilosophische Theorie unter dem Titel *Principia rerum naturalium*, die Bände 2 und 3, deren Rezeption und Bewertung hier zunächst besprochen werden, handeln von Eisen und von Kupfer, von ihrer chemischen und mineralogischen Beschaffenheit, den Vorkommen in Europa sowie den Abbau- und Verhüttungsmethoden, Themen also aus dem Kerngeschäft Swedenborgs als Bergwerksassessor. *De ferro* und *De cupro* sind offenbar als ein Teil des elf Jahre zuvor angekündigten Kompendiums über das Mineralreich zu verstehen. Diese beiden Teile fanden ein starkes Echo. Wenn auch ein Drittel aus Zitaten anderer Autoren bestehe, enthielten sie vor allem hinsichtlich der Schmelzprozesse bei der Stahlherstellung „meistentheils bißhero unbekande, neue und niemahls gedruckte Sachen," urteilten die *Neuen Zeitungen* in einer ersten Rezension, die allerdings auch kritische Töne enthielt, wie noch zu zeigen ist.[5] Swedenborg werde „Gesundheit und Musse" bei seinem Vorhaben gewünscht, auch noch die „anderen Theile" des Mineralreichs zu beschreiben. Die *Deutschen Acta eruditorum* bescheinigten Swedenborg „Gründlichkeit, Deutlichkeit und Treue", besonders bei der Darstellung der Schmelzverfahren, die Swedenborg in mehreren europäischen Bergwerksgebieten studiert und nun hier komplett protokolliert hatte. Ja er habe, so meinte der Rezensent, sogar streng gehütete Geheimnisse, die die Schmelzer selbst „vor leiblichen Kindern" hüteten, „treuligst entdecket" und nicht die „Feindschaft" derer gescheut, „welche aus Eigennutz und Neid ihre Künste andern mißgönnen". Diesen ‚Geheimnisverrat' Swedenborgs schätzte der Rezensent als „fast unschätzbaren Schatz". Besonders fiel ihm auf, dass Swedenborg sich bei der Untersuchung chemischer Prozesse und bei seinen Experimenten von allen alchemistischen Spekulationen ferngehalten und „der Alchymisten ihre Fabeln und Erdichtungen, kaum mit wenigen berühret" habe.[6] Auch für diesen nicht metaphysischen, sondern mineralogisch-montanwirtschaftlichen Teil der *Opera* wurde vermerkt, dass Swedenborg manche Erklärungen aus der „Sündfluth" abgeleitet habe – Zeichen seiner ungebrochen physikotheologischen, biblische Aussagen und Ergebnisse der *observatio* miteinander verbindenden Forschungsintention.

Auch andere Autoren referierten den Inhalt von *De cupro* und *De ferro* mit Hochschätzung.[7] Julius Bernhard von Rohr erkannte sie als Beweis einer „gro-

---

[4] Vgl. Deutsche Acta eruditorum, 1734, Juli und Oktober, 295–304, 407–420, hier: 296 f.

[5] Vgl. Neue Zeitungen von Gelehrten Sachen, 1734, Mai, 354–358, hier: 357.

[6] Vgl. Deutsche Acta eruditorum, 1734, Juli und Oktober, 295–304, 407–420, hier: 413–417.

[7] Vgl. Nova acta eruditorum, 1737, August, 342–356, hier: 351–354. Kurzanzeigen der *Opera* finden sich in: Commercium litterarium ad res medicae et scientia naturalis incremen-

ße[n] Gelehrsamkeit" und hob vor allem hervor, dass Swedenborg nach dem Prinzip des Mechanismus und auf der Basis von Experimenten gearbeitet habe.[8]

Teile aus *De ferro* wurden bereits 1737 ins Französische übersetzt – Swedenborgs erste nachweisbare Erwähnung in der französischen Literatur überhaupt – und von dort erst ins Schwedische.[9] Nach fast 30 Jahren, und fast 20 Jahre nach Swedenborgs biographischer Wende, wurde *De ferro* von der *Academie Royale des Sciences* 1762 in Paris übersetzt und gedruckt, obwohl die französischen Fachleute verschiedene Bedenken hatten.[10] Denn die Franzosen wussten, dass Swedenborg große Teile aus dem einschlägigen Werk eines René Antoine Ferchault de Réaumur[11] entnommen hatte, das die deutschen Rezensenten offenbar nicht kannten. Ferner waren die Franzosen manchmal überrascht, dass Swedenborg zu bestimmten chemischen Prozessen schweige. Dennoch habe man sich für den Neuabdruck entschieden, da Swedenborgs Buch als Kommentar einer eigenen Arbeit der Übersetzer und gegen andere Behauptungen in dieser Materie diente.[12] Dieses französische Buch mit der Übersetzung des „Swedenburgischen Werkes" wurde auch in Deutschland zur Kenntnis genommen.[13] Auf Teile aus Swedenborgs *Opera*, zum Beispiel bergbauliche Konstruktionen und Fossilienfunde, wurde noch nach Jahren gelegentlich verwiesen.[14]

Auch an zwei Wissenschaftsakademien wurden die Bücher über Eisen und Kupfer vor allem unter montanwirtschaftlichen und geologischen Gesichtspunkten diskutiert, nachdem Swedenborg sie ihnen zugesandt hatte. So liegt ein umfangreiches Gutachten aus St. Petersburg vor, das im Auftrag von Johann Albrecht Baron von Korff, dem Präsidenten der Kaiserlichen Akademie, von einem Fachmann erstellt worden war.[15] Der hatte zwar Bedenken, dass Swedenborg es

---

tum institutum […], 1734, Juli, 232; Neue Zeitungen von Gelehrten Sachen, 1737, August, 544 [auf der Basis der Besprechung in Nova acta eruditorum von 1737]; bei JOHAN GOTSCHALK WALLERIUS: Mineralogia Eller Mineral-Riket. Stockholm 1747, Vorwort.

[8] ROHR, 1754, 367, 403.

[9] Vgl. Traité sur l'Aacier. Strasburg 1737; schwedisch: Utdrag af någre Herr Assessor Suedenborgs anmärkningar, om ståhl. Öfwersatte från fransöskan. Stockholm 1753.

[10] Art des forges et fourneaux à fer. Par M. LE MARQUIS DE COURTIVRON, et par M. BOUCHU, Correspondant de l'Académie Royale des Sciences. Quatrième section. Traité du fer, par M. SWEDENBORG; traduit du Latin par M. BOUCHU. Paris 1762.

[11] RENÉ ANTOINE FERCHAULT DE RÉAUMUR: L'art de convertir le fer forgé en acier et l'art d'adoucir le fer fondu, ou de faire des ouvrages de fer fondu aussi finis que le fer forgé. Paris 1722. Das Buch war in Swedenborgs Besitz, vgl. Catalogus, 4.

[12] Vgl. Art des forges et fourneaux à fer, Ausschnitte in: The New Philosophy 107 (2004), 152–155.

[13] Vgl. Anzeige in: Göttingische Anzeigen von Gelehrten Sachen, 1763, September, 952.

[14] Eine Erwähnung im Zusammenhang mit einem metallhaltigen Fossil Cadmia, das bei Swedenborg genannt wird, in: Commentarium Literarium, 1741, Mai, 172; im Zusammenhang mit dem allerdings fehlerhaften Plan eines „Puckwerks" bei HENNING CALVÖR: Acta historico-chronologico-mechanica circa metallurgiam in Hercynia superiori. Braunschweig 1763; ein versteinertes Kupferschieferfossil aus Glücksbrunn bei Eisenach in Thüringen, dessen Abbildung aus *De cupro* in der Königlichen Akademie zu Göttingen besprochen wurde, in Allmänna Tidn., 1771, Oktober, 263, zitiert nach The New Philosophy 107 (2004), 157.

[15] Es ist in „Vol. 13 mnscr. die S. Petersburg Acad. d. Wissens betreffend" in der Universitätsbibliothek Helsingfors (Finnland) enthalten und auf Englisch übersetzt in: The New Philosophy 37 (1934), 361–384. Von Korff beauftragte laut Protokoll am 11.11.1734 die Profes-

schaffen werde, das komplette Mineralreich zu bearbeiten,[16] aber er würdigte vor allem seine Angaben zu den Bergwerksverfahren im Ausland und seine Darstellung über das Eisen, die auf den Arbeiten von Georg Agricola und Balthasar Roeßler[17] fuße. Hierin sei Swedenborg zu Hause. Ihm fiel wie bereits den *Deutschen Acta eruditorum* auch seine Gegnerschaft gegenüber den Alchemisten auf, allerdings beobachtete er, dass Swedenborg gelegentlich Autoren zitiere, die die Alchemie keinesfalls als Häresie betrachteten, wie Johann Joachim Becher, Georg Ernst Stahl, Johann Kunckel von Löwenstern und Herman Boerhaave.[18] Dass Swedenborg trotz seiner Rezeption von Forschungssegmenten dieser Autoren mit der Transmutation ein Kernstück alchemistischer Naturauffassung ablehnte, notierte jener Rezensent im Gegensatz zu anderen Lesern nicht. Swedenborgs Schilderung ausländischer Schmelzverfahren, die von anderen Besprechungen so hoch gelobt wurden, führte der Gutachter eher auf verschiedene literarische Quellen als auf eigene Forschungen zurück. Er beurteilte sie auch nicht als besonders wertvoll, denn man habe auch in Russland Zugang zu diesen Quellen.[19] Jeder Chemiker und Naturphilosoph besitze die Werke, die in den *Opera* zitiert würden, sowieso. Wie die Übersetzer von 1762 monierte er Swedenborgs adaptierenden Umgang mit dem bereits erwähnten und den Mineralogen durchaus bekannten Réaumur, den Swedenborg nicht nur exzerpiert, sondern auch übersetzt hatte.[20] Daneben vermerkte er manche Ungenauigkeiten in Swedenborgs Skizzen von technischen Geräten, problematische Positionen etwa in der Theorie vom Feuer und sachliche Differenzen zu Positionen Christopher Polhems.[21] Der Gutachter der russischen Akademie hatte sich eingangs zwar lobend geäußert, aber seine Besprechung enthielt nicht nur viele sachliche Zweifel, sie endete auch mit einem im Hinblick auf die montanwirtschaftliche Relevanz der *Opera* kritischen Blick auf den ungenügenden Bezug zur Praxis der Eisenverarbeitung[22] –

---

soren Johann Georg Leutmann, Georg Wolfgang Krafft und Johann Amman, zusammen mit dem Ratsmitglied für die Bergwerke, Gustav Adolf Reiser, die *Opera* Swedenborgs auf ihren Nutzen für das russische Reich zu prüfen; vgl. Procés-verbaux des séances de l'académie impériale des sciences depuis sa fondation jusqu'à 1803. Bd. 1, St. Peterburg 1897, 119. Möglicherweise war Reiser als Fachkollege Swedenborgs der Autor, wie auch The New Philosophy vermutet.

[16] Vgl. The New Philosophy 37 (1934), 363.

[17] Swedenborg besaß: GEORG AGRICOLA: De re metallica libri XII […]. Basileae 1657; BALTHASAR ROESSLER: Speculum Metallurgiæ Politissimum. Oder: Hell-polierter Berg-Bau-Spiegel […]. Dresden 1700, vgl. Catalogus, 1.

[18] Vgl. The New Philosophy 37 (1934), 364. In Swedenborgs Bibliothek befanden sich nach dem Catalogus Titel aller genannten Autoren. Zu Boerhaaves Ansatz zwischen Alchemie und ‚moderner' Chemie vgl. JOHN C. POWERS: Scrutinizing the Alchemists. Herman Boerhaave an the Testing of Chymistry. In: LAWRENCE M. PRINCIPE (Hg.): Chymists and Chymistry. Studies in the History of Alchemy and Early Modern Chemistry. Sagamore Beach 2007, 227–238.

[19] Vgl. The New Philosophy 37 (1934), 363, 377.

[20] Vgl. The New Philosophy 37 (1934), 377, 381 f., 384. Réaumur könne im Original sicherer gefolgt werden als in der lateinischen Version.

[21] Vgl. The New Philosophy 37 (1934), 365 f., 368, 374, 380

[22] Vgl. The New Philosophy 37 (1934), 384. In den *Opera* vermisse man einen Ankerschmied, einen Gießer, Schmelzer, Vorarbeiter, Drahtzieher. Wer ein vollständiges Eisenwerk

Ausdruck der an einem wirtschaftlichen und wissenschaftlichen Aufstieg besonders interessierten russischen Perspektive nur wenige Jahre nach dem Tod Peters
des Großen (1725). Swedenborg wurde aufgrund der *Opera* – und das verwundert angesichts dieser Besprechung kaum – nicht zum korrespondierenden Mitglied der russischen Akademie berufen,[23] was in der Swedenborgforschung zuweilen diskutiert worden ist, bis hin zu der unbewiesenen Behauptung, seine Ernennung sei Folge der Begeisterung gewesen, mit der die *Opera* in Russland aufgenommen worden seien.[24]

Auch der *Royal Society*, der Swedenborg sein Werk zugesandt hatte, lag 1737
ein umfangreiches Manuskript vor, das ein *Fellow* der Akademie allerdings mehr
als Exzerpt denn als Gutachten angelegt hatte.[25] Dieser Autor ging zum großen
Teil zwar auf die *Principia* ein, gab aber den Inhalt von *De ferro* und *De cupro*
ebenfalls wider und legte dabei wie sein Kollege in Russland besonderes Gewicht
auf die montanwirtschaftlichen Ausführungen. Dabei fiel auch ihm auf, in welcher Breite und mit welcher Mühe Swedenborg seine Darstellung über die Vorkommen und die Verarbeitung von Eisen und Kupfer anderen Autoren entnommen habe.[26]

Cromwell Mortimer, der Sekretär der *Royal Society*, lobte 1741 die *Opera* als
großartiges und aufwändiges Werk mit den besten Berichten über die Metallver-
arbeitungsmethoden. Während die betriebsamen Schweden junge Leute zur Erforschung der Metallurgie und der Minen durch ganz Europa schickten, säßen
„wir" noch zu Hause, obwohl es gute Gründe für die Annahme gebe, dass auch
die Natur der britischen Inseln mit unterirdischen Schätzen gesegnet sei.[27]

De ferro und *De cupro* wurden europaweit beachtet und trotz der differenzierten Aufnahme und ihres vielfach aus kompilierten Quellen bestehenden
Materials als mineralogische und bergwirtschaftliche Fachbücher anerkannt. Bei
aller Kritik, die sich in diesem Fall in erster Linie auf das interne russische Gut-

---

bauen und dort Kanonen, Granaten, Kugeln und Öfen herstellen wolle, werde sich oft von
Swedenborg verlassen fühlen.

[23] Swedenborg taucht auf keiner Liste – auch von ausländischen Mitgliedern der Akademie – auf. Darauf hat bereits ACTON, Letters and Memorials I, 464 f., hingewiesen. Swedenborg wurde laut Protokoll für die Zusendung seiner *Opera* lediglich gedankt – im Gegensatz
zu drei anderen Personen, die in unmittelbarem sprachlichen Zusammenhang als „Membra
honoraria" berufen wurden. Aus späteren Sitzungsberichten der Akademie geht nur noch hervor, dass eine geographische Mappe aus Swedenborgs *Opera* kopiert und einer Expedition
nach Sibirien nachgesandt wurde, vgl. Procés-verbaux des séances de l'académie impériale des
sciences depuis sa fondation jusqu'à 1803. Bd. 1, St. Peterburg 1897, 123, 162, 165, 214. Weitere Informationen über Swedenborg finden sich nicht. Vgl. dazu Kap. 1.5.

[24] Vgl. HALLENGREN, 1998, XXIIf., 73. Hallengren bezieht sich auf das sowjetrussische
Lexikon Bolshaya sovetskaya entsiklopediya, das Swedenborg als Ehrenmitglied nennt. Dem
Autor dieses Artikels dürfte bei der Lektüre der Protokolle der Akademie ein Lesefehler un-
terlaufen sein.

[25] Das Dokument befindet sich unter dem Titel: Abstract of Swedenborgii Principia Rerum Naturalium. March 1737 im British Museum und ist in The New Philosophy 32 (1929),
144–156, abgedruckt.

[26] Vgl. The New Philosophy 32 (1929), 149–156, hier: 156.

[27] Im Anhang zu: JOHN ANDREW CRAMER: Elements of the Art of Assaying Metals. London 1741, 453 f., abgedruckt in The New Philosophy 107 (2004), 151.

achten beschränkte, wurde Swedenborg dadurch als Fachmann bekannt, auch wenn es übertrieben ist, ihn kurz vor den „Olymp" der europäischen Gelehrtenwelt zu versetzen[28] oder ihn als europäische Autorität auf dem Gebiet der Mineralogie zu sehen.[29]

2.3.2. Genese der Natur: *Principia rerum naturalium*

Auf welches Echo aber stieß Swedenborgs erster Band, die *Principia rerum naturalium*, der metaphysisch-kosmologische Teil der *Opera philosophica et mineralia*? Swedenborgs Theorie vom mathematischen Punkt als Ursprung des Universums, der sowohl Unendlichkeit als auch Endlichkeit in sich trage und dessen *conatus* zu einer Spiralbewegung führe, die letzlich in der Materie münde, wurde von mehreren Autoren als „ein ganz neues und bißher unbekanntes Gebäude" mit einer völlig neuen, unbekannten Terminologie bewertet.[30] Die *Deutschen Acta eruditorum* erkannten, dass Swedenborg einen eigenen Weg eingeschlagen hatte, der auf dem „Mechanismo" beruhe, weil er erkannt habe, dass die Prinzipienlehren der Natur weder Descartes' noch Newtons „allgemeinen Beyfall" gefunden hätten. Wenn dem Leser, das gestand Swedenborg im Anhang der *Principia* selbst ein, die Ähnlichkeit mit den Ideen Christian Wolffs auffalle, so streite Swedenborg dies keinesfalls ab. Allerdings habe er dessen Ontologie und Kosmologie erst zwei Jahre nachdem er mit seiner eigenen Arbeit längst begonnen hatte, gelesen. Gleichwohl fühle er sich durch Wolff bekräftigt.[31] Diese Auskunft Swedenborgs kann man hinnehmen oder nicht.[32] Seine umfangreichen Exzerpte aus den genannten Schriften Wolffs sind so genau nicht datierbar, wie es die Swedenborgforschung annimmt.[33] Auffällig aber ist, dass die meisten Rezensenten trotz der von Swedenborg selbst eingestandenen Ähnlichkeit dessen Wortwahl etwa im Falle von *finitum*, *activum* und *passivum* für innovativ und ganz ungewöhnlich hielten,[34] ohne dabei etwa an Wolff zu denken. Unabhängig davon, wie der Einfluss von Wolff auf Swedenborg zu diesem Zeitpunkt beurteilt wird, ist

---

[28] Vgl. BENZ, 1969, 109, oben Seite 56.

[29] Vgl. JONSSON, 1969, 38.

[30] Vgl. Neue Zeitungen von Gelehrten Sachen, 1734, Mai, 354f.; Deutsche Acta Eruditorum, 1734, Juli, 296; sowie Nova acta eruditorum, 1737, August, 342.

[31] Deutsche Acta Eruditorum, 1734, Juli, 296; Principia II, S. 292f.

[32] JONSSON, 2004, 292, Anm. 72, sieht in Swedenborgs Schlusswort der *Principia* seine Sorge um wissenschaftliche Unabhängigkeit und sein Bedürfnis nach der Orientierung an Autoritäten.

[33] Umfangreiche Exzerpte aus Wolffs *Ontologia* und *Cosmologia* sind enthalten in: EMANUEL SWEDENBORG: Ontology or The Signification of Philosophical Terms. Boston 1901. Eine Tagebuchnotiz vom 10.7.1733 verrät seine Lektüre der *Cosmologia generalis* von Wolff bereits zu diesem Zeitpunkt. Er versuche, die Natur der Elemente auf rein metaphysischen Prinzipien zu gründen; seine Theorie basiere auf soliden Fundamenten, vgl. SWEDENBORGS Resebeskrifningar, 22; Acton, Documents II,1, 29.

[34] So etwa die Deutschen Acta eruditorum, 1734, Juli, 301. Vgl. auch DUNÉR, 2005, 230. JONSSON, 1969, 44, sieht in der Terminologie Swedenborgs den Einfluss der Dynamik von Leibniz am Werk.

Wolffs überragende Bedeutung für sein weiteres naturphilosophisches Werk (und darüber hinaus) sowohl als positive Rezeptionsbasis wie auch als Negativfolie ohne weiteres erkennbar.

a) Das punctum naturale

Swedenborgs im ersten Teil der *Principia* dargestelltes Grundmodell ist der mathematische Punkt (*punctum naturale, punctum Zenonicus, primum simplex*), der direkt aus der Unendlichkeit geschaffen und Mittler zwischen Unendlichkeit und Endlichkeit (*medium inter infinitum et finitum*)[35] ist. Die finite Materie der Welt kann nicht aus sich selbst entstanden sein, sondern muss einen Grund außerhalb haben, nämlich im Infiniten, das mit dem Finiten verbunden, aber auch von ihm getrennt ist. Swedenborg verwendet für den Punkt das Bild des doppelgesichtigen Janus, der sowohl in die Endlichkeit als auch in die Unendlichkeit blickt.[36] Das ist die Figur, die er in den *Miscellanea* bereits ausgeführt hatte und die damals kritisiert worden war. Nun nimmt er sie nach zwölf Jahren wieder auf und arbeitet sie zu einer umfassenden kosmologischen Theorie aus, wobei nicht ignoriert werden darf, dass er offenbar Christian Wolffs Definition des Punktes ernstgenommen hatte, dass jener unteilbar und zugleich gerade nicht Teil einer Linie sei.[37] Letzteres war damals an Swedenborgs Konzept besonders kritisiert worden. Der Punkt ist geometrisch und zugleich mechanisch, er ist das Erste der Welt und der Geometrie, die beide zusammen Samen und Eltern aller Dinge sind.[38] Der Punkt ist zwar geometrisch, füllt aber Raum durch den *conatus* reinster Bewegung in Form der für Swedenborg zentralen Spirale, über die die Materie ins Sein gelangt. Der *conatus* stammt aus dem Unendlichen und kann nicht einmal durch die Sprache der Geometrie ausgedrückt werden.[39] Gegen die Lehre von den Atomen als erstgeschaffenen Teilchen setzt Swedenborg das Prinzip reinster Bewegung, das den evolutionären Prozess der Genese von Materie bewirkt.[40] Wenn Swedenborg dem Punkt Substanzwert zugesteht, dann geht er über Leibniz' Begriff des *ens metaphysicum* als des unausgedehnten Keims der aus ihm hervorgehenden Figur nur partiell hinaus, da Leibniz in ihm den vorgängigen Repräsentanten der Figur sah. Swedenborg betrachtete aber jede *bullula*[41]

---

[35] Vgl. Principia I,II,6, 10. Zitate aus dem lateinischen Original verweisen auf Principia, die englische Übersetzung wird mit The Principia [Ausgabe 1912] bezeichnet.

[36] Vgl. Principia I,II,10.

[37] Vgl. CHRISTIAN WOLFF: Geometrie i sammandrag, til svenska ungdomens tjenst utgifven af CARL STRIDSBERG. Stockholm 1793, 15, zit. nach BERGQUIST, 2005, 397, sowie Kap. 2.2.5., c).

[38] Vgl. Principia I,II,7.

[39] Vgl. Principia I,II,12.

[40] Vgl. auch HEINRICH SCHMINKE: Emanuel Swedenborgs naturwissenschaftliche Studien als Vorstufe zum physikalischen Feldbegriff. In: ZWINK, 1988, 26–29.

[41] Vgl. z. B. Principia III,X,5 (S. 437): „[...] quod in unaquaque bulla aquae sit jam omne id, quod huc usque a primo simplici existerat, tam omne genus finitorum, activorum, quam elementarium, de quibus in principiorum nostrorum opere actum est; & quod sic in bullula lateat mundus noster tam visibilis quam invisibilis."

aufgrund ihrer Herkunft aus dem Punkt als Widerspiegelung des gesamten Universums.[42]

Über die Herkunft der Vorstellung des Punktes existieren in der Swedenborg-forschung vielfältige Meinungen. Bei Swedenborg taucht wenigstens die Figur zirkularer Bewegungen, aus denen sich alle Dinge entwickeln und dann wieder zu ihrem Ursprung zurückkehren, bereits in seinem *Festivus applausus*[43] von 1714 auf, hier in Anlehnung an ein pythagoreisches Modell, das gleichsam familiengeschichtlich eine Rolle bei ihm spielte. Immerhin legte Swedenborgs Vater 1682 seine Dissertation in Form eines Kommentars zu pythagoreischen Sätzen vor.[44] Für das Motiv des Punktes ist allgemein und ohne die Möglichkeit präziser Nachweise die über Swedenborgs ältere Landsleute aus dem Umfeld der Universität von Uppsala, Georg Stiernhielm und Johannes Bureus, vermittelte kabbalistische Tradition des *Sohar* und der Schriften von Moses von León geltend gemacht worden.[45] Ebenso wurde der Einfluss von Wolffs *Geometria*[46] und von Leibniz, der mit Erik Benzelius in Kontakt stand, auf Swedenborg für möglich gehalten.[47] Konkrete Nachweise lassen sich auch hier nicht erbringen. Immerhin sind die Schriften, in denen sich Leibniz in der oben skizzierten Weise über metaphysische (nicht metaphorische!) Punkte äußert, aus denen durch *conatus* und Bewegung Figuren hervorgebracht werden und die von physischen und mathematischen Punkten zu unterscheiden sind, schon Jahrzehnte vor den *Principia* im Umlauf gewesen.[48] Swedenborg hätte im Falle einer Rezeption von Leibniz dessen Sichtweise metaphysischer Punkte auf mathematische Punkte ausgedehnt bzw. beide miteinander identifiziert – ein Zeichen seines Strebens nach einer ‚ho-

---

[42] Vgl. etwa HANS SCHLIEPER: Emanuel Swedenborgs System der Naturphilosophie, besonders in seiner Beziehung zu Goethe-Herderschen Anschauungen. Berlin, Univ., Phil. Fak., Diss. 1901, 9 f. Zu Leibniz' Auffassung vom metaphysischen Punkt vgl. FRIEDRICH KAULBACH: Art. Punkt, Punktualität. In: HWPh 7 (1989), 1712f. Der Einfluss von Leibniz auf Swedenborg kann zum Zeitpunkt der *Principia* rezeptionell nicht sicher festgemacht werden, auch wenn er – mit überzeugenden Argumenten – von SCHLIEPER, LAMM, 1922, und JONSSON, 2004, 49, behauptet wird; JONSSON, 1969, 32.

[43] Vgl. STROH, 1911, 93.

[44] Vgl. JONSSON, 2004, 294, Anm. 46. Für die These, dass Swedenborg die pythagoreische Auffassung von den Zahlen als selbständige Wesen vertrat, gibt es m. E. keinen Beleg, vgl. DAN A. SYNNESTVEDT: Swedenborg and ancient philosophy. In: The New Philosophy 105 (2002), 357–371, hier: 368.

[45] Vgl. JONSSON, 2004, 112 f., der sich gerade gegenüber der Behauptung kabbalistischer Quellen bei Swedenborg aufgrund ungenügender Nachweise sonst sehr zurückhaltend positioniert.

[46] Vgl. BERGQUIST, 2005, 397, verweist insbesondere auf die Beschreibung des Punktes, der unteilbar und nicht Bestandteil einer Linie sei. Vgl. die schwedische Übersetzung von Wolffs Geometrie: Baron von Wolff's Geometrie i sammandrag. Stockholm 1793, 15 [zitiert nach BERGQUIST].

[47] Vgl. LAMM, 1922, 42 f.

[48] Vgl. zum Beispiel GOTTFRIED WILHELM LEIBNIZ: Système nouveau pour expliquer la nature des substances et leur communication entre elles, aussi bien que l'union de l'âme avec le corps (1695). In: Ders: Philosophische Schriften, hg. von C. I. GERHARDT. Hildesheim; New York 1978 [1880], Bd. 4, 482; DERS.: Theoria Motus abstracti seu Rationes Motuum universales, a sensu et phaenomenis independentes (1671). In: Ders: Mathematische Schriften, hg. von C. I. GERHARDT. Hildesheim; New York 1971 [1860], Bd. 6, 70.

listischen', Physik und Metaphysik umfassenden Sichtweise, die deutlich über Leibniz hinausgeht.[49] Gerade in der Frage des Punktes ist aber auch die Beeinflussung bereits der Rationalisten und auch Leibniz' selbst durch den *Sohar* und andere kabbalistische Quellen geltend gemacht worden.[50] Da sich eindeutige Belege für eine literarische Beeinflussung (oder deren Reihenfolge) durch Leibniz, Wolff, kabbalistische und andere Quellen zu diesem Zeitpunkt nicht erbringen lassen, muss es bei der Feststellung bleiben, dass Swedenborg, unter anderem über Benzelius vermittelt, auf verschiedene Weise zu seiner Vorstellung vom mathematisch-metaphysischen Punkt gelangt sein kann. In Swedenborgs weiterer naturphilosophischer Entwicklung ist allerdings auffällig, dass kaum weitere Hinweise auf kabbalistische, dafür aber eine große Zahl von Referenzen auf Leibniz, Wolff und andere philosophische Rationalisten erkennbar sind.[51]

b) Conatus, Kraft, Bewegung

Der *conatus* des Punktes, ein im philosophischen Rationalismus der Leibniz-Wolffschen Schule verbreiteter und aus der aristotelischen Philosophie stammender Begriff[52] für physikalische und psychologische Vorgänge, ist nicht Teil der Bewegung, die er hervorruft. Er kann selbst wegen seiner Herkunft aus der Bewegung Gottes als des unbewegten Bewegers auch nicht geometrisch beschrieben werden, sondern nur durch Analogien.[53]

Im Punkt sind *passiva* und *activa* enthalten.[54] Das erste Endliche kommt durch Bewegung ins Sein. Es ist zugleich ein *primum substantiale* und besitzt eine *vis activa* wie der ursprüngliche Punkt. In jedem folgenden *finitum* sind drei Bewegungen vorhanden: eine Vorwärts-, eine Achsen- und eine lokale Bewegung.[55] Die zur Kreisform führende Spirale, Swedenborgs Adaption des cartesi-

---

[49] Zu den Differenzen zwischen Leibniz und Swedenborg (und Vico) in der Unterscheidung bzw. Identifizierung von mathematischen und metaphysischen Punkten vgl. CRASTA, 1999, 143–150.

[50] Vor allem wird hierbei die Sohar-Interpretation von Genesis 1,3 angeführt: Das Unendliche/Göttliche hat den Punkt als hebräischen Buchstaben Yod offenbart, vgl. EBERHARD ZWINK: „Schrauben-förmige Bewegung ist in allem". Oetinger lenkt den Blick auf Swedenborgs „irdische Philosophie". In: SABINE HOLTZ, GERHARD BETSCH und EBERHARD ZWINK (Hgg.): Mathesis, Naturphilosophie und Arkanwissenschaft im Umkreis Friedrich Christoph Oetingers (1702–1782). Stuttgart 2005, 197–229, hier: 216, 218 f. Zwink kann allerdings über bloße Parallelen hinaus keine Belege für eine direkte literarische Beeinflussung Swedenborgs durch die Kabbala erbringen, sondern nur „meinen", Swedenborgs Wandel sei ohne sie nicht vorstellbar. Merkwürdigerweise ist der mit zahlreichen Vermutungen und bester Kenntnis kabbalistischer Quellen ausgestattete Aufsatz von ROLING, 2006, dem Motiv des mathematisch-metaphysischen Punktes nicht nachgegangen. Zu Leibniz' Kabbala-Rezeption vgl. insgesamt ALLISON COUDERT: Leibniz and the Kabbalah. Dordrecht 1995, darin zur Monadologie besonders 78–98.

[51] Vgl. insgesamt Kap. 4.2. und 4.3.

[52] Vgl. JÜRGEN NIERAAD: Art. Conatus. In: HWPh 1 (1971), 1028 f.

[53] Vgl. Principia I,II,15; JONSSON, 1969, 45 f.

[54] Vgl. Principia I,II,20. Die Dualität dieser zusammengehörigen Prinzipien setzt sich in gewisser Weise in Swedenborgs Sicht der himmlischen Ehe fort, vgl. Kap 3.3.8., b); aber auch BERGQUIST, 2005, 383.

[55] Vgl. Principia, Vorwort, XCVII.

schen Wirbels, ist hier die zentrale und reinste Form; er wird sie selbst in seiner Seelenlehre noch vertreten. Infolge dieser Bewegungen entsteht aus einer Verbindung verschiedener Stufen von *finita* mit *activa* ein *elementare*, schließlich das erste, namenlose, universalste Element der Welt, das aus dem zweiten *finitum* und dem *activum* des ersten *finitum* entsteht. Dieses erste Element der Welt konstituiert solare und stellare Wirbel.[56] Das zweite, magnetische Element bildet den Sonnenwirbel, wobei es sich hier nicht um eine immaterielle Kraft handelt, sondern um ein *elementum subtile* und aus ihm fließende eiserne *effluvia*,[57] wie man überhaupt betonen muss, dass Swedenborgs Modell gerade aus dieser Phase häufig als materialistisch bezeichnet worden ist. Das dritte (Äther), vierte (Luft) und fünfte Element (wässrige Luft) wie auch die Erdelemente[58] sind wiederum nur Denominationen und Kombinationen aus *finita* und *activa*. Alle Elementarpartikel bestehen aus *bullulae*, wie bereits in den Schriften von 1721/22,[59] und alle besitzen ihren Ursprung in der *causa primitiva*. Aber zugleich haben sie ihre erste eigene Ursache in sich selbst; sie wurde vom *primum simplex* durch *tradux* übertragen.[60] Auf diese Weise stellte Swedenborg eine Analogie her, die es ihm, wie er sagte, erlaubt, durch die Erforschung der Natur zu den Zusammenhängen auf höherer Ebene zu gelangen: Wer die Natur eines *finitum* oder eines *activum* kennt, der kennt die ganze Natur, das ist die zweite Folgerung wie bereits in den *Miscellanea observata*. Aus diesem Grund können sowohl durch aposteriorische Schlüsse als auch durch apriorisches geometrisches Urteilen sichere Aussagen über sichtbare und unsichtbare Wirkungen und über die Wesen selbst gemacht werden. Dieses ausführlich dargestellte, hier nur knapp skizzierte System ist sicherlich auch als Antwort auf die kritische Reaktion gegen die Theorie vom Punkt in den *Miscellanea* von 1722 zu verstehen.

c) Kosmogonie und Paradies

Swedenborg legte im zweiten Teil der *Principia* außerdem Theorien über den Magnetismus und im dritten Teil eine Theorie über die Entstehung des Universums aus der Sonnenmasse vor, die mit Erwägungen über den Paradieszustand auf der Erde und ein Urchaos verbunden waren. Darin findet sich die Beschreibung des unverdorbenen Zustands *(status non corruptus)* des Menschen im Paradies, die ein Vorgriff auf Swedenborgs spätere Lehre von der „Ältesten", antediluvianischen Kirche und seiner verfallsgeschichtlichen Ekklesiologie bzw. auf die gesamte Menschheit übertragenen sukzessiven Degeneration[61] ist. Dieser erste Mensch war vor dem Sündenfall ein vollkommenes Wesen, ein vollendeter und wahrhaft lernender Philosoph, in völliger Kontemplation, mit entzückenden Wahrnehmungen durch Sinne und Organe infolge der durchströmenden Liebe

---

[56] Vgl. Principia I,VI.
[57] Vgl. Principia I,IX; II,II.
[58] Vgl. Principia III,V–X.
[59] Vgl. JONSSON, 1969, 44.
[60] Principia I,IIf.
[61] Vgl. BERGQUIST, 2005, 180; dazu Kap. 3.2.4., b) u. ö.

Gottes. Er kannte alle Philosophie und experimentelle Wissenschaft. Im heutigen unvollkommenen und verdorbenen *(imperfectus et perversus)* Zustand jenseits des Paradieses kann demgegenüber nichts erforscht werden außer durch das Experiment, durch Geometrie und das Urteilsvermögen *(facultas ratiocinandi)*.[62]

Hier wiederholte Swedenborg seine bereits 1719 dargelegte Ansicht, das hohe Alter der Väter vor der Sintflut *(patres antediluviani)* sei auf schnellere Umdrehungen der Erde um die Sonne und daraus folgende kürzere Tage, Jahre und Jahreszeiten zurückzuführen.[63] Die Zahl der Lebensjahre der Einwohner von Mars und Venus müsse höher sein als unsere, ihre Lebensdauer aber der unseren gleich sein – erste Anzeichen der Planeten- und Sternenbewohner in Swedenborgs Geisterwelt.

d) Erste Reaktionen

Die europäische Gelehrtenwelt wurde über Swedenborgs Theorie durch zum Teil sehr umfangreiche Besprechungen in den Zeitschriften der 1730er Jahre informiert, wobei manche dieser Anzeigen aus ausführlichen Referaten und Inhaltsangaben bestanden. Die *Neuen Zeitungen* bemerkten wiederum Swedenborgs starke Orientierung an apriorischen Fragestellungen, die über das eigene Experiment hinausgingen. Sie notierten, er habe die schon bekannten Experimente mit dem Magneten sowie Keplers Gesetze von den Geschwindigkeiten und den zentripetalen Planetenkräften „a priori" erweisen wollen. Und die *Deutschen Acta eruditorum* sahen Swedenborgs Anknüpfungen an die Versuche und Erfahrungen Pieter van Musschenbroeks zum Magneten:[64] Swedenborg beweise „dasjenige a priori, was dieser a posteriori gefunden und gezeiget" habe.[65] Swedenborgs ganz neue und auf dem Mechanismus gegründete Theorie in den *Principia*, so die *Neuen Zeitungen* weiter, sei möglicherweise wohl „etwas zu weit getrieben," aber die „Erfahrungen und Observationes" seien „billig hoch zu schätzen".[66] Bereits diese Bemerkung wurde offenbar als zu kritisch bemängelt, denn kurze Zeit später betonten die *Neuen Zeitungen* ausdrücklich, dass Einwände dagegen erhoben worden seien. Es sei aber keinesfalls so gemeint gewesen, dass die Theorie „zu weit getrieben" worden sei. Vielmehr habe man lediglich den Kennern der Materie das Urteil anheim stellen wollen.[67]

---

[62] Principia I,I (The Principia, 42–50).

[63] Principia III,XII,3.

[64] In Swedenborgs Bibliothek befanden sich PIETER VAN MUSSCHENBROEK: Physicae experimentales, et geometricae, de magnete [...] dissertationes. Lugduni Batavorum 1729; DERS.: Tentamina experimentorum naturalium captorum [...]. Lugduni Batavorum 1731. Swedenborgs Verweise auf die Magnetismusforschungen von Athanasius Kircher (The Principia, Bd. 1, 345, 358, 437; Bd. 2, 14, 22, 25–29), sind von den Rezensenten nicht kommentiert worden. Vgl. dazu auch JONSSON, 2004, 101. Von ATHANASIUS KIRCHER war in Swedenborgs Bibliothek enthalten: De arte magnetica opus tripartitum. Coloniae Agrippinae 1643; Magneticum naturae regnum. Amsterdam 1667. Vgl. Catalogus, 3, 8.

[65] Vgl. Deutsche Acta eruditorum, 1734, Juli, 302.

[66] Neue Zeitungen von Gelehrten Sachen, 1734, Mai, 354–358, hier: 356, 358.

[67] Vgl. Neue Zeitungen von Gelehrten Sachen, 1734, Mai, 374: „[...] Da aber einige sich gefunden haben, welchen den letzten Ausdruck unserer Recension von dem letztgedachten

Hinsichtlich des theoretischen Modells von Swedenborg äußerten sich auch die *Deutschen Acta eruditorum* zurückhaltend. Sie hielten es kaum für möglich, dass Swedenborgs „Endzweck, die Natur-Lehre endlich einmahl auf unumstöß-liche Gründe" gestellt zu haben, „daß kein vernünftiger Welt-Weiser was erhebli-ches dagegen aufbringen könne", binnen „Jahres-Frist" kaum entschieden wer-den könne. Die „Natur-Kündiger" würden hier aber ausreichend Gründe für „fernere Versuche und Erfahrungen" finden, um in die „verstrickten Geheimnisse der Natur einzudringen".[68]

Und *Nova acta eruditorum* enthielten sich in ihrem ausführlichen inhaltlichen Referat drei Jahre nach der Publikation der *Principia* einer Bewertung fast gänz-lich,[69] hoben aber Swedenborgs drei Kriterien moderner Naturforschung, in sei-nen Worten: „wahre philosophische Wissenschaft" (*scientia philosophica vera*), besonders hervor, die sich zu dieser Zeit vielfach in den Gelehrtendebatten wie-derfinden: *experientia, geometria, facultas ratiocinandi.*[70] Durch die Anwendung dieser drei Kriterien gelange ein „wahrer Philosoph" (*verus philosophus*) laut Swedenborg zur Erkenntnis auch der Dinge der Welt, die unsichtbar und den Sinnen nicht zugänglich seien.[71]

e) Späte Parallelen

Mehr als 50 Jahre später, als die Stockholmer Swedenborgianer versuchten, Swe-denborgs Lehre mit dem Mesmerismus zu kombinieren, erinnerte sich der halle-sche Mediziner Kurt Sprengel, der auf Anregung von Johann Salomo Semler[72] gegen diese Vereinigungsbestrebungen schrieb, an Swedenborgs Ausführungen über den Magnetismus in den *Principia*. Swedenborg habe wie Pieter von Mus-schenbroek, David Étienne Choffin, Pierre Charles Lemonnier und Leonhard Euler Newtons Attraktionslehre entgegen dessen hypothesefeindlichen Grund-satz, sich nicht auf spitzfindige Erklärungen des Magnetismus einzulassen, „ganz wie Kartesius" gedeutet, nämlich im Sinne von Materieflüssen.[73]

Werke so verstanden haben, als ob damit bejahet worden wäre, daß die Theorie darinnen zu weit getrieben sey, so ergreift man diese Gelegenheit hierdurch zu bekennen, daß solches gar die Meynung nicht gewesen sey, sondern daß man das Urtheil von dieser neuen Theorie einem jeden Kenner anheim stelle."

[68] Vgl. Deutsche Acta eruditorum, 1734, Juli, 304.

[69] Swedenborgs Darstellung der Entstehung der *finita* und *activa* aus dem Punkt kom-mentierte der Rezensent auf etwas missverständliche Weise, sie seien „abstrus" (abstrusa) und von einer mühsamen Subtilität (operosa subtilitas), es könne kaum eine Zusammenfassung ge-geben werden, vielmehr würden die Leser durch die „obscuritas taediosa" (verdrießliche, überdrüssige oder auch: ekelhafte Dunkelheit) belästigt, vgl. Nova acta eruditorum, 1737, Au-gust, 342–356, hier: 347.

[70] Vgl. Nova acta eruditorum, 1737, August, 342–356, hier: 344; Principia I,I (S. 1).

[71] Vgl. Principia I,I, 4. (S. 19)

[72] KURT SPRENGEL: Sendschreiben über den thierischen Magnetismum. Aus dem Schwe-dischen und Französischen mit Zusätzen von Kurt Sprengel. Halle 1788, IVf.

[73] Vgl. SPRENGEL, 1788, 92. Euler wird mit seiner Theorie aus den *Opuscula* in seinen *Briefen an eine deutsche Prinzessin* erwähnt, dass die Ursache dieser Wirkungen teils in den Zwischenräumen [!], teils in der durchströmenden Materie – Äther – bestehe. Dabei lehne

Diese Sichtweise der swedenborgischen Theorie als cartesische und materialistische Deutung der newtonschen Fernkräfte zur Vermeidung eines leeren Raumes wie auch zur Zementierung des mechanistischen Kontiguitätsprinzips war zwar vor allem gegen die im letzten Drittel des Jahrhunderts aufblühende mesmeristische Bewegung des animalischen Magnetismus gerichtet. Sie ist jedoch im Hinblick darauf zu notieren, dass Swedenborg hier in eine Reihe von Naturphilosophen gestellt wird, die die immateriellen physikalischen – und später seelischen – Kräfte, die Bestandteil der Physik Newtons waren, zu ‚materialisieren‘ oder zu ‚cartesianisieren‘ versuchten. Diese Naturphilosophen hatte 1738 bereits Voltaire beschrieben: Kein guter Physiker würde heute nicht Keplers Regeln oder Newtons Gravitation anerkennen, aber es gäbe immer noch Philosophen, die an ihren [cartesischen – FS] Wirbeln subtiler Materie klebten und versuchten, diese eingebildeten Wirbel mit Keplers und Newtons Wahrheiten zu verbinden. Voltaires Buch befand sich in Swedenborgs Bibliothek.[74]

Bei Sprengel werden der Mesmerismus und der in der Rezeptionsgeschichte Swedenborgs entstehende Spiritismus als Folgen der bereits von Voltaire für unzulässig gehaltenen Vermischung newtonscher und cartesischer Prinzipien betrachtet. Die späte Einordnung Swedenborgs durch Sprengel ist zwar ebenso wie Oetingers ausführliche Rezeption der *Principia* unter den Vorzeichen seines bekannten Wandels zum Geisterseher zu betrachten. Voltaires Bestandsaufnahme erhob ein halbes Jahrhundert vorher allerdings einen in dieselbe Richtung weisenden Befund, der die mesmeristischen Folgen freilich nicht im Blick haben konnte.

f) Ausblick: Swedenborg als ‚Nebulartheoretiker‘ im Spiegel moderner Wissenschaftsgeschichte

Zwei der umfangreichsten Rezensionen stellten Swedenborgs kosmogonische Theorie aus dem ersten und dritten Teil der *Principia* vor: Die Planeten stammten aus der Sonnenmasse selbst, würden als kleinste Punkte in Wirbelbewegung von

---

gerade auch Euler den leeren Raum Newtons ab. Inwieweit Euler Swedenborgs und Polhems Bullulartheorie von den *interstitia* und der darin enthaltenen *materia subtilis* kannte, ist ungewiss. Sprengel stellte aber eine Verbindung bereits zu Athanasius Kirchers magnetischem Fluidum her, das jeder Körper besitze. Weil Kircher das magnetische Prinzip nicht stellar oder anderweitig von äußeren Kräften herleitete, galt er Sprengel als ‚fortschrittlich‘ gegenüber der Zuhilfenahme von Qualitäten, Kräften und Geistern, wo mechanische Erklärungen nicht ausreichten (73 f.). Ficino etwa habe wie Plato die Wirkung des Magneten aus dem Polarstern und dem Mars erklärt, Agrippa von Nettesheim habe Geister dafür verantwortlich gemacht, Paracelsus und Cardanus wiederum den Polarstern (83), Fernelius, Porta und Libavius hätten Himmelskörper als Quelle für möglich gehalten (84). Zu Euler als Äthertheoretiker vgl. auch WILLIAM CLARK: The Death of Metaphysics in enlightend Prussia. In: WILLIAM CLARK, JAN GOLINSKI und SIMON SCHAFFER (Hgg.): The Sciences in Enlightend Europe. Chicago; London 1999, 423–473, hier: 449.

[74] FRANÇOIS MARIE AROUET DE VOLTAIRE: Eléments de la philosophie de Neuton. Mis à la portée de tout le monde. Amsterdam 1738; vgl. Catalogus, 16. Die angeführte Stelle (Bd. 3, 753) ist zitiert nach JONSSON, 1999, 58, der ebenfalls meint, Voltaires kritische Beschreibung könne auf Swedenborg zutreffen.

ihr ausgestoßen und kulminierten in einem Zentralwirbel. Auch könne es unzählige Welten *(plures myriades mundorum)* geben, von denen unsere Welt nur ein
winziger Punkt sei.[75] Die Erde sei von ihrem Austritt aus der Sonne bis zu ihrer
jetzigen Umlaufbahn unzähligen Wandlungen durch Kreis- und Achsenbewe-
gungen und mit abnehmender Geschwindigkeit unterworfen gewesen.[76] Hier
koppelte Swedenborg seine Ausführungen über die ersten Menschen und den
ewigen Frühling des Paradieses an.[77] Auch stellte Swedenborg Erwägungen über
ein nicht geogonisches, sondern kosmogonisches Universalchaos an und übertrug
dadurch Burnets geogonische Perspektive auf die Kosmogonie:[78] Der Druck der
Sonne habe die in Wirbelbewegung befindlichen Partikel zu einer Kruste zusammengepresst, der sich wie ein Ring um die Sonne drehte, sich mehr und mehr von
ihr entfernte und einzelne kugelförmige Körper absonderte, aus denen dann in
geordneten Bahnen schließlich die Planeten, darunter die Erde, entstanden.[79]

In den zeitgenössischen Zeitschriften wurde Swedenborgs Kosmogonie aber
nicht mit Descartes, Newton oder den kosmogonischen Ansichten anderer Autoren in Verbindung gebracht. Das ist angesichts der seit dem letzten Drittel des
19. Jahrhunderts immer wieder vorgetragenen These zu betonen, Swedenborg,
der die Annahme Descartes' modifiziert habe, dass das Universum seinen Ursprung in der Sonnenmasse besitze, sei von Thomas Wright ohne Quellennachweis benutzt worden. Dessen *New Hypothesis of the Universe*[80] habe bei Kants
Nebulartheorie Pate gestanden, und auf Swedenborg habe sich auch Buffon bezogen, der zwar den Ursprung der Planeten ebenfalls in der Sonne sah, aber im
Gegensatz zu Swedenborg den Einschlag eines riesigen Meteoriten dafür verantwortlich machte.[81]

Bereits 1879 trug der schwedische Astronom Magnus Nyrén der deutschen
Astronomischen Gesellschaft Swedenborgs Lehre vor und erklärte, zwar weiche
Swedenborgs Auffassung von den zu der Zeit wahrscheinlichsten Hypothesen
ab, besonders hinsichtlich seiner Wirbeltheorie und „manches offenbaren Ver-
stoßes gegen das nach der Gravitationstheorie Mögliche".[82] Aber die Idee, dass
das gesamte Sonnensystem aus einem Chaos entstanden sei, das sich zuerst zu
einer riesigen Kugel „zusammengeballt" habe, von der sich dann ein Ring als Basis für die Planeten abgetrennt habe, sei zuerst von Swedenborg ausgesprochen
worden.[83] Kants Himmelstheorie sei nämlich erst 1755, die Hypothese von La-

---

[75] Deutsche Acta Eruditorum, 1734 Oktober, 407–413; Nova acta eruditorum, 1737, August, 349f.; Principia III,II (hier: 381) und IV.
[76] Principia III,XI.
[77] Principia III,XII.
[78] Vgl. auch JONSSON, 2004, 68.
[79] Principia III,IV.
[80] THOMAS WRIGHT: An Original Theory or new hypothesis of the Universe, founded
upon the Laws of Nature, and solving by mathematical principles the general phenomena of
the visible creation; and particularly the Via Lactea. London 1750 [1971].
[81] Vgl. STROH, 1911, 109.
[82] Vgl. NYRÉN, 1879, 85.
[83] Der erste, der m. W. Burnet als wichtige Quelle Swedenborgs herausgearbeitet hat, war
Inge Jonsson. Das kann Nyrén nur zum Teil vorgeworfen werden. Burnet vertrat ein Univer-

place sogar erst 62 Jahre später erschienen. Swedenborg müsse gegenüber Kant und Laplace in einigen speziellen Punkten sogar Recht gegeben werden, auch wenn man dadurch die „Verdienste von Kant und Laplace um die berührten Fragen nicht im geringsten" vermindern dürfe. Denn, so Nyrén, beide hätten Swedenborgs *Principia* wohl kaum gekannt. Die *Nova acta eruditorum* gehörten zwar zu Kants regelmäßiger Lektüre, Kant hätte aber ganz sicher Swedenborg erwähnt, wenn er die Besprechung der *Principia* dort zur Kenntnis genommen hätte. Ferner bestehe die wesentliche Differenz darin, dass Kant und Laplace ihre Hypothese auf der Basis von Newtons Gravitations- und nicht wie Swedenborg auf der Grundlage der cartesischen Wirbeltheorie entwickelten.[84] Nyrén erinnerte hingegen daran, dass Kant sich ausdrücklich auf Thomas Wright bezogen habe. Die Grenzen zwischen Wrights und seinem eigenen System habe Kant selbst nicht genau bestimmen können, auch wenn er es „beträchtlich" erweitert habe, was ihm Nyrén nur im Falle einiger „Nebenumstände und weiter ausgearbeitete[r] Details" zugesteht.[85] Nyrén würdigte daher vor allem Wright als Ideengeber für Johann Heinrich Lambert, John Herschel und Kant.

Svante August Arrhenius (1859–1927), 1903 Nobelpreisträger für Chemie und 1905 Direktor des Nobel-Instituts für physikalische Chemie in Stockholm, nannte gegenüber Nyrén deutlicher folgende Punkte, die andere Autoren „bewusst oder unbewusst" von Swedenborgs modifizierter cartesischer Kosmogonie übernommen hätten: Dass die Planeten der Sonnenmaterie entstammten: Buffon, Kant, Laplace; dass die Erde und die anderen Planeten sich allmählich von der Sonne entfernt und die Zeit der Erdumdrehung, also die Tagesdauer, sich verlängert habe: Darwin; dass die Sonnen um die Milchstraße gruppiert seien: Wright, Kant, Laplace; dass es noch größere Systeme gebe, in denen die Milchstraßen geordnet sind: Lambert.[86] Unter seinen „Nachfolgern" stehe Kant Swedenborg am

---

salchaos, das von Gott geschaffen ist und bereits die Gesetze für die Entwicklung des Kosmos enthält. Die schwereren Elementarteilchen sinken ab zum Zentrum, die leichteren gelangen an die Oberfläche, die leichtesten formen die Luft etc. Die Oberfläche hat sich zuletzt durch die Sintflut verändert. Vgl. Jonsson, 2004, 27 f. Auch wenn ein exakter Nachweis nicht möglich ist, scheint Swedenborg Burnets Vorstellungen durch die cartesische Wirbeltheorie als Erklärungsmodell für die Wirksamkeit der Gravitation modifiziert zu haben. Die Quellen von Wright, Kant, Laplace und Buffon können demnach bei Swedenborg, aber auch bei anderen Autoren liegen. Mit einer vorsichtigen These zum Einfluss Swedenborgs auf Wright vgl. auch Crasta, 1999, 253–266.

[84] Vgl. Nyrén, 1879, 86 f.

[85] Immanuel Kant: Allgemeine Naturgeschichte und Theorie des Himmels. AA I, 232; Nyrén, 1879, 88. Clark, 1999, 455, vermutet, dass ein Missverständnis Wrights Kant zur Entwicklung seiner Theorie geführt habe.

[86] Vgl. Svante Arrhenius: Emanuel Swedenborg as a Cosmologist. In: Alfred H. Stroh (Hg.): Emanuel Swedenborg as a Scientist. Miscellaneous Contributions. Stockholm 1908. Bd. 1, 59–79, hier: 66. Ramström, 1910, 15, äußerte sich vorsichtiger: Swedenborgs Theorie erinnere so sehr an Kant und Laplace, dass man stark vermute (strongly suspects), Swedenborgs Äußerungen lägen ihnen zugrunde. Nach Arrhenius (63) modifizierte Swedenborg Descartes' Wirbeltheorie, weil er davon ausging, die Wirbelbewegung habe nicht von Anfang an bestanden, sondern sei allmählich hervorgebracht worden, und vor allem weil er annahm, die Planetenmasse sei nicht aus einem Raum außerhalb des Solarsystems, sondern direkt aus der Sonnenmasse hervorgegangen.

nächsten, von dem wohlbekannt sei, dass er Swedenborgs Werke verwendet habe. Wenn man der Ansicht zustimme, dass Kant sich bei seinen Spekulationen über die Planetenbewohner in seiner *Allgemeinen Naturgeschichte und Theorie des Himmels* (1755) bei Swedenborgs Berichten über seine Visionen bedient habe, sei es nicht „unwahrscheinlich", dass er nicht auch an anderen Stellen von ihm beeinflusst war – eine allerdings gewagte Aussage von Arrhenius angesichts der Tatsache, dass die erste Auseinandersetzung Kants mit Swedenborg erst nach 1760 nachweisbar ist. Dass Wright Swedenborg gekannt hat, schien Arrhenius eher unwahrscheinlich, und Buffons Theorie weiche so stark von der Swedenborgs ab, dass ein tiefgehender Einfluss Swedenborgs nicht wahrscheinlich sei, obwohl Buffon die *Principia* besaß. Auch im Falle von Laplace schloss Arrhenius eine direkte Kenntnis Swedenborgs nahezu aus. Swedenborg komme daher vor allem die Rolle eines „link between the cosmological conceptions of the ancient philosophers and of DESCARTES on the one side and those of KANT on the other side" zu,[87] ohne dass Arrhenius diesen *link* genauer präzisieren konnte, als er es mit der eher vagen Rezeption bereits in der Himmelstheorie Kants getan hatte. Dennoch wurde Swedenborg von ihm zu einem *link* erhoben.

Kurze Zeit später wurden Nyréns und Arrhenius' Thesen einer bewussten oder unbewussten [!] Rezeption von Hans Hoppe, einem Mitarbeiter im evangelischen Kloster Loccum, im *Archiv für Geschichte der Philosophie* übernommen, der, ohne die beiden Schweden zu nennen – die Theorie Swedenborgs zwar sehr präzise rekonstruierte, aber ohne Beleg schlichtweg behauptete, Wright stehe auf Swedenborgs „Standpunkte", sein Werk trage daher „objektiv" zu Unrecht den Titel einer „Original Theory or new Hypothesis" und Swedenborgs *Principia* von 1734 enthielten nicht nur Anklänge an Kants und Laplaces Nebulartheorie, sie seien als deren „Vater" anzusehen.[88] Auf diese Weise wurde Swedenborg erneut zur wissenschaftlichen Vorlage für die Kant-Laplacesche Nebulartheorie gemacht, eine Lesart die – mit mehr oder weniger Zweifeln oder Gewissheit – immer wieder referiert worden ist.[89]

Swedenborg kombinierte Thomas Burnets Vorstellung eines Chaos, das als rohe Himmels- und Erdmaterie von Gott bereits mit den Prinzipien erschaffen wurde, die auf die Entstehung der Erde und Planeten abzielen,[90] mit Descartes Wirbeltheorie und Newtons Gravitationskraft, die er ‚materialisierte'. Möglicherweise ist diese Kombination wirklich erstmalig. Bei den unmittelbaren Rezipienten spielte Swedenborgs ‚Nebulartheorie' aber keine weitere Rolle. Weder lässt sich nachweisen, dass Kant von ihr etwas wusste, noch, dass er nichts von ihr wusste. Mit einer Feststellung aber ist diese exkursive Skizze einer im 19. Jahrhundert anhebenden und offenbar erst von hier aus das 18. Jahrhundert ein-

---

[87] Vgl. ARRHENIUS, 1908, 69f.

[88] Vgl. HANS HOPPE: Die Kosmogonie Emanuel Swedenborgs und die Kantsche und Laplacesche Theorie. In: Archiv für Geschichte der Philosophie 25 (1912), 53–68. Zitate nach dem Wiederabdruck bei ZWINK, 1988, 30–38.

[89] Vgl. Wiederabdruck von HOPPES Aufsatz in: ZWINK, 1988, und in der Zeitschrift der Neuen Kirche *Offene Tore* von 1960ff.; vgl. auch JONSSON, 1999, 26.

[90] Vgl. JONSSON, 2004, 64f., 67.

schließenden Wirkungsgeschichte zu beschließen: Swedenborg erwies sich auch in der Kosmogonie als ein modifizierter Cartesianer, obwohl er sich in den *Principia* bei der Darstellung seiner ‚Nebulartheorie' weder auf Descartes noch auf Newton, sondern ausgerechnet auf Ovid bezog, hinter dem aber nach Jonssons überzeugendem Nachweis die Weltei-Theorie des bereits erwähnten Thomas Burnet zu sehen ist, wie Burnet überhaupt für die Modifizierung der cartesischen Kosmologie bei Swedenborg verantwortlich zu sein scheint.[91] Hoppe hat herausgearbeitet, dass Swedenborg Newtons Gravitationskraft nicht für die Entstehung des Alls verwendet habe, weil sie für ihn die Folge des Drucks im Äther und nicht dessen Ursache sei.[92] Swedenborgs Sichtweise schien sich gerade gegen die immateriellen Fernkräfte Newtons als okkulte Phänomene zu wenden, wenn er diese Kräfte als materiell vermittelte Druck- und Stoßprozesse deutete, die von einem ersten *conatus* herrühren. Er dürfte sehr wohl gewusst haben, gegen welche Theorie er sich stellte. Wirbelbewegung und Kontiguitätsprinzip, die Abweisung eines von Materie freien Raumes und immaterieller Fernkräfte gelten in seiner Kosmogonie genauso wie in der Bullulartheorie. Mit dieser Kombination bediente sich Swedenborg trotz seiner cartesischen Perspektive vor allem bei Leibniz, bei Newtons Gravitation und bei Lockes Empirismus.[93] Mikrokosmos und Makrokosmos funktionieren nach denselben mechanischen und geometrisch nachvollziehbaren Prinzipien. Seine spätere Korrespondenzlehre, nach der sich der geistige und der natürliche Teil des Universums vollständig entsprechen, besitzt in dieser nicht metaphorischen, sondern ‚realen', mechanisch-geometrischen Analogie ihr Fundament.

Die theologische Frage nach dem Verhältnis zwischen dem Ursprung des ersten mathematischen Punktes und Gott, nach seinem Anteil am göttlichen Wesen oder seiner Substanz, ist nicht Thema der *Principia*. In der ebenfalls 1734 publizierten Schrift *De infinito* ging Swedenborg ihr ausführlich nach.

g) Exkurs: Die Swedenborg-Celsius-Kontroverse

Es war vor allem Swedenborgs Art der Parallelisierung von apriorischer und aposteriorischer Forschung, die von seinem renommierten Landsmann Anders Celsius, seit 1730 Mathematikprofessor in Uppsala, attackiert wurde. Celsius warf ihm einige Jahre nach Erscheinen der *Principia* vor, die aposteriorisch durch Erfahrung und Experiment gewonnenen Erkenntnisse nur zur Bestätigung seiner apriorischen, mechanistischen Theorie zu gebrauchen. Swedenborg hatte seine

---

[91] Vgl. JONSSON, 1999, 27f., 66f. u. ö. Burnet hat demnach selbst die Weltei-Theorie benutzt, sie aber nur auf die Erde bezogen, während Swedenborg sie auf das gesamte Planetensystem übertragen habe: Alle Elementarteilchen seien von Gott in Form eines Chaos geschaffen worden, das sich durch das Absinken der schweren und das Aufsteigen der leichten Teilchen strukturiert habe.

[92] Vgl. HOPPE nach ZWINK, 1988, 38.

[93] Vgl. JONSSON, 2004, 52. Besonders SCHLIEPER, 1901, 16, hat Newtons Einfluss auf Swedenborgs Theorie vom Magnetismus im Planetensystem betont. Zu Lockes Empirismus bei Swedenborg vgl. 2.4.1., a), bb); 4.2.11. Zu Leibniz' vielfachem Einfluss vgl. insgesamt Kap. 4.2.

Magnetismus-Theorie in den *Principia* erneut mit der Längengraddebatte verknüpft, an der er sich, ohne überzeugendes Ergebnis, bereits seit mehr als 15 Jahren beteiligt hatte. Celsius kritisierte nun vor der Akademie der Wissenschaften
in Stockholm, dass Swedenborg in den *Principia* die seit langem bestätigte stündliche Wanderung der Magnetnadel leugnete und auf Ungenauigkeiten bei der Observation zurückführte. Celsius legte demgegenüber die Ergebnisse eigener Experimente und Messungen mit einem eigens angefertigten Kompass vor.[94] Swedenborg verteidigte sich gegen diesen Vorwurf bezeichnenderweise mit Einwänden
gerade gegen Celsius' aposteriorisches Verfahren.[95] Dieser wiederum fand anhand von Swedenborgs Berechnungen heraus, dass die Differenzen keinesfalls
aus Messfehlern resultierten, sondern aus der Theorie selbst.[96] Swedenborg seien
mehrere Rechenfehler unterlaufen und er habe falsche, von anderen Autoren
übernommene Koordinaten zugrunde gelegt.[97] Bei dieser Debatte, die sich um
1740 abspielte, ist es erstaunlich, dass Swedenborg am Ende des gleichen Jahres
auf Vorschlag von Carl von Linné in die Akademie aufgenommen wurde. Es ist
nicht klar, ob dabei fachliche oder andere Gründe eine Rolle spielten. Die Swe-
denborg-Celsius-Kontroverse wurde auch in Italien[98] und dem deutschsprachigen Publikum bekannt war, denn die *Abhandlungen* der Akademie wurden hier
übersetzt und in Hamburg und Leipzig gedruckt. Noch Jahre später erschien
Swedenborg im Personenregister der ersten 25 Bände dieser Abhandlungen mit
dem bezeichnenden Eintrag „leugnet die merkliche Abweichung der Magnetnadel täglich und stündlich".[99] Dies ist signifikanterweise die einzige Information,

---

[94] Vgl. ANDERS CELSIUS: Anmerkungen über die stündlichen Veränderungen der Magnetnadel in ihrer Abweichung. In: Der Königl. Schwedischen Akademie der Wissenschaften
Abhandlungen aus der Naturlehre, Haushaltungskunst und Mechanik, auf das Jahr 1740,
übers. von ABRAHAM GOTTHELF KÄSTNER. Bd. 2 Hamburg; Leipzig 1749, 45–48; sowie
DERS.: Von der Misweisung oder Abweichung der Magnetnadel von dem Nordstriche, angemerkt in Upsal. In: ebd., 161–164. Zu Celsius Beschäftigung mit dem Längengradproblem vgl.
DERS.: Beurtheilung über ein, in England, unter dem Titel: The Longitude discovered by the
eclipses, occultations and conjunctions of Jupiters Planets, herausgekommenes Buch, so von
Herrn Whiston herausgegeben […]. In: ebd., 219–223.
[95] Vgl. TAFEL, Documents I, 568–577. Swedenborg bestritt die Behauptung, die Magnetnadel vollziehe in 24 Stunden die von Celsius behaupteten Sprünge. Die Erde würde sonst aus
ihrem Gleichgewicht fallen. Weiter behauptete er, Celsius habe seine Berechnungen auf der
Basis seiner eigenen (Swedenborgs) Theorie durchgeführt, und legte eigene Berechnungen vor.
[96] Diese unveröffentlichte Entgegnung ist im Archiv der Akademie erhalten, vgl. The New
Philosophy 107 (2004), 148. Celsius warf Swedenborg vor, Fehler aus seinen eigenen (Celsius') Berechnungen übernommen zu haben und nicht genug eigene Experimente gemacht zu
haben. Unbeirrt halte Swedenborg an seinen Einwänden gegen Musschenbroeks und Grahams
Beobachtungen fest. Die stündliche Variation der Magnetnadel hänge aber nicht mit Beobach-
tungsfehlern, wie Swedenborg meine, zusammen (149f.).
[97] Vgl. The New Philosophy 107 (2004), 150f.
[98] Zwei Artikel von Celsius zu diesem Thema wurden übersetzt in: JOHANNES ERNST
CRÜGER: Analecta Transalpina. Venetiis 1762, 63–65, 80–82, zitiert nach The New Philosophy 107 (2004), 146.
[99] Vgl. Zwiefaches Universalregister über die ersten XXV Bände von den Abhandlungen
aus der Naturlehre, Haushaltungskunst und Mechanik der Königl. Schwed. Akademie der
Wissensch. nach der deutschen Uebersetzung des Herrn Hofrath Kästners gefertiget. Leipzig
1771, 262.

die an dieser Stelle über die Wirksamkeit Swedenborgs in der Akademie mitgeteilt wird.

Wie bereits in anderen, oben geschilderten Fällen wurde Swedenborgs Orientierung an einer apriorisch gewonnenen Theorie kritisiert, die durch Experimente zu bestätigen war, und nicht umgekehrt an Experimenten und Beobachtungen, aus denen Theorien erst entwickelt werden. Wenn die Empirie, hier der Messungen, seiner Theorie widersprachen, erschienen ihm die experimentell erbrachten Ergebnisse als fehlerhaft. Diese Kritik ist angesichts des von Swedenborg selbst demonstrativ ausgesprochenen Vorgehens zu notieren, dass aposteriorische *observatio*, apriorische *geometria* und *facultas ratiocinandi* als Kriterien seiner Forschungen galten.[100]

h) Resümee

Mehrere Rezensenten der *Opera* erkannten Swedenborgs Versuch, wie bereits in den *Miscellanea* von anderen Forschern vorgelegte Ergebnisse durch apriorische Theorien zu beweisen, also in die Metaphysik mit dem Ziel einzudringen, die mikrokosmischen Gegebenheiten kosmologisch nicht nur zu erklären, sondern dieser Beobachtung kosmologische Theorien zugrunde zu legen, die wie in der Leibniz-Wolffschen Monadologie auf der durchgehenden Analogie aller Dinge untereinander basierten.

Diese Orientierung führte in den *Principia* gerade nicht zur Öffnung spiritueller Räume. Ganz im Gegenteil: Swedenborg ging es zunächst um die Fortsetzung seines schon in den 1720er Jahren ausgeprägten Interesses, die mechanisch funktionierende Welt auch rein mechanisch zu beschreiben und dabei ihr Verhältnis zum unendlich von ihr getrennten, aber zugleich auch mit ihr verbundenen Göttlichen der Unendlichkeit zu betonen, das seinen Grund allein in sich selbst trägt und das Universum aus sich selbst hervorbringt, aber dennoch unendlich von ihm geschieden bleibt. Die *Principia* waren durch diese Grundentscheidung ein antispinozistisches Projekt.[101] Das *punctum naturale* als Brücke zwischen den beiden Reichen ist hier keine bloße Metapher; es gewährleistet den unmittelbaren Ursprung aus der Unendlichkeit der Gottheit und ebenso die unendliche Getrenntheit von ihr wie außerdem die vollständige Analogie aller natürlichen Dinge untereinander. Swedenborgs später entwickelte triadische Korrespondenzlehre und die von ihr abgeleitete Struktur des geistigen und natürlichen Universums sowie der seelisch-körperlichen Struktur des Menschen ist 1734 im Kern, nämlich als völlige Entsprechung aller erschaffenen Dinge zueinander, schon vorhanden. Sein Versuch, im Sinne Descartes' an einer strikten Trennung von Geist und Materie festzuhalten, führte ihn aber schon zu subtilen Materien und Äthervorstel-

---

[100] JONSSON, 1969, 39, hat betont, dass man den Empirismus von John Locke nicht ohne weiteres auf Swedenborg übertragen und ihm damit Lockes Wissenstheorie eintragen könne. Lockes Empirismus kommt bei Swedenborg lediglich die Rolle einer Vorbedingung zu. Sie ist nicht Ziel des Wissens, vgl. JONSSON, 2004, 48.

[101] Vgl. auch SYNNESTVEDT, 2002, 364.

lungen, die das direkte Wirken des Geistigen in das Körperliche scheinbar verhindern sollten und sich daher entweder an der prästabilierten Harmonie oder an okkasionalen Gründen orientieren mussten. Reiner Geist ist bei Swedenborg aber schon jetzt lediglich Gott selbst, alles andere, auch die von anderen behaupteten immateriellen Kräfte sowie die Verbindungsglieder zwischen Leib und Seele im Menschen, sind materieller Natur. Genau dieser Vorwurf wurde ihm in seiner zeitgleich mit den *Opera philosophica et mineralia* erschienen Schrift *De infinito* gemacht.[102]

Wie in den ausgeprägt physikotheologischen Arbeiten aus den 1720er Jahren trug Swedenborg auch in den *Principia* seine Theorie vom Paradieszustand vor. Neu war aber, dass er in seinen Reflexionen über die wahre Philosophie Spekulationen über den vollkommenen Zustand des Menschen vor der Flut anstellte, der sich danach nur noch in einem verfallsgeschichtlichen Prozess befand. Dieser für Swedenborgs theologische Phase seit den *Arcana coelestia* zentrale Gedanke war demnach als Bruchstück bereits Jahrzehnte vorher vorhanden und wird in Swedenborgs Büchern später lediglich durch das Votum der Geister und durch Offenbarung ‚bestätigt‘.

2.3.3. Gott und Mensch: *De infinito*

a) Gott, Mensch, Nexus

In *De infinito* von 1734 sprach Swedenborg seine Vorstellung von der Beziehung Gottes zur Welt deutlicher und systematischer aus als in all seinen bisherigen Schriften.[103] Im kosmologischen Fokus der *Principia rerum naturalium* hatte die Genese der Welt aus dem *punctum naturale* und der Unendlichkeit gelegen. *De infinito* lenkte nun den Blick auf die sich hieraus ergebenden Fragen nach der Rolle Gottes und Jesu Christi. Dabei entstand ein System, das Kosmologie, Theologie – mit Christologie – und Psychologie nach mechanischen und geometrischen Prinzipien miteinander verband, um die Wahrheit der Offenbarung zu verteidigen.[104] Als würde er auf frühere Kritiken an seinen zu weit gehenden metaphysischen Überlegungen reagieren, sprach Swedenborg sein rationalistisches Credo aus: Das Ziel der menschlichen Vernunft besteht darin, die geoffenbarten und die geschaffenen Dinge wahrzunehmen, wobei die Vernunft bei der Erkenntnis und zum Dienst Gottes Hilfe leistet. Die menschliche Vernunft *(ratio)* steht niemals im Gegensatz zum Göttlichen, ihr eigentlicher Zweck besteht darin,

---

[102] Dass Swedenborgs *Principia* gegen Materialisten gerichtet sei, wie SYNNESTVEDT, 2002, 364, meint, ist ein Urteil, das nicht aus dem Referenzrahmen der Zeitgenossen gefällt worden ist. Vgl. dazu die Auseinandersetzung um *De infinito* (Kap. 2.3.3., c); sowie Kap. 2.4.1., a), ii).

[103] Prodromus philosophiae ratiocinantis de infinito et causa finali creationis. Dresdae; Lipsiae 1734; englisch: Forerunner of a Reasoned Philosophy concerning the Infinite and Final Cause of Creation. London 1847; 1992.

[104] Vgl. JONSSON, 2004, 135.

Gott anzuerkennen und zu verehren.[105] Obwohl Gott der Urheber aller Prinzipien in der Welt ist und er dem menschlichen Körper die Seele zugefügt hat, besteht zwischen dem Unendlichen und dem Endlichen keinerlei Beziehung – eine Position, die stark an Polhems diastatischen Cartesianismus erinnert und mit antispinozistischer Zielrichtung die Identifizierung von Gott und Natur ausschließt.[106] Das *infinitum* ist mit allen Vollkommenheiten ausgestattet und Ursache seiner selbst. Swedenborg will beweisen, dass dieses Unendliche tatsächlich existiert und dass es mit Gott identisch ist.[107] Auch die später von Swedenborg immer wieder aufgeworfene Theodizeefrage wird hier behandelt: Das Böse hat seinen Ursprung nicht im Unendlichen, sondern nur im Endlichen, also im Geschaffenen selbst.[108] Swedenborgs seit den *Arcana coelestia* vertretene Lehre vom *malum radicitum* hat hierin ihren Vorläufer.[109] Swedenborg schiebt Gott extrem weit aus der Schöpfung heraus. Mit Hilfe der Infinitesimalrechnung will er gezeigt haben, dass nur das algebraische Infinite Ähnlichkeit mit dem Finiten besitzt, nicht aber das metaphysische Infinite. Das erstere ist Nichts, das zweite aber ist gerade nicht Nichts.[110]

Es gibt dennoch eine Brücke, einen *nexus*, zwischen dem Infiniten und dem Finiten, und diese Brücke, durch die das Unendliche die Ursache der Schöpfung ist, identifiziert Swedenborg in *De infinito* direkt mit Christus, dem von Ewigkeit eingeborenen Sohn, der mit dem Vater ein Gott und Mitschöpfer der Welt ist,[111] deren letzter Zweck der Mensch ist.[112] Durch den Nexus wird das *punctum naturale* geschaffen, aus dem die ganze Schöpfung generiert.[113] Der Sohn fungiert allerdings nicht nur als Schöpfungsmittler, er erfüllt auch eine soteriologische Rolle. Denn die letzte Wirkung des Infiniten in der Welt, die durch den mathematischen Punkt aus ihm selbst hervorgebracht wurde, wurde durch die Sünde durchbrochen. Auf diese Weise gewann der Körper Herrschaft über die Seele. Nur der Sohn, der nach göttlicher Providenz menschliche Gestalt annahm, konnte dies reparieren; nur durch ihn besteht eine Verbindung zwischen Gott und Mensch, und der Mensch wird in die Lage versetzt, sein Wissen über die Unendlichkeit zurückzuerlangen und zum wahren Glauben zu kommen. Dieser Gedanke findet sich bereits in den *Principia*: die Liebe zu Gott und die Vernunft des gefallenen Menschen sind verdunkelt. Erlösung kann nur durch die Vermitt-

---

[105] Vgl. De infinito, Vorwort; vgl. auch WILLIAMS-HOGAN, Place (1995), 214: „Revelation […] was not a ‚stopgag' for reason but an independent and necessary source of truth."
[106] Vgl. De infinito, I,1 (The Infinite, 10–18), sowie Kap. 1.4. JONSSON, 1969, 53, sieht hinter dieser scharfen Grenzziehung Swedenborgs Beschäftigung mit Wolffs Unendlichkeitsbegriff.
[107] Vgl. De infinito, I,3 (The Infinite, 20–29).
[108] Vgl. De infinito, I,5 (The Infinite, 41 f.).
[109] Vgl. Kap. 3.3.5., c).
[110] Vgl. De infinito, I,8 (The Infinite, 79–90).
[111] Vgl. De infinito, I,10 (The Infinite, 99–103). Jonsson erkennt hierin einen wesentlichen Unterschied zu Jakob Böhme und anderen Mystikern, die in dieser Brücke das göttliche Wort sehen, vgl. JONSSON, 1969, 52.
[112] Vgl. De infinito, I,11 (The Infinite, 103–110).
[113] Swedenborg nennt das *punctum* aus den *Principia* in *De infinito* (The Infinite, 105) das erste geschaffene *minimum* und den kleinsten natürlichen Samen.

lung des Eingeborenen und durch den Versuch, ihm gleich zu werden, geschehen.[114]

Auch Heiden ist es nach Swedenborgs Auffassung möglich, durch göttliche Gnade das Heil zu erlangen, ohne an den Messias auf dieselbe Weise wie die Christen zu glauben. Denn wer an das Unendliche glaube, der sei vom Glauben an den eingeborenen Sohn nicht ausgeschlossen, auch wenn er beide nicht unterscheiden könne. Swedenborgs auch später vielfach vertretene antijüdische Theologie ist hier enthalten: Das Beharren der Juden auf einem Messias, der nicht Retter der Seelen, sondern Weltherrscher sei, repräsentiere deren Anspruch auf universelle Herrschaft.[115]

b) Das commercium corporis et animae als Mechanismus und die unsterbliche Seele

Der zweite Teil, unter der Überschrift *De mechanismo operationis animae et corporis*, enthält Erwägungen über die Natur der Seele und ihr *commercium* mit dem Körper, von nun an mehr als zehn Jahre der Hauptgegenstand von Swedenborgs Forschungen. 1734 formulierte er geradezu programmatisch sein Ziel: die Unsterblichkeit der Seele für die Sinne selbst, also empirisch, nachzuweisen („ut ipsis sensibus animae immortalitas demonstretur").[116]

Es ist klar, dass ein empirischer Nachweis der Seele und ihrer Unsterblichkeit nur mit den empirischen Erkenntnismöglichkeiten möglich erscheinen konnte, und das waren nach Swedenborgs Verständnis Mechanik und Geometrie. Eine immaterielle Seele, die diesen Horizonten entzogen war, konnte daher nicht gedacht werden. Die Seele war, wenn sie untersucht werden sollte, zu ‚materialisieren‘ oder wenigstens in einen Bereich zu versetzen, der (auch) den Gesetzen der Materie unterlag. *De infinito* legte die ersten Schritte in diese Richtung fest.

Die Seele ist für Swedenborg ein finites Wesen und wie alles Finite selbstverständlich mechanischen und geometrischen Gesetzen unterworfen, eine Maschine.[117] Da Finita aber nur als ausgedehnte Entitäten begriffen werden können, muss auch die Seele ausgedehnt sein. Da sie sowohl geistig als auch natürlich ist, kann sie dem mathematischen Punkt aus den *Principia* verglichen werden. Ebenfalls in Anknüpfung an die Kosmologie der *Principia* besteht diese Ausgedehntheit in Aktivität und Passivität, wodurch Empfindungen und Handlungen hervorgerufen werden. Die Seele ist kein einfaches Wesen, sondern aus aktiven und finiten Entitäten zusammengesetzt – hier liegt ein wesentlicher Unterschied zur

---

[114] Vgl. Principia I,I (The Principia, 50). Christus wird hier ausdrücklich nicht genannt.

[115] Vgl. De infinito, I,14 (The Infinite, 118–128). Zur Sichtweise des Judentums bei Swedenborg vgl. Kap. 3.3.7., c), dd).

[116] De infinito, I,12 (The Infinite, 230: „The main end of these our labours will be, to demonstrate the immortality of the soul to the very senses.").

[117] Vgl. Dunér, 2005, 225 f.; Francesca Maria Crasta: Metaphysics and Biology. Thoughts on the Interaction of the Soul and Body in Emanuel Swedenborg. In: Stephen McNeilly (Hg.): On the True Philosopher and the True Philosophy. Essays on Swedenborg. London 2003, 39–58, hier: 42–49.

rationalen Psychologie der Wolffschen Schule,[118] denn nur Gott kommt Simplizität zu.

Sie ist aber aus sich selbst heraus nicht unsterblich, sondern nur durch Gnade. Allerdings räumt Swedenborg ein, dass die Seele Anteil an der letzten, von Gott bewirkten Ursache, nicht an Gott selbst, habe und deshalb nicht sterben könne.[119] Aber als Teil des Körpers ist die Seele materiell, und unter finiten Dingen, betont der von Polhem und Descartes geschulte Swedenborg, könne es keine Verbindung geben außer durch Kontiguität, durch die Berührung zwischen Materiepartikeln.[120]

Auch einen Ort im Gehirn weist er der Seele zu: nicht die Zirbeldrüse wie bei Descartes, sondern die Rindensubstanz *(substantia corticalis)*, dort, wo die Membranen immer feiner werden und die Möglichkeit besteht, allerfeinste Bewegungen und Elemente aufzunehmen und über Tremulationen mit dem Körper in Verbindung zu stehen.[121]

Beim gottesfürchtigen Menschen ist der feinste Teil der Seele, der den göttlichen Einfluss aufnehmen kann, aktiviert. Auf diese Weise können alle Bewegungen durch die göttliche Kraft bestimmt werden. Detaillierte anatomische Beschreibungen fügte Swedenborg hier ein, die er vor allem dem verbreiteten *Compendium anatomicum* von Lorenz Heister entnahm.[122]

Der Kontakt zwischen Seele und Organen läuft über *spiritus animales*, die nach mechanischen Regeln wirken, ebenfalls finit,[123] aber nicht mit der Seele identisch, sondern Mittler zwischen Körper und Seele sind. Die Seele aber ist – trotz ihrer Unsterblichkeit – der äußerste und feinste Teil des Körpers und wirkt mit ihm nach dem Kontiguitätsprinzip zusammen.[124] Eine prästabilierte Harmonie, die den direkten, organischen Kontakt zwischen Körper und Seele für unmöglich hält, ist damit ausgeschlossen.[125]

---

[118] CRASTA, 2003, 50, sieht hier nicht nur eine Abweichung von Wolff, der im übrigen die Seele in cartesischer Manier viel stärker vom Körper trennte als Swedenborg, sondern auch eine Annäherung an Leibniz' gegenüber dem cartesischen Dualismus eher monistisches Monadenkonzept. In analoger Weise führe auch Swedenborg alle Realität auf den metaphysischen oder natürlichen Punkt zurück, vgl. zu dieser Gleichsetzung oben Seite 101–103.

[119] Vgl. De infinito, II,1–3 (The Infinite, 143–181).

[120] Vgl. De infinito, II,4 (The Infinite, 181–184).

[121] Vgl. De infinito, II,7;12 (The Infinite, 201 f., 221–227).

[122] Vgl. The Infinite, 47 und Verweise im Folgenden. Von HEISTER befanden sich in Swedenborgs Bibliothek: Compendium anatomicum totam rem anatomicam brevissime complectens. 4. Aufl. Norimbergae; Altdorfii 1732.; Practisches Medicinisches Handbuch. Leipzig 1744. Zu Heister vgl. HUBERT STEINKE: Irritating Experiments. Haller's Concept and the European Controversy on Irritability and Sensibility 1750–90. Amsterdam; New York 2005, 241, 244.

[123] Vgl. De infinito, II,1;3;8 (The Infinite, 143, 167 f., 212).

[124] Vgl. De infinito, II,13 (The Infinite, 225). An anderer Stelle wandte sich Swedenborg gegen die mit scholastischen Begriffen argumentierende Sicht, das erste aktive Prinzip der Seele sei nicht materiell, sondern spirituell, und dieses geistige Prinzip habe die Kraft zu wirken, vgl. The Infinite, 168.

[125] In diesem Grundeinwand Swedenborgs gegen Leibniz liegt die Quelle für seine in der *Oeconomia* entwickelte konstabilierte Harmonie begründet. Zu der Vermutung einer *De infinito* vorausgehenden Beschäftigung mit Leibniz vgl. auch NEMITZ, 1991, 479 f., der aber der

Die deutlichste Berührung mit seiner visionären Zeit liegt in Swedenborgs Beschreibung der Hauptaufgabe dieses Lebens: die Vorbereitung auf den – seligen oder unseligen – Zustand der Seele nach dem Tod, denn die menschliche Seele stirbt im Gegensatz zu der des Tieres, die keine Vernunft begründenden *activa* besitzen, nicht.[126] Zu seiner Naturphilosophie tritt erstmals die Spekulation über den *status post mortem*.

c) Wolffianismus? Deismus? Materialismus?

Johann Georg Hamann erinnerte sich 1784, zwölf Jahre nach Swedenborgs Tod, *De infinito* sei eigentlich „ganz im wolfisch-scholastischen Geschmack geschrieben",[127] und noch andere Rezensenten konnten dieses Werk als vielleicht kühn, aber doch brauchbar beschreiben.[128]

Ähnlichkeiten und Differenzen der Grundgedanken von *De infinito* gegenüber der Leibniz-Wolffschen Philosophie arbeitete auch Friedrich Christoph Oetinger in seinem Swedenborg-Buch von 1765 heraus. Spätere Beurteilungen Swedenborgs dürften sich aus diesem wohl umfangreichsten kritischen Referat von Swedenborgs naturphilosophischen Schriften speisen, in manchen Fällen vielleicht sogar eher als aus der direkten Lektüre. Oetinger unterstützte Swedenborgs Ansichten, soweit sie gegen Wolff ins Feld geführt werden konnten, kritisierte aber seine mechanistische Sicht der Seele.[129] Allerdings urteilte er abweichend von den Rezensionen dreißig Jahre zuvor, dass Swedenborg letzten Ende kein Materialist sei, weil er im Zentrum der Seele nichts Passives oder Elementarisches sehen wolle, sondern lauter Aktives – ein durchaus tendenziöses Lektüreergebnis Oetingers.[130] Denn Swedenborg hatte sich weder für die Materialität

---

Ansicht ist, dass Rezeptionsvorgänge sich nur auf unmittelbare und vollständige Adaptionen erstrecken. Die umfangreiche partielle und ‚negative' Rezeption, mit der Swedenborg ‚seine' Autoren liest, muss dabei übersehen werden. Die katalysierende Lektüre von Leibniz, Wolff, Malebranche u. a. wird von Nemitz daher überwiegend unterschätzt, auch wenn er mit Alfred Acton betont, kein leeres Gefäß werde so plötzlich von der göttlichen Inspiration gefüllt. Vgl. ebd., 487.

[126] Vgl. De infinito, II,17 (The Infinite, 228–231).

[127] Vgl. Hamann an Johann Georg Scheffner, 10. November 1784. In: JOHANN GEORG HAMANN: Briefwechsel, hg. von Arthur Henkel. 5. Bd.: 1783–1785, Frankfurt/Main 1965, 255. Swedenborgs „metallurgische Schriften" habe er nie zu Gesicht bekommen, und zu seinem Leben gebe es „nichts zuverläßiges", räumt Hamann weiter ein, vgl. ebd. 256.

[128] Vgl. ABRAHAM GOTTHELF KÄSTNER: [Rez. zu] Von den Erdcörpern der Planeten und des gestirnten Himmels Einwohnern. In: Allgemeine deutsche Bibliothek 16 (1772), 308f. Im *Prodromus* von 1721 und in *De infinito* habe Swedenborg einen „Hang" gezeigt „zu kühnen Hypothesen und unverständlichen Geheimnissen, doch mit brauchbaren Wahrheiten untermischt".

[129] Zur Oetinger-Rezeption vgl. ausführlich Kap. 5.2.5. hier a).

[130] Vgl. OETINGER, 1977 [1765], 6f., 9. Die Stelle, auf die sich Oetinger hier beziehen könnte, richtet sich genau *gegen* solche Philosophen, die das aktive Prinzip der Seele für geistig und gerade nicht materiell hielten. Swedenborg nennt die Seele zwar nicht materiell, aber er hält sie für geometrisch und mechanisch und gerade darin für vollkommen, weil geometrische und mechanische Gesetze aus dem Unendlichen stammen, vgl. The Infinite, 168f.

oder Immaterialität, sondern für die Mechanizität der Seele ausgesprochen und sich dagegen gewehrt, mechanische und materielle Prinzipien in eins zu setzen.[131] Genau den von Oetinger abgestrittenen Materialismusverdacht erweckte eine Rezension in *Nova acta eruditorum* ein Jahr nach der Publikation von *De infinito*. Dieser Text, der Swedenborgs Büchlein ausführlich referierte, folgerte aus der These, die Seele sei der feinste *(subtilissima)* Teil des Körpers, viele würden darunter etwas Hartes *(duriusculum)* verstehen.[132] Die *Neuen Zeitungen von Gelehrten Sachen* gingen von einer ähnlichen Perspektive aus, wenn sie in ihrer knappen Anzeige lediglich erwähnten, dass Swedenborg die Unsterblichkeit der Seele aus ihren Wirkungen und Leidenschaften herleiten wolle.[133]

Neben dem Verdacht, er würde die Seele für Materie halten und – diese Folgerung schloss sich später an – der Materie Denkfähigkeit zusprechen, wurde gerade in Swedenborgs Beschreibung der Rolle Christi im Schöpfungs- und Erlösungsprozess ein deistischer Einschlag gesehen, obwohl dieser Begriff nicht ausdrücklich fiel. Die *Nova acta eruditorum* warnten angesichts der von Swedenborg behaupteten universalen Bedeutung Christi zur Reparatur der Folgeschäden der Sünde davor, dies könne zu der Meinung führen, alle Menschen seien bereits im Zustand der Vollkommenheit, auch die, die den Messias nicht kennen.[134] Swedenborgs seit den *Arcana coelestia* ausgebaute Lehre, die den moralischen Lebenswandel, nicht Glaubensdogmen zum letztlich entscheidenden Kriterium für die Seligkeit oder Unseligkeit macht, scheint im Spiegel dieser Rezension bereits auf. Denn in Swedenborgs Geisterwelt können auch Mohammedaner und Afrikaner in den Stand der Seligkeit gelangen.[135]

Anzumerken ist, dass die Kontroverse um die „Chinesenrede" (1721) des 1723 aus Halle vertriebenen Christian Wolff gerade einmal 13 Jahre zurücklag.[136] Auch Wolff hatte, ursprünglich aus epistemologischen Gründen im Interesse der „Ausbildung einer Universalwissenschaft", ein naturhaft nicht nur Christen, sondern auch Heiden eingeborenes Sittengesetz[137] behauptet und war damit auf den

---

[131] Vgl. The Infinite, 165.

[132] Vgl. Nova acta eruditorum, 1735, Dezember, 556–559, hier: 558.

[133] Vgl. Neue Zeitungen von Gelehrten Sachen, 1734, Mai, 374; eine weitere Anzeige ohne inhaltliches Referat in: Neue Zeitungen von Gelehrten Sachen, 1736, Januar, 32.

[134] Vgl. Nova acta eruditorum, 1735, Dezember, 556–559, hier: 557 f.

[135] Vgl. dazu Kap. 3.3.7., c), aa–cc).

[136] Vgl. dazu ALBRECHT BEUTEL: Causa Wolffiana. Die Vertreibung Christian Wolffs aus Preußen 1723 als Kulminationspunkt des theologisch-politischen Konflikts zwischen Halleschem Pietismus und Aufklärungsphilosophie. In: DERS.: Reflektierte Religion: Beiträge zur Geschichte des Protestantismus. Tübingen 2007, 125–169; CLARK, 1999, 424–437; HANS-MARTIN GERLACH (Hg.): Christian Wolff oder von der ,Freyheit zu philosophiren' und ihre Folgen. Dokumente über Vertreibung und Wiederkehr eines Philosophen. Halle 1992. Zu den Interessen der Leibniz-Wolffschen Philosophie an der chinesischen Kultur vgl. WENCHAO LI: Leibniz, Wolff und G. Bernhard Bülffinger. Metamorphosen der China-Thematik. In: ALEXANDRA LEWENDOSKI (Hg.): Leibnizbilder im 18. und 19. Jahrhundert. Wiesbaden 2004, 65–79. Auch Swedenborg war an der Debatte um die chinesische Kultur, Religion und Philosophie interessiert. Vgl. HALLENGREN, 1998, 17–41 (The Secret of Magna Tartaria).

[137] Vgl. BEUTEL, Causa Wolffiana, 138, 148. Im Fall Wolff stießen, wie Beutel resümiert, aber keinesfalls der „aufklärerische Rationalismus und die pietistische Offenbarungsfrömmigkeit", sondern eher disparate „Strömungen der Aufklärungsphilosophie" aufeinander. Vgl.

erbitterten Widerstand der pietistisch geprägten Theologischen Fakultät in Halle um August Hermann Francke und Joachim Lange gestoßen. Auffällig ist, dass keine der sämtlich in Leipzig herausgegebenen Zeitschriften, die *De infinito* rezensierten und über die Vorgänge um Wolff ebenso genau informiert gewesen sein dürften wie Swedenborg selbst, Swedenborgs deistische Tendenzen hier mit Wolff in Beziehung setzten.

Nova acta eruditorum, die zwar betonten, nur das Amt des Rezensenten, nicht des Richters übernommen zu haben und das Urteil dem Leser zu überlassen, lobten ausdrücklich Swedenborgs Erklärung des *commercium corporis et animae* durch einen *influxus physicus* und sahen bei Swedenborg zwei Autoren wirken, Georg Bernhard Bilfinger und Samuel Christian Hollmann, beide Philosophen aus der Leibniz-Wolffschen Schule.[138] Gerade Bilfinger würde einige Jahre später zu einer wesentlichen Quelle für Swedenborgs weitere Theorien mit dem *commercium* werden. Es ist nicht nachweisbar, dass er ihn zu dieser Zeit schon kannte, aber bei der Genese seines speziellen Systems der konstabilierten Harmonie, die er gerade als Alternativmodell gegenüber dem hier in der Rezension behaupteten *influxus physicus*, gegen den cartesischen Okkasionalismus und gegen Leibniz' *harmonia praestabilita* entwickelte, griff Swedenborg intensiv auf Bilfinger zurück.[139]

d) Andreas Rüdiger und die ,andere' Materialität der unsterblichen Seele

Der kundige Rezensent der *Nova acta* meinte aber noch einen anderen Autor hinter *De infinito* zu erkennen. Zu Swedenborgs Ansicht, die mechanischen und geometrischen Gesetzen unterworfene Seele sei nicht selbst, sondern nur durch die Gnade Gottes unsterblich, merkte er an, dies sei die Meinung von Andreas Rüdiger, jenem Autor, dem Swedenborg häufig folge.[140] Es lässt sich nicht nachweisen, ob Swedenborg erst durch diese Rezension auf den Leipziger Philosophen und Mediziner Rüdiger (1673–1731)[141] aufmerksam wurde oder ob er ihn bereits vorher kannte. Zwei seiner Bücher, die *Physica divina* und *Herrn Christian Wolffens Meinung von dem Wesen der Seele und eines Geistes überhaupt;*

---

ebd., 147. Simon Grote hat eine vor dem Druck stehende Dissertation vorgelegt, die den traditionell als extrem aufgefassten, seit Georg Volkmar Hartmann, dem Historiker des Wolffianismus, 1737 polemisch konstruierten Gegensatz zwischen Wolff und den Pietisten auf der Basis neuer Quellen in Frage stellt und zu einer Neudarstellung der ,Causa Wolffiana' gelangt. Die Hauptdifferenz zwischen Wolff und den Theologen habe nicht in dessen Bemerkungen über die Hermeneutik und auch nicht in seiner (Über-) Betonung des Gebrauchs der Vernunft bestanden, sondern in der abweichenden Ansicht über die Grundlagen der Moral, die unter anderem durch einen von Wolff unabhängigen Konflikt in Franckes *Paedagogium* um 1715 beeinflusst war. Vgl. SIMON GROTE: Moral Philosophy and the Origins of Modern Aesthetic Theory in Scotland and Germany. Berkeley, University of California. Diss. phil. 2010.

[138] Vgl. Nova acta eruditorum, 1735, Dezember, 559.
[139] Vgl. unten Kap. 4.2.2. und 4.2.8.
[140] Vgl. Nova acta eruditorum, 1735, Dezember, 558.
[141] Zu Rüdiger vgl. Kap. 1.5.

und Andreas Rüdigers Gegen-Meinung befanden sich in seiner Bibliothek.[142] In der Swedenborgliteratur ist – ohne ausführliche Begründung – immer wieder die *Physica divina* als Quelle Swedenborgs betont worden.[143] Rüdigers gegen Wolff verfasstes Buch über das *Wesen der Seele* weist aber so viele Parallelen zu *De infinito* auf, dass die nur assoziativ scheinende Erinnerung des Rezensenten der Rezeption Rüdigers durch Swedenborg bereits vor *De infinito* korrespondieren dürfte.

Rüdiger wandte sich in seiner Schrift vor allem gegen Wolffs an Descartes angelehnte Definition des Körpers als ausgedehnt und die daraus „vi oppositorum" gezogene Schlussfolgerung, dass die Seele immateriell sein müsse. Schon aus Aristoteles' *De anima* sei ersichtlich, dass die „allerältesten Philosophi" die Seele nicht nur „pro Materiali, sondern so gar, auch pro corporali" gehalten hätten. Platon habe der Seele hingegen zwar Unkörperlichkeit, nicht aber Immaterialität zugesprochen. Peripatetiker und Scholastiker hätten nicht erkannt, dass Aristoteles mit seiner Definition der Seele als *„entelechia prima"* und *„forma corporis"*, einer immateriellen Form, ein bloßes *abstractum metaphysicum* skizziert habe. Die Trennung des Begriffs der Form vom Begriff der Materie habe Aristoteles veranlasst, die Seele für eine immaterielle Kraft zu halten. Dies sei aber nach seinem eigenen System inkonsequent gewesen, denn als Subjekt, Substanz und als Teil des Menschen müsse sie aus Aristoteles' Sicht als eine, wenn auch nicht körperliche, so doch materielle Substanz gelten. Die von Aristoteles ausgehende Begriffsverwirrung habe die Mathematiker des 17. Jahrhunderts zu der Meinung geführt, „dass sie das *corpus naturale* völlig verstünden, wenn sie an eine substantiam extensam gedächten". Dies habe die Ansicht verschärft, dass die Seele immateriell sei. Alle, die fortan der Seele „eine Materie attribuirten", seien „gefährlich ausgeschrien" worden, wobei ihnen unterstellt wurde, die Seele nicht für unsterblich zu halten. Unsterblich sei sie, so Rüdiger, „nach ihrer Natur" in der Tat nicht, „sondern sie kan es durch die Gnade GOttes werden".[144] Hierin hatte der Rezensent in den *Nova acta* die auffälligste Übereinstimmung zwischen Rüdiger und Swedenborg gesehen.

Rüdiger nahm im Folgenden eine Umdefinition zunächst der Merkmale von Körpern und Materie vor. Das Wesen des Körpers bestehe nicht in Ausdehnung,

---

[142] ANDREAS RÜDIGER: Physica Divina, recta via, eademque inter superstitionem et atheismum media, ad utramque hominis felicitatem, naturalem atque moralem. Francofurti ad Moenum 1716; DERS.: Herrn Christian Wolffens, Hochfürstl. Heßischen Hoff-Raths und Prof. Philos. & Mathem. Primarii &c. Meinung von dem Wesen der Seele und eines Geistes überhaupt; und Andreas Rüdigers, Hochfürstl. Sächsischen wircklichen Raths und Leib-Medici in Forst, Gegen-Meinung. Leipzig 1727, vgl. Catalogus, 3, 7.

[143] Vgl. LAMM, 1922, 47; NEMITZ, 1999, 480; WOUTER J. HANEGRAAFF: Swedenborg, Oetinger, Kant. Three Perspectives on the Secrets of Heaven. West Chester 2007, XXI.

[144] RÜDIGER, 1727, Vorrede (unpaginiert), §§2–10. Zu einer modernen, die herrschende Aristoteles-Deutung von Werner Jaeger korrigierenden Interpretation von *De anima*, die Rüdigers Sichtweise sehr nahe kommt, vgl. ABRAHAM PAULUS BOS: The Soul and Its Instrumental Body. A Reinterpretation of Aristotle's Philosophy of Living Nature. Leiden [u. a.] 2003; DERS.: Aristotle, on the Life-bearing Spirit (De Spiritu): A Discussion with Plato and His Predecessors on Pneuma as the Instrumental Body of the Soul. Leiden [u. a.] 2008.

sondern in Elastizität, einer in der Physik dieser Zeit weit verbreiteten Qualifizierung von Materie, die zur Erklärung von „imponderablen Fluida wie etwa subtilem Wärmestoff" dienten. Elastische Körper waren nicht der newtonschen Gravitation unterworfen.[145] Bei Rüdiger ist alles Geschaffene, also auch die Seele, ausgedehnt: *creatum* und *extensum* ist „einerley". Wenn er daher behaupte, dass die Seele Materie oder Ausdehnung habe, heiße dies nichts anderes, als dass sie „ein wahrhafftig Geschöpff Gottes, und nicht ein bloß *abstractum metaphysicum*, oder Menschen Gedancke" ist.[146] Und wenn er die Seele als materiell bezeichne, dann meine das nach seinen Definitionen gerade nicht, dass sie körperlich und demzufolge *corruptibilis*, das heißt sterblich ist.[147]

Leibniz und Wolff haben nach Rüdigers *Gegen-Meinung* aus dem alten *praejudicium*, dass Körper ausgedehnte Substanzen seien und aus dem Gegensatz zur Seele deren Unausgedehntheit folge, geschlossen, dass beide sich nicht berühren können und daher wie zwei „automata oder Uhren" eingestellt worden sein müssen.[148] Da für Rüdiger hingegen alles Erschaffene ausgedehnt ist, müssen *corpus*, *elementum* und *spiritus*, die nur *species* der Geschöpfe seien, ebenfalls ausgedehnt und zusätzlich mit Vermögen ausgestattet sein.[149] Die Seele hielt Rüdiger als Form des Körpers gleichwohl für immateriell. Er unterschied jedoch von ihr ein Subjekt der Seele, das nicht zusammengesetzt und eine *substantia simplicissima*, zwar nicht körperlich, aber materiell sei, weil nach seiner Definition Materie nicht durch Ausdehnung, sondern durch Elastizität gekennzeichnet ist. Dieses *subjectum* sei unvergänglich wie die Seele selbst.[150] Damit ordnete Rüdiger die

---

[145] MARTIN MULSOW: Aufklärung versus Esoterik? Vermessung des intellektuellen Feldes anhand einer Kabale zwischen Weißmüller, Ludovici und den Gottscheds. In: MONIKA NEUGEBAUER-WÖLK unter Mitarbeit von ANDRE RUDOLPH (Hg.): Aufklärung und Esoterik. Rezeption – Integration – Konfrontation. Tübingen 2008, 331–376, hier: 351; MULSOW 2007, 102. Die Elastizität von Körpern war ein wichtiger Anknüpfungspunkt für Spekulationen über die quasimaterielle oder ätherische Fortexistenz von Seelen und über Planetenbewohner, auch im Wolffianismus.

[146] RÜDIGER, 1727, Vorrede (unpaginiert), § 11. Dieser Gedanke ist auch enthalten in ANDREAS RÜDIGER: Anweisung zu der Zufriedenheit der Menschlichen Seele, als Dem Höchsten Gute dieses zeitlichen Lebens. Leipzig 1726, 89 f.: Die Seele sei kein Körper, aber dennoch ausgedehnt. Bei Swedenborg ist die Seele von den ersten natürlichen Elementen, die dem *punctum* entstammen, gebildet und daher das aktivste und elastischste Element überhaupt, vgl. CRASTA, 2003, 43.

[147] RÜDIGER, 1727, Vorrede (unpaginiert), § 13.

[148] RÜDIGER, 1727, Theoria 1 (unpaginiert), § 16.

[149] RÜDIGER, 1727, Theoria 3 (unpaginiert), § 22. Der Geist besitzt zusätzlich zur Ausgedehntheit (plus quam extensa) Verstand, das Element das Vermögen der Bewegung zum Zentrum und umgekehrt, der Körper als *compositum* das Vermögen der Elastizität.

[150] RÜDIGER, 1727, Theoria 4 (unpaginiert), § 26. Dieser Gedanke Rüdigers wurde noch Jahre später unter Quellenhinweis auf seine *Gegen-Meynung* eigenwillig von dem Jenaer Philosophen Justus Christian Hennings rezipiert, der überdies ein besonders ambivalentes Verhältnis zu Swedenborg und anderen ‚Geistergeschichten' hatte: Die Seele sei immateriell, deren Subjekt aber könne ausgedehnt sein, weil alles Erschaffene ausgedehnt sei, da Schaffen gleichbedeutend sei mit Ausdehnen. Gott habe die Schöpfung nicht aus Nichts gemacht, sondern das Vorhandene ausgedehnt. Allerdings könne auch die Seele für ausgedehnt gehalten werden, wenn man Ausdehung als ideal betrachte. Vgl. JUSTUS CHRISTIAN HENNINGS: Geschichte von den Seelen der Menschen und Thiere. Halle 1774, 249. Zu Hennings vgl. auch unten Kap. 5.3.2., c), Punkt 9.

Kritierien neu zu: Die Seele ist die immaterielle, unausgedehnte und geschaffene Kraft, nicht Substanz, die in dem ausgedehnten und materiellen Subjekt wirkt. Wenn Aristoteles von Monaden oder von der Seele spreche, meine er nicht die bloße – immaterielle – Kraft, sondern das Subjekt, das ausgedehnt sein muss, weil ein Wesen ohne Ausdehnung lediglich ein „leeres Wort" sei. In diesem Sinne widersprach er Wolff, der nicht nur die Kraft der Seele, sondern auch deren Subjekt für immateriell halte. Ein endliches Subjekt aber könne niemals immateriell sein. Wer das annehme, stoße auf unlösbare Schwierigkeiten.[151]

Anstelle des cartesischen Okkasionalismus und der Leibnizschen *harmonia praestabilita* ist für Rüdiger ein wechselseitiger *influxus mutuus* zwischen Seele und Körper unter Vermittlung einer subtilen Materie, die unter anderem von den Medizinern Georg Ernst Stahl und Govard Bidloo geleugnet wurde, ohne Probleme denkbar. Der zureichende Grund für diesen gegenseitigen Einfluss liegt für Rüdiger im Willen Gottes, auf den sich Wolff gerade nicht beziehen wolle. Dass ein immaterielles Wesen niemals in einen Körper wirken könne, sei eine unbeweisbare Behauptung. Außerdem widerspreche die prästabilierte Harmonie der *libertas voluntatis humanae* und damit dem „Grund der Theologie, Morale und Politique" sowie der „Leiter", auf der „man von der Welt zu Gott steigen kann".[152] Die Seele ist für Rüdiger aber keine Maschine, wie Wolff meint, auch das Gesetz der gleichbleibenden Kräfte treffe nicht auf sie, sondern nur auf die mechanische Natur zu.[153] Schließlich wendet sich Rüdiger deutlich gegen den Begriff von Monaden oder einfachen Dingen, die wie die Seele nach Wolffs und Leibniz' Verständnis keine *partes integrantes* haben sollen – solche Monaden seien „weniger, als nichts".[154]

Schließlich könne man aus Wolffs System, urteilte Rüdiger, keine vollkommeneren Seelen als die menschlichen ableiten, die es nach dessen eigener Aussage, vielleicht in den „übrigen Weltcörpern" gebe. Denn wenn bereits unsere Seele sich die ganze Welt vorzustellen vermag, könne keine vollkommenere Seele gedacht werden.[155]

Wolffs Ausführungen zum postmortalen Zustand der Seele stimmte Rüdiger ebenso zu wie seiner Vorstellung, dass der Körper aus *animalcula*, Bestandteilen des männlichen Samens, wachse.[156] Darüber wolle er aber keine These aufstellen, weil die mikroskopischen Beobachtungen noch nicht ausreichend seien. Während

---

[151] RÜDIGER, 1727, Theoria 4 (unpaginiert), § 27–29.
[152] RÜDIGER, 1727, 46–49, 124 f., 166, 235 f., 264. In Wolffs System sei zwar auch eine subtile flüssige Materie enthalten. Aber Rüdiger kritisiert dies als völlig inkonsequent: „Zwey automata die accurat mit einander gestimet sind, brauchen kein äusserliches Mittel zu ihrer Harmonie, also auch nicht den Nerven-Saft, oder die Spiritus animales, oder, wie der Herr A. [Autor] redet, die subtile flüßige Materie in den Nerven."
[153] RÜDIGER, 1727, 62 f. Bereits mit dem Fötus und mit dem geborenen Kind gelangten neue Kräfte in die Welt, die mit dessen Tod wieder vergingen, vgl. ebd., 57.
[154] RÜDIGER, 1727, 325.
[155] RÜDIGER, 1727, 151 f.
[156] Er glaubte allerdings nicht wie Wolff, dass dafür ein einziges *animalculum* („Thierlein") ausreiche, da man im Samen „viel tausend" sehe, die offenbar alle zusammen ein einziges „animal" hervorbrächten.

Wolff meinte, dass die Seele nach ihrem Tod nichts verliere, sondern durch den Verlust der Einschränkung des Körpers zu „grösserer Vollkommenheit" gelange, sah Rüdiger keinen Grund zu der Vermutung eines Zugewinns, außer durch die Versicherung der Heiligen Schrift über den Zustand seliger Seelen, die die „Hoffnung einer seligen Ewigkeit" erlaube.[157]

e) Swedenborg, Rüdiger und das Seelenproblem

Rüdigers Konzept weist vielfältige partielle Übereinstimmungen mit Swedenborg auf, von denen der genannte Rezensent in den *Nova acta* nur eine ausdrücklich benannte, aber zugleich bemerkte, dass Swedenborg häufig Rüdiger folge. Vor allem terminologische Differenzen sind festzustellen, etwa bei Rüdigers Unterscheidung zwischen einem ausgedehnten materiellen Subjekt und der immateriellen Seelenkraft. Aber Swedenborg beharrte in *De infinito* wie auch später darauf, die Seele, mithin das geistige Wesen, in einem Körper nicht für immateriell und dennoch zugleich für unsterblich zu halten, auch wenn er Seele und Subjekt nicht trennte, sondern später im Rahmen seiner modifizierten neuplatonischen Psychologie Lebenskraft und (ausgedehnte) Seele unterschied.[158] Swedenborg teilte Rüdigers Position darüber hinaus auch in der Annahme einer subtilen Materie, bei ihm *spiritus animales*, er lehnte ebenfalls die Leibniz-Wolffschen Begriffe von Monaden und einfachen Dingen für die Seele ab, *animalcula* dienen auch ihm zur Erklärung seiner modifizierten Epigenese. In welcher Weise nun die Materialität der Seele oder der *spiritus animales* zu beschreiben, ob beide sogar miteinander identisch sind und was in diesem Zusammenhang unter einer Substanz zu verstehen ist, sind die Fragen, die Swedenborg in den auf *De infinito* folgenden Schriften über seine biographische Wende hinaus immer wieder diskutierte. Dieser Problemkomplex gehört zu den Ausgangspunkten für die biographische Wende Swedenborgs und für die Architektur seiner Geisterweltlehre.

Schließlich stehen Rüdigers Erwägungen über den postmortalen Zustand der Seele und der Hoffnung auf eine selige Ewigkeit in Parallele nicht nur zu dieser Generalthematik Swedenborgs, sondern bereits zu dessen Schlusswort in *De infinito*. Hier bezeichnete er das irdische Leben als Vorbereitung auf den seligen oder unseligen Zustand nach dem Tod des Körpers, je nachdem, wie die Seele im sterblichen Körper für den unsterblichen Zustand gebildet worden ist.[159] Während Rüdiger jedoch lediglich mit der biblisch verheißenen Hoffnung argumentierte, betonte Swedenborg bereits jetzt die moralische Eigenverantwortlichkeit des Menschen während seines irdischen Lebens.

Während sich die *Principia* der rein mechanischen Erklärung der Entstehung der Natur aus dem Punkt und der Unendlichkeit widmeten, legte Swedenborg in

---

[157] RÜDIGER, 1727, 323, 329 f., 331 f., 335. Da Rüdiger Wolffs Argumentation, die Tierseelen seien zwar unverweslich, aber nicht unsterblich, nicht für überzeugend hielt, meinte er, in der Hoffnung auf die Seligkeit einen wesentlichen Unterschied zu den Tierseelen festzustellen, vgl. 335.

[158] Vgl. dazu Kap. 3.3.4., b–d).

[159] The Infinite, 230 f.

De infinito sein theologisches Interesse dar: einen physikotheologischen Cartesianismus, der die strikte Trennung der göttlichen von der natürlichen Welt beibehält, aber mit der Betonung des Nexus auch soteriologische und christologische Akzente setzte, die bereits auf Swedenborgs späteren Sabellianismus hindeuteten.[160] Die Welt und mit ihr die Seele sind rein mechanisch – das ist ihre, der
‚göttlichen Mechanik' entstammende gemeinsame Struktur. Der Ursprung beider
aber liegt in der Immaterialität Gottes, aus der sie ganz mechanisch hervorgehen.
Auffällig ist aber, dass die zeitgenössischen Rezensionen dieses theologische Vorgehen Swedenborgs, das mit seinem christologischen Konnex zwischen Materie
und Geist, Welt und Gott sowohl Materialismus als auch Spinozismus abwehrte,
als solches nicht würdigten, sondern aus jeweils anderen Perspektiven eher die
Gefahren des Materialismus oder des Deismus, befürchteten. Dieser Materialismusverdacht richtete sich allerdings ausschließlich gegen die Auffassung, die Seele sei materiell. Gottes- und Christusvorstellungen waren hiervon nicht betroffen. Dass Swedenborg *De infinito* seinem Schwager, dem nunmehrigen Bischof
von Göteborg, Erik Benzelius, widmete, sollte darum nicht als taktische Absicherung überbewertet werden.[161] Swedenborg stellte sich mit *De infinito* gerade als
vernünftiger Verteidiger eines transzendenten Gottes mit einem (nichtpantheisti-
schen) Verhältnis zur Welt und christologischen Fundamenten vor. Julius Bernhard von Rohr, der bereits andere Bücher Swedenborgs mit einer physikotheologischen Intention ausgestattet gesehen hatte, meinte Swedenborgs Grundsatz
auch in *De infinito* zu entdecken: Durch die Natur würden wir „zur Erkänntnis
des Schöpfers und Erhalters aller Dinge geleitet".[162] Das physikotheologische
Motiv, Naturerkennntnis und Gotteserkenntnis miteinander in Beziehung zu setzen und von der Zweckmäßigkeit der Natur auf die Existenz des göttlichen Kon-
strukteurs zu schließen,[163] erkannte von Rohr bei Swedenborg klar.

Und in einem weiteren Punkt hatte Swedenborg einen Weg gewiesen, der zu
einem zentralen Bestandteil seiner Geisterweltlehre werden sollte: der Mensch ist
Endzweck der Schöpfung. Falls es okkulte Finita, geschaffene Wesen wie Seelen
und Engel, gibt, können diese nur in Übereinstimmung mit dem göttlichen
Zweck existieren: dem Menschen als letzter Wirkung der Welt.[164] Das liest sich

---

[160] Vgl. dazu Kap. 3.3.2., i); 3.3.6., c).

[161] Diese Vermutung einer taktischen Widmung vertritt STROH, 1911, 111.

[162] Dabei handelt es sich um eine direkte Referenz auf The Infinite, 44. Von ROHR, 1754,
140, räumte ein, mit vielen anderen das Unglück „gemein" zu haben, Swedenborg nicht zu
„verstehen". Gemeinsamkeiten mit Rüdiger sah er nicht. Dafür meinte er, Swedenborg vertrete oft „gemeinschaftliche Sätze" mit Wolff, weiche manchmal aber auch von ihm ab und trage
„eigene Gedanken" vor.

[163] DUNÉR, 2005, 231, hat auf Swedenborgs physikotheologisches Argument hingewiesen,
dass die Ordnung und perfekte Maschinerie des menschlichen Körpers die Existenz eines unendlichen Gottes beweise (vgl. The Infinite, 46–71). Neben dem menschlichen Körper nennt
Swedenborg die Ordnung und Einrichtung der ganzen Welt und besonders die des „Himmels". Vgl. auch LAMM, 1922, 48.

[164] The Infinite, 108. Seite 82 f. bezeichnet Swedenborg die Auffassung „anderer", Gott für
einen unendlichen Geist, Engel und Seelen aber für endliche Geister zu halten, als inkompetent,
weil Gott damit vom Endlichen aus gedacht werde und Götzendienst entstehen könne. Handelt es sich dabei bereits um eine Referenz an Christian Wolffs erstmals 1734 erschienene

wie eine anthropozentrische Korrektur der Spekulationen anderer Wolffianer wie
der des Leipzigers Johann Christoph Gottsched. Gottsched hatte ein Jahr zuvor
mit viel größerer Gewissheit und in Anknüpfung an Leibniz behauptet, die Seelen, die auch Geister sind, seien unter allen Geschöpfen „die vornehmsten".
Nicht nur auf der Erde, sondern „auf allen planetarischen Körpern" gebe es solche Geister: „Und warum könnte nicht auch die reineste Himmelluft zwischen
allen Sonnen und Weltkugeln ein Aufenthalt unzähliger vollkommenerer Geister
seyn?"[165] Swedenborgs Aussagen über extraterrestrisches Leben in *De Infinito*
erscheinen Gottsched gegenüber als sehr vorsichtige, konjunktivisch formulierte
Hypothesen. Seine Unterordnung aller anderen denkbaren Seelen und Engel –
falls es sie überhaupt gebe – unter den Menschen geht in eine ganz andere Richtung: die den Menschen als Zweck und Mittelpunkt aller Schöpfung betrachtende
‚Aufklärung des Himmels'.[166] Einige Jahre später ist Swedenborgs Himmel nur
noch von menschlichen Seelen bevölkert, und selbst die Planetenbewohner sind
dem Zweck des Menschengeschlechts untergeordnet.

Psychologia rationalis, der diesen Unterschied nur durch die Unendlichkeit auszudrücken
vermochte, um jede Ähnlichkeit zu vermeiden? Vgl. § 656: „Die menschliche Seele [anima]
ist durch ein unendliches [*infinitum*] intervallum von dem unendlichen [infinitus] Geist entfernt, oder sie ist mit ihm nicht vergleichbar." [Übers. FS]. Vgl. aber Kap. 4.2.2.
    [165] JOHANN CHRISTOPH GOTTSCHED: Erste Gründe der gesammten Weltweisheit, da-
rinn alle philosophische Wissenschaften in ihrer natürlichen Verknüpfung abgehandelt werden. 2 Bde., Leipzig 1733 f., hier Bd. 1 der 2. Aufl. 1736, 609; zitiert nach MULSOW, 2008, 354.
Vgl. auch MULSOW 2007, 102, und zu weiteren Texten über Kometen- und Planetenbewohner
im Umfeld des Leipziger Wolffianismus, ebd., 93–99
    [166] Vgl. BERNHARD LANG: Glimpses of Heaven in the Age of Swedenborg, in: BROCK,
1988, 309–338; BERNHARD LANG, COLLEEN McDANNELL: Der Himmel. Eine Kulturgeschichte des ewigen Lebens. Frankfurt a. M. 1996, 250–305.

2.4. Körper und Seele 1740–1745

2.4.1. *Oeconomia regni animalis*

a) Die Grundlinien

Im zweiten Teil von *De infinito* hatte Swedenborg das Thema vorgegeben, das ihn in der nächsten Dekade beschäftigen würde: die Natur der Seele und ihres Verhältnisses zum Körper. Mit Andreas Rüdiger blieb Swedenborg dabei, die Seele als ausgedehnt zu betrachten. Wie aber diese subtile und zugleich unsterbliche Seelenmaterie zu definieren sei, wird bis zu Swedenborgs Geisterweltlehre eine immer wieder diskutierte Frage bleiben.

Nach 1734 dauerte es weitere sechs Jahre, bis Swedenborg das erste Ergebnis dieser Forschungen vorlegte: die *Oeconomia regni animalis*. Der erste Band erschien 1740 anonym, der zweite 1741 unter seinem Namen, beide zusammen in zwei weiteren Auflagen 1742 und 1748 in Amsterdam.[1] Spätestens seit Mitte 1741 war bekannt, dass Swedenborg der Verfasser auch des ersten Bandes war. Eine deutsche Zeitschrift gab an, dieses Werk sei dem

„berühmten schwedischen Welt-Weisen Herrn Suedenborg zu dancken, welcher seinen Namen demselben zwar nicht vorsetzen wollen, allein sich durch viele andere Wercke bereits um die Gelehrsamkeit so verdient, und seine Gedanken von der Welt-Weisheit so bekannt gemacht, daß man aus diesen dem Verfasser leicht errathen kan".[2]

Inge Jonsson kann nicht darin zugestimmt werden, dass die *Oeconomia* nicht die gebührende Beachtung in der Gelehrtenwelt gefunden hätte.[3] Vielmehr wurde sie in den Gelehrtenzeitschriften genauso ausführlich besprochen und kritisiert wie die anderen Bücher Swedenborgs zuvor. Auch die französischsprachige Öffentlichkeit wurde durch sehr ausführliche Rezensionen in der *Bibliothèque Raison-*

---

[1] Oeconomia regni animalis in transactiones divisa: quarum haec prima de sanguine, ejus arteriis, venis et corde agit: anatomice, physice & philosophice perlustrata. Cui accedit introductio ad psychologiam rationalem; quarum haec secunda de cerebri motu et cortice et de anima humana agit. 2 Bde., Londini et Amstelodami 1740–1741; englisch: London 1845–46; Bryn Athyn 1955. Die Verweise beziehen sich entweder auf die erste Auflage von 1740/41 (Oeconomia) oder auf die englische Übersetzung in der Ausgabe von 1955 (Economy). Wenn nicht anders angegeben, wird nicht auf Seiten, sondern auf Nummern hingewiesen.

[2] Vgl. Rezension in: Zuverlässige Nachrichten von dem gegenwärtigen Zustande, Veränderung und Wachsthum der Wissenschaften, 1741, Juni, 337–362, hier: 337f. Nova acta eruditorum (1742, November, 642–663, hier: 643) zeigten Bd. 1 der *Oeconomia* in ihrer umfangreichen Besprechung ebenfalls unter Swedenborgs Namen an.

[3] Vgl. JONSSON, 1999, 54.

née informiert. Selbst in Albrecht von Hallers *Bibliotheca anatomica* von 1777 werden beide Bände der *Oeconomia*, wenn auch knapp, erwähnt.[4] Herder kannte sie 1802, wenigstens aus den Rezensionen, als ein Werk „voller Belesenheit und eigener Gedanken", wobei zu berücksichtigen ist, dass es ihm in seinem Aufsatz über Swedenborg als „größeste[n] Geisterseher des achtzehnten Jahrhunderts" um die psychologische Deutung des Phänomens Swedenborg ging und er auch die *Oeconomia* aus dieser Perspektive betrachtete.[5] Eine möglicherweise ‚unterirdische' Wirkungsgeschichte, zumindest aber die Einbindung in einen medizinischen Diskurs über die 1750er Jahre hinaus bis hin zu Friedrich Christoph Oetinger und zur mesmeristischen Bewegung im letzten Drittel des Jahrhunderts einschließlich deren Wirkungsgeschichte im 19. Jahrhundert dürfte Swedenborgs Buch zu bescheinigen sein.

In der *Oeconomia* fixierte Swedenborg seinen Wechsel von der ‚toten' zur ‚lebenden' Natur. Die naturphilosophischen Fragestellungen der vergangenen Jahre lagen seinen Forschungen und Theorien weiterhin zugrunde. Aber im Vordergrund seines Interesses stand nun der Mensch in seiner körperlichen und seelischen Dimension. In diese Anthropologie waren zwar auch Beobachtungen von Tieren eingeflochten, etwa zu der Entwicklung des Kükens aus dem Ei, die zur Auseinandersetzung mit Präformations- und Epigenesetheorien dienten. Es ist aber ein gänzliches Missverständnis, wenn das Adjektiv *animalis* aus dem Titel der *Oeconomia* mit „tierisch" übersetzt wurde und auf diese Weise eine „Ökonomie des Thierreichs" entstand, wie etwa bei Herder in dem genannten Aufsatz.[6] Dies entsprach offensichtlich der zu dieser Zeit üblichen Benennung des wie bei Swedenborg nicht das Tier, sondern die Seele betreffenden „animalischen Magnetismus" der Mesmeristen als „thierischen Magnetismus". Die Ökonomie des „beseelten" oder „lebendigen" Reichs weist aber nicht auf das Tierreich, sondern auf den Körper als Reich der Seele hin.

Der erste Band der *Oeconomia* enthält acht Teile über das Blut, die Adern, die Bildung des Kükens im Ei, den Blutkreislauf des Fötus, das Herz einer Seeschildkröte, Blutgefäße, die Bewegungen des Herzens und eine Einführung in die Seelenlehre unter dem Titel *Introductio ad Psychologiam Rationalem*. Der zweite Band befasst sich mit hirnanatomischen Fragen: mit der Korrespondenz zwischen den Bewegungen der Lunge und des Gehirns und mit der Rindensubstanz des Gehirns. Am Ende ist noch einmal ein Kapitel über die menschliche Seele (*De Anima Humana*) angehängt. Wenn in der *Oeconomia* von der Seele die Rede ist, dann unter der Voraussetzung, dass sie wie in *De infinito* Teil des Kör-

---

[4] ALBRECHT VON HALLER: Bibliotheca anatomica. Qua scripta ad anatomen et physiologiam facientia a rerum initiis recensentur. Tiguri 1777, 328 f.

[5] HERDER, 1802, 354.

[6] HERDER, 1802, 354. Herders Übersetzung des Titels scheint darauf hinzudeuten, dass er die *Oeconomia* entweder gar nicht oder nur aus Rezensionen kannte. Möglicherweise lagen ihm auch die Angaben vor, die OETINGER im (unpaginierten Vorwort) der Übersetzung von Swedenborgs *Himmel und Hölle* 1774 vermittelt hatte. Sie entstammten der Rede Samuel Sandels zu Swedenborgs Tod vor der schwedischen Akademie (7.10.1772) und enthielten keine inhaltlichen Informationen.

pers ist und demnach unter anatomischen Gesichtspunkten untersucht werden kann. Swedenborg löste das Problem des *commercium corporis et animae* in der *Oeconomia* anatomisch, auch wenn metaphysische Spekulationen die eigentliche Voraussetzung dafür waren, wie noch auszuführen ist.

Bei der folgenden Skizze der Haupttheorien in der *Oeconomia* wird auf die speziell physiologischen Untersuchungen Swedenborgs über den Aufbau und die Funktionsweise etwa des Blutes und des Gehirns verzichtet, sofern seine auf den Forschungsergebnissen zahlreicher Mediziner des 17. und 18. Jahrhunderts basierenden Darstellungen für das Thema dieser Arbeit weniger relevant sind. Dafür werden die naturphilosophischen Theorien, vor allem die Seelenlehre der *Oeconomia* in Kapitel 8 des ersten und in Kapitel 3 des zweiten Bandes, in den Blick genommen.

aa) Serien und Grade

Aufbauend auf der Grundthese der *Principia*, dass die gesamte Natur durch den gemeinsamen Ursprung im mathematischen Punkt vollständig in Beziehung steht, entwickelt Swedenborg in der *Oeconomia* seine Lehre von Serien und Graden. Die Analogie[7] aller natürlichen Dinge untereinander wird hier insofern konkretisiert, als Swedenborg durchgehende physikalische und biologische Determinationen und Denominationen behauptet, die durch unveränderliche Gesetze gewährleistet sind.[8] Das ganze Universum besteht für ihn aus sechs Serien vom obersten bis zum untersten, vom vollkommensten bis zum unvollkommensten. Die allgemeinste Serie ist die Welt als solche und entstammt der ersten Substanz,[9] die wie in *De infinito* Mittler zwischen Endlichkeit und Unendlichkeit ist. Im Unterschied zu Wolffs *Cosmologia*, die Swedenborgs Konzept sehr ähnlich ist,[10] gehört sie nicht zu dem Seriensystem und ist von den ersten Substanzen

---

[7] Vgl. hierzu insgesamt ANDRE RUDOLPH: Figuren der Ähnlichkeit. Johann Georg Hamanns Analogiedenken im Kontext des 18. Jahrhunderts. Tübingen 2006.

[8] In dem unvollendeten und erst posthum unter dem Titel *The Fibre* veröffentlichten Teil 3 der *Oeconomia* legte Swedenborg eine der Serien-Grade-Lehre entsprechende sechsteilige Formenlehre vor, die nichts anderes ist als eine Weiterentwicklung seiner Formenlehre aus dem *Prodromus* von 1721: 1. die einfache angulare Form (Salzkristall), 2. die materielle Form (des Zirkels), 3. die perpetuo-zirkuläre Form (die Spiralform), 4. die perpetuo-spirale Form (Wirbelform, auch *conatus*), 5. die perpetuo-vorticale Form (die himmlische Form, vergleichbar mit Platons Einem, Leibniz' Monade oder Wolffs einfacher Substanz), 6. außerhalb dieser Formenreihe die perpetuo-coeleste, perpetuo-spirituale oder göttliche Form, die noch über dem Einen und außerhalb des Seriensystems steht. Vgl. JONSSON, 1999, 88–91.

[9] Vgl. Oeconomia I, 584, mit Verweis auf WOLFFS *Cosmologia*, §48 („Series entium finitorum tam simultaneorum, quam succesivorum inter se connexorum dicitur Mundus, sive etiam Universum"), sowie §§51 f., 60: „Mundus est unum."

[10] JONSSON, 1999, hat die Gemeinsamkeiten und Unterschiede zwischen Wolff und Swedenborg reichhaltig herausgearbeitet, vgl. etwa 72; 75 f. u. ö. Swedenborg verweist daneben auf folgende Stellen aus der *Cosmologia*: §§191 f., 205, 213, 218 in I, 592; §552 in I, 616; §§140, 146 in I, 638; §§503 f., 507 in II, 235; aus der *Ontologia* §§503 in I, 616; §948 in I, 638; §§769 f., 776 in I, 589; §755 in I, 651; §947 in II, 244; aus der *Psychologia rationalis*, §401, in I, 648; §§428 f. in I, 650; §§62, 547 in II, 276; §§56, 58, 64 in II, 313. Häufig sind die Verweise

der natürlichen Serien unterschieden,[11] weil die Fehler der Natur sonst in die erste Substanz und damit in die Nähe des göttlichen Seins zurückverlegt werden müssten – ein Gedanke, der in *De infinito* bereits enthalten war und Swedenborgs Theodizee, Sünden- und Freiheitslehre andeutet.[12] Durch die Determination der ersten Substanzen der einzelnen Serien steht – und dabei beruft sich Swedenborg ausdrücklich auf Wolffs *Cosmologia* – jedes einzelne Element in Beziehung zur Welt als Ganzer.[13] Die zweite Serie besteht aus den Substanzen der ersten, die in cartesischen Bewegungen kreisen und das Element Feuer hervorbringen.[14] Die dritte Serie enthält die vier *aurae* der Natur.[15] Die drei unteren Serien enthalten das Mineral-, Pflanzen- und Tierreich.[16] Jedes Ding stellt bei Swedenborg eine eigene Reihe dar, nicht wie in Wolffs *Metaphysik*, wo jedes Glied nur Bestandteil einer solchen Reihe ist.[17] Bei Swedenborg bildet zum Beispiel jedes einzelne Organ, Magen, Nieren, Leber usw., eine eigene Reihe. Die Einheiten, aus denen die zusammengesetzten Dinge in den Reihen bestehen, will Swedenborg aber weder als Henry Mores Monaden, noch als „*homoeomeriae*" des Anaxagoras, noch als unteilbare Atome nach Epikur oder Demokrit verstanden wissen, sondern nur als Einheiten einer gewissen Art der selbständigen Wesen.[18] Auch hierin folgte er dem oben geschilderten Ansatz von Andreas Rüdiger, der nicht zusammengesetzte Monaden ohne *partes integrantes* zurückgewiesen hatte.

Das System der drei oberen und drei unteren Reihen ist durchaus im Sinne der zeitgenössischen Stufenleitersysteme der Physikotheologie gedacht. Das Mineralreich ist die „Mutter" aller Dinge der Erde. Das Pflanzenreich entspringt den Adern der Erde, in die es zur fortdauernden Propagation auch seine Samen legt. Das Tierreich folgt zuletzt, denn es setzt die Existenz der ganzen Welt voraus.[19]

---

auf Wolff aber bloß referentieller Natur und beziehen sich nur sehr partiell auf inhaltliche Übereinstimmungen. Zu einem Teil dieser Stellen vgl. NEMITZ, 1999, 501–505.

[11] Vgl. Oeconomia I, 586.

[12] Vgl. JONSSON, 1979, 243.

[13] Vgl. Oeconomia I, 592; dort ein aus den §§ 191 f., 205, 213, 218 der *Cosmologia generalis* Wolffs zusammengefasstes Zitat: „Jeder Zustand eines jeden Elements betrifft eine Beziehung zur ganzen Welt. In den Elementen und einfachen Substanzen sind die letzten Ursachen der Dinge enthalten, die in den materiellen Dingen gefunden werden. Die Verbindung zwischen den materiellen Dingen hängt von der Verbindung der Elemente ab. Ausdehnung kann nicht aus dem zenonischen oder sich ähnlichen Punkten entspringen." [Übers. FS]. Dass der letzte Satz der Kosmologie der *Principia* krass widersprach, notierte Swedenborg nicht. Es ging um die referentielle Bestätigung durch Wolff.

[14] Vgl. Oeconomia I, 584.

[15] Vgl. Oeconomia I, 584.

[16] Vgl. Oeconomia I, 584.

[17] Diesen Unterschied zwischen Wolff und Swedenborg bemerkte der Rezensent in: Zuverlässige Nachrichten von dem gegenwärtigen Zustande, Veränderung und Wachsthum der Wissenschaften, 1741, Juni, 337–362, hier: 344 f. Er urteilte: „Die Erfahrung muß den Ausspruch thun, ob er [Swedenborg – FS] damit, wie er Vorhabens ist, in der Natur-Lehre grosse Dinge ausrichten werde."

[18] Vgl. Oeconomia I, 629.

[19] Vgl. Oeconomia I, 584.

Jede Reihe enthält ein einziges ursprüngliches Wesen, das als Element, als *substantia prima* oder *simplicissima* und *unica* bezeichnet wird. Alle anderen Glieder der Reihe stammen von ihm ab, und das *simplex* jeder Reihe prägt umgekehrt alle Glieder, die aber auch durch äußere Umstände determiniert werden. Auf diese Weise entspricht die kleine Welt oder der *Microcosmus animalis* genau dem Makrokosmos.[20]

Der Mensch gehört nicht eigentlich zum Tierreich und damit nicht zur letzten der drei unteren Serien. Er erfüllt die Gesamtintention des Mikrokosmos und des Makrokosmos; im menschlichen Mikrokosmos kann die ganze Welt von ihren ersten bis zu ihren letzten Zwecken betrachtet werden.[21] Kein Wesen ist so vollkommen wie der Mensch, obwohl er das unvollkommenste aller Wesen ist, wenn er seine Fähigkeiten missbraucht.[22] Damit ist der Mensch aus dieser Sechserreihe herausgenommen. Er ist zugleich ihr Endpunkt und Gipfel – Vorzeichen der *maximus-homo*-Figur als Ziel- und Endpunkt aller Dinge und Schöpfungsabsichten. Dadurch wird an die in *De infinito* skizzierte Anthropozentrierung des swedenborgischen Universums angeknüpft und eine der fundamentalen Grundlagen seiner späteren Theologie gelegt. Aber auch Swedenborgs gebrochene Triadologie, die sich mehrfach in seiner Psychologie und Kosmologie findet, ist hier vorhanden. Die doppelte Triade drei oberer und drei unterer Serien wird erst durch die Extrastellung des Menschen erfüllt und vollendet.[23] Die Dreiheit selbst wird erst durch ein Viertes zu einer kompletten Struktur.

Swedenborg nennt sein die gesamte Welt von ihrer Entstehung bis zum kleinsten Organ umfassendes kosmologisches Serien-Grade-System „konstabilierte Harmonie" *(harmonia constabilita)*.[24] Die Konstabiliertheit ist für ihn das Kennzeichen des die gesamte Welt umfassenden Mechanismus als eines „vollkommenen und herrlichen Gebäudes",[25] das alle Körper in der Welt zusammen ausmachen. Jedes selbständige Ding ist bei aller Unabhängigkeit organisch mit allen anderen Dingen verbunden. Der Schöpfer der Natur hat genau aus diesem Grund jedes selbständige Wesen mit Sinnesorganen ausgestattet, durch die die äußerlichen Veränderungen in einer Reihe mitgeteilt werden können.

Die Serien- und Grade-Lehre erinnert an die Klassifikationsbemühungen Carl von Linnés,[26] der sich vor allem der Pflanzen- und Tierwelt zuwandte und hier

---

[20] Vgl. Oeconomia I, 593–606. 606: „Ita jam in his Microcosmus animalis similis est Macrocosmo […]."
[21] Vgl. Oeconomia I, 7; II, 584.
[22] Vgl. Oeconomia I, 239.
[23] Vgl. zu diesem Ordnungsmuster 1, 2, 3/4 REINHARD BRANDT: D'Artagnan und die Urteilstafel. Über ein Ordnungsprinzip der europäischen Kulturgeschichte. Überarb. Neuaufl. München 1998.
[24] Vgl. Oeconomia I, 601 f., 647 u. ö.
[25] Das ist die Wortwahl der Rezension zu Bd. 1 in den Zuverlässigen Nachrichten von dem gegenwärtigen Zustande, Veränderung und Wachsthum der Wissenschaften, 1741, Juni, hier: 347.
[26] Auch ein Rezensent dachte möglicherweise an Linné, wenn er auf neuerdings unternommene Bemühungen zur Klassifikation der Pflanzen in Reihen, „Geschlechter und Arten" hinwies. Vgl. Zuverlässige Nachrichten von dem gegenwärtigen Zustande, Veränderung und

mit Spezifizierungen, Gattungszuweisungen und gegenseitigen Determinationen arbeitete.[27] Swedenborgs System erhebt hingegen einen metaphysischen Welterklärungsanspruch: Die Übertragung voneinander abhängiger und abgeleiteter Serien und Grade von den unteren Serien der Natur auf die des gesamten Universums zielt auf eine kosmologische, die gesamte Welt umfassende Systematik ab. Ob dieses Vorgehen eine Rolle gespielt hat, als Swedenborg nach der Publikation der *Oeconomia* gerade von Linné als Mitglied der schwedischen Akademie der Wissenschaften vorgeschlagen wurde, ist allerdings nicht nachweisbar.

bb) Höhere Erkenntnis durch Algebra und Intuition

Die Serien-Grade-Lehre führte Swedenborg zu der Ansicht, dass man durch die Erkenntnis der unteren Grade in die oberen und dann auch in die Struktur der Serien selbst eindringen kann. Gott, der als Schöpfer außerhalb der Serien der Natur steht, ist von solcher Erkenntnis zwar ausgenommen. Dennoch leitet Swedenborg einen weitreichenden Erkenntnisoptimismus davon ab: Was mikrokosmisch einsehbar ist, lässt makrokosmische Schlüsse zu. Nur wenn man diese natürliche „Leiter" der Serien und Grade benutze, dann könne man zu der Sphäre gelangen, in der die menschliche Seele wohnt.[28]

Wiederum ist es die Algebra, die Swedenborg als Erkenntnisinstrument erwägt, wenn er an die von Christian Wolff erträumte *mathesis universalis*[29] anknüpft und sich ein System von Zeichen vorstellt, mit dem man durch eine Art philosophischen *calculus* auch unendliche, durch Worte nicht repräsentierbare Größen ausdrücken und in die verborgenen Geheimnisse der Natur eindringen kann.[30] Wenn das Universum komplett mechanisch aufgebaut ist und nach geometrischen Regeln funktioniert, dann muss dies möglich sein, meint Swedenborg, wobei er einräumt, man müsse hier auf die Fähigkeit intuitiver Erkenntnis zurückgreifen. In diesem Kontext bezeichnet Swedenborg die Seele als Repräsentantin des Universums und beruft sich nicht nur ausdrücklich auf Wolffs *Psychologia rationalis*,[31] sondern ganz explizit auf eine Passage in Lockes *Essay concer-*

Wachsthum der Wissenschaften, 1741, Juni (zu Bd. 1), hier: 345. In Swedenborgs Bibliothek befanden sich sieben Titel von Linné, vgl. Catalogus.

[27] Vgl. zu Linné MAXIMILIAN J. TELFORD: Evolution of the animals. A Linnean tercentenary celebration; papers of a discussion meeting issue. London 2008; STAFFAN MÜLLER-WILLE: Botanik und weltweiter Handel. Zur Begründung eines natürlichen Systems der Pflanzen durch Carl von Linné (1707–78). Berlin 1999; HEINZ GOERKE: Carl von Linné. Arzt, Naturforscher, Systematiker. 2. Aufl. Stuttgart 1989.

[28] Vgl. Oeconomia II, 210f., und weiter bis 218.

[29] Zitat aus WOLFFs Ontologia, §755 in Oeconomia I, 651, wo Wolff eine *mathesis universalis* als Desiderat der Gelehrsamkeit nennt, die die allgemeinen Prinzipien der Erkenntnis unbestimmter Dinge bereitstelle. Dadurch würde man in den Besitz der wahren mathematischen Prinzipien der natürlichen Philosophie und Psychologie gelangen, die den Philosophen bei ihren weiteren Entdeckungen nutzen würden. Wolff wünschte, dass die Gelehrten diesem Projekt ihre Aufmerksamkeit zuwendeten.

[30] Oeconomia II, 210f. (calculus Philosophicus).

[31] Vgl. WOLFF, Psychologia rationalis, §§, 62, 547 in Oeconomia II, 276: „In omni systemate explicandi commercium animae & corporis supponendum, essentiam atque naturam ani-

ning human understanding, in der die intuitive Erkenntnis als „höchste aller menschlichen Gewissheit" bezeichnet wird, weil sie „gewiss und über jeden Zweifel erhaben" sei, keinen Beweis benötige, ja „gar nicht bewiesen werden" könne. Das „diskursive Denkvermögen" komme bei der intuitiven Erkenntnis nicht zur Anwendung, ihre Wahrheiten würden durch einen „höheren Grad von Beweis" *(evidence)* erkannt. Und wenn es ihm erlaubt sei, sich über „unbekannte Dinge" zu äußern, so notierte Swedenborg Lockes „Vermutung", dann würde er meinen,

> „daß es eine Erkenntnis ist, die die Engel schon jetzt besitzen und die die zur Vollendung gelangten Geister gerechter Menschen in einem zukünftigen Zustande besitzen werden, und zwar hinsichtlich tausender Dinge, die sich jetzt unserer Wahrnehmung entweder völlig entziehen oder nach denen wir im dunkeln umhertappen".[32]

Dass Swedenborg Lockes knappe und zurückhaltende Ausführungen über die nur Engeln und vollkommenen Geistern zukommende Intuitionsfähigkeit tendenziell auf die Möglichkeiten übersinnlicher Offenbarung bezog, zeigt der Kontext eines weiteren Zitats aus dem *Essay*. Locke behandelt hier die Bedeutung der Semiotik und erwägt, dass es durch die gründliche Untersuchung der Ideen und Wörter „vielleicht" möglich sein müsste, „eine andere Art von Logik und Kritik zu liefern als die, die uns bisher bekannt ist".[33] Swedenborg schiebt hier bezeichnenderweise als Instrument der Erkenntnis einer „anderen und profunden Wissenschaft" den Hinweis ein: „gleichsam wie durch Weissagung" *(divinatio)*. Davon ist bei Locke allerdings keine Rede.[34] Und gerade die Passage, in der Locke die intuitive Erkenntnis ausdrücklich als unverfügbar bezeichnet,[35] bleibt bei Swedenborg unerwähnt.

Bereits 1741 werden die von Locke gezogenen Grenzen empirischer Erkenntnis in Richtung einer ‚Offenbarungsempirie' übersprungen, die eine sichere Erkenntnis des Unaussprechbaren und nicht mehr Ausdrückbaren erlaubt. In seiner erst posthum veröffentlichten Schrift *De anima* von 1742 setzte Swedenborg die von Wolff abgeleitete mathematische Wissenschaft mit der Sprache der Engel gleich und verwirklichte auf diese Weise seine Bezugnahme auf Lockes Äußerung über die Intuition. Seelen und Engel kommunizieren ihre Gedanken, nicht durch Wörter, die nur materielle Ideen sein können.[36]

---

mae in vi repraesentativa universi pro situ corporis organici in universo convenienter mutationibus, quae in organis sensoriis contingunt, consistere." Diesen § 547 hat Swedenborg im PhN 189 und 370 zweimal exzerpiert.

[32] Vgl. JOHN LOCKE: Essay concerning human understanding. IV,XVII,14, zitiert nach der 4. Aufl. Hamburg 1988, Bd. 2, 385 f.; in Oeconomia II, 276.

[33] LOCKE, Essay, 1988, IV,XXI,4.

[34] Oeconomia II, 212.

[35] Vgl. LOCKE, Essay, 1988, IV,III,3 (Bd. 2, 186).

[36] Vgl. Rational Psychology, 563 (S. 309 f.); 307–309 erneut die Zitate aus Lockes Essay wie in der *Oeconomia*, unter den Stichwörtern *mathesis universalis* und Intuition. Selbst wenn Swedenborg J. B. van Helmonts *Intellectus Adamicus* gekannt haben sollte, was BENZ, 1969, 153–158 ohne jeden Beleg behauptet, dann ist es auffällig, dass er im Zusammenhang mit der Intuition nicht diesen, sondern Locke zitiert, den Gewährsmann für empirisch vorgehende Forscher schlechthin. Wenn es sich hier um eine bewusste Autoritätenentscheidung ge-

cc) Harmonia constabilita

Neben der übersinnlich-intuitiven Erkenntnis besteht die zweite zentrale Schlussfolgerung aus der Serien-Grade-Lehre in Swedenborgs offenbar ganz origineller *harmonia constabilita*. Nicht prästabiliert sind die Dinge, speziell Körper und Seele, sie wirken im Gegensatz zu Leibniz' Auffassung ineinander.[37] Es handelt sich um die mechanistische und zugleich vitalistische Konzeption eines nicht vor der Zeit eingerichteten harmonischen Weltverhältnisses, sondern eines tatsächlich organisch funktionierenden und alle Naturdinge miteinander ins Verhältnis setzenden Weltgebäudes.[38]

Diese *harmonia constabilita* überträgt Swedenborg auf das Verhältnis zwischen Seele und Körper, unter der Voraussetzung, dass die Seele kein Geist ist, der mit dem Körper nicht zu kommunizieren vermag und deshalb vom Schöpfer prästabiliert werden musste, sondern dass sie selbst fester Bestandteil des Körpers ist,[39] nicht unendlich, sondern „gleichsam unbestimmbar endlich."[40] Hierin liegt ein zentraler Punkt in Swedenborgs Sicht der Seele, der für seine weitere Entwicklung von großer Bedeutung ist.

Hatte er den *spiritus animalis* früher als Vermittler zwischen Seele und Körper bei Descartes als okkult abgewiesen, so war er – seit *De infinito* und unter dem Einfluss Andreas Rüdigers und mikroskopierender Mediziner wie Marcello Malpighi, Anthony van Leeuwenhoek, Herman Boerhaave,[41] Jan Swammerdam[42] und Raymond Vieussens[43] – zu dieser Vorstellung zurückgekehrt und hatte sie

---

handelt haben sollte, dann stellte sich Swedenborg gezielt in die Tradition Lockes und nicht der christlichen Kabbala, die bei ihm nicht erwähnt und von den Zeitgenossen nicht bei ihm ‚gefunden' wurde, sondern nur im Nachhinein in den Text gelegt werden kann.

[37] Vgl. Oeconomia I, 579, 647, 649; II, 297 u. ö.

[38] BENZ (1969, 140) hat den in der *Oeconomia* vollzogenen Bruch zwischen Mechanizismus und Vitalismus gegenüber den *Principia* m. E. überzeichnet. Die Mechanik der Natur wird zwar mit belebender Kraft erfüllt, bleibt aber gleichwohl (tote) Mechanik.

[39] Die Seele sei eine Substanz innerhalb der Grenzen ihres Körpers (Oeconomia II, 276: „substantia, intra limites sui Corporis tenetur"). Das *fluidum* oder die Seele ist das erste supereminente Organ im Körper (II, 275: „Quod Fluidum Spirituosum sit Organorum primum seu Organum supereminens in suo Corpore Animali.").

[40] Vgl. Oeconomia II, 252: „proinde est quasi indefinita finita".

[41] Vor allem Boerhaaves Fibern-Theorie und seine Theorie, dass die Muskeln durch in den Muskularfibern einfließende Nervenflüssigkeit bewegt würden, dürfte nachhaltig auf Swedenborg gewirkt haben. Vgl. dazu STEINKE, 2005, 29–32.

[42] Die Genannten gehörten zu Swedenborgs Referenzautoren in der *Oeconomia* und im *Regnum animale*. Von Boerhaave befanden sich sechs, von Leeuwenhoek fünf Titel in seiner Bibliothek, daneben eine große Zahl medizinischer Literatur, etwa von Johann Theodor Eller, Johann Philipp Eysel, Lorenz Heister, Christoph von Hellwig, Friedrich Hoffmann, Johann Juncker, Christoph Heinrich Keil, James Keill, Giovanni Lancisi, Johannes Michaelis, Giovanni Battista Morgagni, Antonio Pacchioni, Frederik Ruysch, Martin Schurig, Georg Ernst Stahl, Philip Verheyen, Thomas Willis, Jacques Bénigne Winslow. In der *Oeconomia* und im *Regnum animale* zitiert Swedenborg zu medizinischen Themen außerdem: Eustachius, William Harvey, Humphrey Ridley, John James Wepfer, Nicolaus Steno, Antonio Valsalva, Joseph-Guichard du Verney, Anton Nuck, Govard Bidloo und andere.

[43] Besonders Vieussens' Theorie des *spiritus animalis* im Zusammenspiel mit Muskeln und Nerven und die Hirntheorie Malpighis sind für Swedenborg grundlegend gewesen, wie bereits Ramström (1910, 40–47) anhand der Quellen und Swedenborgs eigenen Schriften herausge-

metaphysisch noch weiter ausgebaut. Die Lebensgeister bleiben allerdings Vermittler und werden nicht zum Sitz der Seele. Sie werden in der Rindensubstanz des Gehirns aus dem Blut als reinere Essenz extrahiert.[44] Mit diesen Vermutungen stand Swedenborg nicht allein. Giorgio Baglivi hatte 1702 die rhythmische Bewegung der *dura mater* als Motor oder Herz der Zirkulation des „Nervensaftes" beschrieben, und die Annahme eines entweder materiellen oder zwischen Materialität und Immaterialität anzusiedelnden *spiritus animalis* war unter den Medizinern des 17. und 18. Jahrhunderts weit verbreitet.[45]

dd) Fluidum spirituosum und vis formatrix

Der Grundstoff der belebten Welt ist das *fluidum spirituosum*,[46] eine subtile Flüssigkeit, die der Träger des Lebens ist und von der *aura mundi* oder *aura prima* als der allgemeinsten Serie der Welt hervorgebracht und determiniert wird.[47] Aus diesem *fluidum* geht die *vis formatrix* oder *substantia formatrix*, die Seele selbst, hervor, aus der der beseelte Körper gebildet wird.[48] An einer Stelle setzt er das im Körper wohnende *fluidum* gar mit der „Natur der Seele" gleich.[49] Unter Berufung auf Aristoteles schreibt Swedenborg dem *fluidum* nicht Materialität zu, denn Materie ist nach Wolffs Definition von Ausgedehntheit und Trägheit gekennzeichnet.[50] Beide Eigenschaften besitzt die Seele aufgrund ihrer Herkunft aus der *aura prima* als der vollkommensten Form nicht. Das *fluidum* ist im Sinne von Aristoteles als Form und erste Vollkommenheit des organischen Körpers mit den Prinzipien der Lebens und der Potenz zu verstehen.[51] Die Organe des Körpers werden – wie bei Herman Boerhaave und vielen anderen – durch das *fluidum* miteinander koordiniert, die Muskeln bewegt, der Wille in körperliche Aktionen transformiert.

ee) Der tradux der Seele

Anhand seines Kapitels über die Entwicklung des Kükens im Ei, das sich auf zum Teil schon länger zurückliegende Untersuchungen von Malpighi, Bellini, Lancisi

---

arbeitet hat. Die unter Einschluss vermittelnder *spiritus animales* entwickelte Lokalisationstheorie der Hirnfunktionen von Thomas Willis sowie dessen Seelenlehre weist ebenfalls zahlreiche Anknüpfungen für Swedenborgs Auffassungen auf. Vgl. zu Willis ERHARD OESER: Geschichte der Hirnforschung. Von der Antike bis zur Gegenwart. 2. Aufl. Darmstadt 2010, 58–69.

[44] Vgl. Oeconomia II, 69–207.

[45] STEINKE, 2005, 21 f.

[46] Vgl. Oeconomia I, 633 f.; II, 204, 221 u. ö.

[47] Vgl. Oeconomia II, 40, 180, 195, 227, 314.

[48] Vgl. Oeconomia I, 253, 314; II, 275 f.; I, 270: „Ipsissima vis & substantia formatrix est Anima."

[49] Vgl. Oeconomia II, 246: „nam proprie natura hujus fluidi est Anima". An einer anderen Stelle äußert er sich zurückhaltender: Im *fluidum* befinde sich das Leben und folglich die Seele, vgl. II, 160.

[50] Zitat aus WOLFFs Cosmologia §§ 140, 146 in Oeconomia I, 638.

[51] Vgl. Zitat aus ARISTOTELES, De anima II,II,1 in Oeconomia I, 637.

und Harvey stützt,[52] stellte Swedenborg seine modifizierte Präformationstheorie vor. Die letztlich von Adam stammende und von Gott belebte Seele wird schon bei der Empfängnis durch das väterliche Sperma eingepflanzt und bildet die *vis formatrix* des gesamten Körpers, eine Wortwahl, die Swedenborg im Hinblick auf das „*formationis opus*" bewusst als Alternative zu Jan Baptista van Helmonts, Paracelsus', Henry Mores und Ralph Cudworths Begriffen der *vis plastica* oder des *archaeus* traf.[53] Das embryonale Gehirn, das im Gegensatz zu den Aristotelikern und Harvey sowie im Anschluss an Malpighi noch vor dem Herzen gebildet wird, entspricht den Seelenkorpuskeln, die in der *substantia corticalis* des Vaters gebildet und mit dem Sperma propagiert werden.[54] Sie sind nicht, wie etwa Leibniz annimmt, präexistent und mit dem Körper prästabiliert.[55] Es besteht ein organischer Konnex, nicht eine prästabilierte Harmonie zwischen Körper und Seele.

Den aristotelischen Gedanken, dass die Seele vom Vater, das Prinzip der Bewegung, das der Mann durch die Erzeugung besitzt, aus Gott, die Materie aber von der Mutter stammt, wird Swedenborg später auf seine Christologie übertragen: die Seele Christi stammt von Gottvater, sein Körper von Maria.[56]

---

[52] Auf die Bedeutung vor allem von Marcello Malpighis *De formatione pulli in ovo* von 1673 hat INGE JONSSON, 1999, 56, hingewiesen.

[53] Vgl. Oeconomia II, 295; I, 253. Mit großer Sicherheit kann angenommen werden, dass Swedenborgs Kenntnisse nicht den Schriften der genannten Autoren selbst entstammten, sondern Johann Christoph Sturms *Physica electiva sive hypothetica* (1697), wo die entsprechenden Begriffe besprochen und analysiert worden sind, vgl. JONSSON, 1999, 58. Die *Physica electiva* befand sich zwar nicht in seiner Bibliothek, Swedenborg dürfte mit Sturm aber vertraut gewesen sein, denn der Katalog seiner Bibliothek enthält: JOHANN CHRISTOPH STURM: Collegium Experimentale [...]. Norimbergae 1701; DERS.: Mathesis Juvenilis, D. i. Anleitung vor die Jugend zur Mathesin. Nürnberg 1705. Der Einfluss der Archaeus-Vorstellung van Helmonts auf Swedenborg dürfte von BENZ, 1969, 140, überschätzt worden sein, auch wenn die Parallele zum Lebensfluidum bei van Helmont, das seinen Sitz im Blut hat, auffällig ist. Demgegenüber bemerkenswert ist jedoch die Verbindung eines kosmischen, mit einem im Körper wirkenden *fluidum* bei Swedenborg. Indem Benz den Archaeus-Begriff ganz selbstverständlich auf Swedenborg überträgt, obwohl dieser sich davon distanziert, stellt er eine nahezu ungebrochene Tradition zu van Helmont her (vgl. ebd., 142, 144 u. ö.).

[54] Vgl. Oeconomia I, 241–246 (Zitate aus Bellini, Malpighi, Lancisi und Harvey); JONSSON, 1979, 233 f.; JONSSON, 1988, 37.

[55] Leibniz wies in der *Theodizee* Ralph Cudworths *vis plastica* zurück und meinte, die Entstehung des Organismus durch die Präexistenz in Seelen und Eiern und durch seine prästabilierte Harmonie erklären zu können, vgl. LEIBNIZ, Theodizee, (wie oben Seite 74, Anm. 63), Vorwort, 44 f. Leibniz' Theorie könnte vom λόγος σπερματικός der Stoiker, von Augustin oder auch kabbalistischen Emanationslehren angeregt worden sein, vgl. COUDERT, 1995, u. a. 94, 121, 142. Ausführliche Exzerpte aus der *Theodizee* fertigte Swedenborg zwar erst im Codex 36 an, dass er sie aber schon vor der *Oeconomia* kannte, ist sehr wahrscheinlich.

[56] Vgl. ARISTOTELES, De generatione animalium, II,IV und II,I. Beide Stellen werden von Swedenborg wörtlich im PhN exzerpiert, vgl. Kap. 4.2.3.). Zur Christologie an diesem Punkt vgl. Kap. 3.3.6., c); sowie 3.3.7., c), ee).

ff) Das fluidum spirituosum im menschlichen Körper

Swedenborg kennt vier Arten von Luft, von denen die *aura mundi* die höchste ist. Er bezeichnet sie als *forma* aller Kräfte der geschaffenen Welt, sie füllt Raum aus, ist flüssig und ausgedehnt. Dabei nennt er auch chaldäische, ägyptische, griechische und lateinische Philosophen wie Hermes Trismegistos, Plato, Jamblich, Origenes und Alkinos, die gemeint hatten, dass es verschiedene Arten von beseelten Himmeln gebe, und Origenes, der ihnen Vernunft und eine Neigung zu Tugend oder Lastern zugeschrieben habe. Er schloss sich aber Aristoteles an, der diese Himmel zwar für beseelt gehalten, ihnen aber eine *anima assistens* ohne Vernunft beigelegt habe.[57] Diese Ansicht entspreche seinem „Theorem". Swedenborg dürfte die genannten Autoren jedoch kaum direkt studiert haben. Vielmehr entnahm er ihre Auffassungen aus einem französischen Lexikon von 1636.[58]

Das *fluidum*, das der *aura mundi* entstammt, wirkt im Körper als dritter, höchster, subtilster Grad oberhalb des Blutes: ein *sanguis supereminens*.[59] Es ist für Swedenborg eine empirisch notwendige, ja geradezu bewiesene Annahme. Alles werde durch das *fluidum* bewässert, ernährt, betätigt, verändert, geformt und erneuert.[60] Durch seine Lehre von Serien und Graden, verbunden mit einer empirischen Forschung, die auf der Entdeckung der roten Blutkörperchen durch Leeuwenhoeks Mikroskop basiert, mit der oben genannten mathematischen Philosophie der Universalia und mit intuitiver Erkenntnis könne das *fluidum* erforscht werden. Nur auf diese Weise seien Kenntnisse über die Seele zu erlangen.[61]

Aber das *fluidum spirituosum* ist nicht selbst lebendig, es empfindet und versteht nicht, denn die Natur an sich ist ein totes Wesen und nur „instrumentelle Ursache" des Lebens.[62] Da die Natur selbst tot ist, muss der Ursprung des Lebens beim Schöpfer gesucht werden, bei der Gottheit der Welt als dem ersten *esse*, das selbst die Vollkommenheit von Leben, nämlich Weisheit ist.[63] Gott ent-

---

[57] Vgl. Oeconomia I, 635 („animam assistentem, quae non habeat intellectum: prorsus secundum sensum hujus theorematis"); Zitat aus ARISTOTELES, De coelo, II,II.
[58] JONSSON, 1979, 235, und 1969, 96–98, hat gezeigt, dass es sich um ein fast wörtliches Zitat handelt aus: SCIPION DUPLEIX: Corps de philosophie contenant la logique, la physique, la métaphysique et l'éthique (1636). Dies zeige, so Jonsson, dass man sich vorsehen solle, Swedenborg ein „schlechthin enzyklopädisches Wissen" zu bescheinigen.
[59] Vgl. Oeconomia II, 222, 231. In einem unveröffentlichten Text von 1740 (Philosophia universalium characteristica et mathematica), der meint, von Wolffs *ars combinatoria* angeregt worden zu sein, versuchte Swedenborg, mit einem Buchstabensystem die verschiedenen Blutgrade und den Blutkreislauf zu beschreiben: S = reinstes Blut, SS = mittleres, SSS = rotes, SSSS = dickes Blut; Arterien = A, Muskeln = M, Nerven = N. Auf der höchsten Ebene sind N und A identisch. Die einfachste Fiber ist ein Produkt von S. Vgl. Jonsson, 1999, 102.
[60] Vgl. Oeconomia II, 220–222.
[61] Vgl. Oeconomia II, 224 f.
[62] Vgl. Oeconomia II, 231–235. 231: „Sed Fluidum hoc purissimum, seu sanguis supereminens, quatenus a substantiis primis Mundi formam suam est adeptum, nequaquam dici potest vivere, minus sentire, percipere, intelligere, intueri fines: Nam natura in se spectata est mortua, & modo inservit Vitae pro causa instrumentali, sic prorsus subjecta arbitrio Intelligentis, qui utitur ea, ut promoveat fines per effectus."
[63] Vgl. Oeconomia II, 238, 310.

zieht sich aber aller Erkenntnis und kann als Quelle des Lebens nur durch Analogie mit der Sonne als Quell des Lichts verglichen werden. So wie die Sonne der Welt durch ihre Strahlen in die Körper einfließt, wirkt auch auch die „Sonne des Lebens und der Weisheit".[64] Mit der Präzisierung, dieser *influx* münde nicht in eine Vereinigung *(unitio)* beider Sonnen mit den Objekten und Subjekten, trat Swedenborg nicht nur der Ansicht entgegen, die Unvollkommenheiten der Welt in Gott zu verlegen, er scheint auch spinozistischen Folgerungen aus seinem emanativen System widersprochen zu haben.[65] Auch dürfe man die Analogie zwischen den beiden Sonnen nicht zu weit treiben:

„Die eine ist physikalisch, die andere rein moralisch; die eine fällt unter die Philosophie des Verstandes, die andere unterliegt den Heiligtümern der Theologie; zwischen beiden gibt es Grenzen, die mit den menschlichen Fähigkeiten nicht überschritten werden können",[66]

so Swedenborgs cartesischer Einwand gegen einen möglichen spinozistischen Verdacht.

Das *fluidum spirituosum* folgt demnach drei unterschiedlichen Prinzipien, einem materiellen, weil es in der Welt wirkt und bewegt werden kann, und einem geistigen, durch das es lebendig und mit Verstand ausgestattet ist. Das dritte Prinzip resultiert aus diesen beiden und besteht darin, dass sich das *fluidum* zum Handeln mit den Zwecken der Welt in Übereinstimmung bringen kann und sich zu diesem Zweck einen Körper zu bilden vermag.[67] Ergebnis der vom *fluidum* ausgehenden Generation ist die Substanz der Hirnrinde *(substantia corticalis)*, der mit den feinsten Membranen ausgestattete Ort des Gehirns. Sie ist nicht erste Determinante des Körpers, sondern vom *fluidum* determiniert und als solche Hauptagent des Körpers mittels *spiritus animales* und Blut, die sich durch Adern, Nerven und Fibern bewegen.[68] Die *substantia corticalis* tritt als Austauschort der Aktionen der Seele und der Wirkungen im Körper an die Stelle der von Descartes angenommenen Zirbeldrüse. Swedenborgs Theorie vom mathematischen Punkt, der sowohl materiell als auch immateriell ist, eine Brücke zwischen dem Endlichen und Unendlichen, das durch Bewegung in die finite Existenz gelangt, wird auf das *commercium corporis et animae* übertragen. Die Rindensubstanz mit seiner Quelle im *fluidum spirituosum* nimmt die Stelle ein, die Swedenborg in *De infinito* dem Punkt zugesprochen hatte. Sie steht gewissermaßen zwischen dem *fluidum* und den Blutgefäßen, „genau wie der zweigesichtige Janus, der rückwärts und vorwärts blickt; rückwärts freilich von der Seite der Arterien zum gröberen Blut selbst, aber vorwärts von der Seite der Fibern zum *fluidum spirituosum*".[69]

---

[64] Vgl. Oeconomia II, 257.

[65] Vgl. Oeconomia II, 258.

[66] Vgl. Oeconomia II, 266: „Quatenus unum est intra naturam, & alterum est supra: unum est physicum, & alterum pure morale: & unum cadit sub philosophiam mentis, alterum autem se recipit inter Sacra Theologia: inter quae sunt fines, quos transcendere ingeniis humaniis impossibile est."

[67] Vgl. Oeconomia II, 269–272.

[68] Vgl. Oeconomia II, 304, 116, 142 und das gesamte Kapitel 2 des zweiten Bandes.

[69] Vgl. Oeconomia II, 116: „Ergo est Corticea substantia in medio sita, seu in termino ultimo Arteriam & primo Fibrarum Cerebri, ut bicipitis Jani instar retrorsum & antrorsum

gg) *Anima, mens, animus, corpus*

Erstmals taucht in einer veröffentlichten Schrift nun auch Swedenborgs modifizierte neuplatonische Seelenlehre auf, die er seinen umfangreichen Exzerpten aus der mittelalterlichen pseudo-augustinischen Schrift *De spiritu et anima*, aus der sogenannten *Theologie des Aristoteles*, von seinem Landsmann Andreas Rydelius und anderen Autoren entlehnt hat.[70] Sie wird mit den drei genannten Prinzipien des *fluidum* verknüpft. Das *fluidum* selbst kann mit der *anima* identifiziert werden, die, wie die Monade bei Leibniz, die Fähigkeit der *repraesentatio mundi* und Selbstbewusstsein besitzt sowie Handlungen bestimmt.[71] Die *mens* in der Gehirnrinde besitzt die Funktionen des Verstandes: Verstehen, Denken und Wollen.[72] Der *animus* im gesamten Gehirn steht der Natur am nächsten. Er bildet Begriffe, besitzt die Fähigkeit der *imago* und die Begierden.[73] Hier in der *Oeconomia* trennt Swedenborg die fünf Sinnesorgane und die Muskeln des Körpers als Werkzeuge der Seele noch vom *animus* ab, später wird er sie ihm zuordnen.[74] Auch in diesem Fall liegt eine gebrochene Triade vor, analog den vier *aurae* oder den drei plus eins unteren Serien.

Das organische und zugleich mechanische Ineinandergreifen der vier Seelenarten *anima, mens, animus* und Sinnesapparat ist ein realer, biologischer *influxus*, auch wenn Swedenborg einräumt, die Quelle dieses *influxus* von Weisheit und Leben als einer göttlichen Tat mit menschlichen Mitteln niemals beschreiben zu können.[75]

Swedenborg meint, wenn die Seele Aktion des *fluidum spirituosum*, wenn die *mens* in der kortikalen Substanz des Gehirns die Operation der Seele und der *animus* die *affectio* des ganzen Gehirns *(sensorium commune)* sei und dessen Vermögen in der *sensatio* des Körpers und der Aktion der Bewegungsorgane bestehe, dann ist durch rationale anatomische Erforschung bewiesen, dass die Seele mit dem Körper nur über die Organe kommuniziere.[76] Das ist Swedenborgs Kurzformel der *harmonia constabilita* als Erklärungsmodell für das Ineinanderwirken von Körper und Seele. Das *commercium corporis et animae* braucht nicht durch die Prästabiliertheit der Leibnizianer, durch das Wunder der *causae occasionales* der Cartesianer oder einen einseitig verlaufenden *influxus physicus* erklärt werden. Es ist eine organisch-mechanische Maschine, die durch die Vermögen der *mens* dennoch Freiheit besitzt.

---

respiciat, a parte nimirum Arteriarum ipsum sanguinem crassiorem, a parte autem fibrarum fluidum spirituosum […].“

[70] Vgl. dazu umfassend Kap. 4.2., insbesondere 4.2.2., 4.2.5. und 4.2.9.

[71] Vgl. Oeconomia II, 274; II, 303: „[…] usque eodem recidit!, sive memoratum fluidum dicimus Spiritum aut Animam, sive ejus facultatem sibi repraesentandi universum, & intuendi fines; una unum non concipi potest, quia non datur sine altero.“

[72] Vgl. Oeconomia II, 278: „Alterum sub illa [anima] est Mens, cujus est intelligere, cogitare & velle. Quod Mens sit facultas distincta ab Anima, haec nimirum posterior, inferior, minus universalis, imperfectior […].“

[73] Vgl. Oeconomia II, 279: concipere, imaginari, cupere.

[74] Vgl. Oeconomia II, 280.

[75] Vgl. Oeconomia II, 251 f.

[76] Vgl. Oeconomia II, 303–311.

hh) Die Unsterblichkeit der Seele und die himmlische societas

Eine weitere Anknüpfung an die Seelentheorie in *De infinito* und zugleich eine
auffällige Parallele zu Andreas Rüdiger besteht darin, dass die finite Seele, obwohl sie von dem lebendig machenden Geist Gottes unterschieden ist, als unsterblich betrachtet wird. Die Seele ist immun gegen alle schädlichen und zerstö-
rerischen Ereignisse der „sublunaren Welt". Nach dem Tod des Körpers ist sie
unsterblich, aber – und hierin ist erneut an Rüdiger zu erinnern – sie ist aufgrund
ihrer eigenen, im Unterschied zum unendlichen Gott, endlichen Natur nicht per
se unsterblich. Genau wie Rüdiger und *De infinito* wird die Seele nur aufgrund
des göttlichen Willens für unsterblich gehalten.[77]

Stellte diese Auffassung nur eine Fortführung der bereits 1734 vorhandenen
Ansichten Swedenborgs dar, so weitete er seine Spekulationen über die Unsterblichkeit der Seelen nun auf eine Art Geisterwelt aus. Im Himmel lebten die Seelen
weiter in einer „Seelengesellschaft im Himmel" *(Societas Animarum in Caelis)*.[78]
Hier wird sie nach der Befreiung von allen Banden und Ketten der irdischen Dinge zusammen mit der ganzen Form des Körpers ein Leben führen, das reiner ist,
als man sich vorstellen kann. Und sie wird noch die exakte Form des menschlichen Körpers annehmen, genau diese menschliche Gestalt ist nämlich die allgemeine Form der Seele.[79] Die postmortale Seele hat schon für den Swedenborg
von 1740/41 eine menschliche Gestalt. Und es ist bereits ein kontinuierlicher Zusammenhang zwischen diesem und dem anderen Leben hergestellt. Die diesseiti-
gen Taten und Worte dieses Lebens werden im strahlenden Licht einer inne-
wohnenden Weisheit vor dem Richterstuhl ihres Gewissens offenbar sein.[80] Wie
später in seiner Geisterweltlehre stellt sich Swedenborg kein Jüngstes Gerichts
mit einem Richtergott mehr vor. Die richtende Instanz wird in den Menschen
bzw. in seine *anima* verlegt. Swedenborg hat schon in der *Oeconomia* begonnen,
seine Eschatologie umzugestalten.

Die irdische *civitas Dei* ist die Pflanzschule *(seminarium)* dieser himmlischen
Gesellschaft, auf die sich der Zweck der Zwecke *(finis finium)*, der „Endzweck",
wie später häufig übersetzt wird, richtet und der das Ziel der Dreierserie Zweck –
Ursache – Wirkung ist.[81] Geradezu zitathaft wird sich die *civitas Dei* als *seminarium* und seine Lehre von den Zwecken in Swedenborgs theologischen Schriften
wiederholen und von manchen Rezipienten geradezu als ein Markenzeichen seiner Theologie betrachtet werden. In der *Oeconomia*, acht Jahre vor dem ersten

---

[77] Vgl. Oeconomia II, 348 f.: „Anima quidem non dici ex se immortalis potest, quia creata
est ex unico immortali, qui est vita aeterna; nam creare aliquid, quod per se immortale sit, est
facere id quod ipse est; ejus tamen est facere id quod immortale sit per Ipsum."

[78] Vgl. Oeconomia II, 348, 364.

[79] Vgl. Oeconomia II, 357, 351: „Quod exsolutum a vinculis & laqueis terrestrium in om-
nem sui corporis formam coaliturum sit."

[80] Vgl. Oeconomia II, 348: „Tum quod nulla sit actiuncula ex consulto, & nulla vocula ex
consensu, in vita ejus corporea, edita, quae non affulgente luce sapientiae, inhaerenter designa-
tae, tunc ante ejus conscientiae judicium, distincte comparituræ sint." Vgl. dann II, 358–363.

[81] Vgl. Oeconomia II, 364 f.

Band der *Arcana coelestia*, war das Grundgerüst der Lehre Swedenborgs weitgehend vorhanden. Nur das zementierende Votum der Geister fehlte noch.

ii) Ist die Seele materiell oder immateriell?

Swedenborg unterläuft in der *Oeconomia* die Trennung zwischen Materialität und Immaterialität. Er will die Frage, ob die Seele materiell oder immateriell sei, schlichtweg ungeklärt lassen und von den jeweiligen Definitionen von Materialität abhängig machen. Betrachte man Ausdehnung und Trägheit als Kennzeichen von Materie, dann sei die Seele natürlich immateriell wie die *aura prima*, die nicht Materie im Sinne von Erde, Salzen und Mineralen sei.[82] Aber eine aktive Kraft könne ihr zugeschrieben werden. Auch angesichts der Frage, ob Ideen nun materiell oder immateriell seien, verdeutlichte Swedenborg die Grenzen der Aufteilung in materiell und immateriell; er verstand schlichtweg nicht, wie man materielle von immateriellen Modifikationen unterscheiden könne. Sie unterschieden sich seiner Ansicht nach nur durch Grade. Und schließlich griff er noch einmal, allerdings ohne Namensnennung, auf Andreas Rüdiger zurück, wenn er meinte, alles Geschaffene sei ausgedehnt und insofern auch materiell. In diesem Sinne sei die *substantia prima* auch die *materia prima* aller anderen Substanzen. Aber das Leben, das in die Seele einfließe, sei nicht geschaffen und könne daher nicht für materiell gehalten werden. Auch der Seele, die dieses ungeschaffene Leben aufnehme, komme keine Materialität zu. Daher könnten sowohl der Materialist als auch der Immaterialist bei ihrer Meinung bleiben und die Seele entweder für materiell oder für immateriell halten, weil sie das Leben des Geistes Gottes lebe, der nicht Materie, sondern Essenz sei, und dessen Weisheit die göttlichen Zwecke durch die Determinationen von Materie und durch die Formen der Natur fördere.[83]

jj) Der influxus göttlichen Lebens

Bereits hier, und nicht erst in seiner visionären Wende, vollzieht sich ein Paradigmenwechsel, der Swedenborgs Cartesianismus mit einem neuplatonisch-augustinisch inspirierten *influxus* göttlichen Lebens verband, der auf Augustins Unterscheidung zwischen der implantierten Seele und dem Lebensgeist Gottes beruht. Inge Jonsson sieht in diesem Paradigmenwechsel die „Spiritualisierung" der Welt durch Swedenborg impliziert.[84] Man müsste aber ergänzen: die ‚Materialisierung'

---

[82] Vgl. Oeconomia II, 311.

[83] Diese letzte Aussage befindet sich nicht in der 1. Auflage des 2. Bandes der *Oeconomia* von 1741. Die Übersetzung von AUGUSTUS CLISSOLD (Economy II, S. 299) basiert offenbar auf der zweiten oder dritten Auflage. Hier heißt es: „Thus both materiality and immateriality are predicable of the soul; and the materialist and immaterialist may each abide in his own opinion." Möglicherweise nahm Swedenborg diese Ergänzung aufgrund des erneuten Materialismusverdachts vor, den die *Zuverlässigen Nachrichten* bereits im August 1741 geäußert hatten, vgl. unten Seite 149.

[84] JONSSON, 1999, 75 f., weist weiter daraufhin, dass Swedenborg auf die Unterscheidung zwischen transzendenter und physikalischer Materie bei Christian Wolff zurückgreife, aber

des Geistigen und – lediglich von Gott abgesehen – nicht Materiellen.[85] Nur wenn Seelen auch eine quasimaterielle Qualität besitzen und unsterblich sind, können sie auch erscheinen und gesehen werden – durch ein verändertes *sensorium* oder durch Offenbarung. Die vitale Mechanik des Körpers lässt sich nach Swedenborgs Verständnis sehr wohl empirisch beschreiben, aber die belebende Quelle, die den Körper-Seele-Komplex in Bewegung setzt, wird außerhalb betrachtet. Die Seele ist nur das Aufnahmegefäß – in seinen theologischen Schriften: *receptaculum* – des Lebens, denn die Natur ist tot. Allerdings – und das ist bemerkenswert für sein deskriptives Vorgehen – bezieht sich Swedenborg gerade auf Aristoteles, wenn er Geist bzw. Leben und Seele voneinander trennt und den Geist als Prinzip bestimmt, durch das der Mensch lebt, und als die Form, durch die er erkennt, dass er lebt. Auch für Aristoteles ist die Seele der Teil des Menschen, in dem zuerst Leben enthalten ist, die Substanz jedes Körpers; soweit sie ein Teil des Menschen ist, sei die Seele ein Gegenstand der Physik.[86] Natur und Mensch, Körper und Seele besitzen in der *Oeconomia* und auch in den späteren Schriften kein eigenes Leben, mithin keine Selbstbewegung, sondern nur das Prinzip der Bewegung und die Fähigkeit, Leben aufzunehmen.

Damit bleibt Swedenborg bei seiner cartesischen Sicht und ist, sofern man Antoine Faivres Kriterium der „lebenden Natur" als eines der Hauptkennzeichen von Esoterik zugrunde legt, gerade kein Esoteriker.[87] Friedrich Christoph Oetinger betonte gerade auch gegenüber dem mechanistischen Verständnis einer toten, materiellen Natur, dass diese mit Selbstbewegung und Freiheit ausgestattet sei.[88]

Göttliches Leben fließt bei Swedenborg in das *fluidum* ein, und zwar durch dessen Verbindung mit der feinsten Luft, die noch vor der reinen und noch vor der ätherischen Luft existiert. Die Frage, ob Leben Materie sei, wird auf diese Weise in den subtilst denkbaren (oder undenkbaren) Bereich verschoben, denn, so Swedenborg, wie der *influxus* dieses Lebens funktioniere, sei unerklärlich. Diese Denkfigur ermöglicht es ihm, streng cartesisch zu bleiben: Alles Körper-

---

dessen Warnung ignoriere, beide Bedeutungen nicht zu vermischen. Damit ist m. E. aber der Einfluss Wolffs zu stark gezeichnet. Jonsson ist sicherlich darin zuzustimmen, dass die Serien-Grade-Lehre zur Annahme eines höchsten Grades von Existenz führte, die nicht mehr als materiell zu bezeichnen ist, was auch auf die Seele als Aufnahmegefäß des Lebens gilt. Es ist aber zu berücksichtigen, dass Swedenborg offenbar Andreas Rüdigers Definition alles Geschaffenen als endlich und ausgedehnt folgte und die Seele daher als *creatum*, unabhängig von ihrer materiellen Qualität, auch als ausgedehnt begriff. Bedeutsam ist Jonssons Hinweis, dass Swedenborg zwei Arten von Materie unterscheide, von denen die eine nach Wolffs Definition ausgedehnt und träge, die andere aber frei von jeder physikalischen Materialität sei und die vollkommenste natürliche Kraft enthalte: die Gravitation. Das *fluidum spirituosum* wird damit in Analogie zur Gravitation gesetzt, und da letztere durch Formel ausgedrückt werden könne, müsse gleiches auch für das *fluidum* gelten. Vgl. JONSSON, 1969, 111.

[85] Dieser Ansicht ist auch LAMM, 1922, 90.

[86] Vgl. wörtliche Zitate aus ARISTOTELES: De generatione animalium II,IV; Metaphysik V,XVIII; De anima I,I und weitere Zitate in Oeconomia II, 248f. Alle diese Stellen hatte Swedenborg im PhN exzerpiert, vgl. Kap. 4.2.

[87] Vgl. Antoine FAIVRE: Esoterik im Überblick. Freiburg; Basel; Wien 2001, 25f.

[88] Vgl. Kap. 5.2.4. und 5.2.5., a).

liche, also auch die Seele, wird mechanisch erklärt. Freiheit heißt, dass die *mens* zwischen gut und böse und dass sie Zwecke und Mittel wählen kann.[89] Sie besteht trotz der organischen Determination, weil der Mensch aus den anderen Serien herausgenommen ist und höhere Fähigkeiten als die Tiere besitzt. Die freie Kraft der Handlung und der Unterlassung wurde dem menschlichen Geist gegeben als Mittel zum letzten Zweck des Schöpfers: zur Ehre Gottes, der aus freiem Willen geliebt werden will.[90]

kk) Freiheit und ideae innatae

Das *fluidum* der Tiere stammt aus einem Äther nur zweiter Ordnung. Bei ihnen ist alles angeboren, sie sind gleichsam komplett determinierte organische Maschinen ohne Freiheit[91] – nicht aber der Mensch. Seine *anima* beginnt vom Zeitpunkt der Empfängnis an zu wachsen und sich ihren Körper zu bauen. Sie besitzt von Beginn an die Fähigkeit der *contemplatio* und Selbstbewusstheit. In der *anima*, das ist nun Swedenborgs Mittelstellung zwischen Lockes *tabula rasa* und Descartes, befinden sich angeborene Ideen *(ideae innatae)*, nicht aber in der *mens*, die durch das Licht der Seele erleuchtet werden muss, in einem Prozess, der von der Kindheit an verläuft.[92] Hier werden sie mit Hilfe des *animus* bewusst gemacht, um in der *anima* gespeichert zu werden. Später wird Swedenborg diese Ansicht weiter ausbauen: die *memoria*, die sich in der *mens* gebildet und in der *anima* gespeichert hat, bleibt postmortal erhalten und bestimmt die ewige Fortexistenz der menschlichen Seele.

Swedenborgs Position zwischen Descartes und Locke erinnert wiederum an Leibniz, für den die Ideen aufgrund des menschlich-göttlichen Zusammenhangs zwar vorhanden sind, aber durch „Aufmerksamkeit" erst in Begriffe gewandelt und so bewusst gemacht werden.[93] Auch bei Swedenborg sind sie vorhanden, aber nicht im Bewusstsein der *mens rationalis*, wo sie erst bewusst gemacht werden müssen, sondern nur in der *anima*. Die Seele ist auf diese Weise sowohl *tabula rasa* als auch mit *ideae innatae* komplett ausgestattet. Ein besonderer Ak-

---

[89] Vgl. Oeconomia II, 320–322.

[90] Vgl. Oeconomia II, 334f., mit einem Zitat aus Robert Bellarmines *De gratia et libero arbitrio*, III,III: Der freie Wille „ist unserer verstandesmäßigen Natur zur großen Ehre Gottes" verliehen.

[91] Vgl. Oeconomia II, 338–347.

[92] Vgl. Oeconomia II, 294–297. Bei Kindern und Behinderten mit „gestörtem" *animus* sei die *mens* nicht vorhanden, wohl aber die *anima*. Die notwendige Erleuchtung der *mens* durch die *anima* mit Hilfe des *animus* ist (noch) nicht möglich. Vgl. auch LAMM, 1922, 91.

[93] Vgl. etwa GOTTFRIED WILHELM LEIBNIZ: Metaphysische Abhandlung. 2. Aufl. Hamburg 1985, Nr.§26 *(animadversion)*. JONSSON, 1979, 238, hat herausgearbeitet, dass Swedenborg sich dabei auch von Andreas Rydelius inspirieren ließ. In VCR 335 (1771) stellt Swedenborg seine Sicht aus dem Mund eines Engelsgeistes noch einmal vor und bezieht sich dabei deulich auf Leibniz. Die Ideen seien nicht angeboren, sondern angebildet. Angeboren sei lediglich das Vermögen des Wissens, der Einsicht, der Weisheit und der Liebe zu Gott und dem Nächsten. Leibniz, der bei dieser Szene anwesend war, „äußerte seinen Beifall", Wolff hingegen habe „zwischen Verneinung und Bejahung" geschwankt, „besass er doch nicht die gleiche tiefdringende Urteilskraft, über die Leibniz verfügte".

zent scheint jedoch auf der erwähnten Intuitionstheorie Lockes zu liegen, dass nämlich Intuition nur Engeln und seligen Menschen zukomme. Wenn Swedenborg deren Vermögen auf die Seele überträgt, bereitet er mehrere Stützpfeiler seiner Geisterweltlehre vor: die Gleichsetzung von Engeln und Seelen und die ursprüngliche intuitive Erkenntnis der *anima*, die in Freiheit verloren gehen oder bewahrt und wiedergewonnen werden kann.

ll) Die Oeconomia *am Schnittpunkt zur Geisterwelt*

Wenn Swedenborg die Seele trotz ihrer unbegreiflich subtilen Materialität für ausgedehnt und zugleich unsterblich hält, legt er ein Fundament dafür, dass sie unter bestimmten, dem empirischen Forscher ohne ein übersinnliches Sensorium aber nicht zugänglichen Umständen auch erscheinen kann. Das in der *Oeconomia* enthaltene Motiv einer himmlischen *societas animarum* ist als Baustein für Swedenborgs Geisterwelt zu sehen. Ein weiterer Beleg ist Swedenborgs Sonnenmetapher: Die geistige Sonne, die er in Analogie zur natürlichen Sonne beschreibt, will er Jahrzehnte später selbst in der Geisterwelt gesehen haben.[94] Literarisch ist sie in der *Oeconomia* nicht nur enthalten, sondern schon ausformuliert. Auch die menschliche Freiheit, der *influxus* göttlichen Lebens, das die an sich tote Natur des *fluidum* beseelt, und die Modifizierung seiner Eschatologie sind Motive, die sich nicht wesentlich von seiner Geisterweltlehre unterscheiden.

Schließlich liegt in Swedenborgs Liste seiner als nächstes geplanten Publikationen, die er der *Oeconomia* beifügte, ein Programm vor, das die visionäre und vorvisionäre Phase miteinander verbindet. Zunächst wollte er weiter über das Gehirn arbeiten, über dessen Medullarfibern und über die Nervenfibern des Körpers. Dann sollte eine Arbeit über den seelischen Geist folgen, eine über die drei Lehrsysteme zum *commercium corporis et animae* und schließlich über die göttliche *prudentia*, die *praedestinatio*, das Schicksal, die Glückseligkeit, den Zufall und die menschliche *prudentia* entstehen.[95] Ein Blick auf die folgenden Publikationen bringt Erstaunliches hervor. Gehirn und Nerven waren das Hauptthema des kurz nach der *Oeconomia* geschriebenen *Regnum animale*. 1769, nach mehr als 20 Jahren Geisterwelt, erschien eine kleine Schrift Swedenborgs über die drei zeitgenössischen Theorien des *commercium*.[96] Die theologischen Schriften scheinen genau die Erfüllung dieses drei Jahre vor den Visionen aufgestellten Programms zu sein, in dem zwar die Bibelexegese nicht ausdrücklich genannt wird. Aber *prudentia*, *praedestinatio*, *fatum* sind die Topoi, die in den *Arcana coelestia* und allen hierauf folgenden theologischen Schriften abgehandelt werden. Damit wäre in der *Oeconomia* das komplette Gerüst der weiteren Werke Swedenborgs

---

[94] Vgl. Kap. 3.3.3., b); 4.2.10., h).

[95] Diese Liste war der Öffentlichkeit durchaus bekannt; in der Bibliothèque Raisonnée des Ouvrages des Savans de l'Europe, 1742, Januar–März, 135 f., wurde sie referiert. In PhN 491 ist eine weitergehende Liste enthalten, die auch den Tod des Körpers und die Unsterblichkeit der Seele, den Zustand der Seele nach dem Tod des Körpers und die Gesellschaft der Seelen oder den Himmel als Themen benennt.

[96] Vgl. auch Kap. 4.1., sowie 4.2.2.

als Plan ausgesprochen, und zwar ganz gemäß der Serien-Grade-Lehre, nämlich aufsteigend vom Mineralreich der *Principia*, zum Seelenreich des Menschen in *Oeconomia* und *Regnum animale*, über menschliches Schicksal und Glückseligkeit in Geisterwelt, Himmel und Hölle, hin zu der höchsten Serie des Universums, der Gottheit selbst, die freilich auch in den theologischen Schriften nur analog beschrieben wird, wie die geistige Sonne in der *Oeconomia*. Der im *Traumtagebuch* dokumentierte biographische Wandel hätte in dieser Stufenleiter nur die Empirie verändert, nicht aber den Plan selbst. Ohne die Visionen selbst deuten zu wollen: da die zeitgenössischen philosophischen und medizinischen Autoritäten, auf die Swedenborg für das natürliche Reich der Mineralien und des Menschen reichlich zurückgegriffen hatte, für die Geisterwelt kein Material zur Verfügung stellen konnten, war ein anderer empirischer Zugang nötig, den man als ‚Offenbarungsempirie' bezeichnen könnte: Geister und Engel statt der *experientia* und *observatio*, die aus eigenen und den Quellen anderer Autoren stammte. Dies ist hinsichtlich der weiteren Entwicklung Swedenborgs im Blick zu behalten.

b) Die Oeconomia *im Urteil der Zeitgenossen*

aa) *Würdigung: die Seelenlehre*

Die Rezension der *Oeconomia* erstreckte sich nun erstmals auch auf die frankophone Gelehrtenwelt. Die in Amsterdam erscheinende *Bibliothèque Raisonnée des Ouvrages des Savans de l'Europe* machte beide Bände in zwei umfangreichen Besprechungen bekannt.[97] Gerade diese französischen Texte gingen über ein bloßes Referat hinaus und enthielten sich eines Urteils nicht: Swedenborg habe den „Applaus" aller forschenden Geister verdient, vielleicht mit der Ausnahme seines lateinischen Stils, aber zu diesem Thema sei bisher nichts Besseres publiziert worden.[98] Sein System wirke auf den ersten Blick „empörend", auf den zweiten aber, wenn man die Urteilskraft des Autors verstehe, „nachvollziehbar" und „annehm-

---

[97] Neben den umfangreichen Rezensionen in der Bibliothèque Raisonnée, in den Zuverlässigen Nachrichten und Nova acta eruditorum sind noch kleinere Anzeigen nachweisbar in: Neue Zeitungen von Gelehrten Sachen, 1740, August, 553–555 (Bd. 1); ebd., 1741, Februar, 98 f. (Bd. 2); ebd., 1741, Juni, 448 (Anzeige der Besprechung in den Zuverlässigen Nachrichten zu Bd. 1); ebd., 1741, August, 560 (Anzeige der Besprechung in den Zuverlässigen Nachrichten zu Bd. 2); ebd., 1742, November, 856 (Anzeige der Besprechung in Nova acta eruditorum zu Bd. 1); ebd., 1743, August, 568 (Anzeige von Bd. 2).

[98] Vgl. Bibliothèque Raisonnée des Ouvrages des Savans de l'Europe, 1742, Januar–März (zu Bd. 2) 134–147, hier: 135 (les applaudissmens). Im Hinblick auf die Anonymität des ersten Bandes bemerkte der Rezensent, Swedenborg brauche nicht beschämt darüber zu sein, die Gelehrtenrepublik mit seinem Werk über diesen „abstrusen Stoff" bereichert zu haben, den er mit ebenso viel Feingefühl wie Tiefe behandelt habe. Ausdrücklich gewürdigt werden Swedenborgs *De infinito* und die drei Bände der *Opera philosophica et mineralia*, durch die Swedenborg das Ansehen unter den Gelehrten erworben habe, das er mit Ehre trage. Vgl. ebd., 135. Wie bereits in der Vergangenheit kam Swedenborg besonders den deutschen Rezensenten häufig obskur und unverständlich vor. Das wurde, wie schon bei den *Principia*, auf eine völlig neue und ungewohnte Terminologie zurückgeführt.

bar".[99] Und schon nach dem ersten Band urteilte die *Bibliothèque Raisonnée*, man könne Swedenborg nicht ohne Grund den Beifall verweigern.[100] Die Hauptgegner der swedenborgischen Seelenlehre sah der Rezensent einerseits bei denen, die die Materie nicht für denkfähig hielten, und andererseits bei denen, die die menschliche Seele nicht als unsterblich betrachteten, sondern nur den Geist. Swedenborg gehe gegen die falsche Meinung vor, dass nicht jeder Teil des Menschen unsterblich sei. Der Rezensent unterstützte ausdrücklich Swedenborgs Position und erblickte Indizien für die Unsterblichkeit im „Gefühl" des Menschen, in der allgemeinen Überzeugung, dass nach der Zerstörung des Körpers ein Teil von uns bleibe, der nicht zum Grab niedergeht, und in dem Wunsch nach Fortexistenz. Könne es jemanden geben, so fragte er mit dem Hinweis auf den „entsetzlichen Abgrund der Vernichtung", der so verrückt sei, solche Wünsche zu bestreiten, die nicht leer seien und die durch die Natur geboren würden?[101]

bb) Swedenborg als mechanistischer „Arzt" und Eklektiker

Die in Leipzig erscheinenden *Zuverlässigen Nachrichten von dem gegenwärtigen Zustande, Veränderung und Wachsthum der Wissenschaften* besprachen beide Bände ebenfalls in jeweils 25seitigen Texten. Sie sahen Swedenborgs Verdienst in dem Versuch, die

„Artzney-Wissenschaft, welche in den nordischen Ländern, und einem großen Theile von Teutschland noch auf dem alten Fusse stehet, auf festere und bessere Gründe zu setzen, und denen Liebhabern der Artzney-Kunst, denen es an einem guten Vorrathe von ausländischen Schriften fehlet, den Kern der vortrefflichsten Anmerckungen der Engelländer, Holländer, Italiäner und Frantzosen, und deren neueste Entdeckungen vor Augen zu legen".[102]

Denn die „Unwissenheit" sei bei den deutschen und nordischen Ärzten

„noch so groß, daß sie einigen Gottes-Gelehrten gern beypflichten, wenn es diese vor eine Todt-Sünde ausgeschrien, daß man den menschlichen Leib vor ein blosses Hebezeug ausgebe, zu dessen Berechnung man die Meß-Kunst eben so, wie bey den andern gemeinen Hebezeugen anwenden könne".

Im Gegensatz zu diesem theologischen Verdikt zeige Swedenborg, der durch seine „Erfahrungen" in den „mathematischen Wissenschaften" ein begründetes Vertrauen in die von ihm vertretene mathematische Methode geschaffen habe,

---

[99] Vgl. Bibliothèque Raisonnée des Ouvrages des Savans de l'Europe, 1742, Januar–März (zu Bd. 2), 146 (révoltant; la force des raisonnemens de l'Auteur; sensible & recevable).

[100] Vgl. Bibliothèque Raisonnée des Ouvrages des Savans de l'Europe 1741, Oktober–Dezember (zu Bd. 1), 411–433, hier: 433.

[101] Vgl. Bibliothèque Raisonnée, 1742, Januar–März (zu Bd. 2), 145 („l'affreux abîme de l'anéantissement" – die französische Entsprechung des in der Leibniz-Wolffschen Psychologie verbreiteten Terminus der „Annihilation", vgl. etwa WOLFFs Psychologia rationalis, §670, 736, 738).

[102] Zuverlässige Nachrichten von dem gegenwärtigen Zustande, Veränderung und Wachsthum der Wissenschaften, 1741, August (zu Bd. 2), 489.

„wie man in der gantzen Artzney-Wissenschafft viel weiter kommen könne, wenn man die unveränderlichen Gesetze der Hebe-Kunst zu Hülffe nimmt, als wenn man sich mit denen Träumen und Muthmassungen der gemeinen Ärzte behelfen will".[103]

Auch *Nova acta eruditorum*, die die *Oeconomia* in zwei umfangreichen Rezensionen vorstellten, bescheinigten Swedenborg große Genialität und Kunst oder Gelehrtheit,[104] wollten sich jedoch eines Urteils über dieses ausdrücklich als „nova Philosophia" erkannte System enthalten.[105]

Der Aufbau der *Oeconomia* wurde von den Deutschen als ein Vorzug erkannt. Swedenborg referierte zunächst ,wissenschaftliche Autoritäten', brachte häufig lange wörtliche Zitate und entwickelte daraus schließlich eigene Thesen. Trotz der großen Zahl von Zitaten sei das Buch durchaus keine „bloße Sammlung solcher Sachen", die man auch in anderen Büchern findet.[106] Swedenborg gehe davon aus, „daß man die Wahrheit leicht, niemals aber ohne Erfahrung finden könne". Hierbei müsse man jedoch zwischen der „allgemeinen" Erfahrung vieler und der „besondern" Erfahrung eines Einzelnen unterscheiden, denn letztere könne nur „dunckele und unvollständige Begriffe" hervorbringen. Swedenborg beschreite daher einen

„gantz neuen Weg bey Anwendung der Erfahrungen, welche er von denen berühmtesten und geschicktesten Männern vornemlich der neuern Zeiten annimmt, und auf diese eintzig und allein seine Vernunfft-Schlüsse zu bauen gesonnen ist".

Seine eigene „Erfahrung" steuere er minimal bei, für die *Bibliothèque Raisonnée* ein Zeichen „großer Schüchternheit und Bescheidenheit".[107] Damit brachte der Rezensent Swedenborgs eklektisches Verfahren auf den Punkt, das geradezu theoretisch untermauert war: Die Ergebnisse mehrerer Forscher enthalten tendenziell mehr Wahrheit als ein einzelner erreichen kann. Hatte Swedenborg in seinen früheren Schriften noch häufig eigene Beobachtungen zugrunde gelegt, so stellte er seine Theorien jetzt vollständig auf den Boden anderer Autoritäten. Swedenborg, so die *Zuverlässigen Nachrichten*, habe den „Entschluß" gefasst,

„seine eigene Erfahrung gantz bey Seite zu setzen, den von ihm dazu angeschafften Vorrath kostbarer Werkzeuge liegen zu lassen, und lieber dasjenige zu brauchen, was andere

---

[103] Vgl. Zuverlässige Nachrichten von dem gegenwärtigen Zustande, Veränderung und Wachsthum der Wissenschaften, 1741, August (zu Bd. 2), hier: 490.

[104] Vgl. Nova acta eruditorum, 1743, Juli (zu Bd. 2), 414–421, hier: 414 (das Urteil betrifft den ersten Band); die Besprechung von Bd. 1 wurde ebd., 1742, November, 642–663, gedruckt und referiert in großer Breite und zugleich mit neutraler Sachlichkeit die Grundthesen. Swedenborg wird eingangs in derselben Weise gelobt wie in der Besprechung von Bd. 2, selbst wenn die Bemerkung über Swedenborgs Gabe, die Verbindung zwischen Dingen zu erkennen, die den Sinnen entzogen seien, einen ambivalenten Duktus haben sollte, vgl. ebd., 643.

[105] Vgl. Nova acta eruditorum, 1742, November, 645.

[106] Vgl. Zuverlässige Nachrichten von dem gegenwärtigen Zustande, Veränderung und Wachsthum der Wissenschaften, 1741, Juni (zu Bd. 1), 337–362, hier: 339.

[107] Vgl. Zuverlässige Nachrichten von dem gegenwärtigen Zustande, Veränderung und Wachsthum der Wissenschaften, 1741, Juni (zu Bd. 1), hier: 340 f.; Bibliothèque Raisonnée des Ouvrages des Savans de l'Europe 1741, Oktober–Dezember (zu Bd. 1), 411–433, hier: 416.

Gelehrte, die er hier mit Namen nennt, vor ihm entdecket, als bey solchen gefährlichen Nachstellungen der Eigen-Liebe, sich selbst zu trauen".[108]

Allerdings kritisierten gerade die Leipziger Swedenborgs Umgang mit Aussagen von Christian Wolff, etwa im Falle des oben genannten abweichenden Verständnisses der Serien-und-Grade-Lehre[109] und hinsichtlich Wolffs Vorschlag, eine *mathesis universalis* zu erfinden. Denn anders als Swedenborg meine Wolff ganz und gar nicht, mit deren Hilfe in die tieferen Naturgeheimnisse eindringen zu können, sondern eine den Mathematikern und den anderen „Welt-Weisen" gemeinsame Kommunikation zu kreieren.[110] Demgegenüber hielten sich die *Nova acta eruditorum* an diesem Punkt mit einem Kommentar ganz zurück und schlossen ihre Rezension mit der Bemerkung, eine solche mathematische Philosophie der *universalia* wäre, recht ausgearbeitet, *die* Wissenschaft der Wissenschaften schlechthin.[111]

Die *Bibliothèque Raisonnée* hob besonders hervor, dass Swedenborgs Schlüsse für die besten „Experten in der Theorie der Physik und Anatomie" von Belang seien, nicht für die Metaphysiker, denn Swedenborg erkläre die Seele nur hinsichtlich ihrer Operationen im Körper, ohne sich damit zu befassen, dass sie ja eigentlich immateriell sei[112] – die entsprechenden Gedanken Swedenborgs über die Art der Materialität der Seele ignorierte dieser Rezensent offenbar. Denn genau dieses physikalisch-anatomische Prozedere machte die *Oeconomia* nach seiner Einschätzung zu einem singulären Werk.[113] Swedenborgs Reduktion der „faden" und „abgehobenen" Metaphysik auf Physik behagte diesem offenbar einem strikten Em-

---

[108] Vgl. Zuverlässige Nachrichten von dem gegenwärtigen Zustande, Veränderung und Wachsthum der Wissenschaften, 1741, Juni (zu Bd. 1), hier: 342.

[109] „Der Herr geheimde Rath Wolff, hat diese Reihen insonderheit in der sogenannten Metaphysick gebrauchet, iedoch sich nicht sowohl ein iedes Ding wie eine gewisse Reihe in der Welt vorgestellet, als vielmehr alle eintzelnen Dinge, vor iede Glieder besonderer Reihen angenommen. Der Herr Verfasser machet hingegen aus iedem Gliede eine besondere Reihe. Die Erfahrung muß den Ausspruch thun, ob er damit, wie er Vorhabens ist, in der Natur-Lehre grosse Dinge ausrichten werde." Vgl. Zuverlässige Nachrichten von dem gegenwärtigen Zustande, Veränderung und Wachsthum der Wissenschaften, 1741, Juni (zu Bd. 1), 344 f.

[110] Wolff habe „gleichfalls gewünschet, daß scharfsinnige Köpfe die Ausarbeitung einer Wissenschaft über sich nehmen möchten, darinne die allgemeinen Gründe der Erkenntniß aller endlichen Dinge geleget würden, welche nicht nur in der Mathematick gute Dienste thun, sondern auch von den Welt-Weisen vielfältig gebrauchet werden könte. Allein die von Herrn Wolffen vorgeschlagene Wissenschaft, ist so viel wir sehen können, bey weitem nicht einerley mit dem was der Herr Verfasser verlanget. Zum wenigsten giebt Herr Wolff nicht wie der Herr Verfasser, dieselbe zu einem Schlüssel an, um alle Geheimnisse der mancherleyen Bewegungen der Cörper in der Natur zu eröffnen." Vgl. Zuverlässige Nachrichten von dem gegenwärtigen Zustande, Veränderung und Wachsthum der Wissenschaften, 1741, Juni (zu Bd. 1), 352.

[111] Vgl. Nova acta eruditorum, 1742, November, 663 („rite elucubraretur").

[112] Vgl. Bibliothèque Raisonnée des Ouvrages des Savans de l'Europe 1741, Oktober–Dezember (zu Bd. 1), 432.

[113] „Ich wage zu sagen, daß dieses Werk singulär ist, sowohl in seiner Synthese als auch in seiner Analyse von dem edlen und wesentlichen Teil des menschlichen Körpers." („J'ôse dire, que cet Ouvrage est autant singulier dans la Synthèse, que dans l'Analyse, qui s'y trouve, des parties nobles & essentielles du Corps humain.") Vgl. Bibliothèque Raisonnée des Ouvrages des Savans de l'Europe 1741, Oktober–Dezember (zu Bd. 1), 432.

pirismus verpflichteten Rezensenten. Dadurch, resümierte er, gelange Swedenborg zu viel klareren und exakteren Erkenntnissen als die Metaphysiker, weil seine Ergebnisse auf Vernunft und Erfahrung, Physik und Anatomie gründeten.[114]

Mehrere Rezensionen betonten besonders Swedenborgs Abweisung einer
selbständig lebenden Natur,[115] die nur mechanisch erklärt werden könne, beispielsweise anhand des Blutkreislaufs und der oben erwähnten, trotz des drohenden Widerspruchs der Gottesgelehrten auf den menschlichen Körper angewende-
ten „Hebekunst".[116]

cc) Verdacht: Swedenborg – ein Materialist?

Während die *Bibliothèque Raisonnée* Swedenborgs Erwägungen über den Grad
der Materialität der Seele schlichtweg ausblendete, sprachen die deutschen Rezensenten wie bereits 1734 einen theologischen Vorbehalt aus. Swedenborgs Vorstellungen von der Seele und auch von deren Unsterblichkeit seien so

„eingerichtet, daß man leicht auf die Gedancken gerathen könte, er halte die vernünftige
Seele vor ein materielles Wesen. Dies werden die Gottes-Gelehrten nimmermehr billigen,
weshalben wir ein mehrers davon anzuführen, billig Bedencken tragen."[117]

dd) Würdigung: Swedenborg – ein Neuplatoniker?

Der bereits nach *De infinito* erhobene Materialismusverdacht lebte hier wieder
auf. Demgegenüber skizzierte die *Bibliothèque Raisonnée* offenbar ohne Scheu
vor einem solchen Verdacht Swedenborgs Theorie, dass das *fluidum spirituosum*
sowohl ein geistiges als auch materielles Prinzip besitze.[118] Dieser Rezensent interessierte sich vielmehr für die neuplatonische Tendenz der Seelenlehre Swedenborgs. Wenn Swedenborg meinte, die Seele existiere in einer oberen Welt und sei
unsterblich, dann handele es sich um die „edelste Modifikation" und das „schön-
ste Erbe" des *Esprit Universel*, den alle Philosophen kennen, und dessen, was
Mose den Geist Gottes und Plato *anima mundi* nannte.[119]

---

[114] Vgl. Bibliothèque Raisonnée, 1742, Januar – März (zu Bd. 2), 136, 142 (insipide, relevée).

[115] „Denn die Natur ist an sich selbst, ein todtes Wesen, und gleichsam ein Werckzeug des
Lebens, folglich der Willkühr eines andern verständigen Wesens gäntzlich unterworfen, welches sich derselben also bedienet, daß es seine Absichten durch ihre Würckungen erreichet.
Demnach muß man den wahren Grund dieses Lebens, weiter von den allererusten Wesen
oder dem Ober-Herrn der gantzen Welt herholen, welcher das Leben selbst, oder die Vollkommenheit dieses Lebens, die wahre Weisheit ist." Vgl. Zuverlässige Nachrichten von dem
gegenwärtigen Zustande, Veränderung und Wachsthum der Wissenschaften, 1741, August (zu
Bd. 2), 509; vgl. mit dem gleichen Zitat aus der Oeconomia II, 231–238, auch Bibliothèque
Raisonnée, 1742, Januar – März (zu Bd. 2), 141f., und Nova acta eruditorum, 1743 Juli, 418.

[116] Vgl. Bibliothèque Raisonnée des Ouvrages des Savans de l'Europe 1741, Oktober – Dezember (zu Bd. 1), 423, 426.

[117] Zuverlässige Nachrichten von dem gegenwärtigen Zustande, Veränderung und Wachsthum der Wissenschaften, 1741, August (zu Bd. 2), 513.

[118] Vgl. Bibliothèque Raisonnée, 1742, Januar – März (zu Bd. 2), 142.

[119] Vgl. Bibliothèque Raisonnée, 1742, Januar – März (zu Bd. 2), 146 („la plus noble modi-
fication, la plus belle portion").

Diese neuplatonische Modifikation wurde aber offenbar nicht von allen gesehen. Zu Swedenborgs oben zitierter Äußerung zu den Ansichten antiker Philosophen über eine Vielzahl von belebten Himmeln sowie Aristoteles' Trennung zwischen Leben und Seele meinte der Rezensent in den *Zuverlässigen Nachrichten*, es werde deutlich, dass Swedenborg mit der Weltluft, *aura mundi*, nichts anderes meine, „als was Aristoteles die Forme der Dinge genennet".[120] Das ist gerade im Hinblick darauf zu betonen, dass sich in den Rezensionen keinerlei Urteile über Swedenborg finden, die ihn in eine hermetische Tradition einordneten. Er erschien durchweg als mechanistischer, manchmal geradezu materialistischer und immer an den Ergebnissen maßgeblicher Naturforscher orientierter Forscher, der selbst die Metaphysik in Physik verwandelt habe. Auf besonderes Interesse stießen in allen Rezensionen Swedenborgs konstabilierte Harmonie, seine Serien- und Grade-Lehre und seine Seelentheorie. Die gelehrte Öffentlichkeit wurde in diesen Bereichen ausführlich über Swedenborgs Kernthesen informiert.

ee) Spuren: Die Oeconomia bei Albrecht von Haller

Die *Oeconomia* wurde noch in den 1760er und 1770er Jahren in Albrecht von Hallers (1708–1777) *Bibliotheca anatomica* und in seinen Physiologie-Lehrbüchern, wenn auch knapp, erwähnt, so dass von einer gänzlich fehlenden Rezeption keinesfalls gesprochen werden kann. Immerhin ist Swedenborg in beiden Werken mit zentralen Thesen seiner Arbeit präsent, die von Haller auch den leicht zugänglichen Rezensionen entnommen haben kann. Tendenziöse Hinweise auf Swedenborgs Laufbahn als Geisterseher finden sich nicht. In von Hallers Medizingeschichte ist Swedenborg ohne Einschränkungen als ernstzunehmender Autor eingeordnet, wenn auch gegenüber anderen Autoren in einem geringerem Umfang.[121]

In der *Bibliotheca anatomica* wird der *Oeconomia* die Vorstellung entnommen, im Blut, das aus Meersalz bestehe, befinde sich ein *spiritus animalis*, nicht *materialis*.[122] Aus dem zweiten Band vermerkte von Haller, die Bewegung des

[120] Vgl. Zuverlässige Nachrichten von dem gegenwärtigen Zustande, Veränderung und Wachsthum der Wissenschaften, 1741, Juni (zu Bd. 1), 351.

[121] Unverständlich (und tendenziös) ist die Behauptung, von Haller habe sich in seiner *Bibliotheca anatomica* auf Swedenborg „in kindly terms" bezogen. Vgl. Torsten E. Gordh, William G. P. Mair, Patrick Sourander: Swedenborg, Linnaeus and Brain Research and the Roles of Gustaf Retzius and Alfred Stroh in the Rediscovery of Swedenborg's Manuscripts. Uppsala Journal of Medical Sciences 112 (2007), 143–164, hier: 156 [schwedisch 1990]. Von einer solchen Bewertung ist in von Hallers kurzen und sachlichen Bemerkungen nichts zu spüren. Die *Bibliotheca anatomica* enthält Kurzreferate der Grundthesen einer riesigen Zahl medizinischer Arbeiten, auf die von Haller Zugriff hatte. Sicherlich dürfte er sich dafür bei den ausführlichen Rezensionen der Gelehrtenzeitschriften bedient haben. Die Notizen zu Swedenborg sind im Vergleich mit anderen Autoren und im Hinblick auf den großen Umfang seiner Schriften sehr knapp und sprechen nicht für eine herausgehobene Bedeutungszuschreibung durch von Haller.

[122] „In sanguine spiritus habitat animalis, non materialis." Daneben befindet sich eine kurze Inhaltsangabe, die auch Swedenborgs These erwähnt, dass das Blut von den zahllosen *corcula* des Gehirns und des Kleinhirns bewegt werde. Vgl. von Haller, 1777, 328 f.

Gehirns entstamme dem Herzen, und durch die *mens* würden über die *corcula* der Hirnrinde die Bewegungen der feinsten Körperfibern verursacht. Swedenborgs These von der Konformität des Gehirns mit der Lunge und seine Vorordnung des Gehirns vor allen anderen Organen vermerkt er hingegen nicht. Dafür erwähnt er wiederum die feine Flüssigkeit im Blut, einen *spiritus corporeus*, der unsterblich sei. Dass er in seinem Extrakt wie Swedenborg Unsterblichkeit und Körperlichkeit mit Belebtheit oder Beseeltheit, nicht aber mit Materialität parallelisierte, ist im Hinblick darauf zu notieren, dass Swedenborgs möglicherweise durch Andreas Rüdiger angeregte Unterscheidung zwischen Körperlichkeit und Materialität vermittelt wurde, ohne allerdings weiter diskutiert zu werden. Auch ging von Haller nicht auf Swedenborgs Verbindung des *fluidum spirituosum* mit der Seele und der *aura mundi* oder auf sein Modell einer konstabilierten Harmonie ein, sondern verzichtete auf die metaphysische Dimension dieser Seelenlehre. Damit folgte er der Lesart der Rezension *Bibliothèque Raisonnée* zum ersten Band der *Oeconomia*, die betont hatte, Swedenborg behandle die Seele lediglich hinsichtlich ihrer Wirkung in den Körper.

In ähnlicher Weise setzt sich von Haller an drei Stellen auch in seinen 1768 auf deutsch erschienenen *Anfangsgründen der Phisiologie des menschlichen Körpers* mit hirnorganischen Führungen Swedenborgs auseinander, ohne dass dabei eine Wertung erkennbar ist, die durch dessen Wandel zum Geisterseher bestimmt wäre. An einer Stelle nennt er lediglich Swedenborgs Untersuchung über die graue Hirnmasse,[123] an einer anderen zählt er ihn in einer Reihe mit Theorien auf, die den Ort der Seele im Gehirn bestimmten. Haller weist alle diese Vorstellungen zurück. Es gebe keine bestimmte Stelle im Körper, die als Sitz der Seele besonders prädestiniert sei.[124] Weder die Hirnschwiele oder die Zirbeldrüse, noch „gestreifte Körper" und auch nicht „Swedborg" kämen dafür in Frage.[125] Dass Swedenborg die Hirnrinde als Determination des *fluidum spirituosum* betrachtete, erwähnt von Haller nicht. Wie weiter unten noch darzustellen ist, gehörte Albrecht von Haller zu den Medizinern, die sich konkreten metaphysischen Spekulationen über die Seelenvermögen enthielten, ohne allerdings die Wirksamkeit subtiler Kräfte zwischen Körper und Seele gänzlich abzuweisen.

ff) Erinnerung: Struktur und Vitalismus in der Oeconomia
bei Johann Gottfried Herder

Johann Gottfried Herder erinnerte sich noch 1802 an die beiden Bände der *Oeconomia*. Bereits in seinen vorherigen Schriften habe Swedenborg ein „tief durchdachtes Natursystem" entwickelt:

---

[123] ALBRECHT VON HALLER: Anfangsgründe der Phisiologie des menschlichen Körpers. Bd. 4, Berlin 1768, 42. Von Haller weist auf Swedenborgs Ausführungen über die Gehirnmasse Gestorbener und über seine auf Antonio Vallisneri (1661–1730) zurückgreifende Untersuchung der Markrinde des Gehirns einer Gans hin.
[124] Vgl. VON HALLER, 1768, 626.
[125] Vgl. VON HALLER, 1768, 204. Seite 623f. weist er auf Swedenborgs Vorstellung hin, dass die Sinneseindrücke zum Gehirnsinus gelangen.

„mathematisch, mechanisch. Ein im Unendlichen gegebener Punkt, mit allen Kräften ausgerüstet, soll, durch eine innere Spiralbewegung der Kräfte, alle Bewegungen, alle Gestalten der Thätigkeiten hervorbringen, die Swedenborg in Elemente ordnet. Elasticität, der Magnet, der Aether, die Luft, Dünste u. s. f. sind diese Elemente, die er sodann bis in das Reich der Organisationen verfolget."[126]

In der *Oeconomia* sah Herder demnach Swedenborgs Projekt einer durchgehend geordneten und in der Unendlichkeit wurzelnden Natur. Denn hier war, so erkannte er, die *harmonia constabilita* Swedenborgs „Hauptgedanke", eine in Reihen und Stufen geordnete Harmonie, durch die sich „aus dem Einfachsten eine Wirkung durch die ganze Reihe verbreitet". Dies kann Herder auch ohne Lektüre der *Oeconomia* direkt den Rezensionen entnommen haben, denn hier wurden besonders ausführlich die *harmonia constabilita* und die Serien-Grade-Lehre Swedenborgs referiert. Swedenborgs Fehler, so Herder, habe darin bestanden, dass er sich „geistig isolirte", die „irdische Oekonomie" verließ und sich „die Welt, die er in Gesetzen der mechanisch-animalischen Natur gefunden hatte, und sonst nirgend fand, moralisch-geistiger Weise in himmlischen Träumen" selbst erschuf.[127] Herder, der die psychologische Deutung des „größeste[n] Geisterseher[s] des achtzehnten Jahrhunderts" zum Ziel hatte, sah damit bei Swedenborg eine Strukturgleichheit der Geisterwelt und der natürlichen Welt, die Swedenborg nicht, wie er selbst behauptete, durch Offenbarung erlangt, sondern sich selbst erschaffen habe. Diese ‚Anamnese' Swedenborgs war neben der Diagnose von Wahnsinn oder auch der theologischen Interpretation als Prophetie nicht ungewöhnlich. Aber die These, dass sich die Paradigmen vor und nach den Visionen Swedenborgs gänzlich entsprachen und Swedenborg das eine von dem anderen abgeleitet hatte, war für das 18. Jahrhundert selten. Betonte Herder hier eine trotz der Imaginationskraft Swedenborgs durchgehaltende Kontinutität, so stand bei den theologischen und philosophischen Zeitgenossen doch vielfach die Diskontinuität im Vordergrund, weil sie offenbar mit der These vom ‚Wahnsinn' Swedenborgs viel eher zu vereinbaren war.

Für Herder diente Swedenborg, dessen in der *Oeconomia* gipfelnde Grundidee er bewunderte, als Warnung vor übermäßiger „Phantasie", nämlich im kantischen Idealismus auf der einen und im Spiritismus der Spätaufklärung auf der anderen Seite,[128] der – auch unter dem Einfluss Swedenborgs – im letzten Drittel des Jahrhunderts aufgeblüht war:

„Warnend ist auch für die Metaphysik dies Beispiel: denn treibt unser neuere Idealismus mit seiner Phantasie nicht auch dergleichen, sogar bloße Buchstaben-Spiele?[129] Hat das

---

[126] HERDER, 1802, 354 f.
[127] Vgl. HERDER, 1802, 368.
[128] Vgl. KLAUS H. KIEFER: „Die famose Hexenepoche". Sichtbares und Unsichtbares in der Aufklärung; Kant – Schiller – Goethe – Swedenborg – Mesmer – Cagliostro. München 2004; ANNE CONRAD: „Umschwebende Geister" und aufgeklärter Alltag. Esoterik und Spätaufklärung. In: MONIKA NEUGEBAUER-WÖLK unter Mitarbeit von HOLGER ZAUNSTÖCK (Hg.): Aufklärung und Esoterik. Hamburg 1999, 397–415; Sawicki, 2002, 41–99; sowie Kap. 5.3.7.
[129] Offenbar handelt es sich bei den „Buchstabenspielen" im neueren „Idealismus" um eine Anspielung Herders auf die von Johann Georg Hamann an der *Kritik der reinen*

verwichene Jahrhundert nicht eine Reihe G e i s t e r s e h e r hervorgebracht?, die in Ansehung einer c o n s t a b i l i r t e n H a r m o n i e, Swedenborg bei weitem nicht an die
Seite zu setzen wären."[130]

gg) *Kontext: Swedenborg und der aufgeklärte Vitalismus*

Swedenborgs *harmonia constabilita* könnte gegenüber dem von Peter Hanns
Reill erarbeiteten Modell eines aufgeklärten Vitalismus der mittleren und späten
Aufklärungszeit, dem auch Herder zuzuordnen ist,[131] als rezeptioneller Anknüpfungspunkt betrachtet werden. Die Vorstellung der Natur als eines harmonischen, mit Selbstbewegung ausgestatteten Organismus, der durch Grade von Beziehung und Ähnlichkeit strukturiert ist,[132] wies strukturelle Parallelen zu Swedenborg auf, auch wenn dieser die Natur selbst als tot, aber durch ein in sie ein-
fließendes Lebensprinzip als belebt angesehen hatte. Anders als die Vitalisten, die
die aktiven Kräfte als nicht sichtbar und nicht messbar, sondern als „okkulte
Kräfte' im traditionellen Sinn des Begriffs" betrachteten,[133] glaubte Swedenborg
in der *Oeconomia* zwar noch, den *spiritus animales* und dem *fluidum spirituosum*
im Körper mikroskopisch zu Leibe rücken zu können und über Analogieschlüsse

---

Vernunft Kants geübten *Metakritik über den Purismum der Vernunft* (1784). §§ 16 und 17
dieser „Parodie auf den Idealisten Kant" von dem wohl scharfsinnigsten Kant-Kritiker des
18. Jahrhunderts beziehen sich deutlich auf solche „Buchstabenspiele" und „Träume" im
„Geist": „Ist es nun möglich, frägt der *Idealismus* von der einen Seite, aus der bloßen Anschauung eines Worts den Begriff deßelben zu finden? Ist es möglich, aus der *Materie* des
Worts Vernunft, seinen 7 Buchstaben oder 2 Sylben – ist es möglich aus der Form, welche
die Ordnung dieser Buchstaben u Sylben bestimmt, irgend etwas von dem *Begriffe* des
Worts *Vernunft* herauszubringen? Hier antwortet die Kritik mit ihren beyden Wagschaalen
gleich. Zwar giebt es in einigen Sprachen mehr oder weniger Wörter, aus denen Logogry-
phen, welsche *Charaden* und witzige *Rebus* durch eine Analyse und Sylbe der Buchstaben
oder Sylben in neuen Formen erschaffen werden können. Alsdenn sind es aber neue Anschauungen und Erscheinungen von Wörtern, die mit dem Begriff des gegeb[en]en Worts
eben so wenig übereinstimmen, als die verschiedenen Anschauungen selbst. [...]
Ist es ferner möglich, frägt der *Idealismus* von der andern Seite, aus dem Verstande die empirische Anschauung eines Worts zu finden? Ist es möglich, aus dem *Begriffe* der Vernunft
die Materie ihres Namens, d. i. die 7 Buchstaben oder 2 Sylben im deutschen oder irgend
einer anderen Sprache zu finden? Hier [sagt] deutet die eine Wagschaale der Kritik ein ent-
scheidendes *Nein*! Sollte es aber nicht möglich [seyn] aus dem Begriff die *Form* seiner em-
pyrischen Anschauung im Wort herzuleiten, vermöge welcher Form die eine von 2 Sylben a
priori und die andere a posteriori steht oder daß die 7 Buchstaben, in bestimmter Verhältnis
geordnet, angeschaut werden? Hier schnarcht der *Homer* der reinen Vernunft ein so lautes
Ja! wie Hans und Grethe vor dem Altar, vermuthlich, weil er sich den bisher gesuchten *allgemeinen Charakter* [der] *einer philosophischen Sprache* , als bereits erfunden im Geist ge-
träumt." Oswald Bayer: Vernunft ist Sprache. Hamanns Metakritik Kants. Stuttgart-Bad
Cannstadt 2002, 398–404. Die von Hamann nachgezeichneten „Buchstabenspiele" und das
Träumen im Geist bilden ein Wortfeld, in dem man eine semantische Parallele zu Herders
Diagnose erblicken könnte.
[130] Herder, 1802, 368 [Hervorhebung im Original].
[131] Vgl. Peter Hanns Reill: Vitalizing Nature in the Enlightenment. Berkeley; Los Angeles; London 2005, 255.
[132] Vgl. Reill, 2005, 7.
[133] Vgl. Reill, 2005, 8.

auch der Seele auf die Spur zu kommen. Aber die Art des *influxus* der Lebens-kraft in den Menschen war auch für ihn unerklärbar. Wie später die Vitalisten[134] kannte Swedenborg mit seiner eigenartigen, an Locke angelehnten Epistemologie *divinatio* und Intuition als Wege der Erkenntnis, wenngleich er sie im Unter-schied zu ihnen in Beziehung zur Engelssprache setzte. Auch kann Swedenborgs an Andreas Rüdiger anknüpfende Neuformulierung der Kriterien von Materie ins Verhältnis zu gleichen Bestrebungen der aufgeklärten Vitalisten gesetzt wer-den.[135] Seine Verbindung neuplatonischer *influxus*-Vorstellungen mit dem carte-sischen Dualismus von Geist und Materie, Gott und Welt, bricht diesen dualisti-schen Mechanizismus des frühen 18. Jahrhunderts in der Folge auf. Auch an die-sem Punkt ist eine auffällige Überschneidung mit den Tendenzen der aufgeklär-ten Vitalisten zu sehen.[136] Die übersinnliche Anbindung des noch mit mechanistischen Elementen durchsetzten Vitalismus Swedenborgs überstieg na-türlich die Adaptionsbereitschaft der aufgeklärten Vitalisten – und Herders – mit ihrer „epistemologischen Bescheidenheit".[137] Aber die organizistische Sicht der Welt in der konstabilierten und gerade nicht prästabilierten und nach der Schöpfung nur noch mechanisch-determinierten Welt vermochte Herder positiv würdigen.

hh) Ausblick: Swedenborg als Hirnphysiologe im Spiegel moderner Wissenschaftsgeschichte

Wie im Falle der Kosmologie in den *Principia* sind um 1900 mehrere Versuche unternommen worden, Swedenborgs Rolle in der Medizingeschichte zu bewer-ten und die schlecht nachweisbare Rezeption durch Vergleiche mit anderen Theorien zu ersetzen. Sicherlich ist zunächst einzuräumen, dass *Nova acta erudi-torum* und *Bibliothèque Raisonnée* mit ihren umfangreichen Rezensionen für an-dere Gelehrte Quellenmaterial bereitstellten, das ohne ausdrückliche Quellenan-gabe rezipiert werden konnte. Da es ausgesprochen schwierig ist, Swedenborgs Namen in medizinischen und naturphilosophischen Schriften überhaupt nachzu-weisen, lassen sich sichere Rezeptionszusammenhänge auch nicht rekonstruieren.

---

[134] Reill hat „divination, intuition, or *Anschauung*" als Verstehenstypen der aufgeklärten Vitalisten herausgearbeitet. Vgl. REILL, 2005, 9.

[135] Vgl. REILL, 2005, 6.

[136] REILL (2005, 25) sieht genau diese Tendenz bei den Brüdern von Humboldt, deren antimechanizistisches Modell Kräfte impliziere, die die physikalische Natur beseelen und gleichzeitig das geistige und moralische Universum „naturalisieren". Bemerkenswert ist im Hinblick auf Swedenborgs Serien-und-Grade-Lehre auch das Interesse der Humboldts, eine „gemeinsame Sprache" für Geist und Körper zu formulieren, „so dass verschiedene Ebenen der organischen Komplexität im gleichen erklärenden Rahmen behandelt werden können". (Vgl. im Anschluss an Ludmilla Jordanova REILL, ebd.).

[137] Vgl. REILL, 2005, 6 u. ö. Wie andere Historiker bezweifelt Reill, dass der Mechanizis-mus als *das* Kennzeichen der Aufklärung angesehen werden könne. Im Vitalismus sieht er einen machtvollen Gegendiskurs, vgl. ebd., 29–31. Allerdings hält er damit implizit an einem statischen und nur anders akzentuierten Aufklärungsbegriff fest. Man müsste m. E. fragen, ob „Aufklärung" nicht eher mit polemisch-apologetischen Repräsentationsprozessen zu be-schreiben ist.

Von großer Bedeutung dürfte ferner gewesen sein, dass Swedenborg ja bereits ab 1760 als Geisterseher bekannt war und seine früheren Schriften unter diesem Blickwinkel betrachtet oder eben ignoriert wurden. Es lässt sich also lediglich zeigen, dass um 1900 und wie im Falle der *Principia* wiederum im Umfeld der schwedischen Akademie der Wissenschaften bemerkenswerte Untersuchungen entstanden, die Swedenborg als Anatom, speziell als Hirnanatom, bekannt machten.

Nach den umfangreichen Übersetzungen und Neuherausgaben von Swedenborgs Schriften, die von den Swedenborgianern Johann Friedrich Immanuel Tafel, Rudolf Leonhard Tafel und John Garth Wilkinson im 19. Jahrhundert initiiert wurden, hielt 1901 der Wiener Medizinhistoriker Max Neuburger[138] auf einer Naturforscherversammlung in Hamburg einen „begeisterten Vortrag" über „SWEDENBORGS Beziehungen zur Gehirnphysiologie". Besonders in der Frage der Hirnbewegung, des Sitzes der psychischen Phänomene und der Lokalisierung der motorischen Zentren müssten Swedenborg „eine Reihe wichtiger Entdeckungen und Vorahnungen" zugeschrieben werden.[139] Zwei Jahre später popularisierte diese Thesen kein Geringerer als der Vorsitzende der Anatomischen Gesellschaft, der schwedische Anatom und Anthropologe, Mitglied der königlichen Akademie, Gustaf Retzius (1842–1919), der selbst mit Forschungen über den Schädel, das Gehirn und das Nervensystem hervorgetreten war und in Verbindung mit dem Swedenborgianer Alfred H. Stroh[140] Neuburgers Arbeit überprüft und selbst Swedenborg studiert hatte. Retzius – der beiläufig auch die Theorie vertrat, Swedenborg sei der Vater der Laplaceschen (nicht der Kantschen!) Nebulartheorie, weil Laplace Buffon benutzt habe, der das Buch Swedenborgs besaß – urteilte, Swedenborgs Schriften zeugten von „großer Gelehrsamkeit und im ganzen von logischer Schlußfolgerung, obwohl die ihm zugänglichen Tatsachen oft zu mangelhaft waren und ihn irreleiten konnten". Obwohl er seine eigenen Befunde zu wenig geschätzt und nicht ausführlich beschrieben habe, sei Swedenborg ein „scharfer und genauer Beobachter, aber zugleich ein scharfsinniger Denker", ja geradezu einer gewesen, der „als ein einzelner, wundersamer, phänomenaler Geist, als ein idealer Sucher nach der Wahrheit" in der Geschichte der Hirnforschung hervorrage, der das „einheitliche Prinzip des Weltalls und des Lebens" finden wollte.[141] Swedenborg wurde auf diese Weise zu einem Gewährsmann monistischer Anschauungen um 1900. Der von Neuburger aufgestellte Katalog wurde von Retzius erweitert. Swedenborg habe nicht nur bei seinen Überlegungen zur Hirnbewegung und den motorischen Zentren in der Hirnrinde richtig

---

[138] Vgl. zu Neuburger, der gegen die vorherrschende These arbeitete, die experimentelle Physiologie sei eine Errungenschaft des 19. Jahrhunderts, knapp STEINKE, 2005, 139.

[139] Vgl. RETZIUS, 1903, 3. Dass sich Swedenborg in dieser Frage bereits auf Untersuchungen von Ridley, Vieussens, Baglivi, Giovanni Fantoni, Lorenzo Bellini u. a. berufen hatte, wie schon die zeitgenössischen Rezensenten erkannten, erwähnt Retzius nicht. Vgl. Zuverlässige Nachrichten von dem gegenwärtigen Zustande, Veränderung und Wachsthum der Wissenschaften, 1741, Juni, 491, sowie weitere Beispiele für Swedenborgs Anknüpfung an medizinische Forschungen in allen Rezensionen zur *Oeconomia*.

[140] Zu den Beziehungen zwischen Retzius, Stroh und Ramström vgl. GORDH/MAIR/ SOURANDER, 2007, 156–160.

[141] RETZIUS, 1903, 7, 13 f.

gelegen, auch sei er der erste gewesen, der die „Cerebrospinalflüssigkeit nachgewiesen" hätte.[142] Hierin und in anderen Punkten sei die „Differenz" zwischen Swedenborg und der „jetzigen Wissenschaft [...] in der Tat nicht groß".[143]

Martin Ramström (1861–1930), Anatomieprofessor in Uppsala, trug 1910 im Rahmen der schwedischen Akademie der Wissenschaften solche Versuche zusammen. Dabei benannte er zunächst die Embryologie Swedenborgs, die nach Ansicht des Medizinprofessors Johan August Hammar aus Uppsala „weitaus besser" war als die seiner Zeitgenossen.[144] Mit seiner Theorie, die Entwicklung bestehe nicht nur in einem Wachstum des Keims, vielmehr existiere im Keim eine formative Substanz oder Kraft, durch die die Teile des Embryos zu Organen verbunden würden, habe Swedenborg die Epigenese-Theorie Caspar Friedrich Wolffs von 1759[145] vorweggenommen, der gemeinhin und bis heute als Begründer der Postformationstheorie gilt und im übrigen dem oben genannten „aufgeklärten Vitalismus" zuzurechnen ist.[146] Angesichts der Unsicherheit in der medizinhistorischen Forschung, von welchen Autoren Wolff neben den von ihm genannten angeregt wurde und welcher hallescher Professor sein Doktorvater war,[147] scheint eine solche Vermutung auf einem unbekannten Terrain ausgesprochen zu sein. Zudem kommt gerade für die *vis-formatrix*-Lehre eine große Zahl anderer älterer und neuerer Autoren in Frage.

Eine weitere Pionierleistung lag nach Ramström darin, dass Swedenborg die Sinnes- und die motorischen Aktivitäten der Seele in die Hirnrinde verlagert und die *cerebulla* als bedeutendsten Teil der Rinde angesehen habe, in denen die Sinneseindrücke und die Bewegungsimpulse entstünden.[148] Auch wenn Sweden-

---

[142] Vgl. RETZIUS, 1903, 10 f.

[143] Vgl. RETZIUS, 1903, 13.

[144] Vgl. RAMSTRÖM, 1910, 17.

[145] Vgl. CASPAR FRIEDRICH WOLFF: Theorie der Generation. Berlin 1764. Swedenborg wird darin nicht erwähnt, auch nicht in dem Abschnitt „Historie der verschiedenen Hypothesen von der Generation" (ebd., 14–34), wo unter anderem die Modelle von Harvey, Leeuwenhoek, Needham und Buffon vorgestellt werden. In seinem Anhang setzt sich Wolff mit Marcello Malpighi, Albrecht von Haller und Charles Bonnet auseinander, der in seinem erstmals 1762 erschienen Werk *Considérations sur les corps organisés* lediglich von Hallers und Malpighis Generationsthese wiederholt habe (ebd., 34). Wie Swedenborg und dessen Referenzautoren befasst sich Wolff mit der „Evolution" des Embryos im Ei. Zu Bonnets Kritik an der Epigenese vgl. REILL, 2005, 161–165 u. ö. Zu C. F. Wolff vgl. REILL, 2005, 166 f., 186; SHIRLEY A. ROE: Matter, Life, and Generation. Eighteenth-century Embryology and the Haller-Wolff Debate. Cambridge u. a. 2002 [1981]. GORD/MAIR/SOURANDER (2007), 161 f., haben darauf hingewiesen, dass Linné etwa zur gleichen Zeit wie Swedenborg die Epigenese-Theorie vertrat.

[146] Vgl. etwa Lexikon der Naturwissenschaftler. Heidelberg 2000, 428. Wolff nahm eine *vis essentialis* an, die im Embryo aus einer „amorphen, flüssigen Masse" die organische Struktur formt. Er stellte sich damit gegen die Präformationisten Albrecht von Haller, Charles Bonnet und Lazzaro Spallanzani. Vgl. STEINKE, 2005, 208 f.

[147] Vgl. ILSE JAHN: Caspar Friedrich Wolffs *Theoria generationis* und der Aufbruch in eine neue Richtung der anatomischen Forschung. In: RÜDIGER SCHULTKA und JOSEF N. NEUMANN (Hgg.): Anatomie und Anatomische Sammlungen im 18. Jahrhundert. Anlässlich der Wiederkehr des Geburtstages von Philipp Friedrich Theodor Meckel (1755–1803). Berlin 2007, 131–141.

[148] Vgl. RAMSTRÖM, 1910, 18 f.

borgs Hirntheorien im Vergleich etwa mit denen Albrecht von Hallers insgesamt nicht „gänzlich originell", sondern eine Kombination von Forschungsergebnissen Vieussens', Malpighis und Leeuwenhoeks gewesen seien, beurteilte es Ramström als innovativ, dass Swedenborg der Hirnrinde physische Funktionen zuschrieb und diese Funktionen genau lokalisierte.[149] Durch anatomische Erfahrungen und auf der Basis der Extrakte aus seinen Quellen sei Swedenborg zu demselben Konzept der Prinzipien des Nervensystems gelangt wie „wir" heute (1910), und zwar durch drei Kernaussagen: 1. dass die Zentren der physischen Funktionen in der Hirnrinde liegen, 2. mit der Lokalisierung dieser Funktionen und 3. mit der Theorie, dass das Gehirn aus *cerebellula* zusammengesetzt ist, deren Funktionen in der Hirnrinde kulminieren. Trotz mancher Ungenauigkeiten und trotz des Desiderats, dass die letzte Vermutung noch bewiesen werden müsse, betrachtete Ramström Swedenborgs Theorien als *„Werk eines Genius"*.[150]

Die Thesen Ramströms wurden von späteren Autoren aufgegriffen, die Swedenborgs Einordnung der Hirnrinde ebenfalls als Pionierleistung würdigten, obwohl er dabei auf die Forschungen anderer Anatomen zurückgriff.[151] Diese Würdigung Swedenborgs findet sich bis in die jüngste Zeit und wird gelegentlich erweitert, bis zu der These, dass Swedenborgs Methoden der Behandlung fundamentaler Probleme der Hirnphysiologie eine „gewisse Ähnlichkeit mit Einsteins Art der Behandlung der Probleme der kosmischen Physik aufweise".[152] Außerdem sei die Entdeckung der cerebrospinalen Flüssigkeit in der Medizingeschichte zu Unrecht Albrecht von Haller und Domenico Cutugno zugeschrieben worden – Swedenborg komme dieses Verdienst zu, so eine neuere Studie von Medizinern der Universität Uppsala, die an Neuburger und Retzius anknüpfen, aber zugleich einräumen, dass bereits 1664 Thomas Willis und später Antonio Valsalva ähnliche Thesen vertraten und auch zu bedenken sei, dass Swedenborg mit anderen Schlussfolgerungen ganz daneben gelegen habe.[153] Ebendiese Ambivalenz, die Swedenborg einerseits zum Pionier machen will, aber zugleich einräumen muss, dass er medizin- und naturwissenschaftsgeschichtlich mit seinen Thesen nicht al-

---

[149] Vgl. RAMSTRÖM, 1910, 26–47, zum Gehirn: 40–47. Ramström räumte aber ein, dass sich die Idee der Lokalisierung der Hirnfunktionen schon bei Descartes, Boerhaave u. a. finden lasse. Überhaupt ging er ausführlich auf Swedenborgs Quellen ein und kam dadurch zu einem ausgewogenen Urteil.

[150] Vgl. RAMSTRÖM, 1910, 47–49 (*work of a genius* – Hervorhebung im Original).

[151] Vgl. WETTERBERG (Professor für Psychiatrie in Stockholm), 2003 (schwedisch 1993).

[152] Vgl. GORDH / MAIR / SOURANDER, 2007, 153, 155. Vgl. nur für die letzten 20 Jahre weiter CHARLES G. GROSS: Emanuel Swedenborg. A Neuroscientist before his Time. In: The Neuroscientist 1997, 142–147; DERS.: The Discovery of Motor Cortex and its Background. In: Journal of the History of the Neurosciences 16 (2007), 320–331; DERS.: Three before their Time. Neuroscientists whose Ideas were ignored by their Contemporaries. Experimental Brain Research 2008, 19. Juli; STEPHEN D. COLE: Swedenborg, Psychology, and the Cerebellum. In: The New Philosophy 91 (1988), 529–543.

[153] Vgl. GORDH / MAIR / SOURANDER, 2007, 154. Dass Swedenborgs Hirnflüssigkeit stets mit dem kosmischen *fluidum spirituosum* verbunden und in seine Serien-Grade-Lehre integriert war, wird in den modernen medizinhistorischen Untersuchungen entweder ausgeblendet oder nur knapp erwähnt.

leine stand, ist geradezu ein Kennzeichen eines Teils der Swedenborgforschung, die auf Swedenborgs wissenschaftliche Rehabilitation drängt.

c) Exkurs: Die „Lebensgeister" und ihre Folgen

1960 erschien in *Archives of neurology* ein Aufsatz, in dem Swedenborgs Auffassung der Hirnfunktionen als die verständlichste Theorie vor John Hughlings Jackson (1834–1911) bezeichnet wurde. Dass Swedenborg wahrscheinlich nie von den Medizinforschern gelesen wurde, zeige der Rückfall der Gehirntheorien nach seinen Werken.[154] In dieser Bestandsaufnahme zeigt sich erneut das Dilemma der Swedenborg-Rezeption: Sie ist unter den unmittelbaren Zeitgenossen kaum nachweisbar, Swedenborgs Name taucht daher bis heute in der Medizingeschichte meist gar nicht auf.[155]

Die folgenden exkursiven Ausführungen zielen daher auch nicht auf die Rekonstruktion eines Rezeptionszusammenhanges ab und folgen auch nicht der oben geschilderten Einordnung Swedenborgs in die Geschichte der Hirnforschung. Vielmehr soll gezeigt werden, dass Swedenborgs Theorie vom *fluidum spirituosum* und den *spiritus animales* zu einem folgenreichen zeitgenössischen Diskurs gehörte, auch wenn die *Oeconomia* und das 1745 erscheinende *Regnum animale* hierin kaum erwähnt wurden.

Die *spiritus animales*, wie bereits ausgeführt Bestandteil der galenischen Medizin, hatte sich nicht nur Descartes als Mittler zwischen Seele und Körper vorgestellt, auch die Anatomen bis in Swedenborgs Zeit suchten sie als körperliche Substanz zu erweisen, wobei die Beschreibungen der Materialität oder Nichtmaterialität und der konkreten Gestalt dieser Lebensgeister natürlich voneinander abwichen. Swedenborgs *Oeconomia*, die sich für eine, wenn auch subtile, Materialität ausgesprochen hatte, lag der französischsprachigen Öffentlichkeit seit den Rezensionen in der *Bibliothèque Raisonnée* vor.

---

[154] Vgl. T. H. SCHWEDENBERG: Die Swedenborg-Manuskripte. Eine vergessene Einleitung in die Gehirnphysiologie. In: ZWINK, 1988, 39–42 = The Swedenborg Manuscripts. A Forgotten Introduction to Cerebral Physiology. In: Archives of Neurology: Official Organ of the American Neurological Association 2 (1960), April, 407–409. Einschränkend vermerkt Schwedenberg, dass Swedenborg vielfach die Ansichten anderer Forscher wie Galen und Willis übernommen habe und daher auch deren Irrtümern unterlegen gewesen sei. Zu Jacksons Verortung der Willensbewegungen im frontalen Cortex bemerken auch GORDH, MAIR und SOURANDER 1990 [2007, 152], dass Swedenborg „the same view" besessen habe.

[155] So auch nicht in der Studie von STEINKE (2005), in die Swedenborg thematisch durchaus hätte eingeordnet werden können. Eine Ausnahme stellt dar: JÜRGEN TESAK: Geschichte der Aphasie. Idstein 2001, 37, wo Swedenborg ausschließlich auf der Basis des Aufsatzes von Schwedenberg als derjenige bezeichnet wird, der die „Lokalisationslehre des 19. Jahrhunderts", also die Bestimmung der verschiedenen Funktionen am Cortex, vorweggenommen habe. Dies betreffe insbesondere die Zuordnung von Willen und Gedächtnis in den Frontallappen.

aa) *Claude-Nicolas Le Cat und die Preisfrage der Preußischen Akademie der Wissenschaften*

Für 1753, zwölf Jahre nach der *Oeconomia*, lobte die Preußische Akademie unter dem Vorsitz von Pierre Louis Moreau de Maupertuis ihren Preis zu der Frage aus, wie die Verbindung zwischen Gehirn und Nerven bei der Muskeltätigkeit des Körpers zu erklären sei, ob dies durch eine flüssige Materie geschehe, welcher Natur dieses *Fluidum* sei und wie es wirke.[156] Von den 17 eingesandten Preisschriften gewann der Text des französischen Arztes Claude-Nicolas Le Cat (1700–1768). Er behauptete auf der Basis verschiedener medizinischer Experimente die Existenz eines äußerst subtilen flüssigen Wesens in den Nerven, eines *„fluide animal"*,[157] das aus zwei Teilen bestehe, einem Nervensaft und einem *fluidum*, einer Nervenfeuchtigkeit, so die Wortwahl einer deutschen Rezension.[158] Die Herkunft dieses *fluidum* erklärte Le Cat aus dem *„esprit vivifiant & universel"*.[159] Er bezeichnete es als ein *„amphibium"* oder amphibisches Wesen,[160] das weder Geist noch Materie, sondern gleichsam zwischen beiden anzusiedeln sei und zwischen beiden vermittle. Den „oberen" Teil des *fluidum* identifizierte er mit dem alles belebenden und bewegenden Geist, nicht mit Feuer, Licht oder elektrischer Materie. Den Ursprung des unteren verlegte er in eine nervale Lymphe.[161] Nervensaft besteht demnach sowohl aus Weltgeist als auch aus Lymphflüssigkeit. Dabei bezog sich Le Cat auf dieselben Autoren wie Swedenborg: Musschenbroeck, Malpighi, Glisson, Vieussens, Borelli, Hooke und andere.[162] Für den menschlichen Organismus verwendete er den Ausdruck *„l'économie animale"*.[163] Das *fluidum* sei fest in diesen Organismus integriert. Durch die Nervenröhren bewege es sich spiralförmig. Eine Tafel am Ende seiner Preisschrift enthält eine entsprechende Skizze.

---

[156] Die Preisfrage lautete: „Si la communication entre le cerveau et les muscles, par l'entremise des nerfs, s'exécute par une matière fluide, qui fait gonfler le muscle dans son action? Quelle est la nature de ce fluide?" Vgl. Adolf von Harnack: Geschichte der Königlich Preußischen Akademie der Wissenschaften zu Berlin. Bd. 1, 1. Hälfte, Berlin 1900, 400. Zu dieser Preisfrage vgl. STEINKE, 2005, 139.

[157] CLAUDE-NICOLAS LE CAT: Mémoire qui a remporté le prix sur la question proposée par l'Académie pour le sujet du prix de l'année 1753. In: Dissertation qui a remporté le prix proposé par l'Académie Royale des sciences et belles-lettres de Prusse, sur le principe de l'action des muscles avec les pièces qui ont concouru. Berlin 1753, 58. Vgl. zu Le Cat auch STEINKE, 2005, 178f., der das hohe Ansehen der Theorie Le Cats betont, obwohl sie in Deutschland als hypothetisch und „etwas seltsam" beurteilt worden sei. Seine Preisschrift sei die einzige gewesen, die auf der Basis von Experimenten argumentierte. Vgl. ebd., 139

[158] Vgl. Rezension in: Göttingische Anzeigen von Gelehrten Sachen, 1755, Januar, 18–21, hier: 19; sowie in: Neue Zeitungen von Gelehrten Sachen, 1754, Februar, 141f.

[159] Vgl. LE CAT, 1753, 68.

[160] Vgl. LE CAT, 1753, 21, 67f. („une espece d'Etre amphibie, matiere par son impénétrabilité et sa puissance impulsive, mais suprême espece de cette classe, il est en même tems affecté par son Auteur d'une nuance supérieure qui le lie avec l'Etre immateriel"). Für Le Cat war das *fluidum* nicht mit Öl, Wasser, Luft, elektrischem Feuer oder Licht identisch.

[161] Vgl. LE CAT, 1753, 25, 32 u. ö.

[162] Vgl. LE CAT, 1753, etwa 22, 24, 26, 39, 122f.

[163] Vgl. LE CAT, 1753, 15, 17.

Nicht nur die Sprachparallelen, vor allem die *économie animale* und der *esprit universel*, den der Rezensent in der *Bibliothèque Raisonnée* einige Jahre vorher in Verbindung mit der Seelenlehre der *Oeconomia* ausdrücklich so übersetzt hatte, sind auffällig. Auch die für Swedenborg typische Spiralform[164] und seine Unterteilung des *fluidum* in einen von der *aura mundi* oder *aura prima* stammenden und einen organischen, die Hirnrinde determinierenden Teil gegenüber Le Cats Bestimmung des *fluidum* als universaler und lebendigmachender Geist und (organischer) Lymphe, ist signifikant. Der cartesische Dualismus wird damit beibehalten, aber wie bei Swedenborg zugleich modifiziert und abgemildert,[165] indem zwischen die Dualitäten ein neuplatonischer *influxus* eingebaut und die Einheit von Körper und Seele betont wird.

Eine der anderen abgedruckten anonymen Preisschriften richtete sich im übrigen genau gegen die von Le Cat (und Swedenborg) vertretene Verbindung des *fluidum* mit der *aura mundi* oder dem *esprit vivifiant & universel*. Nervensaft sei „kein Geist in metaphysischer Bedeutung", keine einfache Substanz, besitze nicht „Verstand, Willen und Freyheit" und sei auch nicht mit der Seele identisch, sondern eine flüssige Materie, deren Beschaffenheit sich nicht beschreiben lasse.[166] Er sei nur an seiner Wirkung, nämlich in der Muskelbewegung erkennbar und zirkuliere in den allerfeinsten Fibern, die man nicht sinnlich oder durch „Einbildungs-Kraft", sondern nur durch den „Verstand" verstehen und untersuchen könne.[167] Damit wurde einerseits dem Optimismus mancher Anatomen widersprochen, die meinten, dem *fluidum* oder den *spiritus animales* mit dem Mikroskop auf die Spur kommen zu können. Andererseits wurde das *fluidum* gänzlich ‚materialisiert‘, von neuplatonisch-metaphysischen Spekulationen abgetrennt und zugleich der Empirie entzogen. Den ersten Preis erhielt aber, wie gesagt, nicht diese, sondern Le Cats Preisschrift – und mit ihr die partiell nah verwandte Seelenlehre Swedenborgs.

---

[164] In der *Oeconomia* überträgt Swedenborg seine bereits in früheren Schriften in der Kosmologie verwendete cartesische Spirale auf die Physiologie. Die Kette der festen und flüssigen Körperstoffe betrachtet er als unendliche Spirale (I, 90), so wie die Naturkräfte sich insgesamt in der Spiralform bewegen (I, 171, 302 f.).

[165] So auch STEINKE, 2005, 178 f.: „Other mechanists [...] softened Cartesian dualism and emphasised the union of body and soul. This was the position of Claude-Nicolas Le Cat [...]." Fraglich ist allerdings, ob Le Cats System als eine Art Okkasionalismus bezeichnet werden kann, wie Steinke meint. Das fluidum als ‚Determination‘ des *esprit vivifiant & universel* schafft eine organische Einheit, die Gott nicht abzusichern braucht. Die Vermutung des Okkasionalismus verhindert daher den Blick auf einen *influxus*.

[166] Vgl. Abhandlung von dem Nerven-Safte, dessen Eigenschaften und Würckungen, woraus sowohl die natürlichen als willkührlichen Bewegungen des menschlichen Cörpers auf eine ungezwungene der Vernunft und Erfahrung gemäße Art erkläret werden. In: Dissertation qui a remporté le prix proposé par l'Académie Royale des sciences et belles-lettres de Prusse, sur le principe de l'action des muscles avec les pièces qui ont concouru. Berlin 1753 (70 Seiten), 34, 37 f. Nervengeist, wie es in diesem deutschen Text heißt, sei subtiler als Lymphe, in unendlich viele Partikel teilbar, kein Geist im chemischen Sinne, daher geruch- und geschmacklos und von erstaunlicher Geschwindigkeit. Vgl. ebd., 28, 30, 33. Er sei nicht ein *principium aërum*, das beim Atemholen durch die Nase ins Gehirn gelange, wie Hippokrates gemeint hatte. Vgl. ebd., 27 f. Auch in diesem Text werden *spiritus animales* nicht erwähnt.

[167] Vgl. ebd., 25, 37 f., 55, 57.

Sicherlich lässt sich von hier aus keine Rezeptionsgeschichte, geschweige denn ein direkter Einfluss ableiten, auch wenn einzuräumen ist, dass die europäischen Gelehrtenzeitschriften zehn Jahre zuvor Swedenborgs Modell in aller Ausführlichkeit vorgestellt hatten. Schließlich sind auch Differenzen zwischen beiden Modellen feststellbar, so etwa in Le Cats Einbeziehung von elektrischer, elastischer oder Feuermaterie[168] bei der Beschreibung subtiler Materialität, gleichsam eine Parallele zur Irritabilitätslehre Albrecht von Hallers.[169] Auch hielt Swedenborg noch am Modell der *spiritus animales* als Vermittlern zwischen Seele und Körper fest. Bei Le Cat tritt der organische Teil des *fluidum* an ihre Stelle. Le Cat sah in der Lymphe, nicht in der Hirnrinde als Determination des *fluidum*, den Quellort dieses organischen und mit den „Lebensgeistern" gleichgesetzten Teils des *fluidum*. Hier ist allerdings anzumerken, dass Swedenborg in seiner Geisterweltlehre die *spiritus animales* ebenfalls aus einer Lymphdrüse im *Infundibulum*-Trichter des Gehirns entspringen ließ. Nur betrachtete er diese Drüse als auswurfartige Lymphe, die zu einem Teil mit Flüssigkeiten, zum anderen mit *spiritus animales* vermischt sei. Hier war bei Swedenborg bereits die Rede vom Gehirn des *maximus homo*, dem das gesamte geistige Universum umfassenden „Großen Menschen".[170] Den *Infundibulum*-Trichter hatte er allerdings schon in der *Oeconomia* in den Transportweg des *fluidum* eingebaut, das mit einer Lymphflüssigkeit verbunden war.[171]

Inwieweit die tatsächlichen Verbindungen zwischen Swedenborg und Le Cat innerhalb des zeitgenössischen Seelendiskurses zu bestimmen sind, lässt sich aufgrund der fehlenden direkten Referenz und der durch die Zeitschriften weit gestreuten Informationen dennoch nicht mit Sicherheit sagen. Le Cat selbst knüpfte partiell ja an bekannte medizinische Theorien von Baglivi, Boerhaave, Vieussens und vielen anderen an, die Swedenborg ebenso kannte. Beispielsweise berief sich auch der hallesche Mediziner und Philosoph Johann Gottlob Krüger wie Swedenborg auf ältere Autoren wie Baglivi und Borelli. In seiner 1740 bis 1750 dreimal aufgelegten *Physiologie* vertrat er die Vorstellung, dass die Wahrnehmungen körperlicher Empfindungen in der Seele durch die Wirksamkeit eines aus subtiler Materie bestehenden Nervensaftes hervorgerufen würden. Damit bekannte er sich eindeutig zu den Lebensgeistern – eine Position, die zwischen Stahlianismus und Mechanizismus anzusiedeln ist.[172]

---

[168] Vgl. Le Cat, 1753, 17, 98 f.: Elektrische Körper und Flüssigkeit. Eine zweite Schrift *Rien n'est beau que le vrai* ging davon aus, dass die Materie in den Nerven elektrisch sei, vgl. Rez. in: Neue Zeitungen von Gelehrten Sachen, 1754, Februar, 141 f.

[169] Vgl. dazu Steinke, 2005, 19–40 und insgesamt, sowie knapper Oeser, 2010, 76–79. Von Hallers zentraler Text zum Thema: Von den empfindlichen und reizbaren Teilen des menschlichen Körpers. Leipzig 1968 [1756].

[170] Vgl. AC 4050. Vgl. dazu Kap. 4.2.2., sowie 3.4.2., d). Le Cats Referenzautoren für die Nervenlymphe waren Malpighi, Glisson und Vieussens, die diese subtile Flüssigkeit als Grundlage des animalischen Geistes gesehen haben wollen. Wie Albrecht von Haller meinte Le Cat, die Lymphflüssigkeit bestehe aus winzigen Kügelchen, die 500-mal kleiner seien als Blutkörperchen.

[171] Vgl. Oeconomia I, 38, 49, 360, 453 f.

[172] Vgl. Tanja van Hoorn: Entwurf einer Psychophysiologie des Menschen. Johann Gottlob Krügers *Grundriß eines neuen Lehrgebäudes der Artzneygelahrtheit* (1745). Hanno-

Die *spiritus animales* zwischen Geist und Materie anzusiedeln, war eine verbreitete Betrachtungsweise.[173] Allerdings wurde die auch von Swedenborg vertretene Auffassung eines mit der *aura mundi* verbundenen *fluidum* von der Preußischen Akademie ausgezeichnet. Dies ist sicherlich in den Kontext dessen zu stellen, was Peter Hans Reill als „aufgeklärten Vitalismus" beschrieben hat, in den Naturforscher wie Maupertuis,[174] aber offenbar auch Le Cat einzuordnen sind. Letzterer wurde nach der Preisverleihung in die Preußische Akademie berufen.[175]

bb) „Geisterfreunde", Stahlianer und nochmals: Albrecht von Haller

Die Verfechter des *fluidum* oder der Lebensgeister, Albrecht von Haller nannte sie „Geisterfreunde",[176] gingen gegen die an Georg Ernst Stahl anknüpfende Psychomedizin vor, die sich die Seele als den ganzen Körper durchdringend und ihn bauend vorstellte und Mittler oder „Lebensgeister" zwischen Körper und Seele gegen Cartesianer und Galenisten ablehnte.[177] Eine zweite Front, gegen die sich von Haller nachdrücklich stellte, war die vieldiskutierte Lehre des französischen Mediziners und Philosophen Julien Offray de La Mettrie (1709–1751), der mit Hilfe der Irritabilitätslehre die Immaterialität der Seele grundsätzlich bestritt und die Seele wie auch den menschlichen Geist für ein bloß materielles Wesen in einem als mechanische Maschine verstandenen Menschen hielt.[178] Demgegenüber wurde die Argumentationsfigur des *fluidum spirituosum* durch die Preisfrage der Akademie im medizinischen Kanon offenbar langfristig gestärkt. Albrecht von Haller, mit dem Le Cat nach den Berichten der Zeitungen öffentliche Auseinandersetzungen ausfocht, die aber auf anderen Gebieten lagen,[179] vertrat die Figur in seinen physiologischen Kompendien und Lehrbüchern mit Schlagseite gegen die Stahlianer, Newton und David Hartley,[180] gestand aber 1768 ein, er habe einen solchen Nervensaft niemals finden können,

---

ver-Laatzen 2006, 85–88. Krügers Festhalten am Nervensaft bei gleichzeitiger Abwehr von „radikalen materialistischen Mechanisten", die diesen Saft destilliert haben wollen (ebd., 88), weist Parallelen zu dem Standpunkt von Albrecht von Haller auf.

[173] Vgl. Steinke, 2005, 21.
[174] Zu Maupertuis vgl. Reill, 2005.
[175] Vgl. Göttingische Anzeigen von Gelehrten Sachen, 1754, September, 952.
[176] Vgl. von Haller, 1768, 576.
[177] Vgl. von Haller, 1768, 462 f., 574 f. 576: Die „nicht schwache Partei" der Stahlianer lehnten die äußerst subtile Nervenflüssigkeit ab, weil die Seele nicht durch „Botschafter" handele.
[178] Vgl. dazu Oeser, 2010, 85–89.
[179] Im Preisschriftenband, vgl. oben Anm. 157, ist eine weitere Schrift von Le Cat abgedruckt, nachdem er den Preis erhalten hatte. Sie betraf die Sensibilität der Hirnhäute. Vgl. Göttingische Anzeigen von Gelehrten Sachen, 1755, Januar, 20; Neue Zeitungen von Gelehrten Sachen, 1754, Februar, 142. Der Göttinger Rezensent bemerkte lapidar, Le Cat habe von von Haller nichts darüber gelesen, sondern aufs „Höresagen" geschrieben. In einem weiteren öffentlich ausgetragenen Streit ging es um medizinische Instrumente, vgl. Göttingische Anzeigen von Gelehrten Sachen, 1754, 156–160, 677–680, 693 f.
[180] Vgl. von Haller, 1768, 462 f., 565, 594.

und er wisse auch nicht, ob er elektrischer Natur sei oder dem Licht ähnele, wie Newton und Willis annahmen.[181] Er stamme auch sicher nicht vom „allgemeinen Geiste des [George] Berkley", wie Le Cat meine,[182] nicht aus der Luft oder aus dem Äther wie bei Friedrich Hoffmann,[183] nicht aus dem Feuer wie bei Charles Bonnet und Descartes.[184] Allerdings sprach er sich mit Blick eben auf die Stahlianer deutlich für die Existenz dieser Nervenflüssigkeit aus, stellte sie sich aber noch mechanistischer vor: Sie müsse „ungemein" flüssig sein, aus „Kügelchen" bestehen, die durch gegenseitige Berührung einen „sehr schnellen Strom" ergäben, vielleicht 2800mal schneller als das Blut[185] – eine Reminiszenz also an das cartesische Prinzip der Kontiguität, aber auch an den Vorschlag des halleschen Mediziners Philipp Friedrich Meckel (1756–1803), der in einer Anmerkung zu von Hallers Physiologievorlesung kommentierte, er glaube nicht an einen Nervensaft, sondern an eine Kugelreihe.[186] Am Ende des ausführlichen Abschnitts in seinem Physiologielehrbuch meinte von Haller, man könne leicht sagen, was die „Lebensgeister" nicht sind „und dies gilt beinahe von allen denen Dingen, welche nicht in unsere Sinne fallen". Er wolle sie lediglich „ein wirksames Wesen" nennen. Allerdings müssten sie aus einer „thierischen Materie" bestehen, „welche die äusserste Subtilität erlangt hat".[187]

Noch in der vierten Auflage seiner Physiologievorlesung von 1788 war von Hallers umfangreiches Referat der verschiedenen Auffassungen über die Beschaffenheit des Nervensaftes enthalten, die aber mit epistemologischer ‚Bescheidenheit' erneut abgewiesen werden, ohne dass allerdings an der Existenz des Nervensaftes gezweifelt wird.[188] Von Haller identifizierte die Lebensgeister keinesfalls mit der Seele selbst, die er – unter Zurückweisung verschiedener anderer Theorien – im Kopf vermutete. Weil sich am Anfangsort der Nerven wahrscheinlich das „wahre gemeinschaftliche sensorium" befinde, konnte er sich die Empfindungen der Seele und den Ursprung der Bewegungen dort vorstellen,[189] aber – das sprach er nicht explizit aus – nicht die Seele selbst, sondern eben deren Vermögen. Diese offenbare Abwehr gegen Ansätze, die Seele in materieller oder quasimaterieller Gestalt in den Körper zu verlegen, erlaubte es von Haller ohne weiteres, sie nach dem Tod des Körpers für unsterblich zu halten. Mit diesem Ausblick schloss er seine Physiologievorlesung:

---

[181] Vgl. von HALLER, 1768, 306 f., 583, 594.

[182] Von HALLER, 1768, 590 bezieht sich ausdrücklich auf LE CATS *Mémoire* von 1753, 21, wo Berkeley aber nicht erwähnt wird. In der Bibliotheca anatomica (1777), 309 f., referiert er neben dem *Mémoire* knapp eine weitere Arbeit Le Cats zum Thema: Traité de l'existence, de la nature, & des propriétés du fluide des nerfs. Berlin 1765.

[183] Vgl. von HALLER, 1768, 591–593.

[184] Vgl. von HALLER, 1768, 594. Von Haller verweist auf DESCARTES, *De homine*, vgl. oben Seite 65, Anm. 12, sowie Kap. 4.2.2.

[185] Vgl. von HALLER, 1768, 584–586. Die Kügelchentheorie hatte auch Le Cat vertreten, vgl. oben Anm. 170.

[186] Vgl. ALBRECHT von HALLER: Grundriß der Physiologie für Vorlesungen. Berlin 1788, 288.

[187] Vgl. von HALLER, 1768, 598 f.

[188] Vgl. von HALLER, 1788, 275–288.

[189] Vgl. von HALLER, 1788, 279–281.

„Die Seele aber geht an den ihr von Gott angewiesenen Ort. Daß sie im Tode nicht vernichtet werde, läßt sich aus einer häufigen Erscheinung schließen. Sehr viele Menschen nemlich, geben, wenn die Kräfte ihres Körpers aufgelöst sinken, Zeichen eines sehr heitern, lebhaften, und selbst frohen Gemüths."[190]

Einer der prominentesten Mediziner des 18. Jahrhunderts vertrat in modifizierter Weise die Figur des *fluidum spirituosum* als ‚okkulte' Annahme der galenischen Medizin und Descartes', auch wenn Albrecht von Haller Spekulationen über die materielle Qualität der Lebensgeister vermied. Das entsprach der „weitgehenden epistemologischen Bescheidenheit" infolge der „Begrenzung der Kompetenz der Vernunft" gegenüber den weitreichenden Spekulationen der rationalistischen Metaphysiker, die Peter Hanns Reill als eines der Hauptmerkmale der „aufgeklärten Vitalisten" herausgearbeitet hat.[191]

cc) Ausblick: Vom fluidum spirituosum über den Mesmerismus zur Seherin von Prevorst

Die Figur der *spiritus animales* oder des *fluidum spirituosum* wurde trotz epistemologischer Zurückhaltung dennoch nicht aus dem medizinisch-philosophisch-theologischen Diskurs verdrängt. Im Vorblick auf spätere Ausführungen in dieser Arbeit sind folgende Zusammenhänge zu notieren:

1. Le Cat gehörte zu den wichtigsten Referenzautoren von Friedrich Christoph Oetinger, der besonders dessen Beschreibung des *fluidum* als Mittelding und „Amphibium" zwischen Geist und Materie rezipierte. Oetinger verband es mit seinem Begriff des weder geistigen noch materiellen, durch das Phänomen der Elektrizität erwiesenen *ens penetrabile*[192] als Kennzeichen der Seele und der nicht an die Materie gebundenen Wirksamkeit der sieben Sephiroth innerhalb seines Geistleiblichkeitskonzepts. Bei seiner Kombination der Elektrizität mit dem Irritabilitätsprinzip berief er sich nicht nur auf Albrecht von Haller.[193] Große Teile der Preisschrift Le Cats sind als Übersetzung in der von Oetingers Sohn

---

[190] Vgl. VON HALLER, 1788, 710. Im 8. Band seiner *Anfangsgründe der Phisiologie des menschlichen Körpers*. Berlin und Leipzig 1776, heißt es 984 „Wir geben die Seele Gott wieder, und dieser kennt allein den Zustand derselben nach dem Tode. [...] Billig ist ein solcher Tod das lezte und mächtigste Verlangen eines klugen Mannes." Dieser Schlusssatz von Hallers über die Heiterkeit Sterbender als Hinweis auf die Fortdauer der Seele wurde von Justus Christian Hennings neben ihrer Beschaffenheit und ihrer Existenz ausdrücklich unter die Unsterblichkeitsbeweise gezählt. Vgl. JUSTUS CHRISTIAN HENNINGS: Anthropologische und pneomatologische Aphorismen. Halle 1777, 120.

[191] Reill nennt die Begrenzung der Kompetenz der Vernunft („the limiting of reason's competence"), die eine epistemologische Bescheidenheit („wide-ranging epistemological modesty") hervorgerufen habe, die Ausweitung der Komplexität der Natur („expansion of nature's complexity"), und die Historisierung der Natur („historization of nature") als „neue Agenda" (new agenda) der aufgeklärten Naturphilosophen, vgl. REILL, 2005, 6.

[192] FRIEDRICH CHRISTOPH OETINGER: Procopii Divisch Theologiae Doctoris & Pastoris zu Prendiz bey Znaim in Mähren längst verlangte Theorie von der meteorologischen Electricite, welche er selbst magiam naturalem benahmet. Tübingen 1765, 107.

[193] Vgl. OETINGER, Divisch, 108; OETINGER, Unterricht (1772), 9.

herausgegebenen *Metaphysic in Connexion mit der Chemie* enthalten.[194] Durch
Oetinger gelangte das sowohl kosmische als auch im Körper organisch enthaltene
fluidum als Alternativmodell zu einem strikt dualistischen Cartesianismus und
Mechanizismus in die Theosophie der letzten Jahrzehnte des 18. Jahrhunderts:

> „Die schleimichte lymphe unserer Flüssigkeiten, welche geschwängert ist mit dem Uni-
> versal-Geist, wird also vollkommen, und wird ein wahrer Nervensaft in den markichten
> Zasern des Gehirns, wohin sie getrieben worden durch das Schlagen der Pulsadern, da sie
> hernach durch die Nerven in alle Werkzeuge, als die Nahrung und das Leben hineinge-
> bracht wird.“[195]

So liest sich Le Cats *Mémoire* von 1753 in Oetingers Übertragung. Merkwürdig
ist das völlige Fehlen auch nur eines einzigen Hinweises auf Swedenborgs *Oeconomia* bei Oetinger, der doch zweifellos einer der besten Kenner seines Gesamtwerks war und bei der Übersetzung des Textes von Le Cat überdies häufig den
Ausdruck „animalische Oeconomie" verwendete.[196] Höchstwahrscheinlich
kannte Oetinger die *Oeconomia regni animalis* im Gegensatz zu vielen anderen
Schriften Swedenborgs nicht.[197]

Es muss daher eine bloße Behauptung bleiben, Oetinger habe Swedenborgs
fluidum spirituosum über den Umweg Le Cat zusammen mit seinen anderen modifizierenden und partiellen Rezeptionen Swedenborgs ebenfalls von ihm übernommen und zur Konstruktion seiner antiidealistischen und antimaterialistischen
Geistleiblichkeitslehre verwendet.

2. Derselbe Vorbehalt gilt für die einflussreiche *Philosophische Palingenesie*
des Schweizer Naturforschers Charles Bonnet (1720–1793), die 1769 veröffentlicht, noch im selben Jahr von Johann Caspar Lavater übersetzt wurde und auf
Lessings *Fragment über die Sinne* sowie auch auf Johann Georg Schlossers Gespräche *Über die Seelenwanderung* gewirkt hat.[198] Im Rahmen seines an Leibniz

---

[194] Vgl. FRIEDRICH CHRISTOPH OETINGER: Die Metaphysic in Connexion mit der Chemie, worinnen sowohl die wichtigste übersinnliche Betrachtungen der Philosophie und theologiae naturalis & revelatae, als auch ein clavis und Select aus Zimmermanns und Neumanns
allgemeinen Grundsätzen der Chemie nach den vornehmsten subjectis in alphabetischer Ordnung nach Beccheri heut zu Tag recipirten Gründen abgehandelt werden, samt einer Dissertation de Digestione, ans Licht gegeben von Halophilo Irenäo Oetinger [= Theophil Friedrich
Oetinger]. Schwäbisch Hall [1770], 495–520. Vgl. auch GUNTRAM SPINDLER: Oetinger und
die Erkenntnislehre der Schulphilosophie des 18. Jahrhunderts. In: PuN 10 (1984), 22–65,
hier: 60 f.
[195] Vgl. OETINGER, Metaphysic (1770), 519.
[196] Vgl. OETINGER, Metaphysic, 495 f., 499, 500 f., 517. Einzuräumen ist, dass Oetinger
diesen Terminus bereits seit 1762 kannte. Vgl. FRIEDRICH CHRISTOPH OETINGER: Die Philosophie der Alten wiederkommend in der güldenen Zeit; worinnen von den unsichtbaren
Anfängen des Spiritus Rectoris oder bildenden Geists in den Pflanzen, von der Signatura rerum & hominum, von den Lehr-Sätzen des grossen Hippocratis und der Alten, und besonders
der gemeinen und künstl. Gedenkungs-Art wie auch dem Ursprung der Puls gehandelt wird.
Franckfurt; Leipzig 1762, Bd. 1, 185.
[197] In Oetingers Schrifttum wird sie erstmals in dem (unpaginierten) Vorbericht erwähnt,
den er zu seiner Übersetzung von SWEDENBORGS *Himmel und Hölle* (1774) verfasste und der
auf der nach Swedenborgs Tod gehaltenen Trauerrede Samuel Sandels basiert. Ob Oetinger
die *Oeconomia* danach gelesen hat, ist nicht nachweisbar.
[198] Vgl. DANIEL CYRANKA: Zwischen Neurophysiologie und ‚Indischen Märchen'– An-

anknüpfenden Konzepts der Kette der Wesen und der von Swedenborg abweichenden Präformationstheorie vertrat er die menschliche „Perfektibilität im Eschaton".[199] Er nahm an, dass die „Wesenheit" und die „Natur" des Menschen über den Tod hinaus gleich bleibe.[200] Nach dem Tod dauere die Persönlichkeit mit ihren Erinnerungen fort, die in den Fibern des Gehirns gespeichert sein könnten, wie Bonnet annahm. Im Anschluss an von Haller vermutete Bonnet ein feinstoffliches *fluidum* oder Lebensgeister, die aus einem elektrischen Feuer bestehen könnten und die Speicherung des Gedächtnisses gewährleisteten.[201] Dieses *fluidum* müsse eine Kontinuität zu dem postmortalen, mit höheren und wachsenden Sinnen ausgestatteten geistlichen Leib aufweisen, damit die Fortdauer der Erinnerung gewährleistet war. Die Fibern des Gehirns seien der eigentliche „Sitz der Seele". Bonnet konnte dies nur mit dem Anspruch auf eine gewisse Wahrscheinlichkeit annehmen, aber hielt es für möglich, dass die „empirische Erkenntnis" diese „ätherische[n] Stoffe" wahrnehmen könne, um seine Theorie auch zu beweisen[202] – eine auffällige Ähnlichkeit gegenüber Swedenborgs in *De infinito* notiertem Programm, die Unsterblichkeit der Seele empirisch zu belegen, genauso auffällig wie Bonnets Vermutungen über den Zusammenhang zwischen diesem und dem künftigen Leben, wo Sprache, Erkenntnis und Empfindung in gesteigertem Maße vorhanden seien. Der postmortale Zustand wird zudem wie in Swedenborgs Geisterweltlehre in strenger Kontinuität zum irdischen Leben gesehen: der „Grad der Vollkommenheit", der hier erworben wurde, bestimme nämlich „den Grad der Glückseligkeit der Herrlichkeit" nach dem Tod in höheren Sphären oder auf anderen Planeten.[203]

Wie im Falle Le Cats gilt auch hier, dass trotz der ins Auge fallenden Ähnlichkeiten der *Philosophischen Palingenesie* Bonnets mit Swedenborgs vorvisionären Schriften und den spätestens 1765 durch Oetinger verbreiteten *Arcana coelestia* eine Rezeption nicht mit Sicherheit angenommen werden kann. Dass Bonnet die Debatte um Le Cat wie auch die *Bibliothèque Raisonnée* mit ihren ausführlichen Besprechungen der Werke Swedenborgs kannte, ist aber durchaus wahrschein-

---

merkungen zu Schlossers Gesprächen über die Seelenwanderung. In: Michael Bergunder (Hg.): Religiöser Pluralismus und das Christentum. Göttingen 2001, 35–54; Daniel Cyranka: Lessing im Reinkarnationsdiskurs. Eine Untersuchung zu Kontext und Wirkung von G. E. Lessings Texten zur Seelenwanderung. Göttingen 2005, 429–455.

[199] Cyranka, 2005, 430.

[200] Cyranka, 2005, 431.

[201] Er verwendete dafür Descartes' Ausdruck *Esprits animaux*, den der Übersetzer einer anderen Schrift Bonnets mit „Lebensgeister" übersetzte und dazu anmerkte, er hätte auch „thierische Geister, oder mit Herrn Lavater animalische Geister übersetzen können". Johann Jakob Scheuchzer nenne sie „sinnliche Geister". Vgl. Charles Bonnet: Analytischer Versuch über die Seelenkräfte. Aus dem Französischen übersetzt und mit einigen Zusätzen vermehrt von M. Christian Gottfried Schütz. Bd. 1, Bremen; Leipzig 1770, 24. Hier (20–27) wird die Lebensgeistertheorie ebenfalls ausführlich dargestellt, wobei sich Bonnet über deren Natur ebensowenig festlegte wie über den Sitz der Seele im Gehirn. Er ging aber wie Swedenborg davon aus, dass es ein bestimmter Teil (das corpus callosum) sei, durch den die Seele mittels der Lebensgeister auf den ganzen Körper wirke (vgl. ebd., 22).

[202] Vgl. Cyranka, 2005, 433f.

[203] Cyranka, 2005, 443f, Zitat: 444.

lich. Außerdem ist zu konstatieren, dass Bonnet durch die Rezeption Lavaters in einen Kontext eingeschrieben wurde, in dem auch der Rezeption Swedenborgs eine wichtige Rolle zukam.[204]

3. Ohne ein kosmisches *fluidum* zu behaupten, bezog sich der Jenaer Philosophieprofessor Justus Christian Hennings (1731–1815), der in den 1770er und 1780er Jahren mehrere kritische Bücher über Seelenlehren, über Träume, Nachtwandler, übersinnliche Begebenheiten sowie Ahndungen und Visionen vorlegte, bei seiner Theorie über das Verhältnis zwischen Körper und Seele immer wieder auf die von Le Cat, Albrecht von Haller und anderen Medizinern vertretene Sichtweise der Lebensgeister als eines quasimateriellen Nervengeistes zwischen Körper und (der unsterblichen) Seele, der vielleicht wie ein elektrisches Feuer, aber gewiss wie eine „Zwischensache" zwischen beiden vermittele.[205]

Auch der renommierte Arzt Johann August Unzer (1727–1799) hatte in seiner *Physiologie* von 1771 – wie Le Cat und Swedenborg Jahre zuvor – von der „thierischen Ökonomie" gesprochen,[206] das Gehirnmark für das Zentrum der „thierischen Seelenkräfte" gehalten und die Lebensgeister oder den Nervensaft für die Vermittlung der Seelenkräfte verantwortlich gemacht.[207] Diese Seelenkräfte seien aber nichts anderes als die materiellen Vorstellungen der Seele, die durch ursprünglich äußere Sinneseindrücke in sie hineingebracht worden seien[208] und nun „vermuthlich nur eine Bewegung der Lebensgeister"[209] seien. Fünf Jahre zuvor, im Jahr von Kants *Träumen eines Geistersehers*, hatte sich Unzer der Ansicht angeschlossen, auch Engel und sogar Tiere hätten postmortal „subtile Körperchen", die sich möglicherweise zwischen den Planeten im All befänden.[210] Wie Hugo Grotius hatte Unzer hier überdies „Erscheinungen, Träume und Gesichter" für möglich gehalten, und zwar aufgrund der Zulassung und Vorsehung Gottes.[211]

4. Im Rahmen des auf Franz Anton Mesmer (1734–1815) zurückgehenden *animalischen Magnetismus* kam es hingegen zu einer deutlichen Verbindung eines

---

[204] Vgl. dazu vorläufig Benz, 1938, 153–216.

[205] Vgl. Hennings, 1777a, 95. Schon 1774 bezog sich Hennings auf den gesamten Band des Preisausschreibens von 1753, vgl. Hennings, 1774, 288f. Vgl. auch Ders.: Von den Träumen und Nachtwandlern. Weimar 1784. Hier und in Hennings Gesamtwerk wird wiederholt auf die von Le Cat vertretene Theorie zurückgegriffen. Neben vielen anderen Autoren wäre noch zu nennen: Christoph Meiners: Grundriß der Seelen-Lehre. Lemgo 1786, besonders 2–4.

[206] Johann August Unzer: Erste Gründe einer Physiologie der eigentlichen thierischen Natur thierischer Körper. Leipzig 1771, 35.

[207] Vgl. Unzer, 1771, 21, 698.

[208] Vgl. Unzer, 1771, 698.

[209] Unzer, 1771, 45.

[210] Vgl. Johann August Unzer: Sammlung kleiner Schriften. Bd. 2, Rinteln; Leipzig 1766, 185.

[211] Unzer, 1766, 455f. „Wie kann ein Philosoph, welcher weiß, daß kein Gras, kein Stäubchen ohne Absicht in der Welt ist, wohl zweifeln, daß es Erscheinungen seyn sollten? Geschieht es durch Gottes Zulassung, daß Geister erscheinen, so geschiehet es auch durch seine Vorsehung, die sich sogar auch durch die Zulassung der Uebel herrlich offenbaret." Zu Grotius, an dessen Verbindung von *providentia specialis* und *praedestinatio specialis* Unzer hier anknüpft, vgl. unten Kap. 4.2.7, und zu Swedenborg Kap. 3.3.3., a); Kap. 3.3.5., g).

universellen *fluidum* mit einem im Körper enthaltenen organischen *fluidum*. Die Heilmethoden Mesmers und seiner Schüler und Nachahmer wurden spätestens seit den 1780er Jahren europaweit diskutiert.[212]

5. Seit 1787 versuchten die schwedischen Swedenborgianer der Exegetischen und Philanthropischen Gesellschaft von Stockholm, den Mesmerismus mit der Geisterweltlehre Swedenborgs zu verbinden.[213] Die *Oeconomia regni animalis* und die dort vertretene Seelenlehre Swedenborgs war den Swedenborgianern wahrscheinlich selbst nicht bekannt, denn sie versuchten, die Phänomene des Magnetismus durch das Einwirken von Geistern, den Seelen verstorbener Menschen nach der Lehre Swedenborgs zu verbinden. Ein großer Teil der Mesmeristen lehnte die Bestrebungen der Swedenborgianer zunächst ab, aber nur wenige Jahre später kam es vielfach zu einer akzeptierten Kombination und zu personellen Überschneidungen. Ein Hauptargument für diese Verbindung von spiritistischem Swedenborgianismus und Mesmerismus bestand etwa darin: Wenn das den Körper durchströmende *fluidum* unsterblich und postmortal mit der Seele verbunden ist, die eine feinstoffliche oder subtil-materielle Qualität besitzt, dann können bestimmte Erscheinungen des „tierischen" Magnetismus durch den Kontakt mit der Geisterwelt erklärt werden, den der Magnetiseur vermittelt, der in der ursprünglich mesmeristischen Praxis lediglich die therapeutische Rolle eines Arztes innehat. Zwei bei Swedenborg werkgeschichtlich zwar getrennte, aber aufeinander aufbauende Figuren (*fluidum* und Geister) und der medizinische Diskurs, in den Swedenborg nicht eindeutig eingeordnet werden kann, fallen in diesem Diskurs des späten 18. Jahrhunderts in eins.

6. Schließlich ist auf die Weiterschreibung dieses Diskurses um die medizinisch-naturphilosophische Seelenlehre und Swedenborgs Geisterwelt im 19. Jahrhundert zu verweisen. In einem der geisterkundlichen „Schlüsseltexte"[214] des Spiritismus, der *Seherin von Prevorst* von Justinus Kerner (1786–1862), taucht die Verbindung des in der Anatomie des vergangenen Jahrhunderts breit diskutierten *fluidum spirituosum* mit der Unsterblichkeit der Seele und der Vorstellung von Geistern und Geisterseherei erneut auf, und zwar als theoretische Begründung dafür, dass überhaupt Geister existieren und erscheinen können. Die *Seherin* stellte sich vor, dass der Nervengeist, über den die Seele mit dem Leib verbunden ist, selbst unsterblich sei.

„Dieser Nervengeist geht mit der Seele (ist sie nicht ganz die reine eines Seligen) nach dem Tod über und ist unzerstörbar. Durch ihn bildet die Seele eine ätherische Hülle um den Geist. Er ist nach dem Tode noch eines Wachsthumes fähig, und durch ihn bringen die Geister des Zwischenreichs, in Verbindung mit einem besonderen Stoffe, den er aus

---

[212] Vgl. dazu ROBERT DARNTON: Der Mesmerismus und das Ende der Aufklärung in Frankreich. Frankfurt a. M.; Berlin 1986; ERNST LEONARDY u. a. (Hg.): Traces du mesmérisme dans les littératures européennes du XIXᵉ siècle = Einflüsse des Mesmerismus auf die europäische Literatur des 19. Jahrhunderts. Bruxelles 2001. Vgl. dazu jetzt insgesamt KARL BAIER: Meditation und Moderne. Zur Genese eines Kernbereichs moderner Spiritualität in der Wechselwirkung zwischen Westeuropa, Nordamerika und Asien. 2 Bde., Würzburg 2009, besonders Bd. 1, 179–200; sowie insgesamt GABAY, 2005.

[213] Vgl. dazu zunächst GABAY, 2007; GABAY 2005.

[214] Vgl. SAWICKI, 2002, 162.

der Luft anzieht, Töne hervor, durch welche sie sich den Menschen hörbar machen können; auch sind sie durch ihn im Stande, die Schwerkraft in den Körpern aufzuheben, so
daß sie also solche von der Stelle zu rücken oder zu heben, zu werfen u. s. w. fähig sind,
auch vermögen sie durch ihn sich dem Menschen fühlbar zu machen."[215]

Allerdings gelte das nur für die Unseligen, denn die Seligen nähmen den Nervengeist nicht mit sich. Bei ihnen bleibt er im Körper zurück bis zur allgemeinen
Auferstehung. Also können nur Unselige spuken und sich vernehmbar machen.
„Je reiner des Verstorbenen Seele wird auf höhern Stufen des Zwischenreichs,
desto mehr verliert sie diesen Nervengeist, der wieder zur Erde kehrt."

Kerner, der mit Oetingers Schrifttum vertraut war und diesen selbst als „Geisterseher" betrachtete,[216] verriet kurz nach dieser Stelle auch seine Kenntnis Swedenborgs, wenn er schrieb, dass seine Seherin „nicht das Mindeste" von ihm wisse, zugleich aber ein Zitat brachte, in dem er Swedenborgs Lehre vom Sitz des
Bösen und Falschen im *mens naturalis* als mikrokosmischem Himmel darlegte.[217]
Kerners Theorie über den Spuk von Geistern und eine allgemeine Auferstehung
ist zwar weit von Swedenborgs Theologie entfernt, die überhaupt keine Aufer-
stehungslehre vertritt und auch einen allgemeinen Spuk abweist. Allerdings basieren Kerners Geister auf der Theorie, der Nervengeist, das *fluidum nerveum*[218]
oder *spirituosum*, sei quasimateriell, subtil und zugleich unsterblich – einer Theorie also, die Swedenborg, Le Cat, von Haller und andere Mediziner des *siècle des
lumières* mit verschiedenen Akzentuierungen vertreten hatten. Swedenborg hatte
in seiner Geisterweltlehre die (dann im Kontext seiner Postulatenlehre[219] auch
von Kant vertretene) Theorie vom postmortalen Wachstum der Seele hinzugesetzt, die im Spiritismus Kerners mit dem unsterblichen *fluidum* verbunden wurde.

Eine medizinisch-naturphilosophische Figur, die Descartes aus der galenischen Medizin übernommen hatte, die die Anatomen weiterentwickelten und
die auch Swedenborg bekannt machte, bis 1753 der Preußische Akademiepreis
an sie vergeben wurde, geriet auf diese Weise zu dem entscheidenen Geburtshel-

---

[215] Vgl. JUSTINUS KERNER: Die Seherin von Prevorst: Eröffnungen über das innere Leben
des Menschen und über das Hereinragen einer Geisterwelt in unsere. 3. Aufl. Stuttgart; Tübingen 1838 [1829], 187 f.
[216] Vgl. ULRIKE KUMMER: Autobiographie und Pietismus. Friedrich Christoph Oetingers
Genealogie der reellen Gedancken eines Gottes=Gelehrten. Untersuchungen und Edition.
Frankfurt a. M. u. a. 2010, 49.
[217] Vgl. KERNER, 1838, 193.
[218] Einer der Teilnehmer am Diskurs um Swedenborgianismus und Mesmerismus nannte
folgende austauschbare Begriffe für diesen Äther: „Aether, man nenne ihn nun aura vitalis,
archeus, anima Stahlii, Actuosum Albini, Natura, vis vitae, fluidum nerveum, vis vegetativa,
reproductrix." Vgl. JOHANN GEORG ROSENMÜLLER: Briefe über die Phänomene der thierischen Magnetismus und Somnambulismus. Leipzig 1788, 16 f. Es ist leicht erkennbar, dass um
1788 mehrere Theorien miteinander verbunden worden waren, die in ihrer Entstehungszeit
gegeneinander gestanden hatten. Den Begriff *fluidum nerveum* als Bezeichnung des subtilsten
Lebensgeists transportierte Oetinger in seiner Übersetzung von LE CATS *Mémoire*, vgl. OE-
TINGER, Metaphysic, 517. Er war (als *succus nerveus*) ursprünglich von Borelli und Harvey
gegen die galenischen *spiritus animales* aufgebracht worden, vgl. OESER, 2010, 51.
[219] Vgl. Kap. 5.3.3. und 5.3.5., e).

fer[220] der modernen Esoterik mit Spiritismus und Okkultismus, bei dem das universale *fluidum* wiederum eine zentrale Rolle spielte.[221]

2.4.2. Regnum animale

In den drei Bänden des 1744 und 1745 während seiner religiösen Krise erschienenen *Regnum animale*[222] griff Swedenborg erneut physiologische Themen auf und baute eine aus der Serien-Grade-Lehre abgeleitete Formenlehre sowie erneute Erwägungen über die Seele ein. Der größte Teil dieses unvollendeten Werks, das auf die Behandlung des gesamten menschlichen Körpers und darüber hinaus auf eine komplette Anthropologie mit Seelenlehre abzielte,[223] bestand aus physiologischen Untersuchungen über: Zunge, Lippen, Mund, Gaumen, Speicheldrüsen, Schlund und dessen Drüsen, Magen, Gedärme, Gekröse, Milchgefäße, Milchbrustader, Wassergefäße, Leber, Gekröse-Drüsen, Milz, Netze, Nieren, Nebennieren, Blase, Darmfell, Nase, Zäpfchen, Luftröhre, Lungen, Rückenhäutlein, Zwerchfell.[224] In allen entsprechenden Kapiteln referierte Swedenborg umfassend und vielfach wörtlich aus den medizinischen Schriften von Autoren des 17. und 18. Jahrhunderts und stellte auf der Basis der *experientia* und *observatio* anderer Forscher eigene Theorien auf. Aufgrund dieser eklektischen und lexikalischen Verfahrensweise erweckt das *Regnum animale* häufig den Eindruck eines Kompendiums, manche Rezensenten sahen eine nicht weiterführende Kompilation darin.

---

[220] Es reicht m. E. nicht aus, diese Geburtshelferschaft wie Hanegraaff in Swedenborgs Geisterwelt zu sehen. Denn ohne das für medizinisch und ‚wissenschaftlich‘ abgesichert gehaltene Theoriegebäude vom *fluidum spirituosum* wären weder Mesmerismus, noch Spiritismus und Okkultismus zu erklären. Dessen Wurzeln liegen aber eindeutig in einer ursprünglich cartesisch orientierten Medizin, die mit neuplatonischen und vitalistischen Akzenten versehen (und dabei erheblich modifiziert) wurde. Vgl. HANEGRAAFF, 1996, 424–429.

[221] Vgl. WOUTER J. HANEGRAAFF: Art. Occult/Occultism. In: Ders. u. a. (Hg.): Dictionary of Gnosis & Western Esotericism. Leiden; Boston 2005, 884–889; FRIEDEMANN STENGEL: Art. Okkultismus 1. Europa. In: Enzyklopädie der Neuzeit. Stuttgart u. a., Bd. 9 (2009), 376–378 (Lit.).

[222] Regnum animale, anatomice, physice et philosophice perlustratum. Bd. 1–2 Hagae Comitum 1744; Bd. 3 Londoni 1745; englisch: The Animal Kingdom. 2 Bde., London 1843f.; Bryn Athyn 1960. Aus unveröffentlichten Codices sind posthum weitere Teile unter dem Titel *Regnum animale* gedruckt worden: Bd. 4: The Five Senses. Tübingen; London 1848, Philadelphia 1914; Bd 6,2: Generation. Tübingen; London 1849, London 1852; Bd. 7: De anima. Tübingen; London 1849; englisch als Rational Psychology. Philadelphia 1950; Bryn Athyn 2001. Im Folgenden wird auf die lateinische Ausgabe als Regnum animale, auf die englische als Animal Kingdom verwiesen. Wenn nicht anders bezeichnet, liegt wie gewohnt statt Seitenzahlen die durchgehende Nummerierung zugrunde.

[223] Vgl. JONSSON, 2004, XII.

[224] Hier wird die zeitgenössische deutsche Wortwahl einer Anzeige des *Regnum animale* übernommen aus: Neue Zeitungen von Gelehrten Sachen, 1744, Oktober, 706f.

a) Rückzug: Die Seele als Baumeisterin des Körpers

In der Seelenlehre behielt Swedenborg seine Dreigliederung in *anima, mens* und *animus* bei, betonte aber mit anderer Gewichtung als in der *Oeconomia*, die Seele sei „Modell, Idee, erste Form, Substanz, Kraft und Prinzip des organischen Körpers", der nichts anderes sei als ein Bild und Typus der Seele, geformt und konstruiert nach ihrer Natur und der Art ihres Wirkens. Der Körper werde in der Seele und die Seele im Körper repräsentiert, wenn schon nicht vollkommen, aber doch auf eine sehr natürliche Weise.[225] Das ist vielleicht die deutlichste Vorstufe seiner visionären Seelentheorie, nach der der Körper von der Seele gebaut wird, aber die eigentliche Gestalt des Menschen die „substantielle" Seele ist. Denn schon im *Regnum animale* hatte Swedenborg seine Spekulation aus der *Oeconomia*, die Seele befinde sich als *fluidum spirituosum* im Blut, als zu weitreichend wieder zurückgewiesen.[226] Sie erschien ihm im Rückblick in der *Oeconomia* offenbar als zu eng mit dem Körper verbunden und zu sicher mit materieller Qualität ausgestattet zu sein. Es sei, so stellte er nun fest, unmöglich, vom Körper unmittelbar auf die Seele zu schließen. Die Erkenntnis der Seele sei nur mit Hilfe von analogischen Schlüssen möglich, auch wenn alle Körperteile die Seele enthielten.[227] Mit der Anwendung der genannten Begriffe Prinzip, Kraft, Substanz[228] verabschiedete er sich von der partiellen ‚Materialisierung‘ oder Verkörperlichung der Seele in der *Oeconomia*. Die Seele wird zur ‚Baumeisterin‘ des Körpers,[229] aber sie geht nicht im Körper auf, sondern bleibt ‚Substanz‘ und aktives Prinzip. Die Seele als das Vollkommenere kann sich mit dem Körper vereinigen, nicht aber der weniger vollkommenere Körper mit der Seele.[230]

Freiheit schrieb Swedenborg im *Regnum animale* wie in der *Oeconomia* nicht der *anima*, sondern der *mens rationalis* zwischen *anima* und Körper zu. Die *mens* ist der Ort, an dem die weltlichen Dinge über den Körper und die himmlischen Dinge durch die „Pforte" der *anima* einfließen.[231] Hier kann zwischen einem Leben nach dem Körper oder nach dem Geist gewählt werden. Ein Rezensent schloss aus dieser Zuschreibung der Freiheit, dass Swedenborg wie Leibniz die Seele als „geistigen Automaten" betrachte.[232] Moralische Handlungen, meint Swedenborg, können nur der *mens*, nicht aber der *anima* zugeschrieben werden, alle anderen Handlungen aber der Natur, entsprechend den Tieren, die nicht

---

[225] Vgl. Animal Kingdom I, 20.

[226] Vgl. Animal Kingdom I, 19; Jonsson, 2004, 155.

[227] Vgl. Animal Kingdom I, 16f.; II, 459. Genannt werden u. a. die Lehren von den Formen, von der Ordnung, von den Graden und Serien.

[228] Am Beispiel des vierfachen Ursprungs der Konglomeratsdrüsen im Gehirn wird deutlich, was Swedenborg mit Prinzip, Form und Kraft meinte: die ersten Fibern, die der kortikalen grauen Hirnsubstanz entstammen, sind Prinzip, Form und Kraft und schaffen die nächstgelegenen Fibern in Äquivalenz zu seiner Serien- und Grade-Lehre, vgl. Regnum animale I, 186.

[229] Vgl. Animal Kingdom I, 271; II, 392.

[230] Vgl. Animal Kingdom II, 465.

[231] Vgl. Animal Kingdom II, 465.

[232] Vgl. Bibliothèque Raisonnée des Ouvrages des Savans de l'Europe, 1744, Juli–September, 155–168, hier: 165f.

selbst verantwortlich und unfrei handeln.[233] Die *mens* besitze Willen und Selbst-
bestimmung, die Natur der *anima* hingegen bestehe darin, sich ihren Körper zu
bauen, exakt nach ihrem eigenen Bild und zur Repräsentation ihrer eigenen Natur.[234] In diesem Sinne, merkte ein Rezensent an, könne ihr Wille nicht beigemessen werden; sie folge lediglich blinden Instinkten.[235]

b) Vorzeichen: Empirie, Apriorismus, Offenbarung

Für Swedenborgs Wandel hin zur ‚Offenbarungsempirie' kennzeichnend ist seine
im *Regnum animale* gleich im Vorwort ausgesprochene scharfe Zurückweisung
aller apriorischen Hypothesen sowie die Ankündigung, sich auf eine rein empirische Forschung zu konzentrieren. Die antike Weisheit, so Swedenborg, sei durch
die Sehnsucht nach wahrer Erkenntnis getrübt worden.[236] Diesen ausdrücklich
empirischen Ansatz hielt Swedenborg, vor allem im Kapitel über die Seele, zwar
nicht durch. Die besondere Betonung dieses Programms spricht aber dafür, dass
er auf die bisher an seinem Vorgehen geäußerte Kritik, einer sich empiristisch nur
gebenden, aber im Kern dennoch apriorischen Vorgehensweise zu folgen, reagieren wollte. Und diese Reaktion enthielt eine wesentliche Einschränkung von
Swedenborgs bisherigem Erkenntnisoptimismus, vor allem hinsichtlich der empirischen Beweisbarkeit der Unsterblichkeit der Seele, die er in *De infinito* zu seinem Programm erhoben hatte. Als die beiden Wege der Erkenntnis der Wahrheit
benannte er nun einerseits die „Synthese", die nur höheren Wesen wie Engeln,
Geistern und der Gottheit selbst offen stehe, und andererseits die „Analyse", die
der einzige den mit Sinnen ausgestatteten Menschen zugängliche Erkenntnisweg
sei.[237] Aber zugleich deutete er die Möglichkeit mystischer Kontemplation als ein
Mittel zur Erkenntnis an, wenn er in diesem Zusammenhang eine Stelle aus der
sogenannten *Theologie des Aristoteles* zitierte, einer paraphrasierenden und aus-
zugsweisen Übertragung aus Plotins *Enneaden*, die Plato als Sprecher benannte:

„Öfter, wenn meine Seele [animus] in Kontemplation den Körper verlassen hat, kam es
mir vor, das höchste Gut mit unglaublichem Vergnügen zu genießen. Ich hing gewissermaßen besinnungslos fest und erkannte mich selbst als einen gewissen Teil der höheren
Welt, fühlte mich mit Unsterblichkeit ausgestattet unter dem höchsten Licht, was weder
durch Sprache ausgedrückt, noch von den Ohren wahrgenommen oder mit dem Denken
erfasst werden kann. Wenn der Verstand [intellectus], durch diese Kontemplation ermüdet, schließlich zurück in die Phantasie fiel und darauf jenes Licht abnahm, wurde ich
trauriger. Wenn ich den Körper wieder einmal verließ und in diese [höhere Welt] zurück-

---

[233] Die Seele vermittelt der *mens rationalis* lediglich das Vermögen, zu denken und das
Denken in Handlungen umzusetzen. Sie stimmt aber nicht mit ihrer Erkenntnis und ihren
Wahrnehmungen überein, vgl. Animal Kingdom II, 396, 458. Vgl. zu den Tieren auch Rational
Psychology, 22, 109, 113, 386.
[234] Vgl. Animal Kingdom I, 271.
[235] Vgl. Bibliothèque Raisonnée des Ouvrages des Savans de l'Europe, 1744, Juli–September, 164.
[236] Vgl. Animal Kingdom I, 6–13; Jonsson, 2004, 172.
[237] Vgl. Animal Kingdom I, 10–12.

kehrte, traf ich die ausgetretene Seele im Licht an und bald floss sie in den Körper ein, bald erhöhte sie sich über ihn."[238]

Diese Aussicht war zum Zeitpunkt des *Regnum animale* offenbar nicht mehr rein hypothetisch, denn Swedenborg schloss an das Zitat den Kommentar an, dies könne denjenigen vielleicht wie eine bloße Fabel erscheinen, „die das nicht erfahren haben".[239] Auch wenn sich hinter dieser Anmerkung ein Hinweis auf die im *Drömmar* geschilderten und während der Abfassung des *Regnum animale* erfahrenen Visionen verbergen sollte, hatte sich Swedenborg ein streng analytisches Verfahren vorgenommen, um den Kriterien der Empirie gerecht zu werden.

c) Korrespondenzen, Prädestination und Reich Gottes

In merkwürdigem Kontrast zu dieser epistemologischen Selbstbeschränkung stand Swedenborgs Lehre von den Repräsentationen und Korrespondenzen (*doctrina correspondentiarum atque repraesentationum*), die er im *Regnum animale* holzschnittartig vorstellte.[240] Sie ging im Wesentlichen davon aus, dass die physische Welt im Sinne einer realen Entsprechung Symbol der geistigen Welt sei. Swedenborg meinte, wenn natürliche Wahrheiten physikalisch aussprechbar seien, dann müsste diese Analogie durch eine bloße Umstellung von Buchstaben auch auf geistige Wahrheiten oder theologische Dogmen anzuwenden sein. Dieser Symbolismus durchdringe den menschlichen Körper und die ganze Natur. Durch das analogische Verfahren könnte epistemologisch über den Körper zur Seele gelangt werden.[241] Die jahrelange Arbeit Swedenborgs an seiner Korrespondenzlehre, die in einem unveröffentlichten *Clavis hieroglyphica arcanorum naturalium et spiritualium*[242] gipfelte und ein wesentliches Stadium beim Übergang zu seiner Geisterweltlehre und Theologie war, ist von Inge Jonsson ausführlich dargestellt worden. Jonsson hat Swedenborgs Quellen und diskursive Kon-

---

[238] Zur *Theologie des Aristoteles*, einem der Schlüsseltexte für Swedenborgs visionäre Wende, vgl. Kap. 4.2.1. Die Stelle bezieht sich nicht auf das (in eine andere Person gesetzte) Zitat im Regnum animale (I, 12), sondern auf das direkte Exzerpt Swedenborgs aus Lib. I,IV = Codex 36, 2, in PhN 6f. und 178 [Übers. FS]. Der Abschnitt entspricht Plotins *Enneaden*, Lib. IV.8.1.1–13. Vgl. Fritz W. Zimmermann: The Origins of the So-called Theology of Aristotle. In: Jill Kraye, William F. Ryan und Charles B. Schmitt (Hgg.): Pseudo-Aristotle in the Middle-Ages. London 1986, 110–240, hier: 138–140.

[239] Vgl. Animal Kingdom I, 12.

[240] Jonsson, 1969, 24f., sieht in der Verknüpfung von *correspondentia* und *repraesentatio* eine Neuerung im *Regnum animale*. Swedenborg dürfe hierin von Malebranches *Recherche de la vérité*, aber auch von Johann Christoph Sturm beeinflusst gewesen sein, der *correspondentia* in der gleichen Bedeutung verwende wie Swedenborg. Malebranche gehörte zu den für Swedenborg wichtigsten Autoren in den 1740er Jahren und darüber hinaus. Vgl. dazu insgesamt Kap. 4.2., besonders 4.2.9.

[241] Vgl. Animal Kingdom I, 293; Jonsson, 1999, 109f.

[242] Vgl. Clavis hieroglyphica arcanorum naturalium et spiritualium [...]. London 1784; englisch erstmals: London 1784; in Emanuel Swedenborg: Psychological Transactions. 2. Aufl. Bryn Athyn 1984, 157–213; auszugsweise übersetzt von Thomas Noack in: Offene Tore 2000 (Heft 2), 83–92. Die *Clavis* ist wahrscheinlich Anfang der 1740er Jahre entstanden, möglicherweise während oder kurz nach der *Oeconomia regni animalis*. Vgl. dazu unten Kap. 3.2.2.

textualisierung umfassend untersucht.[243] Im *Regnum animale,* darauf hat er hingewiesen, zeigt sich die Korrespondenzlehre an einer unerwarteten Stelle. Im Zusammenhang mit seinen Bemerkungen über die Reinigung des Blutes in der Niere merkt Swedenborg an, dass auch der Mensch sich in einem täglichen geistigen Regenerationsprozess an Leib und Seele befinde. Dies sei die symbolische Repräsentation des geistigen Lebens im Körper. Und hierin bestehe die Bedeutung von dem „Prüfen auf Herz und Nieren", einer Stelle aus dem 2. Kapitel der Offenbarung des Johannes, die Swedenborg ohne Quelle anführt.[244] Natur, Menschheit und Göttliches werden in ein Entsprechungsverhältnis gesetzt, das von einem Symbolbegriff ausgeht, der nicht metaphorisch, sondern als Ausdruck realer Entsprechungen gedacht ist. Das geistige Leben wird immer im Körperlichen repräsentiert, und das Göttliche steht über beiden in ebenso realer Entsprechung.

Entscheidend für den sich im *Regnum animale* abzeichnenden visionären Wandel war aber Swedenborgs Betonung religiös konnotierter Epistemologien bei seinen Forschungen, vor allem auf dem Gebiet der Seele, die sich entgegen seinem früheren Erkenntnisoptimismus den empirischen Instrumentarien zu entziehen schien.

In dem unter dem Titel *Rational Psychology* veröffentlichten, zu seinen Lebzeiten ungedruckten Teil 7 des *Regnum animale* zeichnete Swedenborg den Weg, auf dem man zu einer höheren Erkenntnis gelangen könne. Diese Erkenntnissuche war in seinen Augen mit einer spirituellen Erneuerung des Forschers selbst verbunden, die zu dieser Zeit noch völlig im Einklang mit den theologischen Dogmen des Luthertums stand. Eine auffällige Parallele zu den lutherischen, vielleicht herrnhutisch beeinflussten Akzenten des im *Drömmar*[245] dokumentierten visionären Wandels ist in den vier Stadien zu erkennen, die zu echter Freiheit führten: Die erste Freiheit bestehe in der Unabhängigkeit der *mens* von den Begierden des *animus,* die zweite in Studium der Heiligen Schrift, verbunden mit der Reflexion eines intellektuellen Glaubens, die dritte im Gebrauch vorgeschriebener heiliger Mittel: der Sakramentsempfang, der Kirchgang und das Gebet. Die vierte Stufe sei die der echten Freiheit, verbunden mit der Erneuerung der *mens* und der Unterwerfung des *animus.* Nur so werde der Mensch weise, wisse um das höchste Gute und wähle in diesem Zustand nur, was das Beste sei.[246] Im *Regnum animale* bleibt Swedenborg allerdings bei seinem Beharren auf Analyse und Erfahrung: nur durch kontinuierliche Analyse und zusammenhängende, durch Induktion abgeleitete Serien, sei es möglich, den Gipfel des Menschen möglichen Wissens und geistiger Wahrheiten zu erlangen.[247] Die den veröffentlichten Bänden des *Regnum animale* und der *Oeconomia* zugrunde liegende These, dass von einem äußeren Menschen, der über die Sinnesorgane des *animus* kommuniziere, ein innerer Mensch zu unterscheiden sei, der ein höheres, ja himmlisches Wissen erlangen könne, blieb in der *Rational Psychology* und darüber hinaus in der Geisterweltlehre bestehen. Das zeigt Swedenborgs Verweis auf die oben zitierte Stelle der *Theologie des Aristoteles* nachdrücklich. Die *Rational Psychology* korrigierte aber die sehr enge Verknüpfung des Gehirns mit der Seele

---

[243] Vgl. JONSSON, 1969.

[244] Vgl. JONSSON, 1999, 109, Animal Kingdom I, 293; Apk 2,23: „Und ihre Kinder werde ich mit dem Tod töten, und alle Gemeinden werden erkennen, dass ich es bin, der Nieren und Herzen erforscht; und ich werde euch einem jeden nach euren Werken geben."

[245] Vgl. Kap. 1.6.

[246] Vgl. Rational Psychology, 372 (S. 213–215); sowie LAMM, 1922, 104f.

[247] Vgl. Animal Kingdom II, 459.

aus der *Oeconomia*. Das Gehirn wurde stärker als sterblicher Teil des Körpers, die Seele aber als Wille oder Liebe, als Kraft angesehen.[248]

In der *Rational Psychology* wird ferner deutlich ausgesprochen, dass die unsterblichen Seelen nach dem Tod intuitiv in einer Engelssprache kommunizieren.[249] Auch die Vorstellung, dass die Ehen nach dem Tod weiter bestehen[250] und dass der Zustand der Seelen sich nach dem Tod nicht mehr ändere,[251] ist hier bereits ausgesprochen – ein weiterer Beleg dafür, dass wesentliche Elemente der Geisterweltlehre vor 1745 bereits entwickelt waren, auch wenn Swedenborg partiell noch Vorstellungen hatte, die er später strikt abweisen würde, wie etwa einen Teufel und ein Jüngstes Gericht.[252]

Swedenborgs zunehmend religiöser Orientierung entsprach vor allem seine abgewandelte Prädestinationslehre, die er auf die Zweckmäßigkeit der das Geistige und Natürliche umfassenden Welt übertrug. Die Genese der Natur oder der Bau des Körpers, die gesamte Konstruktion des Reichs der Seele ist von Zwecken, Ursachen und Wirkungen gekennzeichnet. Höchster Zweck des menschlichen Lebens aber ist die Konstitution eines geistigen Himmels, des Reiches Gottes oder einer heiligen Gesellschaft. Hierin besteht der Zweck der Zwecke der Schöpfung, die mit entsprechender Macht verbundene unendliche Weisheit der alles durchwaltenden göttlichen Providenz.[253]

d) Reaktionen I: Swedenborg – Fachmann oder Kompilator?

Von den Besprechungen des *Regnum animale* ragen besonders die wie schon im Falle der *Oeconomia* umfangreichen Texte in den europaweit verbreiteten Zeitschriften *Nova acta eruditorum* und *Bibliothèque Raisonnée* heraus. Sie gingen überhaupt nicht auf die theologischen Reflexionen Swedenborgs ein und erkannten auch keine Anzeichen der bevorstehenden biographischen Ereignisse in Swedenborgs Leben. Das Buch wurde ausschließlich auf seinen fachlichen Gehalt hin besprochen und bewertet.

Die *Bibliothèque Raisonnée*, für die offenbar ein anderer als der Rezensent schrieb, der die *Oeconomia* geradezu überschwänglich gepriesen hatte, bemängelte, das Buch sei nichts anderes als eine Kompilation aus den Werken anderer Autoren, aus der man nichts Neues lernen könne. Auch wenn der Autor zweifellos ein großer Philosoph sei, gebe er sich damit zufrieden, lediglich die Entdeckungen anderer, nämlich der berühmtesten Anatomen darzulegen. Die zitierten Passagen seien von großer Länge und untereinander kaum verbunden; das ganze Werk bestehe aus verstreuten Fragmenten, und „unendlich viel besser" als diese losgelösten Bruchstücke sei es, zu den eigentlichen Quellen zurückzukehren.[254]

---

[248] Vgl. Bergquist, 2005, 160 f.
[249] Vgl. Rational Psychology, 532 (S. 291 f.).
[250] Vgl. Rational Psychology, 207 f. (S. 110–112).
[251] Vgl. Rational Psychology, 528, 531 (S. 290 f.), 544 (S. 298).
[252] Vgl. Rational Psychology, 545 f. (S. 298 f.), 328 (S. 190).
[253] Vgl. Animal Kingdom II, 466.
[254] Vgl. Bibliothèque Raisonnée des Ouvrages des Savans de l'Europe, 1744, Juli–September, 155–168 (zu Bd. 1 und 2), hier: 156–159. Der Verfasser musste sich die Rezensionen der Bibliothèque zur *Oeconomia* erst besorgen. Die von Swedenborg verwendeten Autoren wa-

Der zweite Kritikpunkt bezog sich auf eine große Zahl von Unklarheiten und Unrichtigkeiten nicht nur bei den physiologischen Darstellungen, sondern auch in Swedenborgs Philosophie. An einigen Stellen, so urteilte wiederum die *Bibliothèque Raisonnée*, erscheine seine Philosophie zu „stachelig" und mit „Dornen" versehen, so dass sie den Gegenstand eher verdunkele, anstatt ihn zu erhellen.[255] Auch die *Neuen Zeitungen von Gelehrten Sachen* stellten in ihren beiden kurzen Anzeigen fest, dass Swedenborg seine Beschreibungen lediglich aus den fremden „Erfahrungen etlicher Zergliederer" gezogen habe, sich diese „Erfahrungen" aber öfter widersprächen. Und „öfters" folge er denen,

> „welche am wenigsten, oder auch wohl am unrichtigsten, von den Theilen handeln, oder er führet wohl gar Stellen aus den Zergliederern an, in welchen so gar das Gegentheil von dem gefunden wird, was in dem Texte gesetzet worden."[256]

Swedenborg besitze die „Geschicklichkeit, von einer Sache, daran öfters wenig gelegen ist, etliche Seiten zu schreiben, und doch nichts zu sagen, außer daß er scheint etwas gesagt zu haben, dadurch, daß er eine bekannte Sache dunkel ausdruckt."[257] Und:

> „Wer sich mit allerley besondern Meynungen einen Nahmen machen will, ohne leicht in den Verdacht zu kommen, daß er sie von jemanden entlehnet habe, dem können Herrn Swedenborgs Schriften ganz brauchbar seyn."[258]

Der Rezensent in *Nova acta eruditorum*, der aufgrund seiner detaillierten Kenntnisse der aktuellen Literatur ein Fachmann gewesen sein dürfte, enthielt sich zwar eines solchen pauschalen Gesamturteils. Er nahm aber nicht nur Swedenborgs ausschweifenden Gebrauch anderer Autoren wahr, sondern lieferte in seinem Referat ein insgesamt differenziertes Bild, das nicht nur von partiellen Würdigungen, sondern an manchen Stellen auch von spöttischen Bemerkungen gekennzeichnet war.[259] So fühlte er sich sehr *(magis)* zu einem „Lachen" *(risus)* ge-

---

ren wie in der *Oeconomia* u. a.: Ruysch, Winslow, Heister, Leeuwenhoek, Malpighi, Boerhaave, Albinus, Eustachius, Willis, Littré, Bartholin, Vieussens, Morgagni, Vesalius, de Graaf. Diese zeitgenössische Rezension deckt sich bemerkenswerterweise mit der freilich etwas zu weit gehenden Beurteilung von Michael Heinrichs, Swedenborgs Werke seien „nicht sehr originell gewesen", er selbst „kein origineller Denker", sondern „nur ein Rezipient von bereits vorhandenem Gedankengut", ohne „Schöpferkraft". Vgl. HEINRICHS, 1979, 41 f., 67, 206.
[255] Vgl. Bibliothèque Raisonnée des Ouvrages des Savans de l'Europe, 1744, Juli–September, 160 (herissée).
[256] Neue Zeitungen von Gelehrten Sachen, 1744, Oktober, 706 f. (zu Bde. 1–2). Eine bloße Anzeige ohne weiteren Text findet sich in: Commercium Litterarium, 1745, September, 296.
[257] Neue Zeitungen von Gelehrten Sachen, 1745, September, 673 f. (zu Bd. 3).
[258] Vgl. ebd.
[259] Vgl. Nova acta eruditorum, 1747, September, 507–514 (zu Bde. 1–2). Der Autor würdigte Swedenborgs Eingeständnis, dass er in der *Oeconomia* zu weit gegangen sei, hätte sich aber dennoch gewünscht, dass seine Gegenstände ein wenig klarer abgehandelt worden seien. So groß die zitierten Autoritäten seien, so wenig könne Swedenborg ernsthaft getadelt werden. Ganze Passagen würden vollständig zitiert, obwohl die Autoren jeweils dasselbe sagten (508). In einigen Fällen, wie etwa beim Kapitel über die Milz, seien Swedenborgs Aussagen

bracht, dass überhaupt ein „Medicus unseres Zeitalters" unter anderem behaupte, die Nasenlöcher würden Lymphanhangdrüsen aus der Medulla, der Rinde und der Haut des Gehirns ansaugen – ganz zu schweigen von anderen Ansichten.[260] In einem anderen Fall, der Beschreibung der Thymus-Drüse, würden alle bisherigen Physiologen durch die leichte Erklärung des „glücklichen Genius Swedenborgs" in Scham versetzt.[261] Und nach seinem Referat des Epilogs, in dem Swedenborg den rein medizinischen Bereich übersteigende metaphysische Fragen nach dem Verhältnis zwischen Körper und Seele, nach der menschenmöglichen Weisheit, nach der Fähigkeit, distinkt und nach Zwecken zu denken, stellte, brach der Rezensent mit dem lapidaren Satz ab: „Aber das ist wirklich genug über die *Swedenborgischen* Träume."[262]

e) Reaktionen II: Swedenborg – ein „Seelen-Automatiker"?

Der Rezensent in den *Nova acta* hielt sich gegenüber Swedenborgs metaphysischen Erklärungsmodellen und Fragestellungen zurück und beschränkte sich auf rein medizinische Fragen. Dies ist im Hinblick darauf zu notieren, dass die *Oeconomia* nur wenige Jahre zuvor gerade wegen ihrer Ausführungen zur Leib-Seele-Problematik Beachtung gefunden hatte und Swedenborgs konstabilierte Harmonie und seine Serien-Grade-Lehre ausführlich referiert wurden.

Dieser Wandel traf auch auf den Rezensenten der *Bibliothèque Raisonnée* zu, der durchweg erkennen ließ, dass er das philosophische System Swedenborgs ablehnte und sich diese Ablehnung auch auf seine Beurteilung der speziell medizinischen Kapitel des *Regnum animale* übertrug. Aus Swedenborgs Verlagerung der Freiheit in die *mens* und seiner Sicht der Seele als Baumeisterin des Körpers leitete er eine unfreie *anima* ab, die nur durch blinden Instinkt wirke. Das erschien diesem Rezensenten „unverständlich" (*incompréhensible*), auch wenn Swedenborg selbst einräume, dass sein System als problematisch beurteilt werde, dunkel sei und viele Paradoxa enthalte. Der Rezensent erkannte hinter Swedenborgs Seele als eines geistigen Automaten eine mögliche Schlussfolgerung aus den „Prinzipien von Leibniz" und wandte sich mit dem Hinweis auf Pierre Bayle, Willem Jacob 's Gravesande und David Renaud Boullier gegen sie.[263] Wie aber

---

nicht tolerierbar (512). Zuweilen würden aber auch Swedenborgs überragende Kenntnisse auffallen (509 f.).

[260] Vgl. Nova acta eruditorum, 1747, September, 513.

[261] Vgl. Nova acta eruditorum, 1747, September, 514.

[262] Vgl. Nova acta eruditorum, 1747, September, 514. („Et haec quidem de somniis *Swedenborgianis* sufficiant.").

[263] Vgl. Bibliothèque Raisonnée des Ouvrages des Savans de l'Europe, 1744, Juli–September, 164–166. Von Boullier ausdrücklich genannt: Essai philosophique sur l'âme des bêtes, ou l'on traite de son existence et de sa nature [...] ou l'on réfute diverses objections de Mr. Bayle. Amsterdam 1728. Es ist unsicher, ob Swedenborg bei seiner Rede von der Seele als Erbauerin ihres Körpers von Georg Ernst Stahls Animismus beeinflusst war. Denn diese Seelenlehre war gegenüber der *Oeconomia*, wo er die Seele für eine Determination des universellen *fluidum spirituosum* und den Körper für die Determination der Seele gehalten hatte, eine deutliche Akzentverschiebung. Das generative Prinzip blieb erhalten, aber die Formulierung von der

könne ein geistiges Wesen als „*un pure Automate*" wirken, dessen unbewusst, dass es so wirke, wie es wirke, aber dennoch in „Blindheit" *(aveuglement)* und „Unkenntnis" *(ignorance)* darüber, in einer höchst gleichmäßigen Weise zu wirken, ohne sich selbst einen Zweck zu setzen? Wenn Swedenborg meine, in der Seele sei keine Quelle, die sie zu einem Automaten mache, wie könne man dann ihre Wirkung erklären, „wenn sie nicht wie der Geist wirkt, der in demselben Körper wohnt wie sie?" Niemals könne der „menschliche Geist" verstehen, dass die Seele ihren eigenen Körper erbaue, und wenn Swedenborg dies erkläre, verstehe er es denn überhaupt selbst? Der Rezensent bezweifelte dies „stark": Entweder müsse der Körper von Ewigkeit her existiert haben oder er müsse die „Produktion" eines „unendlichen mächtigen Wesens sein, ausgestattet mit unendlicher Intelligenz".[264] Dazwischen existiere schwerlich ein Mittelweg, auch nicht der, den Swedenborg hier vorschlage und dabei voraussetze, dass die „wunderbare Ordnung" des Körpers von einem geistigen Automaten ohne Regeln, Prinzipien, ohne Zweck und Wissen um sich selbst arbeite. Könne der menschliche Körper von solch einem „dummen Handwerker" *(un Ouvrier stupide)* hergestellt worden sein?, fragte der Rezensent. Und: Warum sage Swedenborg nicht, dass die „Weltseele" *(l'Ame du Monde)* die Welt gebildet hat, nachdem Gott die gewaltige Masse von Materie formte, aus der sie zusammengesetzt ist?

Es scheint auf der Hand zu liegen, dass der Rezensent die *Oeconomia* Swedenborgs und auch deren Rezensionen nicht kannte. Denn hier war deutlich geworden, dass Swedenborg zwar nicht von der *anima mundi*, aber von der *aura mundi* als Form aller Dinge ausging, was gerade von der *Bibliothèque Raisonnée* als „edelste" Modifikation des universellen Geistes oder des Geistes Gottes angesehen wurde. Im *Regnum animale* war diese modifizierte neuplatonische Orientierung für den Rezensenten nicht erkennbar. Daher hielt er Swedenborgs Kombination aus einer prästabilierten Harmonie nach Leibniz, seiner Verschiebung der menschlichen Freiheit aus der *anima* in die *mens* und seiner hinsichtlich der *anima* präformatorischen, aber hinsichtlich der Generation des Körpers epigenetischen Auffassung, für nicht nachvollziehbar. Denn dadurch bleibe ungeklärt, wie ein geistiges Wesen, ja selbst Gott, Materie zu einem Körper ordnen könne. Solch ein Wesen ohne Organe könne höchstens „ein fauler Zuschauer der Formation seines Körpers" sein.[265] Und für noch problematischer hielt er die in Swedenborgs Kombination offen gebliebene Frage, wann die Seele mit der Formation des Körpers begonnen habe. Die Behauptung, dass sie von Ewigkeit auf ihn wirke, sei nichts anderes als „absurd" *(absurde)*. Auch könne man nicht sagen, wo sich die Seele vor dieser Formation befunden und wie sie sich die passende Materie ausgesucht habe. Dass sie diese Wahl überhaupt getroffen habe, beweise aber, dass man sie nicht als Automaten ansehen könne. Hierin, in dieser Übernahme

---

aktiven und zugleich unbewussten Tätigkeit der Seele kollidierte mit der Vorstellung, es sei die Lebenskraft, die in ihr wirke.

[264] Vgl. Bibliothèque Raisonnée des Ouvrages des Savans de l'Europe, 1744, Juli–September, 166 („la production d'une Être infiniment puissant & doué d'une intelligence infinie").

[265] Vgl. Bibliothèque Raisonnée des Ouvrages des Savans de l'Europe, 1744, Juli–September, 167 f. („un Spectateur oisif de la formation de son Corps").

einer von Leibniz stammenden Figur, lag der zentrale Kritikpunkt der Amsterdamer Rezension: Warum soll man angesichts der von Gott etablierten universalen und für alle Körper geltenden Gesetze auf eine „blinde Kraft" zurückgreifen, „die viel mehr Unordnung und Verwirrung in ihnen schafft, anstatt sie in Übereinstimmung mit dem Ziel des Schöpfers handeln zu lassen?"

„Würde ein Geisteskranker, ein Mann, dessen Hirn ungeordnet ist, überhaupt in der Lage sein, eine Maschine zu machen, die aus einer Unzahl von Teilen zusammengesetzt ist? Und könnte er als Erschaffer der Maschine gelten? Diese Art von Seele, die Mr. *Swedenborg* im menschlichen Körper ansiedelt, kann gut in die Klasse der Verrückten versetzt werden, weil der Autor selbst zugibt, *dass sie ohne Wissen wirkt, was sie tut.*"[266]

Aufgrund dieser Ungereimtheiten, aber offensichtlich vor allem wegen Swedenborgs modifizierter neuplatonischer Seelenlehre, die eine unfreie und zugleich den Körper generierende *anima* annahm, lehnte der Rezensent seine Theorie ab und bekannte sich zugleich zu dem System der „Entwicklungen" *(Développemens)*, das einfacher und verständlicher erscheine und sich stärker in Übereinstimmung mit dem befinde, „was vor unseren Augen in der ganzen Natur stattfindet".[267]

f) Resümee

Das *Regnum animale* ist, nach den Zeitschriften zu urteilen, in geringerem Maße in der Gelehrtenöffentlichkeit besprochen worden als die *Oeconomia*. Albrecht von Haller beispielsweise erwähnte in seiner *Bibliotheca anatomica* lediglich die Titel und schien im Gegensatz zur *Oeconomia* über keine inhaltlichen Kenntnisse zu verfügen.[268]

Trotz der auffälligen Schlussformulierung in den *Nova acta* von den „Swedenborgischen Träumen" erkannte keiner der Rezensenten irgendein Indiz für den bevorstehenden Wandel Swedenborgs. Die Rezensenten bemerkten aber seine starke Referenz auf fremde Autoritäten und schenkten diesem Befund in ihren Texten auch einen viel größeren Raum als in früheren Kritiken, denen Swedenborgs Ersetzung eigener *observatio/experientia* durch andere Autoren ebenfalls ins Auge gefallen war. Sie brachten damit zum Ausdruck, dass Swedenborg das Kriterium der Empirie wesentlich durch Autorität – und zwar bis hin zum bloßen Zitat – zu erfüllen glaubte.

---

[266] Vgl. Bibliothèque Raisonnée des Ouvrages des Savans de l'Europe, 1744, Juli–September, 168: „[...] qu'est-il besoin de recourir à une Puissance aveugle, bien plus capable d'y introduire le desordre & la confusion, que de les faire agir conformément au but du Créateur. Un fou, un homme dont le cerveau seroit dérangé, seroit-il fort propre à monter une Machine composée d'une infinité de ressorts, & pourroit-il passer pour en avoir été l'Ouvrier? Cette espéce d'Ame, que Mr. *Swedenborg* fait loger dans le Corps humain, peut bien être rangée dans la catégorie des Foux, puisqu'il convenient lui-même *qu'elle agit sans savoir ce qu'elle fait.*" [Hervorhebungen im Original; Übers. FS].

[267] Vgl. Bibliothèque Raisonnée des Ouvrages des Savans de l'Europe, 1744, Juli–September, 168: „[...] qui me paroit plus simple, plus raisonnable, moins sujet aux difficultés, & plus conforme à ce qui se passe sous nos yeux dans toute la Nature."

[268] Vgl. VON HALLER, 1777, 328 f.

Schließlich verhielten sich die großen Besprechungen aus Leipzig und Amsterdam gegenüber Swedenborgs metaphysischen, in den geistigen Bereich eindringenden Spekulationen zunehmend ablehnend. Es ist nicht festzustellen, wie Swedenborg auf dieses, wie bereits nach den *Miscellanea observata* von 1722, in der Gesamttendenz eher negative Echo reagierte. Zu notieren ist aber, dass er nach dem *Regnum animale* – und den gleichzeitig eintretenden visionären Erlebnissen – keine weiteren Publikationen zu medizinisch-psychologischen Themen mehr vorlegte, sieht man einmal von seiner 1769 erschienen Abhandlung *De commercio animae et corporis* ab, die die Thematik der *Oeconomia* zwar wieder aufnahm, aber nun unter den Bedingungen der Geisterwelt abschließend klärte. Mit dieser späten Veröffentlichung hakte Swedenborg einen weiteren Punkt des Programms ab, das er am Anfang der 1740er Jahre sogar der Öffentlichkeit präsentiert hatte.[269] Nun waren an die Stelle der medizinischen Autoritäten in der *Oeconomia* und im *Regnum animale* allerdings, wie Entscheidungsinstanzen, die himmlischen Autoritäten von Engeln und Geistern getreten, und an der Stelle der Empirie, die den *observationes* von Leeuwenhoek, Vieussens und anderen entstammte, stand jetzt Swedenborgs persönliche Empirie, nämlich die Erfahrung des Übersinnlichen. Das Schlusswort der *Nova acta eruditorum* – genug von den *somnia Swedenborgiana* – ist freilich nicht als Indiz für den zu diesem Zeitpunkt schon geschehenen Wandel Swedenborgs vom ‚Autoritätenempiriker‘ zum ‚Offenbarungsempiriker‘ zu verstehen. Es zielte auf die im *Regnum animale* vorgetragenen Spekulationen über höhere Erkenntnis ab, einer Erkenntnis, die Swedenborg zu diesem Zeitpunkt noch im Sinne seiner von oben und unten, außen und innen die gesamte Natur umfassenden Serien- und Grade-, oder auch Korrespondenzlehre und durch die Analyse der disparat verstreuten und zu kombinierenden Erfahrungen aus den verschiedensten Forschungsrichtungen gewinnen wollte. Dem gilt das zitierte Wort des Rezensenten. Dass Swedenborg diesen Weg nun abbrach und die Bestätigung seiner ursprünglich naturphilosophischen, durch Bibelstudium und Theologie ergänzten holistischen Geisterweltlehre durch die Offenbarung erst Christi und dann der Geister und Engel zu erhalten meinte, blieb der Gelehrtenöffentlichkeit bis etwa 1760 verborgen.

2.4.3. *De cultu et amore Dei* (1745)

Das letzte gedruckte Werk seiner vorvisionären Phase legte Swedenborg während seiner visionären Krise vor. In dem Schöpfungsdrama *De cultu et amore Dei* fasste er seine kosmologischen, theologischen und anthropologischen Theorien in einer poetischen und mythologischen, aber mit seinen bisherigen Forschungen eng verbundenen Form zusammen.[270] Inge Jonsson hat den Inhalt, den Quellenkon-

---

[269] Vgl. oben 2.4.1., a), ll).

[270] Pars prima de cultu et amore Dei; ubi agitur de telluris ortu, paradiso, et vivario, tum de primogeniti seu Adami nativitate, infantia, et amore. Londini 1745; Pars secunda […], ubi agitur de conjugio primogeniti seu Adami, et inibi de anima, mente intellectuali, statu integri-

text und die Position von *De cultu* zwischen der naturphilosophischen und der theologisch-visionären Phase Swedenborgs erschöpfend herausgearbeitet.[271] Im Folgenden wird daher nur knapp auf die Grundlinien verwiesen. In der zeitgenössischen Gelehrtenöffentlichkeit ist *De Cultu* kaum beachtet und mit einiger Sicherheit kaum gelesen worden. Von daher spielte es für den Diskurs um Swedenborg und um seinen Wandel vom Naturphilosophen zum Geisterseher keine Rolle.

a) Weltei und Paradies

Eine Anknüpfung an die Kosmogonie der *Principia* stellte Swedenborgs Schilderung der Entstehung des Sonnensystems in *De cultu* aus einem Weltei dar, dem *ovum mundanum,* das er mit dem Urchaos der Masse gleichsetzte, aus der Sonne und Planeten hervorgegangen seien.[272] Wie in seinen früheren Schriften schilderte er die neugeborene Erde in dem paradiesischen Zustand eines ewigen Frühlings, den er mit dem Mythos des Goldenen Zeitalters verband. Die Generation der Lebewesen aus Eiern oder Samen, mit denen die Erde überstreut ist, stellt die mikrokosmische Entsprechung zum *ovum mundanum* dar, wobei Swedenborg seine in der *Oeconomia* vorgetragene, vielleicht an Georg Ernst Stahls Vitalismus angelehnte Epigenese-Theorie von einer *vis formatrix* anwandte, die diesen Eiern innewohnt.[273]

Der Mensch entsteht in einem „Paradisus in Paradiso" ebenfalls aus einem Ei, das vom Lebensbaum hervorgebracht worden ist, aber mit einer himmlischen Seelenform, der Lebenskraft, von Gott befruchtet wird.[274] Adam, der erste Mensch, wird in seiner Kindheit in „himmlischer Didaktik" und später im „Einmaleins der Korrespondenzlehre"[275] unterwiesen. Dadurch übt er eine Hierarchie intellektueller Vermögen ein. Die *anima* zieht sich danach in sein Kleinhirn (*cerebellum*) zurück. Von da an führt Adam seine eigene Erziehung im Kontakt mit seinen Intelligenzen fort. Unter der Überschrift „Die Liebe des Erstgeborenen" berichtet Swedenborg über himmlische Kreaturen, die ihm theologische

---

tatis, et imagine Dei. Londini 1745; englisch: The Worship and Love of God. West Chester; London 1995.

[271] INGE JONSSON: Swedenborgs skapelsedrama De cultu et amore Dei. En studie av motiv och intellektuell miljö. Stockholm 1961; englisch: JONSSON, 2004.

[272] Zum Grundriss von *De cultu* vgl. JONSSON, 2004, XIV–XVI. Die Weltei-Hypothese geht auf Thomas Burnet zurück, vgl. ebd., 60–67.

[273] Jonsson betont, dass Swedenborg die *vis formatrix* mit der von Aristoteles abgeleiteten Zweck- und Zweckmäßigkeitsvorstellung kombinierte: Die Entstehung des Lebewesens aus der *vis formatrix* geschieht zum Zweck der Entstehung dieses Wesens, das entgegen den hergebrachten Präformationsvorstellungen nicht schon im Samen als winziges Bild des reifen Organismus enthalten ist. Vgl. JONSSON, 2004, 90 f. Ferner sieht er keinen unmittelbaren neuplatonischen Einfluss, sondern den neuplatonischen Einfluss, der auch auf Leibniz, Swedenborgs direkte Rezeptionsquelle, gewirkt hat, vgl. ebd., 95.

[274] Wie in der *Oeconomia* stellt Swedenborg die beiden Thesen, ob das Gehirn oder das Herz das erste Organ im Embryo sei, nebeneinander, verzichtet hier aber auf eine Entscheidung, vgl. JONSSON, 2004, 123.

[275] Vgl. JONSSON, 2004, 178.

Geheimnisse offenbaren, ihm seine Mittelstellung zwischen der himmlischen und natürlichen Sonne zeigen und ihn über den Kampf zwischen Gut und Böse, über die Gottes- und Selbstverehrung (*amor Dei* und *amor sui*) unterrichten. Er erfährt dadurch den bereits in der *Oeconomia* herangezogenen Vergleich zwischen der geistigen Sonne im himmlischen Paradies und der natürlichen Sonne im irdischen Paradies.[276]

b) Der freie Adam, das Böse und der Weltfürst

Adam besitzt wegen seines Verstandes und seines Willens als ein wahrer Mensch mit allen Möglichkeiten des freien Willens ein Alleinstellungsmerkmal unter allen Geschöpfen.[277] Im Gegensatz zu den früheren naturphilosophischen und den späteren visionären Schriften befindet sich Adam, der Mensch, jedoch zwischen der einen Liebe zu Gott und der anderen Liebe als Ursprung des Irrtums und des Bösen, die im Fürsten der Welt begründet liegt. Dieser Weltfürst wurde ursprünglich als zweiter Nexus neben dem eingeborenen Sohn[278] als Vermittler zwischen Leben und Natur geschaffen, versuchte aber, sich die Herrschaft auch über den Himmel anzueignen und revoltierte gegen den eingeborenen Sohn. In Swedenborgs modifizierter neuplatonischer Psychologie fungiert der *animus* als Vertreter des Weltfürsten, die *anima* nimmt den „Platz des Höchsten", die *mens* den des Sohnes ein. Nur *mens* ist zwischen den beiden Prinzipien, zwischen guten und bösen Lieben, mit Freiheit ausgestattet. Die Gottheit habe zwar versucht, den Weltfürsten zu vernichten und in den Orkus zu stürzen, aber der Sohn selbst habe dies verhindert und sich im letzten Moment dazwischen geworfen und den missgeleiteten *intellectus* umschlungen. Gott habe daraufhin versprochen, die Welt zu verschonen.[279] Die Freiheit bleibt dadurch erhalten. So lange der *amor Dei* herrscht, besitzt der Weltfürst als Quelle der Welt- und Selbstliebe keine Macht. Das Böse aber ist als Vorbedingung der freien Entscheidung des Menschen für die göttliche Liebe zugleich die Voraussetzung für die Vervollkommung des Schöpfungsplans – eine in hohem Maße von Malebranche inspirierte Erklärung des Theodizee-Problems.[280]

Der zweite Teil des Opusculum schildert die „Ehe Adams, des Erstgeborenen" und geht zunächst auf die Erschaffung Evas ein, die wie Adam selbst aus einem Baum bzw. aus einem Ei dieses Baums entsteht, in das Adam seinen Geist gießt. Hier ist Swedenborgs Hirnphysiologie in Grundzügen eingebaut: Ein Engel enthüllt wie ein „himmlischer Leeuwenhoek"[281] einen Nerv und legt eine Fiber frei, die in der Gehirnrinde entspringt und die Gehirnpartien zu erkennen gibt, in denen Swedenborg *animus*, *mens* und *anima* lokalisiert hatte. Dabei wird auch das *fluidum spirituosum* sichtbar, das die psychischen Entscheidungen in

---

[276] Vgl. JONSSON, 2004, 180.
[277] Vgl. JONSSON, 2004, 149.
[278] Vgl. JONSSON, 2004, 223–233.
[279] Vgl. JONSSON, 2004, 182–185.
[280] Vgl. JONSSON, 2004, 257–261, sowie Kap. 4.2.9.
[281] Vgl. JONSSON, 2004, 274.

physische Handlungen umwandelt und die Sinneseindrücke in das Gehirnzentrum zurückleitet.[282] Die Lebensgeister werden in der *substantia corticalis* hervorgebracht.[283]

Der unveröffentlichte 3. Teil über die „Heirat des erstgeborenen Paares" beginnt mit der Hochzeitsnacht, bevor dann Swedenborgs Manuskript abbricht. Es enthält aber noch die „Geburt einer himmlischen Gemeinschaft in Form des universalen Menschen aus dem größten aller Welteier". Swedenborg hatte wohl auch die Schilderung des Sündenfalls, möglicherweise bis hin zur Erlösung durch Christus, geplant. Der gesamte Schöpfungsverlauf vollzieht sich gemäß der göttlichen Vorsehung und einer Zweckgerichtetheit, die auf den Menschen abzielt, nicht im Sinne einer „atomaren Automatik".[284]

c) An der Nahtstelle zur Geisterwelt

Swedenborg distanzierte sich bereits in einem Manuskript von 1745 von *De cultu*. Er habe es unter der Leitung seiner Vernunft verfasst, die nicht von Gott inspiriert gewesen sei.[285] Und auch die Swedenborgianer zählten und zählen *De cultu* meist nicht zu den Schriften der visionären oder „erleuchteten" Phase Swedenborgs.[286]

Gegenüber der Vermutung, dass vor allem John Miltons *Paradise Lost* und esoterische Quellen[287] Pate für *De Cultu* gestanden hätten, hat Inge Jonsson vor allem den Einfluss antiker Philosophie und besonders Ovids, der hexaemeronischen Tradition, Augustins und der pseudo-augustinischen Schrift *De spiritu et anima*, Hugo Grotius', des oben erwähnten Thomas Burnet, des philosophischen Rationalismus Descartes', Malebranches, Leibniz' und Wolffs sowie die Anwendung von Swedenborgs eigener, in den 1740er Jahren entwickelter Serien-und-Grade bzw. Korrespondenzlehre nachgewiesen.

Eine ganze Reihe von Motiven sind in *De cultu* enthalten, die Swedenborg in seinen visionären Schriften ab 1749 radikal ablehnte. Hier vertrat er zum Beispiel noch eine *creatio ex nihilo*, die allerdings hinsichtlich der Erschaffung der Seele bereits mit emanatistischen Akzenten verbunden war. In seinen visionären Schriften verließ er das Dogma von der Erschaffung aus dem Nichts aber völlig.[288] Auch seine in *De cultu* wie auch im zeitgleich entstandenen *Drömmar* noch lutherische Christologie und Soteriologie wird in der visionären Phase umgeformt und partiell aufgegeben.[289] Schließlich besitzt das Böse in der Geisterweltlehre keine eigene Gestalt, geschweige denn Person mehr. Es wird ohne kosmologische

---

[282] Vgl. Jonsson, 2004, 236–238.

[283] Vgl. Jonsson, 2004, 248.

[284] Vgl. u. a. Jonsson, 2004, 105 f., 256.

[285] Vgl. Jonsson, 2004, 4.

[286] Vgl. zur Rezeptionsgeschichte Jonsson, 2004, 5–12.

[287] Vgl. Jonsson, 2004, 19.

[288] Vgl. Jonsson, 2004, 114–118, 140, vgl. dazu aber Kap. 3.3.3., besonders d); 4.2.4.

[289] Vgl. Kap. 3.3.5. und 3.3.6.

und metaphysische Erklärungsversuche vollständig dem Bereich der menschlichen Freiheit zugeschrieben.

Deutlich ist auch in *De cultu* Swedenborgs Absicht, ein die geistige und die natürliche, die kosmische, die psychische und die religiöse Dimension organisch miteinander verbindendes, „holistisches"[290] System vorzulegen, hier allerdings auf einer eher dichterischen als – wie in der *Oeconomia* und im *Regnum animale* – theoretischen Ebene. Die Autoren, die Swedenborgs *De cultu* maßgeblich beeinflusst hatten, begleiteten seinen Wandel in die Geisterweltlehre, wo er sein Weltbild in vielerlei Hinsicht modifizierte. Dies wird aber an eigener Stelle, nach der Skizze seiner Theologie ab 1749, dargestellt, um die Brüche und Kontinuitäten zwischen beiden Phasen zu verdeutlichen.[291]

d) Reaktionen: eine misslungene Komödie

De cultu et amore Dei wurde noch 1745 in der *Bibliothèque Raisonnée* und in den *Neuen Zeitungen von Gelehrten Sachen* angezeigt. Erstere lieferte zwar ein ausführliches Referat, meinte aber, es sei wohl Swedenborgs Ziel gewesen, dem Leser vergnügliche Momente zu bereiten.[292] Swedenborgs Versuch, anatomische, kosmologische und theologische Perspektiven miteinander zu verbinden, wurde entweder nicht gewürdigt oder nicht erkannt.

Die *Neuen Zeitungen* hingegen vermerkten etwas zurückhaltender, weder aus dem Titel noch aus der Einleitung lasse sich die „Absicht des Herrn Swedenborgs bey Verfertigung dieses Buches recht erkennen". Aber dann vermutete der Rezensent doch eine Intention, die Swedenborg aber eher aus dem Mangel an literarischen Fähigkeiten nicht umzusetzen vermochte:

„Es scheinet aus allem, Herr Swedenborg habe eine Comödie schreiben wollen, wie er es denn wirklich in Scenen eingetheilet hat, und man könnte auch seine Schrift so zum Zeitvertreibe lesen, wenn nur die Schreibart Schauspielmäßig wäre."[293]

Von einigen wenigen Erwähnungen noch im 18. Jahrhundert abgesehen, gelangte *De cultu* erst im 19. Jahrhundert überhaupt in den Fokus von Swedenborgianern und Romantikern, die dem Schöpfungsdrama entweder eine literarische oder, wie Joseph Görres, eine „theosophische" Qualität beimaßen.[294]

---

[290] Vgl. JONSSON, 2004, 278.

[291] Vgl. Kap. 4.

[292] Bibliothèque Raisonnée des Ouvrages des Savans de l'Europe, 1745, 371; Jonsson, 2004, 4, vermutet hinter der Anspielung des Rezensenten auf eine ältere kosmologische Autorität, die die Genesis-Erzählung als einzig wahre Version der Schöpfung behaupte, ABBE NOËL ANTOINE PLUCHE: Le spectacle de la nature, ou entretiens sur l'histoire naturelle et les sciences. 2. Aufl. Paris 1732.

[293] Vgl. Neue Zeitungen von Gelehrten Sachen, 1745, September, 657 f.

[294] Vgl. JONSSON, 2004, 3, 5–12. Zur Abwendbarkeit des Begriffs der Theosophie auf Swedenborg vgl. das Schlusskapitel: *Auswertung*, unten Seite 728.

2.5. Schluss

Swedenborg war als Naturforscher in Europa weithin bekannt, aber von Beginn an auch umstritten. Seine Bekanntheit stützte sich auf die Vielseitigkeit seiner Arbeiten und auf seinen universellen, die Seele einbeziehenden mechanistischen Ansatz. Kritisiert wurde, dass sich sein Vorgehen nur empirisch gab, aber im Grunde aprioristischen Maßstäben folgte. Daneben wurde immer wieder moniert, dass er die Seite der Empirie häufig mit den Forschungsergebnissen Dritter ausfüllte, und er bei seinen eigenen empirischen Beobachtungen ungenau arbeitete. Swedenborgs Hypothesenfreudigkeit wurde vielfach anerkannt und vielfach bestritten. Er kann weder als ein puristischer Empiriker noch als ein führender Naturforscher bezeichnet werden, auch wenn er vor 1745 in den europäischen Gelehrtenkreisen weithin bekannt gewesen sein dürfte und durchaus ernstgenommen wurde. Urteile über eine obskure oder völlig inakzeptable Richtung seines Ansatzes finden sich kaum. Zweifel werden eher an der ‚Richtigkeit‘ seiner Hypothesen angemeldet.

Im Gegensatz zu der Behauptung eines vollständigen und radikalen Bruchs in Swedenborgs Biographie ist zu konstatieren, dass die organische Verbindung von Naturforschung, Theologie und geistigem Universum im Rahmen einer nach und nach ausgearbeiteten Korrespondenzlehre bei Swedenborg seit seinen ersten Veröffentlichungen zu belegen ist. Diese Verbindung, die den cartesischen Dualismus zunehmend mit neuplatonischen Modellen anreicherte,[1] hatte von Beginn an eine physikotheologische Intention, nämlich den Zusammenhang eines mechanisch und später auch organisch-vitalistisch strukturierten und harmonischen Universums mit dem Wirken Gottes herzustellen.

Swedenborgs Kombination zielte darauf ab, den Dualismus zu überwinden und zugleich ein pantheistisches Weltbild zu vermeiden. Gott selbst blieb bei ihm immer strikt von den Serien der Natur getrennt. Die ‚immateriellen‘ Bereiche des Universums, vor allem die Seele, wurden hingegen ‚materialisiert‘, um sie der Erkenntnis zu öffnen. Immaterielle Kräfte wie die newtonsche Gravitation wurden mechanisch und ‚semi‘- oder quasimateriell erklärt. Leere Räume werden akzeptiert, aber zugleich mit, wenn auch subtiler, Materie höherer Qualität ge-

---

[1] Langs Diagnose, Swedenborg habe sich unter Leibniz' Einfluss von einer mechanistischen Weltsicht zum Neuplatonismus gewandelt, ist m. E. nur bedingt zuzustimmen. Demgegenüber muss gerade die Verbindung von Mechanizismus und Organizismus, von Neuplatonismus und cartesischem Dualismus betont werden. Vgl. BERNHARD LANG: On Heaven and Hell. A Historical Introduction to Swedenborg's Most Popular Book. In: Emanuel Swedenborg: Heaven and Its Wonders and Hell Drawn from Things Heard & Seen. West Chester 2000, 9–69, hier: 33.

füllt. Damit knüpfte Swedenborg an Polhem an, der zwischen dem cartesischen Materiekonzept und den newtonschen Fernkräften ebenfalls einen Mittelweg gesucht hatte. Kräfte und leere Räume werden schon von ihm akzeptiert und zugleich ‚materialisiert' und ‚mechanisiert'.

Hier und an anderen Stellen sind deutliche Verbindungen zum „aufgeklärten Vitalismus" erkennbar.[2] Swedenborg geht mit seinem Erkenntnisoptimismus, der auch vor der Natur der Seele nicht Halt macht, allerdings ebenso deutlich über die aufgeklärten Vitalisten hinaus, die belebende Kräfte in der Natur zwar anerkannten, sich aber aus epistemologischen Gründen gegenüber einer Bestimmung ihres ontologischen Status zurückhielten und Theologie von Physik abtrennten.

Erst im *Regnum animale* schränkte Swedenborg seinen Erkenntnisoptimismus ein, wenn er meinte, der Seele nur durch Analogieschlüsse auf die Spur kommen zu können. Seine visionären Erfahrungen zeigen, dass er diesen Weg letztlich auch nicht für gangbar hielt; nur durch Offenbarung von ‚oben' können Erkenntnisse vermittelt werden, die den Sinnesorganen entzogen sind. Dass Swedenborgs Geisterwelt seinem vorvisionären, nun durch himmlische ‚Voten' bestätigten System weitgehend entsprach, wird in den Kapiteln über Swedenborgs Theologie und ihre Quellen zu zeigen sein.

Swedenborgs frühzeitige Verbindung von Theologie und Physik, Seele und Körper, führte dazu, dass die Grundstruktur seiner Geisterweltlehre während seiner visionären Wende im Grunde genommen vorlag, auch wenn ihre Elemente noch in seinen physiologischen Schriften verstreut waren. Nicht zuletzt seine bereits der *Oeconomia regni animalis* beigelegte Liste zeigt deutlich, in welche Richtung er sein holistisches Projekt treiben wollte.

Swedenborgs modifizierter Cartesianismus galt auch für seine Geisterwelt. Denn der *influxus* von Leben und von Geistern ist für den Menschen nicht erfassbar. Swedenborg meinte, ihn nur durch das Mittel der Offenbarung überhaupt bemerken und auf diese Weise ‚empirisch' nachweisen zu können. Wie schon in seinen naturphilosophischen Schriften tat er dies auch in seiner visionären Phase aber nur in Form der Analogie und ohne den Anspruch, hier ‚wissenschaftliche' Methoden anwenden zu können. Swedenborgs ‚Wechsel' in die Geisterwelt ist ein Wechsel des empirischen Zugangs. Für die Erkenntnis auf der Ebene der Theologie und des Lebensinflux wie für die Seelenlehre überhaupt sind Offenbarungen nötig. Nur durch Offenbarung kann Empirie ein Kriterium für die Wahrheit apriorischer Behauptungen sein.

Swedenborgs Projekt ist von Anfang an ein theologisches Projekt, das sich aus einer biblizistischen Physikotheologie über eine am Apriorismus des philosophischen Rationalismus und eine damit nur mittelbar verbundene Empirie entwickelte. Denn die Seite der *experientia* wurde immer mehr und schließlich vollständig durch die *observationes* und *experientiae* anderer Autoren ersetzt. Das

---

[2] In ähnlicher Weise ist der junge Swedenborg wissenschaftsgeschichtlich unter die „baltischen aufgeklärten Mineralogen" gezählt worden. Vgl. LISBET KOERNER: Daedalus Hyperboreus. Baltic Natural History and Mineralogy in the Enlightenment. In: CLARK, 1999, 389–422, hier: 399.

mag eine Reaktion auf die Kritik gewesen sein, die Swedenborg mit seinen eigenen Forschungen erfahren hatte, etwa in der Frage des Längengrads, des Magnetismus oder in der Hydrostatik. Zugleich befand sich Swedenborg mit seiner umfangreichen Referenz auf andere Forschungen, deren *observationes* bei ihm gewissermaßen an die Stelle von Autoritäten getreten waren, mitten im Zeitalter des Eklektizismus und Empirismus.[3] Er verband beide innerhalb eines theoretischen Konzepts miteinander: Viele Erfahrungen vieler Individuen können zu mehr Wahrheit führen.[4]

Swedenborgs Abkehr von einer Empirie, die tatsächlich nur mit der Autorität der Erfahrungen ‚Dritter‘ identisch ist, führte ihn zum ‚Offenbarungsempirismus‘, der auf einer nicht ‚kritisierbaren‘, ‚wirklichen‘ Autorität beruht.

Bezugnahmen Swedenborgs auf solche Schriften, die dem „Esoterischen Corpus" nach Antoine Faivre[5] zuzuordnen sind, können weder in den öffentlichen Schriften noch in den handschriftlichen Codices nachgewiesen werden. Entsprechende Einflüsse sind bei Swedenborg auch in der Gelehrtenöffentlichkeit nicht wahrgenommen worden. Gerade Oetinger beklagte diese Leerstelle bei Swedenborg, der von Böhme und der Kabbala schlichtweg keine Ahnung habe.[6] Sicherlich sind in Einzelfällen, wie etwa beim *punctum naturale*, kabbalistische Einflüsse denkbar. Dies beträfe aber immer auch die philosophischen Rationalismen von Leibniz bis Wolff. Bei Swedenborg wären solche Figuren modifiziert, mechanisiert oder mathematisiert, man kann auch sagen: modernisiert oder rationalisiert worden, wobei gerade in diesem Fall zu ergänzen ist, dass Swedenborg in den *Principia* jede Emanationsvorstellung vermied und den natürlichen Punkt in den Kontext seines cartesischen Dualismus einbaute. Auffällig ist auch, dass Swedenborg dort, wo er sich auf Hermes Trismegistos und Jamblich bezieht, ausgerechnet und ohne Quellennachweis aus einem Lexikon zitiert. Hätte er die Quellen zur Hand oder diese noch in Erinnerung gehabt, wäre das wohl kaum nötig gewesen. Hätte er aber einen Autoritätennachweis führen wollen, aus welchem Grund verzichtete er gerade hier und im Gegensatz zu seiner sonstigen Verfahrensweise auf die Quellenangabe, wo er doch sonst gerade an diesem Punkt sehr genau arbeitete? Wollte der Naturforscher Swedenborg es nicht preisgeben, dass er aus Mangel an Kenntnissen auf ein Lexikon zurückgegriffen hatte, oder verbarg er seine Referenz, um seine Quellenkenntnis nicht offenzulegen?

Am Ende wäre nochmals die Frage aufzuwerfen, ob der Geist-Materie-Dualismus eher als der spinozistische Monismus die Einfallstore für die Esoterik in sich trug, weil in ihn die zu füllende Leerstelle einer vermittelnden Substanz eingetragen werden konnte, die je nach Grad der Materialität mit okkulten Kräften,

---

[3] Vgl. WILHELM SCHMIDT-BIGGEMANN: Theodizee und Tatsachen. Frankfurt a. M. 1988, 209–217. Schmidt-Biggemann betrachtet die eklektische Vernunftlehre von Christian Thomasius als Pendant zum Empirismus Lockes. Zum „Zerbersten des methodischen Eklektizismus unter dem Druck der Transzendentalphilosophie" vgl. ebd., 216.

[4] Vgl. oben Seite 147.

[5] Vgl. FAIVRE, 2001, 15–23; MONIKA NEUGEBAUER-WÖLK: Art. Esoterisches Corpus. In: Enzyklopädie der Neuzeit. Bd. 3, Stuttgart; Weimar 2006, 552–554.

[6] Vgl. insgesamt Kap. 5.2.5., aber besonders a), aa–bb; b), ee–ff) und hh).

fluida, spiritus animales, Elektrizität, Gravitation oder auch mit Geistererscheinungen verbunden werden konnte. „Swedenborgs und anderer irdische und
himmlische Philosophie" (Oetinger) kann letztlich als Versuch angesehen werden, diese Leerstelle im Rahmen eines panentheistischen Konzepts (Karl Christian Friedrich Krause[7]) auszufüllen und auf diese Weise Spinozismus, Idealismus
und Materialismus, Dualismus, wenn auch ganz disparat, zu überwinden.

---

[7] Vgl. ULRICH DIERSE, WINFRIED SCHRÖDER: Art. Panentheismus. In: HWPh 7 (1989),
48.

3. Swedenborgs Theologie und Geisterweltlehre

3.1. Einleitung

Der folgende systematische Überblick über Swedenborgs Theologie und Geisterweltlehre wird in einem *ersten* Schritt die Prinzipien und die Durchführung seiner Bibelauslegung untersuchen, in einem *zweiten* eine Rekonstruktion seiner theologischen Grundentscheidungen vornehmen und in einem *dritten* Schritt die Struktur seiner Geisterweltlehre beschreiben. Das Material, das diesem Abschnitt zugrunde liegt, basiert in erster Linie auf Swedenborgs beiden Hauptwerken, den fast 11.000 Paragraphen umfassenden *Arcana coelestia* (1749–1756) und der *Vera christiana religio* (1771). Wie oben ausgeführt, besteht der größte Teil seiner Texte, die zwischen diesen beiden Schriften entstanden sind, aus Auszügen und Zusammenfassungen, vor allem aus den *Arcana coelestia*. Swedenborg listete in diesen kleineren Schriften, zum Beispiel in dem verbreiteten Buch[1] *Himmel und Hölle*, häufig, manchmal sogar seitenlang Stellenangaben aus den *Arcana coelestia* auf und schuf auf diese Weise eine fortlaufende Selbstreferenz . Die zwei größeren eigenständigen Werke *De amore coniugali* und *Apocalypsis revelata*, die in der zweiten Hälfte der 1760er Jahre entstanden sind, werden in der Darstellung berücksichtigt, soweit sie in Swedenborgs System neuartige Akzente setzten.

Für den im 5. Kapitel darzulegenden Diskurs, in den Swedenborg involviert war, ist zu berücksichtigen, dass seine Bücher nicht gleichermaßen verbreitet waren. Gerade die *Arcana coelestia* dürften viele Autoren zunächst nur aus Kants *Träumen eines Geistersehers*, aus *Swedenborgs irrdischer und himmlischer Philosophie* von Oetinger oder aus den Rezensionen bekannt gewesen sein. Kaum ein Autor verrät darüber hinaus eine direkte Werklektüre.

Swedenborgs Lehre kann als ein in sich geschlossenes Ganzes betrachtet werden, das in vielen Eckpunkten eine über 22 Jahre anhaltende innere Stabilität aufweist. Das heißt aber nicht, dass sich die Referenzrahmen, in denen sich Swedenborg zum Beispiel durch seine Korrespondenz mit Friedrich Christoph Oetinger oder durch das Verfahren gegen zwei seiner Anhänger in Göteborg befand, nicht auch in seiner Theologie niedergeschlagen hätten. Im folgenden Kapitel werden auch Modifikationen, apologetische Frontstellungen und Kollisionen aufgezeigt, die sich hieraus ergaben. Besonders die *Vera christiana religio* verrät an vielen Stellen einen apologetischen Duktus.[2]

---

[1] Vgl. LANG, 2000, 9–69. Etwa 1.000 Exemplare von HH wurden gedruckt, vgl. ebd., 11. Vgl. auch BERNHARD LANG: Vom Himmel und seinen Wundern (1758). Eine kurze Einführung in Emanuel Swedenborgs populärstes Werk. In: Offene Tore 2001, 106–121.

[2] Das heißt aber nicht, dass man sie auf eine Verteidigungsschrift reduzieren und ihr im Vergleich mit *De amore coniugali* den Charakter eines eigenständigen Werks dadurch absprechen könnte, wie es BERGQUIST, 2005, 386, tut, um offenbar die theologischen Modifikatio-

Die Lehre Swedenborgs ist, auch wenn er sie selbst als geoffenbart ausgab, nicht im referenzfreien, sozusagen ,luftleeren' Raum entstanden. Die Quellen und kontextuellen Bezüge für die Theologie Swedenborgs werden in Kapitel 4 behandelt.

Swedenborgs Lehrsystem besteht aus drei Segmenten:

1. die Bibelauslegung. Die *Arcana coelestia* (Genesis und Exodus) und die *Apocalypsis revelata* legen einzelne biblischer Bücher aus und können daher trotz ihrer eigenartigen exegetischen Methode als Kommentare angesehen werden. Über diese biblischen Bücher hinaus werden aber auch viele andere Bibelstellen in diesen und anderen Werken Swedenborgs ausgelegt;

2. die Theologie, die zum Teil in die Schriftauslegung eingebettet ist und zum Teil in eigenen Abschnitten ausgeführt wird. Swedenborg hat ihr in der *Vera christiana religio* die Gestalt einer Dogmatik gegeben, die den Loci konfessioneller Dogmatiken folgt,[3] ohne dass dabei eine konkrete literarische Vorlage erkennbar wäre. Sie enthält vielfach Bezüge auf philosophische, naturkundliche und anthropologische Themen, die in der Phase vor 1745 entwickelt worden waren. Sie sprengt daher den Rahmen einer ,herkömmlichen' Theologie und erhebt den Anspruch einer die interdisziplinären Grenzen überschreitenden, ,holistischen' Lehre.

Swedenborgs Theologie ist nicht aus seiner Exegese entwickelt worden. Vielmehr verhält es sich genau umgekehrt. Theologisch-philosophische Grundentscheidungen dienen als Muster der Schriftauslegung;

3. die Geisterweltlehre. Swedenborgs Anspruch, durch Offenbarung in Kontakt mit der Geisterwelt geraten zu sein, hat in seinen Werken durchweg literarische Form angenommen. Hierbei sind zwei Konsequenzen zu betrachten: *erstens* die Behauptung, durch diese Öffnung und den dauerhaften Kontakt mit Geistern und Engeln die Grundlagen für seine Theologie und für seine Auslegung des inneren, geistigen Sinns des Schriftinhalts erhalten zu haben, und *zweitens* die literarische Konkretheit, in der Swedenborg über seine Besuche, Gespräche und Beobachtungen in der Geisterwelt berichtet. Diese Reporte bilden als sogenannte *Memorabilia* eigene Kapitel in Swedenborgs Büchern, die in Beziehung zu dem zuvor Dargelegten stehen und bestimmte Thesen durch das Votum von Geistern und Engeln oder andere Erfahrungen zementieren oder illustrieren. Swedenborgs plastische Ausführungen über Geister und Engel, Höllen- oder Planetenbewohner, über den postmortalen Zustand einzelner historischer Persönlichkeiten oder Zeitgenossen und ganzer Nationen, Konfessionen und Religionen bilden in enger Verbindung mit seinen theologischen Ansichten und diskursiven Frontstellungen einen systematischen Zusammenhang.

---

nen gegenüber den *Arcana coelestia* herunterzuspielen. Vgl. dazu auch George F. Dole: *True Christian Religion* as Apologetic Theology. In: Brock, 1988, 339–355, der die VCR gegenüber der stärker polemischen Sum exp eher für „irenisch" hält, merkwürdigerweise aber nicht behaupten will, Swedenborg habe das Werk „bewusst" zu seiner Verteidigung geschrieben. Vgl. ebd., 353

[3] Vgl. Bergquist, 2005, 413.

Mit Swedenborgs Geisterweltlehre ist auch seine eigene Person eng verbunden. Hierbei vollzieht sich ein Wandel in seinem Selbstverständnis, der von den Zeitgenossen wahrgenommen wurde und die Auseinandersetzung mit Swedenborg akzentuierte: 1757 will Swedenborg Zeuge des Jüngsten Gerichts über die christliche Kirche in der Geisterwelt gewesen sein, das der Scheidung der Guten von den Bösen, der Errichtung eines neuen Engelshimmels und einer neuen Kirche in der geistigen Welt gedient habe.[4] Der Öffentlichkeit wurde dies mit der noch anonym erschienenen Schrift *De ultimo judicio* 1758 bekannt gemacht. In der *Vera christiana religio* verkündete er, dass die zweite Ankunft, die Wiederkehr des Herrn, gerade stattfinde, aber nicht als Personalparusie, sondern in dem Wort eines Menschen, dem sich der Herr offenbart habe: in Swedenborg selbst. Die *Vera christiana religio* wird auf diese Weise nicht nur mit dem Wort des Herrn, sondern auch mit seiner Parusie identifiziert.[5] Am 19. Juni 1770 seien, so berichtete Swedenborg am Ende der Schrift, die zwölf Jünger vom Herrn in die Geisterwelt ausgesandt worden.[6] In der Nachfolge entstehe die neue Kirche, das neue Jerusalem der Apokalypse, als dessen Künder sich Swedenborg, allerdings erst kurz vor seinem Tod, selbst versteht.[7] Die Einzelheiten dieser Eschatologie werden gesondert darzustellen sein. Hier geht es zunächst darum, auf die zunehmend engere Verbindung zwischen der Person und der Lehre Swedenborgs hinzuweisen, die in einem geradezu apostolischen oder prophetischen Anspruch kulminiert.

Dieser Anspruch war mit Swedenborgs Behauptung, ihm sei die Offenbarung des Herrn und die Öffnung der Geisterwelt exklusiv durch die göttliche „Barmherzigkeit des Herrn" zuteil geworden, zwar schon seit dem ersten Band der *Arcana coelestia* vorhanden.[8] Hiermit war jedoch zunächst nicht die Behauptung einer eschatologischen Offenbarungsträgerschaft verbunden.[9] Offensichtlich stand Swedenborgs wachsendes, geradezu apostolisches Selbstverständnis auch im Zusammenhang mit der Infragestellung seiner Lehre seit der zweiten Hälfte der 1760er Jahre.

In Kapitel 3.4. wird einerseits die Struktur der Geisterwelt untersucht, andererseits wird auch knapp auf Swedenborgs eigene Kategorisierung seiner Visionen eingegangen. Hierbei gilt der bereits im biographischen Teil aufgezeigte

---

[4] Vgl. VCR 772.

[5] Vgl. VCR 115, 779 f., 851.

[6] Vgl. VCR 4, 108, 115, 123, 791 u. ö.

[7] Das Jüngste Gericht des Jahres 1757 geschah nicht durch die Person, sondern durch das Wort, weil Christus seit der Himmelfahrt, seiner Verherrlichung, für niemanden sichtbar ist, es sei denn durch die Offenbarung des Wortes, als deren Empänger sich Swedenborg selbst versteht, wodurch er zum Verkünder der Lehren der neuen Kirche wird (VCR 777, 779).

[8] Vgl. AC 5. Kein Sterblicher könne – außer durch solche göttliche Offenbarung – wissen, dass die Bibel neben dem äußeren auch einen geistlichen und himmlischen Sinn habe und sich Gen 1 auf die Neuschöpfung und Wiedergeburt beziehe. Dies entspreche vollauf dem Menschen, der nach seinem Äußeren tot sei und nur nach seinem Inneren lebe. Zur Korrespondenzlehre vgl. aber Kap. 3.2.2.

[9] Noch 1769 sieht Swedenborg den Grund für die Öffnung seines Geistes für Himmel und Hölle darin, dass die Menschheit nicht in Naturalismus verfalle, sondern durch ihn erfahre, dass eine geistige Welt überhaupt existiere. Vgl. Com 3.

Grundsatz, Swedenborgs Offenbarungen, wie auch die Behauptung seiner Kontakte zu Geistern und Engeln, nicht psychohistorisch zu diagnostizieren, sondern deren literarische Gestalt zu untersuchen.

Wenn im Folgenden die Grundzüge der Exegese, der Theologie und der Geisterweltlehre Swedenborgs aus seinen Werken extrahiert werden, ist zu berücksichtigen, dass Swedenborgs Schriften nach verschiedenen Leitprinzipien aufgebaut sind, obwohl sich die drei Segmente in allen Werken wiederfinden. Die *Arcana coelestia* und die *Apocalypsis revelata* bestehen aus kapitelweisen Auslegungen der biblischen Bücher und sind mit *Memorabilia* durchsetzt. Die *Vera christiana religio* und der größte Teil der anderen Schriften folgt dogmatischen oder – etwa im Falle von *De commercio animae et corporis* (1769) – philosophischen Leitlinien, in die die Auslegung von Bibelstellen und ebenfalls *Memorabilia* eingebettet sind. Da Swedenborgs Theologie durchgehend seine Auslegung der Bibel bestimmt und nicht aus ihr entwickelt worden ist, müssten in dieser Darstellung eigentlich auch zuerst die theologischen Topoi seiner Lehre besprochen werden. Wer jedoch die *Arcana coelestia* aufschlägt, dem tritt die Bibelauslegung so eindrücklich und massiv entgegen, dass es durchaus berechtigt erscheint, diesem Eindruck, den bereits viele der zeitgenössischen Leser der *Arcana* hatten, auch in der Darstellung zu entsprechen.

3.2. Die Bibelauslegung

3.2.1. Die Inspiriertheit der Bibel

1. Zu den Besonderheiten des swedenborgischen Schriftverständnisses gehört seine Überzeugung, dass die Bibel durchweg direkt inspiriert sei. Im Gegensatz zu breiten aufklärerischen Strömungen des 18. Jahrhunderts, die die Bibel als historisches Dokument betrachteten, die Hermeneutik von der orthodoxen Inspirationslehre loslösten, die biblischen Bücher historisch kontextualisierten und vielfach nicht mehr von Verbalinspiration, sondern von Theopneustie[1] sprachen, hielt Swedenborg daran fest, dass Gott den Schriftstellern wörtlich und hörbar diktierte.

„Als Beispiel mögen auch dienen die Propheten, durch die das Wort geschrieben wurde. Sie schrieben es so, wie der Geist vom Göttlichen es ihnen vorsagte, denn die Worte selbst, die sie schreiben sollten, wurden ihnen hörbar verkündigt."[2]

Aus diesem Diktat folgte für Swedenborg, dass die Bibel eine reale Verbindung zwischen Gottheit und Welt ist. Gott hat sie nicht nur diktiert, sie ist die „Fülle Gottes",[3] Gott ist die Weisheit in ihr,[4] im „kleinsten Strich" ist der Herr im Wort der Heiligen Schrift.[5]

Aus diesem Grund besitzt die Bibel als Gottes Wort für Swedenborg einen heilsgeschichtlichen Status, obwohl auch Mohammedaner, Juden und Heiden ohne die Kenntnis der Heiligen Schrift in seinen Himmel gelangen können.[6]

2. Im Vergleich mit historisierenden, literarkritischen oder poetisch-ästhetischen Auslegungsmodellen, die von vielen Zeitgenossen insbesondere auf die Urgeschichte in Genesis 1 angewendet wurden,[7] behauptete Swedenborg, dass der äußere Sinn des Schriftbuchstabens nur historische Begebenheiten enthielt, die für den Glauben keinerlei Relevanz hätten. Wenn das Schriftwort keinen anderen als den buchstäblichen Sinn besäße, dann wäre es rein „historisch" und hätte keine andere Bedeutung als die Schriften gewöhnlicher weltlicher

---

[1] Vgl. dazu unten Kap. 5.1.2., e), bb–cc), sowie Oetingers Emblematik als weitere Variante der Schriftauslegung Kap. 5.2.5., d), dd).

[2] AC 7055.

[3] VCR 6.

[4] VCR 751.

[5] AC 3454 („minimus apex").

[6] Vgl. VCR 273.

[7] Vgl. dazu Christoph Bultmann: Die biblische Urgeschichte in der Aufklärung. Johann Gottfried Herders Interpretation der Genesis als Antwort auf die Religionskritik David Humes. Tübingen 1999.

Schriftsteller.[8] Würde das Wort nur buchstäblichen Sinn haben, dann wäre es historisch, Geschichte müsste als heilig gelten.[9]

Swedenborgs Sicht eines äußeren und inneren Schriftsinns hängt, wie noch genauer auszuführen ist, eng mit seiner ebenfalls in den *Arcana coelestia* dargestellten Anthropologie zusammen. Der äußerliche Buchstabensinn und der innere Sinn des Schriftwortes verhalten sich zueinander wie Leib und Seele.[10] So wie der Leib durch die Seele belebt wird und die Seele durch das göttliche Leben, so lebt der buchstäbliche Sinn durch den inneren Sinn, und in diesen wiederum fließt das göttliche Leben ein.[11]

Es ist also zunächst festzuhalten, dass Swedenborgs Exegese mit seiner Anthropologie und Theologie eng verbunden ist. Dass auch die Architektur der Geisterwelt, seine triadische Lehre von Zweck, Ursache und Wirkung sowie andere Bestandteile seines Systems eng miteinander verzahnt sind, wird noch zu zeigen sein.

3. Die göttliche Weisheit der Schrift ist jedoch unter dem Buchstabensinn verborgen und wird nur denen eröffnet, „die in den Wahrheiten der Lehre und zugleich im Guten des Lebens sind, und somit im Herrn und der Herr in ihnen ist".[12] Die Auslegung des inneren oder ‚eigentlichen‘, nicht historischen, sondern geistigen und himmlischen Sinns der Heiligen Schrift betrachtete Swedenborg als seine exklusive Mission, die ihm durch die Öffnung der Geisterwelt und die Offenbarung des Herrn gewährt worden sei. Er selbst versteht sich als einen, in dem der Herr „ist".

Mit Hilfe seiner exegetischen Auslegungsmethode, die noch zu schildern sein wird, meint er nicht nur den wirklichen Sinn der Schrift zu entdecken. Alle historischen Besonderheiten, Unverständlichkeiten oder Wunder,[13] die in der Bibelkritik seiner Zeit eine große Rolle spielten,[14] werden mit Swedenborgs Methode eingeebnet oder schlichtweg umgedeutet. Auf diese Weise reagiert Swedenborg unausgesprochen auf die Relativierung des göttlichen Status der Heiligen Schrift, die aus solcher Kritik erwachsen ist und ‚rettet‘ durch seine ‚Methode‘ der Uminterpretation die Heiligkeit der Bibel. Dass Swedenborg andere zeitgenössische hermeneutische Modi im Umgang mit der Bibel kannte, zeigt seine Klage über die Verstocktheit ungenannter Bibelausleger, die hinter dem Buchstaben überhaupt keinen anderen Sinn erkennen wollten und alles dahinter liegende als

---

[8] Vgl. AC 639 („historicum").

[9] Vgl. AC 3229 (hier im Falle der drei Stammväter Abraham, Isaak und Jakob, die zwölf Söhne Jakobs, später David und anderer. Alle diese historischen Figuren seien nur Menschen, mithin nicht heilig gewesen.).

[10] Vgl. VCR 194; AC 1984.

[11] Vgl. AC 2311.

[12] VCR 6.

[13] Zur Wunderkritik vgl. MARTIN OHST: Art. Wunder V. In: TRE 36 (2004), 379–409, hier: 406f.; sowie JAN STEFAN: Art. Wunder VI. In: TRE 36 (2004), 409–413, hier: 409f.

[14] AC 2310 bezieht sich unter anderem ausdrücklich auf die Sünde der Töchter Lots und fragt, wie denn solch eine Stelle in das göttliche Wort geraten könne, wenn sie nicht einen anderen als den buchstäblichen Sinn besitze.

„mystisch" (mysticum) verwürfen. Dies habe die Gemeinschaft der Menschen mit dem Himmel unterbrochen.[15]

Demgegenüber erläuterte Swedenborg am Beispiel der Abrahamserzählung in Genesis 15, dass die Geschichten alle „historisch wahr" (historica vera) seien. Bis zum kleinsten Jota repräsentierten sie einen inneren Sinn (sensus internus) und bezeichneten Himmlisches und Geistiges.[16] Den inneren Sinn werde man verfehlen, wenn man sich nur auf den Buchstabensinn orientieren würde. Wenn man den inneren Sinn herausstelle, verschwinde der Buchstabensinn, als ob er nicht da wäre. Die Schriftlektüre müsse sich geradezu vom Historischen abwenden, sonst seien die Geheimnisse des Glaubens nicht erkennbar.[17] Es besteht sogar die Gefahr, dass aus einer einseitigen Orientierung am Buchstabensinn falsche Lehren entstehen.[18]

Diese Sicht führte Swedenborg zu einer prinzipiellen Enthistorisierung der biblischen Texte, die er allerdings nicht überall gleichermaßen durchhielt. Die Bibel erhielt auf diese Weise einen gänzlich anderen Inhalt. Swedenborg legte seine theologischen Grundentscheidungen in den Text hinein und behauptete zugleich, dass dieser Inhalt inspiriert und lediglich in das Gewand des *sensus literalis* gekleidet sei.

4. Swedenborgs deutlich ausgesprochene Verbalinspiration ist jedoch nicht auf alle Bestandteile der Bibel bezogen. In den *Arcana coelestia* betrachtete Swedenborg nur die Bücher, die nach seiner Auffassung einen inneren Sinn haben, als „Bücher des Wortes", und das sind im Alten Testament: die fünf Bücher Mose, Josua, Richter, beide Bücher Samuels und der Könige, die Psalmen, Jesaja, Jeremia, Klagelieder, Hesekiel, Daniel und das Dodekapropheton; im Neuen Testament: nur die vier Evangelien und die Apokalypse. Alle anderen Schriften, im Neuen Testament insbesondere die apostolischen Schriften und die Apostelgeschichte, besitzen keinen „inneren Sinn" und „sind nicht das Wort".[19] Erst nach den Auseinandersetzungen in der zweiten Hälfte der 1760er Jahre revidierte Swedenborg partiell diese Entscheidung und sprach in der *Vera christiana religio* insbesondere den paulinischen Briefen eine andere Bedeutung zu. Bis dahin meinte Swedenborg, Paulus beschäftige sich weder mit der Lehre noch den Gleichnissen Christi, sondern nur mit sich selbst.[20]

5. In der Swedenborgliteratur wird immer wieder Swedenborgs Studium des Hebräischen betont, das er sich entweder autodidaktisch oder schon viel früher

---

[15] Vgl. AC 3482.

[16] AC 1783. „[…] haec sunt historica vera, sed usque omnia et singula, quoad minimum facti, repraesentativa, et ipsa verba quibus describuntur, quoad minimum iotam significativa, hoc est, in omnibus et singulis est sensus internus; sunt enim omnia et singula quae in Verbo, inspirata, et quia inspirata, non possunt aliter quam esse ab origine caelesti, hoc est, caelestia et spiritualia in sinu suo recondere, aliter nusquam foret Verbum Domini […]."

[17] Vgl. AC 1408.

[18] AC 1832 nennt als Beispiel die aus dem Buchstabensinn abgeleitete falsche Lehre, der Herr sei, weil er in Versuchung führe, das Gewissen der Menschen peinige, das Böse zulasse und die Bösen in die Hölle stoße, selbst auch Urheber des Bösen.

[19] AC 10325; De equo albo 16; sowie JONSSON, 1969, 244; HANEGRAAFF, 2007, 28.

[20] Nach Notizen im Diarium spirituale, vgl. BERGQUIST, 2005, 312f.

mit Hilfe eines christlichen Kabbalisten angeeignet habe.[21] Es ist sicherlich un-
umstritten, dass das Hebräische für ihn eine besondere Rolle spielte.[22] Zuweilen
meinte Swedenborg sogar, die himmlischen Buchstaben der Engel glichen den
althebräischen und arabischen Buchstaben.[23] Fraglich ist hingegen, inwieweit
Swedenborg trotz seiner Hebräischstudien in der zweiten Hälfte der 1740er Jahre
bei der Übersetzung von Genesis und Exodus den hebräischen Text überhaupt
benutzte, auch wenn sich in seiner Bibliothek eine ganze Reihe von hebräischen
Wörterbüchern und Lexika befanden.[24] Darüber hinaus verwendete Swedenborg
aber die lateinischen Bibelübersetzungen von Sebastian Castellio, Theodor Beza
und Sebastian Schmidt sowie eine hebräisch-lateinische Bibel nach Everhard van
der Hooght und Sebastian Schmidt.[25] Im Folgenden werden fünf Übersetzungs-
beispiele aus den *Arcana coelestia* genannt, die eine vollständige Übersetzung der
ersten beiden Bücher Mose und zahlreicher anderer Stellen aus beiden Testamen-
ten enthalten.

Beispiel 1: In Genesis 17,1 wird Abraham aufgefordert: Wandle vor mir und
sei תָּמִים (vollständig, komplett, ganz). Die Vulgata übersetzt an dieser Stelle für

---

[21] Vgl. Kap. 1.3.; im Anschluss an Schuchard Joscelyn Godwin: The Theosophical Enlightenment. New York 1994, 94–99. Vorsichtig gegenüber Swedenborgs Benutzung des hebräischen Textes äußert sich Jonsson, 1969, 165.

[22] Vgl. dazu Jonsson, 1969, 217–232. Jonsson betont insbesondere die Rolle von Caspar
Neumanns *Clavis domus heber* für Swedenborgs Sichtweise des Hebräischen in Verbindung
mit seiner Theorie einer Engelssprache. Vgl. auch Jonsson, 199, 147f. Ganz unbegründet und
ohne Beleg ist Schuchards weitgehende Behauptung, Franciscus Mercurius van Helmonts *Kurzer Entwurff des eigentlichen Natur–Alphabets der heiligen Sprache* (Sulzbach
1667) habe Swedenborg als Schlüssel bei seiner hebräischen Vokalisation und Visualisation gedient, die er mit speziellen Atemtechniken verbunden habe, um in einen Zustand ekstatischer
Trance zu gelangen, vgl. Schuchard, 1998, 92f. Zu Schuchards Behauptung, Swedenborg
habe bei der Meditation über das Weibliche und das Männliche in den hebräischen Buchstaben eine „orgasmische Trance" erfahren, die ihn in die Geisterwelt gebracht habe, vgl. Talbot, 2007, 189.

[23] Vgl. VCR 241.

[24] Paulus Martinus Albertus: Lexicon novum Hebraeo-Latino-biblicum. Budissae
1704; Xantes Pagninus, Benedictus Arias Montanus: Biblia universa et hebraica [...].
Lipsiae 1657; Christianus Reineccius: Biblia Hebraica [...]. 2. Aufl. Lipsiae 1739; William Robertson: Thesaurus linguae sanctae compendiose scil contractus, plane tamen reseratus, pleneque explicatus [...]. Londini 1680; Hermann Tarnov: Grammatica Hebraeo-
Biblica [...]. Rostochii 1722.

[25] Sebastian Castellio: Biblia Sacra [...]. Lipsiae 1738; Ders.: Novum Jesu Christi
Testamentum. Editio novissima. Amstelodami 1683; Ders.: Biblia Sacra [...]. 4 Bde., London
1727; André Rivet, Immanuel Tremellius, Franciscus Junius, Theodor de Beza:
Biblia Sacra. Sive Testamentum Vetus, ab Im. Tremellio et Fr. Junio ex hebraeo latinè
redditum, et Testamentum Novum, à Theod. Beza è Graeco in latinum versum. Amstelodami 1632; Sebastian Schmidt: Biblia Sacra sive Testamentum Vetus et Novum ex linguis originalibus in linguam Latinam translatum [...]. Argentorati 1696; Everhard van der
Hooght, Sebastian Schmidt: Biblia Hebraica Secundum Editionem Belgicam. 2. Bde.,
Leipzig 1740. Letzterer Titel befindet sich nicht auf dem Auktionskatalog, sondern ist als
Nummer 126 im Archiv der Akademie der Wissenschaften zu Stockholm enthalten. Dort
existiert auch die zweibändige Ausgabe einer Bibel von Sebastian Schmidt, deren Titelblätter
fehlen. Auf dem Konterfei von Schmidt ist das Jahr 1694 vermerkt. Vor allem die Schmidt-
Bibel ist mit zahlreichen Randglossen Swedenborgs versehen. Demgegenüber weist der hebräische Text außer Unterstreichungen kaum Bearbeitungsspuren auf.

תָּמִים „perfectus". Swedenborg liest wie die Übersetzungen von Beza und Sebastian Schmidt „integer".[26]

Beispiel 2: In Genesis 16,12 wird Hagar, der Magd Saras, die Geburt Ismaels angekündigt. Dieser werde ein פֶּרֶא אָדָם sein (Wildesel + Mensch). Die Vulgata übersetzt hier „ferus homo" (wilder Mensch). Dem folgen auch Beza und Castellio. Swedenborg folgt hingegen Sebastian Schmidts Übersetzung und schreibt „onager homo" (onager = Wild- oder Waldesel).[27]

Beispiel 3: Im Prolog des Johannesevangeliums heißt es Vers 18: θεὸν οὐδεὶς ἑώρακεν πώποτε· μονογενὴς θεὸς ὁ ὢν εἰς τὸν κόλπον τοῦ πατρὸς ἐκεῖνος ἐξηγήσατο. Die Vulgata übersetzt: „Deum nemo vidit umquam unigenitus Filius qui est in sinu Patris ipse enarravit." Das Schlussverb ἐξηγέομαι (erzählen, erklären, berichten) wird hier mit „enarrare" (etwa: erschöpfend erzählen oder berichten) wiedergegeben. Diese Übersetzung sieht in dem Sohn zwar Gott, aber stärkt die Distanz zum Vater, die mit der Metapher vom Schoß hergestellt ist, dadurch, dass der Sohn vom Vater kündet, (erschöpfend) erzählt oder berichtet. Swedenborg übersetzt Vers 18 so: „Deum nemo vidit unquam, Unigenitus Filius, qui in sinu Patris, ille exposuit."[28] „Exponere" hat gegenüber der Berichterstattung noch die Bedeutung der Darstellung, hier also der Darstellung des Vaters durch den Sohn, eine mithin stärkere Betonung der Einheit, eine Lesart also, die Swedenborgs sabellianischer Christologie nahe kommt. Allerdings folgte er mit seiner Übersetzung haargenau Sebastian Schmidt und Theodor Beza, die beide statt des „enarravit" der Vulgata „exposuit" setzten.[29]

Beispiel 4: In Josua 5,2 f. fordert Gott (יְהוָה) Josua auf, steinere Messer anzufertigen und die Israeliten ein zweites Mal zu beschneiden. Die Vulgata übersetzt den Gottesnamen (יְהוָה) mit „Dominus" und die steinernen Messer (חַרְבוֹת צֻרִים) mit „cultros lapideos". Castellio übernimmt im Falle der Messer dieselben Vokabeln wie die Vulgata (cultris lapideis), schreibt aber, wie für ihn gewöhnlich, „Iova" als Gottesnamen, nicht „Dominus". Beza und Schmidt wählen hingegen eine andere Terminologie. Beza bezeichnet die steineren Messer als „gladios acutos" (scharfe Schwerter) und spricht von יְהוָה als „Jehovah". Schmidt stimmt mit Beza in der Gottesbezeichnung (Jehovah) und bei der Benennung der Messer als Schwerter überein. Er sucht aber eine Zwischenlösung zwischen Schwertern und Messern und findet sie in der Form „gladioli" (kleine Schwerter), schreibt aber statt „scharf" „petrarum" und bezieht sich damit wieder auf die steinerne Qualität. Swedenborg kombiniert seinerseits Beza und Schmidt in einer Lesart, die sich gegen die Vulgata und Castellio absetzt. Er bezeichnet die Messer wie Beza als Schwerter, übernimmt aber die Bezugnahme auf den Stein von Schmidt: Fac tibi gladios petrarum.

---

[26] AC 1994.

[27] AC 1948. Schmidt übersetzt „Onager hominis".

[28] AC 1990.

[29] Bei Schmidt heißt es fast deckungsgleich: „Deum nemo vidit unquam: Unigenitus Filius, qui in sinu Patris est, ille exposuit (nobis)." (Nobis ist auch bei Schmidt in Klammern gesetzt). Beza liest: „ille nobis exposuit."

Gott heißt bei Swedenborg weder „Dominus" noch „Iova" wie in der Vulgata und bei Castellio, sondern „Jehovah" wie bei Beza und Schmidt.[30]

Beispiel 5: In Genesis 38,8 fordert Juda Onan auf, mit der Frau seines verstorbenen Bruders eine Verbindung einzugehen. Im Hebräischen steht dafür ein spezielles Verb (יבם), das die Vulgata mit „sociare" (vereinigen, verbinden) übersetzt. Castellio und Beza wählen „congredere" (zusammenkommen). Schmidt setzt hier aber das Kunstwort „Leviratum" (von levis = der Schwager), auch Luther hatte in seiner deutschen Übersetzung bereits „Schwagerehe" gelesen. Swedenborg entscheidet sich gegen alle anderen Lesarten für Schmidts „Leviratum" und schließt seiner Auslegung eine historische Erklärung der „Schwagerehe" an, die sich im inneren Sinn aber auf die für Swedenborg typische Bedeutung der Ehe als himmlische Verbindung zwischen Gutem und Wahrem bezieht.[31]

Die genannten Beispiele zeigen, dass sich Swedenborg bei seiner Bibelübersetzung den lateinischen Übersetzungen von Beza, Schmidt und Castellio entweder angeschlossen oder sie kombiniert hat. Eine eigene Übersetzungsleistung anhand des hebräischen bzw. griechischen Urtextes lässt sich kaum nachweisen, wie auch der renommierte Exeget und Philologe Johann August Ernesti einige Jahre später feststellte, wenngleich er meinte, Swedenborg habe offenbar die Vulgata benutzt.[32] Dies ist im Hinblick darauf im Auge zu behalten, dass er erstens die Verbalinspiration des Urtextes behauptete, zweitens gerade dem Hebräischen eine besonders dicht an der himmlischen Wahrheit liegende Qualität zuschrieb, aber drittens dem Urtext, den er für göttlich inspiriert hielt und hinter dem er Wort für Wort einen inneren Sinn zu erkennen beanspruchte, kaum Aufmerksamkeit schenkte, sondern sich an den lateinischen Übersetzungen orientierte.

3.2.2. Vorstufen der exegetischen Methode bei Swedenborg

Bereits in den 1730er Jahren hatte Swedenborg in seiner Naturphilosophie eine reale Korrespondenz zwischen Mikrokosmos und Makrokosmos vertreten, so zum Beispiel im Falle der Übereinstimmung seiner Kosmogonie und seiner Bullulartheorie. Auch das *punctum naturale* gewährleistet als gemeinsamer Ursprung aller natürlichen Dinge die durchgehende reale Entsprechung und Determiniertheit der gesamten Natur. In der *Oeconomia regni animalis* hatte Swedenborg diesen kosmologischen Ansatz in seiner Lehre von den Serien und Graden ausgeführt: Einheitliche und unveränderliche Gesetze gewährleisten durchgehende physikalische und biologische Determinationen und Denominationen des Universums, das in sechs Serien aufgeteilt ist. Auch eine Formenlehre hatte er im

---

[30] AC 2039.

[31] AC 4835. „Veni ad uxorem fratris tui, et leviratum praesta illi."

[32] Vgl. JOHANN AUGUST ERNESTI: [Rez. zu] Swedenborgs Apocalypsis revelata. In: Neue theologische Bibliothek 1766, 685–692, hier: 687. Im offenbar direkten Anschluss an Ernesti wurde dies auch von dem Rezensenten in den *Nachrichten von den merkwürdigsten theologischen Schriften unserer Zeit* vertreten. Vgl. [Rez. zu] Swedenborgs Apocalypsis revelata. Ebd. 2 (1766–1769), 1025–1041, hier: 1027.

Rahmen seiner konstabilierten Harmonie entwickelt, die bereits in den übersinnlichen Raum jenseits der Natur übergriff: sechs Formen von der einfachen angu-
laren Form des Salzkristalls bis zur himmlischen, perpetuo-vortikalen Form und
der perpetuo-coelesten, perpetuo-spiritualen oder göttlichen Form korrespondieren einander, wobei die letztere gemäß Swedenborgs strenger Unterscheidung
zwischen der Natur und dem Göttlichen zugleich außerhalb der Reihe der anderen fünf Formen steht. Zu diesem Zeitpunkt war Swedenborg mit seinem aprio-
risch-empirischen Ansatz allerdings noch der Ansicht gewesen, dass es möglich
sei, über die Erkenntnis der unteren Grade oder Formen die Geheimnisse der
oberen zu entschlüsseln, ausgenommen die Sphäre des Göttlichen.[33]

Im *Regnum animale* hatte Swedenborg diese Ansätze in einer *doctrina correspondentiarum atque repraesentationum* fortgesetzt.[34] Hier war im Gegensatz zu
seinen früheren Ausführungen allerdings bereits eine Unterscheidung zwischen
der natürlichen, physischen Welt und einer geistigen Welt zugrunde gelegt, deren
Verhältnis Swedenborg als reale Entsprechung betrachtete. Jedoch meinte er nach
wie vor, diese Analogie auf ‚natürliche‘ Weise dechiffrieren zu können. Die Existenz eines geistigen, der Sinnlichkeit verschlossenen Universums, das Swedenborg mit geistigen Wahrheiten und theologischen Dogmen konnotierte, wurde
aber bereits vorausgesetzt.

Die erst posthum veröffentlichte, nur wenige Jahre vor seiner visionären Wende, wahrscheinlich parallel zu seiner Arbeit am *Regnum animale* entstandene
Schrift *Clavis hieroglyphica arcanorum naturalium et spiritualium*, enthält weitere Versuche, göttliche, menschliche und natürliche Wahrheiten im Rahmen einer
triadischen Struktur durch eine reale Korrespondenz miteinander zu verbinden.
Swedenborgs seit den *Arcana coelestia* vielfach referierter Dreischritt Zweck –
Ursache – Wirkung wird hierin entfaltet und an 21 Beispielen exemplifiziert.[35]

Beispiel 1:[36] Die Vorsehung auf der Ebene Gottes führt zur göttlichen Tätigkeit, der Wille auf der Ebene des Menschen zur *actio*, der *conatus* – einstmals die
Eigenschaft, die aus dem *punctum naturale* die Wirbelbewegung und dann Materie hervorbringt[37] – auf der Ebene der Natur führt zu Bewegung. Gott, Mensch
und Natur korrespondieren einander, ebenso Vorsehung, Wille und *conatus* gegenüber göttlicher Tätigkeit, menschlicher Tätigkeit und Bewegung. Diese drei
Klassen teilt Swedenborg ein in rein natürliche, in vernunft- und verstandesbezo-
gene und in theologisch-göttliche Begriffe. Die jeweiligen Entsprechungen zwischen diesen Klassen können nicht auf dieselbe Weise, aber durch solche Begriffe
ausgedrückt werden, die dem Duktus der jeweiligen Klasse entsprechen.

Beispiel 2:[38] Auf der Ebene Gottes entspricht allerreinste, in Gottes Vorsehung
eingepflanzte Liebe dem Endzweck der Schöpfung. Ihre Beschaffenheit bestimmt
Gottes Gnade und Vorsehung und dadurch die göttliche Wirksamkeit und das

---

[33] Vgl. Kap. 2.4.1., a), aa) und bb).
[34] Vgl. Kap. 2.4.2., c).
[35] Vgl. dazu jetzt auch HANEGRAAFF, 2007, 3–11.
[36] Vgl. Hieroglyphic Key, 157–159.
[37] Vgl. Kap. 2.3.2., a–b).
[38] Vgl. Hieroglyphic Key, 159–162.

menschliche Heil. Sie ist Gottes Vorsehung eingepflanzt. Auf der Ebene des Menschen entspricht dessen Geist der Vorstellung und Liebe eines Endzwecks, die Art seiner Liebe bestimmt sein Verlangen, das wiederum über seinen Willen auch seine Handlung bestimmt. Auf der Ebene der Natur bestimmt deren wirkendes Prinzip die Art des Wirkens, dadurch den *conatus* und die durch ihn hervorgerufene Bewegung. Stimmen diese Verhältnisse überein, entsteht vollkommene Ordnung. Der Dreischritt Zweck – Ursache – Wirkung wird hier abermals demonstriert. Swedenborg zieht daraus folgende Schlüsse: erstens sei – unter Berufung auf Aristoteles und Christian Wolff – die Natur ein wirkendes Prinzip, das wie Gott nach einem Zweck wirke. Zweitens sei die Liebe – verstanden im Sinne des späteren Begriffs *amor regnans*[39] als Willensbestimmung oder Neigung – dem menschlichen Geist zu einem Zweck eingepflanzt, wie auch Gott und die Natur durch einen Zweck bestimmt seien. Drittens sei der eigentliche Zweck aber nur in Gott vorhanden. Ihm entsprechen die „Zwecke" in der physischen (Natur) und in der sittlichen (Mensch) Klasse im Sinne des Dreierschemas göttliches Urbild (*exemplar*), intellektuelles, sittliches und bürgerliches (*socialis*) menschliches Abbild (*typus, imago*), natürliches und physisches Nachbild (*simulacrum*).[40] Allerdings präzisiert Swedenborg diese Dreiteilung, die eine direkte Entsprechung göttlicher, menschlicher und natürlicher Typen nahe legen würde, an anderer Stelle und, wie Inge Jonsson herausgestellt hat, in enger Anlehnung an Plotin und an Leibniz' *Monadologie*:[41] Urbilder (*exemplaria*) existieren nur in der Geisterwelt und bilden Abbilder und Nachbilder.[42]

Beispiel 3:[43] Im Umkehrschluss zu den beiden ersten Beispielen stellt Swedenborg fest, dass es keine Bewegung ohne *conatus*, keine Tätigkeit ohne Willen und keine göttliche Wirksamkeit ohne Vorsehung gebe. Wohl aber gebe es *conatus* ohne Bewegung, Wille ohne Tätigkeiten und Vorsehung ohne Wirksamkeit. Würde jeder *conatus*, jeder Wille umgesetzt, würde das Gleichgewicht der Welt zerstört, der Mensch würde untergehen, weil seine Vernunft nicht gemäßigt werden könnte, und es gäbe keine menschliche Freiheit. In diesem Grundsatz ist bereits

---

[39] Vgl. Kap. 3.3.4., h).

[40] „Omnia enim Divina sunt exemplaria, intellectualia, moralia et civilia sunt typi et imagines, naturalia vero et physica sunt simulacra." Zitiert nach Jonsson, 1969, 17. Im PhN, auf das in Kap. 4.2.1. noch ausführlich eingegangen wird, hatte Swedenborg ausführliche Exzerpte aus Platons Parmenides, aus dem Timaeus und anderen Schriften Platons, aber auch aus der mittelalterlichen Schrift *De spiritu et anima* angefertigt, in denen dieses Schema in verschiedenen Zusammenhängen referiert wird, so etwa in *De spiritu et anima*, XI: Der Verstand (*intellectus*) sei ein gewisses Abbild und Ähnlichkeit der Intelligenz (*intelligentia*), die Vernunft (*ratio*) des *intellectus*.

[41] Vgl. Jonsson, 1969, 17, 138.

[42] Vgl. Hieroglyphic Key, 192. Hanegraaffs Ansicht, dass Swedenborg mit der Vermeidung der Ineinssetzung der Begriffe auf den drei Ebenen sowohl einen neuplatonischen Idealismus wie auch einen reduktionistischen Materialismus umgehen wollte, basiert auf starren, invarianten Materialismus- und Neuplatonismusbegriffen, die für das 18. Jahrhundert nicht anwendbar sind, vgl. Hanegraaff, 2007, 9. Das zeigt sich etwa an Rüdigers Seelenbegriff (vgl. Kap. 2.3.3., d) wie auch an Oetingers ‚Drittem Weg' zwischen Materialismus und Idealismus (vgl. Kap. 5.2.3. und 5.2.4.).

[43] Vgl. Hieroglyphic Key, 162–164.

Swedenborgs eng an Leibniz angelehnte Lehre von der Prädestination und der Willensfreiheit erkennbar.

In den folgenden Beispielen der *Clavis* überträgt Swedenborg seine dreigliedrige Korrespondenzlehre unter anderem auf Kraft-, Harmonie- und Ordnungsbegriffe, auf konkrete Naturphänomene, auf Möglichkeiten, Wissen zu erlangen, und auf den Zusammenhang zwischen Harmonie und Glückseligkeit in Himmel oder Unglück in der Hölle.[44] Bei seiner Wortanalyse folgte er zum Teil „recht naiven Assoziationen", an vielen Stellen verletzte er sein eigenes Prinzip, nämlich die Grenzen zwischen den Klassen.[45]

Swedenborg behielt den Dreischritt göttlich–menschlich–natürlich aus der *Clavis* nicht bei, sondern vermied es wie schon in seiner Naturphilosophie, Gott unmittelbar in das Seriensystem einzubeziehen. Gott bleibt von der Schöpfung – von geistiger und natürlicher Welt – unendlich getrennt und gleichzeitig eng mit ihr verbunden.[46] An die Stelle der göttlichen Ebene tritt in der visionären Phase Swedenborgs die himmlische und/oder geistige Welt. Gott bleibt als Lebensquelle unerkennbar.[47] Festzuhalten ist allerdings, dass Swedenborgs Unterscheidung einer geistigen, einer menschlichen und einer natürlichen Welt, die sich in realen Korrespondenzen vollkommen entsprechen, nun festgelegt war.

Nach seiner biographischen Wende und der damit einhergehenden modifizierten Neuplatonisierung seiner Naturphilosophie ist Swedenborg der Auffassung, dass alles Natürliche auch in der Geisterwelt existiere, und zwar in völliger Entsprechung, nicht als Idee, sondern in einer ‚anderen‘, ‚wesentlichen‘, in Swedenborgs Worten: substantiellen Gestalt.[48]

Der wesentliche Unterschied gegenüber seinen Spekulationen vor 1745 lag aber darin, dass der Geisterseher Swedenborg nun nicht mehr glaubte, den geistigen Wahrheiten durch Umstellung von Buchstaben oder durch eine *mathesis universalis* auf die Spur zu kommen bzw. sie durch die Dechiffrierung natürlicher Gegebenheiten zu entdecken. An die Stelle dieses apriorisch-rationalistischen Verfahrens trat nun die Gewissheit, diese Entsprechungen durch die ‚Erfahrung‘ und Öffnung der Geisterwelt enthüllt zu haben. Der Kern der Lehre aber, nämlich ein durchweg rationalistisch strukturiertes Universum, blieb erhalten. Lediglich der Zugang hatte sich geändert. An die Stelle der eigenen Empirie und der *experientia* fremder Autoren trat ‚Offenbarungsempirie‘ dort, wo übersinnliche, supranaturalistische Inhalte zu vermitteln waren, die durch die göttlich vermittelte Autorität von Engeln und Geistern gewährleistet wurde.

Ab dem siebenten Korrespondenzbeispiel der *Clavis* verfolgte Swedenborg sein Ziel: die Deutung der Bibel, die neben der Menschensprache auch eine En-

---

[44] Vgl. dazu umfassend JONSSON, 1969, 136–158.
[45] Vgl. JONSSON, 1969, 141, 144 u. ö.
[46] Zur Theologia specialis Swedenborgs vgl. Kap. 3.3.2.
[47] Dies hat HANEGRAAFF, 2007, 8, nicht genügend berücksichtigt. Über Gott kann man mit Hilfe der Korrespondenzlehre auch bei Swedenborg nichts „lernen".
[48] Vgl. VCR 794. Der wesentliche Unterschied ist allerdings, dass die Dinge in der Geisterwelt direkt vom Herrn erschaffen worden, in der natürlichen Welt aber aus Samen entstanden sind, vgl. dazu Kap. 3.3.3., b).

gelssprache enthalte.[49] Und im Schlusskapitel stellte er vier Kategorien von Korrespondenzen auf, die in seiner Bibelauslegung zum Teil wiederkehren: *harmonica*, *allegorica*, *typica* und *fabulosa*. Die Beispiele in der *Clavis* gehören zur Kategorie der *correspondentia harmonica*. Allegorische Korrespondenzen würden in Gleichnissen, auch in denen der Bibel, ausgedrückt. Die *correspondentia typica* finde sich in Nachbildern (*simulacra*) an. Zu der vierten *correspondentia fabulosa* gehörten die antike Heldendichtung, die Poesie und die Traumbilder.

Der Text endet mit einer in die Zukunft weisenden Regel: Es sei zulässig, die Schrift in dieser mehrfachen Weise zu deuten, „denn der Geist spricht auf natürliche Weise und zugleich auf geistliche".[50]

In einem umfangreichen Exzerptbuch, dem als *A Philosopher's Note Book* veröffentlichten Codex 36, den Swedenborg in der ersten Hälfte der 1740er Jahre anfertigte, ordnete er eine große Zahl von Bibelstellen in dieses Schema ein.[51] Swedenborgs wichtigste Referenzautoren im Codex 36, Nicolas Malebranche, Georg Bernhard Bilfinger und Leibniz verwendeten selbst häufig Begriffe wie *repraesentatio*, *harmonia* und *correspondentia* und dürften Swedenborg in seinem Vorgehen bestärkt haben.[52] Hierbei ist besonders der Einfluss der allegorischen Exegese Augustins zu nennen, dessen Werke Swedenborg in dieser Phase intensiv studierte und exzerpierte. Jonsson hat insbesondere auf Origenes hingewiesen, der wie Swedenborg Allegorien zwischen Himmel und Erde in der Schrift und eine Analogie zwischen der Anthropologie und der Schrifthermeneutik erkannte: So wie der Mensch aus Körper, Seele, Geist besteht, ist in der Schrift ein literaler, ein moralischer und ein mystischer Wortverstand enthalten. Wie das Körperliche der Geschichte und das Psychische der Moralität entspricht, so entspricht das Geistige der Allegorie.[53] Denkbar, aber nicht belegt, ist sicherlich auch der in der älteren Literatur vermutete Einfluss des dreifachen Schriftsinns von Salomon Glassius' *Philosophia sacra* (*allegoricus*, *typicus*, *parabolicus*) auf Swedenborgs Auslegungsweise.[54]

Und schließlich ist Christian Wolffs eigene Umformung der Hieroglyphik in der *Psychologia empirica* zu nennen, die Swedenborg bereits 1734 exzerpierte. Die *facultas fingendi* wird dort von Wolff als das Vermögen der Seele (*anima*)

---

[49] Vgl. JONSSON, 1969, 144.
[50] Vgl. Hieroglyphic Key, 192 f.
[51] Vgl. PhN 454–466; 477–480, 499 f., dazu JONSSON, 1969, 165–171. Die allegorische Korrespondenz bezeichnete er im Codex 36 als parabolisch, bezog sie aber ebenfalls auf biblische Gleichnisse. Zu Codex 36 vgl. insgesamt Kap. 4.2.
[52] Vgl. JONSSON, 1969, 171 f. In HH 175 werden im Bezug auf den Engelshimmel alle Dinge, die dem Inneren entsprechen und das Innere vorbilden, *repraesentativa* genannt. Weil sie sich nach dem Zustand des Inneren verändern, hießen sie *apparentiae*. Die himmlischen Erscheinungen, die wirklich existieren, nennt Swedenborg reale Erscheinungen, diejenigen, die erscheinen, aber keinem Inneren entsprechen, nichtreale.
[53] Vgl. JONSSON, 1969, 254–259; JONSSON, 1999, 179 f. Jonsson verfolgt den Ansatz, die bisher vermuteten Quellen der Korrespondenzlehre (Alchemie, Hermetismus, Renaissancemystik) durch die zeitgenössischen Strömungen der *mathesis universalis*, der rationalistischen Hieroglyphik bei Wolff, der Psychologie und der Emblematik zu ergänzen. Vgl. JONSSON, 1969, 18.
[54] Vgl. LAMM, 1922, 118 f.

definiert, „eine Vorstellung eines mit den Sinnen niemals observierten Dinges zu produzieren durch Aufteilung oder Zusammensetzung von anderen phantasmata".[55] Wenn dabei ein Ausdruck verwendet wird, um ein anderes Phänomen zu bezeichnen, spricht Wolff von „significatum hieroglyphicum".[56] Er meint, dass bei Gleichheit der konstitutiven Teile des Signifikats und des Signifikanten das Gesetz des zureichenden Grundes erfüllt sei. Dann herrscht eine harmonische Proportion, und es ist die Möglichkeit der vernunftgeleiteten Entschlüsselung der Hieroglyphe gegeben, die ein wirkliches Wissen enthält. In ältesten Zeiten seien, meint Wolff, auch historische Mitteilungen und Lehrsätze hieroglyphisch verschlüsselt worden. Götzenbilder seien einst hieroglyphische Bilder gewesen, die göttliche Wahrheiten ausdrückten, aber selbst als Götter verehrt wurden, nachdem die Hieroglyphen unverständlich geworden waren.[57] Swedenborg vertritt noch in seinem Alterswerk genau diese Position Wolffs:

„Als aber die Wissenschaft der Entsprechungen sich verlor, fingen sie an, die von den Alten aufgestellten Abbildungen und Standbilder, weil sie sich in den Tempeln und neben denselben befanden, als Heiligtümer, und zuletzt als Gottheiten zu verehren."[58]

Und Wolff bezieht sich in seiner *Philosophia rationalis sive Logica*, die Swedenborg ebenfalls kannte, auf seinen Lehrer Caspar Neumann, der im *Clavis Domus Heber* den Zugang zur eigentlich hieroglyphischen Bedeutung der hebräischen Schriftsprache, die er als philosophische Sprache versteht, eröffnen will.[59]

Der Einfluss von Wolffs rationalistischer Hieroglyphik auf Swedenborg lässt sich im Gegensatz zu einer direkten Lektüre Neumanns belegen. Wenn Swedenborg Wolffs Überlegungen mit seiner Korrespondenzlehre verband,[60] eröffnete sich der Blick auf eine ,rationale', hinter der sinnlich wahrnehmbaren Wirklichkeit und hinter dem sinnlich wahrnehmbaren Buchstaben der Bibel liegende, andere, geistige oder eigentliche Wirklichkeit. Die gesamte Heilige Schrift ist für Swedenborg in Korrespondenzen geschrieben, die eine andere als die wörtliche Bedeutung repräsentieren.

---

[55] Vgl. JONSSON, 1969, 158–162, hier: 158.

[56] Vgl. CHRISTIAN WOLFF: Psychologia empirica, methodo scientifica pertractata, quae ea, quae de anima humana indubia experientiae fide constant, continentur et ad solidam universae philosophiae practicae ac theologiae naturalis tractationem via sternitur. Zitiert nach der Editio nova priori emendatior Frankfurt; Leipzig 1738, §§ 143–145, 151–153; JONSSON, 1969, 158 f.

[57] Vgl. WOLFF, Psychologia empirica, § 171; JONSSON, 1969, 162 f. In De equo albo 23 zählt Swedenborg die Wissenschaft von den Entsprechungen zu den untergegangenen Wissenschaften besonders Ägyptens, aber auch Griechenlands. In VCR 693 erhalten Neuankömmlinge im Himmel Kupferblättchen mit Hierogylphen, offenbar als Zeichen, dass die Korrespondenzlehre ursprünglich vom Himmel stammt und die einzelnen Hieroglypgen oder Korrespondenzen Himmlisches repräsentieren. Nach VCR 202 war die Korrespondenzlehre die Wissenschaft der Ägypter ebenso wie Mythen der Urmenschen.

[58] VCR 205.

[59] Vgl. WOLFF, Philosophia rationalis sive Logica, § 978; JONSSON, 1969, 161 f.

[60] „Bei den Alten war die Wissenschaft der Entsprechungen, welche auch die der Vorbildungen ist, die eigentliche Wissenschaft der Wissenschaften, besonders ausgebildet bei den Ägyptern; daher ihre Hieroglyphen." VCR 833.

3.2.3. Die Auslegungsmethode

Swedenborgs Korrespondenzlehre liegt paradigmatisch seiner Schriftauslegung zugrunde, auch wenn sich nicht behaupten lässt, dass er sie konsequent angewendet hat. Der Grundsatz, dass hinter dem Schriftgehalt geistige und himmlische Entsprechungen stehen, findet sich aber durchgehend. So nennt Swedenborg zuweilen einen dreifachen Schriftsinn, der von jedem Leser, auch dem nur „Äußerlichen" oder Unerleuchteten, begriffen werden könne: historisch, prophetisch, lehrhaft.[61] An anderer Stelle behauptet er im Widerspruch dazu, die Worte im Buchstabensinn könnten als Gefäße so viele Geheimnisse enthalten, dass sie niemals erschöpft werden können.[62] Daneben findet sich die Differenzierung eines vierfachen Schriftstils, den er mit seinem verfallsgeschichtlichen Modell des Nacheinanders von vier Kirchen[63] verbindet und den er auf die einzelnen biblischen Bücher bezieht.

Der *erste* Stil ist der der Ältesten Kirche.[64] Das „Irdische" und „Weltliche", das in ihm ausgedrückt ist, enthält nicht nur „Vorbildliches", sondern ist mutwillig in einen historischen Stil gebracht worden, „damit es lebendiger würde". Er findet sich in Genesis von der Schöpfungsgeschichte bis zu den Abrahamsgeschichten. Der *zweite* Stil ist historisch und findet sich von Genesis 12 bis zu den Büchern der Könige. Er bezeichnet einerseits historische Begebenheiten ganz im „Sinne des Buchstabens", enthält aber auch einen inneren Sinn.[65] Der *dritte*, prophetische Stil ist nicht anders als im inneren Sinn verständlich und bezieht sich „auf den äußeren und den inneren Menschen, auf die mehrfachen Zustände der Kirche, auf den Himmel selbst, und im Innersten auf den Herrn".[66] Der *vierte* Stil schließlich ist der Stil der Psalmen Davids genau zwischen dem

---

[61] Vgl. AC 3432.

[62] Vgl. AC 937.

[63] Vgl. dazu auch Kap. 4.3.4., d). In den *Adversaria*, dem ersten exegetischen Werk nach seiner visonären Wende, hatte Swedenborg noch unterschieden: sensus historicus, sensus internus ac universalis (auf Propheten bezogen), sensus interior ac coelestis et spiritualis (auf die christliche Kirche bezogen), intimus ac universalissimus ac divinus (auf den Messias bezogen). Diese Unterteilung hätte sich jedoch als unanwendbar erwiesen, meint Inge Jonsson (1969, 242–244; Jonsson 1999, 177).

[64] AC 66: „PRIMUS est qui fuit Ecclesiae Antiquissimae; modus illorum exprimendi erat talis ut cum nominarent terrestria et mundana, quod cogitarent de spiritualibus et caelestibus quae repraesentabant; quare non solum per repraesentativa exprimebant, sed etiam seriem quandam quasi historicam redigebant ut magis viverent, quod iis delectabile quam maxime erat."

[65] AC 66: „SECUNDUS stilus est historicus, [...] in quibus historica talia prorsus sunt qualia in sensu litterae comparent, sed usque omnia et singula continent prorsus illa in sensu interno [...]."

[66] AC 66: „TERTIUS est propheticus, qui natus a stilo Antiquissimae Ecclesiae, quem adorabant; sed non est continuus et sicut historicus qualis antiquissimus, sed est sparsus vix usquam intelligibilis nisi in sensu interno, ubi arcanissima, quae concinno ordine sequuntur connexa et spectant hominem externum, et internum, Ecclesiae plures status, ipsum caelum, ac in intimis Dominium."

prophetischen und dem historischen Stil. Wenn hier von David die Rede ist, wird vom Herrn selbst berichtet.[67]

Auch wenn Swedenborg meinte, dieser vierfacher Schriftsinn sei ihm geoffenbart worden,[68] ist auffällig, dass er ihn nicht ohne Unklarheiten und Widersprüche anzuwenden vermochte.[69] Schon fachkundigen Kritikern unter den Zeitgenossen fiel auf, dass Swedenborg bei der Auslegung die Schriftstile vermischte und bei der Anwendung der Korrespondenzlehre manchen Wörtern verschiedene Bedeutungen beimaß.[70]

An vielen Stellen unterschied Swedenborg selbst aber nur den historischen Buchstabensinn von einem inneren Sinn, der sich auf den Glauben bezieht und eine himmlische oder geistige Bedeutung besitzt.[71] Hinter allen Namen, Orten oder Bezeichnungen stehen Ideen.[72]

Im Folgenden werden einige Beispiele dafür benannt, wie Swedenborg ‚historische' Details der biblischen Geschichten nach ihrem inneren Sinn deutet und auf diese Weise eliminiert.

– Edelsteine haben keine besondere Bedeutung, sondern beziehen sich auf göttliche Wahrheiten;[73] Kriechtiere, Fische, Wale oder Seeungeheuer aus Genesis 1 meinen das „Wisstümliche" *(scientifica)* des äußeren Menschen, der wiedergeboren werde muss, Vögel Vernünftiges oder Verständiges.[74] Namen von Tieren weisen nicht auf Namen hin, sondern drücken eine Beschaffenheit oder Neigungen aus.[75]

– Die in Genesis 1,10 genannten Flüsse, Länder und Metalle drücken „Gutes" und „Wahres" bzw. deren Erkenntnis aus.[76]

---

[67] AC 66: „QUARTUS est Psalmorum Davidis, qui est medius inter propheticum et communem loquentium; ibi sub Davidis ut regis persona, in sensu interno agitur de Domino."

[68] Nach einer Notiz im *Diarium spirituale*, 2721 („Dictum mihi de coelo [...]") vom 2.8.1748, vgl. JONSSON, 1969, 240. JONSSON, 1999, 182f., spricht sich für die Klassifikation „mythisch", historisch, prophetisch und poetisch aus.

[69] Vgl. JONSSON, 1969, 241.

[70] Vgl. zwei anonyme Aufsätze zum Thema: Das Neue Jerusalem auf Erden. In: Berlinische Monatsschrift 1788, Bd. 1, 4–37, hier: 23; Ueber Swedenborg. In: Berlinische Monatsschrift 1788, Bd. 2, 267–288, hier: 270f. Swedenborg wurde im letzteren besonders die Vermischung des Stils der Ältesten Kirche und des historischen Stils vorgehalten. „Aber solche Widersprüche sind in den Schriften aller Schwärmer gewöhnlich; und nur ihre Anhänger sind dagegen blind."

[71] Vgl. z. B. AC 1408, 1419, 1783.

[72] Vgl. AC 64.

[73] Vgl. VCR 217.

[74] Vgl. AC 40–42, AC 988, sowie 989–994 zur Bedeutung weiterer Tiere („scientifica"; „rationalia, tum intellectualia"). Wille und Verstand wurden in den ältesten Zeiten mit Tieren bezeichnet (Bären, Wölfe, Hunde für böse; Stiere, Schafe, Lämmer für gute), vgl. AC 45.

[75] Vgl. AC 145.

[76] Vgl. AC 110–120. Der Strom Chiddekel etwa bedeutet Vernunft oder den Scharfsinn der Vernunft, Assur das vernünftige Gemüt, der Euphrat und Ägypten die Wissenschaft, Israel die Einsicht, vgl. AC 118f. Thubalkain, der in Gen 4,22 genannte Künstler des Erzes und Eisens, steht für natürlich Gutes und natürlich Wahres. Erz und Metall bezeichnen nur Gutes und Wahres, sind es aber selbst nicht, vgl. AC 421.

- Das „besamende Kraut" aus Genesis 1 meint „Wahres", das auf einen Nutzen ausgerichtet ist.[77]
- „Urim" und „Thummim" und das Ephod Aarons, seine Kleider, die zwölf Edelsteine und zwölf Stämme in Exodus 28 sind nach ihrem inneren Sinn nichts anderes als „die göttlichen Wahrheiten aus dem göttlichen Guten im ganzen Umfang".[78]
- Farben werden ebenfalls in dieses Schema theologischer Begriffe eingeordnet. Sie bilden Himmlisches und Geistiges vor.[79]
- Auch Zahlen sind keine eigenen Wesen wie in manchen pythagoreischen oder neupythagoreischen Spekulationen.[80] Sie bezeichnen Zustände der jeweiligen Kirche.
- Das weiße Pferd aus Offenbarung 19,11 ff. bedeutet „Verständnis", der Reiter des Pferdes ist derjenige, der versteht, seine Augen sind Göttlich-Wahres aus dem Göttlich-Guten seiner Liebe, die Diademe das Gute und Wahre des Glaubens, sein mit Blut getränktes Gewand das „Wort" in Buchstaben, dem Gewalt zugefügt worden ist, die, die dem Reiter nachfolgen, verkörpern die wahre Kirche.[81]

3.2.4. Die verborgene Narrative

Swedenborgs auf den ersten Blick willkürliche Deutung der konkreten Begriffe des biblischen Textes basiert auf drei Erzählungen, die sich hinter dem *sensus historicus* als dem inneren Sinn verbergen und den gesamten Schriftgehalt der beiden ersten Bücher Mose ausmachen:
1. die Geschichte der Inkarnation, Erziehung und Verherrlichung des Herrn,
2. die Geschichte der Menschheit, die Swedenborg als Nacheinander von vier Kirchen seit der Schöpfung beschreibt, an deren Ende mit der *Vera christiana religio* die Lehre einer fünften, „neuen" Kirche steht, und
3. die Wiedergeburt des Menschen.

Diese drei Ebenen[82] basieren auf grundlegenden theologischen Loci in Swedenborgs Gesamtsystem, die an eigener Stelle unter den Stichworten Christologie / Theologie, Ekklesiologie und Soteriologie zu diskutieren sind. Hier geht es zu-

---

[77] Vgl. AC 57.
[78] Vgl. VCR 218.
[79] Vgl. AC 1042 f., 1642, 6609.
[80] Vgl. HANNS-PETER NEUMANN: Atome, Sonnenstäubchen, Monaden. Zum Pythagoreismus im 17. und 18. Jahrhundert. In: NEUGEBAUER-WÖLK / RUDOLPH, 2008, 205–282.
[81] Vgl. De equo albo 1 f.
[82] Diese Ebenen verstehen sich nicht im Sinne der „Stränge", die HANEGRAAFF (2007, 13–20) verwendet, der sich in seiner Zusammenstellung aller Einzelabschnitte der AC drei Stränge herausgearbeitet hat, die sich am Gesamtinhalt, nicht an den theologischen Leitbausteinen, orientieren. Hanegraaff unterscheidet 1. Methode, Geschichte, Lehre, 2. Biblische Exegese und 3. Die *Memorabilia*. Die von mir bezeichneten Ebenen durchziehen alle diese Bereiche und bestimmen deren Inhalt.

nächst darum, sie als Leitprinzipien Swedenborgs für die Beschreibung des inneren Sinns der biblischen Bücher herauszustellen und an Beispielen zu illustrieren.

Die drei theologischen Ebenen finden sich nach Swedenborgs Vorentscheidung nicht gleichwertig in allen biblischen Abschnitten. Sie sind daher auch nicht mit einem dreifachen inneren Sinn hinter dem Schriftbuchstaben gleichzusetzen. Vielmehr meint Swedenborg, eine mit seinem verfallsgeschichtlichen Konzept einhergehende abschnittsweise Gewichtung festzustellen. Genesis 1–11 etwa enthält keine „wahren", sondern „gemachte Geschichten, die im inneren Sinn himmlische und geistige Dinge bezeichneten".[83] Ihr innerer Sinn bezieht sich auf die Wiedergeburt des Menschen und auf Swedenborgs Verfallsgeschichte. Ab Genesis 12 besteht der Text aus „wahren" Geschichten, die im inneren Sinn etwas ganz anderes bedeuten und sich vielfach auf die innere Entwicklung des Herrn nach seiner Inkarnation beziehen. Abram, Isaak und Jakob stellen den Herrn in den einzelnen Stadien seiner Entwicklung dar.[84]

In den folgenden Kapiteln, die historisch zwar alle „wahr" seien, aber einen inneren Sinn hätten,[85] laufen diese beiden Ebenen der Verfallsgeschichte und der inneren Entwicklung des Herrn nach seiner Inkarnation nebeneinander her.[86]

Konkret wirkt sich dieses Schema in Übertragungsleistungen auf folgenden Ebenen aus, die hier skizziert werden, ohne zunächst die theologischen Implikationen der Auslegung zu berücksichtigen:

a) Erste Ebene: Die innere Entwicklung des Herrn

In allen Kapiteln der Genesis, die Swedenborg auf den inkarnierten Herrn bezieht, wird berichtet, über welche Stufen der als Einheit mit dem Vater verstandene und durchgehend als *Dominus* bezeichnete Sohn sich mit dem aus seiner Mutter stammenden Menschlichen verband, wie sein Gutes und Wahres zu einer Vergöttlichung dieser menschlichen Anteile gelangte und welche Versuchungen er durch Böses und Falsches dabei auszustehen hatte. Am Ende dieses Prozesses steht die Vereinigung des menschlichen und des göttlichen Wesens im Herrn selbst.[87]

Eine Beziehung zu den Wörtern, geschweige denn zu den Buchstaben des Textes, lässt sich dabei durchgehend nicht erkennen, es sei denn, dass sich im Text geschildertes Material gelegentlich wenigstens motivisch in der Auslegung

---

[83] AC 1403: „A primo capite Geneseos huc usque seu potius ad Eberum, fuerunt historica non vera sed historica facta, quae in sensu interno significabant res caelestes et spirituales […]." Vgl. auch AC 1540.

[84] Vgl. AC 1404: Abram: der Herr als himmlischer Mensch, Isaak: der Herr als geistiger Mensch, Jakob: der Herr als natürlicher Mensch. Wenn Gott in Gen 15 mit Abram redet, dann handelt es sich demzufolge um ein Wort des Herrn zu sich selbst, als seine beiden Wesen (göttlich und menschlich) im Knabenalter noch nicht vereinigt waren, vgl. AC 1785. Vgl. zur doppelten Bedeutung auch AC 1483, 1651, 2496, 2607, 2610, 2764, 2802, 3012, 3656, 4286, 4960, 5072.

[85] Vgl. AC 2607: Sie handeln „einzig und allein vom Herrn, sie handeln auch vom Himmel und der Kirche, und von dem, was des Himmels und der Kirche ist, aber dieses ist des Herrn, darum beziehen sie durch dieses den Herrn, und ebendaher sind sie das Wort".

[86] Eine kapitelweise Auflistung bei HANEGRAAFF, 2007, 40.

[87] Vgl. z. B. AC 2011.

Swedenborgs wiederfindet, wie etwa Kriege oder der genannte Jabbokskampf, die auf innere Auseinandersetzungen des Herrn übertragen werden. Der „äußere" Text besitzt nach Swedenborgs Erkenntnis keinen Anhaltspunkt für seine eigentliche innere Bedeutung, die nur offenbart werden konnte. Allerdings finden sich, wie auch im Falle der beiden anderen Ebenen, hier stets wiederkehrende Begriffspaare, wie himmlisch–geistig, gut–böse, wahr–falsch.

– In Genesis 12 (Reisen Abrahams in Ägypten) wird z. B. berichtet, wie der Herr als Knabe in den „Dingen des Wissens" unterrichtet wurde, in Kapitel 20 (Abraham, Sara und Abimelech) wird nach dem inneren Sinn ebenfalls ein Unterricht des Herrn referiert, nun „aber in den Lehren der Liebtätigkeit und des Glaubens".[88]

– Genesis 12, 6: „Und der Kanaaniter (war) damals im Lande", bedeutet bei Swedenborg, dass der Herr in seinem Äußeren Böses besaß, das er von seiner Mutter ererbt hatte.[89]

– Die in Genesis 14 berichteten Kriege bedeuten die Versuchungskämpfe des Herrn. Gutes und Wahres streitet im Herrn gegen Böses und Falsches. Die Könige bedeuten jeweils Gutes und Wahres oder Böses und Falsches.[90]

– Genesis 15 und 16 berichten über Empfängnis und Geburt des Vernunftmäßigen.[91]

– Die Beziehung zwischen Isaak und Rebekka zeigt, wie der Herr sein Vernünftiges vergöttlicht hat. Genesis 27, die Geschichte vom „Linsengericht", handelt davon, wie der Herr sein Natürliches vergöttlicht hat. Esau ist dabei das Gute, Jakob das Wahre. Dieser Vergöttlichungsprozess des Herrn entspricht der göttlichen Ordnung, nach der auch die Wiedergeburt der Menschen verläuft.[92]

– Der in Genesis 32 enthaltene Jabbokskampf Jakobs handelt von der Umwandlung des Zustands des Herrn im Natürlichen und den damit verbundenen Versuchungskämpfen: das Gute tritt an die erste Stelle, das Wahre an die zweite. Hierbei wird das himmlisch-geistig Gute mit dem natürlichen Guten (Jakob) verbunden, von daher stammt die Ehe.[93] Die Umbenennung Jakobs wird von Swedenborg so übersetzt: Israel ist der himmlisch-geistige Mensch im Natürlichen, Jakob ist der himmlisch-geistige, aber vernünftige Mensch selbst.[94] Zugleich geht es aber um das jüdische Volk, das die kirchlichen Dinge vorbilden konnte, auch wenn es nichts von der Kirche aufzunehmen vermochte.[95]

– Genesis 35, Jakobs Zug nach Bethel, Rahels und Isaaks Tod und die Benennung der Söhne Jakobs, handelt von der Vergöttlichung im Natürlichen des

[88] Vgl. AC 2496.
[89] Vgl. AC 1404. Zu Swedenborgs Modell des Erbbösen vgl. Kap. 3.3.5., a–d).
[90] Vgl. AC 1651, 1660.
[91] Vgl. AC 2094 („de conceptione et nativitate Rationalis apud Dominum").
[92] Vgl. AC 3490. In AC 3498 hat Esau aber eine andere Bedeutung: „durch Jischak wird vorgebildet das Vernünftige, und durch Esau das Natürliche, beides in Ansehung des Guten daselbst".
[93] Vgl. AC 4277.
[94] Vgl. AC 4286.
[95] Vgl. AC 4232.

Herrn. Israel bzw. Jakob bedeuten hier das Inwendigere des Natürlichen.[96] Die Namensgebung Benjamins in Vers 18 bedeutet dabei die „Beschaffenheit des geistig Himmlischen". Benjamin bezeichnet das geistige Himmlische (*spirituale caelestis*).[97]

– Genesis 39 handelt von der Vergöttlichung des inwendigen Menschen des Herrn: Jakob war der äußere Mensch, Joseph ist der inwendige. Gleichzeitig wird die Ordnung der Vergöttlichung beschrieben.[98]

– Eine historisch offenbar besonders unverständliche Angabe aus dem Sintflutbericht in Genesis 8,14, dass nämlich am 27. Tag die Erde ganz trocken gewesen sei, deutet Swedenborg so: Die 27 bedeutet das Heilige des Herrn, weil sie aus der 3 zusammengesetzt ist; 3×3 aber ergibt 9; $9 \times 3 = 27$. Die 3 aber bedeutet dasselbe wie die 7, das Heilige oder der Himmlische Mensch, und sie bedeutet, dass der Herr am dritten Tage auferstand, was alles Heilige des Herrn und die „Auferstehung aller" in sich schließe. 3 und 7 bedeuten im Himmel aber keine Zahlen, sondern „die allgemeine heilige Idee der Auferstehung und Zukunft des Herrn".[99]

– Wenn eine im Bibeltext erwähnte Zahl nicht durch 3 oder 7 teilbar ist, geht Swedenborg andere Wege. Im Falle der 50 Gerechten von Sodom (Genesis 18,24) bedeutet die 50 schlichtweg „das Volle", weil es die Zahl ist, die auf 7×7 folgt.[100]

b) Zweite Ebene: Die Verfallsgeschichte

Hinter diesem Strang steht als Schema das Nacheinander von fünf Kirchen. Swedenborg lässt einer Ältesten Kirche (*Antiquissima Ecclesia* oder Adam) vor der Sintflut, einer Alten Kirche (*Antiqua Ecclesia* oder Noah) nach der Sintflut bis zur Ausrottung der kanaanitischen Völker, einer Jüdischen Kirche (*Ecclesia Judaica*, seltener auch „*Hebraea*" oder Jakob) bis zur Zerstörung Jerusalems und der Diaspora eine Christliche Kirche (*Ecclesia Christiana*) folgen, die durch die Inkarnation des Herrn und durch die „Vereinigung des göttlichen Wesens mit dem Menschlichen" am Ende der Jüdischen Kirche gegründet wurde.[101] Die christliche Kirche endet in Swedenborgs Zeit und wird durch eine fünfte, neue

---

[96] Vgl. AC 4536.
[97] Vgl. AC 4592.
[98] Vgl. AC 4960.
[99] Vgl. AC 901, 900. Andere Zahlen sind nicht heilig. Die Heiligkeit der Sieben ist im 7. Schöpfungstag, dem Sabbattag ausgedrückt.
[100] Vgl. AC 2252.
[101] Vgl. AC 2243 („per unitionem Essentiae Divinae cum Humana in Se conjunxit caelum cum terra et simul tunc novam Ecclesiam"). Die hebräische und die jüdische Kirche werden von Swedenborg hier nicht klar voneinander unterschieden. An manchen Stellen scheint er fünf Kirchen einschließlich der christlichen zu meinen, indem er die hebräische von der jüdischen unterscheidet (AC 2243, 2910), an anderen Stellen scheint er beide in eins zu setzen, z. B. in AC 4333. Hier hört die zweite Kirche „von selbst" auf, während der Untergang Nordisraels sowie das alttestamentliche Exil sowie die Zerstörung Jerusalem als Untergangsszenarien einer einzigen Kirche beschrieben werden. Vgl. auch AC 10355. „Hebraea" ist von Swedenborg in AC 2243 selbst in Anführungszeichen gesetzt. Der Begriff „hebräische Kirche" taucht

Kirche *(nova Ecclesia)* abgelöst. Dazwischen kennt Swedenborg allerdings noch eine Vielzahl weiterer, ebenfalls untergegangener Kirchen und Religionen.[102] Gelegentlich benutzte Swedenborg ausdrücklich auch die auf den Propheten Daniel (2,49) zurückgehende Einteilung der Weltgeschichte in ein Goldenes, ein Silbernes, ein Kupfernes und ein Eisernes Zeitalter.[103]

Auch in der Geschichte des Verfalls finden sich die Begriffe, die den inneren Prozess der Vergöttlichung des Herrn beschreiben. Gutes und Wahres, Böses und Falsches, Glaube und Nächstenliebe (*charitas* ist Swedenborgs Begriff für tätige Liebe) – das sind die Kriterien, an denen die Kirchen gemessen werden. Die Verkehrung des ausgewogenen Verhältnisses zwischen diesen Begriffspaaren, durch den Abfall vom Guten und Wahren, führte jeweils zum Untergang. Der Verfall schreitet dabei von der Ältesten Kirche oder dem Goldenen Zeitalter voran bis zum Eisernen Zeitalter. Während die Menschen des Goldenen Zeitalters noch ein göttliches Wissen wie die Engel besaßen – Swedenborg nennt hier ausdrücklich das Denken aus Entsprechungen, also seine Korrespondenzlehre – dachten die des Silbernen Zeitalters nicht mehr direkt aus Entsprechungen, sondern nur noch aus der Kenntnis der Entsprechungen. Die Verbindung mit dem Himmel war aber noch gegeben. Im Kupfernen Zeitalter war nur noch die Kenntnis von der Kenntnis vorhanden, die Menschen dachten nur noch im „natürlichen Guten". Im Eisernen Zeitalter wurden die Menschen immer äußerlicher und schließlich ganz materiell.[104]

Über die drei älteren Zeitalter existieren nach Swedenborg keine schriftlichen Zeugnisse, sondern nur noch Hinweise in der Bibel selbst. Das in 2. Samuel 1,18 und Josua 10,13 erwähnte Buch Jaschar (סֵפֶר הַיָּשָׁר) und die in Numeri 21,14.27 genannten „Sprüche" und das „Buch der Kriege des Herrn" (סֵפֶר מִלְחֲמֹת יְהוָה) sollen ein zusätzliches prophetisches Buch aus dieser ältesten Zeit gewesen sein, aus dem Mose den Schöpfungsbericht bis hin zu den Söhnen Noahs zitiert habe, also ausgerechnet den Teil der Genesis, der im Stil der Ältesten Kirche geschrieben sei und nach dem inneren Sinn vor allem die Wiedergeburt des Menschen ausdrücken soll. Dieses alte Wort befinde sich, so Swedenborg, heute in der Großen Tartarei *(Magna Tartaria)*, möglicherweise in Tibet oder einem Teil von China, und werde dort von Engeln verwaltet.[105] Altorientalische Völker, die nach

---

noch mehrmals auf, vgl. AC 1850, 4454, 4680, 4874, 5701 f., 6738, 6846, 6905. Vier Kirchen auch in AC 4057, 10355.

[102] Vgl. dazu The Five Ages: Swedenborg's View of Spiritual History; Extracts from Emanuel Swedenborg with Commentary by P. L. JOHNSON. London 2008. In AC 231 nennt Swedenborg fünf, in AC 460–466, 3778 u. ö. zehn Kirchen, die in den Personen der Stammtafel Noahs verkörpert sind. In AC 1240 wird plötzlich eine „andere" alte Kirche eingeführt (= Eber, Gen 10,24 f.), vgl. auch AC 2910.

[103] Vgl. VCR 760; HH 115; Coniug 73, 75, 77, 79, 115; JONSSON, 1969, 167–172, 305 f.

[104] Vgl. HH 115, AC 5658, 10355; VCR 762.

[105] Vgl. VCR 265, 270, 279. In AC 1756 werden die beiden verschollenen Bücher aus Num 21 bereits genannt, ohne dass Spekulationen über ihren Verbleib angestellt werden. Die Bücher Hiob und das Hohelied enthielten, meint Swedenborg zu diesem Zeitpunkt, allerdings denselben antediluvianischen Stil, nämlich die Repräsentation der „himmlischen und göttlichen Dinge durch solches, was auf Erden und in der Welt sichtbar war".

Swedenborgs Ansicht noch die Korrespondenzlehre kannten, notierten hierin „Entsprechungen", die nur noch „entfernt" himmlische und geistige Dinge bezeichneten. Da es häufig verfälscht zu werden begann und schließlich in Griechenland in *fabulosa* verkehrt wurde, sei es durch göttliche Vorsehung *(providentia)* mit der Zeit verschwunden und durch das Wort der Propheten des Alten Testaments ersetzt worden, das nicht so entfernt von diesen himmlischen Wahrheiten war.[106] Zahlreiche Ortsnamen in diesem neuen, nun biblischen Text, entstammten diesen noch älteren, in *Magna Tartaria* von Engeln verwahrten Texten.[107]

Auf der verfallsgeschichtlichen Ebene erblickte Swedenborg ebenfalls einen anderen Sinn hinter dem Schriftgehalt. Nicht selten verließ er gerade in diesem Bereich sein Auslegungsprogramm und flocht historisierende Elemente in die Auslegung des inneren Sinns mit ein.

– Sem, Ham und Japhet, die Söhne Noahs, stehen für eine innerliche, eine verdorbene und eine äußerliche Kirche.[108] Der in Genesis 9,25 ausgesprochene Fluch über Kanaan wird dann insofern auf den von Ham verkörperten „verdorbenen" Gottesdienst bezogen, als Kanaan dessen Sohn ist. Allerdings verlässt Swedenborg sein Schema, indem er plötzlich von den Bewohnern des Landes Kanaan, sowohl Juden als auch Heiden, spricht, die alle einen nur „äußerlichen Gottesdienst" pflegten.[109]

– Die in Genesis 10 enthaltene Völkertafel meint die Arten des Gottesdienstes, den die verschiedenen Völker ausübten, „hält jedoch die Mitte zwischen dem Stil der gemachten Geschichte, und dem Stil der wahren Geschichte".[110]

– Onan (Genesis 38,9) verkörpert das Böse. Dass er keine Schwagerehe (Levirat) eingehen wollte, heißt nichts anderes, als dass er das Gute und Wahre der Kirche nicht weitergeben wollte.[111]

– Rubens Verbindung mit Bilha, dem Kebsweib Jakobs (Genesis 35,22), bedeutet die Entweihung des Guten durch einen losgetrennten Glauben, die ge-

---

[106] Vgl. VCR 202–204. Die Menschen der Ältesten Kirche hätten noch direkt mit Engeln geredet und dies in Korrespondenzen niedergeschrieben. Sie hätten nicht in Worten, sondern in Ideen und Vorstellungen gesprochen und eine innere, nicht eine äußere Atmung gehabt, vgl. AC 607, 1114–1188, 4454 u. ö. Die ‚Mythologie' oder die ‚Goldenen Kälber', als die die ursprünglichen Entsprechungen verehrt wurden, weil die Kenntnis der ‚wirklichen' Bedeutung abhanden gekommen war, sei nach göttlicher Vorsehung durch Mohammed „ausgerottet" worden, vgl. VCR 833. Zu den Mohammedanern vgl. Kap. 3.3.7., c), aa).

[107] Vgl. dazu HALLENGREN, 1998, 17–41 (The Secret of Magna Tartaria). Die aus *Magna Tartaria* stammenden Geister sind in der Geisterwelt von den Christen abgesondert und pflegen keinen Kontakt. Sie sollen ein „anderes Wort" besitzen. Diese Spekulationen Swedenborgs dürften mit dem Interesse der rationalistischen Philosophie an der China-Thematik zusammenhängen. Wolff etwa stellte in der *Psychologia empirica* eigene Erwägungen über die ursprünglich göttliche Bedeutung ägyptischer Hieroglyphen und chinesischer Zeichen an, deren Kenntnis im Laufe der Zeit verloren gegangen sei, vgl. dazu JONSSON, 1999, 115 f.; sowie: LI, 2004. Im Beispiel XVI der *Clavis hieroglyphica* bezeichnet Swedenborg die Hieroglyphen als Signa für Korrespondenzen, deren ursprüngliche Bedeutung verloren gegangen sei.

[108] Vgl. AC 1062.

[109] Vgl. AC 1062.

[110] AC 1140. Weitere Beispiele für die verfallsgeschichtliche Deutung bei HANEGRAAFF, 2007, 39–42,

[111] Vgl. AC 4836.

schieht, wenn das Wahre und Gute der Kirche zwar anerkannt, aber dennoch dagegen gelebt wird.[112]

– Ausgerechnet der sich selbst als Gott bezeichnende König von Tyrus in Ezechiel 28 wird als das Wort und die Stadt Tyrus als Kirche hinsichtlich der Erkenntnisse des Guten und Wahren gedeutet.[113]

Demgegenüber lassen sich aber viele Belege finden, wo Swedenborg im Gegensatz zu der konsequenten Enthistorisierung, die mit der Einordnung des Bibeltextes in das Nacheinander der vier Kirchen verbunden ist und eine ‚Subhistorie‘ hinter den biblischen Geschichten erblickt, tatsächliche historische Daten aus dem Text herausliest:

– Die ab Genesis 11,27 genannten Nachkommen Terachs werden in dieser Weise historisiert. Swedenborg bezieht sie nicht in die viergliedrige Verfallsgeschichte ein, sondern nimmt nun den biblischen Stammbaum als historisches Faktum. Die Söhne Terachs meinen demnach ‚historische‘ Völker: Juden, Ismaeliter, Midianiter, Moabiter und Ammoniter.[114]

– Auf dieser Linie liegt auch Swedenborgs Interpretation der inzestuös gezeugten Söhne von Lots Töchtern (Genesis 19,31–36). Mit Moab und Ammon, den historischen Nachbarvölkern Israels, entstehen auch für Swedenborg neue, abgöttische Religionen auf der Basis von Schändungen des Guten und Verfälschungen des Wahren.[115] Zwar hatte Swedenborg einige Abschnitte vorher ausdrücklich die Sünde der Töchter Lots als Beispiel dafür angeführt, dass es Stellen in der Heiligen Schrift gebe, bei denen man nicht erklären könne, wie sie dort hineingelangt seien, wenn sie nicht einen anderen Sinn als den buchstäblichen hätten.[116] Dennoch gelangt er partiell zu einer historischen Erklärung der Moabiter und Ammoniter und vermengt damit seine analogische Hermeneutik mit einer historisierenden Perspektive.

– Gerade im Falle der Juden ignoriert Swedenborg vielfach seine verfallsgeschichtliche Deutung und sieht eine religiöse und zugleich nationale Essentialität, die sich nach seiner Ansicht bis in seine eigene Zeit fortsetzt.[117] Hier wird die Beschreibung der Repräsentation des Judentums mit historisierenden Elementen überlagert. Die Ansicht, dass es in den *Arcana coelestia* überhaupt keine buchstäbliche Bedeutung mehr gebe, sondern nur noch einen inneren Sinn,[118] kann daher nur bedingt gelten. Im gesamten Kapitel Genesis 38 führt er den Ursprung der jüdischen Völkerschaft unter anderem auf die unehelich

---

[112] Vgl. AC 4601.
[113] Vgl. VCR 260.
[114] Vgl. AC 1362.
[115] Vgl. AC 2465 f., 2468.
[116] Vgl. oben Anm. 14.
[117] Zu Swedenborgs Antijudaismus vgl. Kap. 3.3.7., c), dd).
[118] So JONSSON, 1999, 181. In diesem Sinne ist auch Ursula Groll zu widersprechen, die behauptet, Swedenborgs Menschheitsgeschichte sei historisch nicht genau erfassbar, es gehe ihm um die „innere Geschichte der Menschheit". „Israel" bedeute nichts Historisches, sondern eine „Eigenschaft". Vgl. URSULA GROLL: Die Einheit von Orient und Okzident im Werk des Sehers Emanuel Swedenborg. München 2003, 39, 55.

und durch Hurerei aus der Verbindung Judas mit seiner Halbschwester Thamar hervorgegangenen Nachkommen zurück und kontrastiert dies mit Johannes 8,41, der gegenüber Jesus behaupteten, nicht unehelichen Herkunft der
Juden aus Gott.[119]

– Genesis 32, der „Jabbokskampf", wird von Swedenborg einerseits in seine
  Verfallsgeschichte eingeordnet, andererseits aber wird das Judentum ‚aktualisiert': Denn dieses Volk, so Swedenborg, habe keinen inneren, sondern nur
  einen äußereren Gottesdienst. Deshalb habe bei ihm keine Kirche errichtet
  werden können, sondern nur das Vorbildliche einer Kirche.[120] Dieser äußerliche Gottesdienst habe dazu geführt, dass die Juden nur an einen Messias
  glaubten, der sie über alle Völker erheben werde, und nicht an einen Messias,
  der ihre „Seelen in Ewigkeit" erlösen werde. Dass die Juden schon immer gegen den „Herrn" gewesen seien, betrachtet Swedenborg geradezu als ihr
  „Erbstück"; nicht einmal durch Wiedergeburt habe dies ausgerottet werden
  können.[121] Mit dieser Sicht des jüdischen ‚Wesens' erklärt Swedenborg ohne
  weiteres dann auch die ägyptische Sklaverei und die Abfallsgeschichte der Torah und akzeptiert damit die Bibelberichte als historische Dokumente.[122]

– Ausgerechnet den inneren Sinn des Verses Genesis 32,27 (Ich lasse dich nicht,
  du segnest mich denn!) interpretiert Swedenborg so, dass hiermit die Nichterwähltheit der Nachkommen Jakobs / Israels gemeint sei. Das könne man freilich
  nicht aus dem „Buchstabensinn der historischen Teile des Wortes erkennen",

  „weil die historischen Teile des Wortes im Buchstabensinn himmlische Geheimnisse
  in sich schließen, und deswegen in bestimmter Reihe aufeinanderfolgen, und weil die
  Namen selbst Sachen bedeuten, ja mehrere Namen im höchsten Sinne den Herrn
  selbst: z. B. Abraham, Jischak und Jakob".[123]

– Auf die ausführlichen Schilderungen des erbärmlichen, aber selbst verursachten postmortalen Zustands der Juden in der Geisterwelt wird noch ausführlich
  eingegangen. Hier sei wenigstens erwähnt, dass Swedenborgs Exegese des biblischen Textes seinem essentiellen Antijudaismus vollauf entspricht: Bis zum
  heutigen Tag verachteten sie alle anderen Menschen, sie besäßen keine innerliche Bußbereitschaft und seien raffsüchtig, weil sie sich nur an Äußerliches
  und Materielles klammerten.[124] Hier und an vielen anderen Stellen wird deutlich, wie stark Swedenborgs (theologische) Interessen seine Exegese bestimmten und wie willkürlich er seine Deutung in ein Verhältnis mit dem zu Deutenden brachte.

---

[119] Vgl. AC 4818. Joh 8, 41 sei ein „Lüge".
[120] Vgl. AC 4288: „[...] quod nempe apud illam nullus cultus internus fuerit sed solum
externus, ita quod conjugiale caeleste ab illa separatum fuerit, ac ideo quod nulla Ecclesia
apud illam institui potuerit sed modo repraesentativum Ecclesiae [...]."
[121] Vgl. AC 4316 f. („quod hereditarium hoc per regenerationem illis eradicari non potuerit"). Tafel übersetzt „hereditarium" allerdings mit „anererbte Beschaffenheit" und merkt mit
offenbar apologetischer Absicht an, damit sei das Volk als Ganzes, nicht aber der Einzelne
gemeint.
[122] Vgl. AC 4289.
[123] AC 4290.
[124] Vgl. AC 4293, aber Kap. 3.3.7., c), dd).

c) Dritte Ebene: Sünde und Wiedergeburt

Diese Ebene findet sich insbesondere im ersten Teil der Genesis, und hier wiederum insbesondere in der Auslegung der sieben Schöpfungstage. Nicht von der ersten Schöpfung der Welt wird hier berichtet, sondern von der „neuen Schöpfung", von der Wiedergeburt im Allgemeinen, daneben von der Ältesten Kirche im Besonderen.[125] Die sechs Schöpfungstage bezeichnen sechs Stadien der Wiedergeburt vom toten, zum geistigen und schließlich zum himmlischen Menschen.[126] Der siebente Tag ist dieser himmlische Mensch und zugleich die Älteste, vollkommene Kirche.[127] Danach wird der Abfall der Ältesten Kirche als Auftakt der Verfallsgeschichte geschildert. Der in Genesis 3 geschilderte Sündenfall wird aus dem schriftlichen Kontext – Adam und Eva, die Schlange, die beiden Bäume – herausgelöst und dennoch als Faktum vorausgesetzt, allerdings nicht im Sinne einer historischen Tat von Stammeltern, sondern im ‚übertragenen' Sinne: Die Älteste Kirche begann, Selbst- und Eigenliebe zu entwickeln, und brauchte dazu Sinnlichkeit, die durch die Schlange „dargestellt" wird. Eva bedeutet hier Selbst- und Weltliebe, Adam Vernunft.[128]

Im Fortgang steht zwar die weitere Verfallsgeschichte im Vordergrund. Die Geschichte des Inkarnierten bietet jedoch einerseits die göttliche Ordnung für die Wiedergeburt auch der Menschen.[129] Zugleich taucht dieses Thema im Zusammenhang mit dem ‚wahren' oder richtigen Verhältnis von Nächstenliebe und Glaube, von der Hinwendung zum Wahren des Glaubens und zum Guten der Liebe immer wieder auf.

– Wortpaare wie Aufgang / Mittag und Niedergang / Nacht sowie Frühling / Sommer / Herbst (Genesis 28,14) bezeichnen etwa die Zustände des Wahren und Guten im Wort bei den Menschen, von Helligkeit bis Dunkelheit, von wahr bis falsch. Auch die Einrichtung der Stiftshütte, die „Lager- und Wanderordnung der Söhne Israels", die Beschreibung des Landes Kanaan, des neuen Tempels, des neuen Jerusalem und des neuen Landes (Ezechiel 40) werden auf diese Weise enthistorisiert.[130]

---

[125] Vgl. AC 4 („quod primum caput Geneseos in sensu interno agat de NOVA CREATIONE hominis, seu de ejus REGENERATIONE in genere, deque Antiquissima Ecclesia in specie" – Hervorhebung bei Swedenborg).

[126] Vgl. AC 6–13.

[127] Vgl. AC 85, sowie HANEGRAAFF, 2007, 39f.

[128] AC 191 („sensuale repraesentatur per ‚serpentem'; amor sui seu proprius per ‚mulierem', et rationale per ‚virum'."). In diesem Sinne werden auch die beiden Bäume gedeutet: Der Baum des Lebens ist der Mensch, der aus Gott in Liebe lebt, der Baum der Erkenntnis ist der Mensch, der meint, dass er aus sich und nicht aus Glaube lebe – wer davon isst, wird verdammt, vgl. Coniug 135. Die Bundeslade bedeutet genau dasselbe wie der Baum des Lebens, vgl. AC 308, vgl. auch AC 102, 106, 128, 2187. Zur Sündenlehre Swedenborgs vgl. aber Kap. 3.3.5.

[129] Die Analogie zwischen der Vergöttlichung des Natürlichen des Herrn und der Wiedergeburt des Menschen durch den Herrn besteht in derselben Ordnung: im Unterricht des Wahren des Glaubens und im Kennenlernen des Guten, nicht des bürgerlichen und moralischen, sondern des geistigen Guten. Vgl. AC 4538.

[130] Vgl. AC 3708.

– Häufig wird die für Swedenborg typische Sicht der irdischen Ehe, die im inneren Sinn, die vollkommene Verbindung zwischen Gutem und Wahrem bedeutet, auf den biblischen Text übertragen. So deutet Swedenborg die männlichen und weiblichen Zeugungsorgane als Dinge, die sich auf die „Verbindung des Guten und Wahren" beziehen. Die Beschneidung der männlichen Vorhaut sei nichts anderes gewesen als ein vorbildliches Symbol für die Reinigung von Selbst- und Weltliebe.[131] Das Männliche, das beschnitten werden soll, bedeutet dabei im inneren Sinn nicht etwas Männliches, sondern das Wahre.[132]

Zahlreiche andere Beispiele für Swedenborgs Enthistorisierung oder Spiritualisierung des biblischen Textes ließen sich aufzählen. Sie würden bestätigen, dass er nicht nur historische Konkreta wie Eigennamen und Ortsbezeichnungen, sondern anstößige oder unverständliche Schriftdetails mit den immer wiederkehrenden Gegensatzpaaren wie gut und böse, wahr und falsch, mit den Stadien himmlisch–geistig–natürlich, mit vernünftig und sinnlich, innerlich und äußerlich erklärt.[133] Hinter seiner hermeneutischen Methode steht auf der einen Seite ein durchdachtes System, das sich in der (fast) durchgängigen Anwendung der genannten drei Ebenen präsentiert. An vielen Stellen wird aber nicht deutlich, aus welchen Gründen sich die jeweiligen Ebenen auf spezielle Kapitel oder einzelne Abschnitte beziehen, wo sie sich gelegentlich überschneiden oder warum sie sich abwechseln. Festzuhalten bleibt außerdem, dass Swedenborgs Programm, sich bei seiner Auslegung konsequent auf die Darlegung des inneren Sinns zu konzentrieren, vielfach nicht durchgehalten wird und sich häufig, und besonders in seiner Sichtweise des Judentums, ‚historisierende' Auslegungen mit dem von Swedenborg behaupteten inneren Sinn vermischen.

Schließlich ist zu bezweifeln, ob Swedenborg tatsächlich hinter jedem Jota oder auch nur hinter jedem Wort einen speziellen inneren Sinn vermutete. Dass er mit einer auf mathematischen Verfahren aufbauenden Korrespondenzlehre oder einer tatsächlich algebraisch funktionierenden *mathesis universalis* Exegese betrieb, dürfte eher unwahrscheinlich sein. Er selbst war zwar der Ansicht, dass jedes Wort im Buchstabensinn unendlich viele innere Bedeutungen in sich berge. Genau das Gegenteil dürfte aber der Fall sein: In die gewaltige Menge des biblischen Vokabulars wird immer wieder die Terminologie der drei Ebenen eingetragen. Deren inhaltliche Beziehung zu den theologischen Grundlinien von Swedenborgs System wird im nun folgenden Kapitel ausgeführt.

---

[131] Vgl. AC 4462.
[132] Vgl. AC 2046.
[133] So auch BERGQUIST, 2005, 310.

3.3. Swedenborgs Theologie

3.3.1. Aufbau und Überblick

Swedenborgs einzige Dogmatik, die 1771 gedruckte *Vera christiana religio*, ist zugleich sein letztes Werk. Sie enthält an vielen Stellen seine Auseinandersetzung mit der zeitgenössischen Kritik. Dem ist offenbar auch zu verdanken, dass sie sich an den Aufbau evangelischer Dogmatiken anlehnt. Sie enthält im einzelnen folgende Kapitel:

1. Gott der Schöpfer
2. Der Herr, Erlöser
3. Der Heilige Geist und die göttliche Einwirkung
4. Die Heilige Schrift oder das Wort des Herrn
5. Katechismus oder die Zehn Gebote, nach ihrem äußeren und inneren Sinn erklärt
6. Der Glaube
7. Die Liebtätigkeit oder die Nächstenliebe und die guten Werke
8. Der freie Wille
9. Die Buße
10. Die Umbildung und Wiedergeburt
11. Die Zurechnung
12. Die Taufe
13. Das heilige Abendmahl
14. Die Vollendung des Zeitlaufs – die Ankunft des Herrn – der neue Himmel und die neue Kirche

Diese Gliederung dürfte dem Bedürfnis geschuldet sein, nach den Angriffen, die in der gelehrten Öffentlichkeit, insbesondere aber im Kontext mit dem Verfahren, das gegen zwei seiner Anhänger in Göteborg geführt wurde, einerseits Gemeinsamkeiten oder Kompatibilitäten seiner Theologie mit der lutherischen Dogmatik herauszustellen und andererseits die Differenzen so darzustellen, dass sie trotz der Abweichung von aktuellen Lehrmeinungen mit dem Inhalt der Bekenntnisschriften der lutherischen Kirche Schwedens in Konformität zu bringen waren. Dies zeigt seine umfangreiche Beschäftigung mit dem Konkordienbuch, das seit 1686 in Schweden Reichsgesetz war. Aber auch mit reformierten und römisch-katholischen Lehrauffassungen setzte er sich in der *Vera christiana religio* auseinander.[1] Auf diese Weise gelangte Swedenborg an manchen Stellen zu einer

---

[1] Diese Beschäftigung setzte allerdings bereits früher ein. Im Prozess gegen Rosén und Beyer legte Swedenborg in den 25 Artikeln seiner *Summaria expositio doctrinae Novae ecclesiae* (1769) katholische und protestantische Lehrmeinungen im Gegenüber zu seiner eigenen Position dar. Vgl. BERGQUIST, 2005, 405. Der Codex 47–172 im Archiv der Königlichen

Vertiefung seiner schon in dem *Arcana coelestia* vorgetragenen Auffassungen, an anderen versuchte er, Lehrinhalte der Bekenntnisse in seine Thesen zu integrieren, was gelegentlich auch zu Kollisionen führte.

In den *Arcana coelestia* und den Schriften, die Swedenborg aus seinem Hauptwerk extrahierte, sind die Hauptgedanken seiner Theologie ebenfalls enthalten. Allerdings sind sie in die exegetischen Passagen integriert oder werden im Rahmen der *Memorabilia*, seiner Berichte aus der Geisterwelt, demonstriert. Wenn im Folgenden die Grundzüge der Theologie Swedenborgs vorgestellt werden, stehen die Modifikationen, die zwischen den *Arcana* und dem Beginn der 1770er Jahre liegen, zunächst nicht im Mittelpunkt. Hier geht es zunächst um die ‚Architektur‘ seines Gesamtsystems. Weder Ordnungsschema noch Inhalt und Loci der *Vera christiana religio* werden hierbei durchgehend zugrunde gelegt. Die Theologie der anderen Schriften, vor allem der *Arcana coelestia*, wird vollauf einbezogen.

3.3.2. Gottesbegriff und Trinitätslehre

Swedenborgs Gottesbegriff steht in enger Verbindung zu seinem eigenartigen Verständnis der Trinitätslehre der christlichen Konfessionen, die nach seiner Ansicht einen Tritheismus vertreten. Die zweite Ebene, auf der Swedenborg seinen Gottesbegriff entwickelt, ist die Beziehung Gottes zur Schöpfung. Die dritte Front zielt auf die protestantische Soteriologie, die nach Swedenborgs Ansicht auf falschen Gottesprädikaten beruht.

a) Der eine Gott und die Welt

Die christlichen Kirchen bekennen zwar übereinstimmend, dass Gott „Einer" ist, aber sie tun dies aufgund der trinitarischen Lehre nur mit dem Mund, nicht mit dem Herzen.[2] Gott ist Sein, Substanz und Form der Welt. Alles Erschaffene leitet sich von ihm in abgestufter Weise ab und lebt nicht aus sich selbst.[3] Die Natur besitzt kein eigenes Leben und ist an sich tot, eine These, die Swedenborg schon immer vertreten und die er aus seiner cartesischen Position abgeleitet hatte. Nun wendet er sie vor allem gegen *creatio-ex-nihilo*-Vorstellungen, gegen Pantheisten und Deisten, die Gott als erste Ursache des Alls oder als Nichts betrachten oder ihn mit dem Umfang der Welt identifizieren.[4] Zwischen diesen Positionen ver-

---

Akademie der Wissenschaften in Stockholm, der einige Exzerpte und Stichworte aus dem Konkordienbuch enthält, soll erst 1771 entstanden sein. Dies ist jedoch angesichts der häufigen Erwähnungen und teils wörtlichen Zitate aus den Bekenntnisschriften in der VCR und in der Sum exp eher fragwürdig. Swedenborgs Beschäftigung dürfte früher begonnen haben.

[2] Vgl. VCR 6 f. Gott ist das Eine, das Selbe, das Selbst und das Unteilbare. Das göttliche Sein ist in sich und nicht von sich. Vgl. VCR 25.

[3] Vgl. VCR 11, 20.

[4] Vgl. VCR 20.

sucht Swedenborg, eine sehr enge Verbindung[5] zwischen Gott und Welt herzustellen und dennoch eine unendliche Differenz zu wahren.

b) Essenz und Dynamis

In auffälliger Anlehnung an ein triadisches Schema ist Gott bei Swedenborg *esse*, *existere* und *fieri*. Dies ist mit seiner utilitaristischen Kosmologie verbunden, die er auf die verschiedensten Bereiche seine Lehre überträgt: der Dreischritt Zweck (oder Endzweck) – Ursache – Wirkung *(finis – causa – effectus)*, das zur kausalen Erklärung aller Phänomene dient und auf die Dreigliederung seines Weltbildes zurückzuführen ist. Das göttliche Sein verkörpert den Endzweck, das Werden die Ursache, und das Dasein die Wirkung.[6] Alle Dinge, die geschehen, vollziehen sich als „Nutzwirkungen" im Rahmen dieses Dreischritts und auf den göttlichen Endzweck hin, und zwar sowohl auf der physisch-natürlichen wie auch auf der moralisch-menschlichen Ebene.[7] Gottes Wesen befindet sich in ständiger Entfaltung.

c) Ewigkeit und Unendlichkeit

Das göttliche Sein ist universeller als sein Wesen und kann nicht beschrieben werden, weil es unerschaffen und unendlich ist, der menschliche Verstand aber nur Erschaffenes und Endliches begreifen kann.[8] Gott ist wie schon in *De infinito* absolut transzendent.[9] Als einzige Aussage über Gottes Sein ist die Feststellung der Unendlichkeit möglich, die darin begründet ist, dass Raum und Zeit zu den Eigenschaften der Welt gehören, Gott aber außerhalb von Raum und Zeit existiert.[10] Unendlichkeit Gottes bedeutet hinsichtlich des Raumes „Unermesslichkeit" und hinsichtlich der Zeit „Ewigkeit". Allerdings sind nur Unermesslichkeit und Ewigkeit als unbegreifliche Eigenschaften von Raum und Zeit auf Gott zu beziehen, nicht aber Raum und Zeit selbst.[11]

„Die Menschen können nicht anders als die göttliche Unendlichkeit mit der Unendlichkeit des Raumes verwechseln, und weil sie die Unendlichkeit des Raumes nicht anders fassen, als daß sie ein Nichts sei, wie es auch der Fall ist, darum glauben sie auch die göttliche Unendlichkeit nicht. Ebenso verhält es sich mit der Ewigkeit, welche die Menschen

---

[5] Engel und Menschen sind bei Swedenborg insofern „Ähnlichkeiten und Ebenbilder" Gottes, als sie Substanzen und Formen aus seiner Substanz und Form, aber nicht mit ihm identisch sind, vgl. VCR 20.

[6] Vgl. VCR 210.

[7] Vgl. VCR 13. „Nutzwirkungen" ist die seit Tafels Übersetzungen übliche Wiedergabe von *usus* im Plural, einer der häufigsten und zentralen Begriffe bei Swedenborg.

[8] Vgl. VCR 18.

[9] Vgl. JONSSON, 1999, 188; LAMM, 1922, 276.

[10] Vgl. VCR 29; HH 266. Selbst in der Geisterwelt, die nicht mit Gott identisch ist, existieren Raum und Zeit nur als Zustände oder Erscheinungen. Vgl. auch AC 9440. Die Bewegung der Erde, die in Raum und Zeit geschieht, versteht Swedenborg darum auch als Zustandsveränderung, vgl. AC 3356, sowie Coniug 328.

[11] Vgl. VCR 31.

nur fassen können als eine Ewigkeit der Zeit, sie stellt sich aber dar durch die Zeit bei denen, die in der Zeit sind."[12]

Göttliche und die menschliche Dimension sind dadurch unendlich voneinander getrennt.

d) Liebe und Weisheit

Gottes Wesen besitzt gemäß der Unendlichkeit seines Seins unendlich viele Eigenschaften, von denen die herausragenden, Swedenborgs Gesamtwerk unübersehbar beherrschenden, Liebe und Weisheit sind, eine auffällige Parallele zum Gottesbild der Leibnizschen rationalen Theologie.[13] Liebe und Weisheit entsprechen Gottes Allmacht und Allgegenwart.[14] Beide zusammen bringen das Leben hervor, denn Sein und Werden (fieri) fallen in Gott zusammen. Eine prästabilierte Harmonie, die ein einmaliges Schöpfungshandeln vor den Anfang der Welt datiert, aber danach eine evolutionäre Selbstentfaltung annimmt, ist damit ausgeschlossen. Die Dynamik ist mit dem fieri eine göttliche Eigenschaft, und das göttliche Leben fließt als Ganzes in die Schöpfung ein.[15]

Auch die Ausdehnung, die sich in Raum und Zeit vollzieht, gehört nicht zu den göttlichen Prädikaten: Gott erfüllt alles Ausgedehnte im Kosmos, geht aber nicht in ihm auf,[16] eine weitere explizit antispinozistische Abgrenzung Swedenborgs.

e) Gottes Form: der Mensch

Eine der bemerkenswertesten Aussagen besteht aber in der Beschreibung der Form Gottes gegenüber seinem Sein und seinem Wesen: Gottes Form ist die des eigentlichen Menschen, ein Umkehrschluss aus der Ebenbildlichkeit und Ähnlichkeit der Engel und Menschen, die aber nicht vollendet vorhanden sind, sondern im Inneren des von Gott geführten, wiedergeborenen Menschen entstehen.[17] Die Menschenform Gottes besitzt durch Gottes Sein das Attribut der Unendlichkeit und ist dadurch auch unendlich von der Menschenform des Menschen unterschieden. Der maximus homo, der das gesamte geistige Universum umfassende ,Große Mensch', darf darum nicht mit Gott identifiziert werden. Er bewegt sich in seiner menschlichen Figur auf die ,eigentliche' Menschenform Gottes hin. Nur so kann erklärt werden, warum die Hölle bei Swedenborg ge-

---

[12] AC 1382.

[13] Vgl. Schmidt-Biggemann, 1988, 64.

[14] Vgl. VCR 21. Vgl. auch Robert H. Kirven: Swedenborgs Theologie im Überblick. Zürich 1983, 81.

[15] Vgl. VCR 364. Gott ist selbst das Leben, er kann es nicht erschaffen, vgl. VCR 470f. Das Bestehen ist ein fortwährendes Entstehen („subsistentia est perpetua existentia, ita est conservatio perpetua creatio"), AC 6482.

[16] Vgl. VCR 63.

[17] Vgl. VCR 20. („Quod haec forma sit ipsa Humana, hoc est, quod Deus sit Ipse Homo [...]").

rade nicht die Gestalt eines *maximus homo* besitzt. Die Hölle und ihre Bewohner bewegen sich nicht zu Gottes Menschenform hin, weil sie sich nicht von ihm führen lassen. Der Himmel hingegen besitzt als höchste Stufe der Geisterwelt menschliche Gestalt, weil in ihm das Göttliche und das Menschliche verbunden sind, nämlich als das Göttlich-Menschliche des Herrn.[18]

Dass Gottes Form die Form einer Substanz sein muss, liegt darin begründet, dass Gottes Sein nur eine Substanz sein kann, denn sonst wäre sie ein bloßes „Gedankending" ohne eigene Subsistenz.[19] In dieser Definition von Substanz als Substanz eines Seins liegt Swedenborgs lapidare Erklärung der quasimateriellen Qualität menschlicher Seelen und der Geisterwelt. Sie wird auf Gott übertragen, auf den die Eigenschaften der Materie, hier Ausgedehntheit in Zeit und Raum, nicht zutreffen, obwohl er als Sein auch als ein „Etwas" bestehen muss. Substantialität bleibt an vielen Stellen bei Swedenborg eine scheinbar lediglich verbale und nicht weiter erklärte Zwischenlösung, um eine Position zwischen Materialität und Immaterialität zu beziehen. Wenn Gott als Substanz verstanden wird, ist damit weder Unsichtbarkeit,[20] noch eine nach den Maßstäben menschlicher Sinnesorgane verstandene Sichtbarkeit gemeint. Die Beschäftigung mit Andreas Rüdigers Begriff von Materialität, Nichtmaterialität und Körperlichkeit, die bereits in den 1730er Jahren stattgefunden haben könnte, dürfte sich hier niedergeschlagen haben.[21]

f) Erkenntnis Gottes

Gottes Sein ist nicht immer völlig unerkennbar gewesen. Am Beginn der Schöpfung vollzog sich eine Uroffenbarung. Die Älteste Kirche verfügte noch über unmittelbares göttliches Wissen. Allerdings ging diese Fähigkeit verloren.[22] Göttliches Wissen ist nur noch in „Überresten" vorhanden und wurde im Laufe der (Verfalls-) Geschichte zunehmend verdunkelt. Offenbarungen sind aber mehrmals in der Weltgeschichte geschehen, besonders am Ende der jeweiligen Kirchen in Gestalt von Propheten, als göttliche Inkarnation und nun, zu Swedenborgs Zeit, im Wort. Bei jeder dieser Offenbarungen musste Gott sich selbst mitteilen und mit seinem menschlichen Anteil, dem göttlich Menschlichen, eine *communicatio* des Unendlichen mit dem Endlichen herstellen, die anders gar nicht denkbar wäre.[23]

---

[18] Vgl. HH 78.

[19] Vgl. VCR 20 („Quoniam Deus est Esse, etiam est Substantia, nam Esse nisi sit Substantia, est ens rationis, substantia enim est ens subsistens: et qui est substantia, etiam est forma, nam substantia nisi sit forma, est ens rationis [...]").

[20] Nach VCR 339 und 621 ist der Glaube an einen Gott als Geist oder Äther blind und begründet einen Naturalismus, der die sichtbare Natur für Gott hält. Man müsse sich Gott zuerst nach seinem Wesen denken, dann erst nach seiner Person. Sonst drohe ein materielles Gottesbild, vgl. VCR 623.

[21] Vgl. Kap. 2.3.3., d–e).

[22] Vgl. VCR 11.

[23] Vgl. AC 1990.

Während sich hierin Swedenborgs geradezu diastatische, nur durch Offenbarung zu überbrückende Differenz zwischen Gott und Welt zeigt, die er bereits in *De infinito* vorgedacht hatte, sind jedoch in seiner Gotteslehre auch Elemente seines einstigen physikotheologischen Ansatzes erkennbar. Gotteserkenntnis ist nämlich auch anders als durch Offenbarung möglich, und zwar durch die Erkenntnis seiner Ordnung, die mit ihm identisch ist. Da alle Dinge aus seiner Form und Substanz entstanden sind, liegt allen organischen, medizinischen und sogar politischen Strukturen auch seine Ordnung zugrunde.[24] Diese Ordnung ist Erweis des göttlichen Wirkens, wobei Swedenborg die in der Physikotheologie häufig genannten Beispiele der inneren Ordnung und Hierarchie von Vögeln, Raupen, Bienen und Seidenraupen anführt.[25] Aus Hugo Grotius' *De veritate religionis christianae* hatte er sich Jahre zuvor den Hinweis auf Ameisen und Bienen als unvernünftigen Tieren herausgeschrieben, deren trotz ihrer Unvernunft vorhandener und auf einen Endzweck abzielender Organisationsgrad für die Existenz eines Verstandes spreche, der das Universum beherrscht.[26]

Die göttliche Ordnung, die Swedenborgs Welt strukturiert, besteht aus Serien und Graden, die eine Einheit bilden.[27] Der Herr fließt mit seiner Ordnung vom Ersten bis zum Letzten in die Schöpfung ein; hier gibt es nichts als das Göttliche.[28] Eines der wichtigsten Motive in Swedenborgs Naturphilosophie wird auf diese Weise zur göttlichen Eigenschaft, es wird geradezu mit Gott identifiziert, sofern die Ordnung Gott selbst ist.

g) Allmacht und Ordnung

Eine weitere, für den philosophischen Rationalismus auch bei Leibniz und Malebranche[29] typische Sichtweise der göttlichen Ordnung besteht in deren Überordnung über die göttliche Allmacht: Gottes Allmacht, mithin der göttliche Wille, existiert nur innerhalb der Gesetze seiner Ordnung, das Gegenteil ist geradezu

---

[24] Vgl. VCR 52–55.

[25] VCR 12 f., 106, 335 führt die in der Physikotheologie häufig genannten Beispiele der inneren Ordnung und Hierarchie von Vögeln, Raupen, Bienen und Seidenraupen an, VCR 32 die Ordnung der pflanzlichen und tierischen Samen, die gemäß der göttlichen Vorhersicht nicht alle auf einmal gesät werden, weil sonst die Welt platzen würde. Gerade Insekten und Kleinstlebewesen waren von besonderem Interesse für die Physikotheologen, vgl. etwa FRIEDRICH CHRISTIAN LESSER: Insecto-Theologia, oder: Vernunfft- und Schrifftmäßiger Versuch, wie ein Mensch durch aufmercksame Betrachtung derer sonst wenig geachteten Insekten zu lebendiger Erkänntniß und Bewunderung der Allmacht und Weisheit, der Güte und Gerechtigkeit des großen Gottes gelangen könne. Leipzig 1738. Zur Thematik insgesamt STEBBINS, 1980, wo in diesem Zusammenhang immer wieder auch auf die Swedenborg gut bekannte *Physikalische Bibliothek* Julius Bernhard von Rohrs verwiesen wird.

[26] Vgl. HUGO GROTIUS: De Veritate religionis christianae. Editio Novissima, in qua ejusdem Annotations suis quaeque Paragraphis ad faciliorem usum subjectae sunt. Amstelodami 1662, I,7 in PhN 154.

[27] Vgl. VCR 351. In dieser Serien-Grade-Ordnung ist auch die Wahrheit des Glaubens strukturiert.

[28] Vgl. AC 6473.

[29] Vgl. etwa LEIBNIZ, Abhandlung, Nrn. 3, 16, 31; LAMM, 1922, 277, 300 f.; JONSSON, 1999, 59 f., 191.

Aberglaube.[30] Diese Ordnung hat ewigen Bestand so wie Gott selbst.[31] In dem Abschnitt über Swedenborgs Verständnis der Prädestination wird zu erläutern sein, wie er die menschliche Willensfreiheit mit seinem Ordnungsverständnis verbindet.[32]

h) Die Nicht-Anthropomorphität Gottes

Zum Thema der göttlichen Eigenschaften ist zunächst festzuhalten, dass die Identifikation Gottes mit seiner Ordnung, die dem göttlichen Willen untergeordnet ist, dem rationalistischen Schema entspricht, das Gott alle anthropomorphen Prädikate radikal abspricht. Dies hat weitreichende Konsequenzen für Swedenborgs Trinitätslehre, seine Soteriologie und Eschatologie. Wenn Swedenborg „Gutes" und „Wahres" zu den Haupteigenschaften Gottes zählt, die in einer Art himmlischer Ehe in Gott vereint, aber nicht mit ihm identisch sind[33] und seiner schöpferischen Kraft der Liebe und Weisheit entsprechen, dann werden hiermit Eigenschaften bezeichnet, die exakt der göttlichen Ordnung entsprechen. Liebe, Gnade und Barmherzigkeit, Reue und Schmerz, Zorn, Rache und Strafe, Verfluchen und Segnen sind dem swedenborgischen Gott völlig fremd. Entsprechende Bibelstellen des Alten und Neuen Testaments werden von Swedenborg radikal umgedeutet. Gottes Vernichtungsbeschluss im Sintflutkapitel (Genesis 6,7) lautet bei Swedenborg, „daß der Mensch sich zugrunde richtete".[34] Swedenborgs Gott richtet nicht, straft nicht, er urteilt nicht, er erbarmt sich nicht und handelt in keiner Weise gegen seine ewige Ordnung in einem anthropomorphen Sinne.[35] Gutes und Böses schließen sich gegenseitig aus und können als konträre Pole

---

[30] Vgl. VCR 58; LAMM, 1922, 277. In VCR 60 erklärt Swedenborg, dass die göttliche Weisheit in seiner Ordnung besteht, anhand des menschlichen Körpers und seinen Organen. Dem korrespondiert die erstaunlich an Oetingers Diktum von der „Leiblichkeit" als „Ende aller Werke Gottes" erinnernde Aussage, die göttliche Ordnung komme erst im Leiblichen zum Abschluss (vgl. AC 3632), vgl. dazu Kap. 5.2.5., c).

[31] Der Herr handelt niemals gegen seine Ordnung, die er selbst ist, vgl. HH 523.

[32] Vgl. Kap. 3.3.5., g–h).

[33] Vgl. unter den zahlreichen Belegen für diese Verbindung etwa AC 1432, 2011, 2508, HH 375. Das göttliche Gute und Wahre ist nicht „im" Herrn, sondern „vom" Herrn. Im Herrn ist als *esse* nur die Liebe, aus dem Gutes und Wahres hervortreten (existunt) als ein *procedere*, vgl. HH 139. Die Figur der himmlischen Ehe zwischen dem göttlichen Guten und dem göttlichen Wahren („ipsum conjugium caeleste est solum inter Divinum Bonum et Divinum Verum", ebd.) setzt sich auch in Swedenborgs Vorstellung der menschlichen Ehe und ihrer Fortdauer in der Geisterwelt fort, vgl. dazu Kap. 3.3.8., b).

[34] Vgl. AC 591 f.

[35] Vgl. VCR 56, 132, 161. Gottes Zorn ist nur ein Schein. Wer an einen zornigen Gott glaubt, gelangt – allerdings genau aufgrund dieses Glaubens und nicht infolge eines Richterspruchs – in die Hölle, vgl. VCR 256, 650; AC 245, 379 (die Verfluchung Kains ist nichts anderes als seine Selbstverfluchung), 490, 587 f. (die Vorstellung eines barmherzigen Gottes ist mit der eines zürnenden und strafenden Gottes verbunden), 735, 1408, 1422 f. (Segen bedeutet schlichtweg alles vom Herrn Stammende, Verfluchen ist die Selbstabwendung des Menschen von Gott), 1832, 2235 (Gott richtet niemanden), 3131 (Kinder meinen, der Herr würde strafen und zürnen), 4307 (Jakob und seine Nachkommen, also die Juden, glaubten, dass das Böse aus Gott stamme, dass er strafe, versuche, gnädig und zornig sei); HH 521.

nicht in Gott selbst verankert sein, das könne selbst die Vernunft erkennen.[36] Es liegt auf der Hand, dass eine Satisfaktionslehre mit ihren anthropologischen, christologischen und auch auf ein Jüngstes Gericht bezogenen Konsequenzen von hier aus ausgeschlossen ist. Die Liebe ist als Handlungsprinzip Gottes bei Swedenborg mit seiner Allmacht und mit seiner Ordnung identisch und dieser Allmacht zugleich untergeordnet.[37]

Erst in seinen apologetischen Schriften wendet Swedenborg zuweilen einen Sprachgebrauch an, der auf eine Richterschaft Gottes oder Jesu Christi hindeutet.[38] Dies scheint aber seiner intensivierten Beschäftigung mit den Bekenntnisschriften zu verdanken zu sein und steht geradezu isoliert neben seinen massiven Äußerungen gegen jede Form einer Rechtfertigungs- und Satisfaktionslehre, die nach seiner Ansicht anthropomorphe Gottesprädikationen beinhalten muss.

i) Wider die nicänische Trinitätslehre

Die deutlichsten Auswirkungen des dezidiert anti-anthropomorphen Gottesbegriffs finden sich in der Trinitätslehre Swedenborgs, die neben der lutherischen Rechtfertigungslehre zu den am heftigsten bekämpften Dogmen in Swedenborgs Gesamtwerk zählt.[39] Er lässt in der Geisterwelt sogar ein Konzil stattfinden, auf dem die Beschlüsse von Nicäa verdammt werden.[40]

Swedenborg kannte spätestens in der *Vera christiana religio* auch die Bekenntnisschriften bis ins Detail, sah aber seine frühere Ansicht, dass das Nicänum und das Athanasianum einen Tritheismus begründeten, dadurch nur bestätigt. So zitierte er aus dem Athanasianum ausgerechnet folgende Stelle als Beleg dafür:

„Eine andere ist die Person des Vaters, eine andere die des Sohnes und eine andere die des Heiligen Geistes; Gott und Herr ist der Vater, Gott und Herr ist der Sohn, und Gott und Herr ist der Heilige Geist; dennoch aber sind nicht drei Götter und Herren, sondern es

---

[36] Vgl. VCR 57 f. Würde Gott böse handeln, wäre seine Allmacht aufgehoben, denn dann handelte er nicht weise und ohne Urteilskraft, vgl. VCR 74.

[37] Vgl. VCR 74.

[38] So etwa ist die Rede davon, dass der Herr jedem das Gute „zurechne" (imputet), die Hölle aber jedem das Böse, nicht etwa ein zorniger Gott, der Quelle des Bösen wäre. Vgl. etwa VCR 650. In Coniug 478, 485 werden vier Grade von Ehebrüchen genannt, die nach dem Tod „zugerechnet" werden. Sonst wendet sich Swedenborg auch in der VCR scharf gegen jede Form der „Zurechnung" des (fremden) Verdienstes Christi zum Heil der Gläubigen.

[39] Vgl. etwa VCR 90, 110, 136. Katholiken und Protestanten vermögen es selbst in der Geisterwelt nicht, „ein Gott" auszusprechen, vgl. VCR 111. In VCR 112 verteidigt ein sächsischer Theologe, ein „Diktator" (dictator), die Trinitätslehre gegen Swedenborg, der seine sabellianische Christologie (Jehova ist Schöpfer und Erlöser) ausgerechnet unter Verweis auf das Athanasium ins Feld führt. In VCR 137 schwört Luther in der Geisterwelt seiner Rechtfertigungstheologie und dem Glauben an tres persona/una substantia ab. Alle, die an drei Personen geglaubt haben, können nicht in den Himmel aufgenommen werden, ebenso wenig allerdings Sozinianer, Arianer und Naturalisten (vgl. HH 2 f.). Einige Jahre später (1766) revidierte Swedenborg dieses Verdikt ausdrücklich: In den christlichen Himmel seien seit der Inkarnation des Herrn auch die eingelassen worden, die einen Gott unter drei Personen verehrten, sich darunter aber nicht drei Götter vorstellten, vgl. Apoc, Vorrede.

[40] Vgl. VCR 188. Weitere Debatten um die nicänische Trinitätslehre in der Geisterwelt: VCR 159, 185.

ist ein Gott und Herr; wie wir durch die christliche Wahrheit angetrieben werden, jede Person einzeln für sich als Gott und Herrn anzuerkennen, so werden wir durch die katholische Religion verhindert, drei Götter oder drei Herren zu nennen.“[41]

Daraus zog er den Schluss, jeder, der dies mit offenen Augen lese, könne erkennen,

„daß von denen, die auf der Nicänischen Kirchenversammlung waren, aus der das sogenannte Athanasische Symbol als ein nachgeborener Sprößling hervorging, keine andere Dreieinigkeit als eine Dreieinigkeit von Göttern, verstanden wurde“.

Jede der drei Personen werde hier als Herr von Ewigkeit bekannt, es werde lediglich verboten, sie als drei Götter auszusprechen. Der Tritheismus sei dem menschlichen Gedächtnis gleichsam seit dem Jugendalter eingebrannt.[42]

Die Trinitätslehre in Form des nicänischen und des athanasianischen Bekenntnisses gehört auch zu den Wendepunkten in Swedenborgs verfallsgeschichtlichem Modell.[43] Hierin findet sich wiederum eine Überschneidung mit der Position des englischen Theologen, Patristikers und Astronomen William Whiston, der Athanasius von Swedenborgs Studienzeit in England an bis in die 1740er Jahre, als Swedenborg sich häufig in London aufhielt, in zahlreichen Publikationen schlichtweg zum Ketzer und zur falschen Basis der Orthodoxie in den verfassten Konfessionen der Protestanten und „Papisten“ erklärte.[44] Die apostolische Kirche, meint Swedenborg mit Whiston, dessen *Primitive Christianity reviv'd* (1711 f.) lange nach ihrem Erscheinen weit diskutiert wurde, habe die Trinität noch richtig verstanden, nämlich weder sabellianisch noch athanasianisch.[45] Mit Nicäa habe hingegen der Verfall des Christentums begonnen. Nach Swedenborg hat sich mit der Aufspaltung Gottes in drei Personen gerade die arianische Theologie durchgesetzt.[46] In der ersten Erwähnung des Konzils von Nicäa in den *Arcana coelestia* schrieb Swedenborg den Konzilsvätern die Intention zu, mit der Unterscheidung von Vater und Sohn die Macht des Papsttums abzusichern. Würde Gott für eine Person gehalten, bräuchte es keinen Statthalter auf Erden.[47]

---

[41] VCR 172. Hierbei handelt es sich offenbar um Swedenborgs (auszugsweise) Übersetzung aus dem lateinischen Original des *Symbolum Athanasii* im Konkordienbuch. Vgl. Die Bekenntnisschriften der evangelisch-lutherischen Kirche. 9. Aufl. Göttingen 1982, 28 f.

[42] Vgl. VCR 173.

[43] Vgl. Sum exp 37; VCR 176 f., 183 (Juden, Mohammedaner und Heiden verabscheuen das Christentum wegen seines Glaubens an drei Götter).

[44] Vgl. WILLIAM WHISTON: Memoirs of the Life and Writings. London 1749, 178, 263 und an vielen Stellen. Auf Seite 491 gesteht Whiston, „that [...] was the horrible Athanasian Creed that directly brought me to the Baptists“.

[45] WILLIAM WHISTON: The true Origin of the *Sabellian* and *Athanasian* Doctrines of the *Trinity*. Or, A Demonstration that they were first Broach'd by the Followers of *Simon Magus*, in the First Century, and Reviv'd by the *Montanists* in the Second. *Drawn from all the Original Accounts now Extant*. And Humbly Recommended to the Consideration of the Learned Dr. Daniel Waterland. London 1720, u. a. 53. Whiston rekurriert im Folgenden und an vielen Stellen auf Tertullian. Vgl. dazu Kap. 4.3.4., b).

[46] Vgl. VCR 636–638.

[47] Vgl. AC 4738. Hier, in der knappen Hälfte der *Arcana coelestia* (Bd. 4: 1752), scheint sich Swedenborg zum ersten Mal mit dem Nicänum beschäftigt zu haben. Kurz zuvor (4721) wird auch Athanasius erstmalig genannt, dann noch einmal ganz am Ende, AC 10125 und

Nahezu alle philosophischen und theologischen Ansichten, die Swedenborg als Fronten bekämpft, werden auf den in Nicäa entstandenen Tritheismus zurückgeführt: Deismus und Pantheismus, Materialismus und Naturalismus, die Gott entweder mit der Welt identifizieren oder die Natur als Quelle des Lebens ansehen, weil Gott nur zu Schöpfungsbeginn in ihr gewirkt habe.[48]

Nicäa hat nach Swedenborgs Urteil aber auch das Fundament dafür gesetzt, dass zwischen einem strafenden Gottvater und einem Sohn unterschieden werden konnte, dessen Erlösungstat den Zorn des Vaters besänftigen konnte.[49] Auf diese Weise sei zugleich auch die menschliche Freiheit aufgehoben worden, weil der Mensch nun glauben konnte, nur durch die Zurechnung des Heils, das Christus für ihn erworben hat, zum Heil zu gelangen.[50] Diejenigen, die einem solchen Glauben anhängen, können nach Swedenborg nicht selig werden.

j) Das Trinum als unitarische Modifikation des Nicänum

Swedenborg entwickelt trotz seiner scharfen Ablehnung der klassischen Trinitätslehre allerdings kein unitarisches System, das göttliche Hypostasen zugunsten eines radikalen Einheitsbegriffs ablehnen würde. Ganz im Gegenteil, er modifiziert das trinitarische System von Beginn an. Er übernimmt dabei die Dreiheit, weist aber den Personenbegriff zurück, den er als Ausgangspunkt für den diagnostizierten Tritheismus betrachtet. Anstelle der drei Personen setzt er drei Wesenheiten. Die Dreiheit wird zur Abgrenzung vom Trinitätsbegriff als *Trinum* bezeichnet, das nicht in drei Personen besteht, sondern in Attributen oder Wirksamkeiten eines einzigen Gottes: der Vater ist dabei das Göttliche Selbst *(Divinum Ipsum)*, der Sohn das Göttlich-Menschliche *(Humanum Divinum)*, der Geist das ausgehende Heilige *(Sanctum procedens)*.[51] An anderer Stelle wird der Vater als *Divinum Bonum Domini*, der Sohn als *Divinum Verum Domini* und der Heilige Geist als das *sanctum spiritus* (das Heilige des – einen – Geistes) bezeichnet.[52] Die Wesenheiten des *Trinum* vergleicht Swedenborg auch mit dem Einheitskomplex Seele-Leib-Wirksamkeit beim Menschen.[53]

10824. In AC 2329 wird allerdings bereits der „symbolische Glaube" im Zusammenhang mit der Trinitätslehre erwähnt (drei Unerschaffene, drei Unendliche, drei Ewige, drei Allmächtige, drei Herren), von der sich Swedenborg abgrenzt.

[48] Vgl. VCR 121 (Tritheisten und Naturalisten neben Magiern, Götzendienern und „Verfälschern des Worts" in der Hölle), vgl. auch VCR 137, 178.

[49] Vgl. VCR 16.

[50] Vgl. VCR 489, 632.

[51] Vgl. AC 2149 (hier erklärt Swedenborg die drei zu Abraham kommenden Männer aus Gen 18,2); vgl. auch HH 86. Die drei Wesenheiten sind aber nicht drei Unerschaffene, Unendliche, Ewige, Allmächtige, sondern nur Einer, vgl. AC 2156. Der Begriff des Attributs wird verwendet in VCR 26. Vgl. auch AC 2245, 2317, 3241, 10822, 10831; VCR 165.

[52] Vgl. AC 3704, 4207 („Das göttlich Gute ist das höchste Göttliche, das göttlich Wahre aber ist es, das vom göttlich Guten ausgeht, und auch der Sohn genannt wird.").

[53] Vgl. VCR 166 (anima, corpus, operatio).

Swedenborgs Gottesbegriff ähnelt daher einem monarchianischen Modalismus oder einem Patripassianismus, ohne dass hier genaue Quellen erkennbar wären.[54] Da er den Personbegriff ablehnt und ein einziges göttliches Wesen voraussetzt,[55] muss sich bei ihm Gott selbst inkarniert haben: Jehova ist Schöpfer und Erlöser. Dieser Akzentuierung dürfte es zu verdanken sein, dass Swedenborg durchgehend von Gott als *Dominus* spricht. Seine Differenz gegenüber einem Gottesbegriff, der einen Schöpfervater von einem Erlösersohn unterscheidet, soll dadurch offenbar deutlich werden.

Allerdings führt Swedenborgs unitarisches Gottesbild, das Vater und Sohn ineinssetzt, gerade nicht zu einer deistischen Tendenz. An der Inkarnation und am Erlösungswerk hält er fest, auch wenn beide stark modifiziert werden. Besonders in der *Vera christiana religio* ist auch eine starke antisozinianische und antiarianische Frontstellung Swedenborgs sichtbar.[56]

Gegenüber diesen Theologien hält Swedenborg letztlich an der Trinität fest. An manchen Stellen versetzt er die Dreiheit in den *Dominus* als Person.[57] Der inkarnierte Gott ist demnach Schöpfer, Erlöser und Wiedergebärer, oder: Schöpfung, Erlösung und Wiedergebärung.[58]

An diesem Punkt erhält das *Trinum* den für Swedenborg typischen dynamischen Akzent: erst im Herrn vollendet es sich.[59]

In der *Vera christiana religio* scheint Swedenborg gegenüber seinen lutherisch-orthodoxen Gegnern hier sogar einen Kompromiss einzugehen: Während er einen präexistenten Sohn zurückweist und zugleich an der Inkarnation und der leiblichen Auferstehung festhält, räumt er ein, dass es die „Trinität" erst seit der Inkarnation gebe[60] – eine trinitarische Dynamik, die sich in den *Arcana* so nicht findet. Und im Falle der Wiedergeburt konstatiert er, dass der Mensch keine Verbindung mit „Gott dem Vater" *(Deus Pater)* eingehen könne, sondern nur mit dem *Dominus*, und nur durch diesen mit dem Vater.[61] Diese gegenüber den *Arcana coelestia* differierenden Aussagen kollidieren mit Swedenborgs unitarischer oder modalistischer Theologie, die sich auch in der *Vera christiana religio* an vielen Stellen in verbalen Attacken gegen Nicäa niederschlägt.

---

[54] Bei folgenden Studien handelt es sich um motivische Vergleiche ohne Quellenabsicherung: Augustus Clissold: The Creeds of Athanasius, Sabellius and Swedenborg. Whitefish 2004 [1873]; Andrew M. T. Dibb: Servetus, Swedenborg and the Nature of God. Lanham u. a. 2005. Dibb sieht starke Ähnlichkeiten zwischen Swedenborg und Tertullian.

[55] „Person" erkennt Swedenborg in der Geisterwelt als etwas selbständig Bestehendes, nicht als „einen Teil oder eine Beschaffenheit in einem anderen", vgl. VCR 17.

[56] So auch Kirven, 1983, 71 f. Gegen Sozinianer argumentiert Swedenborg auch schon in AC (6865).

[57] NJ 290. „Man hat die Vorstellung von drei in einer Person, wenn man denkt, daß der Vater im Herrn ist und der Heilige Geist von ihm ausgeht. Die Dreiheit ist dann im Herrn: Das Göttliche ist das, was ‚Vater', das Göttlich-Menschliche, was ‚Sohn' und das ausgehende Göttliche, was ‚Heiliger Geist' heißt."

[58] Vgl. VCR 26.

[59] Vgl. AC 2663.

[60] Vgl. VCR 170 (hier *trinitas*, nicht *trinum*); Kirven, 1983, 83 f.

[61] Vgl. VCR 370.

k) Heiliger Geist und ‚historische‘ Trinität

Diese trinitarische Dynamik und sein Versuch, auf die Angriffe gegen seine bekenntniswidrige Lehre mit Anknüpfungen und zugleich Zurückweisungen zu reagieren, führten Swedenborg offenbar dazu, eine eigene Theologie des dritten Artikels, eine Art Pneumatologie zu entwickeln, die in den *Arcana coelestia* in dieser Weise noch nicht ausformuliert war.[62] Auch jetzt noch wird dem Heiligen Geist freilich die Personhaftigkeit abgesprochen, aber in Form einer eigenen Wirksamkeit erhält er dennoch eine eigene Existenz.[63] Denn so wie sich mit der Inkarnation und Vollendung des Herrn das *Trinum* vollendet, kann auch erst ab jetzt von einer eigenen Wirksamkeit des Geistes gesprochen werden; „er geht aus Ihm [dem Herrn] vom Vater her hervor". Im Alten Testament wirkt nicht der Heilige Geist, der mit dem Herrn identisch ist, sondern nur ein „Geist der Heiligkeit".[64]

Trotz der inhaltlichen Parallelen sieht Swedenborg im Tritheismus der – als Einheit verstandenen – christlichen Kirche einen der wesentlichen Impulse für die Abtrennung der neuen Kirche, die auf einem wahren Monotheismus basiere.[65] In der Geisterwelt will Swedenborg in einem Dialog nach den Grundpfeilern seiner Theologie gefragt worden sein. Swedenborg, der gestand, von der Philosophie zur Theologie gelangt zu sein, antwortete mit zwei Aussagen: 1. Gott ist einer, und 2. es besteht eine Verbindung zwischen *charitas* und Glauben. Die heutige Theologie, wenn man sie in ihrem Inneren betrachte, leugne genau das.[66]

---

[62] In AC 19 wird der Geist Gottes lediglich als Gottes „Barmherzigkeit" bezeichnet, die Erkenntnisse des Guten und Wahren hervorbringe. An anderer Stelle scheidet das „ausgehende Heilige" des Herrn die Bösen und Guten, allerdings nicht aktiv in Gestalt eines richtenden Prozesses. Die Bösen fliehen selbst das Heilige des Herrn. Vgl. AC 2321.

[63] Vgl. VCR 138. VCR 139 bezeichnet den Heiligen Geist als Wahrheit, Kraft und Einwirkung, in 142 werden die Werke des Geistes bezeichnet: Umbildung, Wiedergeburt, Erneuerung, Belebung, Heiligung und Rechtfertigung, Reinigung vom Bösen, Vergebung der Sünden, und zuletzt die Seligmachung. Terminologisch kann hierin eine Annäherung an die Werke des Geistes im Glaubensbekenntnis gesehen werden, wie es etwa in den lutherischen Bekenntnisschriften enthalten ist (vgl. etwa den Großen Katechismus, in: Bekenntnisschriften, 653–662). Von einer Vergebung der Sünden im Sinne der lutherischen Rechtfertigungslehre ist bei Swedenborg keine Rede. VCR 153 wird dann auch präzisiert, dass die genannten Werke nicht vom Heiligen Geist „als Gott" gewirkt werden, sondern vom Herrn selbst.

[64] Vgl. VCR 158. Spekulation wäre die Vermutung, dass es sich mit der Aussage, dass der Geist vom Vater aus dem Sohn hervorgeht, um eine modifizierende Anlehnung an das „filioque" – das Ausgehen des Geistes vom Vater *und* vom Sohn, handelt.

[65] Vgl. VCR 647, 786.

[66] Vgl. Com 20 („QUOD DEUS UNUS SIT, et quod CONJUNCTIO CHARITATIS ET FIDEI SIT, ad quae retulit, quis haec negat, respondi, quod Theologie hodierna interius lustrata." Hervorhebung im Original). Er sei wie aus einem Philosophen ein Theologe geworden, so wie die Fischer Jünger und Apostel. Bei dieser Aussage dürfte es sich um die Antwort auf eine entsprechende, brieflich übermittelte Frage Oetingers handeln, vgl. Kap. 5.2.5., c).

3.3.3. Die Schöpfungslehre

a) Die Neuplatonisierung der vorvisionären Kosmologie

Im Gegensatz zu seiner naturphilosophischen Phase und vor allem zu den *Principia rerum naturalium* bezog sich Swedenborgs Interesse in der Schöpfungslehre kaum noch auf die physikalische Erklärung der Kosmogonie. An verschiedenen Stellen kehren zwar Figuren und Muster wieder, die er vor 1745 entwickelt hatte, sie stehen jedoch nicht im Zentrum seiner Ausführungen. Gelegentlich wird die frühere Auffassung erwähnt, die natürliche Welt habe sich aus mathematischen Punkten entwickelt, an anderer Stelle weist Swedenborg diese Vorstellung nun zurück, weil sie seiner Emanationslehre widersprechen würde. Er hält zwar durchaus daran fest, dass die Welt aus einer ersten Substanz entstanden ist, diese sei aber nicht der Punkt ohne Dimension, sondern vielmehr aus der geistigen Sonne entstanden, die wiederum ihre Quelle im Herrn selbst habe.[67] Auch aus diesem Grund lehnt Swedenborg nun seine frühere Theorie, dass es einfache Substanzen, Monaden oder Atome gebe, aus denen die natürliche Welt entstanden sei, ab.[68] Sie ist nicht aus Nichts und nicht aus einer Substanz geschaffen, sondern aus Gott selbst, der allein eigentliche Substanz ist.[69]

An einer Stelle scheint sogar seine Nebulartheorie aus dem dritten Teil der *Principia* auf: die Sonne, hier aber nicht die Sonne der natürlichen, sondern die Sonne der geistigen Welt, ist aus Substanzen entstanden, die Gott zuvor durch die Abgrenzung seiner Unendlichkeit geschaffen hat.[70] Aus dieser Sonne hat Gott die natürliche Sonne und aus ihr die gesamte Welt durch Abstufungen und durch Verendlichung bis hin zum Ruhenden der Materie geschaffen. Materie ist ein verendlichtes Produkt des Geistigen.

Ebenfalls hielt er an seiner Auffassung fest, dass es immaterielle, gänzlich materiefreie Kräfte im All nicht gebe. Die *materia subtilis*, die er beispielsweise im Rahmen seiner Bullulartheorie in den Zwischenräumen zwischen den *bullulae* angenommen hatte, wird nun aber durch den Begriff der Substanz ersetzt, die zwischen Materie und Nichtmaterie steht und weder Nichts noch materieller

---

[67] Vgl. Coniug 380; Prov 6. Die in den *Principia* und öfter ausgeführte Lehre vom *punctum naturale* wird nun als „Täuschung" bezeichnet, die aus der Vorstellung des Räumlichen folge. Der geistigen Sonne könne kein Räumliches und keine Dimension zugeschrieben werden. Raumlosigkeit betrachtete Swedenborg aber als Vollkommenheit. Zu dieser Stelle vgl. auch LISA HYATT COOPER: Swedenborg's Science meets his Theology. In: The New Philosophy 106 (2003), 519–523, hier: 519f. Auch wird auf die Figur der Aktiva und Passiva aus den *Principia* als jeder Wirkung zugrunde liegenden Kräften referiert, vgl. Com 11.

[68] Vgl. AC 5084. Aus Com 17 wird deutlich, dass er den Wolffschen Substanzbegriff ablehnte, weil dieser annahm, dass die einfache Substanz bei Teilung in Nichts zerfalle. Eine *creatio ex nihilo* ist für den neuplatonischen Swedenborg (nach 1745!) ebenso wie ein leerer Raum unvorstellbar, vgl. auch VCR 76. Zur Abwendung Swedenborgs von Wolff an diesem Punkt vgl. NEMITZ, 1999, 513, 516f. Daneben findet sich bei Swedenborg (Com 15) der Gedanke, man dürfe das Denkvermögen nicht auf Monaden, Atome oder Substanzen zurückführen, sondern müsse es im Rahmen seiner Zweck-Ursache-Wirkung-Lehre verorten.

[69] Vgl. VCR 76; LAMM, 1922, 283–285.

[70] Vgl. VCR 33.

Stoff, aber „Etwas" ist. Wie oben erwähnt, werden nicht nur Gott, sondern auch die menschlichen Seelen, wie die gesamte Geisterwelt, mit diesem Substanzbegriff erklärt: Das Geistige ist substantiell, „die substantiellen Dinge aber sind die Uranfänge der materiellen".[71]

Wie im Falle der immateriellen Kräfte lehnt Swedenborg weiterhin die Existenz newtonscher leerer Räume ab, in denen diese Kräfte wirken.[72] Das gesamte, den Bereich des Natürlichen und den des Geistigen umfassende All besteht auch dort, wo es nicht Natur ist, aus „Etwas".

Ein weiterer Grundgedanke, den Swedenborg aus seiner cartesisch geprägten Naturphilosophie übernahm, ist die Serien-und-Grade-Lehre. Das gesamte Universum, nicht nur das materielle oder natürliche, ist in Serien und Grade strukturiert. Dieses durchgehende Ordnungsschema wird nun auch auf die Geisterwelt übertragen und mit der Prädestinationslehre verbunden, die Swedenborg, wie weiter unten noch auszuführen ist, nicht nur als *praedestinatio generalis*, sondern auch *specialis* versteht: Gottes Voraussicht bezieht sich nicht nur auf einen allgemeinen Rahmenplan der Natur, sondern sogar auf die Dinge im Einzelnen. Sein Einfluss wirkt bis in die untersten Serien und Grade der Natur hinein.[73]

b) Zwei Sonnen – zwei Welten

Grundlegend für Swedenborgs Kosmologie ist die Figur der beiden Sonnen, einer geistigen und einer natürlichen, die er bereits in der *Oeconomia regni animalis* ausformuliert und mit einer neuplatonischen *influxus*-Vorstellung verbunden hatte.[74] Hier hatte er das Einfließen der Lebensstrahlen der geistigen Sonne zu dem Licht und der Wärme der natürlichen Sonne allerdings nur analogisch beschrieben und eine klare epistemologische Trennlinie zwischen beiden Sonnen gezogen. Nun vollzog er einen deutlichen Kurswechsel, den er selbst als empirisch betrachtete, allerdings im Sinne einer Empirie, die ihm durch Offenbarung und die Öffnung der Geisterwelt zuteil geworden sei. Jetzt behauptete er, die geistige Sonne in der Geisterwelt selbst gesehen zu haben.[75]

Beide Sonnen begründen zwei Welten, eine natürliche Welt und eine geistige. Jede der beiden Welten ist aus ihrer eigenen Sonne entstanden.[76] Da nach Swedenborgs Korrespondenzlehre Geistiges und Natürliches einander real entsprechen, stimmen beide Sonnen und Welten auch gänzlich miteinander überein. Die natürliche Sonne ist aber wie die natürliche Welt an sich tot,[77] Leben kommt nur der geistigen Sonne zu. Denn ihre Wärme ist die Liebe, ihr Licht die Wahrheit Gottes, nicht jedoch Gott selbst,[78] wobei Liebe im oben genannten Sinne als wirkendes,

---

[71] Vgl. Coniug 328 („ac substantialia sunt initia materialium").
[72] Die Ansicht, es gebe nur eine Atmosphäre, die immer feiner werde und schließlich als leerer Raum ende, sei eine Sinnestäuschung, vgl. AC 5084.
[73] Vgl. VCR 12 und oben Seite 222, Anm. 25.
[74] Vgl. Kap. 2.4.1., a), ff) und ll).
[75] Vgl. Com 4.
[76] Vgl. Com 4, 8; AC 4415.
[77] Vgl. Com 10; VCR 75.
[78] Vgl. Com 5–7.

rationales und strukturierendes Attribut Gottes verstanden wird, nicht als ‚emotionale', anthropomorphe Liebe, die einem sprachlichen Gegensatz entspräche.

Jedoch will Swedenborg ein bruchloses Emanieren Gottes in die Welt oder eine Gleichsetzung vermeiden: Gott ist nicht identisch mit der geistigen Sonne, er ist in ihr oder in ihrer Mitte, er „erscheint" im Himmel wie eine Sonne.[79] Zwischen Gott und Welt bzw. Mensch besteht auf diese Weise sowohl ein enger Zusammenhang als auch eine strenge Trennung.[80] Auf der einen Seite behauptet Swedenborg, dass alles Natürliche auch in der Geisterwelt existiere. Aber hier sei es vom Herrn selbst erschaffen worden, und zwar wie bei Leibniz „augenblicklich" (momento), in der Natur hingegen sei alles aus „einem" Samen entstanden.[81] Missverständlich sind demgegenüber allerdings Swedenborgs häufige Definitionen des Lebens, das nicht nur göttlichen Ursprungs und unerschaffen, sondern sogar mit Gott identisch sei.[82] Auf diese Weise bleibt zwar die tote Natur streng von Gott getrennt, durch das belebende Prinzip scheint jedoch eine Identifizierung nicht völlig ausgeschlossen.

c) Zwei Welten – drei Dimensionen

Die Zweiteilung des Universums in einen geistigen und in einen natürlichen Teil ergänzt Swedenborg durch eine Dreiteilung: Sowohl die geistige als auch die natürliche Welt besteht in drei Graden oder Atmosphären, nicht mehr in sechs, wie er es noch in der Serien-und-Grade-Lehre behauptet hatte. Sie sind nach Höhen- und Breitengraden unterschieden.[83] Die Grade der geistigen Welt, drei Himmel mit drei Arten von Engeln, sind substantiell, die der natürlichen materiell, zunächst in Gestalt der drei Naturreiche (Tierreich, Pflanzenreich, Mineralreich) und der drei Atmosphären,[84] dann aber auch bezüglich des menschlichen Gemüts, das als Mikrokosmos der makrokosmischen Struktur vollkommen entspricht.[85]

---

[79] Vgl. VCR 66; HH 117 („Quod Dominus in caelo appareat ut Sol.").

[80] In VCR 11 wendet sich Swedenborg gegen die Vorstellung eines „Allerallgemeinsten" (universalissimum), das als Wesen des Universums angesehen werde. Dies sei ersonnen worden, um Gott von der Natur zu trennen. Weil aber nichts von diesem Wesen bekannt sei, werde es letztlich als bloßes „Gedankending" und als ein „Nicht-Etwas" betrachtet. Die geistige Sonne als Liebe Gottes scheint nach Swedenborgs Verständnis demzufolge nicht von Gottes Wesen im Sinne eines Erschaffenen getrennt zu sein, sondern eine Emanation und dennoch ohne Identifizierung. Noch stärker trifft dies auf die Natur zu: Das All existiert außerhalb Gottes, vgl. VCR 46.

[81] Vgl. VCR 794. Leibniz verwendet allerding meist den Ausdruck „in instanti". Mit diesem Samen meint Swedenborg jedoch nichts Belebtes. Die aus den Dingen erwachsenden Samen erhalten ihre Eigenschaften nicht durch Präformation (wie bei Leibniz), sondern allein durch das in sie einfließende göttliche Leben. Vgl. AC 5084.

[82] Vgl. VCR 470 f.

[83] Vgl. Amore / Sap 173–281, sowie VCR 76.

[84] Vgl. VCR 32. Im Unterschied zu den vier aurae in der Oeconomia kennt Swedenborg jetzt: Aura, Äther, Luft, die gegenseitig nicht umwandelbar sind. Wie schon erwähnt, gibt es nicht nur eine Atmosphäre, die in einem leeren Raum mündet, vgl. AC 5084.

[85] Auch andere Bereiche entsprechen dieser Triade wie etwa die drei Arten der Liebe: geistig (Liebe zum Himmel), materiell (zur Welt), körperlich (zu sich selbst), vgl. Com 17.

An manchen Stellen unterscheidet Swedenborg allerdings vier Stufen der göttlich gewirkten Generation:

„Der Ursprung aller Dinge verhält sich so: Alles und jegliches ist vom Herrn, von Ihm ist das Himmlische, durch das Himmlische entsteht von Ihm das Geistige, durch das Geistige das Natürliche, durch das Natürliche das Körperliche und Sinnliche [...]."[86]

Das Nebeneinander von drei- und vierfachen Einteilungen erscheint darum zuweilen paradox und verwirrend, da die jeweilige Anordnung nicht begründet wird.

d) Creatio continua

Eine der Hauptfronten, gegen die sich Swedenborg wendet, ist die Behauptung einer *creatio ex nihilo*: Die Welt ist nicht aus Nichts, sondern aus Liebe geschaffen.[87] Der Naturalismus, der nach Swedenborgs Verständnis der Natur ein eigenes Leben zuschreibt, das in eine erste Substanz gelegt wurde und seitdem die Natur belebt, ist von dieser Front mitbetroffen.[88]

Dem setzt Swedenborg eine *creatio continua* entgegen, die bei aller Differenz in enger Verbindung zum göttlichen Ursprung geschieht. *Creatio* wird als dauerhafter göttlicher *influxus* begriffen, nicht als ein einmal beginnender und seitdem anhaltender Schöpfungsakt. Der *influxus* göttlichen Lebens, identisch mit seiner Liebe und seiner Wahrheit, ist sogar bis in das Mineralreich festzustellen, auch wenn er hier nur noch als „Vorbildungen" *(repraesentationes)* erscheint.[89] Und dieser Einfluss ist ein fortwährendes Bestehen.[90]

Das hat zur Folge, dass die Welt so wie Gott unendlich ist, wie bei Leibniz eine *series infinita.* Über einen Schöpfungsbeginn schweigt Swedenborg in seiner theologischen Phase im Gegensatz zu seinen kosmogonischen Spekulationen in den *Principia* von 1734. Über die Herkunft der Samen, aus denen die natürlichen Dinge entstanden sein sollen, diskutiert er nicht. Aber ein Weltende schließt er

---

[86] Vgl. AC 775 („ab Ipse est caeleste, per caeleste ab Ipso existit spirituale, per spirituale naturale: per naturale corporeum et sensuale"). Hierin ist offenbar noch eine Reminiszenz an die ursprüngliche Vierteilung des Menschen in *anima, mens, animus* und Körper mit Sinnesorganen zu sehen, die Swedenborg eigentlich abgelegt hatte. Dabei handelt es sich nicht um die einzige Stelle, wo Drei- oder Vierteilung nebeneinander stehen. Auch ist es missverständlich, dass Swedenborg nur beim Geistigen noch den Ursprung „ab Ipso" nennt, im Falle der Natur aber der Eindruck aufkommt, sie entstehe aus dem Geistigen und auf diese Weise nur mittelbar aus „ab Ipso".

[87] Vgl. Com 10; AC 32.

[88] Vgl. Com 10, 135. VCR 12, 35; AC 775. Häufig wird an diesem Punkt die Front gegen die Pantheisten erweitert, die Gott als das Ausgedehnte der Natur begreifen wollen und beide auf diese Weise identifizieren.

[89] Vgl. VCR 44. Beim Menschen fließt Gott mit seinem gesamten, unteilbaren Wesen ein, vgl. VCR 364.

[90] Vgl. AC 775 („subsistentia est perpetua existentia"), vgl. auch AC 1807, 2577; Com 4. „Perpetua" verwendet Swedenborg in der Regel statt „continua", aber die Verbindung „perpetua creatio" findet sich häufig (in AC: 4, 4322, 5116, 6482, 9502, 10076).

explizit aus.[91] Diese Entscheidung gegen jede Form von Apokalypse oder Neu-schöpfung hatte starke Konsequenzen für Swedenborgs Eschatologie.[92]

e) Der Mensch: Endzweck der Schöpfung

Das Schöpfungsziel ist bei Swedenborg klar auf den Menschen gerichtet. So wie Gottes Form die des vollkommenen Menschen ist, läuft der gesamte Schöpfungs-ablauf auf den Menschen hinaus, der nach seinem natürlichen Leben für einen ‚substantiellen' Aufstieg in der Geisterwelt bis hin zum Himmel vorgesehen ist und sich nur aus eigenem Antrieb diesem Plan zu verschließen vermag. Der letzte Zweck *(finis)*[93] ist Gott selbst, der der eigentliche, aber unerreichbare und nur analogisch begreifbare Mensch ist. Das Reich des Herrn, die geistige Welt, aber ist das Reich der Zwecke und der diesen Zwecken unter- und beigeordneten Nutzwirkungen: „universum Regnum Domini est regnum finium et usuum".[94]

Der Mensch wurde nur zu dem Zweck erschaffen, damit er einst Engel werde. Der Himmel wie die gesamte Geisterwelt – und die Hölle – bestehen ausschließ-lich aus menschlichen Seelen. Die Menschheit aber ist „Pflanzschule des Him-mels" – so die häufige Übersetzung für „genus humanum est seminarium caeli", eine der bei Swedenborg immer wiederkehrenden Redewendungen.[95] Das gesam-te Universum, jeder andere Planet, dient nur diesem einen Zweck.[96]

f) Zweck – Ursache – Wirkung

Swedenborg hat die Zweckhaftigkeit des gesamten Universums, die im Engel ge-wordenen Menschen kulminiert, auf die Dreistufigkeit des Universums übertra-gen und auf sein bereits vorvisionär entwickeltes[97] utilitaristisches System über-

---

[91] Die Zerstörung der „alten Erde" ist unvorstellbar; Sterne können nicht vom Himmel fallen, tote Leiber können nicht wieder gesammelt werden, vgl. UJ 15. Die Menschheit dauert auch nach dem Jüngsten Gericht fort, das Swedenborg darum in die Geisterwelt verlegt und auf 1757 datiert, vgl. UJ 6. Möglich erscheint ihm zwar der Untergang der Menschheit auf einem Erdkörper, nicht aber auf allen, vgl. UJ 10. Die Menschheit könne niemals aufhören zu existieren – dies wäre eine Beschränkung der göttlichen Unendlichkeit, vgl. UJ 13. In AC 1276 schreibt Swedenborg ewige Existenz allerdings nur der Geisterwelt zu. Das Leben des Menschen dauert nach seinem Tod ewig fort, vgl. VCR 32.

[92] Vgl. Kap. 3.3.7.

[93] Dieser häufige Begriff wird in den deutschen Übersetzungen meist mit „Endzweck" wiedergegeben.

[94] AC 3645; exakt das gleiche Wortfeld: AC 696, 6574. Das Reich des Herrn als Reich der Zwecke: AC 3796; HH 112, 387; AC 997, 5395, 9828 („regnum usuum").

[95] Vgl. AC 6697, 9441; sowie VCR 13; Tell 30, 112; UJ 7, 10, 13, 20; HH 384, 417. „Das menschliche Geschlecht gliche ohne den Himmel einer Kette ohne Haken, der Himmel aber ohne das menschliche Geschlecht einem Hause ohne Grundlage." HH 304. Der Mensch ist zum Bild der Welt und zum Bild des Himmels geschaffen, vgl. AC 9706.

[96] Vgl. AC 6698, 9237.

[97] Etwa im *Regnum animale*, vgl. Kap. 2.4.2., c). Auch im TTB (62) ist dieses Modell vor-handen. Swedenborg notierte, im Traum sei ihm „dargestellt" worden, „wie im Innersten ein Zusammenhang zwischen Ursache und Endzweck besteht, derart daß unsere Gedanken, als

tragen, das auf den Menschen ausgerichtet ist. Zweck *(finis)*, Ursache *(causa)* und Wirkung *(effectus)* finden sich in jedem Vorgang der geistigen und der natürlichen Welt.[98] Der Zweck selbst wird hierbei mit dem Himmel verbunden, die Ursache mit der Geisterwelt, die Wirkung mit der natürlichen. Sowohl die Welt der physischen Abläufe als auch die moralische Welt der menschlichen Handlungen ist durch Zweck und Nutzen strukturiert. Auch Geisterwelt und Himmel sind davon umgriffen.[99] Und auch in der menschlichen Seele, die nach Swedenborgs neuplatonisch affiziertem Modell dreistufig ist, findet sich das Modell:[100] Zweck beim Menschen ist die Liebe seines Willens, Ursache der Grund seines Verstandes, die Wirkung liegt in der Tätigkeit seines Körpers.[101]

3.3.4. Der Mensch – eine mit Leib bekleidete Seele zwischen Himmel und Erde

a) Der Mensch als imago und similitudo Dei

Der Mensch ist in Swedenborgs Auslegung der Schöpfungsgeschichte Bild *(imago)* und Ähnlichkeit *(similitudo)* Gottes; Bild und Ähnlichkeit sind gleichsam die beiden Leben, die Gott dem Menschen eingehaucht hat.[102] Das bedeutet im Umkehrschluss, wie im Kapitel über die Gotteslehre gezeigt worden ist, dass Gott menschliche Gestalt haben muss. Da Gott den Makrokosmos durch Verendlichung aus sich selbst heraus geschaffen hat, muss auch dieses – geistige – Universum menschliche Gestalt besitzen. Himmel und Geisterwelt bilden den *maximus homo*, einen Großen Menschen, der bis ins Detail dem natürlichen, mikrokosmischen Menschen[103] entspricht und zu der vollkommenen göttlichen und zugleich menschlichen Gestalt Gottes hinstrebt.

Mit der Gleichheit, die im Bild enthalten ist, geht die Differenz, die mit der Ähnlichkeit ausgedrückt wird, einher, aber Swedenborg versteht sie auf eigene Weise: Bild Gottes zu werden, ist ein Auftrag, der in der Anerkennung der gänzlichen Herkunft alles Guten und Wahren aus Gott und nicht aus sich selbst besteht; Ähnlichkeit Gottes zu werden, wird dadurch erreicht, dass der Mensch Gutes und Wahres in sich fühlt, „wie wenn es aus ihm selbst wäre".[104] Auf diese

---

Einheiten betrachtet, keinen anderen Endzweck und keinen anderen Grund haben als den, der aus dem Geiste Gottes rührt, oder aus dem Körper [...]".

[98] Vgl. VCR 47, 67; AC 3562, 5131.

[99] Vgl. AC 1097.

[100] AC 4104 kennt dieselbe Reihenfolge, identifiziert aber die Endzwecke mit den Wirkungen: „Die Zwecke *(fines)* sind das Innerste beim Menschen, die Ursachen sind das Mittlere, und werden vermittelnde Zwecke *(fines medii)* genannt, und die Wirkungen sind das Letzte, und werden daher die Endzwecke *(fines ultimi)* genannt." Vgl. auch AC 4667, 4926.

[101] Vgl. Com 17.

[102] Vgl. Com 132; VCR 48; AC 51.

[103] Vgl. AC 3634 (der Mensch ist ein „exiguum caelum").

[104] Vgl. VCR 48, 20; Com 134.

Weise wird sowohl in die Bildhaftigkeit als auch in die Ähnlichkeit die Differenz zwischen Schöpfer und Geschöpf eingetragen.

Endzweck der göttlichen Schöpfung insgesamt ist der Mensch, aber als Mensch, der zur göttlichen Menschheit hinstrebt und sich in die größtmögliche Nähe Gottes hin entwickeln soll, nämlich in Form eines Engels, der unabhängig vom irdischen Körper in einem ewigen Prozess gottähnlich und damit eigentlicher Mensch werden soll. Dem Menschen kommt auf diese Weise eine kosmische Dimension zu. Denn Swedenborg versteht *similitudo* und *imago Dei* gänzlich real und organisch: die göttlichen Kräfte steigen durch den Menschen in die Natur hinab,

„so daß der Mensch das Mittel der Vereinigung des Göttlichen mit der Naturwelt und der Vereinigung der Naturwelt mit dem Göttlichen sein, und so durch den Menschen, als durch ein vereinigendes Mittel, das Letzte der Natur aus dem Göttlichen leben sollte".[105]

Diese Mittlerschaft liegt darin begründet, dass sich Swedenborgs Aufteilung der Welt in eine natürliche, „äußere" und in eine geistige, „innere" Dimension auch in seiner ‚kosmologischen' Anthropologie niederschlägt. Der innere Mensch ist Ebenbild und Ähnlichkeit des Himmels, der äußere Ebenbild und Ähnlichkeit der Welt.[106]

b) Der influxus von Leben in den toten Menschen

Dass Swedenborgs strenge Trennung eines „äußereren" und eines „inneren" Teils des Universums seinem modifizierten cartesischen Dualismus entstammt, zeigt sich auch in der Anthropologie. Der Mensch ist, wie die gesamte materielle Natur, an sich tot und besitzt in sich selbst keine Lebensquelle.[107] Er ist nichts anderes als ein Gefäß *(receptaculum)* für die Aufnahme göttlichen Lebens, das die gesamte Natur, bis hin zu „analogen" Spuren in der materiellen Welt der Minerale, aufzunehmen vermag. Das Leben selbst fließt jedoch nicht unmittelbar in den gesamten Körper ein, sondern in die Seele *anima*, deren Ursprung zwar im göttlichen Bereich liegt, die aber wie der Körper selbst nicht über Lebenskräfte verfügt, sondern lediglich der Ort und das Organ ist, an dem der göttliche *influxus* von Leben über die Geisterwelt geschieht, den Swedenborg explizit einem *influxus physicus* gegenüberstellt.[108] Selbst die körperlichen Funktionen wären ohne den ständigen Einfluss göttlichen Lebens nicht vorhanden.[109] Hierin präzisiert Swedenborg seine *creatio continua* oder *perpetua*: Nicht im Sinne einer zu Schöp-

---

[105] AC 3702. Durch die *mens naturalis* des Menschen steigt das Himmlische zur Natur herab und das Natürliche zu Himmel empor, vgl. AC 3721.

[106] Vgl. AC 9706, sowie 6057; HH 25.

[107] Vgl. AC 81, 6467. Die Annahme, dass der Mensch aus sich und nicht aus dem Göttlichen lebt, bezeichnet Swedenborg als Sinnestäuschung, vgl. AC 5084. Das Leben fließt vom Herrn ein wie der Schall ins Ohr oder wie die Wärme und das Licht der Sonne in die Erde, vgl. AC 6190.

[108] Vgl. VCR 364, 461, 470; AC 1436, 3318; Com 13; HH 603.

[109] Vgl. AC 3347, 3628.

fungsbeginn prästabilierten Harmonie besteht die Welt und mit ihr der Mensch, sondern durch den permanenten Belebungsstrom, der seinen Ursprung in Gott hat.

Die einstige, in den *Principia* und *De infinito* vertretene These, die Welt habe sich aus dem Punkt entwickelt, der durch *conatus* Bewegung und Leben entwickelt habe, ist nun aufgegeben, und der Weg, den er bereits im *Regnum animale* beschritten hatte, verbreitert: Das *fluidum spirituosum*, der lebendigmachende Geist, der über Determinationen und Denominationen unmittelbar in die menschlichen Organe einfließt, ist das göttliche Leben selbst.

c) Die anthropologische Triade: anima, mens, corpus

Swedenborgs Dualismus einer toten Natur und des lebendigmachenden göttlichen Lebens, die er auch im Falle des inneren und äußeren Menschen anwendet, zieht jedoch nicht die Konsequenz einer gänzlichen Beziehungslosigkeit zwischen diesen beiden dualen Polen nach sich. So wie er die Welt als Ergebnis einer Verendlichung Gottes bis hin zur Materie ansieht, so stehen die lebendigen, oder vielmehr: durch das göttliche Leben lebendig gemachten Teile des Menschen mit seiner leblosen körperlichen Außenseite in realer Verbindung.

In Umkehrung der Terminologie der neuplatonischen Seelenlehre[110] betrachtet Swedenborg die *anima* als die eigentliche Seele. Hatte er in seiner naturphilosophischen Phase den *animus* als unterste Seelenform nahe an den Körper herangerückt oder gar beide miteinander identifiziert, so nahm er jetzt nochmals eine Modifizierung vor. Indem er nun *anima*, *mens* und *corpus* voneinander unterschied, behielt er seine Dreiteilung zwar bei. Aber der *animus* wird nun eher vom Körper weg und entweder ganz in der Nähe der *mens* lokalisiert oder gar mit ihr identifiziert.[111] Die *mens* besitzt als ihre „zwei Leben" *(binae vitae)* den Verstand und den Willen.[112] Die Art der Orientierung oder Hinneigung des Willens und Verstandes ist der *animus* oder, an manchen Stellen deckungsgleich, die *mens*. Der *animus* oder die irdische Neigung des Menschen spiegelt sich auf dem Gesicht wieder und wirkt dadurch auf den Körper.[113]

Die *anima* göttlichen Ursprungs ist das erste Gefäß, in das das göttliche Leben unmittelbar einfließt. So wie Swedenborg drei Himmel und drei Höllen unterscheidet, teilt sich das mikrokosmische Universum des Menschen in einen inneren himmlischen, einen mittleren geistigen und einen äußeren natürlichen Teil.[114] Das göttliche Leben fließt analog den drei Himmeln von der *anima* über die *mens* bis in den Körper, wobei die *anima* den Einfluss unmittelbar von Gott, die

---

[110] Vgl. dazu Kap. 2.4.1., a), gg).

[111] Die identifizierende Formulierung *animus* „aut" oder „seu" *mens* findet sich etwa in AC 358, 1795, 4215, 9093. 5655 identifiziert demgegenüber *animus* mit *intentio* als Neigung, AC 4850, 7737 verbindet *animus* mit den *affectiones*.

[112] Com 8, vgl. auch AC 9039.

[113] Vgl. AC 3527, 4215.

[114] Vgl. VCR 147 (hier am Beispiel des Körpers und der *mens*); 239, 603; HH 30; AC 1892.

mens den Einfluss Gottes durch den *mundus spiritualis* und der Körper den Einfluss Gottes durch den *mundus naturalis* empfängt.[115]

Der göttliche *influxus* erstreckt sich bis in die vollkommen organische und materielle Natur und überbrückt auf diese Weise den cartesischen Dualismus, wobei der Einfluss sich durch die jeweils verminderten Instanzen reduziert.

Diese Triade findet sich in vielen Bereichen wieder, auch wenn sie zuweilen auf einen vierten Bereich erweitert wird. Das Innerste entspricht etwa der Weisheit und dem Verständnis des Wahren und Guten, das Innerlichere der Einsicht, dem Verstand und den Neigungen, das weniger Innerlichere dem Wissen und dem Gedächtnis, das Äußerste den körperlichen Begehren.[116] Swedenborg findet dieses (zuweilen inkonsequente) Dreierschema bei seiner Bibelauslegung fortlaufend vor und legt es so als inneren Sinn in den Schriftbuchstaben hinein.[117]

d) Der Mensch zwischen mundus spiritualis und mundus naturalis

Der Mensch besitzt eine „substantielle" und eine materielle Seite. Die von Gott stammende, aber nur durch das göttliche Leben lebendige *anima* ist substantieller Natur. Mit ihr lebt der Mensch bereits während seines irdischen Lebens in der geistigen Welt oder Geisterwelt.[118] Dadurch ist er bereits jetzt dem Einfluss anderer Geister ausgesetzt, den er allerdings aufgrund der Beschränktheit seiner Sinne nicht wahrnehmen kann. Ohne diesen Einfluss, den sich Swedenborg geradezu organisch vorstellt, könnte der Mensch nicht eine Minute leben.[119] Mit seinem äußeren Teil, dem Körper, lebt der Mensch im *mundus naturalis*.[120]

Nach dem Tod seines natürlichen Körpers bleibt der substantielle, ,eigentliche' Teil der Person übrig. Sie wird sofort in die Geisterwelt *(mundus spirituum)* versetzt und besitzt nun viel höhere Fähigkeiten als zu Lebzeiten.[121] Er ist auch jetzt noch vollständig mit dem zu Lebzeiten gespeicherten Gedächtnis,[122] mit

---

[115] Vgl. Com 8; AC 3739, 4041.

[116] AC 634: „[…] et quod corporeum ejus et sensuale sit extremum; cupiditates et res memoriae sint interiora; affectiones et rationalia sint adhuc interiora; et voluntas boni ac intellectus veri sint intima." Vgl. VCR 152, 186; AC 1589. Schlägt sich hier die nach wie vor vertretene Differenzierung zwischen *mens* und *animus* nieder, die er in den *Arcana* an vielen Stellen miteinander identifiziert?

[117] Vgl. etwa am Beispiel Abrahams (innerer), Isaaks (mittlerer und vernünftiger) und Jakobs (äußerer/natürlicher Mensch) in Gen 16: AC 1892.

[118] *Mundus spiritualis* ist ein weiter gefasster Begriff, da er sich als Gegensatz der natürlichen Welt auch auf Himmel und Hölle erstreckt. *Mundus spirituum* bezieht sich demgegenüber auf die Geisterwelt als Zwischenstufe zwischen Himmel und natürlicher Welt.

[119] Vgl. AC 687, 697. In NJ 36, 38 und 40 dehnt Swedenborg die schon während der irdischen Existenz bestehende Gemeinschaft mit Geistern auf seine anthropologische Triade aus. Nach seinem natürlichen inneren Menschen habe der Mensch schon zu Lebzeiten Gemeinschaft mit Geistern (in der Geisterwelt), nach seinem geistlichen inneren Menschen stehe er mit Engeln (im Himmel) in Verbindung. Der natürliche Mensch ist auch hier tot.

[120] Vgl. VCR 401, 607

[121] Vgl. AC 1389, 3957, 5078, 6054–6056; Com 12.

[122] Swedenborg unterscheidet ein äußeres und ein inneres Gedächtnis. Das im irdischen Leben sinnlich Wahrgenommene dringt in das innere Gedächtnis ein und bleibt erhalten – daraus wird das „Buch des Lebens". Vgl. AC 2469–2475, 5079. Zum inneren Gedächtnis, aus

Sinnesorganen und mit körperlicher menschlicher Gestalt ausgestattet, und er führt ein Leben, das von der Nahrung bis zur Sexualität alle Merkmale des irdischen Lebens aufweist, allerdings nicht mehr materiell, sondern substantiell.

„Allein wie sein Leben beschaffen sein werde, ist bisher unbekannt gewesen; man glaubte, er werde dann eine Seele sein, und von dieser hegte man keine andere Vorstellung als die vom Äther oder der Luft, so daß er also ein Lufthauch wäre, wie der Mensch ihn aus dem Munde aushaucht, wenn er stirbt, in dem jedoch seine Lebenskraft wohnt; daß er aber kein Gesicht wie das des Auges, kein Gehör wie das des Ohres, und keine Rede wie die des Mundes habe, während doch der Mensch nach dem Tode ebensosehr Mensch ist, und zwar so ganz Mensch, daß er nicht anders weiß, als daß er noch in der vorigen Welt sei; er sieht, hört, spricht, wie in der vorigen Welt; er wandelt, läuft, sitzt wie in der vorigen Welt; er liegt, schläft und erwacht wie in der vorigen Welt; er ißt und trinkt wie in der vorigen Welt; er genießt des ehelichen Vergnügens wie in der vorigen Welt; mit einem Wort, er ist in aller und jeder Beziehung Mensch."[123]

Die in Swedenborgs naturphilosophischen Werken vielfach verhandelte Frage nach der Qualität und Beschreibbarkeit einer weder materiellen noch immateriellen subtilen Materie wird durch den Substanzbegriff beantwortet. Substanz ist der Kern, die eigentliche Gestalt der Materie, die Materie ist nur ein Kleid, der natürliche Körper nur Instrument oder Werkzeug der unsterblichen Seele:[124] Der Mensch ist nichts anderes als ein mit einem materiellen Körper bekleideter Geist oder Seele,[125] der alle Eigenschaften des Körpers ‚substantiell' in sich trägt.[126] Die Seele ist als innerster Mensch der Mensch selbst.[127] Bereits bei Andreas Rüdiger taucht der Gedanke auf, dass Ausdehnung nicht nur Kriterium der Materie, sondern auch der Seele sei.[128] Diese Entscheidung wendet Swedenborg nun auf den Substanzbegriff an. Die Ausdehnung des Geistes (und der Seele) wird nicht materiell und räumlich, sondern substantiell verstanden.[129] Wer die Existenz von Geistern ablehne, weil man sie nicht sehen und begreifen könne,

---

dem zu Lebzeiten die „Begriffe" in das äußere Gedächtnis einfließen, vgl. das Thema „angeborene Ideen", Kap. 3.3.5., i).

[123] VCR 792. Vgl. auch UJ 16–18; Com 12; HH 461, 464. Swedenborg meint ausdrücklich, außer dem Geschmack verfüge der postmortale Mensch über alle Sinne (Geruch, Gesicht, Gehör, Tastsinn). Vgl. unten Anm. 345, Seite 274.

[124] Vgl. AC 1603 („instrumentale […] aut organicum"); HH 432, 435.

[125] AC 3342: „homo est spiritus corpore amictus". Vgl. auch Com 11; HH 433; Tell 159. Die Seele ist kein Äther oder auch Hauch, sondern der Mensch selbst, vgl. UJ cont 4–6.

[126] Dass die Seele Substanz des Körpers sei, hatte Swedenborg bereits vorvisionär vertreten, unter anderem in der erst posthum unter dem Titel *The Origin and Propagation of the Soul* Nr. 2, S. 67f., veröffentlichten Schrift.

[127] Vgl. Coniug 315, unter Bezugnahme auf Gen 2,7 in der Übersetzung: der Mensch wurde eine lebendige Seele.

[128] Vgl. Kap. 2.3.3., d).

[129] Vgl. AC 444. Räumlichkeit und Schwere existieren in der Geisterwelt nur als Erscheinungen der entsprechenden natürlichen Eigenschaften. Die von ihnen stammenden Phänomene sind darum substantiell zu verstehen. Geist und Seele verwendet Swedenborg austauschbar, vgl. AC 447. Vgl. auch die Polemik gegen solche (ungenannten) Philosophen, die dem Geist absprächen, etwas vom „Materiellen, Organischen oder Ausgedehnten" an sich zu haben, so dass sie den Geist ihren Vorstellungen entziehen und er „ihnen entschwindet und zu nichts wird", AC 196.

der leugne sowohl den Begriff der Substanz als auch Swedenborgs Insitieren auf der Ausgedehntheit von Geist.[130]

Ein Einfluss von Andreas Rüdiger scheint sich auch in Swedenborgs Verständnis der Unsterblichkeit niedergeschlagen zu haben. Denn die substantielle Seele ist trotz ihrer Herkunft aus Gott nicht *per se* unsterblich. Unsterblichkeit kommt nur Gott selbst zu. Der Mensch lebt als Seele nur deshalb ewig, weil er mit Gott durch Glaube und Liebe verbunden ist.[131]

e) Die Herkunft der Seele: tradux und influx

Die Quelle des Lebens der Seele ist für Swedenborg durch die Trennung des Seelenbegriffs vom Lebensbegriff geklärt. Die Seele *anima*, die sich ihren Körper selbst gestaltet, besitzt durch *similitudo* und *imago Dei* göttlichen Ursprung, aber kein eigenes Leben. Sie ist auf den göttlichen Einfluss angewiesen, der auch die gesamte organische Struktur des Körpers belebt und baut. Wie aber stellt sich Swedenborg den Transport oder die Fortpflanzung der zu belebenden Seele vor? Im *Regnum animale* hatte er bereits die Lebenskraft der *anima* von der Generation des Körpers getrennt. Nach seiner biographischen Wende postulierte er nicht mehr eine Lebenskraft der Seele, sondern schrieb die Lebenskraft Gott selbst zu. Während der Körper von der Mutter stammt, wird die Seele als lebensempfangendes Gefäß bei der Zeugung vom Vater weitergegeben.[132] Swedenborg äußerte sich im Gegensatz zur *Oeconomia* aber nicht näher dazu, ob diese Propagation mit der Weitergabe von Kortex-Bestandteilen des Vaters im männlichen Samen verbunden sei.[133] Dieses Seelenkorpuskel bildet den Grundstein für die Entwicklung der menschlichen Seele und beginnt, sich im mütterlichen Ei mit einer leiblichen Form zu bekleiden[134] – ein merkwürdiger Widerspruch zu Swedenborgs ständiger Betonung, dass die Seele eine substantielle Natur besitze. Allerdings wird hieraus deutlich, dass das Modell der konstabilierten Harmonie aus der *Oeconomia*, ein durchgehend organisch strukturierter und determinierter Seele-Leib-Komplex, letztlich das Grundmodell Swedenborgs auch nach 1745 blieb, dessen ungeachtet, dass er es nicht ohne Widersprüche vertrat. Dass es

---

[130] Vgl. AC 446. Hier belehrt Swedenborg Geister über seine Begriffe von Substanz und Ausdehnung des Geistes (spiritus). Wer die Ausdehnung des Geistes verneine, leugne auch, dass der Geist im Körper wohne.

[131] Vgl. VCR 621. Nach UJ 25 allerdings „kann" die menschliche Seele im Gegensatz zur tierischen aufgrund ihrer Verbundenheit mit dem Göttlichen nicht sterben.

[132] Der Mensch hat von seinem Vater „suum esse vitae, quod vocatur anima ejus; existere vitae inde est, quod vocatur corpus; inde corpus est similitudo suae animae, nam anima per illud"; vgl. AC 10823, sowie AC 1414, 2005; 4963; VCR 103; NJ 287; Coniug 206. Auch in dem vorvisionären Manuskript *The Origin and Propagation of the Soul* (Kap. 2, 68 f., Kap. 4, 70) vertrat Swedenborg die Meinung, die Seele werde mit dem Samen des Vaters in das mütterliche Ei transplantiert. Hier seien die Rudimente des reineren Kortex enthalten, der später die Hirndrüse bilde. Und in diesem einfachen Kortex werde das erste belebte Wesen empfangen.

[133] Vgl. dazu Kap. 2.4.1., a), ee).

[134] Vgl. AC 1815 („quod ipsa anima implantetur a patre, quae incohat se induere corpusculari forma in ovulo").

präexistente Seelen seit Schöpfungsbeginn gegeben habe, die nur in die menschlichen Körper eingehen, ist für Swedenborg ein Mythos der „Alten".[135] In der Frage, wie die erste Seele am Anfang der geschaffenen Welt in den Menschen gelangt sei, hält sich Swedenborg im Gegensatz zu seinen weitreichenden Spekulationen in seiner naturphilosophischen Phase, unter anderem über Welteier und Samen, über Präexistenz und Präformation,[136] zurück.

Die *propagatio* der Seele durch den Vater und die des Körpers durch die Mutter wird von Swedenborg, wie noch zu zeigen ist, auf seine Christologie übertragen. Es ist denkbar, dass seine Behauptung, die Seele stamme vom Vater, mit der These von der Seele als Erbauerin ihres Körpers deshalb kollidiert, weil Swedenborg trotz seiner neuplatonischen Wende unbedingt an einer traduzianischen Christologie festhalten wollte. Wenn die Seele väterlichen Ursprungs sein musste, war es schwer zu erklären, wie sie ihren Körper selbst bauen konnte, dieser Körper aber zugleich von der Mutter stammen sollte.[137]

f) Die harmonia constabilita von Leib und Seele

Mit seiner Auffassung, dass die Seele Erbauerin ihres Körpers sei und der Körper bis ins Detail der Seele entspreche, verband Swedenborg sein in der *Oecnomia regni animalis* vorgetragenes Modell der konstabilierten Harmonie, das er gegenüber den zeitgenössischen Lehren vom *influxus physicus*, von der prästabilierten Harmonie und den *causae occasionales* entwickelt hatte.[138] Die im *Regnum animale* gegenüber den Spekulationen in der *Oeconomia* enthaltene Zurückweisung aller körperlich-organischen Qualifizierungen der Seele, etwa durch die Identifizierung mit den *spiritus animales* oder einem *fluidum spirituosum*, wurde von Swedenborg in seinen theologischen Schriften weiter ausgebaut, aber vor allem durch die Charakterisierung der Seele als nicht materiell und nicht immateriell, sondern substantiell ersetzt. Allen Versuchen (auch seinen eigenen), die Seele an einem besonderen Ort im Körper zu lokalisieren, erteilte Swedenborg nun eine Absage.[139]

---

[135] Vgl. VCR 171.

[136] Vgl. etwa in *De cultu et amore Dei*.

[137] Wenn Swedenborg (AC 10823) meint, der Mensch erhalte von seinem Vater die Seele, von der der Körper stamme, der wiederum nach der Ähnlichkeit der Seele gebaut werde, ist demgegenüber natürlich seine mehrfach vertretene Ansicht, der Körper stamme von der Mutter, kaum plausibel zu machen. Es lässt sich nur spekulieren, ob hier Einflüsse aus dem Animismus der Psychomedizin Georg Ernst Stahls von Swedenborg aufgenommen wurden, die mit seinem Modell der konstabilierten Harmonie nicht vereinbar waren. Zu Stahl vgl. DIETRICH VON ENGELHARDT, ALFRED GIERER (Hgg.): Georg-Ernst Stahl (1659–1734) aus wissenschaftshistorischer Sicht. Halle 2000.

[138] Vgl. Kap. 2.4.1., a), cc); sowie Com 1.

[139] In einer Disputation in der Geisterwelt werden unter anderem folgende Theorien über den Sitz der Seele vorgetragen: zwischen Groß- und Kleinhirn (Zirbeldrüse, Descartes), im Kopf, wo sich Wille und Verstand befinden, in der Hirnrinde oder den drei Hirnhöhlen, im Herzen, eine unbestimmte Kraft im Ganzen des Menschen und in seinen Teilen, kein bestimmter Sitz, die Seele sei wie Äther, Luft oder Wind. Demgegenüber vertritt Swedenborg die Ansicht, die Seele sei die Form für Weisheit und Liebe, und zwar zuerst Form und dann erst Körper. Sie sei nicht Äther oder Luft, sondern als innerer Mensch die Wohnung Gottes.

Der Terminus „konstabilierte Harmonie" taucht zwar nicht mehr explizit auf, aber an vielen Stellen rekurriert Swedenborg auf sein System, das dem Gedankengang seiner Vorstellung von der Menschheit Gottes entspricht. Wenn der Mensch Ebenbild Gottes ist, dann muss Gott menschliche Gestalt haben. Demzufolge muss die Seele, wenn der Körper ihre *imago* und *similitudo* ist, ebenfalls komplett eine menschliche Gestalt haben, als deren äußere Hülle der Körper gebildet wird, in dessen Organe die Seele einfließt, nach deren Ebenbild sie gebaut werden. Wenn in Kapitel 3.4. die Struktur der Geisterwelt und des *maximus homo* zu schildern ist, wird sich diese bis in alle organischen Petitessen auffindbare Korrespondenz wiederfinden. Das Innere und das Äußere des Menschen sind

„zwei Unterschiedene, dennoch aber wechselseitig vereinigt; das Innere wirkt im Äußern und auf dasselbe, allein es wirkt nicht durch das Äußere, denn das Innere bewegt in sich tausenderlei Dinge, von denen das Äußere bloß das zu seinem Gebrauch Verwendbare hervorlangt".[140]

Gegen einen vom Körper in die Seele verlaufenden *influxus physicus* postuliert Swedenborg einen Einfluss göttlichen Lebens in die Seele und von der Seele in den Körper bis in die materielle Natur.[141] Der Seele kommt die Priorität in diesem Prozess zu. Es handelt sich also nicht um einen nur gleichzeitigen, aber kontaktlosen Vorgang wie bei der prästabilierten Harmonie, sondern um ein organisches Ineinandergreifen einer materiell-organischen und einer substantiell-organischen Seite der Seele.

Immer wieder finden sich ausführliche Beschreibungen der Struktur einzelner Organe, besonders des Gehirns, bei denen Swedenborg seine Kenntnisse aus der Hirnforschung mit den entsprechenden Fachtermini referiert.[142] Sie dienen dem Beleg für die durchgehende Ordnung des Körpers oder der Darstellung von Korrespondenzen zur Seele oder auch zum organischen Aufbau des *maximus homo*. Eigene Forschungen auf dem Gebiet der menschlichen Anatomie nahm Swedenborg nicht mehr in Angriff.

Himmlischerseits erscheint nach diesen Darlegungen wie ein Kommentar die Schriftstelle Gen 2,7 in der Übersetzung der lateinischen Referenzbibeln Swedenborgs und auch der Vulgata: „Der Mensch wurde eine lebende Seele (anima vivens)." Vgl. VCR 697; Com 315; Coniug 315. Vgl. bereits AC 5084, 6053.

[140] VCR 154. AC 5077 erläutert Swedenborg den Zusammenhang zwischen den fünf äußeren Sinnen (Gesicht, Gehör, Geruch, Geschmack, Gefühl) als Mittlern zwischen dem äußeren Sinnlichen und dem Inneren. Das Gesicht etwa ist zuerst dem Verstand und dann dem Willen unterworfen, das Gehör beiden zugleich. Geruch und Geschmack sind dem Willen unterworfen. Alle Organe sind auf die äußeren Bedingungen ausgerichtet, die sie wahrzunehmen haben, Ohr nach Luft, Auge nach Äther, Zunge nach Flüssigkeiten, vgl. AC 6057. Auf diese Weise besteht ein kompletter organischer Konnex zwischen Geist/Seele und Materie.

[141] Vgl. AC 6322; Com 18 f.; HH 603; Coniug 328 (es könne keinen natürlichen Einfluss in das Geistige geben, sondern nur umgekehrt einen geistigen ins Natürliche).

[142] Vgl. etwa zur Gehirnanatomie VCR 351; AC 4039, 4045–4050, 4222–4226; HH 211; Com 12.

g) Die seelischen Grundvermögen: Verstand und Wille

Verstand und Wille entsprechen den göttlichen Eigenschaften Weisheit und Liebe, durch die die Welt geschaffen ist. Mit dem Verstand vermag der Mensch die göttliche Weisheit aufzunehmen, mit seinem Willen die göttliche Liebe, ein Geschehen, das von der menschlichen Willensfreiheit beeinflusst ist.

„Der Mensch hat zwei Vermögen, die sein Leben ausmachen, das eine heißt der Wille, und das andere der Verstand; sie sind unter sich geschieden, jedoch so geschaffen, daß sie eins ausmachen, und wenn sie eins sind, so heißen sie das Gemüt *(mens)*; sie sind daher das menschliche Gemüt *(mens)*, und alles Leben des Menschen ist hier in seinen Ausgangspunkten, und von da im Körper."[143]

Harmonieren Wille und Verstand nicht miteinander – und das ist beim nicht wiedergeborenen Menschen der Fall[144] –, wird insbesondere der Wille vom Verstand regiert, bricht die *mens* entzwei und führt den Menschen ins Unheil.[145] Swedenborgs Vorstellung der himmlischen Ehe, die in Gott selbst vollkommen ist, korrespondiert einem harmonischen Verhältnis von Wille und Verstand: der Mann als Verstand und die Frau als Wille sollen mit ihrem Eheverhältnis, sofern es ‚intakt‘ ist, diese Harmonie verkörpern. Wenn die wahre Liebe, die von Gott einfließt, den Willen und wenn der wahre Glaube, der der einfließenden göttlichen Wahrheit entspricht, den Verstand beherrscht, ist solch ein Verhältnis gegeben, und zwar nicht nur im Falle der himmlischen Ehe, sondern auch innerhalb des einzelnen Menschen.[146]

Die konstabilierte Harmonie von Seele und Körper zeigt sich besonders an der Lokalisierung der beiden Grundvermögen. Swedenborg ordnet Verstand und Willen entweder Herz und Lunge[147] oder an anderen Stellen den beiden Gehirnhälften zu.[148] Hier finden sie ihre organisch determinierte Gestalt. Besonders die Lunge und ihre Atmung ist für Swedenborg wie bereits in seiner lange zurückliegenden Atemtheorie Anlass, über die Entsprechung zwischen einer natürlichen und einer geistigen Atmung zu spekulieren, die nach dem Tod weiterbesteht und substantieller Natur ist.[149]

---

[143] VCR 397; vgl. auch AC 2231, 4574. Swedenborg beschreibt anhand der Geister des Planeten Mars, die er für die besten im Sonnensystem hält, wie er sich diese Harmonie vorstellt. Die Marsgeister verkörpern das Vermittelnde zwischen Verstand und Willen, ein Denken aus dem Gefühl („cogitatio ex affectione") oder, dessen Steigerungsform, ein „Gefühl des Denkens" („affectio cogitationis"). Vgl. AC 7480.
[144] Vgl. AC 3509.
[145] Vgl. AC 35.
[146] Vgl. etwa AC 54, 476; Com 8; zu Swedenborgs Eheverständnis Kap. 3.3.8., b).
[147] Vgl. HH 95.
[148] Die linke Hirnseite entspricht der Wirkung der „Organe der Vernunft" und „den vernünftigen oder verständigen Dingen", die rechte den „Neigungen oder den Willensdingen", vgl. AC 3884, 641, 644f. In VCR 160 wird der Liebeswille dem Kleinhirn, der Verstand dem Großhirn zugeordnet.
[149] Vgl. HH 432, weitere Beispiele VCR 462 und 482 (Vergleich des freien Willens mit der Atmung und dem Blutkreislauf), AC 3884 (Beispiele für Korrespondenzen beim *maximus homo* und dem mikrokosmischen Menschen: Atmung, Blut, Nieren), Amore/Sap 407 (zur

h) Die (Selbst-) Bestimmung des Menschen: amor regnans

Grundlegend für Swedenborgs Anthropologie und Ethik ist die menschliche Willensfreiheit. Die Fronten, zwischen denen er sein System entwickelt, werden unter den Stichwörtern Prädestination, Sündenlehre, Theodizee und Soteriologie zu besprechen sein. Hier geht es zunächst um den Zusammenhang der menschlichen Willensfreiheit mit den seelischen Grundvermögen Wille und Verstand. Einerseits müssen beide in einem ausgewogenen Verhältnis stehen. Andererseits sind sowohl *intellectus* als auch *voluntas* mit Freiheit ausgestattet.[150] Der Verstand, der das von Gott stammende Wahre aufzunehmen imstande ist, kann sich dem gegenüber genauso verweigern und sich auf andere, eigene oder die äußere Welt betreffende „Wahrheiten" orientieren wie der Wille. Denn hier ist der Ort, an dem der Mensch die göttliche Liebe ebenso rezipieren kann wie die zwei anderen Formen von Liebe: die Liebe zur Welt *(amor mundi)* und die Liebe zu sich selbst *(amor sui)*.[151] Aus diesen beiden „höllischen" Formen der Liebe als Willensentscheidungen resultieren alle ‚klassischen' Sünden, wie etwa das Bedürfnis nach Besitz oder nach Macht über andere.[152] Das „schlimmste Böse" entstammt der Selbstliebe, die die menschliche und dadurch auch die himmlische Gesellschaft zerstöre.[153]

Richtet der Mensch seinen Verstand und Willen nicht auf das göttliche Wahre und Gute, dann orientiert er seine Neigungen auf andere als auf göttliche Zwecke. Entscheidend ist für Swedenborg eine gewisse Überordnung des Willens gegenüber dem Verstand. Der Wille bestimmt den Endzweck *(finis)* des Menschen.[154] Der *amor regnans* des Willens leitet das gesamte Denken und Handeln des Menschen. „Das eigentliche Leben des Menschen ist seine Liebe *(amor)*, und wie die Liebe, so ist das Leben, ja der ganze Mensch."[155] Der *amor regnans* bildet seinen Charakter und formt seine Seele als geistigen Kern, der als Substanz nach seinem Tod ewig fortdauert.[156] Das postmortale Leben der Seele wird vollständig von der Ausrichtung des *amor regnans* bestimmt, die der Mensch zu Lebzeiten ausgeprägt hat. Nicht was der Mensch in seinem Verstand gedacht oder geglaubt hat, wird hier noch eine Rolle spielen. Das nur gedachte Böse gehört in den Be-

---

Verbindung des Herzens mit der Lunge: wie der Wille dem Herzen entspricht, entspricht der Verstand der Lunge).

[150] Vgl. VCR 497.

[151] Eva, die nach Gen 2,22 aus der Rippe Adams gebaut wurde, wird von Swedenborg nicht als Frau gedeutet. Sie bedeutet das Eigene *(proprium)* oder den *amor sui et mundi* als das Einzige, was den Menschen überhaupt verführen kann. Vgl. AC 152. In allen Büchern Swedenborgs werden die drei Liebesarten hundertfach erwähnt.

[152] Vgl. VCR 498; NJ 75.

[153] Vgl. 2219: „Quod omnium pessima mala ex amore sui originem trahant, est quia amor sui est destructivus societatis humanae […] et destructivus societatis caelestis […]."

[154] Vgl. VCR 399 („finem suum, qui omnium primarius et ultimus est"); AC 3078; UJ 39. Den Willen versteht Swedenborg als Sitz und Gefäß der Liebe, den Verstand ordnet er als Vorhof dem Haus des Willens unter, in dem der Mensch wohnt. Durch diesen Vorhof gehe der Mensch ein und aus. vgl. VCR 533.

[155] NJ 54, vgl. auch AC 10777; HH 60.

[156] Vgl. HH 477, 479f., 464. In der Geisterwelt lebt jeder nach den *jucunda* (Lustreizen), die er in seinem irdischen Leben ausgeprägt hat, vgl. VCR 570. Vgl. auch LAMM, 1922, 340.

reich der menschlichen Freiheit. Entscheidend ist hingegen das Böse oder Gute, das den Willen bestimmt.[157] Das gesamte, die menschlichen Seelen umfassende geistige Universum mit Himmel und Hölle ist letztlich ein Ergebnis von Willensausrichtungen.

3.3.5. Der Mensch zwischen Freiheit, Sünde und Prädestination

a) Die Quelle des Bösen

Eine Folge von Swedenborgs Gottesverständnis besteht darin, dass das Böse und die Sünde ihren Ursprung nicht in der göttlichen Natur haben können. Noch 1745 hatte er in *De cultu et amore Dei* mit einem Weltfürsten gerechnet, dessen Himmelsrevolte zum ersten und zweiten Sündenfall des Menschen führte, und in den Aufzeichnungen des *Traumtagebuches*, das während seiner biographischen Krise entstand, finden sich deutliche Zeugnisse für den Glauben an einen personellen Teufel und an die allein seligmachenden Gnade Jesu Christi.[158] In seiner visionären Phase hält Swedenborg das Böse scharf aus dem Bereich des Göttlichen und der Schöpfung heraus und schreibt es allein der menschlichen Willensfreiheit zu, denn ohne die Annahme des freien Willens wäre nach seiner Analyse Gott selbst die Ursache des Bösen.[159] Weiter unten wird noch darzustellen sein, wie sich diese theologische Grundentscheidung in seiner Prädestinationslehre auswirkte. Anthropomorphe Gottesvorstellungen, die mit einem gnädigen, zornigen oder strafenden Gott verbunden wären, lehnt Swedenborg ab, weil sie der göttlichen Ordnung widersprechen würden.

Ein Satan oder Teufel als eigens geschaffenes Wesen oder widergöttliche Person, die sich mit göttlicher Zulassung oder gegen seine ursprünglich gute Ordnung gegen ihn erhoben hätte, ist für Swedenborg undenkbar.[160] Wenn er den Begriff Teufel oder Satan verwendet, dann sind damit ausschließlich die Seelen verstorbener Menschen gemeint, die sich selbst durch eine moralische Orientierung ihrer Neigungen auf einen *amor sui* oder *amor mundi* in diese Figur gebracht haben. Sie existieren postmortal in der Hölle fort, einer höllischen *societas*, die insgesamt das Bild eines einzigen Teufels ausmacht, gleichsam als in Selbst- und Weltliebe verzerrtes Gegenstück zum *maximus homo*.[161] Das Böse ist für Swedenborg trotz seiner mannigfaltigen Anlehnung an neuplatonische Quellen nicht die Materie wie bei Plotin, es ist auch nicht Nichts

---

[157] Vgl. VCR 657, 658 f.; AC 845 Der Wille ist das Wesentliche *(essentiale)*, das Denken ist nur das Formale *(formale)*, vgl. VCR 660.

[158] Vgl. Kap. 1.6.; sowie besonders TTB, 50 f.

[159] Vgl. VCR 489. Nach VCR 490 erschafft nicht Gott das Böse, sondern der Mensch verkehrt das Gute in Böses. In AC 735 wird der Glaube an einen zornigen Gott, der die Bösen straft, als Sinnestäuschung bezeichnet.

[160] Vgl. VCR 32; 507; HH 311, 544.

[161] Vgl. HH 553; AC 694. An manchen Stellen in der VCR wird aber die in den Bekenntnisschriften enthaltene Entscheidung zwischen Gott und dem Teufel (ohne Quellenangabe) zitiert, ohne dass damit ein personeller Teufel intendiert wäre, vgl. VCR 154, 371.

oder die bloße *privatio boni* wie bei Leibniz, sondern es ist das Aufbegehren gegen die gute göttliche Ordnung.[162] Denn diese Ordnung fließt als Gottes Liebe und Weisheit in den Verstand und den Willen des Menschen, genauer: seiner *anima*, zwar ein, aber der Mensch kann sich diesem Einfluss entgegenstellen und mit seiner *mens*, die der Ort der „Neigungen" ist, gegen Gott auf den *amor sui* oder *mundi* orientieren.

Eine weitere, abweichende Quelle des Bösen liegt darin, dass Swedenborg wenigstens in seinem Spätwerk, eine gewisse Freiheit selbst der Natur zugesteht, wenigstens ein *„Analogon"* zur menschlichen Freiheit will er selbst in der Pflanzen- und Mineralwelt erkennen.[163] Durch eine differenzierte Aufnahme der guten göttlichen Ordnung in der Natur kann auch hier Böses entstehen.

Dem stehen allerdings Swedenborgs Ansichten über die Differenz zwischen Mensch und Tier entgegen. Denn Tiere werden ‚vollkommener‘ geboren als Menschen, nämlich mit angeborenen Trieben gemäß der Ordnung, aber nur mit einem dem Menschen analogen Verstand und Willen.[164] Sie vermögen nicht, sich zu entwickeln und gut oder böse zu sein. Zur Wiedergeburt und für die Aufnahme in den Engelshimmel sind sie aus diesem Grund nicht vorgesehen. In Swedenborgs Geisterwelt erscheinen als Tiere nur bestimmte menschliche Charaktere, deren wahres inneres Wesen postmortal als Tier figuriert. Freiheit und Böses in der nichtmenschlichen Natur können daher tatsächlich nur als ein Analogon zum Menschen verstanden werden. Für den Schöpfungsplan spielen sie keine Rolle.

b) Die völlige ‚Verderbtheit‘ des Menschen

Dieser starken Betonung der menschlichen Freiheit stehen an vielen Stellen in auffälligem Kontrast Aussagen gegenüber, in denen Swedenborg sich geradezu wie Luther[165] entweder für die völlige Verdorbenheit des Menschen ausspricht,[166] oder, anderenorts, meint, dass er mit einem „Hang" oder einer „Neigung" (*proclivitas* oder *inclinatio ad mala*) zum Bösen[167] geboren worden sei und

---

[162] Das Böse widerspricht der göttliche Ordnung wie jede Tat, die das Böse zum Zweck hat, vgl. AC 4839. Sündigen wird verstanden als Handlung gegen die göttliche Ordnung, die das göttlich Wahre aus dem göttlich Guten ist, vgl. AC 5076.

[163] Vgl. VCR 491, 492 („denn die aufnehmende Form selbst verwandelt das Einfallende in solches, das mit ihr übereinstimmt"), 499; LAMM, 1922, 297. Es ist denkbar, dass dieser Schritt in Richtung einer für Swedenborg eigentlich undenkbaren „lebendigen" Natur ein Zugeständnis an Friedrich Christoph Oetinger war, der genau diesen Dualismus bei Swedenborg kritisiert hatte, vgl. Kap. 5.2.5., c). In den AC findet sich eine solche Ausdehnung der Freiheit und des Bösen über die menschliche Ebene hinaus jedenfalls nicht.

[164] Vgl. AC 6323; Com 15. Auch Tiere handeln durch einen Einfluss aus der Geisterwelt, der sich aber auf den Instinkt beläuft. Der Wille von Tieren beherrscht ihren Verstand und kann nicht wie beim Menschen durch den Verstand ins Böse verkehrt werden, vgl. ebd.; VCR 335.

[165] Vgl. auch JAN KREUCH: Die Rechtfertigungslehre nach Luthers Schmalkaldischen Artikeln und ihre Kritik in der „Wahren Christlichen Religion". In: Offene Tore 2001, 13–31, hier: 26 f.

[166] Vgl. AC 735, 233, 869, 987; NJ 275.

[167] Vgl. VCR 512 f., 520 f. Der „Hang zum Bösen" taucht sehr selten auch schon in den

diesem Hang ohne die durch Gott gewirkte Wiedergeburt auch erliegen werde. Etwas eigenes Böses, meint Swedenborg, gebe es nicht, sondern „das Eigene des Menschen ist das Böse selbst, daher ist der Mensch nichts als Böses und Falsches".[168] Dieser Hang fußt nicht auf einem historischen Ereignis; ein erster Sündenfall geht ihm nicht voraus. Der Sündenfall ist kein historisches Geschehen, sondern eine prozesshafte Entfernung vom Göttlichen.[169] Es verhält sich eher so wie Jahre später in der Religionsphilosophie Kants, der das Böse nicht transzendental oder historisch begründen kann, sondern als Umkehrung guter Willensmaximen und als Fall in die moralische Heteronomie – gegenüber dem Selbst und der Welt, würde Swedenborg hier ergänzen – und als Verleugnung des Sittengesetzes beschreibt.[170]

Der in Genesis 3 erzählte Sündenfall besitzt für Swedenborg keine historische, sondern eine typologische Bedeutung. Adam verkörpert die Älteste Kirche und zugleich die für jeden Menschen stets wiederholbare und wiederholte Sündenfallsituation: die Ablehnung und Verweigerungshaltung gegenüber dem göttlichen Guten und Wahren mit einer Orientierung zum *amor sui* und *amor mundi*.[171] Die beiden Bäume des Lebens und der Erkenntnis des Guten und Bösen bilden den freien Willen vor, nicht etwa die Erbsünde.[172]

c) *Wurzelböses, Erbböses, Hang zum Bösen*

Aus Swedenborgs Ablehnung eines historischen Falls der Menschheit folgt aber nicht, dass er die Realität des Bösen und der Sünde negieren würde. In gleicher Weise folgert er aus seiner anthropologischen Konstante eines menschlichen Hangs zum Bösen nicht, dass das Böse lediglich situativ wäre und keinen Ursprung hätte. Der Hang zum Bösen ist eine menschliche Eigenschaft, und er wird zugleich vererbt. Das von den Eltern angeeignete Böse wird den Kindern schon bei der Zeugung „eingewurzelt": ein *malum hereditarium*.[173]

Die Sünde liegt im Willen und dem daraus folgenden Denken eingewurzelt, sie ist nicht in der Tat begründet, sondern im „inneren", man könnte sagen: intel-

---

AC auf, vgl. AC 3318 *(inclinatio)*, an vielen Stellen spricht Swedenborg von *affectio* oder *affectiones mali et falsi*, vgl. AC 3033, 3796, 3938, 3964, 4018, 4031.

[168] AC 154. Vgl. auch AC 211–215. Dem widersprechend wird in AC 761 behauptet: alles Böse entstamme dem Einfluss böser Geister und Dämonen; der Mensch bringe aus sich selbst heraus nicht Böses und Falsches hervor.

[169] Vgl. LAMM, 1922, 298.

[170] Vgl. SCHMIDT-BIGGEMANN, 1988, 101 f. Zu Kant vgl. Kap. 5.3.4., a).

[171] VCR 48 widerspricht der Meinung, Adam sei anfangs in einem *status integer* gut und weise gewesen. Vielmehr sei er – im typologischen Verständnis – verflucht worden, weil er meinte, das Gute und Weise aus sich selbst heraus zu tun. Diese Haltung sei die Bedeutung des Essens vom Baum der Erkenntnis des Guten und Bösen. Nur der inkarnierte Herr habe Gutes und Wahres aus sich selbst heraus getan. In ähnlicher Weise wird Gen 2,18 ausgelegt: Dass der Mensch nicht allein sein wollte, heißt, dass er eigenmächtig sein wollen und ihm die Triebe des Guten und Wahren nicht ausreichten, vgl. AC 138.

[172] Vgl. VCR 469.

[173] Vgl. Com 14; VCR 521, 822.

ligiblen, Trieb.[174] An mehreren Stellen bezeichnet sie Swedenborg als *malum*, das eingewurzelt *(radicitus* oder *irradicatus)* ist:[175] als „Wurzelböses". Das „radikale Böse" äußert sich in der Ausrichtung der Neigungen zur Selbst- und Weltliebe, nicht zur Gottes- und Nächstenliebe, und diese Neigung ist der ganze Mensch.[176]

Die Annehmlichkeiten des Lebens *(jucunda vitae)* sind für den inneren Menschen, der das ewige Leben erlangen will, erst dann schädlich, wenn er sie zu Zwecken *(fines)*, also zu den Gegenständen seiner inneren Neigungen und der daraus resultierenden Handlungen werden lässt.[177]

Der erste ‚Ursprung' des Bösen ist nicht historisch bei einem ersten Menschen zu sehen, Swedenborg stellt und beantwortet die Frage nach dem konkreten ‚historischen' Ort nicht. Das Böse ist Ergebnis der Sünde eines jeden, die zu dessen Natur wird. Diese Natur wird über Generationen in der Nachkommenschaft vermehrt,[178] so dass der Mensch bei seiner Geburt nichts eigenes Gutes und Wahres besitzt,[179] wobei anzumerken ist, dass Swedenborg abweichend auch meinte, das Gute der Eltern pflanze sich auf die Nachkommen in derselben Weise fort.[180]

Wegen dieses „Erbbösen", wie viele Swedenborg-Übersetzungen lesen, wird aber kein Mensch in einen unglückseligen Zustand versetzt, es besitzt keine soteriologische Relevanz. Swedenborg unterscheidet vom *malum hereditarium* noch ein *malum actuale*, das sich der Mensch durch seinen Verstand und Willen selbst angeeignet hat, das also Frucht einer freien Willensentscheidung ist[181] – eine Unterscheidung, die, wie noch zu zeigen ist, Leibniz' Rede vom *malum habituale* und *actuale* entlehnt ist.[182] Das *malum actuale*, das sich der Mensch selbst bildet, entscheidet letztlich über die moralische Qualität seiner *anima*, die nach dem Tod des Körpers fortlebt und die zu Lebzeiten erworbenen Erinnerungen und „Neigungen" gespeichert hat.[183] Das ererbte Böse, für das der Mensch keine Verantwortung trägt, wird postmortal nicht angerechnet.[184]

---

[174] Vgl. AC 313, 3318, 3469, 4563. Das Böse und das Gute sind nicht Sache des Tuns, sondern des Willens, ein innerer *conatus*, vgl. AC 4317 (conatus qui inest).

[175] Vgl. AC 4174, 8403, 8869, 9336, 10173; sowie 1679: falsche eingewurzelte Grundsätze (principia radicata); 2910: das von den Eltern angehäufte Böse wird eingewurzelt *(irradicatur)* und auf die Nachkommen übertragen.

[176] Vgl. AC 3078, sowie 1568, 2708, 8550 u. ö.

[177] Vgl. AC 3425.

[178] Vgl. AC 313, 4317, 8550, 10318. Auch seine Lehre, dass die Seele vom Vater, der Körper aber von der Mutter fortgepflanzt werde, wird hiermit verbunden: Das äußerliche Böse stamme von der Mutter, das innerliche Böse vom Vater. Nur der inkarnierte Herr habe Göttlich-Gutes, „soweit er vom Vater stammt", vgl. AC 4644.

[179] Vgl. AC 1906.

[180] Vgl. AC 3469.

[181] Vgl. AC 2406, 3318, 4563.

[182] Vgl. Kap. 4.2.6.

[183] Der Mensch behält postmortal *affectiones*, Lehren und „Wisstümliches" (scientifica), also alles, was dem äußeren und natürlichen Gedächtnis *(memoria exterior seu naturalis)* zugehört, vgl. AC 3539. Er bleibt nach dem Tod in dem Zustand, den er sich zu Lebzeiten verschafft hat, also auch in seinen Lustreizen *(jucunda)*, vgl. AC 3957.

[184] Vgl. AC 2308.

d) Das Böse und der Ursprung der Freiheit

Die Quelle des Bösen ist bei Swedenborg ausschließlich in der menschlichen Freiheit verankert. In seiner *mens* vermag er eine Entscheidung zwischen dem in die *anima* einfließenden Guten und Wahren und dem Hang zum Bösen treffen.[185]

Merkwürdigerweise ist diese Freiheit auf den zweiten Blick bei Swedenborg aber ausgesprochen relativ.

Denn *erstens* kann sich der Mensch nicht völlig aus seinem verdorbenen Wesen befreien. Auch seine Wiedergeburt, die in semipelagianischer Manier nur durch sein Mittun geschehen kann, wird ausschließlich vom Herrn bewirkt.[186] An manchen Stellen geht Swedenborg sogar so weit, dass er meint, nicht einmal der wiedergeborene Mensch und ebenso wenig die Engel könnten aus sich selbst heraus Gutes tun. Gutes wirke auch in diesen Fällen ausschließlich der Herr, und der Mensch könne Gutes nur „wie" aus sich selbst heraus tun.[187] Auf diese Weise geht die Freiheit letztlich darin auf, dass der göttliche *influxus* ohne die Hindernisse des Erbbösen verlaufen kann, eine Unterordnung unter die Ordnung Gottes und auf diese Weise eine ‚Einsicht in die Notwendigkeit'. Wenn Swedenborg meint, dem Menschen sei das Vermögen gegeben, zwischen gut und böse, wahr und falsch zu unterscheiden, nicht aber der Wille, dementsprechend zu handeln, und dass dieser Wille erst dem Wiedergeborenen zukomme,[188] dann zielt er letztlich auf einen mit dem Göttlichen gleichgeschalteten Willen ab. Von hier aus betrachtet, ist Freiheit in der Tat nichts als eine „Illusion".[189] An anderer Stelle nennt er die Freiheit zum *amor sui* und *mundi* eine höllische Freiheit, die nicht eigentlich Freiheit sei, und die Freiheit zum Herrn eine himmlische Freiheit;[190] entweder werde der Mensch von Gott oder vom Teufel „geführt".[191] Auf diese Weise werden beide Freiheiten zu Automatismen und dadurch aufgehoben – ein Gedankengang, der auffällig an Luthers gegenüber Erasmus geäußertes Diktum von dem Menschen erinnert, der entweder vom Gott oder vom Teufel geritten wird.[192] Swedenborgs an dieser Stelle gesetztes „duci" könnte aber auch dafür

---

[185] Vgl. VCR 154, 371 (hier ist von der Wahl zwischen Gott und dem Teufel die Rede, vgl. oben Anm. 161).

[186] Vgl. dazu unten Abschnitt k), Seite 259–262.

[187] Vgl. AC 233 („[...] et usque potest homo sicut a se bonum facere et se convertere ad Dominum."). Vgl. auch VCR 3; AC 633, 2876 f. Allerdings besitzt der Mensch kein absolues „Unvermögen in geistigen Dingen". Diese Auffassung stamme aus der „heutigen" Imputationslehre, die das Verdienst Christi von allem Menschlichen freihalten wolle. Vgl. VCR 630.

[188] Vgl. AC 3539 f.

[189] Vgl. Lamm, 1922, 309.

[190] Vgl. AC 2870; NJ 142 (wer sich für eine höllische Freiheit entschieden habe, werde postmortal in der Hölle ein niedriger Sklave).

[191] AC 9589: „Est liberum caeleste, et est liberum infernale; liberum caeleste est duci a Domino, estque id liberum amor boni et veri; liberum autem infernale est duci a diabolo, estque id liberum amor mali et falsi, proprie concupiscentia."

[192] WA 18, 635, 17–22.

sprechen, dass er lediglich auf die lutherischen Bekenntnisschriften anspielt, ohne die Konformität mit seinen eigenen Auffassungen zu reflektieren.[193]

Zweitens ist die Freiheit des Willens bei Swedenborg aber keine völlig unabhängige, autonome Eigenschaft. Denn die menschliche Seele, die sich ja bereits zu Lebzeiten in der Geisterwelt befindet, steht unter ununterbrochenem Einfluss von Geistern. Zwei himmlische Engel und zwei höllische Geister bzw. Genien umgeben den menschlichen Verstand und Willen.[194] Befindet sich diese Engel-, Geister- und Genienkonstellation im Gleichgewicht, dann besteht erst Freiheit. Kommt sie aus irgendwelchen Gründen durcheinander, geht die menschliche Freiheit verloren.[195] Wie noch zu zeigen ist, baut Swedenborg seine Theorie vom *aequilibrium* der Geister als ein göttliches Heilswerk in seine Soteriologie ein.[196]

Wenn diese Erklärung der Herkunft der menschlichen Freiheit einerseits aus der Geisterwelt und andererseits als göttliche Gabe[197] skizziert wird, ist zu bedenken, dass sowohl Gutes als auch Böses im Menschen nach Swedenborg dem Einfluss von Geistern zu verdanken ist.[198] Böse Geister können Krankheiten bewirken, sie können Fanatiker und Schwärmer aus Menschen machen, sie vermögen sogar, sich mit der Person, von der sie Besitz genommen haben, zu identifizieren.[199]

Bereits in den *Arcana coelestia* scheint er einem Einwand zu begegnen, den später Immanuel Kant gegen Swedenborg ausdrückte: Wenn nämlich Gutes und Böses dem Einfluss von Geistern zu verdanken seien, dann seien eben Geister und nicht der vernünftige Mensch für moralische Handlungen verantwortlich zu machen.[200] In einem *Memorabile* will Swedenborg „vernünftelnde" Geister belehrt haben, die „über den Einfluß aller Gedanken und Neigungen" diskutierten

„und sagten, wenn es so sei, könne keiner für schuldig erklärt werden, und für sein Vergehen Strafe erleiden; aber es wurde ihnen geantwortet, wenn der Mensch glauben würde, wie die Sache sich wirklich verhält, dass nämlich alles Gute und Wahre vom Herrn sei, und alles Böse und Falsche von der Hölle, dann könnte er keines Vergehens für schuldig erklärt und ihm kein Böses zugerechnet werden. Weil er aber glaubt, daß er aus sich handelt, eignet er sich das Böse an; denn der Glaube bewirkt dieses. Somit hängt das Böse ihm an, und kann nicht von ihm getrennt werden. Ja der Mensch ist von der Art, daß er

---

[193] Dafür spricht, dass er auch den Terminus „liberum arbitrium" kennt, AC 9591 = NJ 146. In VCR 484 bezeichnet er die lutherische Auffassung zur Willensfreiheit in den Bekenntnisschriften des Konkordienbuches allerdings als „Hohlheit" und „Albernheit".

[194] Vgl. AC 5976–5783, sowie 5035 (ein höllischer Geist wirkt auf den Verstand, ein höllischer „Genius" auf den Willen); vgl. auch AC 697, 986 f. Dem widersprechende Stellen finden sich allerdings auch. In VCR 380 heißt es, jeder Mensch ziehe sich entsprechend seinen Neigungen entweder *einen* himmlischen oder einen *höllischen* Geist „herbei".

[195] Vgl. AC 5982, 6193; NJ 149; HH 293, 592, 594, 597 f.; UJ 33 f., VCR 478.

[196] Vgl. unten Kap. 3.3.6., d).

[197] Vgl. AC 1937, 4031.

[198] Vgl. AC 233.

[199] Vgl. AC 5711–5713; 5724; HH 249, 257, 292, 294.

[200] „Würde dieses angenommen werden; so hörte der Gebrauch meiner Vernunft in dieser Welt gänzlich auf; dann könnten viele Handlungen auf Rechnung der Geister geschehen." Vgl. Metaphysik L$_1$. AA XXVIII, 300. Vgl. dazu aber Kap. 5.3.3.

in Unwillen gerät, wenn man ihm sagt, er denke und wolle aus anderen, nicht aus sich."[201]

Die moralischen Impulse fließen gleichsam automatisch in den Menschen ein: das Böse, nicht als eigene widergöttliche, sondern als menschenverursachte Macht, und das Gute aus Gott. Indem er die Aneignung entweder des einen oder anderen Einflusses von dem Einfluss selbst abtrennt, meint Swedenborg, die Willens- und Verstandesfreiheit und die Eigenverantwortlichkeit des Menschen aufrechtzuerhalten, ohne von seiner modifizierten neuplatonischen *influxus*-Theorie abzurücken.

e) Freiheit als Voraussetzung des Heils

Die menschliche Freiheit ist unverzichtbare Voraussetzung für das menschliche Heil und für seine Wiedergeburt.[202] Nur der Mensch, der sich selbst ohne Zwang für den *amor Dei* und gegen *amor mundi* und *sui* entschieden hat, kann wiedergeboren werden; „durch Unfreiheit oder durch Zwang",[203] ohne freien Willen gäbe es nach Swedenborgs Verständnis keine Seligkeit und keine Zurechnung (*imputatio*), sondern nur eine Prädestination (*praedestinatio*), die auf dem „absoluten Unvermögen" des Menschen und seiner völligen Unfreiheit in geistigen Dingen beruhte.[204] Auch die Buße (*paenitentia*), die Swedenborg bereits in den *Arcana coelestia* kannte und dann in der *Vera christiana religio* im Rahmen seiner modifizierten Sakramentslehre ausarbeitete, muss im Zustand der Freiheit vollzogen werden, nicht unter Zwang oder unter anderen Umständen, die den „Gebrauch der gesunden Vernunft" und damit die Freiheit des Willens beeinträchtigen.[205] Diese Freiheit hat einen extrem hohen Stellenwert, wenn man bedenkt, dass selbst der göttliche Plan, so viele Menschen wie möglich zum Heil zu führen, durch die menschliche Freiheit durchkreuzt werden kann.[206] Gott erscheint angesichts des menschlichen freien Willens geradezu machtlos zu sein,[207] denn gegen seinen Willen kann kein Mensch wiedergeboren werden. Die Freiheit ist wie bei Leibniz und Malebranche geradezu „kardinal",[208] wenn auch anders gewichtet.

---

[201] AC 6324, vgl. auch 6308, 6322 (der Einfluss der Geister in den Menschen geschieht nicht als *influxus physicus* von außen nach innen, sondern von innen nach außen als *influxus spiritualis*, vgl. zum *commercium animae et coporis* Kap. 4.2.2. und 4.2.8.).

[202] Vgl. AC 3145, 9453; UJ 33 f.; NJ 143; HH 293; VCR 615, 621.

[203] AC 4031.

[204] Vgl. VCR 485 f. („ex fide absolutae impotentiae et nullus arbitrii in spiritualibus").

[205] Swedenborg nennt hier als den „rationis sanae usum" störende Umstände: Krankheit, Niedergeschlagenheit wegen eines Unglücksfalles, herannahender Tod. Vgl. AC 8392.

[206] Der göttliche Plan kann den Menschen nicht zum Guten zwingen, sonst wäre die Freiheit, in diesem Falle: zum Bösen, aufgehoben. Vgl. NJ 217. Vgl. auch die heftige Polemik gegen jede Form der Beschränkung der Freiheit in einem Geisterwelt-Disput, VCR 503.

[207] So auch HALLENGREN, 1998, 135.

[208] Vgl. JONSSON, 1999, 190. Die Einordnung Swedenborgs in den zeitgenössischen Kontext macht es unnötig, gerade im Falle der Freiheit (die auch die Heiden besitzen), zu Zwingli und Erasmus von Rotterdam zurückzukehren, deren Einfluss auf Swedenborg sich im Gegen-

f) Wider die Imputationslehre

Die erste Front, gegen die sich Swedenborg in allen seinen Schriften und besonders in der Frage der Freiheit richtet, ist die lutherische Rechtfertigungslehre. Im Zusammenhang mit der Erbsündenlehre ist zunächst auf die *imputatio* des Verdienstes Christi zum Heil der Sünder einzugehen. Für Swedenborg setzt diese Vorstellung nicht nur einen zornigen und zu versöhnenden Gott voraus, sie beschneidet vor allem die menschliche Freiheit und seine Selbstverantwortung bei der Ausrichtung seiner Neigungen.[209] Die Schroffheit, mit der Swedenborg den lutherischen Solifideanismus und die Imputationslehre abweist, erweckt zuweilen den Eindruck, er habe das Luthertum hier in seiner schärfsten, gnesiolutherischen Form vor Augen, nämlich in Gestalt von Nikolaus von Amsdorf, der im majoristischen Streit den guten Werken geradezu Schädlichkeit für das Heil des Sünders zugeschrieben hatte, um zu betonen, dass das Rechtfertigungsgeschehen ausschließlich eine göttliche Tat sei.[210] Dass Swedenborg diese extreme Behauptung als Repräsentation des gesamten Luthertums betrachtete, wurde bereits von den Zeitgenossen als unzutreffend zurückgewiesen.[211]

Schon vorvisionär hatte Swedenborg in Anknüpfung an die pietistische Prägung seines Vaters zwischen einer Erlösung, die als Lenkung des Willens Glauben und die Einheit von Glaube und Liebe wirkt, und einem „historischen" Glauben unterschieden, der nur Wissen sei, das auch die Teufel besitzen.[212] Die Akzent-

---

satz zu Leibniz und anderen Autoren des philosophischen Rationalismus nicht belegen lässt. Vgl. Lang, 2000, 38.

[209] Vgl. etwa VCR 185 f.

[210] Vgl. Joachim Rogge: Art. Amsdorff, Nikolaus von. In: TRE 2 (1978), 487–497, hier: 494 (Daß die Propositio (Gute werck sind zur Seligkeit schedlich) eine recht ware Christliche Propositio sey / durch die heiligen Paulum und Lutherum gelert und gepredigt. 1559); Michael Beyer: Art. Amsdorf (Amsdorff), Nikolaus v. In: RGG⁴ 1 (1998), 422. Vgl. auch Benz, 1969, 485–489.

[211] Der Eisenacher Generalsuperintendent Christian Wilhelm Schneider (1734–1797), zeitweise Herausgeber der *Nova acta historico-ecclesiastica*, untersuchte 1789 die Liturgie der englischen Neuen Kirche (von 1788). Dabei führte er gegen die Behauptung der Swedenborgianer und Swedenborgs, die Protestanten hätten Glauben und Liebe voneinander getrennt, CA XX (Glaube und gute Werke) ins Feld. Dann ergänzte er, man werde „doch wohl den allerdings sehr über ausgedruckten Satz des Nik. von Amsdorf: Die guten Werke sind der Seligkeit schädlich, den er in der Heftigkeit des Streits gegen Georg Major behaupten wollte, nicht für die Lehre der protestantischen Kirche halten?" Christian Wilhelm Schneider: Nachricht von der so genannten neuen Kirche, oder dem neuen Jerusalem der Anhänger Emanuel Swedenborgs, und von ihren gottesdienstlichen Versammlungen in England. Dem Herrn Superintendent, Doctor Rosenmüller in Leipzig zugeeignet. Weimar 1789, 61.

[212] Vgl. den erst posthum veröffentlichten, parallel zur *Oeconomia* entstandenen Traktat *De fide et bonis operibus*, als *Faith and Good Works*. In: Psychological Transactions, 11–18, hier: 14 f. Hier besteht für Swedenborg zwar kein Zweifel daran, dass die Erlösung aus Glauben geschieht, er stellt aber die Frage, ob das „Dogma der Lutheraner" richtig sei, dass „Glaube ohne Werke" erlöse. Vgl. ebd., 11. In diesem Zusammenhang kritisierte er Luthers Übersetzung von Röm 3,28: Aus „πίστει [...] χωρὶς ἔργων νόμου" (per fidem sine operibus legis) macht Luther: „ohne des Gesetzes Werke, *allein* durch den Glauben". Vgl. ebd., 12. Offenbar hatte Swedenborg auch schon vorvisionär eine in dieser Frage zugespitzte Repräsentation des Luthertums vor Augen. In Anspielung des Dreischritts Zweck-Ursache-Wirkung bezeichnete er den Glauben als Prinzip des Willens, diesen als Prinzip der Handlung. Von diesem Gedan-

verschiebung hin zu einer stark auf der menschlichen Willensfreiheit beruhenden Soteriologie, die nicht durch die Zurechnung eines fremden Verdienstes relativiert werden kann, ist hierin erkennbar.

Es ist auffällig, dass sich in diesen Gedankengängen Widersprüche finden. Besteht Swedenborg auf der einen Seite auf der Gottgegebenheit der Freiheit als Voraussetzung der Wiedergeburt und als Zeichen seiner Gottebenbildlichkeit, so schränkt er diese Prononcierung der Freiheit durch das Gleichgewicht der Geister wieder ein. Böse Handlungen entstammen immer dem Einfluss von Geistern, gute stammen nur aus Gott. Aus dem Menschen selbst fließt auf diese Weise, denkt man dies zu Ende, gar nichts Eigenes. Sein *proprium* muss konsequenterweise leer bleiben, ob er nun im Hang zum Bösen verbleibt oder sich einer strapaziösen Wiedergeburt unterzieht.

g) Wider die Prädestinationslehre

Die zweite Front, gegen die sich Swedenborgs Lehre von der Freiheit und der Sünde richtet, ist die reformierte Prädestinationslehre. Auch in dieser Frage ließ sich Swedenborg offenbar von Leibniz inspirieren. Durch die doppelte Prädestination sah er nicht nur den freien Willen in Gefahr. Er befürchtete als Konsequenz entweder Deismus und Atheismus, die nur noch einen durchweg determinierten Schöpfungsablauf, aber keinen Gott mehr benötigten, oder ein tyrannisches Gottesbild, so dass er schließlich sogar mit Hilfe lutherischer Bekenntnisschriften gegen sie argumentierte.[213] Swedenborg kennt aber nicht nur die Bekenntnisschriften, auch die hinsichtlich der calvinistischen Prädestinationslehre wichtige Dordrechter Synode, die zwischen Supralapsariern und Infralapsariern unterschied, ist ihm durch Leibniz' *Theodizee* wohl bekannt, auch wenn ihn die Dordrechter Beschlüsse letztlich nicht zu einer differenzierten Position bewegten, sondern er besonders im Spätwerk die Lehre von einer doppelten Prädestination häufig scharf attackierte, weil sie einen Willkürgott voraussetze und die menschliche Freiheit aufhebe.[214]

Auch kannte er die Debatten um eine *praedestinatio generalis*, die von einem unumstößlichen universalen Heilsplan ausging, aber für die menschlichen Handlungen – und auch für die Freiheit – noch einen gewissen Platz ließ, und eine *praedestinatio specialis*, die für das menschliche Leben wie für die Natur eine bis ins kleinste Detail umfassende Vorherbestimmung annahm.[215] Swedenborg ent-

---

kengang aus votierte er für die Notwendigkeit guter Werke als Früchte von Glauben und Willen und lehnte Luthers Übersetzung, „allein" durch Glauben ab, vgl. ebd., 15 f., 18.

[213] In VCR 798 wird nicht aus der Konkordienformel, sondern aus den sächsischen Visitations-Artikeln von 1592 zitiert, obwohl Swedenborg die Konkordienformel als Quelle angibt. Vgl. auch unten Seite 288, Anm. 418 f.

[214] Vgl. zu Dordrecht etwa VCR 486–488, 759, sowie 629. In VCR 628 sah er die orthodoxe Imputationslehre in ihrem Kern genauso wie Prädestinationslehre auf der Vorstellung eines Willkürgottes basieren. Mehrmals erwähnt er den Mönch Gottschalk als Vorläufer Calvins, mit dem er in der Geisterwelt selbst gesprochen haben will. Vgl. VCR 798.

[215] Vgl. NJ 268. Die Providenz bezieht sich nicht nur auf das Allgemeine, sondern auch auf das Besondere, das ins Große und Ganze mit eingebunden ist, vgl. NJ 269. In AC 6480

schied sich für beide Varianten, verwendete aber hier den Terminus „Providenz"
statt Prädestination, offenbar, um sich von der bekämpften Prädestinationslehre
abzugrenzen. Er griff allerdings dabei nicht auf den etwa in der *Formula Concordiae* verwendeten Unterschied zwischen Prädestination und Präszienz zurück.[216]
Die allgemeine Providenz bezog er auf die gute göttliche Ordnung, die jeden einzelnen Menschen für das Heil vorherbestimmte. Eine doppelte Prädestination
war für ihn undenkbar. Mit dieser Entscheidung kollidiert jedoch seine mehrmals
vorgetragene Ansicht, dass Gott darüber hinaus alle Dinge auch bis ins Detail geordnet habe. Wunder und Zufälle, die dieser Ordnung widersprechen würden,
sind für Swedenborg ganz undenkbar.[217] Sie erscheinen nur als Zufall und entsprechen völlig der göttlichen Ordnung.[218] Allein in der geistigen Welt vermag
das göttliche Wort, Wunder zu wirken.[219]

Irrtümlich geglaubte Wunder sind für Swedenborg die Ansicht, dass Gott jeden selig machen könne, der Wunderglauben im Speziellen, eine unmittelbare
Auferstehung der Toten, unmittelbare Offenbarungen und Schutzengel, die vor
dem Bösen abhalten und zum Guten antreiben. All dies sind Zwangsmittel *(media coacta)*, durch die der Mensch im Sinne einer Änderung seiner Neigung nicht
gebessert werden kann. Gott gewährleistet lediglich die Willensfreiheit und wirkt
durch sie auf den Menschen ein.[220]

h) Providenz und Prävidenz

In der zeitgenössischen, vor allem für Leibniz brisanten Frage nach dem Verhältnis der Prädestination zum Heil und der Zulassung des Bösen, das ja nicht aus
Gott, sondern allein aus dem Menschen stammen konnte,[221] wählte er ebenfalls

---

wird die Providenz in der Natur allerdings nicht absolut gesehen: Der Herr fließe in Wollen
und Denken des Menschen ein und in „vieles" (plura), was dem Menschen widerfahre. Dagegen AC 6483: Das Göttliche als „Allereinzelnste" (singularissimis) sei über allem das
„Allererhabenste" (elevatissimum super omnia). Und AC 6486: Die Providenz sei im Aller-
einzelsten, aber nicht nach einer für Menschen verständlichen Ordnung, denn das Zukünftige sei nicht nur vorausgesehen (praevidentur), sonderrn auch vorgesehen (providentur).
Ein Beispiel aus seiner Naturphilosophie wird in AC 6491 genannt: die Generation des
Embryos bis zu dem Punkt, an dem aus ihm ein vollkommener Mensch entstanden ist, der
den Himmel in sich aufnehmen könne.
[216] Vgl. Formula Concordiae, Epitome XI. Affirmativa, 817, Solida declaratio XI., 1065,
in: Die Bekenntnisschriften der evangelisch-lutherischen Kirche. 9. Aufl. Göttingen 1982,
817, 1065.
[217] Vgl. AC 6493.
[218] Vgl. VCR 91.
[219] Vgl. VCR 209.
[220] AC 4031. Eine Replik auf die häufig, unter anderem von Oetinger und Lavater, an ihn
herangetragenen Forderungen, Wunder zu tun oder die Zukunft vorauszusagen, dürfte sich
hinter Coniug 535 verbergen: Solche Wunder erlaube der Himmel nicht, weil Verstand und
Vernunft des Menschen verdorben seien. Dem Wunderbeweis setzte Swedenborg als Antwort
seine Schriften entgegen, denen als neues Wort zu glauben sei. Vgl. auch VCR 501.
[221] In VCR 479 findet sich eine Liste biblischer Sündenfälle von Adam bis Salomo, die
Religionsstiftung durch Mohammed und die Erwähnung aktueller Religionsstreitigkeiten und
Kriege. Für Swedenborg stammen sie ausschließlich aus dem freien Willen. „Die auf dem gan-

den Begriff der Vorsehung *(providentia)*. Das ewige Heil des Menschen ist demnach eine Sache der *providentia*. Der Mensch ist dafür vorgesehen, obwohl er sich dieser göttlichen Ordnung zur Wehr setzen kann.[222] Er kennt also nur eine Prädestination zum Heil und nicht zur Verdammnis.[223] Eine Vorherbestimmung bzw. Vorsehung zur Hölle würde der menschlichen Willensfreiheit und Swedenborgs Gottesbild widersprechen.

Swedenborgs göttliche Vorsehung fließt gemäß der göttlichen Ordnung in alle allgemeinen und einzelnen Dinge ein. Das Zukünftige ist demnach nicht nur vorausgesehen, sondern auch vorgesehen.[224] Dies kollidiert für ihn aber nicht mit dem freien Willen, denn es existiert kein *fatum*, keine absolute Notwendigkeit als menschliches Handlungskriterium.[225]

Wenn alle Menschen zum ewigen Leben vorherbestimmt sind, dann ist das Gute vorgesehen *(providentur)*, das Böse aber vorhergesehen *(praevidentur)*, bevor es durch den göttlichen Endzweck *(finis Divinus)* schließlich zum universalen Guten gewendet wird.[226] Die göttliche Vorsehung *(providentia)* hat das große Ganze, das Ewige im Blick, nicht die Prädestination zum moralisch Bösen oder Guten.[227] Das Böse wird einerseits zur Erfüllung des universalen Zwecks und andererseits als Folge der menschlichen Freiheit vorhergesehen und zugelassen.[228] *Praevidentia* und *providentia* sind die Begriffe, mit denen Swedenborg einen Pfad zwischen einer generellen göttlichen Prädestination und der menschlichen Freiheit eröffnen will, der die Realität des Bösen nicht zum Nichts erklärt.

Swedenborgs Modell mündet aber trotz der göttlichen *providentia* des Heils aller Menschen nicht in einer *Apokatastasis panton*. Der universale göttliche Endzweck zum Guten und die Prädestination zum Heil vermögen es nicht, den Menschen gegen seinen Willen zur Wiedergeburt zu führen. Der göttliche Endzweck wird nicht individuell, sondern nur universal erreicht, durch die Summe des Guten, die trotz der Tatsache anwächst, dass ein Großteil der Menschheit die Neigungen ihres irdischen Lebens auf ewig in der Hölle weiterlebt, wo sie nicht mehr verändert werden können. Eine Allversöhnung schließt Swedenborg aus-

---

zen Erdkreis bekannte Zulassung" habe „keinen anderen Ursprung" und die „Gesetze der Zulassung" seien zugleich „Gesetze der göttlichen Vorsehung". Nach AC 10778 lässt es Gott zu, dass der Mensch aus Freiheit Böses tut.

[222] Vgl. AC 6481. Bereits in *Clavis hieroglyphica* (Beispiel 3) ist der Gedanke enthalten, die Menschen widerständen der göttlichen Vorsehung, die für alle das Heil wolle.

[223] Vgl. AC 6487, 2335, 2401.

[224] Vgl. AC 6486. Nicht nur das Allgemeine, auch die einzelnen Dinge des Menschenlebens sind in die göttliche Vorsehung einbezogen. Nicht einmal das Detail (singularia) steht in der Gewalt des Menschen, vgl. AC 10774 f.

[225] Vgl. AC 6487.

[226] Vgl. AC 6488 f., 10781; NJ 275.

[227] Wenn die Kunstgriffe der Bösen gelingen, dann weil es der Ordnung entspricht, dass jeder aus Vernunft und Freiheit handelt. Wäre dies nicht der Fall, könnte der Mensch nicht ewiges Leben aufnehmen und seine Freiheit und Vernunft würden nicht erleuchtet, vgl. AC 10777.

[228] In AC 1755 und 2447 unterscheidet Swedenborg fünf Arten der göttlichen Provision und Praevision: Zulassung (permissio), Gestattung *(admissio)*, Erlaubnis *(venia)*, Wohlgefallen *(beneplacitum)*, sein Wille *(voluntas)*.

drücklich aus. Das Böse, böse Menschen als die künftigen Bewohner der Hölle, wenden sich selbst von Gott ab und werfen sich selbst in die Hölle.[229]

i) Ideae innatae?

In engem Zusammenhang mit Swedenborgs Sünden-, Freiheits- und Prädestinationslehre steht seine Position zu der Frage angeborener Ideen, die von vielen zeitgenössischen philosophischen Rationalisten, vor allem seit Descartes,[230] behauptet, vom Empirismus, allen voran von Locke[231] und Hume, mit dem Ausgangsargument bestritten wurde, dass es im Intellekt nichts geben könne, was nicht zuvor Gegenstand der sinnlichen Wahrnehmung gewesen sei. Swedenborg nahm hier, ähnlich wie Leibniz, eine Mittelstellung ein.

Angeboren sind für Swedenborg nicht Ideen, sondern Fähigkeiten oder Vermögen und Neigungen.[232] „Ideen" und Begriffe werden komplett während der menschlichen Erziehung ausgeprägt und auf diese Weise sozial vermittelt, wobei anzumerken ist, dass Swedenborg nicht eigentlich nach dem Ursprung dieser Ideen fragt, sondern eine Verknüpfung mit der Prädestinationsthematik herstellt. Die Frage der *ideae innatae* wird bei Swedenborg umformuliert in eine Frage der moralischen Qualität und Entwicklung des Menschen. Angeborenheit würde für ihn Entwicklungsmöglichkeiten ausschließen, so wie bei den Tieren, deren Triebe vollständig angeboren seien. Der Säugling besitzt bei der Geburt außer der Atmung, die Eigenschaft alles Lebendigen ist, keinerlei „Wissen". Er ist tatsächlich *tabula rasa*; nicht einmal einen Trieb kennt er. Selbst der Saugreflex ist ihm nicht angeboren; er hat ihn im mütterlichen Uterus erlernt.

Diese Art der Angeborenheit macht den Unterschied zwischen Mensch und Tier aus: die „Unvollkommenheit der Geburt des Menschen" ist „seine Vollkommenheit" und die „Vollkommenheit der Geburt des Tieres seine Unvollkommenheit".[233] Das Tier prägt in seinem Leben nur aus, was es in sich trägt, es ist im Grunde vollständig determiniert. Der Mensch hingegen wird geboren:

---

[229] Vgl. VCR 56. Nach AC 1857 geschieht der Sturz in die Hölle allmählich und aufgrund der universalen Ordnung, nicht auf direkte Initiative des Herrn. Vgl. auch AC 2335.

[230] Vgl. etwa RENÉ DESCARTES: Meditationes de prima philosophia. Resp. ad 1. obj. A/T 7, 116 f.; zum Problem vgl. DOMINIK PERLER: Repräsentation bei Descartes. Frankfurt a. M. 1996, 171–189; NICHOLAS JOLLY: The Light of the Soul. Theories of Ideas in Leibniz, Malebranche, and Descartes. Oxford 1998.

[231] Vgl. JOHN LOCKE: Essay concerning human understanding, I,3,26, nach der deutschen 4. Aufl. Hamburg 1988.

[232] Vgl. VCR 343 („facultas ad sciendum, intelligendum, et sapiendum, ut et inclinatio ad amandum non modo illas, sed etiam proximum et Deum"). Vgl. auch JONSSON, 1988, 38. JONSSON, 1979, 238, hat darauf hingewiesen, dass Swedenborg diese Mittelstellung von Andreas Rydelius übernommen haben dürfte. Dieser war der Ansicht, dass die *anima* als einzig Lebendiges und als Empfangsorgan des Göttlichen alles Wissen besitze. Das Individuum könne sich dessen aber nicht bewusst werden. Sein eigentliches Wissen befinde sich in der *mens naturalis*, dem Intellekt, der das rezipiert, was *animus* zusammenstellt.

[233] Vgl. VCR 48 (der Mensch werde in *nullam scientiam* geboren), 692; Coniug 133.

„als ein Organ, das kaum, außer dunkel, mit den äußeren Sinnen, lebt, aber mit keinen inneren Sinnen, und dies darum, damit er allmählich lebe und ein Mensch werde, zuerst ein natürlicher, hernach ein vernünftiger und zuletzt ein geistiger".[234]

Die Ideen, aus denen „Reden" und „Tätigkeiten" des Menschen erwachsen, werden ihm darum nicht angeboren, sondern nur „angebildet". In einem Gespräch in der Geisterwelt über dieses Thema, das in Anwesenheit von Leibniz, mit dem sich Swedenborg eins meinte, und Christian Wolff geführt wurde, äußerte Leibniz seinen Beifall, während sich Wolff, dem es an Urteilskraft fehlte, gleichzeitig „verneinend und bejahend" entfernte.[235]

Die Entwicklungsfähigkeit des Menschen ist mit dem Vermögen verknüpft, Wahrheiten und Falschheiten, ‚gute' und ‚böse' Lieben aufzunehmen, wobei dazu auch das von seinen Eltern ererbte *malum hereditarium*, der Hang zum Bösen, gehört.[236] Dieser Disposition des Menschen, der äußerlich Bild der Welt, innerlich Bild des Himmels ist, aber dieses Bild in sich zerstört und durch die Form der Hölle ersetzt hat, steht die Bestimmung des Menschen, die göttliche Providenz, gegenüber: Um das Bild des Himmels in sich wiederherzustellen, muss der Mensch belehrt werden.[237] Er muss in die leeren Gefäße seiner Vermögen das Göttliche einfließen lassen. Sowohl Wissen als auch Liebe stammen immer aus fremden Quellen, entweder aus Gott oder von anderen.[238] Genau dazwischen übt der freie Wille seine Funktion aus: eine autonome Selbst-Prädestination zum Heil oder zur Verdammnis.

Die innere oder geistige Entwicklung vom Kind zum Erwachsenen sieht Swedenborg daher unter dem Kriterium des Willens, der wie oben dargestellt, dem Verstand übergeordnet ist: In einem ersten Lebensabschnitt ist der Wille anderer maßgebend, in einem zweiten wird ein eigener Antrieb und ein eigener Verstand ausgebildet, im dritten wirkt der eigene Wille auf den Verstand ein, bis schließlich im vierten eine begründete Überzeugung und ein fester Plan hergestellt sind.[239] Bei der Taufe, die keine Wiedergeburt wirkt, weil das Kind noch nicht über Vernunft und Urteilskraft verfügt,[240] erhalten die Kinder „Engelstutoren" *(angeli tutores)*, die sie im „Zustand der Empfänglichkeit für den Glauben an den Herrn" halten und sie wieder verlassen, „sobald sie ihre eigenen Herren und ihrer Vernunft mächtig werden".[241]

---

[234] VCR 48: „quod homo nascatur organum, quod vix sensibus externis, nisi obscure vivit, at nullis internis, propter causam, ut successive vivat, et fiat homo, primum naturalis, postea rationalis, et demum spiritualis".

[235] VCR 335: „Quare ideae hominibus sunt, verum non connatae, sed formatae, et ex his fluunt loquelae et actus illorum." Vgl. auch LAMM, 1922, 307.

[236] Vgl. AC 4802; 10318; Com 134.

[237] Vgl. HH 202. Dass Tiere mit ihren Trieben geboren werden, entspricht der für sie vorgesehenen Ordnung. Die für den Menschen vorgesehene ist, wäre die Liebe zum Herrn und zum Nächsten. Da der Mensch aber gegen die Ordnung geboren wird, ist er für seine spätere Wiedergeburt vorgesehen („provisum est ut dein possit renasci"), vgl. AC 6323.

[238] Vgl. Coniug 134.

[239] Vgl. VCR 443.

[240] Vgl. AC 2636 (ratio, judicium); AC 677.

[241] VCR 677. Zum Taufverständnis Swedenborgs, der die Kindertaufe befürwortet, vgl. Kap. 3.3.7., d), bb).

j) Überreste und Vernunft

Dass die menschlichen Entwicklungsphasen nicht ausschließlich in einem moralisch verkehrten Leben münden, sondern auch die Möglichkeit der Wiedergeburt des inneren geistigen Menschen in sich bergen, hat seinen Grund darin, dass der Mensch mit „Überresten" *(reliquiae)* ausgestattet ist, die mit seiner Gottebenbildlichkeit zusammenhängen und göttlichen Ursprungs sind. Auch die Überreste machen seinen Unterschied zum Tier aus.[242] Swedenborg will – trotz widersprechender Aussagen[243] – die Überreste aber offenbar nicht als angeborene Ideen verstanden wissen, sondern ebenfalls als Vermögen. Durch sie „kann der Mensch sein wie ein Mensch, wissen, was gut und wahr ist, über das einzelne reflektieren *(reflectere)*, folglich denken und schließen *(cogitare et ratiocinari)*".[244] An anderer Stelle setzt er die Überreste mit der Unschuld der Kinder gleich, die im Guten und Wahren seien.[245] Sie sind die Basis für eine spätere Wiedergeburt, aber man kann sie durch schwere Vergehen auch verlieren.[246]

Kinder, die Überreste besitzen, aber noch kein eigenes Gewissen[247] ausgebildet haben, werden auch in anderer Weise moralisch beurteilt als Erwachsene, die für ihre Neigungen *(affectiones)* als für ihren *amor regnans* voll verantwortlich sind. Die Überreste in verstorbenen Kindern reichen in der Geisterwelt nicht aus, dass sie sofort Engel werden könnten, aber Kinder können auch nicht in die Hölle gelangen, weil das Erbböse nicht zugerechnet wird und Kinder sich aufgrund ihrer mangelnden Vernunft kein aktuales Böses zugezogen haben.[248] Sie werden von – weiblichen – Engeln vielmehr erst erzogen, bevor sie selbst Engel werden.[249] Es wird also das fortgesetzt, was zu ihren Lebzeiten nicht mehr möglich war, denn ohne die moralische Qualifizierung zum Guten ist kein Heil möglich.

Ohne beide terminologisch miteinander zu identifizieren, kennt Swedenborg neben den göttlichen Überresten im Menschen die Vernunft, die dem Menschen als *lumen naturale* durch das himmlische Licht *(lux caelestis)* ebenfalls eingepflanzt ist. Offenbarungen, die über diese eingepflanzte Vernunft und über die

---

[242] Vgl. AC 560, 565. Die Zahl 10 in der Bibel bedeutet im inneren Sinn die Überreste, AC 575; auch die Maße der Arche Noah bezeichnen im inneren Sinn die Überreste des Herrn, vgl. AC 649. Die Abrahamsverheißung Gen 16,10 (ich will deinen Samen mehren) deutet Swedenborg nicht als Verheißung von Nachkommenschaft, sondern in ähnlicher Weise wie die Überreste: als inneren Samen (semen) vom Herrn, vgl. AC 1941.
[243] AC 8 nennt die Kenntnisse des Glaubens (cognitiones fidei), die das Kind von Beginn an besitzt.
[244] Vgl. AC 560. Der Mensch besitzt zunächst zwei *plana*, die ihm vom Herrn eingeflößt werden: 1. Willen, Unschuld und Liebe gegenüber den Eltern, 2. Verstand als Grundlage für Erkenntnisse und Wissenschaft (scientia). Wird diese Fähigkeit für Gutes und Wahres genutzt, dann wird er wiedergeboren und ein drittes *planum* geschaffen, vgl. AC 1555.
[245] Vgl. AC 1548.
[246] AC 2466 nennt das Beispiel der Töchter Lots, die typologisch als schwere Schändungen des Guten und Wahren im Allgemeinen verstanden werden.
[247] Vgl. dazu den folgenden Abschnitt k), besonders Seite 260f., sowie 298.
[248] Auch ein falscher Glaube ist bei Kindern und Einfältigen aus diesem Grund nicht schädlich, vgl. VCR 9982.
[249] Vgl. etwa AC 2289, 2306f., 4563, 4721; HH 277, 332, 342; NJ 3.

Heilige Schrift (in ihrem inneren Sinn!) hinaus ein göttliches Wissen verfügbar machen würden, kann der irdische Mensch im Gegensatz zu den Bewohnern anderer Himmelskörper nicht empfangen.[250] Swedenborg bleibt damit in seiner Offenbarungsträgerschaft exklusiv.

Wendet sich diese Vernunft den natürlichen Wissenschaften zu, bleibt sie verdunkelt,[251] setzt sich dadurch selbst zum Maßstab und geht mit dem *amor sui* oder *amor mundi* konform.[252] Orientiert sie sich hingegen an den göttlichen Wahrheiten, trägt sie zur Wiedergeburtsfähigkeit bei und wird durch das wahrhaft himmlische Licht erleuchtete Vernunft.[253] In beiden Fällen beeinflusst sie die Bestimmung des *amor regnans* des menschlichen Willens, der durch Einsicht verändert werden und die Wiedergeburt des ganzen Willens vorbereiten kann.

Die erleuchtete Vernunft *(illustrata ratio),*[254] die der göttlichen Wahrheit gemäß ist, betrachtet Swedenborg als Schlüssel, der die Geheimnisse des Glaubens aufzuschließen vermag. Nur im Zustand der Erleuchtung des wiedergeborenen Menschen stimmt sie mit dem Glauben überein – das ist Swedenborgs Antwort auf das im 18. Jahrhundert vieldiskutierte Verhältnis zwischen Glaube und Vernunft oder Vernunft und Offenbarung. In der *Vera christiana religio* beschreibt Swedenborg eine Vision, in der ihm ein Tempel erschien, dessen Torbalken das Motto trug: „Nunc licet." Nun ist es erlaubt, einzutreten und „verstandesmäßig in die Geheimnisse des Glaubens einzudringen".[255] Wie im philosophischen Rationalismus und in einem großen Teil der Aufklärungstheologie bleibt der Vernunft damit ein Primat vorbehalten, allerdings der erleuchteten bzw. durch den ungehinderten göttlichen Einfluss noch zu erleuchtenden Vernunft. Die überlieferten Glaubensinhalte wie der Inhalt der Heiligen Schrift werden ihren Kriterien unterworfen.

---

[250] Vgl. HH 130; 309. Weitere Stellen zum *lumen naturale* im Gegenüber zum *lux caelestis* vgl. AC 3263, 3769, 6256, 8635, 9103, 9227, 9382, 10156, 10236 u. ö.

[251] Der Baum der Erkenntnis ist im inneren Sinn „das Wissenschaftliche", das die himmlische Weisheit der Ältesten Kirche zerstörte, vgl. UJ 46. In einem anderen Fall aus der ‚Religionsgeschichte' bringt Swedenborg diesen Vergleich noch einmal: Ägypten bedeutet im inneren Sinn stets „Wissenschaften" der Erkenntnisse in Beziehung auf den Herrn. Hier in Ägypten sei die Alte Kirche beheimatet gewesen, bis die Wissenschaften (und gerade nicht die erleuchtete Vernunft) in die Geheimnisse des Glaubens eindringen wollten und dadurch Magie und die Verkehrung von Gutem und Wahrem bewirkten, vgl. AC 1462.

[252] HH 553 nennt das Licht vom Himmel *lux* und das eigene Licht (hier: von Höllengeistern) *lumen*. Bereits im TTB (S. 40, Aufzeichnung vom 18./19. April), hielt Swedenborg es für erforderlich, die Anbetung des eigenen Verstandes auszutilgen, um wahren Glauben zu erlangen. Gebildete hätten es dabei schwerer als Ungebildete; Verstandesbeweise verdunkelten den Glauben, denn der Verstand gelange nur zu einer „größeren oder kleineren Wahrscheinlichkeit" („Probatio majoris eller minoris").

[253] Vgl. HH 130.

[254] VCR 32. Die erleuchtete Vernunft vermag sogar die Unendlichkeit Gottes aus der Welt heraus zu ersehen.

[255] VCR 508: „*Nunc licet*; quod significabat, quod nunc liceat intellectualiter intrare in arcana fidei." [Hervorhebung bei Swedenborg]. Der Kontrapunkt dieser Erlaubnis wird ebenfalls genannt, nämlich das Luthertum, in dem der Verstand unter dem Glauben stehen musste. Vgl. auch VCR 396.

k) Die Wiedergeburt des Menschen

Der durch göttliche *providentia* zum Heil bestimmte Mensch ist einerseits durch sein Erbböses so unfähig, dass er diesem Plan entgegenwirken kann und im Grunde sogar muss. Wenn seine göttlichen „Überreste" und seine Vernunft zu einer wahren Freiheit führen sollen, muss er wiedergeboren werden. Swedenborg vertritt hier eine synergistische Position. Zwar ist die menschliche Mitwirkung bei diesem Akt unbedingt erforderlich, aber die Wiedergeburt selbst ist allein eine Tat des Herrn.[256] Selbsterlösung ist für Swedenborg undenkbar.

Da alles Gute und Wahre von göttlicher Seite und alles Böse und Falsche durch Geister der Geisterwelt in den Menschen einfließt und er nichts davon besitzt, sondern sich nur zu eigen machen kann, besteht die Wiedergeburt lediglich in der Abwendung von bösen und in der Öffnung gegenüber guten Einflüssen, die dann gänzlich seinen Willen beherrschen. Das Gute, das der Mensch nach seiner Wiedergeburt tun kann, kommt nicht aus ihm selbst, sondern entsteht aus den nun frei fließenden göttlichen Kräften, die er sich zu eigen gemacht hat. Da der Mensch nach Swedenborgs Auffassung das Äußere von der Mutter und die Seele vom Vater erbt, wird das Innere, vom Vater stammende, das der Ort des *amor regnans* ist, durch das Gute des Herrn ersetzt.[257] Der Wiedergeborene kann lediglich so denken, „als ob" das Gute und Wahre aus ihm selbst kämen; er soll es „wie aus sich selbst tun, dabei aber glauben, daß es vom Herrn bei ihm und durch ihn geschehe".[258] Aber nicht einmal die Fähigkeit dieser Einstellung stammt vom Menschen selbst: Sogar „das ‚wie von sich' ist vom Herrn".[259] Darin besteht im Grunde genommen die neu gewonnene Qualität des Menschen. Swedenborg meint offenbar, auf diese Weise den Widerspruch zwischen seiner schroffen Behauptung der völligen menschlichen „Verderbtheit" und seinem ebenso strikten Insistieren auf der Willensfreiheit als Bedingung der Wiedergeburt zu lösen.

Der menschliche Part auf dem Weg zur Wiedergeburt *(regeneratio* oder *reformatio)* besteht darin, das Böse zu meiden und die ausschließliche Herkunft alles Guten aus dem *Dominus* zu bejahen.[260]

---

[256] Vgl. AC 987, 3138; VCR 576.

[257] Vgl. AC 3518.

[258] VCR 3. Dieser Gedanke ist bereits in AC 1712 enthalten und daher scheinbar kein Zugeständnis der VCR an die lutherischen Gegner Swedenborgs in Schweden.

[259] VCR 621 („sed *Sicut a se* est a Domino" – Hervorhebung bei Swedenborg). Merkwürdig steht diese extrem negative Sicht der menschlichen Fähigkeiten Swedenborgs Attacken auf die Passagen der Konkordienformel gegenüber, in denen ebenfalls von der Verderbtheit des Menschen die Rede ist. Die Differenz zum Luthertum wird an vielen Stellen überhaupt nicht deutlich. Vgl. etwa VCR 355 f.

[260] Vgl. AC 3913; VCR 330. Das Böse kann der Mensch als (getane) Sünde aber ebenso wenig vermeiden wie er das Gute aus sich selbst zu tun vermag. Er soll aber dennoch dagegen „kämpfen wie von sich". In AC 1937 drückt es Swedenborg so aus: Da der Mensch nicht durch Zwang (coactio) zum Guten und Wahren gelangen kann (denn das widerspräche seiner Freiheit), solle er sich aber dennoch zum Gehorsam unter das Gebot des Herrn zwingen (coactio ad bonum); die Freiheit werde dadurch nicht gefährdet. Vgl. auch VCR 437; AC 2967. Das Sinnliche muss dem Vernünftigen unterworfen werden, vgl. AC 5128.

Eine asketische Entsagung gegenüber allen weltlichen Gütern lehnt der zeitlebens wohlhabende Swedenborg ab. Es kommt darauf an, welche Rolle die irdischen Güter, Reichtum und Annehmlichkeiten spielen. Dienen sie dem „Zweck" des eigenen Lebens, bestimmen sie den *amor regnans*, wenn sie nur als Mittel betrachtet werden, schaden sie der inneren Gesinnung nicht.[261]

Dabei entwickelt Swedenborg im Kontext seiner modifizierten Sakramentslehre in der *Vera christiana religio* auch eine besondere Auffassung der Buße als Selbsterkenntnis und Sündenerkenntnis, die zur Abkehr vom Bösen und zur Änderung des *amor regnans* führen kann.[262] Zuweilen nennt er allerdings noch andere menschliche Vorleistungen, die für die Wiedergeburt nötig sind, wie etwa den Glauben an die Geisterwelt.[263] Vor allem aber ist den dogmatischen Falschheiten der überlieferten konfessionellen Bekenntnisse zu entsagen: Wer etwa meint, allein durch Gnade gerecht werden zu können, wie es das orthodoxe Luthertum tut, ist schlichtweg nicht in der Lage, wiedergeboren zu werden, weil er nicht frei denkt und handelt, sondern sein Heil in ein fremdes Verdienst setzt, das darüber hinaus mit einem nach Swedenborgs Auffassung falschen Gottesverständnis verbunden ist.[264] Demgegenüber kommt dem Verstand eine wichtige Rolle bei der Umschaffung des Willens zu: Werden die durch Erkenntnisse angeeigneten Wahrheiten verinnerlicht, werden sie aus einer Sache der Vernunft zu einer Sache des Willens.[265] Der menschliche Part bei der Wiedergeburt wird dadurch als ein im Wesentlichen intellektuelles Geschehen beschrieben.

Im Zuge der Wiedergeburt wird der Mensch neu geschaffen, genauer: der innere Mensch, sein Verstand und sein Wille, werden in einer bestimmten Ordnung durch den Herrn wiedergeboren, bevor der äußere Mensch durch den inneren neu geboren wird.[266] Die sechs Schöpfungstage *sind* nach Swedenborgs Auslegung des inneren Sinns sechs aufeinander folgende Zustände der Wiedergeburt: 1. der Zustand des Kindes, 2. die Unterscheidung zwischen dem, was vom Herrn stammt, und dem, was zum Eigenen des Menschen gehört, 3. die Buße, 4. die „Affizierung" durch die Liebe und die Erleuchtung durch den Glauben, 5. das Sprechen aus dem Glauben und 6. Wahres sprechen und Gutes tun aus Liebe und Glaube, die miteinander verbunden sind – dadurch entsteht ein „geistiger Mensch, der Bild genannt wird".[267]

Dabei wird nicht nur die menschliche Vernunft erleuchtet, auch sein „Gewissen" *(conscientia)* wird wiedergeboren, so dass erst jetzt durch den Herrn selbst

---

[261] Vgl. AC 3425, 994. Arme und Reiche können in den Himmel gelangen; Reiche sind sogar im Himmel wohlhabender als andere, hängen aber ihr Herz nicht an den Wohlstand, vgl. NJ 357, 361.

[262] Vgl. dazu Kap. 3.3.7., d), bb).

[263] Vgl. AC 2682.

[264] Vgl. etwa VCR 591.

[265] Vgl. 3161.

[266] Vgl. VCR 587 f., 591, 602; NJ 181; AC 3509, 8742.

[267] Vgl. AC 6–13 („homo spiritualis, qui vocatur ‚imago'". Hervorhebung im Original). In AC 1554 meint Swedenborg merkwürdigerweise, die Ordnung der Wiedergeburt kenne niemand, nicht einmal die Engel.

das volle Bewusstsein des Guten und Wahren im Menschen entsteht,[268] und zwar nicht in einem einmaligen Akt, sondern in einem längeren Vorgang, der durch Versuchungen gekennzeichnet ist. Versuchungen sind – ganz in Analogie zur (Selbst-) Verherrlichung des *Dominus* – nötig, um das Böse und Falsche nach und nach abzustreifen.[269]

Wiedergeburt bedeutet in diesem Sinne dasselbe wie Sündenvergebung. Swedenborg benutzt diesen Topos aus den konfessionellen Rechtfertigungslehren, aber deutet ihn anders:

„[…] was Vergebung der Sünden ist: vom Herrn erhalten werden können im Guten der Liebe und in den Wahrheiten des Glauben, und abgehalten werden vom Bösen und Falschen, das ist Vergebung der Sünden. Und alsdann das Böse und Falsche fliehen, und es verabscheuen, ist Buße."[270]

Sündenvergebung ist demnach kein Gnadenakt, sondern ein selbst bewirktes Zulassen göttlichen Einflusses, der aber allein die Wiedergeburt bewirkt. Im Ergebnis dieses lebenslangen[271] Vorgangs lebt der innere Mensch bereits jetzt im Himmel, noch während sein Körper in der natürlichen Welt verhaftet ist.[272] Er ist ein „kleiner Himmel" oder ein „Bild des Himmels" entsprechend dem *maximus homo*, der den *mundus spiritualis* umfasst.[273] Der Kontakt zwischen dem Inneren des Menschen und dem Herrn selbst ist unmittelbar hergestellt, allerdings nicht in Form einer *unio* [mystica], sondern in Form einer *conjunctio*.[274] Lediglich beim inkarnierten und verherrlichten *Dominus* besteht eine *unio* zwischen seinem vergöttlichten *Humanum* und seinem *Divinum*.[275] Zwischen Gott und dem Menschen, ja selbst zwischen Engeln und Gott kann es niemals eine *unio* geben.

---

[268] Vgl. AC 1043, 1442, 3187, 9115. Gen 9, Gottes Bund mit Noah, beschreibt im inneren Sinn diese Wiedergeburt, vgl. AC 977. Swedenborg unterscheidet drei Quellen der Gedanken: 1. die *perceptio* unmittelbar aus dem Herrn bei den Engeln, himmlischen (und wiedergeborenen) Menschen, 2. das Gewissen bei den (mittleren) geistigen Menschen, und 3. das Selbst bei denen, die vom Bösen und Falschen regiert werden und gar kein Gewissen haben, vgl. AC 2515. Das Gewissen entspricht bei Swedenborg gleichsam den Überresten und wird durch Engel und Geister gewährleistet, es scheidet Wille und Verstand, vgl. AC 227, 870. Es ist nicht eine subjektiv in der Person entwickelte Instanz des Bewusstseins und der Absicht, keine „Zerknirschung" im Sinne der Buße, es ist auch nicht organisch, etwa eine ‚biochemisch' erklärbare Empfindung, sondern rein geistigen oder himmlischen Ursprungs, vgl. VCR 665, sowie AC 1919, 6207.

[269] Vgl. AC 8962, 8966, 4110. Bei diesen Versuchungen während der Wiedergeburt werden dem Menschen verschiedene Geister beigegeben, um das Wahre zu befestigen.

[270] AC 9449, sowie 9452f.

[271] Vgl. AC 4063.

[272] Vgl. VCR 599. Nur Wiedergeborene gelangen letzten Endes ganz in den Himmel, vgl. AC 2979; VCR 723.

[273] Vgl. AC 911 (exiguum caelum, imago caelis). Das Gleichgewicht zwischen den guten und bösen Geistern ist auch jetzt noch vorhanden, aber beim wiedergeborenen Menschen wagen es die bösen Geister nicht, gegen Gutes und Wahres vorzugehen, vgl. AC 986.

[274] Vgl. AC 2021. In VCR 725 wird die Verbindung zum Herrn sogar im Abendmahl hergestellt. Wenn Swedenborg in AC 1013 notiert, die Liebe zum Herrn mache den Menschen eins mit ihm, ergänzt er sofort, dies bedeute „similitudo". An anderer Stelle, wo Swedenborg vom Menschen als dem Mittel spricht, durch das Gott sich mit der Natur vereinigt, verwendet er aber den Ausdruck „medium uniens". Vgl. AC 3702.

[275] Vgl. etwa AC 1539, aber Kap. 3.3.6., c).

Swedenborgs schon in *De infinito* vertretene Differenz zwischen Gott und Welt bzw. Mensch wird hier durchgehalten. Die Verherrlichung des Herrn ist dennoch Bild und Prototyp der Wiedergeburt des Menschen.[276]

3.3.6. Christologie und Soteriologie

Swedenborgs Auffassungen in der Frage der Willensfreiheit, in der Trinitäts-, Sünden- und Prädestinationslehre führten zu einer drastischen Umgestaltung der Christologie. Wenn bei der Wiedergeburt ein fremdes, am Kreuz erworbenes Verdienst und ein Gnadenakt wegfallen, wenn Gottvater und Gottsohn streng als Einheit vorgestellt werden, steht die Person Jesu Christi und ihre heilsgeschichtliche Funktion im Grunde gänzlich zur Disposition und es stellt sich zu Recht die Frage, ob man bei Swedenborg überhaupt von einer Christologie sprechen kann. Swedenborg hält aber im Gegensatz zu breiten Strömungen in der Aufklärungstheologie an mehreren Topoi der Christologie der Bekenntnisschriften fest, modifiziert sie allerdings im Rahmen seines theologischen Konzepts. Sein Credo, das er in der *Vera christiana religio* als Glaubensbekenntnis der neuen Kirche ausformuliert hat, enthält bereits die wichtigsten Aspekte seiner Christologie: die göttliche Einheit, die Inkarnation, der historische Jesus, eine heilsgeschichtliche Dimension und die Rolle der Gläubigen bei der Wiedergeburt. Aufgrund dessen bleibt die Christologie ein theologischer Topos auch bei Swedenborg.

„Der Glaube des neuen Himmels und der neuen Kirche in seiner allgemeinen Form ist folgender: Der Herr von Ewigkeit, welcher Jehovah ist, kam in die Welt, um die Höllen zu unterjochen, und Sein Menschliches zu verherrlichen; ohne dieses hätte kein Sterblicher selig werden können; und diejenigen werden selig, die an Ihn glauben.“[277]

Dieses Credo ist nun genauer zu erläutern.

a) Die Inkarnation des einen Gottes

Im Gegensatz zu den altkirchlichen Symbolen, die er scheinbar ausschließlich aus dem Konkordienbuch kennt,[278] lehnt Swedenborg die Vorstellung eines präexistenten Sohnes ab, der in irgendeiner Weise vom Vater verschieden wäre, ob nun in Form von Wesensgleichheit oder Wesensähnlichkeit.[279] Der Sohn ist nicht eine göttliche Person innerhalb der Trinität, sondern ein Attribut des einen Gottes.

---

[276] Vgl. AC 3043, 3057, 3138, 4538.

[277] VCR 2.

[278] Einem „Synedrium" von Geistern liest Swedenborg mit Stellenangaben aus dem Konkordienbuch (das er durchweg *Formula Concordiae* nennt) vor, nennt dabei hier wie auch an mehreren anderen Stellen ausdrücklich die konkrete Ausgabe von 1756, hinter der sich verbirgt: Concordia pia et unanimi consensu repetita confessio fidei et doctrinae electorum [...]. Leipzig 1756, vgl. VCR 137. Weitere Erwähnungen dieser Ausgabe mit den sächsischen Visitations–Artikeln im Anhang: VCR 356, 463, 798.

[279] Der Sohn ist nicht aus dem Vater gezeugt oder hervorgebracht; er hätte sonst nicht die

Da Swedenborg aber an der Inkarnation festhält, muss sich dieser eine Gott – der Schöpfer oder Vater – selbst inkarniert haben.[280] Die Betonung der göttlichen Einheit gegen den unterstellten kirchlichen Tritheismus führt aber gerade nicht zu adoptianischen, doketistischen, arianischen oder sozinianischen Vorstellungen, die in der zeitgenössischen Theologie vielfach die Konsequenz hatten, den historischen Jesus lediglich als Morallehrer oder als einen besonders erwählten Menschen zu betrachten.[281] Swedenborgs Modalismus oder Unitarismus ist organisch mit der Inkarnation verbunden und betont die Gottheit und Wesenseinheit des Sohnes mit dem Vater. Hierin könnte eine erneute Überschneidung mit dem Antritrinitarismus William Whistons gesehen werden, denn Whiston wurde nicht nur Arianismus, sondern auch eine (modifizierte) unitarische Position wenigstens vorgehalten, wobei geradezu erstaunt festgestellt wurde, wie denn ein Unitarier behaupten könne, dass der Gott des Alten Testaments kein anderer als der Logos gewesen sei, der sich später inkarniert habe.[282]

Bei Swedenborg schlägt sich ein modifizierter Unitarismus terminologisch darin nieder, dass er in den *Arcana coelestia* und den darauf basierenden Schriften den Namen Jesus Christus fast durchweg durch *Dominus* ersetzt, mit dem Titel also, der in der Vulgata und den Swedenborg zur Verfügung stehenden lateini-

---

gleichen Qualitäten wie der unendliche Gott, vgl. VCR 23. Der Sohn von Ewigkeit ist mit dem Vater identisch und Schöpfer des Weltalls, vgl. Apoc 962.

[280] Vgl. VCR 82.

[281] In VCR 339 wendet sich Swedenborg gegen Sozinianer und Arianer, die die Gottheit des Herrn verwerfen. Vgl. auch VCR 94 (hier wird in Verbindung mit Judaismus, Arianismus, Sozinianismus und dem frühen Calvinismus der „Naturalismus" und „Fanatismus" genannt, der den Herrn als Sohn Marias und Josephs betrachte), sowie VCR 159, 339, 380, 795. Die bei der Taufe Jesu erwähnte Taube stellt daher auch nicht den Heiligen Geist dar, der auf ihn herabkam, ein Argument, das häufig für adoptianische Vorstellungen oder für die Behauptung mehrerer Personen in der Trinität diente. Tauben entsprechen im Himmel den „Neigungen und de[n] daraus hervorgehenden Gedanken [...] betreffend die Wiedergeburt und Reinigung", vgl. VCR 144.

[282] „It is really amazing to me, that you should ever fall in with the *Unitarians*; I should have thought you were most effectually secured against Danger from that Corner, by that one Notion, which you formerly entertained, and which I think Dr. *Scot* has well established, that the God of *Israel*, of whom so many and great Things are spoken in the Old Testament, is no other than the λόγος, who afterward became incarnate: I cannot apprehend how an *Unitarian* can hold this [...]." Vgl. J. Peirce an Whiston, 10.7.1708, in Whiston, 1749, 140 f. [Hervorhebungen bei Whiston]. Diese Passage bezog sich offenbar auf Whiston, 1720, 54, zitiert in Kap. 4.3.4., b). Zum Arianismusvorwurf gegen Whiston vgl. etwa Michael Maittaire: Essay against Arianism and some other Heresies: or, A Reply to Mr. William Whiston's historical Preface and Appendix to his Primitive Christianity revived. London 1711; John Hancocke: Arianism not the Primitive Christianity: or, the antenicene Fathers vindicated, from the Imputation of being favourable to that Heresy. Design'd as an Answer (in part) to Mr. Whiston's Primitive Christianity reviv'd. London 1713 [2. Aufl. 1719]; Conyers Place: Heretical Characters illustrated and confirmed, with some Applications of them to Mr. Whiston, from Passages in his Primitive Christianity. London 1713; William Staunton: A Review of Mr. Whiston's XXIII Propositions concerning the Primitive Faith of Christians about the Trinity and Incarnation. With Alterations, Distinctions, and Notes thereupon [...]. London 1723. Johann Friedrich Wucherer: Vindiciae aeternae divinitatis Jesu Christi adversus Guil. Whistoni Account of the Primitive Faith X: Cum prolusione: De Arii, verae divinitatis Christi hostis, morte misera. Jenae 1730.

schen Bibelübersetzungen für Jahwe (יְהֹוָה) gelesen wurde.[283] Swedenborg unterscheidet aber zwei Aspekte ‚innerhalb' des *Dominus*: hinsichtlich seines *Divinum*
nennt er ihn Jehovah Deus, hinsichtlich seines *Divinim Humanum* den Sohn.[284]
Erst in der *Vera christiana religio* und anderen späten Schriften wählte Swedenborg häufig auch den Namen Jesus Christus als Bezeichnung für den inkarnierten Gott, ohne sich allerdings von seinen christologischen Entscheidungen zu
verabschieden. Bereits im Titel bezeichnet er sich als „Diener des Herrn Jesus
Christus". Hinter dieser Wortwahl dürfte vor allem eine apologetische Strategie
gegenüber den Angriffen stehen, die gegen Swedenborgs Parteigänger in Göteborg unternommen wurden. Swedenborg scheint aber an manchen Stellen durch
seine Wortwahl auch theologische Modifikationen vorgenommen zu haben, die
seinem christologisch-trinitarischen Rahmen zu widersprechen scheinen, so
etwa, wenn er meint, die wiedergeborenen Gläubigen könnten nicht mit dem
Gottvater, sondern nur mit dem *Dominus* in Verbindung stehen.[285] Die oben genannte, in der *Vera christiana religio* vorgetragene Ansicht, die Trinität sei erst
mit der Inkarnation gegeben, dürfte ebenfalls eine strategische Exkulpation gegenüber den Vorwürfen des Antitrinitarismus und Mohammedanismus gewesen
sein. Dabei zitierte Swedenborg mehrfach aus den altkirchlichen Bekenntnissen,
wo die Einheit von Sohn und Vater betont wurde, um seine These zu unterstützen und sich zugleich gegen die dort enthaltenen Passagen zu wenden, in denen
zwischen Sohn und Vater unterschieden wird.[286] Diese sich widersprechenden
Aussagen stießen bereits bei theologischen Zeitgenossen Swedenborgs auf Unverständnis und Kritik.[287]

---

[283] AC 3005 deutet Jesus Christus: Jesus sei „im inneren Sinn das göttlich Gute (Divinum
Bonum), und Christus das göttlich Wahre (Divinum Verum). Wahres und Gutes sind nach
Swedenborgs Theologie Gott selbst".

[284] Vgl. AC 3035, 3061.

[285] Vgl. VCR 370; AC 1990: „Das unendliche Selbst, das über allen Himmeln, und über
dem Inwendigsten bei dem Menschen ist, kann nicht geoffenbart werden, außer durch das
Göttlich-Menschliche, das allein beim Herrn ist. Eine Gemeinschaft (communicatio) des Unendlichen mit dem Endlichen ist anderswoher gar nicht möglich; und dies ist auch die Ursache, daß Jehovah, wenn Er den Menschen der Ältesten Kirche, und nachmals denen der Alten
Kirche, die nach der Sündflut bestand, dann später dem Abraham und den Propheten erschien, ihnen als Mensch sich offenbarte [...]."

[286] Vgl. VCR 98, 101, 111 (Berufung auf das Athanasianum), ebd. (Berufung auf Luther
und die *Confessio Augustana*, dass Menschensohn und Sohn Gottes eine Person sei und als
Allmächtiger zur Rechten Gottes sitze), ebd. (englisches Zitat aus einem englischen Abend-
mahlsgebet mit Swedenborgs Auslegung, dass das dort genannte geistliche Essen und Trinken
nur möglich sei, wenn Christi Menschheit göttlich ist), 137 (mehrere Zitate aus dem Konkordienbuch, die die Einheit von Vater und Sohn und die Gottheit auch der menschlichen Natur
Christi betonen).

[287] Der Thüringer Kritiker der Neuen Kirche Christian Wilhelm Schneider fand 1789 be-
sonders deren (und Swedenborgs) Christologie „ganz seltsam". Einmal werde gesagt, Jesus
Christus sei der wahre Gott, dann: er sei die einige Person der Gottheit, in ihm sei zudem die
Dreiheit enthalten. Schließlich heiße es, er sei lediglich eine göttliche Eigenschaft, nämlich
Güte und Wahrheit, die auf die Erde gekommen sei und menschliche Gestalt angenommen
habe. Dann werde behauptet, er sei in seiner göttlichen Menschheit der einige Gott. Vgl.
SCHNEIDER, 1789, 42. Auch der englische unitarische Swedenborgkritiker Joseph Priestley
konnte es nicht verstehen, wie die Swedenborgianer, die er für Unitarier halten wollte und

b) Die Gründe der Inkarnation

Swedenborgs Inkarnationslehre ist eng mit seiner verfallsgeschichtlichen Konzeption verbunden. Die Fleischwerdung Gottes ist nur eine, wenn auch eine herausgehobene Inkarnation im Laufe der Geschichte. Nach jeder Kirche, über die ein Jüngstes Gericht gehalten wurde, das aber nicht den Untergang der Welt, sondern die „Vollendung" oder „Verwüstung" der jeweiligen Kirche bedeutete,[288] kam der Herr in die Welt, „zwar nicht in Person" wie bei der Geburt des historischen Jesus, sondern durch „Erscheinungen", „Inspirationen" sowie durch das Wort selbst.[289] Nach jeder untergegangenen Kirche wird eine neue Kirche gegründet, die aber „selten" auf der Basis der alten Kirche, sondern unter den Heiden errichtet wird.[290]

Beim Gericht über die jüdische Kirche inkarnierte er sich schließlich in der Gestalt des historischen Jesus selbst, um sein Heilswerk zu vollbringen: Die Hölle hatte am Ende der jüdischen Kirche einen solch starken Zulauf bekommen, dass das Gleichgewicht zwischen Himmel und Hölle und die Verbindung zwischen Himmel und Menschheit zu zerbrechen drohte. Um dies zu verhindern, musste sich Gott selbst inkarnieren und seine Gottheit mit der Menschheit verbinden.

Ein unmittelbares Eingreifen wäre undenkbar gewesen, denn, so meint Swedenborg mit der für ihn typischen Betonung der unendlichen Differenz zwischen Gott und Welt bzw. Mensch: ein direkter Kontakt zwischen Gott und Mensch sei nicht möglich. Das Menschliche würde „augenblicklich sterben"; aus diesem Grund kann ein göttliches Verdienst dem Menschen auch nicht zugerechnet werden.[291]

Swedenborg reflektiert die Inkarnationslehre auch im Rahmen seiner Vorstellung eines durchweg bevölkerten und belebten Universums, das in einem eigenen Abschnitt noch darzustellen sein wird.[292] Wenn entsprechend den zeitgenössisch vielfach vertretenen Vermutungen nicht nur die Planeten vom Mars bis zum Jupiter, sondern auch extragalaktische Sterne mit menschenähnlichen Wesen bevölkert sind, dann stellt sich die Frage, warum der Herr des Universums sich gerade auf der Erde inkarniert hat. Swedenborg nennt dafür folgende Gründe: 1. die Bi-

---

mit denen er die kirchliche Trinitätslehre ablehnte, eine „reale Trinität" behaupten konnten, die erst seit der Inkarnation in Jesus Christus bestehe. Dies war einer der Hauptpunkte seines Versuches, einen Brücke zwischen dem Unitarismus und dem Swedenborgianismus zu schlagen. Vgl. JOSEPH PRIESTLEY: Letters to the Members of the New Jerusalem Church, formed by Baron Swedenborg. Birmingham 1791, besonders 5, 28.

[288] Vgl. AC 4059 („consummatio seu vastatio"), 3353; VCR 753; UJ 46. Die Älteste Kirche etwa ging zugrunde, weil sie nicht mehr wiedergeboren werden konnte. Ihr Willens- und Verstandesvermögen sei zugrunde gerichtet gewesen, vgl. AC 1051.

[289] AC 4060 nennt exemplarisch die Erzählung vom Hain Mamre (Abraham), den brennenden Dornbusch (Mose), die Erscheinung auf dem Sinai. In AC 3030 ist die Rede von „alten Zeiten, da Er den Menschen erschien". Vgl. auch AC 1990.

[290] Vgl. AC 2986.

[291] Vgl. VCR 641 f.

[292] Vgl. Kap. 3.4.2., g).

bel wurde auf der Erde verfasst, 2. nur hier war die Schreibkunst bis hin zur Buchdruckerei, die göttlicherseits vorgesehen gewesen sei, bekannt, 3. nur hier war die ‚Infrastruktur‘ *(commercium omnium gentium)* vorhanden, um das Wort zu verbreiten; auf den Planeten werde es demgegenüber durch Geister und Engel nur mündlich innerhalb der Familien verkündet, 4. die Erde stellt innerhalb des *maximus homo* den äußeren und leiblichen Sinn dar, auf den alles von innen nach außen hinauslaufe. Um sein Heilswerk zu vollbringen, nämlich das Erste und Letzte miteinander zu verbinden, musste die Inkarnation im Äußersten geschehen, nämlich in der Materialität der Erde.[293]

c) Der Herr als ‚historischer Jesus‘

Die Inkarnation des einen Gottes in Gestalt des historischen Jesus als des Sohnes der Maria, der wie jeder andere Mensch geboren wurde, ist demnach auch für Swedenborg ein einmaliges historisches Geschehen am Ende der jüdischen Kirche. Die bereits in der *Oeconomia regni animalis* entwickelte Lehre, dass bei der Zeugung der Körper von der Mutter, die Seele aber vom Vater übertragen wird, findet in der Christologie Anwendung: Das Innere, die Seele, stammt von Gott selbst, der Körper aber von der Maria.[294] Swedenborg hält damit an der Jungfrauengeburt fest und betrachtet Maria in Übereinstimmung mit der Konzilsmajorität von Ephesus (431) konsequenterweise als „Theotokos“, als Gottesgebärerin, nicht nur als „Christotokos“ wie in der antiochenischen Theologie nestorianischer Prägung,[295] obwohl er sich klar gegen eine besondere Verehrung der Maria als Heilige oder gar als „Königin“ aller Heiligen ausspricht.[296] Zugleich teilte er an diesem Punkt die Ansicht William Whistons, die dieser in Swedenborgs Studienzeit in England vorgetragen hatte, ohne dass eine Rezeption durch Swedenborg nachweisbar wäre: Der Nous oder Logos wirkt im Körper des Herrn.[297] Die Parallelen zu Whiston sind partiell, aber hinsichtlich seines Antiathanasianismus, Antritrinitarismus und modifizierten Unitarismus plausibel.[298]

---

[293] Vgl. AC 9351, 9353 („ars scribendi hic ab antiquissimo tempore fuerit, primum super codicibus, dein super membranis, postea super chartis, et demum vulgari typis. Hoc provisum est a Domino propter Verbum“), 9354, 9358, 9360; Tell 113–120.

[294] Vgl. VCR 92, 103; AC 1815.

[295] Vgl. Franz Mussner: Art. Ephesus. In: TRE 9 (1982), 753–755; Lionel R. Wickham: Art. Nestorius / Nestorianischer Streit. In: TRE 24 (1994), 276–286.

[296] Vgl. VCR 94. VCR 111: In der Geisterwelt wird das Bekenntnis der „Päpstlichen“ zu Maria als Gottesgebärerin zwar ausdrücklich gewürdigt, aber unterstellt, dass dies nur eine Formel sei, die nicht geglaubt werde.

[297] Vgl. Whiston, 1749, 177–180, besonders 217 f.

[298] Whiston historisierte allerdings sowohl den Athanasianismus als auch den Sabellianismus, die im 1. Jahrhundert durch die Anhänger von Simon Magus bzw. im 2. Jahrhundert durch die Montanisten hervorgebracht worden seien. Von beiden trinitarischen Varianten grenzte er sich auf diese Weise ab. Vgl. dazu seine apologetische Schrift: Whiston, 1720, u. a. 53. Swedenborg selbst hat sich – besonders in der VCR – verbal vom Sabellianismus abgegrenzt.

Da Gottes eigentliche Form das Menschliche ist, wird der göttliche Bestandteil im *Dominus* als *Divinum Humanum* oder Sohn[299] bezeichnet, der von Maria stammende Teil gelegentlich als *humanum maternum*.[300] Mit dem Menschlichen seiner Mutter erbt der *Dominus* auch den „Hang zum Bösen", das *malum hereditarium*.[301]

Der nun bereits im Kindesalter beginnende Prozess der Verherrlichung *(glorificatio)* des Herrn zielt darauf ab, das *Humanum* der Mutter aus eigener Kraft zu vergöttlichen und es mit seinem *Divinum* zu vereinigen.[302]

Dies geschieht in einem langen Prozess, der hier nicht im Detail beschrieben wird.[303] Versuchungen, von denen im Neuen Testament nach Swedenborgs Auskunft nicht berichtet wird,[304] „Unterricht" und das Leiden bis hin zum Kreuz führen dazu, dass die menschlichen Bestandteile des Herrn nach und nach von allem Bösen und Falschen frei gemacht werden.

> „Das Leiden am Kreuz war die letzte Versuchung, welche der Herr als der größte Prophet bestand, und es war das Mittel zur Verherrlichung Seines Menschlichen, das ist, zur Vereinigung mit dem Göttlichen Seines Vaters, nicht aber die Erlösung."[305]

Am Ende dieses Vorgangs ist der *Dominus* nicht mehr Sohn der Maria, auch sein *Humanum* ist *Divinum* geworden, er ist göttlicher Mensch, *Divinus Homo*.[306] Die leibliche Auferstehung *(resurrectio)*, die Swedenborg gänzlich als realen Vorgang und keinesfalls doketistisch versteht,[307] besiegelt die Verherrlichung: Selbst der Leib ist soweit vergöttlicht worden, dass er mit dem *Divinum Humanum* in die göttliche Ewigkeit, zum *Divinum Ipsum*, zurückkehrt.[308] Das verherrlichte *Humanum* wird auf diese Weise zum natürlichen *Divinum*, es wird Bestandteil und Besitz Gottes.[309] Denn anders als bei der Wiedergeburt des Menschen, des-

---

[299] Vgl. AC 2628, 3061. Jehova ist nicht das *Divinum Humanum,* sondern das *ipsum Divinum* im Herrn (vgl. AC 3035, NJ 286), zu dem der Verherrlichte am Ende wieder zurückkehrt.

[300] Vgl. AC 2520, 2580, 2649, 3022, 3025, 3405.

[301] Vgl. AC 1444, 1414, 1573.

[302] Vgl. AC 1985.

[303] Vgl. dazu etwa folgende Überblicksstellen aus den *Arcana,* in denen die ‚Erziehungsgeschichte' des Herrn zumeist als innerer Sinn in alttestamentlichen Texten gelesen werden: AC 3210, 1542, 1616, 1651, 1661, 2496, 2500, 2610, 2764, 2816, 3012, 3235, 3251, 3382 (hier weitere Stellenangaben), 3490, 3656, 4295, 4536–4538, 4666 f.

[304] Vgl. AC 1690.

[305] VCR 126, 581, gleichlautend schon AC 2776, sowie NJ 293.

[306] Vgl. AC 4692, 10830; VCR 113 f., 128. In VCR 102 berichtet Swedenborg, er habe in der Geisterwelt persönlich mit Maria gesprochen, die ihm versicherte, der Herr sei nach seiner Gottwerdung nicht mehr ihr Sohn gewesen.

[307] Doketistische Tendenzen meint demgegenüber HANEGRAAFF (2007, 76, 132 f.) mit Antoine Faivre und partiell Henry Corbin bei Swedenborg zu erkennen. Swedenborgs Festhalten an der leiblichen Auferstehung des Herrn ist von all diesen Autoren nicht wahrgenommen worden. Und auch die substantielle Fortexistenz der menschlichen Seelen kann keinesfalls pauschal als „Doketismus" bezeichnet werden. Zum Verhältnis zwischen Oetinger und Swedenborg, dessen Deutung Auslöser für diese merkwürdigen Deutungen bis hin zur Parallelisierung Swedenborgs mit dem islamischen Ismaelismus durch Corbin war, vgl. aber ausführlich Kap. 5.2.5., besonders d), dd).

[308] Vgl. AC 1729, 2083, 10826; HH 316 f.; Tell 159; NJ 286; VCR 170.

[309] Vgl. VCR 109 („Humanum Domini glorificatum est Divinum Naturale").

sen Verbindung zum Herrn nur als *conjunctio* geschieht, handelt es sich bei dem Verhältnis des vergöttlichten *Humanum* zum *Divinum* um eine *unio*.[310] Die Einheit zwischen Gott und Mensch ist auf diese Weise exemplarisch im Herrn hergestellt worden. Der *Dominus* Jesus Christus steht als einziger[311] mit seinem Leib von den Toten auf, wobei sich Swedenborg nicht darüber äußert, ob bzw. in welcher Eigenschaft der *Dominus* gestorben sei.

Swedenborgs „monarchianischer" Modalismus, für den eine Kenntnis entsprechender patristischer Quellen nicht nachweisbar ist, bezieht sich allerdings nur auf die Inkarnation, da der Vater und nicht ein von ihm unterschiedener Sohn ins Fleisch eingeht. Eine patripassianische Position, die altkirchlich von Sabellius[312] und von Noët von Smyrna[313] vertreten worden sein soll, ist damit in letzter Konsequenz aber nicht verbunden, denn der Vater selbst kommt als ‚Seele' oder innerer Mensch zwar ins Fleisch und vereinigt sich mit dem *Humanum* der Mutter, um es ganz in sich aufzunehmen und zu vergöttlichen. Aber er leidet im Gegensatz zu dem leidensfähigen Körper des *Humanum* nicht selbst, sondern empfindet „seelisch", nur analog. Diese Figur erinnert zwar an die Position des Melito von Sardes, Quellenkenntnisse Swedenborgs sind aber auch hier nicht nachweisbar. Ferner leidet nach Melito der ins Fleisch gekommene Sohn, während der Vater oder Geist nur mitleide.[314] Darin bestünde eine wesentliche Differenz gegenüber Swedenborg, der zwischen Sohn und Vater nicht unterscheidet. Eine Übereinstimmung bestünde aber darin, dass bei Swedenborg zwar nicht der Sohn, sondern das *Humanum*, also nur ein Teil des Herrn leidet, während die Seele „betrübt" ist.[315]

---

[310] Vgl. AC 1985, 2021, 2034, sowie Kap. 3.3.5., k).

[311] Die Menschen hingegen leben nach dem Tod nur mit ihren Seelen fort, die nicht materiell oder immateriell, sondern substantiell sind, so dass auch hier kein Doketismus gefolgert werden kann, vgl. oben Anm. 307.

[312] Vgl. ADOLF MARTIN RITTER: Art. Arianismus. In: TRE 3 (1978), 692–719, hier: 695 f.

[313] Vgl. ROWAN WILLIAMS: Art. Jesus Christus II. In: TRE 16 (1987), 726–745 hier: 730.

[314] Vgl. FRANZ-HEINRICH KETTLER: Art. Trinität. III. Dogmengeschichtlich. In: RGG³ 6 (1962), 1025–1032, hier: 1027. Häufig ist Swedenborgs Modalismus als sabellianisch bezeichnet worden. Er selbst grenzte sich gegen Sabellianer zuweilen ab. Sie werden etwa in VCR 378 neben einer ganzen Reihe von Schwärmern und Häretikern von den Marcioniten, Noëtianern und Arianern bis zu den Sozinianern, Quäkern und Herrnhutern aufgeführt. Dies dürfte im Kontext der Apologie seiner Konformität mit den Bekenntnisschriften stehen, in denen die genannten Gruppen zum großen Teil erwähnt werden, aber zugleich einer genauen Kenntnis sabellianischer Positionen widersprechen, die nicht aus eigenen Werken, sondern nur durch den arianischen Streit bekannt sind, vgl. MARTIN ELZE: Art. Sabellius. In: RGG³ 5 (1961), 1262; WOLFGANG A. BIENERT: Art. Sabellius/Sabellianismus. In: RGG⁴ 7 (2004), 721, sowie zur Thematik insgesamt: DERS.: Sabellius und Sabellianismus als historisches Problem. In: Beiheft zur Zeitschrift für die neutestamentliche Wissenschaft und die Kunde der älteren Kirche 67 (1993), 124–150. Auch LAMM, 1922, 281, erkennt lediglich partielle Übereinstimmungen mit modalistischen und sabellianischen Lehren (Praxeas, Sabellius, Apollinaris von Laodicea), vermutet – ohne weiteren Beleg – allerdings, dass Swedenborg von ihnen angeregt wurde. Eine zeitgenössische Untersuchung des Sabellianismus hat vorgenommen: WHISTON, 1720, besonders 80 f.

[315] Vgl. VCR 126 („Ex his nunc constare potest, quod Dominus non quoad Divinum, sed quoad Humanum passus sit, et quod tunc intima et sic plenaria unio facta sit. Hoc illustrari

d) Die heilsgeschichtliche Dimension

Während Swedenborg auf der einen Seite an der Inkarnation, an einem ‚histori-schen Jesus' und an dessen heilsgeschichtlicher Rolle festhält, widerspricht er den Beschreibungen dieser heilsgeschichtlichen Rolle des Inkarnierten und Aufer-standenen, die in den christlichen Konfessionen vertreten werden. Nicht nur Kreuz und Leiden treten in Swedenborgs Soteriologie gänzlich zurück, auch die „Imputation", die Zurechnung des durch Christi Leiden und Sterben erworbenen Verdienstes zum Heil der Gläubigen lehnt Swedenborg ab. Kein fremdes Ver-dienst kann der Seligwerdung des Menschen zugeschrieben werden. Dies wider-spräche seiner Willensfreiheit und Eigenverantwortlichkeit und verhinderte die Wiedergeburt.

Demgegenüber beschreibt Swedenborg die heilsgeschichtliche Bedeutung des inkarnierten *Dominus* für die Gläubigen auf vierfache Weise:[316]

1. die Niederringung der Hölle und die Erlösung der Engel und Menschen, und zwar einschließlich der Mitglieder der Ältesten Kirche.[317] Wie oben bereits erwähnt, war die Hölle am Ende der jüdischen Kirche nach Swedenborgs ver-fallsgeschichtlicher Sicht so stark angewachsen, dass das Gleichgewicht zwi-schen Himmel und Erde zu zerbrechen drohte und eine „gänzliche Verdamm-nis" bevorstand.[318] Nur der inkarnierte und auferstandene Herr war in der Lage, diese Ordnung durch seine „Verherrlichung" wieder herzustellen, die Hölle zu besiegen und zu unterjochen.[319]

2. die Gewährleistung der menschlichen Freiheit. Da die menschliche Freiheit nach Swedenborgs Theorie durch das Gleichgewicht zwischen Himmel und Hölle gewährleistet wird, drohte sie am Ende der jüdischen Kirche verloren zu gehen. Wenn die Freiheit aber die Voraussetzung für das Heil und die Wie-dergeburt des Menschen ist, dann hätte ohne die Unterjochung der Hölle und die Wiederherstellung des Gleichgewichts kein Mensch mehr wiedergeboren werden können. Die Heilstat des Herrn bestand demnach in der Sicherstel-lung der menschlichen Freiheit als Voraussetzung seiner Wiedergeburtsfähig-keit.[320] Ohne die Inkarnation und das aus ihr folgende Heilswerk hätte nie-mand selig werden können.[321]

---

potest per hoc, quod dum homo patitur quoad corpus, anima ejus non patiatur, sed modo doleat [...].").

[316] VCR 579 nennt nur zwei Gründe: „um die Hölle vom Engel und vom Menschen zu entfernen, und dann um Sein Menschliches zu verherrlichen". Die anderen beiden oben ge-nannten Punkte ergeben sich daraus. NJ 293 nennt ebenfalls diese beiden Gründe, ergänzt aber, durch die Niederringung der Hölle sei die Menschheit vor dem „ewigen Tod" gerettet worden.

[317] Vgl. AC 1676, 10828.

[318] Vgl. VCR 3; NJ 293; UJ 10.

[319] Vgl. VCR 2, 579. AC 10828: „‚Verherrlichen' heißt göttlich machen" („glorificare" est Divinum facere).

[320] Vgl. UJ 33 f., HH 589–601.

[321] Vgl. AC 2321.

3. die Verbindung oder der Verkehr des „höchsten Göttlichen" mit der Menschheit.[322] Diese Verbindung drohte durch den endgültigen Verlust des Gleichgewichts zwischen Himmel und Hölle, das in Swedenborgs Verfallsgeschichte immer gewährleistet war, abzubrechen. Durch die Erlösungstat des Herrn ist die göttliche Ordnung und seine „Regierung" auch über die Hölle und ihre Bewohner bis in alle Ewigkeit hergestellt.[323] Nun erst kann der Mensch den göttlichen Einfluss in sich aufnehmen und erleuchtet werden, ohne dass die Hölle dies zu verhindern und dadurch die menschliche Freiheit aufzuheben vermag.[324]

4. Vorbildwirkung und Abbild der menschlichen Wiedergeburt.[325] Bis ins Detail der einzelnen Stadien, die der *Dominus* für seine eigene Verherrlichung, die Vergöttlichung seines *Humanum*, durchlief, stellt seine Wiedergeburt den Typos und das Abbild der menschlichen Wiedergeburt dar. Swedenborgs ausführliche Schilderung ist daher als Anleitung dafür gedacht, wie der einzelne Mensch diesen Prozess beginnen soll, um die Voraussetzung für seine *regeneratio* zu schaffen, die im Unterschied zum *Dominus* ja nicht von ihm selbst, sondern vom Herrn bewirkt und vollzogen wird.

Während für Swedenborg ein heilswirkendes fremdes Verdienst ausgeschlossen ist, steht die menschliche Freiheit als Bedingung der Wiedergeburt im Vordergrund. Sie hat ihr Fundament in der Geisterwelt. Es ist zu notieren, dass er dennoch a) an einer Heilstat des historischen Jesus festhält, die mit Leiden, Kreuz und Auferstehung verbunden ist, b) auf einer Inkarnation beharrt, c) bei diesem Geschehen partiell sogar eine chalcedonensische Christologie vertritt, nach der der Inkarnierte und Verherrlichte Menschliches und Göttliches in sich trug und sein menschliches Wesen in einem Vorgang der *unio* vergöttlichte. Der *Dominus* ist auf diese Weise dennoch „für ewig Erlöser, Wiedergebärer und Erretter".[326]

Die Identifizierung des *Dominus* mit dem Vater bringt es ferner mit sich, dass es bei Swedenborg keinen eigenen Schöpfungsmittler gibt, der zwischen Gott und der Welt stünde und mit dem Sohn identifiziert werden könnte. Liebe und Weisheit als die göttlichen Kerneigenschaften treten an dessen Stelle, nicht eine von der Schöpfergottheit unterschiedene Person innerhalb der Trinität. Die Rolle des inkarnierten und verherrlichten *Dominus* stimmt aber partiell mit der *Nexus*-Figur überein, die Swedenborg bereits in *De infinito* vertreten hatte. Hatte er dort den Sohn noch als von Ewigkeit aus dem Vater geboren und als Mitschöpfer betrachtet und ihm in geradezu traditioneller trinitarisch-christologischer Manier auch eine soteriologische Funktion zugeschrieben,[327] so entfällt diese Mitschöpferrolle nun. Und die soteriologische Dimension wird modifiziert: Der Glaube an

---

[322] Vgl. AC 2034; UJ cont 11 f.

[323] Vgl. VCR 2.

[324] Vgl. AC 10355.

[325] Vgl. AC 3057 („reformatio hominis est quaedam imago illorum quae apud Dominum cum Ipse in mundo fuit"), vgl. auch AC 3138, 4538.

[326] Vgl. VCR 579: „factus est Redemptor, Regenerator et Salvator in aeternum."

[327] Vgl. Kap. 2.3.3., a).

den Inkarnierten ist auch jetzt nur bedingt heilsnotwendig – Heiden, die für ihre Geburt und ihr Unwissen nichts können, sind ebenfalls in der Lage, das Heil zu erlangen. Stellvertretung und Imputation sind hier wie damals nicht gedacht. Aber eine andere Funktion bleibt erhalten: Die durch die Sünde des Menschen in die Welt gekommene Disharmonie der göttlichen Ordnung konnte nur durch den Eingeborenen bzw. nun: durch den *Dominus* repariert werden. Neu sind in der theologischen Phase allerdings die Geisterweltlehre und die konkrete Beschreibung dieser Reparatur. Entscheidende Motive aus *De infinito* werden aber auch jetzt fortgeschrieben.

Diese Aspekte sind im Hinblick darauf zu notieren, dass er mit breiten Strömungen der Aufklärungstheologie die starke Akzentuierung der Freiheit bis hin zu Kant[328] gemeinsam hatte, auch wenn er sie übersinnlich begründete und damit eine Leerstelle füllte, die von Leibniz' prädestinatorischer prästabilierter Harmonie bis zur Postulatenlehre Kants reichte. Konsequenterweise lehnte er die orthodoxe Imputations- wie auch Gotteslehre ab. Aber er maß im scharfen Gegensatz zu den auch im philosophischen Rationalismus wie in der Aufklärungstheologie vielfach vertretenen arianischen oder adoptianischen Tendenzen dem historischen Jesus das Prädikat der Gottheit zu, und dies sogar mit einem ‚sabbellianiden‘ Akzent auf der göttlichen Einheit. ‚Orthodoxe‘, aufklärerisch-pietistische, rationalistische und ‚spiritistische‘ Elemente sind in seiner Theologie systematisch zusammengeschaut worden. Die disparate Wirkungsgeschichte seines Werks zeigt, dass seine Rezipienten all diesen theologisch-philosophischen Strömungen entstammten und Swedenborg ebenso disparat lasen.

3.3.7. Eschatologie

Swedenborgs Eschatologie ist davon gekennzeichnet, dass er formal an der biblischen Apokalyptik einschließlich der neutestamentlichen Texte festhält, sie aber auf eine eigenwillige Weise in seine kosmologischen, theologischen, anthropologischen und christologischen Prinzipien einbettet. Dadurch gelangt er zu einer Personalisierung und präsentischen Umdeutung der Eschatologie, die von der Unsterblichkeit der Seele ausgeht, die menschliche Freiheit an die Stelle eines Jüngsten Gerichts setzt, aber dennoch einen teleologischen Prozess kennt, der sich in Swedenborgs eigenem Werk und in seiner eigenen Person erfüllt.

a) Relativierung, Personalisierung und Spiritualisierung des Jüngsten Gerichts

Ein Jüngstes Gericht, das in irgendeiner Weise zeitlich und räumlich, also auf die natürliche Welt bezogen wäre, lehnt Swedenborg ab.[329] Nicht erst in der *Apocalypsis revelata*, sondern schon in den *Arcana coelestia* wird davon ausgegangen,

---

[328] Vgl. Kap. 5.3.4., c).
[329] Vgl. AC 1850.

dass die Welt, auch die natürliche, ewig ist und nicht durch einen göttlichen Eingriff oder ein himmlisches Geschehen zerstört werden wird. Dies sei ein kirchlicher Irrglaube.[330] Die entsprechenden Texte, vor allem die Offenbarung des Johannes, werden nach ihrem inneren Sinn auf Vorgänge in der Geisterwelt gedeutet, deren Zeuge Swedenborg selbst gewesen sein will. Der Untergang von Himmel und Erde aber ist für Swedenborg ausgeschlossen. So wie Gott selbst das Prädikat der Ewigkeit zukommt, ist auch die Welt ewig, und da die Menschheit als *seminarium* des Himmels verstanden wird, der in Ewigkeit anwächst, kann sie als „Pflanzschule" auch nicht untergehen.[331]

Demgegenüber kennt Swedenborg nicht ein, sondern mehrere und auf einer zweiten Ebene sogar unendlich viele Jüngste Gerichte, davon abgesehen, dass auch auf anderen Himmelskörpern Jüngste Gerichte geschehen können.[332]

1. In das Konzept des verfallsgeschichtlichen Nacheinanders vier aufeinanderfolgender Kirchen von der antediluvianischen „Ältesten" bis zur christlichen Kirche ist eine Teleologie eingebaut, die sich in Swedenborgs Lebenszeit erfüllt. Jede dieser Kirchen, die vom wahren Glauben und von der wahren Liebe abgefallen sind, wurde durch ein Jüngstes Gericht im geistigen Sinne, nicht etwa durch physische Vernichtung, zerstört.[333]

Dabei ergeben sich allerdings Kollisionen, da Swedenborg auch ‚historische' Ereignisse wie die Sintflut, das alttestamentliche Exil und die Zerstörung Jerusalems mit den Jüngsten Gerichten verbindet[334] und sie zugleich für geistige Vorgänge hält. Gleichzeitig soll am Ende jeder Kirche der Herr selbst in die Welt gekommen sein, zwar nicht als Person, sondern durch Erscheinungen und Inspirationen *(inspirationes)*.[335] Die oben[336] bereits skizzierte Inkonsequenz Swedenborgs, die er bei seiner Unterscheidung eines inneren, geistigen von einem äußeren, historischen Sinn der Bibel walten lässt, setzt sich also auch hier fort.

Jüngstes Gericht bedeutet die von übermäßigen höllischen Einflüssen ungehinderte Anwesenheit des Herrn, durch sie werden die Guten und die Bösen voneinander geschieden, aber nicht im Sinne eines Gerichts als Fremdgericht, sondern als Selbstgericht.[337] Die Vorstellung eines Richtergottes widerspricht

---

[330] Vgl. VCR 768; UJ 1, 15; AC 3353 (hier in Auslegung von Gen 26).

[331] Vgl. UJ 6–8.

[332] In AC 10810 berichtet Swedenborg von der Erscheinung des Herrn, dem Jüngsten Gericht und der Scheidung der Guten und Bösen auf der „sechsten Erde" (sexta tellus), die zuvor von Mönchen heimgesucht (10785) wurde, welche hier ihre falsche Trinitätslehre verbreiteten und auf der Erde einst Heiden zu bekehren versucht hätten – möglicherweise eine Anspielung auf die Jesuiten, vgl. dazu auch Kap. 3.3.7., c), ee).

[333] Vgl. AC 931, 1850, 2118, 3353; UJ 67.

[334] Vgl. UJ 46, sowie oben Seite 210, Anm. 101.

[335] Vgl. AC 4060, sowie Kap. 3.3.6., b).

[336] Vgl. Kap. 3.2.4.

[337] Vgl. AC 2441 („Quod praesentia Domini sit idem cum ultimo tempore quo judicium vocatur, inde est quia praesentia Ipsius separat bonos a mali et secum habet quod boni eleventur in caelum et mali se conjiciant in infernum."). Von den zahlreichen Stellen vgl. AC 1857. Die in Mt 25 enthaltenen Gleichnisse von den zehn Jungfrauen und den anvertrauten „Talenten" sowie die Passage über die Ankunft des Menschensohnes sprechen für Swedenborg nicht

Swedenborgs Gottesbild ebenso wie die eines gnädigen oder barmherzigen Gottes, der – gegen seine Ordnung – ‚menschliche' Eigenschaften hervorbrächte.[338] Es ist erkennbar, dass durch die Vielzahl der Jüngsten Gerichte zunächst eine Relativierung der biblischen Apokalyptik als eines einmaligen und mit der zweiten, endgültigen Parusie des Messias verbundenen Geschehens verbunden ist.

2. Jeder Mensch erlebt nach seinem Tod sein persönliches Jüngstes Gericht.[339] Auch ist die Vorstellung eines Fremdgerichts über gute und böse Taten oder ein satisfaktorischer Akt ausgeschlossen, der durch das (fremde) Verdienst Christi beeinflusst werden könnte. Der Mensch, der nach dem Tod als Seele ununterbrochen und ewig weiterlebt, gelangt an die Orte in der Geisterwelt, die seiner moralischen und glaubensmäßigen Ausrichtung oder Qualifizierung entsprechen, die er sich zu Lebzeiten zugezogen hat.[340] In einem selbstbestimmten und selbstverantworteten Prozess wird die göttliche Ordnung umgesetzt und das Jüngste Gericht vollzogen.[341] Auf diese Weise wird das Jüngste Gericht personalisiert und zugleich relativiert: nicht ein einmaliger Jüngster Tag am Ende der Welt und der Zeit, sondern ein sich personell vollziehendes Selbstgericht nach der göttlichen Ordnung und ohne göttlichen Eingriff wird angenommen.

Durch die Verschiebung aus der unzerstörbaren natürlichen Welt in die – ebenfalls unzerstörbare – geistige Welt wird das Jüngste Gericht schließlich als ein geistiges Geschehen spiritualisiert, wobei Swedenborgs Substanzbegriff gerade an dieser Stelle zu berücksichtigen ist: Wenn Substantialität Körperlichkeit mit einschließt und die seelische Existenz des Menschen dessen eigentlichen und realen Kern ausmacht, dann handelt es sich bei Swedenborgs Spiritualisierung stets um die Betonung einer gewachsenen ‚Realität', die sich nicht außerhalb der Welt, sondern gleichsam in ihrem Zentrum befindet.

b) Der status post mortem

Swedenborgs cartesische Prägung scheint sich auch in seiner Ablehnung einer leiblichen Auferstehung niederzuschlagen.[342] Beim Tod trennen sich Seele und Leib, innerer und äußerer Mensch. Aber während der materielle Körper sich in seine Bestandteile auflöst und nicht wieder mit der Seele vereinigt werden kann,

---

vom Kommen des Herrn an einem Jüngsten Tag und seinem Gericht, sondern vom Selbstgericht des Einzelnen. Vgl. AC 4661–4663.

[338] Vgl. Kap. 3.3.2., h).

[339] Vgl. AC 900, 1850, 2119, 4663, sowie 5078 (der Todestag sei der Jüngste Tag, „ultimus dies", für jeden Einzelnen).

[340] Vgl. HH 464, 481.

[341] In UJ 32 ist das Gericht vollendet, wenn der Mensch der ihm zustehenden Gesellschaft zugeteilt wurde.

[342] Vgl. VCR 693f., Tell 165 (Swedenborg berichtet, er habe Geister gefragt, ob sie in ihren früheren Leib zurückkehren wollten. Sie seien schon allein bei der Vorstellung „weit weg" geflohen); UJ 15 („Und wie können die von den Würmern aufgefressenen, von der Fäulnis verzehrten, und in alle Winde zerstreuten Leiber wieder zu ihrer Seele gesammelt werden?"), sowie UJ 24; HH 183, 602.

bleibt die substantielle Seele lebendig.[343] Swedenborg bezeichnet den Todestag als „Zustand der Wiederauferweckung des Lebens", verwendet dafür aber den Begriff *resuscitatio* und nicht den Terminus *resurrectio*, der dem Herrn vorbehalten bleibt, der ja als einziger mit seinem ganzen Leib auferstanden ist.[344] Diese verbale Differenz bezieht sich nicht nur auf die Perspektive Leiblichkeit, in der der *Dominus* von allen anderen Menschen unterschieden ist. Schließlich handelt es sich bei der *resuscitatio* des Menschen weniger um einen Akt als um eine Fortdauer. „Zustand der Wiederauferweckung" scheint darum im Grunde eine widersprüchliche Formulierung zu sein, die sich offenbar lediglich der sprachlichen Abgrenzung gegen eine *resurrectio carnis* zu verdanken scheint.

Einen großen Teil seines Werkes widmet Swedenborg der geradezu naturalistischen Beschreibung dessen, was mit der Seele nach dem Tod, der Auflösung des *commercium corporis et animae*, geschieht. Die postmortale Seele ist die eigentliche Person des Menschen, sie hat menschliche Form, sie besitzt – außer den Geschmack – alle Sinne, das Gedächtnis, das zu Lebzeiten entstanden und in ihr abgespeichert ist. Essen, Trinken, ja sogar die sexuelle Orientierung bleibt dem seelischen Menschen postmortal erhalten, nur nicht materiell, sondern substantiell.[345] Der Tod ist sogar eine Vervollkommnung des Menschen, der nun nicht mehr durch die äußeren Sinne von der natürlichen Welt affiziert ist. Die körperliche Atmung hört zwar auf, aber die geistliche Atmung hält in Ewigkeit an.[346]

Zunächt weiß der Mensch nicht, dass er, das heißt: sein Körper, überhaupt gestorben ist und bleibt einige Tage bis zu einem Jahr in diesem Zustand.[347] Danach gelangt er in die *societas* von Geistern, die seinem *amor regnans*, also den irdischen Neigungen entsprechen. Nur die bereits Wiedergeborenen kommen sofort in den Himmel. Die eindeutig vom Bösen und Falschen Beherrschten gelangen sofort in die Hölle.[348] Alle anderen verbleiben in der Geisterwelt *(mundus spirituum)*, wo sich ihr Inneres nach und nach zeigt und sie „unterrichtet" werden. Von hier aus können sie am Ende in die Hölle gelangen, wenn ihr Innerstes aus

---

[343] Sie „steht sogleich nach dem Tod wieder auf", vgl. AC 5078.

[344] Vgl. AC 3498 („status resuscitationis vitae"), der gleiche Wortstamm findet sich speziell auf die Wiederauferweckung des Menschen, die ja eigentlich die Fortdauer seiner Seele bezeichnet, z. B. in AC 70, 167, 180–182, 314 f., 1518, 2119, 2289 und vielfach. Zur *resurrectio* in Verbindung mit dem Herrn vgl. Kap. 3.3.6., c); sowie AC 14, 720, 901, 1540, 1729 und vielfach.

[345] Nach HH 183 ist diese Substantialität – hier der Engel – nicht als ätherischer Leib oder als etwas „Windartiges" zu verstehen. Vgl. auch HH 461. Auch Geister und Engel besitzen als menschliche Seelen Gedächtnis, vgl. HH 469. Der Mensch behält nach dem Tod seine Neigungen und seine Lehren, vgl. AC 3539. Anstelle des Geschmackssinns besitzt der postmortale Mensch nur ein „analogon", das dem Geruchssinn beigeordnet ist, damit dieser nach Swedenborgs Verständnis offenbar äußerste Sinn ihn nicht von dem Wunsch nach geistiger Nahrung abbringt und den inneren Menschen bestimmt. Vgl. AC 4794.

[346] Vgl. AC 1389, 1854, 5078; „Tod" bedeutet im inneren Sinn „die Auferstehung und das Fortleben", vgl. HH 445, 449. Nach AC 5079 nimmt der Mensch nach seinem Tod sein „Wisstümliches" (scientifica) mit, während das Sinnliche (sensualia) vergeht.

[347] Vgl. HH 451 f., 498 [widersprechende Aussagen: entweder nur einige Tage oder bis zu einem Jahr]; VCR 646; AC 316 f.

[348] Vgl. HH 491.

einer „fleischlichen" oder weltlichen Liebe besteht. Wenn ihre Neigungen auf den Himmel gerichtet sind und sie eine himmlische oder geistige Liebe besitzen, können sie in den Himmel aufgenommen werden, wo ebenfalls noch weitere ‚Qualifizierungen' und ein weiterer Aufstieg möglich sind.[349] An dessen Ende steht aber keine Vereinigung (*unio*) mit dem Herrn, sondern nur eine unendliche Annäherung, wie bereits beschrieben worden ist.

Die Person geht nicht im Göttlichen auf. Die Vollkommenheit des Himmels wächst durch diesen unendlichen Annäherungsprozess – ein unendlicher Fortschritt – nur quantitativ, aber nicht qualitativ.[350] (Gute) Geister und Engel vervollkommnen sich durch eine fortwährende Reinigung (*continua purificatio*), können aber niemals zur absoluten Vollkommenheit gelangen, denn die kommt allein dem Herrn zu.[351] Die nur endliche Weisheit, die Engel erlangen können, lässt sich mit der unendlichen göttlichen Weisheit nicht einmal vergleichen; sie erreicht niemals einen Grad, der einen solchen Vergleich zulassen würde.[352]

Weder eine Annihilation der „bösen" Personen in der Hölle, noch eine Aufhebung der Personalität in der Gottheit ist in Swedenborgs System denkbar. Was einmal Mensch geworden ist und ein irdisches Leben geführt hat, bleibt ewig Mensch und Person.[353]

Mit diesem Gedanken schließt Swedenborg implizit zugleich die Vorstellung einer *Apokatastasis panton* aus.[354] Der Zustand der Seelen in Himmel und Hölle ist unveränderbar.

„Das Leben des Menschen kann nach dem Tode nicht mehr verändert werden; es bleibt, wie es war, ist doch der Geist des Menschen ganz so beschaffen wie seine Liebe. Hölli-

---

[349] Vgl. HH 481. Nach HH 491–520 durchlaufen sie drei Stadien: In einem ersten sind sie noch äußerlich, im zweiten tritt das Innere stärker hervor, im dritten sind sie in der Vorbereitung – auf Himmel oder Hölle. Der zweite Zustand dauert mehrere Tage bis zu einem Jahr. In den dritten Zustand der Vorbereitung auf den Himmel gelangen aber nicht die, deren Innerstes sich als höllisch erwiesen hat.

[350] Vgl. UJ 7, 12, 13. Nach HH 158 besitzen auch Engel noch Eigenliebe und sind dadurch vom Herrn unterschieden.

[351] Vgl. AC 4803.

[352] Vgl. HH 273. Demgegenüber ist aber ein Vergleich der Weisheit der Engel mit der der Menschen möglich: Sie verhalten sich 10.000 : 1, vgl. HH 269. Menschliche Weisheit ist schließlich vor allem durch den Körper vermindert, vgl. UJ 18.

[353] Vgl. UJ 25.

[354] In AC 699 berichtet Swedenborg von klagenden Höllengeistern, die ihre Qual für ewig halten, und er schreibt dazu: „sed eos consolari datum" (es ist gegeben worden, dass sie getröstet werden). Tafel übersetzt: „aber ich durfte sie trösten". Diese Deutung könnte (neben AC 198) auch Oetinger veranlasst haben, Hinweise auf eine *Apokatastasis* bei Swedenborg zu vermuten oder wenigstens deren Fehlen bei Swedenborg nicht zu bemängeln. Merkwürdigerweise nahm Oetinger aber die zahlreichen Belege gegen eine *Apokatastasis* bei Swedenborg nicht zur Kenntnis, offenbar, um nicht noch weitere Differenzpunkte beschreiben zu müssen. Vgl. FRIEDHELM GROTH: Die „Wiederbringung aller Dinge" im württembergischen Pietismus. Theologiegeschichtliche Studien zum eschatologischen Heilsuniversalismus württembergischer Pietisten des 18. Jahrhunderts. Göttingen 1984, 128. Möglicherweise hat sich der Württemberger Immanuel Tafel bei seiner Übersetzung von Oetingers Verständnis leiten lassen. Vgl. dazu aber Kap. 5.2.5., besonders b), hh).

sche Liebe aber kann nicht in himmlische umgeschrieben werden, weil sie entgegengesetzt ist."[355]

Aus der Hölle heraus kann also niemand wiedergeboren werden, während es durchaus möglich ist, dass Geister im Zwischenstadium der Geisterwelt noch in die Hölle gelangen.

Dies geschieht aber nicht nur im Einklang, sondern auf Veranlassung des menschlichen Willens. Bei Höllenbewohnern ist der *amor regnans* so sehr von Bösem und Falschem geleitet, dass sie nur einen freien Willen zum Bösen besitzen, der die Ausrichtung auf Gutes und Wahres ganz ausschließt. Bei denen, die sich ihre „Überreste" bewahrt haben und sich auf verschiedenem Niveau für das Gute und Wahre offengehalten haben, obwohl sie noch nicht wiedergeboren worden sind, ist hingegen die weitere Verfestigung der Freiheit zum Guten möglich. Martin Luther etwa, der in der Geisterwelt wegen seiner Rechtfertigungslehre und seines Tritheismus bestraft wird bzw. sich selbst bestraft, schwört dort diesem Glauben nach mehr als 200 Jahren ab und tritt der geistigen neuen Kirche bei. Demgegenüber weicht Melanchthon auch in der Geisterwelt nicht von der Rechtfertigung *sola fide* ab, sondern ändert seine Meinung erst bei der Neugründung des Himmels. Calvin hingegen ändert seine Prädestinationslehre auch in der Geisterwelt nicht und begibt sich selbst zu den anderen Prädestinatianern in die Hölle, nachdem Swedenborg ihm die gegen die calvinistische Prädestinationslehre gerichteten Passagen aus dem sächsischen Konkordienbuch vorgelesen hatte.[356]

Swedenborg vertrat in seiner modifizierten Prädestinationslehre die Ansicht, dass der ewig ,gute' Gott alle Menschen zum Heil vorgesehen und zu diesem Zweck mit Freiheit und Wiedergeburtsfähigkeit ausgestattet habe. Gegen seinen freien Willen, der Ausdruck dieser göttlichen Ordnung ist, kann aber niemand zum Heil bekehrt werden. Das Böse bis hin zur Hölle ist demnach Ergebnis einer freien Willensentscheidung.[357] Himmel und Hölle bestehen ewig nebeneinander, da Menschen ihren *amor regnans* nicht ändern können und eine *Apokatastasis* ausgeschlossen ist.[358] Im Zentrum der Prädestinationslehre steht daher Sweden-

[355] Vgl. NJ 239; HH 477, 479f., UJ 25. Nach dem Tod kann es nur noch die *devastatio* oder *purificatio* des einmal geprägten Geistes geben, vgl. auch BERGQUIST, 2005, 333.

[356] Vgl. VCR 137, 162, 796–798; UJ cont 55 (hierin eine gegenüber der VCR abweichende Beurteilung Luthers und Calvins, vgl. dazu Kap. 3.3.7., c), hh); sowie BERGQUIST, 2005, 334. Swedenborg zitiert in der VCR häufig aus der 1756 in Leipzig gedruckten *Concordia pia et unanimi consensu repetita*. Er bezeichnet das (sächsische) Konkordienbuch durchweg als Konkordienfomel, zitiert aber häufig auch aus den anderen darin enthaltenen Schriften und darüber hinaus, wie noch auszuführen ist, aus der nur in Sachsen geltenden Sonderzufügung der gegen das calvinistische Bekenntnis gerichteten Visitations-Artikel von 1592. Damit bekannte er sich erstaunlicherweise zu einem besonders ,orthodoxen' protestantischen Flügel, vgl. unten Seite 288, Anm. 418f.

[357] Vgl. VCR 490, 580; AC 6488; HH 522, 526. Dieser göttliche Heilsplan, der nur am freien Willen des Menschen scheitern kann, bezieht sich auch auf alle, die nicht im christlichen Glauben geboren worden sind, vgl. AC 1032, 1059, vgl. auch Kap. 3.3.7., c).

[358] Der Herr handelt niemals gegen seine Ordnung. „Hätten die Menschen aus unmittelbarer Barmherzigkeit gerettet werden können, so wären alle gerettet worden, auch jene, die in der Hölle sind. Ja, es gäbe gar keine Hölle, weil der Herr die absolute Barmherzigkeit und

borgs Betonung des Gleichgewichts zwischen Gut und Böse, Himmel und Hölle, wobei das Böse ja nicht vorgesehen, sondern nur vorausgesehen wurde. Das Gleichgewicht entspricht damit der göttlichen Ordnung, die allerdings durch die Inkarnation des *Dominus* sichergestellt werden musste.

Swedenborgs anthropozentrisches Weltbild hatte die Menschheit zum *seminarium* des Himmels erklärt und das Schöpfungsziel darin erblickt, dass jeder Mensch einmal Engel werde. Wenn das Böse dennoch auch in der geistigen Welt weiterexistiert, dann ist dadurch die harmonische Vielfalt (*varietas harmonica*), in der sich Gottes Unendlichkeit mit der Schöpfung verbindet, nicht etwa verloren gegangen. Diese Vielfalt kulminiert zwar im Engelshimmel, ist aber ohne die Existenz des Bösen nicht denkbar.[359] Das *aequilibrium* zwischen Himmel und Hölle, in dem sich die göttliche Ordnung konkretisiert, und die *varietas harmonica* korrespondieren einander.

c) Das Jüngste Gericht

Das verfallsgeschichtliche Modell, das einerseits eher wie eine typologische Geschichtssicht erscheint, andererseits aber in konkrete historische Ereignisse eingebettet ist, erreicht in Swedenborgs eigener Zeit seinen Höhepunkt und wird in Verbindung mit seiner eigenen Person zur Heilsgeschichte. Nachdem alle Kirchen durch Jüngste Gerichte beendet wurden, will er nun selbst Zeuge eines Jüngsten Gerichts gewesen sein. Vom Anfang bis zum Ende des Jahres 1757 wird in der Geisterwelt das Gericht über die christliche Kirche gehalten, die daraufhin zunächst in der Geisterwelt untergeht. Swedenborg meint, ihm sei es „gegeben worden, [dies] mit meinen Augen zu sehen".[360]

Die Instanz, die dieses Gericht ausübt, sieht Swedenborg im Herrn selbst. Die Gründe für dieses erneute Gericht liegen nicht im Historischen. Swedenborg findet in der natürlichen Welt nichts, was einen konkreten Anlass gegeben hätte oder ein äußeres Zeichen gewesen sein könnte wie etwa das Erdbeben von Lissabon zwei Jahre zuvor (1755), sondern er beschreibt mit seinen immer wiederkehrenden Attacken gegen die Bekenntnisschriften der christlichen Konfessionen und deren Auslegung den Verfall des Christentums: Seit Nicäa begann der Untergang der Christenheit, denn von hier aus begann sich recht eigentlich die Herrschaft des Arius und der Tritheismus auszubreiten. Hier wurde die Grundlage für die lutherische Rechtfertigungslehre mit ihrem *sola fide* gelegt. Von hier aus ent-

---

Liebe und das absolute Gute selbst ist." HH 523 f. Die Güte Gottes kann demnach die menschliche Freiheit nicht in Frage stellen. Auch die Seligwerdung *sola fide* ist aus diesem Grund ausgeschlossen, vgl. HH 526.

[359] Vgl. JONSSON, 2004, 119, 263; JONSSON, 1999, 86. Swedenborgs himmlische Gesellschaft besteht in einer zusammenstimmenden und harmonischen Verschiedenheit aller („varietas omnium consentiens et harmonica"), und diese Verschiedenheiten sind vom Herrn so geordnet, dass sie zu einem einheitlichen Zweck hinstreben, was durch die Liebe und den Glauben an ihn geschieht, vgl. AC 690, sowie UJ 12 f. Zur Ableitung der *varietas harmonica* von Leibniz' *principium identitatis indiscernibilium* vgl. Kap. 4.2.9.

[360] Vgl. UJ 45; VCR 772: „mit meinen Augen bei vollem Wachen gesehen."

steht die calvinistische Prädestinationslehre mit allen Schattierungen, die Swedenborg im Deismus, Naturalismus, Materialismus und Atheismus sieht. Nicäa legt auch den Grundstein für die Heiligenverehrung und den Papalismus der römisch-katholischen Kirche.[361]

Alle Konfessionen, von denen Swedenborg vor allem in der *Vera christiana religio* noch zahlreiche ,Sektierer' von den Arianern bis zu Schwenckfeldianern, Sozinianern, Quäkern und Mährischen Brüdern unterscheidet, sind durch ihren falschen Glauben auch zu falschen Lieben gelangt. Falsche Glaubenssätze haben die Gläubigen von der wahren Liebe zu dem einen Gott abgebracht und ihren Willen und Verstand verfinstert. Swedenborgs am ethischen Verhalten orientiertes Konzept einer wahren Gottes- und Nächstenliebe wird dadurch relativiert: falsche Dogmen können auch zu unmoralischen Handlungen führen und den Menschen zum *amor sui* und *mundi* treiben.

Das Jüngste Gericht, das Swedenborg in einer eigenen Schrift *De ultimo judicio, et de Babylonia destructa* 1758 und 1763 durch die *Continuatio de ultimo judicio* bekannt machte, endet zunächst mit einer Neuordnung der Geisterwelt, von der auch die nichtchristlichen Religionen und die einzelnen Nationen betroffen sind. Nicht alle Angehörigen der Konfessionen, Religionen und Nationen werden aufgrund der falschen Lehren in die Hölle gebracht. Diejenigen, die sich „Überreste" bewahrt haben und sich auf einen richtigen *amor regnans* orientiert haben oder noch postmortal dazu in der Lage sind, verbleiben in der Geisterwelt und können in den Himmel oder die Hölle gelangen.

Im Folgenden wird ein Überblick über die einzelnen Konfessionen, Religionen und Nationen gegeben, die vom Jüngsten Gericht des Jahres 1757 betroffen sind. Die Reihenfolge des Gerichts verläuft von der „päpstlichen Religion" über die Mohammedaner, Heiden zuletzt über die Protestanten, die Swedenborg mit dem Sammelbegriff *Reformati* bezeichnet und in die Nationen der Deutschen, Schweden, Dänen, Holländer und Engländer einteilt.[362] Swedenborg hat sich in der *Continuatio de ultimo judicio* ausführlich über die Befindlichkeit der einzelnen Gruppen in der Geisterwelt geäußert, einen großen Teil dieser Beschreibungen in die *Vera christiana religio* übernommen und zum Teil erweitert.

aa) Mohammedaner

Die „Mohammedaner" *(Mahumedani)*[363] besitzen bei Swedenborg eine herausgehobene Position aufgrund ihres strengen Monotheismus, den Swedenborg aber auf seine Weise ,vereinnahmt'. ,Gute' Mohammedaner haben den *Dominus* für

---

[361] Vgl. etwa VCR 4 und Kap. 3.3.2., i).
[362] Vgl. UJ 47f.
[363] Vgl. UJ 50; UJ cont 68–72; HH 515; VCR 828–834. Beim Jüngsten Gericht erscheinen zwei Mohammeds, weil jedem in der Geisterwelt zuerst das erscheint, woran er zu Lebzeiten geglaubt hat. Auch kündigt Swedenborg hier an, in seinem Kommentar zur Offenbarung des Johannes über die Beschaffenheit von Mohammed selbst schreiben zu wollen. Hier findet sich jedoch keine Erwähnung, was möglicherweise an dem Mohammedanismus-Vorwurf lag, der Swedenborg von seinen schwedischen Gegnern gemacht wurde, vgl. 5.2.5., b), dd); 5.2.5., c).

den größten Propheten und – wen auch immer Swedenborg dabei im Blick hatte – für den Sohn Gottes gehalten. Sie haben ein sittliches Leben nach ihrer Religion gelebt und können nun den Glauben an den einen Herrn leichter annehmen als andere. Sie verachten den christlichen Tritheismus. Die mohammedanische Religion sei zugelassen worden, weil sie dem „Genius des Orientalen" entspreche und die zehn Gebote beinhalte. Ferner seien durch Mohammed viele Götzendienste zerstört worden. Eine „inwendige" Religion konnten die Mohammedaner aber wegen der Polygamie nicht besitzen, die aufgrund der orientalischen Neigung zum Ehebruch zugelassen worden sei.[364]

‚Böse' Mohammedaner gelangen beim Jüngsten Gericht in die Hölle, viele ‚gute' hingegen in zwei mohammedanische Himmel, einen oberen und einen unteren. In den oberen kommen nur diejenigen, die der Polygamie entsagen.[365] Dort befinden sie sich in unmittelbarer Nähe zum christlichen Himmel, sind aber von ihm getrennt.

Mohammed erscheint in der Geisterwelt unter verschiedenen Figuren, unter anderem als ein von Algeriern gefangen genommener Sachse, der den Mohammedanern die Einheit des Vaters und des *Dominus* vermittelt habe. Aus diesem Grund gehen viele von ihnen zum wahren Glauben über. Der „echte" Mohammed aber befindet sich „unterhalb" des Sitzes der Katholiken in der Hölle, weil er die Religion wie ein Gott beherrschen wollte.

bb) Heiden

Die ‚guten' Heiden *(Gentes)*[366] haben zu Lebzeiten Gott unter menschlicher Gestalt verehrt. Sie haben eine tätige Liebe *(charitas)* nach ihrer jeweiligen Religion geübt und oftmals ein sittlicheres Leben als die Christen geführt. Im Himmel werden sie mit den Christen „verbunden", „denn sie erkennen und verehren eher als die Übrigen den Herrn". Bereits in den *Arcana coelestia* ist diese vermeintlich deistische Position enthalten. Weil die göttliche Barmherzigkeit allumfassend ist, können auch Heiden selig werden, wenn sie ein gesittetes Leben nach dem Gewissen geführt haben, das ihnen ihre Religion vorgeschrieben hat. Bekehrte Heiden werden den Christen auch schon in den *Arcana* vorgezogen.[367] An manchen Stellen spezifiziert Swedenborg das Heidentum. So spricht er von einer den Indern verwandten Völkerschaft, die in der Geisterwelt nach und nach von ihren falschen Phantasien befreit und zu Engeln gemacht wird.[368] Auch Chinesen will Swedenborg in der Geisterwelt begegnet sein, die vor Christus nur wegen der Unmoral der Christen zurückschrecken, aber sich von Engeln unterrichten lassen, nachdem Swedenborg ihnen von dem einen *Dominus* gepredigt

---

[364] Vgl. VCR 833.
[365] Vgl. Coniug 332. Diese Aussage findet sich in UJ und UJ cont nicht.
[366] Vgl. UJ 51; VCR 107; AC 1025, 1032 f., 2049, 2609, 4190, 10760; NJ 244; HH 318 f.
[367] Vgl. AC 2590.
[368] Vgl. AC 2589; AC 2602.

hat.[369] ‚Böse' Heiden hingegen werden beim Gericht in der Nähe der ‚bösen' Mohammedaner angesiedelt.

cc) Afrikaner

Eine herausragende Rolle nehmen bei Swedenborg – wie häufig im Zeitalter Rousseaus[370] – die Afrikaner *(Africani)* ein.[371] Sie werden zwar auch den Heiden zugerechnet, aber für die einsichtsvollsten unter ihnen gehalten. Sie denken „tiefer geistig als die Übrigen", denn sie sind für einen strikten Monotheismus leicht empfänglich und können zugleich an die Inkarnation des einen Schöpfergottes glauben. Swedenborg meint, zu seiner Zeit eine nicht durch christliche Mission zustande gekommene Offenbarung bei den Afrikanern bemerkt zu haben, die durch Engelsgeister mündlich vermittelt werde. In der *Vera christiana religio* präzisiert er diesen Gedanken. In der Geisterwelt will er den Kirchenvater Augustin getroffen haben, der ihm berichtete, momentan „geistig" in Afrika missionierend unterwegs zu sein.[372] Schon in den *Arcana* findet sich der Gedanke, dass die Afrikaner unter allen Heiden am meisten geliebt würden.[373]

dd) Juden

Eine besondere Position besitzen in Swedenborgs Gesamtlehre die Juden *(Judaei)*, die 1758 im ersten Teil des Buches über das Jüngste Gericht noch nicht erwähnt werden, sondern erst 1763 in der Fortsetzung.[374] Die antijüdische Theologie durchzieht aber das Gesamtwerk Swedenborgs seit den *Arcana coelestia* und ist im Grunde bereits seit seinen Ausführungen in *De infinito* vorhanden.[375] Swedenborg beschreibt die Existenz der Juden in der Geisterwelt wie eine Ghettoatmosphäre. Der Verkehr mit Christen sei untersagt, sie lebten in zwei Jerusalems. Nach dem Jüngsten Gericht befänden sie sich in Städten, deren Gassen „voller Kot" seien, „welcher bis an die Knöchel geht", und ihre Häuser sind „voll Unreinigkeiten, nach welchen sie auch riechen; weshalb man nicht zu ihnen hingehen kann". Sie handelten sogar in der Geisterwelt mit Edelsteinen, die sie sich auf „unbekanntem Weg" aus dem Himmel verschafft hätten.

Bereits in den *Arcana* beschreibt Swedenborg eine Hölle der Geizigen, in der sich vorwiegend Juden befänden; auch eine eigene Hölle für jüdische Räuber und

---

[369] Vgl. HH 325.
[370] Vgl. Lamm, 1922, 372.
[371] Vgl. UJ 51; UJ cont 73–78; VCR 835–840.
[372] Vgl. VCR 840.
[373] Vgl. AC 2604; HH 326. Daneben infomiert Swedenborg, Europäer, insbesondere Missionare, würden unter den Afrikanern wegen ihrer Botschaft verachtet und zu Sklaven gemacht. In einer knappen Notiz behauptet er weiter, es gebe Schwarze (nigri), die „hart" behandelt werden wollten, weil sie meinten, dass dies für den Himmel nötig sei. Sie wüssten, dass ihre Körper schwarz, aber ihre Seelen weiß seien, vgl. AC 2603.
[374] Vgl. UJ cont 79–82; VCR 841–845.
[375] Vgl. Kap. 2.3.3., a).

ein höllisches Jerusalem werden genannt.[376] An anderer Stelle, wo Swedenborg über die Geister des Planeten Venus schreibt, nennt er „wilde" Bewohner dieses Planeten, die bei aller ihrer Grausamkeit aber nicht so schlimm seien wie die Juden,

„denen es Freude machte, diejenigen, die sie gemordet hatten, hinzuwerfen und den wilden Tieren des Waldes und den Vögeln zu fressen zu geben und zuweilen auch sie auf rohe und grausame Weise dem Tode zu überliefern".[377]

Selbst als Geister seien die Juden derartig materiell und äußerlich ausgerichtet, dass sie nicht glauben, nicht mehr „lebendig", sondern nur noch Seelen zu sein. Diese völlige Fixierung auf das Äußerliche bestimme auch ihr Verständnis der Heiligen Schrift und der Verheißungen. Sie läsen alles „buchstäblich" und erwarteten irdische, aber nicht geistige Güter.[378] Sie hassten einander und auch in der Geisterwelt seien sie nicht in der Lage, an die Wahrheit des Messias und an die innere Bedeutung Kanaans (= Himmelreich) zu glauben, weil sie beides für irdische Verheißungen hielten.[379] Als Swedenborg bei einem Besuch in der Geisterwelt mit Juden sprach, weinten diese bei seinen Ausführungen zwar „bitterlich", von einer Bekehrung berichtet Swedenborg aber nicht.

Die Kirche des Herrn wurde nicht bei den Juden, sondern bei den Heiden eingerichtet, weil sie die inneren Wahrheiten und den inneren Kultus durch ihre materielle Beschaffenheit „verfinstert" hätten.[380] Die „anererbte Beschaffenheit" der Juden habe nicht einmal durch Wiedergeburt „ausgewurzelt" werden können.[381] Denn Juden sind aus der „Hurerei" Judas mit seiner Schwiegertochter Thamar (Genesis 38) entstanden.[382] In der *Vera christiana religio* wird aus dem Judasverrat explizit eine Kollektivschuld des jüdischen Volkes abgeleitet.[383] Und im israelitischen Volk sei die Polygamie zugelassen gewesen, weil bei ihm keine christ-

---

[376] „In dieser Hölle sind großenteils Juden, die schmutzige Geizhälse waren, deren Gegenwart, auch wenn sie zu anderen Geistern kommen, an dem Mäusegestank empfunden wird. Weil von den Juden die Rede ist, so darf ich berichten, wie jämmerlich ihr Zustand nach dem Tode ist, nämlich derer, die schmutzige Geizhälse gewesen waren, und aus angeborenem Hochmut andere neben sich verachtet hatten, weil sie meinten, sie seien allein die Auserwählten. Dann von ihren Städten, und den Räubern in der Wüste." Dabei beschreibt Swedenborg auch einen besonderen „Finsterling", der einmal jüdischer Rabbiner gewesen sei. Vgl. weitere abwertende und geradezu fäkalistische Beschreibungen jüdischer Höllen und des unsauberen Jerusalem in AC 941, 940. Dass Geiz zum jüdischen Wesen bis in Swedenborgs Zeit gehöre, wird auch in AC 1327 behauptet. Vgl. auch AC 4289–4293.

[377] AC 7248.

[378] Das jüdische Volk habe zwar das Wort besessen, sich aber ausschließlich Falschheiten daraus angeeignet, vgl. VCR 246. Die jüdische Kirche sei „völlig zerstört und vernichtet worden" weil „sie den Sinn oder das Verständnis des Wortes verfälscht" habe. VCR 247, vgl. auch AC 2520, 2724, 4444 (die Juden verhindern selbst den Einfluss des Himmels). AC 4425 (Jakobs Nachkommen vernichten alles Wahre in der Alten Kirche).

[379] Vgl. AC 3481.

[380] Vgl. AC 1366, 3398.

[381] Vgl. AC 4317 („hereditarium illis quod per regenerationem eradicari non potuit"). Tafel übersetzt für *eradicari* „ausgerottet".

[382] Vgl. VCR 845; AC 4818.

[383] Vgl. VCR 130.

liche Kirche vorhanden und deshalb ohnehin keine „wahrhafte eheliche Liebe" möglich gewesen sei.[384]

Man kann nicht sagen, dass das gesamte Judentum für Swedenborg erlösungsunfähig ist. An nur wenigen Stellen räumt er ein, dass es wie bei den anderen Religionen auch bekehrte Juden gebe, aber der überwiegende Teil ist nach Swedenborg aufgrund des ‚Wesens' des Judentums dazu nicht in der Lage.[385] Tendenziell sind die Juden die am ‚schlechtesten' beurteilte Volks- oder Religionsgemeinschaft bei Swedenborg.[386] Die gesamten *Arcana coelestia*, wie auch *Himmel und Hölle*, sind von diesen antijüdischen Essentialisierungen durchzogen, die den inneren Sinn immer wieder auf das historische Volk Israel beziehen, obwohl Swedenborg an den meisten anderen Stellen eine strikte Trennung von historischem Buchstaben und innerem Sinn vornimmt.[387]

Im Gegensatz zu den anderen Gruppen, die vorwiegend wegen ihrer falschen Lehren vom Gericht betroffen sind, sieht Swedenborg die Juden von ihrer angeblichen äußeren, sittlichen Verdorbenheit her. Er hat damit in einer besonderen Weise zum christlichen Antijudaismus des 18. Jahrhunderts beigetragen.[388]

ee) Katholiken

Die römisch-katholische Kirche wird bei Swedenborg zuweilen nicht als Kirche, sondern als Religion oder Religionsform bezeichnet,

„weil sie nicht zum Herrn beten, auch das Wort nicht lesen, und weil sie die Toten anrufen, die Kirche aber Kirche ist aus dem Herrn und aus dem Wort, und ihre Vollkommenheit sich verhält gemäß der Anerkennung des Herrn und gemäß dem Verständnisse des Wortes".[389]

Im Zuge der Angriffe, die von lutherischen Geistlichen gegen einige seiner Anhänger unternommen wurden, änderte Swedenborg seine scharf ablehnende und

---

[384] Coniug 332.

[385] Nach VCR 691 hat Johannes der Täufer die Juden für die Aufnahme des Herrn vorbereitet. Juden, die sich daraufhin bekehrten, wurden im Himmel denen zugeteilt, die den Messias von Herzen erwartet hatten. Allerdings benötigen sie auch jetzt noch besondere Engelshüter. In VCR 9 und AC 2329 wird der jüdische Monotheismus gegenüber dem christlichen Tritheismus ausdrücklich gewürdigt.

[386] Im Geisterwelt befinden sich die Juden nach Christen, Mohammedanern und Heiden an der äußersten Peripherie, vgl. VCR 678. Sowohl VCR als auch UJ cont behandeln das Thema „Juden in der Geisterwelt" ganz am Ende.

[387] Vgl. Kap. 3.2.4., b).

[388] Einige Passagen der AC, in denen Swedenborg sich über die Juden in der Hölle auslässt, übersetzte der geradezu als theologischer Philosemit anzusehende Oetinger ins Deutsche, vgl. OETINGER, 1977 [1765], 74, 81 f., 116, sowie unten Kap. 5.2.5., a), bb).

[389] Apoc 718 („Non dicitur Ecclesia Catholica Romana, sed Religiosum Catholico Romanum, quia non adeunt Dominum, nec legunt Verbum, et quia mortuos invocant; et Ecclesia est Ecclesia ex Domino et ex Verbo, et ejus perfectio secundum agnitionem Domini, et secundum intellectum Verbi."). Zum Jüngsten Gericht und den Zustand der Katholiken in der Geisterwelt vgl. UJ 53–63; UJ cont 56–67; VCR 817–827. In NJ 8 werden sie im Gegensatz zu den protestantischen Kirchen nicht als christliche Kirche bezeichnet, weil sie nicht den Herrn, sondern die Päpste anbeteten.

inhaltlich zuweilen an die Verwerfungen der Reformationszeit erinnernde Haltung gegenüber der römisch-katholischen Kirche.[390] Nun bevorzugte er sie sogar gegenüber den Protestanten und meinte, Katholiken könnten aufgrund ihrer Abweisung des *sola fide* der lutherischen Rechtfertigungslehre „leichter in das neue Jerusalem, das heißt, in die neue Kirche des Herrn eingeführt werden", „wenn sie daher von den Äußerlichkeiten ihres Gottesdienstes einigermaßen abtreten und sich unmittelbar an Gott den Seligmacher Jesus Christus wenden, und auch das heilige Abendmahl in beiden Gestalten nehmen".[391] Diese antilutherische Polemik trug also zugleich einige Kernpunkte der traditionellen antikatholischen Kritik der Protestanten in sich: die Forderung des Laienkelchs und die Ablehnung der Marien- und Heiligenverehrung. Gerade diese Ausführungen Swedenborgs führte zu heftigen Reaktionen seitens seiner lutherischen Gegner bis hin zu dem großen Swedenborg-Buch von Johann Salomo Semler.[392]

Vor diesem – ja nur partiellen – Gesinnungswandel verkörpert die katholische Kirche für Swedenborg bei aller Kritik an den protestantischen Konfessionen den am stärksten vom Ursprung abgefallenen Teil des Christentums, zuweilen geht er sogar so weit, sie überhaupt nicht als Christen anzuerkennen, weil sie den Papst anbeteten.[393] Die römisch-katholische Kirche wird wie im Luthertum durch das in der Apokalypse zu zerstörende Babylonien bezeichnet. Die „Päpstlichen" wollten durch Religion über die Seelen herrschen und bildeten ein Vorbild aller Kirchen, in denen Glaube und Liebe verloren gehe und die aus diesem Grund ebenfalls Babylons würden. Aber das päpstliche Babylon sei schlimmer gewesen als alle vorherigen.

Zu den dogmatischen Hauptverirrungen zählt Swedenborg, wie bereits oben ausgeführt, die Abtrennung des *Humanum* vom *Divinum* des Herrn, die sich seit Nicäa eingeschlichen und die Herrschaft des Arius eingeleitet habe. Swedenborgs eigenartige Behauptung, dass die arianische Christologie, die in Nicäa ja eigentlich abgewiesen wurde, durch Nicäa gerade zum ‚Wesen' des Christentums geworden sei, findet im Falle der Katholiken seine stärkste Formulierung.

Weitere Kritikpunkte lesen sich wie Wiederbelebungen polemischer Figuren aus dem 16. Jahrhundert:[394] die Katholiken trieben Handel mit dem Heil, sie vergäben Sünden anstelle Gottes, sie maßten sich Macht über den Himmel an und schrieben dem Papst göttliche Befugnisse zu. Sie versuchten, ihre Herrschaft über Hölle und Himmel zu errichten. Ihre Heiligen- und Heiligenbilderverehrung sei ein Götzendienst, an der aber nicht die Heiligen selbst, sondern diejenigen schuldig seien, die sie anbeteten. Aus diesem Grund sind die Heiligen in der Geisterwelt oder auch in der Hölle ganz ‚normale' Geister wie alle anderen menschlichen Seelen. Die „Gottesmutter" Maria erscheint Swedenborg in der Geisterwelt als Frau und bekennt ihm gegenüber, ihr Sohn habe ihre Mutterschaft und alles

---

[390] Vgl. auch Kap 5.2.5., b), dd); 5.2.5., c).
[391] Sum exp 105, sowie 106–108.
[392] Dies ist nicht Gegenstand dieser Untersuchung, sondern wird in einer eigenen Studie behandelt, vgl. einstweilen Kap. 4.3.2., d).
[393] Vgl. NJ 8.
[394] So auch BENZ, 1969, 482–485.

Menschliche zurückgegeben, sie bete ihn nun als Gott an. Ferner prangert Swedenborg die Inquisition und die Schreckensherrschaft der „Päpstischen" über die Seelen mit Hilfe der Androhung des Fegefeuers an. Außerdem sei die Übersetzung der Bibel in eine verständliche Sprache verboten.

Ausdrücklich nennt Swedenborg den Jesuitenorden, der sich „durch geheime Künste Verbindungen zu verschaffen" und durch Mission zu verführen versuche, womit offenbar auf die schwedische Affäre um die Rekatholisierung König Johanns III. – nicht Schwedens – durch Antonio Possevino 1578[395] angespielt und zugleich der zeitgenössisch in den protestantischen Ländern weit verbreiteten antijesuitischen Polemik das Wort geredet wird.[396] Jesuitengeister missionieren in Swedenborgs *Memorabilia* sogar unter der Bevölkerung extraterrestrischer Planeten.[397]

Swedenborgs antikatholische Propaganda ist aber auch ‚historisch' verwurzelt. So berichtet er über die exponierte Position des französischen Königs Ludwig XIV. in der Geisterwelt. Swedenborg will mit ihm am 13. Dezember 1759, gegen 20.00 Uhr, gesprochen und von ihm erfahren haben, dass Ludwig seinen Urenkel, Ludwig XV., ermahnt habe, von der Bulle *Unigenitus* abzurücken, da sie „verderblich für die französische Nation" sei.[398] Die 1713 von Papst Clemens XI. gegen die Gnadenlehre der Jansenisten und damit gegen den zeitgenössischen Augustinismus verhängte Bulle *Unigenitus Dei Filius* hatte darauf abgezielt, die antihierarchischen, die Heilsnotwendigkeit der Kirche relativierenden Tendenzen im französischen Reformkatholizismus zu bekämpfen.[399]

In der Topographie der Geisterwelt befinden sich die Katholiken weiter vom Zentrum entfernt als die Protestanten, die die Mitte bilden. Sie besitzen hier ein Synhedrium und haben eine Art „Ersatzpapst". Päpste und Kardinäle werden wegen Amtsanmaßung degradiert.[400] Beiden Konfessionen kommt jedoch zugute, dass sie das „Wort" haben.

Die eine Hälfte der Katholiken leugnet Gott gänzlich, die andere Hälfte weiß nichts vom Göttlich-Wahren. Beim Jüngsten Gericht werden einige Katholiken bekehrt und in den Himmel aufgenommen, nachdem sie von protestantischen Geistern unterrichtet wurden. Der größte Teil jedoch wird von der Hölle verschlungen. Noch in den entferntesten Höllen halten sich Anhänger der katholischen Religion auf, die wie Götter angebetet werden wollen.[401]

---

[395] Vgl. HELMUT ZEDELMAIER: Art. Possevino, Antonio. In: LThK 8 (1999), 451 f.

[396] Vgl. CHRISTOPHER SPEHR: Aufklärung und Ökumene. Reunionsversuche zwischen Katholiken und Protestanten im deutschsprachigen Raum des späteren 18. Jahrhunderts. Tübingen 2005, z.B. 392–396 (F. Nicolai) u.ö.; zu Semler vgl. GOTTFRIED HORNIG: Johann Salomo Semler. Studien zu Leben und Werk des Hallenser Aufklärungstheologen. Tübingen 1996, 300 f.

[397] Vgl. Tell 168, 172; AC 8383, 10785 (auf dem Jupiter und auf der „sechsten Erde").

[398] UJ cont 60.

[399] Vgl. KARL GERHARD STECK: Art. Unigenitus Dei Filius. In: RGG³ 6 (1962), 1136; BERGQUIST, 2005, 365 f. Mit diesen Äußerungen über Ludwig XIV. und die aktuelle Kirchenpolitik sind Spekulationen über die geheime finanzielle Unterstützung Swedenborgs durch den französischen König verbunden worden, vgl. Kap. 1.5.).

[400] VCR 817.

[401] HH 587.

ff) Protestanten

Protestanten[402] bevölkerten auch schon den ersten Himmel, der nun gerichtet wurde. In der Geisterwelt befinden sie sich in der „Mitte" aller Religionen und Konfessionen, weil „bei ihnen das meiste Licht ist". Sogar in der Hölle bilden die Protestanten die Mitte, weil sie das „Wort" besitzen. Beim Jüngsten Gericht, der den ‚wirklichen' Zustand jedes Einzelnen hervorbringt, geraten diejenigen Protestanten, die unverändert an die Rechtfertigung *sola fide* glauben und zudem keine tätige Liebe aus dem Glauben gelebt haben, in die Hölle, die anderen kommen in den neuen Himmel.

In der *Continuatio de ultimo judicio* beschreibt Swedenborg ausführlich den Zustand der Protestanten in der Geisterwelt, die auch postmortal in einzelne europäische Nationen eingeteilt sind. In der Mitte befinden sich die Engländer, die Holländer gegen Süden und Osten, die Deutschen gegen Norden, die Schweden gegen Westen und Norden und die Dänen gegen Westen. Hier scheint Swedenborg persönliche Erfahrungen aus seinen jahrzehntelangen Reisen in der Geisterwelt einzutragen.[403]

Die protestantischen *Engländer*[404] sind in Swedenborgs Geisterwelt vor allen anderen privilegiert, weil sie Denk-, Rede- und Pressefreiheit besitzen. Sie bevölkern zwei große Städte, die beide London ähneln. Sie zeichnen sich durch Aufrichtigkeit und Vaterlandsliebe aus. Aber nicht alle werden auf gleiche Weise positiv gesehen, auch bei ihnen diagnostiziert Swedenborg eine doppelte und voneinander getrennte Glaubenslehre der Priester und eine Lebenslehre der Laien, die aus Schottland stamme, womit er offenbar auf die presbyterianisch-puritanischen Bewegungen abzielte.[405] England steht für Glaube, Schottland steht für Liebe.

Die protestantischen *Holländer*[406] folgen den Engländern, werden aber ihnen gegenüber nicht ganz so positiv gesehen, weil sie mehr „natürliches Licht" besitzen als die Engländer. Ihren Handelseifer bewertet Swedenborg differenziert von den beiden Motiven her: Liebe oder Habsucht. Ihre Vernunft halten die Holländer unter dem Gehorsam des Glaubens gefangen, was ihnen nach Swedenborgs Ansicht nicht zugute kommt, denn Swedenborg will ja „verstandesmäßig in die Geheimnisse des Glaubens" eindringen.[407] Er beschreibt die Holländer aber als beständig und unbeirrbar; sie würden den Prinzipien ihrer Religion fester

---

[402] Vgl. UJ 70; UJ cont 14–30.

[403] Joseph Priestley monierte 1791, dass Swedenborg bei seiner Schilderung von angeblichen Begebenheiten in der Geisterwelt die Welten verwechsele – hier am Beispiel eines Gesprächs zwischen Heiden und Afrikanern angemerkt, das Swedenborg aus der Geisterwelt berichtet, um dann unvermittelt über ihren Zustand in *dieser* Welt zu informieren. Vgl. PRIESTLEY, 1791, 15.

[404] Vgl. UJ cont 39–46; VCR 807–812.

[405] Vgl. JAMES K. CAMERON: Art. Presbyterianer. In: TRE 27 (1997), 340–359, besonders: 342–349.

[406] Vgl. UJ cont 48–53.

[407] Vgl. VCR 508.

anhängen als andere. Am 9. Januar 1757 will Swedenborg gesehen haben, wie eine
große Zahl „böser" Holländer aus der Geisterwelt in die Hölle geworfen wurde.
An vielen Stellen, die gegen die calvinistische Prädestinationslehre und insbesondere gegen die Dordrechter Synode (1618/19) gerichtet sind, polemisiert Swedenborg gegen holländische Prädestinatianer generell und beschreibt in seinen
Memorabilia Begegnungen und Gespräche mit den Vertretern dieser Lehre, ohne
allerdings genauer zwischen Infralapsariern und Supralapsariern zu differenzie-
ren. Neben den lutherischen Solifideanisten gehören die Prädestinatianer zu den
am heftigsten bekämpften protestantischen Schultheologen.[408]

Die *Deutschen*[409] erscheinen in der spirituellen Topographie der Geisterwelt
genauso wie in der geographischen Topographie der natürlichen Welt. Ihr
„Reich" ist in mehrere Regionen zerstückelt; sie stehen in jedem Gebiet „im besonderen unter zwingherrlichem Regiment" und verfügen nicht über Rede-,
Schreib- und Denkfreiheit wie Engländer und Holländer. Daher bewegen sie
sich in Zitaten und in „Literaturgeschichte" *(historia litteraria)*.

Besonders wendet sich Swedenborg gegen die Orthodoxie in Deutschland,
womit er auf die Kritik an seinen Schriften anzuspielen scheint, die unter anderem von Johann August Ernesti geübt wurde, der allerdings kaum als typischer
Orthodoxer gelten kann.[410] Neben der Orthodoxie nennt Swedenborg offenbar
mystisch orientierte deutsche Theologen in der Geisterwelt, die über die Wirkungen des Heiligen Geistes predigen, und auch Prediger, die aus „dem Wort von der
Liebe und ihren Werken lehren". Er besitzt also eine differenzierte Kenntnis der
theologischen Verhältnisse in Deutschland, ohne sie allerdings konkret zu
exemplifizieren.

gg) Andere Religionsgemeinschaften

Neben diesen Religionen und Konfessionen beschreibt Swedenborg auch das
postmortale Schicksal zeitgenössischer Religionsgemeinschaften, offenbar gerade
solcher, mit denen er bei seinen Aufenthalten in England in Berührung gekommen sein dürfte. Die Gemeinschaft der *Quäker*[411] wird hier besonders abwertend
qualifiziert, weil sie sich selbst für den heiligen Geist halte. Im anderen Leben

---

[408] Vgl. VCR 486–488.

[409] Vgl. VCR 813–816 – diese Ausführungen sind in UJ und UJ cont noch nicht enthalten.

[410] Vgl. Kap. 5.1.2.

[411] UJ cont 83–85. In VCR 378 nennt Swedenborg summarisch folgende Schismatiker:
„Marcioniten, Noetianer, Valentinianer, Enkratiten, Kataphryger, Quartodecimaner, Aloger,
Katharer, Origenisten oder Adamantiner, Sabellianer, Samosatener, Manichäer, Meletianer,
und zuletzt die Arianer. Nach deren Zeiten fielen auch Scharen von Sektenhäuptern die Kirche an, als da sind die Donatisten, Photinianer, Akatianer oder Semiarianer, Eunomianer, Ma-
cedonianer, Nestorianer, Prädestinatianer, Papisten, Zwinglianer, Anabaptisten, Schwenkfel-
dianer, Synergisten, Socinianer, Antitrinitarier, Quäker, Herrnhuter und viel andere mehr."
Diese unkommentierte Liste dürfte vollständig aus dem *Index Haeresium* und dem *Index generalis* des sächsischen Konkordienbuches (vgl. unten Anm. 419) zusammengestellt worden
sein, das Swedenborg verwendete. Nur die Herrnhuter scheint er ergänzt zu haben. Dass es
sich um einen rein apologetischen Katalog handelt, ist daraus ersichtlich, dass Swedenborg
selbst manche der hier genannten Tendenzen unterstellt wurden.

würden sie wieder „Schwärmer" und erschienen als Wildschweine. Sie hätten die Taufe und das Abendmahl verworfen, vermischten das Wort mit unheiligen Wahrheiten. In der Geisterwelt bildeten sie keine Gemeinschaft, sondern würden in einer Wüste versammelt. Allerdings erkennt Swedenborg auch unter den Quäkern Bekehrte.

Die *Mährischen Brüder* oder *Herrnhuter*,[412] denen Swedenborg während seiner visionären Krise in London selbst beitreten wollte, hielten sich für „Überbleibsel" der apostolischen Kirche und für die wahre Kirche. Sie glaubten an den leidenden und gestorbenen *Dominus* als „Lamm" und „Gnadenstuhl"[413] und betrachteten diese Lehre als ein Geheimnis, das nicht in die Öffentlichkeit getragen werden dürfe. Über ihren falschen Christusglauben hinaus besäßen sie in ihrem Innersten keine Gottes- und Nächstenliebe. Swedenborg wirft ihnen explizit eine arianische Christologie vor. Beim Jüngsten Gericht würden sie „wie Antichristen" gerichtet, „welche die drei wesentlichen Lehren der christlichen Kirche verwerfen, nämlich das Göttliche des Herrn, das Wort, und die Nächstenliebe".

hh) Historische Persönlichkeiten

In Swedenborgs Geisterwelt treten auch zahlreiche verstorbene Persönlichkeiten auf. Unter ihnen befindet sich eine ganze Reihe von religions- und kirchengeschichtlich prominenten Persönlichkeiten, mit denen Swedenborg Gespräche geführt haben will. Das Bild dieser Persönlichkeiten ändert sich in manchen Fällen zwischen der Schilderung des Jüngsten Gerichts 1758 bzw. 1763 und der *Vera christiana religio* von 1771.

Philipp *Melanchthon*, mit dem Swedenborg gesprochen haben will, hält noch in der Geisterwelt am „sola fide" der Rechtfertigungslehre fest und befindet sich abwechselnd in der Hölle und „in einem getäfelten steinernen Gewölbe".[414] 1771 erscheint er wenigstens als lernfähig.[415]

Auch mit *Jean Calvin* will Swedenborg mehrmals gesprochen haben. 1763 wird er gegenüber den Lutheranern günstig beurteilt, denn er habe mit Luther hinsichtlich des „sola fide" der Rechtfertigung nicht übereingestimmt und versucht, Glaube und Werke miteinander zu verbinden.[416] Calvins *tertius usus legis* wird demnach in gewisser Übereinstimmung mit Swedenborgs Vorordnung der Liebe vor den Glauben gesehen. In der *Vera christiana religio* verschwindet diese tendenziell positive Beurteilung. Der Akzent verlagert sich nun auf die in dem gesamten Werk scharf attackierte Prädestinationslehre.[417] Calvin erscheint nunmehr als uneinsichtiger Vater der Dordrechter Synode mit einer im Kern ariani-

---

[412] UJ cont 86–88.
[413] Vgl. UJ Kap. 1.5.
[414] Vgl. UJ cont 47.
[415] VCR 797: „Nachdem aber der neue Himmel vom Herrn gebildet zu werden begann, fing er an, aus dem Licht dieses Himmels zu denken, er möchte doch vielleicht im Irrtum sein; weshalb er aus Bangigkeit über sein Los einige ihm eingeprägte inwendigere Vorstellungen von der Liebtätigkeit fühlte."
[416] UJ cont 54.
[417] Vgl. VCR 798.

schen Christologie und einem tyrannischen Gottesbild. Swedenborg wendet dabei eine besondere Strategie an, indem er Calvin in der Geisterwelt die besonders scharfen und über die Aussagen der Konkordienformel deutlich hinausgehenden Verwerfungen der Calvinisten aus den nur in Sachsen geltenden *Visitations-Artikeln* von 1592[418] vorliest, dabei aber vorgibt, es handele sich um ein Zitat aus der Konkordienformel und damit um einen lutherischen Konsens. Swedenborg musste wissen, dass es sich um eine sächsische Sonderregelung handelt. Die Überschrift der Visitationsartikel lautet nämlich ausdrücklich: „Articuli visitatorii, anno Christi 1792. In Electoratu et provinciis superioris Saxoniae publicati [...]."[419] Bei den beiden Zitaten aus den sächsischen *Visitations-Artikeln* handelt es sich zum einen um eine extreme Zuspitzung der Lehre von der doppelten Prädestination, die hier als „falsche und irrige Lehre" *(falsa et erronea doctrina)* abgetan wird: Christus sei nämlich nach Calvin, so unterstellen die sächsischen Lutheraner, nicht für alle Menschen, sondern nur für die Auserwählten gestorben, und Gott habe „den meisten Theil der Menschen zur ewigen Verdammniß geschaffen"; er wolle gar nicht, dass sie überhaupt bekehrt würden. Während die „Auserwählten und Neugebohrnen" den Glauben auch dann nicht verlieren könnten, wenn sie „gleich allerley grosse Sünde und Laster" begehen, könnten die nicht Erwählten auch dann nicht selig werden, wenn sie „gleich tausendmal getauft würden, und täglich zum Abendmahl giengen, auch so heilig und unsträflich lebten, als es immer möglich".[420]

Das zweite Zitat aus den *Visitations-Artikeln*, das Swedenborg Calvin in der Geisterwelt vorhält, bezieht sich auf eine christologische Verwerfung durch die Calvinisten, die von den sächsischen Lutheranern als Irrlehre abgewiesen wird:

„Daß eine verdammliche Abgötterey sei, wenn man das Vertrauen und den Glauben des Herzens auf Christum nicht alleine nach seiner Gottheit, sondern auch nach seiner Menschheit setzet, und die Ehre der Anrufung darauf richtet."[421]

---

[418] Die Visitations-Artikel wurden erst 1700 in das sächsische Konkordienbuch aufgenommen, vgl. ERNST WOLF: Art. Konkordienbuch. In: RGG[3] 3 (1959), 1777; GÜNTHER WARTENBERG: Art. Sachsen II. In: TRE 29 (1998), 558–580, hier: 569.

[419] Concordia pia et unanimi concensu repetita [...]. Leipzig 1756, 831. Im Codex 47–172 (KVA), der Exzerpte aus den lutherischen Bekenntnisschriften enthält, die bereits hier durchgehend mit *Formula Concordiae* angegeben sind, verweist Swedenborg deutlich auf die genaue Quelle und unterscheidet die altkirchlichen Symbole von der *Confessio Augustana*. Die Zitate aus den *Visitations-Artikeln* finden sich hier allerdings nicht.

[420] Das Zitat aus der *Concordia pia et unanimi concensu repetita* [...]. Leipzig 1756, 838, findet sich lateinisch in VCR 798: „I. CHRISTUM non pro omnibus hominibus, sed pro solis Electis mortuum esse. II. DEUM potissimam partem hominum ad damnationem aeternam creasse, et nolle, ut potissima pars convertatur et vivat. III. Electos et Regenitos non posse fidem et Spiritum Sanctum amittere, aut damnari, quamvis omnis generis grandia peccata et flagitia committant. IV. Eos vero, qui Electi non sunt, necessario damnari, nec posse pervenire ad salutem, etiamsi, millies baptizarentur, et quotidie ad Eucharistiam accederent, praeterea vitam tam sancte atque inculpate ducerent, quantum unquam fieri potest." Übersetzung nach: Christliches Concordien-Buch, das ist: Der Evangelisch-Lutherischen Kirche Symbolische Bücher, als: Die drey Hauptsymbola. Die ungeänderte Augspurgische Confeßion [...], nebst denen Sächsischen Artikeln. Leipzig 1766, 1200–1206, hier: 1206.

[421] Concordia pia et unanimi concensu repetita [...]. Leipzig 1756, 837. „Quod damnabilis Idololatria sit, si fiducia et fides cordis in Christum non solum secundum Divinam, sed etiam

Dass Swedenborg Calvin ausgerechnet diese Stelle vorwirft, dürfte auf seine eigene Betonung der Verherrlichung auch des *Humanum* zu einem *Humanum Divinum* zurückgehen: Der verherrlichte Christus ist auch nach seinem *Humanum* Gott.[422] Ohne die Legitimität der Repräsentation des Calvinismus in der sächsischen Verwerfung an dieser Stelle zu untersuchen: Swedenborg wählt genau die Punkte aus, die zentrale Topoi seiner Theologie unterstützen, wobei er die Konformität mit dem lutherischen Bekenntnis generell behauptet und es – bewusst oder unbewusst – ignoriert, dass es sich um ein sächsisches Sonderbekenntnis handelte.

Calvin gibt in der Geisterwelt nach Swedenborgs Referat jedenfalls zu, dass diese Sätze seiner Lehre entstammen. Danach begibt er sich selbst in eine „Höhle", in der speziell die Prädestinatianer eingekerkert sind.[423]

Auch mit *Martin Luther* will Swedenborg mehrere Gespräche geführt haben.[424] 1763 hielt Luther noch uneinsichtig am „sola fide" fest und befand sich in der Geisterwelt zwischen Himmel und Hölle, wo er „zuweilen Hartes zu leiden hat". Aber auch hier sieht Swedenborg eine Veränderung. 1771 schwört Luther der Rechtfertigungslehre ab und öffnet sich nach Gesprächen mit Swedenborg der neuen Kirche – eine Behauptung, die offenbar den orthodoxen Kritikern Swedenborgs entgegengeschleudert wird.[425]

Auch das Schicksal des 1760 verstorbenen Reichsgrafen *Nikolaus Ludwig von Zinzendorf* in der Geisterwelt beschreibt Swedenborg.[426] Ihm wird wie den Hernhutern insgesamt eine adoptianische, von Swedenborg auf den jüdischen Monotheismus zurückgeführte Christologie vorgeworfen: „Dass der Herr von Gott dem Vater als Sohn adoptiert worden sei, weil er am Kreuz gelitten habe, dass er aber gleichwohl nur ein einfacher Mensch gewesen sei." Als ihm „entgegengehalten" wurde, der Herr sei vom Gottvater empfangen worden, habe Zinzendorf erwidert, er denke darüber, „wie er wolle". Und Swedenborg ergänzt: „er wagte nicht zu sagen: wie die Juden". Diese Parallelisierung Zinzendorfs mit dem jüdischen Monotheismus ist im Hinblick darauf zu notieren, dass Swedenborg seine strenge Betonung der göttlichen Einheit gerade nicht in einem Adoptianismus münden lässt, den er für eine Frucht des Judentums und des Unitaris-

---

secundum Humanam ipsius Naturam collocetur, et Honor adorationis ad utramque dirigatur." Übersetzung nach: Christliches Concordien-Buch [...]. Leipzig 1766, 1205; enthalten in VCR 798.

[422] Vgl. Kap. 3.3.6., c).

[423] Vgl. VCR 798.

[424] Vgl. UJ cont 55.

[425] Vgl. VCR 796, auch 137. Luther hatte zuvor in der Geisterwelt in einem Haus gewohnt, das seinem Eislebener [!] Wohnhaus glich. Er gestand ein, dass er seine Lehren vor allem hinsichtlich der Rechtfertigung allein aus Glauben und der Leugnung des freien Willens deshalb so formuliert habe, weil sein „Endzweck" darin bestanden habe, „von den Römisch-Katholischen losgerissen zu werden, und diesen Endzweck konnte ich nicht anders erreichen und festhalten". Auch den „sächsischen Fürsten", mit dem Luther zu Lebzeiten zusammen gewesen sei – offenbar Friedrich der Weise –, habe Swedenborg getroffen. Dieser habe berichtet, Luther stets von der Trennung des Glaubens von der Liebe gewarnt zu haben. Dieser Fürst befinde sich heute unter den Seligen.

[426] Vgl. UJ cont 89.

mus hält. Zinzendorfs starkes Interesse am historischen Jesus als Bruder wird ihm als Arianismus vorgehalten.

Neben antiken und frühneuzeitlichen Philosophen von Aristoteles bis Descartes, Leibniz und Christian Wolff[427] sei etwa noch *Cicero* erwähnt, der in der Geisterwelt Swedenborgs Schriftauslegungsmethode bestätigt.[428]

Anders als Zinzendorf, der in der Geisterwelt unter dasselbe Verdikt wie alle Herrnhuter fällt, wird *William Penn* beschrieben, den Swedenborg von dem wirklichen „Stifter der Quäker" unterscheidet, und diese beiden Personen von angeblichen späteren „Schändlichkeiten" dieser Religionsgemeinschaft freispricht.[429]

Schließlich ist zu erwähnen, dass Swedenborg auch seinen eigenen Vater Jesper Swedberg getroffen haben will, der ihn aufgefordert habe, nicht mehr ihn, sondern den Herrn als seinen Vater anzuerkennen[430] – Swedenborgs späte Loslösung von seinem Vater?

Swedenborgs Beschreibungen des Jüngsten Gerichts in der Geisterwelt enthalten ein gerade von manchen Rezensenten als naturalistisch empfundenes, gleichsam essentialisiertes Nations- und Religionsgemälde, vermischt mit seinen Sympathien und Präferenzen. Als Beurteilungskriterien wendet er dabei seine immer wiederkehrende, geradezu statische Kritik an der nicänischen und chalcedonischen Trinität und Christologie, an der lutherischen Rechtfertigungslehre und an der calvinistischen Prädestinationlehre an. Persönliche Motive wie seine möglicherweise misslungene Mitgliedschaft bei den *Moravians* und seine Apologetik gegen die schwedisch-lutherische Geistlichkeit bestimmen nicht nur einmal eingenommene Frontstellungen, sondern modifizieren sie entsprechend der kirchenpolitischen und persönlichen Situation. Das wird in einem eigenem Abschnitt noch einmal systematisch darzustellen sein.

Festzuhalten bleibt ferner, dass das Jüngste Gericht nicht von einer Richterinstanz durchgeführt wird, sondern stets auf selbst zugezogenen und postmortal nicht mehr grundsätzlich veränderbaren Ausrichtungen der persönlichen Liebe und des persönlichen Glaubens beruht. Eine *Apokatastasis* mit einer Bekehrung der selbstverschuldet in die Hölle gelangten Geister ist für Swedenborg gegen die menschliche Freiheit und daher gegen die göttliche Ordnung, die den göttlichen Willen und damit auch seine Liebe lenkt und regiert. Sieht man von Swedenborgs Bemerkungen hinsichtlich der Bekehrungs(un)fähigkeit der Juden ab, sind aber die Mitglieder aller Religionen und Konfessionen auch trotz ihres von der Lehre der neuen Kirche abweichenden Glaubens bekehrungsfähig, sofern sie sich zu

---

[427] In Tell 38 trifft Christian Wolff mit Geistern vom Planeten Merkur zusammen, auch Aristoteles tritt dabei auf, vgl. auch AC 4658; griechische Philosophen in der Geisterwelt: VCR 692; eine Auseinandersetzung mit dem Leipziger Theologen und Rezensenten Swedenborgs Johann August Ernesti in der Geisterwelt: VCR 137; Leibniz und Wolff in der Geisterwelt: unter anderem VCR 335; Swedenborgs Zeitgenossen Polhem, Benzelius, Karl XII., Lars und Gustav Benzelstierna in der Geisterwelt: Diarium spirituale, 4851, 6018.

[428] Vgl. HH 322.

[429] Vgl. UJ 84.

[430] Vgl. AC 6492.

Lebzeiten nicht selbst diesen Weg verbaut haben. Es kann demnach nicht davon gesprochen werden, dass Swedenborgs System alle ‚Andersdenkenden' in der Hölle sieht.

d) Die neue Kirche

aa) Die neue Kirche als Wort

Da ein Jüngstes Gericht nach Swedenborgs Modell einer ewigen Welt auch in der Geisterwelt nicht Zerstörung oder „Weltende" nach sich ziehen kann, ist es der Auftakt zunächst für die Schaffung eines neuen Himmels[431] und dann für die Gründung einer neuen Kirche.[432] In der natürlichen Welt bleibt es strukturell so, wie es war: die „bürgerlichen Verhältnisse", „Friedensschlüsse, Bündnisse und Kriege", die Teilung der Kirchen und die Verschiedenartigkeit der „Religionen bei den Heiden" dauern fort. Dem Menschen der *Nova Ecclesia* oder des *Sancta Hierosolyma* aber ist aufgrund des Jüngsten Gerichts in der Geisterwelt die völlige Freiheit als Grundlage seiner Wiedergeburt gegeben.[433]

Diese neue Kirche, das heilige Jerusalem, wird nun, wie Swedenborg erstmals 1758 in *De ultimo judicio* und *De nova Hierosolyma et eius doctrina coelesti* mitteilt, vom Herrn in der Geisterwelt selbst gegründet.[434]

Dies geschieht unmittelbar durch eine zweite Wiederkunft des Herrn, nicht durch Personalparusie, sondern durch das „Wort" und dessen Annahme.[435] Dieses Wort aber, so informiert Swedenborg schließlich in der *Vera christiana religio*, ist mit seiner eigenen Lehre identisch;

„die zweite Ankunft des Herrn wird durch einen Menschen bewirkt, vor dem Er Sich in Person geoffenbart, und den Er mit Seinem Geist erfüllt hat, die Lehren der neuen Kirche durch das Wort aus Ihm zu lehren".[436]

Die neue Kirche ist dadurch eine rein „geistige" Angelegenheit des inneren Menschen, eine Sache des Glaubens, die aber ihren ‚realen' Ort und Ursprung in einem Geschehen in der Geisterwelt besitzt. Und Swedenborg wird zum Mittler

---

[431] Vgl. NJ 2. Dieser Himmel besteht aus Heiden und Christen, größtenteils aber aus Kindern, die seit der „Zeit des Herrn" gestorben sind und dort zu Engeln erzogen wurden, vgl. NJ 3. Der neue Himmel ist von den alten Himmeln, die es bereits gab, abgesondert, bildet mit ihnen zusammen aber einen „einzigen Himmel", vgl. NJ 4, vgl. VCR 784.

[432] Vgl. UJ 1–4. Laut VCR 784 muss entsprechend der göttlichen Ordnung vor der neuen Kirche erst der neue Himmel gegründet werden, weil das Innere das Äußere, der neue Himmel also die neue Kirche bildet.

[433] Vgl. UJ 73.

[434] Noch während der Verschriftlichung der VCR hält diese Gründung an, vgl. VCR 1.

[435] In VCR 766 deutet Swedenborg die erste Parusie des Herrn um. Sie besteht in der Annahme des Herrn durch den einzelnen Gläubigen. Die Personalisierung des Jüngsten Gerichts wird dadurch auf die Parusie erweitert, deren universales Gewicht im Sinne eines „Weltendes" auf diese Weise zugleich bestritten wird. Zur zweiten Wiederkunft im Wort vgl. VCR 772, 776. Der Herr kann nicht als Person wiederkommen, weil er seit der Himmelfahrt in seinem verherrlichten *Humanum* ist und niemandem erscheinen kann, nur denjenigen, denen er die „Augen des Geistes" öffnet, vgl. VCR 777.

[436] VCR 779.

und Träger dieser Lehre, die das Fundament der neuen Kirche darstellt. Seine eigentliche Mission besteht in dieser Offenbarungsträgerschaft, nicht in bloßer
Prophetie oder in himmlischen Visionen. Swedenborgs jahrzehntelangen Behauptungen eines Kontaktes in die Geisterwelt, der göttlich inspirierten Auslegung der Bibel, der Zeugenschaft beim Jüngsten Gericht gipfeln in dieser Selbst-
bezeichnung eines, wenn auch nur das geistige Universum betreffenden, aber
gleichwohl endzeitlichen Mittlers göttlicher Offenbarung.

Am 19. Juni 1770, kurz vor dem Abschluss der Arbeit an der *Vera christiana
religio*, sendet der *Dominus* die zwölf Apostel, die nun Engel sind, in die Geisterwelt aus, um das Wort zu verkünden und – wie bereits in der apostolischen und
nachapostolischen Phase der Urgemeinde – durch Mission die Grundlagen der
neuen Kirche zu verbreiten.[437]

Bereits in der 1766 erschienenen Auslegung der Offenbarung des Johannes
hatte Swedenborg seine oben geschilderte modifizierte Eschatologie und Apokalyptik konkretisiert. Schon hier sieht er eine neue Kirche und eine neue Lehre an
den Stellen, wo von der Neuschöpfung, vom neuen Himmel und der neuen Erde
die Rede ist. Die architektonischen Details des neuen Tempels etwa deutet er in
ihrem inneren Sinn als Wahrheiten der neuen, von ihm selbst verkündeten Lehre.

„Unter dem neuen Himmel und der neuen Erde ist im inneren oder geistigen Sinn, in
dem sich die Engel befinden, eine neue Kirche im Himmel wie auf Erden zu verstehen.
[…] Unter der Stadt Jerusalem, die von Gott aus dem Himmel herabsteigt, ist die himmlische Lehre dieser Kirche zu verstehen; unter der Länge, Breite und Höhe, die einander
gleichen, alles Gute und Wahre der Lehre im Inbegriff. Unter ihrer Mauer hat man die
beschützenden Wahrheiten zu verstehen […].“[438]

Das weiße Pferd in Offenbarung 19 ist nichts anderes als das Wort der neuen
Kirche, wohingegen das untergehende Babylon in gut protestantischer Manier
mit der katholischen Kirche identifiziert wird. Gericht wird aber nur geistig gehalten, nicht als Fremdgericht eines strafenden und barmherzigen Gottes, sondern durch das Wort, durch das der *Dominus* präsent ist und Wahres und Gutes
von Falschem und Bösem scheidet. Auch hier bleibt die Freiheit erhalten, denn
diese Scheidung geschieht auf Initiative der Menschenseelen selbst und der Herr
fungiert dabei im Grunde nur durch seine geradezu passive Anwesenheit.

Die neue Lehre bzw. Kirche wird nicht einfach eingesetzt, sondern bedarf der
menschlichen Freiheit, um angenommen zu werden. Durch den Glauben an die
‚andere‘ Welt im Rahmen der Lehre Swedenborgs kann von den irdischen Menschen in freier Entscheidung das Fundament des ‚wahren‘ Glaubens gefunden
und daran geglaubt werden. Und diese neue Lehre sieht Swedenborg in tiefer organischer Übereinstimmung mit der Vernunft: das „nunc licet“, „verstandesmä-

---

[437] Vgl. VCR 791. Zu Beginn der VCR (4, 108) notiert Swedenborg dem widersprechend,
die Apostel seien bereits vor einigen Monaten vom Herrn gesammelt und in den *mundus spiritualis*, so wie „früher“ in die natürliche Welt, gesandt worden, um das neue Evangelium zu
predigen.
[438] NJ 1.

ßig in die Geheimnisse des Glaubens einzudringen", ist Swedenborgs Credo dieser ‚Ehe' von Vernunft und Glauben, die er in seiner Lehre verkörpert meint.[439]
    Die neue Kirche ist aber wenigstens in der Geisterwelt auch eine Institution.
Swedenborg hat zeitlebens nicht an der Gründung einer außerkirchlichen oder
innerkirchlichen Sondergemeinschaft gearbeitet und nicht nach einer Loslösung
von der lutherischen Reichskirche Schwedens gestrebt. Das ist erst nach seinem
Tod geschehen.

bb) Die neue Kirche in Wort und Sakrament

Institution ist die neue Kirche insofern, als sie nicht nur über eine in sich ge-
schlossene Dogmatik verfügt, die *Vera christiana religio*, die ja immerhin mit
dem Wort des Herrn identisch ist. In dieser Lehre ist nicht nur das ‚richtige' Verhältnis zwischen Glaube und tätiger Liebe, auch die Inhalte dieses neuen Glaubens sind darin enthalten. Swedenborgs Lehre löst demnach keinesfalls das Religiöse insgesamt in Liebe und in einer Moralreligion auf, sie ist eng mit seinen
theologischen Grundentscheidungen verbunden.
    Überdies fügt Swedenorg seiner Lehre auch Anleitungen für die Praxis bei.
In den *Arcana coelestia* finden sich bereits Anklänge dafür, aber 1771 liegt eine
modifizierte Sakramentslehre vor, die sich durchweg am Sakramentsverständnis
der lutherischen Bekenntnisschriften orientiert. Abendmahl und Taufe sind die
beiden einzigen Sakramente, die Swedenborg kennt. Aus der Siebenzahl der römisch-katholischen Kirche nennt er lediglich noch die Buße, wobei dies noch
keine Anlehnung an die katholische Sakramentslehre bedeutet, sondern auf die
Exponiertheit der Buße (als Nicht-Sakrament) auch in den lutherischen Bekenntnisschriften zurückgehen dürfte.[440]
    Die *Buße (paenitentia)* wird insofern in Swedenborgs System aufgewertet, als
sie die Bedingung für den wahren Glauben und Nächstenliebe ist.[441] Da die Wiedergeburt nur durch Buße möglich ist, ist die Buße im Grunde das einzige heilsnotwendige ‚Sakrament', das Swedenborg kennt: „Wer selig werden will, muß
seine Sünden bekennen und Buße tun."[442] Buße beginnt mit der Erkenntnis der
Sünden und der Selbstprüfung der Handlungen und des Willens.[443] Sie dient der
Zusammenführung des inneren und äußeren Menschen.[444] Echte Buße kann nur
in Freiheit geschehen und sie muss mit einer grundsätzlichen Änderung des Lebens einhergehen. Der Rückfall in das Leben vor der Buße zieht einen noch

---

[439] Vgl. VCR 508.
[440] Allerdings rügt Swedenborg den Protestantismus dafür, dass er mit seinem *sola fide* die
Buße zerstört habe, vgl. etwa VCR 561, 567. Zur Buße vgl. etwa CA XII, Apologie XII,
Schmalkaldische Artikel III.
[441] Vgl. VCR 509. Sie ist bereits nach AC 9 der dritte von sechs Zuständen bei der Wiedergeburt, vgl. dazu Kap. 3.3.5., k). Die Wiedergeburt des Menschen. In VCR 567 fordert eine
Stimme aus dem Himmel auf, ein- oder zweimal im Jahr vor dem Abendmahlsgang Buße zu
tun.
[442] AC 8387.
[443] Vgl.VCR 525, 532.
[444] Vgl. VCR 568.

schlimmeren Zustand nach sich.[445] Sünden werden bei der Buße aber nicht abgewaschen oder abgestreift, sondern wer von nun an im „Guten" des Herrn bleibt, wird von ihnen ferngehalten. Der Glaube an eine Sündenvergebung anderer Art ist Selbstbetrug, womit bei Swedenborg stets auf die lutherische Rechtfertigungslehre angespielt wird.[446]

Die *Taufe (baptismus)* besitzt zweierlei Bedeutung nach Swedenborg. Sie ist einerseits ein äußerliches Zeichen, dass der Mensch zur Kirche gehört, und andererseits eine Erinnerung, dass er noch wiedergeboren werden muss: Der „Endzweck" der Taufe ist die Wiedergeburt,[447] die Taufe selbst bezeugt nichts anderes, als dass der Mensch wiedergeboren werden *kann*.[448] Exorzistische Elemente wie etwa die Befreiung vom Erbbösen lehnt Swedenborg mit seiner Betonung der menschlichen Freiheit ab. Zum Glauben kann durch die Taufe niemand gelangen.[449] Bemerkenswerterweise spricht er sich aber nicht gegen die Kindertaufe aus, obwohl er sie nicht als notwendig erachtet und auch eine Erwachsenentaufe für möglich hält.[450] Heilsnotwendig ist bei Swedenborg aber nicht die Taufe, sondern die Wiedergeburt. Auch wenn er die Kindertaufe wenigstens für möglich hält, ordnet er sie der Buße unter und sieht die Taufe als ein „Sakrament der Buße".[451] Für Swedenborg sind Vernunft und Freiheit Voraussetzungen der Wiedergeburt. Bei der Kindertaufe werden daher dem werdenden Menschen Engel beigeordnet, die ihn wieder verlassen, wenn seine Vernunft ausgeprägt ist und er die Fähigkeit erlangt, sein Erbböses zu bekämpfen und wiedergeboren zu werden.[452] Schließlich kann die Forderung, mit der Taufe den Herrn als Erlöser und Seligmacher anzuerkennen,[453] von unvernünftigen Kindern nicht erfüllt werden.

Das *Abendmahl (Sancta Cena)* besitzt gegenüber der Taufe eine anscheinend wichtigere Position, denn es ist als das „Heiligste" des Gottesdienstes vom Herrn selbst eingesetzt, um eine Verbindung der Kirche mit dem Himmel herzustellen.[454] Fleisch und Blut besitzen allerdings einen inneren Sinn. Sie sind das Gute der Liebe und des Glaubens, die beim Essen und Trinken vereinigt werden. Durch Engel, die bei der Kommunion anwesend sind, fließt das Heilige des Glaubens und das Heilige der Liebe in den Menschen ein, und mittelbar durch diese Engel „durch den Himmel vom Herrn".[455] Angesichts der verschiedenen christlichen Abendmahlsauffassungen geht Swedenborg hier einen Mittelweg:

---

[445] Vgl. AC 8392–8394; NJ 168.
[446] Vgl. NJ 166.
[447] Vgl. VCR 684; NJ 202; VCR 677. In der Geisterwelt dient die Taufe immerhin als Schutz der Christen vor anderen Religionen, vgl. VCR 678.
[448] Vgl. AC 10387, 10391 (Taufe wirkt weder Glauben noch Seligkeit, sondern zeugt nur für das Vermögen, den Glauben bei der Wiedergeburt anzunehmen).
[449] Vgl. HH 329.
[450] Vgl. NJ 206; AC 10390.
[451] Vgl. VCR 567 („sacramentum paenitentiae").
[452] Vgl. VCR 677. Eine Wiedertaufe lehnt Swedenborg wenigstens implizit ab, wenn er in VCR 378 auch Anabaptisten in seinen Sektenkatalog aufnimmt, vgl. aber zur Einordnung dieses ‚Ketzerkatalogs' oben Anm. 411.
[453] Vgl. VCR 682 („Redemptor et Salvator").
[454] Vgl. NJ 210.
[455] Vgl. NJ 212; VCR 700–711, 725; AC 4735, 10519–10522.

Anstelle der reformierten Spiritualpräsenz durch den Heiligen Geist setzt er eine Real- und Spiritualpräsenz durch Engel. Essen und Trinken von Fleisch und Blut sind real nötig, da sie mit diesem Einfluss der Engel verbunden sind. Wie in den reformierten Bekenntnissen und anders als nach katholischem und lutherischem Verständnis ist der Herr selbst dabei nicht unmittelbar anwesend.[456] Und schließlich ist die Mitwirkung des Empfangenden erforderlich. Aber nicht im Glauben wird der durch Engel vermittelte Einfluss vom Herrn empfangen. Die Verbindung zwischen dem Herrn und den Gläubigen geschieht bei denen, „die im Guten der Liebe und des Glaubens an den Herrn und vom Herrn her sind".[457] Bei den Nichtwiedergeborenen wird nur eine Gegenwart hergestellt, aber keine Verbindung. Die Wiedergeburt wird damit zur Vorbedingung des Abendmahls, das eigentlich nur der Festigung des Guten und Wahren im Gläubigen dient, aber selbst noch keine Wiedergeburt wirkt.

Auch dem *Gebet* schreibt Swedenborg eine innere Bedeutung zu und hält auf diese Weise an ihm fest. Nach dem äußerlichen Sinn scheint das Gebet nur ein Reden mit Gott zu sein, das nach Swedenborgs Gottesbild gerade nicht denkbar ist. Nach dem inneren Sinn aber ist das Gebet eine innere Anschauung der Gegenstände des Gebetes selbst. Dadurch öffnet sich der innere Mensch für Gott. Wenn auf der höchsten oder innerlichsten Stufe das Gebet aus Glaube und Liebe hervorgeht, „alsdann geschieht im Gebet eine Art von Offenbarung, die sich in des Betenden Gefühl als Hoffnung, Trost oder eine inwendige Freude kundgibt".[458] Swedenborgs Auslegung der evangelischen Sakramente und der religiösen Praxis schließt topologisch an die lutherischen Bekenntnisschriften an, füllt sie aber mit einem inneren Sinn, der aus seiner Theologie abgeleitet ist.

3.3.8. Leben und Gesellschaft

a) Die Ethik

Schließlich kennt Swedenborg auch eine Art *tertius usus legis*, die Gültigkeit eines Kanons ethischer Gesetze auch für die neue Kirche. Denn die Wiedergeburt ist ein lebenslanger Prozess, der Mensch wird weiterhin versucht und angefochten,

---

[456] In früheren Schriften hatte Swedenborg die Omnipräsenz des Herrn beim Abendmahl betont, um dadurch auf die Göttlichkeit seines *Humanum* hinzuweisen, vgl. etwa HH 86; AC 2343, 10738.

[457] NJ 213.

[458] AC 2535. Das Vaterunser besitzt für Swedenborg eine besondere „innere" Bedeutung, die ihm selbst bekannt geworden sein soll, als er seine inneren Sinne beim Gebet nicht auf den Buchstabensinn, sondern auf den dahinter liegenden geistigen Sinn orientierte: „Daraus konnte ich erkennen, daß in dem Inhalt dieses Gebetes mehr enthalten war, als der ganze Himmel zu begreifen vermag, und daß auch bei dem Menschen um so mehr darinnen liegt, je mehr sein Denken gegen den Himmel zu geöffnet ist, und umgekehrt, daß desto weniger darinnen liegt, je verschlossener sein Denken ist; denn bei denen, bei denen das Denken verschlossen ist, erscheint nicht mehr darin als der Buchstabensinn oder der, welcher dem Wortlaute zunächst liegt." AC 6619.

die Einflüsse böser Geister beherrschen den *mundus naturalis* weiterhin. Aus diesem Grund sind ethische Vorschriften und Gebote weiterhin nötig. Auszugsweise seien aus Swedenborgs Ethik folgende Aspekte knapp skizziert:

1. Swedenborgs Zentralbegriffe finden sich auch in seinen Ausführungen über ein gottgemäßes Leben wieder: Nächstenliebe *(charitas)* zeigt sich in Zweck und Nutzen, so wie das Reich des Herrn das „Reich der Zwecke und Nutzwirkungen" ist. Beides kann derjenige vollbringen, der gemäß der göttlichen Ordnung lebt, die selbst im Kern Liebe, Zweck und Nutzen ist. Um dieser Ordnung zu entsprechen, muss der Mensch sein Erbböses bekämpfen: Nächstenliebe bedeutet darum zunächst die Entfernung des Bösen aus sich selbst,[459] um zu einer richtigen inneren Neigung zu gelangen.

2. Swedenborgs Akzentuierung des inneren Menschen, der durch den Einfluss des Herrn als Wiedergeborener sein Eigenes mit der göttlichen Liebe und Weisheit in Deckungsgleichheit gebracht hat, entspricht die Orientierung auf die Gesinnung. Es kommt weniger auf äußere Taten an, sondern auf die Neigung, auf die Gesinnung oder auf den Zweck, zu dem sie ausgeführt werden.[460] „Intention" kann Swedenborg dies nennen.[461] In der Geisterwelt spielen Handlungen ohnehin keine Rolle mehr, weil alles Äußerliche abgestreift ist.[462] Aber die Gesinnung des *amor regnans* wird dort zur Geltung gebracht, weil sie wiederum mit dem inneren Menschen identisch ist, der ewig weiterlebt.

Die oben bereits dargestellte Rolle des Willens, der dem Verstand vorgeordnet ist, findet sich auch hier wieder. Der Glaube ist Sache des Verstandes, die Liebe Sache des Willens oder der Wille selbst. Aber es spielt keine Rolle, was einer denkt – es geht darum, was man will.[463] Das Böse beispielsweise, das nur gedacht, aber nicht getan wird, weil der Wille zur Umsetzung fehlt, spielt keine Rolle, sondern gehört zur gottgegebenen Freiheit.[464]

3. In dieser Gesinnungsethik sind Zweck und Nutzen die tragenden Begriffe. Moralische Handlungen sollen nicht um eines Lohnes willen, sondern aus Liebe und der Ausrichtung an einem Zweck geschehen. Gute Taten sollen durch das „Wahre" und „Gute" des Glaubens, durch Gehorsam gegenüber den Geboten und durch Nächstenliebe motiviert sein. Das Gute soll um des Guten willen getan werden.[465] Wird dieser Zweck aus dem Blick verloren, kann eine gute Handlung auch Böses bewirken, wenn sie kurzsichtig oder unklug ist und den überge-

---

[459] Vgl. VCR 437: „primum charitatis est amovere malum, et secundum ejus est facere bonum". „Heute" glaube man genau umgekehrt, das erste sei das Tun des Guten und erst das zweite sei das Nichttun des Bösen. Nach VCR 509 sind wahrer Glaube und Liebe ohne Buße gar nicht möglich.

[460] Vgl. AC 1316. AC 2027 behauptet mit geradezu lutherischer Akzentuierung, den Glauben der „charitas" hätten diejenigen nicht, die ein Verdienst in ihre Taten setzen und nicht aus der Gerechtigkeit des Herrn, sondern aus ihrer eigenen gerecht werden wollten („Fidem charitatis non habent, [...] qui meritum ponunt in suae vitae actis, sic enim non ex Domini justitia, sed ex sua salvari volunt [...].").

[461] Vgl. AC 379, 1040, 1317, 1909 u. ö.

[462] Vgl. AC 1680.

[463] Vgl. VCR 657.

[464] Vgl. VCR 659.

[465] Vgl. HH 472; NJ 150 (Wer gute Taten um des Verdienstes willen tut, handelt nicht aus

ordneten Zweck vernachlässigt. Einem bösen Armen Gutes zu tun, bringt letztlich Böses hervor.[466] Und wer umgekehrt Böses tut, aber dabei nichts Böses denkt, dem wird das Böse auch nicht zugerechnet.[467]

4. Swedenborgs Prädestinationslehre impliziert, dass Gott alle Bereiche der Welt, auch die des Bösen und der Hölle, mit Providenz und Prävidenz regiert.[468] Ethisches Handeln entspricht demnach der Erkenntnis dieser ,intelligiblen' Ordnung. Beispielsweise kennt Swedenborg drei Arten von Liebe, die auch das Reich des Herrn ausmachen: die eheliche Liebe, die Liebe gegen Kinder und die gesellschaftliche Liebe *(amor societatis seu mutuus)*. Da die eheliche Liebe dem Endzweck der Schöpfung dient, nämlich der Fortpflanzung des Menschengeschlechts als *seminarium caeli*, ist sie die vornehmste. Ihr folgt die Liebe zu Kindern.[469] Alle drei Liebesarten werden aus der Barmherzigkeit *(misericordia)* des Herrn erzeugt[470] und verkörpern auf diese Weise die Schöpfungsordnung. Wird diesen Lieben infolge des Erbbösen und des *amor sui* oder *mundi* zuwider gehandelt, wird die göttliche Ordnung verletzt. Die Orientierung auf den Herrn entspricht der Orientierung auf den Zweck, nicht auf ein sinnliches oder interessegeleitetes Ziel. Nicht der Nächste als solcher, sondern der Zweck, der in der glaubenden Erkenntnis begriffen werden kann, ist Handlungsmaxime.

5. Glaube ist bei Swedenborg eng mit der Praxis verbunden. Nur ein tätiger Glaube ist ein lebendiger Glaube.[471] Ein Erkennen und ein Tun, das auf der Änderung des Willens zur wahren Liebe beruht, schließt aber auch das Handeln nach Geboten und innerhalb von Strukturen ein. Auf dieser Grundlage legt Swedenborg den Dekalog aus. Er gilt einerseits für Wiedergeborene und für diejenigen, die auf dem Weg zur Wiedergeburt sind, andererseits aber ist er als Naturrecht auch Heiden ins Herz geschrieben und dient zur Regierung der nicht wiedergeborenen Welt durch den Herrn, die sonst im Chaos versinken würde: „um das Reich, den Staat und um jede errichtete Gesellschaft" wäre es „geschehen".[472] Der Dekalog stellt die Verbindung zwischen Gott und Menschheit durch die hier vorgeschriebene Ordnung her.[473]

Liebe zum Guten, sondern um Lohn. Denn wer verdienen will, will belohnt werden.), NJ 151.

[466] Vgl. AC 8120. *Charitas* besteht also nicht darin, Armen und Bedürftigen zu helfen, sondern „klug zu handeln" (prudenter agere).

[467] Vgl. AC 1327. Hier verwendet Swedenborg den Begriff der *Imputatio*, obwohl er die Imputation als ein Widerfahrnis ablehnt, das von einer richtenden oder gnädigen Instanz ausgeht: „se habet hoc sicut homo qui facit malum, nec cogitat malum; ei non imputari potest malum quod facit". Vgl. auch AC 1963. Umgekehrt sind böse Taten auch dann böse, wenn sie zwar gut erscheinen, aber aus Selbst- oder Weltliebe geschehen sind, vgl. HH 472.

[468] Vgl. 3.3.5., h), sowie AC 1097.

[469] Vgl. AC 2039.

[470] Vgl. AC 686. Unter „Barmherzigkeit" versteht Swedenborg aber keinen Akt etwa im Sinne eines Erbarmens angesichts strafwürdiger Tatbestände. *Misericordia* entspricht nichts anderem als der göttlichen Schöpfungsordnung.

[471] Vgl. AC 9245. Umgekehrt verbleibt der falsche Glaube in der Welt- und Selbstliebe, vgl. AC 9367.

[472] VCR 282; AC 2049, 2609; HH 531.

[473] Vgl. VCR 285.

Swedenborgs Auffassung der Gesellschaft, in der wahre Tugend und Sittlichkeit geübt werden sollen, erinnert vielfach an die lutherische Zwei-Reiche-Lehre. Herrschen und Besitz sei der Menschheit ebenso angeboren wie eine hierarchische Sozialstruktur, in der „Vorgesetzte" *(praefecti)* belohnen und bestrafen. Ohne diese Ordnung würde die Menschheit zugrunde gehen.[474] Über weltliche oder bürgerliche Dinge herrschen Obrigkeiten, von denen der König der Höchste dort ist, wo eine solche „Regierungsform besteht". Über himmlische oder kirchliche Dinge hingegen herrschen Priester, deren „Amt" das Priestertum ist.[475] Priester dürfen sich keine Gewalt über die Seelen anmaßen und keine Schlüsselgewalt, nämlich „den Himmel zu öffnen und zu schließen", ausüben. Sie dürfen keine besondere Ehre nur aufgrund ihres Amtes genießen, denn Amt und Person sollen getrennt sein – meint Swedenborg mit deutlicher Reminiszenz an die lutherischen Bekenntnisschriften mit ihrer antipäpstlichen Frontstellung.[476]

Geistliche und weltliche Gewalt sind bei Swedenborg wie im Luthertum getrennt und durch die gemeinsame göttliche Ordnung zugleich aufeinander bezogen. In derselben Weise beschreibt er auch drei „Gewissen": Der Herr regiert das Gewissen durch eine äußere und ein innere Grundlage *(planum)*. In der inneren sind Himmlisches und Geistiges, in der äußeren Gerechtes und „Billiges" oder „Unparteiisches" *(justum et aequum)*. Daneben gibt es noch ein äußerstes *planum*, das aber kein eigentliches Gewissen ist. Durch das innere *planum* werden die Wiedergeborenen regiert, durch das äußerste die dazu Fähigen, die „gerecht und billig" sind, durch das äußerste alle übrigen, auch die „Bösen", damit die Welt nicht in Anarchie versinkt.[477]

Die Obrigkeiten haben das bürgerliche Gesetz und Recht zu verwalten. Ihnen unterstehen Beamte, denn der König kann schließlich nicht „alles" allein verwalten.[478] Dabei spricht sich Swedenborg offenbar gegen eine Erbmonarchie und gegen absolutistische Tendenzen aus, die die Macht eines Parlaments beschneiden würden, votiert aber eindeutig nicht gegen die Monarchie: Der König darf „auf keinerlei Weise durch Handlungen und Reden" beleidigt werden, ihm ist Gehorsam zu leisten.[479]

„Das Königtum selbst liegt nicht in der Person, sondern ist der Person beigegeben. Ein König, der glaubt, das Königtum sei in seiner Person, und ein Beamter, der glaubt, die Amtswürde sei in seiner Person, ist nicht weise."[480]

---

[474] Vgl. AC 10790f. Auch unter den „praefecti" müsse es eine Ordnung geben, vgl. 10792.

[475] AC 10793: „Praefecti super illa apud homines quae caeli sunt, seu super Ecclesiastica, vocantur sacerdotes, ac munus eorum sacerdotium. Praefecti autem super illa apud homines quae mundi sunt, seu super civilia, vocantur magistratus, ac summus eorum, ubi talia imperia sunt, rex."

[476] Vgl. AC 10795, 10797. Die Aufgabe der Priester bestehe darin, das Volk zu lehren und durch Wahrheiten zum Guten des Lebens zu führen, aber niemanden dabei zu zwingen, vgl. AC 10798.

[477] Vgl. AC 4167.

[478] Vgl. AC 10799f.

[479] Vgl. AC 10806.

[480] AC 10801.

Und der König hat unter, nicht über den Gesetzen zu stehen. Ein König mit un-
eingeschränkter Macht ist ein „Tyrann" *(tyrannus)*, kein König.[481] Das Gesetz,
das Swedenborg mit der Gerechtigkeit identifiziert, soll von „weisen und gottesfürchtigen Männern im Reiche" gegeben werden.[482]

Swedenborgs Gesellschaft ist irdisch und auch im *mundus spiritualis* hierar-
chisch stukturiert, und diese Ordnung stellt Swedenborg keineswegs in Frage
oder sieht sie in einem historischen Prozess der Auflösung oder Veränderung,
auch wenn er Reichtum und „Stand" nicht als einen besonderen göttlichen Segen
betrachtet.[483] Ganz im Gegenteil betont er häufig den Nutzen für Gesellschaft
und Vaterland als moralische Handlungsmaximen im Gegensatz zum Eigennut-
zen.[484] Das Vaterland steht dabei sogar über der Gesellschaft, weil es aus mehreren Gesellschaften zusammengesetzt ist. Man soll es mehr lieben als sich selbst
und auch sein Blut für das Vaterland vergießen. Ihm kommt geradezu die Rolle
einer irdischen Entsprechung des Reiches Gottes zu:

> „Man muß wissen, daß die, welche das Vaterland lieben und aus Wohlwollen ihm wohl-
> tun, nach dem Tode das Reich des Herrn lieben, denn dieses ist dort das Vaterland, und
> die, welche das Reich des Herrn lieben, die lieben den Herrn, weil der Herr alles in allem
> Seines Reiches ist."[485]

Echte „Liebtätigkeit" *(charitas)* dekretiert Swedenborg so: „gerecht und getreu
handeln in dem Amt, Geschäft und Beruf, in dem jeglicher ist, und mit denen,
mit welchen er in irgendeinem Verkehr steht".[486] Die „häuslichen Pflichten" und
die Pflichten des „Berufes" der „*charitas*" haben in festgefügten Strukturen statt-
zufinden, zwischen Mann, Frau, Kindern, Knechten und Mägden.[487] Anstand
(honestus), die innere Gesinnung gegen den anderen, und Würde *(decus)*, die Be-
zeugung dieser Haltung in Rede und „Gebärde", sind Swedenborgs Normbegrif-
fe für das tägliche sittliche Verhalten.[488] Auch die Justiz ist von der Gesinnungsethik betroffen und gehört zur *charitas*: Richten und Schuldigsprechen hat um
der Gerechtigkeit willen zu geschehen, und wenn Schuldige bestraft werden, entspricht das dem Nutzen für das Vaterland.[489]

Es liegt auf der Hand, dass Swedenborg bei seiner knappen sozialpolitischen
Konzeption seine eigene Rolle in der schwedischen Innenpolitik im Blick hatte.
Jahrzehntelang war er schwedischer Reichtstagsabgeordneter und wandte sich in
dieser Funktion gegen Versuche, die Befugnisse des Parlaments zu beschneiden

---

[481] Vgl. AC 10802 f., 10805.
[482] Vgl. AC 10804.
[483] Vgl. NJ 270.
[484] Vgl. etwa AC 5359. Der Mensch könne aufwärts blicken zum Vaterland, zum Nächsten und zum Himmel, oder abwärts zur Erde und auf sich, vgl. AC 7814. Über sich blicken zu
können, sei den Menschen eigen, nicht den Tieren, vgl. AC 7821.
[485] VCR 415; sowie AC 3952.
[486] VCR 422.
[487] VCR 431. In UJ cont 51 beschreibt Swedenborg seine eher traditionelle familiäre
Struktur. Hier wohnen holländische Ehefrauen, die ihre Männer beherrschen wollen, in eigenen Städten, während die Ehemänner unter sich sind.
[488] Vgl. etwa AC 4574.
[489] Vgl. AC 8121.

und die des Königshauses zu erweitern, ohne jedoch ein republikanisches System ohne Königtum anzustreben.[490] Die hier skizzierte Gesellschaftslehre Swedenborgs findet sich bereits in den *Arcana coelestia* und ist nicht im Kontext der Angriffe auf ihn am Ende der 1760er Jahre entstanden. Sie ist daher nicht als ein Versuch zu verstehen, seine besondere Königs- und Systemtreue unter Beweis zu stellen. Seine Äußerungen gegen die Einschränkung der Rede-, Denk- und Schreibfreiheit in den deutschen Ländern und seine besondere Betonung der englischen und holländischen Liberalität an diesem Punkt[491] dürften als Ergänzung seines Gesellschaftsbildes zu lesen sein.

Vor allem aber dürfte hinter seiner Schilderung der Gesellschaftsstruktur auch seine Kenntnis der lutherischen Bekenntnisschriften und die hier enthaltene Zwei-Reiche-Lehre mit der Trennung zwischen Amt und Person gestanden haben. Seine Liste[492] liest sich geradezu wie ein Kommentar zu den entsprechenden Abschnitten der Augsburgischen Konfession.[493]

Schließlich ist anzumerken, dass auch Swedenborgs Geisterwelt die Grundzüge eines nach Ständen strukturierten Gesellschaftsmodells aufweist. Hier gibt es Bischöfe, Staatsmänner, Gelehrte, Ärzte, Geistliche, ja sogar Kaiser und Könige, die zwar nicht mit den irdischen identisch, sondern solche sind, die diese Positionen bekleiden *wollen*. Und sie gelangen meist in die Hölle.[494]

Die Grundorientierung von Swedenborgs Himmel und Geisterwelt jedoch besteht in dem, worauf sich der Mensch schon zu Lebzeiten ausrichten soll: Zweck und Nutzen. Und diese Erkenntnis geht mit der Bestimmung des *amor regnans* durch göttlichen Einfluss einher. Der Imperativ des Zwecks in der Ethik Swedenborgs hat demnach nicht nur einen übersinnlichen Charakter, sondern auch eine übersinnliche Herkunft im *regnum finium* als dem Reich des Herrn.

b) Die himmlische Ehe als Grundmodell des Universums und der Gesellschaft

aa) Gutes und Wahres – Frau und Mann

So wie Gott die Einheit von Gutem *(bonum)* und Wahrem *(verum)* darstellt, ist Swedenborgs gesamtes Universum von diesen beiden göttlichen Eigenschaften durchflossen, die nur durch die menschliche Freiheit negiert werden können.[495] Seine auffälligste Konkretisierung findet dieses Modell in der Ehe.[496] Die eheliche Liebe ist noch vor der Liebe zu Kindern die „vornehmste" aller vom Herrn stammenden Lieben.[497]

---

[490] Vgl. oben 1.7.
[491] Vgl. Kap. 3.3.7., c), ff).
[492] Sie findet sich noch einmal in NJ 311–325.
[493] Vor allem CA XV, XVI, XXVIII.
[494] Vgl. VCR 661 f.
[495] Vgl. etwa HH 375: „Alles im Universum bezieht sich nämlich auf das Gute und Wahre und ihre Verbindung." Sowie gleichlautend Coniug 83.
[496] Vgl. AC 2727, 10167 f.
[497] Vgl. AC 2039. Liebe zu Kindern besitzen auch die Bösen, vgl. AC 2738 f., 2745.

Der Verstand, der dem Wahren (und seinem Gegenteil, dem Falschen) entspricht, wird durch den Mann verkörpert, der Wille, der dem Guten (und seinem Gegenteil, dem Bösen) entspricht, stellt die Frau dar. Beim Mann herrscht nach Swedenborg der Verstand *(intellectus)* oder die Vernunft *(ratio)* über den Willen *(voluntas)*, bei der Frau genau umgekehrt der Wille über den Verstand.[498] Wenn beide sich verbinden, wird der himmlischen Ehe entsprochen. Selbst die primären Zeugungsorgane stellen in ihrem inneren Sinn nichts anderes dar als die Verbindung zwischen Gutem und Wahren.[499]

Dies ist durchaus nicht ‚symbolisch' gemeint, sondern im Sinne von Swedenborgs Begriff der *repraesentatio* oder der *correspondentia* als „Vorbildung" oder als Ausprägung eines anderen, übersinnlichen, gleichwohl realen Sachverhalts. Swedenborgs Ehe ist himmlisch und dadurch von allerhöchster Realität. Nicht nur der Mensch der natürlichen Welt lebt in der Ehe, auch Geister und Engel leben postmortal mit ihrem ‚Gegenstück'. Verstand und Wille mit ihren jeweiligen Ausrichtungen gehören ‚organisch' zusammen und suchen sich miteinander zu vereinen. Da alles Natürliche seine Entsprechung im Geistigen, Himmlischen und Göttlichen hat, steht die natürliche und himmlische Ehe in Entsprechung zur göttlichen Einheit von Gutem und Wahren, die aber nur in Gott als *unio* existiert, bei den Menschen hingegen lediglich als *conjunctio*, als Ehe-Verbindung.

An manchen Stellen scheint Swedenborg letztlich die Vorstellung der platonischen und auch von Jakob Böhme vertretenen Androgynität[500] zu teilen, die er sich aus dem *Symposion* herausschrieb,[501] allerdings nicht als Ursprung, sondern als Ziel des Menschen. Dies scheint für die Auflösung der Geschlechterdifferenz im Rahmen einer *unio* im Himmel zu stehen:

> „[Es] ist offenkundig, daß der Ursprung der ehelichen Liebe auf der Verbindung zweier Gemüter zu einem Gemüt beruht. Im Himmel nennt man das ein Zusammenwohnen und spricht davon, daß die Betreffenden nicht zwei, sondern eins seien. Daher werden im Himmel zwei Ehegatten nicht zwei, sondern ein Engel genannt."[502]

Dadurch hält Swedenborg aber an der Unterscheidung zwischen *conjunctio* und *unio* fest, und er relativiert die Androgynität: Beide Gemüter wohnen zusammen und werden nur *ein* Engel „genannt".[503] Allerdings streben die Partner in einer

---

[498] Vgl. AC 476, 568, 2731; HH 368; Coniug 32 f., 156 f.

[499] Vgl. AC 4462.

[500] Vgl. JAKOB BÖHME: Vom dreyfachen Leben des Menschen [1620], Kap. 9, §§ 37 ff. In: DERS.: Sämtliche Schriften, hg. von WILL-ERICH PEUCKERT. Bd. 3, Stuttgart 1960, 167 ff. Der Gedanke der Androgynität ist auch in der Berleburger Bibel (1726/42) enthalten, vgl. ERNST BENZ: Adam. Der Mythus vom Urmenschen. München-Planegg 1955, 15.

[501] Vgl. Swedenborgs Konspekt aus Platons *Convivium*, 189–191, in PhN 147.

[502] HH 367; vgl. auch Coniug 37: Mann und Frau sind so geschaffen, dass „aus zweien gleichsam ein Mensch werden kann, oder ein Fleisch; und wenn sie eins werden, dann sind sie zusammengenommen ein Mensch in seinem Vollbestand; ohne diese Verbindung [!] aber sind sie zwei, und jedes wie ein geteilter oder halber Mensch." Die Paare, die in einer wahrhaften ehelichen Liebe leben, werden „mehr und mehr" bzw. „fühlen sich" wie *ein* Mensch, vgl. Coniug 177 f.

[503] Der Böhme-Anhänger Oetinger hat Swedenborg in seiner ‚kreativen' und selektiven Übertragung von Coniug widersprochen und entweder eine ursprüngliche Androgynität des

ehelichen Ehe nach Einheit, während diejenigen, die in einer nur natürlichen oder äußeren Ehe leben, zwei sein und bleiben wollen.[504]

Die himmlische Ehe ist auch auf die Verbindung zwischen dem Herrn und der Kirche bezogen, wobei *Dominus* hier die Liebe, die Kirche die Weisheit und das Wort die Verbindung zwischen ihnen darstellt.[505] Auch aus dieser Verbindung entstehen „Kinder", Gutes und Wahres, Söhne und Töchter in der Gemeinde, die ‚real' in die Gläubigen einfließen.[506]

Die himmlische Ehe basiert auf Swedenborgs Behauptung, dass der Mensch nach dem Tod seines Körpers vollständiger Mensch in substantieller Gestalt bleibt. Er behält dabei nicht nur seine Erinnerung, seine Personalität und seine irdischen Gewohnheiten, sondern „insbesondere" seine „Geschlechtsliebe"; er existiert als Mann oder als Frau weiter.[507] Swedenborg hält es sogar für „bewiesen", dass es Ehen im Himmel gebe. Das ist für seine theologischen Schriften eine seltene, wenn nicht singuläre Behauptung hinsichtlich eines übersinnlichen Zustands.[508]

Die irdischen Personenkonstellationen können aus verschiedenen Gründen falsch gewesen sein. Solche Ehen werden in der geistigen Welt aufgelöst.[509] Ehen hingegen, die bereits zu Lebzeiten auf eine ‚korrekte' innerliche Verbindung des Wahren (des Mannes) und des Guten (der Frau) ausgerichtet waren, bleiben auch postmortal erhalten und werden dort weiter vervollkommnet. Wer etwa in gegenseitiger, wahrer Liebe gewesen ist, wird im Himmel wieder jung.[510] Wenn hingegen der ‚richtige' Partner während des Erdenlebens verfehlt wurde, wird nun ein passender Partner zugeordnet. Das trifft auch auf Unverheiratete wie auf Swedenborg selbst zu, der – allerdings nur nach der Kolportage von Swedenborgianern – auf einem seiner Besuche in der Geisterwelt seine künftige Ehefrau, Elisabeth Gyllenborg, die Ehefrau eines schwedischen Politikers, getroffen und mit ihr gesprochen haben soll.[511]

Der Gegensatz zur himmlischen Ehe, die darauf abzielt, dass der eine liebt und will, was der andere jeweils will und liebt, ist die höllische Liebe, die der Prototyp und genauso wie die himmliche Ehe die ‚reale' Entsprechung irdischer Eheverhältnisse ist.[512]

---

ersten Menschen nach dem „Rechte der Gottheit" oder eine ursprüngliche Dreigeschlechtlichkeit angenommen, vgl. Kap. 5.2.5., d), ee).

[504] Vgl. Coniug 215. Ohne Beleg ist Benz' Behauptung, Adam und Eva seien bei Swedenborg ursprünglich ein Mensch gewesen, vgl. BENZ, 1988, 12. Damit wird eine Vorstellung Böhmes (und Oetingers) auf Swedenborg übertragen.

[505] Vgl. Coniug 21, 62, 116, 128; VCR 314.

[506] Vgl. Coniug 120f.

[507] Vgl. Coniug 32, 37.

[508] Vgl. Coniug 40.

[509] Vgl. AC 2732. Wer etwa *amore lascivo* gelebt hat, wird getrennt, vgl. Coniug 49f.

[510] Vgl. AC 553.

[511] Vgl. BENZ, 1969, 435f.; LAMM, 1922, 357; TAFEL, Documents I, 699f. Talbot (2007, 194), hat sich zu Recht gegen Marsha Keith Schuchard ausgesprochen, die hier wie an vielen Stellen Erzählungen aus zweiter Hand mit Primärquellen verwechselt und sogar den Schluss zieht, Swedenborg habe aufgrund seines Wunsches nach der Ehe mit Frau Gyllenborg möglicherweise auch eine „mental copulation" mit ihr versucht.

[512] Vgl. AC 10173f.

bb) Himmlische Sexualität

Die himmlischen Ehepartner ‚verkehren' auf eine Weise miteinander, die Swedenborg durchaus als „himmlische" Entsprechung der irdischen Sexualfreuden bezeichnen kann. Die Geschlechtsliebe der Engel ist allerdings frei von sinnlicher Lust, dafür aber voll „innigste[r] Wonnegefühle" und der „lieblichste[n] Schwellung aller Teile des Gemüts". Sie ist „inniger" als natürliche Geschlechtsliebe. Nach dem himmlischen Sexualverkehr werden Engel nicht „traurig" wie „manche auf Erden", sondern „heiter", weil verjüngende und erleuchtende Kräfte in sie eingeflossen sind.[513]

Immerhin hatte Swedenborg, dessen Hauptleidenschaft vor seiner visionären Wende nach eigenem Zeugnis Frauen waren, bereits im *Traumtagebuch* die Sexualität in dieser „himmlischen" Weise allegorisiert und sublimiert. Einen recht naturalistisch erlebten sexuellen Traum deutete er bereits hier so:

> „Dies bedeutet die höchste Liebe zum Heiligen; denn alle Liebe hat darin ihren Ursprung, bildet eine Aufeinanderfolge (Serie). Im Körper ist sie im Samenerguß (in projectione seminis) wirksam, wenn der ganze Samen vorhanden und rein ist, so *bedeutet* dies die Liebe zur Weisheit."[514]

cc) Himmlische Kinder

Auch die Folgen der himmlischen Sexualität hat Swedenborg mit seinem Entsprechungsdenken einkalkuliert. Aus dem himmlischen Geschlechtsverkehr entstehen ebenfalls Kinder, allerdings keine leiblichen oder etwa neue substantielle Seelen, sondern Gutes und Wahres.[515] Sind die Kinder aber ohne Gutes oder Wahres, sondern in Bösem und Falschem gezeugt worden, dann stellen die Töchter Begierden (*cupiditates*) und die Söhne Einbildungen (*phantasias*) dar.[516] Im Himmel wird durch diese geistigen Zeugungen von Gutem und Wahrem eine Vervollkommnung der geistigen Menschheit erreicht, denn Gutes und Wahres fließen ja in die natürlichen Menschen ein.

dd) Himmlische und irdische Ehemoral

Schon in den *Arcana coelestia* hat Swedenborg die Figur der himmlischen Ehe ausformuliert. Aber in seinem späten Werk *Delitiae sapientiae de amore coniugiali* (1768) legte Swedenborg eine Ehe-Ethik vor, in der die himmlische, die geis-

---

[513] Coniug 44.
[514] TTB, 44f. Der Traum, der dieser Deutung zugrunde lag: „Ich fand mich (im Traum) mit einer (Frau) im Bette liegend und sagte, wenn du nicht sanctuarium gesagt hättest, würden wir (es) miteinander tun. Ich wandte mich von ihr ab. Sie berührte mit ihrer Hand mein (Glied), und das wurde groß, so groß, wie es nie zuvor gewesen war. Ich drehte mich um, setzte an, es bog sich, drängte sich aber doch hinein. Sie sagte, daß es lang sei, indessen dachte ich, daß dies ein Kind geben würde, und es ging ganz ausgezeichnet." [Klammerbemerkungen des Übers.].
[515] Vgl. HH 382; Coniug 44.
[516] Vgl. AC 489, 568.

tige und die weltliche Ehe-Ordnung ausführlich dargestellt werden. Im Folgenden werden die Grundzüge dieses Modells beschrieben. Hierbei stellt sich freilich
die Frage, ob sich der unverheiratete und kinderlose Swedenborg diese Handreichung selbst ausgedacht hat oder ob ihm Quellen vorlagen. Bisher ist eine Quel-
lenvorlage für seinen Katalog nicht gefunden worden. Bemerkenswerterweise
finden sich in Swedenborgs umfangreichen und detaillierten Regeln für Ehen
und sexuelle Verhältnisse keine Ausführungen über gleichgeschlechtliche Liebe.

Zunächst folgert Swedenborg aus der himmlischen Ehe des Wahren und Guten, dass eine wahre Ehe strikt monogam sein müsse.[517]

Eine wahre Ehe zwischen Menschen aus zwei verschiedenen Religionen ist
nicht möglich. Wenn solche Verbindungen dennoch existieren, dann aus rein „natürlichen Gründen".[518] Die Hauptursache für die innere „Kälte" in den Ehen, die
zur Trennung führen kann, besteht in der Ablehnung der Religion oder in der
Nichtreligiösität des Partners.[519]

So wie die wahre eheliche Liebe die Verbindung von Gutem und Wahrem ist,
bezeichnen Ehebrüche in ihrem inneren Sinn die Schändung von Gutem und
Wahren oder der Verbindung von beiden.[520]

Die Ehe ist aufgrund ihres himmlischen Ursprungs nicht nur zum Zweck der
Kindererziehung eingerichtet. Wer meint, so Swedenborg, man könne die Ehe
deshalb brechen, verkenne die himmlische Realität der Ehebeziehung als göttliche Schöpfungsordnung.[521] Je weiter sich der Mensch von der ehelichen Liebe
entferne, desto mehr nähere er sich der „Natur des unvernünftigen Tieres".[522]
Ehebrüche ziehen je nach der Schwere der Tat unweigerlich Folgen für die postmortale Existenz des Täters nach sich.[523] Der Wille, der ihnen zugrunde gelegen
hat, wird in der Seele gespeichert und bestimmt auch den postmortalen *amor regnans*.

Allerdings hält Swedenborg in bestimmten Fällen auch die Scheidung von
Ehen für rechtmäßig: Fehler im „Gemüt" oder im Leib eines Partners wie unheil-
bare Krankheiten oder Impotenz.[524] Die „Kälte" in den Ehen, die zur Trennung
führt, ist in sexueller „Gleichgültigkeit" oder Langeweile, in erzwungenen Ehe-

---

[517] Vgl. Tell 163, 178; AC 2740, 10172; HH 379; Coniug 332–356. Polygame Ehen wie
etwa bei den Mohammedanern seien nur wegen deren orientalischer Neigung zur Polygamie
dort zugelassen.

[518] Vgl. HH 378.

[519] Vgl. Coniug 239–243. Daneben kennt Swedenborg noch Ungleichheiten „des Standes
und der Stellung" sowie sittliche Ursachen für die „Kälte" in Ehen, vgl. Coniug 250.

[520] Vgl. AC 2466. Hier werden mehrere Stellen aus dem Alten Testament aufgelistet, in
denen Ehebrüche und Hurerei vorkommen. Swedenborg legt diese Tatbestände jeweils auf
ihren inneren Sinn hin aus: „Adulterationes boni et falsificationes veri."

[521] Vgl. AC 5084.

[522] Vgl. Coniug 230.

[523] Swedenborg kennt drei Arten von Ehebrüchen und gibt eine Art Handreichung, wie
sie juristisch beurteilt werden sollten, vgl. Coniug 478–499. Für besonders verwerflich hält er
die Defloration außerhalb der Ehe (Coniug 501–505) und die zügellose Lust zur Unzucht
(Coniug 506).

[524] Coniug 252–254.

schließungen oder in der „Nymphomanie" eines Partners begründet.[525] Ehescheidung kann also durchaus rechtmäßig sein.

Die „buhlerische" Liebe *(amor scortatorius)* ist der ehelichen, aus dem Himmel rührenden Liebe entgegengesetzt und stammt aus dem Unreinen von Höllengeistern. Sie ist „fleischlich", nicht geistig orientiert[526] und kulminiert in der Unzucht *(fornicatio)*, die wiederum in vier Schweregrade unterteilt ist.[527]

Eine vor allem in der Swedenborg-Rezeption des 18. Jahrhunderts aufsehenerregende Modifikation der Ehemoral nahm Swedenborg im Falle des Pellikats vor, des außerehelichen Verhältnisses vor der Ehe. Damit stellte er sich gegen ein schwedisches Gesetz von 1734, das den außerehelichen Verkehr ausdrücklich untersagte.[528] Das Pellikat hält Swedenborg in bestimmten Fällen nämlich für erlaubt. Der voreheliche Umgang mit einer Mätresse *(pellicatus)* ist beispielsweise gestattet, wenn dadurch ausschweifende Lust verhindert wird. Verboten ist eine solche Verbindung, wenn ein Mann sie gleichzeitig mit mehreren Frauen, mit Jungfrauen oder mit verheirateten Frauen eingeht. Sie muss zugleich von der ehelichen Liebe getrennt bleiben und sich auf den Körper beschränken.[529]

Vom Pellikat unterscheidet Swedenborg das eigentliche Konkubinat: das außereheliche Verhältnis in einer Ehe, entweder während der Verbindung des Mannes mit der Frau oder während der vorübergehenden Getrenntheit von der Frau. Erstere ist Christen nicht erlaubt, weil es sich um Polygamie handelt. Die zweitere Verbindung aufgrund einer vorübergehenden Getrenntheit ist aber nicht unerlaubt, wenn „wahrhaft erhebliche Gründe" vorliegen, z. B. körperliche oder psychische Erkrankungen (paralysis, epilepsia, Tobsucht [mania], Hirnwut [phrenitis], Wahnsinn [vesania], wirkliche Stupidität und Narrheit, Verlust des Gedächtnisses), Mangel an Kinderliebe, Trunkenheit, Unreinlichkeit, Schamlosigkeit, Ausplaudern von Geheimnissen, Schlagsucht und Rachsucht. Mildere Gründe sind: das fortgerückte Alter und die Unfruchtbarkeit. Nicht gerechtfertigt ist ein Konkubinat aufgrund des Wochenbettes der Frau.[530]

Vom Recht der Frauen auf eine dem Pellikat oder Konkubinat entsprechende vor- oder außereheliche Verbindung ist bei Swedenborg keine Rede. Auch sind die Regeln für die Brautwerbung konventionell vom Mann aus gedacht: Sie hat durch den Mann zu geschehen und bedarf des Einverständnisses der Eltern. Praktizierte Sexualität vor der Eheschließung ist ausgeschlossen.[531]

---

[525] Coniug 256–259. Swedenborg kennt auch eine gesunde und eine ungesunde Eifersucht in Ehen, vgl. Coniug 357–384.

[526] Vgl. Coniug 423–443.

[527] Vgl. Coniug 452–454. Wegen der *fornicatio* seien in verschiedenen Städten Bordelle errichtet worden. Swedenborg nennt mit London, Amsterdam, Paris, Wien, Venedig, Neapel und Rom mehrere Städte, die er selbst bereist hat, vgl. Coniug 451.

[528] Vgl. BERGQUIST, 2005, 390.

[529] Vgl. Coniug 459 f.

[530] Vgl. Coniug 462–476.

[531] Daneben gibt Swedenborg mehrmals Anleitungen für Hochzeiten und Verlobungen (vgl. Coniug 295, daneben bereits in *De cultu et amore Dei* und in Teil 178). Immerhin war Swedenborg selbst zwar unverheiratet, aber einmal verlobt gewesen. Bemerkenswert ist in diesem Zusammenhang auch seine mehrmals geäußerte Vision von Verheiratungshäusern

Alle Eheregeln, die Swedenborg in *De amore coniugiali* in großer Breite und Detailliertheit darlegt, sind mit ausführlichen *Memorabilia* von Begebenheiten in der Geisterwelt ergänzt, in denen Swedenborg diese Regeln durch geistig-himmlische Ereignisse ‚beweist‘.

Gerade sein Buch über die eheliche Liebe erregte großes Aufsehen in Schweden und wurde auf Veranlassung führender kirchlicher Persönlichkeiten, darunter des mit Swedenborg verwandten Bischofs von Linköping, konfisziert, als die Auseinandersetzung um Swedenborgs Anhänger in Göteborg bereits ausgebrochen war. Seine gerade das Konkubinat und Pellikat betreffenden ‚Erlaubnisse‘ stießen auf ein starkes Echo noch unter den ersten Swedenborgianern und sorgten für das erste Schisma unter ihnen.[532]

Bedeutsam wurde die Verknüpfung der irdischen mit einer himmlischen Ehe, die eine Entsprechung Gottes selbst war und die personelle Kontinuität der wahren Liebe über den Tod hinaus zu gewährleisten schien, für das romantische Ehemodell und die Vorformen des Spiritismus im letzten Drittel des 18. Jahrhunderts.[533] Die Ehe wurde zu einer himmlischen Institution, die die Grenzen des *mundus naturalis* auch über den Tod hinaus überdauerte.

(hier unter den Bewohnern der sechsten Erde im Sternenhimmel – „in Caelo Astrifero“), in die geschlechtsreife Jungfrauen gebracht werden, so etwa AC 10837; Tell 178.

[532] Vgl. GABAY, 2007, 235, 246 f.; GABAY, 2005, 61.

[533] Vgl. Kap. 5.3.7.

3.4. Die Geisterwelt

3.4.1. Swedenborgs Visionen

Swedenborg hat zeitlebens behauptet, ihm sei der Zugang zur Geisterwelt durch eine Offenbarung des Herrn geöffnet worden. Besonders in späteren Äußerungen dürfte er dies mit apologetischem Akzent wiederholt haben, nachdem der Wahrheitsgehalt seiner Visionen öffentlich bezweifelt worden war. Nichtsdestoweniger berichtet Swedenborg in seinen veröffentlichten Werken von seiner Offenbarung Jesu Christi bzw. *Dominus* nicht explizit und detailliert wie in dem erst posthum veröffentlichten *Traumtagebuch*. Er verweist eher summarisch darauf, dass ihm der Sinn für die Geisterwelt geöffnet wurde. Jahrzehntelang will er täglich in Kontakt mit Geistern und Engeln gestanden und in Verbindung mit ihnen die Anregung zu seiner Bibelauslegung und zu seiner theologischen Lehre insgesamt empfangen haben. Der Einfluss von Engeln und Geistern, den Swedenborg für die gesamte Menschheit annimmt und ohne den kein Leben bestehen würde, ist für normale Menschen aber nicht spürbar. Menschen vermögen Engel nicht mit körperlichen Sinnen zu sehen, ihr Auge ist zu grob dafür. Dies ist nur mit den Augen des Geistes möglich, die einzig und allein vom Herrn geöffnet und den äußeren Sinnen zugänglich gemacht werden können.[1] Swedenborg sieht seine besondere Gnadengabe also darin, diesen verborgenen Einfluss einerseits bewusst wahrnehmen und zugleich in direkte Kommunikation mit diesen Seelen einstmals irdischer Menschen treten zu können.[2]

In zahlreichen *Memorabilia* dokumentiert Swedenborg seine Erlebnisse in der Geisterwelt. Dem von vielen Zeitgenossen geäußerten Verdacht, dass diese naturalistischen und zudem vielfach ‚irdischen' Verhältnissen entsprechenden Schilderungen schlichtweg frei erfunden worden seien, begegnete Swedenborg mit der lapidaren Auskunft, die *Memorabilia* könnten zwar durchaus wie „Erfindungen der Phantasie" scheinen, es handele sich aber „wirklich" um „Geschehenes und Gesehenes", „gesehen nicht in irgendeinem Betäubungszustande des Gemüts, sondern im Zustand des völligen Wachens; denn es hat dem Herrn gefallen, sich selbst mir zu offenbaren".[3]

---

[1] Vgl. HH 76. Obwohl die menschliche Vernunft durch den Einfluss des himmlischen Lichts entstehe, könne der Mensch, anders als die Bewohner anderer Erdkörper, keine unmittelbaren Offenbarungen empfangen, vgl. HH 309.

[2] Vgl. etwa AC 6191.

[3] Coniug 1.

Im Folgenden soll knapp dargestellt werden, wie Swedenborg den Status seiner Visionen selbst beschreibt.[4] Hierbei wird, wie bei der Untersuchung der Informationen über seine Offenbarung, keine irgendwie geartete Diagnose gestellt, die auf die Erklärung dieser Visionen etwa in psychologischer Hinsicht abzielen würde.

Dem Traum kommt eine besondere Rolle beim Transport der göttlichen Offenbarungen zu; schon von alters her seien sie durch Reden, Gesichte und Träume vermittelt worden.[5] Swedenborg will seine Visionen aber auf andere Art empfangen haben. So nennt er unter anderem zwei „Arten von Gesichten" *(bina genera visionum)*:

1. das Entrücktwerden aus dem Körper *(abduci a corpore)* in einem Zustand zwischen Wachen und Schlafen. Die Sinne seien dabei so wach und sogar geschärft, dass man meine, ganz wach zu sein. Man wisse in diesem Zustand nicht, ob man im Körper oder außerhalb des Körpers sei.[6] Drei- oder viermal will Swedenborg sich in diesem Zustand befunden haben.[7]

2. „vom Geist an einen anderen Ort weggeführt werden" („a spiritu in alium locum auferri"). Dies sei in Gesprächen mit Geistern und in der scheinbar örtlichen Bewegung in der Geisterwelt geschehen. Die entsprechende körperliche Empfindung trete erst eine Weile nach diesem Weggeführtwerden hinzu, und Swedenborg habe erst dann gemerkt, dass sein Körper ja immer noch am selben Ort sei. Zwei- oder dreimal will Swedenborg dies erfahren haben.[8]

An anderer Stelle unterscheidet Swedenborg seine eigenen Visionen von Phantasien, die „zu Markte getragen werden" und nur Täuschung seien, sowie von „schwärmerischen Geistern" *(spiritus enthusiastici)*, die ebenfalls solchen Täuschungen unterlägen.[9] Selbst böse Geister in der Geisterwelt seien noch von den Täuschungen beherrscht, die sie sich zu Lebzeiten angeeignet haben.[10]

Demgegenüber bestünden die Visionen *(Visiones)* der guten Geister aus den Vorbildungen *(repraesentativa)* der himmlischen Dinge – der Himmel sinkt gleichsam in die Geisterwelt herab.[11] Sie sind deshalb ‚echt'.

Außerdem unterscheidet Swedenborg drei Gattungen von ‚wahren', also nicht der Phantasie entsprungenen Träumen: unmittelbar vom Herrn stammende und durch den Himmel vermittelte Träume (prophetische Träume), von Engelsgeis-

---

[4] Ernst Benz hat darüber hinaus umfassend und systematisch Art, Inhalt und Struktur der einzelnen Visionen und ihrer Gattungen dargestellt, die sich im *Diarium spirituale* und in den zu Lebzeiten veröffentlichten Werken finden: Träume, Entraffungen, Erleuchtungen, „Evidenzerlebnisse" und Inspirationen, vgl. BENZ, 1969, 285–343. Dabei hat er betont, dass Swedenborgs Visionen nicht in der Form einer *unio mystica*, sondern als „intellektuelle Anschauung" zu verstehen seien, ebd., 307.

[5] Vgl. AC 4682.

[6] Vgl. zu diesem Zitat des Entrückungsberichts des Apostels Paulus Kap. 4.2.11.

[7] Vgl. AC 1882 f.

[8] Vgl. AC 1884.

[9] Vgl. AC 1967 f.

[10] Das postmortale Leben dieser Geister erscheint ihnen daher als eine quälende Phantasie, vgl. AC 1969.

[11] Vgl. AC 1971.

tern aus dem Himmel stammende Träume (besaßen die Menschen der Ältesten Kirche) und von Geistern herrührende Träume, die im Zustand des Schlafs empfangen werden.[12]

Über solche Träume gehen Swedenborgs Visionen aber hinaus. Er will ständig, über Jahrzehnte fast täglich, ohne Ortsveränderung und bei vollem Bewusstsein mit Geistern und Menschen kommuniziert haben.[13] Seine Visionen bezeichnet er aber nicht als eine dauerhafte Offenbarung des Herrn, sondern als außergewöhnliche Öffnung einer Welt, die nach Swedenborgs System lediglich unerkennbar ist, aber real existiert. Offenbarung und Vision sind bei Swedenborg voneinander unterschieden.

3.4.2. Die Topographie der Geisterwelt

a) Die Einteilung des mundus spiritualis

Die geistige Welt *(mundus spiritualis)*, die von der natürlichen Welt epistemologisch getrennt, aber durch Korrespondenzen und Repräsentationen mit ihr verbunden ist,[14] besteht aus Himmel und Hölle sowie einer Geisterwelt *(mundus spirituum)*, die nicht mit der geistigen Welt zu verwechseln ist. Die Geisterwelt ist ein Zwischenzustand zwischen Himmel und Hölle, in den der Mensch nach dem Tod zuerst gelangt.[15] Swedenborg beschreibt diesen „Zustand" der Geisterwelt mit naturalistischen Begriffen: sie sei zwischen Himmel und Hölle eingezäunt wie ein Tal zwischen Bergen und Felsen.[16] Der Aufenthalt dort ist zeitlich nicht festgelegt, soll aber nicht länger als 30 Jahre dauern.[17] Von hier aus wird der Mensch entweder in Himmel oder Hölle versetzt.

Die „Myriaden" seit der Ältesten Kirche gestorbener substantieller Menschen existieren als Seelen in zahllosen Gesellschaften, die neben dem Zwischenreich der Geisterwelt drei Himmel und drei Höllen formen.[18] An anderen Stellen unterscheidet Swedenborg beim Himmel nochmals einen Himmel der Gottesliebe und einen der tätigen Nächstenliebe[19] oder ein himmlisches und ein geistiges Reich „im allgemeinen", während der Himmel „im besonderen" aus drei Himmeln bestehe, einem inneren, einem ‚innerlicheren' und einem innerlichsten. Dem entsprechen drei Arten von Liebe und von Engeln (gute Geister, engelische Geister und Engel).[20] Durch den göttlichen Einfluss sind die drei Himmel aber eins.[21] Dementsprechend teilt Swedenborg auch die Hölle einerseits in zwei Rei-

---

[12] Vgl. AC 1976.

[13] Vgl. Tell 124.

[14] Vgl. AC 2987 (repraesentationes, correspondentiae).

[15] Vgl. HH 421 f.

[16] Vgl. HH 428 f., 422.

[17] Vgl. HH 426.

[18] Vgl. UJ 27; AC 471.

[19] Vgl. UJ 39; AC 3887.

[20] Vgl. AC 684 (spiritus boni, spiritus angelici, angeli), sowie AC 911.

[21] Vgl. HH 20–22, vgl. auch AC 978, 994, 3540, 3691 u. ö.

che ein, die den beiden Reichen des Himmels gegenüberstehen: dem Himmel der
Gottesliebe steht die Hölle der Selbstliebe gegenüber, ihre Bewohner heißen
„böse Engel", dem Himmel der Nächstenliebe korrespondiert die Hölle der
Weltliebe, ihre Bewohner sind Geister.[22] Zugleich kennt Swedenborg drei Höllen, die den drei Graden des Himmels entsprechen: eine unterste, eine mittlere
und eine obere.[23] Da jeder Mensch nach dem Tod seines Körpers gemäß seines
amor regnans weiterlebt, gibt es darüber hinaus entsprechend der Zahl der Menschen unzählige Himmel und Höllen.[24]

b) Die Substantialität des mundus spiritualis

Swedenborgs *mundus spiritualis* unterläuft die zeitgenössischen Materiedefinitio-
nen. Die geistige Welt ist weder materiell noch immateriell, kein stoffloser Raum
und kein mit Stoff gefüllter Raum. Sie ist, so wie Gott, die geistige Sonne und die
menschlichen Seelen substantiell.

Während die Materie und die natürliche Welt in Raum und Zeit existieren,
sind Raum und Zeit in der geistigen Welt nicht vorhanden. Swedenborg meint,
hier gebe es nur etwas, was wie Raum und Zeit aussehe. In Wirklichkeit handele
es sich nur um Zustände *(status)*, die lediglich wie Raum und Zeit erscheinen.[25]
Engeln etwa kommt die Ewigkeit nicht als endlose Zeit, sonden als endloser Zustand vor.[26] Entfernungen in der geistigen Welt sind nicht räumlich-geographi-
scher Art, sondern lediglich die Änderung innerer Zustände; Raum und Zeit in
der geistigen Welt sind die Scheinbarkeit des natürlichen Raums und der natürlichen Zeit.[27]

Im *mundus spiritualis* sind alle Dinge, die in der natürlichen Welt existieren,
ebenfalls vorhanden, aber eben auf substantielle Weise. Der Unterschied zwischen
Geistern und Menschen besteht darin, dass Geister im Substantiellen, im „Einfachen", nicht im Sinne von Monaden, sondern eben von Substanz, und in den Prinzipien sind. Die Menschen aber sind im Materiellen und „prinzipiiert" *(in princi-
piatis)*. Substantielle Dinge aber sind die „Uranfänge der materiellen".[28] Im Rahmen eines Disputs in der Geisterwelt wird der Gegensatz von Materialismus und
Idealismus wie folgt aufzuheben versucht:

---

[22] Vgl. HH 596.
[23] Vgl. HH 542. In AC konnte die Rede von drei Höllen nicht ausfindig gemacht werden.
[24] Vgl. etwa AC 6370, 7574; HH 405.
[25] Vgl. VCR 29; AC 2625, 4814, 4882, 4901; HH 162 f., 266; Coniug 328.
[26] Vgl. HH 167.
[27] Vgl. Tell 135; HH 192.
[28] Vgl. Coniug 328. Zum Begriff der Prinzipiierung, der offenbar Leibniz entlehnt ist, vgl.
auch AC 8455, wo Swedenborg Ursubstanzen *(primae substantiae)* vom Substantiierten und
Prinzipiierten *(substantiata et principiata)* unterscheidet. Oetinger etwa hat den Begriff „substantiell" zuweilen mit „eigentlich" oder „eigen" wiedergegeben, vgl. seine Wiedergabe von
Coniug 31 in: OETINGER, Freymüthige Gedanken, 65 f. Allerdings ergänzte er genau gegen
Swedenborg, dass der Mensch nach der Auferstehung, an der er ebenfalls gegen Swedenborg
festhält, einen „ätherischen Leib" haben werde, vgl. ebd., 68.

„Wir merken, daß ihr in der vorigen Welt geglaubt habt, diese Welt sei leer, weil sie geistig ist; und daß ihr dieses geglaubt, kommt daher, daß ihr euch einen vom Materiellen ganz absehenden Begriff des Geistigen gemacht habt, und das vom Materiellen Absehende erschien euch wie nichts, mithin wie leer, während es doch die Fülle von allem ist. Hier ist alles substantiell und nicht materiell, und das Materielle hat seinen Ursprung aus dem Substantiellen; wir, die wir hier sind, sind geistige Menschen, weil substantiell und nicht materiell."[29]

c) Die Geisterwelt als Fortdauer

Da die Identität und die Personalität des Menschen durch das Gedächtnis nach seinem Tod erhalten bleiben, ist es möglich, in der Geisterwelt mit allen Freunden und Bekannten aus dem natürlichen Leben zu sprechen.[30] Swedenborg selbst will mit beinahe allen, die er zu deren Lebzeiten kannte, kommuniziert haben.[31] Aber auch sämtliche Lebensgewohnheiten bleiben hier auf substantielle Weise erhalten. In der Geisterwelt gibt es Bücher und Schriften, Verwaltung, Ämter, Geschäfte, Gymnasien, „literarische Spiele", Kampfspiele und Theater.[32] Auch Farben und Pflanzen sind hier vorhanden, die irdische Farben und Pflanzen qualitativ weit übersteigen.[33] Philosophische und theologische Disputationen werden in der Geisterwelt häufig geführt. Swedenborg greift auf seinen Besuchen selbst oft in diese Auseinandersetzungen ein. Dabei werden die Gegner entweder von ihm oder von Engeln belehrt und gelangen, nachdem ihre falsche Meinung offenbar wird, in den selbst zugezogenen Zustand der Hölle.[34] Swedenborgs Ansichten über die Trinitätslehre, über die calvinistische Prädestination, über die Frage des freien Willens, aber auch über die zeit seines Lebens verfolgten Fragen nach dem *commercium animae et corporis* oder den *ideae innatae* werden auf diese Weise durch himmlische Voten von Engeln und Geistern zementiert, während seine Gegner aufgrund ihrer falschen Ansichten zumeist in die Hölle gelangen.

Diese Memorabilien machen einen sehr großen Raum aller seiner Bücher aus und sind in der Öffentlichkeit weitaus stärker wahrgenommen worden als etwa die Schriftauslegung in den *Arcana*.

Die Neigungen und Leidenschaften, die der Mensch zu Lebzeiten ausgeprägt hat, werden postmortal fortgeführt, allerdings im Übermaß. Diejenigen, für die leibliche Genüsse den Lebensmittelpunkt gebildet haben, stopfen sich dort bis zum Erbrechen voll.[35] Wer sich den Himmel als Ruhe und Erholung vorgestellt hat, lebt im anderen Leben in trüber Langeweile.[36] Wer gemeint hat, dass der

---

[29] VCR 694.
[30] Vgl. HH 427.
[31] Vgl. HH 437.
[32] Vgl. VCR 694, 745 f.
[33] Vgl. AC 4529. Die himmlischen Farben sind Modifikationen des himmlischen Lichts, erläutert Swedenborg in AC 4677 anlässlich der ‚Auslegung' von Josephs buntem Rock in Gen 37.
[34] Vgl. von den zahlreichen Stellen VCR 16 f., 111 f., 136, 137, 159, 182, 185, 188, 335, 390, 487, 503, 567, 665, 692 f., 796–799; Tell 38; AC 6324–6326, 6486, Com 18 f., Coniug 315, 380.
[35] Vgl. Coniug 6 f.
[36] Vgl. Coniug 8; sowie HH 403; AC 454.

Himmel ein andauerndes Fest und ein Gottesdienst sei, ist dort taub vor lauter Predigten.[37]

Das strukturierende Prinzip des swedenborgischen Himmels besteht in Zwecken und Nutzwirkungen. Für andere zu leben, heißt, Nutzen zu schaffen. Swedenborg kennt geistige, sittliche und staatsbürgerliche Nutzen, worunter Liebe zur Gesellschaft und zum Staat gezählt werden, und körperliche Nutzen, die Selbsterhaltung zum Zwecke eines höheren Nutzens.[38] Es sind also vier Arten von Nutzen, die alle miteinander zusammenhängen und auf der ersten, geistigen Liebe basieren, auf der Liebe zu Gott und zum Nächsten.

In der Erfüllung und Einordnung des Einzelnen zum Interesse, zum Zweck und Nutzen des Ganzen sieht Swedenborg die Glückseligkeit.[39] In Arbeit und Beschäftigung im Dienst an der Gesellschaft, nicht in Ruhe und Gottesanbetung oder in der Projektion individueller Wünsche nach Befriedigung aller Bedürfnisse besteht die Erfüllung aller Sehnsüchte im Zeitalter des Utilitarismus – eine tatsächliche Entsprechung vollkommener irdischer Verhältnisse, in denen alles zweckhaft geordnet ist. Selbst die Hölle steht mit ihren Bewohnern unter diesem Prinzip des Nutzens.[40]

d) Maximus homo

Zu den bemerkenswertesten Elementen in Swedenborgs Geisterweltlehre zählt seine Auffassung, dass der gesamte, Himmel und Geisterwelt umfassende *mundus spiritualis* die Gestalt eines „Größten Menschen", des *maximus homo* besitzt.[41] Die Hölle, die ja auch zum *mundus spiritualis* gehört, ist demgegenüber gleichsam ein verzerrtes Gegenstück zum „wahren Menschen" und stellt insgesamt einen Teufel dar, der dem *maximus homo* entgegengesetzt ist.[42]

Die Mitte der Sonne der geistigen Welt ist *„Jehovah Deus"*. Alles, was aus ihr hervorgeht, stellt einen Menschen dar und strebt auf die menschliche Gestalt zu.[43] Der *maximus homo* ist aber nicht als Schöpfungsmittler oder, entsprechend der Trinitätslehre Swedenborgs, nicht als eigene Person der Gottheit und auch nicht als eigenes Geschöpf zu verstehen. Er fließt aus den göttlichen Eigenschaften der Liebe und Weisheit heraus und erscheint auf diese Weise als eine Emana-

---

[37] Unter solchen sieht Swedenborg viele Geistliche und einen Erzbischof, vgl. Coniug 9; auch HH 404.

[38] Vgl. Coniug 18.

[39] Vgl. HH 402.

[40] Vgl. AC 1097. Die Nutzen *(usus)*, die die Höllenbewohner schaffen, sind freilich minimal (vilissimi).

[41] Von den zahlreichen Stellen vgl. etwa AC 694; VCR 32.

[42] Nach AC 3641 sind die Himmels- und Höllenbewohner auf den Herrn gerichtet, allerdings die Himmlischen aufwärts mit dem Kopf, die Höllischen „hängend" mit dem Kopf nach unten. In HH 553 meint Swedenborg, er habe die Gesamtgestalt der Hölle nie „gesehen", ihm sei nur gesagt worden, dass sie die Gestalt eines Teufels ausmache. In AC 694 und VCR 32 findet sich diese Einschränkung nicht, hier wird die Gesamtgestalt der Hölle ohne Anmerkung als die eines „monströsen Teufel[s]" bezeichnet.

[43] Vgl. VCR 66.

tion, die sich im Grad der Realität aber von Gott selbst unterscheidet, der wiederum im Kern der Sonne der geistigen Welt, aber nicht mit ihr identisch ist. Wenn die eigentliche Gestalt Gottes menschlich ist, dann kann der ‚Ausfluss‘ dieser göttlichen Gestalt bei aller Unterschiedenheit nur menschliche Form annehmen. Auch ist der inkarnierte *Dominus* nicht mit dem *maximus homo* identisch, und der *Dominus* „erscheint" den Engeln, die von der Erde stammen, lediglich als Mensch in der Sonne, der von Sonnenfeuer umgeben ist.[44] Der Himmel „repräsentiert" den Herrn, dessen Gutes und Wahres ihn zugleich ausmachen.[45]

Dieser zwischen Himmel bzw. *maximus homo* differenzierenden Sicht scheinen Stellen zu widersprechen, an denen Swedenborg den Himmel als himmlischen Menschen bezeichnet und behauptet, der *Dominus* selbst sei der himmlische Mensch.[46] Allerdings hatte Swedenborg deutlich eine *unio* der Engel mit dem Herrn ausgeschlossen und lediglich eine *conjunctio* für möglich gehalten. Dem wiederum entspricht seine Aussage, der Himmel und seine Gesellschaften seien eine „Ähnlichkeit des Herrn", denn dadurch stellt er selbst wieder eine Differenz her.[47] An anderen Stellen bezeichnet er die Älteste Kirche ohne spezifizierenden Artikel als himmlischen Menschen (*caelestis homo*),[48] woraus man den Schluss ziehen könnte, sie sei der *Dominus* selbst gewesen. Swedenborg hätte in diesem Fall einen Schöpfungsmittler eingebaut. Aber dann wäre mit der Ältesten Kirche auch der *Dominus* vom wahren Glauben und der wahren Liebe abgefallen. Diese Konsequenz zieht Swedenborg nicht, und es bleibt nichts weiter übrig, als diese scheinbaren Widersprüche zu notieren.[49]

Nicht nur die gesamte geistige Welt macht einen einzigen Menschen aus. Die Menschengestalt setzt sich nach dem makrokosmisch-mikrokosmischen Zusammenhang bis zum einzelnen Menschen fort. Jeder Mensch ist „wie" ein „winziger Himmel",[50] wobei das komparative „wie" hier einen gegenüber dem ‚Orignal‘ verminderten Grad und nicht eine Identität bezeichnet. Auch bildet jede einzelne Gesellschaft *(societas)* innerhalb des *maximus homo* für sich ebenfalls einen Menschen.

---

[44] Vgl. Tell 170 („quod appareat in Sole ut Homo, circumdatus ibi Igneo solari").

[45] AC 2996: „[…] caelum repraesentat Ipsum et Divinum Bonum et Verum quod ab Ipso, est quod facit caelum."

[46] Vgl. AC 162.

[47] AC 1013: „universum caelum est similitudo Domini, nam Dominus est Omne in omnibus eorum". „Ähnlichkeit" wird hier als Liebe zum Herrn spezifiziert und vom „Bild" (imago) unterschieden, das nur Liebe zum Nächsten und damit lediglich geistlich sei.

[48] AC 202. In AC 300 wird allerdings eine Grunddifferenz zwischen dem „*homo caelestis*" und dem *Dominus* hergestellt. Der himmlische Mensch sei nicht mit dem Herrn, sondern nur mit den Engeln vergleichbar, die aber selbst keine *potentia* besitzen, sondern nur die *potentia* des einen Gottes.

[49] Diese Widersprüche können auch dadurch nicht eingeebnet werden, dass man den *maximus homo* wie eine Spiegelfigur als abstrakten, universalen Menschen, als Figur Christi oder Sophia versteht, wie Bergquist, 2005, 261, vorschlägt. Noch weniger lässt sich allerdings die These von Ernst Benz nachvollziehen, der *maximus homo* entspreche der mit Christus verheirateten Sophia bei Jakob Böhme, vgl. Benz, 1969, 397.

[50] AC 644: „homo est sicut quoddam exiguissimum caelum".

Der *maximus homo*, der aus vielen einzelnen Großen Menschen in Himmel und Geisterwelt besteht, ist in sich so aufgebaut,

„daß zur Rechten des Herrn die Engel sind, zur Linken die bösen Geister, vorne sind die der mittleren Art, rückwärts sind die Boshaften, über dem Haupt sind die Hochmütigen und die nach hohen Dingen trachten, unter den Füßen sind die Höllen, die denen, die in der Höhe sind, entsprechen. So alle in ihrer Lage je nach ihrem Verhältnis zum Herrn, nach allen Himmelsgegenden und Höhen, in waagrechter und senkrechter Stellung, und in jeder schiefen Richtung. Ihre Lage bleibt sich gleich und wechselt in Ewigkeit nicht."[51]

Wie noch darzustellen sein wird, sind die Geister aller bewohnten inner- und außergalaktischen Planeten und Himmelskörper ebenfalls fester Bestandteil des *maximus homo* und nehmen hier bestimmte organische Funktionen ein.

Der *maximus homo* ist physiologisch haargenau so aufgebaut wie der natürliche Mensch. Swedenborg dehnt seine Korrespondenzlehre, nach der alle Details der natürlichen Welt ihre Entsprechungen in der geistigen Welt haben, ja geradezu ohne diese ‚realen' Korrespondenzen nicht bestehen können, auf die gesamte Anatomie des geistigen und des natürlichen Menschen aus. Seine Beschreibungen enthalten durchweg die medizinischen Fachtermini und die Funktionsweise der einzelnen Organe, die er in seinen naturphilosophischen Schriften, besonders in der *Oeconomia regni animalis* und im *Regnum animale* nur wenige Jahre vor dem ersten Band der *Arcana* verwendet hatte. Die geistigen Organe des *maximus homo* bilden dabei jeweils eigene Himmel: Großhirn *(cerebrum)* und Kleinhirn *(cerebellum)*, *dura mater*, *pia mater*, *sinus*, die *corpora striata*, die *glandulae minorae*, die *ventriculi* stellen jeweils eigene Himmel dar.

Im *infundibulum*-Trichter des himmlischen *cerebrum* befindet sich beispielsweise eine Lymphdrüse, die zur einen Hälfte mit *spiritus animales* und zur anderen mit „abschüssigen Flüssigkeiten" *(lymphas excrementitias)* gefüllt ist – eine anatomische Beschreibung des Transportwegs des *fluidum spirituosum*, die schon in der *Oeconomia regni animalis* vorhanden war und die im zeitgenössischen medizinischen Diskurs auch von anderen vertreten wurde.[52] Die Gedanken fließen in den Himmelsgesellschaften nach Form der Windungen der aschgrauen Substanz *(substantia cineritia)* des Gehirns des *maximus homo* kreisförmig im Gehirn.[53]

Auch die menschlichen Vermögen finden sich im Gehirn des Großen Menschen. Der *sensus communis* ist unterteilt in einen *sensus voluntarius*, der zum Großhirn gehört, und einen *sensus involuntarius*, der zum Kleinhirn gehört.[54] Überhaupt kommt dem Gehirn des *maximus homo* eine Zentralstellung zu. Dies entspricht ganz Swedenborgs bereits in seinen anatomischen Schriften gezeigtem Interesse an der Hirnanatomie. Hier werden die „Zwecke", die den Gesamtorganismus bestimmen, durch die Anfänge *(principia)* „repräsentiert", von denen die einzelnen Fibern ausgehen. Die Gedanken, die hier entspringen, werden von die-

---

[51] AC 1276.
[52] Vgl. Kap. 2.4.1., c), aa). Zu den Beschreibungen des Gehirns des Großen Menschen: AC 4039, 4045–50, 4222, 4225 f. u. ö.
[53] Vgl. AC 6607.
[54] Vgl. AC 4325.

sen *principia* genauso „repräsentiert" wie die Handlungen durch die Nerven, die wiederum von den Fibern ausgehen.[55] Das Dreierschema Zweck-Ursache-Wirkung wird auf diese Weise anatomisch im Gehirn sogar des *maximus homo* verankert.

Swedenborg beschreibt ausführlich auch die Beziehungen zwischen den fünf Sinnen zu den entsprechenden Sinnesorganen[56] – kurzum: die Grundzüge der kompletten Anatomie, die Swedenborg in den 1740er Jahren erarbeitet und zum Teil veröffentlicht hatte, werden auf den *maximus homo* übertragen.

Die inneren Organe und Körperteile des *maximus homo* sind bevölkert. Hier finden sich die einzelnen Gesellschaften von Geistern und Engeln entsprechend ihren Neigungen und Gesinnungen. Diejenigen, die nur ihren eigenen und nicht den Nutzen des Vaterlandes *(patria)* und der Gesellschaft *(societas)* suchen, befinden sich im *maximus homo* unter dem Gesäß *(natis)* und im Schmutz *(sordes)*.[57] Diejenigen, die kleine Kinder geliebt haben, halten sich nun im *uterus*, in den Eierstöcken und im Mutterhals des Großen Menschen auf und sind in einem „überaus angenehmen und wonnigen Leben und in himmlischer Freude vor anderen".[58] Den Geschlechtsorganen, Gesäß und Hoden zum Beispiel, sind die Geister zugeordnet, die gegen die „eheliche Liebe" gelebt oder Ehebruch begangen haben, hier befinden sich ihre schmutzigen und kotigen Höllen, die auf die Befindlichkeit der Menschen in der natürlichen Welt dauerhaft einwirken.[59]

Nicht nur haben alle Krankheiten und Schmerzen ihre Entsprechungen bei Höllengeistern innerhalb des *maximus homo*, die die Menschen der natürlichen Welt beeinflussen und hier ihre natürlichen Gegenstücke hervorrufen können.[60]

Schließlich ist wenigstens knapp darauf zu verweisen, dass Swedenborg ausführliche Schlussfolgerungen aus dem konstabilierten Korrespondenzverhältnis zwischen Seele und Körper auch des *maximus homo* zieht. Der Einfluss des Kleinhirns schlage sich durch seine Fibern besonders im Gesicht nieder, auf dem sich die Seele abzeichnet, so

---

[55] AC 5189: „Fines repraesentantur quoque per principia ex quibus fibrae, qualia sunt in cerebro; cogitationes inde repraesencantur per fibras ex principiis illis; et actiones inde per nervos qui ex fibris."

[56] Vgl. AC 4404: die fünf Sinne; AC 4407: das Auge; AC 4523, 4653: Auge und Ohr; 4622–4624: Nase und Geruchssinn; AC 4791–4794: Zunge und Geschmack (der ist postmortal nicht vorhanden, vgl. unten Seite 274, Anm. 345) mit Kehlkopf, Luftröhre und Lippen. Weitere Beschreibungen z. B. AC 3747: Haupt, Brust, Unterleib, Geschlechtsorgane; AC 3884: Gehirn, Lunge, Herz, Nieren; Swedenborg will dabei auch die himmlische Atmung des *maximus homo* erfahren haben. In AC 5171–5190, 5377–5395 werden die Entsprechungen der inneren Organe nach den irdischen Gefühlsregungen und emotionalen Befindlichkeiten beschrieben. Kreisläufe etwa stehen für Harmonie, unechte Tuberkel und Geschwüre für Lügen und Boshaftigkeit, die Pankreas für Züchtigungen, die Galle für Unfrömmigkeit, die Brustdrüse für Kindlichkeit. Aus Harn, Nieren, Bauchfell, Harnblase wird jeweils das Höllische ausgeschieden, das übrigbleibende „Gute" ist auch im *maximus homo* gut. Was durch das Gedärm ausgeschieden wird, ist höllisch.

[57] Vgl. AC 5395.

[58] Vgl. AC 5054 („in vita suavissima et dulcissima sunt et in gaudio caelesti prae aliis").

[59] Vgl. AC 5059f.

[60] Vgl. AC 5711–5717.

„daß im Gesichte die Neigungen sichtbar werden, und zwar meistenteils ohne den Willen des Menschen, z. B. Furcht, Ehrfurcht, Scham, verschiedene Arten der Freude und der Traurigkeit, außer mehreren, was dem anderen dadurch kund wird, so daß er aus dem Gesichte erkennt, welche Neigungen, und welche Veränderungen der Seele und des Gemütes vorhanden sind".[61]

Das Gesicht ist auf diese Weise aus rein organischen Gründen der „Spiegel der Seele",[62] und Swedenborg wird in seinen gesamten Beschreibungen nicht müde, zu betonen, dass sich die innere Haltung und Neigung von Engeln und Geistern auf dem Gesicht wiederfindet. Höllische Geister können auch schon einmal wie Tiere aussehen, in denen Swedenborg ihr Temperament ausgedrückt sieht.[63]

Dieses ‚reale‘, weil organische Entsprechungsverhältnis zwischen Körper und Seele erstreckt sich auf die Beziehung des gesamten *maximus homo* zur natürlichen Welt und zu jedem einzelnen Menschen. Alles Organische ist ein ‚reales‘ Nachbild von Bestandteilen des Großen Menschen, der wiederum aus „Myriaden" von menschlichen Seelen besteht.

e) Hölle

Genauso wie der Himmel besteht auch die Hölle aus menschlichen Seelen. Einen eigens geschaffenen Teufel, etwa als gefallenen Engel oder ein von Gottes Existenz unabhängiges böses Prinzip, kennt Swedenborg nicht, auch wenn er den Begriff des Teufels verwendet und sogar einen Satan von ihm unterscheidet.[64] Der Teufel bezeichnet nämlich die unterste, der Satan die oberste Hölle, Luzifer aber eine bestimmte Art von Geistern, die aus Babylon (= Rom) stammen und ihre Herrschaft bis in den Himmel ausdehnen, möglicherweise eine Anspielung auf die Jesuiten.[65] Aber Teufel *(diaboli)* und Satane *(satanas)* gibt es nur im Plural, denn sie sind nichts anderes als böse Geister und Engel. Noch während seiner visionären Wende stellte sich der Lutheraner Swedenborg einen persönlichen Satan oder Teufel vor.[66]

Die Höllenbewohner leben ewig und dürfen nicht vernichtet werden,[67] denn die Hölle bildet zusammen mit dem Himmel ein Gleichgewicht, das wiederum die menschliche Freiheit gewährleistet. Aber die Hölle selbst ist ja ein Ergebnis

---

[61] Vgl. AC 4326; sowie AC 2988, 6616.

[62] In HH 91 kennzeichnet Swedenborg „Spiegel der Seele" als Zitat, allerdings ohne Quellennachweis.

[63] VCR 13 beschreibt Naturalisten und Gottesleugner in der geistigen Welt. Sie öffnen „die unteren Teile ihres Gemütes für den Teufel, und ziehen infolgedessen das Menschliche aus, und das Tierische an, und glauben nicht nur, daß sie den Tieren ähnlich seien, sondern werden es auch; denn sie werden Füchse hinsichtlich der Schlauheit, Wölfe hinsichtlich der Wildheit, Panther hinsichtlich der Tücke, Tiger hinsichtlich der Grausamkeit, Krokodile, Schlangen, Uhu und Nachteulen je nach deren Natur; die, welche so sind, erscheinen auch in der geistigen Welt von ferne als jenen wilden Tieren ähnlich; die Liebe zu ihrem Bösen gestaltet sie so". Vgl. auch VCR 61, 78, 162.

[64] Vgl. UJ 14; HH 311 f., 544. An vielen Stellen schreibt Swedenborg vom Teufel auch im Singular, den z. B. der Mensch in sein Herz lasse, vgl. VCR 13.

[65] Vgl. HH 544.

[66] Vgl. TTB, 42.

[67] Vgl. VCR 124.

der menschlichen Freiheit: Man gelangt selbst hinein und das, was dort geschieht, ist kein Strafen, sondern besteht in der Fortsetzung der irdischen Phantasien, Einbildungen und Wünsche. Im Grunde besteht die Hölle aus Phantasien, die Swedenborg gegenüber der göttlichen Realität als geradezu irreales Gegenstück beschreibt. Nur von den Engeln wird Reales wahrgenommen, weil sie den einzig realen Einfluss des Herrn wahrnehmen. Da dieser Einfluss aber nicht in der Hölle wahrgenommen werden kann, ist die Wahrnehmung der Höllischen in diesem Sinne auch nicht „real",[68] sie besteht gleichsam aus einer permanenten Illusion:

„Es wird aber in die Höllen eine solche Form und eine solche Ordnung vom Herrn gebracht, daß alle gefesselt und gebunden gehalten werden von ihren Begierden und Einbildungen, in denen ihr eigentliches Leben besteht, welches Leben, weil es das des Todes ist, sich in schreckliche Qualen verwandelt. Diese Qualen sind so groß, daß sie nicht geschildert werden können, denn die höchste Lust ihres Lebens besteht darin, daß einer den anderen strafen, martern und quälen kann, sogar durch in der Welt ganz unbekannte Künste, mit denen sie scharfe Empfindungen (*exquisitos sensus*) beibringen können, ganz wie wenn sie im Körper wären; dann auch gräßliche und schauderhafte Einbildungen, nebst Schrecken und Grausen und mehreres dergleichen. Die teuflische Rotte empfindet darin so großes Vergnügen, daß, wenn sie die Schmerzen und Qualen ins Unendliche vermehren und verstärken könnten, sie nicht einmal dann ruhen, sondern vielmehr noch ins Endlose fort entbrennen würden."[69]

Swedenborgs Hölle ist genauso systematisch strukturiert wie sein Himmel und seine Geisterwelt. An manchen Stellen teilt er sie in Höhlen ein.[70] Auch kennt er eine eigene Hölle für die Antediluvianer, die in der Sintflut umgekommen sind.[71] Die ganze Hölle ist voller Naturalisten, Materialisten, Tritheisten, Prädestinatianer, Pantheisten und Gottesleugner.[72] In den entferntesten Höllen befinden sich solche Anhänger der katholischen Religion, die wie Götter angebetet werden wollen.[73]

Insbesondere kennt Swedenborg fünf Höllen, die er bestimmten moralischen Delikten zuordnet:

1. die Hölle der Hasserfüllten, Rachsüchtigen, Grausamen,
2. die Hölle der Ehebrecher, „Unzüchtigen", „Ränkespieler" und Zauberinnen,
3. die Hölle der Geizigen, unter diesem Punkt wird auch das „unsaubere Jerusalem" der Juden eingeordnet, sowie der Räuber und „kotige Höllen" der Wollüstigen,
4. „andere Höllen",[74]
5. die Hölle derer, die in der „Abstreifung" *(vastatio)* sind.[75]

---

[68] Vgl. AC 4623: „Sed sciendum quod vita sensitiva spirituum duplex sit, nempe realis et non realis; distincta est una ab altera in eo quod omne id reale sit quod apparet illis qui in caelo, sed omne id non reale quod illis qui in inferno; quicquid enim venit ex Divino, hoc est, a Domino, hoc reale est [...]."

[69] AC 695.

[70] Vgl. VCR 281.

[71] Vgl. AC 311.

[72] Vgl. etwa VCR 80, 121; Coniug 415–420.

[73] Vgl. HH 587. Zur Hölle der Ehebrecher Coniug 80.

[74] Dazu gehören etwa: Hinterlistige, solche, die meinten, mit bösen Taten Gutes getan zu haben, solche, die die Güter anderer begehrten, solche, die sich für heilig gehalten haben, vgl. AC 947–952.

[75] AC 700. Dieser Aufzählung folgen ausführliche Beschreibungen der jeweiligen Höllen

Unter dieser fünften Hölle versteht Swedenborg tatsächlich eine Art Fegefeuer, in dem sich Menschen befinden, die aus Einfalt und Unkunde „Falsches des Glaubens" aufgenommen und sich auf dieser Basis ein Gewissen ausgeprägt haben, das nun in *vastationes* abgestreift wird. Ist dies geschehen, werden diese Menschen in den Himmel erhoben *(auferentur)*, wo sie von Engeln in den „Wahrheiten des Glaubens" unterwiesen werden.[76] In jenem swedenborgischen Fegefeuer befinden sich beispielsweise Anhänger der – augenscheinlich – katholischen Auffassung, sich durch gute Werke die Seligmachung selbst erwerben zu können, sowie Mädchen, die als Unmündige zur „Unzucht" verführt worden sind. Diese werden „leer gemacht" oder „abgeödet" *(vastantur)*. Erwachsene Frauen aber, die andere verführt haben, werden nicht „abgeödet", sondern verbleiben in der Hölle.[77] Swedenborg bezeichnet diesen ja nicht ewigen Zustand ausdrücklich nicht als Interimszustand, in den jeder Mensch nach seinem Tod gelangt. Diese Stelle nimmt bei ihm die Geisterwelt ein. Katholischen Vorstellungen scheint er damit ausdrücklich widersprechen zu wollen. Vielmehr ordnet er das ‚Fegefeuer' mit seinen „vastationes" der Hölle selbst zu und schafft damit einen gewissen Widerspruch zu seinem Prinzip, dass die Hölle genauso wie der Himmel ewig und eine *Apokatastasis* aufgrund der menschlichen Freiheit ausgeschlossen sei.

f) Engels- und Geistersprache

Im Unterschied zur natürlichen Wortsprache ist die Sprache der Geister und Engel nicht an Worte gebunden und nicht materiell.[78] Geister und Engel kommunizieren nicht in Wörtern,[79] sondern unmittelbar durch Gedanken und Ideen in einer Universalsprache, die gänzlich von denen der Menschen unterschieden ist.[80] Wenn Geister reden, meint Swedenborg, geschieht das in einer Wellenbewegung, die in das Gehirn einfließt.[81] Das Konzept der Gedankenmaterie, das Swedenborg bereits in seinen ersten Veröffentlichungen auf Anregung Polhems entwickelt hat, findet sich auch im *mundus spiritualis* wieder: Ideen werden als Quasimaterie durch Wellenbewegung, einst nannte es Swedenborg „Tremulation",[82] in das Gehirn transportiert.

In der Engelssprache, die aus den Ideen selbst besteht, scheint Swedenborg seine vorvisionären Versuche, im Anschluss an Leibniz und Wolff eine *mathesis*

---

aus eigener ‚Kenntnis'. In mehreren anderen Büchern werden diese ‚Reporte' wiederholt, besonders in HH.

[76] Vgl. AC 1106.
[77] Vgl. AC 1113.
[78] Vgl. HH 168 (die menschliche Sprache ist an Raum, Zeit und Materie geknüpft), sowie AC 6814: hier am Beispiel der Geister des Merkur, die die menschliche Wortsprache verachten.
[79] Vgl. AC 1757.
[80] Vgl. VCR 19, 280.
[81] Vgl. AC 1763.
[82] Vgl. Kap. 2.2.1., a).

universalis, eine Universalsprache *(lingua universalis omnium)*[83] zu kreieren, erfüllt zu sehen. Auch seine vorvisionäre Anlehnung an Lockes Intuitionstheorie[84] scheint hier fortgeführt zu werden. Die himmlische Sprache der Engel hat sich mit der zunehmenden Wegbewegung der einzelnen Kirchen vom Herrn im Laufe der Verfallsgeschichte ebenfalls in steigendem Maße materialisiert. In der Ältesten Kirche ist aus ihr das Hebräische entstanden, das materielle Schriftzeichen für göttliche Wahrheiten setzt, die aber nach wie vor in der Sprache selbst enthalten sind, wenngleich verloren gegangen ist, was sie bedeuten.[85] Diesen inneren, himmlischen Sinn meint Swedenborg mit seiner Schriftauslegung dechiffriert zu haben. Und zu seinen Gnadengaben, die ihm infolge der Offenbarung des Herrn vermittelt wurden, zählt auch die Kommunikation mit Engeln und Geistern in deren Sprache.

g) *Extraterrestrisches Leben*

Swedenborg will nicht nur die Fähigkeit besessen haben, mit den Geistern und Engeln in Kontakt zu treten, die von der Erde und ihren Bewohnern stammten. Das gesamte Universum stand seinem visionären Blick offen.

„Da mir aus göttlicher Barmherzigkeit des Herrn das Innere meines Geistes eröffnet worden ist, und mir dadurch verliehen wurde, mit Geistern und Engeln, die sich nicht allein in der Nähe unserer Erde, sondern auch bei anderen Erdkörpern aufhalten, zu reden und darum, weil ich ein Verlangen trug zu wissen, ob es noch andere Erden gäbe, auch wie sie und ihre Bewohner beschaffen wären, ward mir von dem Herrn erlaubt, mit Geistern und Engeln aus anderen Erden zu sprechen, und mit einigen einen Tag, mit andern Wochen und Monate lang Unterhaltungen zu pflegen, sowie von ihnen mich über die Erdkörper, aus welchen und bei welchen sie waren, über das Leben ihrer Bewohner, deren Sitte und Gottesdienst, und über verschiedene der Erwähnung werthe Gegenstände unterrichten zu lassen."[86]

Auf seinen Planetenreisen, die ihn auf die damals bekannten Planeten des Sonnensystems und auf weitere extragalaktische Himmelskörper führten, will er demnach nicht in Kontakt mit den Bewohnern selbst, sondern mit deren Geistern gelangt sein.[87] Wie auf der Erde, so stellte es sich Swedenborg vor, leben alle extraterrestrischen Wesen, die durchweg menschenähnlich sind und der universalen Menschheit entstammen,[88] nach ihrem Tod als Geister weiter.[89] In der geistigen Welt kann jeder mit den extraterrestrischen Geistern in Kontakt kommen, aber Planetengeister können mit den Erdbewohnern in Kontakt treten, wenn sie in ihr „natürliches oder äußeres Gedächtnis" versetzt werden.[90]

---

[83] AC 1699, 1637. Vgl. zur *mathesis universalis* Kap. 2.4.1., a), bb).
[84] Vgl. Kap. 2.4.1., a), bb).
[85] Vgl. HH 260.
[86] Teil 1.
[87] Vgl. AC 6695.
[88] Vgl. Teil 1.
[89] Vgl. AC 9578.
[90] Vgl. Teil 2, 123, 160.

Swedenborg fügt hier erstaunlicherweise auch ein ‚rationales' Argument für die Existenz außerirdischen Lebens ein: Jeder „einsichtsvolle Mensch" könne aus der „Vernunft" schließen, dass die große Masse der Planeten kaum zu dem Zweck geschaffen worden sei, lediglich die Sonne zu umkreisen und mit ihrem „geringen Licht" die Erde zu beleuchten. Wenn man aber glaube, dass das Menschengeschlecht die „Pflanzschule des Himmels" und der Zweck der Schöpfung der gesamten Welt sei, dann müsse man geradezu der Meinung sein, dass jeder extraterrestrische Erdkörper von Menschen bewohnt ist.[91] Das gesamte Universum dient dem Endzweck der Schöpfung: dem Himmel, der aus Engeln besteht, die wiederum der Menschheit als *seminarium caeli* entstammen.[92]

Selbstverständlich glauben die höherentwickelten Geister außerhalb der Erde an den einen *Dominus* in Menschengestalt, weil, das wird ihnen als Argument zugeschrieben, ein Gott ohne Gestalt überhaupt nicht vorstellbar wäre.[93] Und selbstverständlich werden hier theologische Überzeugungen vertreten, die Swedenborgs Lehre voll entsprechen. Er will das auf seinen zahlreichen Planetenreisen selbst von den Geistern erfahren haben.[94] Falsche Lehren gibt es zwar auch hier, aber Swedenborg macht für deren Verbreitung zuweilen marodierende Geister-‚Missionare' oder „Mönchsgeister" *(spiritus monachales)* von der Erde verantwortlich.[95] An manchen Stellen handelt es sich offenbar um eine Anspielung auf eingeschlichene Jesuiten, die hier vor allem tritheistische Theorien kolportieren und die indigene (swedenborgische) Lehre der Außerirdischen dadurch gefährden.[96]

Ebenso hat Swedenborg die Frage reflektiert, aus welchen Gründen die Inkarnation des Herrn auf dieser Erde und nicht auf einem anderen Planeten geschehen ist: Schrift, Buchdruck, der äußerste Grad an Materialität und die kommunikative Infrastruktur waren als Voraussetzungen für das göttlichen Wort nur hier vorhanden.

---

[91] Vgl. Tell 3.

[92] Vgl. Tell 4; AC 6698. In Tell 126 (=AC 9441) stellt Swedenborg zudem eine Rechnung auf: Wenn es 1.000.000 Erden mit jeweils 300.000.000 Menschen in 200 Generationen in 6000 Jahren gebe und jeder Mensch drei Kubik-Ellen („spatium ulnarum cubicarum") benötige, würde diese Menschenzahl nicht einmal den tausendsten Teil unserer Erde füllen. Was aber, fragt Swedenborg, wäre das für ein Schöpfer, dem es genügen würde, dass nicht das ganze Universum gefüllt wäre; „denn er ist unendlich!"

[93] Vgl. Tell 7; AC 8541–8547, 10159, 10736–10738.

[94] Vgl. etwa mit Blick auf die Merkur- und Jupitergeister, denen der Herr selbst erscheint: Tell 65, AC 7173. Vgl. auch AC 6700, 8541–8543.

[95] Tell 158, 172f.; AC 10736, 10785, 10812f. In Tell 169 wird über irdische Geister informiert, die den Tritheismus auf der „vierten" und auf der „fünften" extraterrestrischen Erde verbreiten. Daneben wird ein offenbar unitarischer Theologe von der Erde genannt, der hier einst „Obergeistlicher und Prediger" gewesen sei und nur den Vater, nicht aber den Herrn in die Trinität einbeziehe. Hier entpuppte er sich als Naturalist. In Tell 149 wird allerdings von der falschen Lehre der Bewohner der „dritten Erde im Sternenhimmel" berichtet, die zu Lebzeiten an einen präexistenten menschlichen Geist glaubten, der bei der „Empfängnis" nur in den Körper eingegossen werde. Die Präexistenz der menschlichen Seelen lehnte Swedenborg ausdrücklich ab, vgl. dazu Kap. 3.3.4., e).

[96] Vgl. zu Swedenborgs Verhältnis zu den Jesuiten auch Kap. 3.3.7., c), ee).

Die Planeten- und Sternenbewohner Swedenborgs sind in vielerlei Hinsicht den Erdenbewohnern überlegen, vor allem in den Bereichen, in denen Swedenborg von materiellen Zwängen unabhängigere Vermögen etwa im Falle von Engeln und Geistern reflektiert hat. Die Gestalt der Außerirdischen ist teilweise ganz materiefrei, sie „erscheinen" manchmal lediglich wie Wolken.[97] Ihre Sprache besteht wie bei den Engeln oder den Mitgliedern der Ältesten Kirche nicht aus Worten, sondern aus Atmung, aus Ideen- oder Gedankentransport.[98] Gerade die Älteste Kirche wird häufig zum Vergleich mit den Fähigkeiten der Planetenbewohner hinzugezogen.

Im Aussehen besitzen alle Außerirdischen eine gewisse Ähnlichkeit mit den Menschen. Auch ihre Sozialstruktur ist der irdischen Gesellschaft nachgebildet,[99] allerdings auf weitaus höherem Niveau. Auch hier finden Jüngste Gerichte statt und es existieren Höllen.[100] Selbst Offenbarungen des Herrn können hier wahrgenommen werden – im Gegensatz zu den Erdbewohnern,[101] unter denen Swedenborg sich ja als exklusive Ausnahme versteht. Allerdings hält er den Kontakt zwischen Erdbewohnern und Planetenbewohnern für möglich, wenn der Herr die Sinne öffnet.

Auch die Außerirdischen sind Bestandteile des *maximus homo*. Entsprechend ihren Eigenarten und Fähigkeiten verkörpern sie aber nicht wie die „guten" und „bösen" Gesellschaften irdischer Geister bestimmte körperlich-anatomische Areale des Großen Menschen,[102] sondern geistige Fähigkeiten wie das Gedächtnis, das Verständnis, aber auch die Sehkraft.[103]

Swedenborg beschreibt ausführlich die Einwohner folgender zeitgenössisch bekannter Planeten des Sonnensystems in dieser Reihenfolge: Merkur, Jupiter, Mars, Saturn, Venus, Erde und schließlich auch den Mond. Den Uranus, der erst

---

[97] Vgl. etwa AC 10314.

[98] Vgl. z. B. AC 10587: Die Bewohner der vierten Erde „denken innerlich, und die Denkvorstellungen werden dem anderen mitgeteilt durch ein gewisses Hineinfallen in die inwendigeren Teile der Ohren, auf einem Wege, der auf unserer Erde unbekannt, gleichwohl aber denen bekannt ist, die Anatomie verstehen; denn es befindet sich ein Kanal innerhalb des Ohres, der die Eustachische Röhre heißt. Derselbe öffnet sich im Mund, und endigt sich in der Ohrkammer und ist mit einer dünnen Haut umgeben. Durch diesen Kanal fällt mit einem leisen Ton die Luft, die geatmet wird, hinein, und so wird das redende Denken mitgeteilt. Dies geschieht mittelst der Atmosphäre, wie oben gesagt wurde." Vgl. auch AC 10708.

[99] In AC 10837 beschreibt Swedenborg Verheiratungshäuser auf der sechsten Erde, in die „mannbare" Mädchen gebracht werden und von Jünglingen ausgewählt werden, nachdem ihr Gesicht und ihre Brust enthüllt worden sind.

[100] Swedenborg will Zeuge der Erscheinung des Herrn und eines Jüngsten Gerichts auf der „sechsten Erde" gewesen sein, vgl. AC 10810.

[101] Vgl. HH 309.

[102] Vgl. AC 9360.

[103] Merkurgeister etwa stellen im *maximus homo* das Gedächtnis dar (AC 6696), Jupitergeister das Vorstellungsvermögen, Venusgeister das Gedächtnis materieller Dinge (vgl. Tell 107/AC 7253), Saturngeister den Sinn zwischen geistigem und natürlichem Sinn (AC 9107), Marsgeister die Mitte zwischen dem Vermögen des Verstandes und des Willens (Tell 88); vgl. auch Tell 140 (zweite Erde), Tell 132 (Geister, die die Funktion, nicht das Organ der Milz darstellen), Tell 111/AC 9236 (Mondgeister, die das „Xiphoid", nämlich den Schwertfortsatz des Brustbeins, repräsentieren, an dem die Rippen befestigt sind).

1781, neun Jahre nach Swedenborgs Tod, von Friedrich Wilhelm Herschel entdeckt wurde, kennt Swedenborg nicht, was Kant in einer seiner Vorlesungen nach einer Mitschrift zu der Bemerkung veranlasste, Swedenborg scheine ein „vorsätzlicher Betrüger" gewesen zu sein, anderenfalls hätte er nach seinen Planetenreisen wohl auch den Uranus erwähnt.[104] Dafür kennt Swedenborg Sternenbewohner aus anderen Sonnensystemen, in den *Arcana coelestia* ingesamt „sechs Erden" *(tellures in universo)*, in der als Auszug aus den *Arcana* 1758 veröffentlichten kleinen Schrift *De telluribus in mundo nostro solari* aber nur fünf.[105]

Gelegentlich fließen in seine Schilderungen auch Segmente seiner früheren Kosmologie ein, als er im Falle der Antediluvianer Kosmogonie, Schöpfungsgeschichte, Paradies und gesteigerte menschliche Fähigkeiten zusammen zu denken versuchte.[106]

Die einzelnen Planetenbewohner beschreibt Swedenborg, knapp skizziert, so: Merkurbewohner, die alles Materielle verschmähen, erscheinen nicht als Menschen, sondern als kristallene Kugeln, denn die Erkenntnisse immaterieller Dinge würden im anderen Leben durch Kristalle „repräsentiert".[107] Venusbewohner, von denen es „rohe und beinahe wilde" sowie sanfte und menschenfreundliche gebe, werden insgesamt nicht so günstig beschrieben.[108] Vor allem die Geister vom Planeten Mars seien die „allerbesten" aller Bewohner des Sonnensystems. Deren Sprache sei ganz inwendig und bestehe aus Denkvorstellungen, sie beteten den Herrn mehr an als andere.[109] Jupitergeister, die sehr differenziert betrachtet werden, teilen sich in drei Klassen: Züchtigende, Unterrichtende, Regierende. Sie wohnen in Sippen und begehren nicht das Eigentum des Nächsten; sie kennen zwar die Wortsprache, aber ihre Gefühle werden über die Sprache des Gesichts vermittelt. Kriege führen sie nicht, sie reden nur Gutes und Wahres. Sie leben monogam, bereiten ihre Speisen nicht nach Geschmack, sondern nach Nutzen. Auch auf dem Jupiter wird der *Dominus* als Höchster anerkannt.[110] An vielen Stellen überschneiden sich Swedenborgs Beschreibungen; die verschiedenen Außerirdischen besitzen ähnliche Eigenschaften, glauben und verhalten sich ähnlich. Ihre Konflikte sind denen der Erdbewohner vergleichbar.

---

[104] Danziger Rationaltheologie nach Baumbach, AA XXVIII, 1325: „Es ist merkwürdig, daß die Mystiker nur von dem etwas wissen, was schon durch die Erfahrung bekannt ist. So beschreibt Swedenborg alle Planeten und ihre Einwohner, aber bloß die, die Astronomen damals kannten. Vom Uranus wußte er nichts. Er scheint daher ein vorsätzlicher Betrüger gewesen zu sein."

[105] Hier entfällt die „vierte Erde" aus AC 10585–10590, 10708–10713.

[106] Auf der vierten (Tell) bzw. fünften (AC) Erde sind die Jahre (200 Tage) und die Tage (15 Stunden) kürzer. Hier herrscht offenbar ein frühlingshaftes Klima, und es werden Ansichten vertreten, die denen der Ältesten Kirche ähneln. Ähnliches hatte Swedenborg noch 1734 den Paradiesbewohnern vor der Sintflut zugeschrieben.

[107] AC 7175.

[108] Vgl. AC 7246–7253. Swedenborg bemerkt aber, dass selbst die wilden Venusbewohner nicht so ‚schlimm' seien wie die Juden, vgl. AC 7248.

[109] Vgl. AC 7369, 7477. Marsbewohner sind auch besonders „naturnah", sie essen Baumfrüchte, stellen Kleider aus pflanzlichen Rohstoffen her und kennen flüssiges Feuer, vgl. AC 7483–7486.

[110] Vgl. AC 7803, 8117f., 8248, 8378, 8541.

Auch diese *Memorabilia* können nicht einer psychohistorischen Deutung unterzogen werden, wenngleich kaum zu übersehen ist, dass anthropomorphe Vorstellungen Swedenborgs Berichte durchweg bestimmen und er den zeitgenössisch verbreiteten Topos belebter Welten durch die Analogie zwischen (natürlichen) Menschen, Geistern und Engeln auf die Planetenbewohner ausgedehnt und sie in sein Konzept des *maximus homo* und der in den zurückliegenden Abschnitten dargestellten Theologie integriert hat. Swedenborgs Holismus betrifft auch den unendlichen Raum extraterrestrischer und belebter Welten.

Die Vorstellung eines belebten Universums wurde nicht nur in romanhaften Phantasiereisen von Athanasius Kircher bis Bernard Le Bovier de Fontenelle, sondern auch in theoretischen Spekulationen von Tycho Brahe bis Immanuel Kant vertreten.[111] Swedenborg versuchte wie viele andere, auf diese planetarische Horizonterweiterung, die mit der These von der Unendlichkeit der Welt verbunden war, theologisch zu reagieren. Auch extraterrestrische Existenzen waren der Allmacht des einen Gottes unterzuordnen. Selbst die interplanetarische Bedeutung der Erlösungstat Jesu Christi hat Swedenborg dabei mit bedacht. Und der *mundus spiritualis* muss selbstverständlich alle denkbaren Welten umfassen.

---

[111] Vgl. dazu Kap. 4.3.3.

3.5. Auswertung: Swedenborgs Theologie

Swedenborgs Theologie präsentiert sich als ein holistisches Lehrsystem, als die Darstellung eines durchweg rational strukturierten Universums, das eine natürliche und eine geistige Dimension umfasst. Diese Feststellung scheint durch den epistemologischen Zugang, den Swedenborg behauptet, nämlich eine außerordentliche Offenbarung Gottes und einen permanenten Einblick in den *mundus spiritualis*, konterkariert zu werden. Die einzelnen Segmente seiner Lehre sind aber, trotz mancher inneren Widersprüche, grundsätzlich in sich konsistent und in einer inneren Logik miteinander verbunden; sie stehen nicht beziehungslos nebeneinander.

Lässt sich eine ‚Mitte‘ in diesem theologisch-holistischen System lokalisieren, das den Bereich der Natur und des Intelligiblen gleichermaßen zu umfassen und zu beschreiben und dabei die Grenzen zwischen ‚Vernunft‘ und ‚Glaube‘ aufzuheben beansprucht? Lässt sich ein Zentrum bestimmen, von dem aus alle anderen Elemente strukturiert sind?

Diese Frage ist meines Erachtens nicht unter gänzlichem Verzicht auf die diskursive Einbindung und auf die Quellen zu beantworten, die Swedenborgs Lehre zugrunde liegen. Dem ist im folgenden Kapitel nachzugehen. Dennoch kann auf der Basis der rein deskriptiven Darstellung, die in diesem Kapitel geleistet worden ist, der Versuch unternommen werden, einige Grundsatzentscheidungen zu isolieren, auf denen Swedenborgs System basiert. Dabei ist es nicht beabsichtigt, mit diesen Linien ein solches Zentrum zu bestimmen, das *der* Entstehungsort und *der* Ursprung von Swedenborgs theologischer Geisterweltlehre wäre.

Zunächst ist nochmals die Vorgeschichte in Augenschein zu nehmen, die in Swedenborgs naturphilosophischer Phase ihren Ausdruck findet. Lag sein Interesse hier zunächst auf dem Gebiet der unbelebten Natur, der Technik und der naturphilosophischen Erkenntnis nach den damals geltenden Kriterien der *geometria* und der *experientia*, so hatte er spätestens um 1740 mit der Erforschung des Verhältnisses zwischen Leib und Seele damit begonnen, sich über die Grenzen des Wissbaren hinaus zu bewegen. Dennoch hielt Swedenborg – mit differierenden Akzentuierungen – auch jetzt noch daran fest, dass die Seele trotz ihrer übersinnlichen Herkunft eine letztlich organische oder wenigstens quasimaterielle und trotz ihrer Materialität unsterbliche Substanz sei, die mit empirischen Mitteln und durch algebraische Spekulation erforscht werden könne. Mittels analogischer Verfahren hoffte er, die begrenzten ‚technischen‘ Möglichkeiten zu supplementieren. Dieses Verfahren führte Swedenborg während seiner visionären Wende zur Entwicklung einer Korrespondenzlehre, die es ermöglichen sollte,

Aussagen über die Natur der Seele durch ‚vernünftige' Schlüsse von empirischen Fakten auf quasimaterielle, den Sinnen entzogene Sachverhalte vorzunehmen. Diese Korrespondenzlehre wurde mit der Vorstellung eines dreigestuften Universums verbunden. Von der natürlichen und göttlichen, für den Cartesianer Swedenborg stets unerkennbaren Dimension unterschied er nun eine geistige Dimension, mit der die Geisterwelt kombiniert wurde. Dieses System wurde zwar weiter ausdifferenziert, es diente aber offenbar als Fundament aller anderen theologisch-philosophischen Lehrsegmente.

Swedenborg hatte vor seiner epistemologischen Wende zum ‚Offenbarungsempirismus', den er freilich nur zu behaupten und nicht zu beweisen vermochte, die durchgehende Strukturiertheit und Determiniertheit der gesamten *sinnlichen* Welt behauptet. Seine Serien-und-Grade-Lehre und vor allem seine konstabilierte Harmonie zementierten diese universalen Denominationen und Dependenzen aller natürlichen Dinge, deren Ursprung an der Grenze zwischen Endlichkeit und (göttlicher) Unendlichkeit verortet war, in einer mechanistischen und evolutionären Kosmogonie, die vom Allgemeinsten zum Einzelnen reichte, aber stets auf einer unüberbrückbaren Grenzziehung gegenüber der Sphäre des Göttlichen beharrte. Swedenborgs Cartesianismus immunisierte ihn gegen pantheistische Einheitsvorstellungen, vermochte jedoch nicht die Beziehung zwischen der belebenden Kraft des Göttlichen und der toten Materie herzustellen.

Swedenborg setzte nun den bereits in den anatomisch-naturphilosophischen Schriften vertretenen Ansatz fort, dass es eine andere als die sinnlich erfassbare Qualität von Materie geben müsse, die der Ort des *commercium* zwischen Geist oder Seele und Materie oder Körper sei. Hatte er vor 1745 in der Beschreibung dieser Quasimaterie geschwankt, so gelangte er nun zu einer geradezu lapidaren Antwort, mit der er den Gegensatz zwischen stofflichem und stofffreiem Raum aufzuheben meinte: der Begriff der Substanz. Das Übersinnliche, nicht mit den Sinnen Erfassbare, ist nicht materiell und nicht immateriell, sondern substantiell. Es ist darin aber Ursprung und die reale, eigentliche, ‚innere' Qualität alles Materiellen und Sinnlichen. Davon ist nicht nur die Seele betroffen, die wie alles Substantielle einen – trotz Differenz – göttlichen Ursprung besitzt und unzerstörbar ist. Gott selbst ist die wirklichste Substanz, nicht als Materie, sondern als Materie begründend und aus sich selbst heraus hervorbringend, ohne dabei eine Identität mit der geistigen und natürlichen Welt herzustellen. Von Gott aus verläuft der mechanische Prozess der Materialisierung des Substantiellen bis in seine äußerste Gestalt, die ‚substantiierte' natürliche Welt.

Und Seelen sind die ‚eigentliche' Gestalt des vergänglichen Körpers, der nur ihr Bauwerk ist. Dieses Modell ist die Grundlage der plastischen, vielen Zeitgenossen naturalistisch anmutenden Beschreibungen der Geisterwelt, die den materiellen, natürlichen Verhältnissen völlig entspricht. Geister und Engel sind nichts anderes als Seelen, und sie können keine andere als menschliche Gestalt haben, wenn sie ‚eigentliche', innere Menschen sind, die unsterblich existieren. Engel und Geister entfallen als eigenständig geschaffene Wesen zwischen Gott und Menschheit ebenso wie ein Teufel und ein aus ihm hervorgegangenes Kollektiv böser Mächte. Swedenborg, so könnte man sagen, ‚klärt' den Himmel mit seiner Seelenlehre ‚auf'.

Nach seinem ‚Eintritt' in die Geisterwelt hielt Swedenborg an der ‚Konstabiliert-heit' nicht nur der materiellen Welt, insbesondere im Falle des Körpers und der See-le fest. Er übertrug diese Denkvorstellung auf den Konnex zwischen dem *mundus naturalis* und dem *mundus spiritualis*. Auf dieselbe Weise, wie Körper und Seele or-ganisch ineinander fließen und nicht wie in den Erklärungsmodellen der prästabi-lierten Harmonie und der *causae occasionales* unvermittelt nebeneinander funktio-nieren, verhalten sich geistige und natürliche Welt zueinander. Die Beziehung zwi-schen der geistigen und natürlichen Sphäre ist konstabiliert; ohne das Geistige exis-tiert nichts Natürliches und das Natürliche ist die Außenseite des Geistigen. Für diese Feststellung ist kein empirischer Zugang möglich, der den zeitgenössischen Kriterien der *experientia*, *geometria* und der *facultas ratiocinandi* genügen würde. Nur durch Offenbarung kann diese Beziehung ‚offengelegt' werden.

Von der realen Korrespondenz des Natürlichen und des Geistigen ausgehend, überträgt Swedenborg die natürlichen Verhältnisse bis ins Detail auf den geistigen Teil des Universums. Sicherlich behauptet er, dies durch Offenbarung ‚erfahren' zu haben. Es lässt sich aber kaum übersehen, dass er durch diese Offenbarung seine Transmission in jeder Weise bestätigt fand.

Hierbei erfüllt Swedenborg sein selbst gesetztes Ziel, nach den Reichen der unbelebten Natur und der Seele nun zur *civitas Dei* zu gelangen. Das Reich Got-tes, das sich seiner vorvisionären Naturphilosophie aus epistemologischen Grün-den verschließen musste, wird detailliert ausgekundschaftet. Die Offenbarung fungiert als Zugangscode, aber als Grundlage für die Analogieschlüsse dienen in erster Linie die natürlichen Verhältnisse.

Die Erkundung des Reiches Gottes scheint ein vornehmlich theologisches Projekt zu sein. Swedenborgs Anspruch einer holistischen Beschreibung der Welt muss daher von einer fundamentalen theologischen Perspektive ausgehen. Gott selbst entzieht sich aber jeder Erkenntnis, und zwar trotz Swedenborgs Of-fenbarungsanspruches. Er kann nur an seiner geistig-natürlichen Ordnung er-kannt werden, wie überhaupt zu betonen ist, dass die Ordnung das Kernprädikat Gottes ist: Die göttliche Allmacht und die göttliche Liebe werden mit der gött-lichen Ordnung identifiziert und ihr auf diese Weise zugleich untergeordnet.

Zum grundlegenden Motiv der Welterklärung, zu ihrem Zentrum, wird nun der Mensch. Hier scheint ein wesentlicher Kern des swedenborgischen Denkens zu liegen. Das gesamte Universum strebt in allem zum Menschen als eigentlich-em Ziel hin, denn Gott selbst ist in Form und Substanz nichts anderes als der eigentliche, der ‚wahre' Mensch. Da Swedenborg diese These durch Offenbarung gewonnen haben will, lässt sich natürlich ebenso nur behaupten, er habe sie vom Menschen aus gedacht, aber das dürfte auch nicht der entscheidende Punkt sein. Entscheidend ist vielmehr, dass mit dem Menschen als Gottes eigener Form und Substanz der irdische Mensch zugleich transzendiert wird. Der Gott-Mensch existiert als ‚realste' Realität für den Cartesianer Swedenborg in unendlicher und unüberbrückbarer Differenz zum natürlichen Menschen. Lediglich eine Annäherung, ein *progressus infinitus*, ist denkbar. Aber diese Annäherung selbst wird ebenfalls transzendiert und in den – nur für Swedenborg erkennbaren – Teil der Welt verlegt, der zwischen Gott und Mensch existiert, in den *mundus spiritualis*.

Wenn das Universum in Serien und Graden völlig durchstrukturiert ist und davon nicht nur sein natürlicher, sondern auch sein geistiger Teil betroffen ist, wenn also ‚reale‘ Analogien das verbindende Moment sind, dann muss der Menschenform als Ursprung und Eigentlichkeit der Welt auch universale Geltung beigemessen werden. Der *maximus homo* scheint die logische Konsequenz dieses Ansatzes zu sein. Die gesamte geistige Welt muss nicht nur aus einzelnen menschenförmigen Seelen bestehen, sondern als göttliches Produkt selbst dessen Form haben: die eines Menschen. Swedenborg hat die Figur des *maximus homo* geradezu pedantisch ausgeführt, was an seinen detaillierten Schilderungen der Organizität des Großen Menschen, der makrokosmisch das völlige Ebenbild der Anatomie des natürlichen Menschen ist, deutlich wird.

Swedenborgs Theologie erschöpft sich aber nicht mit ihrer Anthropozentrierung. Seine Herkunft aus dem evangelischen Milieu lutherisch-pietistischer Prägung in Schweden im Allgemeinen und sein umfassendes Studium neuplatonischer und rationalistischer Philosophien (die noch aufzuzeigen sind) haben ihn zu einer Theologie geführt, die durchweg Probleme der zeitgenössischen Theologie und Philosophie aufnimmt. Im Ergebnis wird eine Theologie formuliert, die sich formal an die Topoi evangelischer Dogmatiken anlehnt und diese Topoi in den modifizierten Neuplatonismus und Rationalismus Swedenborgs einschreibt.

Aber nicht nur dieser Kontext ist hierbei zu berücksichtigen. Der ursprüngliche Naturphilosoph Swedenborg wendet sich schließlich einem extensiven Bibelstudium zu. Sein Lehrsystem wird mit einer Schriftauslegung verbunden, die sich wiederum an der Korrespondenzlehre orientiert. So wie das Universum eine natürliche und eine geistige Dimension besitzt, wird auch der biblische Text auf seine vorausgesetzte geistige Dimension ausgelegt, die sich hinter dem äußeren Buchstaben befindet. Diese geistige Ebene ist der Ort, an dem Swedenborg seine Lehre in den Text einträgt. Auf diese Weise wird der Anspruch, in den *mundus spiritualis* eingetreten zu sein, mit dem biblischen Wort verbunden. Die Bibel wird durch ihre Spiritualisierung erheblich aufgewertet, sie wird zum Ort und Ausweis der göttlichen Offenbarung. Gegen alle ‚aufklärerischen‘ Ansätze einer historisierenden Hermeneutik behauptet Swedenborg so die Inspiriertheit der Heiligen Schrift, auch wenn er ihren Inhalt spiritualisiert und damit ihre Historizität implizit zugesteht. Durch seine Auslegungsmethode werden die unverständlichen, anstößigen und mirakulösen Elemente schlichtweg eingeebnet. Der Infragestellung der Göttlichkeit der Bibel im Zusammenhang mit der zeitgenössischen Kritik an Wundern und besonders am Alten Testament wird damit das Wasser abgegraben: Was ‚äußerlich‘ anstößig ist, trägt nach dem ‚inneren‘ und ‚wirklichen‘ Sinn keinerlei Inkonsistenzen in sich.

Swedenborgs formaler Orthodoxismus, mit dem er auf der Heiligkeit der Bibel besteht, schlägt sich nun auch in seiner Theologie insgesamt nieder, die vielen Topoi traditioneller Dogmatiken folgt, diese aber gleichzeitig modifiziert.

Von Beginn an fallen dabei Swedenborgs scharfe Abgrenzungen gegenüber zentralen christlichen und insbesondere gegenüber lutherischen und calvinistischen Lehren in den Blick. Werden die einzelnen Loci genauer in den Blick genommen, wird Swedenborgs Spiel zwischen Affirmation und Abgrenzung, zwischen Polemik und Konformität deutlich.

Auffälligstes Beispiel ist die Trinitätslehre. Swedenborg attackiert die nicänische Unterscheidung der *tres personae* scharf, übernimmt aber die Formulierung der *una substantia* und ersetzt den Begriff der Person durch den Begriff des Attributs. Swedenborgs Unitarismus setzt sich zwar gegen jeden Verdacht des Tritheismus ab, bewahrt aber zugleich eine triadische Struktur. Swedenborgs Trinitätslehre ist nicht trinitarisch, sondern ‚trinisch‘, die Drei bleibt erhalten, die Eins wird betont, und die Drei wird in einen dynamischen Prozess der Selbstentfaltung des einen Gottes eingeordnet: *esse*, *existere* und *fieri*.

Nicht anders verhält es sich im Falle seiner Christologie. Wenn Swedenborg an der Inkarnation und an der soteriologischen Folge-Dimension der Inkarnation festhält, adaptiert er zwei christologische Lehrsegmente, die im 17. und 18. Jahrhundert von deistischer und später ‚aufklärerischer‘ Seite vielfach bestritten wurden. Swedenborgs Unitarismus führt aber zu der Aussage, dass nicht ein präexistenter, aus dem Gottvater gezeugter Sohn sich inkarniert habe, sondern der eine Gott selbst. Diese modalistische Perspektive führt ihn tendenziell sogar zu einer patripassianischen Position. Ein großer Teil des Gesamtwerks Swedenborgs wird von der Schilderung der – freilich völlig enthistorisierten – Verherrlichungsgeschichte des *Dominus* bestimmt, den Swedenborg erst aus apologetischem Interesse auch explizit als Jesus Christus bezeichnet, nicht ohne aber an den theologischen Entscheidungen festzuhalten, die zu dem Ausdruck *Dominus* geführt haben, dass nämlich der ‚historische‘ Jesus Christus der Gottvater selbst gewesen sei, der Schöpfer *und* Erlöser in einer Person.

Swedenborgs umgeformte Soteriologie enthält ebenfalls Elemente, die mit den Bekenntnisschriften der christlichen Konfessionen übereinzustimmen scheinen, und solche, die sich von ihnen abgrenzen. Die historische Inkarnation des einen Gottes hat einerseits eine heilsgeschichtliche Funktion, die übersinnlich, das heißt, ohne die Mitwirkung des Menschen gesehen wird. Die Rolle des historischen Jesus auf einen Morallehrer oder besonders erwählten göttlichen *Menschen* zu reduzieren, wie es in der Aufklärungstheologie vielfach geschehen ist, lehnt Swedenborg ab.

Andererseits kommt gerade in der Soteriologie Swedenborgs Anthropologie ins Spiel, die die menschliche Freiheit gegenüber deterministischen und prädestinatianischen Auffassungen stark betont. Der Mensch als Gottes Bild und Ähnlichkeit wird von Swedenborg als ein freier Mensch gesehen, der sich mittels seines Verstandes entweder zur Gottesliebe oder zur Welt- und Selbstliebe zu wenden vermag. Nur durch synergetische Beteiligung ist der Mensch erlösungsfähig. Eine Rechtfertigung allein auf Glauben hin ist für Swedenborg unvorstellbar, weil dadurch der Stellenwert des menschlichen Willens gemindert würde. Der *Dominus* hat demnach kein Verdienst erworben, das dem menschlichen Heil in irgendeiner Weise „imputiert" werden könnte. Allerdings ist auch eine Selbsterlösung vom Menschen nicht zu leisten. Das Werk der Wiedergeburt ist ausschließlich ein göttliches Werk, auch wenn es nur bei jenem Menschen möglich ist, der daran mitwirkt. Der Mensch aber ist dazu nur in der Lage, weil er trotz seines in Körperlichkeit und ‚Geschichtlichkeit' begründeten Hangs zum Bösen über Freiheit verfügt. Und diese Freiheit verdankt sich einem göttlichen Einfluss in seine Seele, dem er sich widersetzen oder den er zulassen kann. Nur der freie Mensch kann überhaupt wiedergeboren werden. Die Freiheit gehört zweifellos zu den Kulminationspunkten der Lehre Swedenborgs.

Worin besteht also das Verdienst, die heilsgeschichtliche Dimension des Erlösers? Zwar ist die minutiös geschilderte Selbstverherrlichung des *Dominus* auch Typos und Vorbild für den einzelnen Menschen, der sich auf den Weg zur Wiedergeburt begibt. Die andere Dimension ist jedoch nur innerhalb der speziellen Geisterweltlehre Swedenborgs zu ‚verstehen'. Gleichzeitig leitet sich aus ihr die übersinnliche Herkunft der menschlichen Freiheit ab. Denn die menschliche Freiheit wird nur durch das Gleichgewicht zwischen Himmel und Hölle gewährleistet. Das Gleichgewicht zwischen gut und böse und die göttliche Ordnung sind daher gleichsam synonyme Vorstellungen in Swedenborgs Theologie.

Wenn Swedenborg behauptet, dass Himmel und Hölle ausschließlich aus Menschenseelen bestehen, die dort entsprechend irdisch erworbenen Ausrichtungen und Prägungen ewig fortexistieren, werden Himmel und Hölle nicht nur gänzlich anthropozentriert. Gleichzeitig wird damit auch betont, dass das postmortale Leben nicht von einem gnädigen oder zornigen Richtergott bestimmt wird, der verdammt oder selig spricht. Außerdem wird jede Vorstellung eines personellen Bösen oder eines bösen Prinzips verworfen, dem der Mensch ausgesetzt wäre. Beides ist nach Swedenborgs Gottesbild völlig ausgeschlossen. Das postmortale Leben wird vollkommen durch den moralischen und glaubensmäßigen Lebenswandel des irdischen Menschen selbst bestimmt. Swedenborg kennt ausschließlich ‚natürliche', nicht etwa ‚positive' Strafen und Belohnungen: Himmel und Hölle sind nicht Produkte eines göttlichen Richteramts, sondern Konsequenzen aus der sittlichen Lebensführung. Gute und böse Geister, allesamt die Seelen einstiger Menschen, wirken ununterbrochen auf den Menschen ein. Und nur das gleichgewichtige Verhältnis dieser Geister gewährleistet Willensfreiheit.

Wäre dieses Verhältnis, das mit der göttlichen Ordnung identisch ist, stabil, würde die soteriologische Relevanz der Verherrlichung und Auferstehung des Herrn natürlich ganz entfallen. An dieser Stelle greift Swedenborgs eigenartiges verfallsgeschichtliches Konzept, das wiederum mit der menschlichen Freiheit verbunden ist. Dem Beginn des Verfalls geht aber kein ‚historischer' Sündenfall voraus. Es handelt sich eher um den typologischen Anfang der menschlichen Hinneigung zur Welt- und Selbstliebe, die prozessual bis zum historischen Judentum voranschreitet, wobei gerade an dieser Stelle zu betonen ist, dass Swedenborgs theologischer Antijudaismus nicht nur eine typologische, sondern auch eine historische Akzentuierung aufweist.

Am Ende der „jüdischen Kirche" haben die Menschen, die sich aufgrund freier Willensentscheidung dem göttlichen Einfluss widersetzt haben, in so starker Weise zugenommen, dass die Hölle gleichsam übervölkert war. Das Gleichgewicht zwischen gut und böse, die Grundlage für die Freiheit, drohte deshalb zu zerbrechen. Kein Mensch hätte bei einem Verlust der Freiheit aber wiedergeboren werden können. Nur durch die Inkarnation, Verherrlichung und Auferstehung Gottes selbst konnte diese Gefahr abgewendet werden. Die Absicherung der menschlichen Freiheit ist neben anderen Aspekten der soteriologische Kern in Swedenborgs Theologie. Freiheit, eines der Hauptanliegen der Aufklärungsphilosophie und -theologie, wird auf diese Weise zu einem Kernstück in Swedenborgs Kosmologie, Theologie, Christologie, Soteriologie und in seiner Geisterweltlehre. Die Schwierigkeiten, die die Begründung von Freiheit innerhalb einer durchweg determinierten, mechanistischen Natur mit sich bringt, löst Swedenborg ‚übersinnlich' auf.

Freiheit besitzt aber nur einen synergetischen Effekt bei der Wiedergeburt des Menschen. Sie ist auf diese Weise doppelt relativ: vom Gleichgewicht der Geister hängt sie ab, ohne dass Geister allerdings für die Taten des irdischen Menschen verantwortlich sind, und sie findet ihre Grenze, weil diese Freiheit nicht zum Heil führt, sondern dessen Voraussetzung ist. Auch besteht Freiheit nur diesseitig. Postmortal gilt sie gegenüber den Folgen freier, im irdischen Leben getroffener Entscheidungen und der freien Entwicklung der subjektiven ‚Neigungen' nicht mehr.

Die Wiedergeburt und die postmortale unendliche Fortentwicklung des eigentlichen Menschen, nämlich seiner Seele, zum Engel ist aber der Zweck der gesamten Schöpfung. Für diesen Zweck ist jeder Mensch vorgesehen. Eine doppelte göttliche Prädestination, die die einen zum Heil, die anderen aber zur Verdammnis erwählt hätte, ist für Swedenborg unvorstellbar, ob nun in infra- oder supralapsarischer Gestalt. Vielmehr wird die ewige Fortexistenz in Himmel oder Hölle ausschließlich vom Menschen und seinem freien Willen bewirkt.

Swedenborg bezieht in seine Konzeption von der Menschheit als „Pflanzschule des Himmels" auch extraterrestrisches Leben ein, das natürlich durchweg anthropomorph ist, aber dem universalen und nur von der menschlichen Freiheit durchkreuzbaren Heilsplan unterworfen ist. Neben die Anthropozentrierung des geistigen Himmels ist demnach auch die Anthropozentrierung des Weltalls zu setzen.

Damit sind bereits die wesentlichen Elemente der modifizierten Eschatologie Swedenborgs ausgesprochen: die ewige, aber nicht leibliche, sondern substantielle Fortexistenz des Seelenmenschen, die eigene Verantwortung für sein postmortales Schicksal und eine dualistische Eschatologie mit Himmel und Hölle, die beide ewig sind. Die Ewigkeit der Hölle (ohne allerdings durch einen Richtergott verhängte Strafen) schließt eine *Apokatastasis* aus. Die Eschatologie wird bei Swedenborg auf diese Weise einerseits personalisiert, weil das Jüngste Gericht als Selbstgericht auf jede einzelne Person bezogen ist. Andererseits wird sie relativiert, weil Jüngste Gerichte historisch wiederholbare (Selbst-) Gerichts-Vorgänge von epochaler Bedeutung sind. Drittens wird die Eschatologie aber auch spiritualisiert, nämlich im Kontext der Selbstsicht Swedenborgs als Träger einer neuen Offenbarung und einer neuen Kirche, die nach einem Jüngsten Gericht über die christliche Kirche in der Geisterwelt gegründet worden sein soll. Die natürliche und die geistige Welt sind ewig und deshalb von allen apokalyptischen Szenarien nicht betroffen. Swedenborgs Lehre, die mit einer erneuten Parusie des Herrn in der Geisterwelt identisch ist, tritt demgegenüber an die Stelle einer universalen und apokalyptischen Eschatologie.

Die neue Kirche, die Swedenborg verkündet, weist an vielen Stellen Merkmale einer Moral- und Gesinnungsreligion auf, die freilich ihren wesentlichen Zusatzakzent durch ihre Verankerung im *mundus spiritualis* erhält. Erkenntnis und – in diesem Sinne – Dogma sind davon nicht ausgeschlossen. Es kann nicht die Rede davon sein, dass Swedenborg keine theologischen Leitlinien festgelegt hätte, die für den ‚neuen‘ Glauben und das ‚neue‘ Leben bindend wären. Besonders in seinem späteren Werk sind diese Leitlinien vor allem gegen prädestinatianische, lutherisch-‚solifideanistische‘ und trinitarische Auffassungen der drei christlichen Konfessionen, christlicher Religionsgemeinschaften und nichtchristlicher Religionen fixiert. Erkenntnis, Glaube und Praxis bleiben bei Swedenborg miteinander verbunden, auch wenn die Ausrichtung des Willens, in Swedenborgs Worten: des *amor regnans*, dem Verstand und dem Glauben übergeordnet bleiben. Dieser *amor regnans* ist für den göttlichen Einfluss in der Seele *anima* zu öffnen; nur so kann eine wirkliche moralische Ausrichtung menschlichen Tuns geschehen – die Orientierung nach Zwecken und nach dem Nutzen für den Nächsten, die Gesellschaft und auf diese Weise für das Reich Gottes, in dem alle Zwecke auf höchster Ebene zusammengebunden sind: im „Reich der Zwecke“.

Die Transzendierung des Utilitarismus in das intelligible oder spirituelle Reich Gottes dürfte ebenfalls einer der wichtigsten Bausteine von Swedenborgs Lehre sein. Das anzustrebende moralische Handeln darf nicht von Werten bestimmt sein, die im *mundus naturalis* verankert oder solipsistisch ausgerichtet sind. Swedenborgs eigentümliches Modell der ehelichen Liebe als Abbild der göttlichen Verbindung von Gutem und Wahren, der himmlischen Ehe, ist ein zugespitztes Beispiel dafür, dass ein ‚gutes‘ Leben für ihn im Grunde nichts anderes ist als die völlige Ausrichtung auf die göttliche Ordnung. Wer dies in seinem irdischen Leben zustande bringt, darf nicht nur hoffen, sondern auf der Basis der Publikation der Lehre Swedenborgs sogar ‚wissen‘, dass ihn nach dem Tod vervollkommnete Kontakte zu allen irdisch in wahrer Liebe geliebten Menschen erwarten.

Je ungehinderter die göttliche Liebe und Weisheit in den menschlichen Verstand und Willen einfließen, desto mehr verbindet sich das menschliche ‚Gemüt‘ mit der Einsicht in die göttlichen Zwecke. Ist der Mensch wiedergeboren, füllen sie ihn ganz aus. Der Mensch hat dann durch die Verbindung, nicht Einheit, mit dem göttlichen Willen und Verstand gleichsam seine Freiheit verloren. Aber darin scheint Swedenborg die Bestimmung des Menschengeschlechts zu sehen: in der kontinuierlichen Vervollkommnung, nicht Vergöttlichung, des Engelshimmels. Die eigentliche Eschatologie besteht in einem permanenten Zusammenspiel zwischen natürlicher und geistiger Welt. Die Rolle der menschlichen Freiheit besteht in diesem Zusammenspiel darin, die Vervollkommnung des guten Teils der einmal körperlich gewesenen Menschheit im Engelshimmel in einem unendlichen Prozess zu ermöglichen und das Verhältnis zu dem – in Freiheit – gefallenen Teil der Menschheit im Gleichgewicht zu halten. Swedenborg gibt damit auf das zeitgenössisch viel diskutierte Problem der Theodizee eine anthropologische Antwort: Sie basiert auf der Zentralstellung der menschlichen Freiheit und tendiert darum zur Umwandlung der Theodizee in eine Anthropodizee, die das ewige Leben nach dem Tod mit einschließt und dabei die protestantische Imputations- und Rechtfertigungslehre *sola fide* dezidiert umformt.

4. Swedenborgs Quellen[1]

---

[1] Die Abschnitte 4.1. und 4.2. sind eine erweiterte und überarbeitete Fassung von FRIEDE-
MANN STENGEL: Swedenborg als Rationalist. In: NEUGEBAUER-WÖLK / RUDOLPH, 2008,
149–203.

4.1. Vorspiel im Himmel

Drei Jahre vor seinem Tod ließ Swedenborg in London eine kleine Schrift unter dem Titel *De commercio animae et corporis* drucken, mit der er sich nach 25 Jahren noch einmal mit einem Thema zu Wort meldete, das ihn in seiner naturphilosophischen Phase gerade zum Ende hin besonders intensiv beschäftigt hatte: das Verhältnis zwischen Körper und Seele. In diesem Text ist ein *Memorabile* abgedruckt, ein denk- und merkwürdiges Ereignis, das er in der Geisterwelt erlebt haben will. Nachdem er den *Dominus* darum gebeten hatte, erschienen ihm jeweils drei Schüler von Aristoteles, Descartes und Leibniz. Im Hintergrund hielten sich drei Männer mit Lorbeerkränzen auf, und infolge einer Wahrnehmung, die vom Himmel in ihn einfloss, erkannte er, dass die Meister der Schulen selbst anwesend waren, ja hinter Leibniz sei sogar jemand zu sehen gewesen, der sich am Saum des Hannoveraner Philosophen festhielt, und es sei Swedenborg mitgeteilt worden, dass es sich dabei um niemand anderen handele als um Christian Wolff. Während sich die drei Philosophen jedoch in Schweigen hüllten, brach ein offener Disput zwischen ihren neun Schülern aus, und zwar in der Frage des Verkehrs zwischen Körper und Seele, des *commercium corporis et animae*. Die Aristoteliker beharrten darauf, dass die Objekte der Wahrnehmung durch die Sinne in die Seele einfließen, und proklamierten einen Einfluss der Natur, einen *influxus physicus*. Diese Behauptung wiesen die Cartesianer als bloßen Schein zurück. Der Seele müsse das Primat zuerkannt werden, sie nehme die Objekte wahr und wirke die Empfindung, nicht das körperliche Organ. Im Gegensatz zu den Aristotelikern behaupteten sie einen geistigen Einfluss der Seele auf den Körper und bezeichneten ihn als okkasionalen oder *influxus spiritualis*. Die Schüler Leibnizens wiederum suchten zwischen diesen beiden gegensätzlichen Ansätzen zu vermitteln, indem sie sowohl einen Einfluss des Körpers auf die Seele als auch umgekehrt der Seele in den Körper abwiesen. Vielmehr handele es sich um ein harmonierendes und augenblickliches Zusammenwirken, um eine *harmonia praestabilita*, von Ewigkeit her vom Schöpfer eingerichtet. Nach diesen knappen Darlegungen der Philosophenschüler erschien ein Geist, der die Anwesenden so verwirrte, dass sie gemeinsam beschlossen, ihren Streit per Los entscheiden zu lassen. Jede Gruppe schrieb ihren Vorschlag auf einen Zettel. Einer zog das Los „geistiger Einfluss". Danach erschien ein Engel, der sie informierte, dass diese Entscheidung keinesfalls zufällig gefallen sei. Sie sei so vorgesehen gewesen. Die Wahrheit selbst habe sich dabei gezeigt.[2]

---

[2] Vgl. Com 18 f.; die Begebenheit ist erneut abgedruckt in VCR 696.

Diese Begebenheit in der Geisterwelt verdient in verschiedener Hinsicht eine Auswertung:

Bemerkenswert ist, dass der Geisterseher Swedenborg 25 Jahre nach dem Abbruch seiner naturwissenschaftlich-philosophischen Laufbahn immer noch mit den Themen der zeitgenössischen Philosophie hantierte, die zuvor seine beiden anatomisch-naturphilosophischen Werke bestimmt hatte, die *Oeconomia regni animalis* und das *Regnum animale*. Das Beispiel zeigt, dass seine Sicht des Universums, bestehend aus Geisterwelt und natürlicher Welt, eng mit der Leib-Seele-Problematik der rationalistischen Philosophie in der Epoche von Descartes bis Wolff zusammenhing.

Die Schlichtung philosophischer Streitfragen wird himmlisch vollzogen. Swedenborg will seine philosophisch erarbeitete Position himmlisch legitimieren, also durch die Instanzen lizensieren lassen, die seinem eigenen philosophischen System entsprungen sind bzw. ihm durch Offenbarung zugänglich gemacht worden sein sollen.

Ferner verdeutlicht der zitierte Streit in der Geisterwelt über das *commercium corporis et animae* Swedenborgs eigene Entwicklung. War er in seiner vorvisionären Phase an diesem Punkt ein Anhänger von Leibniz und Wolff gewesen, so hatte er sich in seiner erleuchteten Phase von ihnen abgewandt und einen Cartesianismus vorgezogen, den er allerdings wesentlich modifizierte.[3]

Das genannte Beispiel zeigt gleichzeitig, wie Swedenborg mit seinen Quellen umging. Es liegt auf der Hand, dass bei den von ihm genannten Modellen des *commercium corporis et animae* bereits Interpretationen und Modifikationen vorliegen. So ist der aristotelische *influxus physicus* zeitgenössisch nicht nur in einer Richtung verstanden worden, sondern als ein wechselseitiger Einfluss. Swedenborg wusste das, er hatte es zweieinhalb Jahrzehnte zuvor selbst in den Quellen studiert. Christian Wolff definierte den *influxus physicus* in seiner *Psychologia rationalis* als

„das System, durch das das commercium zwischen Geist und Körper durch einen physischen Einfluß des Körpers in die Seele und der Seele in den Körper erklärt wird; oder – was dasselbe ist – durch eine Handlung des Körpers in die Seele, wodurch der Körper in die Seele fließt; und durch eine Handlung der Seele, wodurch die Seele in den Körper fließt".[4]

---

[3] Vgl. JONSSON, 2004, 158, 172.

[4] „Systema influxus physici dicitur, quo commercium inter mentem & corpus explicatur per influxum physicum corporis in animam & animae in corpus, seu, quod perinde est, per actionem corporis in animam, qua corpus in animam influit, & per actionem animae in corpus, qua anima in corpus influit." CHRISTIAN WOLFF: Psychologia rationalis methodo scientifica pertractata, qua ea, quae de anima humana indubia experientiae fide innotescunt, per essentiam et naturam animae explicantur, et ad intimiorem naturae ejusque autoris cognitionem profutura proponuntur. Editio nova priori emendatior. Frankfurt; Leipzig 1740, §560, bei Swedenborg wörtlich in: PhN, 193 [Übers. FS]; eine gleichlautende Definition des *influxus physicus* bei GEORG BERNHARD BILFINGER: De harmonia animi et corporis humani, maxime praestabilita, ex mente illustris Leibnitii commentatio hypothetica. Francofurti; Lipsiae 1741, §§24–26, in PhN 189f. Swedenborg hatte in PhN 197 außerdem selbst notiert, beim *influxus physicus* flössen Seele und Körper wechselseitig ineinander. Diese Notiz unterbricht jedenfalls das fortlaufende Exzerpt aus Bilfinger.

Ebenso wenig kann im cartesischen Okkasionalismus ohne weiteres von einem *influxus spiritualis* in der von Swedenborg dargestellten Weise die Rede sein.[5] Die beiden Substanzen Körper und Geist liegen vielmehr so weit auseinander, dass nur der Eingriff und der Wille Gottes für ihr Zusammenwirken sorgen kann.[6] Das Stichwort *influxus spiritualis* weist hingegen auf eine spezielle Note Swedenborgs hin, die sich neben anderen Autoren vor allem aus Nicolas Malebranche speist, wie noch zu zeigen ist. Sie dient als Grundlage für Swedenborgs *influxus*-Theorie, für die Neuplatonisierung seiner Seelenlehre und schließlich für die Geisterwelt. Der *influxus spiritualis* wird, wie ebenfalls noch zu zeigen sein wird, an den cartesischen Okkasionalismus lediglich angebunden, um eine prästabilierte Harmonie zu vermeiden und eine neuplatonische Emanationsvorstellung anzukoppeln. Aber auch Leibniz' prästabilierte Harmonie wird von Swedenborg nur verkürzt wiedergegeben, wenn unerwähnt bleibt, dass die Einheit von Körper und Geist nach Leibniz von Beginn der Schöpfung an besteht, das immer wieder geschehende Wunder bei Descartes also auf den Zeitpunkt der Schöpfung zurückverlegt wird.[7] Auch das wusste Swedenborg aus seinen früheren Studien genau.[8]

Man wird sich also davor hüten müssen, eine Eigentlichkeit, eine ursprüngliche Identität oder eine ‚richtige' Lehre hinter den von Swedenborg zitierten Konzeptionen finden zu wollen. Dessen ungeachtet bleibt aber die Verwurzelung seines Ansatzes in den klassischen und zeitgenössischen Autoren eindrücklich. Im Folgenden kann es nicht um den Nachweis gehen, ob Swedenborg seine rationalistischen Gewährsmänner ‚richtig' verstanden hat. Es wird vielmehr zu rekonstruieren sein, wie er mit ihren Texten umging und die darin behandelten Gegen-

---

[5] Bereits Johann Heinrich Campe erkannte in seiner umfangreichen Rezension der 1776 in Frankfurt bei Hechtel erschienen „auserlesenen Schriften" Swedenborgs in fünf Teilen dessen Missverständnis des Okkasionalismus als *influxus spiritualis* in Com: „Die Geister müssen wahrscheinlich von dem System der zufälligen Ursachen keine hinlängliche Nachricht gehabt haben; sonst hätten sie dem Verf. nicht offenbart, es bestünde darin, daß das geistliche in das materielle einfließt, aber nicht umgekehrt […]." Allgemeine deutsche Bibliothek, Anh. 25.–36. Bd., 2. Abt. (1780), 1016–1032, hier: 1026 f.

[6] Nach WOLFF, *Psychologia rationalis*, § 592 f. (in PhN 199) besitzen im System der *causae occasionales* weder die Seele noch der Körper eine *virtus activa*. Durch seine *volitio* stattet Gott beide mit der *occasio* aus, die Bewegungen des Körpers bzw. die Perzeptionen der Seele hervorzurufen. Körper und Seele seien nur „okkasionale Gründe" für harmonische Veränderungen, die ausschließlich vom göttlichen Willen abhängen. Von einem *influxus* ist hier keine Rede. Vgl. auch LAMM, 1922, 305 f. Lamm verdeutlicht die Differenzen der Psychologie Swedenborgs gegenüber dem Okkasionalismus cartesischer Prägung, berücksichtigt aber den Einfluss Malebranches insgesamt nicht angemessen.

[7] Vgl. auch LEIBNIZ, 1986, Vorwort, 49.

[8] Vgl. in Swedenborgs umfangreichen Notizen zu diesem Thema etwa das Exzerpt aus: BILFINGER, Harmonia, § 209–212 (in PhN 356), der auf das Argument Newtons/Clarkes, die prästabilierte Harmonie sei ein den Erfahrungen aller Menschen widersprechendes wahres Wunder, weil jeder Mensch die Fähigkeit besitze, mit seinen eigenen Augen zu sehen und seinen Körper willentlich zu bewegen, entgegnet, es handele sich gerade nicht um ein „*ewiges Wunder*, sondern um *die ewige Folge* jenes *Wunders*, durch das die Natur der Dinge von Gott erbaut wurde" („Non est hoc *miraculum perpetuum*, sed est *perpetua consecutio* illius *miraculi*, quo natura rerum a DEO constitua est.") [Übers. FS, Hervorhebung bei Bilfinger].

stände zu einem eigenen System kompilierte und kreativ modifizierte. Schließlich wird zu fragen sein, inwieweit Swedenborgs selbst inszenierte Verortung in der zeitgenössischen philosophischen Diskussion ihn auf den Weg von der empirischen Forschung und rationalistischen Philosophie zu seinem originellen „visionären Rationalismus"[9] und hinein in die Geisterwelt führte.

Doch bevor der Himmelsdisput über das *commercium corporis et animae* als Beispiel für das eklektische Verfahren Swedenborgs anhand der vorliegenden Quellen illustriert wird, um die These vom rationalistischen Swedenborg zu untermauern, wird auf die Gründe eingegangen, die die Rekonstruktion einer solchen philosophisch-literarischen Rezeption überhaupt zulassen. Swedenborgs Theologie und Geisterweltlehre wird mit der philosophischen Literatur in Beziehung zu setzen sein, die er in den Jahren vor seiner biographischen Wende zum Geisterseher nachweislich studiert hat. Am Ende von Kapitel 4.2. wird die These aufgestellt, dass nicht nur Swedenborgs Naturphilosophie und Hirnforschung, seine Morallehre und Kosmologie, sondern auch seine aus menschlichen Seelen bestehende Geisterwelt über weite Strecken als Kompilate zeitgenössischer, biblischer und antiker Autoren unter einem rationalistischen Blickwinkel anzusehen sind. Kapitel 4.3. untersucht anschließend zeitgenössische philosophische und theologische Kontexte, in die diejenigen zentralen Topoi von Swedenborgs Lehre einzuordnen sind, deren rezeptionelle Herkunft nicht eindeutig auf der Basis vorhandener Quellen belegt werden kann. Methodisch unterscheiden sich Kapitel 4.2. und 4.3. durch die Einsicht, dass historisch parallele Kontexte ohne Rezeptionsnachweis nicht auf dieselbe Stufe wie Quellen gestellt werden können. Die Gründe für diese Grundentscheidung werden in Kapitel 4.3.1. dargestellt.

---

[9] Diesen Ausdruck habe ich bereits in STENGEL, 2005 verwendet, in Anlehnung an MARTIN SCHMIDT: Pietismus. Stuttgart u. a. 1972, 114.

4.2. Swedenborg als Rationalist:
der Kanon auf dem Weg zur ‚Wende'

4.2.1. Der Codex 36

Es ist vor allem der Akribie zu verdanken, mit der Swedenborg die zeitgenössische Fachliteratur las und in manchen Werken auch mit Quellenangabe zitierte, dass die Eruierung der Quellen und literarischen Abhängigkeiten seines Werks nicht nur im Rahmen bloßer Vermutungen und Vergleiche verbleiben muss. Selbst den zeitgenössischen Rezensenten fielen Swedenborgs zuweilen ausufernde Referenzen und wörtliche, teils seitenlange Zitate in seinen naturphilosophischen Schriften auf. Gerade im Falle seiner ausführlichen anatomischen Ausführungen im *Regnum animale* und in der *Oeconomia regni animalis* hatte Swedenborg auf die *experientia,* das hieß in diesem Fall: auf die literarischen Produkte medizinischer Forschungen des 17. und frühen 18. Jahrhunderts zurückgegriffen. Da er wenigstens in seiner medizinischen Phase nicht selbst ‚experimentell' tätig war und nach aller Wahrscheinlichkeit niemals selbst Sektionen vornahm, war er auf Resultate aus zweiter Hand angewiesen, um auf deren Basis seine naturphilosophischen Theorien zu entwickeln. In diesen manchmal wie Lexika erscheinenden Büchern hatte Swedenborg durchgehend und akribisch die Quellen, vielfach mit Angabe des Kapitels und der Seiten, genannt und sich damit gegen den Vorwurf abgesichert, auf der Basis unzureichender Fakten und Forschungsergebnisse zu arbeiten. Vor allem Inge Jonsson ist Swedenborgs Quellen umfassend nachgegangen.[1]

Am Ende seiner naturphilosophischen Phase, als Swedenborg an dem Schöpfungsdrama *De cultu et amore Dei* arbeitete, verließ er diesen referentiell auf die zeitgenössische Literatur bezogenen Duktus. Das lag natürlich auch an der literarischen Gattung, die Swedenborg anwendete, um seine kosmogonischen Vorstellungen zu fixieren. Quellen werden hier nicht mehr angegeben. Jonsson hat die literarischen Bezüge und literarischen Vorlagen für dieses Schöpfungsdrama dennoch herausgearbeitet und Swedenborgs Umgang mit antiken und biblischen Schöpfungsmythen, wie etwa der Theorie vom Weltei, mit den kosmogonischen Vorstellungen Leibniz', Wolffs, Malebranches, Descartes' und anderer Rationalisten und mit den physiologischen Forschungen experimentell vorgehender Anatomen und Mediziner detailliert nachgewiesen.[2]

---

[1] JONSSON, 1969; 1979; 1999; 2004.
[2] Vgl. JONSSON, 2004.

In den theologischen Schriften seit 1749 finden sich keinerlei Quellenangaben mehr, sieht man einmal von den erst in der *Vera christiana religio* aus apologetischen Gründen eingefügten Verweisen und Zitaten aus den lutherischen Bekenntnisschriften ab. An die Stelle der in den naturphilosophischen Schriften herangezogenen *experientia*, die durchweg der Forschungsliteratur entstammte, trat nach Swedenborgs eigener ‚Bruchtheorie' nun eine *experientia*, die vorgab, gleichsam durch übersinnliche Eingebung ‚autorisiert' zu sein. Nach dem selbst gewählten Maßstab dieser Untersuchung wird diese Behauptung nicht in psychohistorischer Absicht untersucht werden. Lediglich die literarische Gestalt der Theologie und Geisterweltlehre Swedenborgs kann einer historisch-kritischen Analyse unterzogen werden.

Literarische Vorlagen finden sich in den *Arcana coelestia* selbst nicht, aber etwa fünf Jahre vor seiner Berufungsvision führte Swedenborg ein Exzerptbuch, das als Codex 36 im Archiv der Akademie der Wissenschaften in Stockholm vorhanden ist.[3] Swedenborg, der sich in dieser Zeit vorwiegend in Deutschland, Holland und England aufhielt, hatte hier auf 276 Folioseiten Exzerpte aus der modernen und antiken Literatur unter selbst festgelegten Überschriften niedergeschrieben und dabei in der Regel sogar die Quellen, wie in seinen naturphilosophischen Schriften mit Stellenangaben, direkt angegeben. Die Titel, die er hier verwendete, befinden sich zum Teil auch in dem Auktionskatalog, der kurz nach seinem Tod von seiner Bibliothek angefertigt wurde. Es ist daher davon auszugehen, dass Swedenborg im Codex 36 sowohl eigene als auch Bücher aus fremdem Besitz exzerpierte.

Swedenborgs Vorgehen, das gesamte, im Codex 36 niedergeschriebene Material in bestimmte Kategorien zu ordnen, verrät nicht nur die Interessenlage Swedenborgs kurz vor seiner visionären Phase durch die Überschriften und die Auswahl der Exzerpte. Sie dokumentiert auch deutlich, wo seine Lektüreschwerpunkte lagen, an welche Topoi der philosophisch-theologischen Debatte er wie anknüpfte, was er exzerpierte, was er eben gerade nicht exzerpierte und welche Texte er miteinander verband.

Die Überschriften lassen von Beginn an eine Orientierung auf die Seelenproblematik, auf die Möglichkeiten von Jenseitsschau und Wahrsagekunst, auf das *commercium corporis et animae*, auf die Geisterwelt und verschiedene theologische Themen erkennen. Das Grundmuster hinter den Exzerpten kann als eine theologisch aufgeladene Psychologie bezeichnet werden.[4]

---

[3] Codex 36 ist vom damaligen Dekan der Theological School of the Academy of the New Church, Alfred Acton, ins Englische übersetzt und unter dem Titel *A Philosopher's Note Book. Excerpts from Philosophical Writers and from the Sacred Sriptures on a variety of Philosophical Subjects; together with some Reflections, and Sundry Notes and Memoranda* herausgegeben worden (Philadelphia 1931). Zur Datierung und kritischen Einordnung des Codex vgl. das Vorwort Actons in PhN iii–xv, und die kritische Stellungnahme bei JONSSON, 2004, 282–284. Terminus a quo des Codex 36 ist mit einiger Sicherheit 1739, das Jahr der Publikation der lateinischen Ausgabe von Leibniz' *Theodizee*. Bereits in die *Oeconomia regni animalis* sind die Vorarbeiten des Codex eingeflossen.

[4] Vgl. JONSSON, 2004, 166. Die folgende Auflistung enthält die Überschriften in Codex 36. Sich wiederholende Themen werden nicht erneut angegeben.

- Artes Literaria, disziplinae, doctrinae, scientia
- Anima
- Mens organica, Intellectus, Ratio
- Justificatio. Fides. Theologia, Bona opera
- Voluntas. Cor
- Sensus. Sensatio
- Verum. Bonum. Felicitas
- Imaginatio. Memoria
- Distinctio
- Eruditio. Sapientia. Intelligentia. Doctrina
- Modus. Modificatio
- Logica. Syllogismus.
- Praedicamenta. Cathegoria. quaestiones
- Fallacia. Apparentia. Error.
- Idea
- Praedestinatio. Fatum. Necessitas. Dei Providentia et praescientia.
- Deus.
- Adamus. Homo primus
- Amor. Affectus.
- Finis. Media.
- Liberum arbitrium
- Dii et deae gentium, spiritus aerei
- Systemata de anima
- Somnia. Insomnia
- Divinatio. Praedictio futurae, praesagia, vaticinia
- Natura
- Mors
- Necessarius
- Immortalitas. Aeternus.
- Spiritus animales.
- Causa. Principium
- Simplex. Substantia. corpus, elementa, materia series, Individuum, Singulare
- Motus
- Caelum, aurae superiores, Aether
- Virtus. Honestum
- Universalia, Superiora, Metaphysica
- Gradus, Priora, Posteriora

- Malum, Vitia, Crimina, Penale
- nomina [...][5] verba
- Prudentia
- Justitia
- Voluptas. cupiditas
- Ambitio. Honor
- Infernus. orcus
- Typus, repraesentatio, Harmonia, correspondentia
- Medicina
- Pietas, religio
- Sanguis
- Vis, vires
- Harmonia praestabilita
- Spiritus, Spiritualis essentia
- Vita
- Messias, Christus, Jesus
- Ultimum Judicium, mundi finis
- Hypothesis, conjectura, probabilitas
- Miracula, Prodigia
- Mundus, orbis spectabilis
- Philosophia
- Theologus, Sacerdos
- Forma
- Supplicium, Poena
- Gratia Dei
- Preces, precari
- Minima
- Deum contemplari
- Tentatio spiritualis
- Correspondentia parabolica, allegorica
- Arithmetica. Geometria
- Correspondentia typica
- Oratio dominica, sui Pater noster
- Intellectus
- Harmonia musica. Sonus
- Optica
- Correspondentia fabulosa et somniorum
- Scripturae sacrae explicatio
- Repraesentatio oraculorum
- Correspondentia actionum hum[anorum] et divin[orum]

Die bei weitem umfangreichsten Exzerpte enthalten die Kategorien „Seele" und „Systeme über die Seele", Gott, sowie Korrespondenzen und Repräsentationen.

---

[5] Unleserlich.

Demgegenüber fällt auf, dass sich keine größeren Texte zu den Bereichen der menschlichen Anatomie und sonstigen Naturkunde finden, die Swedenborg bisher beschäftigt haben. Die etwa unter den Stichworten Optik, Arithmetik oder auch musikalische Harmonie verarbeitete Literatur hat einen vergleichsweise geringen Umfang. Ferner hat sie sich in den Schriften nach 1749 offenbar nicht niedergeschlagen. Viele Exzerpte sind nicht einer Überschrift zugeordnet.[6] Zwischen den Abschriften befinden sich eigenhändige Vermerke und Reflexionen Swedenborgs sowie knappe Exposés künftiger Forschungsprojekte. Wie auch in anderen handschriftlichen Codices und in den veröffentlichten Werken befindet sich am Ende ein von Swedenborg selbst zusammengestelltes Sachregister. Codex 36 dürfte Swedenborg als selbst komponiertes Lexikon gedient haben.

Die exzerpierte Literatur lässt sich thematisch in vier Gruppen einteilen:

1. Gruppe, aus der zeitgenössischen Philosophie:
- die lateinische Übersetzung von Leibniz' *Theodizee* von 1739, eine der am ausführlichsten exzerpierten Quellen, daneben der 1734–1742 von Christian Kortholt herausgegebene Briefwechsel von Leibniz;[7]
- Christian Wolffs *Psychologia rationalis*.[8] Die *Psychologia empirica*, die *Cosmologia* und die *Ontologia* hatte er in früheren Werken vielfach herangezogen;
- Nicolas Malebranches *Recherche de la verité* in der lateinischen Ausgabe;[9]
- von Descartes *De homine*,[10] die *Principia Philosophiae*, *De passionibus* und die *Meditationes*;[11]
- Hugo Grotius' *De veritate religionis christianae*;[12]
- Georg Bernhard Bilfingers *De harmonia animae et corporis*,[13] worin die wichtigsten zeitgenössischen Modelle des *commercium corporis et animae* dargestellt und diskutiert werden. Hier ist neben einer unter dem Mediziner Elias Camerarius (1673–1734) verteidigten Tübinger Dissertation eines Johann

---

[6] Alfred Acton, der den Codex ins Englische übersetzt hat, hat an den entsprechenden Stellen passende Überschriften vorgeschlagen.

[7] GOTTFRIED WILHELM LEIBNIZ: Tentamina Theodicaeae. De bonitate Dei, libertate hominis et origine mali. Versio nova, vita auctoris, catalogo operum et variis observationibus aucta. Francofurti & Lipsiae 1739; DERS.: Epistolae ad diversos, theologici, iuridici, medici, philosophici, mathematici, historici et philologici argumenti: cum annotationibus suis primum divulgavit Christianus Kortholtus. 4 Bde., Lipsiae 1734–1742.

[8] Swedenborg scheint die Ausgabe von 1740 benutzt zu haben (vgl. oben Anm. 3, sowie PhN 535).

[9] NICOLAS MALEBRANCHE: De inquirenda veritate libri sex, in quibus mentis humanae natura disquiritur, & quomodo variis illius facultatibus, ut in Scientiis error vitetur, utendum sit, demonstratur. Ex ultima editione Gallica, pluribus Illustrationibus ab ipso Authore aucta, Latine versi. Genevae 1691.

[10] RENÉ DESCARTES: De Homine Figuris, et latinitate donatus a Florentio Schuyl, inclyae urbis sylae-ducis senatore, & ibidem philosophiae professore. Lugduni Batavorum 1664.

[11] RENÉ DESCARTES: Meditationes de prima philosophia. Ed. ultima prioribus auctior & emendatior. Amstelodami 1654. Im Falle der *Principia* und von *De passionibus* sind die benutzten Ausgaben unsicher.

[12] GROTIUS, De veritate. Swedenborg hat möglicherweise noch eine andere Ausgabe benutzt, vgl. PhN 528.

[13] Vgl. oben Anm. 4. Der *Catalogus*, 5, nennt eine Ausgabe von 1725.

Friedrich Braun[14] auch ein ausführliches Referat der Konzeption des französischen Jesuiten René Joseph de Tournemine[15] (1661–1739) enthalten;
- als einziges schwedisches Buch das des Cartesianers Andreas Rydelius (1671–1738), *Nödiga förnufts-öfningar*.[16]

In Swedenborgs Bibliothek befanden sich außer den beiden Psychologien Wolffs, den Schriften Descartes' und Rydelius' alle genannten Titel.

2. Gruppe, aus der antiken und patristischen Philosophie und Theologie:
- Platons Gesamtwerk in einer griechisch-lateinischen Ausgabe von 1578, darunter besonders: *Timaios*, *Parmenides*, *Phaidros*, *Phaidon* und die nichtplatonische Schrift *Epinomis*;[17]
- das Gesamtwerk von Aristoteles, darunter vor allem: *De anima*, *De coelo*, die *Nikomachische Ethik*, *Physik* und *Metaphysik* sowie *Magna Moralia*;[18]
- das Gesamtwerk von Augustin, vor allem: *De anima et ejus origine*, *De civitate Dei*, *De genesi ad litteram*, *Confessiones*.[19]

Diese Klassikerausgaben sind auf dem Auktionskatalog nicht aufgeführt. Swedenborg muss sie entliehen oder nach der Lektüre veräußert haben.

3. Gruppe
- sehr umfangreich die in Swedenborgs Bibliothek vorhandenen Bibeln mit Apokryphen,[20] deren Stellen den entsprechenden Überschriften in Korrespondenz zu den zitierten philosophischen Autoren zugeordnet werden. Swe-

---

[14] JOHANN FRIEDRICH BRAUN: Unionis animae cum corpore systemata tria. Harmonia, praestabilitae, influxus et assistentiae in unum fusa, praeside Elia Camerario. Tubingae 1721. Camerarius, ein Kollege Bilfingers in Tübingen, war mit Oetinger verwandt und wegen übersinnlicher Begebenheiten bekannt. Oetinger und Clemm bezogen sich im Zusammenhang mit der Auseinandersetzung um Swedenborg mehrfach auf Camerarius. Vgl. Kap. 5.2.5., d), ee), (2) und (5).

[15] Bilfinger bezieht sich auf RENÉ JOSEPH DE TOURNEMINE: Commentatio trivultina. In: Mémoires de Trévoux, mai 1703, 870–875; septembre, 1066 f.

[16] ANDREAS RYDELIUS: Nödiga förnufts-öfningar [Nötige Vernunftsübungen]. At lära kenna thet sundas wägar och thet osundas felsteg. 2. Aufl. Linköping 1737.

[17] PLATON: Hapanta Ta Sozomena. Ex nova Ioannis Serrani interpretatione, perpetuis eiusdem notis illustrata. Eiusdem annotationes in quosdam suae illius interpretationis locos. Henrici Stephani de quorundam locorum interpretatione iudicium, & multorum contextus Graeci emendatio. 3 Bde., Genf 1578.

[18] ARISTOTELES: Opera omnia graece et latine doctissimorum virorum interpretatione & notis emendatissima, & nunc tandem in quatuor tomos distributa. Guillelmus Du-Vallius regis christianissimi consiliarius & medicus tertio recognouit, Synopsin analyticam adiecit, nouis disquisitionibus, notis, & Appendicibus illustrauit. Cum tribus indicibus. Quae huic editioni accesserunt pagina proxima indicabit. Parisiis 1654.

[19] AURELIUS AUGUSTINUS: Opera quae reperiri potuerunt omnia, tomis decem comprehensa: per theologos Lovanienses ex vetustissimis manuscriptis codicibus ab innumeris mendis vindicata, [et] hac postrema editione locis S. Sae. a textu, typorum varietate, Doctor. Viror. consilio distinctis, ornatis in lucem emissa. Illustrata praeterea eruditis censuris et locupletata multis homiliis, & aliquot epistolis eiusdem S. Augustini, antea non editis. Coloniae Agrippinae 1616.

[20] Swedenborg hat zwei Ausgaben der Vollbibel von SEBASTIAN CASTELLIO (Lipsiae 1738; London 1727), Castellios Novum Jesu Christi Testamentum (Amstelodami 1683), die

denborg benutzte im Codex 36 vor allem die Übersetzung von Sebastian Castellio.

4. Gruppe, aus dem pseudepigraphischen neuplatonischen Schrifttum:
- *De divina sapientia secundum Aegyptios*, die sogenannte *Theologie des Aristoteles*;[21]
- die Augustin zugeschriebene Schrift *De spiritu et anima*.[22] Beide Schriften sind in den in der 2. Gruppe genannten Gesamtausgaben vorhanden, die Swedenborg benutzte, aber selbst möglicherweise nicht besaß.

Zusätzlich direkt zitiert finden sich in knapper Form: Plinius,[23] Spinoza,[24] Abbé Montfaucon de Villars,[25] Friedrich Hoffmann,[26] Benjamin Martin,[27] James Grassineau,[28] Robert Smith,[29] Frederik Ruysch,[30] Giovanni Francisco Gemelli Careri.[31]

Es liegt auf der Hand, dass Swedenborg durch die exzerpierte Literatur eine große Zahl weiterer Autoren mitrezipierte, beispielsweise Verweise auf patristische Literatur und auf die Kabbala bei Leibniz oder auf Origenes bei Augustin. Auffälligerweise finden sich in diesem umfangreichen privaten Notizbuch keine

---

Vollbibel in der Ausgabe von Theodor Beza (Amstelodami 1632) und von Sebastian Schmidt (Argentorati 1696) besessen. Vgl. Kap. 3.2.1.

[21] De secretiore parte divinae sapientiae, secundum Aegyptios, in der du Val-Ausgabe, (wie oben Anm. 18), Bd. 4, 601–676.

[22] Enthalten in der Kölner Augustin-Ausgabe von 1616, (wie oben Anm. 19), Bd. 3, 358–373.

[23] Epistolae VI, xxiv,7 (benutzte Ausgabe unklar, nicht in seiner Bibliothek nachweisbar).

[24] Von Swedenborg wurde vielleicht diese Ausgabe benutzt: Baruch de Spinoza: Renati DesCartes Principiorum Philosophiae. Pars I, & II, more geometrico demonstratae. Amstelodami 1663 (nicht im *Catalogus*).

[25] Nicolas Pierre Henri de Montfaucon de Villars: Comte de Gabalis, ou entretiens sur les sciences secrètes. renouvellé & augmenté d'une lettre sur ce sujet. Amsterdam 1715 [Paris 1670; deutsch: Graf von Gabalis oder Gespräche über die verborgenen Wissenschaften. Berlin 1782] (nicht im *Catalogus*).

[26] Friedrich Hoffmann: Observationum physico-chymicarum selectiorum libri III. In quibus multa curiosa experimenta et lectissimae virtutis medicamenta exhibentur, ad solidam et rationalem chymiam stabiliendam praemissi. Halae 1722 (in Swedenborgs Bibliothek vorhanden).

[27] Benjamin Martin: Pangeometria or the Elements of all Geometry. Containing I. The Rudiments of Decimal Arithmetic. V. An Appendix, Containing an Epitome of the Doctrine of Fluxions. London 1739 (im *Catalogus*).

[28] Sébastien de Brossard, James Grassineau: A Musical Dictionary being a Collection of Terms and Characters, as well Ancient as Modern; including the Historical, Theoretical, and Practical Parts of Music. London 1740 (nicht im *Catalogus*).

[29] Robert Smith: A Compleat System of Opticks in Four Books, viz. a Popular, a Mathematical, a Mechanical, and a Philosophical Treatise. Cambridge 1738 (nicht im *Catalogus*).

[30] Frederik Ruysch: Thesaurus anatomicus. 1721 (von Swedenborg benutzte Ausgabe unsicher, nicht in der Bibliothek, sondern von Ruysch: Observationum Anatomico-Chirurgicarum Centuria. Amstelodami 1691.

[31] Giovanni Francesco Gemelli Careri: Voyage du Tour du Monde. 6 Bde., Paris 1719 [Neapel 1699]. Swedenborg übersetzte aus dem Französischen ins Lateinische. Das Buch ist nicht im *Catalogus* enthalten, der aber andere Titel aus dem Gebiet der Reiseliteratur aufführt.

Erwähnungen von Böhme, Paracelsus oder Jamblich. Bei dem späteren schwedischen Bischof Rydelius konnte Swedenborg allerdings eine brüske Zurückweisung der allegorischen Philosophie Jakob Böhmes und Robert Fludds nachlesen.[32] Direkte Verweise auf Ficino, Plotin und andere neuplatonische Schriften
oder kabbalistische Texte lassen sich nicht feststellen.[33] Auch einige Titel aus
Swedenborgs Bibliothek, die dem Auktionskatalog zu entnehmen sind und dem
Esoterischen Corpus nach Faivre[34] zugeordnet werden könnten, waren in dieser
Phase nicht in seine Forschungsaktivitäten einbezogen.[35]

Eine hohe Bedeutung kommen neben der philosophisch-rationalistischen Literatur hingegen der *Theologie des Aristoteles* und der pseudo-augustinischen
Schrift *De spiritu et anima* für Swedenborgs Entwicklung zu. Die arabische
Theologie des Aristoteles, von einem Mönch aus Ravenna Anfang des 16. Jahrhunderts in Damaskus entdeckt und mehrfach ins Lateinische übersetzt, lag
Swedenborg in der du-Val-Ausgabe von 1654 vor. Du Val hatte in seiner Einleitung bereits erhebliche Zweifel an der Verfasserschaft mitgeteilt, die schon
seit der zweiten Hälfte des 16. Jahrhunderts gehegt worden waren.[36] Swedenborg notierte sich diese Bedenken wörtlich aber erst ganz am Ende seines Exzerptbuches, nachdem er einen großen Teil aus der *Theologie* abgeschrieben
hatte. Er meine nicht, so Swedenborg, dass der Text von Aristoteles stamme,
dafür sei er zu erhaben *(sublimus)*.[37] Und er zitiert aus dem Vorwort: An vielen
Stellen sei eine Göttlichkeit erkennbar, die so weit über der Natur steht, dass
sie kaum von einem Genius hervorgebracht worden sein könne, der in den
Grenzen der Natur eingeengt gewesen sei. Sicher habe der Autor Platon mit
lebendiger Stimme *(vivo voce)* lehren gehört. Der Inhalt – bezüglich Gott,
himmlische Intelligenzen, erste Intelligenz, Weltseele, Ideen, Unsterblichkeit
und den Möglichkeiten der Versenkung in die intelligible Welt[38] – übertreffe
nicht nur die platonische Lehre, sondern scheine den Lehren unserer eigenen
Religion ähnlich zu sein, die allesamt über dem Licht der Natur stünden und
die am tiefsten verborgenen Dinge seien.[39] Obwohl Swedenborg die Zweifel an
der Verfasserschaft des Aristoteles kannte, hielt er an der Wertschätzung der
Schrift fest.[40] Die lateinische Übersetzung, die Swedenborg vorlag, interpretiert

---

[32] Vgl. JONSSON, 2004, 45.
[33] Höchstens eine singuläre Erwähnung von Hermes Trismegistos und Jamblich im vorvisionären Werk, die einen Lexikonartikel zitiert, vgl. Kap. 2.4.1., ff), *Das fluidum spirituosum
im menschlichen Körper.*
[34] Vgl. FAIVRE, 2001, 15–23.
[35] Vgl. Catalogus; BERGQUIST, 2005, 469–482. Dabei handelt es sich vor allem um einige
alchemistische Titel, die sich schon vor 1745 kaum in Swedenborgs Naturphilosophie niedergeschlagen haben, vgl. Kap. 2.2.5., b).
[36] Vgl. JILL KRAYE: The Pseudo-Aristotelian Theology in Sixteenth- and Seventeenth-
Century Europe. In: KRAYE/RYAN/SCHMITT, 1986, 265–286, hier: 266, 274.
[37] Vgl. PhN 508 (Codex 36, innerer Buchdeckel).
[38] Diesen konkretisierenden Einschub exzerpierte Swedenborg nicht.
[39] Vgl. PhN 508f.
[40] Athanasius Kircher hatte sich Francesco Patrizis Ansicht angeschlossen, bei der *Theologie des Aristoteles* handele es sich um die von Aristoteles transkribierte Lehre Platons und der

das arabische Original oder geht zumindest nicht mit dem Text konform, den der deutsche Orientalist Dieterici am Ende des 19. Jahrhunderts arabisch und deutsch herausgab.[41]

Bei der *Theologie des Aristoteles* handelt es sich um die Paraphrase von Auszügen aus dem 6. Buch der *Enneaden* Plotins, die wahrscheinlich im 9. Jahrhundert ins Arabische übersetzt wurde, ohne dass ein griechisches Original erhalten wäre. Sie blieb bis zu ihrer Entdeckung 1516 außerhalb des arabischen Raums unbekannt. In der Renaissance wurde ihre Authenzität als aristotelische Schrift vor allem behauptet, um Platon und Aristoteles eng miteinander zu verbinden und die Konformität des Aristoteles mit dem Christentum zu behaupten. Aristoteles, so argumentierte etwa Pier Nicola Castellani, einer der Übersetzer, habe wie Platon zweifellos an die Unsterblichkeit der Seele geglaubt. Schon Martin Luther, der die *Theologie des Aristoteles* 1519 gelesen hatte, betrachtete sie nicht als genuin. Er sah in ihr den Versuch, das Ansehen des Aristoteles als Feind Christi aufrechtzuerhalten – weniger aufgrund eines grundsätzlichen Anti-Aristotelismus, sondern wegen seiner Abneigung gegenüber den Scholastikern, die Aristoteles christlich vereinnahmten und dadurch die christliche Lehre vergifteten.[42]

Es ist auffällig, dass Swedenborg, der als junger Mann, nämlich im Alter von etwa 17 Jahren, Plotins *Enneaden* in der Ausgabe von Marsilio Ficino besaß und das Buch demzufolge wenigstens einmal in der Hand hielt,[43] bei der Lektüre und Abschrift eines großen Teils der *Theologie des Aristoteles* keinerlei Erinnerungen an Plotin hatte. Das ist umso merkwürdiger, als der Text der *Theologie* zwar durch den Umweg über das Arabische und die Übertragung ins Lateinische keine korrekte Übersetzung der *Enneaden* ist, aber inhaltlich durchaus grundsätzlich mit dem entsprechenden Abschnitt übereinstimmt. Trotz der Kenntnis seiner Zweifel an der Authentizität der Schrift vermutete Swedenborg nirgendwo Verbindungen

---

Autor habe auf jeden Fall selbst Platon gehört. Sie sei, so Kircher, Bestandteil eines größeren Glaubens, den die „prisci theologi" Hermes Trismegistos, Orpheus, Aglaophemus, Pythagoras, Philolaos und Platon übermittelt hätten, und enthalte die wahre mystische Philosophie der Ägypter. Isaac Casaubon betrachtete die Theologie zusammen mit anderen hermetischen Schriften als Fälschungen aus der frühen Christenheit und schloss sie aus seiner Aristoteles-Ausgabe von 1590 aus. Auch Ralph Cudworth nahm Kirchers Ansicht nicht ernst, obwohl er hinter der Schrift einen ägyptischen paganen Monotheismus erkannte. Vgl. KRAYE, 1986, 268 f., 273–276.

[41] Vgl. FRIEDRICH DIETERICI: Die sogenannte Theologie des Aristoteles. Aus dem Arabischen übersetzt und mit Anmerkungen versehen. Leipzig 1883; DERS.: Die sogenannte Theologie des Aristoteles. Aus arabischen Handschriften zum ersten Mal herausgegeben. Leipzig 1882.

[42] Vgl. KRAYE, 1986, 265, 268; ZIMMERMANN, 1986, 110–240; GOTTHARD STROHMAIER: Avicenna. 2. Aufl. München 2006, 59–61.

[43] PLOTINI Platonicorum facile coryphaei operum philosophicorum omnium libri LIV. in sex enneades distributi. Ex antiquiß. Codicum fide nun primum Graece editi, cum Latina MARSILII FICINI interpretatione & commentatione. Basileae 1580. In der Bibliothek von Linköping ist ein Exemplar vorhanden, auf dessen Frontispiz Swedenborg sich handschriftlich mit dem Jahresvermerk 1705 eingetragen hat. Auch die Unterschrift Georg Stiernhielms von 1656 befindet sich hier.

zu Plotin oder Ficino.[44] Sein früherer Besitz der Ficino-Ausgabe hat offenbar keinerlei Spuren in Swedenborgs Gedächtnis hinterlassen. Dies ist im Hinblick auf die Beurteilung von Vermutungen im Auge zu behalten, Swedenborg sei durch Quellen aus dem „Esoterischen Corpus" nach Faivre beeinflusst worden, nämlich aus hermetischen, alchemistischen und kabbalistischen und Schriften des Renaissanceneuplatonismus. Auch christlich-kabbalistische Arbeiten, die um 1700 in Uppsala entstanden sind, hat der jugendliche Swedenborg offenbar besessen oder zumindest gekannt.[45] Die in diesen Schriften dargelegte Sephirothlehre hat jedoch keine Entsprechung in der Theologie Swedenborgs nach 1745. Es dürfte daher wie im Falle der Plotin-Ausgabe von Ficino problematisch sein, auf der Basis der Literatur, die er als Jugendlicher besaß, mehr als memoriale Segmente anzunehmen, deren Rezeption in Swedenborgs späterem Werk eher vage erscheint. Das wird in einem eigenen Abschnitt zu diskutieren sein.

De spiritu et anima stammt mit hoher Wahrscheinlichkeit aus der zweiten Generation der zisterziensischen Mystik von Clairvaux.[46] Der anonyme Verfasser hat mit seinem Text eine Art psychologisches Kompendium verfasst, das im hohen Mittelalter weit verbreitet war. Die Schriften Augustins, Isaaks von Stella, Hugos von St. Viktor, Anselms von Canterbury, von Hrabanus Maurus, Gilbert de la Porrée und anderer sind hier möglicherweise von einem Mönch namens Alcher von Clairvaux kompiliert worden, teils in Form direkter Zitate oder konspektiert, teils in Allusionen, die schlecht nachweisbar sind. Die Echtheit wurde bereits von Thomas von Aquin, dann von Francis Bacon und Erasmus von Rotterdam bezweifelt,[47] dennoch verblieb das Werk noch in der Augustin-Ausgabe der Migne-Patrologie bis zum Ende des 19. Jahrhunderts.[48] Wie bei der *Theologie des Aristoteles* konnte Swedenborg diese Bedenken in der Kölner Ausgabe nachlesen. Er notierte sie sich ganz am Schluss seines Exzerptbuches, wenige Sätze, bevor er die Zweifel an der Verfasserschaft der *Theologie des Aristoteles* niederschrieb: „Es wird gesagt, dass das Buch De spiritu et anima, von dem ich viele

---

[44] Den Namen Plotins kannte Swedenborg auf jeden Fall wenigstens aus seiner umfangreichen Lektüre der Schriften Augustins, vgl. etwa Exzerpt aus *De civitate Dei*, Lib. X,II. in PhN 138, wo Augustin Plotins auf Platon zurückgehende Unterscheidung der Weltseele von dem „schöpferischen Licht" erwähnt, durch das die Weltseele ihre Glückseligkeit empfange.
[45] JOHANN PALMROOT, BENEDICTUS LUND (resp.): Exercitium academicum Aserim seu Lucos hebraeorum & veterum gentilium vel veterum gentilium adumbrans. Stockholm 1699. DANIEL LUNDIUS, FRIDRICUS SWAB (resp.): Dissertatio historico-philologica de sapientia Salomonis. Uppsala 1705. Zitiert nach SUSANNA ÅKERMAN-HJERN bei ROLING, 2008, 210. Åkerman versucht, durch die bei David Lund vorhandenen Begriffe *influxus Divinus* und *arcana Dei* Anklänge bei Swedenborg nahe zu legen und ihm zugleich eine Position zwischen dem Sufismus und der Kabbala zuzuschreiben.
[46] Vgl. dazu insgesamt LEO NORPOTH: Der pseudo-augustinische Traktat *De Spiritu et Anima*. Köln; Bochum 1972 [1924].
[47] Vgl. NORPOTH, 1972, 12, 44, 47, 49, 58. Bereits Thomas von Aquin hatte die Verfasserschaft in zisterziensischen Kreisen vermutet.
[48] *Patrologia latina*. Bd. XL. Paris 1887. Der im Zusammenhang mit der Rekonvertierung des schwedischen Königs Johann III. bekannt gewordene Antonio Possevino hat das Werk Isaak von Stella zugeschrieben, der es an Alcher von Clairvaux gerichtet habe, vgl. NORPOTH, 1972, 50.

Auszüge gemacht habe, nicht von Augustin ist."[49] Nichtsdestoweniger sind vor allem die dort Augustin zugeschriebenen Lehren über den Aufbau und die Vermögen der Seele und ihre Verbindung zum bevölkerten *mundus intelligibilis* mit Engeln und Geistern in Swedenborgs Lehre eingegangen.

In der Kombination mit zahlreichen Bibelstellen aus Altem und Neuem Testament dienten die beiden pseudonymen Texte Swedenborg als Brille bei der Lektüre von Platon, Aristoteles und Augustin und zugleich als Komplement der zeitgenössischen Philosophen. Vor allem *De spiritu et anima* hatte wie das augustinische Schrifttum insgesamt trotz der Pseudonymität bereits starken Einfluss auf den Rationalismus Descartes' und seiner Schüler bis zu Malebranche[50] und wirkte hier mit einer modifizierten neuplatonischen Seelenlehre und Kosmologie bei der Entwicklung der verschiedenen Modelle zur Erklärung des *commercium corporis et animae*.

Der Codex 36 bietet eine reichhaltige Fundgrube, die es erleichtert, Swedenborgs Quellen ausfindig zu machen, auch wenn es in einigen Fällen unklar bleibt, ob er noch zusätzliche, hier nicht enthaltene Anstöße zur Entwicklung seines theologisch-philosophischen Lehrgebäudes empfangen hat. Schließlich ist erkennbar, dass er ausführliche Exzerpte aus Büchern anfertigte, die definitiv in seiner Bibliothek vorhanden waren, dass er aber auch solche Literatur verwendete, deren Besitz nicht nachgewiesen werden kann. Obwohl an dieser Stelle natürlich Beweislücken ebenso einzuräumen sind wie gegenüber der Vermutung, er habe noch andere als die in seinem handschriftlichen Nachlass erwähnte Literatur gekannt, wird bei der Auswertung des Codex 36 hinsichtlich dessen, was Swedenborg nicht nur gelesen, sondern auch kopiert hat, sicherer Boden betreten.

Zunächst soll am Beispiel des *commercium corporis et animae* demonstriert werden, wie Swedenborg seine literarischen Quellen miteinander kombinierte. Es wird deutlich, wie er aus der anatomisch-naturphilosophischen Phase seiner Seelen- und Hirnforschungen über metaphysische Modelle zur Konstruktion seiner Geisterwelt gelangte. Dass er diese ‚substantielle' Welt selbst besuchte und mit ihren Bewohnern kommunizierte, entzieht sich selbstverständlich der Analyse. Geklärt werden kann aber, dass die Sicht der ‚eigentlichen' Welt, die er hier erblickte, in ihren Grundzügen einen literarischen Ursprung besaß. Im Anschluss an die Untersuchung des *commercium corporis et animae* vor dem Hintergrund

---

[49] PhN 508 [Übers. FS].
[50] Vgl. HENRI GOUHIER: La vocation de Malebranche. Paris 1926, 75; JONSSON, 2004, 291. Als Hauptquelle für die Philosophie Malebranches ist neben der cartesischen Ontologie die augustinische Theologie anzusehen, vgl. STEFAN EHRENBERG: Gott, Geist und Körper in der Philosophie von Nicolas Malebranche. Sankt Augustin 1992, 17; MARGIT ECKHOLT: Vernunft in Leiblichkeit bei Nicolas Malebranche. Die christologische Vermittlung seines rationalen Systems. Innsbruck; Wien 1994, 50, 192–206; sowie insgesamt HENRI GOUHIER: Cartésianisme et augustinisme au XVIIe siecle. Paris 1978. Zum Einfluss Augustins auf Malebranche vgl. CHRISTINE ORTH: Malebranche und Augustinus. Köln 1940. Bereits Friedrich Christoph Oetinger wusste von Augustins Bedeutung für Malebranche. Vgl. FRIEDRICH CHRISTOPH OETINGER: Selbstbiographie. Genealogie der reellen Gedanken eines Gottesgelehrten, hg. von JULIUS ROESSLE. 2. Aufl. Metzingen 1978, 48; KUMMER, Autobiographie, 85.

des Codex 36 werden eine Reihe weiterer theologischer und philosophischer Topoi der Lehre Swedenborgs im Hinblick auf die Exzerpte beleuchtet werden.

4.2.2. Das *commercium corporis et animae*

In seiner 1734, zehn Jahre vor dem religiösen Umbruch, erschienenen Schrift *De
infinito*, als sein Interesse noch auf dem Gebiet der Kosmogonie und Kosmologie
lag, hatte Swedenborg wie Descartes und seine Schüler versucht, die Wirksamkeit
der Seele im Körper zu verorten.[51] Mit der These, sie sei als feinste organische
Substanz des Körpers sogar mechanischen Gesetzen unterworfen, war er dabei
mechanistischer als Descartes selbst hervorgetreten.[52] Zwischen Körper und Seele als zwei getrennten Substanzen fungierten für ihn Lebensgeister, *spiritus animales*, als Boten. Affektionen würden durch sie von der Seele über Fibern, Blut
und Muskeln in den Körper übertragen.

Angelehnt an Augustin und *De spiritu et anima* hatte Swedenborg 1740 in der
Oeconomia regni animalis seine Psychologie durch eine Dreiteilung der Seele
modifiziert. Zusammen mit dem Körper bildet die eigentliche *anima,* die göttlichen Ursprungs ist, mit der *mens rationalis* (dem Verstand) und dem *animus* (der
vegetativen Seele) eine Serie von vier Graden.[53] In die *mens rationalis* strömen
von oben die göttlichen *amores* und von unten die *affectiones* des *animus* ein. Sie
kann sich mit ihrer Vernunft und ihrem freien Willen zwischen beiden Einflüssen
entscheiden.[54] Swedenborg nahm mit seiner Reihung *anima-mens-animus* eine
Umkehrung der neuplatonischen Psychologie vor, die er auch aus den von ihm
benutzten Quellen kannte. So fasste er etwa nach einem Exzerpt aus der *Theologie des Aristoteles* zusammen „Wenn er die intelligible Welt behandelt, nennt er
[Aristoteles] das Höchste oder den Geist Gottes den intellectus und die Seele
(anima) animus."[55] Swedenborgs Abweichung von dieser Reihenfolge lässt sich
aber aus seiner Anlehnung an *De spiritu et anima* beschreiben, wo *anima* den
höheren Teil der Seele, das Leben oder den ganzen inneren Menschen und *animus*
den unteren Seelenteil oder auch das *consilium* bezeichnet. *Mens* meint die höhere Kraft der Seele und bringt *intelligentia* hervor. Die *anima* „bleibt", wenn *mens*
und *animus* vergehen.[56] Dem erwähnten Einfluss von *De spiritu et anima* auf den
Cartesianismus scheint es zu entsprechen, dass Rydelius den Begriff *animus* unter
der Disziplin Physiologie ebenfalls für den untersten Seelenteil verwendete und
ihm die *imaginationes* und *affectiones* zuordnete.[57]

---

[51] Vgl. Kap. 2.3.3., b).
[52] Vgl. JONSSON, 2004, 244.
[53] Vgl. Kap. 2.4.1., a), gg).
[54] Vgl. JONSSON, 1969, 187f.
[55] Codex 36, 87 [Übers. FS] = PhN 180.
[56] Vgl. De spiritu et anima, Kap. XXXIV, in PhN 24. *De spiritu et anima* hält diese Terminologie bei der Dreiteilung der Seele aber nicht konsequent durch, vgl. etwa If., in PhN 34
und in PhN 24.
[57] Swedenborg konspektierte diesen Abschnitt offenbar aus Rydelius, 1737, 6–28, in PhN
7–9.

In der *Oeconomia* identifizierte Swedenborg die „Natur der Seele" mit einem *fluidum spirituosum*, das als reinste Form des Blutes durch Adern und Nervenfibern fließt, ja er hielt sich für den ersten, der diese Gleichsetzung auszusprechen wagte.[58] Fünf Jahre später distanzierte er sich von dieser voreiligen Verortung der Seele ebenso wie von den Vertretern der prästabilierten Harmonie und von allen apriorischen Hypothesen.[59] Er monierte einen Mangel an Empirie bei der axiomatischen Behauptung „eitler und leerer" Begriffe.[60] In seiner erleuchteten Phase kehrte Swedenborg in seiner Schrift *De commercio animae et corporis* noch einmal zu dem Problem zurück und fasste hier seine Theorien zusammen. Die Seele *anima* ist nicht vom Körper getrennt wie bei Descartes und Leibniz, auch wenn er Descartes in der eingangs geschilderten Szene den Siegespreis zuerkennt. Sie ist der eigentliche, der innere Mensch, die innerste Form des Leibes, das ist der Grundtenor seiner Anthropologie seit den *Arcana coelestia*. *Mens* und *animus*, der nun vom Körper abgetrennt und an manchen Stellen mit der *mens* identifiziert wird, sowie der Körper mit seinen Sinnen sind lediglich ihre Determinationen und Funktionen. Das Leben der unsterblichen *anima* fließt aber von Gott ein, sie ist nur Aufnahmegefäß, das Organ für das Leben, nicht das Leben selbst. Gott allein ist Anfangsursache und direkte Quelle des Lebens.[61] Wie lässt sich diese Entwicklung vor dem Hintergrund der Exzerpte des Codex 36 erklären?

Die *spiritus animales* als feinstes Blut bleiben in Swedenborgs System weiterhin integriert.[62] Wie oben bereits erwähnt, lokalisiert er bei seiner Beschreibung des Gehirns des *maximus homo*, die ganz seinen anatomischen Kenntnissen aus der Zeit vor seinen Visionen mit dem entsprechenden zeitgenössischen Vokabular entsprach, im *Infundibulum*-Trichter des himmlischen *cerebrum* eine Lymphdrüse, die in einem Teil als auswurfartige Lymphe mit Flüssigkeiten und im anderen Teil mit Lebensgeistern *(spiritus animales)* gemischt sei.[63] Körper und Seele verhalten sich auch beim *maximus homo* zueinander wie Adern und Blutgefäße gegenüber Blut und Lebensgeist und wie die Lunge zum Herzen.[64] Bei der Sektion des von Geistern, den Substanzen menschlicher Seelen, bewohnten *maximus homo* bleibt demnach eine cartesische Vermutung fest integriert. Denn schließlich ist dieser himmlische Körper nichts anderes als die geistige, makrokosmische Entsprechung des natürlichen, mikrokosmischen Menschen, und er bildet auch physiologisch bis ins Detail die menschliche Anatomie vor, die dem makrokosmischen Menschen nur nachgebildet ist. Swedenborg konnte die Plastizität dieser Vorstellung in der *Theologie des Aristoteles* bestätigt finden, wo jedes körperliche

---

[58] Vgl. Kap. 2.4.1., a), dd) und ff); JONSSON, 1969, 134.

[59] Vgl. JONSSON, 2004, 172.

[60] PhN 506 = Codex 36, 275.

[61] Vgl. VCR 34, 48, 364, 470; Com 11.

[62] In AC 4227 wird von Geistern im *maximus homo* berichtet, die den Krankheitsstoffen in den feineren Teilen des Blutes, dem *spiritus animalis*, entsprechen und sich gegen die Ordnung durch Nerven und Muskeln im Körper verbreiten.

[63] Vgl. AC 4050, sowie Kap. 2.4.1., c), aa).

[64] Vgl. AC 8530.

Glied durch eine Form hervorgebracht wird, die zur „höchsten" oder „intelligiblen" Welt *(mundus intelligibilis, orbis supremus)* gehört.[65]

Dass Swedenborg die Determinationen zwischen Seele und Körper weiterhin durch die *spiritus animales* gewährleistet sah, stimmt genau mit den Exzerpten überein, die er viele Jahre vorher im Codex 36 angefertigt hatte. Aus Descartes' *De passionibus* und *De homine* notierte er sich Passagen, in denen die subtilsten Teile des Blutes als Ursprung der *spiritus animales (esprits animaux)* bezeichnet werden, als sehr kleine Körper, die sich sehr schnell bewegen, durch die Poren in die Nerven und Muskeln dringen, in der Maschine des Körpers Bewegungen auslösen[66] und umgekehrt Spuren im Gehirn hinterlassen, also die Grundlage des Gedächtnisses bilden.[67] Und aus Malebranches *Recherche de la verité* schrieb er neben vielen anderen Stellen heraus, dass diese feinsten und beweglichsten Teile des Blutes durch die „Gärung im Herzen" und die „Bewegung der Muskeln" durch die Gefäße zum Gehirn geführt werden.[68] Auch aus Tournemine[69] und Braun,[70] die er bei Bilfinger studieren konnte, und aus der *Psychologia rationalis* Wolffs, der den Okkasionalismus Descartes' und Malebranches im Ergebnis seines Referats allerdings abweist,[71] kopierte er die Funktion der Lebensgeister als Mittlern zwischen den Seelenvermögen und den Wirkungen des Körpers über das Gehirn.

Für sein Verständnis der Seele als ein nicht immaterielles, aber im Körper wirkendes und mit körperlicher, wenn auch äußerst subtiler Qualität ausgestattetes Wesen fand Swedenborg in der lange Zeit offenbar fälschlicherweise für pseudoaristotelisch gehaltenen Schrift *De spiritu* eine weitere Bestätigung. Hier wird ausgeführt, dass sich Geist *(spiritus)* und Körper in Wachstum und Ernährung entsprächen, denn schließlich sei auch der Geist ein Körper. Er sei durch den ganzen Körper hindurch angeboren und werde von der Arterie, nicht aber vom Nerv, aufgenommen.[72] Da Swedenborg dieses knappe Exzerpt im Codex 36 unter die Überschrift *Spiritus animales* einordnete, dürfte er den hier erwähnten Geist auch als körperlichen, subtilen Lebensgeist im Blut verstanden haben. Die

---

[65] Lib. XIV,III, in PhN 260: „Wenn jemand fragt, durch welche wirkende Kraft ein Glied geformt wird [wie die Hand oder das Auge], antworten wir: es wird hervorgebracht durch die Form, die zur intelligiblen Welt gehört, in der alle Dinge sind." [Übers. FS] Der Verweis auf Hand und Auge fehlt in Swedenborgs Exzerpt.

[66] Vgl. DESCARTES, De passionibus, I,10, in PhN 214; De homine VI, (wie oben Seite 341, Anm. 10), Nr. 26, in PhN 328. Zur historischen Einordnung der Physiologie Descartes', der den *spiritus animalis* als Vermittler zwischen den Seelenvermögen und dem Körper betrachtete, vgl. ROTHSCHUH, 1969, 11–27.

[67] Vgl. De passionibus, I,42, in PhN 84.

[68] Vgl. MALEBRANCHE, De inquirenda veritate, Lib. II. I.II.I, in PhN 213.

[69] Vgl. BILFINGER, Harmonia, §§ 24–26, in PhN 190.

[70] Vgl. BRAUN bei BILFINGER, Harmonia, 297, in PhN 363.

[71] Vgl. WOLFF, Psychologia rationalis, § 601, in PhN 201.

[72] De spiritu (bei du Val Bd. 2, 174–185), Kap. I und V, in PhN 213. Im Gegensatz zur *Theologie des Aristoteles* waren Zweifel an der aristotelischen Verfasserschaft hier nicht aus einem Vorwort zu entnehmen. Abraham P. Bos hat kürzlich in einer eindrucksvollen Studie die auf Alexander von Aphrodisias zurückgehende und in der Philosophiegeschichte vor allem von Werner Jaeger vertretene Nichtauthentizitätsthese bestritten und sich wohlbegründet für die ‚Aristotelizität' von *De spiritu* ausgesprochen. Vgl. auch Kap. 2.3.3., d).

von Descartes und Malebranche vertretene Zurückweisung des Aristoteles scheint er dabei aus eklektischem Interesse schlichtweg ignoriert oder übersehen zu haben.[73]

Dass die Lebensgeister oder ein *fluidum spirituosum* nicht mit der Seele selbst identifiziert werden könnten, eine Annahme, zu der Swedenborg zeitweilig tendiert hatte, schrieb Swedenborg allerdings aus Malebranche heraus: Unter Seele könne man sowohl eine Substanz, die denkt, empfindet und will, als auch die Bewegung des Blutes und die Konfiguration der Körperteile oder das Blut selbst oder die Lebensgeister verstehen. Denjenigen, die eine organische Definition der Seele vornehmen, könne man die Unsterblichkeit der Seele gewiss nicht erklären.[74] Es korrespondiert Swedenborgs Beharren auf den Lebensgeistern als Transmittern zwischen *anima, mens/animus* und Körper, dass er von der Organizität der Seele, die er wenigstens bis 1740 behauptet hatte, wieder abrückte und sie bei den *spiritus animales* beließ. Er schloss sich damit Augustin an, der in *De genesi ad litteram* angemerkt hatte, dass Tertullian die Seele nur deshalb als körperlich angesehen habe, weil er sie nicht unkörperlich denken konnte, denn er fürchtete, sie sonst für nichts zu erachten.[75]

Wenn der Mensch bei Swedenborg ein mit Leib bekleideter Geist war[76] und wenn nicht die Seele, sondern die Lebensgeister als subtilstes Blut in den drei Kammern des Großhirns[77] eine materiell-organische Qualität hatten, was war die Seele dann? Die Auffassung vom Menschen als Seele hatte sich Swedenborg zwar schon aus Augustin herausgeschrieben, der Genesis 2,7 auslegte: der Mensch wurde eine lebendige Seele *(anima viva)*;[78] auch Tournemine beruft sich auf Augustin, wie Swedenborg weiß: „l'homme est une âme, qui a un corps".[79] Und in der *Theologie des Aristoteles* hatte er die Bestätigung gefunden, dass die Seele die Form des Körpers sei und in ihm das Bild des sinnlich erkennbaren Menschen erst geformt habe. Sie sei aber schon ein Mensch gewesen, bevor sie

---

[73] Malebranches Entwicklung vom Priester zum anti-aristotelischen Philosophen wurde offenbar von DESCARTES' *De homine* inspiriert, eine Begebenheit, die auch von Hegel kolportiert worden ist, vgl. ECKHOLT, Vernunft, 91 f.; JONSSON, 2004, 137, 308.

[74] Vgl. MALEBRANCHE, De inquirenda veritate, Lib. VI,II,VII, in PhN 287. In Lib. I,XII (PhN 305) teilte Malebranche heftige Schelte gegen die vielen Philosophen aus, die die Seele für den feinsten Teil des Körpers hielten.

[75] De genesi ad litteram, Lib X,25, in PhN 20. Vgl. FRANZ RÜSCHE: Das Seelenpneuma. Seine Entwicklung von der Hauchseele zur Geistseele; ein Beitrag zur Geschichte der antiken Pneumalehre. Paderborn 1933, 59 f., 82.

[76] AC 3342 („homo est spiritus corpore amictus"). Nach AC 4659 wohnt der Geist nicht im Körper. Er ist im ganzen Körper als die reinere Substanz des Körpers in seinen Bewegungs- und in seinen Sinnenorganen. Der Leib ist das ihm angefügte Materielle, angepasst der Welt, in der er sich befindet. Vgl. Kap. 3.3.4., d).

[77] Die drei Kammern des Großhirns sind Behälter der Lebensgeister und der Lymphen des Gehirns (vgl. Coniug 315).

[78] De anima et ejus origine, Lib. II,II, in PhN 162. Swedenborg merkte dazu an, dass hier ein Unterschied zwischen *spiritus* und *anima* zu machen sei. Augustin wandte sich in diesem Abschnitt gegen spitzfindige Debatten darüber, ob der Geist nun Bestandteil der Seele sei oder nicht.

[79] Nach dem Referat Bilfingers und unter Bezugnahme auf AUGUSTIN, De civitate Dei, Lib. XIX,III, in PhN 191.

mit dem Körper verbunden wurde und ihn nach der Ähnlichkeit mit dem wahren Menschen formte.[80] Dies hatte er mit dem 2. Korintherbrief 4,16 und anderen Bibelstellen ergänzt, in denen zwischen einem äußeren und einem inneren Menschen unterschieden wird, dessen „substantia" im Himmel auf höherer Ebene erhalten bleibe.[81]

Den wesentlichen Anstoß und eine Augustin und die Bibel komplettierende Sicht dürfte er jedoch den zeitgenössischen Autoren entnommen haben, die vor allem mit dem Begriff der Substanz und ihren apriorischen Mutmaßungen über die Substantialität der Seele Eindruck auf Swedenborg machten. Aus Wolffs *Psychologia rationalis* notierte er neben anderen Stellen die Thesen der Paragraphen, in denen die menschliche Seele als Geist, als Substanz, Gott aber als vollkommenster Geist bezeichnet wird. Die Seele sei zwar von Gott unendlich entfernt und im Gegensatz zu ihm begrenzt, aber zugleich unzerstörbar – außer durch Annihilation, und sie besitze Erinnerung, Verstand, Willen und potentiell auch Weisheit.[82] Sie bewahre nicht nur ihre unsterbliche Personalität, sondern verbleibe auch nach dem Tod im Zustand distinkter Perzeptionen, ja diese Perzeptionen würden eine höhere Klarheit besitzen. Ihr Zustand sei vor und nach dem Tod miteinander verbunden.[83] Sie sei sich ihrer Kontinuität als *individuum morale* vor und nach dem Tod bewusst.[84] Wolffs durchstrukturiert rationalistische Seele-Geist-Lehre bestätigt die Beobachtung, dass Geister nach 1700 nicht mehr vor-

---

[80] Lib. XIV,IV, in PhN 260f.

[81] Allein 2Kor 4,16 findet sich dreimal in PhN 286, 427 und 429: „[…] wenn auch unser äußerer Mensch aufgerieben wird, so wird doch der innere Tag für Tag erneuert." Vgl. auch Hebr 10,34 in ebd.: „[…] dass ihr in euch selbst einen besseren und bleibenderen Besitz in den Himmeln habt". Swedenborg übernimmt die Übersetzung von Theodor Beza: eine mächtigere und bleibendere *substantia*. Sowie Röm 2,28f., in PhN 461: die äußerliche und die innerliche Beschneidung; und Röm 7,15–19.22, in PhN 286 (der Widerstreit des inneren gegen den äußeren Menschen).

[82] Auszüge aus WOLFF, Psychologia rationalis, in PhN 374–376: §643: „Per Spiritum intelligimus substantiam intellectu & voluntate libera praeditam." §645: „Anima humana spiritus est." §646: „Spiritus perfectissimus est, qui intellectu perfectissimo & voluntate perfectissima gaudet." §656: „Anima humana a spiritu perfectissimo infinito intervallo distat, seu eidem incomparabile." §657: „Spiritus itaque anima humana diverso gradu perfectiores possibiles sunt." §658: „Omnis spiritus substantia simplex est." §659: „Spiritus quoque perfectissimus […] substantia simplex est." §669f.: „Spiritus itaque omnis incorruptibilis est […], nisi per annihilationem." §675: „Spiritus memoria gaudent." §693: „Spiritus sapientiae capax est." §694: „Nullus spiritus limitatus perfectissimus esse potest." §695: „Omnis spiritus limitatus finitus est."

[83] Auszüge aus WOLFF, Psychologia rationalis, in PhN 272f.: §744: „Anima a morte corporis superstes est semperque manet." §745: „Anima post mortem corporis manet in statu perceptionem distinctorum & perceptiones ad majorem claritatis gradum evehuntur." §746: „Anima post mortem corporis memoriam sui conservat." §747: „Anima immortalis est." §748: „Status animae post mortem cum statu vitae praesentis connexus est." §738: „[S]i anima immortalis esse debet, necesse est ut post mortem corporis superstes sit, nec unquam intereat."

[84] Auszüge aus WOLFF, Psychologia rationalis, in PhN 272: §742: „[A]nima immortalis post mortem idem individuum morale permanere debet, seu statum personalitas conservet opus est." §741 (PhN 229): „Persona dicitur ens, quod memoriam sui conservat, hoc est, meminit, se esse idem illud ens, quod ante in hoc vel isto fuit statu. Dicitur etiam Individuum morale."

rangig aus der Theologie, sondern aus der Medizin und aus der Psychologie begründet wurden,[85] zu deren ersten Mitgestaltern eben Wolff mit seiner *Psychologia empirica* und *Psychologia rationalis* gehörte.

Die Unsterblichkeit einer mit Gedächtnis ausgestatteten personellen Seele vertrat natürlich schon die *Theologie des Aristoteles*, allerdings mit dem wesentlichen Unterschied, dass dieses Theorem mit der Weltseelen-Figur und dem von
Gott stammenden *intellectus* verbunden war. Swedenborg notierte:

> „Wenn die Seele *(animus)* vom *intellectus* herabfährt in diese Welt, dann besitzt sie in der
> Betrachtung der Dinge als Ergänzung zur *intelligentia* Gedächtnis, aber ohne Erinnerung
> an Höheres, sonst würde sie nicht herabkommen. Aber sie erinnert sich Niederem. Wenn
> sie daher auffährt zum Himmel, behält sie nur die Erinnerung von jenem [...]. Es ist klar,
> dass die Seele sich durch die Erinnerung mit der Vorstellung eines edleren oder unedleren
> Dings verbinden kann."[86]

Aus einem Leibniz-Brief vermerkte sich Swedenborg, die Seele sei nicht Teil,
sondern Abbild *(simulacrum)* der Gottheit, ein *repraesentativum* der Welt, ein
Bürger der „göttlichen Monarchie". Durch Gott gehe weder eine einfache Substanz noch eine Person in der Welt verloren.[87] Und aus den Cogitata zu den
Leibniz-Briefen entnahm er die These, unser Geist *(mens)* werde nach Beendi-
gung seiner körperlichen Funktionen leidend gegenüber einem gewissen höheren
Geist.[88] Mit dem Ende der physischen Verbindung zwischen Seele und Körper,
so las es Swedenborg bei Bilfinger, ende nicht die metaphysische Beziehung; und
er strich sich diese Stelle besonders an.[89] Auch aus Descartes notierte er, die Seele
trenne sich nach dem Tod vollständig vom Körper,[90] aufgrund der Allmacht Gottes könnten der Geist ohne Körper und der Körper ohne Geist existieren. Beide
Substanzen seien real verschieden und könnten voneinander unabhängig existieren.[91] Aus den Axiomata des Herausgebers der Platon-Ausgabe schrieb er sich
heraus, dass der Mensch nach dem Tod nicht vergehe, weil seine unsterbliche Seele überlebe, die als der wahre Mensch verstanden werden müsse.[92] Und Augustin
hatte im Unterschied zum Tier nur dem Menschen eine substantielle Seele zugeschrieben, die nach dem Tod des Körpers fortbesteht und ihre Sinne und Ausstat-
tungen, ja auch ihr *rationale* außerhalb des Körpers beibehält.[93]

---

[85] Vgl. WOLFGANG NEUBER: Die Theologie der Geister in der frühen Neuzeit. In: MO-
RITZ BASSLER, BETTINA GRUBER, MARTINA WAGNER-EGELHAAF (Hgg.): Gespenster. Erscheinungen – Medien – Theorien. Würzburg 2005, 25–37, hier: 34.

[86] Lib. II,VI, in PhN 183 [Übers. FS].

[87] Leibniz an Michael Gottlieb Hansch, 25.7.1707 (Briefausgabe, wie oben Seite 341,
Anm. 7, Bd. 3, 66–70, in PhN 278 [Übers. FS].

[88] Vgl. LEIBNIZ, Briefausgabe, (wie oben Seite 341, Anm. 7), Bd. 3, 269f., in PhN 302.

[89] Vgl. BILFINGER, Harmonia, § 128, in PhN 350 = Codex 36, 165.

[90] Vgl. De passionibus I,xxx, in PhN 418.

[91] Vgl. DESCARTES, Meditationes, (wie oben Seite 341, Anm. 11), Rationes Dei, 4. Satz der
Axiome, 2. Erwiderung, in PhN 417.

[92] Vgl. Leges XII, (vgl. oben Seite 342, Anm. 17), Ethica, 939, in PhN 269.

[93] De definitionibus fidei sive ecclesiasticis dogmatis, Konspekt aus Kap. XI–XXI, in PhN
16 f. An dieser Stelle unterscheidet Augustin nur zwischen Körper und Seele und lehnt eine
dritte Kraft im Körper, wie etwa den Geist, ab. Die Seele selbst ist der Geist. Die dritte Kraft
hingegen ist die Gnade des Heiligen Geistes.

Was für einen Leib aber soll die Seele besitzen, wenn sie nicht mehr an den Körper gebunden ist? Sie bleibt bei Swedenborg personelle Substanz und ist weder immateriell noch materiell im Sinne ihres irdischen Körpers. Substantialität wird als Mittelweg zwischen Materialismus und Idealismus gedacht.[94] Im natürlichen Leben ist die Seele in Swedenborgs Lehre mit einem materiellen Leib bekleidet, nach dem Tod des Körpers mit einem substantiellen. Der innere Mensch lebt weiter. Doch schon in ihrer irdischen Existenz steht die Seele in ununterbrochener Verbindung mit der Geisterwelt, ohne sich dessen bewusst zu sein. Nach dem Tod besitzt sie Erinnerung wie bei Wolff und bei Leibniz, von denen Swedenborg zahlreiche Stellen über die *repraesentatio mundi* jeder Seelenmonade übernimmt, ohne deren Begriff der Monade bzw. der einfachen Substanz zu teilen.[95]

In der Frage des *commercium corporis et animae* wandte sich Swedenborg von der prästabilierten Harmonie bei Leibniz und Wolff zunehmend ab und kritisierte die Anwendung mathematischer Methoden auf das Verhältnis zwischen Körper und Seele. Er vermutete, dass dem Modell von Leibniz die Prinzipien der Integral- und Differentialrechnung zugrunde lägen, und verwarf die Möglichkeit, ein aus der reinen Analyse gewonnenes Argument auf reale Entitäten zu übertragen.[96] Demgegenüber erschien er mit seiner empirisch orientierten Anwendung hirnphysiologischer Untersuchungen eher als „militanter Modernist".[97] Ein Grund für seine Distanzierung von Leibniz lag darin, dass er dynamischer von einem dauerhaften geistigen Einfließen göttlicher Lebenskraft in die Seele und nicht von einer einmal festgelegten Harmonie ausging.

Eine zweite Intention ist darauf zurückzuführen, dass er im Zuge seiner Hinwendung zum Neuplatonismus eine Schöpfung aus dem Nichts, wie sie etwa Wolff vertrat, abweisen musste, wenn er zugleich den kontinuierlichen Zusammenhang zwischen Gott und Schöpfung stärker machen wollte, als er ihm in der

---

[94] Vgl. u. a. Kap. 3.3.2., e); 3.3.3., a); 3.4.2., b) u. ö.

[95] Leibniz' Darlegungen über die Monaden entnahm Swedenborg einem Brief an Dangicourt, 11.9.1716, Briefausgabe, (wie oben Seite 341, Anm. 7), Bd. 3, 284, in PhN 321 f., sowie: Tentamina III, Nr. 396, in PhN 149. In AC 5084 bezeichnete er die Vorstellung, dass es einfache Substanzen, Monaden oder Atome gebe, als Sinnestäuschung des natürlichen Menschen. Aus Com 17 wird deutlich, dass er den Wolffschen Substanzbegriff unter anderem deshalb ablehnte, weil dieser annahm, dass die Teilung bei Teilung in Nichts zerfalle. Eine *creatio ex nihilo* ist für Swedenborg (nach 1745!) ebenso wie ein leerer Raum unvorstellbar, vgl. auch VCR 76. Zur Abwendung Swedenborgs von Wolff an diesem Punkt vgl. NEMITZ, 1999, 513, 516 f. In der Geisterwelt räumt Wolff ein, er habe mit seiner Behauptung einer Schöpfung aus dem Nichts nur die Theologen gewinnen wollen. Vgl. ebd., 524. Daneben findet sich bei Swedenborg (Com 15) der Gedanke, man dürfe das Denkvermögen nicht auf Monaden, Atome oder Substanzen zurückführen, sondern müsse es im Rahmen seiner Zweck-Ursache-Wirkung-Lehre verorten.

[96] Vgl. The Soul and the Harmony between Soul and Body (1742, posthum veröffentlicht), in: Psychological Transactions and Other Posthumous Tracts 1734–1744, hg. und übers. von ALFRED ACTON. 2. Aufl. Bryn Athyn 1984, 47.

[97] JONSSON, 1969, 179 f., betont vor allem Swedenborgs Bemühen, im Rahmen des Neo-Leibnizianismus der 1730er Jahre einerseits die „abstruse Rhetorik" des Harmonie-Modells durch hirnphysiologische Beweise zu ersetzen. Andererseits ging ihm die Übertragung des newtonschen *calculus fluxionum* auf die Seele-Körper-Thematik zu weit, auch wenn er das Systemdenken Leibniz' und Wolffs nicht grundsätzlich abgelehnt habe.

Figur eines Weltarchitekten oder eines nur am Anfang schöpferisch tätigen Gottes erschien. Diese Richtungsänderung schlug sich in mehreren philosophisch-theologischen Topoi nieder. Einige von ihnen sollen nun als Beispiele ausgeführt werden, um den Gesamtzusammenhang zu verdeutlichen und die gravierenden Konsequenzen herauszuarbeiten, die Swedenborgs Erklärung des *commercium* mit sich brachte.

4.2.3. Präformation und Präexistenz

Swedenborg behielt zwar einen modifizierten Traduzianismus bei, nach dem die Seele in einem *animalculum spermaticum* des männlichen Samens als organisches Korpuskel enthalten ist und bei der Befruchtung in den Mutterleib gelangt. Die Seele wird über den Vater transportiert, der Körper stammt von der Mutter.[98] Damit schloss er sich nicht nur Aristoteles und Platon an, die er im Codex 36 an den betreffenden Stellen ausführlich exzerpiert hatte.[99] Auch Christian Wolff vertrat diese an Anthony van Leeuwenhoeks *animalculum spermaticum* anknüpfende Auffassung:

„Die Seele präexistiert in präexistenten organischen Korpuskeln, aus denen der Fötus im Uterus gebildet wird. [...] Es scheint, dass die Seelen zusammen mit den organischen Korpuskeln, die die Rudimente des Fötus enthalten, in den Mutterleib gebracht werden. [...] Während die Seele in präexistenten organischen Korpuskeln präexistiert, die die Rudimente des Fötus enthalten, oder wenn es so scheint: im *animalculum spermaticum*, ist sie in einem Zustand verworrener Perzeptionen. [...] Im Zustand der Präexistenz mangelt es der Seele an Tätigkeiten des Verstandes und am Gebrauch der Vernunft. [...] Während der Fötus im Mutterleib gebildet wird, geht die Seele von einem Zustand verworrener Perzeptionen zu einem Zustand deutlicher Perzeptionen über."[100]

In Swedenborgs modalistisch akzentuierte Christologie passte sich dieser Ansatz insofern gut ein, als Christus nach dem Leib als Sohn der Maria, nach dem Inneren und der Seele aber als Gott selbst gelten konnte – Maria ist dadurch „Theotokos".[101]

---

[98] Vgl. VCR 103; AC 2005, 4963. Zu den Kollisionen dieses Traduzianismus mit Swedenborgs Ansicht, der Leib werde von der Seele gebaut, vgl. Kap., 3.3.4., e).

[99] Das Prinzip der Bewegung, das der Mann durch die Erzeugung besitzt, ist göttlich, aber die Frau ist die Materie, vgl. ARISTOTELES, *De generatione animalium*, Lib. II, I (Bd. 3, wie oben Seite 342, Anm. 18), in PhN 173. Die Idee oder Form hat die *relatio* vom Vater, die Materie von der Mutter, vgl. PLATON: De anima mundi (Timaios Locrus, wahrscheinlich pseudoplatonisch), wie oben Seite 342, Anm. 17, Bd. III, 94, in PhN 244.

[100] „Animae praeexistunt in corpusculis organicis praeexistentibus, ex quibus foetus in utero formatur. [...] [A]nimas cum corpusculus organicis, quae foetus rudimenta continent, in uterum matris deferri patet. [...] Dum anima in corpusculo organico praeexistente, quod foetus rudimenta continet, aut, si ita videtur, in animalculo spermatico praeexistit, in statu perceptionum confusarum est. [...] In statu praeexistente anima caret operationibus intellectus & usu rationis. [...] Dum foetus in utero formatur, anima e statu perceptionum confusarum in statum distinctarum transfertur." WOLFF, Psychologia rationalis, §§704–706, 709, 710, in PhN 270f. [Übers. FS].

[101] Vgl. Kap. 3.3.6., c).

Jedoch lehnte Swedenborg die von Wolff[102] behauptete Schöpfung, auch der Seele, aus dem Nichts ab, die er in seiner vorvisionären Phase noch selbst vertreten hatte. Der neuplatonisch gewandelte Swedenborg sah die Schöpfung aus Liebe und nicht aus Nichts erschaffen, eine Entwicklung, die sich bereits in seinem während der visionären Krise herausgegebenen Schöpfungsepos *De cultu et amore Dei* niederschlug.[103] Damit ging Swedenborg mit dem modaltheoretisch konzipierten Rationalismus der Aufklärungsphilosophie konform, für den eine *creatio ex nihilo* „wegen der Strukturgleichheit der göttlichen Prädikate mit dem Wesen der Welt und der Natur der Vernunft nicht denkbar" war.[104] Ebenso wandte er sich im Interesse eines kontinuierlichen göttlichen Einflusses in die Schöpfung *qua anima* gegen die Präformierung der Seele mit dem Körper schon bei der Schöpfung. Eine solche Ansicht hatte er bei Leibniz gelesen, der sich wie Malebranche, Bayle und andere auf die in der Mikroskopie erzielten Forschungsergebnisse Anthony van Leeuwenhoeks bezog:

„Ich meine daher, dass die Seelen, die eines Tages menschliche Seelen werden sollen sowie auch die der übrigen Gattungen der Geschöpfe, im Samen und in den Vorfahren bis zu Adam enthalten waren und somit seit Anfang der Dinge immer in einer Art von organischem Körper bestanden haben."[105]

---

[102] WOLFF, Psychologia rationalis, §697f., in PhN 270: „Die Schöpfung wird gewöhnlich als Hervorbringung aus dem Nichts oder aus einem nicht Präexistierenden definiert. [...] Wenn die menschliche Seele einen Ursprung hat, kann sie diesen Ursprung nur durch Erschaffung haben." [Übers. FS.] Nach §663f. in PhN 375 muss ein gegenüber dem notwendigen und vollkommenen Geist nur „kontingenter Geist", also auch die menschliche Seele, „notwendig durch eine einfache Substanz aus Nichts hervorgebracht" worden sein, und dieser Ursprung sei augenblicklich *(instantaneus)*, vgl. §§663f. (in PhN 375). Allerdings kann eine „deutliche Vorstellung" des Ursprungs eines zufälligen Geistes nicht „gebildet" (formari) werden (§665).

[103] JONSSON, 2004, 118, 140, 177, sieht in Swedenborgs Wandel zur neuplatonischen Emanationslehre seinen Bruch mit der *creatio ex nihilo* begründet, der in den letzten Szenen von *De cultu et amore Dei* bereits aufscheint und für eine innere Kollision des Schöpfungsdramas sorgt. Swedenborgs Insistieren auf der Schöpfung der Welt aus Gottes Wesen und nicht aus Nichts lässt sein System deshalb nicht als Pantheismus, sondern als Panentheismus erscheinen, weil die Welt sich in Graden und vom Höchsten zum Tiefsten und von Gott zur Materie aufbaut und dadurch eine Wesensgleichheit ausgeschlossen ist, vgl. auch KIRVEN, 1983, 88.

[104] SCHMIDT-BIGGEMANN, 1988, 22. Der hallesche Philosoph Johann Christian Förster schrieb 1761: „Gott hat den vollkommensten Verstand, den vollkommensten Willen und die größte Macht: darum hat er, ehe er eine Welt erschuf, die beste gewust, die beste gewolt und die beste wirklich machen können. [...]. Es ist eine Welt: folglich die beste. Es ist eine Welt: folglich die am genauesten mit den göttlichen Eigenschaften übereinstimt." JOHANN CHRISTIAN FÖRSTER: Philosophische Abhandlung über die Wunderwerke. Halle 1761, 9.

[105] LEIBNIZ, Tentamina I, (wie oben Seite 341, Anm. 7), Nr. 91, in PhN 281 [Übers. nach Herring]. Vgl. auch ebd., Nr. 90, in PhN 280: „Ich meine nämlich, daß die Seelen und die einfachen Substanzen überhaupt nur durch Schöpfung entstehen und nur durch Vernichtung vergehen können. [...] Deshalb muß angenommen werden, dass derselbe Körper vor der Zeugung bereits geordnet, d. i. belebt war und dieselbe Seele hatte." Der von Swedenborg nicht exzerpierte Satz lautet: „und da die Bildung der beseelten organischen Körper in der Ordnung der Natur nur dann erklärbar erscheint, wenn man eine bereits organische *Präformation* annimmt, so schließe ich daraus, daß das, was wir Zeugung eines Tieres nennen, nur eine Transformation und Vermehrung ist." [Hervorhebung im Original].

Indem sich Swedenborg von dieser Präformationslehre abwandte, vollzog er auch eine Wende gegenüber der Ansicht, die er noch kurz vor seinen Visionen in *De cultu et amore Dei* vertreten hatte, dass alles Leben bei Beginn der Schöpfung in Eiern oder Samen angelegt sei. In seinen theologischen Werken hielt er dies für eine Sinnestäuschung. Bäume und Blumen, aber auch menschliche Seelen, haben im Sinne eines einmaligen Schöpfungsaktes nicht dadurch ihr Dasein und Bestehen *(existentia et subsistentia)*, dass in ihre Samen von Beginn an die Eigenschaft gelegt ist, Bäume, Blumen und Seelen zu werden. Dies gewährleistet allein der fortwährende Einfluss der geistigen Welt *(mundus spiritualis)*, die wiederum nur durch göttlichen Einfluss besteht.[106]

Die evolutionäre Entwicklung auch der Materie geschieht nicht aufgrund ihrer eigenen Potenz. Swedenborgs Vitalismus verdankt sich allein dem göttlichen Leben. Gleichzeitig widersprach eine an die Leibnizsche Monadologie angelehnte Präformationslehre, nach der die Monade bzw. hier: das Ei die gesamte Zukunft des Lebewesens in sich trägt und keine Änderung dieses prästabilierten Planes möglich ist, Swedenborgs Wertschätzung der menschlichen Willensfreiheit und seiner Auffassung von der göttlichen Providenz.[107]

Mit dieser Kritik stand Swedenborg ganz und gar nicht allein: Leonhard Euler, einer der vehementesten Kritiker des Monadenbegriffs, der die Vergabe des 1. Preises der Preußischen Akademie der Wissenschaften auf das Jahr 1747 an den Antimonadisten Johann Heinrich Gottlob Justi maßgeblich beeinflusste, sah in der Leibniz-Wolffschen Monadologie und „Pneumato-Kosmologie" die Reduktion des Menschen auf eine Maschine und damit die „Beseitigung der Basis der Moralität". Dem setzte Euler eine cartesische Sicht entgegen und hielt an der Möglichkeit der Wirksamkeit der Seele auf den Körper fest.[108] Wie bei Swedenborg war die Kritik an der mangelnden menschlichen Freiheit auch bei Euler ein Ausgangspunkt für die Kritik am Leibniz-Wolffianismus.

In der Frage der Präexistenz hielt sich Swedenborg entgegen den weitreichenderen Überlegungen bei Leibniz mit Spekulationen dezidiert zurück. Dabei stimmte er nicht nur mit anderen zeitgenössischen Forschern wie etwa dem bekannten Mediziner Albrecht von Haller[109] überein, er folgte auch der epistemo-

---

[106] Vgl. AC 5084. Der wiedergeborene Mensch wurzelt zwar ebenso wie ein Baum in einem Samen, jedoch ist darin nicht sein Bestehen *(subsistentia)* festgelegt. Vielmehr handelt es sich bei der Fortpflanzung *(propagatio)* um eine fortdauernde *existentia* und eine fortdauernde Schöpfung *(perpetua creatio)* durch göttlichen Einfluss. Leibniz wird hier von Swedenborg allerdings nicht erwähnt. Vgl. AC 5115 f.; sowie VCR 32).

[107] Vgl. BERGQUIST, 2005, 139, 151.

[108] Vgl. CLARK, 1999, 443; nun zur Preisfragen-Debatte HANNS-PETER NEUMANN: „Den Monaden das Garaus machen". Leonhard Euler und die Monadisten. In: WLADIMIR VELMINSKI und HORST BREDEKAMP (Hgg.): Mathesis & Graphé. Leonhard Euler und die Entfaltung der Wissenssysteme. Berlin 2010, 121–156. Neumann macht am Ende seiner Studie die cartesisch-dualistisch motivierte Kritik Eulers am tendenziell „materialistischen Spiritualismus" und Hylozoismus, nämlich an der unzureichenden Trennung zwischen Geist und Materie, Gott und Welt sowie an der Subsumierung von geistigen und körperlichen Entitäten unter den einen Monadenbegriff in der Leibniz-Wolffschen Philosophie als Hauptimpetus Eulers aus. Vgl. auch HARNACK, 1900, Bd. 1, 402 f.

[109] Von Haller wird beispielsweise von Johann August Unzer, der sich gegen die Theorie

logischen Zurückhaltung bereits Augustins, der in *De genesi ad litteram* verschiedene Thesen über die Herkunft der Seele erwog. Eine Schöpfung der Seelen aus Nichts[110] oder aus einem präexistenten Stoff hielt er auf der anderen Seite für kaum einsehbar. Zugleich gestand Augustin seine Ratlosigkeit hinsichtlich der Beschreibung derjenigen „geistigen Materie" *(spiritalis materies)* ein, aus der die Seelen durch den göttlichen Atem entstanden sein könnten. Denn diese Materie müsse von Gott selbst unterschieden werden, weil Seele und Gott nicht als ein und dieselbe Substanz betrachtet werden könnten. Entweder, resümierte Augustin, seien alle diese Positionen „falsch" oder der Gegenstand sei schlichtweg „überaus verborgen" *(nimis latet)*.[111] Noch deutlicher fällt der Befund in der Schrift *De spiritu et anima* aus, die für sich ja die Verfasserschaft Augustins reklamierte:

> „Wenn nämlich Gott sie [die Seele] aus sich selbst gemacht hätte, wäre sie auf keine Weise mangelhaft, veränderlich oder unglücklich. Hätte er sie aber aus den Elementen gemacht, wäre sie körperlich. Weil sie aber unkörperlich ist und einen unbekannten Ursprung hat, hat sie einen Anfang, aber kein Ende."[112]

Die Unsterblichkeit der Seele, ihre Verbundenheit, aber zugleich strikte Getrenntheit von Gott und die spekulative Zurückhaltung hinsichtlich ihrer Präexistenz – das sind wesentliche Elemente, die Swedenborg mit Augustin und dem ihm an dieser Stelle folgenden pseudo-augustinischen Traktat teilte. Hinsichtlich ihrer Propagation vertrat Swedenborg – wenn auch nicht widerspruchsfrei – die zeitgenössisch häufig angenommene organische Weitergabe der Seele, ohne sich auf Diskussionen über deren erste Herkunft einzulassen.

4.2.4. *Creatio continua*

Swedenborgs Auffassung des Zusammenhangs zwischen Gott und Schöpfung, die er in seiner theologischen Phase vertrat, entspricht auf den ersten Blick einem Text von Leibniz aus der *Theodizee*: Alles Wirkliche hänge in seinem Sein und seinem Handeln von Gottes Verstand und Willen ab, und alle Dinge seien von Gott nicht nur frei geschaffen, sondern würden auch von ihm erhalten. Diese fortdauernde Schöpfung könne mit einem Lichtstrahl verglichen werden, der an-

---

vom präexistenten und postmortalen Seelenschlaf wendet, sich unter Berufung auf van Leeuwenhoek ausdrücklich für die Präexistenz von Leib und einer – „materialischen" – Seele ausspricht, zur Unterstützung seiner epistemologischen Zurückhaltung mit dem Satz zitiert: „Was unser Geist gewest, eh ihn ein Leib bekleidet / Das soll ich nicht verstehn." Vgl. UNZER, 1766, 105–111, hier: 105.

[110] An anderer Stelle äußerte sich Augustin allerdings abweichend: Wenn die Seele nicht aus einem vor ihm existierenden Ding gemacht worden sei, dann „zweifellos aus Nichts", aber von Gott selbst. Vgl. De anima et ejus origine I,4 in PhN 27.

[111] Vgl. De genesi ad litteram, Lib. VII,ii,vii, in PhN 17f. [hier unrichtige Stellenangabe].

[112] „Si enim ex semetipso eam Deus fecisset, nequaquam vitiosa aut mutabilis aut misera esset. Si autem ex elementis facta fuisset, esset corporea: cum sit incorporea, ignotam habens originem, initium habet, finem non habet." De spiritu et anima, Kap. XXIV, in PhN 23f. [Übers. FS].

dauernd aus der Sonne hervorgeht, „wenn auch die Geschöpfe sich weder aus Gottes Wesen noch mit Notwendigkeit erhalten".[113] Damit hatte Leibniz offenbar ein explizit neuplatonisches, übergangsloses Emanieren Gottes in die Schöpfung und eine pantheistische Wesensgleichheit zwischen Gott und Welt zugleich vermeiden wollen. Swedenborgs *creatio continua* stimmt mit Leibniz an dem Punkt überein, dass er als Medien zwischen Gott und Schöpfung den göttlichen Verstand und den göttlichen Willen ansieht, die als Weisheit und Liebe spezifiziert sind.[114]

Allerdings ergänzte er deutlicher als Leibniz, dass es das gesamte göttliche Leben ist, das in die Schöpfung und auf diese Weise in jede menschliche Seele einfließt.[115] Zugleich trennte er aber die natürliche Welt von Gott bei der ersten Schöpfung: Gott hat seine Unendlichkeit durch endliche Substanzen abgegrenzt, die er aus seinem Wesen ausgehen ließ. Aus diesen Substanzen entstand zunächst die Geisterwelt und dann auch die natürliche Welt durch Abstufung und Verendlichung.[116] Bereits in seiner naturphilosophischen Phase hatte Swedenborg diese Schöpfungsauffassung vertreten, ausgehend vom mathematisch-metaphysischen Punkt als erstem Erschaffenen, der Substanzwert besitzt und die Schwelle zwischen Endlichkeit und Unendlichkeit darstellt. Die Denkfigur des *punctum naturale* weist Swedenborg in seinen theologischen Werken zwar zurück,[117] allerdings lässt er seine konstabilierte Harmonie weiterhin bestehen, da die Natur in Serien und Graden durchgehend determiniert ist. Gleichzeitig wird der *mundus naturalis* als vollständige Entsprechung des *mundus spiritualis* gesehen, in dem alle Dinge genauso durchgehend determiniert sind. Die einzig lebensspendende Kraft, ohne die alles Materielle sofort zu Staub zerfallen würde, stammt aber aus Gott, der mit dieser Kraft in der Welt, aber zugleich auch außerhalb der Welt und keinesfalls mit ihr identisch ist oder auch nur vergleichbar wäre.[118]

Die Differenz zwischen Schöpfung und Welt, die das zitierte Leibniz-Exzerpt zur Vermeidung eines expliziten Emanationssystems in den Bereich der Schöpfungserhaltung verlegt, vollzieht sich bei Swedenborg im Grunde bereits im göttlichen Wesen, dessen kreative Eigenschaften im Vergleich mit ihm nur Endliches hervorbringen können. Nach Swedenborgs Lehre geschieht die Erhaltung der Welt durch den permanenten und nicht einmaligen göttlichen *influxus* in endliche Aufnahmegefäße *(receptaculi)*. Der Mechanismus der Welt funktioniert nur durch ununterbrochene Belebung. Damit wird wie bei Leibniz ein spinozistisches oder pantheistisches System zu vermeiden versucht, im Gegensatz zu ihm aber kein neuplatonisches Emanationssystem.

---

[113] Vgl. LEIBNIZ, Tentamina, Causa Dei, Nr. 9, in PhN 253 [Übers. nach Herring].
[114] Verstand und Willen des Menschen sind die Aufnahmegefäße für die göttliche Liebe und Weisheit, vgl. VCR 362.
[115] Vgl. VCR 364. Gott ist selbst das Leben, er kann es nicht erschaffen, vgl. VCR 470 f.
[116] Vgl. VCR 33.
[117] Vgl. Kap. 3.3.3., a).
[118] Vgl. u. a. Kap. 3.3.4., b).

4.2.5. Gott und Seele

So wie Gott und Schöpfung streng voneinander geschieden, durch den dauerhaften Einfluss des göttlichen Lebens zugleich aber auch miteinander verbunden sind, besteht auch zwischen der Seele und dem belebenden Geist Gottes sowohl ein Unterschied als auch eine Ähnlichkeit. Die Differenz zwischen Seele und Geist Gottes hatte Swedenborg unter anderem aus der *Theologie des Aristoteles*[119] und aus Grotius,[120] aber vor allem aus Augustin herausgeschrieben, bei dem die Seele erst durch den Hauch Gottes zu leben beginnt.[121] Diese Autoren ergänzte Swedenborg durch Bibelstellen über den Geist Gottes, *spiritus* oder *aura vitalis*, als belebendes Prinzip.[122]

Nicht die Seele ist lebendig, so spitzte es Swedenborg in seinen theologischen Schriften zu, sondern Gott ist das Leben, das in die Seele einfließt. Damit schloss er sich Malebranche an, der im Gegensatz zu Descartes Gott nicht nur für den Eingreifenden, sondern für die Dauerquelle des Lebens hielt und einen ursächlich göttlichen, nicht seelischen Einfluss in den Körper behauptete.[123] Sowohl für Swedenborg als auch für Malebranche dürfte die Lektüre von *De spiritu et anima* bedeutungsvoll gewesen sein: „Das Leben des Körpers ist die Seele, das Leben der Seele ist Gott. Die Seele ist unsterblich, weil sie ohne Fleisch ist."[124] Von einem Okkasionalismus cartesischer Lesart kann also keine Rede sein, denn der Geist Gottes fließt beständig in die Seele ein, ohne ihn würde jedes Leben sofort aufhören. Ohne die Seele stirbt der Körper, ohne Gott würde die Seele sterben.[125]

---

[119] Vgl. Notiz Swedenborgs, in PhN 180. Das Höchste oder der Geist Gottes heiße in der *Theologie des Aristoteles intellectus*, die Seele demgegenüber *animus*. An die Stelle des *animus* tritt in Swedenborgs umgekehrter Reihung die *anima*.

[120] Vgl. GROTIUS, De veritate, I,16, in PhN 249. Grotius stellt dort mehrere Zeugnisse „heidnischer" Völker und vor allem griechischer Autoren zusammen, die die Übereinstimmung der in Genesis überlieferten Schöpfungsgeschichte mit den Traditionen der Völker belegen sollen. In diesem Zusammenhang verweist er auf Vergil und (summarisch) auf die Griechen, die glaubten, dass Gott allen Kreaturen das Leben durch seinen Geist eingehaucht habe. Den Vergil betreffenden Vermerk notierte sich Swedenborg separat noch einmal in PhN 377.

[121] Vgl. oben Seite 351, Anm. 78. Zu Swedenborgs willkürlichem Umgang mit den Exzerpten aus Augustin vgl. JONSSON, 2004, 140–142.

[122] Vgl. PhN 484 f.: u. a. Gen 2,7; 4,17; 7,15.22; Ex 15,8, 2Sam 22,16; 1Kön 17,21; Thr 4,20; Bar 2,17; Ez 35,9 f. Bei diesen Stellen übernimmt Swedenborg aus den ihm vorliegenden Bibelübersetzungen (vgl. oben Seite 342 f., Anm. 20) die Bezeichnung des göttlichen Atems als *spiritus* oder *aura vitalis*. Vgl. auch Bibelstellen in PhN 422–426.

[123] Vgl. BERGQUIST, 2005, 134; LAMM, 1922, 305 f. Lamm befindet sich aber im Irrtum, wenn er meint, Malebranche beschwöre mit seinem „metaphysischen Okkasionialismus" theologische Probleme, weil Gott für alle Irrtümer verantwortlich sei, wenn er direkt in die Seele einfließt. Bei Malebranche ist die Sinnlichkeit Quelle der Irrtümer (und der Sünde), denen die Seele in der Folge des *commercium* ausgesetzt ist. Zugleich ist diese Sinnlichkeit, wenigstens im Spätwerk Malebranches, wiederum okkasionaler Grund für den Aufstieg der Seele zu Gott durch Konversion. Damit wird der göttliche Schöpfungsplan erfüllt, der in der Vergeistigung des einmal leiblich Gewordenen besteht. Vgl. EHRENBERG, Malebranche, 9, 12, 20, 175–180.

[124] De spiritu et anima, Kap. XLIII, in PhN 24: „Vita corporis anima est, vita animae Deus est. Immortalis est anima, quia carne caret." [Übers. FS].

[125] Der innere kann ohne den äußeren Menschen bestehen, nicht aber umgekehrt. Nichts

4.2.6. Sünde und Freiheit

Mit der Annahme, dass das göttliche Leben selbst in die Seele einfließt, musste das im zeitgenössischen Diskurs hochbrisante Thema der Herkunft des Bösen und der Sünde virulent werden. Der Existenz des Bösen als einer gegenüber Gott eigenständigen Macht gewährte Swedenborg in seiner visionären Phase ebenso wenig Raum wie einer gleichsam genetisch vererbten Erbsünde, die zur Substanz des Menschen gehört. Das Böse wird durch die Taten der Eltern als Neigung, nicht als Substanz im Sinne der Erbsünde weitergegeben und erscheint bei Swedenborg als habituale und als aktuale Sünde, als „Erbböses" *(malum hereditarium)* oder „Hang zum Bösen" *(inclinatio ad mala)* und der aus freier Entscheidung tatsächlichen Sünde.[126]

Im Codex 36 hatte er sich Leibniz' Sündenverständnis aus der *Theodizee* herausgeschrieben, der ebenfalls eine „habituale" und eine „aktuale" Sünde als „abgeleitete Sünde" von der Erbsünde unterschied. Aktuale Sünden sind innere oder äußeren Handlungen, Taten oder Unterlassungen. Die habituale Sünde besteht aus „gewohnheitsmäßig" schlechten Handlungen und fügt der „Verderbtheit" des Menschen, die Leibniz genauso wie Swedenborg[127] voraussetzt, noch „einige Schlechtigkeit" hinzu. Erbsünde besitzt demgegenüber bei Leibniz eher die Qualität einer Potenz. Er spricht von der Kraft *(vis)*, den Menschen „im Natürlichen schwach und im Geistigen vor der Wiedergeburt zu Toten zu machen", wenn der Verstand auf das Sinnliche und der Wille auf das Fleischliche ausgerichtet ist. Die Menschheit ist durch diese Macht des *peccatum originale* aber nicht der „allumfassenden Güte Gottes" entfremdet.[128] Das Verständnis der Erbsünde als menschlicher Substanz, die zu einer völligen Verworfenheit der Menschheit führen würde, die nur durch Christi Erlösungstat und deren Zurechnung zum Heil des Sünders verhindert werden könnte, wird bei Leibniz und bei Swedenborg abgewiesen. Bei beiden steht dem die Betonung der menschlichen Freiheit und ein Gottesverständnis entgegen, das eine solch schroffe Bestimmung des Bösen in der guten Schöpfungsordnung nicht zulässt.

Wo Leibniz Sünde als „habitual" bezeichnet, setzt Swedenborg, auch wenn er den Ausdruck „habitual" nicht verwendet, das Erbböse, das in einem „Hang" besteht, der durch die Gewohnheit der Eltern übertragen wird. Das „wirkliche" Böse nennt er ebenfalls *malum actuale*. Wenn Leibniz die Erbsünde dennoch gelegentlich als angeborene Beschaffenheit, als Subjekt der Substanz bezeichnet, so scheint er doch damit die Fähigkeit zum Bösen zu meinen, nicht ein Bösesein, das *per se* und ohne eigene Schuld vorliegen würde. Swedenborg notierte sich eine

---

kann aus sich selbst heraus existieren, sondern nur aus einem anderen. Alles besteht durch den Einfluss des Herrn (vgl. AC 6055f.). Die Seele ist das eigentliche Leben des Menschen. Sie hat ihren Ursprung in der göttlichen Liebe. Alles Lebendige hat dort seinen Ursprung (vgl. AC 1436). Die Organe, Fasern und Nerven des Menschen verdanken ihre Fähigkeiten bis hin zum Denken der „vita a Domino influens in illam" (AC 3347).

[126] Vgl. Kap. 3.3.5., c) und d).
[127] Vgl. Kap. 3.3.5., b).
[128] LEIBNIZ, Tentamina, Causa Dei, Nr. 86, 91–93, in PhN 390f.

solche Stelle aus einem Brief Leibniz' an einen ungenannten Freund, um dann ein
Zitat aus der *Theodizee* anzuschließen, nach dem das „Formale des Bösen" keine
wirkende Ursache besitze, sondern dieses eben in der Privation bestehe.[129]

Demgegenüber besitzt das Böse bei Swedenborg auch seine Quelle in der differenzierten Aufnahme Gottes nicht nur in der lebenden Schöpfung, sondern
analog sogar bis hin zur Materie, denn allem Geschaffenen hat Gott Freiheit verliehen, das Gute aufzunehmen oder das Böse zu praktizieren und auf diese Weise
das Gute in Böses zu verkehren. Schon die Form der aufnehmenden Substanz
ermöglicht die Verwandlung des Guten in Böses.[130] Dass das Böse auch in der
unbeseelten Welt vorhanden sei, notierte sich Swedenborg ebenfalls aus der
Theodizee, wo Leibniz die Ansicht Platons (nach Plutarch) und mancher Stoiker
referierte, in der Materie befinde sich eine böswillige Seele oder Kraft, die sich
gegen Gott auflehne; auch Johannes Kepler habe der Materie wenigstens eine
Art Unvollkommenheit zugeschrieben.[131] Von einem Schöpfungsdualismus ist
Swedenborg aber weit entfernt. Dass er Freiheit und Böses durch die Schöpfung
bis in die anorganische Natur in einer gewissen Analogie fortschreiten sah, dürfte
seiner Serien-Grade-und Korrespondenzlehre zu verdanken sein, nach der die gesamte Welt durch reale, den geistigen und natürlichen Bereich umfassende Determinationen miteinander verbunden war. Auch die Freiheit und das ausschließlich
aus ihr entspringende Böse schließt Swedenborg in diese Determinationsketten
ein.

Die andere, aus Swedenborgs Geisterweltlehre resultierende Quelle des Bösen
ist eine Folge der natürlichen Welt: Böse Seelen-Geister, die ihre gottabgewandte
Gesinnung postmortal in die Hölle geführt hat, wirken in die natürliche Welt zurück.[132] Selbst Krankheiten besitzen in Swedenborgs Universum ihre geistigen
Entsprechungen und „Wirkursachen" in der Hölle und nicht, wie er ausdrücklich
betont, im Himmel, im *maximus homo* oder gar in Gott.[133] Da die Hölle ausschließlich von Menschenseelen bewohnt ist, die sich selbstverschuldet dorthin
gebracht haben, sind sogar Krankheiten Spätfolgen der menschlichen Freiheit
zum Bösen. Hierfür lässt sich in den Exzerpten des Codex 36 allerdings keine
Entsprechung finden.

Ohne sich ihm gänzlich anzuschließen, ließ sich Swedenborg bei der Bestimmung des Verhältnisses zwischen dem Bösen und der menschlichen Freiheit von
Leibniz inspirieren. Das Böse ist in der *Theodizee* kein eigenes Prinzip, kein
principium maleficum, es stammt nicht aus Gott und geht nicht auf ein „*primum
figidum* noch [auf] ein Prinzip der Finsternis" zurück, sondern besteht in „Privation", Mangel an Gutem. Es kommt darin nur als „Begleiterscheinung vor wie
die Wirkkraft bei der Kälte," die – diesen Nebensatz exzerpierte Swedenborg
nicht – durch „Verminderung einer Bewegung" entsteht, nicht als Gegenprin-

---

[129] Vgl. LEIBNIZ, Briefausgabe, wie oben Seite 341, Anm. 7, Bd. 3, 98 f., in PhN 315; Tentamina I, Nr. 20, in PhN 315 [Übers. nach Herring].
[130] Vgl. Kap. 3.3.5., a).
[131] Vgl. LEIBNIZ, Tentamina III, Nr. 379 f., in PhN 389.
[132] Vgl. Kap. 3.3.5., d).
[133] Vgl. AC 5711 f.

zip.[134] Innerhalb des universalen Schöpfungsplans sieht Leibniz das Böse aber als notwendig an, um den guten Endzweck innerhalb der besten aller Welten zu erreichen.[135]

So wie das Böse bei Leibniz für das Schöpfungsziel nicht als Zweck oder Mittel, sondern nur als Bedingung von Gott wenigstens zugelassen wird,[136] lässt es Gott auch bei Swedenborg zu, dass der Mensch aus Freiheit Böses tut.[137] Dabei scheint der freie Wille aber ein stärkeres Gewicht als bei Leibniz zu haben, um das Böse ganz aus Gottes Wesen herauszuhalten.

Der untere Teil der Seele, der *animus*,[138] ist bei Swedenborg zusammen mit dem Körper der Sinnenwelt ausgesetzt, deren Einfließen die Gefahr der Abwendung von Gott mit sich bringt. Im freien Willen hat das Böse seine eigentliche Wurzel. Der Mensch besitzt infolge seiner Verbindung zwischen Körper und Seele die Möglichkeit, zwischen Gottesliebe auf der einen und Selbst- oder Weltliebe auf der anderen Seite zu wählen.[139] Auch Malebranche betrachtet die menschliche Liebe *per se* als gut; zur Sünde führt sie nur, wenn sie nicht in Gott als höchstem Gut ihren Gegenstand hat, sondern in einem falschen Gut.[140] *Mens* und *animus*, die sich zwischen dem Körper und der Seele *anima* befinden, obliegt bei Swedenborg die Entscheidung zwischen Weltliebe und Gottesliebe. Entsprechend der Neigung, die sie entwickeln, qualifizieren sie auch die *anima*, die postmortal neben der Erinnerung auch die Neigungen des irdischen Menschen bewahrt. Auf diese Weise existieren gute und böse Geister in Swedenborgs Geisterwelt. Die Wahl des *amor regnans*, der herrschenden Liebe entweder zu Gott, zum Selbst oder zur Welt, bleibt aber Sache des freien Willens. Wenn der *amor regnans* sich für die Gottesliebe geöffnet hat und der Mensch wiedergeboren ist, dann geschieht ein ungehinderter *influxus* von göttlicher Liebe und Weisheit, der das menschliche Selbst gewissermaßen mit dem göttlichen Willen gleichschaltet und gegenüber der Möglichkeit eines *amor mundi* oder *sui* immunisiert.

In Leibniz *Theodizee* hätte Swedenborg einen Hinweis auf die „hebräischen Kabbalisten" lesen können: „*Malcuth*", die letzte der zehn Sephiroth, bedeute,

---

[134] Vgl. LEIBNIZ, Tentamina II, Nr. 153, in PhN 385, vgl. auch Tentamina I, Nr. 20, in PhN 315 [Übers. nach Herring]. Auch in der Philosophie Malebranches besteht das Böse nur in einem Mangel an Gutem. Deshalb heißt, das Böse zu meiden, den Mangel an Gutem zu meiden und sich dem Guten zuzuwenden, vgl. MALEBRANCHE, De inquirenda veritate, Explicatio ad Lib. I, in PhN 393.

[135] Nach Tentamina III, Nr. 335, in PhN 387, hat Gott das Böse zugelassen, „weil es in dem besten Plan enthalten ist, der sich in der Region des Möglichen findet und den die höchste Weisheit erwählen mußte". [Übers. nach Herring].

[136] LEIBNIZ, Tentamina III, Nr. 336, in PhN 388. Die in diesem Abschnitt der *Theodizee* folgende Auseinandersetzung Leibniz' mit Spinoza, dessen Reich Gottes nichts anderers als die Herrschaft einer blinden Notwendigkeit sei und dessen Gott keinen Verstand und keinen Willen besitze, ist enthalten in: PhN 372.

[137] Vgl. AC 10777 f., sowie Kap. 3.3.5., h).

[138] Kurz vor Beginn seiner theologisch-visionären Arbeit betrachtete Swedenborg den *animus* sogar noch als Vertreter des Weltfürsten, also eines in Gottes Schöpfungsplan enthaltenen bösen Prinzips. Vgl. JONSSON, 2004, 183. In seiner visionären Phase nahm Swedenborg Abstand von dieser Figur.

[139] Vgl. Kap. 3.3.4., h).

[140] Vgl. MALEBRANCHE, De inquirenda veritate, Explicatio ad Lib. I, in PhN 392.

„daß Gott völlig unwiderstehlich, aber sanft und ohne Gewalt regiere, so daß der Mensch seinem eigenen Willen zu folgen glaubt, während er den Willen Gottes ausführt". Swedenborg notierte sich ausgerechnet diesen Gedanken nicht, sondern exzerpierte die folgenden Ausführungen über Adams Sünde, der die Malcuth abgerissen und sich eine „von Gott unabhängige Freiheit" angeeignet habe; durch den Sündenfall wisse Adam um seine Erlösungsbedürftigkeit durch den Messias.[141] Swedenborgs System kennt zwar keine Sephiroth und keinen auf Adam zurückgehenden Sündenfall, seine mit der Geisterwelt verbundene Lehre von der Erlösung trägt zweifellos einen eigenen Akzent. Aber auffällig ist immerhin, dass in der beim Wiedergeborenen wiederhergestellten göttlichen Ordnung auch bei Swedenborg der menschliche Wille mit dem göttlichen so identisch ist, dass der Mensch aus sich selbst heraus nichts Gutes und Wahres bewirken kann, sondern lediglich so tun soll, als ob es aus ihm käme.[142] Ein kabbalistisches Segment wäre Swedenborg, falls er sich an dieser Stelle anregen ließ, über Leibniz vermittelt worden.

Allerdings notierte sich Swedenborg aus Malebranche einen ähnlichen Gedanken: Die Sünde sei lediglich ein durch die Sinne bewirkter Irrtum, der von Gott wegführe und nicht von ihm verursacht werde. Wenn „wir" also nicht sündigen, „tun wir alles, was Gott in uns wirkt." Im Falle der Sünde „tun wir überhaupt nichts, sondern wir lieben ein anderes besonderes Gut". Wenn das Böse nichts anderes bedeute als Mangel an Gutem, ja wenn die Sünde im Gegenüber zu Gott geradezu „Nichts" sei, dann gehe es darum, diesen Mangel an Gutem zu meiden, das heißt: sich dem Guten zuzuwenden.[143] Malebranche begreift Sünde hier noch stärker als Swedenborg als einen Akt des Irrtums, der durch die Sinne bewirkt wird. Es scheint, dass Abkehr von der Sünde in diesem Sinne ein Akt des Verstandes sei, nämlich einen Irrtum zu begreifen. Swedenborg legt demgegenüber ein stärkeres Gewicht auf den Willen als die treibende Kraft.[144] In beiden Fällen läuft Sündlosigkeit aber wie in dem erwähnten Kabbala-Zitat bei Leibniz darauf hinaus, dass der göttliche Wille den menschlichen Willen bestimmt und der Mensch gewissermaßen seine Freiheit verloren hat, wobei es auch bei Malebranche darum geht, dass sich sowohl der Verstand als auch der Wille des Menschen der göttlichen Vernunft oder Ordnung unterwerfen und der Mensch freiwillig auf seine Freiheit verzichtet.[145]

Hinsichtlich des menschlichen Vermögens, sich aufgrund seiner Willensfreiheit vom Bösen zu befreien, wusste Swedenborg um Leibniz' Kritiker, die in dessen System zwischen der göttlichen Providenz oder Notwendigkeit und der menschlichen Freiheit eine Kollision erkannten. François Lamy (1636–1711) hatte eingewandt, dass Leibniz durch den Ausschluss aller Zufälligkeit und durch die starke Gewichtung der Notwendigkeit die Freiheit geradezu unmöglich ma-

---

[141] Vgl. LEIBNIZ, Tentamina III, Nr. 372, in PhN 160 [Übers. nach Herring].

[142] Vgl. Kap. 3.3.5., k).

[143] Vgl. MALEBRANCHE, De inquirenda veritate, Explicatio ad Lib. I, in PhN 392. [Übers. FS]. Vgl. auch EHRENBERG, Malebranche, 36 f.

[144] Vgl. Kap. 3.3.4., g).

[145] Vgl. EHRENBERG, Malebranche, 67 f., 152.

che. Jeder Folgezustand werde von dem vorhergehenden so abgeleitet, dass nichts ohne zureichenden Grund geschehe, und der Freiheit ausschließende Mechanismus, der im Körperlichen wirke, werde auf die Seele übertragen, wenn Leibniz davon ausgehe, dass sie ähnlichen Gesetzen folge.[146]

Solche Kollisionen sind auch bei Swedenborg auffindbar. Sie haben hier aber eine ganz andere Wurzel, die gleichsam durch eine ‚himmlische‘ Einsicht gewonnen wird. Die Freiheit, die der göttlichen Ordnung entspricht, wird in Swedenborgs Geisterweltlehre durch das Gleichgewicht zwischen den Geistern in Himmel und Hölle gewährleistet. Wenn es schwierig erscheint, in einer durchgehend determinierten Natur, deren Gesetze auch für die Seele gelten sollen, Freiheit zu behaupten, dann, so könnte man schließen, ist nur eine übersinnliche Begründung möglich. Wenn Swedenborg zu diesem Zweck auf das *aequilibrium* der Geister zurückgreift, das er mit der göttlichen Ordnung ineinssetzt, scheint er auf die unbefriedigend gelöste Frage des Verhältnisses zwischen Freiheit und Notwendigkeit bei Leibniz geantwortet zu haben. Allerdings bleibt Freiheit auch bei Swedenborg doppelt relativ: Der Mensch besitzt sie erstens nicht aus sich selbst heraus, sondern aufgrund eines von seiner Person unabhängigen Einflusses. Und zweitens kann sich der Mensch auch bei Swedenborg nicht selbst aus seiner völligen ‚Verderbtheit‘ befreien, denn seine Wiedergeburt wird durch den Herrn bewirkt. Ordnung, Freiheit und ein soteriologischer ‚Rest‘ kollidieren auch bei Swedenborg, wenn er daran festhält, dass ohne Freiheit niemand wiedergeboren werden könne.[147] Selbst das eigentliche soteriologische Ziel der Inkarnation und Verherrlichung des Herrn bestand in der Aufrechterhaltung der menschlichen Freiheit als der Voraussetzung für seine Erlösung.[148]

Wie nun lassen sich Freiheit und die Existenz des Bösen mit der göttlichen Vorherbestimmung vereinbaren, wenn bei Swedenborg doch jeder Mensch dazu bestimmt ist, Engel zu werden, aber nicht gegen seinen Willen dazu gezwungen werden kann? Was las Swedenborg bei seinen Autoren?

4.2.7. Prädestination?

Auch in dieser Frage ließ sich Swedenborg von Leibniz offensichtlich inspirieren. Seine scharfe Ablehnung der calvinistischen Lehre von der doppelten Prädestination in supralapsarischer Ausprägung ist neben der lutherischen Rechtfertigungslehre wohl einer der auffälligsten Punkte, an denen er sich von Lehrmeinungen der protestantischen Konfessionen abgrenzte.[149] Die entsprechenden Quellen dürfte er aus seinen Leibniz-Exzerpten erhalten haben, allerdings ging er mit ihnen recht undifferenziert um. So lehnt Swedenborg in seinen Bezugnahmen auf die Synode von Dordrecht summarisch alle Prädestinatianer ab, obwohl er sich

---

[146] Diese Einwände entnahm Swedenborg BILFINGER, Harmonia, 189, in PhN 157. Lamy hatte seine Kritik an Leibniz vorgetragen in: De la connaissance de soi-même. Paris 1700.
[147] Vgl. insgesamt Kap. 3.3.5.
[148] Vgl. Kap. 3.3.6., d).
[149] Vgl. Kap. 3.3.5., g).

aus der *Theodizee* Leibniz' sorgfältige Unterscheidung der Supralapsarier von den für eher augustinisch gehaltenen Infralapsariern herausgeschrieben hatte.[150] Die Vorstellung einer Prädestination ist für Swedenborg insgesamt ausgeschlossen, denn durch sie sah er nicht nur den freien Willen in Gefahr, er befürchtete als Konsequenz entweder Naturalismus und Atheismus oder ein tyrannisches Gottesbild. Nicht die Vorherbestimmung *(praedestinatio)*, sondern die göttliche Vorsehung *(providentia)* hat das ewige Heil des Menschen zum Ziel. Er kennt also nur eine Bestimmung zum Heil und nicht zur Verdammnis, denn letztere würde die menschliche Willensfreiheit einschränken und zudem seinem Gottesbild widersprechen. Swedenborg sammelte auch eine Reihe von Bibelstellen, die das zu bestätigen schienen, so etwa der 1. Timotheusbrief 2,4: „Gott will, dass alle Menschen errettet werden und zur Erkenntnis der Wahrheit kommen."[151]

Die göttliche Vorsehung betrifft gemäß der göttlichen Ordnung alle allgemeinen und einzelnen Dinge.[152] Scheinbar knüpfte Swedenborg mit seinem Votum für eine *providentia*, nicht *praedestinatio specialis* an den Herausgeber seiner Platon-Ausgabe, Johannes Serranus an, der meinte, die *Providenz* betreffe „alle Dinge im Allgemeinen und jedes einzelne Ding im Besonderen," nicht die kleinste Angelegenheit entkomme ihr. Wenn die Providenz Gottes geleugnet werde, werde Gott selbst geleugnet.[153] Und auch Grotius hatte das Wissen, nicht die Vorherbestimmung Gottes auf alle einzelnen Dinge bezogen. Allerdings war er einen Schritt weitergegangen und hatte dafür votiert, dass Gott, dessen Wissen sich auf die kleinsten Dinge beziehe, dieselben wohl zu einem festgelegten, nicht nur speziellen, sondern auch allgemeinen Zweck regele.[154] Bei Grotius wird demnach die *providentia specialis* mit einer *praedestinatio generalis* verbunden.

Swedenborg hielt sich mit einer solchen Gleichsetzung offenbar auch deshalb zurück, weil er Prädestination im Sinne der calvinistischen Theologie mit göttlichen Beschlüssen über das Heil oder die Verdammnis des Einzelnen konnotierte,

---

[150] Vgl. Leibniz, Tentamina I, Nr. 82, in PhN 123 f.: „Nach den *Supralapsariern* geht der Beschluss zu strafen der Kenntniss von dem späteren Dasein der Sünde voraus. Die heute unter den sogenannten Reformierten am meisten verbreitete und in der Synode zu Dordrecht bevorzugte Ansicht ist jedoch die der *Infralapsarier*; die etwa mit der Anschauung des heiligen Augustinus übereinstimmt, derzufolge Gott, nachdem er aus gerechten, aber verborgenen Gründen beschlossen hatte, die Sünde Adams [und die Verderbniss des Menschengeschlechtes] zuzulassen, durch seine Barmherzigkeit bestimmt wurde, einige aus der verderbten Masse auszuwählen, damit sie ohne ihr Zutun durch das Verdienst Jesu Christi gerettet würden, während seine Gerechtigkeit ihn zu dem Beschluß bestimmte, die übrigen mit der Verdammniss zu bestrafen, die sie verdienten." [Übers. nach Herring, Hervorhebung bei Leibniz]. Die eckigen Klammern bezeichnen die nicht exzerpierte Stelle. Satz 1 entspricht nicht genau dem Original, sondern ist Swedenborgs Zusammenfassung. Weitere Auszüge aus Tentamina I zu diesem Thema in PhN 121–130.

[151] Vgl. diese Stelle und z. B. Eph 1,4 f.; Röm 8,29 f. in PhN 135 f.

[152] Nicht nur das Allgemeine, auch die einzelnen Dinge – hier: des Menschenlebens – sind in die göttliche Vorsehung einbezogen. Vgl. AC 10774 f.

[153] Leges X,884 (in Bd. 2, wie oben Seite 342, Anm. 17), Dialoge, Axiomata von Johannes Serranus (Hg.), 10,16–18, in PhN 119 f.

[154] Vgl. Grotius, De veritate, I,xi, in PhN 120. „Quod si & illa cognoscit Deus, quidni & curet, praesertim cum & singula, qua singula sunt, ordinentur ad finem certum tum peculiarem, tum universalem […]."

ob nun supra- oder infralapsarisch. Er hält das Zukünftige aber dennoch nicht nur für vorausgesehen, sondern auch für vorgesehen,[155] eine weitreichende Ausdehnung, die sich bewusst gegen die Auffassung der Sozinianer und Johann Conrad Dippels absetzte, die Swedenborg bei seinem Landsmann Rydelius fand, der sich wiederum auf Leibniz berief.[156] Für Swedenborg widerspricht die göttliche Kenntnis des Zukünftigen aber nicht dem freien Willen, denn es existiert kein *fatum*, keine absolute Notwendigkeit als menschliches Handlungskriterium, ein Gedanke, der sich wie ein Kommentar zu einem Abschnitt aus der *Theodizee* liest, den Swedenborg notiert hatte:

> „Dieses vermeintliche *fatum*, das selbst die Gottheit zwingt, ist nichts anderes als die eigentliche Natur Gottes, sein eigener Verstand, der die Regeln für seine Weisheit und seine Güte liefert: Es ist also eine glückliche Notwendigkeit, ohne die er weder gut noch weise sein würde."[157]

Wenn alle Menschen zum ewigen Leben vorherbestimmt sind, dann ist das Gute nach Swedenborg vorgesehen *(providentur)*, das Böse aber vorhergesehen *(praevidentur)*, bevor es durch den göttlichen Endzweck *(finis Divinus)* schließlich zum universalen Guten gewendet wird.[158] Die göttliche Vorsehung hat das große Ganze, das Ewige, mit Leibniz gesprochen: die beste aller möglichen Welten, im Blick, nicht die Prädestination zum moralisch Bösen oder Guten.

In einem Exzerpt aus der *Theodizee* notierte sich Swedenborg Leibniz' Unterscheidung zwischen Bestimmung *(destinatio)* und Vorherbestimmung *(praedestinatio)*: Da niemand zum moralisch Bösen bestimmt sein könne, könnten die Verworfenen als zur Verdammnis bestimmt bezeichnet werden, weil sie als unbußfertig erkannt worden sind, nicht aber als vorherbestimmt. Die Behauptung einer unbedingten Verwerfung müsste sich aber, so Leibniz, auf die „vorhergesehene letztendliche Unbußfertigkeit" stützen,[159] was wiederum mit dem freien Willen kollidieren würde. Dennoch habe Gott, so schreibt sich Swedenborg an anderer Stelle heraus, nicht nur alles freiwillig Geschehende vorausgesehen, sondern auch die übrigen Dinge geordnet, oder, „was dasselbe ist – er hat jene mögliche Welt gewählt, in der alles in dieser Weise geordnet war".[160] Er musste die Dinge aus „moralischer Notwendigkeit" so schaffen, dass es nicht besser geschehen konnte.

---

[155] Vgl. AC 6486; 10774f.; sowie Kap. 3.3.5., h).

[156] Vgl. Rydelius, 1737, 347, in: PhN 117: Dippel und die Sozinianer leugneten, dass Gott die künftigen Zufälle kenne. Sie widersprächen damit der Unendlichkeit der göttlichen Erkenntnis. Leibniz schreibe Gott hingegen diese Kenntnis zu, weil er alle Dinge prädestiniert habe. Die entsprechende Stelle, auf die sich Rydelius beziehen dürfte, kennt Swedenborg selbst: Tentamina III, Nr. 364, in PhN 127. Dippel wird bei Leibniz freilich nicht erwähnt und dürfte eine Ergänzung von Rydelius sein, der offenbar die Auseinandersetzungen mit dem Dippelianismus in Schweden vor Augen hatte. Dies ist die einzige Erwähnung Dippels im gesamten Codex 36.

[157] Vgl. Leibniz, Tentamina II, Nr. 191, in PhN 125 [Übers. nach Herring]. Leibniz' Votum gegen ein „fatum mahumetanum" und – etwas weniger schroff – gegen ein „fatum stoicum" für ein „fatum christianum" notierte Swedenborg ebenfalls, vgl. Tentamina, Vorrede, 9f., in PhN 131 [nach der Übers. von Herring, 17f.].

[158] Vgl. AC 6489; NJ 275.

[159] Vgl. Leibniz, Tentamina I, Nr. 81, in PhN 123 [Übers. nach Herring].

[160] Vgl. Leibniz, Tentamina I, Nr. 54, in PhN 121f. [Übers. nach Herring].

Denn sonst wäre er mit seinem Werk unzufrieden und würde sich „dessen Unvollkommenheit zum Vorwurf machen, was gegen die höchste Glückseligkeit der
göttlichen Natur" wäre.[161] Wie in Swedenborgs göttlichem Plan bleibt das Böse
zwar zugelassen, es wird aber strikt von der moralischen Einzelhandlung getrennt, die im Bereich des freien Willens ihren Ausgang hat. Wer aber das tut,
was er vermag, so zitiert Leibniz einen lateinischen Grundsatz als eine „ewige
Wahrheit", dem wird die nötige Gnade nicht verweigert.[162]

Leibniz' Unterscheidung zwischen Destination und Prädestination schlägt
sich gewissermaßen in Swedenborgs Differenzierung zwischen Prävision und
Provision nieder, auch wenn er nicht Leibniz' und auch nicht die Begriffe der
Konkordienformel – Prädestination und Präszienz[163] – übernahm. Gleichzeitig
behielt er die bis ins Einzelne reichende und die Zukunft umfassende, Wunder
und Zufälle ausschließende göttliche Voraussicht im Sinne der göttlichen Kenntnis der Welt bei. Damit versuchte er offenbar, der Prädestination, die seinem Gottesbild und seiner Orientierung auf die menschliche Freiheit im Wege stand, auszuweichen und der Freiheit umgekehrt Raum zu schaffen. Durch die Ineinssetzung von Freiheit, göttlicher Ordnung und Providenz versus Prävidenz hielt er
das Problem der Theodizee offenbar für gelöst. Diese Identifizierung vollzog
Swedenborg letztlich auf der Basis der Vorstellung von der besten aller möglichen
Welten. Im Gegensatz zu vielen anderen zeitgenössischen Theologen, die auch
von Leibniz aus zu einer Allversöhnungslehre gelangten, steuert Swedenborgs
geistiges Universum nicht auf eine *Apokatastasis* zu, sondern auf eine in der
menschlichen Freiheit begründete dualistische Eschatologie. Wie weiter unten
noch zu erläutern ist, führt die Verweigerung eines Teils der Menschheit gegenüber dem für alle vorgesehenen Heil in der Summe aber zur Vervollkommnung
der Menschheit insgesamt und gleichzeitig zur Aufrechterhaltung der menschlichen Freiheit als deren Voraussetzung. Mit seiner dualistischen Eschatologie
zieht Swedenborg eine für ihn unausweichliche Konsequenz aus der Basisfunk-
tion der Freiheit in seiner Lehre, die in der durch universale Providenz charakte-
risierten göttlichen Ordnung aufgeht und gewissermaßen mit ihr gleichgesetzt
wird.

4.2.8. Nochmals: das *commercium corporis et animae*

Die referierten theologisch-philosophischen Grundentscheidungen auf den Gebieten der Schöpfungslehre, der Theodizee, der Willensfreiheit, der Sünden- und
Prädestinationslehre hängen eng mit Swedenborgs Modell des *commercium cor-*

---

[161] Vgl. Leibniz, Tentamina II, Nr. 201, in PhN 125 [Übers. nach Herring].
[162] Vgl. Leibniz, Tentamina I, Nr. 95, in PhN 124.
[163] Vgl. Kap. 3.3.5., g). Aus dem Codex 36 ist nicht ersichtlich, ob Swedenborg den Unterschied zwischen Providenz und Prävidenz von anderen Autoren kannte. Möglicherweise hat
er ihn selbst entwickelt. Den Begriff der *providentia* konnte er jedenfalls in seiner Platon-
Ausgabe finden: „Gott, der die Welt geschaffen hat, regiert sie weise durch seine providentia",
Leges X,884 (in Bd. 2), Dialoge, Axiomata des Hg. Johannes Serranus, in PhN 119.

poris et animae zusammen. Hier verband er verschiedene zeitgenössische Konzeptionen miteinander, um a) anders als bei Descartes eine reale Einheit zwischen Körper und Seele zu erreichen. Zugleich wollte er b) wie Leibniz ein ständiges Eingreifen Gottes oder eine willkürliche göttliche Ordnung ausschließen, denn Descartes' „System produziert unablässig Wunder"[164]. Gott könne aber niemals beigemessen werden, dass sein Gesetz „gänzlich willkürlich" ist.[165] Wunder geschehen auch bei Swedenborg nur gemäß der Ordnung in der geistigen und natürlichen Welt, auch wirkliche Zufälle sind nicht denkbar, weil alles der göttlichen Ordnung entspricht; selbst das Böse „erscheint" in diesem Sinne nur als Zufall.[166] Und c) intendierte er im Unterschied zu Leibniz einen dauerhaften göttlichen *influxus*, der nicht nur eine Folge der prästabilierten Harmonie wäre.

Literarische Anstöße zur Verbindung dieser drei Ziele konnte Swedenborg den Autoren entnehmen, die er im Codex 36 exzerpiert hatte. So las er bei René Joseph de Tournemine, den Bilfinger ausführlich zitiert, es müsse eine reale und wirksame Einheit, keinesfalls nur eine Harmonie zwischen Geist und Körper, angenommen werden.[167] Gegen diese Behauptung hatte Leibniz seine These von einer rein metaphysischen Einheit zwischen beiden eingeworfen,[168] die für Swedenborg ein klarer Widerspruch zu seinem Ziel sein musste, gerade die Verbindung zwischen Physiologie und Psychologie, zwischen Seele und Körper, als reale Einheit darzustellen.

Malebranche scheint hingegen deutlicher auf Swedenborg gewirkt zu haben. Nach dessen Ansicht bestand nämlich – ähnlich wie bei Tournemine – eine Korrespondenz und natürliche Analogie zwischen dem Denken des Geistes und den Bewegungen der Lebensgeister.[169] Und Tournemine sprach hinsichtlich der Ein-

---

[164] BILFINGER, Harmonia, §74, in PhN 197; zitiert wird LEIBNIZ, Tentamina I, Nr. 61. Auch spätere Gedanken leiten sich, so Leibniz, nach Naturgesetzen mit eingepflanzter Kraft von früheren Perzeptionen ab und werden nicht auf wundersame Weise von Gott eingegossen, sondern durch eine Kraft der prästabilierten Harmonie durch ein Gesetz erzeugt, vgl. Brief an Hansch, 25. 7. 1707 (Briefausgabe, wie oben Seite 341, Anm. 7, Bd. 3, 66–70, in PhN 277. Die prästabilierte Harmonie vermeide Descartes' ewige Wunder und die Verwirrung der natürlichen Gesetze, vgl. BILFINGER, Harmonia, §126, in PhN 350. Im System der prästabilierten Harmonie geschähen alle Dinge natürlich; nichts geschehe durch ein Wunder, vgl. WOLFF, Psychologia rationalis, §623, in PhN 365.
[165] BILFINGER, Harmonia, §76, in PhN 217. Swedenborg schreibt diese Aussage irrtümlich Tournemine zu. Bei Bilfinger ist aber von Leibniz' Betrachtung des cartesischen Systems die Rede.
[166] Vgl. VCR 91; AC 6493. Zu Wundern und Aberglauben vgl. Kap. 3.3.5., g).
[167] Nach BILFINGER, Harmonia, Anm. zu §43, in PhN 190, votierte Tournemine für ein System, das zwischen Körper und Seele nicht nur eine *harmonia* und *conspiratio*, eine moralische oder ideale Einheit, sondern auch eine Verbindung und wesentliche Abhängigkeit, eine Einheit erlaubt, die real und wirksam ist.
[168] „Die Schulphilosophen glaubten, es gebe einen wechselseitigen physischen Einfluss zwischen Körper und Seele." „Mehrere Neuere" hätten, weil Körper und Seele sich „*toto genere*" unterschieden, erkannt, dass es keine „*physische Verbindung*" zwischen beiden gebe, obwohl immer eine „*metaphysische Verbindung*" bestehe, die ein ihnen „Zugrundeliegendes (*suppôt*) oder das bilden, was man eine *Person* nennt". LEIBNIZ, Tentamina I, Nr. 59, in PhN 372 [Übers. nach Herring, Hervorhebung bei Leibniz].
[169] MALEBRANCHE, De inquirenda veritate, Lib. II,I,V,1 f., in PhN 400 f. (dort unrichtige Stellenangabe). BILFINGER, Harmonia, Anm. zu §206 (in PhN 336 f.) zitiert Jean-Pierre de

heit zwischen Seele und Körper von „Eigentum" und „Besitz", dass nämlich die Seele den Körper besitze und der Körper zur Seele gehöre.[170] Insbesondere Malebranches Rede von Analogie und Korrespondenz zwischen Körper und Geist kam Swedenborgs Korrespondenzlehre entgegen, die er mit der Entsprechung zwischen himmlischen, geistigen und körperlichen Wahrheiten nicht nur auf das dynamische Zusammenwirken von Himmel, Geisterwelt und natürlicher Welt, sondern auch physiologisch auf das *commercium corporis et animae* übertrug.[171]

In der Dissertation von Johann Friedrich Braun, die Swedenborg bei Bilfinger las, fand Swedenborg in Ergänzung zu Tournemine und Malebranche die Behauptung eines wechselseitigen realen *commercium*, die aber nun mit der These eines *influxus* der Lebenskraft, nicht der Seele, in den Körper verbunden war. Was wäre, fragt Braun mit einer deutlichen Wendung gegen Leibniz, wenn die Harmonie zwischen Körper und Seele den *influxus* nicht nur nicht ausschließen, sondern ihn sogar erfordern würde? *Influxus* ist bei Braun allerdings die Übertragung von Leben,[172] eine Überzeugung, die Swedenborg – wie erwähnt – in dem belebenden Geist Gottes in Augustins und Malebranches Schriften bestätigt sehen konnte.

Offensichtlich von diesen Anstößen ausgehend modifizierte Swedenborg an diesem Punkt sein in der naturphilosophischen Phase entwickeltes System der *harmonia constabilita* erheblich.[173] Denn einst hatte er die konstabilierte Harmonie nur auf die natürliche Welt und auf das *commercium* bezogen, aber er war zwischen *Oeconomia* und *Regnum animale* unschlüssig, in welcher Weise die Seele hierbei zu beschreiben sei, ob nun materiell und mechanisch, aber dennoch lebendig und unsterblich, ob als Bestandteil oder gar identisch mit dem *fluidum spirituosum* als subtiler Flüssigkeit, die der *aura mundi* entstamme.

Im *Regnum animale* war er seiner Geisterweltlehre am nächsten gekommen: die Seele ist Substanz und Baumeisterin des Körpers. Anregungen für diesen Gedanken scheint er nicht nur von der psychophysischen Medizin Georg Ernst Stahls sondern auch von Aristoteles empfangen zu haben, den er bereits in der *Oeconomia* zitierte: die Seele sei Ursache und Prinzip des Körpers. Alle natürlichen Körper seien Instrumente der Seele, die das Wesen des Körpers und aus die-

---

Crousaz' *Systeme de logique* III,III, 1160, an einer von Swedenborg kopierten Stelle: Die Vereinigung von Seele und Körper im Sinne einer Gleichzeitigkeit von Denken und Bewegung („un concomitance des pensées & des mouvements") müsse weniger als Einheit („uniòn"), sondern als Korrespondenz („correspondance") angesehen werden. Auch wenn es sich bei dieser Stelle eher um eine Folgerung aus der von Leibniz behaupteten metaphysischen Einheit handeln dürfte, entsprach doch das Stichwort Korrespondenz Swedenborgs (und Malebranches) Sichtweise.

[170] TOURNEMINE nach BILFINGER, Harmonia, III, Anm. 59 zu §43 n, in PhN 191f. („Cette union est une union de proprieté, de possession.").

[171] Vgl. dazu Kap. 3.2.2.; erschöpfend: JONSSON, 1969, besonders 136–198.

[172] Er bezieht sich kurz nach der namentlichen Erwähnung von Leibniz auf das „große Argument" der Gegner seines Systems, dass der Geist nicht auf den Körper wirke, und macht dagegen geltend, dass nicht nur Geister, sondern auch Engel und Gott selbst auf Körper zu wirken vermögen. BRAUN bei BILFINGER, Harmonia, 279–281, 290–292, 298–304, in PhN 362–364.

[173] Vgl. dazu Kap. 2.4.1., a), cc).

sem Grund dessen Ursache sei.[174] Swedenborg modifizierte diesen Ansatz nun, indem er die Herkunft der Entelechie oder der aktiven Kraft der Seele, die zur Erbauung des Körpers führt, verschob.

Denn nun tritt an die Stelle der *aura mundi* oder der Selbstbewegungskraft der Seele das aus Gott stammende Leben selbst, das ununterbrochen in den *mundus spiritualis* und in den *mundus naturalis* einfließt. Dass die substantielle Seele mit dem Körper „konstabiliert" sein musste, war für ihn bereits klar, aber jetzt verband er die Konstabiliertheit und die Behauptung realer Korrespondenzen zwischen den drei Reichen des Himmels, der Geisterwelt und der natürlichen Welt und mit einem *influxus spiritualis*, der etwas ganz anderes bedeutete als der okkasionale Eingriff Gottes zur Vermittlung zwischen Körper und Seele bei Descartes.[175]

Anregungen für diesen Kurswechsel konnte er bei Malebranche finden, der gegen Descartes der Seele selbst keine *virtus activa* beimaß, so vermerkte Swedenborg aus Bilfinger. Malebranche ging vielmehr zur ersten Ursache bei Gott zurück und schrieb allein ihm *virtus activa* zu.[176] Auch Swedenborg wird nicht müde zu betonen, dass die Seele selbst nicht lebendig ist. Der Mensch, der zwischen Gott und den Körpern geschaffen ist, so schrieb es sich Swedenborg aus Malebranche heraus, ist mit Gott „wesentlich", mit dem Körper aber „unwesentlich" verbunden. Aus der Verbindung mit Gott empfängt er Leben, Licht, Glückseligkeit. Sie ist natürlich und notwendig, seine Verbindung mit dem Körper ist gleichwohl natürlich, aber nicht notwendig. Sie ist außerdem Ursache aller Irrtümer und des menschlichen Elends.[177]

Swedenborgs Kombination aus seinen physiologischen Erkenntnissen und seiner theologisch aufgeladenen Psychologie[178] führte also dazu, dass er *anima, mens/animus* und Körper durch zwischen ihnen liegende Determinationen und

---

[174] „Iam vero anima est corporis viventis causa & principium. [...] Patet igitur eam esse ut essentia; omnibus enim essentia est, quod est causa cur sint. [...] omnia namque corpora naturalia sunt animae instrumenta [...]." ARISTOTELES, De anima, II,IV, in PhN 169; Oeconomia II, 249. Vgl. auch ARISTOTELES, De partibus animalium & earum causis, wie oben Seite 342, Anm. 18, Bd. 2, I,V, in PhN 173: „Der gesamte Körper ist wegen der Seele gebaut und seine Glieder bestehen um der Dienste und Aufgaben willen, zu denen jedes einzelne eingerichtet ist." („[...] corpus etiam totum animae gratia conditum est, & membra officiorum gratia constant, & munerum, ad quae singula accomodantur").

[175] Die Differenzen zu Descartes hat bereits Lamm betont und sich damit vor allem gegen Schlieper ausgeprochen, der Swedenborgs im Geisterwelt-Disput selbst gelegter Fährte folgte, dass Swedenborg zum cartesischen Dualismus zurückgekehrt sei. LAMM, 1922, 305; SCHLIEPER, 1901, 35.

[176] BILFINGER, Harmonia, §70, in PhN 196: [Anders als Descartes, der glaubte, dass die Quantität der Bewegung im Universum immer dieselbe ist, und der *nicht unmittelbar* zur ersten Ursache der Bewegung vorgegangen ist, aber geschlossen hat, dass die Bewegung im Körper präexistiert], „hat Malebranche mit anderen [seinen Nachfolgern – FS] die virtus activa der Seele zurückgewiesen, ist *unmittelbar* zur ersten Ursache zurückgegangen und hat seine virtus activa zu Hilfe gerufen." [Hervorhebung bei Bilfinger, eckige Klammern markieren die nicht exzerpierten Stellen, Übers. FS].

[177] MALEBRANCHE, De inquirenda veritate, Praefatio, in PhN 293; ECKHOLT, Vernunft, 296–299.

[178] Vgl. JONSSON, 2004, 166.

‚reale' Korrespondenzen biologisch-organisch aufeinander bezog,[179] das Leben des göttlichen Einflusses jedoch gleichzeitig fortwährend von der Seele bis in den Körper einfließen ließ. Die Seele ist als der innere Mensch die Wohnung Gottes.[180] Sie, die an sich tot ist, wird aber durch sein dauerhaftes Einfließen unsterblich und ist im *mundus spiritualis* beheimatet. Es wird deutlich, dass sich Swedenborgs visionärer Wandel zum Besucher eben dieser Geisterwelt während seiner eindringlichen Suche nach einer physiologisch-philosophischen Klärung des *commercium corporis et animae* vollzog. Seinen physiologisch-anatomischen Ansatz von der organischen Verortung der Seele und des Verstandes im Körper gab er dabei nicht etwa auf, sondern erweiterte ihn durch die visionär ‚verifizierte' Erkenntnis der Seele als zeitloser Substanz in einer ebenso substantiellen, nicht materiellen Körperlichkeit. Wie bei Malebranche ist das *commercium* der Seele mit dem materiellen Körper insofern „unwesentlich", als es nur vorübergehend ist. Ihren eigentlichen Ort hat die Seele in der Geisterwelt, Leben und Unsterblichkeit besitzt sie durch ihre „wesentliche" Verbindung mit Gott, ohne allerdings jemals mit ihm vereint sein zu können.

Vor der Trennung des materiellen Körpers von der substantiellen Seele ist das Verhältnis zwischen der Seele und ihren Bewusstseinsfunktionen im Körper in einer natürlichen Korrespondenz konstabiliert und nicht etwa vor der Zeit prästabiliert, aber ohne einen wechselseitigen Einfluss. Eine vollständige Harmonie zwischen beiden kann es während des irdischen Lebens allerdings nicht geben.[181]

Es liegt auf der Hand, dass Swedenborgs eigenes Konzept des *commercium corporis et animae* nicht der durch Engelshand getroffenen Entscheidung in der eingangs geschilderten Himmelsszene entsprach. Er kehrte nicht zum Okkasionalismus Descartscher Prägung zurück, sondern zu einem Cartesianer,[182] der das Problem des Verhältnisses zwischen Leib und Seele anders gelöst hatte als Descartes und der in jenem Geister-Disput wie auch in den sonstigen Schriften Swedenborgs nach 1749 nicht erwähnt wird: Nicolas Malebranche. Soweit es die

---

[179] Bereits in SWEDENBORG, Oeconomia II, 116, wird die Rindensubstanz in der Mitte oder an der äußeren Grenze der Arterien und der ersten der Hirnfibern verortet, so dass sie wie der zweigesichtige Janus fungiert, nämlich als Verbindungsglied zwischen der Unendlichkeit der Seele und der Endlichkeit des Körpers. Auf der einen Seite fließen die Arterien und das gröbere Blut, auf der anderen fließt die Seele. An seiner Psychologie hielt Swedenborg vereinfacht auch in seiner visionären Phase fest. Den Ausdruck „Korrespondenz" verstand er technischer oder auch physiologischer als Leibniz, der damit eine angeeignete oder natürliche Übereinkunft etwa zwischen einem gesprochenen Wort und einer Idee meinte. Vgl. JONSSON, 1999, 88.

[180] Die Seele ist der Mensch selbst, weil sie der innerste Mensch ist. Deshalb ist ihre Form eine gänzlich und vollkommen menschliche Form. Sie ist aber nicht das Leben, sondern das nächste Aufnahmegefäß *(receptaculum)* des Lebens von Gott und auf diese Weise Wohnung *(habitaculum)* Gottes. Vgl. VCR 697.

[181] Dieser Gedanke ist schon in der vorvisionären Schrift *De anima*, die als Gegenstück zu WOLFFS *Psychologia rationalis* konzipiert war (posthum ebenfalls als *Psychologia rationalis* erschienen), vorhanden.

[182] Zu den Differenzen und Anknüpfungspunkten zwischen Descartes und Malebranche vgl. ECKHOLT, Vernunft. Nach Eckholt handelt es sich bei Malebranche um eine „christliche Philosophie, die sich der Strukturmomente der cartesischen Philosophie bedient", selbst aber durch Vernunft, Glauben und religiöse Erfahrung strukturiert ist, vgl. ebd., 422 f.

Auswertung der von Swedenborg eigenhändig angefertigten Exzerpte zulässt, dürfte er zweifellos als eine der wichtigsten Inspirationsquellen für Swedenborgs Psychologie und zugleich als Baustein in seiner Entwicklung zum Geisterseher anzusehen sein. Wenn Swedenborgs Cartesianer in der Geisterwelt vom *influxus spiritualis* sprechen, ist damit gewiss nicht an Descartes' Modell, sondern an den geistigen Einfluss Gottes in die Seele gedacht. Swedenborgs Descartes heißt Malebranche! Wenn Johann Heinrich Campe 1780 bezweifelte, dass Swedenborg das cartesische Modell richtig verstanden hat, dann lag er damit zweifellos richtig.[183]

4.2.9. Malebranche und der Zweck der Schöpfung

Nicht nur auf dem Feld der Psychologie scheint Malebranches Intention wirksam geworden zu sein, auch seine Schöpfungslehre, die Swedenborg bei der Lektüre der sechs Bücher *Über die Wahrheit* studieren konnte, weist erstaunliche Parallelen zu Swedenborg auf. Der Mensch, den Malebranche wie Swedenborg weniger als Einheit von Geist und Körper wie Descartes, sondern als Geist versteht, ist, wie oben bereits ewähnt, „wesentlich" mit Gott und „unwesentlich" mit dem Körper vereinigt. Hierin liegt ein wesentliches, von Descartes abweichendes Prinzip der Anthropologie Malebranches. Durch den Sündenfall kam es dazu, dass der Körper über den Geist und die unwesentliche über die „wesentliche" Vereinigung dominierte, im Gegensatz zum Ursprungszustand der Schöpfung, wo es sich umgekehrt verhielt. Nur durch die „Inkarnation Gottes" wird in Malebranches Theologie diese Ordnung wiederhergestellt, er vereinigt sich „in seinem Logos mit den beiden Substanzen, aus denen das Universum besteht, mit Geist und Körper, und heiligt dadurch die ganze Natur".[184] Der Schöpfungszweck wird nur erfüllt, wenn Gott einen Körper annimmt und der Mensch am Ende seinen Körper aufgibt. Die „Inkarnation Gottes" ist sowohl Bedingung für die Schöpfung als auch für die Erfüllung der Schöpfungsabsicht.[185] Und die zweite Person der Trinität versteht Malebranche als „Ewige Weisheit" (*Sagesse Eternelle*), die im Gegensatz zur freien Schöpfung eine notwendige „Emanation der der ersten göttlichen Person ist".[186] Wie bei Swedenborg wird hier nicht von einem präexistenten Sohn als einer Person ausgegangen, sondern von *einem* Gott, der in verschiedener Weise emaniert. Trotz terminologischer Differenzen gegen-

---

[183] Dass er Malebranche dabei nicht assoziierte, könnte darin begründet sein, dass er ihn schlichtweg nicht kannte. Die Rezeptionsgeschichte der einflussreichen *Recherche de la verité* in dieser Zeit müsste noch erforscht werden. Fest steht allerdings, dass die erste und bis heute einzige vollständige deutsche Übersetzung erst 1776–1780 erschien: Von der Wahrheit, oder von der Natur des menschlichen Geistes und dem Gebrauch seiner Fähigkeiten um Irthümer in Wissenschaften zu vermeiden. 6 Bücher in 4 Bänden. Halle: Johann Christian Hendel. Vgl. auch die Besprechung der ersten drei Bände in: Allgemeine deutsche Bibliothek. 1778, 500–503. Die moderne Übersetzung von Alfred Klemmt umfasst nur Bd. 3 (Hamburg: Meiner 1968).

[184] Eckholt, Vernunft, 381.

[185] Vgl. Ehrenberg, Malebranche, 179 f., sowie 26.

[186] Ehrenberg, Malebranche, 32.

über Malebranche[187] ist diese Akzentverschiebung in der Trinitätslehre und Christologie mit Blick auf Swedenborgs späteren, freilich viel deutlicher ausgesprochenen Modalismus zu notieren, der die Personen nur als Attribute eines Gottes bezeichnet, aber strikt auf der Inkarnation des einen Gottes insistiert. Aber auch der Zweck der Inkarnation, nämlich die Wiederherstellung und Erfüllung einer gestörten Ordnung, tritt bei Malebranche deutlicher hervor als der Stellvertretungstod und die Imputationslehre. Auch hierin scheint ein wichtiger Impuls für Swedenborg gelegen zu haben.

Ziel der Schöpfung ist bei Malebranche in einem dritten Stadium, der „Konversion", die Aufhebung der Einheit von Geist und Körper und die Vergeistigung der einst mit einem Leib bekleideten Seele zur Vereinigung mit Gott in einer widerspruchsfreien Einheit.[188] Eine derartig zugespitzte *unio mystica* kennt der ‚partielle' Cartesianer Swedenborg zwar nicht. Auch die Engel der höchsten Himmel bleiben von Gott selbst getrennt, obwohl sie in einer *conjunctio* mit ihm verbunden sind.[189] Aber die Vergeistigung im Sinne einer Loslösung der substantiellen Seelen von den Körpern durch einen moralischen Qualifizierungsprozess bildet einen Grundpfeiler seiner Lehre. Die Menschheit, deren Entwicklung unendlich verläuft, ist bei Swedenborg die Pflanzschule des Himmels, und der Zweck der Schöpfung besteht in nichts anderem als in der stetigen Vervollkommnung des Himmels durch die wachsende Übereinstimmung seiner Einzelglieder mit dem Ziel einer vollkommenen Harmonie.

Diese Harmonie kann nur durch eine unendliche Mannigfaltigkeit erreicht werden, deren Ursprung im *Divinum* selbst begründet ist – ein Harmoniegedanke, den Swedenborg dem *principium identitatis indiscernibilium*[190] von Leibniz entlehnt haben dürfte, auch wenn er den spezifischen Terminus nicht übernimmt. Swedenborgs himmlische Gesellschaft besteht in einer „zusammenstimmenden und harmonischen Verschiedenheit" aller *(varietas omnium consentiens et harmonica)*, und diese Verschiedenheit ist vom Herrn so geordnet, dass sie zu einem einheitlichen Zweck hinstreben, was durch die Liebe und den Glauben an ihn geschieht.[191] Die Existenz der Hölle mit ihren selbstverschuldet dort existierenden Bewohnern ist in dieser *varietas harmonica* geradezu notwendig. Sie dient vor allem der Aufrechterhaltung der menschlichen Freiheit, die nur durch ein Gleichgewicht zwischen Himmel und Hölle sichergestellt ist. Freiheit aber ist die Voraussetzung der Wiedergeburt und damit des Himmels. Swedenborg betrachtet Freiheit als Dreh- und Angelpunkt des gesamten Schöpfungsplans und misst ihr

---

[187] Malebranche versteht den Vater als Macht, den Sohn als Ewige Weisheit oder Wahrheit, der durch Emanation aus dem Vater hervorgegangen ist, und den Geist als Liebe. Im Gegensatz zur ersten haben nur die zweite und dritte Person eine Entsprechung beim Menschen: im Verstand und Willen als den geistigen Hauptvermögen. Vgl. EHRENBERG, Malebranche, 111.

[188] Vgl. ECKHOLT, Vernunft, 52–58, 296–307; EHRENBERG, Malebranche, 13, 20, 50.

[189] Vgl. Kap. 3.4.2., d).

[190] Vgl. VCR 32. Vor allem Jonsson hat die Ableitung von Swedenborgs *varietas harmonica* aus Leibniz' *principium identitatis indiscernibilium* nachgewiesen, 2004, 119, 263; JONSSON, 1999, 86.

[191] Vgl. AC 690, sowie Kap. 3.3.7., b).

[192] Vgl. EHRENBERG, Malebranche, 66.

eine ebenso zentrale Bedeutung bei wie Malebranche, für den der Wille des Menschen sogar freier ist als Gott, denn der Mensch kann sich – haargenau wie bei Swedenborg – von Gott weg und auf die „in seinen Perzeptionen präsenten Repräsentationen der Kreaturen" hin orientieren.[192] Der Mensch vermag es aufgrund seiner Freiheit, sich dem göttlichen Heilsplan zu widersetzen, der gewissermaßen darin unfrei ist, dass er nur auf das Gute der Menschheit abzielen kann.

Endzweck *(finis)* der Schöpfung der Menschheit und der natürlichen Welt ist bei Swedenborg der Engelshimmel, wie bei Malebranche[193] also die Vergeistigung des Leiblichen oder die Loslösung des immer schon Geistigen vom Materiellen, wobei bei Swedenborg die Substanz des Materiellen erhalten bleibt und das Ziel auf diese Weise nicht in einer Vergeistigung im Sinne einer ,Immaterialisierung' besteht. Die Sünde als Ergebnis des freien Willens ist als Voraussetzung für die Erlösung und die Wiedergeburt Bestandteil des universalen Schöpfungsplans[194] und für die unendliche Mannigfaltigkeit geradezu unabdingbar. Nur durch den Menschen als Mittel *(medium uniens)* ist eine Vereinigung des Göttlichen mit der Naturwelt möglich. Das göttliche Wahre und das göttliche Gute steigen durch den Menschen zum Letzten der Natur herab und zum Göttlichen auch wieder herauf.[195] Dem Menschen wird dadurch wie bei Malebranche die Schlüsselstellung in einem kosmischen Schöpfungs- und Erlösungsprozess zuerkannt.

4.2.10. Die Geisterwelt und die Exzerpte des Codex 36

a) Voraussetzungen

Es scheint nahe zu liegen, dass Swedenborgs Vorstellung eines *mundus intelligibilis* als einer Geisterwelt, die von Engeln, Geistern und Seelen bewohnt wird, von Autoren aus dem unmittelbaren Esoterischen Corpus[196] angeregt wurde. Während Swedenborg aber deren Schriften nicht nachweisbar rezipiert hat, lenkt die Fülle des exzerpierten Materials den Blick in eine andere Richtung. Wesentliche Impulse erhielt er demnach in erster Linie von den rationalistischen Autoren. Die bei ihnen gelesenen kosmologischen Vermutungen über die intelligible Welt stellte Swedenborg neben die Aussagen aus der *Theologie des Aristoteles*, *De spiritu et anima* und entsprechende Stellen aus Platon und Augustin. Es ist

---

[193] Malebranche sieht am Ende der Schöpfung, wo Sünde und Irrtum, die auf Körperlichkeit beruhen, aufgehoben sind, ein ungeschichtliches, ewiges Stadium beginnen. Vgl. EHRENBERG, Malebranche, 28.

[194] Auch bei Malebranche ist die der Inkarnation nachgeordnete Sünde in die göttliche Ökonomie integriert. Die Ursache der Sünde liegt darin, dass der Mensch seine Urteile auf der Basis sinnlich affizierter Urteile und nicht der in Gott vorhandenen Ideen fällt. Sünde ist gewissermaßen ein durch Sinnlichkeit verursachter Irrtum, der erst am Ende der Schöpfung zusammen mit der Sünde vernichtet wird. Vgl. EHRENBERG, Malebranche, 9, 28, 30, 36 f.

[195] Vgl. AC 3702. Zu den Problemen dieser Stelle vgl. Kap. 3.3.5., k).

[196] Vgl. FAIVRE, 2001, 15–23.

kaum zu übersehen, dass die Theosophie Jakob Böhmes und andere frühneuzeitlich-neuplatonische, hermetische, dem Esoterischen Corpus zugerechnete Elemente, aber auch die Theologie Augustins, bereits in die Philosophien etwa von Leibniz und Malebranche eingegangen, dort in modifizierter Weise integriert und innerhalb des entsprechenden Rahmens weiterentwickelt worden sind. Diese Rezeptionszusammenhänge können aber nicht Gegenstand der vorliegenden Untersuchung sein.[197] Ein Blick auf die im Codex 36 angefertigten Exzerpte zeigt aber deutlich, wo Swedenborgs Geisterweltlehre anknüpfen konnte.

Der reine Verstand oder der reine Geist empfange, so Malebranche, die Idee der Wahrheit ohne irgendeine Beimischung von Sinnesempfindungen nicht aufgrund seiner Vereinigung mit dem Körper, sondern infolge seiner Vereinigung mit dem Wort oder der Weisheit Gottes; nicht weil er in der materiellen und sinnlichen Welt, sondern weil er in der „immateriellen" und „intelligiblen Welt" *(mundus intelligibilis)* existiere.[198] Diese aber sei der Ort der Geister *(locus spirituum)*, ja Gott selbst, so wie die materielle Welt der Ort der Körper ist.[199] Gott sei Schöpfer der intelligiblen und der sinnlichen Welt, mit beiden Welten sei der Mensch vereinigt.[200] Die Seele sei zwischen Gott und Körper geschaffen, aber ihre Verbindung mit Gott sei notwendig und natürlich *(necessaria et naturalis)*, die mit den Körpern hingegen zwar natürlich, aber nicht gänzlich notwendig.[201] Und die Neigungen *(inclinationes)* der Geister in der Geisterwelt *(mundus spiritualis)* entsprächen, so erwog Malebranche, wohl nichts anderem als den Bewegungen in der materiellen Welt[202] – eine Parallelisierung, die bei Swedenborg modifiziert auftaucht, wenn er die Ordnung der Geisterwelt als Folge der Neigungen der Menschenwelt ansieht. Bemerkenswert ist aber, dass Malebranche neben einem *mundus intelligibilis* auch einen *mundus spiritualis*, einen von Swedenborgs Zentralbegriffen, kennt, dass er von *inclinationes* spricht, ebenfalls ein häufig gebrauchter Terminus bei Swedenborg, und dass er raumzeitliche Veränderungen in der sinnlichen Welt in Entsprechung zu den raum- und zeitlosen Neigungen von Geistern setzt, genau wie Swedenborg.

Schließlich verknüpft Malebranche den *mundus intelligibilis* mit einer allgemeinen Vernunft *(ratio universalis)*, mit der jeder Mensch notwendig vereint ist[203] – ein Gedanke, der sich übrigens in den *Träumen eines Geistersehers* wie-

---

[197] Vgl. zu Leibniz etwa COUDERT, 1998; COUDERT, 1995; SUSANNE EDEL: Kabbala in der Theosophie Jacob Böhmes und in der Metaphysik Leibnizens. In: DIETER BREUER u. a. (Hg.): Religion und Religiosität im Zeitalter des Barock. Wiesbaden 1995. Teil 2, 845–856, DIES.: Die individuelle Substanz bei Böhme und Leibniz. Die Kabbala als tertium comparationis für eine rezeptionsgeschichtliche Untersuchung. Stuttgart 1995; sowie zu neupythagoreischen Einflüssen auf Leibniz: NEUMANN, 2008.

[198] Vgl. MALEBRANCHE, De inquirenda veritate, Lib. III,II,11, in PhN 309.

[199] Vgl. MALEBRANCHE, De inquirenda veritate, Lib. III,II,6, in PhN 308; EHRENBERG, Malebranche, 85. Swedenborg identifiziert die Geisterwelt ausdrücklich nicht mit Gott, vgl. Kap. 3.4.2., d) u. ö.

[200] Vgl. MALEBRANCHE, De inquirenda veritate, Lib. V,V, in PhN 411.

[201] Vgl. MALEBRANCHE, De inquirenda veritate, Praefatio, in PhN 293.

[202] Vgl. MALEBRANCHE, De inquirenda veritate, Lib. IV,I, in PhN 335.

[203] Vgl. MALEBRANCHE, De inquirenda veritate, Explicatio ad Lib. II, in PhN 414; EHRENBERG, Malebranche, 86, 196 Anm. 313. Malebranche betrachtet die Teilhabe an der Ver-

derfindet, wo Kant den *mundus intelligibilis* mit dem „allgemeinen menschlichen Verstande" verknüpft, der dem „Ganzen denkender Wesen eine Art Vernunfteinheit" zu verschaffen erst in der Lage ist, die wiederum mit den „sittlichen Antriebe[n]", der „Regel des allgemeinen menschlichen Willens" und dem „sittliche[n] Gefühl" konnotiert wird.[204]

Die Passagen aus der *Theologie des Aristoteles*, die Swedenborg kopierte, fußen ebenso wie Malebranches Philosophie auf dem Gedanken der intelligiblen Welt als einem belebten Gebiet *(regio vitalis)*, in dem sich alles mit einer lebendigen Bewegung bewegt,[205] und eines ersten Architekten *(primus opifex)*, der durch den *intellectus* die elementare und die intelligible Welt geschaffen hat.[206] Zu ihr, als zu ihrem Ursprung, strebt die Seele hin.

„In der höheren Welt, die intelligibel ist, ändert sich die Seele in der Tat auch nicht, denn in dieser Welt, die rein und von jeder Hülle und Konkretion getrennt ist, erfreut sie sich durch ihren eigenen *Actus*, kommuniziert in keiner Weise mit einem Körper, sie hat wahre und absolute Erkenntnis der niederen Dinge erlangt, sofern sie dort ohne ein Medium mit dem *intellectus* vereinigt wird: in dieser niederen Welt war sie mit den Sinnen verbunden gewesen. Sie ist also unsterblich und klarer gemacht worden, denn sie hängt mit dem intellectus zusammen und wird durch ihn gebildet. [Denn kann sie sterblich gedacht werden, wenn andere Substanzen von der Vernichtung nicht betroffen sind? Jene erhält nämlich diese anderen Substanzen, so wie] sie auch selbst vom intellectus erhalten wird; *der intellectus aber vom ersten Architekten aller Dinge, der durch sich selbst ist.*"[207]

Durch Liebe besteht eine lebendige Verbindung der Seele zum *mundus intelligibilis,* dem *orbis caelestis,* dessen Intelligenzen in unsere Welt beständig einfließen und „alle Dinge durch einen wechselseitigen Willen und eine lebendige Einheit" verbinden. Aus ihm stammen die „unteren Lebensprinzipien".[208] Die menschli-

---

nunft als etwas Gott und dem Menschen Gemeinsames. Sie hat für ihn eine grundlegende epistemologische Funktion. Indem der Mensch alle Dinge in Gott schaut und darin von seinem Willen abhängt, partizipiert er an der göttlichen Selbsterkenntnis. Die Ideen der Dinge werden durch den Geist in Gott selbst geschaut. Die universelle Vernunft antwortet dem Menschen als „sprachlich strukturiertes göttliches Wort" wie ein Medium zwischen Gott und Mensch.

[204] AA, Bd. II, 334f. Kant grenzt sich gleichzeitig deutlich von Swedenborgs Begriff der „Vernunft" ab und warnt vor dem Versuch, in die Geheimnisse der [von Kant in ihrer Existenz keinesfalls negierten] „andern Welt" einzudringen. Die solches anstrebten, sollten sich gedulden, „*bis sie werden dahin kommen*", ebd., 373 [Hervorhebung bei Kant]. Vgl. dazu aber Kap. 5.3.2., b).

[205] Lib. VIII,V, in PhN 43.

[206] Lib. II,V, in PhN 182f.; Lib. VIII,V, in PhN 43.

[207] „Neque vero animus in superiore mundo, qui intelligibilis est, commutabitur. Quoniam in eo purus & ab omni involucro concretioneque secretus, actu suo fruitur, nulla in re cum corpore communicans, rerumque inferiorem veram atque absolutam cognitionem est adeptus. Siquidem illic cum intellectu sine medio unitur: qui in hoc inferiore cum sensibus erat coniunctus. Immortalis igitur clariorque factus, cum intellectu cohaeret & ab eodem informatur. Qui enim ipse mortalis cogitari posset, cum aliae substantiae interitus sint expertes? Has enim ille servat, sicut & ab intellectu ipse servatur. *Intellectus autem a primo rerum omnium opifice, qui a se ipso est.*" Lib II,V in PhN 182 [Übers. FS, Hervorhebung bei Swedenborg, die eckigen Klammern enthalten eine von Swedenborg nicht exzerpierte Stelle im Original].

[208] „Amor autem alter qui ad intelligibilem mundum pertinet, omnia mutua voluntate con-

che Seele gehört zum *communis animus*, der Weltseele, und dem Prinzip jeder göttlichen und körperlichen Form, die ihre Kraft durch göttlichen Einfluss erhält.[209]

Gott ist in der *Theologie des Aristoteles*, im Gegensatz zu dem zitierten Malebranche-Exzerpt und zur Auffassung Platons,[210] jedoch selbst nicht die intelligible Welt, er schuf durch das Wort den *intellectus* und durch diesen erst intelligible Welt und *communis animus*.[211] Auch in Swedenborgs System bleibt Gott von allem Erschaffenen getrennt. Er ist völlig immateriell und fließt durch seine Liebe und Weisheit ein, die als Mediatoren an die Stelle des *intellectus* treten und zuerst den *mundus spiritualis* formen.[212]

Alles Geschaffene, auch die Engel und selbst die Tugenden, müssten – so liest es Swedenborg bei Augustin – im Vergleich mit Gott körperlich sein und als körperlich geglaubt werden, weil sie von Raum begrenzt sind. Von allem Geschaffenen ist Gott nichts näher als die Seele, aber die Seele ist kein Teil von Gott.[213] Und dennoch sei sie unsterblich, weil sie außerhalb des Fleisches existiere.[214] Swedenborg löste diese problematische Unterscheidung zwischen körperlich und unkörperlich als Attributen für alles nichtgöttliche Geschaffene so auf, dass Geister und postmortale Seelen bei ihm nicht materiell, sondern substantiell existieren, so wie die geistige lebensspendende Sonne im Gegensatz zur natürlichen Sonne substantieller Natur und selbst das Denken auf substantielle Weise ausgedehnt ist.[215]

Offenbar ließ sich Swedenborg mit dieser Sicht der Substantialität zwischen Materialität und Immaterialität nicht nur von Andreas Rüdiger,[216] sondern auch von Christian Wolffs Unterscheidung zwischen transzendenter und physischer Materie inspirieren, vermischte aber gegen Wolffs Absicht beide Bedeutungen.[217] Außerdem las Swedenborg eine Bestimmung der Seele als weder materieller noch immaterieller Körper auch bei Augustin, der die Seele einerseits nicht für einen Teil Gottes und dennoch für unkörperlich hielt, aber andererseits erwog:

„Wenn jede Substanz oder Essenz oder, falls dasjenige irgendwie treffender bezeichnet wird, das auf irgendeine Weise in sich selbst ist, ein Körper ist, dann ist die Seele ein Körper. Ebenso: falls es beliebt, allein diejenige Natur als unkörperlich zu bezeichnen, die auf höchste Weise unveränderlich und überall ganz ist, dann ist die Seele ein Körper, weil sie ein solches nicht ist. Wenn ferner kein Körper ist, was nicht durch räumliche Ausdehnung in irgendeiner Länge, Breite und Höhe so steht oder sich bewegt, dass es

---

nectit, vitalique unione, atque ea appetitione quae ad finem primarium refertur. […] a qua inferiora vitae principium accipiunt." Lib. VIII, IX, in PhN 149.

[209] Lib. XIII,VI, in PhN 260.

[210] Swedenborg fasste aus PLATONS *Epinomis* zusammen: „Platon versichert, dass der Himmel selbst Gott oder der Gott der Götter sei", vgl. PhN 245.

[211] Vgl. Auszüge in PhN 42–45.

[212] Vgl. Kap. 3.3.2., d).

[213] Der erste Teil des Satzes stammt aus De quantiate animae, XXXIV (in PhN 13), der zweite aus den Epistolae, XXVIII (in PhN 14).

[214] De definitionibus fidei, sive ecclesiasticis dogmatis, Exzerpt aus XI–XXI, in PhN 15.

[215] Vgl. u. a. Kap. 3.3.3.

[216] Vgl. Kap. 2.3.3., d–e).

[217] Vgl. Kap. 2.4.1., a), jj); JONSSON, 1999, 75 f.

mit einem größeren Teil seiner selbst einen größeren Raum einnimmt und mit einem kleineren einen kleineren und im Teil kleiner ist als im Ganzen, dann ist die Seele kein Körper. Sie erstreckt sich nämlich durch den ganzen Körper, den sie beseelt, nicht durch eine räumliche Ausdehnung, sondern durch eine gewisse lebendige Spannung. [...] Wenn daher die Seele ein Körper genannt werden muss, dann ist sie sicher kein Körper, der aus Erde, aus Wasser, aus Luft oder aus Äther besteht. [...] Daher versteht man, mag die Seele nun Körper oder unkörperlich zu nennen sein, dass sie eine gewisse eigene Natur hat, die von einer Substanz geschaffen ist, die ausgezeichneter ist als alle diese Elemente der irdischen Masse, die wahrhaftig nicht in irgendeiner Vorstellung körperlicher Bilder, die wir durch fleischliche Sinne wahrnehmen, gedacht werden kann, sondern sie muss mit der mens verstanden und mit dem Leben wahrgenommen werden."[218]

Auch wenn Swedenborg wusste, dass *De spiritu et anima* möglicherweise nicht selbst von Augustin stammte, las er hier eine Passage, die sich eng an den Namensgeber anzulehnen schien:

„Im Blick auf den unkörperlichen Gott ist [die Seele] körperlich. Denn nichts kann als unsichtbar und unkörperlich nach der Natur geglaubt werden als Gott allein [das heißt der Vater, der Sohn und der Heilige Geist]. Er wird deshalb unkörperlich und unsichtbar genannt, weil er unendlich, uneingegrenzt und einfach ist, in jeder Weise zureichend für sich selbst. [...] Aber jede rationale Kreatur ist körperlich. Engel und alle Kräfte sind körperlich, obwohl sie nicht im Fleisch subsistieren. Denn wir sagen deshalb, dass intellektuale Naturen körperlich sind, weil sie von Raum umgeben sind, so wie die menschliche Seele, die im Fleisch eingeschlossen ist, von der deshalb gesagt werden kann, dass sie sowohl im Raum als auch räumlich ist; im Raum, weil sie hier oder anderswo gegenwärtig ist; räumlich, weil etwas, das an einem Ort ganz gegenwärtig ist, nicht anderswo ist."[219]

---

[218] „[...] omnis substantia vel essentia, vel si quid aptius nuncupatur id quod aliquo modo est in seipso, corpus est anima. Item si eam solam incoporeaim placet appellare naturam quae summe incommutabilis et ubique tota est, corpus est anima, quoniam tale aliquid ipsa non est. Porro si corpus non est, nisi quod per loci spatium aliqua longitudine, latitudine, altitudine ita sistitur vel movetur, ut maiore sui parte maiorem locum occupet, et breviore breviorem, minusque; sit in parte, quam in toto, non est corpus anima. Per totum quippe corpus quod animat, non locali diffusione, sed quadam vitali intentione porrigitur. [...] Quapropter si anima corpus esse dicenda est, non est certe corpus quale terrenum est, nec quale humidum, aut aereum, aut aethereum. [...] Unde intelligitur anima, sive corpus, sive incorporea dicenda sit, propriam quandam habere naturam, omnibus huius mundanae molis elementis excellentiore substantia creatam, quae veraciter non possit in aliqua phantasia corporalium imaginum, quas per carnis sensus percipimus, cogitari, sed mente intelligi, vitaque sentiri." Epistola XXVIII, wie oben Seite 342, Anm. 19, in PhN 14f. [Übers. FS. Die eckigen Klammern bezeichnen hier die Auslassung des Übers.].

[219] „[...] sic respectu incorporei Dei corporea est. Nihil enim invisibile et incorporeum natura credendum est praeter solum Deum, [id est, patrem et filium et Spiritum sanctum]. Qui ex eo incorporeus et invisibilis dicitur, quia infinitus et incircumscriptus est et simplex, et sibi omnibus modis sufficiens seipso et idipsum. [Et cum ubique sit, in semetipso invisibilis et incorporeus esse dignoscitur.] Omnis vero rationalis creatura corporea est, angeli et omnes virtutes corporea sunt, licet non carne subsistant. Ex eo enim intellectuales naturas corporeas esse dicimus, quia loco circumscribuntur, sicut et anima humana esse dicimus, quae carne clauditur, quae id circo esse in loco et localis dici potest. In loco, quia hic et alicubi praesens est. Localis, quia quod alicubi praesens est totum, alibi non est." De spiritu et anima, Kap. XVIII, in PhN 23 [Übers. FS. Die Stellen in eckigen Klammern hat Swedenborg nicht exzerpiert].

Swedenborg ließ hier nicht nur den in der Übersetzung mit eckigen Klammern markierten Hinweis auf die alleinige Unsichtbarkeit und Unkörperlichkeit des *trinitarischen* Gottes weg – das widersprach ja seiner unitarisch-modalistischen Gottesvorstellung[220] – er verzichtete auch auf die in dem zitierten und dem folgenden Kapitel aus *De spiritu et anima* folgenden Relativierungen der Körperlichkeit der Seele. Denn hier heißt es, die Seele sei unkörperlich und unsichtbar, weil nämlich umgekehrt alles Sichtbare auch körperlich sei.[221] Swedenborgs Interesse galt aber der Körperlichkeit der Seele, die *De spiritu et anima* nur im Vergleich mit dem unkörperlichen Gott behauptet. Dies wirkte sich – das wird an dieser wie an vielen anderen Stellen deutlich – in seiner selektiven Lektüre aus.

Bestätigung für die subtile Körperlichkeit von Seelen und Engeln konnte Swedenborg in Leibniz' Engelsspekulationen finden, die sich wiederum auf Malebranche beziehen: Gott wirke offenbar auch viele Wunder – die natürlich nur als Wunder erscheinen – durch die „Vermittlung unsichtbarer Substanzen, wie der Engel", die nach den „gewöhnlichen Gesetzen ihrer Natur" handeln, „da sie mit feineren und wirkungsvolleren Körpern versehen sind" als wir.[222] Und in einem Brief an den Herausgeber der lateinischen *Theodizee*, den Swedenborg zwar nicht komplett abschrieb, sondern auf eine entsprechende Anmerkung in der Ausgabe der *Theodizee* von 1739 verwies, heißt es: Engel seien nicht Entelechien von Körpern, sondern besäßen – nach Leibniz' Urteil – selbst Entelechie, Seelen und Körper. Engel bewegten ihre Körper „durchaus" wie Menschen. Ihre Körper seien, mutmaßte Leibniz vorsichtig im Anschluss an Thomas von Aquin, wohl eher „assistent" als „inhärent" oder ungeformt. Sie müssten ständig durch Körper gemäß der prästabilierten Harmonie handeln und den Gesetzen von Körpern folgen.[223]

Auch bei Grotius konnte Swedenborg die mit Selbstverständlichkeit angenommene Existenz von Engeln lesen. Engel werden hier allerdings nicht wie bei Leibniz mit den substantiellen Seelen auf eine Stufe gestellt, sondern: Gott habe Menschen und Geister, die erhabener sind als der Mensch *(mentes sublimiores homine),* geschaffen und mit Handlungsfreiheit ausgestattet.[224] In direktem Zusammenhang mit dem Verhältnis zwischen materiellem Körper und immaterieller

---

[220] Vgl. Kap. 3.3.2., i) und j).

[221] Vgl. De spiritu et anima, Kap. XIX.

[222] LEIBNIZ, Tentamina III, Nr. 249 [Übers. nach Herring], und De conformitate fidei cum ratione, Nr. 3, in PhN 384. An beiden Stellen geht es in Leibniz' Gedankengang freilich nicht um den Beweis der Existenz von Engeln, sondern um die (Un-) Möglichkeit von Wundern, die gegen die Naturgesetze verstoßen.

[223] „Angeli non sunt Entelechiae corporum, sed ipsi & Entelechias, nempe mentes, & corpora etiam, meo judicio, habent. […] Angeli ergo corpora movent, prorsus ut nos facimus. […] Eum tamen corporis usum Angelis tribui posse arbitror, ut non inepte dicantur *Formae assistentes, potius quam inhaerentes* (sive informantes). Ita semper aget Angelus per corpora, semperque locum habebit Harmonia praestabilita, sic ut, quae vult Angelus, fiant ex ipsa corporum lege […]." Brief Leibniz' (1706) in der Anm. zu LEIBNIZ, Tentamina I, Nr. 124 (791–796), in PhN 281–283 [hier unvollständig abgedruckt, Hervorhebung bei Leibniz].

[224] Vgl. GROTIUS, De veritate, I,8, in PhN 158: „Deus hominem et mentes sublimiores homine creavit cum agendi libertate […]." [Übers. FS].

Seele nimmt Tournemine an, dass Geister auf die Körper wirken.[225] Bilfinger beruft sich auf Thomas von Aquin, wenn er die unendliche Vielfalt der Monadenwelt auf die Engel ausdehnt und meint, unter den Engeln gäbe es so viele Arten wie Individuen.[226] Und Braun, der die Möglichkeit einer Einwirkung von Geistern auf Körper grundsätzlich begründen will, meint, Engel müssten zur *custodia* die Möglichkeit eines *influxus* auf menschliche Körper besitzen. Swedenborg fasste die längeren Ausführungen an dieser Stelle zusammen: Braun „ergänzt, dass Gott, der ein Geist ist, wie gute und böse Engel auf Menschen wirkt, von denen wir oft in der Heiligen Schrift gelesen haben".[227]

Es liegt nahe, dass Swedenborg zur Zementierung der Existenz und der Einwirkung von Engeln auf den Menschen und den *mundus naturalis* zahlreiche Stellen über den inneren und äußeren Menschen, über Auferstehung, Engel und Geister aus der Bibel ergänzen konnte, wie etwa Matthäus 22,30, wo er konspektiert: „dass wir im Himmel wie die göttlichen Engel sein sollen", oder Lukas 20,36 f.: „[...] sie können auch nicht mehr sterben, denn sie sind Engeln gleich; und die, die Söhne der Auferstehung sind, sind Söhne Gottes".[228] Eine der zentralen Stellen über die Auferstehung im *Corpus Paulinum* (1. Korintherbrief 15) fasste Swedenborg so zusammen: „über die Auferstehung, dass das menschliche Fleisch nicht dasselbe ist wie das Fleisch der Tiere", und: „gesät wird ein belebter Körper *(corpus animale)*, wiederauferweckt wird ein geistlicher Körper *(corpus spirituale)*".[229]

Die menschliche Seele befindet sich bei Swedenborg sowohl im Körper als auch gleichzeitig im *mundus spiritualis*. Engel, böse und gute Geister, gehören nicht einer eigenen Geistgattung an. Sie sind die Seelen verstorbener Menschen selbst, die sich in verschiedenen Entwicklungszuständen in der Geisterwelt aufhalten. Die Geisterwelt ähnelt der natürlichen Welt bis ins Detail, mit dem wesentlichen Unterschied, dass die Dinge hier substantiell, nicht materiell, bestehen, aber eingerichtet sind in einem großen harmonierenden Körper, dem *maximus homo*.

Es ist in der Tat nicht leicht, die Quellen für dieses Denkgebilde in den Exzerpten ausfindig zu machen, ohne auf Traditionen aus Kabbala und Renaissancephilosophie zu rekurrieren, gerade wenn man bedenkt, dass viele Zeitgenossen Swedenborgs zu den Lesern christlich-kabbalistischer Literatur gehörten und die christliche Kabbala in Swedenborgs Jugendzeit eine Blüte in Schweden erfuhr. An anderer Stelle wird auf solche Quellen hingewiesen, für die sich jedoch im

---

[225] BILFINGER, Harmonia, Anm. zu §43, in PhN 190.

[226] BILFINGER, Harmonia, §172, in PhN 353. Swedenborg notierte sich diesen Satz, ohne den Kontext des Paragraphen zu erwähnen.

[227] BRAUN bei BILFINGER, Harmonia, 303 f., in PhN 363 f. [Übers. FS].

[228] Vgl. PhN 230, und z. B.: 1Kor 15,8, in PhN 230; 2Kor 5,10, in PhN 53; 2Petr 2,4, in PhN 97; Ps 8,6, in PhN 147; 1Thess 5,23; Röm 7,15–19.22; 2Kor 4,16 (auch in PhN 427 und 429); Hebr 10,34, in PhN 285 f.; Hebr 12, 22–24, in PhN 398; 1Kor 9,11; Eph 4,22–24; 5,8–11, in PhN 427; Mt 5,8; 2Kor 5,17; 2Kor 12,2–7, in PhN 429; 1Kor 15,49; 2Kor 3,18, in PhN 463.

[229] PhN 230, weitere Erwähnungen oder Zitate von 1Kor 15 im Kontext der Auferstehung, in PhN 286, 314, 322 („dass unser Körper nach dem Tod unzerstörbar sein wird"); 398; 463.

Codex 36 keine unmittelbaren Belege auffinden lassen, von einigen Hinweisen bei Leibniz und Grotius abgesehen.

Allerdings befinden sich unter Swedenborgs Aufzeichnungen im Codex 36 mehrere Exzerpte, an die sich die Figur einer Geisterwelt und eines *maximus homo* anschließen ließ. Die universale, auch den extraterrestrischen Kosmos umfassende Sozialität der Geisterwelt notierte er sich aus der *Theologie des Aristoteles*: Himmlische Geister, die in der „größten Gesellschaft des Lebens" in Frieden miteinander leben, befinden sich sogar in Sternen und Himmelskörpern, „denn ihr Urheber ist einer und alles ist unter ihm". Sie betrachten ihr eigenes Wesen durch das Wesen des anderen und nehmen nicht körperlich, sondern auf geistige Weise wahr, durch das „Auge des Geistes" *(oculo mentis)*, der die fünf Sinne wie in einer Art „sechster Kraft" in einem Sinn umfasst.[230] Alle irdischen Substanzen, ja selbst die körperlichen Organe, werden durch Formen der intelligiblen Welt, des *communis animus*, gebildet und von der ersten Substanz dieses *orbis supremus* erhalten.[231] Die Seele ist die Form des Körpers und war bereits ein Mensch, bevor sie den Körper nach dem Bild des wahren Menschen geformt hat. Diese Seele existiert nicht als eine unter vielen anderen, sondern als Seele, in der alle Einzelseelen vereinigt sind und in der das vollkommene Wesen liegt, aus der die Kraft des Verstehens emaniert, die in den einzelnen Seelen liegt.[232] Was liegt näher, als den *communis animus* im Umkehrschluss mit dem Bild des Menschen ausgestattet zu sehen?

Swedenborg fügte hier noch weitere Stellen aus der philosophischen Literatur an: Leibniz' Hinweis auf einen Autor, der meinte, so wie Wasser und Erde hätten auch Luft und Äther ihre Bewohner,[233] und seine Bemerkung über Cyrano de Bergerac: Es spreche nichts dagegen, dass es Lebewesen im Universum gebe wie das Wesen, das Cyrano in der Sonne antraf. Sein Körper habe „aus einer Art Flüssigkeit" bestanden, „die aus unzähligen kleinen Lebewesen zusammengesetzt war, die sich den Wünschen dieses großen Lebewesens entsprechend anzuordnen vermochten".[234]

Dass Malebranche der Ansicht war, wie Swedenborg sich aufschrieb, man dürfe sich nicht mit den Anthropomorphisten Gottes Gestalt menschlich vorstellen, weil sie die vollkommenste sei,[235] verhinderte offenbar nicht die Transformation dieser Figur in den *maximus homo* und zugleich häufige Anleihen bei Malebranche an anderen Punkten. Denn Gott ist von dieser Welt zugleich auch getrennt.

---

[230] Vgl. Lib. IV,VII, in PhN 185 f. [Übers. FS].

[231] Vgl. Lib. XIV,III, in PhN 260.

[232] Vgl. Exzerpte aus Lib. XIV,IV–VII, in PhN 260 f. Diese Passage exzerpierte Swedenborg nicht. Er dürfte sie aber kaum überlesen haben: „[...] animus rationis particeps prius quam cum corpore coniunctus sit; secundum eam definitionem quae a forma ducitur, proprie homo erat: in corpore autem, alterius hominis imaginem efformavit, nempe eius qui in sensum cadit. Atque quoad potuit hunc ac illius veri hominis similitudinem a commodavit, ut eum pro sua facultate imitetur."

[233] LEIBNIZ, Tentamina, Adnotationes in Librum De Origine Mali, Nr. 8, in PhN 285. Gemeint ist: WILLIAM KING: De origine mali. Londini 1702.

[234] LEIBNIZ, Tentamina III, Nr. 343 [Übers. nach Herring].

[235] MALEBRANCHE, De inquirenda veritate, Lib. III,II,9, in PhN 257 f.

An anderer Stelle ergänzte Malebranche nämlich, „wir" bildeten zusammen mit Gott ein Ganzes, von dem wir aber nicht mehr als ein sehr kleiner Teil seien.[236] Bereits im Vorwort seines *Recherche de la verité* hatte er es ausdrücklich als Irrtum bezeichnet, dass christliche Philosophen die Seele lediglich als Form des Körpers und nicht als Form betrachteten, die zum Bild Gottes gemacht sei.[237]

Es wundert wiederum nicht, dass Swedenborg in seinen Zusammenstellungen auf zahlreiche Bibelstellen stoßen konnte, die wenigstens in die Richtung des *Adam Kadmon* weisen: Christus, der vom Tempel als dem Tempel seines Leibes spricht,[238] Epheserbrief 5,30: „Denn wir sind Glieder seines Leibes" – in der Version der von Swedenborg benutzten lateinischen Castellio-Bibel in Übereinstimmung mit der Vulgata: „Denn wir sind Glieder seines Fleisches und seiner Knochen." Oder Hebräerbrief 1,3: „Christus ist die Ausstrahlung seiner [Gottes] Herrlichkeit und Abdruck seines Wesens" – nach Castellio versus Vulgata: seiner *substantia*.[239] Auch findet sich die paulinische Rede von der christlichen Gemeinschaft als einem Leib und dessen Haupt Christus[240] oder von der Gemeinde, die in Entsprechung zu Christus Tempel Gottes ist.[241] 1. Korintherbrief 15,49 nimmt ebenfalls deutlich die Relation des irdischen und des himmlischen Menschen auf, die durch Christus zusammengehalten wird: „Wie wir das Bild des Irdischen getragen haben, so werden wir auch das Bild des Himmlischen tragen."[242] Der in 1. Korintherbrief 15,40–47[243] beschriebene geistliche Adam – Christus – wird mit seinem geistlichen Leib in Entgegensetzung zum ersten, leiblichen Adam als *correspondentia typica* – als Figuralbeziehung und direkte biblische Interpretation – verstanden.[244] In Swedenborgs menschlich geformtem Himmel schmilzt er mit der eschatologischen Vorstellung eines geistigen Tempels bei Malebranche zusammen. Christus als der geistige und die Gemeinde als der natürliche Tempel

---

[236] MALEBRANCHE, De inquirenda veritate, Lib. V,V, 337, in PhN 411. Swedenborg notiert aus Malebranche weiter: „Deshalb lernen wir durch das Licht unseres Geistes, dass wir mit Gott und der intelligiblen Welt, die er in sich schließt, vereint sind; und aufgrund sinnlicher Wahrnehmung sind wir überzeugt, dass wir mit unserem Körper vereint sind, durch unseren Körper aber mit der materiellen und sinnlichen Welt, die Gott geschaffen hat." Vgl. ebd., 338 [Übers. FS].

[237] MALEBRANCHE, De inquirenda veritate, Praefatio, in PhN 293.

[238] Joh 2,19–21; 2Kor 6,16, in PhN 426.

[239] Beide Stellen in PhN 428. Im *Diarium spirituale* 488 (Notiz vom 18.1.1748) wird ausdrücklich der Körper Jesu Christi in Verbindung mit dem *maximus homo* und dem Himmel genannt. Im Laufe der theologischen Entwicklung Swedenborgs wird Jesus Christus zum *Divinum humanum*, zu Gottes menschlichem Aspekt. Als Verbindung zwischen Gott und Mensch, Geist und Natur, fungiert nun die himmlische Gemeinschaft, während der Sohn mit dem Vater identifiziert wird. Vgl. auch JONSSON, 1969, 272.

[240] 1Kor 6,15; 12,12.14.27, in PhN 462; Eph 4,12.15f.; Kol 1,18, in PhN 464.

[241] 2Kor 6,17, in PhN 463; 1Kor 3,9.16; 6,19, in PhN 314.

[242] PhN 463.

[243] Swedenborg hat sich das Stichwort „Adam" aus 1Kor 15 bemerkenswerterweise nicht herausgeschrieben. Das Kapitel gehört jedoch zu den am meisten notierten Abschnitten der Bibel, so dass ihm der „geistliche Adam" kaum entgangen sein dürfte; vgl. zu den Stellen oben Anm. 229.

[244] Zur correspondentia typica, die Swedenborg dem *Mundus symbolicus* von Filippo Picinelli entlehnt hat, vgl. JONSSON, 1969, 168f.

zementieren mit biblischer Autorität die Entsprechung zwischen Makrokosmos und Mikrokosmos, wobei natürlich anzumerken ist, dass Swedenborg keinen Schöpfungsmittler kennt und Gott nicht mit dem Großen Menschen identisch ist, der nur als eine Entsprechung des eigentlichen, ‚wahren' Menschen betrachtet wird: Gottes selbst, der in Swedenborgs Christo-Theologie derselbe ist wie der Sohn.

Am Ende des Codex 36, also noch vor Beginn seiner Besuche in der Geisterwelt, fasste Swedenborg in einem Aufriss für sein anatomisch-psychologisches Werk *Oeconomia regni animalis* seine Notizen zusammen und nahm dabei ganz offensichtlich auf den *communis animus* in der *Theologie des Aristoteles* Bezug:

> „Die himmlische *societas* ist mit einem einstimmigen Körper *(corpus unanimum)* zu vergleichen; obwohl dieser aus einer Unendlichkeit von Teilen besteht, sind diese Teile doch so vereinigt, dass der eine empfindet, was der andere erleidet und tut. So gibt es eine Gemeinschaft von ihnen allen. In einem Wort: die himmlische Gesellschaft ist mit einem Körper zu vergleichen, über dem ein Haupt ist, Jesus Christus. Es gibt viele Glieder in dem belebten Körper und viele Gesellschaften, die in Übereinstimmung stehen."[245]

Dass die postmortalen Seelensubstanzen mit Wahrnehmung und Erinnerung ausgestattet sind, war – wie oben dargestellt – aus der Lektüre u. a. Wolffs und Augustins hergeleitet worden. Diese Annahme konnte die Basis für Swedenborgs geradezu naturalistische Schilderungen der Geisterwelt bilden.[246] Die Kommunikation der Engel und Geister durch unmittelbare Perzeptionen, ungehindert durch sinnliche Eindrücke, hatte Swedenborg aus seiner Korrespondenzlehre entwickelt. Wenn das höhere Leben in Repräsentationen bestehe, so wie die Seele alles Körperliche repräsentiere, dann sei die Engelssprache selbst Repräsentation.[247] Die Seelen-Substanzen kommunizieren also kraft ihrer gemeinsamen *vis repraesentativa* miteinander.[248] Die *universalia* und *spiritualia*, die der natürliche Mensch auch nur natürlich ausdrücken könne, vermögen die Engel rein geistig zu verstehen und auszusagen,[249] da sie selbst dieser Sphäre entstammen, so Sweden-

---

[245] PhN 492 = Codex 36, 263 [Übers. FS]. Es kann auch übersetzt werden: „die zusammen atmen" (conspirant) – ein möglicher Hinweis auf Swedenborgs Engelssprache, die als ein inneres Atmen beschrieben wird. Vgl. Kap. 3.4.2., f). Der Hinweis auf die himmlische Seelengemeinschaft war bereits im zweiten Band der *Oeconomia* enthalten, allerdings ohne die Erwähnung Christi. Ist die Notiz in PhN 492 schon vor der *Oeconomia* entstanden, und hat sich hierin bereits eine Distanzierung von der Christus-Figur niedergeschlagen? Angesicht der Belege für Swedenborgs Christusfrömmigkeit im PhN und im *Drömmar* lässt sich dies nicht eindeutig klären.

[246] Der Vorwurf des Naturalismus in einer „fanatischen Gestalt" war Swedenborg wegen seiner Schilderungen der Geisterwelt und seines spirituellen Universums schon zeitgenössisch gemacht worden; vgl. JOHANN AUGUST ERNESTI in: Neue theologische Bibliothek 1760, 527, vgl. dazu Kap. 5.1.2., a).

[247] Vgl. PhN 335.

[248] Vorvisionär identifizierte Swedenborg die Engelssprache mit der Universalphilosophie. Vgl. JONSSON, 1969, 125. Zu den Verbindungen zwischen Swedenborgs linguistischer Korrespondenzlehre und der Sprachmystik des schwedischen Literaten und Philosophen Georg Stiernhielm vgl. ebd., 215–217. Entgegen früheren Überlegungen betrachtete Swedenborg in seiner theologischen Phase aber nicht die hebräische Sprache, sondern eine *lingua rationalis* als Geistersprache, vgl. ebd., 225–227.

[249] PhN 420.

borg am Ende des Codex 36. Aus Malebranche hatte er sich zuvor notiert, dass „wir" vielleicht einst so wie die Engel durch „innere Vereinigung" einander „unseren Geist öffnen" können, wenn wir aus der „Gefangenschaft des Körpers befreit sein werden" und „Gerechtigkeit und Ordnung" herrschen.[250]

Neben diesen beiden tragenden Elementen in Swedenborgs System, dem *commercium corporis et animae* und dem *mundus intelligibilis* als belebter Geisterwelt, ist es möglich, eine große Zahl weiterer Topoi seiner Philosophie und Theologie aus der genannten Literatur herzuleiten, wie etwa Leibniz' Hinweis auf die Scholastiker, die gestorbene Kinder in eine Art Vorhimmel versetzten, wo sie nur durch den Mangel an der seligmachenden Schau Gottes bestraft werden, aber nicht leiden.[251] Bei Swedenborg gelangen Kinder aufgrund ihrer Sündlosigkeit ebenfalls nicht in die Hölle wie bei Augustin, für den die einfache Tatsache der Erbsünde schon ausreichte. Sie werden durch Engel erst erzogen, bevor sie selbst Engel werden.[252] Daneben ist exemplarisch noch auf folgende Bereiche hinzuweisen:

b) Liebe und Weisheit

Swedenborgs zentrale Lehre über die göttliche Liebe und Weisheit, die als Wahres und Gutes in den menschlichen Verstand und Willen einfließen und denen der Mensch mit Glaube und Liebe begegnen kann,[253] findet zahlreiche Entsprechungen in den Exzerpten vor allem aus Rydelius, Malebranche und wiederum Leibniz, der diese Begriffe im Rahmen seines Beweises für die Existenz eines „einzigen" Gottes verwendet: Die Güte des ewigen und notwendigen Gottes werde bei seiner Vorsehung von seiner Weisheit geleitet und erst die Macht der ersten Substanz (Gott) macht ihren Willen wirksam. „Die *Macht* geht auf das *Sein*, die *Weisheit* oder der Verstand auf das *Wahre* und der *Wille* auf das *Gute*." Alles Wirkliche hänge im Sein und im Handeln von Gottes Willen und Verstand als einziger Ursache ab.[254]

c) Gottesliebe, Weltliebe, Selbstliebe

Swedenborgs Unterscheidung des *amor Dei* vom *amor sui et mundi* dürfte bei Augustin angeknüpft worden sein: Zweierlei Lieben haben die beiden *civitates*

---

[250] MALEBRANCHE, De inquirenda veritate, Lib. III,II,1, in PhN 257: „At vero ubi justitia ac ordo vigebunt, & a corporis nostri captivitate liberi erimus, tum unione intima quae erit inter nos invicem mentem nostram mutuo poterimus aperire, quo modo Angelos in Coelis agere verisimile est."

[251] Vgl. LEIBNIZ, Tentamina I, Nr. 92, in PhN 302.

[252] Vgl. Kap. 3.3.5., j).

[253] Vgl. Kap. 3.3.2., d); 3.3.4., g) und h).

[254] Vgl. LEIBNIZ, Tentamina I, Nr. 7, in PhN 251 [Übers. nach Herring]; Causa Dei, Nr. 9, in PhN 253, und Nr. 41, in PhN 130. Hervorhebungen abweichend von Leibniz bei Swedenborg; entsprechende Wortfelder neben vielen anderen etwa bei Rydelius, in PhN 84 f., Malebranche, in PhN 93 f., 293, 295, 410; Leibniz, in PhN 96.

gegründet: *amor sui* die irdische, *amor Dei* die himmlische.[255] Gegen die Selbst-
liebe als Zeichen des schlechten Menschen hatte allerdings auch Aristoteles ge-
schrieben.[256] *De spiritu et anima* könnte Swedenborgs häufige Verwendung des
Begriffs *charitas* für die wahre Liebe und die Nächstenliebe beeinflusst haben.
Denn der anonyme Verfasser des Traktats verwendet diesen Ausdruck an vielen
Stellen,[257] wie auch Malebranche, für den der eigentliche Grund der Sünde in der
Selbstliebe liegt. Gottes- und Nächstenliebe resultierten hingegen aus einer Liebe,
die Gott in Beziehung zu uns selbst liebt.[258]

d) Allmacht und Ordnung

Die Unterordnung der göttlichen Allmacht unter die göttliche Ordnung oder
Vernunft war zwar geradezu Allgemeingut der rationalistischen Philosophie. Bei
Malebranche konnte Swedenborg aber explizit nachlesen, dass der Mensch Anteil
an der universalen Vernunft *(ratio universalis)* habe, die nicht eine Kreatur sei,
sondern nicht nur universal und notwendig, sondern sogar unabhängiger als
Gott selbst. Denn Gott könne nicht handeln „in Verbindung mit dieser Vernunft", ja er hänge in gewissem Sinne sogar von ihr ab *(pendet)*, er müsse sie zu
Rate ziehen und befolgen. Malebranches Begründung dieser weitreichenden Aussage exzerpierte Swedenborg allerdings nicht: Gott konsultiere nichts außer sich
selbst, er sei von nichts abhängig. Folglich sei die universale Vernunft nicht von
ihm getrennt, sondern gleich ewig und von derselben Substanz wie er.[259]

e) Die Nichtanthropomorphität Gottes

Auch war Swedenborg bereits während seiner Abschriften im Codex 36 zu der
Entscheidung gelangt, Gott alle anthropomorphen Eigenschaften abzusprechen,
die der Unterordnung seiner Allmacht unter seine Vernunft oder Ordnung im
Wege stehen würden. Dem Vernichtungsbeschluss vor der Sintflut geht Genesis
6,6 voraus: „Und es reute Jahwe, daß er den Menschen auf der Erde gemacht
hatte, und es bekümmerte ihn in sein Herz hinein." Swedenborg kommentierte,
dass Reuen und Bekümmern Gott nicht zukomme, weil er alle Dinge vorsehe
(providet). Es werde von Gott natürlich so gesprochen, als ob er ein Mensch
wäre. Dass Swedenborg nach wie vor an der Sintflut als historischem Geschehen
festhielt und zugleich eine andere Erklärung für die kosmische Katastrophe suchte, zeigt sich aber darin, dass er meinte, Gott habe Mitleid mit den Menschen, aus
Gerechtigkeit bestimme (determinat) er die Vernichtung der Menschheit.[260]
    Unterstützung fand Swedenborg dafür in der Bibel, ungeachtet der zahlrei-
chen Anthropomorphismen nicht nur im Alten Testament. Aus dem Jakobusbrief

---

[255] De civitate Dei, XIX,XXVIII, in PhN 148 f.
[256] Vgl. Magna moralia II,XIII, PhN 149.
[257] Vgl. etwa De spiritu et anima, XVI in PhN 148.
[258] MALEBRANCHE, De inquirenda veritate, IV,V,I in PhN 258 f.
[259] Vgl. MALEBRANCHE, De inquirenda veritate, Explicatio ad Lib. II, S. 72, in PhN 414 f.
[260] Vgl. PhN 256 = Codex 36, 256.

1,13 f. notierte er sich ausgerechnet die Stelle, an der die Quelle der Versuchung, übrigens genau gegen Matthäus 6,13,[261] nicht in Gott, sondern im Menschen selbst gesehen wird: „Denn Gott kann nicht versucht werden vom Bösen, er selbst aber versucht niemand. Ein jeder aber wird versucht, wenn er von seiner eigenen Begierde fortgezogen und gelockt wird."

Die Ablehnung anthropomorpher Eigenschaften wie Liebe und Zorn und die Gleichsetzung von Mitleid (= Barmherzigkeit) mit Gerechtigkeit, Ordnung und Prädestination ist hier bereits enthalten. Swedenborgs Bild von einem Gott, der eine Liebe und Weisheit verkörpert, die nicht mit menschlicher Emotionalität vergleichbar wäre, sondern nichts anderes bedeutet als eine gute Ordnung, liegt im Codex 36 bereits vor.

f) Wider Satisfaktion und Imputation

Davon ist auch die Kritik an der Satisfaktions- und Imputationslehre betroffen, die in Swedenborgs Theologie eine so wichtige Rolle spielt. Wenn Gott nicht zornig sein kann, kann er auch nicht gnädig gestimmt werden, auch nicht durch seinen eigenen Sohn. Unter dem Stichwort *Justitia* notierte sich Swedenborg aus der *Theodizee* Leibniz' Bevorzugung einer „bessernden Gerechtigkeit" gegenüber einer „strafende[n] Gerechtigkeit" Gottes.[262] Leibniz' Gedanken vor dieser Aussage dürften Swedenborg nicht entgangen sein, auch wenn er sie nicht gesondert herausschrieb: Strafen und Belohnungen geschähen nämlich auch dann, wenn keine Besserung oder kein weiterer Fortschritt im Guten zu erwarten seien, und zwar um der göttlichen Ordnung willen. Ferner könne man annehmen, dass sich sowohl die Verdammten als auch die Seligen in einem dauerhaften „Fortschritt" hinsichtlich der Vermehrung ihrer Sünden bzw. Freuden befänden. Strafe und Belohnung sieht Leibniz ebenso wie Tugend und Laster im Rahmen der prästabilierten Harmonie harmonisch eingerichtet und aufgrund der Parallelität des Reichs der Zweckursachen und des Reichs der Wirkursachen aufeinander bezogen. Kurz nach seinem Zitat aus dem ersten Teil der *Theodizee* notierte sich Swedenborg noch eine Stelle aus den *Considerationes ad Opus Hobbesii*: Gerechtigkeit hänge nicht von willkürlichen Gesetzen höherer Wesen ab, sondern von ewig geltenden Regeln der Weisheit und Güte in Gott und im Menschen.[263]

Von hier aus konnte Swedenborg einerseits seine dualistische Eschatologie entwickeln. Himmel und Hölle, gut und böse, Lohn und Strafe sind in einem göttlichen Plan aufeinander bezogen und befinden sich im Gleichgewicht, das bei Swedenborg Freiheit gewährleistet. Zugleich kann er mit Leibniz die anselmische Satisfaktionslehre[264] ablehnen. Gott kann nicht gnädig gestimmt werden; alles Lohnen und Strafen geschieht nach seiner Ordnung, nicht nach seiner Will-

---

[261] Und führe uns nicht in Versuchung, sondern erlöse uns von dem Bösen!

[262] Vgl. LEIBNIZ, Tentamina I, Nr. 74, in PhN 330.

[263] Vgl. LEIBNIZ, Tentamina, Considerationes ad Opus Hobbesii de Libertate, Necessitate § Casu fortuito (wie oben Anm. 7), Nr. 12, in PhN 152.

[264] Vgl. LUDWIG HÖDL: Art. Anselm von Canterbury. In: TRE 2 (1978), 759–778, hier: 774–776; STEPHEN R. HOLMES: Art. Satisfaktionslehre. In: RGG⁴ 7 (2004), 845 f.

388 4. Swedenborgs Quellen

kür. Gottes Wille ist dieser Ordnung untergeordnet. Die gravierenden Folgen dieser Entscheidung insbesondere für Swedenborgs Christologie, Soteriologie und Eschatologie sind ausführlich dargestellt worden.

g) Antijudaismus und Philo-Islamismus

Auch Swedenborgs Kritik an den Religionen und Konfessionen kann bereits in den Exzerpten des Codex 36 gefunden werden. Bereits Grotius hatte Swedenborgs später vielfach vertretene Ansicht ausgesprochen, die Juden wüssten nicht, dass in der Heiligen Schrift vieles nicht im wörtlichen Sinn, sondern figürlich gelesen werden müsse.[265] Bei Swedenborg wird aus diesem Gedanken die Beschreibung eines ‚Wesens‘ des Judentums.[266] Und den Brudermord Kains deutet Swedenborg bereits im Codex 36 als „Typos" im Hinblick auf die Ermordung des Messias durch „die Juden".[267] Die in Exodus 21,1–7 enthaltenen Rechtsbestimmungen für Sklaven galten Swedenborg als Typos hinsichtlich der jetzigen Kirche und der Juden, die „ewige Sklaven" seien.[268] Der das Gesamtwerk Swedenborgs durchziehende theologische Antijudaismus wird in das Konzept der *correspondentia typica* eingetragen.

Neben diesen antijüdischen Tendenzen finden sich bereits Anklänge an den Antikatholizismus Swedenborgs. Das in Offenbarung 18,21–24 erwähnte endzeitliche Babylon galt ihm schon im Codex 36 als eine „descriptio typica" für Rom.[269]

Swedenborgs schmale Kenntnisse über den Islam führten ihn hingegen schon jetzt zu einer partiell positiven Würdigung, die sich in seiner Lehre erhalten sollte. Aus Gemelli Careris *Voyage du Tour du Monde* notierte er sich einen Überblick über die Grundzüge der „religio mahumethana".[270] Sie enthalte „Repräsentationen", die eine höhere Realität verkörperten. Sie vertrete den Glauben an einen einzigen Gott in einer Person, der Himmel und Erde geschaffen habe, der die für die Hölle Verdammten bestrafen und die für den Himmel bestimmten Guten belohnen werde. Himmlische Freuden seien mit schönen Frauen und köstlicher Nahrung verbunden. Die *religio mahumethana* sei eine strenge Religion des Gesetzes, vermittelt durch den Propheten, um die Menschen über die Erlösung zu unterrichten. Während des Ramadan sei der Koran vom Himmel gesendet worden. Über das Fasten und die Gabe des Zehnten für Arme und Derwische, die für Heilige gehalten würden, ließ sich Swedenborg informieren. Die Mohammedaner glaubten weder an die Trinität noch daran, dass Christus der Sohn Gottes ist,

---

[265] Vgl. GROTIUS, De veritate, V,XVIII, in PhN 379: „Multa in sacris litteris non ex proprietate verborum, sed figura quadam esse intelligenda, ne ipsi quidem ignorant [...]." Ausgerechnet diesen Satzteil schrieb sich Swedenborg nicht heraus, sondern nur Grotius' Beispiele (Wolf und Lamm, Leopard und Kind, Löwe und Ochse).
[266] Vgl. Kap. 3.3.7., c), dd); sowie Kap. 3.2.4., b).
[267] Vgl. PhN 455 = Codex 36, 235.
[268] Vgl. PhN 456.
[269] Vgl. PhN 480 = Codex 36, 252.
[270] Vgl. GEMELLI CARERI, Voyage, Bd. 1 (De la Turquie), 387–392, in PhN 487f.

sondern sie hielten ihn für einen großen Propheten, geboren von der Jungfrau Maria, empfangen durch *inspiratio* und durch einen göttlichen Atem „ohne den Vater". Die Juden hätten aber nicht ihn, sondern einen Mann gleichen Aussehens gekreuzigt, während Christus in den Himmel aufgenommen wurde, damit er vor dem Ende der Welt wieder auf die Erde kommen könne. Die Moslems beteten für die Toten, riefen Heilige an und meinten, dass Körper und Seele bis zum Ende der Welt miteinander verbunden seien und es eine Auferstehung des Fleisches geben werde.[271] Zudem verehrten sie die Stadt Jerusalem mit ihren Reliquien. Das war zu diesem Zeitpunkt die knappe Repräsentation des Islam bei Swedenborg.

Im Anschluss an sein Exzerpt aus Gemelli notierte Swedenborg seine eigenen Gedanken. Er verstehe nicht, worin denn nun der Unterschied zwischen christlicher und muslimischer Religion hinsichtlich der „Realitäten des Glaubens" bestehe. Denn die Moslems würden ja Gott und Christus anerkennen und Christus als großen Propheten bezeichnen, der schließlich selbst sage, dass sein Vater größer sei als er selbst. Ferner passe die muslimische Religion zu den Gebräuchen der „asiatischen Nation", die sich der „Venus und ihren Freuden" widme.

Der Wein und die Frauen repräsentierten die Freuden des Paradieses. Auch die Heilige Schrift spreche oft davon, dass „wir mit Abraham" trinken werden, dass die Hölle ein „Feuer" sein wird, eine Rede in „Repräsentationen" also, denn „ohne Vergleich mit natürlichen Dingen bleiben wir unwissend in den geistigen Korrespondenzen". So betrachtet, folgert Swedenborg, entspreche die christliche Religion den „Manieren und dem Genius der Asiaten".

„Wer glaubt, dass Gott es wünschte, durch Mohammed solche Myriaden von Seelen zu zerstören? Oder dass sie Feinde der Christen sind? Ich erkenne nicht, dass sie wildere Feinde sind als die Schismatiker der christlichen Religion."[272]

In diesen Bemerkungen deutet sich nicht nur Swedenborgs spätere Bevorzugung des Mohammedanismus gegenüber anderen Religionen in seiner Geisterweltlehre an. Es ist auch erkennbar, dass sich hier noch andere Aspekte seiner späteren Theologie finden:

1. der strenge Monotheismus, den Swedenborg allerdings auf die Trinitätslehre und die Christologie anwendet. Im Gegensatz zu den Ausführungen bei Gemelli Careri behauptet Swedenborg ferner die Inkarnation des Vaters. Die hier von Swedenborg ohne Stellenangabe angeführte Subordination des Sohnes wird später durch Johannes 10,30 ersetzt: „Ich und der Vater sind eins."
2. Swedenborgs merkwürdiges Festhalten an der Jungfrauengeburt;
3. der Kreuzestod, der bei Swedenborg erstaunlich stark zurücktritt, um offenbar einen Tod des Vaters nicht behaupten zu müssen und andererseits nicht in einen Doketismus zu verfallen, den er bei Careri lesen konnte;

---

[271] Dieser letzte Halbsatz aus GEMELLI CARERI, Voyage, Bd. II (De la Perse), 180, befindet sich in PhN 289. Wenigstens Band 1, 2 und 4 (De la Chine) scheint Swedenborg nach PhN 289 und 487f. durchgearbeitet zu haben.

[272] Vgl. PhN 488f. = Codex 259.

4. seine Anwendung der Korrespondenzlehre zur Umdeutung der Eschatologie und insbesondere der Apokalypse. Himmlische Freuden werden entsprechend irdischen Freuden ausgedrückt, irdische Zustände und Vorstellungen werden ‚spiritualisiert'.

5. Eine auffällige Parallele zur historisch-kritischen Exegese bis hin zu Semler ist darin zu sehen, dass Swedenborg die Ausdrucksweise von Bibel und Koran auf die Sitten und Gebräuche, auf den „Genius" der entsprechenden Völker, Asiaten, Juden, „Orientalen", zurückführt. Repräsentationen für Himmlisches und Geistiges entstehen im national-kulturellen Kontext und werden entsprechend verbal eingekleidet.

Swedenborgs Theologie ist zu der Zeit, als Codex 36 entstand, natürlich noch nicht vollständig ausgearbeitet gewesen. Wichtige Anhaltspunkte sind aber bereits hier vorhanden.

h) Zwei Sonnen

Die neuplatonische Rede von einer himmlischen oder geistigen und einer natürlichen Sonne oder zwei verschiedenen Lichtern, die die Geisterwelt und die natürliche Welt als deren Entsprechung beleben,[273] lässt sich in den Exzerpten aus der *Theologie des Aristoteles*, Grotius, Augustin, Leibniz, Malebranche und der Bibel finden,[274] natürlich mit dem wesentlichen Unterschied, dass Swedenborg während seiner Besuche in der Geisterwelt diese geistige Sonne mit eigenen Augen gesehen haben will.

i) Triaden

Das Triadensystem, das er sowohl auf den Makrokosmos mit Himmel, Geisterwelt und natürlicher Welt als auch auf die menschliche Seele mit *anima, mens/ animus* und *corpus* übertrug, notierte sich Swedenborg aus seinen rationalistischen und antiken Autoren, wobei die *Theologie des Aristoteles* seinem System wohl am nächsten kommt, weil dort Gott aus dem triadischen System des *intellectus primus*, des *animus universi* und der Natur herausgenommen ist und den Triaden selbst das Leben gibt.[275] Bei Swedenborg ist der Mensch ein Aufnahme-

---

[273] Vgl. Kap. 3.3.3., b–c).

[274] Vgl. Augustin, in PhN 32 f., 138; Theologie des Aristoteles, in PhN 237 f., 240; ein Hinweis auf Empedokles bei Grotius, in PhN 249; 1Tim 6,16, in PhN 255 (Gott bewohnt ein unzugängliches Licht); Leibniz, in PhN 277, 302; Grotius, in PhN 340; Malebranche, in PhN 343 f., 416; Mt 13,43, in PhN 425: die Sonne im Reich des Vaters; Hinweise auf das ewige Licht in Jes 30,26; 60,19, in PhN 425; Apk 21,24 f., in PhN 466 u. ö.

[275] Nach Lib. V,IV, in PhN 145 f., schuf Gott zuerst den *intellectus*, durch diesen dann die Weltseele und die Natur, durch deren Kraft alle Dinge geschaffen und erhalten werden. Vgl. zur Dreiteilung des Universums auch ebd., Lib. XIV,VIII, in PhN 45; MALEBRANCHE, De inquirenda veritate, Praefatio, in PhN 293. Malebranche hat seine Dreiteilung Gott/Geist/ Körper von Augustin und Descartes übernommen, vgl. EHRENBERG, Malebranche, 13, 45. Swedenborgs Trennung der Triaden von Gott als gleichsam viertem Prinzip oder etwa seine

gefäß Gottes in drei Graden, in die die Engel aus den drei Himmeln einfließen, denen wiederum drei Grade von Atmosphären entsprechen.

j) Zweck – Ursache – Wirkung

In diese Dreiteilung, die er schon vorvisionär ausgeprägt hatte,[276] transportiert Swedenborg seine utilitaristische Lehre von den Zwecken, Ursachen und Wirkungen, die er sich aus Aristoteles, Grotius, Wolff, Bilfinger und Leibniz notiert[277] und dann auf seine dreigegliederte Welt übertragen hatte, von der Gott einerseits streng getrennt, mit der er als lebensspendendes Prinzip aber zugleich eng verbunden ist. Zweck und Nutzen, die Basisbegriffe in den Teleologien von Aristoteles und Leibniz, werden in Swedenborgs Universum implantiert, der damit auch dem utilitaristischen Trend des 18. Jahrhunderts folgte.[278] Der (End-) Zweck *(finis)*, bei Wolff explizit *finis ultimus*,[279] geht vom Herrn selbst aus, die Ursache *(causa)* liegt in der Geisterwelt, die Wirkungen *(effectus)* in der natürlichen.[280] Beim Menschen liegt der Zweck entsprechend in der Liebe, das heißt in der Ausrichtung seines Willens, die Ursache in seinem Verstand und die Wirkung in der Tätigkeit seines Körpers.[281]

k) Reich der Zwecke

Bei Leibniz fand Swedenborg den Begriff des *règne des causes finales*, des Reichs der (End-) Zweck-Ursachen als einem vollkommen harmonischen Weltganzen, das von Ewigkeit her vom Schöpfer als beste aller denkbaren Welten geordnet ist und auf der Ebene der Seelenmonaden mit dem *règne des causes efficientes*, dem Reich der Wirk-Ursachen und Phänomene, parallel läuft und zugleich ineins fällt.[282] Leibniz' *causes finales* werden bei Swedenborg zu *fines*, das Reich der

---

vorvisionär vertretene Trennung der dreigeteilten Seele vom Körper entspricht vollauf dem von Reinhard Brandt untersuchten Ordnungsmuster 1, 2, 3/4, vgl. BRANDT, 1998.

[276] Vor allem in der *Clavis hieroglyphica* ist seine Unterteilung in himmlische, geistige und natürliche Wahrheiten bereits zu einem System von sich aufeinander beziehenden Korrespondenzen ausgebaut.

[277] Vgl. etwa ARISTOTELES, De animae motione, VI, in PhN 86; Physica II,V, in PhN 132, sowie II,VIII, in PhN 208; DERS., De anima, III,XII, in PhN 153; DERS., De generatione animalium, I,i (Bd. 3, wie oben Seite 342, Anm. 18), in PhN 214; DERS., Metaphysica, V,If., in PhN 215f.; WOLFF, Psychologia rationalis, §§ 679–688, in PhN 153f.; BILFINGER, Harmonia, § 259, in PhN 361.

[278] Zu Leibniz und Wolff vgl. THOMAS SÖREN HOFFMANN: Art. Zweck; Ziel 3. Neuzeit. In: HWPh 12 (2004), 1500–1502.

[279] Vgl. WOLFF, Psychologia rationalis, § 689, in PhN 154.

[280] Vgl. AC 5711, auch 5131 und Kap. 3.3.3., f).

[281] Vgl. Com 16f. und Kap. 3.3.4., g) und h).

[282] Leibniz an Dangicourt, 11.9.1716, Briefausgabe, (wie oben Seite 341, Anm. 7), Bd. 3, 284f., in PhN 276. Das Wortfeld Reich der (End-)Zweck-Ursachen und Reich der Wirk-Ursachen findet sich sonst nur noch in LEIBNIZ, Tentamina I, (wie Seite 341, Anm. 7), Nr. 74 und III, Nr. 247, in beiden Fällen als ausdrücklicher Parallelismus zwischen beiden Reichen. Diese Stellen hat Swedenborg trotz seiner ausführlichen Lektüre der *Theodizee* nicht exzerpiert. Die von Swedenborg kopierte Passage aus *Causa Dei* (Anhang IV zur Theodizee),

Zweck-Ursachen zum Reich der (End-)Zwecke, zum *regnum finium*, das mit dem Reich des Herrn, *regnum Domini*, gleichgesetzt wird und einer der zentralen Termini in Swedenborgs *Arcana coelestia* ist: „universum Regnum Domini est regnum finium et usuum".[283] Nutzwirkungen und Zwecke fallen hier bei Swedenborg ebenfalls zusammen, zwar nicht wie bei Leibniz auf der Ebene der Seelenmonaden, sondern als Reich des Herrn. Was im Reich des Herrn, dem *mundus spiritualis*, Nutzwirkung ist, ist zugleich auch Zweck, so ist es ein Reich der Zwecke.[284] Diese für Swedenborgs Lehre grundlegende Gedankenfigur ist auch im Hinblick darauf zu notieren, dass sie in einem anderen Zusammenhang dieser Studie, nämlich in dem Kapitel über die Moralphilosophie Immanuel Kants, wieder auftaucht.[285]

Die Liste der Themen, die Swedenborg in der deskribierenden und modifizierenden Auseinandersetzung mit seinen Rezeptionsquellen entwickelte, ließe sich weiter fortsetzen, wobei nicht außer Acht gelassen werden darf, dass er die Exzerpte interessegeleitet anfertigte und sie in einer eigenen Lesart modifizierte.[286]

4.2.11. Swedenborgs ‚Eintritt' in die Geisterwelt und Codex 36

Es liegt sehr nahe, nicht nur Swedenborgs Philosophie und Theologie im Kontext seiner rationalistischen Zeitgenossen zu betrachten, sondern auch seine Konstruktion der Geisterwelt als literarisches Produkt anzusehen. Auf diese Weise kann aber keinesfalls geklärt werden, wie Swedenborg in die Lage geriet, diese Welt auch zu ‚betreten', sich seiner Sinnlichkeit gewissermaßen zu entledigen und mit Geistern und Engeln zu kommunizieren. Er selbst stellte in seiner visionären Phase diese Gabe immer als eine außerordentliche Gnade Gottes dar und warnte vor Nachahmungsversuchen.[287] Swedenborg versteht die Öffnung der Geisterwelt exklusiv. Geister können im Gegensatz zu den Vermutungen mancher Zeitgenossen wie Erik Pontoppidan[288] und anders als in der spiritistischen Rezeptionsgeschichte Swedenborgs im 19. Jahrhundert nur dem Menschen erscheinen, der durch göttliche Offenbarung dazu befähigt wurde. Aus den Exzerpten im Codex 36 geht jedoch hervor, wie sich Swedenborgs Selbstverständnis

---

Nr. 46, in PhN 131, parallelisiert alle von Gott geschaffenen Dinge, auch die formalen Ursachen oder Seelen und die natürlichen Ursachen, mit materialen Ursachen oder Körpern, die „causae efficientes seu naturales" mit den „causae finales seu morales", das *regnum gratiae* und das *regnum naturae*.

[283] Vgl. Kap. 3.3.3., e).

[284] „Est enim regnum Domini, quod est mundus spiritualis, regnum usuum, et usus ibi sunt fines, ita est regnum finium." AC 9828.

[285] Vgl. Kap. 5.3.5., e).

[286] Vgl. JONSSON, 2004, 113.

[287] Vgl. z. B. Schreiben Swedenborgs an Landgraf Ludwig IX. von Hessen-Darmstadt, 18. 6. 1771, in: BENZ, 1947, 310f., sowie ebd., 157. Die Infragestellung der Exklusivität der Visionen Swedenborgs löste im 19. Jahrhundert vor allem in der US-amerikanischen New Church Konflikte und Schismen aus, als Personen auftraten, die sich selbst in Kontakt mit der Geisterwelt, ja sogar mit Swedenborg selbst wähnten; vgl. GABAY, 2005, 205–211.

[288] Zu Pontoppidan vgl. Kap. 5.1.2., c), cc).

durch die Auswahl und Gewichtung der Notizen in die Nähe eines Sehers entwickelte. Wenigstens die Möglichkeit der visionären Schau der ‚wirklichen' Welt
entnahm er der Literatur.

Bereits zu Beginn des Codex 36 und später noch ein zweites Mal notierte er
sich aus der *Theologie des Aristoteles* das vom lateinischen Übersetzer Platon zugeschriebene Vermögen des *intellectus contemplans*, der vom höchsten *intellectus*
hervorgebracht wurde und zum Höchsten, zum *mundus supremus*, aufsteigen
kann:

„Öfter, wenn meine Seele in Kontemplation den Körper verlassen hat, kam es mir vor,
das höchste Gut mit unglaublichem Vergnügen zu genießen. Ich hing gewissermaßen besinnungslos fest und erkannte mich selbst als einen gewissen Teil der höheren Welt, fühlte
mich mit Unsterblichkeit ausgestattet unter dem höchsten Licht, was weder durch Sprache ausgedrückt, noch von den Ohren wahrgenommen oder mit dem Denken erfasst
werden kann. Wenn der intellectus, durch diese Kontemplation ermüdet, schließlich zurück in die Phantasie fiel und darauf jenes Licht abnahm, wurde ich trauriger. Wenn ich
den Körper wieder einmal verließ und in diese [höhere Welt] zurückkehrte, traf ich die
ausgetretene Seele im Licht an und bald floss sie in den Körper ein, bald erhöhte sie sich
über ihn.“[289]

Wenn die Seele vom Körper gelöst werde, steige sie empor und werde erleuchtet.
Steige sie wieder herab, gerate sie in Dunkelheit, aber wenn sie danach gereinigt
sei, steige sie erneut empor.[290] Eben diese Stelle, die in mystisch-theosophischen
Kreisen des 18. Jahrhunderts offenbar wohlbekannt war,[291] zitierte Swedenborg
nicht nur in seinem während der visionären Wende entstandenen *Regnum anima-*

---

[289] „Ego saepius animo contemplans relicto corpore visus sum perfrui summo bono cum
voluptate incredibili. Quare haesi quodammodo attonitus, agnoscens me esse partem quandam superioris mundi, atque adeptum sentiens vitae immortalitatem, sub luce maxima: quae
neque oratione exprimi potest neque auribus percipi, neque cogitatione comprehendi. Tandem
vero hac contemplatione defessus intellectus, recidit in phantasiam, tumque illa luce deficien-
te, factus sum tristior. Rursus relicto corpore, eo reversus deprehendi animum tum abundan-
tem, huncque tum in corpus influentem, tum supra hoc excitatum.“ Lib. I,IV = Codex 36, 2,
in PhN 6f. und 178 [Übers. FS]. Vgl. zu dieser Paraphrase von Plotins Enneaden, Lib.
IV.8.1.1–13, Zimmermann, 1986, 138–140. Der lateinische Übersetzer bei du Val nennt als
Sprecher dieses Textes Platon [„Haec igitur Plato“], in den anderen Textüberlieferungen verhält es sich nicht so eindeutig. Die ursprünglichere Lesart lässt sich kaum feststellen, da kein
griechisches Original vorhanden ist und die anderen Handschriften voneinander abweichen,
vgl. ebd., 143–149.

[290] Vgl. Lib. I,IVf., in PhN 6f.

[291] Auch Friedrich Christoph Oetinger kannte diesen Text und zitierte ihn lateinisch in
seiner *Genealogie* aus der Übersetzung der *Theologie des Aristoteles* von Francesco Patrizi.
Er schrieb ihn Platon zu, der ein Schüler des Propheten Jeremia gewesen sei und sich damit
auf die „Zentralerkenntnis“ (wie Jakob Böhme) berufen habe, die Oetinger allerdings für sich
selbst nicht in Anspruch nahm: „Ich erkannte, dass ich ein Teil der höheren Welt bin und das
ewige Leben unter Mitwirkung eines unbegreiflichen Lichts erlangt habe. Aber als ich aus
Ermattung von diesem Betrachten der reinen Erkenntnis herabsank auf (die Stufe) der bloßen
Vorstellung, verließ mich jenes Licht.“ Übers. nach Friedrich Christoph Oetinger: Genealogie der reellen Gedancken eines Gottes-Gelehrten. Eine Selbstbiographie, hg. von Dieter Ising. Leipzig 2010, 91; Kummer, Autobiographie, 87 (hier das lateinische Zitat: „Agno-
vi, me esse partem mundi Superioris, adeptusque vitam aeternam sub luce incogatibili, sed
lassitudine delapsus ab ista contemplatione intellectus puri ad imaginationem, Lux illa me de-
seruit.“), sowie 169.

le. Auch eine Passage in den *Arcana coelestia* scheint darauf Bezug zu nehmen.[292] Im *Regnum animale* scheint Swedenborg bereits angedeutet zu haben, solche Erfahrungen selbst gemacht zu haben, die seit den *Arcana coelestia* entwickelte Theologie berief sich nun darauf, kontemplative und mit Offenbarung verbundene Erkenntnisgrundlagen infolge eines dauerhaften Visionszustandes zu besitzen.

Die Seele könne – so die *Theologie des Aristoteles* an anderer Stelle – nur durch Abwendung von den Sinnen Dinge erkennen, die niemals durch die Sinne wahrnehmbar seien. Durch die Steigerung der Kräfte seines *intellectus*, der dem göttlichen *intellectus* näher sei als alles andere, durch die Beruhigung seiner Sinne, durch Wissenserwerb mittels Kontemplation der *mens*, nicht durch Urteil aufgrund der Bilder und Zeichen, die eher „dialektisch" seien, könnten die Dinge in der höheren Welt erkannt werden.[293] Hier konnte Swedenborg lesen, dass eine *mathesis universalis* nicht durch logische Verfahren auf der Basis algebraischer Modelle möglich sei. Wenn man der plotinischen Kontemplationstheorie in ihrer arabisch-lateinischen Fassung folgte, war nicht durch empirische Erkenntnis, sondern nur durch die Aktivierung des göttlichen Kerns im Menschen auch übersinnliche Erkenntnis möglich.

Eine wesentliche Regieänderung auf diesem Weg bestand bei Swedenborg allerdings darin, dass er den mystischen Versenkungsmöglichkeiten ja gerade eine Absage erteilte, indem er eine Offenbarung behauptete, die vom *Dominus* selbst gewährt und nicht von ihm selbst durch kontemplative Exerzitien erreicht wurde. Was er in seinen Quellen las, war aber zunächst die Abkehr von der empirischen Wissenschaftsmethode – *experientia, geometria, facultas ratiocinandi*. Formal hielt er an diesen Kriterien fest, aber er schränkte die Erkenntnismöglichkeiten radikal ein, indem er den intelligiblen Bereich aus der ‚Fünf-Sinne-Empirie' explizit ausklammerte. Zugleich wies er die Möglichkeit der Erlangung höheren Wissens durch Kontemplation ja gerade ab, wenn er Offenbarung an deren Stelle setzte. Nach Antoine Faivres Kriterien[294] wäre Swedenborg selbst an dieser entscheidenden Stelle genau das Gegenteil eines Esoterikers, auch wenn er die Abkehr von der sinnlichen Welt, vom *amor sui et mundi*, als Bedingung für die Wiedergeburt beibehielt, die allerdings vom Herrn allein gewirkt werde.

Neben der *Theologie des Aristoteles* flankieren zahlreiche andere Notizen im Codex 36 die Notwendigkeit und Möglichkeit der kontemplativen Versenkung, die Swedenborg allerdings in ein durch Gott selbst gewährtes empirisches Betreten der *Arcana coelestia* akzentuierte. Die Massivität dieser theologischen und

---

[292] Vgl. AC 6201: „Daß der Mensch vom Sinnlichen weggeführt werden kann, war den Alten bekannt, weshalb auch einige von ihnen über diesen Zustand geschrieben haben." Möglicherweise hatte Swedenborg diese Stelle aus der *Theologie des Aristoteles* dabei im Blick. Vgl. auch den Hinweis von Acton in PhN 7.

[293] Lib. XII,XX; Lib. XIV,VIII, XIII, in PhN 44 f. (dort irrtümliche Quellenangabe). XIII: „Nemo vero potest ea quae in supremo orbe sunt, penitus intueri, nisi qui actus viribus intellectus, sensus composuit, quique assidua mentis contemplatione scientiam adeptus est, minime tamen per eas rationes quae ductae sunt a rerum imaginibus atque signis, quales sunt dialecticae." Dialektisch dürfte hier eher die Bedeutung von ‚diskursiv' haben: (im Disput) aushandelbar. Actons Übersetzungvorschlag: „die Dialektik" geht am Text vorbei.

[294] Vgl. FAIVRE, 2001, 15–23.

philosophischen Zeugnisse wird erst durch die Form der gezielten Zusammenstellung deutlich, die Swedenborg vornahm:

In Augustins *De quantitate animae* werden sieben aufsteigende Grade der Seele unterschieden. Der fünfte, sechste und siebente betreffen die Gotteserkenntnis.
Das Denken muss auf der Ebene des sechsten Grades von der Begierde und der
moralischen Unreinheit befreit werden, bevor beim siebenten Grad die Fülle von
Wahrheit und höchsten Gütern erlangt wird. Dieser siebente Grad ist darum nicht
eigentlich Grad, sondern Bleibe, wo man „alles unter der Sonne als Eitelkeit der
Eitelkeiten" betrachte. Zu dieser neuen Qualität gelange man nur durch die Erfüllung der sechs vorherigen Grade.[295]

Die pseudo-augustinische Schrift *De spiritu et anima* bescheinigt der rationalen Seite der Seele die Fähigkeit, durch die reine *intelligentia* aus der Ablenkung
durch die Sinne emporzusteigen und Gott zu erfahren. Der menschliche *intellectus* nehme unsichtbare Dinge wie Engel, Dämonen, Seelen und jeden geschaffenen
Geist wahr. Die *intelligentia* aber befinde sich direkt unterhalb von Gott und erkenne daher die unveränderliche und höchste Wahrheit selbst, während die
menschliche *ratio*, anders als Sinne und Einbildungskraft *(imaginatio)* durch ihre
Ähnlichkeit mit dem *intellectus*, der wiederum ein Abbild der *intelligentia* sei, zu
dieser höheren Erkenntnis befähigt werde.[296] Swedenborg resümierte aus diesen
Ausführungen: „Oberhalb der Vernunft gibt es göttliche Dinge."[297] Um zu dieser
höheren Erkenntnis zu gelangen, muss das eigene Selbst überwunden werden,
man muss sich innerlich und inwendig selbst übersteigen.[298] Swedenborg konnte
hier sein eigenes Konzept der Selbst- und Weltliebe, die gegen die Gottesliebe stehe und überwunden werden müsse, ohne weiteres vorfinden.[299]

Auch bei Malebranche, der, wie bereits notiert wurde, *De spiritu et anima*
kannte, müssen Sinne und die Einbildungskraft schweigen und die Dinge, die
nicht Gott sind, verlassen werden, wenn das Wort der Wahrheit gehört und eine
Annäherung an Gott vollzogen werden soll.[300] Alle abstrakten Wahrnehmungen
von allgemeinen und unveränderlichen Wahrheiten sind Produkte eines Geistes,
der vom Körper losgerissen ist, um sich Gott anzuschließen.[301] Der Geist des
Menschen ist *lumen illuminatum* und wird vom *lumen illuminans* erleuchtet.
Und um Gott zu sehen, muss man sterben. Aber je mehr sich die Seele des Körpers entledigt, desto näher gelangt sie zu einer Vereinigung mit der Wahrheit –
das ist Malebranches Antwort auf die radikale Transzendenz Gottes, die Mose in
Exodus 33,20 auf dem Sinai mitgeteilt wurde: „Mein Angesicht kannst du nicht
sehen; denn kein Mensch wird leben, der mich sieht."[302] Wie später Swedenborg

---

[295] Vgl. AUGUSTIN, De quantitate animae, XXXIII, in PhN 12 f.
[296] Vgl. Auszüge aus De spiritu et anima, I, II, XI, XII, in PhN 33–37.
[297] Vgl. PhN 37.
[298] Vgl. De spiritu et anima, Kap. XIV, in PhN 137 f.
[299] Vgl. Kap. 3.3.4., h).
[300] Vgl. MALEBRANCHE, De inquirenda veritate, Lib. IV,XI,I, in PhN 99.
[301] Vgl. MALEBRANCHE, De inquirenda veritate, Lib. V,V, in PhN 412.
[302] Vgl. MALEBRANCHE, De inquirenda veritate, Explicatio ad Lib. III,III,III, in PhN 416;
vgl. zu dieser Stelle auch ECKHOLT, Vernunft, 179 f.

hält auch Malebranche nur eine Annäherung an Gott durch die göttliche Wahrheit für möglich, nicht eine *unio mystica* oder eine Gotteserkenntnis, die dem sinnlichen Menschen möglich wäre.

Unter den Stichwörtern *Somnia/Insomnia* listete Swedenborg Belege aus der antiken Philosophie auf, so etwa die differenzierte Beurteilung von übersinnlichen Gaben, Träumen und Traumdeuterei bei Aristoteles, für den die „Erfahrung" für, die *ratio* aber gegen Visionen und Divinationen spricht.[303] Daneben finden sich Bruchstücke aus Platon, die Sokrates das göttlich verliehene Amt eines Wahrsagers zuschreiben[304] und Träume nur dann als von Gott geschickt ansehen, wenn die eigene Vernunft durch den Schlaf gefesselt oder durch eine Krankheit oder göttliche Verzückung verändert worden sei. Gott habe die *divinatio* mit der *dementia* verbunden. Swedenborg musste *dementia* freilich nicht nur als Unvernunft oder gar Wahnsinn, sondern konnte sie im Sinne seiner anthropologischen Triade als Abgerücktsein von der eigenen *mens* lesen, die den Menschen ja gerade vom göttlichen Einfluss abhält.[305] Bei Grotius fand Swedenborg die Vermutung Catulls, die sich dann in seiner eigenen Verfallsekklesiologie wiederfindet, dass den Menschen Visionen ursprünglich göttlich gegeben wurden, bis der Kontakt mit den Geistern infolge ihrer Sünden abbrach.[306] Nach den *Arcana coelestia* nahmen die Mitglieder der ersten, vorsintflutlichen „Ältesten Kirche" nicht sprachlich, sondern durch unmittelbare Perzeptionen und ein innerliches Atmen wahr, das den Denkvorstellungen vollkommener entsprach als die Wortsprache. Sie hatten zudem Gesichte *(visiones)* und Träume entsprechend den paradiesischen Vorbildungen.[307]

Schließlich notierte sich Swedenborg unter den Stichwörtern *Somnia, Insomnia* und *Correspondentia fabulosa et somniorum* zahlreiche Bibelstellen als Belege für Offenbarungen der Repräsentationen tatsächlicher Dinge.[308] Darunter finden

---

[303] Vgl. ARISTOTELES, De divinatione per somnum, I und II (Bd. 2, wie oben Seite 342, Anm. 18), in PhN 203: Es sei nicht einfach, Divinationen und Traumvisionen entweder zu glauben oder zu verdammen. Denn einerseits könne dem „gewöhnlich" auf Erfahrung *(experientia)* beruhenden Glauben aller oder der meisten Menschen, dass Traumvisionen eine Bedeutung hätten, eine gewisse *ratio* nicht abgesprochen werden. Dagegen spreche andererseits, dass kein rationaler Grund erkannt werden könne, wodurch eine Divination bewirkt werde. Die Fähigkeit der Traumdeutung durch das Erkennen von *similitudines* wird ausdrücklich gewürdigt.

[304] Vgl. PLATON, Apologia, 33C, (wie oben Seite 342, Anm. 17), in PhN 204: „Mir aber ist dieses, wie ich behaupte, von dem Gotte auferlegt zu tun durch Orakel und Träume, und auf jede Weise, wie nur je göttliche Schickung einem Menschen etwas auferlegt hat zu tun." [Übers. nach Schleiermacher].

[305] Vgl. PLATON, Timaios, 71E, (wie oben Seite 342, Anm. 17), in PhN 206. Susemihl übersetzt diese Stelle (aus dem Griechischen) so: „[...] daß Gott die Seherkunst wirklich mit dem bewußtlosen Teile der Menschenseele verknüpft hat, bietet der Umstand dar, daß keiner, der seines Bewußtseins mächtig, eines gottbegeisterten und wahren Seherspruchs fähig ist, sondern man zu dieser Befähigung nur entweder im Schlafe, wo also die Denkkraft gebunden ist, oder dann gelangt, wenn man durch Krankheit oder eine Art von Verzückung die Besinnung verloren hat [...]".

[306] Vgl. GROTIUS, De veritate, I,XVI, in PhN 204.

[307] Vgl. AC 1118–1122, 1850, 2243, 4493, 5113.

[308] Num 12,6; Mt 1,20; 2,12 f.19, in PhN 204; Gen 37,7.9; 40,1–8; Jdc 7,13 f.; Dan 2; 4; 7; 8; Jer 1,11–13; Ez 1, in PhN 477–480.

sich einige Passagen, die auf die Exklusivität von personengebundenen Offenbarungen abzielen und die Singularität der Offenbarungen, die Swedenborg später für sich selbst in Anspruch nahm, unterstreichen konnten, wenn er sie auf sich selbst bezog. Allein dreimal schrieb er sich 2. Korinther 12,2–4 heraus, wo Paulus seine eigene Entrückungserfahrung dokumentiert:

„Ich weiß von einem Menschen in Christus, dass er vor 14 Jahren [– ob im Leib, weiß ich nicht, oder außer dem Leib, weiß ich nicht; Gott weiß es –] dass dieser bis in den dritten Himmel entrückt wurde. Und ich weiß von dem betreffenden Menschen [– ob im Leib oder außer dem Leib, weiß ich nicht; Gott weiß es –] dass er in das Paradies entrückt wurde und geheime Worte *(arcana verba)* hörte, die auszusprechen einem Menschen nicht zusteht [...].“[309]

Die in eckigen Klammern gesetzten Stellen, an denen Paulus seine Unsicherheit hinsichtlich der Entrückung aus dem (oder mit dem?) Leib ausdrückt, notierte Swedenborg auffälligerweise nicht. Immerhin behauptete er später, ohne Leib, also nur mit seinem inneren, ,geistigen' Sinn in den *mundus spiritualis* gelangt zu sein.

In einer Parallele zur Person Swedenborgs erscheint auch Paulus' Insistieren auf seinem Status als Offenbarungsträger in 1. Korinther 15,8: „Zuletzt aber von allen, gleichsam als einer unzeitigen Geburt, erschien er auch mir.“[310]

Den Beleg für die Möglichkeit einer exklusiven Offenbarung scheint Swedenborg auch bei Leibniz gefunden zu haben, der Abaelard, Gilbert de la Porrée, Wyclif und andere Gelehrte betrauert, die sich in die „Erklärung von Mysterien“ versenkt und sich dadurch „Unannehmlichkeiten“ zugezogen hätten. Augustin sei hingegen nicht verzweifelt und habe solche Erklärungen nicht von sich erwartet, sondern von einem noch kommenden „heiligen Mann“, der von einer „ganz besondere[n] Gnade“ erleuchtet ist.[311]

Dass Leibniz hier auch auf Luthers Schrift *De servo arbitrio* hinwies, der die Erkenntnis des Geheimnisses der Prädestination der „himmlischen Akademie“ vorbehalten habe, exzerpierte Swedenborg nicht – Zeichen für seine offenbar zu dieser Zeit schon vorhandene Abneigung gegen die lutherische Theologie der schwedischen Reichskirche, aber auch gegen die von Leibniz erwähnte Prädestinationslehre.

Schon während seiner 1744 im *Traumtagebuch* niedergeschriebenen Visionen sah sich Swedenborg in Gedanken als einen Mann, der von anderen als Heiliger betrachtet und gar angebetet wurde,[312] und kurz zuvor hatte er ebenfalls von

---

[309] Vgl. PhN 430, hier kopierte Swedenborg bis Vers 7; kürzere Auszüge in 231 f., 377.
[310] Vgl. PhN 429. Mt 5,8 ebd.: Selig sind, die reinen Herzens sind, denn sie werden Gott schauen. Dort auch Mt 11,27; 2Kor 4,6.
[311] LEIBNIZ, Tentamina, De conformitate fidei cum ratione, Nr. 86 f., in PhN 49 f.; AUGUSTIN, De genesi ad litteram, Lib. XI,4.
[312] Vgl. TTB, 23 (7./8. April 1744). Er hielt diese Anbetung seiner eigenen Person aber für eine verdammenswerte Sünde. Nur Christus allein, „in dem alle Göttlichkeit vollkommen wohnt“, dürfe angebetet werden. „Er ist allmächtig und der einzige Mittler (mediator); was Er um anderer willen tut, die heilig geworden sind, ist sein und nicht unser (Verdienst oder Werk) [...].“ Die Wörter in der Klammer sind Textvarianten des Übersetzers.

„unserem Zeitalter" einen genialen Mann von vollkommener Intelligenz erwartet, der empirisches Wissen mit einem von Dogmatismus und Ignoranz gereinigten Rationalismus verbände.[313] Für Swedenborg kulminieren Paulus, Augustin und die Bibel mit ihren Traumzeugnissen in ihm selbst.

Mit diesen Zitaten über die Möglichkeit der Kontemplation und des Einstiegs in die höhere Welt gehen von Beginn des Codex 36 an Auszüge aus der Literatur und der Bibel einher, die die Weisheit der Welt und die Philosophie kritisieren und die polemische Alternative einer wahren und falschen Weisheit aufmachen. Die wahre Weisheit wird hier im Anschluss an die Wahrheit des Kreuzes aus dem 1. Korintherbrief christologisch akzentuiert und kann als Vorstufe für seine Christusvision angesehen werden. Sie wird von Gott gewährt und durch kein Weltwissen und keine Philosophie erlangt, so der Grundtenor der zahlreichen Zitate aus der Bibel vor allem des Neuen Testaments.[314]

An vielen Stellen wird ferner deutlich, dass sich Swedenborg mitten im Jahrhundert der Empirie befand. Nicht nur im Zuge seiner intensiven Forschungen über die experimentierende Anatomie, sondern auch in Theologie und Philosophie verband Swedenborg Empirie und göttliche Offenbarung frühzeitig miteinander. Man brauche, um die Weisheit zu erlangen, so Swedenborg schon am Anfang seines Exzerptbuches, „Wissenschaft oder Erkenntnis des Guten und Wahren". Für diese Erkenntnis sei aber „Erfahrung" nötig. Und Weisheit richte sich zugleich auf Nutzen *(usus)* und auf die Zwecke *(fines)*: die niedrigste Weisheit betreffe nur den eigenen Nutzen, eine größere ziele auf den Nutzen für die Gesellschaft ab, die größte Weisheit aber betreffe die Ehre Gottes *(gloria Dei)*.[315]

Sein Interesse am Empirismus John Lockes hatte Swedenborg bereits in der *Oeconomia regni animalis* dokumentiert und schon hier die von Locke nur rein spekulative Gleichsetzung der intuitiven Erkenntnis mit der Erkenntnis von Engeln und den Seelen verstorbener gerechter Menschen übernommen. Swedenborg hatte diese hypothetische Äußerung durch den Hinweis ergänzt, dass es durch „Divination" möglich sein müsse, intuitive Erkenntnis zu erlangen.[316]

Anknüpfend an diese Äußerungen konnte Swedenborg unter Berufung auf Locke Empiriker und Mystiker zugleich sein.[317] Swedenborg meinte ja gerade,

---

[313] Vgl. SWEDENBORG, Soul and Harmony, wie oben Seite 354, Anm. 96, 55: „Already she awaits from our age a man of genius, trained by experiments, disciplined by the sciences and study, and possessed of the faculty of searching out causes, of pursuing the argument by connections, and of making determinate conclusion according to the series; to whom, in our day, as I think, she will betroth herself; and I prophesy that she will then yield to the darts of love and join him in covenant and in bed."

[314] 1Kor 1,20; 3,20, in PhN 4; 1Tim 6,4; Röm 1,22; 16,19.27; 1Kor 1,18–20.25.30; 1Kor 3,10. 14f.18–20; Jak 1,5f.; 3,17f.; Apk 13,18, in PhN 108f.; Kol 2,4.8.18; Jud 10, in PhN 395; 2Kor 10,4f., in PhN 431; Prov 2,3–6; 3,5–7; 26,12; Weish 6,12–15; 7,28; 1Kor 1,19–21; 3,19; 2Tim 3,17, in PhN 504–506.

[315] Vgl. PhN 109f. („scientia, seu cognitio veri et boni"). Kurz zuvor hatte er aus Malebranche zusammengefasst, wer Aristoteles und Plato lese, treibe eine „Wissenschaft und Philosophie der Erinnerung", nicht der „Seele". Vgl. Konspekt aus: MALEBRANCHE, De inquirenda veritate, II,II,V, in PhN 109.

[316] Vgl. Kap. 2.4.1., a), bb).

[317] Vgl. auch LAMM, 1922, 34.

die von Locke gesetzte Kluft zu einer Intuition, die mit der Erkenntnis der Engel gleichgesetzt wird, durch seine persönliche Schau der Geisterwelt überwunden zu haben. In dieser Grenzüberschreitung dürfte Swedenborgs ‚Offenbarungsempirismus' zu sehen sein, ein Empirismus, der jenseits der Spekulation auf bloßer, mit intuitiv gewährter, nicht erlangter Erkenntnis verbundener Erfahrung zu beruhen behauptete und der die bei Locke erwähnten Engel und Seelen schlichtweg in den Horizont des Erfahrenen, nicht nur des Erfahrbaren, einschloss. Intuitive Erkenntnis ist schließlich auch für Swedenborg nicht denkbar. Zu ihrer allerdings nicht nachprüfbaren und auch nicht intersubjektiven Quelle erklärte er lapidar göttliche Offenbarung.

Am Ende des Codex 36, an der Schwelle zu seinem visionären Lebensabschnitt, fasste Swedenborg diese verschiedenen Perspektiven zusammen und ließ sie in einer empiristisch akzentuierten Kritik an der rationalistischen Metaphysik und damit in der Selbstkritik an seinem bisherigen Forschungsansatz kulminieren: Wer „von uns" wisse schon, was ein *conatus* außerhalb der Bewegung, was ein Wille jenseits der *actio*, was die Einbildungskraft *(imaginatio)* und das Denken *(cogitatio)* außerhalb der *sensatio*, was einfache Substanzen ohne die zusammengesetzten seien, wer wisse, was die Seele außerhalb ihres Reichs im Körper und ihren Operationen in den Organen bedeute?[318] Alle Worte, die allgemeine universale Vorstellungen bezeichneten, wie etwa Sonne, Luft, Mond, Stern, Himmel, Chemie, Geometrie, magnetische Kraft, *spiritus, anima, mens, animus,* Körper, seien eitel und leer, wie ein „kleines Chaos". Solange ihre verborgenen Qualitäten *(qualitates occultae)* nicht durch emsige Anschauung *(intuitio sedula)* und Berührung *(tactus)* erforscht würden, seien sie verworrene Bilder.[319] Bisher habe es nicht an Arbeit über die Seele gefehlt, der entscheidende Mangel habe aber seit Platon und Sokrates in der Methode bestanden. Diese sei Quelle des Irrtums gewesen. Man sei bisher auf synthetischem Weg oder *a priori* vorgegangen, von der Höhe abwärts, vom Himmel zur Erde. Dabei handele es sich aber um den Weg der Seele, der Engel und Gottes, nicht der Menschen, die über eine Leiter aufsteigen müssten, um durch Erfahrung zu den Prinzipien, vom Sichtbaren zum Ungesehenen und vom Sinnlichen zum Verborgenen zu gelangen. Bisher habe man durch bloße Abhandlungen Fabeln darüber ersonnen, wo die Seele sich befinde, worin ihre Gemeinschaft mit dem Körper bestehe, wie der *influxus* verlaufe, ohne zu wissen, was Seele und Körper wirklich sind. Aber jetzt

„stehen wir vor der Schwelle, um die Natur des Palastes und des heiligen Gebäudes zu erkunden, das darin liegt, wenn es Wege gibt, die dorthin führen. Aber wir können es niemals herausfinden, es sei denn, wir treten ein. Nun ist die Zeit erstmals reif, denn die Erfahrung in anatomischen Dingen ist reichlich."[320]

---

[318] Vgl. PhN 494 f.
[319] Vgl. PhN 505 f. Diese Reflexion schrieb Swedenborg im Anschluss an die in Anm. 314 genannte Liste von Bibelstellen, die unter dem Thema „Weisheit" zusammengetragen wurden und die wahre (göttlich geoffenbarte) Weisheit der falschen Weisheit „der Welt" gegenüberstellen.
[320] PhN 493 f. = Codex 36, 264 f. Das Zitat dieser Stelle bezieht sich auf die englische Übersetzung Actons. Offenbar handelt es sich um eine Skizze von Swedenborgs Vorwort zum 1. Band des *Regnum animale*.

Diese Schwelle zur Empirie und zum ,Betreten' der apriorischen Begriffe des Rationalismus bezeichnet den Beginn der Visionen und den Abbruch der Arbeit an einem Werk, das sich über viele Jahre hinweg der menschlichen Physiologie und Psychologie verschrieben hatte, um auf diesem Wege die Unsterblichkeit der Seele für die Sinne nachweisen zu können.[321] Dies war Swedenborgs langjähriges, erstmals explizit 1734 in *De infinito* fixiertes wissenschaftliches Programm gewesen. Es führte ihn von der Naturphilosophie und Anatomie weg und machte ihn zu einem ,Offenbarungsempiristen', der in das apriorische, nunmehr neuplatonisch modifizierte System selbst einzudringen meinte, das er bei seinen rationalistischen Zeitgenossen herauslas. Swedenborgs „need for a holistic view cannot be stopped at the frontiers of science".[322] Der Beweis für die ganzheitliche Struktur des Universums war für ihn nur empirisch zu erbringen, durch den Eintritt in jene Welt, die er von Platon und Augustin über den in der *Theologie des Aristoteles* modifizierten Neuplatonismus bis hin zu Leibniz, Malebranche[323] und anderen gelehrten Zeitgenossen literarisch rezipiert hatte.

4.2.12. Resümee

Swedenborg markierte das Ende seiner rein ,wissenschaftlichen' Suche nach der Seele im Körper mit seiner Grundkritik an Rationalismus und Apriorismus. Er ergänzte und überwand sie durch eine originelle Kombination aus Empirie, Kontemplation und Offenbarung. Inge Jonsson hat diesen Versuch, Rationalismus und Empirismus zu vereinen, als Vorboten von Immanuel Kant mit allen Konsequenzen, die zur synthetischen Philosophie der Romantik führten, interpretiert.[324] Beide – Kant und Swedenborg – wären dann als Varianten einer empiristisch akzentuierten Rationalismuskritik zu betrachten.

Swedenborg kompilierte seine Lektüre der zeitgenössischen und antiken Philosophie und Augustins, nicht des ,lutherischen' Augustin der Sünden- und Rechtfertigungslehre, sondern des neuplatonisch modifizierten Augustin der Seelenlehre, wie er ihn auch bei Descartes, Malebranche und Leibniz vorfinden konnte. Neben den Anstößen des im Ursprung plotinischen, arabischen Pseudo-Aristoteles und des mittelalterlich-mystischen Pseudo-Augustinus kann nicht genug auf seine exorbitante Bibellektüre hingewiesen werden, mit der er seine Thesen bereits vor seiner visionären Wende flankierte. Auffällig ist, dass Swedenborg im Codex 36 – und auch später nur marginal – kein einziges explizit theologi-

---

[321] Vgl. Kap. 2.3.3., b).

[322] JONSSON, 2004, 251.

[323] Gerade bei Malebranche, der als einer der wichtigsten Autoren für das Verständnis Swedenborgs anzusehen ist, lässt sich der Übergang von einer Philosophie als Wissenschaft vom Menschen zu einer Wissenschaft von Gott feststellen. Das Wort Gottes, das in der Bibel als übernatürliche Offenbarung fixiert ist, wird als reines Wort und als körperlich-sinnliches Wort vernommen. Die Synergie der wirklichen Ursächlichkeit Gottes und der okkasionalen des Menschen wirkt erst „durch die den unendlichen Abstand zwischen Gott und Menschen aufhebenden Vermittlungsinstanzen des inkarnierten Gottes und der philosophischen Rede". Vgl. EHRENBERG, Malebranche, 126, sowie 153, 199.

sches Buch zur Kenntnis nahm, obwohl er eine strukturierte Theologie entwickelte. Lediglich der möglicherweise aus seiner Leibniz-Lektüre stammende Titelhinweis auf Petersens *Mysterion Apokatastase hos Panton*[325] findet sich. Aber gerade die origenistische und in der Leibniz-Zeit von Petersen wiederbelebte Allversöhnungslehre lehnte Swedenborg bei seinem strengen Insistieren auf der menschlichen Freiheit ja ab. Eher schloss er sich der bei Leibniz zitierten Legende von Makarios dem Ägypter an, der Teufel – der für Swedenborg als Person allerdings nicht existiert – und die Verdammten hassten Gott geradezu freiwillig, und dieser Zustand werde ewig anhalten.[326]

Neben der Bibel rezipierte Swedenborg vor seiner visionären Wende fast ausschließlich philosophische Autoren. Möglicherweise erst, als er infolge seiner *Arcana coelestia* angegriffen und gegen einige seiner Anhänger in Schweden ein Disziplinarverfahren eröffnet wurde, beschäftigte er sich offenbar auch mit theologischer Literatur und ließ sie in sein Spätwerk einfließen. Zuvor dürften seine Kenntnisse über Theologie, Christologie und Prädestinationslehre aus Leibniz' *Theodizee*, Grotius, Malebranche, Augustin und anderen Quellen abgeleitet worden sein. Aus dem Codex 36 ist ersichtlich, dass er bei seiner Lektüre dieser Autoren von theologischen, philosophischen Fragestellungen geleitet wurde, die einen Übergang in die Geisterwelt erkennen lassen.

Signifikant ist auch die Tatsache, dass Swedenborg Elemente des Esoterischen Corpus nach Faivre[327] wenigstens in der letzten Phase vor seinen Visionen literarisch nicht rezipiert hat. Weder das Corpus Hermeticum selbst noch Böhme, Paracelsus oder kabbalistische Schriften haben sich auf dem Weg einer nachweisbaren literarischen Rezeption in Swedenborgs Geisterwelt niedergeschlagen, auch wenn manche Autoren solche Traditionen bei Swedenborg wiedererkannt haben wollen.[328] Vor allem die Herkunft des *maximus-homo*-Motivs lässt sich darum nicht ganz einfach beschreiben, obwohl die Hinweise, die Swedenborg in den Exzerpten des Codex 36 vorlagen, auch ohne die Annahme zusätzlicher kabbalistischer Quellen in die Richtung der Figur des Großen Menschen weisen. Es

---

[324] Vgl. JONSSON, 2004, 276.

[325] JOHANN WILHELM PETERSEN: Mysterion Apokatastase hos Panton. Das ist: Das Geheimniß Der Wiederbringung aller Dinge, Darinnen In einer Unterredung zwischen Philaletham und Agathophilum gelehret wird, Wie das Böse und die Sünde solle auffgehoben und vernichtet; Hergegen die Creaturen Gottes, durch Jesum Christum, Den Wiederbringer aller Dinge, errettet werden. Pamphilia 1700. LEIBNIZ, Tentamina I, Nr. 17 (in PhN 382), erwähnt neben anderen Vertretern der *Apokatastasis* diesen Titel von Petersen ohne Namensnennung. Zu Petersens kosmischer Erlösungstheorie vgl. WILHELM SCHMIDT-BIGGEMANN: Philosophia perennis. Historische Umrisse abendländischer Spiritualität in Antike, Mittelalter und Früher Neuzeit. Frankfurt a. M. 1998, 573–584.

[326] Vgl. LEIBNIZ, Tentamina III, Nr. 271, in PhN 386. Leibniz verweist weiter auf JOHANN FECHT: Consideratio status damnatorum, quod actiones ipsorum, imprimis malas, concernit. [u. a.] Francofurti; Spirae 1684.

[327] Vgl. FAIVRE, wie oben Seite 344, Anm. 34.

[328] So vor allem von Kant, der ein Kapitel seiner gegen Swedenborgs *Arcana coelestia* gerichteten *Träume eines Geistersehers* mit „Antikabbala" überschrieb, ohne darin allerdings (erstaunlicherweise) auf spezielle kabbalistische Motive oder Literatur einzugehen. Vgl. dazu Kap. 4.3.2., d).

bleibt eine Hypothese, dass sich Swedenborg bei der Konzipierung der Geisterweltlehre an eine Figur erinnert hat, die ihm in seiner Jugendzeit vermittelt worden ist. Historische und literarische Nachweise dafür lassen sich nicht erbringen.[329] Swedenborgs System erweist sich daher zuerst als Nebenprodukt nicht
einer speziellen esoterischen Tradition, sondern der rationalistischen und neuplatonischen Philosophie und der Naturforschung des 17. und 18. Jahrhunderts.
Swedenborg knüpfte nicht nur an die dem Esoterischen Corpus entstammen-
den Implikate seiner rationalistischen Autoren an, sondern vollzog seine Wende
bei der Beschäftigung mit einem ihrer zentralen Themen: dem *commercium corporis et animae*.[330] Der Rationalismus fungierte dabei als Verbindungsglied zwischen der visionären und vorvisionären Phase.[331] Wenn man die Überordnung
der göttlichen Vernunft über den göttlichen Willen als ein Charakteristikum der
rationalistischen Philosophie ansehen möchte, müsste Swedenborg in dieser Hinsicht ebenfalls als Rationalist bezeichnet werden.[332] Schließlich bleibt die demonstrative Methode der Darstellung seines Systems in der rationalistischen Vorgehensweise formal durch den Aufbau des Werkes in Paragraphen, inhaltlich
durch die Aufstellung von Thesen, die sich aufeinander beziehen und in Unter-
thesen belegt und bekräftigt werden, durchweg behaftet.[333] Der wesentliche Unterschied besteht freilich in der empirischen Basis, die sich eben gerade nicht
mehr nur aus ‚wissenschaftlich‘ eruierten Fakten oder metaphysischen Spekulationen über die menschliche Physiologie und Psychologie speist, sondern aus einer Offenbarung, die exklusiv gewährt wird und die thetischen Reihungen eines
in sich geschlossenen Systems gleichsam auf ‚himmlisch‘ zu zementieren bestrebt
ist. Die empirische Basis der vorvisionären Phase hatte demgegenüber auf der *experientia* und den Forschungsergebnissen zeitgenössischer Autoritäten beruht.
Eigene Forschungen, etwa durch die Teilnahme an Sektionen für die Hirnforschung, hatte Swedenborg nicht unternommen. Er musste sich daher auf die *observationes* fachlicher Autoritäten beziehen.

---

[329] Vgl. dazu insgesamt Kap. 4.3.2.

[330] Jonssons Grundthese besagt, dass Swedenborg „must be studied in the light of the seventeenth-century tradition, his own age, and classical antiquity; and no theories of esoteric
sources should be advanced until this intellectual environment has been exhaustively studied".
Vgl. JONSSON, 2004, 19. Jonssons Zurückhaltung gegenüber dem katalysierenden neuplatonischen Einfluss der *Theologie des Aristoteles* bezieht sich auf die Beobachtung, dass Swedenborg eine modifizierte Emanationstheorie erst in seine nachvisionäre Theologie und Philosophie integrierte. Die *Theologie des Aristoteles* wie auch *De spiritu et anima* spielen in Jonssons
Untersuchung, die sich vorwiegend auf das vorvisionäre Schöpfungsdrama *De cultu et amore
Dei* bezieht, daher konsequenterweise eine nicht überschätzte Rolle.

[331] Vgl. LAMM, 1922, 121–125.

[332] Vgl. EHRENBERG, Malebranche, 68; LAMM, 1922, 277, 300 f.; JONSSON, 1999, 59 f., 191;
LEIBNIZ, Metaphysische Abhandlung, Nr. 3, 16, 31. Zur Unterordnung von Gottes Allmacht
unter seine Ordnung bei Swedenborg vgl. Kap. 3.3.2., g).

[333] BERGQUIST, 2005, 141 f., erblickt in dieser Adaption der Wolffschen demonstrativen
und mathematischen Methode bei Swedenborg geradezu eine „spirituelle Mathematik". Die
immer wiederkehrenden Definitionen häufiger Begriffe münde in ermüdenden Wiederholun-
gen. Swedenborg entwickele seine Gedanken oft geometrisch, mit proportionalen Analogien.

An deren Stelle traten nach 1745 Engel und Geister. Swedenborgs Weltsicht wurde letztlich durch das Votum von Geistern und Engeln ‚wahr'. Und diese himmlisch gewährte Wahrheit setzte Swedenborg mit einem radikalen Aufklärungsanspruch ineins. In seinem Spätwerk beschrieb Swedenborg eine Vision, in der ihm ein Tempel erschien, dessen Torbalken das Motto trug: *Nunc licet.* Nun ist es erlaubt, einzutreten und „verstandesmäßig in die Geheimnisse des Glaubens einzudringen".[334] Dieses Motto liest sich wie die Erfüllung des fast 25 Jahre zuvor aufgestellten Programms:

„[...] Aber wir können es niemals herausfinden, es sei denn, wir treten ein. Nun ist die Zeit erstmals reif, denn die Erfahrung in anatomischen Dingen ist reichlich."[335]

Nicht nur mit seinem Beharren auf Empirie befand sich Swedenborg mitten im Konzert seiner aufklärerischen Zeitgenossen, er verstand sich auf dem brisanten Themenfeld des Verhältnisses zwischen Glaube und Vernunft selbst als radikaler Aufklärer, auch wenn er diesen Anspruch durch okkulte Jenseitsschau einzulösen meinte, ohne jedoch das Primat der Vernunft dabei zu unterminieren.

Vor seiner biographischen Wandlung zum Geisterseher hatte Swedenborg versucht, durch eine Konnotation zwischen dem Apriorismus der rationalistischen Philosophie und den Ergebnissen der ‚wissenschaftlich' verfahrenden Physiologie die Unsterblichkeit der Seele empirisch nachzuweisen. In seiner visionären Phase wandte er sich von diesem Erkenntnisweg ebenso ab wie von der seiner Ansicht nach „leeren" Begriffsbasis der Rationalisten. Swedenborgs Programm, vom Reich der Natur in das Reich Gottes, von der Naturphilosophie in die Theologie überzugehen, lag bereits in der *Oeconomia regni animalis* vor,[336] lange vor dem biographischen Bruch und dem ersten Band der *Arcana coelestia.* Dieses andere Reich war mit den bisherigen Mitteln der *experientia* nicht zu erreichen. Mit dem ‚wissenschaftlichen' wurde nun ein visionärer Empirismus verbunden und der vorgefundene, so verstandene Rationalismus wurde in ein modifiziertes neuplatonisches System transformiert. Aber Swedenborg ließ seinen Mechanizismus und Cartesianismus nicht völlig fallen. Die äußere Kontinuität seines Forschungsprogramms spricht gegen einen radikalen Bruch in Swedenborgs wissenschaftlicher Biographie. Dass sein theologisches Werk diesem Programm und den rationalistischen Denkstrukturen durchweg verhaftet blieb, ist ebenfalls ein Indiz gegen diese Annahme.[337] Für einen Bruch spricht dagegen ohne Zweifel Swedenborgs Wandel zur ‚Offenbarungsempirie'. Eine Beschreibung der holistischen Architektonik des *mundus spiritualis* war für den Empiriker Swedenborg nur empirisch zu leisten, nicht als Phantasie oder (empirisch) unbegründete Spekulation.

In Nicolas Malebranche hatte Swedenborg einen Philosophen vor Augen, der schon mehr als eine Generation vor ihm das disparate Verhältnis zwischen Theologie und Philosophie, Glaube und Vernunft, Gott und Welt durch einen ‚mystischen' und zugleich christozentrischen Zugang und durch eine Theologie, die ex-

---

[334] VCR 508.
[335] Vgl. Swedenborgs Skizze zum Vorwort des *Regnum animale* im Codex 36, PhN 493 f.
[336] Vgl. Kap. 2.4.1., a), ll).
[337] So bereits LAMM, 1922, 121; JONSSON, 1999, 21.

plizit an Augustin angelehnt war, zu harmonisieren versucht hatte, ohne dabei seine cartesische „Besonnenheit" aufzugeben.[338] Swedenborg hat sich von Malebranche und den mit ihm verbundenen philosophisch-theologischen Ansätzen bei seiner Entwicklung von der mechanistischen Mystik seiner Naturphilosophie in den von Engeln und Seelen-Geistern bewohnten *mundus intelligibilis* inspirieren lassen, wobei das ‚wissenschaftliche' und das ‚rationalistische' Element auch seine Geisterwelt in gravierender Weise beherrscht. Friedrich Christoph Oetinger und später der Schelling-Schüler Karl Christian Friedrich Krause haben diesen Zusammenhang offenbar nicht grundlos erkannt, als sie Malebranches und Swedenborgs „irrdische" Philosophie parallelisierten.[339]

Swedenborgs Weg von der Naturforschung und Kosmologie über die Anatomie, Psychologie und rationalistische Philosophie in die Geisterwelt und seine ‚Offenbarungsempirie' ist in vielerlei Hinsicht literarisch rekonstruierbar. Die fraglichen Versenkungen, Kontakte, Beobachtungen und Gespräche in der Geisterwelt entziehen sich selbstverständlich der wissenschaftlichen Analyse.[340]

---

[338] Vgl. ECKHOLT, Vernunft, 130, 290–296; JONSSON, 2004, 40: „Malebranche's symbolism bears the hallmark of Cartesian sobriety and not that of some sensual warmth or delight in detail, which can be partly explained by the points of origin. Malebranche's faith in God is primary, and his philosophy is inspired by theology, while Swedenborg begins in natural philosophy und from there approaches his prophetic mission."

[339] Krause stellte Swedenborg und Malebranche im Vorwort seiner 1832 in München erschienenen Schrift *Geist der Lehre I. Swedenborgs* als Vertreter von „spiritualistischen und idealistischen dogmatischen Systemen" nebeneinander, zitiert nach FRIEDEMANN HORN: Schelling und Swedenborg. Ein Beitrag zur Problemgeschichte des deutschen Idealismus und zur Geschichte Swedenborgs in Deutschland. Zürich 1954, 129.

[340] Vgl. auch ZWINK, 2005, 201: „Es gehört zur wissenschaftlichen Redlichkeit, dass paranormale Phänomene nur phänomenologisch erörtert werden."

4.3. Kontexte

4.3.1. Grundentscheidung: Kontexte statt Quellen

Die Grundzüge des Fundaments der Theologie und Geisterweltlehre Swedenborgs sind vor dem Hintergrund der Exzerpte des Codex 36 rekonstruierbar. Unbestritten ist eine ganze Reihe von Motiven und Segmenten aber nicht ohne weiteres aus diesen Notizen ableitbar. Vor allem die verfallsgeschichtliche Konzeption eines Nacheinanders von fünf Kirchen, Swedenborgs Planetenbewohner, die
himmlische Ehe und seine spezielle Christologie besitzen, sofern sie nicht als
gänzlich selbst entwickelte literarische Produktionen angesehen werden, offenbar
keinen direkten Anschluss in den vorliegenden Exzerpten oder in der Literatur,
die sich nachweislich in seiner Bibliothek befand.

Swedenborg selbst hat auf eine über seinen Anhänger Gabriel Beyer vermittelte Anfrage 1767 brieflich mitgeteilt, er habe vor der an ihn ergangenen Offenbarung der himmlischen Geheimnisse aufgrund eines (himmlischen) Verbots weder
Jakob Böhme noch dogmatische oder systematisch-theologische Literatur überhaupt zur Kenntnis genommen, um sich keine Irrlehren anzueignen, die er später
dann nur schwer ablegen könne.[1] Dies kann man hinnehmen oder nicht. Zweifel-
haft ist Swedenborgs Information aber wenigstens im Blick auf seine ausführlichen Exzerpte aus den Werken Malebranches, Leibniz', der *Theologie des Aristoteles* und Augustins, die durchweg theologische Themen enthalten, auch wenn sie
eher der philosophischen als der theologischen Literatur zuzuordnen sind.

Wenn neben der Literatur, die Swedenborg nachweislich gekannt hat, nach
weiteren Quellen gesucht wird, dann ist zu berücksichtigen, dass ohne einen rezeptionellen Beleg lediglich motivische Vergleiche und Vermutungen angestellt
werden können. In der Swedenborgforschung sind auf der Basis solcher Vergle-
che aber vielfach literarische Traditionen hergestellt und für Swedenborg behauptet worden, die durch Quellenbelege für eine Rezeption nicht gestützt sind.

Forscher wie Ernst Benz haben von vornherein darauf verzichtet, literarische
Interdependenzen nachzuweisen. Hier ist es bei rein phänomenologischen Vergleichen mit Böhme, van Helmont, Johann Arndt oder Joachim von Fiore geblie-

---

[1] Vgl. ACTON, Letters and Memorials II, 630; TAFEL, Documents II, 260f. JONSSON,
1969, 239. Nach der Erwähnung Böhmes findet sich ein unausgeschriebenes „L", das in der
Swedenborgforschung gewöhnlich als Abkürzung für den englischen Böhmisten William Law
gelesen wird. Ein anonymer Rezensent, der auf diesen Brief Bezug nahm, vermutete allerdings
dahinter Johann Caspar Lavater – eine in Anbetracht von Lavaters Alter wohl kaum zutref-
fende These, die sich der Polemik der (Berliner) (Spät)-Aufklärung zu verdanken scheint. Vgl.
Berlinische Monatsschrift 1788, Bd. 1, 4–37, hier: 23.

ben, die aber insgesamt auf die Behauptung einer motivgeschichtlichen Tradition abzielen.[2] Auch die ältere Arbeit von Martin Lamm begnügt sich mit der bloßen Vermutung, Swedenborg habe Böhme über einen (unbewiesenen) Kontakt mit Johann Conrad Dippel kennengelernt.[3] Für die Parallelisierung von Swedenborg und Böhme dürfte vor allem Friedrich Christoph Oetinger verantwortlich sein, der möglicherweise von seinem Interesse an Böhme geleitet wurde, als er zu Swedenborg Kontakt aufnahm, einige seiner Schriften übersetzte und Swedenborg mit Böhme verglich. Allerdings stellte gerade Oetinger die Differenzen zwischen Böhme und Swedenborg immer wieder heraus und beharrte nach seiner eklektischen Aneignung böhmistischer, kabbalistischer, bengelianischer und anderer Literatur darauf, dass Bengel und Böhme an entscheidenden Punkten gegenüber Swedenborg der Vorzug gegeben werden müsse.[4]

Der Einfluss der christlichen Kabbala, Philos, Pico della Mirandolas, Origenes', Paracelsus', Antoinette Bourignons, Jeanne Marie de Guyons und anderer Autoren ist ebenfalls von Martin Lamm[5] behauptet worden. Wie im Falle Böhmes beschränkt sich seine Beweisführung hier ebenfalls auf phänomenologische Vergleiche, die eine literarische Rezeption nicht zu belegen vermögen.

Auch Versuche, einen Einfluss des hermetisch und alchemistisch interessierten Präsidenten der Bergbaubehörde Gustaf Bonde auf Swedenborg geltend zu machen, sind wegen fehlender Belege, aber vor allem aufgrund großer Differenzen zwischen dem Alchemiker Bonde und dem alchemiekritischen Swedenborg eher

---

[2] Vgl. BENZ, 1969, u. a. 131 (Anklänge an Böhme), 140 (Swedenborg in der „Tradition der mystischen Naturphilosophie" von Albertus Magnus, Nikolaus von Kues über Paracelsus bis Böhme), 147–158 (Verwandtschaft und Vergleich mit Arndt, Böhme und van Helmont), 397 (der *maximus homo* entspricht Böhmes himmlischer Sophia, mit der Christus verheiratet ist), 424 (Swedenborgs himmlische Ehe ist in der auch von Böhme vertretenen Idee der ursprünglichen Androgynität begründet [die Swedenborg ja gerade abweist – FS]). Gerade die letzten Beispiele zeigen, dass solche Vergleiche eher in die Irre führen und – ohne Quellenrekonstruktion – eben auch solche Behauptungen ermöglichen: Swedenborg habe Hegels Vorstellung von der Weltgeschichte als Weltgericht vorweggenommen (vgl. ebd. 407). Bis in die neueste Zeit haben sich solche Deutungen erhalten. RAUER, 2007, 233 f., hat keine Bedenken, eine Linie von Swedenborg über Hans Driesch, Franz Hartmann und Rudolf Steiner bis zu Adolf Hitler zu ziehen und das „Marionettenspiel des homo maximus" als „Kern des Wahns der politisch-totalitären Systeme des 20. Jahrhunderts" zu diagnostizieren [Hervorhebung bei Rauer].

[3] Vgl. LAMM, 1922, 64–66.

[4] Vgl. Kap. 5.2.4., n), aber insgesamt Kap. 5.2.5., besonders b), cc) und d), aa).

[5] Vgl. LAMM, 1922, 63, 112, 257–261. Begründete Zweifel an der Relevanz dieser Quellen hat JONSSON (1999, 179; 2004, 266) angemeldet. WILLIAMS-HOGAN (1995, 209), ROLING (2006, 387) und insgesamt TALBOT (2007) haben den rein spekulativ erbrachten, aber weitreichenden Behauptungen eines direkten kabbalistisch-masonischen Einflusses auf Swedenborg widersprochen. Vgl. SCHUCHARD, 2002; 1988, 359–379. Solange keine Nachweise geführt worden sind, muss es bei der bloßen Behauptung von Rezeptionszusammenhängen bleiben, die nichts weiter als Indizien sein können. Dies würde auch auf die neuplatonisch-hermetisch-christliche Philosophie und Theologie Marsilio Ficinos zutreffen, die sowohl auffällige Übereinstimmungen als auch bemerkenswerte Abweichungen gegenüber Swedenborgs Lehre aufweist, vgl. zu Ficino etwa JÖRG LAUSTER: Die Erlösungslehre Marsilio Ficinos. Theologiegeschichtliche Aspekte des Renaissanceplatonismus. Berlin; New York 1998; PAUL OSKAR KRISTELLER: Die Philosophie des Marsilio Ficino. Frankfurt a. M. 1972.

fraglich. Bonde, der den Menschen für fähig hielt, nach geeigneter Reinigung Gold in sich selbst herzustellen,[6] legte 1751 mit seiner *Clavicula hermetica scientiae ab quaedam hyperboreo*[7] einen mit hermetischem und neupythagoreischem Ansatz operierenden Abriss der hermetischen Wissenschaft vor. Dieser Titel erinnert an Swedenborgs unveröffentlichte *Clavis hieroglyphica*, die in der ersten Hälfte der 1740er entstanden sein dürfte, aber keine hermetischen oder neupythagoreischen Spekulationen enthält. Ein bereits von 1716 stammendes Manuskript Bondes unter dem Titel *Historia originis ac dynasticae totius Tartarica gentis*[8] verrät Interesse an einer vergessenen Urreligion. Dieses Interesse teilten Bonde und Swedenborg allerdings mit vielen Zeitgenossen in Schweden gerade vor dem Hintergrund des russisch-schwedischen Krieges, der tausende schwedische Kriegsgefangene in Sibirien zur Folge hatte, die wiederum für eine massenhafte Verbreitung von literarischen Spekulationen über die Tartarei, den Priesterkönig Johannes und über eine in Tibet oder in der Mongolei verbreitete Urreligion sorgten.[9] Wenn man trotz dieser eher allgemeinen Hinweise dennoch eine Rezeption des von Bonde vertretenen Alchemismus und Hermetismus bei Swedenborg für möglich hält, dann hätte Swedenborg die Transmutation der Metalle spiritualisiert und psychologisiert: nicht Gold, sondern „Gutes" und „Wahres" kann der Mensch in sich selbst herstellen, und dies nicht durch (al-) chemische Prozesse, sondern durch eine spirituelle Selbstreinigung, die aber nicht in eine Selbsterlösung mündet, sondern die Wiedergeburt nur vorbereitet. Schließlich hatte sich Swedenborg wie sein Mentor Polhem bereits in den 1720er Jahren gegen die alchemische Transmutation von Metallen in Gold ausgesprochen, und zwar vom cartesischen Standpunkt aus.[10]

Bereits vom 12. auf den 13. April 1744 notierte Swedenborg im *Drömmar* einen Traum von einer Gesellschaft von Goldmachern, den er aber sogleich deutete: Gold und Goldmachen bedeute das, was „was gut und Gott wohlgefällig ist", und dies könne man nur durch die Gnade Gottes erlangen.[11] Aus dieser spiritualistischen Transformation des alchemistischen Transmutationsmodells dürften eher keine weitergehenden ‚positiven' Anknüpfungen an Alchemie und Paracelsismus zu folgern sein.

---

[6] Vgl. BERGQUIST, 2005, 265. Zu Bonde, einem der einflussreichsten schwedischen Politiker, und der – allerdings nicht vor den 1760er Jahren öffentlich geäußerten – Kritik anderer Mitarbeiter des Bergamts wie des Chemikers Axel Fredrik Cronstedt und Daniel Tilas an der Alchemie und am Paracelsismus Bondes (und anderer) vgl. FORS, 2008; FORS, 2007, 248–251.

[7] Vgl. Kap. 2.2.5., d).

[8] Ms I, 184 im Riksarkivet, Stockholm, zitiert nach dem bei ROLING, 2008, 184, 211, angekündigten Manuskript von Susanna Åkerman-Hjern, deren Nachweis alchemistischer Literatur im Besitz von Bonde allerdings keine Anregungen für Swedenborg enthalten.

[9] Vgl. dazu HALLENGREN, 1998, 17–41. Bei Whiston findet sich ein Traktat über die These, dass es sich bei den Tartaren um die von den Assyrern exilierten Stämme (Nord-) Israels handele: GILES FRETCHER: A Discourse concerning the Tartars, proving (in all Probability) that they are the Israelits, or Ten Tribes, which being captivated by Salmaneser, were transplanted into Media. In: WHISTON, 1749, 576–592.

[10] Vgl. FORS, 2007, 245; oben Kap. 2.2.5., b).

[11] TTB, 33.

Der dieser Arbeit zugrunde liegende Ansatz beschränkt sich darauf, Rezeptionszusammenhänge auf der Basis nachweisbar von Swedenborg benutzter Literatur zu beschreiben. Im Falle rezeptionell ungeklärter Topoi kann lediglich darauf hingewiesen werden, in welchen Kontexten diese Topoi betrachtet werden können. Dabei kann herausgearbeitet werden, dass Swedenborgs Lehre trotz fehlender Rezeptionsbelege inmitten des gelehrten Diskurses verankert war. Rezeptionelle Beziehungen können und sollen nicht behauptet werden, wo ein Nachweis nicht geführt werden kann.

4.3.2. Maximus homo

a) Kabbala denudata

Neben den genannten rezeptionell auf der Basis der vorhandenen Belege nur schwer aufzuklärenden Topoi ist das Motiv des Großen Menschen (maximus homo) immer wieder Anlass gewesen, eine weitreichende Abhängigkeit Swedenborgs von christlich-kabbalistischer Literatur anzunehmen. Bernd Roling hat 2006 in einer fundierten Studie die Verbreitung und den Einfluss der kabbalistischen Literatur und insbesondere der Kabbala denudata in Schweden herausgearbeitet und dabei auf die auffälligen Ähnlichkeiten, insbesondere der hier präsentierten Adam-Kadmon-Figur mit Swedenborgs maximus homo, aufmerksam gemacht. Roling, der sich mit manchen Forschern der swedenborgianischen New Church zu Recht von den weitgehenden und unbegründeten Spekulationen Marsha Keith Schuchards distanziert, unternimmt den verdienstvollen Versuch, durch eine Analyse der in Schweden verbreiteten kabbalistischen Werke Ähnlichkeiten und Anknüpfungsmöglichkeiten gegenüber Swedenborgs Lehre aufzuzeigen.

Doch fallen bei seiner Beschreibung kabbalistischer Autoren zunächst vor allem Differenzen zu Swedenborgs System auf. Weder die Lehre von den zehn Sephiroth noch die seit Paulus Ritius in der christlichen Kabbala vertretene Auffassung von einer „Fleischwerdung des Wortes" und „Selbstoffenbarung Gottes" in Gestalt eines „Engelsmenschen, zu dessen Bestandteil der Einzelne wird", lassen sich bei Swedenborg auffinden.[12] Dies trifft ebenso wenig auf die 1730 in Uppsala veröffentlichten Versuche des mit Rabbi Johan Kemper befreundeten Anders Norrelius zu, im Rahmen einer christianisierten Sohar-Auslegung die „13 iqqarim des Maimonides" mit den Grundsätzen der Confessio Augustana zusammenfallen zu lassen. Denn die von ihm angenommene Wiederkunft des Messias in einem Jüngsten Gericht und seine Konformisierung des Sohar mit der Trinitätslehre[13] finden keinen Widerhall bei Swedenborg. Auch Knorr von Rosenroths

---

[12] Vgl. ROLING, 2006, 394. Vgl. daneben den kürzeren, um den Paracelsismus erweiterten Aufsatz BERND ROLING: Emanuel Swedenborg, Paracelsus und die esoterischen Traditionen des Judentums in Schweden. In: Offene Tore 2008, 181–228, hier: 185–187.
[13] Vgl. ROLING, 2006, 406 f. Zu Kempers und Norrelius' christologischer Sephirothlehre vgl. ROLING, 2008, 199–201.

Bemühungen, die Trinität und das „Gottmenschentum und Erlösungswerk Jesu Christi"[14] aus der Kabbala zu belegen, sprechen eher gegen eine Adaption durch Swedenborg, der diese lutherischen Kernlehren ja umgekehrt nicht zu erweisen versuchte, sondern sie inhaltlich umgestaltete. Diese Bestrebungen, die auf eine Harmonisierung der christlichen (lutherischen) mit der jüdischen Theologie in Gestalt der kabbalistischen Literatur abzielten, finden keine Entsprechung bei Swedenborg, bei dem in einem ‚positiven', das heißt: für ihn anknüpfungswürdigen Sinn weder kabbalistische Literatur im Speziellen noch jüdische Theologie im Allgemeinen eine Rolle spielen.

Zwar sind die Zeugnisse für die Beschäftigung schwedischer Gelehrter wie Johannes Bureus und der beiden Olof Rudbecks mit der Kabbala ebenso eindrücklich wie deren Verbindungen zu Erik Benzelius und dessen Kenntnis der *Kabbala denudata* Knorr von Rosenroths. Lässt sich daraus und unter der – recht eigentlich nicht mehr hypothetischen – Voraussetzung folgern, „es wäre fast paradox, wenn sich Swedenborg nicht an sie [die *Kabbala denudata*] erinnert hätte, als er sich nach seiner Bekehrung daran machte, Schritt für Schritt sein theologisches System auszuarbeiten", um dann im Indikativ fortzufahren, dass es verständlich sei, wenn aus der *Kabbala denudata* „vor allem die Schriften Abraham Cohen Herreras für Swedenborg attraktiv *wurden*"?[15] Aus einer motivisch vermuteten wird hier und an anderen Stellen die faktische Behauptung einer Rezeption, und das bei völligem Verzicht auf die im Codex 36 vorliegenden Belege[16] für die im vorhergehenden Kapitel dieser Studie dargestellte Rezeption, auch wenn Roling an anderer Stelle betont, seine Anregungen sollten nicht als „definitive[r] Motivkatalog, der Gültigkeit beansprucht", verstanden werden.[17]

Allerdings sind manche Ähnlichkeiten zwischen Swedenborg und der *Kabbala denudata* in der Tat ausgesprochen signifikant. In der Idra Rabba des *Sohar* mit

---

[14] Vgl. ROLING, 2006, 409. Auch Nikolaus Lütkens Ansatz, einen spirituellen Messias und das trinitarische Dogma im *Sohar* zu finden, ist davon betroffen, vgl. ebd., 417.

[15] ROLING, 2006, 420f. [Hervorhebung FS]. Zu Herreras Adam-Kadmon-Figur vgl. SCHMIDT-BIGGEMANN, 1998, 304–319, besonders 310f.

[16] Codex 36 kennt Roling allerdings: 386 Anm. 5: Verweis auf Inge Jonssons Arbeiten, die Codex 36 vielfach untersuchen, 435: Die hier von Roling erwähnte Verklärung Henochs in Grotius' *De veritate* hat Swedenborgs aber gerade nicht exzerpiert, obwohl er die Stelle sicherlich gelesen haben dürfte – welche Bedeutung aber ausgerechnet die Verklärung Henochs für Swedenborg gehabt haben könnte, bleibt ungeklärt. 448 Anm. 314: Verweis auf die *Theologie des Aristoteles* ohne weitere Erhebung von Befunden mit Nennung nur einer Seite im PhN und der Bemerkung, Swedenborg habe die Schrift gekannt. Dass er darüber hinaus einen großen Teil aus ihr herausschrieb, bleibt ungesagt.

[17] Vgl. ROLING, 2006, 421. Solch ein verbales Changieren zwischen Vermuten und Feststellen findet sich auch an anderen Stellen, etwa 449 (die Partzufim „*haben* [Swedenborg] mitbeeinflusst"); 391: „Swedenborgs erster Zugriff auf die Lehren der Kabbala *sind* daher, wie im weiteren untermauert werden soll, mit großer Wahrscheinlichkeit die Bände Knorr von Rosenroths." Und 457: „Dieses Wort aber, die letzte Kabbala, *war* Swedenborg am Ende selbst." [Hervorhebungen von FS]. 2008, 228, „sollte" Swedenborg in die jüdisch- und christlich-kabbalistische Tradition eingeordnet werden, auch wenn vorher betont wird, dass die Motive sich zu ähneln *scheinen*, aber zugleich – und ohne Beleg – behauptet wird, eine „positive Grundhaltung" Swedenborgs gegenüber dem „kabbalistischen und neuparacelsistischen Gedankengut" lasse sich „nicht in Abrede stellen". Wie 2006 werden in diesem Aufsatz vier kabbalistische Motive genannt, die „alle" auf Swedenborg Einfluss ausgeübt „haben".

den Glossen Chaim Vitals werden die Sephiroth mit den Körperorganen des
Adam Kadmon verbunden, dessen organische Beschaffenheit bis ins Detail beschrieben wird und der aus unzähligen Universen besteht.[18] Auffällig ist auch
die von Moshe Cordovero vertretene Korrespondenz zwischen *corporalia* und
spiritualia, die aus vier abgestuften Welten abgeleitet und auf den menschlichen
Körper übertragen wird.[19] Abraham Cohen Herrera vertritt wie Cordovero vier
kabbalistische Welten, die aber insgesamt einen einzigen „makrokosmischen
Menschen" ausmachen. Hierbei entsprechen etwa die Engelschöre Fingern und
Händen, der sublunare Mensch aber Eingeweiden und Geschlechtsteilen des universalen Menschen.[20] Bei Cordovero nehmen verschiedene Engelsgattungen auf
die „operativen Fähigkeiten" des Menschen Einfluss.[21]

In der Figur des *maximus homo* besteht eine der auffälligsten Parallelen zur
Kabbala denudata. Swedenborgs gesamter Himmel vermag wie ein einziger Engelsmensch zu erscheinen, geradezu als die einzige Möglichkeit, in der Gott überhaupt „erscheinen" kann,[22] auch wenn sich bei Swedenborg nicht die Bestätigung
für Rolings Behauptung findet, der „Engelsmensch" sei ein „endliches Geschöpf"
Gottes. *Maximus homo* ist bei Swedenborg aber die Gesamtgestalt des *mundus
spiritualis*, nicht ein eigenes Geschöpf zwischen Gott und Mensch.[23] Demgegenüber fällt die Verwandtschaft zwischen Swedenborg und kabbalistischen Quellen
hinsichtlich der Bedeutung der Organe des *maximus homo*, an denen sich bei
Swedenborg die einzelnen Geistergesellschaften befinden, auf: die detaillierte Beschreibung von Herz und Lunge, Gehirn, Händen, Armen und Geschlechtsteilen.[24] Außerdem erinnert die Figur der himmlischen (ehelichen) Liebe bis hin

---

[18] Vgl. ROLING, 2006, 422.
[19] Vgl. ROLING, 2006, 425.
[20] Vgl. ROLING, 2006, 425 f.
[21] Vgl. ROLING, 2006, 428.
[22] Vgl. ROLING, 2006, 441. Es dürfte aber ein Irrtum sein, den Engelsmenschen mit Gott
bzw. seiner Gestaltwerdung zu identifizieren, wie es Roling hier tut. Nach HH 79 „erscheint"
Gott denen, die an einen schaubaren Gott glauben, als ein Engelsmensch. Denen, die Gott für
unschaubar halten, erscheint er auch nicht.
[23] ROLING (2006, 441) verweist auf Amore/Sap 18. Hier wird aber Gott selbst, den Swedenborg als Gottmensch *(Humanum Divinum)* versteht, vom geschaffenen Menschen unterschieden, nicht vom *maximus homo* oder Engelsmenschen. Gott „erscheint" nur wie ein Engelsmensch, der ist aber nicht identisch mit dem *maximus homo*, vgl. Anm. 22. Offensichtlich
überträgt Roling seine Kenntnis eines *homo angelicus* aus der Kabbala allzu eilig auf den *maximus homo* bei Swedenborg. Der häufig verwendete Begriff *homo angelicus* findet sich in den
gesamten AC nicht. Demzufolge kann auch nicht von einem Effluxus des Engelsmenschen die
Rede sein (vgl. ebd., 447). Vielmehr handelt es sich um den *influxus*, der vom Herrn durch den
Himmel ausgeht, vgl. etwa AC 5828. Vgl. dazu auch Kap. 3.4.2., d).
[24] Vgl. ROLING, 2006, 444–447. Die Hölle gehört bei Swedenborg allerdings nicht zum
maximus homo, vgl. Kap. 3.4.2., d). Auch kann nicht die Rede (ebd., 450) davon sein, dass das
aequilibrium das wesentliche Kennzeichen des *Himmels* sei. Das Gleichgewicht zwischen
Himmel *und Hölle* ist als Voraussetzung der menschlichen Freiheit und Wiedergeburtsfähig-
keit gleichsam identisch mit der göttlichen Ordnung, die durch den Herrn in alle Ewigkeit
hergestellt worden ist. Auch die Beziehung zwischen dem Gleichgewicht bei Swedenborg
und der Trennung der Partzufim und der Lösung der *Schechina* ist nicht einleuchtend, denn
Swedenborg erklärt die Herkunft des Bösen nicht kosmisch und nicht theologisch. Er verlegt
das Böse in die menschliche Freiheit.

zum ehelichen Koitus, die ihren Ursprung in der Verbindung zwischen Liebe und Weisheit hat, stark an die Auffassung vieler Kabbalisten.[25] Und es scheint nahe zu liegen, mit Roling daraus zu schlussfolgern, „ohne Zweifel" habe Swedenborg das „kabbalistische Bild der anthropomorphen Welten" fasziniert.[26]

Trotz der motivischen Übereinstimmungen ist aber festzuhalten, dass Swedenborg keine Sephiroth kennt, nicht vier oder gar unendliche, sondern nur eine Welt. Auch kann man bei Swedenborg keine Entsprechung für Herreras Ansicht lesen, aus dem göttlichen Verstand gingen die anthropomorphen Sephiroth hervor.[27] Ebenso wenig findet sich ein Anhalt für die Partzufim, die „geschlechtsspezifischen Figurationen" im Sephirothsystem, auf deren Verbindung der Plan einer wiederhergestellten Schöpfungsordnung abzielt, worin Roling ein für Swedenborg bedeutsames Motiv sieht.[28] Swedenborg kennt keinen Sündenfall, und was eine Wiederherstellung der Schöpfungsordnung hier bedeuten könnte, ist angesichts der schroff dualistischen Eschatologie Swedenborgs unklar.

Auch das dritte von Roling dargestellte Motiv aus der *Kabbala denudata*, ein Sündenfall, der mit der Trennung der unteren von den oberen Sephiroth, mit dem Bruch der Gefäße und gefallenen Engeln verbunden ist, findet sich bei Swedenborg nicht.[29] Swedenborgs Engel sind auch nicht wie bei Herrera und Cordovero körperlich und in himmlische, geistige und dämonische „Wesen" eingeteilt. Die Engel, Geister und Teufel sind bei Swedenborg nichts anderes als postmortale Menschenseelen, die er unter Vermeidung der Konkretisierung ihrer materiellen oder nichtmateriellen Qualität als „substantiell" beschreibt. Aus seinem Interesse für Lappland, für *Magna Tartaria* und aus seiner Ältesten Kirche vor der Sintflut eine spezielle kabbalistische Rezeption zu schließen, kann höchstens als ein Indiz gewertet werden.

Dass Swedenborg in der *Clavis hieroglyphica* noch gefallene Engel kennt,[30] ist eine Beobachtung, die für seine theologischen Werke nicht mehr zutrifft. Und die Motive der beiden Sonnen,[31] der natürlichen und der geistigen, der *intelligentia* und der göttlichen Weisheit, seine Erkenntnis- und Intuitionslehre, seine Rede von Glaube und Liebe, vor allem natürlich die Theodizee lassen sich ohne weiteres aus anderen als – nur motivisch plausiblen – kabbalistischen Quellen herleiten, nämlich aus den Exzerpten im Codex 36, die Swedenborg selbst angefertigt hat. Wie Roling hier anmerkt, kann die besondere Rolle des Hebräischen als Sprache der Engel (oder der Ältesten Kirche) bei Swedenborg ebenfalls aus anderen Quellen hergeleitet werden.[32] Schließlich ist es ausgesprochen fraglich, die

---

[25] Vgl. ROLING, 2006, 451.

[26] Vgl. ROLING, 2006, 447.

[27] Vgl. ROLING, 2006, 423.

[28] Vgl. ROLING, 2006, 428–431, 449 (hier fehlt der Nachweis, dass der sündhafte Mensch die Verbindung zum *Engelsmenschen* abreißen lässt). Vgl. auch ROLING, 2008, 221 f.

[29] Vgl. ROLING, 2006, 431–433. Das trifft auch auf das vierte Motiv zu, die *tiphereth* als formierende Substanz der ihr untergeordneten Schöpfung, vgl. 433 f.

[30] Vgl. ROLING, 2006, 337 f.

[31] Vgl. ROLING, 2008, 207 f., 225 f.

[32] Vgl. ROLING, 2006, 438, mit Hinweis auf Inge Jonsson, der ohne den Anspruch einer exakten Beweisführung den Einfluss Caspar Neumanns vermutet, den Swedenborg durch

Sephira *tipheret* sowohl als Schöpfungsmittlerfigur (geistige Sonne) als auch in Gestalt des inkarnierten *Dominus* wiederfinden zu können.[33] Die besondere, ‚sabellianide' Note der Christologie und Theologie Swedenborgs, dass nämlich der Vater selbst und nicht ein präexistenter Sohn oder ein anderes, mit einem Schöpfungsmittler identisches Wesen sich mit dem *Humanum* verbunden hätte,[34] kann damit ebenso wenig erklärt werden wie seine Soteriologie, nach der durch die Verherrlichung des *Dominus* zwar durchaus die Verbindung zwischen Himmel und Erde wiederhergestellt wurde, von einer Vollendung der natürlichen Welt aber nur insofern gesprochen werden kann, als die menschliche Freiheit und Erlösungsfähigkeit des Menschen nun gesichert war.

Auch kann nicht ohne weiteres behauptet werden, Kreuz und Passionsgeschichte besäßen keine „spirituelle Bedeutung" bei Swedenborg, wobei nicht klar ist, was „spirituelle Bedeutung" aussagen will.[35] Kreuz und Leiden werden als Verherrlichung des Herrn, als Unterwerfung der Hölle gedeutet und von der Rechtfertigungs- und Imputationslehre entkoppelt. Als Heilsgeschehen bleiben sie auf diese Weise sehr wohl erhalten.[36] Auch vollendet sich die Trinität nicht in der Schöpfung und schon gar nicht im Menschen,[37] das wäre eine Missinterpretation von Swedenborgs – nicht einheitlicher – Modifikation der Trinität in ein Trinum, die sich auch der Auseinandersetzung mit seinen orthodoxen Gegnern verdanken dürfte. Swedenborg lehnt eine präexistente Trinität ab, und die Trinität wird an der von Roling zitierten Stelle (VCR 170) in den inkarnierten *Dominus* verlegt. Schöpfung und Mensch sind in Swedenborgs ‚dynamische' Trinitätsvorstellung nicht einbezogen.

Allzu deutlich setzt Roling an vielen Stellen bei Swedenborg ferner ein modifiziertes Sephirothsystem voraus, und die motivischen Vergleiche zeigen an vielen Stellen eher assoziative Nuancen, was nicht nur an den fehlenden Rezeptionsbelegen liegt.

Dennoch werfen Rolings Beobachtungen die berechtigte Frage auf, ob Swedenborg sich nach seinen Berufungsvisionen an eine kabbalistische Prägung erinnert hat, die er in seiner Jugend, insbesondere unter dem Einfluss seines Schwa-

---

Christian Wolffs *Psychologia empirica* kannte. Neumann will Hebräisch mit der *lingua philosophica* identifizieren. Vgl. Jonsson, 1969, 132, 162, 225–232. Aus der Tatsache, dass Swedenborg „Hebraica" wie Wörterbücher, Lexika und jüdische Theologie besaß, dürfte nicht vorschnell auf ein auch kabbalistisches Interesse geschlossen werden, wie Roling (2008, 209) es tut, wenn er die „zahlreiche[n] Hebraica" in seiner Bibliothek als Beleg für seine „Wertschätzung kabbalistischer Literatur" heranzieht.

[33] Vgl. Roling, 2006, 454–457; Roling, 2008, 227.

[34] Auf diese Differenz zwischen Swedenborgs *maximus homo* und dem kabbalistischen Verständnis des *Adam Kadmon* hat auch Lamm, 1922, 278f., hingewiesen, der aber dennoch vor allem Pico della Mirandola als mögliche Quelle erwägt.

[35] Roling, 2006, 457, beruft sich bei dieser Aussage auf VCR 132f., wo es um die Widerlegung der Imputationslehre und der Rechtfertigungslehre *sola fide* geht, also gegen ein Missverständnis des Kreuzes als Erlösung der Gläubigen.

[36] Vgl. dazu Kap. 3.3.6., d).

[37] Vgl. Roling, 2006, 457, unter Berufung auf VCR 170–173. Hier geht es um die Abweisung einer präexistenten Trinität (die es erst mit der Inkarnation gibt), eines präexistenten Sohnes und die Darstellung der kirchlichen Trinitätslehre als Tritheismus.

gers Erik Benzelius, empfangen haben könnte, mit dem er sich allerdings später so überwarf, dass er ihn mehrmals als unbelehrbaren Geist in der Geisterwelt auftreten ließ.[38] Swedenborg hätte aus dem kabbalistischen *Adam Kadmon* im Falle einer rein motivischen Rezeption seinen durch die zeitgenössische medizinisch-anatomische Terminologie ‚naturwissenschaftlich‘ modifizierten und rationalistisch ‚modernisierten‘ *maximus homo* hervorgebracht, der aber nicht ein eigenes Geschöpf, sondern die Gestalt des geistigen Universums ist. In diesem Falle hätte er den *communis animus* und die himmlische Geistergesellschaft aus der *Theologie des Aristoteles* mit dem kabbalistischen *Adam Kadmon* kombiniert. Da jedoch keine Beweise für eine direkte literarische Rezeption der *Kabbala Denudata* Knorr von Rosenroths durch Swedenborg vorliegen, kann dies lediglich vermutet werden. Eine solche Vermutung sollte aber nicht dazu führen, auf die Auswertung der vorhandenen Rezeptionsquellen schlichtweg zu verzichten und auf diese Weise vorhandene durch vermutete Quellen gleichsam zu ersetzen.

Der langjährige Swedenborgforscher Eberhard Zwink gelangt ähnlich wie Roling zu der Ansicht, dass Swedenborgs „späteres theosophisches System ohne die Emanationsvorstellungen der Kabbala nicht denkbar wäre“. Aber auch Zwink vermag über Analogien zwischen Swedenborg und kabbalistischen Lehren hinaus keine Belege für eine literarische Rezeption vorzulegen, wertet aber beispielsweise die *Theologie des Aristoteles* und *De spiritu et anima* bei der Untersuchung der visionären Wende Swedenborgs nicht aus.[39]

Swedenborgs Beziehung zur zeitgenössischen kabbalistischen und orientalistischen Bewegung in Schweden ist bislang nicht geklärt worden.[40] Obwohl er nicht nur ein äußerst negatives Urteil über das Judentum im Allgemeinen fällte, sondern speziell die rabbinische Tradition als besonders verwerflich betrachtete,[41] ist es natürlich durchaus möglich, dass er ‚unterhalb‘ seiner scharfen Zurückweisung mit seinem makrokosmischen Großen Menschen an eine kabbalistische Denkfigur anknüpfte, die ihm in seiner Jugend vermittelt wurde und die er nun bei der Lektüre der Texte wiederfand, die ihm kurz vor seinem visionären Umbruch vorlagen.

---

[38] Vgl. Diarium spirituale 4757, 4851. Diesen persönlichen Bruch erwähnt ROLING in beiden Arbeiten (2006; 2008) nicht, sondern hebt mehrfach den tiefgehenden Einfluss von Benzelius heraus (2008, 184, 197).

[39] Allerdings stellt Zwink auch die berechtigte Frage nach dem Einfluss der Kabbala auf die philosophischen Rationalisten des 17. und 18. Jahrhunderts, nicht hinsichtlich des *Adam Kadmon*, sondern in der Frage der von dem vorvisionären Swedenborg vertretenen Theorie vom *punctum naturale* als Ursprung der Welt. Vgl. ZWINK, 2005, 216–219, vgl. auch Kap. 2.3.2., a–b).

[40] Rolings mehrmalige These (2008, 184, 197), dass Swedenborg „Tag für Tag“ mit seinen „Freunde[n]“ und Benzelius in Uppsala gearbeitet und demzufolge „unmittelbare[n]“ Kontakt mit „Vertretern der jüdischen Kabbalah“ gehabt habe, geht von der gemeinsamen geographischen Umgebung aus, die nicht ohne weiteres auf ein Rezeptionsverhalten ausdehnbar ist.

[41] Vgl. Diarium spirituale 1602–1607 (Eintrag vom 20.3.1748). Vgl. Kap. 3.3.7., c), dd). Roling mildert Swedenborgs scharfen Antijudaismus demgegenüber ab, er habe zum Judentum „eine eher reservierte Haltung“ eingenommen. Vgl. ROLING, 2008, 209.

b) Leibniz

Allgemeine Hinweise auf die Kabbala konnte Swedenborg auch in den im Codex 36 exzerpierten Schriften entdecken. In Leibniz' *Theodizee* hätte Swedenborg die Figur des *Adam Kadmon* finden können, obwohl er sich ausgerechnet diese Stelle nicht herausschrieb, möglicherweise deshalb, weil Leibniz' hier eine kabbalistische Lehre ablehnt, die sich auf ihn beruft und die Swedenborgs Theologie völlig entgegengesetzt ist.[42] Denn der von Leibniz nicht genannte „geistreiche Mann", von dem hier die Rede ist, nimmt in seiner Schöpfungslehre einen Sündenfall des Teufels und von Engeln an, der die ursprüngliche Harmonie der Erde zerstört habe. Christus sei als ewiger, also präexistenter Sohn zweimal Sohn geworden, einmal als *Adam Kadmon* und dann in der Jungfrau Maria. Zum Jüngsten Gericht, das auch zum Untergang der Erde und der Hölle führt, werde dieser Sohn erneut wiederkommen. Alle Eckdaten dieser Skizze widersprechen Swedenborgs zentralen Auffassungen diametral: Er kennt keinen präexistenten Sohn und der *maximus homo* ist auch nicht mit dem *Dominus* identisch. Einen himmlischen Sündenfall lehnt Swedenborg auch deshalb ab, weil er keine Engel als Wesen zwischen Gott und Menschheit und keinen Teufel kennt. Ein Jüngstes Gericht in der geschilderten Form auszuschließen und innerhalb einer ewigen und auf die Spiritualisierung der Menschheit hinauslaufenden Eschatologie völlig umzudeuten, gehört gerade zu den Kernaussagen seiner gesamten Lehre. Möglicherweise exzerpierte er sich diese Stelle aus Leibniz' *Theodizee* deshalb nicht. Da Leibniz zu seinen wichtigsten Informationsquellen auch für theologische und historische Zusammenhänge zählte, dürfte dessen kabbalistische Skizze ihn eher vor einer aktiven Rezeption kabbalistischer Autoren abgeschreckt haben.

c) Comte de Gabalis

Speziell kabbalistische Literatur exzerpierte Swedenborg im Codex 36 nicht, auch wenn er Montfaucon de Villars' (1635–1673) *Comte de Gabalis* wenigstens knapp zitierte. Aber auch der hier präsentierte Stoff, der sich ausdrücklich auf die Kabbala und ein „Cabbalistische[s] Licht"[43] beruft, ist gegenüber Swedenborg eher als eine Kontrastfolie zu sehen. Zwar ließen sich Motive benennen, die Swedenborg beeinflusst haben könnten, wie etwa die Behauptung, man müsse „aller fleischlichen Vermischung mit Weibern entsagen", um Weisheit und Wiedergeburt zu erlangen.[44] Man könnte sich hierbei an Swedenborgs Bruch mit seiner

---

[42] Vgl. LEIBNIZ, Tentamina I, Nr. 18. Die Kabbala wird in den Exzerpten noch mehrmals – wenn auch sehr knapp – erwähnt: PhN 160, 250, 379 (Leibniz und Grotius). Auch ist auffällig, dass sich die von Roling dargestellte schwedische kabbalistische Literatur durchweg nicht im Auktionskatalog von Swedenborgs Bibliothek findet, vgl. oben Anm. 35.

[43] Vgl. MONTFAUCON DE VILLARS, Comte de Gabalis, 15 (hier und im Folgenden zitiert nach der deutschen Ausgabe, wie oben Anm. 25). Montfaucon de Villars war als Verfasser noch anderer kabbalistischer und rosenkreuzerischer Schriften, sowie als Kontrahent von Arnauld hervorgetreten.

[44] MONTFAUCON DE VILLARS, Comte de Gabalis, 21.

vorvisionären Frauenleidenschaft erinnert fühlen. Diese Parallelen sind aber ausgesprochen dürftig.

Denn der *Comte de Gabalis* trifft eine Reihe von Aussagen, die Swedenborg
diametral entgegenstehen: Der unermessliche Raum zwischen Himmel und Erde
wird nach den Grundsätzen der „alten Cabbala" für durchweg bevölkert gehalten; Luft, Wasser, Feuer und Erde sind von einer „unendlichen Menge Volks in
menschlicher Gestalt" belebt, aber von Nymphen, Undinen, Kobolden, Gno-
men, Salamandern, von „Elementarischen Halbmenschen", die „durch den Namen Kinder Elohim, von den Kindern der Menschen sich unterscheiden". Nicht
nur die Kirchenväter bis hin zu Macrobius und Origenes, sondern auch die „elen-
den Cabalisten" Flavius Josephus und Philo hätten wie „alle Juden" die uran-
fänglich aus der Verbindung dieser Elementargeister mit den Menschen gezeugten Zwischenwesen für Engel – und nicht für Riesen – gehalten.[45] Es ist mehr als
fraglich, ob Swedenborg sich bei diesem Stoff bedient hat, der in Form eines Dialogs mit dem „gröste[n] Cabbalist[en]"[46] dargeboten wird und eine „alte Religion unserer weisen Väter"[47] bzw. eine ‚wahre' von einer ‚falschen' Kabbala unterscheiden will. Denn all diese zwischen Gott und Mensch geschaffenen Wesen
existieren für Swedenborg ja gerade nicht, und zwar ebenso wenig wie ein unsterblicher Teufel oder eine den Schöpfungsplan zerstörende und auf Adam zurückgehende Erbsünde.[48] Swedenborg resümierte in seinem knappen Auszug, der
Comte de Gabalis glaube wohl, die Orakelsprüche stammten nicht vom Teufel,
sondern von Wesen zwischen Engeln und Menschen, die im Gegensatz zum Teufel nicht böse, sondern gut und weise seien.[49] Weder Orakelsprüche noch die Annahme solcher Wesen sind bei Swedenborg auffindbar.

Wenn der *Comte de Gabalis* irgendeine Wirkung auf Swedenborg ausgeübt
hat, dann in ‚negativer' Form. Die hier auffindbare, im Vergleich mit Swedenborg
geradezu ‚mythische' Belebtheit des Universums wäre durch Swedenborg radikal
anthropologisiert worden. Teufels- und Erbsündenvorstellungen, wie die hier
vorgestellte, modifizierte Swedenborg ebenfalls in signifikanter Weise.

d) *Der Blick der Zeitgenossen*

Die Hinweise auf die Kabbala im *Comte de Gabalis* und bei Leibniz dürften
Swedenborg eher von einer weiteren Lektüre kabbalistischer Schriften abgehalten
haben. Sie könnten ihn natürlich auch veranlasst haben, bisherige memoriale
Kenntnisse der Kabbala, die gerade Roling nahe legt, zu verhüllen und direkte
Anspielungen zu vermeiden. Dies lässt sich allerdings lediglich erwägen. Belege
gibt es dafür nicht, auch wenn Ähnlichkeiten und Anknüpfungsmöglichkeiten
zur zeitgenössischen christlichen Kabbala in Schweden zu solchen Vermutungen
führen.

---

[45] Montfaucon de Villars, Comte de Gabalis, 22–27, Zitat: 27.
[46] Montfaucon de Villars, Comte de Gabalis, 31.
[47] Montfaucon de Villars, Comte de Gabalis, 41.
[48] Montfaucon de Villars, Comte de Gabalis, 57, 76.
[49] PhN 185.

Obwohl vor allem die Gestalt des *maximus homo* oder auch seine himmlische
Ehe sehr an den *Adam Kadmon* erinnern, ist kaum von der Hand zu weisen, dass
Swedenborg seine (vermuteten) kabbalistischen Quellen so stark modifiziert und
dadurch verhüllt hätte, dass sie seinen, auch einschlägig bewanderten, Rezipienten und Rezensenten jahrzehntelang fast ausnahmslos nicht auffielen. Wie lässt
sich erklären, dass der in puncto Kabbala, Böhme und Swedenborg gleichermaßen bewanderte Friedrich Christoph Oetinger gerade zu dem Urteil kam, dass es
dem Mechanisten und Mathematiker Swedenborg eben an der Kenntnis und der
Perspektive Böhmes und der Kabbala gefehlt habe?[50]

Demgegenüber waren sich andere Zeitgenossen unsicher, ob ein Rezeptionszu-
sammenhang zwischen Swedenborg und der Kabbala anzunehmen sei. Anders als
Oetinger, der an keiner Stelle seiner Swedenborg-Schriften den *Adam Kadmon*
hinter dem *maximus homo* vermutete, meinte 1792 ein anonymer Rezensent in
der *Allgemeinen deutschen Bibliothek*, Swedenborg habe bei seinen Ausführungen
über den Großen Menschen wohl „nicht mehr daran gedacht, daß schon Jakob
Böhme etwas ähnliches geschrieben" habe. Der Rezensent kannte diese Vorstellung von „mehreren Theosophen" vor Swedenborg. Dies schien ihm aber kein Beweis für eine literarische Abhängigkeit zu sein, denn er ließ es offen, ob Swedenborg sich „dieses Gedankens erinnert" oder „ihn auch selbst erfunden" hat.[51]

Bereits 1763 hatte sich der Rostocker Theologieprofessor Johann Heinrich Becker mit den Werken Swedenborgs, dessen Identität er allerdings nicht kannte,
auseinandergesetzt und dabei ausgeschlossen, dass dieser Enthusiast und Fanatiker mit Böhme, John Pordage, Pierre Poiret oder irgendeinem anderen, ihm bekannten Fanatiker oder Mystiker etwas gemeinsam habe. Die von Swedenborg
„gehörten und gesehenen *deliria*" seien gänzlich unbekannt.[52]

---

[50] Vgl. ein ausführliches Referat der kabbalistischen *Adam-Kadmon*-Figur in Friedrich
Christoph Oetinger: Die Lehrtafel der Prinzessin Antonia, hg. von Reinhard Breymayer
und Friedrich Häussermann. Berlin; New York 1977 [1763], Bd. 1, 132f. In der *Adam-Kadmon*-Vorstellung der *Kabbala denudata* und bei Isaak Luria erblickte Oetinger den Grund für
die Entstehung des Arianismus, eine Konsequenz, die er bei Swedenborg kaum finden konnte.
Friedrich Christoph Oetinger: Theologia ex idea vitae deducta, nach der deutschen
Ausgabe von Julius Hamberg. Stuttgart 1852, 71. Möglicherweise parallelisierte er den *Adam
Kadmon* und den *maximus homo* aus diesem Grunde nicht, obgleich er den *maximus homo*
(fast) durchweg als schriftwidrige Figur ablehnte. Lediglich in seinem Kommentar zu Swedenborgs *Von den Erdcörpern der Planeten und des gestirnten Himmels Einwohnern*. An-
spach 1771 (unpaginierte Anmerkung und 186) bezeichnete er die Figur nicht als „ridicule
Idée" oder „närrische Hypothese", sondern begründete sie mit der Menschwerdung Christi
und mit der Notwendigkeit eines begrenzten Raums [!], ohne aber einen Vergleich mit dem
Adam Kadmon vorzunehmen. Dafür kritisierte er es als dem Neuen Testament nicht „vollkommen gemäs", dass Gott bei Swedenborg selbst die „Figur" eines Menschen haben solle. Gott sei
Geist und keine determinierte Figur, er könne sich aber eine Figur geben. Es ist klar, dass Oetinger bei seinem Verständnis Christi als himmlischer Ur-Adam und zugleich zweiter Erlö-
sungs-Adam, der die Übertretungen des ersten irdischen Adam aufgehoben habe, keinen Anhaltspunkt bei Swedenborg finden konnte. Vgl. Otto Betz: Friedrich Christoph Oetinger
und die Kabbala. In: Oetinger, 1999, Bd. 2, 29. Vgl. dazu Kap. 5.2.4., g); 5.2.5., b), aa) und ff).
[51] Vgl. Rez. zu: Emanuel Swedenborgs theologische Werke [Leipzig 1789], in: Allgemeine
deutsche Bibliothek 107 (1792), 15–37, hier: 22.
[52] Vgl. Becker, 1763, 20: „Ex his adparet, illum non esse Naturalistam, sed Enthusiastam, et
Fanaticum, singularis omnino generis. Etenim cum IAC. BOEHMIO, PORDAGIO, POIRE-

Es findet sich allerdings auch ein anderer Hinweis. 1786 wurde Swedenborg in einer schwedischen Dissertation die „Wiederbelebung neuplatonischer Häresien" und die Fortführung des Erbes von Agrippa von Nettesheim, Pico della Miran- dola, Paracelsus und anderer Alchemiker und Kabbalisten vorgeworfen.[53] Gerade diese schwedische Arbeit dürfte jedoch kaum ohne Berücksichtigung ihres Kon- textes beurteilt werden. Im selben Jahr wurde nämlich die Exegetische und Phi- lanthropische Gesellschaft in Stockholm gegründet, die europaweit aktiv wurde, um den Mesmerismus und Somnambulismus mit Swedenborgs Geisterweltlehre zu erklären.[54] Zieht man die ersten, vielfach erbittert ablehnenden Reaktionen sowohl aufklärerischer als auch theologisch-orthodoxer Provenienz auf diese Ak- tivitäten in Betracht, dann dürfte der genannten Dissertation eine Diffamierungs- absicht, die sich des Verdachts neuplatonisch-kabbalistischer Häresie bediente, kaum abzusprechen sein. Auch Johann Salomo Semler sah ein Jahr später in sei- nen *Unterhaltungen mit Herrn Lavater* hinter manchen Gedanken Swedenborgs kabbalistische Einflüsse und verband damit innerhalb seiner mit Verschwörungs- theorien gegen die Religionsfreiheit und den preußischen Staat agierenden Streit- schrift den Verdacht der Magie, des Judentums, jesuitischer und anderer, letztlich päpstlich-römischer Verschwörungen.[55]

Auffällig ist allerdings, dass die Parallelisierung Swedenborgs und der Kabbala erst so spät, fast eineinhalb Jahrzehnte nach Swedenborgs Tod, ausgesprochen und von den frühen, theologisch kundigen Rezensenten wie Ernesti, Oetinger, Clemm nicht gehegt wurde. Offenbar bestand in den 1760er und 1770er Jahren entweder kein Interesse oder kein inhaltlicher Anlass, Swedenborg in diesen Kontext zu rücken. Wenn Roling den Häresieverdacht von 1786 zur Stützung seiner These verwendet, dass Swedenborg ohne kabbalistische Einflüsse kaum zu verstehen sei, müsste erklärt werden, aus welchem Grund die Rezensenten in mehr als zwei Jahrzehnten diese Parallelen nicht zogen. Waren Kabbala und Re- naissance-Neuplatonismus damals etwa nicht geeignet, als Diffamierungsvehikel zu dienen? Oder lag es nach Einschätzung der betreffenden Autoren schlichtweg nicht auf der Hand, Swedenborg in diesen Kontext zu stellen? Der Befund, den die Auswertung der Rezensionen und Adaptionen von Swedenborgs Werk aus den 1760er und 1770er Jahren erbringt, vermag Rolings These nicht zu unter- mauern, sondern bestätigt nicht mehr und nicht weniger als die Skepsis oder das Schweigen kundiger Zeitgenossen hinsichtlich eines kabbalistischen Einflusses, und zwar auch solcher Autoren, deren Interesse an einer Demontage Sweden- borgs ohne weiteres erkennbar ist.[56]

TO, vel ullo alio, mihi noto, Fanatico, aut Mystico, commune habere videtur nihil. Paucis! haec ab illo audita et visa deliria sunt omnino inaudita." ROLING (2006, 439), der Beckers Arbeit kennt, zitiert gerade diese, seiner Arbeitshypothese widersprechende Stelle nicht.

[53] Vgl. REINHOLD SCHERINGSSON: Dissertatio sistens observationes nonnulas philoso- phia recentiorum Platonicorum indolem atque originem fanatismi novi aevi illustrantes. Upp- sala 1786, zitiert nach ROLING, 2006, 386.

[54] Vgl. dazu einstweilen Kap. 1.7, und 5.3.2., c) Punkt 11.

[55] JOHANN SALOMO SEMLER: Unterhaltungen mit Herrn Lavater, über die freie practi- sche Religion; auch über die Revision der bisherigen Theologie. Leipzig 1787, 238f., 393, 452.

[56] Vgl. auch Kap. 5.1.

Auch ist in Betracht zu ziehen, dass Kant in seinem Kapitel „Antikabbala" der *Träume eines Geistersehers* nicht etwa kabbalistische Motive Swedenborgs abhandelt, sondern die (Un-) Möglichkeit seiner Geisterkontakte nachzuweisen versucht. Und an der Stelle, an der Kant den *maximus homo* bei Swedenborg ausdrücklich erwähnt, assoziiert er mit keiner Silbe die Kabbala oder genauer den *Adam Kadmon*, sondern ohne nähere Spezifizierung eine

„ungeheure und riesenmäßige Phantasie, zu welcher sich vielleicht eine alte kindische Vorstellung ausgedehnt hat, wenn etwa in Schulen, um dem Gedächtniß zu Hülfe zu kommen, ein ganzer Welttheil unter dem Bilde einer sitzenden Jungfrau u. d. g. den Lehrlingen vorgemalt wird".[57]

e) Resümee

Gegen die Suche nach motivischen Ähnlichkeiten, die auch trotz fehlender Rezeptionsbelege festgestellt werden, ist natürlich nichts einzuwenden. Die vorhandenen Quellen dürfen jedoch bei solchen Versuchen nicht einfach ignoriert werden, um eine letztlich monokausale Rezeptionsdeutung vorzunehmen, die sich lediglich auf die Basis von Motivvergleichen stützt.[58] Noch problematischer ist es, die *maximus-homo*-Figur als interreligiösen Archetypen und als anthropologische Konstante aufzufassen, die sich in vielen Religionen finde, durch Swedenborg lediglich repräsentiert werde und sich nach ihm über den Sturm und Drang bis hin zum Nationalsozialismus erstrecke.[59] Diese Deutungsansätze, die auf den Nachweis literarischer Rezeptionszusammenhänge ohnehin verzichten, sondern

---

[57] AA II, 365 f.

[58] Noch weitaus assoziativer arbeitet etwa Rauer, 2007, 200, der ohne Umschweife vermutet, Swedenborg habe den *maximus homo* dem Titelkupfer von HOBBES' *Leviathan* „entnommen". Es ist auch eine Fehlinterpretation, die Große Mensch sei mit dem gestirnten Himmel über uns und zugleich mit dem Herrn identisch. Er verkörpert nach Rauers psychoanalytischer Deutung zudem Swedenborgs Vater. Swedenborg projiziere seine Erziehungsideale als Ich-Ideale in körperliche Gewänder, im „Hyper-Vater-Imago" (201 f.). Kant jedenfalls hat davon bei Swedenborg nichts lesen können.

[59] So RAUER, 2007, 233, 227. Rauer verweist auf den Indologen Heinrich Zimmer (1961) und auf den Kantforscher Julius Ebbinghaus (vgl. Kap. 5.3.1.), der 1940 [!] die Kabbala-Rezeption bei Swedenborg ohne Nachweis behauptet hatte. Neben Rauer berufen sich auch HEINRICHS, 1979, 56 f., und JOHNSON, 2001, 175, auf Gershom Scholem, der den Großen Menschen eingehend als religiös-anthropologische Konstante beschrieben hat. Johnson stellt aber einen Unterschied zur Kabbala fest. Denn hier werde ein gigantischer Mensch *im* Himmel angenommen, während Swedenborg meine, der Himmel selbst sei insgesamt dieser Mensch. Die Gleichsetzung von *Adam Kadmon* und *maximus homo* nimmt ohne Einschränkung ebenfalls SNOEK, 2003, 25, vor. Auf Henry Corbin, der den *homo maximus* als höchsten Archetyp bezeichnet, weist LARS BERGQUIST hin: Swedenborg und die himmlische Hermeneutik. In: Offene Tore 2001, 60–74, hier: 67. Ferner wird hier eine Parallele zwischen der schiitischen, sufitischen, jüdischen und der Hermeneutik Swedenborgs hergestellt, vgl. ebd., 61. Demgegenüber hat Talbot mit José Antonio Pacheco darauf aufmerksam gemacht, dass Swedenborgs Lehre etwa in der spiritualistischen Exegese zwar der kabbalistischen Spekulation ähnele, daraus aber nicht eine historische Abhängigkeit von Kabbala oder Midrasch, sondern nur eine identische Phänomenologie bei der Interpretation eines geistigen Sinnes geschlossen werden könne – ähnlich wie im Falle der Gemeinsamkeiten zwischen schiitischer und ismaelitischer Exegese, vgl. TALBOT, 2007, 186 f.

sich auf die Behauptung universaler, invarianter und ahistorischer anthropologischer Konstanten beschränken, unterscheiden sich natürlich grundsätzlich von einem in der Absicht historischen Ansatz wie dem Rolings.

Durch ein von ahistorischen Invarianten geleitetes Vorverständnis wird Swedenborg ohne weitere Prüfung aber in eine Tradition eingeordnet, in der ihn jedenfalls viele Zeitgenossen nicht gesehen haben. Ab Mitte der 1780er Jahre wurde er aus polemischen Gründen in diese Tradition gestellt, sieht man einmal davon ab, dass die Konstrukteure der Esoterik im 19. Jahrhundert keine Probleme damit hatten, unter Verzicht auf Rezeptionsnachweise Traditionen zu erfinden, um sich als eine ,wissenschaftlich' verstehende Religiosität historisch zu legitimieren: die moderne Esoterik, zunächst in Gestalt des Okkultismus und später der Theosophischen Gesellschaft um Helena Petrovna Blavatsky.[60]

4.3.3. Planetenbewohner

Abgesehen von den marginalen Hinweisen aus Leibniz' *Theodizee*, dass es nach Cyrano de Bergerac durchaus Lebewesen auf der Sonne geben könne, und aus der *Theologie des Aristoteles*, dass sich himmlische Geister auch auf anderen Himmelskörpern befänden,[61] sind in Swedenborgs Exzerpten keine Hinweise auf Quellen für seine Planetenreisen zu finden, die er 1758 in *De telluribus in mundo nostro solari* gesondert herausgab. Wenn im Folgenden Schlaglichter auf das literarische Feld der Planetenreisen bei Swedenborgs Zeitgenossen geworfen werden, wird sich zeigen, dass Swedenborg mit seiner Ansicht eines bevölkerten Universums keineswegs alleine stand. Mit seiner Behauptung, die Geister der einzelnen Planeten und Sterne persönlich während seiner visionären Ausflüge besucht und mit ihnen kommuniziert zu haben, ist Swedenborg allerdings ein Alleinstellungsmerkmal innerhalb der zeitgenössischen Debatte zuzusprechen. Das Urteil von Ernst Benz, *De telluribus* sei der „älteste Katechismus der Ufologie", ist aber angesichts der Fülle theoretischer und belletristischer Literatur über Planeten- und Sternenbewohner als überzogen zurückzuweisen.[62]

a) Immanuel Kant

Die Teile der *Arcana coelestia,* in denen diese Ausführungen enthalten waren, erschienen 1753, 1754 und 1756.[63] 1755 publizierte Immanuel Kant seine *Allgemeine Naturgeschichte und Theorie des Himmels,* deren dritter Teil unter der Überschrift stand: „Versuch einer auf die Analogien der Natur gegründeten Verglei-

---

[60] Vgl. Friedemann Stengel: Art. Okkultismus 1. Europa. In: Enzyklopädie der Neuzeit. Stuttgart u. a., Bd. 9 (2009), 376–378; Godwin, 1994.

[61] Vgl. oben Seite 382.

[62] Ernst Benz: Emanuel Swedenborg. In: Zwink, 1988, 8–15, hier 15.

[63] Arcana coelestia, quae in Scriptura Sacra, seu Verbo Domini sunt, detecta: hic quae in Exodo, una cum mirabilibus quae visa sunt in mundo spirituum, et in coelo angelorum, vgl. Hyde, 1906, 129.

chung zwischen den Einwohnern verschiedener Planeten".[64] Hier ging es natürlich überhaupt nicht um die Behauptung eines Kontakts mit extraterrestrischen Wesen. Kant hatte es sich vielmehr zum Ziel gesetzt, nur solche Aussagen zu treffen, „die zur Erweiterung unseres Erkenntnisses wirklich beitragen können, und deren Wahrscheinlichkeit zugleich so wohl gegründet ist, daß man sich kaum entbrechen kann, sie gelten zu lassen".[65] Er will seine „Muthmaßungen treulich an dem Leitfaden der physischen Verhältnisse", an dem „Pfade einer vernünftigen Glaubwürdigkeit" und einer „gegründete[n] Wahrscheinlichkeit" ausrichten, „willkürliche Erdichtungen" aber vermeiden.[66] Mit seinen Erwägungen setzt sich Kant aber ausdrücklich gegen Versuche ab, die „aus dem Reiche der Wissenschaften" stammende Theorie von der Belebtheit „aller Weltkörper" satirisch darzustellen oder lächerlich zu machen.[67] Er geht mit physikotheologischer Intention davon aus, dass die unendliche Schöpfung von der „erhabensten Classe unter den denkenden Wesen bis zu dem verachtetesten Insect" in einem „Zusammenhange" und als „Schönheit des Ganzen" zu betrachten sei.[68] Kant hält im Gegensatz zu Swedenborg und, wie er selbst bemerkt, „in Ansehung" der vorherrschenden Meinung nicht alle Planeten für bewohnt,[69] und er schließt in unausgesprochener Anknüpfung an Newton leere Räume im All nicht aus, auch wenn die „meisten" Planeten „gewiß" bewohnt seien.[70]

Zwei Grundsätze leiten ihn bei der Beurteilung der möglichen, aber doch mit Gewissheit angenommenen Planetenbewohner. Erstens schränkt die „Grobheit der Materie" die Seelenfähigkeiten des Menschen, der „unter allen Geschöpfen am wenigsten den Zweck seines Daseins" erfülle, ein, „weil er seine vorzügliche Fähigkeiten zu solchen Absichten verbraucht, die die übrigen Creaturen mit weit minderen und doch weit sicherer und anständiger erreichen". Die „Trägheit" der menschlichen Körpersäfte, die Undeutlichkeit der vom Gehirn bereitgestellten Begriffe, die Herrschaft der Leidenschaften und das „Getümmel, der Elemente, die seine Maschine unterhalten", erschweren die „Bemühungen der Vernunft" und das „Licht der Urtheilskraft". In der Abhängigkeit von der Materie liegt die Quelle des Irrtums und des Lasters.[71]

Der zweite Grundsatz Kants bezieht sich auf das Verhältnis der materiellen Abhängigkeit zur Sonne, dem „Feuer, welches sich aus dem Mittelpunkte des Weltsystems verbreitet, um die Materie in der nöthigen Regung zu erhalten". Aus dieser Analogie leitet Kant seine Erwägungen über die Beziehung zwischen Erdenmenschen und Planetenbewohnern her. Je näher Wesen an der Sonne leben, wie etwa die Venusbewohner, desto widerstandsfähiger und gröber müssten ihre Körper sein. Die Körper der Jupiterianer hingegen müssten aus „weit leichtere[n]

---

[64] Vgl. AA I, 349–366; BENZ, 1947, 124–132.
[65] AA I, 351.
[66] AA I, 365.
[67] Vgl. AA I, 353.
[68] Vgl. AA I, 354.
[69] Vgl. AA I, 352.
[70] Vgl. AA I, 354.
[71] AA I, 356 f.

und flüchtigere[n] Materien" bestehen, weil sie für die im Vergleich mit Erde und Venus schwächere Sonnenenergie auch empfänglicher sein müssten.[72]

Diese Beobachtung übertrug Kant auch auf die geistigen Fähigkeiten der Planetenbewohner und stellte die „Regel" auf, „nach welcher dieselben nach dem Verhältniß des Abstandes ihrer Wohnplätze von der Sonne immer trefflicher und vollkommener werden". Die Menschen befinden sich nach dieser Regel „in der Leiter der Wesen gleichsam" auf der „mittelste[n] Sprosse".[73] Venus- und Merkurbewohner stehen bei Kant also unter, Saturnicoli und Jovicoli über dem Menschen. Erstere dürften, so erwägt er, zusammen mit den Mars- und den Erdbewohnern aufgrund ihrer Materialität und der „Versuchung der sinnlichen Reizungen gegen die Oberherrschaft des Geistes" eine größere Neigung zur Sünde haben als die weiter von der Sonne entfernten Außerirdischen. Mars und Erde sind bei Kant auch hinsichtlich der „physischen" und „moralischen Beschaffenheit" die „mittelsten Glieder des planetarischen Systems".[74] Weiter reichende Spekulationen über die Planeten und andere Himmelskörper als Aufenthaltsort der Seelen verstorbener Menschen stellte Kant zwar an, er hält sie im Gegensatz zu Johann Gottfried Herder[75] allerdings eher für einen Gegenstand der Belustigung: „niemand wird die Hoffnung des Künftigen auf so unsichern Bildern der Einbildungskraft gründen".[76]

Hierin, in der Ablehnung der Planetenwanderung der postmortalen Seelen, liegt gewiss eine Übereinstimmung mit Swedenborg, der nur gelegentlich Geister der Erde auch auf anderen Planeten – zumeist – ihr Unwesen treiben sieht, aber weder wie Herder eine postmortale Planetenwanderung der Seele noch eine Reinkarnation annimmt. Demgegenüber beurteilt Kant die ‚Qualität' der Erde anders als Swedenborg, für den der heimische Planet mit seinen Bewohnern die gröbste Materialität aufweist.[77] Auch vermutet Swedenborg keinen Zusammenhang zwischen Sonnennähe und intellektuellen Fähigkeiten bzw. körperlicher Beschaffenheit. Bei ihm sind die Marsbewohner die vornehmsten des Universums, die anderen werden differenziert beurteilt. Ein weiterer Unterschied besteht in der Materialität der galaktischen Bewohner. Bei Kant besitzen sie verschiedene Grade von Trägheit, Grobheit und Elastizität, die immer subtiler werden, je weiter weg sich die Sonne befindet. Spekulationen über den Zusammen-

---

[72] AA I, 358.

[73] AA I, 359. In AA I, 360, wiederholt Kant seine Regel unter eindeutigem Einschluss der „Geisterwelt" und der materialischen Welt der einzelnen bekannten und unbekannten Planeten. „Geisterwelt" dürfte ganz sicher aber nicht in Swedenborgs Sinn als *mundus spiritualis* verstanden werden, sondern sich auf die zuvor genannten geistigen Fähigkeiten im Gegensatz zur körperlichen Beschaffenheit beziehen.

[74] Vgl. AA I, 365 f.

[75] Herder wendet sich mit seiner Vermutung der planetarischen Fortexistenz der Seele nach dem Tod vor allem gegen die Befürworter einer Reinkarnation der Seele auf der Erde und votiert auf diese Weise für das aufklärerische Prinzip des Fortschritts, der Vervollkommnung und der Erziehung – über den Tod hinaus. Vgl. HELMUT OBST: Reinkarnation. Weltgeschichte einer Idee. München 2009, 141 f.

[76] AA I, 367. Vgl. auch BERNHARD LANG: Himmel und Hölle. Jenseitsglaube von der Antike bis heute. München 2003, 88; OBST, 2009, 139.

[77] Vgl. Kap. 3.4.2., g); sowie 3.3.6., b).

hang zwischen der Sonnendistanz und den körperlichen und geistigen Fähigkeiten, die noch 1734 in den *Principia* enthalten waren, nahm Swedenborg in seiner Geisterweltlehre aber nicht mehr vor.

b) Fontenelle, Huygens, Oetinger

Im Gegensatz zu den immerhin der theoretisch-‚wissenschaftlichen' Naturgeschichte Kants angefügten Ausführungen über die Bewohner der Gestirne wurde über die Planeten und ihre Bewohner auch in anderen literarischen Genres spekuliert. Der Rezensent in der *Allgemeinen deutschen Bibliothek*, Abraham Gotthelf Kästner, sah es bei aller Würdigung seiner Verdienste Swedenborg nach, auf seine alten Tage noch solche Träume zu haben. Er hielt sie schlichtweg für einen Roman wie Fenelons *Telemaque*.[78]

Friedrich Christoph Oetinger, der Swedenborgs Schrift *De telluribus* 1770, 1771 und 1776 auf Deutsch[79] herausgab, verglich Swedenborgs Planetenreisen mit der ihm bekannten Literatur. Zunächst wies er auf entsprechende Entwürfe von Hobbes, Pufendorf, Thomasius und Christian Wolff hin, die darauf abzielten, die Erdbewohner „vernünftiger und besser zu machen".[80] Neben dem Marquis d'Argens (1704–1771), Schriftsteller am Hofe Friedrichs des Großen, zog er vor allem Christiaan Huygens' *Cosmotheoros*[81] und Bernard Le Bovier de Fontenelle (1657–1757) heran, dessen vielfach aufgelegte und übersetzte Schrift *Entretiens sur la pluralité des mondes*[82] er mit Swedenborgs Spekulationen verglich.

Auch wenn Oetinger eingangs den Anschein gab, Swedenborgs Text lediglich die „Stelle eines klugen Romans mit gutem Fug" einzuräumen, gelangte er zu

---

[78] Vgl. Allgemeine deutsche Bibliothek 16 (1772), 308 f. Das Buch solle zwar wie ein Roman angesehen werden, aber „des Herausgebers Reflexionen" seien „Folgerungen" wie „aus einer wahren Geschichte". Und „also verfährt er hie wie jener, der über ein Kalb mit zwey Köpfen eine Bußpredigt hielt und sie so schloß: M. E. Es mag nun dieses Wunder wahr seyn oder nicht, so ist es doch gewiß ein Zeichen vor dem jüngsten Tage."

[79] EMANUEL SWEDENBORG: Von den Erdcörpern der Planeten und des gestirnten Himmels Einwohnern, allwo von derselben Art zu denken, zu reden und zu handeln, von ihrer Regierungs-Form, Policey, Gottesdienst, Ehestand und überhaupt von ihrer Wohnung und Sitten, aus Erzählung derselben Geister selbst durch Emanuel Schwedenborg Nachricht gegeben wird. Ein Werk zur Prüfung des Wahren und Wahrscheinlichen, woraus wenigst vieles zur Philosophie und Theologie, Physik, Moral, Metaphysik und Logik kann genommen werden, aus dem Latein übersetzt und mit Reflexionen begleitet von einem der Wissenschaft und Geschmack liebt. Anspach 1771; 2. Aufl. Leipzig; Frankfurt 1771. Oetinger ließ die Übersetzung vom Sohn eines Freundes anfertigen, vgl. BENZ, 1947, 138. Die erste englische Übersetzung erschien erst 1787, die erste französische 1782 in Berlin (von Abbé Antoine-Joseph Perety, der in der französischen Freimaurerei den Swedenborgischen Ritus schuf und die Illuminatengesellschaft von Avignon gründete, vgl. dazu GABAY, 2005, 55–62, SNOEK, 2003). Vgl. HYDE, 1906, 211, 217.

[80] Vgl. SWEDENBORG, Erdcörper, unpag. Widmung. Diese Schrift Oetingers ist Thema in Kap. 5.2.5., b), ff).

[81] CHRISTIAAN HUYGENS: Cosmotheoros, sive de terris coelestibus. Hagae Comitum 1699.

[82] BERNARD LE BOVIER DE FONTENELLE: Entretiens sur la pluralité des mondes. Amsterdam 1686 [Paris 1686, viele Nachauflagen und Übersetzungen, deutsch erstmals Leipzig 1698, englisch London 1702].

umfangreichen „Reflexionen", in denen er seiner Ansicht nach vernünftige Gedanken aus *De telluribus* herauszuziehen versuchte und meinte: „Und man kann Schwedenborgs Nachrichten, so ungewiß man sie auch verlacht, doch aus Fontenelle Gespött lernen besser distinguiren."[83] Sowohl Fontenelle als auch Christiaan Huygens (1629–1695), deren Beschreibungen der Planetenbewohner Oetinger im Vergleich mit Swedenborg für „schwach und ungewiß" hält,[84] nehmen im Gegensatz zu Swedenborg – aber wie Kant – einen Zusammenhang zwischen Sonnendistanz und geistigen Fähigkeiten an.

„Von den Innwohnern Mercurii spricht Fontenelle ganz anderst als Schwedenborg: nämlich, weil sie so nahe an der Sonne seyen, so meynt er müssen sie von Lebhaftigkeit toll seyn, kein Gedächtnis haben, wie die Negers, die auf nichts keine sonderliche Attention haben."[85]

Das fiel Oetinger genauso auf wie Swedenborgs Behauptung, die Erde sei mit ihren Bewohnern der „finsterste, gröbste und kothigste" aller Planeten.[86] An anderer Stelle gab Oetinger, der sonst den Visionen Swedenborgs ja Glauben schenkte und nur deren Auslegung anzweifelte, deutlich zu bedenken, dass Swedenborgs Spekulationen über die Planetenbewohner literarisch nicht unabhängig seien: „ohne Zweifel hat er vorher in Hugenii Cosmotheoro daran manches aufgefangen", bevor er seine Gespräche mit den Planetengeistern führte.[87] In der Tat beschrieb auch der bedeutende Mathematiker und Astronom Christiaan Huygens die Bewohner von Saturn, Jupiter und Merkur je nach der Beschaffenheit der Planeten als vernünftige anthropomorphe Wesen unter menschenähnlichen gesellschaftlichen Verhältnissen, mit Geselligkeit, Musik und – zum Teil weit überlegener – Wissenschaft.[88] Die Anthropomorphität und das Sozialverhalten der Sternenbewohner war demgegenüber formal nichts Neues.

c) Außerirdische im Wolffianismus und darüber hinaus

Spekulationen über extraterrestrische, menschenähnliche Wesen finden sich auch vielfach im Umfeld des Wolffianismus. Bereits Leibniz hatte in der *Theodizee* im Zusammenhang mit der Herkunft und der Relativierung des irdischen Bösen angesichts der Unermesslichkeit des (guten) Universums gemutmaßt, dass es unzählige Sterne, Planeten, Sonnen und andere Sonnensysteme im All gebe, die „ebensoviel Anrecht auf vernünftige Bewohner" hätten wie die Erde, die nur einer der sechs „Haupt-Satelliten" der Sonne sei. Allerdings hatte er diese Außerirdischen nicht als Menschen vermutet.[89] Wie bereits oben[90] erwähnt, setzte der

---

[83] Vgl. OETINGER in: SWEDENBORG, Erdcörper, 211.
[84] Vgl. OETINGER in: SWEDENBORG, Erdcörper, 209.
[85] Vgl. OETINGER in: SWEDENBORG, Erdcörper, 211.
[86] Vgl. OETINGER in: SWEDENBORG, Erdcörper, 182, sowie 206.
[87] OETINGER, Beurtheilungen (1771), 50.
[88] Vgl. BENZ, 1947, 117–123.
[89] Vgl. LEIBNIZ, Tentamina I, Nr. 19 [Übers. nach Herring]. Diesen Paragraphen exzerpierte Swedenborg im PhN allerdings nicht, was freilich nicht heißt, dass er ihn auch überlesen hat.
[90] Vgl. Kap. 2.3.3., e).

Leipziger Wolffianer Johann Christoph Gottsched (1700–1766) mit seinen mehrmals aufgelegten *Ersten Gründen der gesammten Weltweisheit* Leibniz' Spekulationen fort: Auf „allen planetarischen Körpern" gebe es nach „Anleitung der Naturlehre" „vernünftige Einwohner", selbst die „reineste Himmelluft zwischen allen Sonnen und Weltkugeln" sei möglicherweise „Aufenthalt unzähliger vollkommenerer Geister".[91] Diese Überlegungen waren mit Spekulationen über die Beschaffenheit der Seelen verstorbener Menschen und noch vollkommenerer subtiler Bewohner des Weltalls verbunden, die nicht an irgendeine „planetarische Weltkugel" gebunden seien.[92]

In den Kreisen um Gottsched wie im Wolffianismus um die Mitte des 18. Jahrhunderts insgesamt war es zu dieser Zeit verbreitet und geradezu populär, den Bewohnern von Planeten „Vollkommenheit" gegenüber den irdischen Menschen zuzuschreiben. Die „christliche Jenseitstopographie" wurde häufig durch eine „Topographie des Sonnensystems" ersetzt; verstorbene Seelen lebten auf anderen Planeten fort, wobei in manchen Fällen nicht nur die bekannten Planeten des Sonnensystems, sondern auch Kometen dafür in Betracht gezogen wurden, weil wie bei Swedenborg aus theologischen Gründen, nämlich um der universalen Verherrlichung Gottes willen, das gesamte All bewohnt sein müsse.

Abraham Gotthelf Kästner, seit 1752 auch Mitglied der schwedischen Akademie der Wissenschaften und Übersetzer ihrer *Abhandlungen*, war in diese Diskussionen involviert, neigte aber dazu, die Kometen im Gegensatz zu den Planeten eher für unbewohnt zu halten.[93] Die verbreitete Annahme der Bewohntheit extraterrestrischer Himmelskörper war Bestandteil der universitären Astronomie. Der Mathematiker und Astronom Kästner und der langjährige Dekan der Philosophischen Fakultät Gottsched lehrten an der Universität Leipzig.

Ein aus dem Umfeld Gottscheds und Kästners stammender Eberhard Christian Kindermann gab 1739 in Rudolstadt eine „Reise in Gedancken durch die eröffneten allgemeinen Himmels-Kugeln" und 1744 daselbst eine „Geschwinde Reise auf dem Lufft-Schiff nach der oberen Welt" heraus. Kindermann berief sich nicht nur auf Kästner, Gottsched und Wolff, sondern auch auf Huygens' *Cosmotheoros*, der seit 1703 auf Deutsch[94] vorlag, und auf Fontenelles *Gespräche von mehr als einer Welt*, die Gottsched 1726 selbst übersetzt und herausgegeben hatte.[95] Diese Autoren gehörten zu seinem Kanon. Bei Kindermann besitzen die Bewohner der Himmelskörper, die wenigstens zum Teil abgeschiedene Seelen

---

[91] GOTTSCHED, Gründe, Bd. 1 der 2. Aufl. 1736, 609, zitiert nach MULSOW, 2008, 354.
[92] Vgl. GOTTSCHED, Gründe, Bd. 2 der 6. Aufl. Leipzig 1756, 497, zitiert nach MULSOW, 2008, 355.
[93] Vgl. MULSOW, 2007, 94–99. Hier der Hinweis auf Gedichte von Carl August Gebhardi und Christlob Mylius. Zum Thema insgesamt vgl. MARTIN MULSOW: Das Planetensystem als Civitas Dei. Jenseitige Lohn- und Strafinstanzen im Wolffianismus. In: LUCIAN HÖLSCHER (Hg.): Das Jenseits. Facetten eines religiösen Begriffs in der Neuzeit. Göttingen 2007, 40–62.
[94] CHRISTIAAN HUYGENS: Cosmotheoros Oder Welt-betrachtende Muthmassungen von denen himmlischen Erd-Kugeln und deren Schmuck […] Leipzig 1703. [2. Aufl. 1743, also ein Jahr nach Heyns *Versuch*].
[95] Vgl. z. B. KINDERMANN, 1739, 44, 60.

sind, ätherische Körper.[96] Dabei wird nicht nur auf die Planeten des Sonnensystems einschließlich des Mondes eingegangen, sondern auch auf weiter entfernte Areale wie den Orion, die „cetusischen", „eridanischen", „cepheuphischen" und „Coma Berenicesischen Kugeln" sowie verschiedene Fixsterne. Neben astronomischen Berechnungen von Tycho Brahe, Kopernikus, Giovanni Battista Riccioli werden auch neuere Astronomen für die Berechnungen und Spekulationen herangezogen.[97]

Kindermann vertritt allerdings eine dezidiert apokalyptische Weltsicht, die von zahlreichen biblischen Belegen aus dem Alten und Neuen Testament gestützt wird. Wie die Erde würden auch andere bewohnte Himmelskörper erst in Kometen und in einer kosmischen Katastrophe schließlich in Nichts verwandelt.

Die Planeten sind bei Kindermann durchweg bewohnt, auch wenn er die Beschaffenheit der Außerirdischen lediglich vermutungsweise beschreibt.[98] Aber es handelt sich nach seiner Auffassung um anthropomorphe Wesen: hier wird hebräisch gesprochen, Marsbewohner haben bessere Sinne, von einigen wird Astronomie getrieben. Jüngste Gerichte, die ehemalige Planeten in Kometen verwandeln, bevor sie Nichts werden, kennt Kindermann ebenfalls. Allerdings nimmt Kindermann im Gegensatz zu Kant an, dass die Körper der Planetenbewohner insgesamt mehr „spiritualisch" als „corporalisch" und den „Geistern ähnlich" seien.[99] Die Erdenbewohner erscheinen wie bei Swedenborg als die sündigsten und damit am schlechtesten beurteilten Einwohner des Universums. Kindermann wendet sich ausdrücklich gegen Autoren, die Planetennachbarn wie etwa die „Marsiten" schlechter beurteilen als die ‚Erdlinge'.[100] Hierin besteht ein wesent-

---

[96] EBERHARD CHRISTIAN KINDERMANN: Reise in Gedancken durch die allgemeinen Himmels-Kugeln, auf welcher alle von Gott erschaffene Welt-Cörper, sowohl deren Namen, Natur und Eigenschafften nach, gantz genau betrachtet, als auch, wie alle diese Cörper in Cometen, und endlich in ein Nichts verwandelt werden, ingleichen auf was vor Art eines jeden, und besonders unser jüngster Tag dereinsten erfolget, gründlich gehandelt wird [...] von Einem Christlichen Künstler, Kinder! man nennet sich zur Vermeidung eitler Ehre nicht gerne. Rudolstadt 1739; DERS.: Geschwinde Reise auf dem Lufft-Schiff nach der oberen Welt, welche jüngsthin fünff Personen angestellet, um zu erfahren, ob es eine Wahrheit sey, dass der Planet Mars den 10. Jul. dieses Jahres das erste mahl, so lange die Welt stehet, mit einem Trabanten oder Mond erschienen? Rudolstadt 1744 [Berlin 1964]. Vgl. MULSOW, 2007, 101 f.; CLARK, 1999, 451.
[97] Vgl. z. B. KINDERMANN, 1739, 145.
[98] Vgl. z. B. KINDERMANN, 1739, 33 ff.: über die „Lunariten" und ihre Städte; 51 ff.: über die Venuriten; 62ff: über die Mercuriten; 70ff.: über die Marsiten; 95 ff.: über die Caniriten (Bewohner des Hundssterns); 109 ff.: über die Jupiteriten; 135 ff.: über die Saturniten. Diese Beschreibungen finden sich umfangreich noch einmal in EBERHARD CHRISTIAN KINDERMANN: Vollständige Astronomie, oder: Sonderbare Betrachtung derer vornehmsten an dem Firmament befindlichen Planeten und Sternen, so wohl ihren Nahmen, Bedeutung und Situation nach, als auch was etwan von einer jeden dieser sichtbaren Himmels-Kugeln vor Meynungen von verschiedenen Auctoribus geheget, und davon vor wahr gehalten werden [...]. Rudolstadt 1744. Hierin sind Erwägungen über den Zustand der Menschen nach dem Jüngsten Tag enthalten. Entweder verwesen und verbrennen sie und erhalten subtile unverwesliche Körper (387), oder sie werden tatsächlich in Nichts verwandelt (385).
[99] Vgl. KINDERMANN, 1739, 51.
[100] Vgl. KINDERMANN, 1739, 71–75.

licher Unterschied nicht nur gegenüber Kant, sondern auch gegenüber Huygens und Fontenelle, gegen den sich Kindermann ausdrücklich absetzt.

Kindermann eröffnete zugleich einen theologisch relevanten Fokus, indem er die Frage aufwirft, ob die Außerirdischen an den Dreieinigen glaubten und ob Christus auch für sie gestorben sei. Letztere Frage verneinte er, denn die Planetenbewohner seien keine Sünder und würden wahrscheinlich auch nicht sterben wie die Erdenmenschen.[101] Folglich sei Christus auch nicht für sie gestorben. Allerdings wird auch auf den Planeten Gott verehrt, aber in einer nicht trinitarischen Gestalt: Die Bewohner des Jupiter beispielsweise sprechen hebräisch und erwähnen ausdrücklich „Jehovah" – eine auffällige Parallele zu Swedenborg, bei dem ausgerechnet die „Spiritus Joviales" „unseren *Dominus*" verehren.[102]

Aus der umfangreichen Literatur zum Thema Planetenbewohner ist noch knapp auf folgende Titel zu verweisen. 1754, ein Jahr, nachdem der erste entsprechende Band der *Arcana coelestia* erschienen war, veröffentlichte der hallesche Mediziner und Philosoph Johann Gottlob Krüger (1715–1759), der in der Frage der „Lebensgeister" eine ähnliche Position wie Swedenborg eingenommen hatte,[103] unter dem Titel *Träume* eine literarische Phantasiade, die auch Spekulationen über die Bewohner der Planeten Merkur, Venus, Mars, Jupiter, Saturn und des Mondes enthielt, die ebenfalls durchweg anthropomorph beschrieben werden. Der 600seitige Band wurde 1785 mit einem Vorwort von Johann August Eberhard erneut aufgelegt.[104] Krüger hält – wie Swedenborg – auch die Sterne für bewohnt.

Noch 1789, nachdem Herschel den Uranus entdeckt hatte, gab der Berliner Mathematiker und Physiker, später Mitglied der Akademie der Wissenschaften und der Deutschen Akademie der Naturforscher Leopoldina, Lehrer der Brüder Humboldt und des Kronprinzen Friedrich Wilhelm, Ernst Gottfried Fischer (1754–1831), eine *Betrachtung über die Kometen* heraus, in der er vermutete, dass die Bewohner von Uranus und Saturn bessere Sinne als wir haben müssten, weil sie weniger Licht empfingen.[105] Die Saturnbewohner hätten mehr Zeit, um die Geheimnisse der Natur zu durchdringen, die Merkurianer hingegen seien wohl den Erdmenschen unterlegen und hätten ein kürzeres Leben. Kometenbewohner hielt Fischer nun für möglich und meinte sie gar den Planeteninsassen überlegen. Fischer setzte die von Kant vertretene Theorie fort, dass die Fähigkeiten der Planetenbewohner mit der Sonnendistanz zusammenhängen.

---

[101] Vgl. KINDERMANN, 1739, 50 f.

[102] Vgl. KINDERMANN, 1739, 111; vgl. Kap. 3.4.2., g).

[103] Vgl. Kap. 2.4.1., c), aa).

[104] Vgl. JOHANN GOTTLOB KRÜGER: Träume. Halle 1754 [1785]. Bewohner des Merkur: sind schwarz, denken anders als wir; der Venus: sind gebildeter, trinken Wein, arbeiten nicht; des Mondes: sind schlechte Philosophen, weil sie theologisch denken; vom Mars: sind gemein und kriegerisch, trinken Blut; vom Jupiter: werden niemals krank, werden teilweise 1.000 Jahre alt, mögen Wissenschaften; vom Saturn: leben wegen der Kälte in Höhlen. Vgl. CLARK, 1999, 451 f.

[105] Vgl. ERNST GOTTFRIED FISCHER: Betrachtungen über die Kometen, bey Gelegenheit der vermuteten Wiedererscheinung eines Kometen im Jahre 1789. Berlin 1789; CLARK, 1999, 452.

Es wundert nicht, dass auch Johann Elert Bode (1747–1826), der bedeutendste zeitgenössische preußische Astronom, noch nach 1800 auf den Planeten und möglicherweise auch den Kometen, auf der Sonne und in anderen Sonnensystemen Wesen glaubte, die – wie bei Kant und Fischer – bei steigender Distanz zum Zentrum der Galaxie auch höhere Fähigkeiten besäßen.[106]

,Aliens' waren unter Astronomen, Philosophen, Literaten und Theologen des 18. Jahrhunderts weit verbreitet. Swedenborgs Schilderungen kommt vor diesem Hintergrund nur deshalb eine gewisse Exklusivität zu, weil er persönlich mit den extraterrestrischen Mitbürgern des *mundus spiritualis* in Kontakt getreten sein will. Nicht die Spekulationen in den *Arcana* und *De telluribus* sind aus zeitgenössischer Perspektive befremdlich, sondern der ,epistemologische' Anspruch.

d) Swedenborg, ,Aliens', Kometen, Jüngster Tag

Im Gegensatz oder vielleicht auch als Reaktion auf die apokalyptischen Naherwartungen, die in den 1740er Jahren mit der von manchen erwarteten Wiederkehr des Sintflutplaneten verbunden waren, kennt Swedenborg kein Jüngstes Gericht als kosmischen Kollaps der natürlichen Welt. Es stellt sich zu Recht die Frage, warum sich Swedenborg von seinen früheren Ansichten abwendete, denn über die Mitte der 1740er Jahre hinaus hing er selbst dem Gedanken eines Jüngsten Gerichts und der Wiederkehr des Messias an, der mit seinen Engeln kommen werde, um die Lebendigen und die Toten zu richten.[107] Kannte er die auf William Whiston zurückgehenden und unter anderem von dem Gottsched-Freund Johann Heyn (1709–1746) veröffentlichten astronomisch-biblischen Spekulationen, dass um 1750, möglicherweise 1748, der Sintflutkomet zurückkehren und das Vorspiel einer kosmische Apokalypse auslösen könnte? Heyn errechnete:

„5) Der Heiland ist im 4000ten Jahr der Welt geboren. vid. Herrn Insp. Freyers Universalhistorie p. 380.[108] Von dieser Zeit an sind verflossen 1742. oder nach genauerer Rechnung 1746. Jahre: weil nemlich Dyonisius das Jahr der Geburt Christi unrecht angesetzt hat, wie bekant ist. Rechnet man 4000. und 1746. zusammen: so erhellet, daß wir ietzo im Jahr der Welt 5746 leben.
6) Da im Jahr der Welt 5752. das Vorspiel des jüngsten Gerichts schon geschehen seyn sol; wir aber ietzo das 5746ste Jahr leben: so wäre gewiß die Zeit kurz zu unserer Ermun-

---

[106] JOHANN ELERT BODE: Anleitung zur Kenntniss des gestirnten Himmels. 4. Aufl. Berlin; Leipzig 1778, 642–647, 662–666; DERS.: Betrachtungen über das Weltgebäude. Berlin 1804, 105–118, 166, 174 f.; zitiert nach CLARK, 1999, 452.

[107] Vgl. LAMM, 1922, 368, mit dem Hinweis auf die posthum veröffentlichten Werke *De anima* und die nach der Berufungsvision entstandenen *Adversaria*, wo Swedenborg den Untergang von Sodom und Gomorrha allegorisch als „Weissagung vom jüngsten Gericht" auslegt. Vgl. auch die unter der Überschrift *Ultimum judicium* und *mundi finis* im Codex 36 gesammelten Texte, vor allem Bibelstellen, PhN 380–384, 397–399. In der *Oeconomia* hatte Swedenborg allerdings bereits Ansätze einer Umformung seiner Eschatologie gezeigt, vgl. Kap. 2.4.1., a), hh).

[108] HIERONYMUS FREYER: Nähere Einleitung zur Universal-Historie. Halle 1728, 380. Freyer nimmt hier jedoch an, dass Christi Geburt nur zwei Jahre zu spät angesetzt ist und „an statt a[nno] m[undi] 4000 mit 4002 verbunden ist".

terung, in Busse, Glauben und Heiligkeit dahin zu trachten, daß wir unter denen seyn könten, welche bey dem Einbruch der größten Noth ihre Häupter aufheben, daß sich ihre Erlösung nahet. Luc. 21,28."[109]

So deutlich, wie Martin Mulsow[110] meint, ist diese Prophezeiung hier zwar nicht. Heyn vermeidet es, sich ausdrücklich festzulegen, er wolle um seines „ehrlichen Namens" willen weder Tag noch Jahr nennen.[111] Aus der zitierten Stelle geht das Jahr 1748 in der Tat nur indirekt hervor, andernorts[112] wird es dem halleschen Theologen Joachim Lange zugeschrieben und als „Thorheit" bezeichnet. Während Heyn einerseits vermutete, der Jüngste Tag sei „noch sehr ferne", behauptete er andererseits: „Es scheinet nicht nur möglich, daß das Vorspiel nahe sey: sondern es scheinet auch wahrscheinlich nahe zu seyn."[113] Drei Jahre später und drei Jahre vor dem erwarteten „Vorspiel des Jüngsten Gerichts" bekräftige Heyn aber deutlich, dass er eindeutig 1748 gemeint hatte.[114]

---

[109] Lk 21,28: „Wenn aber diese Dinge anfangen zu geschehen, so blickt auf und hebt eure Häupter empor, weil eure Erlösung naht." JOHANN HEYN: Versuch einer Betrachtung über die Cometen, die Sündfluth und das Vorspiel des jüngsten Gerichts, nach astronomischen Gründen und der heiligen Schrift angestellet, und mit Herrn Johann Christoph Gottscheds […] Vorrede begleitet. Berlin; Leipzig 1742, 303 f. Heyn und andere mit dieser Thematik befasste Autoren hielten auch den Stern von Bethlehem (und der Drei Weisen) für einen Kometen, vgl. z. B. ebd., 84–93. Auffälligerweise meinte Heyn, ähnlich wie Swedenborg noch 1734, die Menschen der Sintflut seien fast 1.000 Jahre alt geworden. Vgl. ebd., 179. In der Frage der Sintflut schloss er sich wie in vielen anderen Punkten Whistons Kometentheorie an, ebd., 196–214. Im Zusammenhang mit dem Jüngsten Gericht nahm Heyn auch eine universale Bekehrung des Judentums an, vgl. ebd., 284–290, und zitierte ein entsprechendes Gedicht Gottscheds, vgl. ebd. 303. Weitere Literatur zum Kometenthema: JOHANN HEYN: Sendschreiben an des Hrn. Magister Semlers […], worinnen einige unmaßgebliche Vorschläge gethan werden, wie dessen vollständige Beschreibung des Sterns der Weisen noch etwas vollständiger gemacht werden könnte. Berlin; Leipzig 1743; Eines Parisischen Astronomi [Pierre Louis Moreau de Maupertuis, gegen die Verbindung der Kometenlehre mit dem Jüngsten Tag] Sendschreiben von den Cometen […] mit einem Brief eines Schlesischen Freyherrn nebst dessen Beantwortung von eben dieser Sache, begleitet von Johann Heyn. Berlin; Leipzig 1744; [M. N. O.]: Neue, doch unvorgreifliche Gedancken von dem Ursprunge und der Materie derer Cometen. Halle; Leipzig 1744. Gegen Heyn [und Whiston] ist gerichtet: CHRISTIAN GOTTLIEB GUTTMANN: Vernünftige Gedancken über die neue Cometenlehre des S. T. Herrn Rector Johann Heyns […], nebst einem Beweis a priori vom dem Umschwunge der Erde und der andern Planeten, wider die langen Whistonischen Schöpfungstage. Leipzig 1744. Johann Heyn: Gesamlete Briefe von den Cometen, der Sündflut, und dem Vorspiel des jüngsten Gerichts, worinnen er sich theils den Unternehmungen des Herrn Professor Wiedeburgs, Hn. Prof. Knutzen, Hn. Rect. Guttmanns, Hn. Mag. Schuberths, Hn. Mag. Obbarius und seiner übrigen Gegner bescheiden widersetzt. Berlin; Leipzig 1745 797 S.[!].
[110] Vgl. MULSOW, 2007, 47 mit Anm. 3, 218, wo auf die §§ 187 f. verwiesen wird. Hier wird das Datum jedoch nicht ausdrücklich, sondern nur in der zitierten Weise genannt.
[111] Vgl. HEYN, Versuch, 295.
[112] Vgl. HEYN, Versuch, 310.
[113] Vgl. HEYN, Versuch, 311, 297.
[114] Vgl. Johann Heyn an Wiedeburg, 23. 2. 1745. In: HEYN, Briefe, 725 f. Er bezog sich hier auf den § 188 seines Versuchs von 1742 und nannte eindeutig das Jahr 1748. Mit dem Hinweis, er habe mit seiner Prophezeiung gegen den Rat Augustins („einer der unglücklichsten Schriftforscher") gehandelt, keine Nachforschungen anzustellen, bezog sich Heyn scheinbar direkt auf Wiedeburgs ausdrückliche Anknüpfung an Augustin: „Ich unterstehe mich nicht, die Zeiten auszurechnen." JOHANN BERNHARD WIEDEBURG: Astronomisches Bedenken ueber die

So schwankend sich Heyn zunächst verhielt, er war durchaus nicht der einzige, der in diesen Jahren den Einschlag eines Kometen und ein damit verbundenes Weltende vermutete. Der hallesche Theologe und Astronom Christian Gottlieb Semler (1715–1782) nannte „etliche", die einen Zeitraum von 1752 bis 1754 für den Jüngsten Tag mit Kometeneinschlag vorhersagten, um sich allerdings von solchen Anmaßungen zu distanzieren. Man könne nicht mehr wissen als Christus, der schließlich selbst versichert habe, Tag und Stunde nicht zu kennen (Markus 13,32).[115]

Auch der oben genannte Kindermann, der hinsichtlich der Planetenbewohner ganz ähnliche Ansichten vertrat wie Swedenborg, hatte einen Kometen, die „Hetorische Kugel", erwartet, allerdings für 1746, und er hatte dieses Ereignis ebenfalls mit dem einstigen Ende der Erde konnotiert,

> „dass wir nemlich gleichfalls einen ebenmäßigen jüngsten Tag, gewiß und wahrhaftig zu gewarten haben, und dass unsere Kugel denen andern Kugeln ebenfalls dermahleins als ein gräulich brennender Comet erscheinen wird".[116]

Trug das Ausbleiben dieses apokalyptischen Ereignisses zu Swedenborgs Wandel in der Eschatologie und zur Spiritualisierung der Apokalypse bei, die mit der Umgestaltung seiner gesamten Theologie eng verbunden war? Immerhin notierte Swedenborg in seinem *Diarium spirituale* ausgerechnet am 13. Februar 1748, das Datum „57", sei ihm vom Himmel in einer Vision offenbart worden. In der folgenden Zeit deutete er diese Prophezeiung auf das Jahr 1757 als Jüngstes Gericht in der Geisterwelt.[117] Und bereits 1749 verkündete er im ersten Band der *Arcana coelestia*, dass es ein Trugschluss sei, das Jüngste Gericht mit dem Untergang der

---

Frage ob der bevorstehende Untergang der Welt natürlicher Weise entstehen ins besondere durch Annäherung eines Cometen zur Erden befördert werden auch binnen vier Jahren ein schreckliches Vorspiel desselben zu erwarten. Jena 1744, 186. Zwei Jahre vor dem erwarteten Weltende verstarb Heyn.

[115] CHRISTIAN GOTTLIEB SEMLER: Vollständige Beschreibung von dem neuen Cometen des 1742sten Jahres samt einer Astronomischen Widerlegung das der Stern der Weisen kein Comet gewesen wieder Herrn Rector Haynen und alle diejenigen, welche solches jemahls behauptet haben. Halle 1742, 100, zitiert bei HEYN, Versuch, 305. Noch Jahre später wandte sich Semler ausführlich gegen astrologische und apokalyptisch aufgeladene Kometentheorien, auch gegen die Whistons. Er argumentierte mit der Unendlichkeit der Welt, die nach der Vernunft und nach den Eigenschaften und dem Wesen Gottes erwiesen werde. Vgl. DERS.: Astronomische Beschreibung und Ausrechnung des Cometen Anno 1769. Sammt einer mathematischen und philosophischen Schöpfungshistorie der gantzen Welt. Zum Beweis dass unsere Erde nicht aus einem Cometen geschaffen sey. Halle 1770, 143f., 141–164, 204–206.

[116] KINDERMANN, 1739, 190f.; sowie DERS.: Wahre Betrachtungen über den, in diesem Jahre, erschienenen Cometen, so wohl nach dessen Ursprung und Beschaffenheit, ingleichen, wohin sein Lauff gerichtet, wie lange er sichtbar sey, als auch vornehmlich nach seiner Bedeutung, und ob wir Ursach haben, uns vor ihm zu fürchten? Wobey dieses Cometen eigentliche Gestalt recht physicalisch in einem Kupffer vor Augen geleget. Rudolstadt 1744, 15.

[117] Vgl. Diarium spirituale 765. In dieser Notiz verstand er die 57 zunächst nicht und vermutete sie als „1657". Später verlegte er den Termin auf 1757. Vgl. LAMM, 1922, 369. In dem von Swedenborg selbst zusammengestellten Register zum *Diarium spirituale* finden sich unter *Finis* und *Judicium* keine Hinweis mehr auf ein Ende der natürlichen Welt. Bereits 1747 sind hier Hinweise auf eine Kursänderung in der Apokalyptik erkennbar – ein Jahr zuvor war der von Kindermann vorhergesagte Komet nicht eingetroffen.

Erde zu verbinden, „denn ein Jüngstes Gericht ist für eine jede Kirche, wenn sie verödet ist, oder wenn in ihr kein Glaube mehr ist".[118]

So nahe diese Erklärung für Swedenborgs plötzlichen Umschwung in der Eschatologie auch liegt – sie lässt sich ebenso nur vermuten wie Swedenborgs direkte Kenntnis der Planeten- und Planetenbewohnerliteratur, obwohl manche Ähnlichkeiten gerade im Falle Kindermanns auffällig sind.

Swedenborgs Wende in der Apokalyptik ist im Hinblick auf seine früheren Auffassungen ebenso drastisch wie im Vergleich mit anderen zeitgenössischen Planetenspekulationen. Jüngste Gerichte, die es – wie er mit Kindermann annimmt – auch auf anderen Planeten gibt, sind seit den *Arcana coelestia* rein spirituelle Vorgänge. Die Welt ist als Pflanzschule des Himmels ebenso unendlich und ewig wie dieser selbst, obwohl beide im Vergleich mit der Unendlichkeit Gottes endlich sind.[119] Gegen die apokalyptischen Szenarien von Whiston über Kindermann und Heyn hatten auch andere Gelehrte, so etwa der Jenaer Mathematikprofessor und Astronom Johann Bernhard Wiedeburg (1687–1766), trotz eines denkbaren „grossen Gerichts" die Unveränderlichkeit von „Himmel und Erden" nach „ihrem Wesen und Bau" und gleichzeitig ein ewiges Leben behauptet.[120]

Swedenborgs Planetenwelt ist wohlgeordnet und harmonisch, Entwicklung vollzieht sich im geistigen Bereich; ein den *mundus naturalis* betreffendes apokalyptisches Szenarium ist nicht vorgesehen. Allerdings, und das ist ebenfalls ein bemerkenswerter Unterschied zu den oben skizzierten apokalyptischen Tendenzen: Swedenborg hält in seinem System an Himmel und Hölle fest, und er schließt zugleich ein postmortales Leben der Menschenseelen auf anderen Planeten aus. Postmortal existiert alles menschliche, auch das interplanetarische Leben, im *mundus spiritualis*, der auch für die Bewohner anderer Himmelskörper in Himmel und Hölle eingeteilt ist. Die Vielzahl der Welten wird bei Swedenborg vereinheitlicht, denn alle Außerirdischen haben ihren Platz innerhalb des *maximus homo*. Die Erde erhält trotz und wegen ihrer Unvollkommenheit eine herausragende Position im All, weil der Herr sich nur hier inkarnieren konnte. Und die Menschenform zeichnet alle Bewohner des Alls genauso aus wie der „Endzweck" der Schöpfung, dem sie dienen: die Vervollkommnung des anthropomorph gedachten Engelshimmels.

Es ist nicht festzustellen, ob und welche Titel aus der umfangreichen Planetenliteratur des 17. und 18. Jahrhunderts von Athanasius Kirchers *Ekstatischer Rei-*

---

[118] AC 931.
[119] Vgl. MULSOW, 2007, 98.
[120] Vgl. WIEDEBURG, Bedenken, unpaginierter Vorbericht; zitiert bei HEYN, Versuch, 148f., 154. Wiedeburg hielt nicht die baldige Zerstörung durch einen Kometen für möglich, sondern meinte, Gott werde entweder eine neue Erde mit Himmel anstelle der alten erschaffen oder deren Gestalt verändern und verbessern. Der Untergang der Welt kann nach Wiedeburg ebenso wenig auf natürliche Weise, also durch einen Kometen, bewirkt werden, wie Whiston und Burnet meinen, wie seinerzeit die Sintflut. Die Welt sei umso vollkommener, „je weniger Wunderwercke darin geschehen", sie sei als solche ein Wunderwerk, das durch ein Wunderwerk aus nichts erschaffen worden sei und auch nur durch ein Wunderwerk – nicht durch einen natürlichen Kometen – wieder in „ihr voriges Nichts versetzet werden" könne (unpaginierter Vorbericht).

se,[121] auf den sich Huygens bezog, bis zu Kindermann, Heyn, Gottsched oder Charles Hector von Marsay, den Oetinger kannte,[122] auf Swedenborg Einfluss ausgeübt haben. Man wird wohl kaum über Ernst Benz hinauskommen, der zu dem Fazit kommt, Swedenborg lese sich wie der „Kommentar eines phantasie-begabten Dichters zu den Ausführungen, die Huygens, Fontenelle und andere als naturwissenschaftliche Konjekturen dem staunenden Gelehrtenpublikum ih-rer Zeit unterbreiteten".[123] Benz' Hinweise auf diese ältere Literatur und auf Kant ist durch die Kontextualisierung Swedenborgs innerhalb der Literatur über die Planeten und deren Bewohner zu ergänzen, die vor allem in der Mitte des 18. Jahrhunderts in Gelehrtenkreisen weit verbreitet war. Der wesentliche Unter-schied bestand freilich darin, dass Swedenborg einen durch Offenbarung gewähr-ten dauerhaften Kontakt mit den Planeten- und Sternenbewohnern und auf die-ser Grundlage die Spekulationen und literarischen Phantasien der Zeitgenossen zu ‚verifizieren' behauptete. Eine große Gemeinsamkeit ist hingegen deshalb zu sehen, weil das weithin auch von anderen angenommene außerirdische Leben bei Swedenborg, wie auch in der zeitgenössischen aufklärerischen Literatur (nicht nur in Preußen), in einen teleologischen Kontext eingebaut war, der den Men-schen zentralisierte: „Die philosophische Anthropologie wurde Kosmologie und die Kosmologie wurde philosophische Anthropologie."[124]

Im Gegensatz zu diesem von William Clark mit Irving I. Polonoff erhobenen Befund ist natürlich festzuhalten, dass Swedenborg die Kosmologie wohl von der Astrologie, nicht aber von der Pneumatologie löslöste, sondern die Kosmologie mit seiner eigenen Pneumatologie im Rahmen einer Geisterweltlehre verband, die er vor dem Hintergrund der im Codex 36 verarbeiteten Literatur konzipierte. Die Anthropologisierung erstreckt sich bei Swedenborg aber nicht nur auf die Kosmologie und Himmelslehre, sondern auch auf die Theologie und speziell auf die Angelologie. Der Mensch erhält in gewisser Weise eine noch ‚zentralere' Rol-le, denn nicht nur die Planetenbewohner sind anthropomorph, auch Geister, En-gel und Teufel sind eigentlich Menschen, nicht etwa eine zwischen Gott und Mensch geschaffene eigene Geistgattung. Wie auch Kindermann verband Swe-

---

[121] ATHANASIUS KIRCHER: Itinerarium exstaticum: quo mundi opificium id est coelestis expansi, siderumque tam errantium, quam fixorum natura, vires, proprietates, singulorumque compositio & structura, ab infimo telluris globo, usque ad ultima mundi confinia, per ficti raptus integumentum explorata, nova hypothesi exponitur ad veritatem Interlocutoribus Cos-miele et Theodidacto. Romae 1656. Vgl. BENZ, 1947, 123; HARALD SIEBERT: Die große kos-mologische Kontroverse. Rekonstruktionsversuche anhand des Itinerarium exstaticum von Athanasius Kircher SJ (1602–1680). Stuttgart 2006. Zu Kirchers ebenfalls anthropomorpher Jenseitsvorstellung vgl. knapp, LANG, 2003, 80; LANG, 2000, 42; LANG, 2001, 118.

[122] Vgl. MARTIN WEYER-MENKHOFF: Christus, das Heil der Natur. Entstehung und Sys-tematik der Theologie Friedrich Christoph Oetingers. Göttingen 1990, 83; BENZ, 1947, 115. Marsay (1688–1753) hatte Antoinette Bourignon, Jeanne Marie de Guyon, Jakob Böhme und anderen Theosophen postmortale Wohnungen auf den Planeten zugewiesen.

[123] BENZ, 1947, 124.

[124] „Philosophical anthropology has become cosmology and cosmology philosophical anthropology." IRVING I. POLONOFF: Force, Cosmos, Monads and other Themes of Kant's early thought. Bonn 1973 (Kantstudien; Ergänzungshefte; 107), 123; zitiert nach CLARK, 1999, 452.

denborg die Fragen der Universalität der göttlichen Schöpfung und des Heilshandelns mit der kosmologischen Debatte um die Bewohntheit des Universums. Die Erde behielt in diesem unendlichen Universum auch als „kothigster"[125] aller Planeten ihr soteriologisches Alleinstellungsmerkmal, nämlich aufgrund der nur hier möglichen Inkarnation. Die gröbste Materialität musste für Swedenborg der Ort sein, an dem der *Dominus* das Erste und das Letzte miteinander verband, um ein ewiges Gleichgewicht als Voraussetzung für die Willensfreiheit des Menschen und seine Wiedergeburt herzustellen.

4.3.4. Andere theologische Kontexte

a) Ambivalente Einflüsse: Jesper Swedberg und die Herrnhuter

In der Swedenborgforschung sind vielfach theologische Einflüsse auf Swedenborgs visionäre Theologie und Geisterweltlehre behauptet worden. Vor allem pietistische und ‚radikalpietistische'[126] Autoren des 17. und 18. Jahrhunderts wurden hierbei herangezogen. In allen Fällen handelt es sich, wie in Kapitel 4.3.1. geschildert worden ist, um den Vergleich von Motiven, der häufig in die Behauptung einer tatsächlichen literarischen Rezeption mündet. Wenn im Folgenden einige dieser Thesen diskutiert werden, sollen damit Rezeptionsverhältnisse zwar nicht gänzlich ausgeschlossen, aber auch nicht als gesichert festgestellt werden. Die Grundentscheidung, dass auffällige inhaltliche Parallelen nicht zur Behauptung einer Rezeption führen dürfen, wenn keine historischen Beweise erbracht werden können, bleibt damit bindend. Übereinstimmungen und Ähnlichkeiten können daher lediglich als literarische *Kontexte* gelten, vor allem in Anbetracht der durch Swedenborgs Exzerpte eindeutig nachweisbaren Rezeptionsbasis, die durch Motivvergleiche weder ersetzt noch mit gleichem Gewicht ergänzt werden kann. Angesichts der gewaltigen Menge möglicher literarischer Anknüpfungspunkte für einzelne Segmente der Theologie Swedenborgs kann es im folgenden Abschnitt lediglich darum gehen, wie im Falle der Planetenbewohner und des *maximus homo*, ausgewählte Topoi zeitgenössisch zu kontextualisieren, um zu zeigen, dass Swedenborg sich mit seinen Themen durchweg innerhalb dieses literarischen Diskurses bewegte.

Wie bereits im biographischen Einleitungskapitel ausgeführt wurde, ist Swedenborgs Verankerung in der pietistischen, gegenüber dem lutherischen Staatskirchentum Schwedens devianten Tradition, die ihm über seinen Vater *Jesper Swedberg* vermittelt wurde, unübersehbar. Die Kritik an der lutherischen Lehre von der Rechtfertigung *sola fide* und an der Trinitätslehre, die Betonung der Notwendigkeit guter Werke und der Wiedergeburt des Gläubigen zur lebenspraktischen Erneuerung des Christentums dürfte ihm über Jesper und dessen Umfeld ebenso

---

[125] So Oetingers Übersetzung, vgl. oben Seite 423, Anm. 86.
[126] Zur Problematik des Begriffs „radikaler Pietismus" vgl. bereits HANS SCHNEIDER: Der radikale Pietismus in der neueren Forschung. In: PuN 8 (1982), 15–42.

vermittelt worden sein wie die Möglichkeit von Engelserscheinungen. Im Unterschied zu seinem Vater lehnte Swedenborg nach 1745 allerdings die Vorstellung eines Jüngsten Gerichts mit Weltende und die im Luthertum verbreitete Auffassung des postmortalen Seelenschlafs in einem Zwischenzustand vor dem Jüngsten Tag ab. Überschneidungen finden sich gegenüber dem prägenden und zugleich ambivalenten Einfluss seines Vaters ebenso wie Abweichungen. Trotz der pietistisch inspirierten Kritik an der lutherischen Orthodoxie ging Swedenborg nach seiner biographischen Wende andere Wege, die durch seine philosophischen Quellen geebnet wurden.

Wie im Falle Jespers ist auch der zeitweilige Einfluss der englischen *Moravians* bereits genannt worden, der in der Geisterweltlehre allerdings wie eine Negativfolie erscheint. Der von Swedenborg als jüdisch qualifizierte Arianismus Zinzendorfs und dessen Blut- und Leidensmystik wird durch Swedenborgs ‚sabellianide‘ Betonung der Gottheit Christi geradezu kontrastiert, auch wenn es reine Spekulation wäre, die Abwendung Swedenborgs von der polemisch konstruierten Herrnhuter Theologie ausschließlich als Ergebnis seines vergeblichen Versuchs zu betrachten, der Gemeinschaft selbst beizutreten.[127] Es kann jedoch auch eine Überschneidung zwischen den Herrnhutern und Swedenborg festgestellt werden: Swedenborg behält ja in modifizierter Weise den historischen, inkarnierten Jesus bei und spricht ihm eine erhebliche und heilsnotwendige Bedeutung zu, zwar nicht als Bruder, sondern als heiliger Gottmensch, der sich aus Swedenborgs cartesisch-dualistischer Sicht inkarnieren musste, weil ein direkter Kontakt zwischen Mensch und Gott nicht möglich war. Swedenborgs modifizierter Sabellianismus könnte als gerade gegen den unterstellten Arianismus der Herrnhuter entworfene Gewichtsverlagerung von Christologie und Trinitätslehre verstanden werden. Aufgrund fehlender Beweise verbleibt dies lediglich im Feld der Vermutung, obwohl Swedenborg seinen christologischen Gegensatz zu Zinzendorf explizit benennt.

b) William Whiston

Dies trifft auch auf einen möglichen, aber ebenso wenig beweisbaren Einfluss *William Whistons* zu, dessen antitrinitarische Positionen während Swedenborgs Aufenthalt in England und weit darüber hinaus breit diskutiert wurden. Swedenborg teilte mit Whiston allerdings nicht nur ein trinitarisch-christologisches Interesse. Seine vielbeachteten kosmologischen und astronomischen Arbeiten könnten ebenso auf ihn gewirkt haben wie die Längengradthematik. Eine direkte Lektüre Whistons durch Swedenborg ist aber nicht nachweisbar, sein Einfluss sollte darum auch nicht überschätzt werden.[128] Auffällig ist allerdings, dass Swedenborgs ‚sabellianide‘ Christologie, die angesichts der arianischen Tendenzen der

---

[127] Zu Zinzendorf und den *Moravians* vgl. Kap. 1.5.; 1.6. und 3.3.7., c), hh).
[128] Dies wendet auch JONSSON, 2004, 298, Anm. 109, gegen BENZ (1969, 45–48, 477–479) ein, der hier und andernorts keine klaren Grenzen zwischen Motivgeschichte und Rezeptionsgeschichte zieht.

Theologie des 18. Jahrhunderts eine eher ungewöhnliche Position darstellt, Parallelen zu Whiston aufweist. Noch bei dem Astronomen und Theologen Johann Heyn, der im Zusammenhang mit seiner von Whiston abgeleiteten Kometentheorie und der für 1748 erwarteten Wiederkehr des Sintflutkometen erwähnt wurde, findet sich ein auffälliges Interesse an der Christologie Whistons, der Jesus Christus für „wahrhaftig ϑεανϑρωπος, GOttmensch" halte, auch wenn er sich „untüchtig" glaube,

„die Natur Gottes zu fassen, und daher von der Einigkeit, oder wie viel der Personen in dem göttlichen Wesen, aus meinen natürlichen Gründen zu urtheilen. Aber ich denke nicht, daß ich eben so sehr die Lehre von der unbedungenen Verwerfung einiger Menschen zu glauben verbunden sey; dieweil die Beweisgründe, so davon angeführet werden, keineswegs klar sind, und die Sache nicht sowol über der Vernunft ist, als vielmehr derselben wiederspricht."[129]

Whistons Unitarismus wurde vor allem in der Öffentlichkeit mit dem Arianismus verbunden, der in der theologischen Debatte diffamiert, aber durchaus nicht nur als solcher verstanden wurde.[130] Denn seine Aussage, dass im Körper Jesu Christi der Nous oder Logos gewirkt habe, der wiederum mit dem Gott des Alten Testaments identisch sei,[131] befindet sich in der Nähe von Swedenborgs Unitarismus, der ,sabellianid' geprägt ist, obwohl ihm in den Auseinandersetzungen um seine Anhänger in Göteborg ebenfalls Arianismus und ,Mohammedanismus' vorgeworfen wurde. Whiston nimmt wie Swedenborg gegen die Trinitätslehre der konfessionellen Christentümer keinen präexistenten Heiligen Geist und keinen präexistenten Sohn an, der nach seiner Inkarnation eine menschliche Seele angenommen habe.[132] Nach Whistons *Primitive Liturgy* wird nicht der Sohn, sondern der Vater angebetet, aber nicht, weil der Sohn nur ein Mensch gewesen und deshalb nicht anbetungswürdig wäre. Aus seiner Analyse verschiedener Texte Tertullians rekonstruierte Whiston nämlich als die ursprüngliche Lehre Christi und seiner Apostel,

„dass genau dasselbe Wort Gottes, durch das Gott die Welt gemacht hat, genau dieselbe Person, die der von Anbeginn der Welt gezeugte Sohn Gottes war, einen menschlichen Körper annahm und selbst darin litt und für uns starb".[133]

---

[129] Vgl. HEYN, Versuch, 152; Zitat aus WHISTONS *Nova Telluris Theoria*, 51.

[130] Zu Whistons katalysierender Wirkung auf die Textkritik bei Semler, Bahrdt und anderen im Falle der Bestreitung der Echtheit des *Comma Johanneum* (1. Joh 5,7f.) vgl. HORNIG, 1996, 233–235; Karl ANER: Die Theologie der Lessingzeit. Halle 1929, 202f. Semlers Magisterdisputation von 1750 war gegen die arianischen Konsequenzen in Whistons Exegese gerichtet (Vindiciae plurium praecipuarum lectionum codicis graeci Novi Testam. adversus Guilielm. Whiston Anglum atque ab eo latas leges criticas. Halae). Kurz nach dem Tod seines Lehrers Baumgarten und nach einem Briefwechsel mit Whiston revidierte er seine Meinung und räumte ein, dass Whiston die besseren Argumente hatte.

[131] Vgl. WHISTON, 1749, 177–180, 217f. Vgl. Kap. 3.3.6., c).

[132] WHISTON, 1720, 54.

[133] WHISTON, 1720, 54: „that the very same Word of God, by whom God made the World; the very same Person who was the Son of God, and begotten before the World began, took a human Body, and himself therein suffered and died for us."

Mit dieser Logoschristologie grenzte sich Whiston sowohl gegen die „abscheuliche patripassianische Häresie" und den Sabellianismus ab, und er sprach sich mit
dieser und anderen unitarischen Aussagen doch ebenso gegen den Arianismus *und*
den athanasianischen „Tritheism"[134] aus, obwohl Whistons eigene Aussagen
durch die polemische Rezeption verwischt oder uneindeutig wiedergegeben wurden, wie die oben genannten Zitate zeigen. Gesetzt den Fall, Swedenborg hätte
Whistons Auffassungen gekannt, hätte er also nur an einzelne Positionen, vielleicht aber auch an tendenziöse Zuschreibungen von außen, anknüpfen können.
Allerdings fällt die Polemik gegen Athanasius, Arius und den kirchlichen Tritheismus genauso ins Auge, wie die Tendenz zum Unitarismus, der mit einer Logoschristologie kombiniert ist und wie eine lediglich formulierungsweise Alternative
zwischen einem ausdrücklichen Sabellianismus bzw. Arianismus anmutet.
    Eine weitere Überschneidung könnte aus dem erwähnten Zitat bei Heyn deut-
lich werden: Whistons Ablehnung der (doppelten) Prädestination hat in Swedenborgs Bekämpfung der calvinistischen Lehre seine Entsprechung. Auch die Modifikation der Höllenfahrt Christi ist im Vergleich mit Swedenborg signifikant,
denn Christus fährt bei Whiston nicht in die Hölle, sondern in den „Hades"
oder die „invisible world" herab, also in ein Zwischenreich, das bei Swedenborg
den Namen *mundus spirituum* trägt.[135] Wie Swedenborg lehnt auch Whiston die
orthodoxe Erbsündenlehre ab; als Baptist hält er aus diesem Grund die Taufe
Neugeborener nicht für nötig,[136] weil ein Exorzismus überflüssig ist. Es ist natürlich einzuräumen, dass Swedenborg im Falle einer Adaption der Theologie Whistons zwar dessen Unitarismus geteilt, nicht aber seine ‚arianiden', sondern eher
seine ‚sabellianiden' Tendenzen ausgebaut hätte, die Whiston mehr unterstellt
wurden, als dass er sie tatsächlich vertrat. So auffällig der Antiathanasianismus,
Antitrinitarismus und Unitarismus Whistons und Swedenborgs auch sind, Antitrinitarismus hätte Swedenborg auch bei anderen renommierten britischen Philosophen und Naturforschern finden können, von Isaac Newton über Henry More,
Ralph Cudworth, John Locke und John Toland, von denen wenigstens die Lektüre Lockes und Newtons durch Swedenborg als gesichert gelten kann.[137] Trotz
mehrerer Übereinstimmungen ist es daher keinesfalls zwingend, einen Einfluss
Whistons auf Swedenborgs Theologie anzunehmen.

c) Johann Conrad Dippel

Insbesondere seit der älteren Arbeit von Martin Lamm ist der Einfluss *Johann
Conrad Dippels* (1673–1734) auf Swedenborg diskutiert worden. Lamm selbst
vermag über phänomenologische Vergleiche hinaus keine Beweise für eine aktive
Rezeption Dippels bei Swedenborg zu erbringen, hält Dippels Einfluss aber den-

---

[134] WHISTON, 1720, 55, 91 u. ö. („the horrid *Patripassian* Heresy" – Hervorhebung bei
Whiston).
[135] Vgl. WHISTON, 1749, 471.
[136] Vgl. WHISTON, 1749, 472.
[137] Vgl. BERGQUIST, 2005, 36, sowie Kap. 1.3.; 2.4.1., a) bb).

noch für „unleugbar".[138] Wie sich zeigen wird, finden sich tatsächlich eine Reihe von Überschneidungen, allerdings auch elementare Differenzen und Lehrsegmente, die Swedenborg über Dippel hinaus aufweist. In Kapitel 1.5. ist bereits untersucht worden, wie problematisch es ist, eine Bekanntschaft zwischen Dippel und Swedenborg in Schweden anzunehmen. Wenn es dazu gekommen sein sollte, dürfte sich Swedenborg auf der Seite der Gegner Dippels befunden haben, der eher durch den Präsidenten der Bergbaubehörde Gustaf Bonde und andere in diesem Amt befindliche Anhänger der Alchemie protegiert worden sein könnte. Denn Dippels – von Bonde geteiltes – Interesse an der Alchemie, seine Orientierung an den „Philosophi Hermetici" und sein unübersehbarer Rückgriff auf die paracelsische Archäuslehre zur Widerlegung des mechanizistischen Weltbildes[139] findet bei dem Mechanisten und Cartesianer Swedenborg weder vor noch nach seiner biographischen Wende Widerhall.

In seinem nicht zur Veröffentlichung vorgesehenen *Diarium spirituale* räumt Swedenborg in einer Notiz, vermutlich von 1748, ein, zwar mit Dippels Anhängern in Kontakt gestanden, aber keine seiner Lehraussagen im Gedächtnis behalten zu haben. Dippel habe seine Anhänger des Verstehens dessen beraubt, was gut und wahr sei, und sie in eine Art Delirium gebracht. Dippels postmortalen Geist beschreibt Swedenborg in ähnlich abwertender Weise.[140] Hätte Swedenborg ein Interesse daran gehabt, sich öffentlich von Dippel zu distanzieren, um einen unterirdischen Einfluss auf diese Weise zu kaschieren, warum tat er es nicht in einem seiner Werke, sondern lediglich im Tagebuch?

Im Gegensatz zu dem alchemisch-hermetischen Ansatz lassen sich dennoch eine Reihe von auffälligen Parallelen zwischen Dippel und Swedenborg beschreiben, die zumindest belegen können, dass beide an manchen Punkten ähnliche theologische Tendenzen verfolgten. Die Feststellung, dass Swedenborg mit Dippel einem kirchenkritischen Motto „Orthopraxis gegen Orthodoxie"[141] folgte, dürfte eine zu allgemeine Feststellung sein, die für einen großen Teil der pietistischen Autoren zutreffen würde. Die Abwendung von der lutherischen Rechtfertigungs- und Imputationslehre ist eine erste Folge dieser Haltung. Nach Dippel kann Christus nicht für die Sünder gestorben sein, genauso wenig wie ein Arzt einen Kranken heilen kann, indem er stellvertretend für ihn gesund ist oder dessen Medizin einnimmt.[142] Dippel kennt zwei „Erlösungen, die historisch-symbolische Christi und die eigentliche Wiedergeburt im Geist".[143] Fremderlösung

---

[138] Vgl. LAMM, 1922, 322

[139] Vgl. KRISTINE HANNACK: Die „alte, vernünftige Philosophie" als „Weg=Weiser" zur Aufklärung. Johann Conrad Dippel als Grenzgänger zwischen Pietismus, Hermetik und Frühaufklärung. In: NEUGEBAUER-WÖLK / RUDOLPH, 2008, 51–75, hier: 57–59.

[140] Vgl. Diarium spirituale 3486, 3485, 3487, 3497, 3890 f., 5962; auch BERGQUIST, 2005, 201 f.; LAMM, 1922, 66 f.; TALBOT, 2007, 182 f. Auch im Codex 36 wird Dippel einmal unter dem Stichwort „Prädestination, Schicksal, Notwendigkeit" erwähnt: Dippel und die Sozinianer leugneten, dass Gott die künftigen Zufälle kenne, vgl. PhN 117 f.

[141] Vgl. LAMM, 1922, 315.

[142] Vgl. HANNACK, 2008, 73.

[143] SCHMIDT-BIGGEMANN, 1988, 139. Die Abwendung von der Imputationslehre weist natürlich strukturelle Gemeinsamkeiten gegenüber der Theosophie Jakob Böhmes auf, wo es

durch Christus wird durch Erweckung ersetzt, die Zuerkennung des stellvertretenden Opfertodes und der Solifideanismus sind „ärgste und absurdeste Ketzerei,
die das verdorbene Fleisch jemals hat erfinden können"[144] – hierin besteht zweifellos eine Parallele, die allerdings mehr oder minder auch für andere (‚radikal'-)
pietistische Autoren zutrifft.

Allerdings finden sich gerade an dieser Stelle auch Unterschiede: Dippels Ansicht, dass Christi Erlösung in erster Linie Vorbild für die Sündenüberwindung
des Gläubigen und Lösung aller Bande von Sünde, Tod und Teufel sei,[145] findet
keinen unmittelbaren Widerhall in Swedenborgs ausdifferenzierter Geisterweltlehre und ihren soteriologischen Implikationen, auch wenn die Verherrlichung
von Swedenborgs *Dominus* für den Wiedergeburtsprozess der einzelnen Gläubigen prototypisch gedacht wird. Aber die Wiedergeburt kann allein vom Herrn
gewirkt werden. Dieser soteriologische ‚Rest' ist bei Swedenborg weitaus stärker
ausgebaut als bei Dippel, der ganz anders als Swedenborg wenigstens partiell an
der Satisfaktion der „gekränkte[n] Ehre" Gottes durch „Christi Werk" festhält[146]
– für Swedenborg eine unvorstellbare Inkonsequenz.

Im selben Maße wie die Rechtfertigungslehre wird sowohl bei Dippel wie bei
Swedenborg auch das Athanasianum verworfen,[147] die nicänische Trinitätslehre
wird als Tritheismus charakterisiert. Beide tendieren zu einer modalistischen
Umgestaltung der Trinität,[148] wobei bei Dippel die konsequente und Swedenborgs Gesamtwerk beherrschende christologische ‚Anwendung' des *Trinum* anstelle der *Trinitas* fehlt: die Inkarnation nicht eines präexistenten Sohnes, sondern
des einen Gottes. Beide vertreten auch einen deistischen Ansatz hinsichtlich der
Frage nach Heilsnotwendigkeit des christlichen Glaubens, der aber auch von anderen Zeitgenossen geteilt wurde: Auch bei Dippel können Heiden, Juden und
Türken ohne die historische Kenntnis Christi wiedergeboren werden.[149] Gemeinsam ist Dippel und dem Swedenborg nach 1745 die Abweisung einer Schöpfung als *creatio ex nihilo* und deren mögliche Vernichtung durch den Zorn Gottes,[150] wie überhaupt zu betonen ist, dass Swedenborg und Dippel, wie auch
Leibniz und der ihm folgende philosophische und theologische Rationalismus,
Gott nicht anthropomorph denken. Denn Gottes Zorn ist nach Dippel nur eine
Form seiner Liebe, wie er mit den unten noch zu schildernden Kommentatoren
der Berleburger Bibel meint. Wie bei Swedenborg entspricht der Abweisung ei-

---

nicht um eine zugerechnete, sondern um die im Menschen eingeborene Gerechtigkeit geht.
Vgl. Eberhard H. Pältz: Jacob Böhmes Gedanken über die Erneuerung des wahren
Christentums. In: PuN 4 (1977/78), 83–118, hier: 103.
[144] Johann Conrad Dippel: Eröffneter Weg zum Frieden mit GOTT und allen Creaturen, durch die Publication der sämtlichen Schriften CHRISTIANI DEMOCRITI. 3. Bde.,
Berleburg 1747, Bd. 1, 495, zitiert nach Schmidt-Biggemann, 1988, 140.
[145] Vgl. Lamm, 1922, 317f.
[146] Lamm, 317.
[147] Vgl. Schmidt-Biggemann, 1988, 140.
[148] Vgl. Lamm, 1922, 319f.
[149] Vgl. Lamm, 1922, 318.
[150] Vgl. Hannack, 2008, 61f.

nes zornigen Gottes die Betonung der menschlichen Willensfreiheit und die Leugnung einer zur menschlichen Substanz gehörenden Erbsünde.[151]

Aber gerade in der Frage der Erbsünde und des Zornes Gottes sind wesentliche Differenzen zwischen Swedenborg und Dippel erkennbar. Der hermetisch-pietistische Theologe Dippel behauptet, wie Swedenborg noch in *De cultu*, einen zweifachen Sündenfall, einen kosmischen Fall und den Fall Adams.[152] Beides lehnt Swedenborg in seiner visionären Phase ab.

Für Dippel ist durch den Sündenfall die menschliche Vernunft verdorben.[153] Swedenborg betont demgegenüber keine auf ein historisches Ereignis zurückgehende Verdorbenheit der Vernunft, sondern die vom Herrn stammenden „Überreste" gegenüber dem aufgrund des „Erbbösen" tendenziell zum Selbst und zur Welt tendierenden menschlichen Willen. Dippel sieht mit seiner sich aus mystischen Quellen speisenden „Herzensmetaphorik" hingegen im Herzen den Ort der Einwohnung Christi.[154] Bei Swedenborg ist es der Wille, der aus anatomisch-physiologischen Gründen mit dem Gehirn verbunden ist; er hat sich zum *amor Dei* zu orientieren, um umgeschaffen zu werden.

Einerseits fasst Dippel wie Swedenborg Gott als Liebe und den Zorn Gottes nur als Form seiner Liebe, andererseits aber meint er, der Zorn Gottes gelte nicht dem Menschen, sondern der Sünde, von der Gott den Menschen befreien wolle. Wenn er Christi Erlösungstat zugleich als Genugtuung für die gekränkte göttliche Ehre begreift,[155] dann hält Dippel partiell an anthropomorphen Eigenschaften Gottes und an der anselmischen Satisfaktionslehre fest. Swedenborg bricht mit beiden Positionen radikal: Der Zorn Gottes wird völlig in den Menschen verlegt, er gilt nicht einmal als Form der Liebe, und die Satisfaktionslehre selbst lehnt Swedenborg als Konsequenz aus dem Bild eines Gottes ab, der überhaupt gekränkt werden kann. Der ‚soteriologische' Rest wird in die Wiedergeburt und in ein ganz anderes spirituelles Geschehen verlegt: in die Wiederherstellung der durch den Menschen gestörten göttlichen Ordnung durch Niederringung der Hölle. Satisfaktion ist für Swedenborg undenkbar. Und der Mensch ist allein für seinen aus dem freien Willen resultierenden *amor regnans* verantwortlich.

Ein weiterer wesentlicher Unterschied ist zwischen Dippels Kritik an der „Bibliolatrie" und der Inspirationslehre[156] und Swedenborgs Festhalten an der Inspiriertheit der Schrift erkennbar. Die Bibel bleibt bei Swedenborg das geoffenbarte Gotteswort, auch wenn dieses in den Buchstaben eingehüllt ist und sein innerer Sinn erst – durch eine himmlisch vermittelte Korrespondenzlehre – enthüllt werden muss. Selbst wenn man bedenkt, dass Swedenborgs innerer Sinn den historischen Textgehalt nach theologischen Vorentscheidungen spiritualisiert – sein Festhalten an der Inspiriertheit des göttlichen Wortes in der Heiligen Schrift

---

[151] Vgl. LAMM, 1922, 316f. Dippel votiert nicht für die „imputation" der Erbsünde, sondern für eine „reelle fortgepflanzte corruption".
[152] Vgl. HANNACK, 2008, 68.
[153] Vgl. HANNACK, 2008, 69.
[154] Vgl. HANNACK, 2008, 69f.
[155] Vgl. LAMM, 1922, 316f.
[156] Vgl. LAMM, 1922, 321f., 107; BERGQUIST, 2005, 200.

ist unvereinbar mit Dippels Ansicht, die Bibel könne „eigentlich nicht als Wort Gottes angesehen" werden, sie sei nur ein „Zeugnis", und ein echter Christ bedürfe der Bibel nicht: „er könnte selbst heilige Schriften schreiben".[157]

Eine weitere Differenz findet sich in Dippels Versuch, die im „Cartesianismus abgetrennt und tot gedachte Materie" mit seinem hermetisch-paracelsischen Ansatz zu einer „holistisch gefassten Biologie" zu spiritualisieren.[158] Swedenborgs Holismus bleibt demgegenüber cartesisch; zeitlebens hält er die Materie innerhalb seiner Serien-und-Grade-Lehre als äußerste Serie für tot und schreibt ihr kein eigenes Leben zu. Spuren göttlichen Lebens sind in der Materie nur analog zu finden. Von einer Allbelebtheit der Welt und Selbstbewegungskräften der geschaffenen Dinge, die Dippel eher mit Oetinger verbindet, ist Swedenborg weit entfernt.

Selbstverständlich findet sich bei Dippel wie auch bei den im Folgenden zu skizzierenden Kontexten keine Vorstellung eines *mundus spiritualis* als gänzlicher Entsprechung zum *mundus naturalis*, die in irgendeiner Weise Swedenborgs System gliche. Auch im Falle Dippels sind also letztlich nur partielle Gemeinsamkeiten und partielle Differenzen erkennbar. Da keine Rezeption nachweisbar ist und Swedenborg sich von Dippel in seinen (privaten) Schriften distanziert, ist gegenüber Abhängigkeitsbehauptungen Vorsicht geboten. Im Blick auf die Ähnlichkeiten zwischen Swedenborg und Dippel ist zu betonen, dass sie auch auf anderem Wege an Swedenborg vermittelt worden sein konnten, etwa über seinen Vater, der Dippels Mentor Gottfried Arnold gelesen hat.

d) Verfalls- (Kirchen-) Geschichte

Eine Lektüre Gottfried Arnolds ist für Emanuel Swedenborg zwar nicht nachweisbar, auch wenn sich zahlreiche Gemeinsamkeiten aufzeigen lassen. Kritik der Weltgeschichte als Abfall vom wahren Glauben mit einer in ihr verborgenen Heilsgeschichte, die sich nicht in den offiziellen Kirchentümern, sondern in den devianten Strömungen der vermeintlichen Ketzer, besonders der Spiritualisten, bis in die aktuelle Zeit zeigt – das ist zweifellos eine Position, die Swedenborg mit dem sogenannten ‚radikalen' Pietismus vor allem in der Ausprägung von Arnolds *Unparteyischer Kirchen- und Ketzer-Historie* (1699f.) gemeinsam bezog.[159]

---

[157] LAMM, 1922, 321f.

[158] HANNACK, 2008, 65. Swedenborg hat etwa an den Tieren als Trägern göttlichen Lebens (ebd., 66) kein besonderes Interesse.

[159] Vgl. auch BERGQUIST, 2005, 197, 277. Zu Arnold vgl. DIETRICH BLAUFUSS, FRIEDRICH NIEWÖHNER (Hgg.): Gottfried Arnold (1666–1714). Wiesbaden 1995; HERMANN DÖRRIES: Geist und Geschichte bei Gottfried Arnold. Göttingen 1963 (Abhandlungen der Akademie der Wissenschaften zu Göttingen, Philologisch-Historische Klasse; Folge 3; Bd. 51); HANS SCHNEIDER: Art. Arnold, Gottfried. In: RGG⁴ 1 (1998), 791f.; MARTIN SCHMIDT: Art. Arnold, Gottfried. In: TRE 4 (1979), 136–140; HARRY OELKE: Martin Luther und die Reformation in Gottfried Arnolds „Unparteiischer Kirchen- und Ketzerhistorie". In: JÖRG HAUSTEIN und HARRY OELKE (Hgg.): Reformation und Katholizismus. Beiträge zu Geschichte, Leben und Verhältnis der Konfessionen. FS Gottfried Maron. Hannover 2003, 200–221.

Mit Arnold und Whistons *Primitive Christianity reviv'd* (1711–1712) als der wahren Religion teilte er die Ansicht, dass das Konzil von Nicäa den ersten großen Niedergang des Christentums bedeutete. Wie Arnold und den ‚radikalen‘ oder den etwas unglücklich als „außerkirchlich"[160] bezeichneten Pietisten ging es Swedenborg nicht um ein äußerliches, an Dogmen orientiertes und konfessionelles Christentum, sondern um ein innerliches Christentum, auch wenn dies nur partiell gilt, weil Swedenborgs spätere Werke durchaus eine eigene Dogmatik enthalten, die zwar spiritualistisch und nach seinem eigenen Verständnis ‚vernünftig‘ modifiziert ist, aber als Lehre der neuen Kirche auch zu glauben ist. Diese Beobachtung struktureller und intentionaler Gemeinsamkeiten können nicht mehr sein als Allgemeinplätze.

Sind darüber hinaus auch engere Kontexte festzustellen? Betrachten wir zunächst die Frage nach Swedenborgs eigenartigem verfalls- (kirchen-) geschichtlichem Modell. Hierbei fällt zunächst auf, dass die Unterteilung der vorchristlichen Geschichte in verschiedene Epochen zeitgenössisch durchaus nicht unüblich war. Die als Lehrbuch in der Druckerei des Waisenhauses der Franckeschen Stiftungen in Halle 1724 publizierte und bis 1778 in verschiedenem Umfang zwölfmal aufgelegte *Erste Vorbereitung zur Universalhistorie* des dortigen Inspektors Hieronymus Freyer (1675–1747) bezeichnet wie Swedenborg das vorchristliche Judentum in Israel als „Jüdische Kirche". Auch die Perioden der vorchristlichen Weltgeschichte werden nach vier Bereichen abgehandelt: 1) Biblische Regentenhistorie, 2) Politische Völkerhistorie, 3) Kirchenhistorie, 4) Gelehrtenhistorie. In der Kirchenhistorie geht es um den „wahren Gottesdienst", um den „Anfang der Abgötterey" und den weiteren „Verfall des Gottesdienstes", um die messianisch-typologische Deutung des Alten Testaments bereits seit der Zeit der „ersten Eltern", um die Einsetzung der Ehe als Schöpfungsordnung, um die „gute Erkenntniß natürlicher Dinge" bei den Erzvätern bis hin zum „schlechte[n] Zustand der Jüdischen Kirche", bis sie in der herodianischen Zeit, also kurz vor der Geburt Christi, „innerlich gar sehr verderbt" ist.[161]

Ginge man davon aus, dass Swedenborg einem ähnlichen Aufriss folgte, dann hätte er sich in seiner Beschreibung der vorchristlichen Zeit ganz auf die Ebene der „Kirchenhistorie" konzentriert. An politischen und völkerhistorischen Perspektiven hat Swedenborg – so gut wie[162] – kein Interesse. Die Grundlinien, die sein verfalls- (kirchen-) geschichtliches Konzept und der epochale Aufriss aus dem halleschen Pietismus gemeinsam haben, sind in der Tat bemerkenswert, auch wenn eine Kenntnis Swedenborgs nicht belegt werden kann. Ausgesprochen auffällig ist bei Freyer die Gliederung der vorchristlichen Geschichte in vier Epochen, vier Millennien, die von der Voraussetzung ausgeht, dass Jesus im Jahre 4000 „a[nno] m[undi]" geboren wurde. Diese vier „millenarii" werden von Freyer „durch gewisse aus der biblischen und politischen Historie hergenommene Beywörter" „von einander unterschieden" und folgendermaßen bezeichnet:

---

[160] So lautete 1972 der Vorschlag von Martin Greschat. Vgl. Schneider, 1982, 15, 28.
[161] Vgl. Hieronymus Freyer: Erste Vorbereitung zur Universalhistorie. 4. Aufl. Halle 1736, Inhaltsverzeichnis (unpaginiert); Freyer, 1728, 378.
[162] Vgl. aber Kap. 3.2.4., b).

„Der erste *millenarius* heisset *Adamico-oeconomicus*: weil Adam denselben fast gäntzlich durchgelebet, die Menschen aber damals nur in Familien oder Haushaltungen eingethei-let gewesen und von den Häuptern derselben regiret worden.

Der andere *millenarius* heisset *Noachico-tyrannicus*: weil Noah denselben fast gantz durchgelebet, die Menschen aber von den Tyrannen nach und nach unterdrücket und be-herrschet worden.

Der dritte *millenarius* heisset *Israelitico-regius*: weil der von Gott selbst so genannte Israel oder Jacob nicht allein mit seinem Vater und Großvater, dem Isaac und Abraham, gleich anfangs darin gelebt, sondern desselben Nachkommen auch unter dem Namen der Kinder Israel darin bis ans Ende bekannt, und über dieses das königliche Regiment fast in der gantzen Welt eingeführet gewesen.

Der vierte *millenarius* heisset *Iudaico-monarchicus*: weil in demselben der Name der Jüden unter dem Volcke Gottes durch die Zertheilung des Königreichs gleich anfangs aufgekommen und bis ans Ende geblieben, über dieses die vier so genante Monarchien darin aufgerichtet worden.“[163]

Swedenborgs Unterteilung in eine Älteste (Adam), eine Alte (Noah) und eine Jü-dische Kirche (Jakob) zieht sich durch die Exegese der gesamten *Arcana coelestia*, wobei besonders ins Auge fällt, dass er an mehreren Stellen vier vorchristliche Kirchen erwähnt, wenn er eine jüdische zusätzlich noch von einer hebräischen Kirche unterscheidet.[164] Eine Vierteilung der vorchristlichen „Kirchenhistorie" ist auf diese Weise bei Swedenborg ebenso vorhanden wie bei Freyer, auch wenn die Zeitaufteilung in insgesamt 4000 Jahre bei Swedenborg keine Rolle mehr spielt. Entscheidend ist aber, dass die Bezeichnungen der Kirchen – Adam, Noah, Jakob und/oder Juden – im Grunde deckungsgleich sind. Im Unterschied zu Swedenborg wird bei Freyer die Verfallsgeschichte nach Christi Geburt nicht fortgesetzt, aber dafür fänden sich natürlich eine ganze Reihe weitere Anregun-gen insbesondere aus der Kirchengeschichtskonzeption, die sich im Gefolge Gottfried Arnolds und der Urchristentumstheologie William Whistons entwi-ckelte und Swedenborg auf vielfältige Weise, unter anderem über seinen Vater, vermittelt worden sein könnte. Freyers Schema dürfte schon aufgrund der he-rausgehobenen Stellung der halleschen Spielart des Pietismus sehr verbreitet ge-wesen sein, auch wenn sich eine unmittelbare Abhängigkeit Swedenborgs nicht beweisen, sondern nur vermuten lässt.

Es ist zu ergänzen, dass sich derartige verfallsgeschichtliche Modelle auch in anderen zeitgenössischen Feldern finden lassen. Selbst im Wolffianismus wurde eine universale verfallsgeschichtliche Konzeption angewendet, die sich in der Ab-folge der verschiedenen nationalen und philosophischen Kulturen zeigte. Bei Georg Volkmar Hartmann, dem Historiker des Wolffianismus, vollzieht sich pa-rallel zum Abfall von der wahren Philosophie von Adam über die Erzväter auch eine philosophische Heilsgeschichte, die über Augustin und den christlichen Pla-tonismus in der Leibniz-Wolffschen Philosophie ihren Kulminations- und Kon-trapunkt besitzt, hier gegenüber der pietistischen Theologie Joachim Langes und August Hermann Franckes.[165] Die wahre Philosophie bleibt trotz allen Verfalls

---

[163] Vgl. FREYER, 1736, 158 [Hervorhebungen im Original].
[164] Vgl. Kap. 3.2.4., b).
[165] GEORG VOLKMAR HARTMANN: Anleitung zur Historie der Leibnitzisch-Wolffischen

in der philosophischen Weltgeschichte erhalten und erlebt in den Tagen eines Zeitgenossen ihren Höhepunkt. An die Stelle des Messias, der bei Freyer (und Swedenborg) seit ältester Zeit verheißen ist, tritt hier gewissermaßen die Philosophie. Hätte Swedenborg dieses Schema auf seine eigene Lehre angewendet, dann wäre es eschatologisch weit überhöht worden: Nicht die Wolffsche Philosophie, die bei Hartmann mit messianischen Prädikaten versehen wird, sondern die Lehre der neuen Kirche, die Swedenborg der Öffentlichkeit mit der *Vera christiana religio* abschließend zugänglich machte, ist die Wiederkunft des Herrn im Wort selbst, das seit dem 19. Juni 1770 von den Aposteln in der Geisterwelt verkündet wird.

e) ,Radikalpietistische' Hermeneutik

Neben den genannten Quellen für Swedenborgs Korrespondenzlehre und Schriftauslegung ist wenigstens darauf hinzuweisen, dass der mehrfache Schriftsinn auch im halleschen Pietismus und im theologischen Wolffianismus selbstverständlich war.[166] Der Wolff-Kontrahent Joachim Lange unterschied in seinem sechsbändigen *Biblischen Licht und Recht* (1732–1738) a) die historische Nachricht von der b) in ihr geoffenbarten Religion und der c) darin enthaltenen vernünftigen oder übernatürlichen Überzeugung bei der Auslegung der Bibel.[167]

Allerdings geht Gottfried Arnolds Exegese mit ihrem allegorisierenden Ansatz weit darüber hinaus. Alle biblischen Gegenstände stellen im inneren Sinn schon bei ihm etwas anderes dar als im historischen: Die Geschichte Israels handelt von der menschlichen Seele und ihrer Läuterung, ihrem Gehorsam und Ungehorsam. Personen und Orte sind Symbole guter und böser Zustände der Seele und darüber hinaus auch Typoi der „menschlichen Gemeinschaften für alle Zeiten".[168]

Weniger in ihrer formalen Ableitung als in der inhaltlichen Bestimmung der in den biblischen Text hineingetragenen Auslegungsebenen weist Swedenborgs analogische Korrespondenzlehre Ähnlichkeiten zur Berleburger Bibel (1726–1742) auf.[169] Das Berleburger Projekt trägt in Anknüpfung an Arnold über den bloßen Buchstabensinn hinaus Erklärungen in den Text hinein, „die den inneren Zustand

---

Philosophie und der darinnen von Hn. Prof. Langen erregten Controvers, nebst einer historischen Nachricht vom Streite und Übereinstimmung der Vernunfft mit dem Glauben, oder Nutzen der Philosophie in der Theologie, und denen drey Systematibus der Gemeinschafft zwischen Seele und Leib; Nach ihrem natürlichen Zusammenhange deutlich und gründlich fürgetragen. Franckfurth; Leipzig 1737, 99–193.

[166] Vgl. auch Kap. 5.1.2., e), aa).

[167] Vgl. SIEGFRIED RAEDER: Art. Bibelwerke. In: TRE 4 (1980), 311–316, hier 313; JOACHIM LANGE: Biblisches Licht und Recht, oder Richtige und Erbauliche Erklärung der Heiligen Schrift Altes und Neues Testament, mit einer ausführlichen Einleitung. Halle; Leipzig 1733.

[168] Vgl. MARTIN HOFMANN: Theologie und Exegese der Berleburger Bibel (1726–42). In: Beiträge zur Förderung christlicher Theologie 39 (1937), 189f.

[169] Vgl. zum Vergleich von Swedenborgs und der Berleburger Hermeneutik auch BERGQUIST, 2005, 198f., 309.

des geistlichen Lebens oder die Wege und Wirkungen Gottes in der Seelen zu deren Reinigung, Erleuchtung und Vereinigung mit Ihm zu erkennen gibt".[170] Ein dreifacher Schriftsinn wird unterschieden: ein buchstäblich-historischer, ein moralisch-geistiger, der auf Johannes Coccejus (1603–1669) zurückgeht, und ein mystischer Schriftsinn, dessen Einflüsse bei spätmittelalterlichen Mystikern, bei Johann Arndt, Jakob Böhme, kabbalistischen Quellen, englischen Philadelphikern und auch römisch-katholischen Mystikern erkannt worden sind.[171] Die historische Bedeutung des Bibeltextes der Heiligen Schrift tritt gegenüber den anderen Ebenen, die auf seine Weise auch Swedenborg benutzt, deutlich zurück.[172]

In den ersten Büchern Mose wird in der Berleburger Bibel sowohl die Geschichte des großen Abfalls als auch typologisch die der Erlösung durch Christus gelesen. Die erste Schöpfung, die Sünde und die Geburt eines zweiten Adam, nämlich Christus, wird hier gefunden. Einzelne Worte und Eigennamen in diesen Büchern sprechen von Christus; er ist der wahre Adam, der wahre Melchisedek und Isaak.[173] Auch wenn Swedenborg Christus nicht als zweiten Adam betrachtet, sondern als den einen (inkarnierten) Gott – christologisch-typologisches und auf dem Zusammenhang zwischen dem Makrokosmos der biblischen Kosmogonie und dem Mikrokosmos der individuellen religiösen und moralischen Entwicklung basierendes Denken gehört auch bei ihm zu den hermeneutischen Instrumenten. Auch in Swedenborgs Auslegung der ersten beiden Bücher Mose werden Christus, die Seele mit ihrer Wiedergeburt und die eine universale Verfallsgeschichte hinter dem Buchstabensinn erblickt, ein innerer Sinn also, dessen historische Dimension für Swedenborg keine Bedeutung mehr besitzt.[174] Swedenborg reagiert damit wie die Berleburger Bibel auf die Kritik an der biblischen Schöpfungsgeschichte. An eine Weltschöpfung in sechs (irdischen) Tagen zu glauben, wird in beiden Fällen nicht mehr zugemutet. Allerdings verbindet Swedenborg und das Berleburger Programm ein Beharren auf der Heiligkeit und sogar Inspiriertheit der Schrift bis hin zu den hebräischen Vokalisationszeichen,[175] im Gegensatz zu Dippel, der diese Forderung fallen ließ. In beiden Fällen wird ein anderer als der historische Text eingetragen, dessen Perspektiven im Falle Christi soteriologisch-messianisch und im Falle der Wiedergeburt der Seele soteriologisch-anthropologisch sind. Nur durch Spiritualisierung, so scheint es, wird der Heiligen Schrift weiterhin ein Status zugeschrieben, der sich von ,irdischer' Literatur im Allgemeinen unterscheidet.

Im Hinblick auf Swedenborgs theologische Fronten ist von Belang, dass auch die Berleburger Bibel gegen die Rechtfertigungslehre, gegen die Prädestinationslehre, gegen die Bekenntnisschriften wie überhaupt gegen die verfasste Kirche

---

[170] Titel der Berleburger Bibel und EBERHARD H. PÄLTZ: Art. Haug, Johann Heinrich. In: RGG³ 3 (1959), 87.

[171] Vgl. RAEDER, 1980, 313; HOFMANN, 1937, 313, 343. Alle in der Berleburger Bibel genannten Titel sind ebd., 174–176, aufgelistet.

[172] Vgl. HOFMANN, 1937, 326.

[173] Vgl. BERGQUIST, 2005, 198; HOFMANN, 1937, 189f.

[174] Vgl. Kap. 3.2.4.

[175] Für die Berleburger Bibel vgl. RAEDER, 1980, 312; HOFMANN, 1937, 319; für Swedenborg vgl. Kap. 3.2.1.

polemisiert. Der Berleburger Sündenbegriff weist strukturelle Ähnlichkeiten gegenüber Swedenborg auf: Sie ist „Eigenheit, Eigenwille, Eigenliebe" und besteht
in der Abwendung von Gott hin zu den Kreaturen.[176] Sündigkeit wird bei Swedenborg und den Berleburger Kommentatoren von einer substantiellen Erbsünde
hin zur individuellen Verantwortung verschoben. Allerdings finden sich bei Swedenborg kein historischer Sündenfall und auch keine gefallenen Engel, die die
Berleburger annehmen. Gemeinsamkeiten fallen aber auch in der Kritik an der
konfessionellen Trinitätslehre ins Auge: wie Whiston, Arnold und Dippel sehen
auch die Berleburger „in den trinitarischen Formulierungen [...] den Beginn des
Abfalls der Kirche vom Geiste in die falsche, vernünftige Buchstabengelehrsam-
keit".[177]

Neben diesen Überschneidungen lassen sich allerdings auch zahlreiche Differenzen zwischen dem Berleburger Projekt und Swedenborgs Lehre feststellen:
Swedenborg kennt keinen androgynen Urmenschen, den die Berleburger Bibel
im Anschluss an Böhme behauptet.[178] Die Annahme, dass Christus als zweiter
Adam vom ersten Adam erzeugt worden sei, ist Swedenborg ebenso fremd wie
das offenbar aus der mittelalterlichen Mystik stammende „Seelenfünklein" und
die Unterscheidung zwischen einer himmlischen und unsterblichen Seele und einer vegetativen Seele, die aus sich selbst heraus lebt – Selbstbewegungskräfte kennen Dippel und später Oetinger, nicht aber Swedenborg.[179]

Die Rolle der göttlichen Weisheit, die als Logos ein eigenes „ewiges und wirkliches Wesen" in Gott, königliche Gemahlin und Braut des Lammes ist und als
mütterliche Frau vorgestellt wird, gleicht der Sophienmystik Böhmes und Arnolds, wo die göttliche Sophia ein aktives und weibliches Prinzip ist.[180] Diese
Sophienmystik unterscheidet sich hingegen vom Modell Swedenborgs, der sich
die göttliche Weisheit männlich und passiv und als Strukturmoment der göttlichen Liebe vorstellte, die weiblich und aktiv ist.[181]

Das Berleburger Gottesbild ist trotz der Betonung einer Identität Gottes mit
der Liebe selbst deutlich von einem belohnenden und bestrafenden Richtergott
geprägt, auch wenn Zorn und Strafe durch den Abfall des Menschen erweckt
und dadurch zum Teil in den Menschen verlegt werden. Der Zorn wird wie bei
Dippel als göttliches Liebeszeichen gedeutet und damit in der göttlichen Person
belassen.[182] Bei Swedenborg sind Zorn, Strafe, Gnade und Barmherzigkeit überhaupt keine göttlichen Prädikate. Zu notieren ist ferner, dass ein Teufel, der nach
dem Millennium erlöst werden könnte,[183] für Swedenborg undenkbar ist.

Die Berleburger Christologie weist wie Swedenborg einen scharf antiarianischen Akzent auf, allerdings wird Christus, der Gottmensch, als dreifache Ge-

[176] HOFMANN, 1937, 191.
[177] HOFMANN, 1937, 252.
[178] Vgl. HOFMANN, 1937, 182; sowie Kap. 3.3.8., b), aa).
[179] Vgl. HOFMANN, 1937, 183, 185, 186.
[180] Vgl. HOFMANN, 1937, 243, 248f.
[181] Vgl. BERGQUIST, 2005, 373.
[182] Vgl. HOFMANN, 1937, 199, 205f.
[183] Vgl. HOFMANN, 1937, 200, 223.

burt des Logos[184] und nicht etwa als Inkarnation des einen Gottes gesehen. Und in der Soteriologie befinden sich die Berleburger Bibelausleger mit ihrer Betonung der Priesterschaft und des Opfers sowie der Loskaufung der Gläubigen durch Christus[185] viel näher an der (auch lutherischen) Satisfaktions- und Imputationslehre als Swedenborg, obwohl die Berleburger Pietisten die Notwendigkeit der inneren Wiedergeburt durch Christus ebenso betonen wie Swedenborg.[186]

In der Obrigkeitslehre weisen Swedenborg und die Berleburger antiabsolutistische Tendenzen auf. Der Berleburger Pazifismus findet hingegen bei dem Geisterseher und schwedischen Aristokraten, der es für erstrebenswert hält, sein Vaterland mehr zu lieben als sich selbst und auch sein Blut für dessen Wohl zu vergießen, keine Entsprechung.[187]

Eine weitere Differenz ist hinsichtlich des an mehreren Stellen in der Berleburger Bibel erwogenen Reinkarnationsgedankens zu sehen, der hier als „beständige Revolution und Umwältzung" der Seelen bezeichnet wird.[188] Bei Swedenborg werden mehrmalige Erdenleben nicht vertreten oder erwogen. Und schließlich kennt Swedenborg keine *Apokatastasis panton*, in deren Zusammenhang der Mensch seine ursprüngliche Androgynität zurückerhält.[189] An diesem Punkt unterscheidet sich Swedenborgs Eschatologie unübersehbar von den ,radikalen' Pietismen und auch von einem großen Teil des württembergischen Pietismus. Denn hier wird, ob nun mit oder ohne den Einfluss des Ehepaars Petersen, die Wiederbringung aller Dinge häufig entweder deutlich ausgesprochen oder vorsichtig erwogen, indem die Ewigkeit der Höllenstrafen zur Disposition gestellt wird.[190] Swedenborgs Eschatologie bleibt im Vergleich mit der Allversöhnung dualistisch.

Wie im Falle der anderen in diesem Kapitel vorgestellten Kontexte erbringt auch der Vergleich zwischen Swedenborg und ,radikalpietistischen' Theologien wie dem Berleburger Bibelprojekt den Befund sowohl von Gemeinsamkeiten als auch von unübersehbaren Unterschieden. Literarische Abhängigkeiten Swedenborgs von Dippel, Arnold, Whiston oder auch dem Berleburger Projekt sind nicht nachweisbar. Wenn er, und dies kann nicht mehr sein als eine Hypothese, Berleburger theologische Ansätze gekannt haben sollte, dann könnten die produktiven Folgen dieser Kenntnis höchstens als Teilverwandtschaften beschrieben werden. Auch die auf den ersten Blick gemeinsamen theologischen Positionen wären von Swedenborg modifiziert und seiner Lehre anverwandelt worden.

---

[184] Vgl. HOFMANN, 1937, 219.
[185] Vgl. HOFMANN, 1937, 222.
[186] Vgl. HOFMANN, 1937, 236, 256–263.
[187] Vgl. HOFMANN, 1937, 278 f. Zu Swedenborgs politischer Ethik vgl. oben Kap. 3.3.8., a).
[188] Vgl. OBST, 2009, 115–117, Zitat: 115.
[189] Vgl. HOFMANN, 1937, 282.
[190] Vgl. dazu etwa Kap. 5.2.2., sowie Kap. 5.2.4., n) u. ö.

f) Apokalyptik und Zwischenzustand: Georg Venzky

Die literarischen Grundlagen für die Jenseitsvisionen Swedenborgs sind in den Abschnitten 4.2.10. und 4.2.11. erörtert worden. In den antiken und mittelalterlichen neuplatonischen und in den zeitgenössischen philosophisch-rationalistischen Schriften, die Swedenborg im Codex 36 verarbeitete, fanden sich zahlreiche Anknüpfungspunkte für die Konstruktion eines *mundus spiritualis* mit Geisterwelt, Himmel und Hölle. Zu den Besonderheiten der Jenseitsvorstellung Swedenborgs zählen vor allem die sofortige Fortexistenz der postmortalen unsterblichen Seele in einem höheren Bewusstseinszustand, ihre quasimaterielle, ‚substantielle' Körperlichkeit, die vollständige Selbstverantwortlichkeit und Freiheit der Menschen für ihr postmortales Leben, die Umformung des Jüngsten Gerichts in einen spirituellen Vorgang ohne Weltende und schließlich eine dualistische Eschatologie mit Himmel und Hölle als ewigen Zuständen ohne die Aussicht einer *Apokatastasis panton*.

Im Rahmen einer „Kulturgeschichte des ewigen Lebens"[191] ist Swedenborgs Ansatz als innovativ, ja geradezu paradigmatisch erkannt worden, in erster Linie weil er die Anthropozentrik der Aufklärungstheologie und -philosophie auf seine Jenseitsvorstellung übertrug. Swedenborgs Jenseits ist gegenüber älteren Entwürfen nicht mehr theo- oder christozentrisch, in seinem Mittelpunkt steht der sich vervollkommnende Mensch. Swedenborg beschreibt die andere Welt durchweg dynamisch. Ein Stillstand, sei es in Form vollkommener Glückseligkeit als *unio mystica*, ist mit Swedenborgs Vorstellung einer permanenten Entwicklung, Vervollkommnung und Erziehung des Menschengeschlechts nicht vereinbar. Ferner wird das Kriterium gesellschaftlicher Nützlichkeit im Dienste eines höheren, im Reich des Herrn zusammengefassten göttlichen Zwecks auch auf das Leben nach dem Tod übertragen. Der Nutzen für den Nächsten und für die postmortale Gesellschaft unsterblicher Seelen steht auch nach dem Tod im Mittelpunkt, ja er wird erst dort vollkommen möglich. Arbeit und Beschäftigung, Gelehrsamkeit und akademische Beschäftigung bleiben die strukturierenden Momente. Soziale Strukturen, nationale Besonderheiten, aristokratische oder bürgerliche Institutionen, selbst die Ehe mit übersinnlicher Sexualität, bestehen auch im Jenseits und gelangen erst dort zu ihrer eigentlichen Bestimmung, wie das *Individuum morale* überhaupt erst nach dem Tod zu seiner eigentlichen, im Diesseits vorbereiteten Bestimmung geführt wird. Lohn und Strafe, die ein gerechter Richtergott, sei es am Jüngsten Tag, sei es unmittelbar nach dem Tod oder nach einem millennarischen Zustand aussprechen würde, entfallen zugunsten eines Selbstgerichts, das aus der sittlichen Autonomie des Menschen folgt.[192]

---

[191] So der Untertitel von LANG / MCDANNELL, 1996.
[192] Vgl. dazu insgesamt LANG / MCDANNELL, 1996, 250–305. Während Swedenborgs Anthropologisierung des Himmels durchaus auch Vorläufer besitzt (Athanasius Kircher, Lorenzo Valla), ist vor allem die jenseitige Ehe mit einer spiritualisierten Form sogar von Sexualität auch nach Lang als völlig neu zu bezeichnen. Vgl. ebd., 292, 303; sowie LANG, 2003, 74, 80. Demgegenüber dürfte Lang darin zu widersprechen sein, dass Swedenborg das Jenseits für materiell halte (vgl. LANG / MCDANNELL, 1996, 258). Die ‚Körperlichkeit' und Plastizität sei-

Die Rezeptionsgeschichte Swedenborgs – und hier vor allem das Werk Friedrich Christoph Oetingers – zeigt die Kontexte, in die seine Jenseitsvorstellungen eingetragen und in denen sie diskutiert worden sind. Die Umformungsprozesse, die die Eschatologie besonders im Protestantismus des 18. Jahrhunderts durchlief, zeigen sich nicht nur bei Swedenborg, sondern auch bei vielen anderen Autoren. Der Seelenschlaf bis zum Jüngsten Gericht, den die sogenannten „Hypnopsychiten" unter Rückgriff auf Äußerungen Martin Luthers behaupteten, wurde vielfach diskutiert und von vielen Autoren bestritten. Die Diskussionen bewegten sich vor allem in der zweiten Hälfte des 18. Jahrhunderts zwischen chiliastischen und apokatastatischen Theorien, Ganztodvorstellungen mit der Behauptung einer vollständigen Neuschöpfung, die etwa der englische Unitarier Joseph Priestley (1733–1804)[193] vertrat, über die Palingenesie mit oder ohne Planetenwanderung der Seele und die Reinkarnation[194] bis hin zur völligen Leugnung eines jenseitigen Lebens. Diese Themen werden in den entsprechenden Abschnitten zur Rezeption zu besprechen sein.

Hier soll zum Vergleich und zur Kontextualisierung auf einen unmittelbaren Zeitgenossen Swedenborgs hingewiesen werden, der seine Schriften über einen Zwischenzustand nach dem Tod zeitlich parallel zu den *Arcana coelestia* herausgab. Der Halberstädter Subkonrektor und spätere Prenzlauer Theologe und Lyzeumsrektor Georg Venzky (1704–1757), der in Halle Theologie studiert hatte, ist nicht zufällig gewählt worden. Nicht nur seine Zeitgenossenschaft legt den Vergleich mit Swedenborg nahe. Venzky berief sich zweitens – wie Swedenborg im Codex 36 – auch auf philosophische und theologische Autoren aus dem Leibniz-Wolffianismus. Und drittens nannte Friedrich Christoph Oetinger in seinen Schriften aus der Mitte der 1760er Jahre,[195] als er sich auch mit Swedenborg zu beschäftigen begann, mehrmals Georg Venzky, der viertens auch in Kontakt mit dem spiritistisch aktiven und an Swedenborg und Oetinger interessierten Landgrafen Ludwig IX. von Hessen-Darmstadt[196] stand. Fünftens schließlich hatte sich Venzky bereits in den 1740er Jahren an der Debatte um Planetenbewohner beteiligt und sich dabei auf Christian Wolff, Fontenelle, Reinbeck und den oben genannten Eberhard Christian Kindermann berufen.[197]

---

ner Beschreibung darf nicht über Swedenborgs Begriff des Substantiellen hinwegtäuschen. Körperlichkeit und Materialität sind bei Swedenborg nicht identisch. Vgl. dazu Kap. 3.4.2., b).

[193] Für Kant war gerade Priestleys Auffassung gleichsam der Prototyp eines Materialismus, der die Seele und die Persönlichkeit als materiell betrachtete und daher wie alles Materielle für vergänglich halten musste. Vgl. dazu Kap. 5.3.3.

[194] Vgl. insgesamt Obst, 2009, 111–153; Cyranka, 2005.

[195] Besonders in der *Lehrtafel der Prinzessin Antonia* (Oetinger, 1977 [1763], Bd. 2, 624), aber auch in der *Theologia ex idea vitae deductae* (Oetinger, 1979 [1765], Bd. 1, 63). In der Lehrtafel (Bd. 1, 147 f.) präsentiert Oetinger eine Korrespondenz Venzkys mit Leonhard Euler über das Verständnis von Raum, Zeit und Ewigkeit im Verhältnis zu Gott.

[196] Vgl. Sawicki, 2002, 87; Benz, 1947, 144–163.

[197] Vgl. Georg Venzky: Die Herlichkeit GOttes in unzähligen Welten, oder: Es ist höchst wahrscheinlich, das noch mehr Weltkörper mit vernünftigen Einwohnern besetzt sind. […]. Prenzlau 1744. Ausgangspunkt war die Annahme der Existenz von Wasser auf anderen Planeten. „Wo aber Wasser ist, da müssen auch Geschöpfe seyn, denen es nutzet."

In mehreren Schriften legte Venzky in der ersten Hälfte der 1750er Jahre eine ausgefeilte Theorie über den Zwischenzustand der postmortalen Seelen vor und wandte sich darin unter anderem gegen Johann Heyn und andere Hypnopsychiten.[198] Venzky, der in zehn zweimal aufgelegten Bänden auch die *Geistlichen Reden* des Newton-Intimus Samuel Clarke[199] übersetzt hatte, argumentierte für einen Zwischenzustand anstelle des Seelenschlafs: „Es ist nicht recht, das man bey Abhandlung zukünftiger Dinge den Zwischenzustand so ganz überhüpfet oder ihn mit dem ewigen Leben verbindet oder vermischet."[200] Der erste Teil dieser Forderung entsprach genau Swedenborgs Ansatz.

Neben der Auslegung zahlreicher Bibelstellen zählten vor allem Leibniz, Bilfinger und der Tübinger theologische Wolffianer Israel Gottlieb Canz (1690–1753) zu Venzkys Kanon,[201] so dass man davon ausgehen kann, dass die Polemik gegen den Seelenschlaf wesentlich vom philosophischen Rationalismus und der hier vertretenen Theorie von der Seelenunsterblichkeit[202] ausging. Venzky berief sich wie Swedenborg auf Leibniz' *Theodizee*:

„In meiner Philosophie ist keine vernünftige Kreatur ohne einen organischen Körper, und kein erschaffener Geist von der Materie ganz abgesondert. Allein diese organische Körper sind eben so sehr von der Vollkommenheit unterschieden, als die Geister selbst, denen sie zugehören."[203]

(§ 18). Zu große Hitze oder Kälte ließ er als Argument gegen Extraterrestrische nicht gelten (§ 19), gegen den Einwand der Erlösungstat Christi machte er gerade die Universalität der göttlichen Güte geltend (§ 20 f.). In § 22 beruft sich Venzky unter anderem auf Kindermanns *Reise in Gedancken*.

[198] Vgl. Georg Venzky: Die Geschichte des Menschen in seinem Zwischenzustande, vom Tode an bis zu seiner Auferstehung, vornämlich nach den Entdeckungen der Offenbarung nebst der Widerlegung der Selenschläfer und einigen Anhängen, die dahin gehören. Rostock; Wismar 1755, 26, 29, 248, 264 f., 319. In 2. Aufl. erschien das Buch in Bützow und Wismar 1762.

[199] Samuel Clark: Geistliche Reden. Leipzig 1732–1738, 2. Aufl. Leipzig 1744–1765. Es scheint auch Venzkys Interesse an Newton gewesen zu sein, das Oetinger auf ihn aufmerksam machte, verstand der sich doch ebenfalls als theologischer Newtonianer. Auch der Leipziger Theologe, Philologe und renommierte Rezensent J. A. Ernesti nahm diesen Unterschied wahr und notierte aus Oetingers *Theologia ex idea vitae deducta* (1765) die These, die Theologen hätten sich in Leibnizianer und Newtonianer gespalten. Theologische Anhänger Newtons seien für Oetinger aber nur er selbst und Venzky. Dass Oetinger Newton eigenwillig oder ‚illegitim' rezipiere, fiel Ernesti – in bemerkenswertem Gegensatz zu anderen Rezensenten – nicht auf. Vgl. Johann August Ernesti in: Neue theologische Bibliothek 1765, 617–643, hier: 622.

[200] Venzky, 1755, 493. Venzkys beabsichtigte, durch eine detaillierte Lehre vom Zwischenzustand die Todesfurcht zu minimieren: „[...] So ist der Tod so erschröcklich nicht, so dürfen wir uns vor ihm so nicht scheuen; sondern wir müssen und können ihm mit mehrerer Freudigkeit und Gewisheit [...] entgegen gehen [...]" Ebd., 494.

[201] Von Bilfinger zitiert Venzky häufig: Dilucidationes philosophicæ de Deo, anima humana, mundo, et generalibus rerum affectionibus. Tubingae 1725 [1740, 1746, 1768, 1982]; von Canz: De regimine Dei universali, sive jurisprudentia civitatis Dei publica [...]. Tubingae 1737 [1744]. Daneben verweist er auch auf Erik Pontoppidans Predigt von der Verklärung der Leiber der Heiligen. Vgl. Georg Venzky: Die Herlichkeit der verklärten menschlichen Körper in jener Welt, und die Wonungen, welche uns zubereitet worden. Breßlau 1752, 83.

[202] Vgl. auch oben zu Wolff (Kap. 4.2.2. und 4.2. insgesamt) und zu Rüdiger (Kap. 2.3.3., d–e).

Von Canz übernahm Venzky die Ansicht, jede Seele besitze postmortal einen subtilen Leib, um nicht nur träumen, sondern auch empfinden und schärfere Gedanken als zu Lebzeiten haben zu können, und dieser Leib besitze auch Gliedmaßen. Nach Canz verfügt die Seele über „zwey Leiber, weil ja der subtile, den sie mit in die Ewigkeit nimmt, aus dem Sterblichen herausgezogen wird".[204]

Wie Swedenborg hielt auch Venzky an einer dualistischen Eschatologie mit Himmel und Hölle fest; Himmel und Hölle existierten nicht außerhalb der Welt oder auf einem anderen Planeten. Vielmehr besitze Gott ein unsichtbares Reich auf dieser Welt, das von Körperlichkeit zwar unbeeinträchtigt sei, in dem es aber sogar Städte und Dörfer gebe. Die Seligen befänden sich in großer Menge um uns, aber wir könnten sie „empfindlich nicht berühren und wir können sie weder hören noch sehen: Weil sie zu subtil und unsere Sinne zu grob und unempfindlich sind". Die Hölle hingegen sei ein Ort wie ein Gefängnis im Weltgebäude, nicht auf Planeten und nicht subterran, unter der Erde.[205] Nach dem Tod schliefen die Seelen nicht, sie hätten „Gedächtnis, Empfindungen und Begierden". Sie gelangen in ein zweigeteiltes, aus „viele[n] Wonungen" bestehendes unsichtbares Reich, das Venzky „Scheol" oder – wie Whiston – „Hades" nennt: die Frommen kommen in das Paradies oder Abrahams Schoß, die Gottlosen an den „Ort der Qual" oder in das „Gefängnis für die erste Welt, für die Teufel oder der Abgrund".[206]

Den Zwischenzustand nach dem Tod bis zur „eigentlichen Ewigkeit nach der Auferstehung" beschrieb der Chiliast Venzky als „Geisterwelt".[207] Er unterschied drei Grade der „Vollkommenheit und Seligkeit": in der Körperwelt wird der „Positivus" erreicht, im Zwischenzustand der Geisterwelt der „Comparativus" und erst nach der Auferstehung der „Superlativus" als höchster Grad der Seligkeit. Alle diese Grade sind wieder in verschiedene Stufen unterteilt. Der Mensch wachse bereits in seinem irdischen Leben, und er setze dieses Wachstum im anderen Leben fort, ohne allerdings den „allervollkommensten und allerseligsten Got", den „plusquamperfectum gradum" zu erreichen.[208] Ein ständiges Wachstum oder – mit Kants Worten – ein *progressus infinitus* wird hier ebenso angenommen wie eine *unio mystica* ausgeschlossen wird. Das hat Venzky mit Swedenborg (und Kant[209]) gemeinsam.

Wie Swedenborg unterscheidet auch Venzky verschiedene Jüngste Gerichte: ein individuelles nach dem Tod des Körpers, „wen die Sele erst wieder in denkenden Stand gesezt worden", allgemeine Gerichte über die „ersten Aeltern, die erste Welt, Sodom, Jerusalem, einen armen Sünder in der Rechtfertigung",[210]

---

[203] VENZKY, 1752, 66, Zitat aus LEIBNIZ, Tentamina II, Nr. 124 [Übers. von Venzky].

[204] VENZKY, 1752, 69 f., Zitat aus CANZ, De regimine Dei, §§ 228, 193, 153, 230 f.

[205] Vgl. VENZKY, 1752, 94, 10, 106, 109. Bei den letzten Gedanken bezog sich Venzky auf THOMAS BURNET: Tractatus de statu mortuorum et resurgentium liber. [u. a.] Londini 1726.

[206] Vgl. VENZKY, 1755, 47 f., 142.

[207] Vgl. VENZKY, 1755, 42, 63. Auf Seite 126 bezieht sich Venzky auf die „alten Juden", die den „Zwischenzustand den Zeitlauf der Geister, die Geisterwelt עולם הנשמות, die Selen und Geister der Gerechten, die Auferstandenen aber die Gerechten nennen".

[208] Vgl. VENZKY, 1755, 119.

[209] Vgl. Kap. 5.3.3. und 5.3.5., e).

kurzum: die Personalisierung und Relativierung des Jüngsten Gerichts teilte er mit Swedenborg. Gott wird dabei aber als Richtergott vorgestellt – für Swedenborgs Gottesbild ausgeschlossen. Auch hinsichtlich der Unsterblichkeit der Seele sind nur partielle Überschneidungen vorfindbar. Während für Swedenborg die Seele nach dem Tod ungebrochen weiterlebt und zunächst gar nicht weiß, dass sie gestorben ist, wird sie bei Venzky ihrer Sinnlichkeit beraubt, so dass eine „neue Auferweckung nötig" ist.[211] Zuerst wird die postmortale Seele mit „kleinen Körperchen" – das *corpusculum* der postmortalen Seele bei Leibniz[212] – versehen, damit sie „empfinden und ihre Gedanken äussern" kann. Danach wird sie „sich vorläufig richten lassen müssen" und an einen bestimmten Ort in der Geisterwelt verwiesen.[213] Die biblisch verheißene himmlische Stadt Jerusalem, in die die Seligen gelangen werden, ist bei Venzky „die ganze Stad des lebendigen Gottes". „Dadurch aber verstehe ich die Republik und Gesellschaft aller vernünftigen und seligen Geister, worüber Got Regent und worin Christus Mittler ist." Schon auf Erden stehen die Christen mit diesem Teil der Stadt Gottes in „Gemeinschaft".[214]

Venzkys Theorie unterscheidet sich an wesentlichen Punkten von der Swedenborgs: Er nimmt einen Teufel, einen Jüngsten Tag,[215] zwei Auferstehungen, ein Millennium[216] und den Versöhnungstod Christi[217] an, er beruft sich auf Autoren, die ein postmortales Leben ohne Essen und Schlaf, aber in ständiger Vervollkommnung mit Planetenwanderung postulieren.[218] Auch lässt sich Venzkys von Canz hergeleitete Ansicht, die Seligen müssten eine „sichtbare Majestät Gottes mit körperlichen Augen" sehen,[219] ebenso wenig bei Swedenborg finden wie die Behauptung, Selige, die verklärte Körper besäßen wie Christus und Elias, könnten genauso erscheinen wie die Verstorbenen vor der zweiten Auferstehung nach dem Millennium, wo der „Mensch wiederum mit seinem Körper vereinet, welcher allerdings mit zur Vollkommenheit gehöret".[220] Bei Swedenborg können Geister nicht erscheinen, nur durch eine von Gott gewährte Offenbarung ist der Zugang in die Geisterwelt möglich. Auch die Auferstehung des Fleisches lehnt Swedenborg ab. Nur der *Dominus* ist dabei eine Ausnahme.

Wie populär Venzkys Ansatz in der deutschen evangelischen Theologie war, zeigt beispielsweise auch der spätere Tübinger Theologieprofessor, Superintendent und Mathematiker Heinrich Wilhelm Clemm (1725–1775), der sich spätes-

---

[210] Vgl. Venzky, 1755, 320.

[211] Venzky, 1755, 131.

[212] Noch Kant wendet sich in seiner Vorlesungen häufig gegen diese „zu grobe Vorstellung". Vgl. Metaphysik Volckmann. AA XXVIII, 445; sowie Metaphysik L₂. AA XXVIII, 592; Metaphysik K₂. XXVIII, 769: „Wer eine Palingenesie der Evolution annimmt, nimmt ein corpusculum an, wie Leibniz, er sagt: die Seele wäre im Menschen in einem kleinen Körperchen, das nicht zerstört würde durch den Tod, sondern woraus sich die Seele entwickle."

[213] Venzky, 1755, 214.

[214] Venzky, 1755, 124f.

[215] Vgl. Venzky, 1755, 228.

[216] Vgl. Venzky, 1755, 194.

[217] Vgl. Venzky, 1755, 482.

[218] Vgl. Venzky, 1752, 78.

[219] Vgl. Venzky, 1752, 107, Zitat aus Canz, De regimine Dei, § 983.

tens in der zweiten Hälfte der 1760er Jahre auch mit Swedenborg befasste[221] und 1760 ein mehrfach aufgelegtes Büchlein über den *Tod der Menschen und ihren Zustand nach dem Tod* herausgab. Clemms Entwurf entsprach an vielen Stellen Venzkys Auffassung von einem Zwischenzustand der geistleiblichen Seelen nach dem Tod. Er zielte wie Venzky auf die Widerlegung des Seelenschlafs und argumentierte dabei mit der von Wolff und Canz vertretenen Simplizität und Substantialität der Seelen sowie mit der Kontinuität der Persönlichkeit durch das „Bewußtseyn ihrer vorigen Handlungen, die sie in diesem Leben äusserten".[222] Die Seele lebe sogleich nach dem Tod weiter, aber auch die früheren, nunmehr verklärten Leiber würden vor und nach dem Millenium wiedererweckt.[223] Wie Venzky unterschied Clemm drei „Stufen der Seligkeit".[224] Schließlich hielt er wie Venzky an zwei Auferstehungen und an einem Weltgericht mit Weltenrichter fest, auch verteidigte er Bengels apokalyptische Berechnungen.[225]

Trotz dieser gravierenden Unterschiede in der Apokalyptik, die Venzky (und Clemm) eher mit Oetinger teilten – eine ähnliche Plastizität der Schilderung des postmortalen Zwischenzustandes der quasikörperlichen Seelen findet sich trotz aller Abweichungen auch bei Swedenborg, der sich von seinen Zeitgenossen wie im Falle des *maximus homo* und der Planetenbewohner durch die Behauptung unterscheidet, seine Theorie durch ‚Offenbarungsempirie' erfahren zu haben. Von diesem unüberprüfbaren Exklusionsanspruch abgesehen, zeigt auch das Beispiel Venzkys, dass Swedenborgs Lehre zahlreiche Bezüge zu zeitgenössisch debattierten Themen besitzt.

4.3.5. Resümee

Das Gewicht der referentiellen und rezeptionellen Schnittpunkte zu den nachweisbaren Quellen im Codex 36 kann durch den Vergleich mit Venzky, Whiston, Dippel und anderen Autoren, die hier besprochen worden sind, nicht relativiert

---

[220] Vgl. Venzky, 1755, 77, 64, 228, 242, 292, 335, 337.

[221] Vgl. dazu Kap. 5.1.2., g), sowie Kap. 5.3.2., c), Punkt 5.

[222] Heinrich Wilhelm Clemm: Schriftmässige Betrachtung über den Tod der Menschen und ihren Zustand nach dem Tod. 3. Aufl. 1761, unpaginierte Vorrede vom 30.12.1760 (demnach erschien die 1. Aufl. ebenfalls 1760), sowie 19–23, 34. Clemm sprach von der „organische[n] Leiblichkeit eines Geistes" als eines materiellen Zusatzes, ebd., 25. Der Mensch sei nicht geschaffen worden, um einst Engel zu werden, sondern um „auf der neuen Erde" wieder einen „menschlichen Leib" zu bewohnen, ebd., 37.

[223] Vgl. Clemm, 1761, 39 f., 68.

[224] Vgl. Clemm, 1761, 50 f.

[225] Vgl. Clemm, 1761, 75 f., 111. Da Clemm die erste Auferstehung beim Tod Christi ansetzte, kannte er sogar drei Auferstehungen (neben der dritten universalen die Auferstehung der Heiligen und Auserwählten vor dem Millenium). Zur Ewigkeit der Höllenstrafen vermochte Clemm weder eindeutige biblische Beweise noch Widerlegungen finden, die Apokatastasis zählte er zu den „vorwitzige[n] Fragen". Schließlich sprach er sich für eine dualistische Eschatologie aus, vgl. ebd., 120–122, 124 f. Den apokalyptischen Kometentheorien von Whiston, Burnet und Newton stand er kritisch gegenüber, ebenso Mutmaßungen über Bewohner anderer „Weltkörper" (vgl. ebd., 92–95).

oder reduziert werden. Das Resümee zu diesem Kapitel, das die Kontexte einiger ausgewählter Themen beleuchtet hat, muss daher zwangsläufig und zuerst auf das Resümee zurückverweisen, das in Kapitel 4.2.12. aus den nachweisbaren Quellen Swedenborgs gezogen worden ist.

Bei aller literarischen Originalität der Theologie und Geisterweltlehre zeigt sich an den zentralen Topoi sowohl Swedenborgs Orientierung an seinen Quellen als auch die Eingebundenheit in die zeitgenössischen Debatten, aus denen heraus seine Lehre entwickelt worden ist. Hinsichtlich der Topoi der Planetenbewohner, des *maximus homo*, pietistischer und ‚radikalpietistischer‘ Christologien, Ekklesiologien und Hermeneutiken konnte gezeigt werden, dass sich Swedenborg mitten in gelehrten Auseinandersetzungen befand, auch wenn literarische Interdependenzen nicht im Einzelnen nachgewiesen werden können. Es ist darum Vorsicht geboten, solche auch dann zu behaupten, wenn die Ähnlichkeiten zu bestimmten Motiven anderer Autoren besonders ins Auge fallen. Wie hinsichtlich seiner tatsächlich nachweisbaren Quellen im Codex 36 sind diese Ähnlichkeiten aber in vielen Fällen partiell. Und in manchen Fällen lassen sich (derzeit) weder Quellen noch zeitgenössische Kontexte aufzeigen. Vor allem Swedenborgs ausgefeilte und systematisch ausgesprochen strukturierte Lehre von der himmlischen Ehe ist bislang noch nicht auf ihren historischen Kontext und auf entsprechende literarische Bezüge untersucht worden. Das bleibt ein Desiderat künftiger Forschung.

Im folgenden zweiten Teil dieser Arbeit wird es darum gehen, die ambivalenten und teilweise disparaten Reaktionen in den Blick zu nehmen, die Swedenborgs Lehre bei seinen Zeitgenossen auslöste. Der zurückliegende Versuch, Swedenborgs Kontexte ohne einen direkten literarischen Bezug zu beschreiben, wird nun auf der Ebene von Referenzen, Rezeptionen und differenzierten Einschreibungsprozessen fortgeführt, die sich (zum größten Teil) explizit auf seine Lehre beziehen.

5. Swedenborgs Theologie im Diskurs

5.1. Frühe Rezensionen 1750–1765

5.1.1. Ein fast völliges Schweigen: 1749–1760

Zwischen 1749 und 1756 erschienen die acht Bände der *Arcana coelestia* und zwei Jahre später verschiedene Auszüge aus Swedenborgs *Opus magnum* in fünf kleineren Bändchen – allesamt in London bei John Lewis und allesamt anonym. Wie oben dargestellt, wurde erst um 1760 überhaupt bekannt, dass Swedenborg der Verfasser dieser Werke war. Aber erst 1765, seit den Veröffentlichungen von Kant und Oetinger, wurden Swedenborgs Bücher unter seinem Namen auch literarisch diskutiert, und zwar vor allem im deutschsprachigen Raum. Die englischen und französischen Übersetzungen folgten erst in den 1770er und 1780er Jahren.[1] Der für das gesamte Kapitel der frühen Rezensionen geltende *terminus ante quem* ist daher etwa das Jahr 1765, als einerseits Swedenborgs Lehre durch Kant und Oetinger bekannt gemacht wurde und sich die Gelehrtenwelt mit Swedenborg häufig in Verbindung mit diesen beiden Autoren beschäftigte. Nur in einzelnen und begründeten Fällen wird daher über die Mitte der 1760er Jahre hinausgegriffen.

Man gewinnt den Eindruck, dass die relativ seltenen und teuren Werke Swedenborgs bis Mitte der 1760er Jahre kaum zur Kenntnis genommen worden sind. Der Rostocker Theologe Johann Heinrich Becker, der 1763 auch die nach wie vor anonymen Werke Swedenborgs vorstellte, beklagte, bis auf die Rezension Johann August Ernestis von 1760 keine einzige Besprechung dieser Bücher in einem Journal oder in verwandter Literatur in die Hand bekommen zu haben. Dies liege daran, dass die Bücher im Buchhandel nicht vorrätig seien, sondern gegen Vorauszahlung erst bestellt werden müssten. Die Buchhändler bezweifelten, für diese Werke, die einen extrem hohen, sonst nur für „curiosos" üblichen Preis hätten, überhaupt Käufer zu finden.[2]

Und noch ein anderes Motiv für das scheinbare öffentliche Desinteresse an Swedenborg wurde genannt. Die *Göttingischen Anzeigen von gelehrten Sachen* stellten 1766 zum ersten Mal Swedenborg vor, anlässlich von Oetingers *Sweden-*

---

[1] Die ersten englischen Übersetzungen erschienen 1783f. und 1794, dann erst 1802, die ersten französischen erst 1841–1885. Tell und HH kamen 1782 in der Übersetzung von Abbé Antoine-Joseph Pernety heraus. Die erste englische Übersetzung der VCR war 1781, Com als *Theosophical Lucubration* 1770 auf den Markt gekommen, vgl. HYDE, 1906, 132f., 217, 245, 520, 548.

[2] Vgl. BECKER, 1763, 19. Becker kannte keinen Autor, ordnete aber aufgrund eines Leipziger Katalogs von 1759 folgende Schriften ein und demselben Verfasser zu: HH, AC, De equo albo, UJ, NJ, Tell.

borgs und anderer irrdische und himmlische Philosophie, die ein Jahr zuvor erschienen war. Der Rezensent entschuldigte im Namen der Zeitschrift deren bisheriges Schweigen zum Thema Swedenborg damit, dass

„wir zeithero mit diesem sonderbaren philosophischen und theologischen Schwärmer und seinen Schriften unsere Leser zu unterhalten, noch immer Bedenken getragen, theils weil uns selbst die Zeit zu edel gewesen, solche zu lesen; theils weil wir die Hoffnung hatten, daß sie sich durch ihre Größe, Kostbarkeit und Unverständlichkeit rar machen, das ist, keinen grosen Schaden stiften würden".

Jetzt aber, da mit Oetinger ein „lutherischer Theolog, der nunmehro unter den Prälaten seines Vaterlandes eine Stelle erhalten, sich die unselige Mühe genommen, die lateinische Thorheiten in deutscher Sprache unter uns zu verbreiten", hielten es die Göttinger für ihre Pflicht, über sie aufzuklären.[3] Offensichtlich war in den Gelehrtenkreisen auch die Absicht vorhanden, Swedenborg erst gar nicht zu einem Gegenstand der offiziellen Gelehrten*debatte* zu machen, obwohl er bereits längst Bestandteil des *Diskurses* war.

Zu diesem Zeitpunkt waren Swedenborgs Schriften zwar längst in der öffentlichen Diskussion angekommen, so dass die Argumentation der *Göttingischen Anzeigen* etwas unzeitgemäß wirkt, aber aus den 1750er Jahren ist in der Tat lediglich eine einzige Reaktion im deutschsprachigen Raum bekannt. Die *Neuen Zeitungen von Gelehrten Sachen*, die Swedenborgs Werke vorher jahrzehntelang annonciert und knapp besprochen hatten, zeigten 1750 den ersten Band der *Arcana coelestia* an. Die anonyme Verfasserschaft ermöglichte es der Zeitschrift nicht, den Autor der *Opera philosophica et mineralia* oder der *Oeconomia regni animalis* wiederzuerkennen. Grundzüge späterer Bewertungen tauchen aber hier bereits auf. Der Rezensent hatte keinen Zweifel, dass der Verfasser wohl eine „andächtige Person aus dem Pabstthum" sei, der das Buch „in der Entzückung" geschrieben habe. Die deutliche, von Anfang an erkennbare Polemik Swedenborgs gegen die lutherische Rechtfertigungslehre *sola fide* dürfte für diese Zuordnung verantwortlich sein. Zweitens wurde die Auslegungsmethode notiert, es handele sich um eine „anagogische, oder mystische Erklärung" der ersten 15 Kapitel der Genesis: der innerliche Schriftsinn beziehe sich auf Himmel, Kirche und Glauben, der äußere betreffe nur die jüdische Kirche.[4] Dass die Älteste Kirche „Adam" heiße und sechs Schöpfungstage die aufeinander folgenden Stadien der Wiedergeburt meinten, wurde ebenfalls angemerkt, allerdings offenbar mit einem Hinweis auf die Zensur: Dies alles sei „voller scholastischer Irrthümer" und könne „auch hier von uns deswegen nicht bekannter gemacht werden dürffen".[5] Bemerkenswerterweise wurde im Zusammenhang mit der Umdeutung der Schöpfungsgeschichte keine Verbindung zur ‚radikalpietistischen' Hermeneutik etwa Arnolds oder der Berleburger Bibel assoziiert. Das ist im Hinblick auf die in Kapitel 4.3.4.

---

[3] [Rez. zu] OETINGER: Swedenborgs und anderer irrdische und himmlische Philosophie. In: Göttingische Anzeigen von gelehrten Sachen 1766, 201–210, hier: 201 f.

[4] [Rez. zu] Arcana coelestia, Bd. 1. In: Neue Zeitungen von Gelehrten Sachen 1750, 313–316, hier: 313.

[5] Vgl. ebd., 315.

5. Swedenborgs Theologie im Diskurs

vorgenommenen Kontextualisierungen zu notieren. Der Rezensent sah nicht pietistische, sondern römisch-katholische Intentionen.

Drittens informierte der Rezensent auch über den Offenbarungsanspruch und die hieraus folgenden *Memorabilia* Swedenborgs, der alle seine Berichte über die Vielzahl der Höllen, über die abgeschiedenen Geister und deren Sinnesfähigkeiten nicht „Visiones", sondern „lauter ordentliche[n] Visa" und „lebendige[r] Erfahrung" entweder in einem Zustand zwischen Wachen und Schlafen oder infolge der Entrückung durch den Geist entnommen haben will.[6] Diese Behauptung Swedenborgs bewertete der Rezensent am Ende seines Textes auf eine psychologisierende Weise, und er verband sein Urteil nochmals mit dem Vorwurf des Katholizismus und unzeitgemäßer mystischer Spekulationen:

„Das ganze Buch gehöret in die Scholastischen Jahrhunderte, da man die Sinne mit solchen sinnlosen Gedanken quälete, und dabey die Wahrheit der Schrift außer Acht ließe. Es ist auch nicht leichte zu glauben, daß ein Mensch, der seinen gesunden Verstand hat, dergleichen mystische Dinge vor Wahrheiten annehmen, oder glauben sollte, daß der ungenannte Urheber wirklich in der Gesellschaft der Geister gewesen sey, da man leichte merken kan, daß ihm seine erhitzte Einbildung dergleichen Erscheinungen eingegeben habe, welche vermögend sind, auch andere Leute, die der unordentlichen Einbildung folgen, so zu Narren zu machen, daß sie selbst nicht wissen, was sie denken."[7]

Aus diesen Wertungen wird einerseits deutlich, dass der Rezensent der *Neuen Zeitungen* den *Arcana coelestia* zwar einen Mangel an gesundem Verstand und eine „überhitzte Einbildung" attestierte und daraus ihre Irrelevanz für die vernünftige Leserschaft schloss. Es wird aber zugleich erkennbar, dass er die *Arcana coelestia* nicht als phantastischen Roman verstand. Er betrachtete sie als mystische Schriftauslegung mit Freizeitwert, aber eben nicht als ein Buch, dass zu diesem Zweck auch geschrieben wurde: „Doch kan dieses Werck für die andächtigen Grillenfänger und Müßiggänger ein guter Zeitvertreib seyn."[8] – so das abschließende Urteil.

Im Hinblick auf die Rezensionen seit etwa 1760 ist festzuhalten, dass der kritische Leser zehn Jahre zuvor eine durchdachte Theologie oder gar ein rationalistisches Lehrsystem nicht hinter den *Arcana coelestia*, das heißt genauer: hinter dem ersten Band, vermutete oder diagnostizierte. Aus der Perspektive des sich als vernünftig, antimystisch und antikatholisch verstehenden Rezensenten von 1750 galten die *Arcana* schlichtweg als irrelevant oder als Zeitvertreib für „die andächtigen Grillenfänger und Müßiggänger", wobei Grillenfänger und Grillenfängerei schon seit dem ersten Drittel des 18. Jahrhunderts als Bezeichnung für Personen verwendet wurde, die auf „fratzen, bedeutende träume, ahnungen, wunderzeichen" geraten seien.[9]

Dieses Verdikt scheint gewirkt zu haben. Denn in den folgenden zehn Jahren sind keine weiteren Äußerungen zu den *Himmlischen Geheimissen* bekannt. Die

---

[6] Vgl. ebd., 314f.
[7] Vgl. ebd., 315f.
[8] Ebd., 316.
[9] Vgl. JACOB und WILHELM GRIMM: Deutsches Wörterbuch. Bd. 4, 1. Abt., 6. Teil, Leipzig 1935, 326–328, besonders: 327.

Öffentlichkeit, zunächst vor allem die theologische, wurde erst ab 1760 in umfangreicher Weise ins Bild gesetzt, und das ist vor allem das Verdienst von Johann August Ernesti.

5.1.2. Johann August Ernesti, Swedenborg und die hermeneutische Wende

a) Die Arcana coelestia *bei Ernesti (1760)*

Der prominente Leipziger Philologe und Exeget Johann August Ernesti (1707–1781), zuvor langjähriger Konrektor und Rektor der Thomasschule, in dieser Funktion als Kontrahent und Vorgesetzter von Johann Sebastian Bach bekannt geworden, war seit 1756 Professor für Beredsamkeit an der Leipziger Universität und hatte sich erst in diesem Jahr zum theologischen Doktor promoviert.[10] 1759 übernahm Ernesti parallel eine Professur für Theologie, ein Jahr später die Kraftsche *Theologische Bibliothek* (1746–1759), die unter seiner Federführung als *Neue* (1760–1769) und als *Neueste theologische Bibliothek* (1771–1777) in insgesamt 14 Bänden erschien und zu den einflussreichsten und verbreitetsten theologischen Rezensionsorganen dieser Zeit zu zählen ist.[11] Ungefähr drei Viertel aller hier enthaltenen, zum Teil sehr umfangreichen Besprechungen ausgewählter theologischer und philosophischer Literatur sind von Ernesti selbst verfasst worden.[12] Ernesti war Mitglied der in der *Societas Conferentium* um Gottsched versammelten Leipziger Wolffianer.[13] Während seiner Amtszeit als Professor war er zweimal Dekan der Philosophischen Fakultät und zweimal Rektor der Universität. Bis zu seiner Wirksamkeit als Bibelwissenschaftler trat er vor allem als kritischer Editor lateinischer und kritischer Klassiker von Cicero bis Homer hervor, die bis weit in das 19. Jahrhundert hinein gedruckt wurden und sehr verbreitet waren. Aufgrund seiner exegetischen Arbeiten ist Ernesti als „Wegbereiter der aufgeklärten ‚hermeneutischen Wende' im Bereich der Theologie"[14] und als „Begründer der philologisch-historischen Exegese"[15] bezeichnet worden. Seine Be-

---

[10] Vgl. Friedrich Christoph Ilgner: Die neutestamentliche Auslegungsmethode des Johann August Ernesti (1707–1781). Ein Beitrag zur Erforschung der Aufklärungshermeneutik. Leipzig Diss., Univ., Theol. Fak. 2002, 9 f. Die derzeitige Forschungssituation zu Ernesti steht trotz dieser verdienstvollen Dissertation in keinem angemessenen Verhältnis zu Ernestis Bedeutung.

[11] Vgl. Friedrich Christoph Ilgner: Art. Ernesti, Johann August. In: RGG⁴ 2 (1999), 1461 f.

[12] Vgl. Ilgner, 2002, 5.

[13] Vgl. Detlef Döring: Die Philosophie Gottfried Wilhelm Leibniz' und die Leipziger Aufklärung in der ersten Hälfte des 18. Jahrhunderts. Leipzig 1999, 102–122.

[14] Ilgner, 2002, 200, unter Berufung auf Gerhard Ebeling, der den Begriff der „hermeneutischen Wende" in seinem Art. Hermeneutik. In: RGG³ 3 (1959), 242–262, hier: 253, geprägt hat.

[15] Thomas K. Kuhn: Carl Friedrich Bahrdt. Provokativer Aufklärer und philanthropischer Pädagoge. In: Peter Walter und Martin H. Jung (Hgg.): Theologen des 17. und 18. Jahrhunderts. Konfessionelles Zeitalter – Pietismus – Aufklärung. Darmstadt 2003, 204–

schäftigung mit Swedenborg vollzog sich sichtbar in seinen Rezensionen, deren Grundlinien im Folgenden skizziert werden. Darüber hinaus ist aber der Frage nachzugehen, ob sich Swedenborgs Lehre katalysierend, in Gestalt einer Negativfolie, auf Ernestis ‚hermeneutische Wende' ausgewirkt hat. Schließlich wird auch die Frage zu beleuchten sein, inwiefern Swedenborg für Ernestis (und Semlers) Positionierung im sogenannten „ersten Teufelsstreit" Bedeutung erlangte.

Bereits im ersten Band der *Neuen theologischen Bibliothek* veröffentlichte Ernesti eine Besprechung der *Arcana coelestia*, die erste und eine der umfangreichsten Rezensionen zu Swedenborg in einer Gelehrtenzeitschrift des 18. Jahrhunderts überhaupt. Seine Motivation für die Lektüre der teuren und vom Umfang gewaltigen *Arcana* bestand nach Ernestis eigenen Worten darin, dass er in letzter Zeit noch mehrere andere Schriften zur Offenbarung des Johannes gelesen habe, „die jetzo wieder so sehr gewöhnlich werden, und in Ansehen kommen wollen". Auf fast allen Seiten sei er in diesen Schriften, die nicht genannt werden, auf ein „Grundwerk verwiesen" worden, „welches Arcana coelestia hieß". Er selbst halte von „Arcana" genauso wenig wie „die Herren Medici".[16] Anlass für seine Beschäftigung mit Swedenborg, dessen Namen er zwar kannte,[17] aber noch jahrelang aus unausgesprochenen Gründen nicht preisgab, war also seine Diagnose einer um sich greifenden biblischen Apokalyptik, die mit der Exegese des letzten neutestamentlichen Buches hantierte. Ob tatsächlich Swedenborgs *Arcana* in diesen Schriften genannt wurden oder ob er in dessen *Arcana* nur ein paradigmatisches „Grundwerk" für eine spiritualistische Schriftexegese erblickte, lässt sich nicht mit Sicherheit entscheiden, da Ernesti diese Schriften nicht nennt und die mit apokalyptischen Tendenzen versehene Literatur etwa aus dem Leipziger Umfeld[18] nicht auf die anonymen Schriften Swedenborgs verweist. Angesichts der Kritikpunkte Ernestis ist wahrscheinlich der Auffassung als paradigmatisches Exempel der Vorzug zu geben. Auch die Position Ernestis gegenüber anderen apokalyptischen und die Unsterblichkeit der Seele betreffenden Schriften lässt nicht erkennen, dass die Apokalyptik sein Problem war, sondern Swedenborgs Umformung und Abschaffung derjenigen Apokalyptik, die Ernestis exegetischem und theologischem Befund und seiner hier im weitesten Sinne an den lutherischen Bekenntnisschriften orientierten Theologie entsprach. Der Vermutung, Ernesti betrachte die *Arcana* als literarische Basis für Kommentare zur Of-

---

225, hier: 206; sowie gleichlautend bereits ANER, 1929, 219. Bahrdt gehörte ebenfalls zu den Schülern Ernestis.

[16] JOHANN AUGUST ERNESTI: [Rez. zu] Arcana coelestia. In: Neue theologische Bibliothek 1760, 515–527, hier: 515.

[17] Laut seiner eigenen Auskunft in seiner Rez. zu Swedenborgs *Doctrina novae Hierosolymae de Domino*. In: Neue theologische Bibliothek 1763, 725–733, hier: 725. Es komme, meint Ernesti hier, „nicht auf die Person, sondern auf die Sache an". Es ist durchaus möglich, dass Ernesti es vermeiden wollte, Swedenborg mit dem Verfasser der seit den 1720er Jahren auch von den Leipziger Zeitschriften besprochenen naturphilosophischen Schriften zu identifizieren. Wäre dies einer Aufwertung seiner theologischen Schriften gleichgekommen? Die Öffentlichkeit wäre wenigstens darüber informiert worden, dass es sich um einen weithin als Naturphilosoph und „Weltweiser" bekannten Autor handelte.

[18] Vgl. Kap. 4.3.3., c) und d).

fenbarung des Johannes, wird außerdem durch dessen eigene Auskunft am Schluss seiner Rezension konterkariert, wo er zugibt, dass Swedenborg selbst noch keinen solchen Kommentar geschrieben habe.[19] Worin bestanden die Schwerpunkte dieser ersten folgenreichen Rezension?

Zunächst ist eine gewisse Anknüpfung an die bis dahin singuläre Rezeption in den *Neuen Zeitungen von gelehrten Sachen* von 1750 auffällig, die sich an fünf Punkten zeigt. 1. Es handele sich um einen „mystisch-allegorischen Commentarius" zu Genesis und Exodus. 2. Aus dem Schriftbuchstaben sei laut *Arcana* nur der „äußere Zustand der jüdischen Kirche" ersichtlich.[20] 3. Die sechs Schöpfungstage bedeuteten sechs Zustände der Wiedergeburt.[21] 4. Die postmortalen Seelen besäßen alle Sinne außer den Geschmackssinn.[22] 5. Die „Grillenfänger" von 1750 werden indirekt auch hier wieder erwähnt: Es sei kaum zu befürchten, dass die *Arcana coelestia* von vielen Leuten gelesen würden, „ungeachtet leider viele Leute anfangen, an solchen Träumen einen Gefallen zu haben".[23]

Stammte die Rezension von 1750 ebenfalls aus Ernestis Feder? Diese Annahme ist trotz der Tatsache, dass er gelegentlich für die ebenfalls in Leipzig ansässigen *Neuen Zeitungen* schrieb,[24] natürlich keineswegs zwingend, so auffällig die inhaltliche und verbale Bezugnahme auch ist.

Mit den genannten Übereinstimmungen sind auch einige der für Ernesti elementaren Kritikpunkte an Swedenborg benannt. Von großer Wichtigkeit war für diesen Wegbereiter der historisch-kritischen Methode die Beobachtung, dass es sich hier um eine mystisch-allegorische Exegese handelte. Auf Swedenborgs Festhalten an der Verbalinspiration der Schrift ging Ernesti in der Rezension nicht weiter ein. Er betonte vielmehr dessen Behauptung, dass jedes Jota einen geistlichen und himmlischen Sinn enthalte, weshalb gerade das Alte Testament in der Christenheit so „wenig geachtet" sei.[25] Für die Textarbeit in den *Arcana* dürften sicherlich Konkordanzen benutzt worden sein, aber die Beschreibungen seien an manchen Stellen „verwirrt und dunkel".[26] Im Himmel der *Arcana* regiere der „Coccejanismus im höchsten Grade",[27] stellte Ernesti fest, womit er auf die föde-

---

[19] Man könne, meint Ernesti, schon jetzt sehen, welche Auslegungen der Apokalypse der Anonymus gemacht haben müsse, „deren dieses ohnedem sehr geplagte Buch wohl hätte auch entbehren können". ERNESTI: [Rez. zu] Arcana coelestia. In: Neue theologische Bibliothek 1760, 527.

[20] ERNESTI: [Rez. zu] Arcana coelestia. In: Neue theologische Bibliothek 1760, 516. 1750 hatte es noch geheißen: „anagogische, oder mystische Erklärung".

[21] ERNESTI: [Rez. zu] Arcana coelestia. In: Neue theologische Bibliothek 1760, 518f.

[22] ERNESTI: [Rez. zu] Arcana coelestia. In: Neue theologische Bibliothek 1760, 522f., vgl. gleichlautend in der Rezension von 1750, 315. Bei Swedenborg sind die postmortalen Seelen tatsächlich mit den vier höheren Sinnen ausgestattet, nur nicht mit dem Geschmackssinn, vgl. oben Kap. 3.3.4., d).

[23] ERNESTI: [Rez. zu] Arcana coelestia. In: Neue theologische Bibliothek 1760, 527.

[24] Vgl. ILGNER, 2002, 5.

[25] ERNESTI: [Rez. zu] Arcana coelestia. In: Neue theologische Bibliothek 1760, 516f. Die Auseinandersetzung mit der allegorischen Exegese der *Arcana* nimmt die folgenden sechs Seiten und damit die Hälfte des Textes ein.

[26] ERNESTI: [Rez. zu] Arcana coelestia. In: Neue theologische Bibliothek 1760, 522.

[27] ERNESTI: [Rez. zu] Arcana coelestia. In: Neue theologische Bibliothek 1760, 525.

raltheologisch begründete Auslegungsmethode des besonders im Pietismus beider protestantischen Konfessionen hoch geschätzten Johannes Coccejus (1603–1669) anspielte: die mit der göttlichen Heilsökonomie verbundene und auf die Verbindung beider Testamente abzielende typologische Exegese.[28] Friedrich Christoph Oetinger bezog sich ganz offensichtlich auf diese Rezension, wenn er fünf Jahre später meinte, Ernesti beschuldige Swedenborg des Coccejanismus, nämlich „daß die heilige Schrift vielerlei Sinn haben könne".[29] Wie noch zu zeigen ist, gehörte die Überwindung des Coccejanismus – und der ihm verwandten Hermeneutik – zu Ernestis wichtigsten theologisch-exegetischen Anliegen und Leistungen.

Der zweite Aspekt erscheint bei Ernesti widersprüchlich. Zunächst räumt er ein, ein „ordentlich System von der Theologie" in den *Arcana* erhofft, sich darin aber getäuscht zu haben.[30] Im Folgenden werden aber eine ganze Reihe zentraler theologischer Aussagen der *Arcana* zusammengetragen, die bei Swedenborg selbst systematisch zwischen den einzelnen Auslegungskapiteln ausgeführt werden. Ernesti notiert, ohne dies zunächst zu kritisieren, genau die Topoi, die gegenüber einer orthodoxen lutherischen Theologie scheinbar deviant waren: die Identifizierung Gottes mit Jesus Christus,[31] das Verständnis der körperlichen Auferstehung als postmortale Fortdauer der Seele,[32] die Abweisung von Engeln und Geistern als eigens geschaffenen Wesen – sie seien in den *Arcana* ausschließlich Seelen verstorbener Menschen –,[33] die Abschaffung eines Jüngsten Gerichts und dessen Personalisierung und Relativierung,[34] die deistische Ansicht, dass auch Heiden in den Himmel kämen, und zwar „heute zu Tage mehr solche, als Christenseelen".[35]

Ein dritter Bereich gilt Swedenborgs Schilderungen der Geisterwelt. Geister seien ausgedehnt, hätten höhere Sinne, Begierden und Ideen, sie kommunizierten in einer Ideensprache, der Himmel bestehe aus Liebe. Himmel und Hölle seien nicht Ortswechsel, sondern nur Zustandsveränderungen, so wie Zeit und Raum „bloße Ideen, und Veränderungen des innern Zustands der Geister und Phönomen sind".[36]

---

[28] Vgl. HEINER FAULENBACH: Art. Coccejus, Johannes. In: TRE 8 (1981), 131–140.

[29] OETINGER, 1977 [1765], 125. Eine weitere Erwähnung von Ernesti ebd., X (Ernesti sei nicht der einzige, den man zu Swedenborg lesen solle); sowie OETINGER, Beurtheilungen (1771), 111 (Zitat des Naturalismus- und Fanatizismus-Vorwurfs).

[30] ERNESTI: [Rez. zu] Arcana coelestia. In: Neue theologische Bibliothek 1760, 516.

[31] ERNESTI: [Rez. zu] Arcana coelestia. In: Neue theologische Bibliothek 1760, 519f.

[32] ERNESTI: [Rez. zu] Arcana coelestia. In: Neue theologische Bibliothek 1760, 522.

[33] ERNESTI: [Rez. zu] Arcana coelestia. In: Neue theologische Bibliothek 1760, 525.

[34] ERNESTI: [Rez. zu] Arcana coelestia. In: Neue theologische Bibliothek 1760, 526. Ernesti erwähnt in diesem Zusammenhang, er habe noch eine andere kleinere Schrift über die Offenbarung „von ihm" gelesen, in der sich Swedenborg ärgere, dass die Christen nicht an das Jüngste Gericht und an die Auferstehung [natürlich in seiner Lesart] glaubten. Offenbar handelt es sich dabei um UJ (1758).

[35] ERNESTI: [Rez. zu] Arcana coelestia. In: Neue theologische Bibliothek 1760, 527.

[36] ERNESTI: [Rez. zu] Arcana coelestia. In: Neue theologische Bibliothek 1760, 522–525. Swedenborg wolle mit seiner Engelsprache wohl „das epikureische System" vortragen, „aber er versteckt es unter wunderliche Vorstellungen von einer andern Respiration, als man nachher bekommen hätte, und dergleichen Engel auch hätten". Vgl. ebd., 524.

Alle diese Aspekte werden lediglich referiert. Ernesti qualifiziert sie an keiner Stelle als bekenntniswidrig, sondern bleibt in seinem Bericht – fast – wertungsfrei. Lediglich am Ende kommt er zu einem Urteil, das von den Zeitgenossen und bis in die neuere Forschung vielfach wiederholt worden ist.

„Man sieht ohnschwer ein, daß der Verfasser den Naturalismum, und seine philosophischen Meynungen unter dieser fanatischen Gestalt vortragen wollen, und daß dieß ein Roman von einer neuen Art sey, welcher ohngefähr mit Klimms unterirdischen Reise[37] zu vergleichen seyn möchte: nur daß die letzte Erdichtung unschuldig, jene aber, da sie die heil. Schrift unter dem vorgegebenen innern Sinne, misbraucht und verdrehet, höchststrafbar ist."[38]

Es scheint so, dass mit dem Ausdruck „Naturalismus" einerseits die ‚irdische' Plastizität und geradezu anthropopathische Darstellung des postmortalen Lebens gemeint ist, die Ernesti selbst referiert hatte.[39] Naturalismus und philosophisch vorgefasste Ideen werden in den Bibeltext hineingetragen, der dadurch missbraucht wird. Im Hinblick auf Ernestis Gesamtansatz und gerade auch auf seine Äußerungen gegenüber anderen apokalyptischen Autoren und deren Spekulationen über das Jenseits scheint gerade hier der entscheidende Punkt zu liegen: der Missbrauch der Schrift und die Umkehrung des Verhältnisses zwischen *res* und *verbum*, die für Ernesti so entscheidend ist. Nach seinem Verständnis muss alles, was nicht aus dem Schrifttext selbst geschlossen wird und mit der *analogia fidei* konform geht, naturalistisch oder philosophisch sein.[40] Damit ist eine Verbindung zum Vorwurf der typologischen (coccejanischen) Exegese hergestellt: Was hinter dem Textbuchstaben erblickt wird, muss einem Vorverständnis entsprungen sein.

Sieben Jahre nach Ernestis Tod wurde dessen Naturalismusvorwurf nicht so verstanden, dass er keiner Deutung mehr bedurft hätte. 1788, freilich in einem ganz anderen Kontext, urteilte der Rezensent der *Allgemeinen deutschen Bibliothek*:

---

[37] Vgl. Ludvig Holberg: Nicolai Klims unterirdische Reise, worinnen eine ganz neue Erdbeschreibung wie auch eine umständliche Nachricht von der 5. Monarchie, die uns bishero ganz und gar unbekannt gewesen, enthalten ist. Copenhagen; Leipzig 1741 [viele Auflagen]. Holberg gehörte zu den im Gottsched-Kreis gelesenen und übersetzten Autoren. Ernesti dürfte ihn daher gekannt haben.

[38] Ernesti: [Rez. zu] Arcana coelestia. In: Neue theologische Bibliothek 1760, 527.

[39] Hanegraaff wendet bei seiner Interpretation dieser Stelle einen modernen ahistorischen Materialismusbegriff an, wenn er meint, Ernesti sehe bei Swedenborg eine implizit materialistische Weltsicht, und dies sei eine seltene Perspektive auf Swedenborg [nach 1745! – FS]. Diese Seltenheit scheint aber nicht auf die Zeitgenossen zuzutreffen, sondern dürfte in Hanegraaffs Gleichsetzung des Naturalismus mit dem Materialismus begründet sein. Vgl. Hanegraaff, 2007, 63. Wie der Begriff Materialismus zu bestimmen sei, war ja gerade Gegenstand der zeitgenössischen Diskussionen, was sich insbesondere bei der Seele zeigt, die eben nicht als rein immateriell vorgestellt wurde, sondern deren „Substanz" als Quasimaterie, subtile Materie oder personelle Kraft erwogen wurde. Diese Debatten werden aus ihrem historischen Kontext gerissen, wenn bei der Unterscheidung von Materialismus und Idealismus etwa die Position Oetingers eingenommen, geschweige denn ein vermeintlich moderner, auf jeden Fall außerdiskursiver Materialismusbegriff zugrunde gelegt wird.

[40] Vgl. unten Seite 480 f.

„Wahrscheinlich verleitete diese sonderbare Mischung von Vernunft und Phantasien in Swedenborgs Visionen den seel. Ernesti zu dem sonderbaren Urtheil in seiner theologischen Bibliothek, daß alle seine Schriften im Grunde nichts als einen verkappten Naturalismus enthielten, vermuthlich weil er sich nicht überreden konnte, daß eben derselbige Mensch, der bisweilen so richtig und vernünftig urtheilte, in so lächerliche Ausschweifungen des Fanatismus gerathen könne."[41]

Ob dieses Urteil den Kern trifft, ist angesichts der Tatsache fraglich, dass Ernesti sich ja gerade nicht über die swedenborgischen Visionen mokierte, sondern mit seinem ernsten und bedenklichen Urteil eher ein Warnsignal setzte. Das Verdikt der Lächerlichkeit, das Kant in einem (!) Teil der *Träume eines Geistersehers* aussprach, kann so einfach auf Ernesti nicht übertragen werden.

Swedenborg ist für Ernesti also 1. Philosoph und Naturalist im Sinne einer Spiegelung ‚natürlicher' Verhältnisse in den Himmel, 2. Coccejaner, 3. Romancier „von einer neuer Art", 4. Verdreher der Heiligen Schrift und 5., ohne dies direkt auszusprechen, in vielerlei Hinsicht ein Heterodoxer. Das wird Ernesti in seinen folgenden Rezensionen noch präzisieren.

Anzumerken bleibt, dass Ernesti keinerlei Assoziationen gegenüber der zeitgenössischen oder älteren Mystik, der Kabbala oder anderen Autoren aussprach. Er verzichtete allerdings auch auf das Referat einer Reihe von zentralen Topoi, ohne dass ein Grund dafür erkennbar wäre. Weder der *maximus homo*, noch die himmlische Ehe und das von vielen Zeitgenossen geteilte Spekulationsobjekt der Planetenbewohner[42] werden erwähnt. Außerdem nimmt Ernesti in dieser frühen Rezension auch die Verwandlung der Rechtfertigungs- und Imputations- sowie der Prädestinations- und Sündenlehre bei Swedenborg nicht zur Kenntnis. Auch hält er sich mit einer Pathologisierung oder Psychologisierung der Geisterseherei Swedenborgs zurück. Er spricht lediglich von einer (literarischen) „fanatischen Gestalt", in der dieser „Roman von einer neuen Art" vorgetragen werde. „Fanatisch" ist von seiner etymologischen Herkunft und seiner Verwendung seit der Reformationszeit als „gottbegeistert" und als Äquivalent der religiösen Schwärmerei oder des Enthusiasmus zu verstehen. Hobbes und Locke bezeichneten gerade die Berufung auf unmittelbare Offenbarungen mit diesem Begriff. Leibniz schloss sich dem an, qualifizierte aber auch den Wunderglauben als Fanatismus.[43] Vor diesem Hintergrund erscheint Swedenborg bei Ernesti nicht – wie sechs Jahre später in den *Träumen eines Geistersehers* – als wahnsinnig gewordener Kandidat für das Hospital mit einem krankhaft verschobenen *„focus imaginarius"*,[44]

---

[41] [Rez. zu] EMANUEL VON SWEDENBORG's […] Revision der bisherigen Theologie, sowohl der Protestanten, als Römischkatholischen […] nebst einem Prüfungsversuche: ob es wohl schon ausgemacht sey, daß Swedenborg zu den Schwärmern gehöre? 1786. In: Allgemeine deutsche Bibliothek 83 (1788), 40–58, hier: 58: Mit diesem Urteil spielte der Rezensent allerdings auf Ernestis eigene Worte an: „Man muß bedauern, daß ein sonst so gelehrter Man so weit verfallen können […]". Vgl. Ernestis Rez. zu Swedenborgs Doctrine novae Hierosolyma. In: Neue theologische Bibliothek 1763, 733.

[42] Vgl. Kap. 3.4.2., g); 4.3.3., c) und d).

[43] Vgl. ROBERT SPAEMANN: Art. Fanatisch, Fanatismus. In: HWPh 2 (1972), 904–908, hier: 905; sowie schon bei JOHANN CHRISTOPH ADELUNG: Grammatisch-kritisches Wörterbuch der Hochdeutschen Mundart. Bd. 2, Leipzig 1796, 39.

[44] Vgl. Kap. 5.3.2., b), sowie AA II, 344.

sondern als Schwärmer mit Offenbarungsanspruch. Und seine religiöse Schwärmerei wird weder jetzt noch später von Ernesti pathologisiert, wie es vielfach in der Debatte um die „irrig für begeistert gehaltene Lohmannin"[45] geschah, Anna Elisabeth Lohmann aus Horsdorf in Anhalt, die angeblich über Kontakte zu Geistern verfügte und seit 1759 eine gewaltige und hitzige, als ,erster Teufelsstreit' bezeichnete Debatte auslöste, in der sie vielfach nicht als „übernatürlich" erkrankt, sondern als „hysterisch" und arbeitsscheu diagnostiziert wurde.[46] Auf diese Diskussionen wird in einem eigenen Abschnitt noch einzugehen sein. Swedenborg wurde (fast)[47] nie in Verbindung mit diesen, seit der zweiten Hälfte des 18. Jahrhunderts immer häufiger auftretenden ,Schwärmern' gebracht, die oft pathologisiert oder als vorsätzliche Betrüger und Scharlatane gebrandmarkt wurden.[48]

Das tat auch Ernesti zu diesem Zeitpunkt nicht. Seine Rezension zeugt von einem gründlichen Studium der *Arcana coelestia*. Zwar rückte Swedenborg noch nicht als Autor in den Diskurs ein, aber seine Schriften gewannen gerade durch die Sachlichkeit und Ernsthaftigkeit von Ernestis Urteil nun öffentliches Interesse. Das wird daraus ersichtlich, dass sich viele spätere Autoren auf Ernestis Kritik bezogen.[49] Johann Heinrich Becker kannte sie ebenso wie Kant[50] und Oetinger.[51] Ernesti ist als theologischer Experte daher die zentrale Schnittstelle für Swedenborgs Repräsentation in dem Diskurs, in den er nun zunächst als Anonymus, aber offiziell eintrat.

---

[45] Weitere Nachricht von der irrig für begeistert gehaltenen Lohmannin, nebst einer Nachricht von einer fast ähnlichen Begebenheit in der Schweiz. In: Nova acta historico-ecclesiastica 1761, 111–122. Vgl. dazu auch RENKO GEFFARTH: Von Geistern und Begeisterten. Semler und die „Dämonen". In: NEUGEBAUER-WÖLK / RUDOLPH, 2008, 115–130; ANER, 1929, 234–252 .

[46] Vgl. etwa das späte Urteil eines Ernesti-Schülers: ROSENMÜLLER, 1788, 21–23.

[47] Eine möglicherweise singuläre Parallelisierung zwischen Swedenborg und der Lohmännin nahm 1778 ein sächsischer Pfarrer und Rezensent vor. Zu Swedenborgs hier sehr verkürzt wiedergegebener Ansicht, dass böse Geister beim Menschen ins Böse, gute Geister ins Gute wirkten, meinte er: „Ist es nicht, als hörte man die Lohmannin reden?" CARL GOTTLOB FIEDLER: Nachricht von des Herrn von Schwedenborg Schriften und Meynungen: Prüfet die Geister, ob sie aus GOTT sind. In: Dreßdnische gelehrte Anzeigen 1778, 571–586, hier: 580. Es könnte natürlich gefragt werden, ob Fiedler mit diesem Vergleich eine späte Deutung vorlegte oder ob er eine bereits im Lohmann-Streit vertretene Parallelisierung memorial referierte. Dass Swedenborgs Name zwischen 1760 und 1765 nicht erwähnt wurde, muss sich schließlich nicht auf seine Schriften beziehen. Falls es sich um ein nachträgliches Referat handelte, wären einige der Geister Lohmanns als Geister im Sinne des anonymen Swedenborg gedeutet worden.

[48] Vgl. dazu ausblicksweise Kap. 5.3.7., f).

[49] Die 1771 in Hamburg erschienene *Sammlung einiger Nachrichten, Herrn Eman. Swedenborg und desselben vorgegebenen Umgang mit dem Geisterreich betreffend* enthielten Ernestis Rezensionen. Das teilte der Rezensent in den *Danziger Berichten von neuen theologischen Büchern und Schriften* mit (1772, 131f.). In der Rezension zu Oetinger: *Swedenborgs und anderer irrdische und himmlische Philosophie* verwiesen die ebenfalls in Danzig erscheinenden *Theologischen Berichte von neuern Büchern und Schriften* (1766, 453–457, hier: 455) auf die Kraftsche theologische Bibliothek.

[50] In den *Träumen eines Geistersehers*. AA II, 360.

[51] Vgl. OETINGER, 1977 [1765], 125, sowie ebd., X, 374 u. ö.

b) Swedenborgs Heterodoxie bei Ernesti (1763)

Drei Jahre später rezensierte Ernesti erneut eine Schrift, dieses Mal aber nicht mit einem größeren Zeitabstand, denn Swedenborgs (anonyme) *Doctrina novae Hierosolyma* war im gleichen Jahr in Amsterdam erschienen. 1760 hatte Ernesti sein Augenmerk noch sehr stark auf die Auslegungsmethode gerichtet. Diese Perspektive trat nun quantitativ zurück.[52] Demgegenüber sprach Ernesti deutlicher und detaillierter aus, was der Anonymus mit seiner Anwendung eines mehrfachen Schriftsinns bezweckte. „Wenn man aufmerket, [...] so ist es die natürliche Theologie und Sittenlehre", die hier in den biblischen Text eingeschrieben werde. Der *sensus spiritualis* und *coelestis* wird nach Swedenborgs Auskunft nur von denen erkannt, die vom Herrn erleuchtet wurden. „Wer sind nun diese?", fragt Ernesti und qualifiziert in seiner Antwort das, was der Anonymus als „Erleuchtung" bezeichnet. Es sind diejenigen

„die sich selbst eine Religion, doctrinam, in der heil. Schrift suchen, welche ihnen hernach ein Licht anzündet, und nicht die Religion, welche sie oder andere schon angenommen haben, und aus derselben zu bestätigen suchen".[53]

Diese Feststellung ist im Hinblick auf Ernestis eigenes Verhältnis zur lutherischen Theologie im Auge zu behalten. Der anonyme Verfasser schöpft seine natürliche Religion nicht aus der Schrift, sondern er trägt sie hinein. Diesem Vorgehen geht nicht die göttliche Erleuchtung voraus, die in die Schrift hineingelesene „Religion" bewirkt selbst das vermeintliche „Licht".

Hatte Ernesti 1760 noch kein geschlossenes Lehrsystem erkannt, so sieht er nun ganz deutlich eine *doctrina* vor sich, die er ausführlich kommentiert. Es ist leicht erkennbar, dass er sich auf die wesentlichen Punkte beschränkt, aber vor allem solche nennt, die mit den lutherischen Bekenntnisschriften konfligieren.

Ernesti dürfte überhaupt der erste gewesen sein, der Swedenborgs „System in Ansehung der Gottheit" ausdrücklich als sabellianisch bezeichnete. Swedenborg verspotte die „gemeine Christen mit ihrer triplicata divinitate", weil sie das Athanasianum, das nur richtig sei, wenn man nicht an eine Trinität von Personen, sondern an drei Personen im Herrn glaube, schlichtweg nicht verstanden hätten. Demgegenüber betrachte der Verfasser Christus als *Divinum Humanum*, dessen *Divinum* der Vater selbst sei, nicht als präexistenten Sohn.[54] Bei seiner Verherrlichung habe er das Humanum aus Maria ausgezogen und das „humanum ex Divino in ipso", nämlich den Vater selbst angezogen, wodurch dieses *Humanum* selbst *Divinum* geworden sei. Darüber erkläre sich Swedenborg „recht deutlich".

---

[52] Ernesti betonte aber erneut Swedenborgs Auffassung von der Göttlichkeit und Inspiriertheit der Bibel und den mehrfachen Schriftsinn (literalis, coelestis, spiritualis). Rez. zu Swedenborgs Doctrina novae Hierosolymae [...]. In: Neue theologische Bibliothek 1763, 725–733, hier: 728 f.

[53] Ernesti: [Rez. zu] Doctrina novae Hierosolyma. In: Neue theologische Bibliothek 1763, 728–730.

[54] Ernesti: [Rez. zu] Doctrina novae Hierosolyma. In: Neue theologische Bibliothek 1763, 727. Wenn Christus mit dem Vater geredet habe, dann mit sich selbst, denn er sei eins mit dem Vater.

Sodann betonte Ernesti Swedenborgs Devianz von der Imputations- und
Rechtfertigungslehre. Christus habe zwar Sünden getragen, aber nur in Form
von Versuchungen, die er ausgestanden habe. Man könne nach Swedenborg nicht
behaupten, er habe Sünden „weggenommen", denn das bedeute nichts anderes,
als dass man nach seinen Geboten leben müsse. Die ganze „Zurechnung des Verdienstes Christi sey ein leeres Wort", Versöhnung und Genugtuung lehne Swedenborg ab, denn „es ist in Gott keine Strafgerechtigkeit".[55]
An einigen Stellen würdigte Ernesti auch theologische Aussagen: Dass auch die
Heiden ein „Licht aus dem Worte" hätten, habe der Anonymus „so unrecht nicht
gesagt", aber es müsse zurückgewiesen werden, dass auch Heiden oder Juden die
Erkenntnis der Wahrheit nur aufgrund der Liebe erlangen könnten. Und die Ausführungen über das Gesetz hätten „viel Gutes in sich", allerdings sei der „Grund"
falsch, ein tugendhaftes Leben „als die Ursache der Seligkeit" zu behaupten – wiederum ein Seitenhieb auf Swedenborgs antilutherische Rechtfertigungslehre.[56]
Bemerkenswert sind Ernestis ambivalente Vermutungen darüber, in welchen
religionspolitischen Kontext die Schrift eingeordnet werden könne. Einerseits referiert er Swedenborgs Ansicht, die Erkenntnis des geistigen Sinns der Schrift sei
im Papsttum ganz verloren gegangen,[57] andererseits stellt er mit offenbar antikatholischer Note fest, es sei unschwer zu erkennen, „wo der Eifer gegen den Glauben der protestantischen Lehre herrühret".[58] Denn bei den Protestanten könne
laut Anonymus der geistige Sinn der Bibel nicht gefunden werden, weil sie Glaube und Liebe getrennt hätten und an den trinitarischen Gott glauben würden.
Alles in allem handele sich um ein „sabellianisches und naturalistisches System",
das aber nicht deutlich ausgesprochen werde, sondern mit „phantastischen und
[...] kostbaren Umschweifen (denn er muß die Bücher vor sein Geld drucken
lassen, und er läßt alle prächtig drucken)", die wohl auf „wenig Bogen" gepasst
hätten.[59] Das ganze Buch, gespickt mit „dunkeln und barbarischen Ausdrücken
und Umschweifen", laufe nach Ernestis Urteil auf nichts anderes als auf ein
Machwerk gegen die Protestanten und offenbar auf den Vorwurf hinaus, dass sie
nicht „wie die Socinianer, Naturalisten worden sind".[60] Das schien ihn ebenso zu
treffen, wie Swedenborgs Beschuldigung gegen „uns", „wir" lehrten einen Glauben ohne Liebe, Seligwerdung ohne gute Werke und die Notwendigkeit, den
Glauben dem Verstand zu unterwerfen.[61] Er, Ernesti, werde darauf nicht antwor-

---

[55] Ernesti: [Rez. zu] Doctrina novae Hierosolyma. In: Neue theologische Bibliothek
1763, 726 f.

[56] Ernesti: [Rez. zu] Doctrina novae Hierosolyma. In: Neue theologische Bibliothek
1763, 730 f.

[57] Ernesti: [Rez. zu] Doctrina novae Hierosolyma. In: Neue theologische Bibliothek
1763, 729.

[58] Ernesti: [Rez. zu] Doctrina novae Hierosolyma. In: Neue theologische Bibliothek
1763, 732.

[59] Ernesti: [Rez. zu] Doctrina novae Hierosolyma. In: Neue theologische Bibliothek
1763, 729, 733.

[60] Ernesti: [Rez. zu] Doctrina novae Hierosolyma. In: Neue theologische Bibliothek
1763, 729.

[61] Ernesti: [Rez. zu] Doctrina novae Hierosolyma. In: Neue theologische Bibliothek
1763, 732.

ten, denn das sei „hundertmal von anderen geschehen". Swedenborgs Behauptung, die protestantische Kirche werde beim Jüngsten Gericht wegen ihrer Lehre
vom Glauben zerstört und ihre Glieder würden Papisten, „Mahommedaner" und
Heiden, ließ Ernesti für sich sprechen und brach hier ab.

Dass Swedenborg kein (arianischer) Sozinianer sein konnte, musste Ernesti eigentlich aus seinem Sabellianismus deutlich werden, den er schließlich selbst
diagnostizierte. Hatte er 1760 (und vielleicht 1750) noch eine ‚papistische' Quelle
vermutet, so musste er aufgrund der extrem pejorativen Sicht der Katholiken hierin unsicher werden. Ernestis Einordnung fiel daher ambivalent aus.

Es ist jedoch festzustellen, dass der nach wie vor unbekannte Swedenborg als
ein Autor positioniert wurde, der eindeutig gegen mehrere fundamentale Bekenntnisse der protestantischen Konfessionen agierte, die in der sogenannten
„Neologie" erst nach und nach kritisiert und zum Teil ganz aufgegeben wurden.
Jedem Leser konnte klar vor Augen stehen, dass der Anonymus, ob er nun ka-
tholisch, sozinianisch oder naturalistisch war, in der Trinitätslehre und Christologie, in der Ablehnung der Rechtfertigung *sola fide* und der Imputationslehre
deutlich häretische Positionen vertrat. Die Geisterwelt und Swedenborgs Visionen tauchen bei Ernesti nur am Rande auf, Mutmaßungen über einen später behaupteten Böhmismus, Kabbalismus, Neuplatonismus oder Paracelsismus ebenso
wenig. Es ging jetzt um die Differenzen in der Lehre. Neben dem mehrfachen
Schriftsinn ist damit ein zweiter Punkt benannt, der für Ernestis eigene Positionierung von erheblichem Belang gewesen sein dürfte. In seiner Rezension hatte er
jedenfalls eine Perspektive gewählt, die wiederum ernst und sachlich die nach seinem Urteil antiprotestantischen Gefahren und Devianzen Swedenborgs und deren Verbindung mit einem mehrfachen Schriftsinn in den Blick nahm, ohne die
Lehre als wahnsinnig, unvernünftig oder wenigstens unsystematisch kurzerhand
vom Tisch zu wischen. Das namenlose Diskurselement Swedenborg erhielt dadurch ein bedrohliches, aber gerade dadurch ernstzunehmendes Gewicht.

c) Zwischenspiel: Ernesti, die Seelenlehre und der status intermedius

Wie viele andere Autoren hatte sich auch Ernesti mit dem Zustand der Seele nach
dem Tod befasst, allerdings streng auf biblischer Grundlage und unter Berücksichtigung der in Sachsen geltenden lutherischen Bekenntnisschriften, die an der
leiblichen Auferstehung, einem Weltende und einem Jüngsten Gericht festhielten,
entsprechend der *Confessio Augustana* (Art. 17) und im Gegensatz zu Württemberg aber den Chiliasmus und die *Apokatastasis panton* verwarfen.[62] Neben Swedenborgs Schriften waren Ernesti nun zur gleichen Zeit auch eine Reihe anderer
Autoren in die Hände gekommen, die sich mit dem Zwischenzustand nach dem
Tod und mit der Unsterblichkeit und Existenz der postmortalen Seele befassten –
Fragen, die in den theologischen Debatten weithin verbreitet waren, wie insbe-

---

[62] Vgl. JOHANN AUGUST ERNESTI: De futura mortuorum resurrectione ex I. Cor. XV.
Duisburgum 1752 [Leipzig 1774]. Dazu und zu der besonderen Situation in Württemberg
vgl. 5.2.2.

sondere anhand der Schriften Georg Venzkys dargestellt wurde, der parallel zu Swedenborgs *Arcana coelestia* veröffentlichte. Die Rezensionen Ernestis zu diesen Büchern machen erkennbar, dass er eschatologische Spekulationen nicht grundsätzlich ablehnte, sofern sie nicht gegen seine eigenen hermeneutischen Prinzipien und gegen die lutherischen Bekenntnisschriften verstießen. Die folgenden Beispiele aus der ersten Hälfte der 1760er Jahre werden genannt, um Ernestis sonstige Positionierungen herauszuarbeiten und zugleich Swedenborgs Lehre in dieser Zeit zu kontextualisieren.

aa) Adam Friedrich Wilhelm Saalfeld

Noch bevor er die *Arcana coelestia* rezensierte, besprach Ernesti eine Untersuchung des Pfarrers *Adam Friedrich Wilhelm Saalfeld* (*1711) über die *Beschaffenheit der von den Todten erweckten Leiber*, in der angenommen wurde, der menschliche Körper müsse nach dem Tod nach seinen wesentlichen und zufälligen Bestandteilen identisch bleiben, sonst werde die personelle Identität nicht erhalten und der Mensch könne nicht die ihm zustehende Belohnung empfangen. Die Leiber der Verdammten müssten hingegen so „locker" sein, dass das Feuer in sie eindringen könne.[63] Unter Berufung auf 1. Korinther 15,35 werde erklärt, dass ein „erweckter Leib unverweslich, geistlich, unsichtbar sey, durch verschlossene Thüren gehen, aufwärts fahren könne, seine vorige Gestalt, Ausmessung und Eingeweide, aber etwas verändere, doch kenntliche Gesichtszüge habe u. s. w.". Ernesti stellte diese Schrift vor und ließ sie ohne besondere Kritik passieren. Bekenntnisfragen wurden durch sie offenbar nicht berührt.

bb) Hubert Hayer

Eine vom Umfang gewaltige Besprechung widmete Ernesti der Abhandlung des französischen Theologen *Hubert Hayer* (1708–1780) über die Spiritualität und Immaterialität der Seele, die gegen den Materialismus, besonders Voltaires und La Mettries, gerichtet war und gegen John Lockes *ideae innatae* die Immaterialität auch der Ideen und Empfindungen verteidigte.[64] Wie später Oetinger betrachtete Hayer die Widerlegung der Materialisten durch Descartes, Clarke und Malebranche als unzureichend und behauptete die Immaterialität Gottes und der Seele, aus der die Unsterblichkeit folge, unter Berufung auf die Bibel, Augustin, den Marquis d'Argens, die „Juden", die alten Ägypter, Jamblich[65] und die Kirchenväter. Ernesti hielt zwar Hayers moralische Beweise für die Unsterblichkeit ge-

---

[63] ADAM FRIEDRICH WILHELM SAALFELD: Die Beschaffenheit der von den Todten erweckten Leiber, vernunft- und schriftmäßig untersuchet. Erfurt 1759; Ernestis Rez. in: Neue theologische Bibliothek 1760, 261–265.

[64] JEAN-NICOLAS-HUBERT HAYER: La spiritualité et l'immortalité de l'âme, avec le sentiment de l'antiquité tant sacrée que profane par rapport à l'une et à l'autre. 3 Bde., Paris 1757 [ital.: Venise 1764]; Ernestis Rez. in: Neue theologische Bibliothek 1760, 155–181, 492–515.

[65] „[...] der aber nicht alt genug ist, und die Meynung der alten Ägyptier nach seiner Philosophie kann ausgelegt haben", ergänzte Ernesti etwas missverständlich. Vgl. ebd., 507.

genüber den geometrischen und metaphysischen für nicht so „subtil", aber dennoch für möglicherweise logisch richtig.[66] Insgesamt würdigte er das Buch, offensichtlich als Argumentationsinstrument gegen den zeitgenössischen (Seelen-)
Materialismus, auch wenn er sich selbst in der Frage der Art der Materialität
oder Ausgedehntheit der postmortalen Seele offenbar nicht festlegen wollte.[67]

cc) Erik Pontoppidan

In diesen Schriften wurde der Name Swedenborgs oder der *Arcana coelestia* an
keiner Stelle erwähnt, so dass auch keine Rezeption angenommen werden kann.
Aber die Lehre von einem Zwischenzustand, die bereits Venzky vertreten hatte,
wurde immer stärker diskutiert. Autoren, die sich innerhalb der Bekenntnisse bewegten, mussten nicht mit Kritik von Ernesti rechnen. Dies traf auch auf den
durch seinen *Menoza*[68] europaweit bekannten und für die Entwicklung des dä-
nisch-norwegischen Staatspietismus maßgeblichen Kopenhagener Theologieprofessor *Erik Pontoppidan* (1698–1764) zu, von dem im Jahr seines Todes auf
Deutsch eine *Schrift- und Vernunftmäßige Abhandlung I. Von der Unsterblichkeit menschlicher Seelen, II. Von deren Befinden in dem Tode, III. Von deren
Zustand gleich nach dem Tode, bis an das jüngste Gericht* herauskam, die an vielen Punkten Venzkys[69] Arbeiten glich und später von Oetinger immer wieder
herangezogen wurde. Pontoppidan teilte hierin die wolffianische Unsterblichkeitslehre, die der hallesche Philosoph Georg Friedrich Meier (1718–1777) 1748
ausgearbeitet und am Beginn der 1760er Jahre im Lohmannschen Streit erneut in
Stellung gebracht hatte. Meier hatte sich in diesem Zusammenhang ausdrücklich
gegen die Möglichkeit einer leiblichen Besessenheit durch den Teufel ausgesprochen.[70]

---

[66] Vgl. Rez. Ernestis zu HAYER, La spiritualité, & l'immortalié de l'âme. In: Neue theologische Bibliothek 1760, 501, 505, 507, 510. Hayer wurde mehrfach von Justus Christian Hennings rezipiert, vgl. HENNINGS, 1777a, 78; HENNINGS, 1774, 196–202.

[67] Zu Swedenborgs Behauptung der substantiellen Ausgedehntheit der Seele merkte Ernesti lapidar an: „Die Vertheidiger der ausgedehnten Geister können den Beweis, welcher so
kräftig gewesen ist, und aus dem Himmel kommt, selbst nachlesen." Rez. zu: Arcana coelestia. In: Neue theologische Bibliothek 1760, 523.

[68] Vgl. DANIEL CYRANKA: Der „fromme Wilde". Erik Pontoppidans Menoza-Roman. In:
WINFRIED ECKEL u. a. (Hg.): Projektionen – Imaginationen – Erfahrungen. Indienbilder der
europäischen Literatur. Remscheid 2008, 71–89.

[69] Venzky berief sich schließlich selbst auf den älteren Pontoppidan, vgl. Kap. 4.3.4., f).
Die Beziehung zwischen beiden wäre angesichts der Tatsache, dass Venzky 1746 in Kopenhagen eine Dissertation (De caelis, quorum S. Scriptura meminit […], keine Professoren namentlich genannt) veröffentlicht hatte, noch näher zu untersuchen. Pontoppidan war seit 1738
außerordentlicher Theologieprofessor in Kopenhagen, 1755 Prokanzler und 1747–1755 auch
Bischof von Bergen in Norwegen. Vgl. MANFRED JAKUBOWSKI-TIESSEN: Art. Pontoppidan,
Erik. In: RGG⁴ 6 (2003), 1490.

[70] GEORG FRIEDRICH MEIER: Philosophische Gedanken von den Würkungen des Teufels
auf dem Erdboden. Halle 1762.

dd) *Exkurs: Georg Friedrich Meier*

Meier konzipierte seine Seelenlehre ausdrücklich gegen die Leugner der Unsterblichkeit, in deutlicher Anlehnung an die *Psychologia rationalis* Wolffs[71] und an die einflussreiche *Metaphysik* seines Lehrers und Vorgängers Alexander Gottlieb Baumgarten, die Kant jahrzehntelang als Vorlage für seine Vorlesungen benutzte.[72] Die Seele, ein einfaches Ding ohne Körper, müsse unsterblich sein, außer durch Annihilation.[73] Nach dem Tod erhalte die Seele einen neuen Körper, der die Quintessenz aus dem alten sei,[74] denn wenn sie nach dem Tod von allem Körperlichen getrennt wäre, könne sie keine Empfindungen mehr haben.[75] Der These Johann Gustav Reinbecks, dass die Seele postmortal rein geistig leben werde, erteilte Meier eine Absage.[76] Unter Berufung auf Leibniz lehnte Meier die Seelenwanderung ab,[77] aber er wandte sich auch gegen die Hypnopsychiter, die Vertreter des postmortalen Seelenschlafs.[78] Vielmehr werde die Seele nach dem Tod wachsen, sich entwickeln, physisch vervollkommnen und sich an ihren irdischen Zustand erinnern.[79] Meier weigerte sich ausdrücklich, Theorien zu prüfen, an welchen Orten sie sich aufhalten werde,[80] meinte aber, die Seele werde an einem ihr gebührenden Ort verbleiben, aber in der Welt, denn Himmel (Seligkeit) und Hölle (Unseligkeit) befänden sich – wie bei Swedenborg – nicht außerhalb der Welt.[81] Kinder und Alte, die in der „andern Kindheit" gestorben seien, erhielten möglicherweise ihre entwickelten Seelen im Jenseits.[82] Wie bei Swedenborg ist auch für Meier die himmlische Seligkeit lediglich die vollkommenere Fortsetzung der Seligkeit, die die Tugendhaften schon auf Erden hätten.[83] Im Gegensatz zu Swedenborgs dualistischer Eschatologie vertritt Meier aber wenigstens apokatastatische Tendenzen, denn auch die Verdammten seien in der Hölle noch in der Lage, moralisch gut zu handeln. Lasterhafte können sich bessern. Die Ewigkeit der Höllenstrafen, deren Bezweifelung ein häufig angewandtes Vehikel für Apokatastasis-Vorstellung war, hält Meier nicht für demonstrierbar.[84] Höllenstrafen betrachtet er nicht nur

---

[71] Vgl. Kap. 4.2.2. u. ö. in Kap. 4.2.

[72] Vgl. ALEXANDER GOTTLIEB BAUMGARTEN: Metaphysica. 1. Aufl. Halae Magdeburgicae 1739 [Zitate: 4. Aufl. 1757], §§733–799, besonders §§782–791 (status post mortem), §§796–799 (andere Geister), vgl. dazu auch Kap. 5.3.3.

[73] Vgl. GEORG FRIEDRICH MEIER: Vertheidigung seiner Gedancken von dem Zustande der Seele nach dem Tode. Halle 1748 [1749, 1762]. Zitate nach der 3. Aufl. 1762, 66, 80; BAUMGARTEN, 1757, §§745, 781, 799.

[74] Vgl. MEIER, 1762, 106; BAUMGARTEN, 1757, §786: „Die menschliche Seele dauert nach dem Tod ihres Körpers mit einem anderen in einem engsten commercium fort." §797: „Jeder endliche Geist, sowohl der höhere, der im Menschen gewesen ist, als auch der niedrigere, hat ein wirksamen Körper, mit dem er in einem engsten commercium ist." [Übers. FS].

[75] Vgl. MEIER, 1762, 112.

[76] Vgl. MEIER, 1762, 137.

[77] Vgl. MEIER, 1762, 98 f.; BAUMGARTEN, 1757, §§784 f.

[78] Vgl. MEIER, 1762, 114; wie BAUMGARTEN, 1757, §782.

[79] Vgl. MEIER, 1762, 115–120, 143; BAUMGARTEN, 1757, §§782 f., 785, 787.

[80] Vgl. MEIER, 1762, 145.

[81] Vgl. MEIER, 1762, 146, 150. Glückseligkeit (beatitudo) und Unglückseligkeit (infelicitas) sind auch Baumgartens Begriffe. Baumgarten spekuliert ebenfalls nicht über die Lokalisierung von Himmel und Hölle.

[82] Vgl. MEIER, 1762, 149 f., zu den himmlischen Kindern bei Swedenborg vgl. Kap. 3.3.8., b), cc).

[83] Vgl. MEIER, 1762, 158; BAUMGARTEN, 1757, §§776, 780, 791.

[84] Vgl. MEIER, 1762, 165–167. Auch BAUMGARTEN, 1757, hält §791 die einstige Glückseligkeit der Verdammten für möglich: „Die Verdammung, die gesetzt wird, nachdem die Seele einmal nach diesem Leben eingetreten ist, koexistiert entweder mit der Seele, solange sie dauert, oder irgendwann folgt ihr die Glückseligkeit." [Übers. FS].

als Strafen für begangene Sünden, sondern eher als „die natürlichen Folgen, das ist die natürlichen Strafen, der Sünden dieses Lebens".[85]

Dieses Konzept weist gegenüber Swedenborgs Eschatologie starke Gemeinsamkeiten auf. Die tendenzielle Abschaffung des Richtergottes und das Jenseits als höherentwickelte Fortsetzung der im irdischen Leben erworbenen moralischen Haltung, die Fortdauer der seelischen Persönlichkeit mit einer quasikörperlichen Ausstattung und die auffällige Erwähnung der Kinder sind besonders zu notieren. Abweichend ist die apokatastatische Intention, die Swedenborgs dualistischer Perspektive ebenso fremd ist, wie die *corpusculum*-Figur der Leibniz-Wolffschen Philosophie seiner Auffassung von der Substantialität der Seele als eigentlicher Form des Körpers widerspricht. Meier wird bei Pontoppidan freilich modifiziert und in dessen Eschatologie eingebaut, mit der ein Zwischenzustand, ein Gericht mit entsprechendem Gottesbild und die leibliche Auferstehung verbunden sind. An diesen Punkten stimmt Meier gegen Pontoppidan eher mit Swedenborg überein. Zu ergänzen ist, dass sich eine gemeinsame Schnittmenge zwischen Meier und Swedenborg nicht rezeptionell rekonstruieren lässt, aber über die gemeinsame Basis sicher festgestellt werden kann: Christian Wolffs Unsterblichkeitslehre innerhalb seiner rationalen Psychologie.

Pontoppidan betrachtete die Seele wie Meier als einfaches, geistliches, nicht materielles Wesen. Sie sei unsterblich und befinde sich, wie auch Charles Bonnet (und nicht genannt: Swedenborg) meine, mit ihren Hauptkräften, Verstand und Willen, im ganzen Körper, nicht an einem bestimmten Ort.[86] Ausdrücklich stimmte Ernesti Pontoppidans Anknüpfung an den moralischen Unsterblichkeitsbeweis Meiers zu.[87] Dass Pontoppidan gute und böse (nichtmenschliche) Engel kannte, dass er am Jüngsten Gericht festhielt und wie Meier den Seelenschlaf der „Hypnopsychiten" abwies,[88] war nicht bekenntniswidrig und wurde von Ernesti auch nicht kritisiert. Aber auch Pontoppidans über diese verbreiteten Ansichten hinausgehenden Aussagen werden bei Ernesti ohne weitere Kritik referiert: „Erfahrungen von abgeschiedenen Seelen und Geistern" getraue er sich nicht „ganz zu verwerfen", wobei er „viel Vorsicht und Behutsamkeit" vorschreibe, lautet der schlichte Kommentar Ernestis[89] zu Pontoppidans Aussage, die Erscheinung eines Geistes widerspreche nicht seiner Natur. Dabei berief er sich üb-

---

[85] Vgl. MEIER, 1762, 171.

[86] ERIK PONTOPPIDAN: Schrift- und Vernunftmäßige Abhandlung I. Von der Unsterblichkeit menschlicher Seelen, II. Von deren Befinden in dem Tode, III. Von deren Zustand gleich nach dem Tode, bis an das jüngste Gericht, 16, 21, 35. Zitate aus der 2. Aufl. Kopenhagen; Leipzig 1766, die auch rezensiert wurde in: Neue theologische Bibliothek 1766, 247–262; ein ausführliches und kritikloses Referat von Pontoppidans *Abhandlung* findet sich in: Theologische Berichte von neuen Büchern und Schriften von einer Gesellschaft zu Danzig ausgefertigt, 1765, 17. Stück, 522–538.

[87] Vgl. Rez. in: Neue theologische Bibliothek 1766, 254 f. Für übereilt hielt er allerdings einen anderen Beweis Pontoppidans: Die Substanz der Seele bleibe nach dem Tod, weil ihre Haupteigenschaft sei, dass sie lebe. Darum sterbe sie nicht, wenn der Leib sterbe. Vgl. ebd., 253.

[88] Pontoppidan berief sich dabei wie Venzky auf THOMAS BURNET: Tractatus de statu mortuorum et resurgentium. Londini 1726: In den „ersten Seculis" sei niemand anderer Meinung gewesen, als dass die Toten bis zur Auferstehung nicht schlafen, sondern sich an ihrer Ruhestätte und in Erwartung der Seligkeit befinden. Vgl. PONTOPPIDAN, 1766, 293, sowie zu Venzky Kap. 4.3.4., f).

[89] Vgl. Ernestis Rez. in: Neue theologische Bibliothek 1766, 258.

rigens nicht nur auf den „sehr feinen und dünnen Luftkörper, oder eines solchen, als die griechischen Philosophen den Engeln, und allen Arten der Dämonen zueignen," sondern auf das postmortale *corpusculum* der Seele aus der Philosophie von Leibniz und seinen theologischen Schülern:

> „Ja, was mehr ist, durch solche Leiber, als ein Leibnitz, Reinbek, Cantz, und andere unserer neuesten Philosophen für gut, wo nicht nothwendig halten, der Seele, bey ihrem Abschiede aus dem Leibe, beyzulegen, aus dessen Essenz er gleichsam sollte extrahiret und bis weiter als ein vehiculum, ein Wagen und Mittheilungsmittel, gebraucht werden."[90]

Zu Pontoppidans Autoritäten zählte ferner die Unsterblichkeitslehre Christian Wolffs, die auch Swedenborg ausführlich exzerpiert hatte: Das Leben der Seele bleibe nach dem Tod identisch, ihre Gedanken würden deutlicher, sie behalte, „was sie hat, und bekommet noch mehr dazu, als sie hatte", in gewachsener „Klarheit und Deutlichkeit", auch wenn man „zur Zeit nicht bestimmen" könne, wie und wie lange das vor sich gehe, las Pontoppidan in Wolffs *Vernünftigen Gedancken von Gott, der Welt und der Seele des Menschen*.[91] Der Zustand zwischen dem Tod des Körpers und der eigentlichen Auferstehung nach dem Jüngsten Gericht hieß bei ihm *status intermedius*; die verbreitete Meinung, die Seelen kämen gleich nach dem Tod in den Himmel oder in die Hölle, werde wohl nur vertreten, um das Fegefeuer in der katholischen Theologie zu vermeiden.[92] Ein Zwischenzustand werde aber nicht nur von den Kirchenvätern Justin, Irenäus, Tertullian, Origenes und Augustin angenommen, sondern auch von den lutherischen Theologen Martin Chemnitz (1522–1586) und Justus Gesenius (1601–1673), worin ihm Ernesti beipflichtete.[93]

Pontoppidans Lehre vom Zwischenzustand verblieb in den Grenzen der lutherischen Bekenntnisschriften. Er hielt an Engeln als eigens geschaffenen, nichtmenschlichen Wesen fest, er behauptete ein Jüngstes Gericht und die leibliche Auferstehung. Solange diese Eckpunkte der lutherischen Eschatologie eingehalten wurden, hatte Ernesti, der die „Gewißheit von der Unsterblichkeit der Seele, mit ihren Folgen" für die wichtigste menschliche Frage überhaupt hielt,[94] offenbar nichts einzuwenden, anders als im Falle Swedenborgs. Dass er gegen den

---

[90] PONTOPPIDAN, 1766, 169f. Nach der Argumentation von Pierre Bayle, ergänzte er, könnte man noch nicht einmal auf der Basis von Epikur oder Spinoza Geister leugnen. Vgl. ebd., 172. Pontoppidan zog als Beweise gegen den „Unglauben" ferner heran: Ralph Cudworth, Henry More und die Sterbegeschichte Marsilio Ficinos. Vgl. ebd., 174, 178.

[91] CHRISTIAN WOLFF: Vernünftige Gedancken von Gott, der Welt und der Seele des Menschen, auch allen Dingen überhaupt, den Liebhabern der Wahrheit mitgetheilet. Halle [u. a.] 1751, § 925, bei PONTOPPIDAN, 1766, 267–269. Wolff argumentiert hier auch gegen die Vertreter des postmortalen Seelenschlafs.

[92] Vgl. PONTOPPIDAN, 1766, 272, 274.

[93] Vgl. PONTOPPIDAN, 1766, 294–298, 306–311; Ernestis Rez. zu Pontoppidan in: Neue theologische Bibliothek 1766, 260. Neben Luthers immer wieder herangezogenen hypnophysitischen Äußerungen gegenüber Nikolaus von Amsdorf nennt der Lutherkenner Pontoppidan aber auch gegenteilige Aussagen aus Luthers Genesiskommentar, vgl. PONTOPPIDAN, 1766, 302–304.

[94] Ernestis Rez. zu Pontoppidan in: Neue theologische Bibliothek 1766, 247.

postmortalen Zwischenzustand vor dem Gericht keinen Einspruch erhob, zeigt eine bemerkenswerte Hilfestellung, die er Pontoppidan gab. Als dieser angesichts widersprüchlicher neutestamentlicher Textstellen Probleme hatte, den „mittlern Zustande" im Unterschied zur Seligkeit nach dem Jüngsten Gericht zu begründen, ‚tröstete' Ernesti mit dem Hinweis, diese „Schwierigkeit […] lässet sich auch noch auflösen", die Seligkeit sei erst nach dem Gericht vollkommen, „weil alsdenn auch der Leib dazu kommt". Wenn man alle Stellen

„so genau nehmen wollte, was würde man zu 1 Cor. 5,8[95] sagen, wo es heißet, der Blutschänder sey dem Satan übergeben zum Verderben des Fleisches, auf daß der Geist selig werde am Tage des Herrn Jesu."[96]

Die *analogia fidei*, auf die noch explizit eingegangen wird, half Ernesti, Bibelstellen, die den Bekenntnissen und seinen eigenen theologischen Ansichten widersprachen, schlichtweg nicht „so genau [zu] nehmen". In dem genannten Beispiel ging es um die Stützung der Lehre vom Zwischenzustand und die Abwendung der *Apokatastasis*-Lehre. Die beiden Stellen, die gegen den Zwischenzustand und für die *Apokatastasis* ausgelegt werden konnten, empfahl Ernesti kurzum zu ignorieren, wobei zu betonen ist, dass zwar die Apokatastasis-Lehre der *Confessio Augustana* (17) widersprach, nicht aber ein postmortaler Zwischenzustand vor dem Jüngsten Gericht, sofern dieser nicht millennaristisch beschrieben wurde, was denselben Artikel der Augsburgischen Konfession verletzt hätte.

ee) *Johann Christian Förster*

Auch zeigte sich Ernesti nicht ablehnend gegenüber Konzeptionen, die Swedenborgs Lehre an anderen Punkten sehr nahe kam. Der hallesche Philosophieprofessor und Theologe *Johann Christian Förster* (1735–1798) legte 1761 eine *Philosophische Abhandlung über die Wunderwerke* vor, in der er sich gegen die Ansicht Newtons und seiner Schüler wandte, Gott müsse auch in der unvollkommenen Maschine der Natur Wunder vollbringen. Aber auch gegen die Wunderkritik David Humes ging Förster vor. Er schloss sich Leibniz an – und Ernesti folgte ihm dabei ausdrücklich –, dass Gott die Welt zwar fortwährend durch eine unmittelbare Wirkung erhalte, Wunder aber nicht auf die Vervollkommnung der natürlichen Welt, sondern auf die des „Reichs der Gnade", der moralischen oder der „Geisterwelt" abzielten; ein Wunder muss die „Vollkommenheit der Geisterwelt zum Zwecke" haben.[97] Das Reich der Natur müsse sich zum Reich der

---

[95] Gemeint ist 1 Kor 5,5 und der Fall von „Unzucht, wie sie nicht einmal unter den Heiden vorkommt, dass nämlich einer mit der Frau seines Vaters lebt" (1 Kor 5,1).

[96] Ernestis Rez. zu Pontoppidan in: Neue theologische Bibliothek 1766, 262.

[97] Vgl. FÖRSTER, 1761, 70, 78, 86 f., 105; Rez. Ernestis in: Neue theologische Bibliothek 1762, 266–280, hier 270–272, 277 f. Försters *Abhandlung*, die in erster Linie von der Wunderkritik David Humes (deutsch in: DAVID HUME: Vermischte Schriften. Hamburg; Leipzig 1754–1756) veranlasst war (vgl. ebd., 245, 256–264), befand sich auch in Kants Privatbesitz. Vgl. ARTHUR WARDA: Immanuel Kants Bücher. Mit einer getreuen Nachbildung des bisher einzigen bekannten Abzuges des Versteigerungskataloges der Bibliothek Kants. Berlin 1922, 48.

Gnade, das als „moralische Welt [...] weit vollkommener" sein könne, verhalten wie „ein Mittel zum Endzwecke".[98] Hier gehe es um die Vollkommenheit des Verstandes und des Willens, um die Erleuchtung und Heiligung, wobei dem Verstand der Vorrang zukomme. Ein Wunder sei es beispielsweise, wenn ein Mensch auch ohne Wort und Sakrament nur „durch die unwiderstehliche Wirkung"[99] der Macht Gottes erleuchtet und bekehrt werde. Die göttliche Wunderwirkung beziehe sich eigentlich nur auf den menschlichen Verstand und seine Seele. Nur im Reich der Natur wirkten sie überhaupt wie Wunder, im Reich der Gnade geschähen sie nach der göttlichen Ordnung.[100]

Bei Swedenborg konnte Ernesti ohne weiteres die ebenfalls von der Leibnizschen Philosophie ausgehende Verschiebung von Wundern und Zufällen aus dem *mundus naturalis* in die Geisterwelt lesen.[101] Dass auch Heiden selig werden könnten, hielt, obwohl mit anderer Begründung, auch Swedenborg für möglich. Ernesti hatte mit der Geisterwelt und mit der Unsterblichkeit der Seele offenbar keine Probleme, wenn nicht wie bei Swedenborg die Schrift ‚verdreht‘ und die Bekenntnisse (gravierend) verletzt wurden.

ff) Johann Gottlob Lorenz Sembeck und Giovanni Vincenzo Patuzzi

Wenn er aber allzu materialistische Deutungen eschatologischer Lehren zu Gesicht bekam wie etwa die Behauptung des italienischen katholischen Theologen *Giovanni Vincenzo Patuzzi* (1700–1769), Johannes Brenz (1499–1570) habe sich darin geirrt, dass die Bösen nicht an einem bestimmten Ort bestraft würden, vielmehr sei die Hölle nach der Meinung der „Heiden, Rabbinen und Ketzer" ein ganz konkreter Ort im Erdinneren, dann widersprach Ernesti scharf: „man muß sich wundern, daß man uns solch elendes Zeug saget". Das sei nichts anderes als ein „theologische[r] Roman".[102]

Das traf auch auf sein Urteil über den Versuch *Johann Gottlob Lorenz Sembecks* (1727–1802) zu, aus der Bibel zu „beweisen", dass die mit geistlichen Leibern ausgestatteten Seligen an die Stelle der verstoßenen Engel versetzt würden, die sich entweder in der „Residenz" Gottes oder auf den Himmelskörpern des unermesslichen Alls befänden, während sich die Hölle in der „größte[n] Tiefe

---

[98] FÖRSTER, 1761, 67 f.

[99] Hierbei handelt es sich offenbar um Ernestis (277) Zusammenfassung der §§ 86–88 bei Förster.

[100] Vgl. FÖRSTER, 1761, 88–91; Rez. Ernestis zu FÖRSTER, 1761, in: Neue theologische Bibliothek 1762, 277.

[101] Vgl. Kap. 3.3.5., g).

[102] JOHANN AUGUST ERNESTI: [Rez. zu] GIOVANNI VINCENZO PATUZZI: De sede inferni in terris quaerenda dissertatio ad complementum operis de futuro impiorum statu, tributa in partes tres. In quarum prima nova refellitur opinio Swindenii Doctoris Angli sedem inferni in sole collocantis. In altera communis sententia de sede inferni subterranea defenditur, & illustrator. In tertia sensus ac doctrina Ecclesiae catholicae de articulo Symboli Apostolici discendi ad inferno propugnatur, tum contra Swindenium, tum contra Vossium, Bochartum, aliosque Heterodoxos. Venetiis 1763 [2. Aufl. 1782]. In: Neue theologische Bibliothek 1763, 712–724, hier: 713, 715, 724.

der Erde" befinde. Ernesti wunderte sich, dass dieses Buch überhaupt die „protestantische Censur" passieren konnte.[103]

Möglicherweise plazierte Ernesti Patuzzis Rezension gerade deshalb genau vor seiner Besprechung von Swedenborgs *Doctrina novae Hierosolyma*, um den Verdacht zu erhärten, deren Autor sei mit seinen plastischen Schilderungen von Himmel und Hölle auf einer Linie, wenn nicht sogar identisch mit den katholischen Fegefeuer-, Teufels- und Höllen-Vorstellungen.

Dieser Seitenblick auf die Positionen Ernestis gegenüber anderen eschatologischen Autoren unterstreicht die außergewöhnliche Rolle und Bedeutung, die er Swedenborg zuschrieb. ,Naturalistische' Jenseitstheorien über Engel, Teufel und Hölle lehnte er ab. Andere zeitgenössische Auffassungen über die Geisterwelt, die Gestalt der Seele, über Engel, Planeten und das Jüngste Gericht tolerierte er innerhalb der Bekenntnisgrenzen und einer Unversehrtheit der Schrift. Beides hatte Swedenborg nach Ernestis Urteil verletzt, auch wenn sich dessen Lehre an vielen Punkten mit denen anderer Autoren verschiedenster Provenienz überschnitt. Es wird außerdem deutlich, dass der *status intermedius*, bei Oetinger dann Interimszustand, in dem die Seelen in unveränderter Individualität weiterlebten, parallel und nach den *Arcana coelestia* in die lutherische Theologie einzog, wobei die Leibniz-Wolffsche Philosophie und ihre theologischen Vertreter sowohl bei Pontoppidan und Venzky als auch bei Swedenborg die maßgeblichen Argumentationsmuster boten.

d) Swedenborgs Apokalyptik bei Ernesti (1766)

Das letzte Werk Swedenborgs, das Ernesti besprach, war dessen Auslegung der Offenbarung des Johannes, die *Apocalypsis revelata* von 1766. In ihr erblickte er, wie er bereits 1760 vermutet hatte, den eigentlichen Höhepunkt des – immer noch nicht namentlich genannten – Autors. In der Umdeutung der Eschatologie sah Ernesti also eine, möglicherweise seine wichtigste Intention. Deshalb nannte er gleich zu Beginn ausdrücklich Friedrich Christoph Oetinger, einen der „ersten Bengelisten". In diesen Kreisen seien Swedenborgs Schriften „nicht ohne alle Beyfall gewesen", und auch dieses Werk werde ohne Zweifel seine

„Liebhaber finden, und das Erklärungssystem wird vielleicht durch seine Neuigkeit ein anderes vertreiben; wie es immer gewöhnlich gewesen ist. Für einen Coccejaner schickte es sich schon; ob es gleich in den Lehrpuncten eine Veränderung würde leiden müssen".[104]

Damit hatte er zwei Fronten eingegrenzt, einmal die Apokalyptiker schwäbischbengelianischer Provenienz, wobei anzumerken ist, dass Oetinger, der Tübinger Theologieprofessor Heinrich Wilhelm Clemm und andere „Bengelisten" gerade

---

[103] JOHANN AUGUST ERNESTI: [Rez. zu] JOHANN GOTTLOB LORENZ SEMBECK: Versuch, die Versetzung der begnadigten Menschen an die Stelle der verstoßenen Engel schriftmäßig zu beweisen. Göttingen 1759. In: Neue theologische Bibliothek 1760, 457–468, hier: 459, 467f.

[104] JOHANN AUGUST ERNESTI: [Rez. zu] Swedenborgs Apocalypsis revelata. In: Neue theologische Bibliothek 1766, 685–692, hier 685.

in der Frage der Apokalyptik gegenüber Swedenborgs Spiritualisierungsansatz auf Distanz gingen. Zweitens erneuerte Ernesti den Coccejanismus-Vorwurf, der sich hier nicht nur auf die typologische Auslegungsmethode, sondern gerade auch auf das für Coccejus und die coccejanischen Adaptionen im Pietismus signifikante Interesse an der Auslegung der Apokalypse[105] beziehen dürfte.

In der Anwendung der coccejanischen Typologie durch Swedenborg erblickte Ernesti „Willkühr und Rathen […], Misbrauch […] sonderlich des figürlichen Ausdrucks", die Stadt Gottes werde rein geistlich als Gestalt der neuen Kirche ausgelegt.[106] Der Drache der Apokalypse sei die Trinitätslehre, das Chalcedonense und die lutherische Rechtfertigungslehre.[107] Bisherige Ausleger hätten die Apokalypse auf irdische Zusammenhänge, wie weltliche Reiche und die Kirche, bezogen, nun meine Swedenborg, das letzte biblische Buch handele gar nicht von weltlichen, sondern von himmlischen Dingen.[108] Und in diesem Zusammenhang stellte er besonders die Spiritualisierung und Relativierung des Jüngsten Gerichts bei Swedenborg heraus: es habe bereits 1757 in der Geisterwelt stattgefunden, der neue Himmel werde von denen gemacht, die an Jesus als den einen Gott glauben; anstatt eines neuen Himmels werde eine neue Kirche auf die Erde herabkommen: das neue Jerusalem der Offenbarung.[109]

Gerade die Polemik Swedenborgs gegen die Protestanten, die sich vor allem in seiner Schilderung des Untergangs und der Verdammung ihrer Kirche im Jüngsten Gericht zeigt, stellte Ernesti ausführlich dar.[110]

Und wiederum schenkt Ernesti dem Aspekt der Geister und der Visionen Swedenborgs nur am Rande Beachtung, auch wenn er einräumt, dass sie gerade bei „gewissen Leuten Eingang und Beyfall finden" würden, die „auch viel himmlische Erscheinungen haben. Erzehlen wollen wir davon keine. Aber das Erklärungssystem müssen wir vorstellen."[111] So sehr Ernesti – im Gegensatz zu Oetinger – die Memorabilien nicht populär machen wollte, so sehr schien es ihm im Grunde darum zu gehen, diese Popularisierung durch die Offenlegung der bekenntniswidrigen und vor allem antiprotestantischen Fundamente zu unterlaufen. Dass diese Lehre nicht mit den Bekenntnissen konform ging, sprach er nicht explizit aus. Wie in seinen vorhergehenden Rezensionen benannte er aber genau die Aussagen, deren Nonkonformität dem theologisch Gelehrten ins Auge springen musste.

---

[105] Vgl. FAULENBACH, 1981, 139.

[106] ERNESTI, [Rez. zu] Apocalypsis revelata. In: Neue theologische Bibliothek 1766, 691.

[107] ERNESTI, [Rez. zu] Apocalypsis revelata. In: Neue theologische Bibliothek 1766, 689.

[108] ERNESTI, [Rez. zu] Apocalypsis revelata. In: Neue theologische Bibliothek 1766, 686.

[109] ERNESTI, [Rez. zu] Apocalypsis revelata. In: Neue theologische Bibliothek 1766, 686.

[110] ERNESTI, [Rez. zu] Apocalypsis revelata. In: Neue theologische Bibliothek 1766, 686–688. Ernesti bemerkte ausdrücklich, dass Swedenborg die Protestanten durchweg als Reformierte bezeichne und die anderen „Secten" von Manichäern bis Herrnhutern nicht nenne, „weil sie als Ketzer von den Protestanten verworfen worden sind". Vgl. ebd., 687.

[111] ERNESTI, [Rez. zu] Apocalypsis revelata. In: Neue theologische Bibliothek 1766, 687.

e) Der Philologe zieht radikale Konsequenzen – und bleibt orthodox, oder: Swedenborg als Negativfolie ,sine qua non'

Die insgesamt 31 Seiten umfassenden Besprechungen Ernestis sind aus folgenden Gründen sehr ausführlich dargestellt worden: *Erstens* handelte es sich um die erste und lange Zeit einzige kritische Beschäftigung eines ausdrücklich lutherischen und dazu noch prominenten Theologen mit Swedenborg, die für das gelehrte Publikum zur Verfügung stand. Damit dieser spätere Diskurs beschrieben werden kann, ist klarzustellen, welches Wissen den Akteuren über Swedenborg überhaupt zur Verfügung stand, und zwar auch denen, die nach eigener Auskunft oder aufgrund des textkritischen Befundes seine Bücher nicht gelesen hatten.

Zweitens, und das ist die in diesem Abschnitt leitende Perspektive: Ernestis Swedenborg-Rezeption hatte ganz offensichtlich gravierende Folgen für dessen eigene wissenschaftliche Biographie und für seine Rolle in der „hermeneutischen Wende"[112] der Theologie des 18. Jahrhunderts.

aa) Die Abschaffung des mehrfachen Schriftsinns

Nur ein Jahr nachdem Ernesti seine erste Swedenborg-Rezension herausgegeben hatte, erschien sein für die Geschichte der biblischen Exegese bedeutendstes Werk, die *Institutio interpretis Novi Testamenti*, das bis 1809 noch vier Auflagen erlebte und als schulbildend anzusehen ist. Johann Jacob Griesbach, Samuel Friedrich Nathanael Morus (Nachfolger in der Professur), Wilhelm Abraham Teller, Johann August Nösselt, Karl Gottlieb Bretschneider, Johann Georg Rosenmüller, Georg Friedrich Seiler, Karl August Gottlieb Keil und der Pädagoge Christian Ludwig Lenz, teilweise direkte Schüler Ernestis, sind durch seinen Ansatz beeinflusst worden.[113] Die *Institutio* will eine hermeneutische *„scientia"* begründen und stellt dafür generelle Auslegungsregeln auf.[114]

---

[112] Vgl. Ebeling, 1959, wie oben Seite 457, Anm. 14.

[113] Johann August Ernesti: Institutio interpretis Novi Testamenti ad usus lectionum. Lipsiae 1761 [1761², 1765, 1775, 1776, 1792, 1809]. Vgl. Ilgner, 2002, 216, 14; Ilgner, 1999, 1462. Eine grundsätzliche Revision zwischen den Ausgaben von 1761 und 1775 hat Ilgner (30) nicht erkennen können. Für mehrere Schüler und Nachfolger Ernestis ist die ältere theologische Zuordnung bemerkenswert. Bretschneider und Morus werden als biblische Philologen und rationale Supranaturalisten bezeichnet. Vgl. Hans Rudolf Guggisberg: Art. Bretschneider, Karl Gottlieb. In: RGG³ 1 (1957), 1409; Hans Hohlwein: Art. Morus, Samuel Friedrich Nathanael. In: RGG³ 4 (1960), 1142. Zu Teller vgl. Gottfried Hornig: Wilhelm Abraham Tellers Wörterbuch des Neuen Testaments und Friedrich Christoph Oetingers Emblematik. In: Das achtzehnte Jahrhundert 22 (1998), 76–86, hier: 78. Rosenmüller publizierte in den 1780er Jahren gegen die Aktivitäten der schwedischen Swedenborgianer und den Mesmerismus, vgl. auch Kap. 2.4.1., c), cc). Bemerkenswert ist Lenz' sympathisierender Bericht über die Ausbreitung der Swedenborgianer in Schweden um 1800. Vgl. Christian Ludwig Lenz: Fortgesetzte Auszüge eines Tagebuchs einer Reise durch Schweden zu Ende des Jahres 1796. In: Der neue Teutsche Merkur 1797, Heft 3, 3–30. Teller urteilte nach Ernestis Tod, dieser habe mit der *Institutio* den „glänzendsten Theil seiner theologischen Laufbahn" beschlossen, auch später habe er das Werk nicht mehr ergänzt. Vgl. Wilhelm Abraham Teller: Des Herrn Joh. August Ernesti gewesenen Professor Primarius der Theologie in

Als eine der wichtigsten Entscheidungen der *Institutio* ist Ernestis deutliche
Zurückweisung des mehrfachen Schriftsinns erkannt worden, der in der Geschichte der biblischen Hermeneutik zwischen drei oder vier verschiedenen *sensus* changiert.[115] Weder einen mystischen, allegorischen, typologischen Sinn oder
den in der pietistischen Tradition und auch von Swedenborg vertretenen *sensus
spiritualis*, noch die Unterscheidung zwischen *sensus literalis* und *sensus literae*
oder zwischen mehreren *sensus literales* ist für ihn akzeptabel, denn dies führt zu
einer „Willkür, die alles mit Allegorien, Prophezeiungen und Mysterien füllt".[116]
Dort, wo er Reste typologischen oder allegorischen Denkens entdeckt, legt Ernesti Einspruch ein, sei es bei dem aufklärerischen Theologen Wilhelm Abraham
Teller[117] oder bei dem lutherischen Theosophen Oetinger.[118] Allein einen einzigen Sinn, nämlich den einen *sensus grammaticus*, *literalis* oder *historicus* will er
noch anerkennen.[119] Das ist die Grundlage für seine in erster Linie auf Textkritik,
Grammatik, Rhetorik, Tropologie, dem Sprachgebrauch und detaillierten Inter-
pretationsregeln basierenden Schriftexegese gegenüber einem etwa bei Johann Salomo Semler stärker auf die Historisierung des Schriftgehalts orientierten Ansatz.[120] Für den grammatischen Philologen Ernesti wies die Bibel nach ihrer Literarizität gegenüber profaner Literatur keinen essentiellen Unterschied mehr
auf.[121]
Der Bruch mit dem mehrfachen Schriftsinn gehört zweifellos zu den herausragenden Einschnitten in der Bibelwissenschaft des 18. Jahrhunderts. Und dieser
Bruch ist keinesfalls selbstverständlich. Ernesti kannte – wie möglicherweise

---

Leipzig Verdienste um die Theologie und Religion. Ein Beytrag zur theologischen Litteraturgeschichte der neuern Zeit. Berlin 1783, 9 f.

[114] ERNESTI, 1761, Prolegomena, 5 f.

[115] Vgl. dazu insgesamt ILGNER, 2002, 54–64, 174–178.

[116] „[...] a qua facilia transitus est ad libidinem omnia allegoriis, vaticiniis, et mysteriis
replendi." Als Beispiel führt Ernesti hier Juden, Kirchenväter, Scholastiker und Coccejaner
auf – der Begriff, den er für die Auslegungsmethode der *Arcana coelestia* verwendet hatte.
ERNESTI, 1761, 9; ILGNER, 2002, 57. Vgl. auch ERNESTI, 1761, 60: gegen den *sensus parabolicus*. 1766 bezeichnete Ernesti Swedenborgs Auslegung figürlicher Ausdrücke in der Offenbarung des Johannes ausdrücklich als „Willkühr". Vgl. oben Seite 475.

[117] Tellers im *Wörterbuch des Neuen Testaments* (Berlin 1772) vertretene Vorstellung,
Adam und Christus seien zwei korrespondierende Gestalten, von denen der eine für eine ab-
wärts, der andere für eine aufwärts führende Geschichte stehe, kritisierte Ernesti ebenso wie
den Mangel an einer Trinitätslehre und einer Christologie nach seinem Verständnis. Vgl. UR-
SULA HARDMEIER: Friedrich Christoph Oetingers Kampf gegen „falsche Schriftauslegung".
In: OETINGER, 1999, Bd. 2, 108–128, hier: 123.

[118] Vgl. KONRAD OHLY: Einleitung. In: OETINGER, 1979 [1765], Bd. 2, 23.

[119] Vgl. ERNESTI, 1761, 7–14, besonders 11: „Unde sensus literalis idem *grammaticus* dicitur, immo sensus *literalis* est latina interpretatio *grammatici*: nec minus recte *historicus* vocatur, quod, ut cetera facta, testimoniis et auctoritatibus continetur." 12: „*Non potest Scriptura
intelligi theologice*, verissimum Melanthonis dictum est, *nisi ante intellecta sit grammatice*."
[Hervorhebungen bei Ernesti]; ILGNER, 1999, 1462.

[120] Nach Hornig gingen Semler und Ernesti in der „philologisch-grammatischen Schriftauslegung" und in der Abweisung des vierfachen Schriftsinnes konform, während es hinsichtlich der Historisierung der Schrift, die das Hauptanliegen Semlers war, längere Zeit Differenzen gab, vgl. HORNIG, 1996, 38. Inwieweit die Abhängigkeit zwischen beiden in dieser Frage
zu beurteilen ist, muss nach wie vor als umstritten gelten. Vgl. ILGNER, 2002, 26 f.

[121] Vgl. ILGNER, 2002, 199.

auch Swedenborg – die *Philosophia sacra* (1694) von Salomon Glassius, die einen mystischen Schriftsinn in Allegorien, Typen und Parabeln annahm.[122] Aber auch einflussreiche zeitgenössische Pietisten wie August Hermann Francke[123] und Johann Jakob Rambach[124] hielten an ihm fest. Darin unterschieden sie sich wenigstens formal nicht von einem so prominenten theologischen Wolffianer wie Siegmund Jakob Baumgarten, der die Verbalinspiration „in den Grundsprachen voraussetzte" und den – freilich modifizierten – *sensus mysticus* ebenfalls für ein „Stück des volständigen und gäntzlichen Verstandes" des biblischen Textes hielt, um sich allerdings deutlich von der Annahme „lauter oder alle[r] Geheimnisse" hinter dem Schriftbuchstaben zu distanzieren.[125] Auch wenn sich Baumgarten auf die Eruierung der Autorintention und damit auf eine historisierende, mit der demonstrativen Methode Wolffs verbundene Perspektive konzentrierte, hielt er dennoch formal an einem mystischen Schriftsinn fest. Was veranlasste Ernesti, so deutlich mit dem vierfachen Schriftsinn mancher seiner Zeitgenossen zu brechen, und warum veröffentlichte er gerade im Herbst 1761 sein einflussreiches Hauptwerk, dessen erstes Kapitel eben mit diesem Bruch beginnt?

bb) Theopneustie, res und verbum

Obwohl Ernesti auf dem alleinigen *sensus grammaticus* der Schrift beharrte und sie auf diese Weise mit gewöhnlicher Literatur gleichzusetzen schien, hielt er an der Inspiriertheit der Schrift im Rahmen der Theopneustie der biblischen Auto-

---

[122] ILGNER, 2002, 38, 173.

[123] AUGUST HERMANN FRANCKE: Manuductio ad lectionem Sacrae Scripturae […]. Halae 1693; DERS.: Praelectiones Hermeneuticae ad viam dextre indagandi. Halae 1717. Bei Francke wird der mystische Schriftsinn vor allem dort angenommen, wo die Beziehung des Textes auf die Heilsordnung herzustellen ist. Es geht ihm dabei vor allem um die Sicherstellung des christologischen Verhältnisses zwischen Altem und Neuem Testament. Vgl. ILGNER, 2002, 39–41.

[124] JOHANN JAKOB RAMBACH: Institutiones hermeneuticae sacrae. Ienae 1725; ILGNER, 2002, 41–43. Rambach betont besonders, dass der Ausleger von Gott erleuchtet sein muss: mit einem *lux spiritus et divina*. Wie bei Ernesti sind auch bei Rambach die Autoren der Heiligen Schrift „in acto θεοπνευστιας" gewesen. „Oberstes Auslegungsprinzip" bei Francke und Ramnach bleibt die „analogia fidei". Vgl. ebd., 43, 174f.

[125] ILGNER, 2002, 174, vgl. auch ebd., 43–45. Vgl. SIEGMUND JACOB BAUMGARTEN: Unterricht von Auslegung der heiligen Schrift. Halle 1742 [2. Aufl. 1745], hier: § 16: „Die Vorstellungen, so durch die vermittelst des unmittelbaren Wortverstandes angezeigte Sachen der Absicht des redenden gemäs erweckt werden, machen den mittelbaren oder mystischen, das ist geheimen, Verstand aus." Eine entscheidende Begrenzung des mystischen Schriftsinns besteht bei Baumgarten freilich in der Forderung, die Auslegung dieses geheimen Sinns müsse „in dem Zweck des redenden gegründet seyn". Dennoch rezitierte er im Folgenden den typischen (auf die göttliche Ökonomie gerichteten), den allegorischen (Gebrauch leiblicher Dinge zur Vorstellung geistlicher) und den parabolischen Sinn (Darstellung künftiger Begebenheiten) und grenzte sich gegen solche Hermeneuten ab, die unter dem mystischen Sinn sowohl den allegorischen, den tropologischen als auch den anagogischen „Verstand" subsumierten, um daraus „Glaubenslehren" abzuleiten. Diese verwechselten „die Anwendung des Verstandes mit dem Verstande selbst". Baumgarten behielt damit den dreifachen Sinn bei, beschränkte ihn aber streng auf die biblische *Sprache* selbst und grenzte sich gegen ‚mystische' Schriftausleger ab.

ren fest.[126] Die Schrift war nur nach ihrem äußeren Sinn auszulegen, aber ihre Substanz blieb auf diese Weise unangetastet, auch wenn er den einzelnen biblischen Autoren eigene Reflexionen zugestand und dadurch (nur scheinbare) Widersprüche erklärte.[127] Ernesti beharrte darauf, dass nicht eine *res* in das *verbum* hineingetragen werden, sondern umgekehrt nur das Wort Quelle der theologischen Lehre sein dürfe.[128] An dieser Stelle bleibt Ernesti von der Heiligkeit der Schrift überzeugt. Von hier aus ließe sich vielleicht auch seine längere Zeit geübte Zurückhaltung gegen die weitaus schärfere Historisierungsforderung seines halleschen Kollegen und Freundes[129] Semler verstehen, der zwar ebenso die Vor- und Überordnung der Hermeneutik gegenüber der Dogmatik forderte,[130] mit seiner Zurückweisung der Einheit des biblischen Kanons und der Verbalinspiration aber deutlich über Ernesti hinausging.[131] Mit der Historisierung drohte offenbar die Göttlichkeit der Heiligen Schrift zu fallen, die theopneustisch ja gerade abgesichert worden war.

---

[126] Vgl. ERNESTI, 1761, 14: „Quoniam autem libri sacri scripti sunt a viris ϑεοπνεύσιος, facile intelligitur, veram dictorum repugnantiam in iis esse non posse." Vgl. auch ILGNER, 2002, 191f., 198, 206; ANER, 1929, 220. Damit befand sich Ernesti in der Nähe von Semlers Realinspiration gegenüber der orthodoxen Verbalinspiration. Vgl. GOTTFRIED HORNIG: Die Anfänge der historisch-kritischen Theologie. Johann Salomo Semlers Schriftverständnis und seine Stellung zu Luther. Lund; Göttingen 1961, 75. Auch Wilhelm Abraham Teller verteidigte 1762 die göttliche Inspiration gegen zwei Fronten, den Skeptizismus und den Enthusiasmus: Defensio inspirationis divinae vatum sacrorum adversus enthusiasmum poeticum [...]. Helmstadii 1762, hier: 4. 1783 meinte er allerdings, Ernesti sei nicht nur Anhänger des „ausgedehnten Begriff[s] der Inspiration" [Theopneustie – FS] gewesen, er habe auch an der „Eingebung der Worte" festgehalten, vgl. TELLER, 1783, 41, so auch JOHANN SALOMO SEMLER: Zusätze zu Herrn O. C. R. Tellers Schrift über Herrn D. Ernesti Verdienste. Halle 1783, 28.

[127] Vgl. ILGNER, 2002, 117–121, 193, 198f.

[128] Vgl. ILGNER, 2002, 118, 175, 199.

[129] Vgl. HORNIG, 1996, 37–40. Seit 1759 hat Semler nach eigener Auskunft (1772) Ernesti gelesen und ihn später jährlich „auf etliche Tage" in Leipzig besucht, sooft er konnte, um, wie er 1783 schrieb, „von dem Mann etwas zu profitieren". Vgl. SEMLER, Zusätze (1783), 10.

[130] Vgl. HORNIG, 1961, 79. Semler hält diese Forderung jedoch ebenso wenig durch wie Ernesti, wenn er an der Geschichte, Auferstehung (gegenüber Reimarus) und Gottheit Jesu Christi, an der Sündenvergebung, Versöhnung und Erlösung und damit an einem imputatorischen Rechtfertigungsgeschehen festhält, das aus der Singularität der Christusoffenbarung folgt. Seine Abwehr gegenüber der von dogmatischen oder mystischen Absichten geleiteten Umdeutung der Bibel ist lediglich partiell, wenn er im Gegensatz zu späteren Auslegern – und zu Swedenborg – die lutherische Rechtfertigungslehre für völlig schriftgemäß hält. Vgl. demgegenüber HORNIG, 1961, 80–83, 93, 96f., 104f., 200.

[131] ILGNER, 2002, 199, sieht in der Anwendung der Akkommodationstheorie Ernestis dessen Versuch, den Widerspruch zwischen Historisierung und theologischer Relevanz der Bibel zu lösen. Ernesti stimmte 1772 der Historisierung des biblischen Kanons zu, bejahte aber dennoch die Bestimmung des Alten Testaments als göttlicher Urkunde. Vgl. ANER, 1929, 325; HORNIG, 1996, 40. Damit hielt er nach wie vor an seiner theopneustischen Grundentscheidung fest. TELLER, 1783, 41, urteilte hingegen, Ernesti habe die Idee des Kanons verworfen, ohne zu sagen, was er für kanonisch hielt und was nicht. Auch die Apk habe er nicht angetastet.

cc) Die analogia fidei als orthodoxe Inkonsequenz?

Damit ist ein Aspekt angesprochen, der bereits von den Zeitgenossen Ernestis als Manko ausgelegt wurde, ein Urteil, das bis in die neuere Forschung gewirkt hat. Ernesti habe, so meinte bereits Karl Friedrich Bahrdt, zwar Theologen wie Semler und Wilhelm Abraham Teller durch seine Rezensionen in Schutz genommen, niemals habe er sich aber „wider irgendeine der abgeschmackten Systemlehren öffentlich erklärt".[132] Mit seinen Grundsätzen und Fähigkeiten hätte Ernesti zu einer fundamentalen Kritik der orthodoxen Lehre gelangen müssen, so auch der erwähnte Teller. Es sei schlichtweg eine Inkonsequenz gegenüber seinem philologischen Ansatz, „immer gerade an der Grenze stehen zu bleiben, welche die symbolischen Bücher gesetzt haben".[133] Ausgerechnet Semler verteidigte Ernesti nach dessen Tod gegen Tellers Vorwurf, Ernesti habe sein akademisches Urteil von seinem „Auskommen" abhängig gemacht, um – unausgesprochenermaßen – seine universitäre Existenz in Sachsen nicht zu gefährden.[134]

In der Tat schreckte Ernesti davor zurück, die lutherischen Bekenntnisse in ihrem Bestand zu hinterfragen. Nur gelegentlich sind an dieser Stelle kritische Tendenzen bemerkbar.[135] Es scheint seinen radikal grammatischen Tendenzen zu widersprechen, dass er an der *analogia fidei* oder *analogia doctrinae* festhielt, mit deren Hilfe er in der Schrift als Einheit und Gesamtheit eine Intention erblickte, die wiederum „theopneustisch" abgesichert werden konnte, obwohl er die Grammatik der Lehre selbst überordnete.[136] Auf diese Weise versuchte er nicht nur, offensichtliche Widersprüche zwischen verschiedenen biblischen Aussagen einzuebnen. Diese Nivellierung geschah auch unter dem Vorzeichen, dass die mit der *analogia fidei* verbundene Gesamtintention der biblischen Texte mit dem lutherischen Bekenntnis gleichgesetzt werden konnte, jenem gegenüber aber zumindest nicht in Widerspruch stand. Auf diese Weise und unter Hinweis auf die *Apologia* der *Confessio Augustana* harmonisierte Ernesti beispielsweise die für andere Autoren unüberbrückbaren Differenzen des neutestamentlichen Textes in der Rechtfertigungsfrage, um dem paulinisch-lutherischen Verständnis Schriftgemäßheit zu bescheinigen.[137]

---

[132] KARL FRIEDRICH BAHRDT: Kirchen- und Ketzeralmanach aufs Jahr 1781. O. O. (Häresiopel), 56; ILGNER, 2002, 16.

[133] TELLER, 1783, 20, 34, sowie 42; ILGNER, 2002, 18, 28. Auf der Basis seiner Trennung zwischen öffentlicher und privater Religion äußerte sich Semler über seinen Kollegen zurückhaltender: Er habe sich eben nicht für den „Dictator über lutherische Theologie und über christlich eigene Religion" gehalten. SEMLER, Zusätze (1783), 13; sowie zur Beurteilung Ernestis bis ins 20. Jahrhundert ILGNER, 2002, 15–29.

[134] Vgl. SEMLER, Zusätze (1783), 130. Teller, so kritisierte Semler aus dem Blickwinkel der öffentlichen Religion, setze die private Freiheit „zu hoch" an. Ebd., 134.

[135] Im *Programmum de officio Christi triplici* (Lipsiae 1768 f.) kritisiert er die Dreiämterlehre der Bekenntnisschriften vom Text des Neuen Testaments her. Vgl. ILGNER, 2002, 13. Die Anregung zu dieser Schrift will Semler gegeben haben, vgl. SEMLER, Zusätze (1783), 126 u. ö.

[136] Vgl. ILGNER, 2002, 121–124, 193–196.

[137] ERNESTI, 1761, 68–70; ILGNER, 2002, 126. Die Widersprüche werden unter anderem mit dem *modus loquendi* der Autoren begründet und auf diese Weise als Scheinwidersprüche begründet.

Ernestis gegenüber der pietistischen und wolffianischen Hermeneutik radikales Diktum, dass nur der *sensus grammaticus* zu gelten habe, wurde von ihm selbst unterlaufen, wo er orthodoxe Lehren zur Beseitigung offensichtlicher Widersprüche auf dem Plan behielt. Dem würde auch die Unterscheidung zwischen Bibelwort und Wort Gottes korrespondieren, die nicht nur für Semler, sondern bereits für Ernesti zu reklamieren ist.[138]

dd) *Haben die* Arcana coelestia *den mehrfachen Schriftsinn abgeschafft?*

Friedrich Christoph Ilgner, dessen Ziel auch die Einordnung der Auslegungslehre Ernestis in die hermeneutische Tradition war, hat sichtlich Probleme, Ernestis „sensus-Lehre", seinen 1761 kulminativ vollzogenen Schritt, zu kontextualisieren und die Gründe, auch rezeptioneller Art, herauszuarbeiten, die an dieser Stelle zum Bruch mit dem theologischem Wolffianismus und dem Pietismus geführt haben könnten, wo sich trotz Luthers vermeintlich eindeutiger Entscheidung gegen den vierfachen Schriftsinn die spätmittelalterliche und auch erasmische Tradition erhalten hatte. Der Hinweis auf Luther erscheint in der Tat bemüht, da die Art der Luther-Rezeption Ernestis in der Frage des Schriftsinns offenbar nicht deutlich beschrieben werden kann und ferner nicht berücksichtigt wird, dass der ältere Luther zwar dem auch von Erasmus vertretenen vierfachen Schriftsinn kritisch gegenüberstand, ihn aber durch eine christozentrisch-typologische Hermeneutik ersetzte, die die gesamte Schrift auf Christus hin interpretierte, weil die ganze Bibel von „heimlichen Hinweisen auf Christus erfüllt ist".[139] In der neueren Forschung ist ferner betont worden, dass schon der junge Luther der Psalmenvorlesung anstelle der vierfachen Schriftauslegung eine Doppelperspektive anwendete, die einen historischen oder wörtlichen Sinn, unter den für ihn „selbstverständlich" auch die christologische Deutung fiel, von einer „existentiellen Dimension" *pro nobis* oder *pro me* unterschied, die als „Fortführung des moralischen Schriftsinns" verstanden werden könnte.[140] Eine konsequente Berufung auf Luther hätte von hier aus gesehen an dessen hermeneutischem *solus Christus* ebenso festhalten können (oder müssen) wie an der existentiellen Dimension. Schließlich ist darauf hingewiesen worden, dass auch der ältere Luther noch „Jahrzehnte" ein „sehr entspanntes Verhältnis zum vierfachen Schriftsinn" hatte

---

[138] Vgl. ILGNER, 2002, 139.

[139] Heinrich Bornkamm, zitiert nach ERICH FASCHER: Art. Typologie III. Auslegungsgeschichtlich. In: RGG³ 6 (1962), 1095–1098, hier: 1097. Damit grenzte sich Luther vor allem von Erasmus' Festhalten am vierfachen Schriftsinn ab. Vgl. HEINRICH RENDTORFF: Art. Allegorie. III. In der praktischen Schriftauslegung. In: RGG³ 1 (1957), 240. Luther sieht mit seinem Christozentrismus und seiner Unterscheidung von Gesetz und Evangelium das Gesetz zwar mehr im Alten als im Neuen und das Evangelium mehr im Neuen als im Alten Testament, jedoch enthalte das Alte Testament das Neue „bereits in verborgener Weise". So BERNHARD LOHSE: Martin Luther. Eine Einführung in sein Leben und Werk. 1. Aufl. Berlin (Ost) 1983 nach der 2. Aufl. München 1981, 177–179, Zitat: 177.

[140] So von VOLKER LEPPIN: Martin Luther. Darmstadt 2006, 70f., auch 83. Leppin erkennt weder im historischen noch im „existentiellen" Schriftsinn, sondern in der Kombination aus beiden das entscheidende Neue an Luthers Schriftauslegung, nämlich die Zusammenführung des akademischen und des praktischen Anliegens der Predigt.

und bei der Auslegung selbst zuweilen auf Allegorien zurückgriff.[141] Das ist gegen eine etwas unvermittelte und schlecht begründete Überbetonung der Luther-Rezeption durch den philologisch-kritischen Exegeten Ernesti einzuwenden.

Gottfried Hornig verweist 1996 im Hinblick auf die Kritik Semlers am vierfachen Schriftsinn ebenfalls sehr allgemein auf Melanchthon, David Chyträus und die „lutherische Auslegungstradition".[142] Auch ist hier seine Bemerkung unverständlich, Semler habe sich bei seinem historisierenden Ansatz „lapidar und historisch zutreffend" auf Luther und Melanchthon berufen.[143] In seiner grundlegenden Arbeit von 1961 führt Hornig demgegenüber sehr deutlich aus, dass gerade in der Exegese fundamentale Differenzen zwischen Luther und Semler zu konstatieren sind. Semler sei durch die „Auseinandersetzung mit der mystischen und erbaulichen Schriftauslegung des zeitgenössischen Pietismus", den Hornig kurzerhand mit „schwärmerischen Pietisten" gleichsetzt, zur hermeneutischen Arbeit „gezwungen" worden. Nun fällt bei Hornig nicht der Name Swedenborg als ein Auslöser, sondern ein Anonymus, gegen dessen mystische Auslegung des Hoheliedes Semler bereits 1757 eine Gegenschrift geschrieben hatte. Semler wandte sich hierin gegen die mit der mystischen Auslegung verbundene hermeneutische Willkür, mit der letztlich die Einmaligkeit der im Neuen Testament bezeugten göttlichen Offenbarung in Jesus Christus eliminiert werde.[144] Die entscheidende „Differenz" gegenüber der wenigstens in Ansätzen schon bei Luther erkennbaren historisch-kritischen Methode sieht Hornig darin, dass Semler zwar auch an der christozentrischen Exegese festhalte, sie aber der historisch-kritischen Einzelexegese im Gegensatz zu Luther nachordne: „Hinsichtlich der Schriftauslegung ist der sensus litteralis für Semler der historische Sinn, für Luther dagegen der christusbezogene Sinn." Semler wende sich konsequenterweise von der christologischen Auslegung des Alten Testaments ab und distanziere sich in diesem Zusammenhang „vorsichtig" von der Exegese Siegmund Jakob Baumgartens, um sich wie Ernesti ferner vom Coccejanismus als christologischer Schriftauslegung des Alten Testaments zu verabschieden. Damit habe sich Semler „vom reformatorischen Verständnis des Alten Testaments entfernt".[145] An anderer Stelle betont Hornig jedoch, dass Semler im Alten Testament nicht nur „Weissagungen", sondern auch ein „Christuszeugnis" erkannt habe. Das Alte Testament zeuge vom „Geiste Christi'".[146] Damit bewegt sich Semler zweifellos in der Nähe Luthers, gerät aber in eine merkwürdige Spannung zu seinem eigenen Ansatz, der möglicherweise durch eine doppelte Abwehr begründet ist: gegenüber der christo-typologischen Allegorese und gegenüber einer Preisgabe des Alten Testaments.

Semler und Ernesti ist demnach ein zeitlich nahezu paralleler Bruch mit dem mehrfachen und/oder christologisch-typologischen Schriftsinn gemeinsam, der wie bei den den Reformatoren selbst und trotz mancher ihrer Tendenzen nach wie vor – nicht nur

---

[141] Von KENNETH HAGEN: Luther's Approach to Scripture as seen in his „Commentaries" on Galatians. 1519–1538. Tübingen 1993, zitiert nach LEPPIN, 2006, 365. An anderer Stelle (ebd., 255) erinnert Leppin daran, dass es Luthers Insistieren auf der Einheit und „Klarheit" der Bibel gegenüber Erasmus' Feststellung inhärenter Unklarheiten und Uneindeutigkeiten schwer gemacht habe, in der ihm folgenden Theologie „die modernen Transformationen des Schriftverständnisses" zu rezipieren.

[142] HORNIG, 1996, 238.

[143] HORNIG, 1996, 260.

[144] Vgl. HORNIG, 1961, 205f. Auch auf Seite 77 und 81 verweist Hornig pauschal auf Semlers Auseinandersetzung mit dem zeitgenössischen Pietismus, mit der er sich auf Luthers Schwärmerkritik beruft.

[145] HORNIG, 1961, 208f.

[146] HORNIG, 1961, 94.

im Pietismus – vertreten wurde. Ernesti hat diesen Bruch in seinem Lehrbuch von 1761 explizit ausgesprochen und nicht nur auf das Alte, sondern auch auf das Neue Testament bezogen, und Semler ging nun daran, „die für den christlichen Glauben entscheidenden Heilswahrheiten" nicht mehr im Alten, sondern nur noch aus dem Neuen Testament zu suchen.[147]

Auch die von Ilgner genannte Referenz auf Johann Konrad Dannhauer (1603–1666) ist sicherlich denkbar, aber es fragt sich, warum sie sich bei Ernesti ausgerechnet in der historisch-kontingenten Situation von 1760/61 niedergeschlagen hat.[148] Der von anderen Autoren behauptete Einfluss Jean Alphonse Turretinis (1671–1737) auf Ernesti dürfte wohl eher für seine Schüler in Anschlag zu bringen sein.[149] Turretini scheint Ilgner bei seiner Arbeit über Ernesti jedenfalls kaum aufgefallen zu sein.

Gegenüber pietistischen und wolffianischen Exegeten wird bei allen sachlichen – hier nicht weiter zu diskutierenden – Überschneidungen in der Frage des Schriftsinns ein radikaler Bruch vollzogen, der wohl kaum durch die These relativiert werden kann, die *sensus*-Lehre spiele in der *Institutio* nur eine „marginale Rolle".[150] Es dürfte wohl zutreffender sein, dass Ernestis Lehrbuch gerade auf der Akzeptanz nur eines Schriftsinns basierte; das fundierende Eingangskapitel geht unter dem Titel *De sensu verborum* genau von dieser Voraussetzung aus.

Wäre es denkbar, dass Ernestis ausgiebige Beschäftigung mit Swedenborg der Auslöser für diesen Bruch gewesen ist, dessen rezeptionelle Anknüpfungspunkte so schwer zu beschreiben sind? Auch wenn er nicht der Rezensent von 1750 gewesen sein sollte – seine Swedenborg-Lektüre dürfte schon geraume Zeit vor 1760 begonnen haben, nimmt man einmal an, dass er tatsächlich die gesamten, fast 11.000 Paragraphen in acht Bänden umfassenden *Arcana coelestia* gelesen hat. Allerdings stand ihm eins von Anfang an klar vor Augen: die mystische oder allegorische Schriftauslegung ermöglichte es überhaupt, etwas anderes im biblischen Text zu lesen, nämlich eine zuvor selbst erdachte Religion, die, wie er meinte, nicht durch Offenbarung zustande gekommen sei, sondern den Auslegern selbst – hier Swedenborg – das Licht erst anzünde.

ee) Hat die Heterodoxie Swedenborgs die Orthodoxie Ernestis erzwungen?

Die Radikalität des Bruchs mit dem vierfachen Schriftsinn ausgerechnet 1761, im Kontext seiner Kritik der *Arcana coelestia*, fällt mit den eigenartigen Inkonsequenzen der theologischen Positionen Ernestis zusammen, die bereits von den Zeitgenossen gesehen worden sind. Wenn er es nicht nur vermeiden wollte, dass

---

[147] HORNIG, 1996, 261.
[148] Vgl. ILGNER, 2002, 178.
[149] Vgl. OTTO MERK: Art. Bibelwissenschaft II. In: TRE 4 (1980), 375–409, hier: 381.
[150] So ILGNER, 2002, 179. Ob sich Semlers deutliche Abwendung vom vierfachen Schriftsinn (auch bei Baumgarten) schon vor der *Institutio* Ernestis ereignet hat, ist fraglich, denn Hornig bescheinigt ihm, nach dem Tod Baumgartens noch keinen „Bruch" mit seiner „relativ konservative[n] Phase" und keine „radikale Neuorientierung" vollzogen zu haben. „Spätestens gegen Mitte der 60er Jahre" sei sich Semler „des deutlichen Unterschieds zu seinen früheren Positionen" bewusst gewesen. HORNIG, 1996, 33.

selbst erdachte Lehren in den Text hineingetragen werden, sondern die Lehre –
weithin – durch eine „methodisch gesicherte Auslegung der Offenbarungsurkun-
den"[151] und mit Hilfe der *analogia fidei sive doctrinae* abzusichern war – wäre
diese offensichtliche Inkonsequenz nicht dadurch aufzuhellen, dass es sich um
eine zweifache Abwehr Swedenborgs handelte: erstens der illegitimen Anwendung eines *sensus typicus* oder *allegoricus*, die zweitens eine Lehre in den Text
trug, die durchweg den Bekenntnisschriften widersprach? Die geradezu listenför-
mige Aufzählung der sabellianischen, unitarischen, spiritualistischen und sonstigen Häresien Swedenborgs spricht dafür ebenso wie dessen konsequente Anwendung eines *sensus spiritualis* zur biblizistischen ‚Beweisführung'. Auf diese Weise
würde deutlich, warum Ernesti seinem eigenen Diktum über das Verhältnis zwischen *verbum* und *res* nicht folgte, wenn er die bereits von seinen gelehrten Zeitgenossen eingeforderte Destruktion der orthodoxen Lehren gerade nicht in Angriff nahm und zugleich der konsequenteren Historisierung (Semlers) eher ab-
wartend gegenüberstand.[152] Es würde auch verständlich, warum er sich zunehmend gegen Tendenzen aufklärerischer Theologen wandte, Prinzipien des
philosophischen Rationalismus auf die Theologie anzuwenden, wie etwa die
Gottes- und Seelenlehre Johann Gottlieb Töllners,[153] der übrigens 1769 im Gegensatz zu vielen anderen Aufklärern, aber übereinstimmend mit Swedenborg,
den altkirchlichen Sabellianismus pries und empfahl, ihn anstelle der Trinitätslehre an den Schulen zu unterrichten, um nicht eine tritheistische Verwirrung zu
stiften.[154]

Die kontinuierliche Swedenborg-Lektüre hätte nicht nur Ernestis grammatische Hermeneutik katalytisch vorangetrieben, sondern auch die im Kontrast zu
seinem philologischen Ansatz stehende Orthodoxie erzwungen.

---

[151] ILGNER, 1999, 1462.

[152] Es ist natürlich zu berücksichtigen, dass Ernesti bereits 1755 seine Exegese zur Unterstützung lutherischer Lehren benutzte, so im: Anti-Muratorius sive confutatio disputationis
Muratorianae de rebus liturgicis (Lipsiae 1755), wo er die Realpräsenz Christi im Abendmahl
verteidigte, zugleich die Transsubstantationslehre widerlegte und dadurch auf den *Index lib-
rorum prohibitorum* gelangte. Vgl. Ilgner, 2002, 12. Ausgerechnet 1766, im Jahr seiner Rezension zur *Apocalypsis revelata* und natürlich im unmittelbaren Zusammenhang der von Christoph August Heumann ausgelösten Abendmahlskontroverse erschien die deutsche Übersetzung: Kurze Wiederholung und Bestätigung der lutherischen Lehre von der Gegenwart des
Leibes und Blutes Jesu Christi im Heiligen Abendmahle. Vgl. ANER, 1929, 253. Apologetischen Charakter, möglicherweise auch gegenüber den Angriffen auf die Rechtfertigungs- und
Imputationslehre Swedenborgs (und nun natürlich auch anderer), dürfte tragen: De satisfac-
tione Christi, ad I Cor. 15. Lipsiae 1775 [nach ILGNER, 2002, 224, bisher nicht auffindbar].

[153] Am ersten Band von Töllners *Kurzen vermischten Aufsätzen* (Frankfurt/O. 1766, erschienen 1767) kritisierte Ernesti beispielsweise den Versuch, die Immaterialität der Seele aus
der Immaterialität Gottes zu beweisen, Gott wie die Seele für eine einfache Substanz zu halten
und dabei den schon von Leibniz unzutreffend gebrauchten Begriff der Substanz anzuwenden. Vgl. Rez. in: Neue theologische Bibliothek 1767, 262–276, hier: 270f.

[154] Vgl. JOHANN GOTTLIEB TÖLLNER: Kurze vermischte Aufsätze. Bd. 2. Frankfurt/O.
1769, und die Töllners Position zum Sabellianismus kritisierende Rezension in: Theologische
Berichte von neuen Büchern und Schriften von einer Gesellschaft zu Danzig ausgefertigt,
1770, 313–332, hier: 319f.

ff) Der Gegner hat (k)einen Namen

Ernesti nennt nur gelegentlich ein ,Negativ' oder eine Front, gegen die er seine grammatische Reduktion des Schriftsinns ins Feld führt, aber er nennt sie nicht beim Namen, ebenso wenig wie er Swedenborgs Namen in seinen Rezensionen preisgibt. Er möchte „absurde Interpretationen" vermeiden, die der christlichen Lehre widerstreben.[155] Allerdings gibt er im Vorwort der *Institutio* zu bedenken, sein Ansatz diene „von der gesamten Auslegung her" einerseits der Ermahnung der Studenten, andererseits habe er Grund gehabt,

„diejenigen anzuklagen, die, unter dem Anschein von Ehrfurcht gegenüber der Heiligen Schrift und den göttlichen Worten, eine gewisse fanatische Barbarei und eine Kunst des Träumens und des Spottens in den Schriften einzuführen versuchen".[156]

Und in dem Kapitel *De sensu verborum*, wo der mehrfache Schriftsinn zurückgewiesen und der *sensus grammaticus* betont wird, polemisiert Ernesti nochmals deutlich gegen die „Fanatiker, die das Studium der Sprachen und der Lehre verachten und alles der göttlichen Kraft des Heiligen Geistes zuschreiben", weil sie sich weniger für die Schrift selbst als für den „Glauben und die Sitten" interessierten, selbst wenn man ihnen nicht absprechen könne, dass „sie beim Durchforsten der Schrift nach einem Sinn vom Geist Gottes unterstützt werden". Ohne Zweifel seien diese Männer fromm und glühten für die göttliche Wahrheit, räumte Ernesti ein.[157]

Diese Formulierungen umfassen nur kleine Textabschnitte, es dürfte aber nicht angemessen sein, sie aufgrund ihrer Knappheit zu ignorieren und zu folgern, Ernesti entwickele seine Lehre von dem einen (grammatischen) Schriftsinn „nicht sichtbar in Zustimmung oder Ablehnung zu anderen Konzeptionen".[158] Das Gegenteil ist der Fall. Von der texträumlichen Marginalität der Bemerkungen Ernestis sollte nicht automatisch auch auf eine inhaltliche Marginalität geschlossen werden.

Der Ausdruck „fanatisch" kann natürlich ganz allgemeiner Natur sein und sich auf „coccejanische" Exegesen insgesamt beziehen. In seiner Swedenborg-Rezension von 1760 hat ihn Ernesti aber ausdrücklich verwendet und auf den Verfasser der *Arcana coelestia* bezogen. 1763 bezeichnete er die Ausdrucksweise Swedenborgs als „barbarisch". Die Kombination mit den Träumen, Possen oder

---

[155] ILGNER, 2002, 121.

[156] „De universa interpretatione habebam, quae partim monerem studiosos, partim quererer cum his, qui, per speciem reverentiae adversus Scripturam Sacram et verba divina, fanaticam quandam barbariem, et artem somniandi ac ludendi in Scripturis inducere tentant [...]." ERNESTI, 1761, Schlusspassage des unpaginierten Vorworts. „Ludere": eigentlich „spielen", aber auch „spotten", „Possen reißen", „scherzen", „tändeln", „betrügen", „täuschen" oder „foppen".

[157] „[...] nec ullo modo audiendos esse Fanaticos, qui, contemtis studiis linguarum et doctrinae, omnia ad vim divinam Spiritus S. referunt: quamquam non est dubitandum, viros pios et veritatis divinae cupidos adiuvari a Spiritu Dei in scrutando scripturae sensu, in iis quidem rebus, quae proprie ad fidem et mores pertineant". ERNESTI, 1761, 11. „Mores" könnte hier ebenfalls heißen: Wille, Eigenwille oder Eigensinn.

[158] So ILGNER, 2002, 178.

Scherzen – sofern man „ars ludendi" hier auf diese Weise als Ausdruck für einen gröblichen Missbrauch der Bibel übersetzen mag – dürfte deutlich auf den Verfasser der *Arcana coelestia* hinweisen. Insgesamt spricht viel dafür, dass Ernestis hermeneutisches Programm in Swedenborg eine wesentliche Negativfolie besaß. Die Reduktion auf die Grammatik des *sensus historicus* oder *literalis* wäre eine Folge der ungehemmten Auslegung des *sensus spiritualis* und vor allem des christo-typologischen Schriftsinns durch den „fanatischen" Geisterseher, der hinter dem Schriftbuchstaben von Genesis und Exodus über weite Passagen die Geschichte der Erziehung und Verherrlichung des inkarnierten *Dominus* erblickte.

Es mag durchaus möglich sein, dass noch andere allegorische Bibelauslegungen Ernesti und viele ihm folgende Exegeten veranlasst haben, mit dem vierfachen Sinn zu brechen. Natürlich kann auch die Berleburger Bibel dazu beigetragen haben, deren Veröffentlichung (1726–1742) allerdings schon zwanzig Jahre zurücklag. In Swedenborgs Werk stand Ernesti hingegen nachweisbar ein strukturiertes, von ihm als philosophisch und naturalistisch erkanntes System vor Augen, das er nicht in einer ‚radikalpietistischen', kabbalistischen oder böhmistischen Ecke unterbrachte, aber ernst nahm und im Hinblick auf die im lutherischen Sachsen geltenden Bekenntnisschriften ausdrücklich für heterodox und gefährlich hielt.

Gab Ernesti Swedenborgs Namen deshalb nicht preis, weil Swedenborg, dessen naturphilosophische Schriften jahrelang in den Leipziger Gelehrtenzeitschriften besprochen wurden, hier ein gewisses Renommee genoss? Das ist natürlich Spekulation. Nicht von der Hand zu weisen ist jedoch die Tatsache, dass sich der trotz mancher Vorarbeiten hermeneutische Neuansatz bei Ernesti in zeitlicher Parallele zu seiner Swedenborg-Lektüre ereignete. Anhand der Rezensionen wurde herausgearbeitet, dass Ernesti Swedenborgs System nicht ignorierte, nicht ridikülisierte und nicht pathologisierte. Die angeblichen Visionen und die Geisterwelt Swedenborgs interessierten ihn im Gegensatz zu vielen Zeitgenossen scheinbar nicht besonders, was im folgenden Abschnitt näher zu beleuchten ist. Er nahm Swedenborg als Bedrohung für ein methodisch abgesichertes exegetisches Verfahren und für zentrale Inhalte des Bekenntnisses wahr, er setzte ihn dadurch – namenlos – als Element in den Diskurs, und er zog zugleich selbst Konsequenzen aus diesen Gefahren. Indem er mit der allegorisch-typologischen Hermeneutik der Pietisten und mancher Wolffianer wie Baumgarten brach, erkannte er in Swedenborg zugleich die sprengstoffartige Konsequenz, die in dem von ihnen behaupteten oder wenigstens nicht eindeutig zurückgewiesenen mehrfachen Schriftsinn lag. Wenn Ernesti diesen Bruch vollzog, setzte er diese Verbindung indirekt voraus, auch wenn er sie in seinen Rezensionen als Coccejanismus bezeichnete, der in Swedenborgs Himmel „im höchsten Grade" herrsche, wie er 1760 feststellte.

In seiner ersten großen Rezeption – und dabei blieb es nicht – wurde Swedenborg durch Ernesti zu einer Negativfolie, ohne die eine historisch-kontingente und folgenreiche Entscheidung in der Bibelwissenschaft der zweiten Hälfte des 18. Jahrhunderts kaum zu beschreiben ist und die auf einen scharfen Schnitt hinausläuft. Nur wenige Jahre später würde die literarische Begegnung mit Swedenborg erneut zu einem solchen Schnitt – wiederum mit der rationalistischen Philosophie des (Leibniz-) Wolffianismus – führen: bei Kant.

f) Der Streit um die Besessenheit: Ernesti, Semler und die Lohmännin

Es gehört zu den bemerkenswerten Fehlstellen in den drei Rezensionen Ernestis zu Swedenborgs Büchern, dass er den Teufel, genauer gesagt, die Abschaffung des Teufels, in dessen Lehre mit keiner Silbe erwähnt und man höchstens aus einer singulären Aussage indirekt auf diese Konsequenz hindeuten könnte. In seiner Besprechung von 1760 referierte Ernesti, der anonyme Verfasser glaube nur an solche Engel und Geister, die vorher Menschen gewesen seien, die also „Seelen verstorbener Menschen sind". Aber auch dort, wo Ernesti auf die Vielzahl der Höllen eingeht, wird der Teufel nicht erwähnt.[159] Auf die Schwierigkeiten, die mit der historischen Konkretisierung von Ernestis Bezeichnung der *Arcana coelestia* als das „Grundwerk" für mehrere andere Auslegungen der Offenbarung des Johannes verbunden sind, ist bereits hingewiesen worden. Kann die Betrachtung der Debatte um die leibliche Besessenheit der Lohmännin, die genau zu dieser Zeit die gelehrte Öffentlichkeit, besonders Mitteldeutschlands, stark beschäftigte, näheren Aufschluss ergeben?

Anna Elisabeth Lohmann aus Horsdorf in Anhalt, später in Kemberg, war durch eine Veröffentlichung des Kemberger Propstes und Superintendenten Gottlieb Müller zu einem heftig diskutierten Fall geworden. Müller hatte berichtet, Lohmann sei von drei bis vier „fremden Sprachen" besessen, der eines Jägersburschen, der eines bösen und eines guten Geistes, sowie von ihrer eigenen. Die Kämpfe des Guten und Bösen „in ihrem Leibe" führten zu Krankheit und Anfällen.[160] Da Müller nach anfänglichen Zweifeln schließlich auf eine Besessenheit durch den Teufel schloss, nahm er auch Exorzismen vor.[161] Die ausgedehnte Debatte, in der vielfach ‚psychopathologische' Diagnosen erhoben wurden, ist nicht Gegenstand dieser Studie, aber es soll zwei prominenten Protagonisten in dieser Auseinandersetzung nachgegangen werden: Semler und Ernesti.

Unter der Flut an Schriften, die Müllers Veröffentlichung auslöste, zählen drei Bücher des halleschen Theologen Johann Salomo Semler aus der Zeit zwischen 1759 und 1762 zu den in der Literatur immer wieder besprochenen Titeln. Semler, der sich dem Gegenstand auf der Basis der biblischen und außerbiblischen Dämonologie annäherte, argumentierte vor allem historisch und exegetisch. Ihm ging es um „die natürliche Erklärung der Besessenheit im NT".[162] Besessenheit war für Semler *erstens* schon biblisch keine leibliche, in seinen Worten: physikalische Einwirkung des Teufels oder böser Geister. Dabei kam er *zweitens* zu einer entscheidenden Definition des Begriffs „Daimon", denn δαίμων bedeute im

---

[159] Vgl. ERNESTI in: Neue theologische Bibliothek 1760, 524 f.
[160] Vgl. GOTTLIEB MÜLLER: Gründliche Nachricht von einer begeisterten Weibesperson Annen Elisabeth Lohmannin von Horsdorf in Anhalt-Dessau. Wittenberg 1759, 7 f.
[161] GEFFARTH, 2008, 119.
[162] ANER, 1929, 237.

Neuen Testament nicht ein böses, teuflisches Wesen, das leiblich auf Lebende ein-
wirke, sondern bezeichne immer die Seele eines Verstorbenen. Diese auffällige
Übereinstimmung mit Swedenborgs Geisterweltlehre sei zunächst notiert. Semler
ging es *drittens* nicht darum, die „Wirklichkeit des Phänomens" der Besessenheit
zu bestreiten, sondern „seine Deutung als Besessenheit" durch die leibliche Einwirkung teuflischer Dämonen oder gar des Teufels selbst zu bestreiten. Damit
war er gerade im Hinblick auf die älteren Vorstöße von Balthasar Bekker[163] oder
Christian Thomasius[164] gewiss kein Pionier, aber er ging in die Geschichte ein als
„der erste Deutsche [...], der die Dämonischen des Neuen Testaments für natürlich Kranke" erklärt hatte[165] – eine ‚psychosomatische' Perspektive, die von vielen Zeitgenossen gegen solche Stimmen behauptet wurde, die an einer Wirkung
des Teufels auch in der Sinnenwelt festhielten. Die Lohmännin war in Semlers
Augen eine Hysterikerin, die nicht zu exorzieren, sondern medizinisch zu behandeln oder noch besser: zu verheiraten sei.[166]

In seiner *Umständlichen Untersuchung der dämonische Leute, oder der so genannten Besessenen* von 1762 weist Semler deutlich auf den großen „Lerm" hin,
der durch Propst Müller entstanden sei, dass selbst die Leute, die den Teufel bisher für „ein mathematisches Punct" gehalten hätten, nun besorgt seien, „er
möchte durch diese Schrift etwas werden". Durch diesen „Lerm" werde dem
Aberglauben „Thür und Thor aufgethan". Seinen Ausgangspunkt, in detaillierter
exegetischer Arbeit präsentiert, sah er darin, dass „substantielle Besitzungen"
„unnötig und ohne Zweck" seien und nicht zur „christlichen Glaubenslehre gehören". Die „kembergische Sache" könne für „des Teufels leiblicher Gewalt" keinerlei Beweis geben.[167]

Nun hielt Semler aber wie Ernesti an der „Theopneustie" der biblischen Autoren als einer Realinspiration[168] fest, verknüpfte sie aber mit seiner später ausge-
bauten Akkommodationstheorie, nach der die biblischen Autoren die Heilsbot-
schaft zwar unter dem „Einfluß der Theopneustie", aber gemäß den lokalen, zeitlichen und religiös-kulturellen Gegebenheiten ihrer Adressaten verfassten und sie
auf diese Weise innerhalb der zeitgenössischen Umstände ‚akkommodierten'.[169]
Aus dieser Akkommodation folgerte er, dass verschiedene biblische Aussagen, so
auch diejenigen dämonologischen Inhalts, Referenzen der Evangelisten auf zeitgenössische Auffassungen seien, nicht aber deren Auffassung beinhalteten. Von

---

[163] BALTHASAR BEKKER: Die bezauberte Welt. Amsterdam 1693 [Nachdruck mit Einleitung Stuttgart-Bad-Canstatt 1997]. Erst im ‚zweiten Teufelsstreit' erschien 1781f. in Leipzig
eine dreibändige Neuübersetzung der Bezauberten Welt, „durchgesehen und vermehrt" von
Semler, vgl. GEFFARTH, 2008, 128.

[164] CHRISTIAN THOMASIUS: De crimine magiae. Halle, Univ., Jur. Diss. 1701 [Halae Magdeburgicae; Salfeld 1722; Nachdruck mit Einleitung München 1986].

[165] ANER, 1929, 241, 236.

[166] Vgl. GEFFARTH, 2008, 122.

[167] JOHANN SALOMO SEMLER: Umständliche Untersuchung der dämonische Leute, oder
der so genannten Besessenen nebst Beantwortung einiger Angriffe. Halle 1762, Vorrede (unpaginiert). Vgl. auch GEFFARTH, 2008, 124.

[168] Vgl. oben Seite 479, Anm. 126.

[169] SEMLER, Umständliche Untersuchung, 35, Zitat: 35.

hier aus bezweifelte er die dogmatische Relevanz der neutestamentlichen Aussagen über die leibliche Besessenheit:

„Hatten also wol die Evangelisten, da sie diese Begebenheiten erzälen, den Zweck, für alle künftige Zeit, dogmatisch zu sagen: es seie wirklich wahr gewesen, dass Substanzen, Seelen oder Geister, diese Menschen leiblich geplaget hätten?"[170]

Viele Autoren vor ihm, besonders Balthasar Bekker, hätten „substantielle Besitzungen" geleugnet und seien „dennoch rechtgläubig geblieben".[171] Wenn nun im Neuen Testament von Dämonen gesprochen werde, dann sei damit „unwiderleglich" nichts anderes gemeint als die Seelen verstorbener Menschen, so wiederholt es Semler an vielen Stellen.[172] Nun ging es Semler gerade nicht um die Leugnung des Teufels, sondern um die Unmöglichkeit seines Einflusses auf Christen. Wenn in den Austreibungsberichten des Neuen Testaments gesagt werde, „JEsus hat gesund gemacht, alle die vom Teufel überwältigt waren", dann könne man nicht auf eine vorherige „substantielle Besitzung" schließen, *„denn der Teufel kann leiblichen Schaden der Gesundheit zugefügt haben, ohne diese Bestimmung".* „GOtt aber bezeugt es niemalen, es ist ein böser Engel, oder der Teufel selbst, der Substanz nach, in ihnen."[173]

Semler hielt also durchaus die Wirkung des Teufels und der Dämonen – postmortaler menschlicher Seelen – auf Lebende für möglich, allerdings nicht im Sinne der physikalischen Besessenheit, sondern „ohne diese Bestimmung": „Was GOtt in der Schrift von Wirkungen böser und guter Engel saget, behaupte ich allerdings selbst."[174]

Man kann auf der Basis dieser Ausführungen nicht ohne weiteres behaupten, Semler habe zwar die leibliche Besessenheit geleugnet, aber eine „moralische Einwirkung" eingeräumt, wie es Karl Aner[175] tut. Denn so stark Semlers Affront gegen die Besessenheit auch ist, seine vorsichtigen Formulierungen über die nichtphysikalische Einwirkung bleiben undeutlich, auch wenn er eine solche explizit einräumt.[176]

---

[170] Semler, Umständliche Untersuchung, 83.
[171] Semler, Umständliche Untersuchung, 156.
[172] Semler, Umständliche Untersuchung, 228, sowie 204 u. ö.
[173] Semler, Umständliche Untersuchung, 269 [Hervorhebung FS]. Semler bringt an dieser Stelle offensichtlich als Beleg für eine „physikalische" Besessenheit den Vergleich mit der Heilung des Mondsüchtigen in Mt 17,14–20: „Ist aber das keine physicalische Meinung, welche den Grund enthält, zu dem Wort, σεληνιαζομενος? Die Frage von Ursache der Raserey und Epilepsie, ist wohl nicht physicalisch? Sagen nicht die Juden und Heiden, ein Dämon fare in die Menschen, oder falle sie an, und davon entstünde ihre Unsinnigkeit?" Offensichtlich wollte Semler damit einen physikalischen Einfluss des Mondes an die Stelle des δαίμων setzen, den Matthäus nach Semlers Akkomodationsansatz ja nur wegen des Dämonenglaubens der Textadressaten erwähnt.
[174] Semler, Umständliche Untersuchung, 269.
[175] Vgl. Aner, 1929, 240. Diese Formulierung findet sich weder bei Semler noch in der von Aner zitierten Rezension von Ernesti.
[176] Ganz am Ende seiner *Untersuchung* (272) druckte Semler aus einer gegnerischen Schrift die Passage ab, in der die Bibel hinsichtlich ihrer Zeugnisse für die „Wirkungen der guten und bösen Geister" als ein „Original" bezeichnet wird und man mit Semler „erst alle Regeln einer gesunden Hermeneutick abschwören […]" müsse, „wenn man sie in Zweifel zie-

Zu konstatieren ist also, dass Semler am Teufel und auch an den Dämonen
festhielt, letztere aber in entscheidender Weise als postmortale, böse oder gute
Seelen umdefinierte. Einen körperlichen Einfluss lehnte er als unbiblisch ab. Andere als leibliche Formen der Einwirkung hielt er für möglich, ohne sich genauer
festzulegen.

Noch im Publikationsjahr der *Umständlichen Untersuchung* gab Ernesti eine
umfangreiche Rezension zu dem Buch seines halleschen Kollegen heraus und gestand zunächst ein, dass die Lohmannsche Angelegenheit in seiner *Neuen theologischen Bibliothek* bisher aus guten Gründen nicht behandelt worden sei.[177] Neben einigen kritischen Anmerkungen zu Semlers historischen und exegetischen
Befunden stimmte ihm Ernesti an gewichtigen Stellen jedoch zu. Er räumte Semler ein, dass Heiden und Juden unter dem Dämon die „Seele eines bösen Menschen verstanden hätten". Man müsse, auch darin stimmte ihm Ernesti zu, nicht
alles glauben, was die Juden von bösen Geistern geglaubt hätten.[178] Er widersprach jedoch Semlers Behauptung, die neutestamentlichen Autoren und auch
die Kirchenväter hätten mit ihren Berichten über leibliche Besitzungen durch
Dämonen nur herrschende Ansichten referiert, sie aber selbst nicht geteilt. Die
Berichte der Kirchenväter über leibliche Besitzungen seien nicht nur als „Weiber
Mährgen" zu verstehen, wie Semler meine, sondern die Kirchenväter selbst hätten solch „wunderbare Meynungen" gehabt.[179] Und die Evangelien seien nicht
für ungläubige Heiden, sondern für Christen geschrieben worden. Aus diesem
Grund wies Ernesti Semlers Behauptung einer bloßen Referenz auf die heidnische Dämonologie zurück. Schließlich spreche Jesus selbst von Dämonen, und
der Exorzismus des besessenen Geraseners (Markus 5) etwa dürfte nicht nur
„eine physicalische Raserey" gewesen sein, wie Semler meine.[180] Ernesti distanzierte sich also von Semlers Ansicht, die Evangelisten hätten von Dämonen gesprochen, nicht weil sie an sie glaubten, sondern damit „man sähe, daß Christus
nicht nur ordentliche, sondern auch die ärgsten Krankheiten heilen könne".[181]
Ernesti, der ja auch an anderen Stellen seine Bekenntnistreue kundgetan hatte
und auch später kundtat, verteidigte es daher, dass das Thema der leiblichen Besessenheit in der kirchlichen Dogmatik „stehen könne".[182] Er erkannte zwar

---

hen wollte." Gerade diese Stelle wird von Semler nicht kommentiert. Offenbar bezieht sich
Aner mit seinem moralischen Einfluss aber genau auf diese Ausführung Semlers.

[177] Rez. Ernestis zu SEMLER, *Umständliche Untersuchung.* In: Neue theologische Bibliothek 1762, 778–808, hier 780. Ernesti bescheinigte der Debatte eine ausgesprochene Heftigkeit, die „christliche[n] und gesetzte[n] Gemüther[n]" nicht gefallen werde. Vgl. ebd., 779.

[178] Rez. Ernestis zu SEMLER, *Umständliche Untersuchung.* In: Neue theologische Bibliothek 1762, 799; ANER 1929, ANER 240.

[179] Rez. Ernestis zu SEMLER, *Umständliche Untersuchung.* In: Neue theologische Bibliothek 1762, 786.

[180] Rez. Ernestis zu SEMLER, *Umständliche Untersuchung.* In: Neue theologische Bibliothek 1762, 799–802; ANER, 1929, 240.

[181] Rez. Ernestis zu SEMLER, *Umständliche Untersuchung.* In: Neue theologische Bibliothek 1762, 789.

[182] Rez. Ernestis zu SEMLER, *Umständliche Untersuchung.* In: Neue theologische Bibliothek 1762, 807. W. A. Teller zählte es posthum zu den Inkonsequenzen Ernestis, dass dieser
auf der einen Seite den Taufexorzismus gescholten, auf der anderen Seite aber die „Einwirkun-

deutlich, dass Semler an dieser Stelle abweichende Ansichten vertrat, bat allerdings um Nachsicht für ihn, warnte vor Semlers Verketzerung und warb für eine sachliche Auseinandersetzung.[183]

Wenn Ernesti im Vorwort seiner *Institutio* ausdrücklich eine „fanatische Barbarei" und eine „ars des Träumens und der Spielerei" bei der Schriftauslegung als Gegenfront benannte, dürfte er wohl kaum die Schriften gemeint haben, die im Lohmannschen Streit vorgelegt wurden und die für die dämonische Besessenheit der Lohmännin votierten. Denn Ernesti hielt a) wie Semler am Teufelsglauben fest, wollte aber auf der Basis seines neutestamentlichen Textbefundes auch leibliche Besitzungen nicht völlig ausschließen. Sollte er sich wie Semler gegen die Verteidiger des Kemberger Propstes Müller gewandt haben, dann hätte er also theologische Positionen angegriffen, die teilweise auf seiner Linie lagen. Dass er b) mit den barbarischen Auslegungen Semler gemeint hat, der im Gegensatz zu ihm zu einer Leugnung leiblicher Besitzungen überhaupt gelangte, dürfte auszuschließen sein, gerade weil er Semler auch verteidigte, der, wie Ernesti selbst und im Gegensatz zu späteren Theologen, die Existenz des Teufels selbst nicht leugnete und wie (scheinbar) Ernesti lediglich im Horsdorf-Kemberger Fall eine leibliche Besitzung ausschloss. Dass sich Ernesti mit der „fanatischen Barbarei" und der „ars somniandi ac ludendi " auf die *Arcana coelestia* bezogen haben dürfte, scheint durch den Vergleich mit dem Lohmannischen Streit eher gestützt zu werden.

Nach wie vor lässt sich aber nicht beantworten, welche Schriften Ernesti meinte, in denen er die *Arcana coelestia* als „Grundwerk" erblickte. Sollten es die Streitschriften um den Fall Lohmann gewesen sein, dann würde deutlich, warum er eine der zentralen Aussagen Swedenborgs in keiner seiner drei Rezensionen erwähnte: Swedenborgs Abschaffung des Teufels. Darum ging es zwar erst im sogenannten zweiten Teufelsstreit der 1770er Jahre, aber das schärfste Argument gegen die leibliche Besessenheit der Lohmännin wäre zweifellos die Negation des Teufels gewesen. Ernesti präsentierte 1760 und auch später unter allen Heterodoxien Swedenborgs ausgerechnet diese Kernaussage der *Himmlischen Geheimnisse* nicht der Öffentlichkeit. Erkannte er, dass die Negation des Teufels organischer Bestandteil, wesentliche Konsequenz und zugleich Basis der Lehre Swedenborgs war, die mit dem Teufel auch die Rechtfertigungs-, Versöhnungs- und Trinitätslehre abschaffte sowie weitere wichtige Bestandteile der (luthe-

---

gen des Teufels auf das Herz des Menschen" eingeräumt und zudem nicht alle Bibelstellen zur physischen Besessenheit durch den Teufel ausgelegt hatte. Vgl. TELLER, 1783, 41.

[183] „Im übrigen wollen wir wohl auch dieses einräumen, dass, wenn jemand, wie der Herr D. glaubet, dass es böse von Gott abgefallene Geister gebe, durch welche die Sünde in die Welt gekommen, und welche die Menschen zur Sünde reizen; darneben aber, bona fide, nach seiner Einsicht, meynet, die leibliche Besitzung sey an den Stellen der heil. Schrift nicht gegründet, ihm dieses nicht gleich als eine Ketzerey anzurechnen, und er deswegen so gar übel anzulassen, sondern vielmehr mit tüchtigen hermeneutischen Gründen und sanftmüthigem christlichen Geiste zurechte zu weisen sey; wie wir davon, nach unserer wenigen Einsicht, einen Versuch gemacht haben." Rez. Ernestis zu SEMLER, *Umständliche Untersuchung*. In: Neue theologische Bibliothek 1762, 808.

rischen) Bekenntnisschriften wesentlich modifizierte? An diesen zentralen Punkten verließ Ernesti weder jetzt noch später den dogmatischen Rahmen.

Ein weiterer Schluss ergibt sich aus Semlers ambivalenter Haltung: Semler lehnte schließlich nicht den Teufel ab – der ist ihm „ein geoffenbarter biblischer Begriff"[184] – und auch 1776 leugnete Semler den Teufel nicht, im Gegensatz zu einem jüngeren Studiengenossen, der im selben Jahr in einem *Versuch einer biblischen Dämonologie* 1776 den Teufel nach Lukas 10,18 als „erloschenen Blitz" bezeichnete.[185] Trotz äußerst seltener Sätze, die auch die Existenz des Teufels in Frage zu stellen schienen,[186] band Semler alle seine Aussagen über den Teufel auch später immer wieder an das jüdische oder heidnische Teufelsverständnis und an die physische Wirkfähigkeit zurück. Damit schien er die Frage der Existenz oder Non-Existenz permanent zu umgehen.[187] Offensichtlich stand einer eindeutig dogmatischen Entscheidung über diese Frage auch Semlers historisierender und den Privatglauben des Einzelnen akzeptierender Grundansatz entgegen.[188] Ebenso wandte sich Semler auch nicht gegen böse und gute Geister, son-

---

[184] Zit. nach ANER, 1929, 239f.

[185] Vgl. ANER, 1929, 242f.; OTTO JUSTUS BASILIUS HESSE: Versuch einer biblischen Dämonologie, oder Untersuchung der Lehre der heil. Schrift und vom Teufel und seiner Macht. Mit einer Vorrede und einem Anhang von D. JOHANN SALOMO SEMLER. Halle im Magdeburgischen 1776.

[186] Im unpaginierten Vorwort zu seiner Briefsammlung *über die Gaßnerischen und Schröpferischen Geisterbeschwörungen* dekretierte Semler, die „christliche Religion" habe es „blos mit Gott, und nicht mit einem oder vielen Teufeln zu thun". Kurz darauf sprach Semler aber erneut dezidiert von allen abergläubischen Artikeln über die „leiblichen Handlungen und Thaten des Teufels", die „ausgestrichen" werden sollten. Zitiert nach GEFFARTH, 2008, 126. Und auch 1783 beklagte Semler zwar, dass die Teufelsidee nicht so leicht auszurotten sei, sprach aber sogleich wieder von „noch so rohen heidnischen Ideen" und vom „jüdischen Teufel", so dass der Teufelsbegriff erneut historisch konkretisiert – und reduziert – war. Auf diese Weise schien sich Semler fortwährend einer gänzlichen und verbalen Teufelsleugnung zu entziehen. Vgl. JOHANN SALOMO SEMLER: Hugo Farmer's Briefe an D. Worthington über die Dämonischen in den Evangelien. Mit Zusäzen und einer Vorrede, den Begriff der Inspiration zu bessern. Halle 1783, 27.

[187] Auch in der (unpaginierten) Vorrede zu HESSE, *Versuch*, vgl. Anm. 185, wandte sich Semler gegen den für ihn unchristlichen Aberglauben an einen „(jüdischen oder lateinischen) Teufel", der mit physischer Macht ausgestattet sei. Den Taufexorzismus interpretierte Semler kurzerhand als „feierliche Absagung und Verwerfung aller vorigen unchristlichen und falschen Gedanken und Meinungen, daß es eine solche Macht des Teufels über das leibliche Leben der Christen gebe". Seine im selben Jahr geäußerte Ansicht, er könne die Bibelstellen, in denen von Dämonen die Rede sei, unter die Christen später auch den Teufel setzten, nicht als Teil der Offenbarung akzeptieren, verlässt die historisierende Ebene nicht, auch wenn er hier im Gegensatz zu früheren Auslegungen in den 1760er Jahren diese Stellen nicht historisch deutet, sondern ganz zurückweist. Vgl. SEMLER, Farmer's Briefe (1783), XIV. Andernorts kommentiert Semler die Begriffe possessio, obsessio, circumsessio: Mit dem physischen Wirken des Teufels sei es nun zu Ende „und diese Teufel haben nichts mehr unter uns, physice, zu wirken". Ebd., 126.

[188] Es müsse jedem frei stehen, gefallene Engel und Dämonen als Teile der Offenbarung anzuerkennen oder nicht. Jeder müsse aber akzeptieren, dass es sein „eigen Urtheil ist, und daß daraus kein Lehrsaz für alle Christen werden müsse". SEMLER, Farmer's Briefe (1783), 281. Hier schließt Semler sogar eine – physisch nicht wirkfähige – Hölle nicht aus, nachdem er die jüdische Mythologie über das Reich des „Belzebub" benannt hatte: „Die Seele des reichen Mannes [Lk 16,19–31] komt gleich in den Ort ihrer Quaal, und kan nicht nach ihrer bösen Neigung andre Menschen besizen." Ebd., 331.

dern nur gegen die leibliche Besessenheit. Genau wie Swedenborg betrachtete er Dämonen nach neutestamentlichem Befund ausschließlich als menschliche Seelen, die nicht sichtbar-leiblich zu wirken vermögen. Dämonen sind bei Semler – wie in Swedenborgs anthropologisiertem *mundus spiritualis* – keine eigene Geistgattung, die zwischen Gott und Mensch geschaffen worden wäre.

Ernesti stimmte Semler vorbehaltlich einzelner Ausnahmen bei dieser Bedeutungszuschreibung des Begriffs δαίμων im Neuen Testament zu – und Ernesti wusste aus seiner eigenhändig verfassten Rezension, dass Swedenborg in den *Arcana coelestia* genau diese Position mit ‚offenbarungsempirischem‘ Anspruch vertreten hatte.[189] Schließlich hielt Ernesti Semlers Vorschlag wenigstens für akzeptabel, dass es einen anderen als den physikalischen Einfluss von Dämonen (und dem Teufel) auf den Menschen gebe. Aus Swedenborgs Schriften wusste er, dass hier der dauerhafte unsichtbare Einfluss der Geisterwelt auf den Menschen ein zentrales Element war, durch insgesamt vier Geister und Genien, die das Gleichgewicht zwischen gut und böse hielten und auf diese Weise die menschliche Freiheit sicherten, eine gewisse Korrespondenz zu den vier Stimmen der Lohmännin. Leibliche Besitzungen sind bei Swedenborg ebenfalls ausgeschlossen. Es geht in der Tat ausschließlich um einen ‚moralischen‘ Einfluss von postmortalen Seelengeistern in den Verstand und Willen, um zu sichern, dass der Mensch mit diesen Seelenvermögen nicht an die determinierte Mechanizität der Natur gebunden, sondern übersinnlich frei sei.

Diese Aspekte korrespondieren Ernestis Schweigen über den (abgeschafften) Teufel in den *Arcana coelestia*, denn der Teufel gehörte organisch zu dem von Ernesti – und Semler – geteilten dogmatischen System. Es wird zudem deutlich, warum Ernesti zwar den Teufel, der in seiner Existenz nicht bestritten werden sollte, unerwähnt ließ, aber dennoch auf Swedenborgs menschliche Seelen-Geister verwies. Denn dies war ein wichtiges Argument Semlers (und partiell Ernestis) im Streit um die Deutung der Lohmannschen Besessenheit. Ernesti und Semler teilten mit Swedenborg die Definition der Dämonen, böser (oder guter) Geister als menschliche Seelen. Den Teufelsglauben der Bekenntnisschriften aufzugeben, waren sie nicht bereit, möglicherweise weil sie die folgenschweren Konsequenzen vor Augen hatten, die seine Abschaffung für die gesamte Dogmatik bedeuten konnte. Diese Konsequenzen zu tragen, waren Semler und Ernesti nicht bereit.

Es liegt auf der Hand, dass die permanente Nichterwähnung Swedenborgs und der *Arcana coelestia* gerade im ersten Teufelsstreit, der genauer besehen ein ‚Besessenheitsstreit‘ war, Beschreibungsprobleme mit sich bringt. Die gegenüber der Lohmannschen Debatte zeitgleichen Rezensionen der Werke Swedenborgs aus Ernestis Feder zeigen jedoch, dass die *Arcana coelestia* auch aus diesem zeitnah geschriebenen Kapitel des theologisch-philosophischen Diskurses nicht ausgeklammert werden können.

---

[189] Vgl. oben Seite 460, Anm. 33. Dass diese Bestimmung der Dämonen durchaus umstritten war, zeigt etwa der Jenaer Philosophieprofessor Johann Stephan Müller, der gegenüber Semler bestritt, dass Dämonen ausschließlich menschliche Seelen seien. Vgl. ANER, 1929, 239.

Erst in den ‚zweiten Teufelsstreit' wurde Swedenborg namentlich eingespeist. Fast 20 Jahre nach dem Fall Lohmann und sechs Jahre nach Swedenborgs Tod erschien eine anonyme Schrift des Pädagogen, Theologen und Gießener Professors für Geschichte und Kameralwissenschaft, Heinrich Martin Gottfried Köster (1734–1802), unter dem Titel *Emanuel Swedenborgs demüthiges Danksagungsschreiben an den grossen Mann, der die Nonexistenz des Teufels demonstrirt hat*.[190] Dieses Danksagungsschreiben des verstorbenen Teufelsleugners Swedenborg war wiederum die Reaktion auf einen anonymen Text des Theologen, Predigers und zeitweiligen Mitarbeiters von Basedow am Dessauer Philanthropin, Christian Wilhelm Kindleben (1748–1785), *Ueber die Non-Existenz des Teufels*, der unter Berufung auf Semler, Teller und Bahrdt, den „grösten Theologen und Schriftausleger[n]" unserer Zeit", die Schriftgemäßheit des Teufels ablehnte und die Lehre vom Teufel als „Chimäre" und „würkliche[n] Aberglaube[n]" bezeichnete.[191] Kindleben hatte seinerseits bereits auf eine Schrift Kösters als des „eifrigste[n] Teufelsanwalt[s]"[192] geantwortet, der 1775 den Auftakt zum sogenannten zweiten Teufelsstreit gemacht hatte.[193] Diese Debatte, die eine ganze Flut an Streitschriften mit sich brachte,[194] gehört aber bereits in einen anderen zeitlichen Kontext. Hier sei zunächst darauf verwiesen, dass Swedenborg nun in ein theolo-

---

[190] Heinrich Martin Gottfried Köster: Emanuel Swedenborgs demüthiges Danksagungsschreiben an den grossen Mann, der die Nonexistenz des Teufels demonstrirt hat. Frankfurt; Leipzig 1778. In der von Köster herausgegebenen Zeitschrift Die neuesten Religionsbegebenheiten mit unpartheyischen Anmerkungen 1778, 602–629, hier: 606, wird aber behauptet, diese Schrift sei nicht von Köster.
[191] Christian Wilhelm Kindleben: Ueber die Non-Existenz des Teufels. Als eine Antwort auf die demüthige Bitte um Belehrung an die großen Männer, welche keinen Teufel glauben. Berlin 1776, Zitate: 14, 25. Vgl. zu Tellers Teufelsverständnis Hornig, 1998, 79 f.: Teller mag, resümiert Hornig, den Teufelsglauben für Aberglauben gehalten haben, „expressis verbis" habe er das aber nicht geäußert. Mit dem von Hornig dargestellten Festhalten Tellers am „ethisch Bösen" und einer entsprechenden Deutung des Satans sowie mit seiner Ablehnung eines physischen Einflusses und eines personellen Teufels scheint Teller nicht über Semler hinausgegangen zu sein.
[192] Aner, 1929, 245. 1780 bekräftigte Köster nach seiner Auseinandersetzung mit Kindleben, dass böse Geister physisch und moralisch wirken könnten. Vgl. Fortgesezte Nachricht von den Streitigkeiten über den Teufel. In: Die neuesten Religionsbegebenheiten mit unpartheyischen Anmerkungen 1780, 841–872, hier: 842.
[193] Heinrich Martin Gottfried Köster: Demüthige Bitte um Belehrung an die großen Männer, welche keinen Teufel glauben. o. O. 1775.
[194] Eine umfangreiche zeitgenössische Bibliographie ist bereits enthalten bei Hennings, 1777a, 30–32. Als Quelle wird Köster vor allem herangezogen in Hennings, 1780. Kindleben antworte Köster mit: Der Teufeleien des achtzehnten Jahrhunderts letzter Akt, worin des Emanuel Schwedenborgs demüthiges Danksagungsschreiben kürzlich beantwortet, der ganze bisher geführte Streit friedlich beygeleget, und in dem Büchlein über die Nonexistenz des Teufels manches zurückgenommen, ergänzt und berichtigt wird. Leipzig 1779. Kindleben berief sich mit seiner Teufelsleugnung hier auf Teller, Bahrdt und auf Semlers Vorwort zu [Hesses] Versuch einer biblischen Dämonologie, ohne aber eine genaue Stelle anzugeben, vgl. oben Anm. 185 und 187. 1780 antwortete Köster in fremdem Namen: Emanuel Swedenborgs Epilog zu dem letzten Act der Teuffeleien des Magister Kindleben. Stockholm [Berlin] 1780. Er betonte, dass die Schärfe seiner Reaktion auf Kindleben daran gelegen hätte, dass dieser durch die Leugnung des Teufels zu einer „gänzliche[n] Verwerfung aller geoffenbarten Glaubenslehren und Wahrheiten des Christenthums" gelangt sei. Ebd., 5.

gisches Gefecht eingeschrieben wurde, in dem er Jahre vorher aus den geschilderten Gründen namentlich nicht auftauchte. Dies geschah erst, nachdem gegen Ernestis (und Semlers) Absicht andere namhafte und anonyme Theologen mit der dämonischen Besessenheit mehr oder weniger direkt und explizit auch die Existenz des Teufels offiziell in Abrede gestellt hatten, und zwar ohne ‚Kontakte‘ in die Geisterwelt.

Ernestis jahrelanges Schweigen über die Identität des Autors der *Arcana coelestia* verhinderte nicht, dass Swedenborg durch Kant, Oetinger und danach auch von anderen Autoren in den theologischen Diskurs eingebracht wurde und dort für gleichwohl verdeckte, aber dennoch umfangreiche und ambivalente Rezeptionen sorgte. Erst als die Anonymität des schwedischen Geistersehers in aller Öffentlichkeit gebrochen war, nannte Ernesti auch seinen Namen.

g) Ausblick: Ernestis spätere Urteile

Der Tübinger Theologieprofessor Heinrich Wilhelm Clemm, der wie Oetinger an vielen Punkten unter dem Einfluss Johann Albrecht Bengels stand, veröffentlichte zwischen 1762 und 1773 eine siebenbändige *Vollständige Einleitung in die Religion und gesammte Theologie*. Jeder Band dieses umfangreichen, in der Forschung völlig vernachlässigten Werkes ist von Ernesti ausführlich besprochen worden.

Ernesti, der in Leipzig einen Gegenpol zu dem Bengelschüler und Gegner der Leibniz-Wolffschen Philosophie Christian August Crusius (1715–1775) verkörperte,[195] war kein Parteigänger vor allem der chiliastischen und apokatastatischen Tendenzen der „Bengelisten", wie er sich ausdrückte, aber er schätzte insbesondere die exegetischen Arbeiten aus diesem Kreis sehr und beurteilte auch die theologischen Aussagen der Schwaben – und Clemms – ausgesprochen differenziert und an vielen Stellen wohlwollend.[196] Das ist angesichts der polemischen

---

[195] Vgl. ALBRECHT BEUTEL: Art. Crusius, Christian August. In: RGG⁴ 2 (1999), 502; ERICH BEYREUTHER: Art. Crusius, Christian August. In: RGG³ 1 (1957), 1888. Crusius vertrat die göttliche Heilsökonomie nach Bengel und ein zweifaches Millennium als Reich Gottes auf Erden. Er lehnte den ontologischen Gottesbeweis, den Satz vom zureichenden Grund und die prästabilierte Harmonie nach Leibniz und Wolff ab, weshalb Kant sich in seinen Publikationen und in seinen Vorlesungen sehr häufig auf Crusius bezog. In seiner Privatbibliothek befanden sich mindestens vier Titel von Crusius, vgl. WARDA, 1922, 47. Zur Beziehung zwischen Ernesti und Crusius vgl. TELLER, 1783, 13 u. ö.

[196] Zum ersten Band äußerte Ernesti kaum Kritik und nahm nur wenige historische Korrekturen vor. Er referierte ausführlich Clemms antideistischen Religionsvergleich und erhob auch keinen scharfen Widerspruch gegen Clemms Behauptung der Transsubstantiationslehre. Vgl. Rezensionen zu CLEMM, Vollständige Einleitung, Bd. 1. In: Neue theologische Bibliothek 1762, 331–349, 867–879 (hier: 872). Bengel wird neben Wettstein, Michaelis und anderen bereits in der *Institutio* von Ernesti selbstverständlich zu den exegetischen Autoritäten gezählt (vgl. z. B. 91, 101, 138). Zu BENGEL, *Apparatus Criticus ad Novum Testamentum* (2. Aufl. Tübingen 1763), vermerkte Ernesti, das Werk weise zwar manche Irrtümer und Fehler auf, gehöre aber zu den Büchern, „die unserer Kirche und Deutschland Ehre machen" und sei den Studierenden zu empfehlen. Vgl. Rez. in: Neue theologische Bibliothek 1763, 99–120, hier: 99, 120. Zuweilen nahm Ernesti Bengel gegen den Vorwurf des Chiliasmus und der Heterodoxie in Schutz. Vgl. Rezension zu JOHANN CHRISTOPH HARENBERG: Erklärung der Offenbarung

Charakterisierung Clemms als Orthodoxer etwa in den *Hallischen neuen gelehrten Zeitungen* zu notieren.[197]

Als Clemm im vierten Band seiner *Vollständigen Einleitung* als Anhang zu dem Kapitel über die Höllenfahrt Christi die ‚Causa Swedenborgiana‘ einschließlich der Korrespondenz zwischen Oetinger und Swedenborg veröffentlichte und die Geisterkontakte und Jenseitsschilderungen trotz aller theologischen Kritik mit einem „non liquet" bedachte,[198] verschärfte sich auch der Ton Ernestis. Ging ihm einerseits Clemms Argumentation gegen Wilhelm Abraham Tellers figürliche Erklärung der Höllenfahrt als Begräbnis nicht weit genug,[199] so wünschte er, dass der ganze Anhang über Swedenborg „weggeblieben, am wenigsten über die Swedenborgische Erzählungen ein bloßes Non liquet gesprochen wäre". Und Ernesti erneuerte sein Urteil von 1760, das er im Vorwort der *Institutio* und in den anderen Rezensionen wiederholt hatte:

> „Es ist aus Swedenborgs Schriften und den Auszügen, die wir davon gegeben haben, klar, daß er ein Naturalist ist, wie die groben Fanatici, und seine Naturalisterey unter biblische Ausdrücke versteckt, oder die biblische Theologie in einen Naturalismum verwandelt, wie es die Socinianer auf eine andere Art thun."

Zu den drei möglichen Bewertungen der Geistererscheinungen Swedenborgs, die Clemm aufgeführt hatte („bloße Phantasien, oder Blendwerke eines bösen Geistes, oder Wahrheit"), setzte Ernesti nun eine vierte, die „sonderzweifel" die „rechte" sei:

> „Es können Erdichtungen seyn, damit er die Welt betriegen will; und er mag wohl in seinem Herzen die Leute recht auslachen, wie sie es auch verdienen, die ihm glauben, und seine Kunst nicht verstehen."

Für solchen Betrug gebe es genug Beispiele in der Kirchengeschichte, aber „unsere Zeiten", diagnostizierte Ernesti, „werden immer für solchen Betrug beque-

---

Johannis. Braunschweig 1759, in: Neue theologische Bibliothek 1760, 594–615, hier: 605 f. Auch Semler schätzte Bengels exegetische Arbeit über die Maßen. Vgl. HORNIG, 1961, 56, 72.

[197] Zum 5. Band, in dem Clemm die lutherische Abendmahlsauffassung verteidigt und zugleich (wie Swedenborg!) die Kindertaufe nicht unbedingt für heilsnotwendig hält, urteilte der anonyme Rezensent trotz seiner Zustimmung zur Tauffrage: „Wir empfehlen dieses Buch allen denen, die an der orthodoxen Lehre unserer Kirche Vergnügen finden." [Rez. zu] CLEMM, *Vollständige Einleitung*, Bd. 5. In: Hallische neue gelehrte Zeitungen 1769, 779–781, hier: 781.

[198] Vgl. HEINRICH WILHELM CLEMM: Vollständige Einleitung in die Religion und gesammte Theologie. Bd. 4, Tübingen 1767, 204–217 (§§ 230–237). Vgl. dazu auch Kap. 4.3.4., f); 5.3.2., c), Punkt 5.

[199] Ernesti meinte, Clemm habe sich zu sehr mit Tellers Sichtweise abgefunden, vgl. Rez. zu CLEMM, *Vollständige Einleitung* Bd. 4. In: Neue theologische Bibliothek 1767, 860–892, hier: 874. Clemm hatte sich allerdings nicht nur gegen Teller, sondern auch gegen Lavater gewandt, der die Höllenfahrt für „unterschoben" hielt, vgl. CLEMM, Einleitung, Bd. 4, 183, 191. Dass Clemm erwog, die Bibel müsse in ihrer jetzigen Gestalt nicht die vollkommene Offenbarung bis ans Ende der Zeit sein, ging Ernesti zu weit: „das schmeckt zu sehr nach Fanaticismo". Er räumte dennoch ein, Clemms „Gaben" zu „lieben", aber „seit einiger Zeit wegen ihm in Sorge" zu sein. Das zeige das Beispiel Oetingers, dessen Swedenborg-Buch in Württemberg beschlagnahmt worden war.

mer, da auch sonst gelehrte Leute zu solchen Träumen und Phantasien so geneigt sich finden lassen, und beweisen. Das mag Swedenborg wohl wissen."[200]

Der Betrugsvorwurf ist bei Ernesti, der sich ja sonst bei der Bewertung der Visionen und der Geisterweltkontakte Swedenborg zurückgehalten hatte, singulär. An den Verdikten des (religiösen) Fanatismus, des Naturalismus und des Bibelmissbrauchs hielt er jedoch unverändert fest, auch wenn er deutlich die nicht formale, sondern inhaltliche Differenz gegenüber dem Sozinianismus feststellte. Auffälligerweise stellte Ernesti Swedenborg auch jetzt nicht in eine Reihe mit den Besessenen, die seit dem Lohmann-Streit als ‚psychosomatisch' Kranke qualifiziert worden waren. Der Rationalismus Swedenborgs schien eine solche Charakterisierung jedenfalls für Ernesti nicht zu erlauben. Da mittlerweile verschiedene Segmente der Lehre Swedenborgs vor allem auf der christologischen, (anti-) trinitarischen und soteriologischen Ebene auch von anderen Theologen vertreten wurden, reichte das Heterodoxie-Argument offensichtlich nicht mehr aus und wurde daher durch den Betrugsverdacht ergänzt.

Jahre später äußerte sich Ernesti noch einmal öffentlich über Geister und Geisterseher. In einer Rede zum Reformationsfest 1774 erinnerte er an einen berühmten Kirchenlehrer, der seine Schüler gemahnt habe, sie sollten Gott bitten, von Geistererscheinungen verschont zu werden, denn diejenigen, die solche Erscheinungen hatten, seien „am Leibe oder im Gemüthe" krank geworden. In dieser Einstellung sah Ernesti den Grund dafür, dass seit den Tagen der Reformation „weniger Geistererscheinungen wären, als vorher". Die „Lehrer in Kirchen und Schulen" sollten entsprechende „Vorurtheile" im Volk ausräumen und ihm das „reine Wort GOTTES" nahebringen.[201] Anzumerken ist, dass im selben Jahr 1774 der angebliche Geisterbeschwörer Johann Georg Schrepfer[202] für Aufsehen weit über die Stadt hinaus gesorgt und sich Anfang Oktober in der Nähe der Stadt unter Zeugen erschossen hatte. Ferner wurde 1774 eine Übersetzung der Werke Swedenborgs von der Leipziger Universität konfisziert. Der Herausgeber wurde verhaftet.[203] Ist es denkbar, dass der einflussreiche Ernesti, der als Gutachter das Verbot der ebenfalls 1774 in Leipzig publizierten *Leiden des jungen Werther* bewirkte,[204] auch bei dieser Konfiszierung seine Finger im Spiel hatte? Das würde jedenfalls seiner alten These von den *Arcana coelestia* als „Grundwerk"[205] vollauf entsprechen, das man aufgrund seiner heterodoxen Brisanz und Gefähr-

---

[200] ERNESTI: [Rez. zu] CLEMM, *Vollständige Einleitung*, Bd. 4. In: Neue theologische Bibliothek 1767, 874 f.

[201] FIEDLER, 1778, 571–586, hier: 586.

[202] Vgl. dazu RENKO GEFFARTH: The Masonic Necromancer. Shifting Identities in the lives of Johann Georg Schrepfer. In: OLAV HAMMER, KOCKU VON STUCKRAD (Hgg.): Polemical Encounters. Esoteric Discourse and its Others. Leiden 2007, 181–197; GEFFARTH, 2008, 125–130.

[203] Vgl. FIEDLER, 1778, 585. Fiedler erinnerte sich persönlich an diese Affäre und vermutete, dass die Bücher ohne Zensur veröffentlicht wurden. „Indessen kann ein solches Buch, abgerechnet, daß es sehr falsche Meynungen behauptet, bey unverständigen Leuten, wirklich manches Unheil anrichten, und eine verderbte Einbildungskraft zu mancher Ausschweifung leiten."

[204] Vgl. ILGNER, 1999, 1461.

[205] Vgl. oben Seite 458.

lichkeit nur aus dem Verkehr ziehen konnte. Ernesti, der mit seinen Äußerungen vor allem auf die durch Schrepfer hervorgerufene Stimmung in Leipzig zu reagieren und auf die in Gestalt Schrepfers sichtbar gewordenen Gefahren der Geisterbeschwörung anzuspielen schien, stellte – nach dem vorliegenden Bericht – die Möglichkeit von Geistererscheinungen aber nicht grundsätzlich in Frage. Auch verwies er selbst vermutlich nicht auf Swedenborg. Schrepfer und Swedenborg lagen für Ernesti nicht auf einer Linie. Erst der sächsische Pfarrer Carl Gottlob Fiedler (1752–1820), der bis 1774 Vesperprediger an der Leipziger Universitätskirche gewesen war und möglicherweise aus seiner damaligen Bekanntschaft mit Ernesti diesen Bericht abgab, verband dessen Anknüpfung an die Warnung vor Geistern mit der Konfiskation der Werke Swedenborgs und mit Schrepfer. Er kam dabei aber zu der bemerkenswerten Frage: „Was soll man also vom Hrn. von Schwedenborg denken? Soll ich das gelindeste sagen, so hat er den einreissenden Unglauben widerstehen wollen, und darzu ein sehr falsches Mittel erwählet."[206] Schrepfer und Swedenborg, hatte Fiedler zuvor zugegeben, stünden für ihn „in einem und eben dem Range, nur mit dem Unterschied, daß jener Coffetier und dieser ein wirklich Gelehrter war."[207] Die hier gewürdigten Motive Swedenborgs scheinen von den theologischen Bedenken Fiedlers – und womöglich des zitierten Ernesti – deutlich überflügelt worden zu sein, trotz des Zugeständnisses, dass es sich eindeutig um einen Gelehrten gehandelt hatte.

h) Der Geisterseher antwortet – aus der Geisterwelt

Das Urteil Ernestis gehört zu den wenigen kritischen Texten, die Swedenborg nachweislich nicht nur zur Kenntnis genommen, sondern auf die er auch reagiert hat. Aus einer Notiz Swedenborgs an Johann Christian Cuno geht hervor, dass er jedoch nur die Rezension Ernestis zu Clemms *Vollständiger Einleitung* zur Kenntnis genommen hatte.[208] Was Ernesti gegen ihn geschrieben habe, seien „bloße Blasphemien" (merae blasphemiae) gegen seine Person, es werde nicht vernünftig gegen ihn argumentiert, sondern mit „giftigen Pfeilen" gegen ihn geschossen. Er werde nicht auf gleiche Weise antworten, das würde nur an zwei bellende und knurrende Hunde erinnern. Cuno solle die Paragraphen 846–851 und ein speziell gegen Ernesti gerichtetes *Memorabile* in Paragraph 137 der *Vera christiana religio* lesen. In den Abschnitten 846–851 geht es vor allem um die Bestätigung der Göttlichkeit und der Wahrheit von Swedenborgs Lehre durch Engel. Hier tauchen unter anderem „Geister aus der Unterwelt" auf, die sich bei Swedenborg beklagen, warum der Herr seine Geheimnisse ihm als Laien und nicht „irgendeinem Geistlichen" geoffenbart habe. Swedenborg antwortete den

---

[206] FIEDLER, 1778, 586.

[207] FIEDLER, 1778, 585.

[208] Vgl. ACTON, Letters and Memorials II, 744; Emanuel Swedenborg: Small Theological Works and Letters. London 1975, 198. Swedenborg bezieht sich ausdrücklich auf Seite 874 der Rezension, vgl. oben Seite 496, in der Clemms „Non liquet" moniert und Swedenborg als Naturalist wie die groben Fanatici bezeichnet wurde. Seine Erzählungen seien entweder Blendwerke oder Betrügerei.

Geistern persönlich mit einem schlichten Hinweis auf die Erwählung von Fischern, nicht von Gesetzeskundigen, Schriftgelehrten, Priestern und Rabbinern durch Jesus.

In dem *Memorabile* 137 will Swedenborg in der Geisterwelt mit einem Geist gesprochen haben, der dem noch lebenden „„Führer der Schlachtreihen im Heere der hervorragenden Männer der Kirche"" [209] beigesellt war. Er wohne nicht weit von Luthers Grab. Swedenborg habe lächelnd entgegnet, Luther sei ja nicht tot, sondern auferstanden und habe mittlerweile seiner Lehre von der Rechtfertigung durch den Glauben und der Trinitätslehre abgeschworen. Nun sei er in den Himmel aufgenommen worden und lache über seine „Nachbeter". Swedenborg bat den Geist, den ihm beigesellten „Hochberühmten" einzuflößen, dass er selbst gegen die Lehre seiner Kirche gehandelt habe, als er die Gottheit des Herrn im Sinne der Trinitätslehre von drei Personen verteidigte. „Unversehens" habe er mit seiner Feder eine Furche gezogen, in die der „Naturalismus" geronnen sei.

Swedenborg wandte den Naturalismus-Vorwurf also kurzerhand auf Ernesti zurück und subsumierte ihn unter die Vertreter einer Dreipersonenlehre, die er ja als Ursprung des Naturalismus, der Prädestination und nahezu aller Häresien und Irrtümer der religiösen Weltgeschichte nach Christus betrachtete. [210] Den Heterodoxieverdacht parierte er auf gleiche Weise. Vorher hatte er im Himmel längere Passagen aus dem Konkordienbuch (der Leipziger Ausgabe) vorlesen lassen, in denen er seine eigene Christologie wiederzufinden glaubte, weil dort die Einheit von Vater und Sohn und die Gottheit auch der menschlichen Natur Christi betont wurde. [211]

Ernesti diente Swedenborg spätestens zu diesem Zeitpunkt als Repräsentant der lutherischen Orthodoxie schlechthin. Genauso wie Ernesti verschwieg Swedenborg in seiner Publikation aber den Namen seines Leipziger Kritikers. Das ist

---

[209] Hierbei handelt es sich auch bei Swedenborg um ein Zitat.

[210] Vgl. Kap. 3.3.2., i).

[211] Zitate aus der genannten Leipziger *Concordia pia* (1756) in VCR 137: „„Daß in Christus die göttliche und die menschliche Natur so vereinigt seien, daß sie eine Person ausmachen': S. 606, 762 [FC, Summarischer Begriff, Art. 8,1 mit Erklärung, 846, 1041 f.]. ‚Daß Christus wahrer Gott und Mensch in ungeteilter Person sei, und in Ewigkeit bleibe': 609, 673, 762 [FC, Summarischer Begriff, Art. 8,12 mit Erklärung, 849 f., 1041 f.]. ‚Daß in Christus Gott Mensch sei, und der Mensch Gott': 607, 765 [FC, Summarischer Begriff, Art. 8,5 f. mit Erklärung, 846 f., 1045 f.]. ‚Daß die menschliche Natur Christi zu aller göttlichen Majestät erhoben worden sei, und zwar das auch nach vielen Vätern': 844–852, 860–865, 869–878 [Konspekt aus FC, Anhang, Zeugnisse der Heiligen Schrift, 1147–1162, 1170–1178, 1183–1196], ‚Daß Christus Seiner menschlichen Natur nach Allgegenwärtig sei und alles erfülle': 768, 783–785 [Konspekt, FC Art. 8, Erklärung, 1069 f., 1068–1072]. ‚Daß Christus nach der menschlichen Natur alle Gewalt im Himmel und auf Erden habe': 775, 776, 780 [Konspekt FC, Art. 8, Erklärung, 1058–1060, 1064–1066]. ‚Daß Christus Seiner menschlichen Natur nach zur Rechten des Vaters sitze': 608, 764 [FC, Summarischer Begriff, Art. 8,10 mit Erklärung, 848, 1043 f.]. ‚Daß Christus nach Seiner menschlichen Natur angerufen werden solle, bewiesen aus Aussprüchen der Schrift daselbst': 226 [Paraphrase aus der Apologie der CA, Art. 9, 378–380]." Die eckigen Klammern enthalten die Quellen nach der Ausgabe des Konkordienbuches von 1766. Vgl. dazu Kap. 3.3.7., c), hh) u. ö. Häufig hat Swedenborg paraphrasiert und konspektiert. Im letztgenannten Beispiel etwa geht es nicht um die Anrufung Christi nach der menschlichen Natur, sondern als Mittler und Versöhner, und gegen die Anrufung der Heiligen.

auffällig angesichts dessen, dass er andere Zeitgenossen durchaus auch mit Namen nannte. Gab es tatsächlich eine persönliche Verbindung zwischen beiden?

Signifikant ist auch, dass Swedenborg für seine Recherchen in den lutherischen Bekenntnisschriften eine Leipziger Ausgabe verwendete, die auch die sächsischen Sonderbekenntnisse enthielt. Swedenborg zitierte in der *Vera christiana religio* genau aus diesen *Visitations-Artikeln* von 1592, die gegenüber dem nichtsächsischen Luthertum eine verschärfte anticalvinistische Zuspitzung enthalten. Swedenborg nannte diese Tatsache, die er durch seine Lektüre kennen konnte, ausdrücklich nicht. Das sächsische Luthertum war in seinen Augen offenbar Repräsentant der Lutheraner schlechthin. Es kann vermutet werden, dass neben seinen Göteborger Auseinandersetzungen seit Ende der 1760er Jahre die ausführliche und theologisch-dogmatische akzentuierte Kritik Ernestis zu Swedenborgs Einebnung der innerlutherischen Differenzierungen beigetragen hat. Zu einer sachlichen und persönlichen Diskussion war der betagte Geisterseher aber nicht bereit.

5.1.3. Lutherische Proteste aus Rostock

Bevor Swedenborg ab 1765 durch Kant und Oetinger weithin bekannt und nun auch als namentliches Element in den Diskurs gebracht wurde, ist neben den freilich folgenreichen Besprechungen Johann August Ernestis nur noch eine Reaktion bekannt: Der Rostocker Theologieprofessor Johann Heinrich Becker (1698–1774) legte 1763 eine Studie *Über den besonderen und auch sinnlichen Verkehr der Engel mit den Menschen* vor, in der eine Engellehre in den Grenzen des lutherischen Bekenntnisses gegen Spötter wie Wilhelm Abraham Teller in Front gebracht wurde. Sechs der insgesamt 23 Seiten dieser Schrift widmen sich Swedenborgs 1758 anonym in London herausgekommer Schrift *Himmel und Hölle*, einem vergleichsweise leicht zugänglichen Auszug aus den *Arcana coelestia*, der viele plastische Schilderungen und Memorabilien, Erlebnisse Swedenborgs aus der Geisterwelt, enthielt.

Becker widersprach nachdrücklich Ernestis Naturalismus-Verdikt.[212] Es handele sich keinesfalls um einen Roman wie *Klimms unterirdische Reise*. Der Anonymus sei nicht etwa ein Naturalist, sondern ein „Enthusiast" und „Fanaticus einer speziellen Gattung". Denn den Papisten und Naturalisten, den Calvinisten und Sozinianern, die die Gottheit Christi leugneten, verschließe der Autor kurzer Hand den Himmel.[213] „Noch nie", bekannte Becker, habe er „etwas Ähnliches" gelesen, noch nie habe jemand „kühner und grober" den „Verkehr und die Gemeinschaft mit Engeln" erklärt wie dieser Autor, der wohl „durch den Geist und seine eigenen Phantasiespiele oder Betrug oder beides getäuscht" worden sei.[214] Mit keinem der bekannten Fanatiker und Mystiker wie Böhme, Pordage, Poiret

---

[212] Vgl. BECKER, 1763, 19.
[213] BECKER, 1763, 20.
[214] BECKER, 1763, 18f.

habe er etwas gemein. Seine „gehörten und gesehenen Delirien" (audita et visa deliria) seien „bis jetzt gänzlich unbekannt" (inaudita).[215] Wie Ernesti entdeckte Becker keine Verbindungen zur Theosophie, zu den zeitgenössischen ‚Schwärmern', zur Kabbala oder zum Neuplatonismus. Und genauso wie Ernesti erwähnte er an keiner Stelle seines Textes den *maximus homo*, den Swedenborg in *Himmel und Hölle* ausführlich schilderte. Das taten erst Kant und Oetinger.

An einigen Stellen machte Becker auch Lobenswertes aus. Swedenborgs Ausführungen über den Glauben etwa seien „großartig" und es könne kaum übersehen werden: „Der nicht ungelehrte Autor scheint mit Vernunft toll zu sein."[216]

In erster Linie sah Becker aber einen massiven Angriff auf das Bekenntnis durch diesen Schwärmer, der der Kirche unterstellte, die Heilige Schrift nicht zu verstehen, weil sie nicht nach dem inneren, sondern nur nach dem Buchstabensinn ausgelegt werde. Er stellte wie Ernesti in seiner zweiten Rezension aus dem gleichen Jahr Swedenborgs Heterodoxie bis ins Detail heraus: sein Bekenntnis zu dem inkarnierten Christus als dem einzig wahren Gott,[217] in dem die Trinität selbst liege, sein Verdikt über alle, die an die Trinität in anderer Form glaubten und deshalb nicht in den Himmel kämen.[218] Der *sensus literalis* der Heiligen Schrift werde gänzlich abgelehnt, man könne die Bibel nur „spiritualiter" verstehen. Verneint werde die „wahre" Auferstehung der Toten, das universale Jüngste Gericht, die Vollendung der Welt und der Glaube an die Rechtfertigung durch Christus *sola fide*, an deren Stelle allein den menschlichen Kräften die göttliche Gnade zugestanden werde.[219] Nicht Gott bringe die Gottlosen in die Hölle, diejenigen, die nicht qualifiziert seien, „die himmlische Aura zu tragen", würfen sich selbst in den „Barathrus".[220]

Mit geradezu „unerhörter, paradoxer Zuversicht" trage er seine Jenseitslehre vor, so viel „albernes Zeug, das aus seiner Phantasie allein nicht entsprungen sein kann". Becker vermutete demnach unbekannte literarische Vorlagen. Engel seien nichts anderes als fromme, Teufel gottlose Verstorbene, die in unzähligen Gesellschaften lebten[221] – eine Behauptung, die Becker als Verfechter des Teufelsglaubens besonders aufgestoßen sein muss. 300.000 Planeten gebe es, alle von Menschen bewohnt, die künftig Engel würden. Kinderseelen würden im Jenseits unterrichtet. Die bildhaften Schilderungen des Lebens der Engel und Teufel in ihren spirituellen Jenseits-Behausungen und mit ihrer Engelssprache und Schreibkunst wolle Swedenborg alle der „fleißigen Kommunikation mit den guten Engeln" entnommen haben. Das sofortige Weiterleben der Seele nach dem Tod in einem Geisterreich, das der Autor den „Mittelort und -zustand" nenne, notierte Becker ebenfalls.[222]

---

[215] BECKER, 1763, 20, vgl. Kap. 4.3.2., d).
[216] BECKER, 1763, 20. „Autor non indoctus cum ratione insanire videtur."
[217] Vgl. BECKER, 1763, 20.
[218] Vgl. BECKER, 1763, 21 f.
[219] Vgl. BECKER, 1763, 22.
[220] BECKER, 1763, 21.
[221] Vgl. BECKER, 1763, 20.
[222] BECKER, 1763, 21.

Die Jenseitsschilderungen Swedenborgs wurden von Becker sachlich referiert. Offensichtlich waren es vor allem die Heterodoxien, die ihn zu dem Resümee führten, dass dieser Autor, der glaubte, mit Engeln Konversation zu treiben, vom „Teufel verhöhnt worden ist", „dem und dessen abenteuerlichen Einbildungen und Lügen die Offenbarungen durch das göttliche Wort widersprechen". Und er verwies auf Johannes 8,44: „Der Vater der Lügen aber ist der Teufel."[223]

Am Ende machte Becker noch einmal die Fronten und die Verteidigungslinie deutlich. Ihm ging es um die Aufrechterhaltung von Engeln, und vor allem des Teufels – als einer zwischen Gott und den Menschen geschaffenen Wesensgattung. Um den Beistand der guten Engel und Behütung vor der Macht des Teufels, die nach Epheser 6,12[224] gewiss groß sei, wolle er Gott bitten, ob auch die „Adaemonisten oder Monadisten, jene subtilen Philosophen lächeln werden, für die ein Engel, ob nun gut oder böse, ein leeres Pünktchen ist".[225]

Becker speiste damit 1763 einen prononcierten Beitrag in den ‚ersten Teufelsstreit' ein, und er benannte deutlich den Punkt, den Ernesti ausgelassen hatte: Swedenborgs Teufelsleugnung. Ernesti, der mit Semler die Dämonen als menschliche Seelen qualifiziert hatte, wagte ebenso wenig wie Becker den Teufel zu leugnen. Becker protestierte gegen die *Arcana coelestia*, weil sie die Engel *und* den Teufel leugneten, dem man, so sprach er es in einem Rektoratsprogramm deutlich aus, „einen großen Gefallen tue, wenn man sein Dasein leugne".[226] Hierin sah er eine Konsequenz aus der Leibniz-Wolffschen Philosophie, eine Denkrichtung, die er am Ende *nolens volens* auch Swedenborg attestierte, so „unerhört" sein System auch war. Die Teufelsnegation als Argument gegen Besessenheit und teuflische Dämonen war damit gegen Ernestis und Semlers Absicht in den Diskurs eingeführt worden. Gerade dieses Element der Lehre Swedenborgs stieß bei den bekenntnistreuen Lutheranern auf Widerstand; bei anderen, die die Theologie auf ganz andere Weise als Swedenborg, aber ebenfalls im Gefolge der rationalistischen Philosophie, reformieren wollten, dürfte Swedenborgs ‚spiritistische' Aufklärung nicht nur in der Frage des Teufels auf Zustimmung gestoßen sein.

Mit Wilhelm Abraham Teller ist der Vertreter einer frühen Front benannt, die sich – ohne dessen Geisterwelt – partiell mit Swedenborgs Lehre überschnitt und von denselben Gelehrten bekämpft wurde, die das Bekenntnis auch gegen Swedenborg in Stellung brachten. Teller in einer Front mit Swedenborg? Nur einige Jahre später entdeckte ein Theologe diese Bundesgenossenschaft erneut und stellte den renommierten halleschen Theologen Johann Salomo Semler noch mit dazu: der lutherische Theosoph Friedrich Christoph Oetinger. Aber das ist Thema des nächsten Kapitels.

In den 1760er Jahren polemisierten die Rostocker Theologen zunächst gegen Teller und den noch anonymen Swedenborg aus fast identischen Gründen. Die

---

[223] BECKER, 1763, 22.
[224] „Denn unser Kampf ist nicht gegen Fleisch und Blut, sondern gegen die Gewalten, gegen die Mächte, gegen die Weltbeherrscher dieser Finsternis, gegen die geistigen Mächte der Bosheit in der Himmelswelt."
[225] BECKER, 1763, 23.
[226] ANER, 1929, 245.

Danziger *Theologischen Berichte von neuen Büchern und Schriften* informierten 1765 über zwei kleine Schriften Johann Heinrich Beckers gegen Teller. Die erste richtete sich gegen dessen Bezweifelung der Gottheit Christi. Ein präexistenter Sohn habe wohl kaum mit dem Vater gemeinsam die Welt erschaffen. Die zweite geht gegen Tellers Leugnung der Rechtfertigungslehre vor und erhebt den Sozinianismusvorwurf gegen ihn. Ein drittes Büchlein verteidigt gegen unterstellte sozinianische Tendenzen bei Christian Tobias Damm die Gottheit des Heiligen Geistes.[227] Becker, der nach einer Beobachtung der *Hallischen neuen gelehrten Zeitungen* wegen seiner Verteidigung der ‚wahren‘ Lehre selbst angegriffen, aber mit seiner orthodoxen Angelologie und möglicherweise auch Teufelslehre von Heinrich Wilhelm Clemm rezipiert wurde,[228] wurde bei seiner Apologie von einem Kollegen, dem Theologen und Philosophieprofessor Johann Jakob Quistorp (1717–1766) unterstützt, der bereits ein Jahr nach Becker gegen Tellers Engellehre und dessen Spott über die „Himmelsbewohner" schrieb. Offenbar mit Anspielung auf den anonymen Verfasser der *Arcana coelestia* räumte er ein, dass „einige Gottesgelehrte manche eigene Einbildungen von den Engeln der Schrift zugesetzt" hätten. Die Engellehre, und damit auch die Teufelslehre, war für ihn – wie ja auch für Becker – keine zu vernachlässigende Nebenlehre, sondern ein „Stück der Glaubenswahrheiten".[229]

Auch die Rostocker Lutheraner Becker und Quistorp, die gegen die Dekonstruktion der Bekenntnisschriften durch Swedenborg und durch Teller gleichermaßen polemisierten, hatten von Swedenborgs Verfasserschaft keine Kenntnis oder gaben sie nicht preis. Erst 1773, ein Jahr nach Swedenborgs Tod und nach dem im Sande verlaufenen Verfahren gegen seine Anhänger in Göteborg, wurde unter einem anderen Mitglied der alten Theologendynastie der Quistorps, Bernhard Friedrich Quistorp (1718–1788), in Greifswald eine schwedische Disserta-

---

[227] Vgl. Theologische Berichte von neuen Büchern und Schriften von einer Gesellschaft zu Danzig ausgefertigt, 1765, 22. Stück, 120, 122. JOHANN HEINRICH BECKER: Creationis universi gloria filio Dei, Jesu Christo, vendicata contra Dn. Tellerum. [...]. Rostochii 1764; DERS.: Redemptionis nostrae per Christum, Dei filium, factae, necessitas a theologis non temere et absque fundamento, adserta. Contra Dn. Doct. Tellerum. Rostochii 1765; Personalitatem Spiritus S. contra perversam pseudonymi Theodori Klema scripturae interpretationem defendit [...]. 1766 erschien in Rostock: An Dn. D. Tellerus nisi negata vera Spiritus Sancti deitate de illo adorando, speciale Scripturae Sacrae mandatum postulare queat, expendit. [...].

[228] Der Rezensent des 2. Bandes (3. Stück) der *Vollständigen Einleitung* gab zu, dass ihm dessen Abhandlung über die Engel „größtentheils wohlgefallen" habe. Clemm lasse Becker mehr Gerechtigkeit widerfahren, als das sonst geschehe. Dieses Urteil ist bemerkenswert gegenüber dem Kommentar zu Clemms Ansicht, man habe „zur Theologie nicht mehr Philosophie nöthig, als was einen der sensus communis lehret". Es sei „ein Glück für Herrn Cl. daß er ein Schüler des sel. B**l [Bengel] ist, sonst würde er dieses vor Leuten, deren ganze theologische Gelehrtsamkeit nichts als philosophischer Schwulst ist, nicht ungestraft gesagt haben". Hallische neue gelehrte Zeitungen 1766, 137–139. Zum *sensus communis*, der ein wichtiges Thema bei dem Clemm verbundenen Oetinger war, vgl. knapp Kap. 5.2.1. und die dort angegebene Literatur.

[229] JOHANN JAKOB QUISTORP: De recentissima loci de angelis bonis ex theologia dogmatica proscriptione Telleriana. Rostochii 1764. Rez. in: Theologische Berichte von neuen Büchern und Schriften von einer Gesellschaft zu Danzig ausgefertigt, 1765, 22. Stück, 119f. (Zitat).

tion verteidigt, die sich ausdrücklich mit Swedenborg beschäftigte.[230] Hier ging
es aber nicht um Swedenborgs Geister, Engel und seinen Offenbarungsanspruch,
sondern um dessen Christologie, deren Konformität mit den Bekenntnissen und
mit dem Neuen Testament geprüft wurde. Dieses wahrscheinlich einzige offizielle akademische Verfahren, dem Swedenborgs Lehre zeitgenössisch in Europa
überhaupt unterzogen wurde, ist jedoch in einen anderen diskursiven Rahmen
einzuordnen.

Hier ist lediglich anzumerken, dass 1773 die von Becker und Ernesti im ver-
gangenen Jahrzehnt vorgebrachten Belege für die Heterodoxie Swedenborgs
Früchte trugen. Kurz zuvor war übrigens in Schweden eine *Societas Suecana Pro
Fide et Christianismo* gegründet worden, die, wie die *Nova acta historico-eccle-
siastica* meldeten, gegen die Spötter der Religion vorgehen werde. Neben ver-
schiedenen hochrangigen Kirchenleuten und einer illustren Gesellschaft von
Theologen verschiedener Lager aus Schweden und Deutschland zählten auch
Bernhard Friedrich Quistorp und Johann August Ernesti zu ihren Mitgliedern.[231]
Die oben genannte Dissertation dürfte eines der ersten Ergebnisse der Gesell-
schaft gewesen sein.

5.1.4. Resümee und Ausblick

Die ersten literarischen Reaktionen auf die Schriften Swedenborgs ergeben ein
ambivalentes und disparates Gesamtbild. Einerseits ist dem Gelehrtenpublikum
vor allem durch Johann August Ernesti das gesamte heterodoxe theologische
Programm Swedenborgs präsentiert worden, ein Programm, das an verschiedenen Punkten von Theologen unterschiedlicher Provenienz an vielen Stellen geteilt und natürlich modifiziert wurde. Das unmittelbare Echo, das stets mit einem
geradezu signifikanten Verschweigen oder auch der Unkenntnis des Namens
Swedenborgs verbunden war, verlief in zweierlei Richtung. Zunächst stieß beson-

---

[230] BERNHARD FRIEDRICH QUISTORP, JONAS WALLIN: Mataeologiae Suedenborgianae
specimen vindicias humanitatis Christi ab eius depravationibus exhibens quod sub auspice
summi numinis praeside Bernh. Fridr. Quistorpio S. S. Theol. Doct. et P. P. O. ac ad aedem
D. Jacobi pastore die 10. Octobr. A. O. R. MDCCLXXIII. H. L. Q. C. publicae disquisitioni
subjiecit Jonas Wallin Westro-Gothus. S. S. Theol. Cultor. Gryphiae 1773.
[231] Nachricht von der schwedischen Gesellschaft zur Aufnahme der Religion und des
wahren Christenthums. In: Nova acta historico-ecclesiastica 1772, 469–473. Außer Quistorp
und Ernesti wurden weiter genannt: der schwedische Hofprediger Carl Magnus Wrangel, Bischof Schröder aus Karlstadt, die deutsche Gemeinde, Bischof Carl Fredrik Mennander von
Åbo, Erzbischof Magnus Olai Beronius von Uppsala; aus Deutschland: Johann Friedrich Wilhelm Jerusalem, einer der beiden Walchs und Gottfried Less aus Göttingen, Lilienthal aus
Königsberg, Johann Melchior Goeze aus Hamburg und der Londoner Hofprediger Friedrich
Michael Ziegenhagen. Neben dem in Anm. 230 genannten Jonas Wallin gehörte auch der Wei-
marer Oberkonsistorialrat und spätere Eisenacher Generalsuperintendent Christian Wilhelm
Schneider, der 1789 gegen die Swedenborgianer schrieb, zur Gesellschaft. Vgl. JUSTUS CHRIS-
TIAN HENNINGS: Die Einigkeit Gottes nach verschiedenen Gesichtspunkten geprüft, und so-
gar durch heidnische Zeugnisse erhärtet. Altenburg 1779, Vorrede an Schneider, 6. Vgl.
SCHNEIDER, 1789, sowie Anm. in Kap. 3.3.5., f); 3.3.6., a).

ders die weit ausgreifende Bibelauslegung Swedenborgs auf entschiedene Abwehr. Bei Ernesti und – ob nun mittelbar oder nicht – bei Semler wirkte sich
Swedenborg als ein Katalyt bei der Ausprägung einer wissenschaftlichen Hermeneutik in Gestalt der historisch-grammatisch-kritischen Exegese aus, die sich
strikt auf den Textbuchstaben beschränkte und den zeitgenössisch vertretenen
mehrfachen Schriftsinn als hermeneutisch irrelevant und unzulässig scharf zurückwies.

Bei Ernesti trug die deutliche Erkenntnis der mit der Schriftauslegung verbundenen antilutherischen Heterodoxie Swedenborgs zu einer geradezu inkonsequent wirkenden Rückbindung an verschiedene Kernaussagen der geltenden Bekenntnisschriften bei, und zwar gerade an den Stellen, die Swedenborg mit seinem System rationalisiert und auf seine Weise: ‚spiritualisiert‘ hatte. Hierbei wurde die *analogia fidei* zur Absicherung zentraler Bekenntnisinhalte angewandt und
in einem neuen Kontext zur Abwehr auch des rationalistischen Biblizismus' Swedenborgs in Stellung gebracht. Die merkwürdige Spannung zwischen dem historisch-kritischen Ansatz und dem Beharren auf dem Bekenntnis scheint gerade bei
Ernesti auf seine kritische Begegnung mit Swedenborg zurückzuführen zu sein.

In einem zweiten Bereich wirkte Swedenborgs Anthropozentrierung des
Himmels, seine Ersetzung der Engel und Teufel durch postmortale menschliche,
gute und böse, Seelen längerfristig in die theologischen Debatten des 18. Jahrhunderts hinein. Festigten auf der einen Seite bekenntnistreue Lutheraner im ‚ersten
Teufelsstreit‘ ihre Teufels- und Engelslehre gegenüber Swedenborg, so verschwie-
gen die Kontrahenten einer leiblichen satanischen oder dämonischen Besessenheit Segmente der Lehre Swedenborgs, möglicherweise um nicht selbst unter einen aus der Teufelsleugnung als wirksames Mittel gegen die Besessenheitsdämo-
nologie folgenden Heterodoxieverdacht zu geraten. Nur von betont orthodoxer
Seite wurde ausgesprochen, wie organisch die radikal modifizierte Teufels- und
Engelslehre Swedenborgs mit seiner gesamten Theologie verbunden war. Erst
Jahre später erschien Swedenborg auch namentlich als Teufelsleugner im Diskurs,
nachdem im Teufelsstreit öffentlich ähnliche Positionen vertreten worden waren.
Für die anthropozentrische Umformung der traditionellen Dämonen- und Teufelslehre und für die Ausbreitung psychomedizinischer Deutungsmuster ursprünglich mit ihr zusammenhängender Phänomene dürfte Swedenborg darum
eine nicht zu unterschätzende Rolle zugekommen sein.

Starke Reaktionen in den ersten Jahren nach den *Arcana coelestia* sind trotz
der Anonymität Swedenborgs bis 1765 zu verzeichnen. Sie ereigneten sich durchweg partiell und gespalten, ohne unmittelbare und einschränkungslose Anhänger,
zwischen Aneignung und Abweisung. In zwei wichtigen und parallel zueinander
verlaufenden Knotenpunkten des theologisch-philosophischen Diskurses wirkte
seine Lehre langfristig katalysierend: in der ‚hermeneutischen‘ Wende und im
Teufelsstreit. Swedenborgs Lehre dürfte zunächst in diesen Bereichen die Kontu-
ren der verschiedenen Lager geschärft und dadurch zugleich verschoben haben.

5.2. Friedrich Christoph Oetinger

5.2.1. Oetinger und Swedenborg – das Problem und die Forschung

Der pietistische Schwabenvater Oetinger (1702–1782) war Pfarrer und Prälat, Theologe, Naturphilosoph, experimentierender Alchemist, Kabbalist, Theosoph im Anschluss Jakob Böhmes, Bengelianer und nicht zuletzt Lutheraner. Oetinger versuchte, diese verschiedenen Arbeits- und Interessenfelder mit einer für ihn typischen eklektischen Methode[1] innerhalb eines holistischen, auf den *unus mundus*[2] abzielenden, Materialismus und Idealismus überwindenden Konzepts zu verbinden. Die Einheit und Ganzheit der Welt betrachtet Oetinger stets unter christologisch-eschatologischer Perspektive: Durch den Fall ist sie zerbrochen, durch Christus ist sie wiederhergestellt, um am Ende der Zeit vervollkommnet zu werden.[3] Bis dahin finden sich Reste der ursprünglichen Einheit im geheimnisvollen Wirken der Naturkräfte, die göttlichen Ursprungs sind. Elektrizität, Alchemie und eine kabbalistische, später emblematische Deutung der Natur und der Bibel – das sind die Felder, auf denen der sich selbst als „Magus aus Süden"[4] bezeichnende und gelegentlich unter dem Pseudonym „Halatophilus Irenaeus"[5] schreibende Oetinger das verborgene und eschatologische Walten der göttlichen Kräfte findet. In der im Vergleich mit Swedenborg weitaus überschaubareren

---

[1] Oetinger kann gegenüber Bengel zu Recht als „Polyhistor und Eklektiker" bezeichnet werden. Vgl. OETINGER, 1999, Bd. 1, XII (Einleitung). Sein Eklektizismus ist kein zufälliges Produkt, das aus Mangel an eigenen Gedanken entstanden wäre, sondern ein systematischer Ansatz, vgl. WEYER-MENKHOFF, 1990a, 243; RAINER PIEPMEIER: Friedrich Christoph Oetinger – Distanz und Gegenwärtigkeit. In: PuN 10 (1984), 9–21, hier: 13, 20.

[2] Vgl. OETINGER, 1999, Bd. 1, XIV (Einleitung). Hans-Martin Kirn erhebt mit Johannes Wallmann für Oetinger den Befund, er sei gerade mit der Absicht, das „Ganze der Welt aus biblischen Grundbegriffen" erkennen zu wollen, „in der Aufklärungsphilosophie verhaftet geblieben", obwohl er wie kaum ein anderer „den Gegensatz zur Neologie ins Prinzipielle" geführt habe. Vgl. HANS-MARTIN KIRN: Deutsche Spätaufklärung und Pietismus. Ihr Verhältnis im Rahmen kirchlich-bürgerlicher Reform bei Johann Ludwig Ewald (1748–1822). Göttingen 1998, 18; JOHANNES WALLMANN: Der Pietismus. Göttingen 1990, 137–143.

[3] Vgl. WEYER-MENKHOFF, 1990a, 270.

[4] In einem Schreiben an Prokop Divisch vom 27.2.1753 nennt Oetinger Divisch „Magus aus Osten" und sich selbst „Magus aus Süden". Vgl. JOSEF HAUBELT: Václac Prokop Diviš und Johann Ludwig Fricker. In: HOLTZ / BETSCH / ZWINK, 2005, 153–164, hier: 158. Ob Swedenborg für Oetinger der „Magus aus Norden" gewesen ist, wie Haubelt (ebd.) meint, sei dahin gestellt, da sich kein Quellenbeleg erbringen lässt und sonst üblicherweise Johann Georg Hamann so bezeichnet wird.

[5] „Halophilus Irenaeus" war demgegenüber Pseudonym seines Sohnes Theophil Friedrich. Vgl. KUMMER, Autobiographie, 214.

Forschungslandschaft geht es zumeist nicht darum, die verschiedenen Seiten Oetingers zu integrieren. Das liegt auch daran, dass die historische Einordnung seiner Lehre vielfach von jeweils zeitgenössischen Interessen überlagert wird.

Gegen Oetingers Rezeption in der modernen Anthroposophie richten sich Studien, die Oetingers selbst behauptete Konformität mit der lutherischen Theologie nachzuweisen versuchen.[6] Hier wird zu wenig berücksichtigt, dass der Begriff des Luthertums oder der Treue gegenüber den Bekenntnisschriften durch Oetinger einerseits modifiziert wurde und dass er mit seinen kabbalistischen und böhmistischen Intentionen andererseits einen Faden aufnahm, der in Württemberg bereits Tradition hatte.[7]

Gegen liberaltheologische (Dis-) Qualifizierungen Oetingers als unfruchtbaren,[8] weil offenbar gegen die Aufklärungstheologie besonders Johann Salomo Semlers und Wilhelm Abraham Tellers polemisierenden Theologen gegenaufklärerischer Observanz richten sich Versuche, die ihn etwa im Konzert mit Johann Georg Hamann als Aufklärungskritiker betrachten, der die Allmachtsansprüche der aufklärerischen Vernunft gegen diese selbst richtete und nicht nach der Versöhnung zwischen Theologie und Aufklärungsvernunft strebte.[9] Dabei werden

---

[6] Wolfgang Schoberth macht gegen Gerhard Wehr geltend, dass für Oetinger kein Gegensatz zwischen Theologie und Theosophie in Anschlag zu bringen sei und Oetinger nicht als Vorläufer der Anthroposophie gesehen werden könne. Nur wenn man die Gebundenheit der Theologie Oetingers an die Heilige Schrift löse, sei der Weg frei für eine theosophisch-anthroposophische Deutung. Sein Denkansatz werde damit aber verkannt. Vgl. WOLFGANG SCHOBERTH: Geschöpflichkeit in der Dialektik der Aufklärung. Zur Logik der Schöpfungstheologie bei Friedrich Christoph Oetinger und Johann Georg Hamann. Neukirchen-Vluyn 1994, 36, 39. Auch Otto Betz attestiert Oetinger, zwar mit Böhme und der Kabbala spekulativ gearbeitet zu haben, aber Nachfolger Luthers geblieben zu sein und sich an die Lehren der Orthodoxie gehalten zu haben. Vgl. BETZ, 1999, 33.

[7] Betz betont, dass in Württemberg kein krasser Gegensatz zwischen der altprotestantischen Orthodoxie und dem Pietismus geherrscht habe, sondern der Übergang „eher gleitend" verlaufen sei. Dies habe auch an der Rezeption von Johann Arndt, Jakob Böhme und vor allem der christlichen Kabbala gelegen, die von Johannes Reuchlin konzipiert und unter anderem von Prinzessin Antonia in ihrem gelehrten „collegium pietatis" gepflegt und entwickelt wurde. OTTO BETZ: Kabbala Baptizata. Die jüdisch-christliche Kabbala und der Pietismus in Württemberg. In: PuN 24 (1998), 130–159, hier: 159.

[8] Dieses Urteil stammt von Emanuel Hirsch (vgl. SCHOBERTH, 1994, 21 f.), der sich damit offenbar gegen das ältere Lob Oetingers als des genialsten württembergischen Theologen durch Albrecht Ritschl absetzte. Vgl. WEYER-MENKHOFF, 1990a, 13. Für Hirsch dürfte die Oetinger-Rezeption bei den religiösen Sozialisten seit den beiden Blumhardts, Hermann Kutter und Leonhard Ragaz eine Rolle gespielt haben, der sich vor allem Hirschs theologisch-politischer Kontrahent Karl Barth anschloss. Barth warnte in der *Kirchlichen Dogmatik* zwar vor allzu viel Leiblichkeit in Oetingers „Krafttheologie", lehnte aber weder die Apokatasis-Lehre noch den Chiliasmus bei Oetinger ganz ab. Vgl. GROTH, 1984, 259; WEYER-MENKHOFF, 1990a, 14.

[9] Das ist das Thema der verdienstvollen Arbeit von Schoberth (1994), die einen systematischen Vergleich zwischen Hamann und Oetinger vornimmt. Oetingers Lehre vom *sensus communis* erweise sich als Alternative zum Programm einer Kritik der reinen Vernunft. Vgl. ebd., 89. Oetingers Kritik gelte den Entleiblichungstendenzen der aufklärerischen Theologie. Vgl. ebd., 154, sowie 264, 47. Anders als Schoberth sieht Gadamer bei Oetinger den Versuch, die moderne Wissenschaft mit älteren Traditionsbeständen zu versöhnen und dadurch gerade die Grenzen der modernen Wissenschaft aufzuzeigen. Vgl. HANS-GEORG GADAMER: Einleitung. In: FRIEDRICH CHRISTOPH OETINGER: Inquisitio in sensum communem et rationem.

die theosophischen, alchemistischen und kabbalistischen Motive bei Oetinger genauso übergangen wie seine Beschäftigung mit Swedenborg,[10] die als eine folgenlose Episode abgetan wird, weil der Geisterseher offensichtlich aus dem ‚vernünftigen' oder, in Hamanns Sinne, ‚metakritischen' Oetinger herauszuhalten ist.[11] Gleichzeitig wird ein bestimmter Vernunftbegriff als Sichtbasis vorausgesetzt, gegen dessen Wahrheitsanspruch Oetingers Unvernunft als vernünftig zu erweisen ist. Dieser Zugang bleibt damit systematisch und gesteht auch ein, dass man Oetingers Lehre nicht entwicklungsgeschichtlich verstehen könne, weil die „Gewißheit des Glaubens" seinem Glauben und seiner Theologie immer schon vorausgegangen sei.[12]

Schwierigkeiten bergen auch die Versuche in sich, Oetinger und einen systematischen Pietismusbegriff ohne weiteres zusammen zu denken. Ausdrücke wie „spekulativer Pietismus"[13] oder einfach nur der Hinweis auf die württembergische Sonderrichtung dieser mutmaßlich globalen und bei allen Abweichungen dennoch konsistenten kirchlich-theologischen Richtung des Pietismus sind die Folge, wenn „Theosophie", geschweige denn „Esoterik", als kategoriale Zuschreibungen vermieden werden sollen.[14]

Ferner wäre die Einordnung Oetingers in die Esoterik-Kriterien Antoine Faivres[15] möglich, denn Faivre hat seinen historischen und systematischen Esoterikbegriff zwar anhand des Werkes von Karl von Eckartshausen entwickelt, der

---

Stuttgart-Bad Canstatt 1964 [Reprint], V–XXVIII, hier: VI, VIII. In der „Verabsolutierung der Vernunft" erblicke Oetinger den Grund für die aufklärerische Schriftauslegung. Vgl. HARDMEIER, 1999, 109.

[10] Dass Oetinger von Swedenborg nichts Neues übernommen habe, sondern lediglich sein Glaube an die „belebte Überwelt" bestätigt worden sei, urteilt auch ZWINK, 2005, 197. Auf eine nach wie vor fehlende Untersuchung des Alchemisten Oetinger hat jetzt im Anschluss an Joachim Telle erneut KUMMER, Autobiographie, 16 u. ö. aufmerksam gemacht.

[11] Schoberth erwähnt Swedenborg nur ganz am Rande. Bei WEYER-MENKHOFF, 1990a, ist Swedenborg im Gegensatz zu Böhme, der Kabbala und Zinzendorf kein eigenes Kapitel gewidmet. Swedenborg wird hier und in Meyer-Wenhoff, 1990b, zwar genannt, aber in Anbetracht des Umfangs der Schriften Oetingers und seiner langwierigen Lektüre marginalisiert.

[12] Dies wendet SCHOBERTH, 1994, 30, gegen WEYER-MENKHOFF (1990a) ein. Allerdings bewegt sich WEYER-MENKHOFF (1990a, 5) selbst in diese Richtung, wenn er behauptet, „alle wesentlichen Inhalte und Ideen seiner Theologie" hätten 1738 vorgelegen, obwohl es auch noch danach Entwicklungen gegeben habe. Auf eine historische und die innere Entwicklung einbeziehende Untersuchung der Theologie Oetingers verzichtet auch MARTIN H. JUNG: 1836 – Wiederkunft Christi oder Beginn des Tausendjährigen Reichs? Zur Eschatologie Johann Albrecht Bengels und seiner Schüler. In: PuN 23 (1997), 131–151.

[13] Vgl. OETINGER, 1999, Bd. 1, XV, XIX (Einleitung). Bereits Gadamer hat festgestellt, „daß Oetingers Lebensbegriff der spiritualistischen Metaphysik des spekulativen Idealismus und insbesondere Hegels Kritik an der Reflexionsphilosophie und seiner Lehre von Natur und Geist präludiert". GADAMER, 1964, XXIII.

[14] Benz bezeichnet Oetinger als „Begründer der theosophischen Richtung des württembergischen Pietismus". Vgl. ERNST BENZ: Theologie der Elektrizität. Zur Begegnung und Auseinandersetzung von Theologie und Naturwissenschaften im 17. und 18. Jahrhundert. In: Abhandlungen der geistes- und sozialwissenschaftlichen Klasse der Akademie der Wissenschaften und der Literatur zu Mainz (1971), 685–782, hier: 711. Die hieraus folgende Sonderstellung Oetingers im württembergischen Pietismus und als Randsiedler und Außenseiter der württembergischen Kirche betont auch GROTH, 1984, 88, 90.

[15] Vgl. FAIVRE, 2001, 24–34.

wiederum mit Oetinger wohl vertraut war.[16] In Oetingers Schrifttum findet sich aber ebenfalls nicht nur namentlich ein großer Teil des Esoterischen Corpus nach Faivre zitiert und inkorporiert: Hermes Trismegistos, die christliche Kabbala, die Theosophie mit Jakob Böhme und Johann Arndt, Alchemie, Magie, Astrologie, Renaissanceneuplatonismus, Masonismus und ‚Kräuterkunde'. Auch Faivres invariante esoterische Denkformen ließen sich bei Oetinger zum Teil wörtlich nachweisen, vor allem die Transmutation von Metallen[17] und die aufgrund eigener Selbstbewegungskräfte „lebende Natur".[18] Die Zuschreibung eines erreichbaren „höheren Wissens" wäre hingegen problematisch, denn Oetinger erkannte Swedenborgs Visionen und Böhmes Zentralerkenntnis im biblischen Sinne als Offenbarungen zwar an, schloss aber beide Erkenntniswege für sich selbst aus.[19] Sein in Verbindung mit Shaftesbury entwickelter *sensus communis* ist allgemein verfügbar, gerade im Gegensatz zur Exklusivität der Zentralerkenntnis, die Oetinger letztlich in die Endzeit verlegt. Ein Ansatz, der Faivres Esoterik-Kriterien bei Oetinger wiederfände, müsste deutlich berücksichtigen, dass Oetinger bei seiner Rezeption der genannten literarischen Strömungen ein in seiner Radikalität freilich eigentümlicher Anhänger der lutherischen *sola-scriptura*-Lehre blieb und sich vor allem in der Trinitäts- und Rechtfertigungslehre und in der Christologie selbst als Lutheraner verstand, auch wenn und gerade weil er die Artikel der Bekenntnisschriften durch andere Quellen anreicherte oder sie in jene einordnete. Dies wird im Folgenden zu beschreiben sein.

---

[16] Vgl. ANTOINE FAIVRE: Eckartshausen et la théosophie chrétienne. Paris 1969.

[17] Gegen Swedenborg behauptet Oetinger auf der Basis des *ens penetrabile* die Möglichkeit der Transmutation von Metallen. Vgl. OETINGER, 1977 [1765], 9 f., sowie 230 (die Metalle müssten zuvor auf ihre erste Materie reduziert werden). Deghaye erinnert daran, dass bei Oetinger derjenige, der die Natur erneuern wolle, selbst wiedergeboren werden müsse, in Form einer Selbsttransmutation. Vgl. PIERRE DEGHAYE: Oetinger und Boehme. Von der verborgenen Gottheit bis zum offenbaren Gott. In: HOLTZ / BETSCH / ZWINK, 2005, 183–196, hier: 188. Im *Biblischen und Emblematischen Wörterbuch* notiert Oetinger unter dem Stichwort „Versöhnen" in der Tat: „Alles Widrige zu überwinden und ins Leben zu versetzen", heiße „eigentlich und unverblümt versöhnen: Catallato, transmutiren." Vgl. OETINGER, 1999, Bd. 1, 346.

[18] Vgl. dazu Kap. 5.2.4., h).

[19] Nach Weyer-Menkhoff ersetzte Oetinger 1736, als er sich zeitweilig von Böhme, Helmont und der Theosophie abwandte, das ihm „eckelhaft" gewordene Wort der „Zentralerkenntnis" durch den allgemein verfügbaren Begriff des „sensus communis" und „schulmäßiges, logisches Denken". Vgl. WEYER-MENKHOFF, 1990a. 91, 106, 128. Nach Schoberth eignet sich die „Zentralerkenntnis" nicht als Interpretament für Oetingers Werk, denn er selbst habe sie nicht erlangt, sondern vor deren Überbewertung gewarnt. Vgl. SCHOBERTH, 1994, 35 f. Demgegenüber macht Spindler darauf aufmerksam, dass Oetinger die Zentralerkenntnis als höchsten Grad des *sensus communis,* als Ausdruck eines „geistige[n] bzw. geistliche[n] Gefühls" und als „reine, wesentliche, ganzheitliche, vollkommene Intuition" gesehen habe: als „mystische Schau". GUNTRAM SPINDLER: Oetinger und die Erkenntnislehre der Schulphilosophie des 18. Jahrhunderts. In: PuN 10 (1984), 22–65, hier 54. Es dürfte Spindler und Piepmeier darin Recht zu geben sein, dass sich Oetinger erst nach langem Prüfen von der Zentralerkenntnis als Erkenntnisweg abwandte, weil dadurch viele in die Irre geführt worden seien. Swedenborg dürfte Oetinger als negatives Beispiel vor Augen gestanden haben. Vgl. GUNTRAM SPINDLER: Das „Wörterbuch" als Werk der Philosophia sacra. In: OETINGER, 1999, Bd. 2, 85–107, hier: 89; PIEPMEIER, 1984, 14.

Es ist zunächst festzuhalten, dass die kirchenamtlichen Versuche, gegen Oetinger vorzugehen, nicht nur allesamt scheiterten, sondern auch seine Attraktivität und die Frequenz, mit der seine Bücher gelesen wurden, verstärkte, wodurch das Luthertum in Oetingers Anhängerschaft faktisch modifiziert wurde und dabei formal Luthertum blieb.[20]

Schließlich wird geltend zu machen sein, dass sich der theosophische Lutheraner Oetinger mit seiner massiven Kritik an einem idealistisch verstandenen Leibniz-Wolffschen Rationalismus partiell mit einem maßgeblichen philosophischen Aufklärer überschnitt: nämlich mit Kant. Gleiches gilt für das intellektuelle Milieu, das Peter Hanns Reill als „aufgeklärten Vitalismus" bezeichnet hat.[21] Oetinger adaptierte nicht nur die für diese Strömung typischen Autoren wie Maupertuis, Buffon und Bonnet. Auch die Topoi überschneiden sich, vor allem im Hinblick auf eine sich strukturiert entwickelnde und selbständig lebende Natur, natürlich unter der für ihn typischen eschatologischen Perspektive und durch seine offensive Rezeption der Kabbala, Böhmes und nicht zuletzt der Bibel. Überschneidungen ergeben sich auch mit dem eigentümlichen Wolffianismus Siegmund Ferdinand Weißmüllers, der in eine „‚realistische' Opposition" gegen idealistische Tendenzen bei Leibniz und in der Leibniz-Wolffschen Philosophie ging.[22] Oetingers Lehre vom *sensus communis*, mit der er unter Berufung auf Shaftesbury und Sulzer sowie einflussreicher Wirkung auf Herder[23] die Wolffschen Seelenvermögen, das Erkenntnis- und das Begehrungsvermögen, durch ein „erkennendes Gefühl" oder eine „intuitive Erkenntnis" ergänzte,[24] befindet sich inmitten einer breiten philosophischen Entwicklung ab der Mitte des 18. Jahrhunderts. Oetingers einseitige Charakterisierung als Theosoph, Lutheraner, Aufklärer, Alchemist oder Kabbalist ist aus diesen Gründen problematisch.

Bei Oetinger, der sich in den diskursiven Auseinandersetzungen positionierte und seine Standpunkte modifizierte, sind also vielfältige Überschneidungen und

---

[20] Die Luther-Kritik des späten Oetinger im *Biblischen und Emblematischen Wörterbuch* ist m. E. dadurch zu erklären, dass sich Semler bei seiner Distanzierung gegenüber der für den Bengelianismus Oetingers geradezu fundamentalen Offenbarung des Johannes ausdrücklich auf Luther berief. Vgl. auch HARDMEIER, 1999, 117. Diese Kritik dehnte Oetinger dann auch auf andere Bereiche aus, indem er den Vorwurf, Luther habe den kabbalistisch-böhmistische und auf Jak 3,6 aufbauende „Rad der Geburten" (τροχός τῆς γενέσεως) und die sieben Sephiroth schlicht nicht verstanden und aus diesem Grund die „ganze Epistel Jacobi eine stroherne Epistel genannt zu grossem Aergernis". Vgl. OETINGER, 1999, Bd. 1, 92, 264. Oetingers Kritik an Luther richtet sich im Grunde gegen die Abweisung der Apokalyptik und der Kabbala durch Semler und andere aufklärerische Theologen.

[21] Vgl. Kap. 2.4.1., b), gg).

[22] MULSOW, 2008, 357 f., 371; MARTIN MULSOW: Pythagoreer und Wolffianer: Zu den Formationsbedingungen vernünftiger Hermetik und gelehrter ‚Esoterik' im Deutschland des 18. Jahrhunderts. In: ANNE-CHARLOTT TREPP, HARTMUT LEHMANN (Hgg.): Antike Weisheit und kulturelle Praxis. Hermetismus in der Frühen Neuzeit. Göttingen 2001, 337–396, hier: 365 f., 385 ff.

[23] Vgl. ULRICH GAIER: Herder und Oetinger. In: PuN 28 (2002), 213–236.

[24] Vgl. SPINDLER, 1984, besonders 40–57; SCHOBERTH. 1994, 88. Bereits 1748 „entdeckt" Oetinger den *sensus communis* und eines seiner ersten Bücher ist diesem Thema gewidmet: Inquisitio in sensum communem et rationem […]. Tubingae 1753. Vgl. auch OETINGER, 1999, Bd. 1, XI (Einleitung).

divergierende Einflüsse auszumachen. Ansätze, die von invarianten, in sich geschlossenen Identitäten ausgehen, neigen dazu, Oetinger (und Swedenborg) eine konsistente, personelle Kontinuität zuzuschreiben, so dass personenunabhängige Transporte von Lehrelementen an diskursiven Schnittstellen verdeckt bleiben müssen. Diese Beobachtung ist vor allem auch für das hier thematisierte Verhältnis Oetingers zu Swedenborg geltend zu machen. Ernst Benz und neuerdings Wouter Hanegraaff, die die Konstellation Swedenborg-Oetinger ebenfalls untersucht haben, erblicken in beiden vor allem zwei *Personen*, die zwei antagonistische Systeme repräsentieren und sich deshalb ohne produktives Ergebnis und überschneidungslos voneinander trennen mussten.

Die beispielsweise in der Esoterikforschung geführte Diskussion zwischen Benz, Henry Corbin und Antoine Faivre über das ‚Wesen‘ oder die ‚Eigentlichkeit‘ der Theologien Oetingers und Swedenborgs[25] basiert ebenso auf der These, dass es notwendigerweise zu einem gegenseitigen Ausschluss kommen musste und Oetinger Swedenborg zu einem bestimmten Zeitpunkt *ad acta* gelegt habe. Hanegraaff geht sogar so weit, das Verhältnis zwischen beiden als Entwicklung von einer „qualifizierten Akzeptanz" zu einer „unqualifizierten Abweisung" zu beschreiben.[26] Wenn dieser schon verbal auf die Personen gerichtete Fokus mit der Beobachtung verknüpft ist, Oetinger habe Swedenborg gar „richtig" verstanden oder wahrgenommen,[27] können partielle und ‚subkutane‘ Überschneidungen sowie deren produktive Konsequenzen kaum von Belang sein oder entdeckt werden. Ziel solcher Untersuchungen ist scheinbar nicht nur die Eruierung der ‚eigentlichen‘, vom Diskursgegner lediglich missverstandenen Lehre oder Intention, sondern auch die posthume Exkulpation von Autoren durch die Aufdeckung von historischen ‚Missverständnissen‘. Das fluide Spiel der Identitätszuweisungen und -konstruktionen wird dadurch in eine statische Form gegossen. Die ‚Parzellierung‘ des Diskursgegners und seiner positionellen Äußerungen muss verkannt werden. Identitäten werden im Rückblick konstruiert und damit ‚erfunden‘.

In diesem Kapitel wird herausgearbeitet, dass wohl zwischen Swedenborg und Oetinger *als Personen* ein Bruch zu konstatieren ist, nicht aber zwischen ihren Lehrsystemen. In der Forschung seit Ernst Benz wird bislang betont, dass Swedenborgs spiritualistische Auslegung der Bibel und sein wachsender Anspruch, Offenbarungsträger und Verkünder eines neuen Wortes zu sein, zu Oetingers

---

[25] Vgl. HANEGRAAFF, 2007, 132 f., Anm. 116.

[26] Vgl. HANEGRAAFF, 2007, 74. Diese These vertritt grundsätzlich auch ERNST BENZ, 1947. Hanegraaff zeigt sich daher auch überrascht, wie lange Oetinger brauchte, um der Tatsache ins Auge zu blicken, dass Swedenborg seinem Biblizismus widersprach. Eine solche Verwunderung übersieht freilich, dass Oetinger um diese Diskrepanz von Anfang an wusste und dies auch dezidiert aussprach.

[27] Vgl. HANEGRAAFF, 2007, 76, mit Anm. 116, 132. Der hier behauptete Gegensatz zwischen Oetingers Inkarnationstheologie und Swedenborgs angeblich doketistischen Tendenzen lässt sich nicht aufrechterhalten. Nicht nur Swedenborgs eindeutiges Festhalten an der Inkarnation, um das Oetinger wusste, spricht dagegen. Auch ist Swedenborgs cartesischer Dualismus in seiner visionären Phase neuplatonisch vermittelt und dadurch modifiziert. Vgl. dazu auch Kap. 3.3.3., sowie 3.3.6., c).

Abwendung geführt haben.[28] Das trifft allerdings bei genauerer Betrachtung nur bedingt zu. Auch wenn sich Oetinger entsprechend geäußert hat, schlägt sich die schon immer nur partielle Rezeption Swedenborgs bei Oetinger bis in seine späten Publikationen nach dem von Benz, Hanegraaff und anderen behaupteten Bruch nieder, ohne dass der Name Swedenborg erwähnt wird. Eine seiner letzten Veröffentlichungen überhaupt besteht zu einem großen Teil aus der Übersetzung des unkenntlich gemachten Swedenborg.

Gegenüber den Versuchen, Swedenborg auf ein wirkungsgeschichtlich nur schwaches Element bei Oetinger zu reduzieren, wird gezeigt werden, dass sich Oetinger seit Mitte der 1760er Jahre bis mindestens 1777 kontinuierlich und intensiv mit Swedenborg beschäftigt und gewichtige Elemente seiner Lehre adaptiert und öffentlich gemacht hat.

Um der ambivalenten, anonymisierenden und maskierenden Rezeption Swedenborgs bei Oetinger auf die Spur zu kommen, wird zunächst ein Überblick über Oetingers theologisch-philosophische Entwicklung gegeben. Dadurch wird skizziert, in welchen Auseinandersetzungen er sich befand, als er Swedenborg aktiv rezipierte, mehrere seiner Bücher ins Deutsche übersetzte oder übersetzen ließ und schließlich im Alter von fast 65 Jahren wegen seiner Swedenborg-Aktivitäten unter kirchenamtlichen Beschuss geriet.

Oetinger ist nicht nur als einer der wichtigsten Transporteure des Werkes von Jakob Böhme im 18. Jahrhundert zu betrachten. Durch ihn ist die – vor allem deutschsprachige Öffentlichkeit – direkt mit den Werken Swedenborgs in Berührung gekommen. Neben Kant und Ernesti hat er zweifellos als einer der wichtigsten Swedenborg-Rezipienten des 18. Jahrhunderts überhaupt zu gelten. Wer ab 1765 Oetinger kannte, der kannte auch Swedenborg.

5.2.2. Oetingers intellektuelle Biographie als Rahmen
seiner Swedenborg-Rezeption

Sämtliche der oben genannten disparaten Ansätze, Oetingers Werk innerhalb der zeitgenössischen Theologie und Philosophie einzuordnen und seine Gesamtintention zu deuten, vermögen sich auf Anknüpfungspunkte bei Oetinger selbst zu beziehen. Denn dessen Lokalisierung scheint gerade wegen seiner ‚heterodoxen Orthodoxie‘[29] problematisch zu sein und divergierende Deutungen zu ermöglichen. Gerade deshalb ist eine strikte Kontextualisierung Oetingers geboten, um eine von der Grundentscheidung historische Beschreibung zu ermöglichen, die nicht von der Voraussetzung ausgeht, Oetingers Glaube sei den diskursiven

---

[28] So auch EBERHARD GUTEKUNST: „Spötter, die mich um Ihrer willen für einen Fanatiker ausrufen." Swedenborg und Friedrich Christoph Oetinger. In: ZWINK, 1988, 77–81, hier 80 f.

[29] Oetinger war bei allen Spannungen stets von seiner eigenen Orthodoxie überzeugt. Seinen Differenzen zur lutherischen Theologie und den Bekenntnisschriften hat bereits Carl August Auberlen (1824–1864) eine eher formale als materiale Natur zugeschrieben. Vgl. KONRAD OHLY: Einleitung. In: OETINGER, 1979, Bd. 1, 39.

Auseinandersetzungen immer schon vorausgegangen und seine Theologie sei auf diese Weise gegenüber dem historischen Rahmen sozusagen autonom. Dies ermöglicht ein Blick auf Oetingers intellektuelle Biographie.

Zunächst ist eine für die württembergische Kirchenpolitik des 18. Jahrhunderts typische Rahmenbedingung zu nennen, die sich von anderen Landeskirchen unterschied und mit den für den hiesigen Pietismus geradezu signifikanten eschatologischen Tendenzen einherging. Veranlasst durch den Streit um Philipp Jakob Spener, war hier bereits 1694 ein herzogliches „Edikt zur Pietisterey" erlassen worden, das zwischen fundamentalen und nichtfundamentalen Glaubensartikeln in den Bekenntnisschriften unterschied. Das wirkte sich auf die kirchenrechtliche Geltung des Artikels 17 der *Confessio Augustana* aus, der den Chiliasmus und die *Apokatastasis*-Vorstellung täuferischer Gruppen verdammte.[30] Dieses Edikt ermöglichte nicht nur ausgedehnte Debatten über die vom Bekenntnis tabuisierten eschatologischen Fragen. Es ist der Befund erhoben worden, dass CA 17 in Württemberg permanent übertreten, ja von allen sogenannten „Vätern" des württembergischen Pietismus eindeutig verletzt worden ist.[31] Der doppelte Millennarismus Johann Albrecht Bengels, der in seinen letzten Lebensjahren auch Konsistorialrat war, sein massiver biblischer Realismus und seine bekannten apokalyptischen Berechnungen konnten auf diese Weise mit kirchenamtlicher Duldung traditionsbildend werden.[32] Gleichzeitig drang die *Apokatastasis*-Lehre des Ehepaars Petersen, die Leibniz[33] und Spener[34] gleichermaßen befördert hatten,

---

[30] Vgl. Martin Brecht: Philipp Jakob Spener und die württembergische Kirche. In: Heinz Liebing, Klaus Scholder (Hgg.): Geist und Geschichte der Reformation. Festgabe Hanns Rückert zum 65. Geburtstag. Berlin 1966, 443–459, hier: 454; Groth, 1984, 31, 52; Jung, 1997, 141.

[31] Vgl. Groth, 1984, 253.

[32] Nach Groth, 1984, 74, distanzierte sich Bengel mit seinem doppelten Millennarismus von dem falschen Chiliasmus der Täufer (und dem ‚einfachen' Millennarismus der Petersens) und meinte damit sogar, CA 17 zu entsprechen. Oetinger urteilte selbst 1765, dass Bengel den Chiliasmus orthodox machen wollte. Er selbst habe im Gegensatz zu Bengel aber Böhme theologisch prüfen wollen. Vgl. Oetinger, 1977 [1765], 299. Nach Groth habe Bengel mit seiner Unterscheidung der Dauer der seligen und unseligen Ewigkeit die dualistische Eschatologie zwar beibehalten und dennoch eine *Apokatastasis* vertreten, auch wenn Emanuel Hirsch meint, er habe sie nur heimlich gelehrt. Aber einen doppelten Ausgang der Weltgeschichte nimmt Bengel nicht an. Vgl. Groth, 1984, 80f., 83, 86f. Dem entspricht das Bengel zugeschriebene Wort, wie die Apokatastasis nicht glaube, sei ein Ochse, wer sie aber predige, sei ein Esel. Vgl. Weyer-Menkhoff, 1990a, 205.

[33] Schon Johann Wilhelm Petersens *Mysterion Apokatastase hos Panton* wurde von Leibniz 1701 besprochen. Vgl. PhN 508. Die Vorlage für Petersens *Uranias seu opera Dei magna carmine heroico celebrata* von 1720 stammt von Leibniz. Vgl. Mulsow, 2008, 345f. In der *Theodizee* verweist Leibniz ebenfalls auf Petersens *Mysterion Apokatastase hos Panton* und schließt sich punktuell dessen Hermetismus an, der wiederum für Gottscheds Äußerungen über Planetenbewohner relevant wurde. Vgl. Kap. 2.3.3., e); Kap. 4.3.3., c); Mulsow, 2008, 354f.

[34] Petersens *Mysterion Apokatastase hos Panton* erschien auf Speners Anraten. Spener und Francke dürften ihre apokatastatischen Anregungen den Petersens verdanken, auch wenn Spener Petersens Chiliasmus nicht teilte. Allerdings schätzte auch er die Lehre vom Mittelzustand der Seele nach dem Tod. Vgl. Groth, 1984, 39, 42, 45–48. Zu den Petersens vgl. Stefan Luft: Leben und Schreiben für den Pietismus. Der Kampf des pietistischen Ehepaars Johanna Eleonora und Johann Wilhelm Petersen gegen die lutherische Orthodoxie. Herzberg 1994; Markus Matthias: Johann Wilhelm und Johanna Eleonora Petersen. Göttingen 1993.

in das württembergische Luthertum, von den heterodoxen Theologumena, die mit dieser Lehre zusammenhingen, ganz abgesehen. Bengel, der (doppelte) Chiliasmus, die *Apokatastasis panton*, aber auch die Frage der endzeitlichen Judenbekehrung, ist der eine Rahmen, in dem Oetinger zu betrachten ist.

Der andere, politische Rahmen ist durch die Katholizität des württembergischen Herzogs Karl Eugen benannt, der an den theologischen Streitigkeiten seines lutherischen Konsistoriums ein offenbar weniger substantielles Interesse hatte. Karl Eugen beförderte Oetinger 1766 in das Amt des Prälaten in Murrhardt, eine ihm selbst und nicht der Kirchenleitung unterstehende Prälatur, und stellte sich während der Angriffe des Konsistoriums offenbar hinter ihn.[35]

Ein dritter Aspekt besitzt seine Wurzel ebenfalls im 17. Jahrhundert, als unter anderem durch den Einfluss des Kabbalisten und anonymen Verfassers der Rosenkreuzerschriften Johann Valentin Andreae (1586–1654) kabbalistische Neigungen auch im herzoglichen Hause gehegt wurden. Beredtes Zeugnis ist eines der bekanntesten Bücher Oetingers, seine *Lehrtafel der Prinzessin Antonia* (1763).[36]

Seine akademische Grundausbildung erhielt Oetinger in Tübingen auf dem Gebiet des Leibniz-Wolffianismus, der ihm vor allem durch Israel Gottlieb Canz (1690–1753) und Georg Bernhard Bilfinger (1693–1750) vermittelt wurde. Bilfinger verbreitete außerdem auch die Philosophie Malebranches.[37] Er sei in seiner Tübinger Zeit in die idealistisch verstandene Philosophie von Leibniz und in dessen System der prästabilierten Harmonie „ganz eingetaucht", berichtet der späte Oetinger in seiner Autobiographie.[38] Hier ist zunächst eine wesentliche Überschneidung gegenüber Swedenborg festzustellen. Leibniz' monadologische Philosophie wirkte auf den jungen Oetinger nachhaltig, er hielt sie nach eigenem Zeugnis zunächst für gut biblisch[39] – eine Prägung, die trotz seiner scharfen Abwendung von Leibniz, Wolff und später auch Malebranche zeitlebens erhalten blieb und unterirdische Gemeinsamkeiten mit Leibniz konservierte,[40] wie noch zu zeigen ist.

---

[35] Vgl. WEYER-MENKHOFF, 1990a, 188, auch 133; BENZ, 1947, 40, 169.

[36] Häussermann betrachtet Prinzessin Antonia als geistliche Tochter Andreaes. Vgl. FRIEDRICH HÄUSSERMANN: Einführung. In: OETINGER, 1977 [1763], Bd. 1, 31–50, hier: 45. Zu Andreae vgl. MARTIN BRECHT: Art. Andreae, Johann Valentin. In: RGG⁴ 1 (1998), 470–472; DERS.: Johann Valentin Andreae 1586–1654. Eine Biographie. Göttingen 2008.

[37] Vgl. etwa WEYER-MENKHOFF, 1990a, 31 f., 36; SPINDLER, 1984, 25–27; SONJA-MARIA BAUER: Das Studium an der Philosophischen Fakultät der Universität Tübingen zur Zeit von Friedrich Christoph Oetinger. In: HOLTZ/BETSCH/ZWINK, 2005, 25–41, hier: 31–41; KUMMER, Autobiographie, 78; OETINGER, Selbstbiographie, 31 (andere Textanordnung).

[38] OETINGER, Selbstbiographie, 32; KUMMER, Autobiographie, 78. Während der Drucklegung der vorliegenden Arbeit ist nach Kummers Edition der *Genealogie* Oetingers noch erschienen OETINGER, Genealogie (2010, hg. von DIETER ISING). Im Folgenden wird auf die Ausgabe von KUMMER und die ältere Ausgabe von ROESSLE verwiesen.

[39] Er informiert hier im Rückblick ausführlich über seine philosophische Prägung. Leibniz habe er idealistisch verstanden und damals auf Hebr 11,3 bezogen. Vgl. OETINGER, Selbstbiographie, besonders: 31 f.; KUMMER, Autobiographie, 78. Hebr 11,3: „Durch Glauben verstehen wir, daß die Welten durch Gottes Wort bereitet worden sind, so dass das Sichtbare nicht aus Erscheinendem geworden ist." Vgl. auch WEYER-MENKHOFF, 1990a, 31 f., 36.

[40] Vgl. WEYER-MENKHOFF, 1990a, 34 f., 115.

Möglicherweise bekam Oetinger in Tübingen auch den Anstoß für seine lebenslangen alchemistischen Interessen über den hier lehrenden Naturphilosophen Johann Conrad Creiling.[41] Nur wenig ist über die spiritualistischen Zirkel bekannt, in die Oetinger als Student zeitweise geriet. Seinem eigenen Bericht zufolge kam er bereits als Student mit verschiedenen Autoren der christlichen Kabbala und mit Jakob Böhme[42] in Berührung und erwarb Kenntnisse, die er später durch die *Kabbala denudata* und die lurianische Kabbala vertiefte, die ihm durch einen namentlich nicht bekannten Juden während seines Lehraufenthalts in Halle vermittelt wurde.[43] Von den spiritualistischen Konventikeln wandte sich Oetinger schnell wieder ab,[44] aber durch deren Vermittlung geriet er nach eigener Aussage in eine engere persönliche Beziehung zu dem Frankfurter Juden Coppel Hecht,[45] der ihm wiederum Jakob Böhme ans Herz legte, denn Böhme rede „noch viel deutlicher von der Cabbala" als der Sohar; Oetinger solle Böhme anstatt der Kabbala lesen.[46] Nach seiner eigenen späten Auskunft waren die kabbalistischen Interessen, die ihn zu dieser Zeit beschäftigten, mit arianischen Tendenzen verbunden, Malebranches Christozentrismus habe ihn damals zur Korrektur und zu einem eigenen antiarianischen „System von Christus" geführt.[47]

---

[41] Vgl. Gerhard Betsch: Johann Conrad Creiling (1673–1752) und seine Schule. In: Holtz/Betsch/Zwink, 2005, 43–59. Oetingers Festhalten an der Transmutation der Metalle läuft Creilings Modell der Alchemie als stofflicher Vervollkommnung und „Transformation" der Metalle parallel (ebd., 47). Vor allem der erste Band der *Philosophie der Alten* (1762) befasst sich ausführlich mit alchemistischer Literatur.

[42] Vgl. Oetinger, Selbstbiographie, 36 f., 49; Kummer, Autobiographie, 80, 85 f., 143 f.

[43] Vgl. Oetinger, Selbstbiographie, 57; Kummer, Autobiographie, 89, 175. 1735 war Oetinger kurzzeitig Dozent in Halle. Vgl. Weyer-Menkhoff, 1990a, 17, 55 f.; Eva Johanna Schauer: Friedrich Christoph Oetinger und die kabbalistische Lehrtafel der württembergischen Prinzessin Antonia in Teinach. In: Holtz/Betsch/Zwink, 2005, 165–181, hier: 166.

[44] Nach seinem eigenen Bericht habe er auf den Rat Bilfingers als „Gegengewicht" gegen die Göppinger Inspirierten um Johann Friedrich Rock, zu denen er 1721 Kontakt hatte, die *Logik* von Jean-Pierre Crousaz gelesen und dieses Buch zu dieser Zeit als göttliche Gabe angesehen. Vgl. Oetinger, Selbstbiographie, 28; Kummer, Autobiographie, 74. Weyer-Menkhoff, 1990a, 31, folgt Oetingers spätem Bericht.

[45] Über Johann Jakob Schütz und dessen Schüler Christian Fende, die für ihre Apokatastasis-Lehre selbst Anleihen bei der Kabbala nahmen. Von Schütz' Tochter will er die *Kabbala denudata* erhalten haben. Vgl. Weyer-Menkhoff, 1990a, 53, 201; Weyer-Menkhoff, 1990b, 38 f. Vgl. Oetinger, Selbstbiographie, 50–52; Kummer, Autobiographie, 86 f., 167. Nach Weyer-Menkhoff, 1990a, kam Oetinger jedoch schon während seiner Studienzeit mit Böhme in Berührung. Offenbar handelt es sich bei Oetingers später Betonung seiner Begegnung mit Coppel Hecht um eine Deutung des Verhältnisses zwischen Kabbala und Böhme.

[46] Oetinger streicht besonders heraus, dass Hecht Platon für einen Schüler des Propheten Jeremia gehalten habe. Vgl. Kummer, Autobiographie, 86 (Zitat); Oetinger, Selbstbiographie, 52; Weyer-Menkhoff, 1990a, 54; Erich Beyreuther: Einführung in Oetingers „Swedenborgs und anderer irdische und himmlische Philosophie". In: Oetinger, 1977 [1765], IX–LXXIX, hier: XIX; Weyer-Menkhoff, 1990b, 50–52; Häussermann, 1977, 32; Schauer, 2005, 166. Noch der späte Oetinger bekräftigte, dass Böhme „in dem Buch *Mysterium magnum* mehr als alle Cabbala der Juden" sage. Vgl. Oetinger, 1999, Bd. 1, 165 [Hervorhebung bei Oetinger]. Vgl. auch Pierre Deghaye: La philosophie sacrée d'Oetinger. In: Ders.: De Paracelse à Thomas Mann. Les avatars de l'hermétisme allemand. Paris 2000, 116–163, hier: 117.

[47] Vgl. Oetinger, Selbstbiographie, 33 f.; Kummer, Autobiographie, 79.

Hiermit sind die ersten Prägungen umrissen: Bengels Biblizismus und Apokalyptik, Böhmes Theosophie und die Kabbala, der philosophische Rationalismus
in Gestalt des später als idealistisch betrachteten, aber für Oetinger frommen,
weil christozentrischen Cartesianers Malebranche[48] und in Gestalt der Leibniz-
Wolffschen Philosophie.

In der ersten Hälfte der 1730er Jahre kam Oetinger mit Berleburger Spiritualisten, unter anderem mit Dippel und Charles Hector von Marsay, in Berührung
und hatte engen Kontakt zum Reichsgrafen Zinzendorf, mit dem er sich aber wegen dessen Christomonismus spätestens 1741 so überwarf, dass er während einer
schweren Krise kurz vor dem Selbstmord gestanden haben soll.[49]

In Herrnhut verfasste Oetinger seine erste Böhme-Schrift.[50] Möglicherweise
war er es, der in der Brüdergemeine Autorinnen aus der romanischen quietisti-
schen Jesusmystik wie Therese von Bordeaux und Jeanne Marie Guyon erst ein-
führte.[51] Zwischen seinen damals wichtigsten theologischen Autoritäten, Zinzendorf und Bengel, versuchte er zu vermitteln – ein gescheiterter Versuch, der Oetingers Orientierung auf Bengel forcierte.[52]

Oetinger scheint jedoch Zinzendorfs Christomonismus nicht einfach abgelehnt zu haben. Vielmehr erblickte er bei ihm eine einseitige Erlöserchristologie,
die das göttliche Walten in der Natur unberücksichtigt ließ und die für ihn tendenziell diktatorisch war. Ohne das im *sensus communis* vermittelte ewige Wort
aber, urteilte Oetinger, „werden wir lauter päpste und herrscher der Gewissen,
tyrannen und Menschenfänger, aber hasser der freyheit der Menschen".[53] Die
Schöpfungsmittlerchristologie, die Oetinger aus Böhme, der Kabbala, Malebranche und später auch aus Swedenborg ableitete, kann als Antwort auf Zinzendorf
und als ein korrigierter Christomonismus gesehen werden. Denn Oetinger hielt

---

[48] In der *Philosophie der Alten* würdigte er Malebranches Philosophie, die auf Jesus Christus als „Haupt aller Dinge" hinführe. OETINGER, 1762, Bd. 2, 51. Ähnlich 1765: Malebranches
Lehre liege wie bei Leibniz die beste Welt aller möglichen Welten zugrunde. Er trage dies aber
viel „reiner und behutsamer vor", denn er halte Jesus für den „Mittelpunkt des Werks, welches Gott gemacht hat". Vgl. OETINGER, 1977 [1765], 182. Bis in seine letzten Werke bezog
sich Oetinger immer wieder auf Malebranche, von dem er die Hauptwerke kannte: *Recherche
de la verité*, die *Méditations chrétiennes et métaphysiques*, den *Traité de la nature et de la
grâce*, die *Entretiens sur la métaphysique* und die *Briefe*. Vgl. OETINGER, 1762, Bd. 2, 51; OE-
TINGER. Selbstbiographie, 31; KUMMER, Autobiographie, 78.

[49] Vgl. WEYER-MENKHOFF, 1990a, 63–93. Oetinger warf Zinzendorf eine Rückkehr in die
Gesetzlichkeit und einen Christomonismus mit geradezu totalitaristischen Zügen vor, teilte
aber dessen Kritik an der Trinitätslehre – dies schlug sich möglicherweise auch in seinem Verhältnis zu Swedenborg nieder.

[50] Aufmunternde Gründe zu Lesung der Schrifften Jacob Boehmens […]. Franckfurt;
Leipzig 1731. Hierin wird die Kabbala als Zeugin für Böhme herangezogen, der seinerseits
den Schlüssel für die Kabbala biete. Vgl. WEYER-MENKHOFF, 1990a, 55 f.

[51] Vgl. WEYER-MENKHOFF, 1990a, 84, 87. Guyon, Bourignon und Therese gehören ab
nun zu seinen immer wiederkehrenden Referenzautorinnen, wenn es um die Verteidigung
mutmaßlich ‚mystischer' Heterodoxien und „Partikulargaben" wie im Falle Böhmes und
Swedenborgs geht, vgl. etwa OETINGER, Beurtheilungen (1771), unpaginiertes Register; Oetinger, 1977 [1965], X; Oetingers Rechtfertigungsschrift aus dem Jahre 1767. In: OETINGER,
1977 [1765], LI–LXX, hier: LVIII; OETINGER, Unterricht (1772), 93 f.

[52] Vgl. WEYER-MENKHOFF, 1990a, 70.

[53] KUMMER, Autobiographie, 98.

zeitlebens an dem erlösenden Christus genauso fest wie an dem ewigen Wort, an dem präexistenten Logos, dem Christus als Heil der Natur.[54] Dieses zweite Feld deckte Oetingers Rezeption Böhmes und der Kabbalisten, dann aber vor allem Isaac Newtons, den er stets als Böhmisten verstand,[55] und anderer Naturforscher wie des „elektrischen Philosophen" Prokop Divisch[56] und schließlich auch Swedenborgs ab. Sein Ziel war es, dem im Grunde nur marginal geäußerten Wunsch Speners entsprechend, Böhmes Theosophie zu prüfen und durch den Vergleich mit den zeitgenössischen Philosophien zu aktualisieren. Diesem Vorgehen scheint eine gewisse argumentative Geschicklichkeit nicht abzusprechen zu sein, denn Spener stand nicht zur Disposition, die Berufung auf ihn schützte Oetinger: „Will man mich zum Phantasten machen, so muß man Spenern die Schuld geben", so Oetingers Strategie.[57] Gleichzeitig wollte er die Kabbala nutzen, um das System Zinzendorfs zu „alteriren".[58] Das tat er mit der Erklärung der *Lehrtafel der Prinzessin Antonia*, wie im Falle Speners ein offenbar auf taktische Absicherung zielendes Vorgehen, denn unter dem Namen einer Angehörigen des herzöglichen Hauses brachte der Prälat Oetinger Böhme und die Kabbala in die Öffentlichkeit und betrat damit einen ganz anderen Weg als Bengels biblizistische Apokalyptik.

Mitte der sechziger Jahre wurde er während einer schweren Krankheit nach eigenem Zeugnis mit dem ersten Band von Swedenborgs *Arcana coelestia* bekannt. Swedenborg, der „große mechanische Philosoph", gehörte nach eigener

---

[54] Vgl. OETINGER, 1999, Bd. 1, 207: Christus als „Heil der Natur" und als „wahre Medicin" – das werde erkannt, wenn sich alle Nationen um Jerusalem versammeln und „den Juden recht geben". Vgl. auch WEYER-MENKHOFF, 1990a, 148; OETINGER, 1977 [1765], 195, hier eingebaut in ein Zitat aus Böhmes *Antistiefelius, oder Bedencken über Esaiae Stiefels* (§ 33).

[55] Die Begriffe „Attraction" und „Repulsion" entstammen der englischen Übersetzung Böhmes durch Henry More, Newtons Lehrer. Benz schließt, dass Newtons Begriffe von Böhme stammten, der sie aus der kabbalistischen Sephirothlehre entwickelt habe. Vgl. BENZ, 1971, 685–782, hier: 757. In *Swedenborgs irdische und himmlische Philosophie* urteilt Oetinger lapidar, Newton habe „ganz neue Gedanken, die niemand vor ihm gehabt, welche aber zum Wunder mit J. Böhm allein einige Aehnlichkeit haben". Vgl. OETINGER, 1977 [1765], 198. Vgl. auch FRIEDRICH CHRISTOPH OETINGER [anonym]: Inbegriff der Grundweisheit, oder kurzer Auszug aus den Schriften des teutschen Philosophen, in einem verständlicheren Zusammenhang. Frankfurt; Leipzig 1774, 58: Newton, „der gröste Philosoph" müsse Böhme „aufs fleissigste geprüft haben". Zu seiner Attraktionslehre habe er bei Böhme „seinen ersten Stoff angetroffen".

[56] Vgl. OETINGER, Divisch [1765].

[57] Vgl. OETINGER, 1977 [1765], 149. Der Verweis auf Spener kehrt in vielen Schriften Oetingers immer wieder, vgl. etwa: OETINGER, 1977 [1763], Bd. 1, 251; OETINGER, 1977 [1765], 156, 176, 232, 299. Auf den Seiten 366–371 druckte Oetinger sieben Stellen aus den drei Bänden der *Theologischen Bedencken* (1712–1715) ab, an denen sich Spener für eine theologische Prüfung Böhmes ausspricht. Die Legitimität dieser Berufung ist Oetinger aber auch abgesprochen worden. Die *Göttingischen Anzeigen von gelehrten Sachen* (1766, 201–210, hier: 209) widersprachen Oetinger mit dem Hinweis, es sei „bekannt genug, dass Spener Böhmen nie lesen wollen, und daher solte man die Furchtsamkeit dieses Lehrers nicht so misbrauchen". Vgl. auch HELMUT OBST: Jakob Böhme im Urteil Philipp Jakob Speners. In: Zeitschrift für Religions- und Geistesgeschichte 23 (1971), 22–39.

[58] OETINGER, 1977 [1763], Bd. 1, 131. In diesem Manuskript zur „Verbesserung" der theologischen Ideen Zinzendorfs bezieht sich Oetinger auf die Trinitätslehre und verwendet dabei Isaak Luria. Vgl. ebd., 131–137.

Auskunft schon seit 15 Jahren zu seinen Autoren, aber er wunderte sich, dass die *Arcana coelestia* bisher so unbekannt geblieben seien.[59] Möglicherweise kam er den *Arcana coelestia* erst durch Ernestis Rezensionen von 1760 oder 1763 auf die Spur.[60] Unklar ist allerdings, woher Oetinger wusste, dass Swedenborg der Verfasser war. Nach einer knappen Skizze in der 1763 erschienenen *Lehrtafel*[61] konzipierte Oetinger nun sein Hauptwerk, in dem er seine naturphilosophischen und seine theologischen Grundentscheidungen darlegte: *Swedenborgs irdische und himmlische Philosophie.*[62] Der erste Teil enthält eine auszugsweise, recht knappe Übersetzung des ersten Bandes der *Arcana coelestia* und einen ersten exzerptartigen Abriss aus den drei naturphilosophischen Schriften, die Oetinger von Swedenborg kannte.[63] Der zweite Teil umfasst die Darstellung der „irrdischen", sprich: der Naturphilosophie Swedenborgs, Malebranches, Wolffs, Newtons, des Philosophen, Astronomen und Mathematikers Detlev Cluver (1645–1708),[64] des Tübinger Philosophieprofessors Gottfried Ploucquet (1717–1790),[65] des Mediziners Giorgio Baglivi (1668–1707) und des Oetinger-Freundes Johann Ludwig Fricker (1729–1766).[66] Diese Lehrsysteme werden erst skizziert und dann mit

---

[59] Vgl. OETINGER, 1977 [1765], 15.

[60] Auf die Rezension von 1760 bezieht er sich ausdrücklich, vgl. OETINGER, 1977 [1765], 125, sowie ebd., X, 374.

[61] Vgl. OETINGER, 1977 [1763], Bd. 1, 153.

[62] Teil 1: Swedenborgs und anderer irrdische und himmlische Philosophie; Teil 2: Der Irrdischen und Himmlischen Philosophie, zweyter Theil, worinnen 1. Swedenborgs. 2. Malebranche. 3. Newtons. 4. Cluvers. 5. Wolfens. 6. Ploucquets. 7. Baglius. 8. Frickers irrdische Philosophie mit Ezechiels himmlischer Philosophie verglichen wird. Franckfurt; Leipzig 1765 [weitere Auflage: Franckfurt 1776f., Zitate aus der Ausgabe Stuttgart 1977 = Reprint der Ausgabe Stuttgart 1858].

[63] Oetinger kennt die *Miscellanea observata* (1722), *De infinito* (1734) und die *Opera philosophica et mineralia* (1734). Das *Regnum animale* und die *Oeconomia regni animalis* kennt Oetinger nicht.

[64] Oetinger nennt auf Seite 114 von CLUVER oder auch Clüver: Nova crisis temporum oder curieuser philosophischer Welt-Mercurius oder Zeitvertreiber. Hamburg 1701–1703. Cluver hatte kurz zuvor die apokalyptische Kosmogonie unter anderem Whistons in Deutschland publik gemacht: DETLEV CLUVER: Geologia sive philosophemata de Genesi ac structura globi terreni. Oder: Natürliche Wissenschafft von Erschaffung und Bereitung der Erd-Kugel. Wie nemlich nach Mosis und der ältesten Philosophen Bericht aus dem chao durch mechanische Gesetze der Bewegungen die Erde sey herfür gebracht worden, da insonderheit die neueste Theorie und Lehre betreffend die Vereinigung der H. Schrifft mit der Vernunfft die Erschaffung der Welt in Zeit von 6. Jahren, der Auffgang der Sonnen im Westen die Erregung der Sündfluth, wie auch Verbrennung der Erden durch einen Cometen, nebenst vielen andern Paradoxis und ungemeinen Sachen, aus den besten Englischen Autoren fürgestellet und zur ferneren Censur und Nachforschung der Wahrheit denen Curiosis auffgegeben wird. Hamburg 1700.

[65] Zu Ploucquet vgl. nach wie vor, allerdings ohne Erwähnung Oetingers: KARL ANER: Gottfried Ploucquets Leben und Lehren. Halle 1909 [Reprint Hildesheim u. a. 1999]. Zu Ploucquets Monadenlehre, die 1747 den 2. Preis der Preußischen Akademie erhielt, vgl. jetzt aber: HANNS-PETER NEUMANN: Zwischen Materialismus und Idealismus – Gottfried Ploucquet und die Monadologie. In: DERS. (Hg.): Der Monadenbegriff zwischen Spätrenaissance und Aufklärung. Berlin 2009, 203–270, sowie zum Verhältnis zwischen den Ansätzen Eulers und Ploucquets: NEUMANN, 2009.

[66] Zu Fricker vgl. auch HERBERT HENCK: Johann Ludwig Frickers irdische und himmlische Musik. Rechnungen und Reflexionen einer „sich Bilder-machenden Vernunft". In:

Jakob Böhme verglichen, wobei der Eklektiker Oetinger noch viele andere Auto-ren heranzog, wie beispielsweise die oben bereits genannten Mediziner Claude-Nicolas Le Cat, Albrecht von Haller und Georg Ernst Stahl, Leonhard Euler, Bilfinger, Johann Arndt und Friedrich den Großen, den „Philosophen von Sans-Souci". Am Ende stellte Oetinger unter der Überschrift „Lehre des Propheten Ezechiels von der Seele und Intelligenzen" sein eigenes System dar, gemischt aus Elementen der genannten Lehrauffassungen, aus Böhme, der Kabbala und auf der Grundlage einer Auslegung der bei kabbalistischen Autoren beliebten Kapitel 1 und 10[67] des Propheten Ezechiel.

Das Swedenborg-Buch bestimmte Oetingers Biographie von 1765 bis weit in die 1770er Jahre hinein. Das Konsistorium, nicht der Herzog, leitete ein Verfahren gegen ihn ein und ließ die Bücher konfiszieren.[68] Oetinger veröffentlichte von nun an einen großen Teil seiner weiteren Schriften anonym. In mehreren Ge-lehrtenzeitschriften verschiedener Provenienz wurde er wegen seiner unverständ-lich und dunkel erscheinenden Schreibart und mehr noch wegen seiner Böhme-als wegen seiner Swedenborg-Rezeption heftig angegriffen.[69] Oetinger habe sich

---

HOLTZ / BETSCH / ZWINK, 2005, 129–144; HAUBELT, 2005; BENZ, 1971, 711–728. Offenbar nur ein einziges Exemplar einer eigens dem astronomisch, musiktheoretisch und ‚elektrisch' interessierten Theologen Fricker, der 1753 längere Zeit bei Euler weilte, gewidmeten musik-theoretischen Schrift Oetingers ist erhalten: Die Eulerische und Frickerische Philosophie ue-ber die Music [...]. Neuwied 1767. Vgl. WEYER-MENKHOFF, 1990b, 125 f. Fricker scheint den Zeitgenossen kaum bekannt gewesen zu sein. So urteilte ein Rezensent: „Von dieses Mannes System, mit dessen völliger Bekanntmachung wir noch bedroht werden, wird hier ein Auszug geliefert." [Rez. zu] OETINGER: Swedenborgs und anderer irrdische und himm-lische Philosophie. In: Göttingische Anzeigen von gelehrten Sachen 1766, 201–210, hier: 209.

[67] Vgl. WEYER-MENKHOFF, 1990a, 59. Das lm;v.x; in Ez 1,4 wird von Oetinger als elektri-sches Feuer oder Feuerblitz gedeutet. Vgl. OETINGER, Divisch [1765], 100. Eine Auslegung von Ez 1 und 10 ist auch enthalten in: FRIEDRICH CHRISTOPH OETINGER: Kurzgefaßte Grundlehre des berühmten Würtenbergischen Prälaten Bengels betreffend den Schauplatz der Herabkunft Jesu zum Gericht des Antichrists von den jüngsten Tag samt den mitverbundenen lezten Dingen durch Halatophilum Irenaeum auf Kosten guter Freunde von Nürnberg zum Beweiß daß die H. Schrift in ihrem eigentlich unverblümten Verstand zu nehmen, samt einem Kupfer zum Druck befördert. o. O. 1769, 25–31. Ganz am Ende seines Lebens nahm er noch-mals auf die beiden Kapitel Bezug. Hier seien die Eigenschaften Gottes zu finden, Gedula und Geburah, die zwei entgegengesetzten Kräfte (die sich ausdehnende und die sich in den Mittel-punkt zusammenziehende Kraft), als dritte Eigenschaft Tiphareth (Schönheit) sowie die Ziku-larbewegung, aus der Nazach entspringe, woraus Hod und die anderen Sephiroth entstünden. Vgl. FRIEDRICH CHRISTOPH OETINGER: Abhandlung, daß die übersinnliche Leiber- und Geisterlehre des Herrn Professors Ploucquets in Tübingen, unter allen bisher bekandten Lehr-versuchen der neueren Weltweisen, der in heiliger Schrift enthaltenen Naturlehre am nächsten komme. In: Schwäbisches Magazin von gelehrten Sachen 1777, 644–655, hier: 655.

[68] Das Schreiben des Konsistoriums (Frommann und Faber) an Oetinger vom 27.6.1767 mit der Forderung, er solle „typo recepto Doctrinae Evangelicae" bleiben, wie es einem Präla-ten und Theologen des Herzogtums gebühre, ist schon abgedruckt bei: CHRISTIAN WILHELM SCHNEIDER: Kurze Nachricht von dem in diesem Jahre im Würtembergischen verstorbenen Herrn Prälaten M. Fried. Christ. Oetinger, nebst einigen Beilagen. In: Acta historico-eccle-siastica nostri temporis 1782/83, 297–320, hier: 304–306. Die Chronologie dieser Auseinan-dersetzung hat BENZ, 1947, 33–55, ausführlich dargestellt.

[69] Lediglich die *Erlangischen Gelehrten Anmerkungen* (1765, 420 f.) äußerten sich zurück-haltend: „Niemals ist ein Buch an das Licht getreten, das mehr Anecdoten von Himmel und Hölle enthielte, als dieses." Am Anfang des Buches scheine Oetinger Swedenborg „sehr zu

ja schon früher teils als Herrnhuter, teils als „elender Schriftsteller" bekannt gemacht, aber dieses Werk sei eine „halblateinische und verwirrte Sprache, die mit
aller möglichen Terminologie der Chymisten, Theosophisten, Mathematiker,
Physiker angefüllet ist". Dass die württembergische Regierung Oetinger befoh-
len habe, „künftig nichts mehr zu schreiben", sei wohl „die beste Methode, einen Schwärmer zu widerlegen".[70] Mit „Mitleiden" erblickten die *Göttingischen
Anzeigen*, dass ein „lutherische Lehrer" die „so längst wiederlegte Ausschweifungen" Böhmes wieder aufwärme und unter „offenen Misbrauch der heil.
Schrift, als biblisch uns aufdringen will". Das sei ein in „dunkle Worte" einge-
hüllter Materialismus, der Gott zu einem ausgedehnten Ding mache, die Seele
mechanisch erklären wolle und dadurch sogar auf „einen Spinozismum" hinauslaufe. Seit langem sei kein Buch auf dem Markt gewesen, „in welchem so viele
Thorheiten" versammelt seien. Dass Oetinger bereits 32 Schriften verfasst habe,
die offenbar auch Leser hätten, sei eine „Demüthigung vor den Verstand der
Menschen, noch mehr vor unsere Zeiten!"[71] Mehreren Rezensenten fiel es sichtlich schwer, die böhmistische Sprache Oetingers überhaupt zu verstehen. Das
Hauptanliegen Oetingers wurde mehr in der Verbreitung Jakob Böhmes als
Swedenborgs gesehen. Das scheint auch daran gelegen zu haben, dass Oetingers
kritische Distanzierungen gegenüber Swedenborg wahrgenommen wurden.[72]
Dass Swedenborg und Böhme aber überhaupt auf eine Ebene gestellt und verglichen wurden, schuf eine Rezeptionsbasis, die beide Autoren miteinander zu
verschmelzen schien.[73]

Die öffentliche Diskussion und das laufende Verfahren gegen einen gleichsam
fast verbotenen Autor sorgte gerade für die Verbreitung seines Swedenborgbuches. Über Oetinger wurde Swedenborg einer großen Öffentlichkeit bekannt,
und vor allem in Württemberg entstand eine Gruppe von gelehrten Anhängern

---

erheben", dann zeige er „nach und nach" seine „Mängel" auf und „glaubt am Ende, alle
neue Weissagungen seien gewissen Gefahren unterworfen. Das denken wir eben auch."
Auch in einer zweiten Rezension enthielt sich das Blatt scharfer Kritik und schloss damit:
„Wir unseres Orts, die wir uns nicht rühmen, die Neste der Weisheit ausgenommen zu haben, müssen uns, wenn wir ihn lesen wollen, gar oft mit dem bekannten: qui non vult intelligi &c. trösten." [Rez. zu] Oetinger: Der irdischen und himmlischen Philosophie 2ter
Theil. In: Erlangische Gelehrte Anmerkungen 1766, 57–60, hier: 60.
[70] [Rez. zu] OETINGER: Swedenborgs und anderer irdische und himmlische Philosophie.
In: Theologische Berichte von neuen Büchern und Schriften von einer Gesellschaft zu Danzig
ausgefertigt 1766, 453–457, hier: 455, 457.
[71] [Rez. zu] OETINGER: Swedenborgs und anderer irrdische und himmlische Philosophie.
In: Göttingische Anzeigen von gelehrten Sachen 1766, 201–210, hier: 210.
[72] Die *Allgemeine deutsche Bibliothek* hielt es einerseits kaum für möglich, überhaupt einen Auszug aus Oetingers Buch zu geben, der den Lesern „welche höchstens nur, etwann
einige ausgenommen, irrdsche Philosophen sind, faßlich wäre". Nach Oetingers Urteil übertreffe die Elementenlehre Böhmes den „noch viel zu mechanisch[en]" Swedenborg „unendlich
weit", auch wenn der im Vergleich mit den anderen „irrdschen Philosophen ungleich verständlicher" sei. [Rez. zu] Swedenborgs und andere [sic!] irrdische und himmlische Philosophie. In: Allgemeine deutsche Bibliothek 1769, 271–273, hier: 272.
[73] Der Rezensent in den *Göttingischen Anzeigen von gelehrten Sachen* (1766, 207) wollte
„ohne Beweis" glauben, dass sich Böhme und Swedenborg ähnlich sind.

der partiellen Swedenborg-Rezeption Oetingers.[74] Philipp Matthäus Hahn, Oetingers Vikar, notierte geradezu selbstverständlich die Lektüre und Weitergabe der von Oetinger übersetzten Bücher Swedenborgs in seinem mit Träumen, Erscheinungen und Spekulationen über den *status post mortem* gefüllten Tagebuch.[75] Am Tübinger Stift wurde selbst in den privaten Erbauungsstunden Swedenborg gelesen und über Oetingers Freunde wurde Swedenborg in Sachsen, am Niederrhein und in Hessen verbreitet, so dass Oetingers ursprüngliche Intention einer kritischen Prüfung und „kühlen Distanz" gegenüber Swedenborg bei den Rezipienten verwischte.[76] Aber auch Oetingers Verteidigungs- und Rechtfertigungsschriften sind offenbar viel gelesen worden.[77]

Das Verfahren gegen Oetinger hatte keinen Erfolg, aber die jahrelangen Diskussionen und Rechtfertigungsschriften hinterließen unübersehbare Wirkungen auf seine Theologie. Neben der erst später publizierten Korrespondenz mit dem Konsistorium und verschiedenen Anhängern sowie Swedenborg selbst sind neun kleinere und größere Schriften entstanden, die entweder unmittelbar der Auseinandersetzung um Swedenborg zuzuordnen sind oder sich trotz ihrer anderen thematischen Ausrichtung auf Swedenborg bezogen. Im Folgenden werden in der Regel nur die deutschen Auflagen aus dem 18. Jahrhundert mitgenannt:

1. Kurzgefaßte Grundlehre des berühmten Würtenbergischen Prälaten Bengels betreffend den Schauplatz der Herabkunft Jesu zum Gericht des Antichrists vor dem jüngsten Tag samt den mitverbundenen lezten Dingen durch Halatophilum Irenaeum auf Kosten guter Freunde von Nürnberg zum Beweiß daß die H. Schrift in ihrem eigentlich unverblümten Verstand zu nehmen, samt einem Kupfer zum Druck befördert. o. O. 1769, 48 S.
2. Schreiben von einer angeblichen Vermittlung des Streits zwischen dem Gothenburgischen Consistorio und zwischen den beyden Verfechtern der Schwedenborgischen Lehren. Frankfurt; Leipzig 1770, 16 S.
3. Die Metaphysic in Connexion mit der Chemie, worinnen sowohl die wichtigste übersinnliche Betrachtungen der Philosophie und theologiae naturalis & revelatae, als auch ein clavis und Select aus Zimmermanns und Neumanns allgemeinen Grundsätzen der Chemie nach den vornehmsten subjectis in alphabetischer Ordnung nach Beccheri heut zu Tag recipirten Gründen abgehandelt werden, samt einer Dissertation de Digestione, ans Licht gegeben von

---

[74] Vgl. BENZ, 1947, 35: Oetinger habe Württemberg zu einer „Hochburg der Swedenborgianer" gemacht. Vgl. auch ebd., IX, 35, 43, 219.
[75] Vgl. PHILIPP MATTHÄUS HAHN: Die Kornwestheimer Tagebücher 1772–1777, hg. von MARTIN BRECHT und RUDOLF F. PAULUS. Berlin; New York 1979, 51, 129, 281, 385. Hahn notierte, ihm sei im Traum seine verstorbene Frau erschienen, die nicht wusste, dass man ihren Leib begraben hatte. Hahn urteilte: „Ich glaube also fast, daß der Zustand nach dem Tod wie in einem Traum besteht, da man seinen Leib nicht mißt, sondern denselben noch hat und wie vorher auf der Welt zu seyn glaubt in seinem Haus bey den Seinigen." Ebd., 336f. (sowie 339, 344). Hahns Erwägungen dürften seiner Lektüre Swedenborgs zu verdanken sein, bei dem die Toten zunächst nicht wissen, dass sie gestorben sind.
[76] Vgl. GUTEKUNST, 1988, 80.
[77] Vgl. BENZ, 1947, 225.

Halophilo Irenäo Oetinger [= Theophil Friedrich[78] Oetinger]. Schwäbisch Hall o. J. [1770]. 634 S.

4. Beurtheilungen der wichtigen Lehre von dem Zustand nach dem Tod und der damit verbundenen Lehren des berühmten Emanuel Swedenborgs theils aus Urkunden von Stockholm theils aus sehr wichtigen Anmerkungen verschiedener Gelehrten. o. O. 1771, 163 S.

5. Sammlung etlicher Briefe Herrn Emanuel Swedenborgs, betreffend einige Nachrichten von seinem Leben und Schriften, von einem Kenner und Liebhaber ins Deutsche übersetzt. o. O. 1772 [1776], 32 S.

6. Höchstwichtiger Unterricht vom Hohenpriesterthum Christi, zur richtigen Beurtheilung der Nachrichten des Herrn von Schwedenborgs, in einem Gespräch nach Art des Hiob, zwischen einem Mystico, Philosopho und Orthodoxo, da jedesmal ein heutiger Hiob, ein um der Wahrheit willen leidender antwortet, sammt einer Vorrede vom Neide bei Frommen und Gelehrten, herausgegeben von einem Wahrheitsfreunde, der GOtte besonders über Oetinger dankt. Frankfurt und Leipzig 1772, 104 S.

7. Inbegriff der Grundweisheit, oder kurzer Auszug aus den Schriften des teutschen Philosophen,[79] in einem verständlicheren Zusammenhang. Frankfurt; Leipzig 1774, 46 S.

8. Biblisches und Emblematisches Wörterbuch. Dem Tellerischen Wörterbuch und anderer falschen Schrifterklärungen entgegen gesezt. o. O. [Stuttgart] 1776 [1786 russisch], 855 S.

9. Abhandlung, daß die übersinnliche Leiber- und Geisterlehre des Herrn Professors Ploucquets in Tübingen, unter allen bisher bekandten Lehrversuchen der neueren Weltweisen, der in heiliger Schrift enthaltenen Naturlehre am nächsten komme. In: Schwäbisches Magazin von gelehrten Sachen 1777, 644–655.

Neben (1.) *Swedenborgs irdischer und himmlischer Philosophie* sind Oetingers selbst angefertigte oder in Auftrag gegebene Übersetzungen zu nennen, die er mit zum Teil umfangreichen Einleitungen und Kommentaren versah. Insgesamt sieben Titel in bis zu vier Auflagen sind Oetingers Arbeit an Swedenborgs Schrifttum zu verdanken:

2. Von den Erdcörpern der Planeten und des gestirnten Himmels Einwohnern [...] mit Reflexionen begleitet von einem der Wissenschaft und Geschmack liebt. Anspach 1770 [drei Auflagen 1771; 1776] (Tell).[80]

3. Tractat von der Verbindung der Seele mit dem Körper. Franckfurt und Leipzig 1772 [1776] (Com).[81]

---

[78] Die Metaphysic ist aber als Werk von F. C. Oetinger zu betrachten. Durch den Namen seines Sohnes sollte offenbar das über ihn verhängte konsistoriale Publikationsverbot umgangen werden, vgl. OETINGER, Genealogie, 190.

[79] Jakob Böhme.

[80] Die Übersetzung hat nach OETINGER, Schreiben (1770), 3, ein 15-jähriger Jüngling, nämlich der Sohn seines Freundes Dertinger, angefertigt, vgl. BENZ, 1947, 138. HYDE, 1906, 218f., kennt nicht die Auflage von 1776.

[81] Vgl. HYDE, 1906, 530.

4. Vom Neuen Jerusalem und dessen himmlischer Lehre [...] o. O. 1772 [1776; 1787] (NJ).[82]
5. Vom Himmel und von den wunderbaren Dingen desselben; wie auch von der Geisterwelt und von dem Zustand des Menschen nach dem Tod; und von der Hölle [...] nebst einem Vorbericht von des Verfassers rümlichen Leben und Schriften. o. O. 1774 [1775; 2 Bände 1776; 1784] (HH).[83]
6. Freymüthige Gedanken von der ehelichen Liebe nebst einem Anhang verwandter Materien für Wahrheitsforscher, welche prüfen können. o. O. 1777.[84]
7. 1776 und 1777 erschienen in Frankfurt fast alle Übersetzungen Oetingers in fünf Bänden als *Emanuel von Swedenborg auserlesene Schriften*.[85]

Oetinger rezipierte Swedenborg von Anfang an partiell, auch wenn sich seine Beschäftigung mit ihm in verschiedene Etappen einteilen lässt, die zu einer immer stärker werdenden Abkehr von dem Selbstanspruch Swedenborgs führt. Ernst Benz ist 1947 zu dem Ergebnis gekommen, dass Oetinger sich spätestens nach Swedenborgs Tod nicht mehr mit dem Schweden beschäftigte. Damit hat er Oetingers Darstellung in der *Genealogie* Glauben geschenkt.[86] Allerdings muss das gesamte Werk Oetingers bis 1777 auf diese Weise ausgeklammert werden. Benz' These, die Hanegraaff noch übertrifft,[87] ist nach der Untersuchung des *Biblischen und Emblematischen Wörterbuchs* und der *Freymüthigen Gedanken von der ehelichen Liebe* nicht haltbar. Swedenborgs Name verschwindet zwar mehr und mehr aus Oetingers Schriften, aber entscheidende Segmente seiner Lehre bleiben nahezu bis zum Schluss verdeckt erhalten. Es wird zu zeigen sein, dass von einer radikalen Trennlinie in diachroner Hinsicht nicht die Rede sein kann, sondern von einer durchgehenden partiellen Aneignung und Abweisung zu sprechen ist.

Swedenborgs Berichte aus der Geisterwelt verhalfen Oetinger zur Verfestigung seiner Lehre vom Interimszustand, die er gegen die Leugnung der Unsterblichkeit und zugleich gegen ihre „schwachen"[88] Beweise in der Wolffschen Philo-

---

[82] Vgl. Hyde, 1906, 284.
[83] Vgl. Hyde, 1906, 247f.
[84] Diese Teilübersetzung Oetingers ist auch nicht in Hyde, 1906, 499, aufgeführt.
[85] Bd. 1 und 2.: HH; Bd. 3: Com, Tell, Johann Christian Cuno: Swedenborgs Antwort auf einen Brief eines Freundes; Bd. 4 und Bd. 5: Swedenborgs und anderer irrdische und himmlische Philosophie. Vgl. Hyde, 1906, 637f.
[86] Vgl. Benz, 1947, 230f., und die Notiz in Oetinger, Selbstbiographie, 105 (vgl. zu dieser problematischen Stelle unten Anm. 435, Seite 580): Oetinger mache sich nichts mehr aus neueren Berichten über Geistererscheinungen. „Wie es auf den Planeten aussehe, das wollen sie [die Gläubigen – FS] erst künftig erfahren. Jetzt kämpfen sie nach neutestamentlichen Kampfregeln, wozu Swedenborg nicht viel beiträgt, um die Krone des Lebens." Benz meint, Oetinger stimme „hierin" mit Kants *Träumen eines Geistersehers* überein, und schließt unmittelbar die Bemerkung an, angesichts der himmlischen „realité" habe Swedenborg seine „Wichtigkeit" für Oetinger verloren. Damit endet die Darstellung, das nächste Datum ist Oetingers Tod 1782 (vgl. Benz, 1947, 231). Oetingers Schaffensphase bis 1777 wird ausgeblendet.
[87] Vgl. oben Seite 511f.
[88] Die durch „die Wolffische schwache Beweise lächerlich gewordene Immortalitatem animae" werde „nun ganz anderst, nemlich ex factis historicis" bewiesen, „aus welcher man vim generativam Idearum post mortem, so man richtig denkt, unwidersprechlich schließt". Dies beweise die Unsterblichkeit „stärker" als die von Euler und anderen ehedem widerlegte

sophie ins Feld führte. Gleichzeitig musste Oetinger Swedenborg umdeuten, obwohl er ihm seine Offenbarungen voll abkaufte, denn Swedenborgs spiritualistische Modifikation der Eschatologie und Oetingers apokalyptischer Bengelianismus schlossen sich von Beginn an gegenseitig aus. Segmente aus Swedenborgs Naturphilosophie gliederte Oetinger in seine eigene kabbalistisch-böhmistische Kosmologie ein. Seine Geistleiblichkeitslehre ist ohne Swedenborgs Visionen von der postmortalen Fortexistenz der körperlichen, nicht materiellen, sondern substantiellen Seelen kaum verständlich, auch wenn sie Oetinger anders begründet. Gegen Swedenborgs „hieroglyphische" Schriftauslegung, wie Oetinger dessen Allegorese nannte, hatte er von Beginn an Bedenken. Sie widersprach seinem aus Bengel entwickelten biblischen Realismus.

Als zentraler Differenzpunkt ist aber nicht die Allegorese und die ‚geistliche' Auslegung Swedenborgs insgesamt zu betrachten, denn Oetingers emblematische Methode verfuhr in einigen Bereichen auf ähnliche Weise. Der Punkt, an dem Oetinger grundsätzlich widersprach, ist Swedenborgs Abschaffung eines ‚realistischen' biblisch-apokalyptischen Weltbildes. Als Swedenborg (lediglich) eine neue Kirche anstelle des himmlischen Jerusalem, das Oetinger mit Bengel als massive Stadt erwartete, und sich selbst als den Träger der Offenbarung des göttlichen Worts verkündete, hatte er sich in Oetingers Augen an der ‚realistischen' Wiederkunft des Messias am Ende der Zeit so stark vergriffen, dass er von Swedenborg *als Person* ganz abrückte. Erst zu dieser Zeit geriet Swedenborg für Oetinger zum Bundesgenossen der theologischen Aufklärung um Semler und Teller, die die Offenbarung des Johannes zwar nicht umdeuteten, aber ihre Kanonizität bezweifelten, und die dort geschilderten Vorgänge nicht apokalyptisch, sondern historisch als vergangene Ereignisse in einem jüdisch-orientalischen Sprachgewand deuteten.[89] Diese antiapokalyptische Front, die seinen Bengelianismus verstärkte, war nach Oetingers Verständnis bei Semler und Teller in einem idealistisch verstandenen Leibniz-Wolffianismus verwurzelt, der die Leiblichkeit im Geistigen auflösen wollte und diesen Ansatz theologisch darauf anwendete, die Heilige Schrift nicht im „unverblümten" und eigentlichen Sinne zu verstehen, sondern sie „verblümt" zu interpretieren und zugleich ein antiapokalyptisches oder moralisches Christentum aus der jüdisch-orientalischen Einkleidung im Bibeltext herauslösen wollte.[90] Wenn Semler behauptete, der Gnostiker Kerinth habe die Offenbarung

---

„Monaden Lehre". Oetingers Rechtfertigungsschrift aus dem Jahre 1767. In: OETINGER, 1977 [1765], LXIf.

[89] Am 19.9.1771 schrieb Oetinger an Harttmann: „Vielleicht werde ich noch sein [Swedenborgs – FS] größter Widersacher, denn er bläst nur in einem andern Sinn mit Semler in ein Horn; er schwächt und entkörpert den vollen Sinn der heil. Schrift." Zitiert nach BENZ, 1947, 216. Vgl. ferner HARDMEIER, 1999, 114; Einleitung zu OETINGER, 1999, Bd. 1, XVII; OETINGER, Schauplatz, 19 f.

[90] Der „Wolffsche reine Verstand" wolle alles „ohne verblümte Worte" ausdrücken und das, was man ohne „körperliche Bilder" nicht sagen könne, wegwerfen und „für nichts" halten. Das sei die „Quelle alles Aergernisses". Vgl. OETINGER, 1977 [1765], 362 f. Der „Unglaube" unter anderem bei Semler und Damm verdrehe „warhafte und unverblümte Worte [...] in asiatische Wortspiele". OETINGER, Schauplatz, 19. Vgl. auch Oetingers Rechtfertigungsschrift von 1767, in: OETINGER, 1977 [1765], LXIII; OETINGER, 1999, Bd. 1, 63 f., 80 f., 211, 321, 346, 421, 425 u. ö. („unverblümte" Auslegungen gegen Teller, Semler *und* immer auch gegen Swe-

des Johannes dem biblischen Kanon untergeschoben, so gab Oetinger den Vorwurf des Kerinthianismus an Semler und andere ‚neologische‘ oder rationalistische Theologen zurück, die die Bibel umdeuteten oder abschafften und ein – wie Swedenborg: nicht apokalyptisches – moralisches Christentum nach ihren eigenen Vernunftkriterien errichten wollten.[91] Gegen den Idealismus der „SEMLERISCH CERINTHISCHE Abweichungen" entwickelte Oetinger seine emblematische Hermeneutik, die eng an seine Geistleiblichkeitslehre gekoppelt ist und als dritte Alternative zur historisch-(grammatisch)-kritischen Methode und Swedenborgs Auslegung des *sensus spiritualis* gesehen werden kann. Sein letztes großes Werk, das *Biblische und Emblematische Wörterbuch*, stellt das Ergebnis dieser Entwicklung dar.

In Grundzügen sind die Fronten benannt worden, zwischen die sich Oetinger stellte: die entstehende historisch-kritische Exegese und die Aufhebung der Apokalyptik, die Erwartung eines Weltendes mit Jüngstem Gericht, die klare Vorstellung des Sühnopfertodes Jesu Christi, das Festhalten am Wortgehalt der Bibel, die als göttliche Offenbarung geglaubten Berichte Swedenborgs aus dem Reich der postmortalen Seelen, die Leibniz-Wolffsche Monadologie und die naturphilosophischen Spekulationen Böhmes und der christlichen Kabbalisten, auf deren Basis Oetinger eine theologische Alternative zu dem Dualismus einer rationalistischen Philosophie seit Descartes suchte.

Während der Suche nach dieser Alternative bediente sich Oetinger bei seinen Autoren geradezu wie in einem Steinbruch unter dem biblischen Motto: „Prüfet und behaltet das Gute!"[92] Oder: „man soll ex stercoribus Enii das Gold heraussuchen, das ist aber mühsam für die delicate Sucher, die nur alles auf dem Bret hergetragen wissen wolen."[93] Auch Irrtümer wie diejenigen Swedenborgs sollten „abersonderlich bey der jezigen skeptischen Zeit, mit Langmuth und Salz" beurteilt werden.[94] Dieses vorsätzlich eklektische und zugleich irenische Verfahren

---

denborg); WEYER-MENKHOFF, 1990a, 206f.; TONINO GRIFFERO: Figuren, Symbolik und Emblematik in Oetingers „Signatura rerum". In: HOLTZ / BETSCH / ZWINK, 2005, 231–249, besonders 236, 241; SCHOBERTH, 1994, 121.

[91] Vgl. etwa OETINGER, 1999, Bd. 1, 34f., 70, 254. 433: „die SEMMLERISCH CERINTHISCHE Abweichungen von dem wörtlichen Verstand *heiliger Schrift* und wider die Neulingische WOLFFISCHE Schein-Gründe einer demonstrativischen Erklärung *heiliger Schrift*. SEMLER und viele andere meynen, die *Schrift* solte nach der heutigen vermeintlich demonstrirten Art geschrieben seyn, aber das Gegentheil zeigt sich in *heiliger* Schrift." [Hervorhebungen im Original]; OETINGER, Metaphysic, 31; OETINGER, Beurtheilungen (1771), 96; HARDMEIER, 1999, 115, 117, 119.

[92] OETINGER, Unterricht (1771), 4 und an vielen Stellen. Vgl. 1Thess 5,21: „Prüft aber alles, das Gute haltet fest!"

[93] Oetingers Übersetzung von SWEDENBORG, Tell (1771), 172f.; dieselbe Formulierung in OETINGER, Beurtheilungen (1771), 76. Das Zitat ist sprichwörtlich und bezieht sich auf den römischen Poeten und Chronisten Ennius: „aurum colligere de stercore Ennii". Vgl. KARL-ERNST und HEINRICH GEORGES: Ausführliches Lateinisch-Deutsches Handwörterbuch. Hannover; Leipzig 1918, Bd. 2, 2795. Auch Semler spielte z. B. gelegentlich auf ihn an, vgl. SEMLER, Zusätze (1783), 38.

[94] OETINGERS Rechtfertigungsschrift von 1767, in: OETINGER, 1977 [1765], LVI; die gleiche Formulierung in OETINGER, Unterricht (1772), 89. OETINGER, Beurtheilungen (1771), 83: „Wir thun 100. Sachen aus Noth contra principium rat. sufficientis, diß solte uns langmüt-

des „Halatophilus Irenaeus" bedeutete in der Praxis vielfach, aus den „Schla-
cken" der Autoren das jeweils Passende herauszuziehen, ohne den weiteren Kontext zu berücksichtigen. Der *sensus communis* oder die „Weisheit auf der Gasse",
die bei Oetinger neben der Bibel und außerordentlichen göttlichen Schickungen
als den drei Erkenntniszugängen verbunden ist,[95] konnte bei den unterschied-
lichsten Autoren verborgen sein. Selbst Christian Wolff, der zu seinen philosophischen Hauptgegnern zu zählen ist, konnte Oetinger gelegentlich Gutes abge-
winnen.[96] Beispielsweise taucht bei Oetinger immer wieder der „Philosoph de
Sans-Souci" auf, der gegenüber dem Marquis Jean-Baptiste de Boyer d'Argens
mit skeptizistischer Attitüde gemeint hatte, für die Erkenntnis übersinnlicher
Dinge brauche man ein göttliches oder übersinnliches „sensorium".[97] Die Reihung Friedrichs neben Böhme, Swedenborg und den anderen erscheint wiederum
taktisch, um Oetingers Projekt eine autoritative Note zu geben – das ist natürlich
auch den Rezensenten aufgefallen.[98] Denn Friedrich wird offenbar nur deshalb
und nur mit dieser einen Stelle zitiert, weil damit an Swedenborg angeknüpft
werden kann, der genau dieses übersinnliche „sensorium" besessen habe, dessen
Fehlen der „Philosoph von Sans-Souci" gerade für den Verzicht auf metaphysische Spekulationen in Anschlag gebracht hatte. Friedrich ‚erlaubt' auf diese Weise
Swedenborgs Geister und Oetingers Metaphysik.

Schließlich ist in diesem Zusammenhang auf Oetingers eschatologisch akzentuierte epistemologische Bescheidenheit zu verweisen.[99] Wie später der kritische

---

hig, friedsam, keusch, billig und biegsam, absonderlich barmherzig machen, doch daß wir
gleichwohl unserer Plerophobie und Gewißheit für uns selbs unzweifelhaft und ungefärbt
bleiben. Mit dieser Gesinnung wünschte ich, daß man Swedenborgs Fehler in der Apo-
calypse lernte entschuldigen, aber ohne solche anzunehmen."
    [95] Vgl. z. B. KUMMER, Autobiographie, 65; OETINGER, 1977 [1765], 178; WEYER-MENK-
HOFF, 1990a, 116 f., 241. Weyer-Menkhoffs Beschreibung der „Schickungen" als „Führung
durch äußere Umstände" im Zusammenhang von Bibel und Biographie dürfte eine Verengung
der prophetischen Theologie Oetingers sein. Denn Oetinger rechnet immer auch mit außerordentlichen Offenbarungen, selbst wenn er deren Deutung durch die Empfänger kritisch
sieht. Vgl. MARTIN WEYER-MENKHOFF: „… den Umfang aller Wissenschaften darzu nehmen …". Friedrich Christoph Oetinger, württembergischer Gottes- und Naturforscher. In:
HOLTZ / BETSCH / ZWINK, 2005, 7–25, hier: 20. An vielen Stellen setzt Oetinger nicht die
„Schickungen", sondern gerade die „Weisheit auf der Gasse" mit dem *sensus communis* gleich.
Vgl. OETINGER, 1999, Bd. 1, 151. So auch SCHOBERTH, 1994, 83, 87 f.
    [96] Vgl. etwa OETINGER, 1762, Bd. 2, 15: Wolff habe die Generation der Dinge „sehr
schön" vorgestellt.
    [97] Vgl. etwa OETINGER, Schauplatz, 32 f., hier der gesamte Text zweisprachig. Für Oetin-
ger polemisierte Friedrich nicht gegen die Metaphysik als solche, sondern gegen diejenige Metaphysik, „welche sich untersteht, ohne göttliches sensorium von der Entstehung der Geister
zu philosophiren". Ebd., 33. Vgl. daneben OETINGER, 1977 [1765], 120, 155. 156: „Gott lasse
den Königl. Philosophen diß Sensorium durch die heilige Schrift mehr erkennen! Diesem sollten alle Gelehrten recht nachdenken, was diß Sensorium in sich enthalte? Dazu habe ich hier
Stoff und Materie genug aus Swedenborg an Hand gegeben. Sie mögen nun lachen oder zürnen; ich habe es gethan, daß die Gelehrten möchten aufgebracht werden, nach Speners
Wunsch die wichtigsten Sachen zu ventiliren."
    [98] Vgl. Göttingische Anzeigen von gelehrten Sachen 1766, 206; Allgemeine deutsche Bib-
liothek 1769, 271.
    [99] Vgl. dazu auch SCHOBERTH, 1994, 114.

Kant, hält Oetinger nur die Phänomene für beschreibbar, dahinter kann nicht geblickt werden. Die alles durchwaltenden göttlichen oder natürlichen Kräfte sind nur an ihrer Wirkung zu erkennen. Eine „methodische Wissenschaft" von den Kräften wäre ein „Eingriff in die Weisheit Gottes".[100] Die „Dinge in ihrer lezten Figur und Bewegung (microscopice)" werden nicht einmal im nächsten „Aeon" sichtbar sein, sondern erst am Ende aller Zeit, „wann Gott sein wird alles in allem".[101] Hier könnte eine Parallele zu den „aufgeklärten Vitalisten" gesehen werden, die die von Kant gesetzten Erkenntnisgrenzen akzeptierten und sich deshalb gegenüber metaphysischen Spekulationen zurückhielten. Oetinger zitierte Maupertuis auffälligerweise gerade mit dessen Aussage „am End": „Wir wissen nichts."[102] Der Antimechanizismus der Vitalisten, deren Sicht einer durchweg belebten, organischen und selbstbewegenden Natur sowie ihr mehr auf Beschreibung als auf Erklärung gerichtetes Interesse spräche ebenfalls für eine Parallelisierung Oetingers mit dem aufgeklärten Vitalismus. Der wesentliche Unterschied bestünde freilich darin, dass Oetingers epistemologische Zurückhaltung eschatologisch und christologisch begründet war. Das trennte ihn allerdings auch von Swedenborgs holistischen Ansprüchen.

Bevor der Frage nachzugehen ist, wie Oetinger die Geisterweltlehre und die Naturphilosophie Swedenborgs in sein System einbaute, wird die wichtigste Front beschrieben, die Oetingers Protest hervorrief und die ihn wesentlich bei seiner eklektischen Suche nach literarischen Argumenten und Versatzstücken geleitet haben dürfte: die Leibniz-Wolffsche Philosophie. Deren Auswirkungen auf die zeitgenössische Theologie erblickte er in einem ‚illegitimen' hermeneutischen Umgang mit der Bibel und vor allem in der relativierenden Umgestaltung oder Abschaffung einer ‚realistischen' Apokalyptik. Für den Überblick über diese Frontstellungen werden in erster Linie die Schriften ab den 1760er Jahren herangezogen, die ‚reiferen', von der *Inquisitio in sensum communem et rationem* (1753) abgesehen, vielleicht wichtigsten Werke.

Im nächsten Schritt werden die Grundzüge der theosophisch-theologischen Lehre Oetingers skizziert, der Lehre also, die er gegen den Idealismus und zugleich gegen einen ‚unheiligen' zeitgenössischen Materialismus in Stellung brachte.

5.2.3. Oetingers Front gegen die Leibniz-Wolffsche Philosophie

Es lässt sich letzten Ende nicht klar feststellen, ob Oetingers Adaption Böhmes und der Kabbala seiner Abwendung von der Leibniz-Wolffschen Philosophie[103] vorausging oder ob sie deren Folge war. Möglicherweise handelte es sich um ei-

---

[100] OETINGER, 1977 [1765], 302.
[101] OETINGER, 1977 [1765], 127.
[102] OETINGER, 1977 [1765], 372.
[103] Weyer-Menkhoff sieht hingegen deutlicher, dass Oetinger durch Böhme von Leibniz in der Wolffschen Lesart abgekommen sei. Vgl. WEYER-MENKHOFF, 1990a, 46. Oetinger unterscheidet nur gelegentlich zwischen Leibniz und Wolff. Leibniz scheint ihm in der Regel in der Lesart Wolffs vermittelt worden zu sein. Vgl. SPINDLER, 1984, 28.

nen parallelen Prozess, denn in seiner Studienzeit war Oetinger nicht nur rationalistisch ausgebildet, sondern bereits bengelianisch geprägt und mit Böhme und
der Kabbala in Berührung gekommen. Das Ergebnis aber ist deutlich: Es war
eine bestimmte Auffassung der monadologischen Philosophie des Leibniz-Wolffianismus und ihren Derivaten in der Aufklärungstheologie, die Oetinger mit seiner Konstruktion eines theosophischen Biblizismus kontrastierte. Voraussetzung
dafür war ein idealistisches Verständnis der Leibniz-Wolffschen Philosophie, das
im Kontext der Preisfrage der Preußischen Akademie auf das Jahr 1747 debattiert
worden war.[104] Oetinger berief sich bei seiner Ablehnung der Monadologie häufig auf Euler und verband dieses autoritative Argument mit seiner Auslegung von
Newton und Böhme, wobei er Euler vielfach offensichtlich mehr taktisch als inhaltlich gegen die Monadenlehre ins Feld führte.[105] Die Lesart der Monadologie
als einer rein idealistischen Weltsicht, die von verschiedenen älteren und jüngeren
Zeitgenossen ja gerade diskutiert und von solchen Wolffianern wie Siegmund
Ferdinand Weißmüller, der ein physisches und stoffliches Monadenkonzept vertrat,[106] oder von dem Tübinger Philosophen Gottfried Ploucquet[107] bestritten
wurde, führte für Oetinger zu einer ganzen Reihe gewichtiger Kritikpunkte an
der zeitgenössischen rationalistischen Philosophie, von denen hier die vier grundlegenden und stets wiederkehrenden Positionen benannt werden. Dabei ist zu berücksichtigen, dass es sich um die Repräsentation des Leibniz-Wolffianismus bei
Oetinger handelt, die nicht mit der ‚Eigentlichkeit' oder der ‚Ursprünglichkeit'
des repräsentierten Systems gleichgesetzt werden kann.

a) Ferner Uhrmacher

Dem philosophischen Rationalismus lag in seiner Verbindung mit einer mechanistischen Weltsicht nach Oetingers Urteil ein deterministisches, statisches und
in seiner Tendenz idealistisches Gottes-, Natur- und Menschenbild zugrunde.
Der Gott der Rationalisten erschien Oetinger als reiner Geist, der – sozusagen

---

[104] Vgl. Kap. 4.2.3., sowie NEUMANN, 2008. Nach NEUMANN, 2010, wurde Euler von den
Leibniz-Wolffianern in der Monadendebatte als Newtonianer betrachtet und im „Newtonia-
nismus" die größte Konkurrenz des Wolffianismus gesehen. Wenn aus diesem Lager gegen
Newton argumentiert wurde, war in der Regel Eulers rationale Mechanik gemeint.

[105] „Die vis generativa Idearum nach dem Tode ist ein stärkerer Beweiß von der Unster-
blichkeit der Seele, als die Monaden Lehre, die doch Euler, [Johann Heinrich Gottlob – FS]
Iusti und andere öffentlich widerleget." OETINGERS Rechtfertigungsschrift von 1767, in OE-
TINGER, 1977 [1765], LXII.

[106] Vgl. KARIN HARTBECKE: „Ein Evangelischer Theologus und Platonischer Philosophe" – Sigmund Ferdinand Weißmüller und die pythagoreische Tetraktys. In: NEUGEBAUER-
WÖLK / RUDOLPH, 2008, 283–298, besonders: 286, 289 f.; sowie MULSOW; NEUMANN,
2008, 210, sieht die „Oszillation des Monadenbegriffs zwischen körperlichem Atom resp. Materieteilchen und immaterieller Entität" und die daraus folgenden Monadendebatten schon bei
Wolff und bei Leibniz selbst angelegt. Vgl. auch ebd., 250 f., 263–265.

[107] Zu Ploucquets Auseinandersetzung mit den idealistischen Tendenzen, die Oetinger
kaum entgangen sein dürfte, vgl. NEUMANN, 2009; ANER, 1909, 43–52. Ploucquet „rettet"
die Objektivität der Welt durch die „visio realis Dei" aus der Philosophie Malebranches.
Ebd., 49. Zu Eulers Kritik an den idealistischen und solipsistischen Tendenzen der Monadologie Ploucquets, vgl. NEUMANN, 2009.

als Reaktion auf den Spinozismus – nicht mehr in der Welt wirkt, sondern ganz außerhalb steht und wie ein Mechaniker das „Triebwerk einer Uhr"[108] mit einer festgelegten Energiemenge am Beginn aufgezogen hat, so dass sie nur noch nach mechanischen Regeln und nach dem Satz vom zureichenden Grund funktioniert und keinerlei Zufälle zulässt.[109] Oetinger dürfte einer der ganz wenigen gewesen sein, die die universale Gültigkeit des Satzes vom zureichenden Grund ausdrücklich in Frage stellten, und zwar gerade gegen den Determinismus seiner rationalistischen Kontrahenten.[110] Ebensowenig akzeptierte er, unter Berufung auf Newton, Leibniz' Satz von den ewig gleichbleibenden Kräften. Denn wenn ein neues Kind geboren werde, komme auch eine neue Kraft in die Welt, die bei seinem Tod wieder vergehe.[111] Newton gehe gerade nicht wie Leibniz davon aus, dass eine Summe der Kräfte erhalten werde wie „eine einmal aufgezogene Uhr", sondern Bewegung hervorgebracht werde und verloren gehe, die Uhr also ständig „mit Kräften nachgebessert werden" müsse, weil Gott „zwar nach Ordnung und Regel, doch sehr frei und nach seinem Belieben" handele.[112] Diese Frontstellung Newtons gegenüber Leibniz könnte Oetinger durchaus von dem halleschen wolffianischen Philosophen Johann Christian Förster entlehnt haben, dessen *Philosophische Abhandlung über die Wunderwerke* in der *Neuen Theologischen Bibliothek* Johann August Ernestis rezensiert wurde, die zu Oetingers regelmäßiger Lektüre gehörte.[113]

---

[108] Vgl. OETINGER, 1977 [1765], 156.

[109] Vgl. OETINGER, 1977 [1765], 208.

[110] Oetingers Position zur Gültigkeit des Satzes vom zureichenden Grund ist ambivalent. An manchen Stellen wehrt er sich offenbar gegen ihn, wenn er mit der durchgehenden Determiniertheit und Kausalität verbunden wird, die bei Leibniz nach der Kritik Voltaires, Clarkes und Newtons zu einem unvermeidlichen Schicksal führen müsse. Gott wäre dann ein passives Wesen und „kein Gott mehr". OETINGER, 1977 [1765], 206; vgl. OETINGER, 1762, Bd. 2, 100. Die göttliche Omnipräsenz und Alldurchdringung ist aber bei Oetinger dem Prinzip des zureichenden Grundes überlegen. Vgl. GADAMER, 1964, XVII. Erst im *Biblischen und Emblematischen Wörterbuch* räumte Oetinger diesem Satz eine Geltung für das mechanische „Urwerk der gemachten, nicht formirten Welt" ein. Vgl. OETINGER, 1999, Bd. 1, 261; SPINDLER, 1999, 98 f. Ein Jahr später betonte er gegen die Präformationslehre jedoch erneut, dass es dabei nicht nach dem „Principio rationis sufficientis" gehe. Vgl. OETINGER, Freymüthige Gedanken, 71 f.

[111] Vgl. OETINGER, 1977 [1765], 250.

[112] Vgl. OETINGER, 1977 [1765], 199.

[113] Förster verweist auf die Annahme von Anhängern Newtons, „es sey unmöglich, daß GOtt diese physische Welt als eine Maschine so solte haben einrichten können, daß ihre Veränderungen ingesamt natürlich wären, wenn ihr Zweck erreicht werden solte. Um nun daher diese Maschine in ihrer Bewegung zu erhalten, und um diese zu ihrem Endzwecke zu lenken; so müsse GOtt manchmal eine ausserordentliche Handlung vornehmen, dadurch sie so verändert würde, daß ihr Zweck erreicht werde, welches sonst der Maschine natürlich unmöglich wäre. Kurz sie gleicht nach diesem Lehrgebäude einer Uhr, die denn und wenn entweder stocket oder unrichtig gehet; GOtt als der Künstler und Erbauer derselben muß deswegen manchmal an ihr bessern, wenn sie in ihrer Bewegung richtig fortgehen soll." Dies werde aus der 31. Frage in Newtons *Opticks* abgeleitet. Bilfinger habe versucht, Newton und Leibniz an diesem Punkt zu versöhnen. FÖRSTER, 1761, 70, 72. Auf eben diese Stelle wird in der Rezension verwiesen, vgl. Neue theologische Bibliothek 1762, 266–280, hier: 270. Oetinger bezog sich an mehreren Stellen auf Ernestis *Neue Theologische Bibliothek*, vgl. etwa oben Anm. 60.

Die Gottesferne und die unendliche Distanz zwischen Gott und Welt bei den Wolffianern ist dem vom omnipräsenten göttlichen Leben überzeugten Oetinger geradezu blasphemisch; der Teufel selbst suggeriere einen fernen Gott ebenso wie den Spinozismus.

> „Satan, der stolze Geist der Finsternis, sucht nichts so sehr, als uns Gott vorzubilden, als wäre er weit abgesondert von uns: (Es ist auch so in Ansehung seiner uncreatürlichen Heiligkeit): oder trachtet er uns solche Concepte einzuflößen, als wäre die Welt selber Gott, und als wäre jeder das leidende Theil in dem ewigen Agente der Welt. Mit beiden Concepten führt er von Gott ab. Jenes wirkt er durch die Wolfische Kunst-Philosophie, dieses durch andere Werkzeuge."[114]

Der Gott der Rationalisten ist zu statisch und zugleich unfrei, denn er ist den Gesetzen seiner Ordnung unterworfen. Nicht aufgrund eines anfänglichen Willens[115] und infolge seiner Allmacht, sondern aus Notwendigkeit[116] und aus seiner Vernunft heraus hat er die beste aller möglichen Welten erschaffen müssen – einer Vernunft allerdings, deren Maßstäbe die Rationalisten selbst festgelegt haben.[117] Dieser Gott vermittelt der Schöpfung nicht Leben, sondern Repräsentationen.[118]

Unvorstellbar ist dem Bengelianer Oetinger, dass die Welt eine ewige Serie sei, wie Wolff und Leibniz, die „Philosophen von Dan und Bethel" meinen,[119] und dass sie als *infinitum molis* mit Gott wie alle Monaden koexistiert habe. Eigenschaften des Lebens, Willens, der fortwirkenden Kraft und der Freiheit können dem Gott der Rationalisten nicht zugeschrieben werden. Er ist seinen eigenen Gesetzen unterworfen, die mit der einmal geschaffenen besten aller Welten installiert sind, und daher unfrei.[120]

b) Mechanisch-determinierte Seele

Oetingers Kritik an dem unfreien Gottesbild der Rationalisten betrifft auch deren Seelenlehre. Als einfache monadische Einheiten, die *in instanti* außerhalb der Zeit

---

[114] OETINGER, 1977 [1765], 250. – „Im Malebranchischen und Newtonischen System ist uns Gott sehr nahe, im Wolfischen am allerfernesten, aber im Böhmischen am allernächsten, so daß es scheint, Gott und Natur, Welt und Leben Gottes in einander zu mischen; aber man darf nur Gedult zum Unterscheiden brauchen [...]." Ebd., 251. Vgl. auch SPINDLER, 1999, 97.

[115] Vgl. OETINGER, 1977 [1765], 155.

[116] Vgl. OETINGER, 1977 [1765], 242. „Seine [Gottes – FS] Nothwendigkeit, zu sein, bringt keine Nothwendigkeit zu würken mit sich. Etwas Nothwendiges ist sui generis unicum, ein ewiges eins: GOtt müßte nach Nothwendigkeit auch eine ewige unanfängliche Würkung haben, mithin wäre die Welt ein ewiger Ausfluß von ihm, und so wäre die Welt und GOtt nicht unterschieden, er wäre nothwendig der Mittelpunct der Welt." OETINGER, Unterricht (1772), 30.

[117] Vgl. SCHOBERTH, 1994, 154. Hierin trifft Oetinger nach Schoberths Untersuchung mit Hamanns Vernunftkritik zusammen. Vgl. ebd., etwa 174, 181–183, 195, 264.

[118] Vgl. HÄUSSERMANN, 1977, 38.

[119] Vgl. OETINGER, 1977 [1765], 155. 1Kön 12,28f.: Jerobeam stellt zwei goldene Kälber in Dan und Bethel auf. Auch an Ploucquet kritisiert Oetinger, die Welt für eine „series infinita" zu halten, vgl. ebd., 273. Ploucquet scheint aber von dieser Ansicht wieder abgerückt zu sein, denn 1782 meinte er, dass Gott nicht eine unendliche, sondern eine beschränkte Welt vorgezogen habe. Vgl. ANER, 1909, 61f.

[120] Vgl. OETINGER, 1977 [1765], 242; OETINGER, 1999, Bd. 1, 189f.

geschaffen wurden, vermag sich Oetinger die Seelen nicht vorzustellen.[121] Ein solches Monadenkonzept betrachtet der ansonsten stark an die Kabbala angelehnte Oetinger als jüdische Lehre, die von den „uralten Cabbalisten abgegangen" sei.[122] Leibniz' und Wolffs Seelen besitzen in seinen Augen keine wirkliche innere Freiheit, sondern sind im Rahmen des Uhrwerks schon vor der Zeit in einem ewigen Plan determiniert und funktionieren im Grunde mechanisch.[123] *Simplici*, einfache und mit Entelechie[124] ausgestattete Dinge, lehnt Oetinger auch deshalb ab, weil sie mit der Vorstellung der Präexistenz und der Mechanik dicht zusammenhängen. Unvorstellbar ist ihm auch das Verhältnis der Seele zum Körper als einer *harmonia praestabilita*, die bei Schöpfungsbeginn hergestellt worden wäre und die gegenseitige Berührung, geschweige Durchdringung, unmöglich macht, denn „das ist abermal sehr schwer zu reimen".[125]

---

[121] Alles, was dieser Einfachheitsthese widerspreche, bezeichneten die Rationalisten „auf dictatorische Weise" schlichtweg als Materialismus. Vgl. OETINGER, 1977 [1765], 156. Vgl. auch OETINGER, 1999, Bd. 1, 294, Lemma: Seele. Die Seelen entstehen für Oetinger nicht *in instanti*, sondern sukzessiv. 1777 betont Oetinger, dass die Seelen nicht einfache Dinge oder Monaden seien, sondern aus einer Vielzahl von Kräften bestünden. Vgl. OETINGER, Ploucquet (1777), 651 f., sowie OETINGER, 1762, Bd. 2, 143, und: FRIEDRICH CHRISTOPH OETINGER: Predigt von der weinenden Seele JEsu: Durch einen Freund zum Druck gegeben. Philadelphia 1773, 11, wo er betont, die Seelen seien nicht augenblicklich geschaffen, sondern „aus dem Leib herausgezogen" und durch „sieben Fortgänge; endelechios zur Substanz gebildet" worden.

[122] Dies stellt Oetinger bereits in einer Schrift von 1757 *Abhandlung von dem Zusammenhang derer Glaubens-Articul mit den letzten Dingen* (Görlitz) fest. Auch Spinoza habe sein *principium aeternum activum* und *principium aeternum passivum increatum* aus dem „verderbten Cabbalismo und Cartesianismo genommen". Zitiert nach REINHARD BREYMAYER: Oetingers geheime Fehde mit Christian Thomasius. In: HOLTZ/BETSCH/ZWINK, 2005, 251–283, hier: 281. Breymayer weist darauf hin, dass Oetinger unter dieser falsch aufgefassten Kabbala stets deren idealisierende Auslegung verstehe. Inwieweit er dabei auf die u. a. von Johann Franz Budde und Johann Georg Wachter um 1700 geführte Debatte über den Zusammenhang zwischen Kabbala und Spinozismus rekurrierte, ist noch nicht erforscht. Vgl. WALTER SPARN: Formalis Atheus? Die Krise der protestantischen Orthodoxie, gespiegelt in ihrer Auseinandersetzung mit Spinoza. In: WILHELM SCHMIDT-BIGGEMANN (Hg.): Spinoza in der Frühzeit seiner religiösen Wirkung. Heidelberg 1984, 27–64, hier: 47–52.

[123] Bereits in der Lehrtafel betont Oetinger, dass es bei Leibniz keine „innere Freiheit" gebe, sondern Freiheit ausschließlich „von den *umstehenden* Dingen" abhänge. Vgl. OETINGER, 1977 [1763], Bd. 1, 244 [Hervorhebung im Original].

[124] Vgl. dazu SCHOBERTH, 1994, 108–112. Oetinger lehne Leibniz' Entelechie-Begriff ab, weil dadurch die Teleologie aus der „Erfahrung der Wirklichkeit in den erkennenden Intellekt verlagert" werde, um letzten Endes dem „Begriff" die Herrschaft zu verschaffen.

[125] Vgl. OETINGER, 1977 [1765], 259, wo Leibniz' „*principium individuationis* und *indiscernibilium*" [Hervorhebung im Original] widersprochen wird, um etwas weiter zu behaupten, dass sich die Lebenskräfte sehr wohl durchdringen könnten, und zwar nach Eulers Regel für Licht, Farben und Schall: „*Radix elasticitatis divisa per densitatem*." Ebd., 262. Der Hinweis auf Euler ergänzt die Abweisung des *principium indiscernibilium* in der *Prophetie der Alten*, vgl. OETINGER, 1762, Bd. 2, 10. Zu Oetingers Kritik an der *harmonia praestabilita* vgl. OETINGER, Selbstbiographie, 42; KUMMER, Autobiographie, 83.

c) Leugnung des Körpers

Die prästabilierte Harmonie der Rationalisten, die voraussetzt, dass sich Seele und Körper niemals berühren oder durchdringen können, zieht nach Oetingers Verständnis letztlich die Konsequenz nach sich, dass die Körper nicht nur bloße Erscheinungen, sondern wie bei Plato sogar „Scheindinge" oder eine „idealistische Materie"[126] sind wie die Monaden selbst, die nicht ‚wirklich', sondern nur in Gottes Vorstellung existieren. Dass der Welt und der Materie und damit auch den Körpern nach Leibniz' Verständnis eine gewisse Realität zukommt, obwohl die Monaden allein absolute Realität besitzen, ignoriert Oetinger.[127] Er meint, in der Monadenlehre werde die Welt als bloßes „Phaenomenon regulatum von Monaden" verstanden.[128] Die Wolffsche Philosophie ignoriere nicht nur hinsichtlich ihrer Konsequenzen für die Bibelauslegung, sondern mit ihrem Weltverständnis insgesamt die materiale Realität der Dinge. Sie laufe „auf Apparenzen" hinaus, nicht auf dynamische und „leibliche Subsistenz".[129]

Leibniz und Wolff verdrängen die „Leiblichkeit" aus der Welt, weil sie Gott selbst als reinen Geist, als ganz unkörperlichen Intellekt betrachten.[130] Aber: „Leiblich seyn, ist ein reales Bild der Herrlichkeit GOttes, keine Leibnizische, oder Platonische, oder Cerinthische Unvollkommenheit."[131]

Das betrifft auch Raum und Zeit, die als Phänomene nichts anderes seien als Scheindinge, so Oetingers Verständnis eines Phänomens.[132] Damit droht die Realität insgesamt zu einem bloßen Schein zu werden. Das Kerinthianismus-Verdikt, das Oetinger über Semler und die theologischen Dekonstrukteure der Apokalypse fällt, trifft bereits auf Wolff und Leibniz zu, dass nämlich nicht nur in der Christologie, sondern Materie insgesamt „keine Materie, sondern nur ein Schein seye".[133] Oetinger würdigt zwar Leibniz' Idee, dass jede Monade mit einem *corpusculum* ausgestattet sei, das mit Geist und Stoff geschaffen sein müsse, aber Leibniz bleibt für ihn inkonsequent, wenn er dieses *corpusculum* aus der prästabilierten Harmonie ausklammert.[134] Er bleibt damit Idealist wie seine zeitgenössischen Nachfolger, aber dieser Idealismus ist für Oetinger nichts anderes als ein „Pferdscheuer Schrecken vor dem Materialismus".[135] Aus dieser idealistischen

---

[126] SWEDENBORG, Erdcörper, 185; OETINGER, Inbegriff, 40.

[127] Vgl. SPINDLER, 1999, 94.

[128] OETINGER, 1999, Bd. 1, 65, Lemma: Bund. Gegen diese Auffassung der „LEIBNIZISCH-WOLFFISCH-CANZISCH" oder BAUMGARTISCHEN Philosophie" wird Ploucquet mit der *manifestatio sui* Gottes unter Ausschluss einer Emanation herangezogen.

[129] OETINGER, Inbegriff, 39.

[130] Vgl. SCHOBERTH, 1994, 154.

[131] OETINGER, Inbegriff, 39.

[132] Vgl. SPINDLER, 1999, 100.

[133] OETINGER, Beurtheilungen (1771), 96. Hier stellte Oetinger die Leugnung der Kerinthianer und des Kaiphas neben den „Schein-Leib" der Wolffianer. Vgl. auch SPINDLER 1999, 94. Nach DEGHAYE, 2000, 123, setzte Oetinger Platonismus, Gnosis, Kerinthianismus und Doketismus ineins und entwickelte dagegen eine „antignostische Gnosis". Es dürfte sich dabei aber nicht um eine Verwechslung handeln, wie Deghaye meint, sondern vielmehr um eine gezielte polemische Zuschreibung.

[134] Vgl. OETINGER, Metaphysic, 407.

[135] OETINGER, 1977 [1763], Bd. 1, 136.

Konstruktion des Leibniz-Wolffianismus entsteht Oetingers Alternative, seine Lehre von der Geistleiblichkeit:

„Hinweg die Platonische und Leibnizische phantasmata, daß allein die Geister Ὄντα (Wesen) seyen, Leiber seyen nur φαινόμενα (Erscheinungen), keine Wesen. Das ist der Ursprung der Cerinthischen Irrthümer."[136]

d) Umformung der Theologie

Oetingers theologische Kritik richtet sich gegen den Arianismus der Monadologisten und einer jüdischen Theologie, die Christus von Gottes Person entfernt haben, so dass er als Erlöser und als Schöpfungsmittler entfällt.[137] Die Erlösungstat am Kreuz ist unverständlich, wenn es keine Freiheit gibt, es bleibt ein menschlicher Morallehrer Jesus ohne Christus übrig. Die Gründe hierfür sieht Oetinger in einem modernen Doketismus, der die Inkarnation genauso ablehnt wie die Erlösung und den Wortgehalt der Bibel, in erster Linie die Buchstäblichkeit und ‚Realität' der Offenbarung des Johannes.[138]

Das gilt auch für die Frage des Bösen und der Sünde. Wenn die Wolffianer – und das betrifft auch Oetingers Lehrer Bilfinger – das Böse nur als *privatio boni*, als Verneinung des Guten, ansehen oder es aus der *finitudo* der Geschöpfe ableiten und der individuellen Freiheit zum Guten oder Bösen keinen angemessenen Stellenwert einräumen, verkennen sie die Realität des Bösen genauso wie die Dimension der Erlösung.[139] So wissen Leibniz und Wolff auch nichts von der Wiedergeburt der Seele,[140] von der Endlichkeit der Welt, vom Jüngsten Gericht und der Auferstehung. Dahinter steckt für Oetinger eine Konsequenz des „Idealismus", der den Leib Christi als Leib Gottes durch reine Geistigkeit ersetzt und auch den Leib der Heiligen Schrift in ebendieser Weise nur für Schein hält. Sowohl die allegorische Exegese Swedenborgs als auch die Historisierung oder Grammatikalisierung des Schriftgehalts führen zur Entleiblichung der Bibel. Beide entspringen nach Oetingers Urteil ein und derselben Quelle, auch wenn das Verdikt über Swedenborg in erster Linie nicht wegen dessen hermeneutischer

---

[136] OETINGER, 1977 [1763], Bd. 1, 242.

[137] Vgl. WEYER-MENKHOFF, 1990a, 35, 58. Auch in der *Theologia ex idea vitae deducta* diagnostiziert er scharf, dass aus der *Adam-Kadmon*-Vorstellung bei Isaak von Luria und in der *Kabbala denudata* Arianismus entstehe. Vgl. OETINGER, 1979 [1765], Bd. 1, 71.

[138] Vgl. OETINGER, Beurtheilungen (1771), 93–96 (Auszug aus der *Lehrtafel*). ERNST BENZ: Die Naturtheologie Friedrich Christoph Oetingers. In: FAIVRE/ZIMMERMANN, 1979, 256–277, hier: 262.

[139] Die „Philosophen von Dan und Bethel" greifen schlichtweg zu kurz, wenn sie den Ursprung des Bösen in der Endlichkeit und Kontingenz der Kreatur sehen, aber von der „ersten chaotischen Irregularität" nichts wissen wollen. Vgl. OETINGER, 1977 [1765], 155 f. Bilfinger wolle das Böse nur aus der „ex finitudine" erklären, dies sei aber „ex negativo" nicht möglich. Vgl. OETINGER, 1977 [1765], 355. In der *Lehrtafel* greift Oetinger namentlich Bilfingers *De origine mali* an, wo die Sünde als *privatio boni* betrachtet wird. Vielmehr breche die Sünde aus dem Nichts hervor, und die „Lust gebiehrt sich aus der Erhebung einer Krafft über die andere". Das Böse ist nicht nur eine Negation des Guten, es liegt für Oetinger „im innersten der Seele". Zitiert nach HÄUSSERMANN, 1977, 42.

[140] Vgl. OETINGER, 1977 [1765], 251.

Methode, sondern wegen seiner Liquidierung der Apokalyptik fällt. Semler, Teller, Damm und Michaelis[141] auf der einen und Swedenborg auf der anderen Seite werden zu den Hauptgegnern des älteren Oetinger und zur Negativfolie für die Verfestigung seines realistischen Biblizismus und Apokalyptizismus.

5.2.4. Oetingers Theosophie im Kontext

Das theologisch-philosophische System, das Oetinger in Verbindung mit seiner Kritik am idealistisch verstandenen Leibniz-Wolffianismus und seinen theologischen Vertretern konstruiert, lässt sich als ein ,eschatologischer Panentheismus'[142] bezeichnen, der Spinozismus, Materialismus, Idealismus, aber auch Neuplatonismus genauso vermeiden will wie einen Christomonismus, der sich autoritär über die Naturphilosophie erhebt. Unter Rückgriff auf die „Philosophie der Alten" und insbesondere auf Spener nennt Oetinger seine Böhme- und Kabbala-Rezeption *Philosophia sacra*, die er ebenso wie Arndt, Spener und Bengel in Übereinstimmung mit dem „Evangelisch Lutherischen Symbolo" sieht, ja er wundert sich, „daß er durch diese sogar Lutherisch ist".[143] Signifikant ist für Oetingers Selbstverständnis ferner, dass er seine Lehre selbst als Aufklärung versteht, die sich gegen den philosophischen Rationalismus richtet. Spener, Bengel und Arndt gelten ihm nicht nur als bekenntnistreue Lutheraner, sondern als eschatologische Aufklärer in einem biblischem Sinne, denn Arndt und Spener sind für den späten Oetinger mit zwei von drei endzeitlichen Engeln aus der Offenbarung des Johannes 14,6–11 identisch.[144] Ist der dritte Engel Oetinger selbst? Dessen Auftrag besteht jedenfalls darin, die „Lehre" der ersten beiden Engel zu bestätigen.[145] Diejenigen Grundentscheidungen der biblisch-theosophischen Lehre Oetingers, die er im Kontrast zu seinen theologisch-philosophischen Fronten entwickelte, werden im Folgenden umrissen, um die Basis des Systems zu rekonstruieren, in das Swedenborg zum Teil eingeschrieben und von dem er zum Teil zurückgewiesen wurde.

---

[141] Zu den zeitgenössischen Theologen, die Oetinger im *Biblischen und Emblematischen Wörterbuch* kritisiert, vgl. HARDMEIER, 1999.

[142] Panentheismus in Anlehnung an die Definition des Schelling-Schülers Karl Christian Friedrich Krause. Vgl. DIERSE/SCHRÖDER, 1989, 48.

[143] OETINGERS Rechtfertigungsschrift von 1767, in OETINGER, 1977 [1765], LXVII, vgl. auch ebd., 175. Beyreuther nennt die Verbindung von Böhmismus und Bengelianismus eine Pansophie. Vgl. ebd., XIV, sowie WEYER-MENKHOFF, 1990a, 55; ZWINK, 2005, 197; BENZ, 1947, 98; HÄUSSERMANN, 1977, 31.

[144] Vgl. OETINGER, 1999, Bd. 1, 98f. [Hier falsche Stellenangabe: 4,6–11]. Schon Bengel habe Arndt für den ersten Engel gehalten. 1765 hatte Oetinger noch Böhme als den Engel „mit dem ewigen Evangelio" und Arndt als dessen „Herold" identifiziert. Vgl. OETINGER, 1977 [1765], 377.

[145] Der dritte Engel kann jedenfalls nicht Böhme sein, denn Böhme konnte wohl kaum die Lehre Arndts und Speners bestätigen. Ob Oetinger aber in Bengel die Bestätigung ausgerechnet Arndts gesehen hat, sei dahingestellt.

a) Eschatologie

Die gesamte Lehre Oetingers steht unter eschatologischer Perspektive. Oetinger betrachtet nicht nur den Menschen eschatologisch, sondern auch Natur und Materie. Durch die Übertragung des Bengelschen Gedankens der göttlichen Heilsökonomie auch auf die Natur meinte er, den cartesischen Dualismus zu überwinden, denn die Eschatologie überwölbt bereits die Kosmogonie.[146] Alles, was erschaffen wird, ist in einem dynamischen Weltgeschehen bereits zur Vollendung vorgesehen. „Lehre vom Vorsatz" kann er das nennen, wobei er sich gegen die calvinistische, von Leibniz modifiziert übernommene Prädestinationslehre abgrenzt und stattdessen von göttlicher „Allwirkung" spricht, denn „Vorsehung" sei kein „*Schrift*-Wort".[147] Gott hat nicht die beste aller möglichen Welten geschaffen, die Schöpfung dieser besten Welt hält an.[148] Die *harmonia praestabilita* ist nicht der Ursprung, sondern das Ziel der Schöpfung: „fines Dei harmonice praeordinati", so dreht Oetinger das Modell von Leibniz eschatologisch um.[149] Oetingers an Bengel angelehnte Apokalyptik passt sich in diese Konzeption ein, denn dieser dynamische Prozess umfasst auch den postmortalen Interimszustand der Seelen bis hin zum Weltende.

Auch die „Geistleiblichkeit", eines der wichtigsten Elemente des ‚Dritten Weges', den Oetinger zwischen Materialismus und Idealismus beschreitet, steht unter eschatologischem Vorbehalt und ist zugleich im Prozess der Selbstoffenbarung Gottes immer schon angelegt.[150] Aber obwohl Anfang und Ende der göttlichen Selbstoffenbarung feststehen, ist das in ihr herrschende Prinzip die Freiheit

---

[146] Diese Abwendung von Descartes in Verbindung mit Bengels göttlicher Ökonomie beginnt bereits 1735. Vgl. WEYER-MENKHOFF, 1990a, 106. Die Wurzel des Spinozismus sieht Oetinger später in der cartesischen Kosmogonie begründet. Er sei entstanden, weil Descartes sich kein Ende der Wirbel um die Planeten und Sterne vorstellen konnte und die Welt deshalb unendlich erscheinen musste. Vgl. OETINGER, 1977 [1765], 209.

[147] Vgl. OETINGER, 1999, Bd. 1, 349 [Hervorhebung im Original], Lemma: Vorsehung, Prognosis, Pronia, im Anschluss an „Vorsatz Gottes". Der „Vorsatz" Gottes begründet letztlich auch Oetingers Apokatastasis-Lehre und seinen Chiliasmus. Vgl. GROTH, 1984, 108f., 118. Vgl. auch OETINGER, Freymüthige Gedanken, 53.

[148] So auch WEYER-MENKHOFF, 1990a, 115.

[149] Vgl. OETINGER, 1979 [1765], Bd. 1, 200 = 1852 [1765], 374: „Die Engel des Befehls Gottes wirken, daß die Ordnung der Natur und der Elemente den harmonisch im Voraus festgestellten Endzwecken Gottes (fines Dei harmonice praeordinatis) in der Art entspreche, daß dieselbe von den intelligenten Wesen erkannt und vernommen werden könne, wie ein Wort, das aus Vokalen und Consonanten, aus einem Activum und Passivum, aus einem Formale und Materiale, aus einem Flüchtigen (volatile) und einem Festen (fixum) zusammengesetzt ist." Diese Umkehrung der prästabilierten Harmonie ist zu den unterirdischen Gemeinsamkeiten Oetingers und Leibniz zu ergänzen, die Weyer-Menkhoff zu Recht festgestellt hat. Vgl. WEYER-MENKHOFF, 1990a, 34f.

[150] Auch SCHOBERTH (1994, 151, 157–160) versteht Oetingers zentrale Lehre von der Geistleiblichkeit als Thema der Eschatologie, nicht der Anthropologie. Diese Lehre führe aber weder zum Spiritualismus, weil die „Kontinuität und Differenz" (158) zwischen der irdischen und der eschatologischen Leiblichkeit stets im Blickpunkt bleibt. Sie führt auch nicht zum Neuplatonismus, weil Oetinger die Leiblichkeit als Werk betrachtet, das vom Wesen und auch von einer Emanation Gottes deutlich unterschieden wird, auch wenn sie als „erfahrbare Wirklichkeit" (160) von Gott umgriffen ist.

und nicht der Determinismus einer mechanisch funktionierenden Uhr. Den Zufall hält Oetinger dabei nicht etwa für eine Wahrnehmungsstörung, weil er nach dem Satz vom zureichenden Grund für Leibniz – und für Swedenborg – ausgeschlossen ist. Oetinger erscheint der Zufall sogar als Grundprinzip des Schöpfungsverlaufs, an dessen Ende die Unordnung der Welt durch Gott erst in Ordnung gebracht wird.[151]

b) Göttliche Freiheit

Die Betonung der Freiheit im Schöpfungsverlauf geht mit Oetingers Gottesbild einher. Gegen Vernunft, Ordnung und Notwendigkeit als göttliche Prädikate der Rationalisten – und Swedenborgs – setzt Oetinger Freiheit und Wille, ja Willkür: „der Vorsatz Gottes ist willkührlich".[152] Leibniz, Wolff und Canz billigten Gott „keine Bewegung" und keine Freiheit zu, sondern hielten ihn geradezu für notwendig,[153] wobei er sich merkwürdigerweise von Böhme absetzt, nach dem Gott die Welt eher aus einem inneren Zwang als aus Freiheit geschaffen habe.[154] Gott selbst bleibt – wie Luthers *Deus absconditus* – als *Suum*, das „lauter Freiheit"[155] ist, unerkennbar. Aber seine Haupteigenschaft ist Dynamik und Kraft, sein Wille ist das Selbstoffenbarwerden. Gott ist für Oetinger im Anschluss an Hermes Trismegistos *actus purissimus*[156] und nach seiner Adaption Gottfried Ploucquets *ens manifestativum sui*, selbst unveränderliches Sein, aber in der Offenbarung mit einem generativen Prinzip ausgestattet, das Oetinger ebenfalls von Ploucquet über-

---

[151] In Anknüpfung an Ploucquet sieht er den Zufall nicht in den kleinsten Atomen, sondern in der Welt als Ganzes. Vgl. OETINGER, 1977 [1765], 387. Damit wendet er sich vor allem gegen Leibniz, der den Zufall ausschließt. Demgegenüber betont Oetinger den Willen Gottes im Anschluss an das 1. Gebot. Vgl. ebd., 208. Vgl. auch BENZ, 1979, 265.

[152] OETINGER, Beurtheilungen (1771), 161. Bereits in OETINGER, 1977 [1765], 205, werden die schaffenden Kräfte Gottes im Anschluss an Newton nicht materiell und mechanisch verstanden. Gott handele „nach souverainer Willkühr". Vgl. auch ebd., 242.

[153] OETINGER, 1999, Bd. 1, 189f., Lemma: Jehovah.

[154] Böhme habe anstatt des Willkürlichen in Gott mehr die notwendigen Folgen „aus dem Wesen der Dinge" gesehen. Vgl. OETINGER, 1999, Bd. 1, 286, Lemma: Schöpfung, Genesis, Ktisis. Diese Böhme-Interpretation ist gegenüber Beyreuthers Einleitung (in OETINGER, 1977 [1765], XIXf.) als unverständlich bezeichnet worden. Vgl. ROLAND PIETSCH: Friedrich Christoph Oetinger und Jakob Böhme. In: Oetinger, 1999, Bd. 2, 71–84, hier: 81. In diesem Zusammenhang kritisiert Oetinger an Spaldings Konzept der „Regierung Gottes", weil es Gott keine Freiheit lasse. Vgl. ebd., 344.

[155] Wenn das „Suum" Gottes nicht „lauter Freiheit" sei, müsste „die Offenbarung seiner selbst ein nothwendiger Ausfluß" sein. Daraus würde ein spinozistisches oder mechanizistisches Weltbild folgen. Auch Newton setze „unter den Eigenschaften GOttes die Freiheit zuerst". Hiermit schließt sich Oetinger auch Ploucquet an, allerdings ergänzt er, dass Gott sich aus Freiheit in die Natur herablasse und dadurch die Gläubigen „grüßt" wie „uns" auch die „7. Geister" [Sephiroth]. Aber „die Weltweisen wagen es nicht so weit", das heißt bei Oetinger: zur Behauptung der Sephirothlehre, und schweigen lieber. OETINGER, Ploucquet (1777), 654f.

[156] Vgl. OETINGER, 1762, Bd. 2, 39f. Vgl. aber schon: FRIEDRICH CHRISTOPH OETINGER: Einleitung zu dem Neu-Testamentlichen Gebrauch der Psalmen Davids, der heutigen Ausschweifung in Liedern und Mund-Gebetern entgegengesetzt. Neue verbesserte Auflage Stuttgardt 1776 [1748, 1750], 621, und zahlreiche Stellen im Gesamtwerk.

nimmt.[157] Nur in der Schöpfung und nur unter körperlichen Gestalten ist Gott erkennbar.

Gegen Wolffs Determinismus führt Oetinger den Freiheits- und Bewegungs-gedanken Böhmes ins Feld. Und gegen Swedenborg betont der späte Oetinger, das Werden stehe vor dem Sein, die Bewegung vor der Substanz.[158] Oetingers Welt wird von göttlichen Kräften, den Abglänzen Gottes durchflossen, wobei eine neuplatonische Emanation und zugleich eine von Wolff behauptete *creatio ex nihilo* vermieden werden soll.[159]

c) *Urchaos und Polarität*

Im ersten „Abgrund" erblickt Oetinger ein Chaos, das mit leblosen, aber poten-tiell lebendigen „Atomi molis" gefüllt ist, aus denen die „Finsterniß" als erste Schöpfung entsteht. Das könne, so Oetinger, „kein Idealist glauben", für den der Schöpfungsbeginn „lauter Licht ohne Finsterniß" sei.[160] Aus Licht und Finsternis entsteht Materie. Die Polarität zwischen Licht und Finsternis ist aber nicht dua-listisch und nicht sukzessiv zu verstehen, sondern, wie Oetinger sagt: „intensiv", als ein Ineinander von Kräften, ein Widerstreit zwischen aktivem und passivem „Lebensfeuer".[161]

---

[157] Vgl. OETINGER, Ploucquet (1777), 653, sowie OETINGER, Inbegriff, 4: „ein Wesen, das sich selbst offenbahrt im höchsten Grad, Ens manifestativum sui"; Oetinger, 1999, Bd. 1, 48. Bei Ploucquet fand Oetinger den Gedanken zweier entgegengesetzter Kräfte in Gott bestätigt: „Eins, das er sich selbst (suum) nennt, nemlich das Verborgene, und das, welches die Tiefe der Gottheit offenbar macht (manifestativum)." Das *Principium intellectus generativum* im gött-lichen Verstand sei bei Ploucquet „ein geburtlicher Grund zur Hervorbringung der Dinge". „Weiter" habe sich dieser „vorzügliche Philosoph" nicht „gewagt, weil er Materialismum fürchtet". Vgl. OETINGER, 1977 [1765], 246, 384. Im *Wörterbuch* wird Ploucquet das Ver-dienst zugeschrieben, den „Grundsaz von der manifestatione sui" eingeführt und dadurch der Wolffschen Philosophie „eine andere Gestalt gegeben" zu haben: Alle Kreatur ist demnach eine „wesentliche und reelle Abbildung aus GOtt ohne Emanation". Vgl. OETINGER, Wörter-buch, 1999, Bd. 1, 65.

[158] Unter dem Lemma „Seyn" ist im *Biblischen und Emblematischen Wörterbuch* notiert, die „Weltweisen" – wie übrigens auch Swedenborg – begännen bei „Esse" und „Existere", weil sie meinten, das Sein sei das „einfachste Wort". Demgegenüber enthalte „Seyn" nach der Schrift zuerst „Leben, hernach Bewegung, und endlich erst Seyn in sich". Vgl. OETINGER, 1999, Bd. 1, 296.

[159] Vgl. WEYER-MENKHOFF, 1990a, 42f. Gegen BETZ, 1999, 35, der die *creatio ex nihilo* bei Oetinger nur für „modifiziert" hält, wäre etwa Oetingers Referat aus Franciscus Mercu-rius van Helmont anzuführen. Hier geschieht die Schöpfung nicht aus Nichts, sondern aus Wasser durch Geist (OETINGER, 1762, Bd. 1, 157). Nach Böhme steht der Wille Gottes am Anfang. Er enthält eine raum- und zeitordnende Bewegung, auch wenn Gott selbst außerhalb des Raumes und der Zeit ist: „Das ist das Wort, die Weisheit und Herrlichkeit Gottes." Vgl. OETINGER, 1977 [1765], 237.

[160] OETINGER, 1977 [1763], Bd. 1, 223. Bereits in der *Prophetie der Alten* (1762, Bd. 2, 18) berief sich Oetinger mit seiner ‚Chaostheorie' auf Hermes und Plato, ein Jahr später auf Swe-denborgs Universalchaos der Sonne und Planeten aus den *Principia*, auf Böhmes geistliches Chaos und auf Detlev Cluvers „scientia chaotica". Vgl. OETINGER, 1977 [1765], 164, 214. 217. Oetinger spricht von „Abgrund", „Ungrund" oder von der „Verborgenheit" Gottes, wo in der Kabbala vom *En-Sof* und bei Böhme vom „Ungrund" die Rede ist. Vgl. BETZ, 1999, 18.

[161] Vgl. OETINGER, Divisch, 87f.: Aus dem Streit zwischen aktivem und passivem Feuer

d) Gott und Schöpfung

Dem in sich selbst aufgrund seiner reinen Transzendenz, dem kabbalistischen *En-Sof*,[162] unerkennbaren Gott ist nach Oetingers Auffassung ein Wille zur Selbstoffenbarung und Verleiblichung eigen.[163] Doch bevor er etwas schaffen kann, richtet sich dieses Begehren nach der Kabbala Isaak Lurias als *Zimzum*, bei Oetinger: das „Begehren in GOtt" als „Anfang aller Realité",[164] gegen sich selbst. Dadurch wird ein Raum frei, in den die Abglänze Gottes, die Sephiroth, einfließen können, ein Raum, der Gott in seiner Abwesenheit ist, der aber durch die *repulsio* mit seinen Kräften wiederum gefüllt wird. Oetinger versteht diesen Vorgang, der die Polarität in die Schöpfung transportiert, ebenfalls nicht sukzessiv, sondern intensiv.[165] *Repulsio* und *attractio*, die zentrifugale und zentripetale Kraft, die, wie Oetinger unter anderem von William Law weiß, Newton über Henry More von Böhme übernommen hat, sind die polaren Kräfte, die die Seele wie jedes Geschöpf ausmachen.[166] Diese Kräfte lassen eine Unendlichkeit der Welt gegenüber Gottes Ewigkeit nicht zu und limitieren die Kreatur als „Ja" Gottes und als „Nein" der ihm gegenüber beschränkten Kreatur.[167] Gott ist mit

---

entstehe ein „motus alternus", der der eigentliche Anfang des Lebens sei, nämlich „eine Geburt aus der Angst". Vgl. auch WEYER-MENKHOFF, 1990a, 163; HÄUSSERMANN, 1977, 36.

[162] Vgl. DEGHAYE, 2000, 120, 133, 161. Da diese reine Gottheit vor ihrer Offenbarung nicht erkannt werden könne, hält DEGHAYE, 2000, 161, Oetingers und Böhmes „philosophia sacra" für ein agnostisches Modell. Dies träfe freilich auf die lutherische Theologie insgesamt zu, wo mit verschiedenen Akzenten seit Luther zwischen dem *Deus absconditus* und dem *Deus revelatus* unterschieden wird. Vgl. dazu JOACHIM HEUBACH (Hg.): Welthandeln und Heilshandeln Gottes. Deus absconditus – Deus revelatus. Erlangen 1999.

[163] Hierin ist ein Kern der inkarnationstheologischen Kritik Oetingers am kerinthisch-doketistischen Idealismus zu sehen, vgl. BENZ, 1979, 262; vgl. auch BEYREUTHER in: OETINGER, 1977 [1765], XXII; BENZ, 1971, 737. Zum Zusammenhang zwischen der Theogonie und der Kosmogonie bei Oetinger vgl. auch DEGHAYE, 2000, 144 f.

[164] Vgl. OETINGER, 1999, Bd. 1, 48, sowie OETINGER, Metaphysic, 621. Hier beruft sich Oetinger auf den Sohar und identifiziert die Zimzum mit dem lm;v.x; aus Ez 1,4, das er an anderer Stelle mit der Ausbreitung der Stärke Gottes nach Ps 150,1 und dem „Ternarium sanctum" Böhmes (OETINGER, 1977 [1765], 201) oder auch mit dem elektrischen Feuer (OETINGER, Divisch, 100; BENZ, 1971, 736) gleichsetzt. In OETINGER, 1977 [1763], Bd. 1, 133, verteidigt er Lurias Zimzum als angemessene Vorstellung für das Bedürfnis, sich „aus Freyheit seines Willens […] Schrancken" zu setzen. Vgl. auch DEGHAYE, 2000, 146 f.

[165] Vgl. WEYER-MENKHOFF, 1990a, 61. Bei Luria formen die Sephiroth den *Adam Kadmon*. Darin folgt ihm Oetinger nicht, vgl. dazu unten Seite 565 f., 577 f., sowie Anm. 176. Zum Verhältnis Oetingers zur lurianischen Kabbala an diesem Punkt vgl. auch BETZ, 1999, 17; SCHAUER, 170.

[166] Vgl. oben Anm. 55; sowie OETINGER, 1977 [1765], 180; OETINGER, 1999, Bd. 1, 285: Die „Neutonianer" lobten Newton als „schöpferischen Geist", weil er als erster die beiden Zentralkräfte „Contripetam & Centrifugam in die Grundweißheit eingeführt" habe. Law und andere wüssten aber, dass Newton Böhme „viel behandelt, wie er denn mehr nach FONTE-NELLE Lebens-Läufen in der *Bibel* als in Mathesi solle beschäftigt gewesen seyn". [Hervorhebung bei Oetinger] Vgl. auch ebd., 286; WEYER-MENKHOFF, 1990a, 153; DEGHAYE, 2000, 151; OETINGER, Divisch, 160; OETINGER, Metaphysic, 471.

[167] Vgl. OETINGER, 1999, Bd. 1, 190, im Anschluss an Böhme. Mit dieser Limitation will Oetinger aber keinen Manichäismus verbinden, sondern die Differenz zwischen Schöpfer und Schöpfung sicherstellen: „Finsterniß ist dem Menschen nur anerschaffen als Limitation der Creatur, nicht als würckliche Finsterniß. Die Finsterniß war im Licht verschlungen, konnte

der Welt nicht identisch, sondern unendlich von ihr entfernt wie bei Swedenborg, aber das ewige Wort, der *nexus*, durchstrahlt die gesamte Schöpfung.[168]

e) Schechina

Zwischen Gott und Welt steht bei Böhme als Schöpfungsmittlerin die göttliche Weisheit, Oetinger nennt sie „Herrlichkeit" oder *Schechina* wie in der Kabbala. Der „Aseität" Gottes fügt er wie sein theologischer Mentor Bengel die *gloria Dei primitiva* hinzu. Aus ihr fließt in Freiheit die *gloria Dei derivativa*[169] hinaus in die Schöpfung, nicht als eigenes Wesen oder Prinzip wie die kabbalistische *Schechina*, sondern als ein Medium der prozessualen Selbstoffenbarung Gottes.[170] Die *Schechina* umfasst die zehn *Sephiroth*, die Selbstbewegungsquellen Gottes. Sie streben aus Gott heraus und sind daher zwar aus Gott, aber nicht Gott selbst.[171] Und sie streben nach Leiblichkeit. Herrlichkeit, Leiblichkeit und Wort kann Oetinger synonym setzen.[172]

f) Das Rad der Geburten und der „Schrack"

Die *Sephiroth* bewegen sich vor ihrer Verleiblichung im „Rad der Geburten", dem τροχός τῆς γενέσεως nach Jakobus 3,6 – eine für Oetinger zentrale Figur, deren Fehlen er bei Swedenborg kritisiert.[173] Wie in Böhmes Kosmogonie wirft der „Schrack" oder die „blizende Dekussation" grobe Materie aus diesem Rad heraus.[174] Weil die gesamte Schöpfung von den göttlichen Kräften durchwaltet ist, hat alles Körperliche, jedes Atom Leibliches und Unleibliches, Vergängliches und Unvergängliches an sich.[175]

---

aber durch Trennung der Kräffte wieder ausbrechen." Vgl. OETINGER, 1977 [1763], Bd. 1, 232.

[168] Vgl. OETINGER, Unterricht (1772), 8, mit ausdrücklicher Bezugnahme auf Swedenborgs *De infinito*, aus dem er den *nexus*-Gedanken entlehnt. Vgl. dazu Kap. 2.3.3., a); sowie DEGHAYE, 2000, 152 f., allerdings ohne Erwähnung Swedenborgs.

[169] Vgl. OETINGER, 1977 [1765], 336, 341, 378; BENZ, 1971, 737.

[170] Vgl. SCHOBERTH, 1994, 162. Dem steht scheinbar Oetingers Aussage entgegen, die Herrlichkeit unterscheide sich im Wesen von Gott, aber Gott sei nicht ohne Herrlichkeit. Vgl. OETINGER, 1977 [1765], 334. Die Herrlichkeit Gottes sei „theils geschaffen", „theils ungeschaffen", so Oetinger bei seiner Auslegung des Thrones in Ez 10, vgl. ebd., 341. Zur „aséité et Glorie divine" bei Oetinger vgl. DEGHAYE, 2000, 137–140.

[171] Vgl. BEYREUTHER, in: OETINGER, 1977 [1765], XIX. Hierin unterscheidet er sich von der christlichen Kabbala, wo die Schechina häufig als 10. Sephirah betrachtet und mit dem Messias identifiziert wurde. Auch ist sie kein weibliches Prinzip wie in der jüdischen Kabbala. Auf der *Lehrtafel* verkörpert Christus sowohl die 10. als auch die 2. Sephirah. BETZ, 1998, 147 f.

[172] Vgl. SCHOBERTH, 1994, 161; WEYER-MENKHOFF, 1990a, 256.

[173] Vgl. etwa Oetingers Übersetzung von SWEDENBORG, Tell (1771), 203; sowie OETINGER, Metaphysic, 419 (hier auf die Seele bezogen).

[174] OETINGER, 1977 [1765], 10, 170 f., 329, sowie OETINGER, 1999, Bd. 1, 364; OETINGER, Inbegriff, 10; HÄUSSERMANN, 1977, 35.

[175] Vgl. OETINGER, 1977 [1765], 239; BEYREUTHER, in: ebd., XXV. Zu diesem Thema auch SCHMIDT-BIGGEMANN, 1998, 200 f.

g) Die Schöpfung des Himmels

Die Sephiroth, die den infolge des *Zimzum* frei werdenden Raum des Ungrunds füllen, bilden den Ur-Christus, den androgynen *Adam Kadmon* als himmlischen Urmenschen, eine Figur, deren Verständnis bei Oetinger offensichtlich deshalb schwankt, weil er sie bei Swedenborg wiedergefunden hat.[176] Aus ihm werden die geistigen und himmlischen Welten gebildet.[177] Oetinger begreift den Erstgeborenen aller Kreatur nicht als präexistenten Sohn, schreibt ihm aber eine himmlische Menschheit zu, „die wir nicht verstehen".[178] Allerdings folgte Oetinger nicht den neuplatonischen Tendenzen in der Kabbala, die er kannte, nach denen die erste geistige Welt in einem emanativen Geschehen aus Gott hervorgeht.[179]

Die erste Schöpfung besteht aus Seelen und Intelligenzen, die sich dicht bei Gott befinden, aber nicht direkt aus ihm stammen, sondern auch die Finsternis in sich tragen. Allerdings tut Gott alles durch die „Dazwischenkunft der Intelligenzen nach Gottes Befehlen".[180] Im Gegensatz zu Swedenborg kennt Oetinger Engel und böse Geister als eigens geschaffene Geistgattung zwischen Gott und Mensch. Der Mensch steht in Verkehr mit „Intelligenzen und Engeln", er muss sich gegen die Einflüsse der Unterwelt („orci influxus") und gegen die bösen Geister („malos genios") bewähren.[181] Im *Biblischen und Emblematischen Wörterbuch* wendet sich Oetinger namentlich gegen Wilhelm Abraham Teller, der die „Geschichte der Engel" in seinem *Wörterbuch des Neuen Testaments* sehr „herab sezt", und ohne Namensnennung gegen Swedenborg, wenn er betont, dass die Engel keine Menschen seien, aber am Ende, „wenn JEsus alles neu macht", den Menschen gleich und androgyn würden.[182]

---

[176] Vgl. WEYER-MENKHOFF, 1990a, 60f.; BETZ, 1999, 27. Der christliche Kabbalist Reuchlin findet in der Identifizierung des *Adam Kadmon* mit Christus die paulinische Vorstellung von der Kirche als Leib Christi bestätigt. Vgl. SCHAUER, 2005, 172, sowie 170. Zu Oetingers Position gegenüber Swedenborgs *maximus homo* vgl. unten Seite 566f., 577f. Schon in der *Lehrtafel* äußert er sich distanziert zu der kabbalistischen Idee einer „originalen" und endlichen Menschheit im *Adam Kadmon*. Daraus folge Arianismus. Vgl. OETINGER, 1977 [1763], Bd. 1, 132–134; sowie gleichlautend OETINGER, 1979 [1765], Bd. 1, 71.

[177] Vgl. BETZ, 1999, 27; OETINGER, 1977 [1763], Bd. 1, 133–135.

[178] Vgl. OETINGER, 1999, Bd. 1, 89. Die Stellen sind widersprüchlich. Im *Biblischen und Emblematischen Wörterbuch* wendet er sich gegen Zinzendorf und Malebranche, die Christus durch die Zuschreibung einer himmlischen Menschheit als präexistenten Sohn betrachteten, vgl. ebd., 66f. Bereits in seiner Herrnhuter Zeit hatte Oetinger davon gesprochen, dass der Heilige Geist alles mit seiner „himmlischen Leiblichkeit" durchdringe, vgl. WEYER-MENKHOFF, 1990a, 91.

[179] Vgl. BETZ, 1999, 19.

[180] Vgl. BENZ, 1971, 737; OETINGER, 1852 [1765], 391, 360–362, 390 (= 1979, Bd. 1, 204): „intervenientes intelligentias ex mandatis Dei".

[181] Vgl. OETINGER, 1979 [1765], Bd. 1, 191 = 1852 [1765], 355f.; Vgl. auch Oetinger, 1977 [1765], 195, 232 (Anknüpfung an Cluver). Ursprünglich hätten die Engel die Erde bewohnt, die sie dann in höhere Sphären verlassen hätten. Dadurch sei der Morgenstern zum Chaos geworden. Schließlich habe sich der erste Engel erhoben und sei gefallen, wodurch die Behausung in Brand geraten sei. Vgl. OETINGER, Schauplatz, 39.

[182] Vgl. OETINGER, 1999, Bd. 1, 96, Lemma: Engel, Angelos.

h) Selbstbewegung und Freiheit

In bewusster Abgrenzung gegen den Determinismus der Rationalisten betont Oetinger, dass Gott allem Geschaffenen Selbstbewegung mitteilt. Dadurch wird die Distanz zwischen Gott und Schöpfung gewahrt, denn die Selbstbewegung der Geschöpfe ist vom Leben Gottes unterschieden.[183] Zugleich wird die Frage nach der Freiheit der Kreaturen beantwortet, denn die Selbstbewegung ist als Quelle der Freiheit nicht einmal an den Satz vom zureichenden Grund gebunden. Sie fußt auf der „Gleichgültigkeit der Kräften, aus welcher sich die Freiheit selbst zu etwas entschließt".[184]

Pantheistische Tendenzen, die Oetinger in Teilen der kabbalistischen Literatur erkannte, sind damit ebenso ausgeschlossen wie die von Malebranche vertretene Präformationslehre, die nach seinem Verständnis Gefahr läuft, das Böse in Gott zurück zu verlagern und die Freiheit der Geschöpfe zu beschneiden.[185] Oetinger knüpft nicht nur an die *vis generativa* Ploucquets an, sondern auch an die für Swedenborg wichtige Generationstheorie William Harveys: In den Eiern befinden sich nicht kleine Menschen oder Hühner, sondern der Anfang liege in einem „runden Bläßlein, welches an dem Gelben des Eyes sich anlege" und aus dem der Mensch oder das Huhn generiere. Oetinger schloss aus dieser Widerlegung der Präformation schlicht, alles geschehe durch göttliches Wirken, nicht durch die Mechanik, die „keine unsichtbare Action wollen zugeben".[186]

Die selbstbewegenden Lebenskräfte funktionieren nicht nach mechanischen Bewegungsgesetzen, sondern entsprechen den Lebenskräften Gottes, dessen *vis generativa* sich frei in den Geschöpfen fortsetzt.[187] Oetinger kann sie „Archäus", *spiritus rector, formae substantiales, vis plastica, spiritus plasticus* oder wie Böhme „Tinctur" nennen.[188] Er verbindet sie mit dem elektrischen oder elementarischen

---

[183] Vgl. HÄUSSERMANN, 1977, 38; WEYER-MENKHOFF, 1990a, 182.

[184] Vgl. OETINGER, 1999, Bd. 1, 261. Vgl. SPINDLER, 1999, 101 f.

[185] Vgl. OETINGER, 1762, Bd. 2, 15. An diesem Punkt zog er gegenüber Malebranches Präformation sogar die Generationstheorie Christian Wolffs vor. Wolff habe Malebranches Präformation „umgestoßen", indem er der Natur eine unendliche Vermehrungskraft zuschreibe, obwohl er „fischstumm" von den drei Bewegungsquellen [Böhmes – FS] schweige, vgl. OETINGER, 1977 [1965], 263. Nach seiner Selbstbiographie will Oetinger durch eine „sonderliche Schickung" – nämlich in Gestalt seiner literarischen Begegnung mit Böhme – von Malebranches „vorweltliche[m] Schema der Menschheit" (einem Präformationsmodell) abgekommen sein, „worinn alle Menschen involute und eminenter quasi in Matrice gestanden, und hernach vermittelst der Zeugung der Menschen Successive ausgebohren werden". Vgl. KUMMER, Autobiographie, 79.

[186] Vgl. OETINGER, Freymüthige Gedanken, 79. Nach Harvey sei die „Feuchtigkeit" des Hahns „mit was Himmlischem und Göttlichem vermengt, daraus die Frucht wird, was es werden soll". Vgl. OETINGER, 1999, Bd. 1, 363. In OETINGER, 1977 [1765], 289, hatte er sich noch distanziert zu Harvey und Malpighi geäußert.

[187] Vgl. OETINGER, 1977 [1765], 180: Gegenüber den von Malebranche behaupteten [mechanischen] Bewegungsgesetzen der Natur werden Böhmes Lebenskräfte bevorzugt: die zentripetale, die zentrifugale und die drehende „Feuer-Kraft".

[188] Eine Aufstellung in OETINGER, 1762, Bd. 2, 15; OETINGER, Freymüthige Gedanken, 82.

Feuer als göttlicher Kraft.[189] Sein besonderes Interesse an einer „Theologie der Elektrizität"[190] schlägt sich hierin nieder.

i) Das Böse

Für Oetingers Gottesbild signifikant ist die Frage nach dem Bösen. Er lehnt das Verständnis eines Gottes ab, der nur Liebe wäre wie bei Dippel und vielen zeitgenössischen Aufklärern. Auf der anderen Seite wendet er sich gegen die in seinen Augen bagatellisierende Betrachtung des Bösen als nichtig, als *privatio boni* oder wie bei Dippel als lediglich menschliche Eigenschaft.[191] Für ihn geht aber auch Böhme zu weit, der meint, beim Schöpfungsakt würden Gottes Liebes- und Zorneswillen auseinanderbrechen.[192] Damit würde er das Böse in Gott setzen. Gleichwohl denkt Oetinger das Böse „radikal"[193] und verlegt es wie Böhme ebenfalls in den Schöpfungsprozess, ohne es Gottes Willen zuzuschreiben. Bei Oetinger ist der „Ungrund", die göttliche Transzendenz, einheitlich.[194] Gott hat als ersten Stoff zwar die Finsternis oder „Irregularité" hervorgebracht, die Finsternis selbst war aber nicht das Böse, sondern der erste Stoff, aus dem Gott das Licht „hervor gerufen" hat.[195] Auch das ewige Wort wurde nicht selbst zur Natur. Der Logos gab den Atomen im Chaos eine formierende Richtung, die durch die Freiheit der Kreaturen allerdings verkehrt werden konnte.[196]

Das Böse und seine Folge in der Sünde ist die in freier Entscheidung vollzogene Verirrung der Selbstbewegungskräfte durch eine „unordentliche Generation"[197] oder eine unordentliche „Vermischung der Principien des Lichts und der Finsterniß, des Geistes und des Fleisches, theils in einer gar zu grossen Trennung der Finsterniß vom Licht der seligsten Geister".[198]

„Der Ursprung des Bösen ist, daß die Kräfte können in der Creatur getrennt existiren, da sie in Gott niemal getrennt existiren können. Daß aber das Böse wirklich entstanden,

---

[189] OETINGER, Divisch, 122: „Es gibt eine Selbstbewegung in der Natur, die wir nicht nachmachen können: und diese ist im electrischen und elementarischen Feuer."

[190] Vgl. BENZ, 1971, 711–728.

[191] Im *Wörterbuch* verteidigt er die Rolle Christi als Rächer und „Schlangen-Tretter" und wendet sich ausdrücklich gegen Dippel: „Wer wird demnach die Redarten von GOttes Zorn nach DIPPELSCHER Weise ausmustern?" (Lemma: Rache üben an der Schlange, ecdikin; Hervorhebung im Original). Vgl. OETINGER, 1999, Bd. 1, 262f., sowie zu Dippels Verständnis eines Gottes, der nur Liebe wäre, 271, 340.

[192] Vgl. BEYREUTHER, in: OETINGER, 1977 [1765], XX. Durch die Sephirothlehre sei es Oetinger gelungen, den Dualismus Böhmes zu vermeiden, vgl. ebd., XXII. Oetinger liest in Böhmes *Antistiefelius* (§ 33), Gott habe alles „mit und durch das ewige Wort aus sich selber, aus beiden Eigenschaften, aus Z o r n , d. i. aus der ewigen Natur und dann aus L i e b e , als ein Heil der Natur im Wesen geschaffen". Ebd., 195 [Hervorhebung im Original].

[193] Vgl. BETZ, 1999, 38.

[194] Vgl. auch DEGHAYE, 2000, 134. Oetinger-Rezipienten wie Michael Hahn halten den Ungrund für dualistisch. Der Satan fungiert hier als Mittelsubstanz zwischen Gott und Schöpfung. Vgl. GROTH, 1984, 198, 202.

[195] OETINGER, 1999, Bd. 1, 369. Lemma: Zorn.

[196] OETINGER, Metaphysic, 544f.

[197] Zum Thema der unordentlichen Generation vgl. OETINGER, 1977 [1765], 154.

[198] Vgl. OETINGER, 1977 [1763], Bd. 1, 228.

kommt nicht von Gott, auch nicht blos ex negativo der Creatur, sondern aus wirklicher durch abweichende Imagination geschehener Trennung der Kräfte."[199]

Bei der Beurteilung des Teufels schwankt Oetinger. Gegenüber den Tendenzen zur Liquidierung der orthodoxen Teufelsvorstellung im Zuge des Teufelsstreits,[200] aber vor allem auch gegen Swedenborg vertrat er zunehmend ein ‚realistisches‘ Teufelsverständnis. In einer kleinen Schrift von 1774 beschrieb Oetinger im Hinblick auf die neutestamentliche Versuchungsgeschichte in Markus 1 den irdischen Raum als „Sensorium, Fühlungs-Werkzeug des Satans", so wie das „Spatium Neutoni ein Sensorium oder Fühlungs-Werkzeug GOttes" sei. Satan herrsche in der Luft, in „einer ganz grosen Sphaere von einer höhern dimension".[201]

Das Böse hat für Oetinger aber auch eine zweite, historische Quelle in einer geschaffenen Intelligenz oder in Gestalt des gefallenen Engels Luzifer, der vor der Schöpfung die Freiheit der Selbstbewegung zur Verwirrung der Kräfte missbraucht hat und dadurch Ursache erst des Chaos und dann der Materialität der Schöpfung wurde, die vorher in Gott war.[202] Diese Kräfteverwirrung hat etwas hervorgebracht, was Gott nicht geschaffen, aber seinen Zorn entzündet hat, der allerdings nicht zu seinen Eigenschaften gehört.[203] Dass der erste, für den späten Oetinger androgyne Adam sich nicht an Gott, sondern am tierischen Leben orientiert hat, ist ein weiterer Grund für den Fall.[204]

---

[199] Oetinger, 1977 [1765], 355. Der Mensch sei in den „bösen" Stand gefallen, indem er sein „Welt-Sensorium" von seinem „göttlichen Lichts-Sensorio" getrennt habe. Oetinger, Inbegriff, 12.
[200] Vgl. Kap. 5.1.2., f). Dies zeigt sich vor allem im *Wörterbuch* von 1776, das ausdrücklich gegen Teller gerichtet ist, der einen zornigen Gott als Aberglauben betrachtet, vgl. Deghaye, 2005, 190.
[201] Friedrich Christoph Oetinger: Reichs-Begriffe, Von dem Streit des Teufels und der bösen Geister, wider Christum und das Würmlein Jacob, dem Herrn Lavater in Zürich, zur Prüfung übergeben; und zum Druck befördert, von einigen Freunden in Strasburg. Strasburg 1774, 14, 20.
[202] Vgl. Oetinger, 1999, Bd. 1, 147. „Was der Teufel ist", ist nicht endlich und nicht mechanisch. Durch seine Selbstbewegung, sein „Rad der Geburt" gebäre er Lügen. Während in der menschlichen Seele „eine unordentliche Entzündung des Rads der Geburt" vor sich gegangen sei, sei die „unordentliche Entzündung, welche die Hölle, die Finsterniß dieser Welt und der Tod [...] heißt, von Anbeginn des Falles durch alles durchgedrungen, und so sündigt der Teufel von Anfang fort, und zeugt Falschheit aus Falschheit physice und moraliter". Ebd., 320, Lemma: Teufel.
[203] „Und darum heißt der Satan der Zorn GOttes". Vgl. Oetinger, 1999, Bd. 1, 366. Der Zorn ist aber nicht in Gott, sondern nur „in den Augen GOttes böß; deine eigenen Augen sind rein (Hab. 1,13)". Ebd., 369, Lemma: Zorn. Hab 1,13: „Deine Augen sind zu rein, als daß du Böses ansehen könntest, und dem Jammer kannst du nicht zusehen! Warum siehst du dann aber den Räubern zu und schweigst, wenn der Gottlose den verschlingt, der gerechter ist als er?" 1774 sieht Oetinger den Zorn Gottes moralisch: als „Mißfallen am Bösen", und physisch: als „unordentliche Mischung der Kreatur, ohne Maas und Regul". Vgl. Oetinger, Inbegriff, 3; Oetinger, Reichs-Begriffe, 18f. Zu der von Böhme hergeleiteten Androgynität, die Oetinger im *Wörterbuch* und in den *Freymüthigen Gedanken* vertritt, vgl. auch Kap. 3.3.8., b), aa); 5.2.5. d), ee); Pietsch, 1999, 83f.
[204] Durch Adams Trennung in zwei Menschen und durch Satan seien Bosheit und Finsternis herbeigeführt worden. Vgl. Oetinger, Metaphysic, 537, sowie Betz, 1999, 37.

Diese divergierenden Erklärungen zeigen die Versuche Oetingers, dem Bösen erstens eine Realität zuzuschreiben, die über die ausschließliche Begründung in der Freiheit hinaus eine kosmische Dimension besitzt. Zweitens soll das Böse aber aus Gottes Wesen streng herausgehalten werden, um einen Manichäismus zu vermeiden.[205] Dass diese Tendenzen nicht unbedingt zu einem Gesamtbild führen müssen, ist offenbar darauf zurückzuführen, dass Oetinger seine Freiheits- und Selbstbewegungslehre mit einem personellen Teufelsverständnis und der Erbsündenlehre zusammen zu denken versucht, denn jede Seele, die sich nach der Psychomedizin Georg Ernst Stahls, aber auch bei Swedenborg, einen Leib baut, trägt eine Verwirrung der Kräfte bereits in sich. Es wird deutlich, dass Oetinger das Böse in seine Theorie von den Kräften und Selbstbewegungsquellen einbaut und von daher den „Defect in aller Philosophie", die keine Selbstbewegung der Geschöpfe vertreten wie Leibniz und Swedenborg, darin sieht, dass sie das Böse eben nicht erklären kann[206] oder es im manichäistischen Sinne als eigenes Prinzip darstellen müssen.

j) Trinität und Sephiroth

Oetinger kannte das Verfahren christlich-kabbalistischer Autoren, die Trinität in den Sephirothbaum einzubauen und sie in den drei oberen Sephiroth wie Böhme als unergründlicher Wille (Vater), als ausgehender Wille (Sohn als Wort) und als ausgehender Geist zu erblicken sowie die sieben unteren Sephiroth mit den sieben Geistern aus Offenbarung 1,4 zu identifizieren.[207] Oetinger versuchte jedoch, möglicherweise verstärkt durch seinen Kontakt mit dem Unitarismus Swedenborgs, Subordinationen und tritheistische Tendenzen in der Kombination aus Trinität und Sephiroth zu vermeiden. Im *Biblischen und Emblematischen Wörterbuch* bezeichnete er die Trinität deutlich als nicht schriftgemäßen Begriff, ohne den sich allerdings die Bibel „inzwischen" nicht erklären lasse. Einerseits betonte

---

[205] Leibniz und „seine Nachfolger" hätten gegen Bayle gestritten, der aus „Unverstand des Manichaeismi das Böse als ein besonderes von GOtt selbst entgegen stehendes Ding angesehen". Vgl. OETINGER, 1999, Bd. 1, 167, so auch OETINGER, 1977 [1765], 251. Aufgrund seiner Annahme zweier Grundstoffe werde Swedenborg zweifellos als „Anhänger des Manichäismus" angesehen werden, meinte Oetinger 1771 aus unklaren Gründen. Dass Swedenborg die Schöpfung der Engel, den Fall Luzifers und der ersten Eltern leugne, stand Oetingers Auffassung diametral entgegen. Vgl. OETINGER, Beurtheilungen (1771), 118.
[206] Vgl. OETINGER, 1977 [1765], 3, hier gegen Swedenborgs mechanische Erklärung aller Bewegungen. Vgl. auch ZWINK, 2005, 202.
[207] OETINGER, 1977 [1765], 351, Verweise auf: JAKOB RHENFERD: Dissertatio de stylo apocalypseos cabbalistico. In: DERS.: Opera philologica. Utrecht 1722; GOTTFRIED CHRISTOPH SOMMER: Specimen Theologiae Soharicae exhibens articulorum fidei fundamentalium probationes, e Sohare antiquissimo Judaeorum monumento, petitas. Gotha 1730. 3. Vgl. auch PIETSCH, 1999, 73, mit dem Hinweis auf Oetingers Kritik an Böhme, der die drei göttlichen Willensbewegungen Dreieinigkeit nenne; BETZ, 1999, 22, der aber auch feststellt, dass der Heilige Geist als aus der Weisheit ausgehende Kraft bei Oetinger kaum trinitarische Züge trage, vgl. ebd., 35. Die trinitarische Deutung der drei oberen Sephiroth vertrat auch Johann Franz Budde, vgl. RÜDIGER OTTO: Johann Franz Buddes Verständnis der Kabbala. Einführung und Bemerkung zum Forschungsstand. In: DANIEL J. COOK, HARTMUT RUDOLPH, CHRISTOPH SCHULTE (Hgg.): Leibniz und das Judentum. Stuttgart 2008, 223–249, hier: 234, 242.

Oetinger in auffälliger Parallele zu Swedenborg,[208] dass Jehovah „ohne Unterscheid der Personen" die drei Werke der Schöpfung, der Erlösung und der Heiligung vollbringe. Andererseits legte er besonderen Wert auf die göttliche Einheit, denn drei „Ichheit[en]" bildeten als Dreiheit eine Einheit nicht im arithmetischen Sinne, sondern als „wahre *Eins*". Allerdings gehöre Christus nicht zu dieser Dreiheit, offensichtlich, so legt es Oetinger mit einer vorsichtigen Formulierung nahe, weil er mit dem Vater identisch sei: „überflüssige Gedanken" sollten eingeschränkt werden, weil „Niemand weißt, wer der Vater seye, dann nur der Sohn, und wer der Sohn seye, dann nur der Vater" (Lukas 10,22). Man solle sich damit behelfen, dass der Vater der „Inbegriff von allem" sei. „Wer dieses nicht verstehen mag, der seye immerhin unverständig. In jener Welt wird er seine Unwissenheit anklagen." Trotz dieser trinitätskritischen Sicht, die sich aus dem Versuch speist, einen stärkeren Akzent auf die Einheit zu setzen, hielt Oetinger aber auch jetzt noch an der Zehnzahl der Sephiroth fest.[209]

k) Sensorium Dei

Den Raum, den die göttliche Herrlichkeit schafft, hält Oetinger nicht wie Leibniz für ideal. Wie bei Böhme ist der Raum für Oetinger Attribut des offenbarten Gottes und real, wobei er sich an vielen Stellen auf Newton, den „gottseligsten"[210] aller Philosophen, beruft. Ob er dabei wirklich nur auf Formulierungen aus der Polemik von Leibniz gegen Newton und nicht doch auf Newton selbst zurückgreift, bleibt fraglich.[211] Der Raum ist *sensorium Dei*,[212] Wirkstätte seiner Kräfte, seine Empfindungsorgane, Hände, Ohren, Füße, das „Fühlungswerkzeug GOttes, womit er alles nicht nur siehet, sondern fühlt, was unter den Erdbürgern vorgeht".[213]

Aus Newtons Physik entnimmt Oetinger die Gravitationskraft und verknüpft sie mit dem Magnetismus und der Elektrizität als Beweis für die Wirkung immaterieller Fernkräfte, einer „supermechanica vis", die er gegen das mechanistische

---

[208] Vgl. Kap 3.3.2., a), i–k).

[209] Vgl. OETINGER, 1999, Bd. 1, 81 f. Bereits 1765 wandte er zur Dreiheit der oberen Sephiroth ein, diese könnten eins sein, aber nicht arithmetisch, sondern so wie im Falle Jesu nach Joh 10,30: „Ich und der Vater sind eins." Vgl. OETINGER, 1977 [1765], 351.

[210] OETINGER, 1977 [1765], 198.

[211] Vgl. SCHOBERTH, 1994, 141; dagegen: ALEXANDRE KOYRÉ, I. BERNHARD COHEN: The Case of the Missing Tanquam. Leibniz, Newton and Clarke. In: Isis 52 (1961), 555–566.

[212] Leibniz habe sich „sehr moquirt", dass Newton den Raum für das *sensorium Dei* gehalten habe. Er habe ihm vorgehalten, von Gott sehr niedrig zu denken, er „zernichte die Religion" – zu Unrecht, wie Oetinger meint, denn Newton halte die „Sinnlichkeit" Gottes „in Wahrheit" für „sehr erhaben", auch wenn er sich darüber nicht genauer geäußert habe. OETINGER, 1977 [1765], 200, sowie 342 und OETINGER, 1979 [1765], 195 = 1852 [1765], 362 f. (Newtons „Sensorium Dei" sei „eine Behauptung, die einer gehörigen Beleuchtung bedarf".).

[213] OETINGER, 1999, Bd. 1, 268, Lemma: Raum, unter erneutem Vergleich mit Leibniz, nach dem Gott anders als bei Newton keine Farben sehe, sondern nur das Innerste der Monaden. Vgl. auch SPINDLER, 1999, 100. Zu Oetingers Berufung auf Kant, die Spindler hier mit Verwunderung quittiert, vgl. unten Seite 610–616.

Weltbild der Kontiguität ins Feld führt und mit der Sephirothlehre verbindet.[214]
Immaterielle Fernkräfte sind ihm Beleg für die *creatio continua*. Gott greift in
seiner Allpräsenz und Allgegenwart beständig durch seine von Newton bestätigten Kräfte in die Schöpfung ein.[215]

Schließlich muss dieser Raum von Gott unterschieden und daher endlich sein,
denn er ist von Gott aus dem Ungrund zum Grund hin geschaffen und das Planetensystem ist so angelegt, „daß sein Untergang aus ihm selbst erfolgen müsse,
weil Gott aus seiner Freiheit die Creatur also hat haben wollen", schließt Oetinger aus Newton.[216] Die Endlichkeit des Raumes korrespondiert dem ausgeprägten apokalyptischen Weltbild des Bengelianers. Die Vorstellung eines unendlichen oder ewigen Universums mit unzähligen Planeten und Sternen, die er bei
Swedenborg und Fontenelle gelesen hatte, ist Oetinger fremd: Gottes Allmacht
und Freiheit würden durch ein begrenztes Universum mehr gepriesen als durch
einen ewigen „Circul der Wesen ohne einen lezten Terminum der Vollkommenheit".[217]

l) Endelechie statt Entelechie

Die Welt ist in der Kosmologie Oetingers nicht in unendlichen, sich selbst gleich-
enden Monaden vorgebildet oder präformiert. Vielmehr ist sie von den aus Gott
stammenden verleiblichenden Kräften durchwebt, die weder Geist noch Materie
sind, sondern dazwischen wirken. Gleichzeitig gibt es für Oetinger keinen Geist
ohne Materie und keine Materie ohne Geist. Das hat Auswirkungen auf Oetingers Betrachtung der Seele, die als geistliches, ätherisches oder elektrisches und
unzerstörbares Feuer wirkt oder nach biblischem Befund gar mit einem Feuer
identisch ist und das Bild des künftigen Menschen bereits in sich trägt.[218] Die
Seele ist nicht *simplex*, keine Substanz wie bei Wolff, keine Leibnizsche, sondern
eher eine pythagoreische Monade,[219] sie besteht aus polaren, immateriellen Kräf-

---

[214] Vgl. WEYER-MENKHOFF, 1990a, 153 f.; GADAMER, 1964, XVI (Zitat). Nach OETIN-
GER, 1977 [1765], 202, bewirkt Gott selbst die Gravitation und versieht passive Materie mit
„thätige[r] Kraft". „[...] würde nicht alles in Stäublein zerfallen, wenn Gott seine freie Kraft
einen Augenblick abzöge?" – eine stark an Swedenborg erinnernde Formulierung, die hier auf
Newton übertragen worden wäre.
[215] Vgl. GADAMER, 1964, XVII.
[216] OETINGER, 1977 [1765], 204. Das ganze All werde also „zu Grund gehen". „Beweist
das nicht, daß die Welt von Anbeginn von Gott frei so gemacht, und nicht ewig sei?" Ebd.,
205, sowie 199. Vgl. auch ZWINK, 2005, 209.
[217] Vgl. Oetingers Anmerkungen zu seiner Übersetzung von SWEDENBORG, Tell (unpaginiert).
[218] Vgl. OETINGER, 1762, Bd. 2, 7; OETINGER, 1977 [1763], Bd. 1, 243; OETINGER, 1999,
Bd. 1, 295, Lemma: Seele. Gelegentlich wird Gott als wahres Feuer bezeichnet, aus dem die
Seele stamme. Vgl. OETINGER, Metaphysic, 621. OETINGER, 1977 [1765], 256, wirft den
Wolffianern [zu Unrecht] vor, sie würden es für „absurd" halten, dass die Seele ein Feuer besitze, mithin „das, was Aristotels die unmaterielle Kraft in der Materie nennt". BENZ (1971,
746 f.) hat darauf hingewiesen, dass Oetinger auch an das organische Lebensfeuer bei Charles
Bonnet, das in den Fibern wirkt und die Bewegungen hervorbringt, anknüpft.
[219] Vgl. WEYER-MENKHOFF, 1990a, 181 f. Vgl. dazu insgesamt auch NEUMANN, 2008.

ten, die von Gott „essentifiziert" werden in einem „intensum", in dem wie bei Böhme die Kräfte ineinander inquallieren.[220]

Schon Adam besitzt eine lebendige Seele, aber der lebendig machende Geist *(spiraculum vitae)* wird ihm von Gott eingeblasen, so dass der Mensch zwei Seelen besitzt.[221] Die Seele aber wird nicht „in instanti" geschaffen wie bei Leibniz, „sie bricht durch innere Generationen nach Ps. 139. aus dem Leib hervor".[222] Die Seele pflanzt sich durch *tradux* fort, weil Gott nicht Urheber des Bösen sein kann und nicht Gott die Erbsünde „auf die Kinder fortpflanzen kann".[223] Sünde aber entsteht im Menschen durch den Widerstreit der beiden Seelen; durch sündhafte Bewegung gewinnt die natürliche Seele über die geistige die Oberhand.[224]

Die für seine gesamte Naturphilosophie zentrale Bestimmung des Wesens der Seele findet Oetinger in dem Begriff der „Endelechie". Diesen Terminus kannte er nach eigenem Zeugnis durch Philipp Melanchthon,[225] der sich auf eine unter anderem von Cicero geteilte Auslegungstradition bezog, die den aristotelischen Terminus der „Entelechie" platonisch auszulegen oder zu theologisieren versuchte.[226] Für Oetinger ist gerade diese Lesart aber der Vorzug zu geben, denn Leibniz habe Aristoteles' *De anima* schlichtweg missverstanden. Dort, wo der Korrektor der Bücher Oetingers in guter Absicht „Endelechie" in „Entelechie" verbessert hatte, fügte Oetinger unter den „Errata" zuweilen die Bemerkung an, dass er gerade dieses Leibnizsche Missverständnis habe ausschließen wollen, denn Aristoteles komme mit seinem Verständnis der Seele dem dynamisch-vitalen Rad der Geburten in Jakobus 3,6 sehr nahe[227] und habe es offenbar „von den Juden"

---

[220] OETINGER, 1977 [1765], 191, 211: Die Seele ist nicht „componirt, sondern essentificirt, das ist, in dem ewigem Raum zur Substanz mit endlichen Sensoriis gefaßt, dadurch sie noch mit dem ewigen Sensorio Gottes correspondire". Ebd., 261: Gott ist der „Essentiator", der die Dinge zusammen „fügt, daß der Stoff zu Geist werde". Ebd., 346 f.: „Essentiare heißt ad intensitatem et inexistentiam potentia in potentia redigere, welches vielmehr sagt, als der Philosophen unverständliche Simplicitas; davon auch schon Plato gesagt, daß von Simplicibus keine Eigenschaften ausgesprochen werden können." Vgl. auch OETINGER, Metaphysic, 419.

[221] Vgl. OETINGER, Divisch, 29. Der Mensch besitzt demnach eine irdisch-tierische Seele und das geistige oder himmlische Leben, eine Seele des Fleisches und eine Seele des Geistes. Vgl. auch ebd., 91.

[222] OETINGER, Metaphysic, 478.

[223] Vgl. OETINGER, 1852 [1765], 196.

[224] Vgl. OETINGER, Metaphysic, 548. Nur Christi Gnade vermag das Verhältnis beider Seelen zu harmonisieren. Nach OETINGER, Unterricht (1772), 63, hat Gott allerdings das „natürliche Seelische und das geistlich Himmlische" eingeblasen. Durch den Fall wurden beide Kräfte getrennt, woraus die Sünde entstanden sei.

[225] Vgl. KUMMER, Autobiographie, 108, 209, mit Hinweis auf Melanchthons Verständnis der Seele als Endelechie im *Liber de anima*.

[226] Vgl. zur Auseinandersetzung um den Endelechie-Begriff SASCHA SALATOWSKY: De Anima. Die Rezeption der aristotelischen Psychologie im 16. und 17. Jahrhundert. Amsterdam; Philadelphia 2006, 72, 93–103, 187, 308, 371. Ob es angemessen ist, die platonisierende Aristoteles-Interpretation durch Melanchthon schlichtweg als falsch zu bezeichnen, ist angesichts der Forschungsergebnisse von ABRAHAM P. BOS fraglich (2003; 2008), die wohl kaum mit dem Hinweis zurückgewiesen werden können, es sei eine „Merkwürdigkeit" des Ansatzes von Bos, dass er die „gesamte Interpretationsgeschichte" seit Alexander für „falsch halten" müsse, so SALATOWSKY, 2006, 111.

[227] Vgl. OETINGER, 1762, Bd. 2, 172. Im *Wörterbuch* tauchen „Entelechie" *und* „Endelechie" als Begriffe auf. Nun weist Oetinger gelegentlich auch die Endelechie zurück, um offen-

entlehnt.[228] Oetinger wendet sich gegen die Entelechie als eine innere Vollkommenheit und monadische Einheit bei Leibniz, die ihr Telos in sich selbst hat und nur *vis repraesentationis* besitzt.[229] Dagegen setzt Oetinger „Endelecheia" als Fortdauer und Ununterbrochensein im Sinne des „Rades der Geburten". Aristoteles verstehe unter der Endelechie der Seele einen „motum sempiternum", der von der „Endelechia prima" ins „ultimam" verlaufe.[230] Die Natur – und damit auch die Seele – besitzt nicht in sich selbst ein Telos, sondern ist nur unter der eschatologischen Perspektive Gottes und aus seinem Willen heraus zu verstehen.

m) Todesimmunität, commercium corporis et animae, Interpenetrabilität

So wie Oetinger die „Entelechie" der Seele durch eine göttlich rückgebundene „Endelechie" ersetzte, lehnte er auch die Behauptung ihrer Unsterblichkeit ab, die Wolff aus ihrer Substantialität zu beweisen versuchte. Eine Parallele zu Swedenborgs und Andreas Rüdigers Auffassung[231] besteht darin, dass Oetinger die Seele nicht für unsterblich wie Gott, sondern aufgrund des göttlichen Telos für todesimmun hält. Die göttlichen Kräfte wirken postmortal in ihr weiter, weil Gott es so will.[232] Mit dem Tod stirbt nicht der *„spiritus rector"* oder die „Tinctur", worunter Oetinger den verborgenen „siderischen oder ätherischen" Leib begriff, der ein Medium zwischen Leib und Geist ist.[233] Oetinger sah sein häufig zitiertes Melissenexperiment als empirischen Beleg dafür. Nachdem die getrockneten Melissenblätter ausgekocht waren, bildete sich ein öliger Film, der selbst die Form eines Melissenblattes hatte – für Oetinger der „spiritus rector" der Melisse, der als eigentlicher Kern übrig bleibe: „Die irrdische Hülse bleibt in der Retorte, das bildende Oehl geht als ein Geist über mit völliger Form ohne Materie."[234]

---

bar die Erlösung der Seele gegenüber ihrer Fortdauer zu betonen. Vgl. OETINGER, 1999, Bd. 1, 293f. Dem widersprechend: ebd., 146, 216 („Entelechie").

[228] OETINGER, 1852 [1765], 49f.

[229] Vgl. OETINGER, 1852 [1765], 55; OETINGER, 1977 [1765], 149; SCHOBERTH, 1994, 112f.; SCHAUER, 2005, 177; WEYER-MENKHOFF, 1990a, 170, 193–196.

[230] Vgl. OETINGER, 1977 [1765], 149, sowie 316, 385. In seiner Übersetzung von SWEDENBORG, Tell (1771, 172) überträgt Oetinger den Begriff der Endelechie kurzerhand auf Swedenborg, der in seinen theologischen Schriften weder diesen noch die aristotelische „Entelechie" kennt, aber wie Oetinger die Simplizität der Seele ablehnt. Bei Swedenborg sei der innere Mensch nicht ein *simplex*, sondern „ein aus endelechiis pluribus coadnuirtes, Wesen [...], das ist die wahre Idée". Vgl. auch ebd., 198.

[231] Vgl. Kap. 2.3.3., d–e); 3.3.4., d).

[232] Vgl. WEYER-MENKHOFF, 1990a, 185. Vgl. zu Oetingers Kritik an den Unsterblichkeitsbeweisen Wolffs oben Seite 523f., Anm. 88. Unsterblichkeit ist keine Eigenschaft der Monaden. Es widerspreche der Bibel, dass jemand „innerliche Unsterblichkeit" haben soll, die nur Gott zukomme. Vgl. OETINGER, Unterricht (1772), 42.

[233] Vgl. OETINGER, 1999, Bd. 1, 222, Lemma: Leib, Soma; 123, Lemma: Fleisch. Auf Seite 303 und 324 wird auf Le Cat referiert und die Tinktur mit dessen *fluidum* gleichgesetzt. OETINGER, 1977 [1765], 386; OETINGER, Metaphysic, 491, 629. Vgl. auch SPINDLER, 1999, 106.

[234] OETINGER, 1999, Bd. 1, 39, sowie 113: Oetinger selbst habe dieses Öl „gesehen, es ist als ein Geist aufgestiegen und ist doch Materie oder Fleisch geblieben. Aber auch ohne diß Experiment kan man es aus JEsu Worten verstehen, daß Fleisch auch Geist ist". Vgl. auch

Anders als Leibniz' *harmonia praestabilita* und Descartes' oder Malebranches okkasionale Ursachen geht Oetinger davon aus, dass die Seele den Leib durch einen *influxus physicus* und *realis* durchdringt: „Seele, Geist und Leib sind nicht nebeneinander, wie die harmonia praestabilita angibt, sondern in einander."[235] Die Seele baut sich ihren Leib sukzessiv, während sie darin wächst, und sie hat bereits ohne Organe eine menschliche Figur.[236] In den Körper wirkt sie durch ein *fluidum spirituosum*, oder wie bei Charles Bonnet durch einen *spiritus influus*, den Oetinger als Nervensaft, wiederum Tinktur oder als elektrisches durchdringendes Wesen, als „*ens penetrabile*" bezeichnet.[237] Hierbei handelt es sich vermutlich um eine Wortschöpfung Oetingers, die an die Sephirothlehre Böhmes anknüpft, der von der „Quintessenz" als einer Art vierter Dimension zwischen göttlich und kreatürlich, zwischen geistig und materiell spricht. Oetinger begründet mit dem *ens penetrabile*, das „indifferent zu Geist und Materie" ist, die Allwirksamkeit göttlichen Lebens in der Natur bis hin zu den Mineralien, die in abgestufter Weise ebenfalls mit Geist versehen sind.[238] Im *ens penetrabile* sieht Oetinger ein gewichtiges Argument gegen die kausale und mechanische Erklärung der Welt. Gott teilt der Schöpfung seine Kräfte nicht durch „Kontiguität" mit, sondern durch „Interpenetrabilität",[239] entsprechend den immateriellen Fernwirkungen Newtons und der Elektrizität, die Oetinger theologisiert und seinem System einverleibt.[240]

Das *fluidum spirituosum* als ein „Amphibium" zwischen Geist und Materie, das aus „Lymphe" und „Weltgeist" besteht und in den feinsten Membranen durch den Körper fließt, hatte Oetinger dem französischen Arzt Claude-Nicolas Le Cat entlehnt, der 1753 mit einer Untersuchung über die Funktion des *fluidum* bei der Muskeltätigkeit im Körper den Preis der Preußischen Akademie der Wissenschaften gewonnen hatte. Swedenborg hatte das Thema einige Jahre zuvor auf sehr ähnliche Weise in der *Oeconomia regni animalis* behandelt, die Oetinger aber wahrscheinlich nicht kannte. Auch Swedenborgs Lösung, die *harmonia con-*

KUMMER, Autobiographie, 226f.; OETINGER, 1762, Bd. 2, 2f.; OETINGER, Beurtheilungen (1771), 149, 159f.; DERS.: Gedanken über die Zeugung und Geburt der Dinge, aus Gelegenheit der Bonnetischen Palingenesie von Herrn Lavater in Zürch aus dem Französischen übersetzt. Frankfurt; Leipzig 1774, 40f.; DEGHAYE, 2005, 188; WEYER-MENKHOFF, 1990a, 143f.; SCHOBERTH, 1994, 114.

[235] OETINGER, Divisch, 166. Geist dürfte hier die göttliche Lebensquelle meinen. Oetinger bezeichnet sie als „ignis electricus". Vgl. ebd., 163; OETINGER, Metaphysic, 458.
[236] Vgl. OETINGER, 1999, Bd. 1, 294.
[237] Zu den anderen Benennungen vgl. OETINGER, 1977 [1765], 285, 323; OETINGER, 1999, Bd. 1, 207, 324f. (Lemma: Tinctur); SPINDLER, 1999, 106; OETINGER, Metaphysic, 409, 507f.
[238] WEYER-MENKHOFF, 1990a, 190–192; PIERRE HADOT: Art. Praedominium. In: HWPh 7 (1989), 1225–1228, hier: 1225, 1227. Oetinger kennt zuweilen auch geistliche Leiber, die eine „fünfte Dimension" besitzen: „i[n]tensa", vgl. OETINGER, 1977 [1765], 137. Die vierte Dimension bezeichnet er nach Paulus sonst als Dimension der Gnade, vgl. ebd., 314.
[239] Vgl. OETINGER, 1977 [1765], 9f., 11, 128 und an vielen Stellen in den Schriften ab Mitte der 1760er Jahre.
[240] Vgl. OETINGER, Divisch, 107; OETINGER, 1977 [1765], 10. Newtons Raumbegriff wird ebd., 358, ohne weiteres als *ens penetrabile* bezeichnet. Vgl. zur Elektrizität BENZ, 1971, 711–728.

stabilita,[241] beruht auf einer wechselseitigen, organischen Durchdringung, und auch Swedenborg geht davon aus, dass die Seele sich den Leib baut. Er vermutet als Medium für die Vermittlung zwischen Körper und Seele ebenfalls ein *fluidum spirituosum* und weist die prästabilierte Harmonie ab. Swedenborgs Name taucht in Le Cats *Mémoire* aber an keiner Stelle auf, auch wenn sich eine ganze Reihe signifikanter Gemeinsamkeiten, und zwar nicht nur im Hinblick auf gemeinsam benutzte Autoren, erkennen lassen. Eine literarische Rezeption lässt sich daher nicht behaupten.[242] Es kann allerdings festgehalten werden, dass Oetinger über den ,Umweg' Le Cat eine für Swedenborg wichtige anatomisch-physiologische Theorie in seine böhmistische Lehre einbaute und sie als Beweis für die Interpenetrabilität des Leibes und der Seele sowie zur Widerlegung der *harmonia praestabilita* nutzte.

n) Geistleiblichkeit

Auf der Basis der Interpenetrabilität ist es nicht nur möglich, dass Geist und Leib sich gegenseitig durchdringen können. Oetingers Alternative zwischen Materialismus und Idealismus basiert auf dem Gedanken: „Keine Seele, kein Geist kan ohne Leib erscheinen, keine geistliche Sache kan ohne Leib vollkommen werden. Alles, was geistlich ist, ist dabey auch leiblich [...].“[243] Von hier aus ist Oetingers Lehre von der Geistleiblichkeit aller Dinge abgeleitet, die in dem häufig zitierten Satz mündet: „Leiblichkeit ist das Ende der *Werke* GOttes“,[244] wobei dieser Satz seit der Romantik fälschlicherweise häufig als Ende der *Wege* Gottes interpretiert und gelesen wurde. *Wege Gottes* aber würde eine Emanationsvorstellung implizieren, die Oetinger durch seine Kosmogonie gerade vermeiden will.[245] Er versteht die Schöpfung mit anticartesischer Note in großer Nähe zu Gott, aber sie bleibt in ihrer Geschaffenheit als Werk ,gemacht'. Gott geht nicht in ihr auf.

Bereits der Kontext, in dem dieses Zitat fällt, zeigt, dass es sich um ein Thema der Eschatologie Oetingers handelt. „Leiblichkeit ist das Ende der Werke GOttes, wie aus der Stadt GOttes klar erhellet.“[246] Oetinger stellt sich wie Bengel das himmlische Jerusalem und die Details der Verheißungen in der Offenbarung des Johannes „sinnlich, massiv, handtastlich, nicht nach der Harmonie der Mo-

---

[241] Vgl. Kap. 2.4.1., a), cc).

[242] Vgl. Kap. 2.4.1., c).

[243] OETINGER, 1977 [1763], Bd. 1, 242. Damit ist auch die Inkarnation begründet, denn „darum will GOtt selbst im Fleisch offenbahr seyn, und leiblich soll alle Fülle GOttes in Christo wohnen“. Ebd. Allerdings ist Leiblichkeit nicht als Wesensmerkmal Gottes zu verstehen, sondern als Ausdruck seines Willens. Vgl. WEYER-MENKHOFF, 1990a, 209.

[244] OETINGER, 1999, Bd. 1, 223, Lemma: Leib, Soma [Hervorhebung FS].

[245] Vgl. aber BENZ, 1979, 268–271; „Ende der Wege Gottes“ schreibt auch BEYREUTHER, in: OETINGER, 1977 [1765], XXIX. SCHOBERTH, 1994, 150, macht unter anderem auf die ungenaue Verwendung der Sentenz bei Jürgen Moltmann aufmerksam.

[246] OETINGER, 1999, Bd. 1, 223, Lemma: Leib, Soma. M. E. betrachtet Oetinger das neue Jerusalem gerade nicht nur als Symbol für den Raum und die Herrlichkeit Gottes, wie DEGHAYE, 2000, 153, meint.

naden"[247] vor, nicht im übertragenen Sinne wie Swedenborg, der unter Jerusalem eine „neue Kirche" versteht,[248] oder wie Teller und Semler, die meinen, die Offenbarung des Johannes sei dem „elendigen" Messias- und Auserwähltheitsglauben der „niedrige[n] uncultivierte[n] Denkungsart" der Juden, orientalischen „Ausschmückungen" und „asiatische[n] Wortspielen" geschuldet, und die die ganze Apokalypse aus dem Kanon streichen wollen.[249] Oetingers ‚massiver' apokalyptischer Biblizismus rechnet mit der realen Parusie der im letzten Buch des Neuen Testaments und in den einschlägigen Kapiteln der Synoptiker geschilderten endzeitlichen Ereignisse. In diese Erwartung, die bei Bengel bekanntermaßen zu konkreten, von Oetinger übernommenen Berechnungen geführt hat,[250] ist Oetingers Geistleiblichkeit einzuordnen. In der Geistleiblichkeitslehre vereinigt Oetinger mit Bengel und Böhme seine beiden größten Autoritäten, indem er die böhmistische Dynamik der Naturgestalten eschatologisiert.[251] Die eigentliche – himmlische – Geistleiblichkeit steht unter eschatologischem Vorbehalt und ist nur unter Berücksichtigung der göttlichen Heilsökonomie zu verstehen, wohingegen die irdische Körperlichkeit nur vorläufige Qualität besitzt.[252] Erst im Eschaton des wiedergekommenen Messias wird sich die vollendete Geistleiblichkeit zeigen. Die Disharmonie der Kräfte, die durch den Schöpfungsunfall, bei Isaak Luria: die „schebirah ha kelim",[253] durch den ‚Urknall', und durch den Missbrauch der menschlichen Freiheit zustande gekommen ist, wird erst dann aufgehoben sein. Bei Malebranche, und modifiziert auch bei Swedenborg, zielte die Schöpfung darauf ab, dass sich die in Körperlichkeit gefallenen Seelen im Reich des Herrn zu reiner Geistlichkeit verklären, die einen zum Bösen, die anderen im ewigen Fortschritt zum Heil.[254] Oetinger weitet diese *fines Dei* auf die Ganzheit des Menschen aus.[255] Auch der Leib, der von der Seele gebaut worden ist, wird von der einstigen Verherrlichung betroffen sein. Wenn die Harmonie der widerstreitenden Kräfte in Seele und Leib am Ende der Zeit wiederhergestellt sein wird, dann werden auch die Atome der zu Staub zerfallenen toten Körper von Christus gesammelt und zur vollendeten

---

[247] „TELLER irrt hier ganz und gar. Er will diß alles für jüdische Imaginationen ausgeben, er folgt den BAUMGARTISCHEN Lehren, der alle Sinnlichkeit verbannt." OETINGER, 1999, Bd. 1, 103, Lemma: Erbtheil. In diesem Sinne hält Oetinger auch Farben nicht für „Scheindinge", sondern wie in Newtons Optik für „wesentliche Dinge". Ebd., 119.

[248] Vgl. Kap. 3.3.7., d).

[249] OETINGER, Schauplatz, 19f.; OETINGER, 1977 [1765], 298. Vgl. dazu HARDMEIER, 1999, 112–120.

[250] Vgl. GROTH, 1984, 100 – dagegen WEYER-MENKHOFF, 1990a, 221f.; JUNG, 1997.

[251] Vgl. auch WEYER-MENKHOFF, 1990a, 169, 205–230; sowie insgesamt SCHOBERTH, 1994, 149–160.

[252] Vgl. auch WEYER-MENKHOFF, 1990a, 217; REINHARD BREYMAYER: Friedrich Christoph Oetinger und die Emblematik. In: OETINGER, 1999, Bd. 2, 42–70, hier: 43.

[253] Vgl. OETINGER, 1977 [1763], Bd. 1, 134f.; WEYER-MENKHOFF, 1990a, 61; SCHAUER, 2005, 170.

[254] Vgl. Kap. 4.2.9.

[255] In der Wiederherstellung der durch den Fall zerbrochenen Ganzheit der Welt erblickt Weyer-Menkhoff das Hauptthema Oetingers. Vgl. WEYER-MENKHOFF, 1990a, 270.

Geistleiblichkeit zusammengefügt werden: das Fleisch selbst wird ins ewige Leben gebracht.[256] Oetinger legte damit nicht nur ein Votum gegen die spiritualisierenden Eschatologien von Malebranche und Swedenborg ein. Auch gegenüber dem zeitgenössisch etwa von Joseph Priestley[257] präsentierten ‚Seelenmaterialismus‘, der die Auferstehung zwar für leiblich, aber für eine Neuschöpfung ohne personelle Kontinuität hielt, und gegenüber Metempsychose-, Reinkarnations- und Planetenwanderungsvorstellungen betrat Oetinger einen Mittelweg.[258] Er betonte die Leiblichkeit und verband sie zugleich mit der personellen Kontinuität der Seele. Die Seele wird bei Oetinger im Gegensatz zu platonischen Vorstellungen – und Swedenborg – nicht vom Hindernis des Leibes befreit, sondern der Leib selbst wird verherrlicht. Man kann ohne weiteres von einem „österlichen Materialismus" sprechen.[259]

An einem gerade gegenüber Swedenborg entscheidenden Punkt weicht Oetinger mit seiner württembergisch-bengelianischen Tradition von Malebranche,[260] Swedenborg und Kant,[261] aber auch von Jakob Böhme[262] ab. Nicht die Gemeinschaft der Seligen *oder* Unseligen, nicht Himmel und Hölle sind das Ziel des Schöpfungsplans. Am Ende aller Dinge, nach zwei Millennien mit zwei Toden und zwei Auferstehungen[263] steht die Wiederbringung aller Dinge, die *Apokatas-*

---

[256] Vgl. OETINGER, 1999, Bd. 1, 49 f., Lemma: Beine, Ostea; Ebd., 70, Lemma: Coerper; Vgl. auch ebd., 123; OETINGER, Freymüthige Gedanken, 19: „Der Staub der Erde, dessen die Geister mangeln, muß in was größeres erhoben werden können, durch die Menschheit Christi, als die Engel vor sich haben." OETINGER, 1852 [1765], 416 f.: „die Sammlung der körperlichen Atome und nicht minder auch die plötzliche Concentration der Lebenskräfte mit den Atomen selbst durch den Geist Gottes" – Oetingers Auslegung von 1 Kor 15,52.

[257] Vgl. Kap. 4.3.4., f); 5.3.3.

[258] Dass Oetinger in der *Philosophie der Alten* „Vorstellungen von der Metempsychose" fruchtbar gemacht habe, lässt sich nicht belegen. Vgl. MARTIN MULSOW: Monadenlehre, Hermetik und Deismus. Georg Schades geheime Aufklärungsgesellschaft 1747–1760. Hamburg 1998, 152.

[259] So WEYER-MENKHOFF, 1990a, 232, im Anschluss an Walter Magaß.

[260] Malebranches Auffassung, dass Gott die Ewigkeit der Höllenstrafen einer Apokatastasis vorziehen musste, „weil auf jenem Weg seine Weisheit mehr bei den einfachsten und kürzesten Regeln bleibt", widersprach Oetinger. Die Heilige Schrift kenne solche Gesetze nicht. Vgl. OETINGER, 1977 [1765], 181 f.

[261] Vgl. Kap. 5.3.3.

[262] GROTH, 1984, 194, hier bezogen auf Michael Hahns Kritik an Böhmes System, in dem weder ein Millennium noch eine *Apokatastasis* enthalten sei.

[263] Vgl. OETINGER, 1999, Bd. 1, 355 (die Erwähnung der *Apokatastasis* nach Act 3,21, die einem Gläubigen erst im geistlichen Alter bekannt werde und nicht nur aus den Schriften Petersens abgeleitet werden solle), aber auch 95, 311; OETINGER, 1776 [1748], 628. In diesem frühen Text erwähnt Oetinger zwei Millennien, aber noch keinen Interimszustand wie nach seiner Swedenborg-Rezeption. Er beruft sich vielmehr auf Luther: „Scheol" sei die allgemeine Behältnis der Seelen, wo alle Toten versammelt werden und der Tod sei wie ein Schlaf, weder schmerzlich noch empfindlich. Vgl. ebd., 632. Zwei Auferstehungen werden (gegen Swedenborg) dann genannt in OETINGER, Beurtheilungen (1771), 93; vgl. auch OETINGER, 1852 [1765], 410 f., sowie 401–404. Dass Oetinger nur an einer einzigen Stelle von einem zweifachen Millennium rede, wie Martin H. Jung meint, kann nicht bestätigt werden. Vgl. JUNG, 1997, 142; im Anschluss fälschlich auch KUMMER, Autobiographie, 158. Der Kontakt mit Swedenborg dürfte seine Rückbindung an Bengel auch an diesem Punkt verstärkt haben.

tasis panton.[264] Zeitgenössischen Millenniums-Gegnern, die sich auf Artikel 17 der *Confessio Augustana* beriefen, warf er ausdrücklich einen Missbrauch des lutherischen Bekenntnisses vor.[265]

Nachdem Oetinger gegen Swedenborg und manche ‚Aufklärer' die Realität des Teufels als Reich und als Person behauptet hatte, sprach er 1771 sogar von der *Apokatastasis* des Teufels selbst.[266] Damit werden alle Dualismen in Gott selbst aufgehoben. Dieser Bengelianismus hat sich bei Oetinger nach seinem Kontakt mit Swedenborgs ‚Anti-Apokalyptizismus' eher noch verstärkt. Das betrifft nicht nur den Topos des Interimszustandes oder des *status post mortem*, wie noch zu beschreiben sein wird.

Oetingers Geistleiblichkeitslehre wirkt noch in anderen Bereiche seiner Theologie. Neben seiner emblematischen Auslegungsmethode, die gegen historisierende und allegorische Interpretationen eine ‚realistische' Alternative bieten will, ist in diesem Zusammenhang die zentrale Stellung seiner Christologie zu benennen. Trotz aller Kritik an Zinzendorf und Malebranche dürfte Oetinger von ihnen die kräftige Betonung der himmlischen Menschheit Christi übernommen haben.[267] Christus vereinigt mit seiner himmlischen und seiner irdischen Menschheit in sich die vollkommene Leiblichkeit.[268] Er „vermählt" gleichsam Himmel und Erde, Himmel und Hölle, Tod und Leben.[269] Der kosmische Christus Oetingers ist als Logos und Ur-Adam nicht nur Schöpfungsmittler. Der „Mensch Christus" hebt als zweiter Adam auch die Übertretungen des ersten geschaffenen Adam auf.[270] Christus ist als Hoherpriester der „Baumeister und Lebendigmacher" der

---

Auch Wilhelm Abraham Teller hatte in seiner Rezension zu Oetingers *Theologia ex idea vitae deducta* dessen Dischiliasmus bemerkt. Vgl. Rez. in: Allgemeine deutsche Bibliothek 1770), 170–174, hier 174. Die astronomische Uhr des Oetinger-Freundes Philipp Matthäus Hahn enthielt, wie Oetinger wusste, ebenfalls ein zweifaches Millennium. Vgl. REINHARD BREYMAYER: „Anfangs glaubte ich die Bengelische Erklärung ganz ...". Philipp Matthäus Hahns Weg zu seinem wiederentdeckten „Versuch einer neuen Erklärung der Offenbarung Johannis" (1785). In: PuN 15 (1989), 172–219, hier: 178.

[264] Vgl. OETINGER, 1999, Bd. 1, 311; GROTH, 1984, 134. WEYER-MENKHOFF, 1990a, 203, mit der Betonung, dass Oetinger die Erlösung nicht nur der Menschheit, sondern der gesamten Natur meine.

[265] In OETINGER, 1852 [1765], 401, historisierte er die CA wie Bengel. Sie sei in einer anderen „Zeitepoche" mit einem anderen „Maß der Erkenntnis" gegen Kerinthianer geschrieben worden.

[266] Vgl. GROTH, 1984, 140 f. Auch Bengel habe, „wenn auch verhaltener", im Anschluss an 1 Kor 15 die *Apokatastasis* des Teufels „angenommen".

[267] Oetinger wehrt Malebranches und Zinzendorfs himmlische Menschheit Christi ab, sofern aus ihr ein präexistenter Sohn geschlossen wird, vgl. OETINGER, 1999, Bd. 1, 66 f. Anders als bei Swedenborg ist Maria aber nicht Theotokos, denn Christus hat im vierten Schwangerschaftsmonat eine menschliche Seele erhalten. Dadurch ist in den beiden Naturen das Wort und die ganze Fülle der Gottheit vereinigt. Seine himmlische Menschheit sei schon in Israel präsent gewesen. Vgl. ebd., 191, 230 f. Vgl. auch BETZ, 1999, 27.

[268] Nach SCHOBERTH, 1994, 152, bildet nicht die Eschatologie, sondern die Christologie den Kern von Oetingers Theologie der Leiblichkeit, wobei die göttliche Offenbarung auch außerhalb der Inkarnation ihren Ort hat.

[269] Vgl. PIERRE DEGHAYE: realiter und idealiter. Zum Symbolbegriff bei Friedrich Christoph Oetinger. In: PuN 10 (1984), 66–89, hier: 78.

[270] Vgl. OETINGER, Unterricht (1772), 66 f.; BETZ, 1999, 27–29, besonders 29.

Natur, der die „Speise der Unsterblichkeit [...] unter neuen Verordnungen" aus-
geteilt hat und sich dafür nach den „Geziemlichkeiten GOttes" hat opfern müssen, auch wenn man nicht jedes „Pünctlein", beispielsweise von der Rechtfertigung und „vom Verdienst JEsu" „innen haben" müsse.[271]
Christi Blut durchtränkt nach dessen Opfertod am Kreuz die Erde und überträgt als *ens penetrabile* dem eigentlich nicht penetrablen Leib die Eigenschaft der
Durchdringlichkeit.[272] Der Penetrabilitätsgedanke fällt mit Oetingers Festhalten
an der Realpräsenz beim Abendmahl zusammen. Die Elemente verwandeln sich
nicht materiell, Christi Gegenwart lässt sie sich gegenseitig durchdringen, und
zur Erklärung der ‚realistischen' Heilswirkung des Abendmahls durch Christi
Präsenz verweist er auf Newtons Fernwirkung von Körpern.[273] Der zwingliani-
sche Gedächtnischarakter und die calvinistische Gegenwart nur des Heiligen
Geistes sind für Oetinger nicht akzeptabel.[274]
     Kreuz und Auferstehung bleiben tragende Elemente in Oetingers Lehre. Die
Überwindung von Tod und Teufel steht wie bei Swedenborg im Vordergrund,
auch wenn jener ein anderes Teufelsverständnis hat.[275] Allerdings vertritt Oetinger zugleich auch die Rechtfertigung als Versöhnung Gottes durch Christi Leiden und Tod, die er allerdings für unbegreiflich hält und unter Berufung auf
Paulus lieber mit der „Wiederherstellung der Herrlichkeit GOttes" beschreibt.[276] Obwohl er betont, dass sich Christus Gott zur „Vergebung und Tilgung unserer Sünden" als Sühnopfer dahin gegeben habe,[277] meint er an anderer
Stelle, weder ein Mensch noch ein Engel werde ergründen, wie Christus die
Strafen des Zornes Gottes „getragen und abgethan" habe.[278] Hierin dürfte eine
Distanzierung von der orthodoxen Imputationslehre gesehen werden, denn an
anderer Stelle betont Oetinger, Schuld und Strafen würden „in jener Welt erst
ausgeglichen".[279] Transmutationsvorstellungen im Sinne einer Selbsterlösung
sind Oetinger fremd. Sie sind ihm erst posthum von Carl Gustav Jung zuge-

---

[271] OETINGER, Unterricht (1772), 35–37.

[272] Vgl. OETINGER, 1999, Bd. 1, 57, 71. Am Ende der Zeit werde „Gerechtigkeit aus dieser
mit Jesu Blut tingirten Erde wachsen". OETINGER, Schauplatz, 13; vgl. auch OETINGER, 1999,
Bd. 1, 74, 324.

[273] Vgl. OETINGER, 1999, Bd. 1, 12–15. Durch das Trinken des Blutes teile Jesus seine
„Substanz" mit. Dadurch werde dem Leib „Vollkommenheit" zuteil, nämlich „die Durch-
dringlichkeit mit der Aneinanderhängung (Cohaesion) des ganzen". Die Feindschaft im
Fleisch werde durch Christus aufgehoben. Ebd., 120, Lemma: Feindschaft; auch ebd., XIII;
WEYER-MENKHOFF, 1990a, 108; OETINGER, 1977 [1763], 243; BREYMAYER, 1999, 46.

[274] Vgl. OETINGER, 1999, Bd. 1, XIII.

[275] Vgl. OETINGER, 1999, Bd. 1, 42 f., Lemma: Auskaufen, Exagorazein. Durch Christi
Blut würden die Menschen „aus der Gewalt des Teufels ausgelöst", wobei „Auskaufen" die
„Gleichnisrede von der Erlösung" sei. Ebd., 108. Die Sündenvergebung geschehe durch das
Blut Christi. Christus erlöst vom künftigen Zorn, vom Gericht, vom Gesetz, vom eitlen Wan-
del, von Tod und Teufel.

[276] OETINGER, 1999, Bd. 1, 272 f., vgl. dagegen ebd., 71 (durch das Kreuz sei die „Versöhnung der Schuld und Strafe" geschehen, die Schuld der Juden und Heiden sei dadurch getragen worden); Betz, 1999, 31.

[277] OETINGER, Unterricht (1772), unpaginierte Vorrede, sowie 67.

[278] OETINGER, 1999, Bd. 1, 86.

[279] OETINGER, 1999, Bd. 1, 307.

schrieben worden.[280] Der eschatologische Grundzug der Theologie Oetingers zeigt sich auch in der Erwartung der Wiederkunft Christi, des „Schlangentreters":[281] „Wir werden ihn aber sehen wieder kommen, wie er aufgefahren, und daran hat sich Schwedenborg zu seiner Schande vergriffen."[282]

Bei der Skizze der Theologie und Naturphilosophie Oetingers wurde besonderes Gewicht auf diejenigen Felder gelegt, auf denen sich die disparaten Rezeptionsformen ereigneten, mit denen sich Oetingers Swedenborg-Rezeption beschreiben lässt. Nun sollen die Parallelen, Differenzen, Aneignungen und Abweisungen aufgezeigt werden, die Oetinger bei seiner langjährigen und ausgesprochen umfangreichen Rezeption der naturphilosophischen und der theologischen Lehre Swedenborgs vornahm.

5.2.5. Oetinger und Swedenborg

a) Kritische Adaption

aa) Erste Berührungen

Seit etwa 1750 beschäftigte sich Oetinger mit Swedenborg als Naturphilosoph. Drei seiner Schriften, die *Opera philosophica et mineralia*, von denen er offenbar nur den dritten Teil, die *Principia rerum naturalium* auch rezipierte, *De infinito* (beide 1734) und die *Miscellanea observata* (1722) studierte er intensiv und verarbeitete sie 1765 in seinem Swedenborg-Buch. Swedenborg, das betonte Oetinger ausdrücklich, war ihm der „große mechanische Philosoph",[283] ein Urteil, das seine gesamte Rezeption grundsätzlich mitbestimmte.

Vor seiner Kenntnis der *Arcana coelestia* hatte er Swedenborg schon in der Lehrtafel von 1763 eingearbeitet, in erster Linie im Zusammenhang mit seiner hier vorgestellten Skizze des Swedenborg-Buches von 1765. Es war Oetingers bereits jetzt formulierter Plan, Swedenborgs Naturphilosophie mit seinen böhmistisch-kabbalistischen Auffassungen zu vergleichen. Swedenborg wird in der *Lehrtafel* entweder gemeinsam mit den gegenüber der böhmistischen Kosmogonie herabgesetzten Wolff und Descartes erwähnt[284] oder bereits mit Böhme verglichen. Die knappe Skizze der Naturphilosophie, die Oetinger hierbei anfertigt, deutet sein Interesse an Swedenborgs Kosmologie und Seelenlehre an. Das „Schwedenborgische System" aus den *Principia* betone drei Bewegungsordnungen, vier Elemente und die „Schrauben-förmige Bewegung [...] in allem". Es habe anders als Böhme die Selbstbewegung „nicht genug" vor Augen und die

---

[280] Vgl. SCHOBERTH, 1994, 134–139, besonders 138.

[281] OETINGER, 1999, Bd. 1, 262.

[282] OETINGER, 1999, Bd. 1, 69.

[283] OETINGER, 1977 [1765], 15.

[284] Vgl. OETINGER, 1977 [1763], Bd. 1, 222–225, hier: 223, 224. Seinen Ausführungen über die Finsternis, an der jede Kreatur partizipieren müsse, und seinem Votum für die Astrologie und die Magie stellt er die „heutigen Philosophen" gegenüber: „Ist CARTES, ist WOLFF, ist SCHWEDENBORG mehr als die Oracula GOttes?" Ebd., 223.

Seele werde wie eine „Uhr", also mechanisch gedacht. Und im Gegensatz zu Oetingers an Böhme angelehntes Ineinander der Elemente und Prinzipien vermute Swedenborg ein Nacheinander. Diese Punkte betonte Oetinger auch später immer wieder, genauso seine geradezu programmatische Empfehlung, wie man mit Swedenborg umgehen solle: „Fromme Gelehrte sollten *alles* wohl *prüfen und das Gute behalten*." (1. Thessalonicher 5,21)[285] Dieser Grundsatz leitete Oetingers irenischen Eklektizismus insgesamt, aber in den späteren Auseinandersetzungen, die sich nicht um die Naturphilosophie, sondern um die Geisterweltlehre entzündeten, wendete er ihn gerade auf Swedenborg an. Es wird deutlich, dass Oetinger bereits 1763 eine kritische, teils adaptierende, teils negierende Rezeption Swedenborgs betrieb.

In der 1765 erschienenen *Theologia ex idea vitae deducta*, die nicht nur Oetingers Lebenstheologie, sondern *in nuce* bereits seine Geistleiblichkeitslehre enthält, wird Swedenborg nur am Rande und nur als Naturphilosoph mit einem Element erwähnt, das Oetinger in seiner gesamten Rezeption beibehielt: Swedenborgs in den *Principia* enthaltene Unterscheidung eines *activum* und eines *finitum* als den beiden Prinzipien, aus denen ein *elementare* entstehe.[286] Allerdings finden sich bereits hier, im sechsten Hauptstück *Von der Welt der Unsichtbarkeit und von den letzten Dingen*, eine Reihe von Aussagen, die auffällig an Oetingers im selben Jahr beginnende ‚offizielle' Swedenborg-Rezeption erinnern. Die Verdammten befinden sich nämlich postmortal nicht im Seelenschlaf, sondern sind von den „Phantasmen" ihres vorigen Lebens umgeben: „Was für eine Denkweise der Mensch während seines Lebens auf Erden hatte, eine solche wird er auch nach seinem Tode haben."[287] Oetinger stellt hier aber seine bengelianische Apokalyptik mit den typischen Topoi der zwei Tode und Auferstehungen, des Millenniums, der endzeitlichen Bekehrung der Juden und des Jüngsten Gerichts mit Auferstehung des Leibes vor.

Trotz der Parallele hinsichtlich der Kontinuität der ‚Denkweise' lässt sich daher eine Swedenborg-Rezeption nicht mit Sicherheit behaupten. Allerdings ist es bemerkenswert, dass Oetinger in seiner Apologie gegen die kirchenamtlichen Angriffe infolge seines Swedenborgbuches ausgerechnet diese Passage über die „Damnati Phantasmatis prioris vitae" zitierte und dazu bemerkte, sie sei damals vom Konsistorium nicht beanstandet worden. Außerdem hätten Erik Pontoppidan und Georg Venzky[288] über den Interimszustand der Seele nach dem Tod geschrieben, ohne dass dagegen Einspruch erhoben worden sei.[289] Ob Oetinger mit dieser knappen Passage in der *Theologia* bereits Swedenborg vor Augen hatte, ist nicht sicher. Deutlich ist allerdings, dass er eines der wichtigsten Lehrelemente,

---

[285] OETINGER, 1977 [1763], Bd. 1, 153 [Hervorhebung bei Oetinger].
[286] Vgl. OETINGER, 1852 [1765], 205. Diese drei Begriffe findet Oetinger in der zweifachen Verborgenheit der Weisheit und deren „Vereinigungspunkte" in Hiob 11,5 f. wieder.
[287] Vgl. OETINGER, 1852 [1765], 205 = 1979 [1765], Bd. 1, 203: „Damnati Phantasmatis prioris vitae cinguntur".
[288] Vgl. Kap. 4.3.4., f); 5.1.2., c), cc).
[289] OETINGER, Beurtheilungen (1771), 88, 87; Oetingers Rechtfertigungsschrift von 1767, in: OETINGER, 1977 [1765], LXIII; OHLY, 1979, 29.

das er von Swedenborg übernahm, nämlich den Interimszustand, in der *Theologia* nur angedeutet wissen wollte und ihn später als bekenntnisgemäß verteidigte. Dass Oetinger Swedenborgs Eschatologie durch seine Rezeption massiv umgestaltete und in seine Apokalyptik einbaute, für die er als Zeugen hier nicht Bengel, sondern Pontoppidan und Venzky nannte, wurde erst später deutlich.

bb) Swedenborgs und anderer irdische und himmlische Philosophie

Oetinger setzte 1765 die bereits zwei Jahre vorher begonnene partielle Rezeption in seinem Buch *Swedenborgs und anderer irdische und himmlische Philosophie* fort, auch nachdem er sich umfassend mit den *Arcana coelestia* auseinandergesetzt und einen Teil übersetzt hatte. Bereits in der Vorrede sprach Oetinger dies deutlich aus:

„Der Unglaube der Welt hat Gott bewegt, einen berühmten Philosophum zu einem Verkündiger himmlischer Nachrichten zu machen. Dieser Philosoph hat seiner Imagination durch die Mathematik Einhalt gethan. Man sage demnach nicht, daß es bloße Einbildungen seien. Standhafte Erfahrungen sind keine Einbildungen. Diese Erfahrungen sind aus einem Einfluß himmlischer Intelligenzen durch des Herrn Befehl geflossen.“[290]

Den *Arcana coelestia* wird demnach dezidiert ein göttlicher Ursprung zugeschrieben. Swedenborgs Offenbarung wird anerkannt, aber zugleich wird deren Deutung durch Swedenborg relativiert: Swedenborg hat die „himmlischen Nachrichten“ als Mathematiker ausgelegt und ihnen dadurch „Einhalt gethan“. Deshalb will Oetinger seine Lehre nicht als Theologie, sondern als Philosophie betrachten.[291] Swedenborg habe das übersinnliche „Sensorium“ empfangen, das Friedrich von Preußen zur Erkenntnis übersinnlicher Dinge gefordert habe.[292] Denn Swedenborg war wie auch Böhme, Jeanne Marie Guyon und Antoinette Bourignon, die ebenfalls über die „Particular-Gabe“ der Weissagung verfügt hätten, Gefahren ausgesetzt. Sie alle hätten es gewagt, durch diese Gabe erstens die Bibel „zu beschränken“. Zweitens könnten unvermeidlich „viele Fehler“ entstehen, wenn man „unaussprechliche Dinge, Simultanea, oder Dinge, die zumal zu Gesicht kommen, nach und nach“ ausspreche. Daher seien „ἄρρητα ῥήματα nicht wohl auszureden“, so Oetingers Erinnerung an den Entrückungsbericht des Apostels Paulus. Schließlich entstünden Fehler, wenn man nicht wisse, in welchen verborgenen Schriftstellen die „Richtschnur“ liege.[293] Swedenborgs „Particular-Gabe“ gilt Oetinger dennoch als Geschenk der göttlichen Barmherzigkeit.[294] Er berichtet ausdrücklich, aber ohne sie genauer zu beschreiben, von der Begebenheit um die angebliche Weissagung Swedenborgs gegenüber der

---

[290] OETINGER, 1977 [1765], VIII.
[291] OETINGER, 1977 [1765], VIIIf.
[292] OETINGER, 1977 [1765], 120.
[293] OETINGER, 1977 [1765], X. 2Kor 12,2–4: „Ich weiß von einem Menschen in Christus, daß er vor vierzehn Jahren [...] bis in den dritten Himmel entrückt wurde [...] und unaussprechliche Worte hörte, die auszusprechen einem Menschen nicht zusteht.“ Vgl. zu Swedenborgs Notat dieser Stelle Kap. 4.2.11.
[294] Vgl. OETINGER, 1977 [1765], 23.

schwedischen Königin Luise Ulrike, die er über verschiedene Adelige erfahren haben will.[295] Swedenborgs Auslegung am Maßstab seiner eigenen biblischen Theologie zu prüfen, hat sich Oetinger vorgenommen, denn: „Mich irrt nichts, ich kann alles combiniren, ich bin kein Theologe von einem einzigen Leist." Diese Einschränkungen sind trotz aller Würdigungen Swedenborgs durch Oetinger von Beginn an vorhanden. Die *Arcana* enthielten „erstaunlich unerhörte, wichtige Dinge", Swedenborgs „Erfahrungen" seien „schön, aber seine Schrift-Erklärungen sind ex uno visu", teilt Oetinger einem Freund nach der Lektüre des ersten Bandes mit.[296] Allerdings könne man ihn keinesfalls – wie Ernesti in seiner Rezension von 1760[297] – als Naturalisten bezeichnen, denn Swedenborg habe nur seine „Erfahrungen" beschrieben,[298] gesetzt den Fall, seine Phantasien seien „erdacht", dann gehörte eine „Imagination" hinzu, die geradezu „miraculos" wäre. Imagination aber kann für Oetinger „regulär" oder „irregulär" sein und muss nach dem „proprio sensu scripturae" geprüft werden.[299]

Im ersten Teil von *Swedenborgs irdische und himmlische Philosophie* übersetzte Oetinger in einem sehr knappen Auszug vor allem diejenigen Passagen, die Swedenborgs Seelen- und Geisterweltlehre enthielten. Seine umfangreiche Schilderung der verschiedenen Höllen und einzelner Memorabilien ist unübersehbar. Swedenborgs Theologie wird vergleichsweise knapp geschildert, und an der Auslegung der einzelnen Kapitel von Genesis und Exodus, die bei Swedenborg den größten Raum einnehmen, hatte Oetinger kein besonderes Interesse. Er monierte vielmehr Swedenborgs Verzicht auf seine frühere Kosmologie angesichts seiner Auslegung von Genesis 1, das er komplett „geistlich auf die Wiedergeburt zieht". Oetinger erkannte damit vor allem eine Christo-Typologese und gab dem Coccejanismus-Vorwurf Ernestis, den er kannte, Recht: „Alles und in allem Christus, heißt es bei ihm."[300] Aber Oetinger widersetzte sich Ernestis Protest gegen den Coccejanismus, „daß die heilige Schrift vielerlei Sinn haben könne". Vielmehr gebe es „unzählige abgetheilte partial Sensus" und der geistliche Sinn werde dreifach durch einen *sensum intensum, extensum* und *protensum* „erzielt", erklärte er.[301]

---

[295] Baron von Veltheim, der Schwager des Grafen von Schulenburg, habe von der Herzögin von Braunschweig die Information über die Königin erfahren. Vgl. OETINGER, 1977 [1765], 16. Oetinger erwähnt die Begebenheit, ohne sie zu berichten. Es ist nicht ganz klar, wie diese Geschichte kolportiert worden ist. Durchaus denkbar aber ist, dass Kants Informationen aus dem Brief an Charlotte von Knobloch in adeligen Kreisen verbreitet worden sind, vgl. dazu Kap. 1.7. Oetingers Allusion spricht allerdings für einen hohen Bekanntheitsgrad.
[296] Zitiert nach BENZ, 1947, 10.
[297] Vgl. Kap. 5.1.2., a).
[298] OETINGER, 1977 [1765], 374.
[299] OETINGER, 1977 [1765], 148 f. Offensichtlich richtete sich diese Bemerkung gegen Ernestis Rezension von 1760, in der er Swedenborg mit *Klims unterirdischer Reise* verglichen hatte, denn Oetinger fährt fort: „Es ist demnach der Mühe werth, aus diesem Buch, man halte es für einen Roman oder Traum, oder man finde einen Nexum darinnen, mehrere Anzeigen zu finden, was doch Phantasie im innern Grund der Seele seie." Ebd., 148.
[300] OETINGER, 1977 [1765], 122. An anderer Stelle merkte Oetinger an, Swedenborg habe sich wohl nicht getraut, seine Elementenlehre auf seine himmlische Philosophie zu übertragen. Dies sei die Gabe von Origenes und Böhme gewesen. Ebd., 127.
[301] OETINGER, 1977 [1765], 124 f.; GRIFFERO, 2005, 239, liest hier fälschlicherweise den

Oetingers Teilübersetzung enthält im Einzelnen folgende Abschnitte:[302]

Von der heiligen Schrift oder dem Wort, wie es den göttlichen Sinn aufschließt, der den
  guten Geistern und Engeln offenbar ist (17–25; AC 1767–1777, 1869–1885).
Von der Sprache der Geister und Engel (25–34; AC 1634–1650, 1757–1764).
Von dem Licht, worin die Engel leben (34–37; AC 1521–1533).
Von den Paradiesen und Wohnungen der Engel (37–41; AC 1620–1633).
Von den Wirkungs-Kreisen der Geister (41–45; AC 1504–1520).
Von der Empfindung (perceptio) der Geister und Engel, und von den Wirkungs-Kreisen
  (sphaeris) in jenem Leben (45–51; AC 1383–1399).
Von dem Raum und Ort der Geister (51–55; AC 1273–1278, 1376–1382, hier sind auch
  Ausführungen zum *maximus homo* enthalten).
Von der ältesten Gemeinde, Mensch oder Adam genannt (55–60; AC 1114–1128).
Von denen, die vor der Sündfluth lebten, und umkamen (60–63; AC 1265–1272).
Von den Abstreifungen (Vastationibus) (63–65; AC 1106–1113).
Von der Hölle (66–68; AC 692–700).
1. Von den Höllen derer, die ihr Leben in Haß, Rache und Grausamkeit zugebracht haben (68–74; AC 814–823).
2. Von den Höllen derer, welche ihr Leben in Ehebruch und Geilheit geführt, und von
   Höllen der Heimtückischen und Hexen (74–80; AC 824–831).
3. Von den Höllen der Geizigen, von dem unsauberen Jerusalem, und von den Mördern
   in der Wüste, deßgleichen von den unflätigen Höllen derer, welche in lauter Wollüs-
   ten gelebt haben (80–85; AC 938–946).
4. Von andern Höllen, welche von den vorigen unterschieden sind (85–94; AC 947–
   969).
Von dem Himmel und der himmlischen Freude (94–105; AC 449–459, 537–546).
Von den Gesellschaften, welche den Himmel ausmachen (105–107; AC 684–691).
Von der Auferweckung des Menschen von den Todten, und von seinem Eingang in das
  ewige Leben (107–112; AC 168–181, 182–189, 314–319).
Wie das Leben einer Seele oder eines Geists beschaffen (112f.; AC 320–322).
Einige Exempel von Geistern, was sie bei Leibes-Leben von der Seele oder Geist gedacht
  haben (113–117; AC 443–448).

Dieser knappe Überblick über Swedenborgs Geisterweltlehre entstammt ausschließlich dem ersten Band der *Arcana coelestia*,[303] und Oetinger übersetzte nur
die *Memorabilia* aus diesem Band, Swedenborgs Berichte aus der Geisterwelt.
Die Schrifterklärung, aus der dieser Band zum großen Teil besteht, ignorierte er.
Erst in späteren Bänden enthaltene Themen, etwa die Planetenreisen und die detaillierte Schilderung der organischen Beschaffenheit des *maximus homo*, konnte
er noch nicht kennen.
  Oetinger hielt Swedenborgs Lehre insgesamt zwar für zu mechanisch, sie enthalte jedoch viele „gesunde, und mit heiliger Schrift übereinstimmende Begrif-

---

geistigen Sinn als vierten Sinn. Oetinger schreibt jedoch, dass durch die drei genannten Sinne der geistige Sinn „am meisten erzielt" werde.
[302] Eine unvollständige Konkordanz, vor allem von den Abschnitten Hölle, Himmel und
himmlische Gesellschaften, ist auch enthalten bei GROTH, 1984, 331 f. Alle Überschriften
nach OETINGER, 1977 [1765]. Oetinger ordnete, wie erkennbar ist, das Material auf eigene
Weise an und las von hinten nach vorn. Die bei Swedenborg aufgeführten Überschriften behielt er allerdings zum großen Teil bei.
[303] Vgl. HYDE, 1906, 127. Bd. 1 von 1749 enthielt AC 1–1885.

fe".[304] Für schriftgemäß hielt Oetinger ausdrücklich, dass Geister und Engel ausgedehnt und mit sinnlichen Fähigkeiten ausgestattet seien, während die – unausgesprochen: idealistischen – Gelehrten sie von aller „körperlichen Indecenz" reinigen wollten, so dass alles auf ein „bloßes incogitables weiß nicht was hinaus lauft". Dies sei das „Fundament des Unglaubens dieser Welt".[305]

Bereits jetzt, nicht erst im Zuge seiner persönlichen Abwendung vom Künder der neuen Kirche, setzte Oetinger deutliche Impulse für seine später ausgebaute emblematische Theologie. Gegen Swedenborg, dessen Jenseits von menschlichen Seelen bevölkert ist und der den Schriftgehalt massiv auf der Basis seiner Theologie allegorisierte, gibt es für Oetinger nach Offenbarung 1 auch Tiere im Himmel.[306] Und er bereitete schon deutlich seine Uminterpretation Swedenborgs vor. Der Geisterseher und mechanische Philosoph habe nicht bis zum Ende der Dinge geschaut, die Auferstehung sei ihm unbekannt. Ihm sei nur offenbart worden, „was den Zustand nach dem Tod betrifft".[307] Schon in der Zeit der Alten Kirche sei fälschlicherweise behauptet worden, die Auferstehung sei schon geschehen. Dies könne man auch aus Swedenborg folgern. Allerdings müsse man prüfen, wie die erste Auferstehung zu verstehen sei, denn „diese ist freilich schon an vielen geschehen, aber es ist noch eine andere bevor. Hier gehört große Moderation dazu."[308]

Eine solche Moderation wendete Oetinger auch an einem anderen Punkt an: Swedenborgs dualistische Eschatologie, die seiner Tendenz zur *Apokatastasis panton* und seiner Unterscheidung zwischen der unendlichen Ewigkeit Gottes und der endlichen Ewigkeit der Höllenstrafen[309] widersprach. Oetinger interpretierte zwei Stellen aus den *Arcana coelestia* so, dass er eine *Apokatastasis* bei Swedenborg herauslesen konnte.[310]

Dass Swedenborg drei Himmel kannte, vermochte Oetinger aus der Schrift zwar nicht zu folgern, doch widerspreche es ihr auch nicht.[311] Swedenborgs Geistersprache erkannte Oetinger als Ideensprache und erinnerte sich daran, dass schon Böhme und van Helmont „schön" darüber geschrieben hätten.[312]

Auch Oetingers Kritik an Swedenborgs Sichtweise der Leiblichkeit und des intelligiblen Raums als bloßem Zustand war jetzt schon vorhanden. Sich einen Zustand ohne Räumlichkeit wie Swedenborg vorzustellen, hielt er kaum für möglich.[313] Zwar räumte Oetinger jetzt noch ein, man könne nicht wissen, „was eine wahre Leiblichkeit ist", aber „Leiblich ist keine Erscheinung, sondern etwas

---

[304] OETINGER, 1977 [1765], 122.

[305] OETINGER, 1977 [1765], 121.

[306] OETINGER, 1977 [1765], 125.

[307] Vgl. schon OETINGER, 1977 [1765], 135. Man werde die Dinge noch nicht einmal im nächsten Äon vollständig erkennen, sondern erst dann, „wann Gott sein wird alles in allem". Ebd., 127. Swedenborgs mit geistlichen Leibern versehene Geister müssten, so interpretiert Oetinger in Swedenborgs Auffassung von der Fortdauer der Seele hinein, bereits auferstanden gewesen sein, was „wir als Söhne Christi noch erwarten". Ebd., 123.

[308] OETINGER, 1977 [1765], 141.

[309] Vgl. GROTH, 1984, 135; WEYER-MENKHOFF, 1990a, 203.

[310] Vgl. GROTH, 1984, 135, sowie Kap. 3.3.7., b).

[311] OETINGER, 1977 [1765], 133.

[312] OETINGER, 1977 [1765], 140.

[313] OETINGER, 1977 [1765], 136. Ein Zustand könne nicht ein bloßer „Bezug zusammen

Bleibendes". Die Körper dürften nicht nach dem „Platonischen Begriff" lediglich „als Erscheinungen" verstanden werden. Gott wolle nach der Bibel „seine vollkommene Fülle im Leib darstellen".[314] Oetinger modifizierte Swedenborgs Auffassung der von Wolff abgeleiteten Substantialität der Seele durch den Gedanken der Penetrabilität. Es gebe Leiber, die trotz ihrer Subsistenz durchdringlich seien und möglicherweise sogar eine „fünfte Dimension" besäßen.[315] Diesen Kritikpunkt baute Oetinger in den nächsten Jahren noch aus, obwohl er mit Swedenborg darin übereinstimmte, dass die Seele ein „extensum" sei.[316] Die ausgedehnte Substantialität war dem Theologen der Geistleiblichkeit nicht körperlich genug. Gegen Swedenborg verstärkte Oetinger zunehmend die Massivität seines Leibverständnisses.

Merkwürdigerweise las Oetinger bei Swedenborg zumindest zu diesem Zeitpunkt einen tendenziellen Arianismus: Christus sei Gott subordiniert.[317] Dieser Vorwurf wurde Swedenborg wenige Jahre später in Schweden gemacht, und Oetinger korrigierte seine Misslektüre offenbar danach. Immerhin hatte Ernesti erst zwei Jahre zuvor Swedenborgs System eindeutig als sabellianisch qualifiziert, was Oetinger, der Ernestis Rezensionen kannte, kaum entgangen sein dürfte.

Ferner kritisierte Oetinger ausdrücklich Swedenborgs Geringschätzung des Opfertodes Christi. Er sage nichts „von dem Einfluß des Opfers und Bluts Christi in dem künftigen Zustand",[318] sondern spreche nur ganz allgemein von der Barmherzigkeit Gottes. Dem wird erneut Böhme vorgezogen, dessen ganze Lehre auf die Erlösung von der Macht des Satans abziele.[319]

Auch die Abschaffung des Teufels widersprach Oetingers Auffassung. Wie Swedenborgs Offenbarung nur den Interimszustand betroffen hatte, so habe er „auch ins Reich des Satans nicht weit genug gesehen".[320]

Summarisch formulierte Oetinger sein stets beibehaltenes Verfahren für den Umgang mit Swedenborg: einerseits ein differenziertes Urteil mit „Salz und Langmut" und andererseits ein Leitinteresse, das den Kern seiner Rezeption Swedenborgs ausspricht:

„Diejenigen Puncte der Religion, welche uns von der Furcht des Todes frei machen, sind die wichtigsten. Eben diese müssen es sein, welche uns von Tilgung der Sünden durch das Anschauen Christi vergewissern."[321]

An anderer Stelle empfahl Oetinger den Lesern angesichts der fehlenden postmortalen Versöhnung „aus dem Blut und Tod Jesu" in Swedenborgs Geisterwelt,

---

geordneter Dinge" sein, sondern müsse als Beziehung zwischen veränderlichen und „fixen" Dingen verstanden werden. Vgl. ebd.
[314] OETINGER, 1977 [1765], 136f. Oetinger hielt viele „Dinge" bei einer genauen Beschreibung der Leiblichkeit für „unnöthig zu wissen" und mahnte zu einer Diskussion in „Salz und Frieden".
[315] OETINGER, 1977 [1765], 137.
[316] OETINGER, 1977 [1765], 122.
[317] OETINGER, 1977 [1765], 135.
[318] OETINGER, 1977 [1765], 373.
[319] OETINGER, 1977 [1765], 171.
[320] OETINGER, 1977 [1765], 373.
[321] OETINGER, 1977 [1765], 140f.

sich nicht durch Swedenborgs Beschreibungen „schrecken" zu lassen, sondern
sich an Jakob Böhmes „Beilage" über Christi Leiden und Tod zu orientieren.[322]
Damit versuchte Oetinger, die lutherische Rechtfertigungs- und insbesondere
Imputationslehre, die nun gerade bei Swedenborg nicht zu finden war, und Swedenborgs Lehre von der Geisterwelt, die Oetinger ausdrücklich als Interimszustand verstanden wissen wollte, zusammen zu denken. Bemerkenswerterweise
setzte er Luther dabei die Maske Böhmes auf und ließ Böhme auf diese Weise
zum Repräsentanten eines orthodoxen Bekenntnisses avancieren.

Schließlich ist sein Ziel ein Trost: Die Gläubigen sollten bedenken, dass sie
auch im Himmel „bei Christo" sind – wenigstens andeutungsweise ein Hinweis
auf die *Apokatastasis*.[323] Diese hybride Rezeption ist Oetingers Programm, das
mit nur geringfügigen Änderungen bis ans Ende seiner schriftstellerischen Arbeit
durchgehalten wird.

Großen Raum widmete Oetinger der Darstellung und Beurteilung der Naturphilosophie Swedenborgs. Er verglich sie vor allem mit den Versatzstücken, die
er Jakob Böhme entlehnt hatte. Obwohl ihm Swedenborg durchweg als ein mechanistischer Philosoph erscheint, entnimmt er ihm verschiedene Gedanken, vor
allem Swedenborgs Lehre von der Entstehung aller Dinge aus dem *punctum naturale* als Ursprung des ersten *finitum*, das in Verbindung mit einem *activum* und
durch Bewegung ein *elementare* generiere.[324] Allerdings stelle Swedenborg diesen Generationsprozess im Gegensatz zu Böhme zu mechanisch dar,[325] auch
wenn er hinsichtlich der Seele zwar mechanische Prinzipien vertrete, nicht aber
materialistische. Denn er schreibe der Seele in ihrem Kern nicht elementarische
Eigenschaften zu, sondern nur Bewegung. Von einem *ens penetrabile* wisse Swedenborg nichts,[326] er verwerfe als Vertreter des mechanistischen Kontiguitätsprinzips, der Berührung von Materieteilchen, daher auch die Transmutation der
Metalle, strich Oetinger als Anhänger der Transmutationsalchemie und der
‚elektrischen Theologie' heraus.[327] Daneben würdigte Oetinger bei Swedenborg
ausdrücklich die in *De infinito* vorgestellte Idee eines präformierenden Samens
aller Dinge, aus dem sich die gesamte Schöpfungsordnung graduell, nicht ema-
nativ entwickelt habe. Die hier bereits angedeutete konstabilierte Harmonie
wird der Kosmologie von Leibniz und Wolff entgegengestellt.[328]

---

[322] OETINGER, 1977 [1765], 374.
[323] OETINGER, 1977 [1765], 374.
[324] OETINGER, 1977 [1765], 1.
[325] OETINGER, 1977 [1765], 2f., 9.
[326] OETINGER, 1977 [1765], 9.
[327] OETINGER, 1977 [1765], 9f., mit Hinweis auf die entsprechenden Ausführungen in
Swedenborgs *Miscellanea observata* von 1722. Die Transmutation geschehe nicht durch Kontiguität, sondern durch „blizende Decussation, welche dem ersten Wesen durch Gott einge-
senkt ist, wie man an dem Schlag-Gold und an dem Stoß der Electricität" sehe. Swedenborg
habe aus bloßem „Raisonnement, nicht aus Experimenten die Transmutation für unmöglich"
gehalten. Ebd., 10, mit der Empfehlung, anstelle Swedenborgs besser Böhmes Elementenlehre
zu betrachten.
[328] Vgl. OETINGER, 1977 [1765], 242: Während Gott für Wolff ein unendliches Wesen sei,
das alle Vollkommenheiten enthalte, drücke Swedenborg dies „viel schöner in folgende
Schlüsse": „Das Primitivum naturae, semen omnium rerum naturalium ist das, aus welchem

Swedenborgs Zweiweltentheorie, dass es eine „s u b t i l e r e W e l t i n d e r
g r o b e n " mit eigenen Elementen und einer vielfachen Geschwindigkeit gebe,
weil viele Phänomene keinem der Elemente Luft, Äther oder Magnet zugeordnet
werden können,[329] unterstützte Oetinger. In seiner *Theorie von der meteorologischen Electricité* verkoppelte er die drei Elemente mit der Elekrizität und mit der
Ansicht des jungen Leonhard Euler, der Äther entspreche dem elektrischen
Feuer.[330] Demgegenüber distanzierte er sich von Swedenborgs Kosmologie in
den *Principia*, dass die Erde sich mehr und mehr von der Sonne entfernt habe
und anfangs die Jahre kürzer gewesen seien – Swedenborgs Erklärung des Para-
dieszustandes und des hohen Alters der Väter des Alten Testaments.[331] Im Falle
des Universal-Chaos der Sonne und Planeten sowie der Schilderung der Entstehung der Elemente in den *Principia* stellte Oetinger Swedenborg neben den sonst
angegriffenen Christian Wolff, durch dessen „Vervielfältigung der Elemente"
man allerdings „in einem Sprung leichter zu der philosophischen Galanterie" gelange.[332]
Insgesamt sei Swedenborgs System erstens „zu viel außer Gott", der doch
nach der Bibel das Zentrum des Universums sei, wenn auch nicht physisch. Dem
‚Panentheisten' Oetinger erschien Swedenborg in seiner vorvisionären Naturphilosophie in der Tat als dualistischer Cartesianer. Und zweitens könne Swedenborg wie viele andere Philosophen nicht den „Abfall der Natur" und damit die
Herkunft des Bösen erklären.[333] Er scheine „so gar den Abfall der alten Schlange
vor dem Fall der Menschen zu ignorieren" und wolle „sub senso interno alles
legitimirt haben".[334] Eine solche Erklärung für den Sündenfall und die „Wiederbringung" liefere nur Böhme mit seinem Begriff eines weder rein materiellen,
noch rein geistigen *ens penetrabile*.[335]
Hier wie an den meisten Stellen sind es vor allem die Differenzen Swedenborgs gegenüber Böhme, die die Basis für Oetingers Kritik bilden: die bei Böhme
stärkere Betonung der Freiheit Gottes, seine Sephirothlehre und das Rad der Geburten, seine vier uranfänglichen penetrablen Wesen, die nicht nacheinander wie
bei Swedenborg, sondern ineinander wirkten, Böhmes Tinktur und die mit dieser
gestaltenden Kraft denkbare Alchemie. In all diesen Punkten habe Böhme „höhere Aufschlüsse gehabt".[336] Swedenborgs System der vier mechanischen Elemente
sei zwar deutlicher dargestellt als bei Böhme, das liege aber daran, dass Böhmes
Elemente penetrabel seien, sich also mit anderen Worten der mechanischen Logik

---

hernach per gradus die ganze Ordnung des Geschöpfs sich entwickelt." Auch Swedenborgs
Vorstellung eines unendlichen *nexus* zwischen Gott und Natur wird gegen Wolff ins Feld
geführt. Vgl. ebd., 243 f.
[329] OETINGER, 1977 [1765], 6 [Hervorhebung bei Oetinger], 122.
[330] Vgl. OETINGER, Divisch, 76.
[331] OETINGER, 1977 [1765], 6.
[332] OETINGER, 1977 [1765], 170.
[333] OETINGER, 1977 [1765], 11.
[334] OETINGER, 1977 [1765], 171.
[335] OETINGER, 1977 [1765], 11.
[336] OETINGER, 1977 [1765], 170 f.

entzögen.[337] Allerdings arbeitete Oetinger auch eine ganze Reihe von Übereinstimmungen zwischen Böhme und Swedenborg heraus:

– die theologische Entscheidung, dass der unendliche Gott Mensch geworden sei[338] – Swedenborg erscheint Oetinger sehr wohl als Inkarnationstheologe;[339]
– die Darstellung der „Geburten der Dinge" entweder aus dem „primum punctum" bei Swedenborg oder aus der Weisheit bei Böhme. Böhmes Sophia und Swedenborgs *punctum naturale* mit den drei *principia* und der Spiralbewegung werden von Oetinger ausdrücklich parallelisiert.[340] Nachdem er die anderen Philosophien geprüft hatte, setzt Oetinger noch Malebranches *étenduë intelligible*, Detlev Cluvers himmlisches Feuer und Claude-Nicolas Le Cats Amphibium zwischen Geist und Materie als Bezeichnung für die ewige Natur, die aus dem ewigen Wort und „nicht aus nichts" entstehe, hinzu.[341]
– Wenn Oetinger *finita, activa* und *elementaria*, die drei „Geburten" bei Swedenborg, „quasi" mit Böhmes drei Prinzipien Licht, Finsternis und deren Produkt ineinssetzt, fügt er Böhmes sieben Selbstbewegungskräften Swedenborgs Generationstheorie hinzu, in der diese Kräfte nicht enthalten sind.[342] In seiner *Theorie von der meteorologischen Electricité* hatte er die drei „Geburten" Swedenborgs, ohne dessen Namen zu nennen, bereits fest integriert.[343]

Die für seine Kosmogonie leitenden Denkfiguren vermag Oetinger bei Swedenborg aber nicht zu finden. Trotz mancher Würdigungen bleibt ihm Swedenborg daher ein mechanischer Philosoph und damit Vertreter einer Naturphilosophie, der er sich gerade entgegenstellt. So ist denn auch der größte Teil des zweiten Teils der *Irdischen und himmlischen Philosophie* den oben erwähnten Philosophien gewidmet, denen durchweg Böhmes und Oetingers eigenes, aus Ezechiel

---

[337] OETINGER, 1977 [1765], 11–14. Vgl. auch Seite 130, wo Oetinger in Anlehnung an van Helmont und an seine in Verbindung mit Prokop Divisch entwickelte Elektrizitätstheologie die Behauptung aufstellt, dass Geister ineinander „influiren".
[338] OETINGER, 1977 [1765], 172.
[339] Dies ist gegen Hanegraaffs (2007, 76) Konstruktion des Gegensatzes zwischen der Inkarnationstheosophie Oetingers und den doketistischen Tendenzen Swedenborgs einzuwenden.
[340] OETINGER, 1977 [1765], 172.
[341] OETINGER, 1977 [1765], 330: „Dieses [ewige – FS] Wort muß alles in sich haben, absonderlich naturam naturantem, oder eine ewige Natur, des Malebranchs etendue intelligible, und Swedenborgs primum simplex. Die heilige Schrift nennt sie die Mutter, die droben ist, Gal. 4. An sich selbst ist sie weder finitum noch activum, noch elementare, weder Herrlichkeit, noch Chaos, weder Geist noch Leib." Vgl. auch ebd., 358 f. Gal 4,26: „Das Jerusalem droben aber ist frei, und das ist unsere Mutter." Hagar bedeutet hier das Bündnis vom Sinai, das irdische Jerusalem und die Sklaverei des Gesetzes. Sarah gebiert hingegen Isaak nach der Verheißung und steht für das himmlische Jerusalem der Freiheit vom Gesetz.
[342] OETINGER, 1977 [1765], 174 (die sieben Kräfte: attrahierende, elastische, feurige, blitzende, „sanftlichte", „organisch-sinnliche", „wesentlich-substantielle"). Swedenborg erkläre die „Entstehung der Dinge" weitaus besser, nämlich geradezu im Sinne des Johannesprologs („Das Wort ward Fleisch"), als Leibniz und Wolff, mit denen man einen „saltum" machen müsse, weil sie die Entstehung der Körper aus Simplici oder ganz und gar nur „Erscheinungen der Körper" behaupteten. Auch wird Swedenborgs sukzessiver Generation gegenüber einer prästabilierten Harmonie der Vorzug gegeben. Vgl. ebd., 177: „[…] denn um Christi willen hat Gott seine Wirkungen nicht simultanisch, sondern successiv gemacht. Dedit sibi modos."
[343] Vgl. OETINGER, Divisch, 13.

abgeleitetes kabbalistisches System vorgezogen wird, sofern nicht, wie vor allem im Falle Newtons, Cluvers und Frickers, Böhme in ihnen wiedererkannt oder in sie eingetragen wird.

b) Konflikt

aa) In Württemberg

Es ist angesichts dieser differenzierten und abwägenden Rezeption ein überzogenes Urteil, Oetinger sei nun ein „überzeugter Swedenborgianer" geworden.[344] Sein Swedenborg-Buch, das die Zensur nicht der Theologischen, sondern der Philosophischen Fakultät passiert hatte, zog zunächst ablehnende Reaktionen außerhalb Württembergs nach sich, vor allem in einer Rezension der *Göttingischen Anzeigen von gelehrten Sachen*, die sich in erster Linie gegen seine Böhme-Rezeption und seine Parallelisierung Newtons mit Böhmes wandte.[345] Das Konsistorium ließ das Buch beschlagnahmen und strengte ein Verfahren an. Oetinger setzte sich mit einer Gegenerklärung zur Wehr, in der er beteuerte, nur die Lehre vom Interimszustand, die in der *Theologia* bereits enthalten und nicht beanstandet worden war, von Swedenborg zu übernehmen, seine „Nebenlehren" aber nicht billige.[346] Vor allem ging er nun zu der *maximus-homo*-Figur auf Distanz, die in der *Irdischen und himmlischen Philosophie* zwar enthalten war, aber keine besondere Rolle gespielt hatte. Gott habe

„willkürlich wegen Christi die Figur des Großen Menschen erwählt. Da ist lächerlich (wo man lacht, ehe man denkt), daß dieser oder jener Geist seinen Ort habe im Kopf, Brust, Hand oder Fuss. Man läßt es aber als eine Vermuthung stehen."[347]

Signifikanterweise erwähnte Oetinger in diesem Zusammenhang nicht sein Referat des lurianischen *Adam Kadmon* in der *Lehrtafel*, möglicherweise deshalb, weil er den *Adam-Kadmon*-Gedanken im Arianismus münden sah, den er dort selbst diagnostizierte.[348] Versuchte er damit vielleicht eine Fährte zu verwischen, die einen Konflikt mit den lutherischen Bekenntnisschriften nach sich gezogen hätte? Womöglich erkannte er aber wie Ernesti, dass Swedenborg gerade nicht zum Arianismus, sondern zum Sabellianismus tendierte und dennoch einen *maximus homo* vertrat, der an die lurianische Kabbala zu erinnern schien.

Oetinger forderte ein Fakultätsgutachten und kündigte die Prüfung der ‚Causa Swedenborgiana' durch den Tübinger Theologieprofessor Heinrich Wilhelm Clemm an.[349] Ein solches Prozedere kam in dieser Sache nicht zustande, aber Oetinger verfasste Ende 1767 für das Konsistorium eine Rechtfertigungsschrift,

---

[344] So BENZ, 1947, 35, und offenbar im Anschluss an Benz, aber ohne eine nähere Erklärung, GOTTLIEB FLORSCHÜTZ: Swedenborgs verborgene Wirkung auf Kant. Swedenborg und die okkulten Phänomene aus der Sicht von Kant und Schopenhauer. Würzburg 1992, 100.
[345] Vgl. BENZ, 1947, 37–39.
[346] Vgl. BENZ, 1947, 47.
[347] Zitiert nach BENZ, 1947, 47.
[348] Vgl. OETINGER, 1977 [1763], Bd. 1, 133–135, sowie oben Anm. 176.
[349] Vgl. BENZ, 1947, 48f.

die sich ausführlich mit den Vorwürfen beschäftigte und dabei offenbar einen Katalog strittiger Fragen beantwortete, die ihm gestellt worden waren.[350] In dieser Schrift folgte Oetinger grundsätzlich seinen Entscheidungen aus dem Swedenborg-Buch von 1765, aber er präzisierte nochmals sein Motiv, sich mit dessen Lehre zu beschäftigen: „die Wirklichkeit und Leiblichkeit der geistigen Welt, die in der transzendenten Leiblichkeit Gottes selbst ihren Grund hat", sowie Swedenborgs Auffassung von der Seele und ihres postmortalen Zustandes. Gerade an diesen Punkten habe Swedenborg vieles dargelegt, was Bengel nicht genauer erklärt habe. Swedenborgs Lehre diene der Widerlegung derer, die die Unsterblichkeit der Seele ganz leugneten wie die Deisten und französischen Materialisten, oder eben nur schwache Beweise anführten.[351]

Ferner behauptete Oetinger, Swedenborgs Beschreibungen der Geisterwelt, die er abermals nur als Zwischenzustand interpretierte, entsprächen der Offenbarung des Johannes und den von den Päpsten verdunkelten Auffassungen der Kirchenväter der ersten 300 Jahre, auch wenn Swedenborg offenbar nicht wisse, wann die Geister den Tag des Jüngsten Gerichts erführen. Auf diese Weise vermischte er erneut Swedenborgs dualistische Eschatologie und seine bengelianische Apokalyptik. Allerdings würdigte er, dass der irdische Mensch für seinen postmortalen Zustand in der Interimszeit selbst verantwortlich sei und jeder nun das Gute und Böse, das er sich zu Lebzeiten angeeignet habe, an sich selbst sehe.[352]

Oetinger bekräftigte aber auch seine Differenzen in der Eschatologie: Swedenborg nutze die „scientiam correspondentiarum oder die signaturam rerum, welche die innere Geisterwelt abbildet", als Auslegungsgrundlage. Mit ihrer Hilfe lege er die Bibel aus. Hierbei sei „größte Vorsicht" geboten, dass man den „LiteralVerstand der heiligen Offenbarung besonders am Ende nicht verrücke".[353] Man dürfe Swedenborg aber nicht „Irrthümer" zuschreiben wie einst Johann Arndt, denn, so wiederholte Oetinger sein früheres Argument, er habe die Schrift nach seinen Visionen und nicht seine Visionen nach der Schrift ausgelegt. Es sei schlichtweg irrig, die Parusie Christi nur im Wort und nicht in der Person zu behaupten.[354] Oetingers Kritik an Swedenborgs Hermeneutik entzündet sich erneut an der Apokalyptik. Aber er warb für Nachsicht gegenüber Swedenborgs Irrtümern und Nebenlehren, weil er ein „gutes Herz" habe.[355] Vom *maximus homo* distanzierte sich Oetinger erneut als von einer „Figur", die von den „gemeinen Begriffen gar zu weit" entfernt sei.[356] Dennoch widerspreche es der Hei-

---

[350] Die möglicherweise nicht verschickte Rechtfertigungsschrift ist abgedruckt in OETINGER, 1977 [1765], LI–LXX. Vgl. dazu insgesamt BENZ, 1947, 87–100.

[351] BENZ, 1947, 53 f.; OETINGER, 1977 [1765], LXI, Hinweis auf Jes 14 und Ez 32, „welche Bengel notanter bemerket und anderen zu urgiren überlassen", LXII f.

[352] OETINGER, 1977 [1765], LIII, LVI, LXI.

[353] OETINGER, 1977 [1765], LIII f.

[354] OETINGER, 1977 [1765], LV f.

[355] OETINGER, 1977 [1765], LV.

[356] OETINGER, 1977 [1765], LXII. Einige Seiten zuvor hatte Oetinger bezweifelt, „ob aber der Sinn Jesu, dass wir alle eins seyen" (Joh 17,22) mit dem *maximus homo* getroffen sei. Ebd., LV.

ligen Schrift, wenn man „um eingemischter Nebendinge willen auch das gut ver-
wirft" und die „ganze Sache vor Chimairen" halte.[357]

Der eigentliche Klagepunkt des Konsistoriums dürfte jedoch in der Schriftgemäßheit des Interimszustandes mit den an ein Fegefeuer[358] erinnernden „Abstreifungen" und den selbst zugezogenen Strafen bestanden haben. Oetinger verteidigte diese Aussagen nicht nur unter Hinweis auf die Kirchenväter, auf andere
zeitgenössische Autoren und sogar auf Luther. Er zählte den postmortalen Zwischenzustand ausdrücklich zu den „größten Motiven der christlichen Moral".[359]
Damit ist ein Akzent benannt, den Oetinger bei allen grundsätzlichen Differenzen mit Immanuel Kants Postulat der Unsterblichkeit teilte, auch wenn Kants
Eschatologie, die keine *Apokatastasis* kennt, eher mit Swedenborg als mit Oetinger übereinstimmt.

Schließlich ist ein weiterer Punkt zu nennen, der in einem anderen Kapitel des
Swedenborg-Diskurses von Belang wurde: Oetinger berief sich zu seiner Verteidigung ausdrücklich auf den anynomen Verfasser der *Träume eines Geistersehers*,
Immanuel Kant, der Swedenborgs „ganze Lehre, mit idealismo vermischt", vorgetragen habe.[360] Und nicht nur diese in Preußen erschienene Schrift diente ihm
als apologetisches Instrument. Oetinger verwies erneut und ohne sie genauer auszuführen, auf die Geisterseher-Geschichte um die schwedische Königin, die er
ausdrücklich als Schwester des preußischen Königs bezeichnete. Kant hatte die
Begebenheit in den *Träumen* kolportiert und Oetinger interpretierte sie so, dass
Luise Ulrike mit ihrer Hilfe gegen den „Scepticismum von der Immortalitate der
Seele" ihres Bruders protestiert habe, damit an den „Höfen das Contrarium" gezeigt werde. Bei Swedenborg hätten sich gewiss „viele willkührliche Visa" einge-
mischt, „aber facta, die sich mit der Tat beweisen, sind von ganz anderem Character". Im übrigen verkaufe sich sein Swedenborg-Buch in Berlin sehr gut, der
„Arrest" des Buches fördere den „Lauf der Wahrheit" mehr, als dass er ihn hin-
dere.[361]

---

[357] OETINGER, 1977 [1765], LXVI.

[358] Oetinger verteidigte Swedenborgs „Abstreifungen" mit dem Hinweis, es handele sich
bei ihm nicht um ein „würkliches" Feuer, das sich nach Georg Venzky nicht aus der Schrift
ableiten lasse. OETINGER, 1977 [1765], LXV.

[359] OETINGER, 1977 [1765], LXIII–LXV. Den Hinweis auf die Kirchenväter als Legitima-
tion für den Zwischenzustand dürfte Oetinger Pontoppidan entnommen haben, den er hier
(LXIII) und in anderen Schriften mehrmals erwähnt. Wie Pontoppidan nennt Oetinger ausdrücklich Tertullian und Irenäus als Zeugen für den Zwischenzustand. Zu Pontoppidan vgl.
Kap. 5.1.2., c), cc). Auch beteuerte Oetinger seine Bekenntnistreue in anderen Bereichen: „So
mir jemand beweisen würde, ob, ein einziger sabellianischer, arianischer, socinianischer, sacra-
mentalischer oder Iustificationsirrtum in meinen Noten zu finden wäre, oder dergl. Lucas
Osiander Arnd in einem öffentlichen Buche vorgeworfen oder dergleichen Hedinger von der
Höllenfahrt gehegt, alsdann gestehe ich, daß ich wieder die Religion angestoßen." OETINGER,
1977 [1765], LXIV.

[360] OETINGER, 1977 [1765], LIII.

[361] OETINGER, 1977 [1765], LXII, LXVI f. Seite LXVII schreibt Oetinger Swedenborg zu,
er habe über den Geist Prinz Wilhelms von Preußen, des verstorbenen Bruders von Luise
Ulrike, den russisch-türkischen Krieg vorausgesagt. In seiner Übersetzung von Tell (1771,
171) wiederholte Oetinger diese Begebenheit. Hierfür lässt sich derzeit keine Quelle finden.

bb) Oetinger nimmt Kontakt auf

Oetingers Verteidigungsschrift verstärkte seine differenzierte Rezeption, die er in seinem Swedenborg-Buch vorgenommen hatte, ohne dass ein tiefergehender, in Swedenborgs gewachsenem Offenbarungsanspruch begründeter Bruch mit Swedenborg erkennbar geworden wäre.[362] Denn inzwischen hatte Oetinger selbst eine schriftliche Korrespondenz mit Swedenborg begonnen, durch die Swedenborg auch über die Konflikte in Kenntnis gesetzt wurde, denen Oetinger in Württemberg ausgesetzt war.[363] Swedenborg informierte Oetinger über seine Werke und über seine gerade erschienene *Apocalypsis revelata*, in der er die Offenbarung des Johannes durchweg allegorisch ausgelegt und seine modifizierte Eschatologie in sie eingetragen hatte. Die Umformung des endzeitlichen Jerusalem, die neue Kirche und der Selbstanspruch Swedenborgs als endzeitlicher Offenbarungsträger waren hierin deutlich ausgesprochen, denn Swedenborg behauptete ohne Umschweife: „Diese meine Schriften vom neuen Jerusalem können nicht Weissagungen, sondern Offenbarungen genennet werden."[364]

Oetinger erkannte Swedenborgs Gabe eines Propheten und Sehers voll an, aber er äußerte nun auch ihm selbst gegenüber seine Vorbehalte gegen die allegorische Liquidierung der Apokalypse und die damit verbundene Umdeutung des Schriftgehalts der Offenbarung. Dies ist besonders zu betonen, weil sich Oetingers wachsende Kritik an Swedenborgs Auslegungsmethode auf dem Gebiet der Apokalyptik vollzog, während er der typologischen Exegese des Alten Testaments bei weitem nicht so ablehnend gegenübergestanden hatte. Oetinger forderte Swedenborg daher auf, in der Geisterwelt mit den Aposteln Johannes und Paulus zu reden, um sich die Deutung der Offenbarung bestätigen oder widerlegen zu lassen. Vielleicht, meinte Oetinger beiläufig, stecke auch ein falscher Geist hinter Swedenborgs Visionen.[365]

Swedenborg lehnte es in seiner Antwort ab, ein Zeichen zum Beweis für seine Fähigkeiten zu geben, denn das widersprach seiner Entscheidung, keine Zeichen und Wunder zu liefern, durch die die Menschen nur gezwungen würden, an etwas zu glauben. Allerdings berichtete er, mit Paulus ein Jahr lang gesprochen zu haben – besonders über Römer 3,28, einen der Kerntexte der lutherischen Rechtfertigungslehre –, daneben mit Johannes, Mose und einhundertmal mit Martin Luther, der die Rechtfertigung *sola fide* nach eigener Auskunft nur vertreten habe, um sich von den „Papisten" abzutrennen – gegen die „Warnung eines Engels". Oetinger solle nicht „müde" werden, die Wahrheit gegen Papisten und Reformierte zu verteidigen, die den „Verstand in theologischen Sachen unter dem Gehorsam des Glaubens gefangen" nähmen.[366] Durch diesen Bericht aus der

---

[362] Allerdings dürfte das Urteil von ERNST BENZ (1947, 71), Oetinger habe sich „unentwegt begeistert" für Swedenborg eingesetzt, nicht angemessen sein.
[363] Vgl. für die im Folgenden skizzierte Korrespondenz BENZ, 1947, 55–87.
[364] Schreiben Swedenborgs vom 23.9.1766, in: OETINGER, Sammlung (1772), 22f.
[365] Vgl. BENZ, 1947, 63f.
[366] Vgl. Schreiben Swedenborgs vom 11.11.1766, in: OETINGER, Sammlung (1772), 24–32, sowie in: TAFEL, Sammlung, 146f. Vgl. BENZ, 1947, 66. Röm 3,28: Denn wir urteilen, dass der Mensch durch Glauben gerechtfertigt wird, ohne Gesetzeswerke.

Geisterwelt gab sich Swedenborg gegenüber Oetinger nun als antikatholischer, antireformierter, ‚wahrer' Lutheraner zu erkennen.

In seiner Entgegnung drang Oetinger mit Nachdruck auf den für ihn entscheidenden Differenzpunkt. Er bat ihn, in der Geisterwelt nochmals den Apostel Johannes zu befragen, ob das endzeitliche Jerusalem „eigentlich oder bildlich" zu verstehen sei und ob Swedenborgs „geistige Auslegung" der Offenbarung „angemessener" sei als die Bengels. Zugleich bezweifelte es Oetinger, dass Swedenborgs Eschatologie Bengels Apokalyptik ersetzen könne. Die Engel, von denen er seine „Weisheit" erhalten habe, verfügten offenbar noch nicht über alle erforderlichen Kenntnisse, sondern müssten wahrscheinlich selbst erst „nach und nach mit den Seligen von dem Priesterthum Christi unterrichtet werden".

Ferner informierte Oetinger Swedenborg, warum die „akademischen Theologen" ihn zu einem „Kezer" erklärten: wegen seiner Lehren von der Trinität, von der Rechtfertigung und von der Erlösung, „die nach Dippels Art verstanden wird". Aber er bat ihn, seine Gespräche mit Luther, Mose und den Aposteln zu veröffentlichen.[367] In der *Vera christiana religio* ist Swedenborg dem nachgekommen. Und Oetingers Bitte, Swedenborg möge einen Lebenslauf schreiben, ist es zu verdanken, dass Swedenborg eine knappe Selbstbiographie anfertigte, die der Prälat mehrmals auf Deutsch publizierte.[368]

Erst nach einem Jahr, in zeitlicher Parallele zu seiner Rechtfertigungsschrift, kündigte Oetinger Swedenborg an, eine Verteidigungsschrift für ihn verfassen zu wollen, aber er machte erneut auf die seit zwei Jahren geäußerten Differenzpunkte aufmerksam: Dass Swedenborg dem *Corpus Paulinum* einen inneren Sinn abspreche und dass er die „Stadt Gottes", die Apokalypse nach Bengel, „mit Verlassung des buchstäblichen Sinnes und im Widerspruch mit dem Ausspruch Christi ‚Siehe ich mache alles neu'" auslege.[369] Diesen Punkt sprach Oetinger immer deutlicher aus. Swedenborgs *Memorabilia* aus der Geisterwelt erschienen ihm glaubhafter als dessen antibengelianische Auslegung: „Ich wünschte, Sie selber möchten bekennen, dass Ihre Schrifterklärungen nicht eben so glaubwürdig seien als ihre Gesichte und Offenbarungen vom Himmel."[370]

[367] Schreiben Oetingers vom 4.12.1766, zitiert nach BENZ, 1947, 68–71. Zu Dippel vgl. Kap. 4.3.4., c).
[368] Vgl. OETINGER, Sammlung (1772); sowie Auszüge in OETINGER, Beurtheilungen (1771), 122–124; OETINGER, Unterricht (1772), 77–80; sowie im unpaginierten Vorbericht zu der Übersetzung von *Himmel und Hölle* (1774). Swedenborgs Lebenslauf war an seinen Anhänger Thomas Hartley gerichtet, der ihn im Anhang zu der englischen Übersetzung von Swedenborgs Com als *A theosophical Lucubration on the Nature of Influx, as it respects the Communication and Operations of Soul and Body. By the honourable and learned Emanuel Swedenborg* (London 1770) herausgab. Dieses Buch wurde auch in Deutschland rezensiert. Vgl. Nova acta historico-ecclesiastica. Oder Samlung zu den neuesten Kirchengeschichten 1770, 380f.; Danziger Berichte von neuen theologischen Büchern und Schriften von derselben dasigen Gesellschaft, welche bishero die theologischen Berichte ausgefertigt 1774, 258f.; [Petropolitanus]: Vernünftige Betrachtung etlicher Stellen aus einigen Swedenborgi. Schriften. In: Dreßnische gelehrte Anzeigen 1775, 306–312, 316–334, 337–342, 346–352, hier: 311. Oetinger gab einen Auszug (bis § 20) aus Com ebenfalls auf Deutsch heraus (Franckfurt; Leipzig 1772).
[369] Zitiert nach BENZ, 1947, 74.
[370] Zitiert nach BENZ, 1947, 80.

In der folgenden Auseinandersetzung bis zum Ende des Jahres 1768 wich Swedenborg jedoch nicht von seiner Auslegungsmethode und von seiner Eschatologie ab. Ganz im Gegenteil bekräftigte er in einer kleinen Schrift *Von dem natürlichen und dem geistigen Sinn des Wortes* seine Haltung, ja er prophezeite denen, die nicht an einen inneren Sinn der Schrift glaubten, dass sie postmortal in die „Hölle geworfen und Teufel werden". Denn „Teufel – Satane – heißen dort die, die in der Welt das Wahre des Worts verfälscht und von daher sich so mit Falschem angefüllt hatte, dass sie nichts Wahres mehr sehen können".[371] Obwohl Oetinger diese Drohung auf sich bezog – ob nun zu Recht oder nicht[372] –, veröffentlichte er die kleine Schrift im Anhang von Swedenborgs *De telluribus in mundo nostro solari* 1770.

cc) Bengel gegen Swedenborg

Auch wenn es fraglich ist, ob diese beiderseits unbeirrt beibehaltenen Standpunkte zu einer „kühleren und reservierteren Haltung" Oetingers geführt haben,[373] verließ Oetinger keine der inhaltlichen Positionen innerhalb der partiellen Aneignungs- und Abweisungsprozedur. Zunächst bekräftigte er gegen Swedenborgs antiapokalyptische Theologie seinen Bengelianismus mit der 1769 herausgebrachten Schrift *Kurzgefaßte Grundlehre des berühmten Würtenbergischen Prälaten Bengels betreffend den Schauplatz der Herabkunft Jesu zum Gericht des Antichrists vor dem jüngsten Tag*. Dieser knappe Text, der mit einem prachtvollen Kupfer zum Jüngsten Tag versehen ist, erwähnt nur am Rande auch Swedenborg als den eigentlichen Anlass, Bengels massive Apokalyptik gerade jetzt zu bekräftigen.

Besonders Oetingers eschatologischer Philojudaismus wird hier herausgehoben. Das ist gerade angesichts der antijüdischen Theologie Swedenborgs von Belang, die Oetinger in seinem Swedenborg-Buch selbst passagenweise übersetzt hatte. Nun betont er ausdrücklich die Judenbekehrung vor der Wiederkunft des Messias,[374] und er diagnostiziert eine innere Verbundenheit zwischen Judentum und Protestantismus: In der Schlacht von Harmageddon werden die „10. Könige gegen die Protestanten und Juden streiten".[375] Die Israeliten würden Augenzeugen der Parusie, sie würden dann das „erhabenste" Volk der Welt.[376] Christus werde bei seiner Wiederkunft nach Offenbarung 19 auf einem wirklichen weißen Pferd reiten und, so unterstreicht er: „persönlich"[377] – ein klarer Affront gegen Swedenborg, der das weiße Pferd als „Verständnis" des Wortes ausgelegt hatte.[378]

---

[371] Vgl. BENZ, 1947, 85 f.

[372] Vgl. HANEGRAAFF, 2007, 79; BENZ, 1947, 86.

[373] So BENZ, 1947, 87, der sich in erster Linie auf das Verhältnis zwischen beiden Personen bezieht und seine Darstellung deshalb kurz nach Swedenborgs Tod enden lässt.

[374] Vgl. OETINGER, Schauplatz, 3.

[375] OETINGER, Schauplatz, 6. Auch im Unterricht (1772, unpaginierte Vorrede) wird als Motiv des Büchleins genannt, dass „wahrheitsliebende Juden" die Lehre vom Erlöser „lieb gewinnen".

[376] OETINGER, Schauplatz, 12.

[377] OETINGER, Schauplatz, 12.

[378] Vgl. Kap. 3.2.3. und 3.3.7., d), aa).

Ohne Swedenborg anzusprechen, bezeichnete er die „mechanische Ordnung" bei der Auslegung des Unsichtbaren als

„niedrigste Stufe der Himmelsleiter. Es giebt höhere Ordnungen. Man bleibe demnach bey dem eigentlichen Verstand der Worte, und begehe in einem so hohen Manifest unwissend kein Crimen Laesae Majestatis."[379]

Oetinger ging noch einen Schritt weiter. Die neuerliche Schriftgelehrsamkeit, die das „Reich Christi blos geistlich deutet", sei nichts anderes als das „Antichristische Gift".[380] Hiermit dürfte er vor allem Swedenborg angesprochen haben, auch wenn er an anderer Stelle gegen die Angriffe auf die Kanonizität der Offenbarung durch Semler und Damm zu sprechen kam, denen er allerdings nicht geistliche Deutung, sondern „Unglaube" attestiert, der die „warhafte und unverblümte Worte [...] in asiatische Wortspiele" verdrehe.[381]

Dass der *Schauplatz* bereits eine öffentliche Stellungnahme zu Swedenborg war, zeigt seine eigentlich in das eschatologische Thema kaum passende Äußerung zur Auslegung des 1. Buchs Mose. Sieben Tage, meint Oetinger ohne Namensnennung Swedenborgs, bedeuteten sieben Tage, und er lieferte anschließend unter Anknüpfung an Bilfinger, Whiston und Cluver einen Abriss seiner kabbalistisch-böhmistischen Theogonie und Kosmogonie.[382]

Gleichzeitig erwähnte Oetinger im *Schauplatz* eine ganze Reihe von Lehrsegmenten, die von Swedenborg stammten, ohne dass er dies explizit aussprach. Eine deutliche Anknüpfung an Swedenborgs Lehre von der postmortalen Fortdauer der Seele mit ihren irdischen Neigungen und ihrer Glaubensentscheidung dürfte Oetingers Aussage sein, es gehöre „zu den himmlischen Reservaten, daß wir dorten sehen, wie wir geglaubt haben".[383] Hier dürfte auch eine implizite Antwort auf den Streit mit Swedenborg ausgesprochen worden sein, denn Oetinger erkannte ja gerade Swedenborgs Deutung der Visionen nicht an und festigte seine bengelianische Apokalyptik. An Swedenborgs Islamophilie erinnert in signifikanter Weise auch Oetingers positive Haltung zur „Mahomedanischen Religion, wo unter dem Aberglauben manche Andacht und Gewissenhaftigkeit zu verspühren" sei.[384]

Nur an wenigen Stellen nannte er Swedenborg auch namentlich. Er habe „neue Zweifel" gebracht, aber Gott lasse es zu, „daß seine Heiligen viel vermischtes Wesen auf die Bahn bringen, damit wir steif an dem Manifest Gottes halten". Er habe über den Interimszustand „sehr merkwürdige Ding eröfnet",

---

[379] OETINGER, Schauplatz, 4.
[380] OETINGER, Schauplatz, 13.
[381] OETINGER, Schauplatz, 19.
[382] OETINGER, Schauplatz, 36. Bilfinger habe zu Gen 1 empfohlen, „nicht physice nach der Mechanik, sondern hyperphysice, d. i. über die Physic hinaus zu erklären". Whistons (vgl. Kap. 2.2.3., a) und Cluvers (vgl. dazu oben Seite 518, Anm. 64 und Seite 537, Anm. 160) Auslegungen befand Oetinger durchaus für nützlich. Dass er seine eigene Schöpfungslehre in Gen 1 hineinlegte, zeigt aber, wie er Bilfingers Empfehlung einer hyperphysikalischen – nicht metaphysischen – Hermeneutik verstand: nicht Swedenborgs Christo-Typologie, sondern seine aus Ez 1 und 10 abgeleitete Theosophie ließ er gelten.
[383] OETINGER, Schauplatz, 4.
[384] OETINGER, Schauplatz, 15.

die nach der Schrift und den Kirchenvätern zu prüfen seien.[385] Mit anderern Worten: Swedenborgs Eschatologie wird erneut als Interimszustand vor dem Jüngsten Tag uminterpretiert. Bengel behält Recht. Allerdings teilt er nun auch seine neueste Kenntnis mit, die er von Swedenborg selbst erfahren hatte. Bereits in zwei Jahren werde sich eine „grose Veränderung in der Kirch" ereignen. Swedenborg hatte damit auf seine in der Tat 1771 publizierte *Vera christiana religio* als das endzeitliche neue Wort hingewiesen. Dass Oetinger dies öffentlich kolportierte, zeigt einerseits, dass er Swedenborgs Offenbarungsgnade ernstnahm. Andererseits wird aber erneut seine Skepsis gegenüber Swedenborgs Auslegung deutlich, denn: „Bey allem dem muß man die Weissagungen, wann sie fehlschlagen, nicht gar verachten, und dardurch auch das Gute wegwerfen."[386] Oetingers am Ende der kleinen Schrift beigefügter Anhang über die „proprietate verborum S. S. oder von der Beybehaltung der eigentlichen Bedeutung der Worte, wenn man die heil. Schrift ließt",[387] dürfte nichts anderes sein als eine Antwort auf Swedenborgs Traktat *Von dem natürlichen und dem geistigen Sinn des Wortes*, den Swedenborg ihm kurz zuvor übermittelt hatte.[388] Hier bekräftigte er erneut die Bedeutung der sprachlichen Details der Offenbarung, vor allem der leiblichen Auferstehung, aber er betonte nun auch die Notwendigkeit eines unverblümten Verständnisses der Soteriologie: der Wirkung des Fleisches und Blutes Christi in Seele und Leib,[389] ganz offensichtlich gegen Swedenborgs Attacke gegen die lutherische Rechtfertigungs- und Imputationslehre.

In dieser kleinen Schrift zeigte sich in aller Deutlichkeit die eigenartige Hybridität der Rezeption Oetingers. Manche Lehrsegmente werden vom Namen gelöst und einverleibt, manche bleiben mit dem Namen verbunden, werden „geprüft" und nach ihrer ‚Parzellierung' einverleibt. Aber auch abgewiesene Elemente werden nicht in jedem Fall namentlich zugewiesen. Die Rezeption verläuft auf beiden Seiten gespalten und ermöglicht es Oetinger, sich von Swedenborg – und damit von den Angriffen auf seine eigene Person – zu distanzieren, um sich dennoch subkutan Rezeptionsmaterial anzueignen.

dd) In Schweden

Doch bevor Oetinger völlig zu einer subkutanen Rezeption überging, mischte er sich in das kirchenamtliche Verfahren, das in Göteborg gegen Gabriel Beyer und Johann Rosén, zwei Anhänger Swedenborgs, von dem dortigen Bischof Eric Lamberg und Propst Olof Ekebom angestrengt wurde, offensiv ein. Swedenborgs Lehre wurde dabei wegen ihrer Abweichung von zentralen Aussagen der Bekenntnisschriften angegriffen. Nicht Swedenborg persönlich, sondern seinen Parteigängern wurde eine arianische und „mohammedanische" Trinitätslehre, die Abweichung von der lutherischen Rechtfertigungslehre, das symbolische Ver-

---

[385] OETINGER, Schauplatz, 22.
[386] OETINGER, Schauplatz, 22.
[387] OETINGER, Schauplatz, 43–48.
[388] Vgl. BENZ, 1947, 84.
[389] OETINGER, Schauplatz, 45.

ständnis des Abendmahls und seine Schriftauslegung vorgeworfen. Ferner wurden Swedenborgs angebliche Offenbarungen und sein „mentaler" Zustand in Frage gestellt.[390] Der schwedische König Adolf Friedrich schaltete sich angesichts die Attacken auf Swedenborg persönlich ein und wies darauf hin, dass sich alle bisherigen Sekten „von dem ersten Seculo an biß zu jetziger Zeit" auf die Schrift, „doch nach ungleicher Auslegung", gestützt hätten. Man könne Swedenborg also nicht vorwerfen, dass seine Lehre mit der Schrift nicht übereinstimme. Das betreffe auch die Bekenntnisschriften, die *Confessio Augustana invariata* und das Konkordienbuch. Nichts Uneindeutiges befände sich an den Stellen, die jetzt gegen Swedenborg vorgebracht würden. Außerdem habe zwanzig Jahre lang niemand etwas gegen ihn unternommen. Beyer und Rosén sollten „Ueberlegungs- und Bedenk-Zeit" erhalten.[391]

Oetinger kannte eine von dem Amsterdamer Briefpartner Swedenborgs Johann Christian Cuno in Hamburg veröffentlichte *Sammlung einiger Nachrichten, Herrn Emanuel Swedenborg und desselben vorgegebenen Umgang mit der Geisterwelt betreffend* und schaltete sich 1770 selbst mit einem *Schreiben von einer angeblichen Vermittlung des Streits zwischen dem Gothenburgischen Consistorio und zwischen den beyden Verfechtern der Schwedenborgischen Lehren* ein. Seinen „dissensum" gegenüber Swedenborg räumte er gleich zu Beginn ein. Er setzte sich aber nachhaltig für eine „Conciliation des Dissensus" vor dem Konsistorium in Göteborg ein. Man solle die „Irrungen" Swedenborgs „toleriren, aber nicht beschönen".[392] Oetinger würdigte Swedenborg einerseits als „Vorbote[n]". Er habe die Gemeinschaft mit der unsichtbaren Welt wieder „in Bewegung gesetzt" und außerdem vermittelt, dass die Gläubigen nach ihrem Tod ein „sensorium" hätten. Auch seine Auffassungen vom inneren Menschen, von der Geistersprache und vom Zustand nach dem Tod gehörten dazu.[393] Das war Oetingers Position seit der *Irdischen und himmlischen Philosophie* ebenso wie die vier Punkte, die er zu den Irrtümern Swedenborgs zählte: 1. dass er seine Visionen der Schrift überordne, 2. dass er dem Corpus Paulinum einen inneren Sinn abspreche, 3. dass er die Offenbarung und die Parusie Christi allegorisiere und 4. dass er die Auferstehung und das Jüngste Gericht „vernichtet".[394] Diese Irrtümer seien entstanden, weil Swedenborg die Schrift als Bergrat ausgelegt habe, weshalb Regeln für eine „prophetische Theologie" aufgestellt werden müssten, damit man

---

[390] Vgl. dazu insgesamt BENZ, 1947, 163–181, hier: 164; sowie BERGQUIST, 2005, 404–412, hier: 405. Ekebom hielt Swedenborgs Lehre nicht nur für „schismatisch, sondern auch im höchsten Grade häretisch, in den allerzärtlichsten Stücken socinianisch, und folglich aller maßen verwerflich". Ekeboms Bedenken vom 22.3.1769 sind abgedruckt in: OETINGER, Beurteilungen (1771), 7f., hier: 9, sowie Swedenborgs Antwort vom 15.4.1769, ebd., 9–12, hier: 12, worin er unter anderem den Sozinianismus-Vorwurf zurückwies, weil die Sozinianer die Gottheit des Herrn leugneten. Er selbst habe den Sozinianismus in seinen Schriften als „Hohn und teuflisches Gespött" bezeichnet. Ein weiteres „Unterthänigstes Bedenken" von Ekebom in: ebd., 24–27.
[391] Vgl. Schreiben des Königs an das Konsistorium, 26.4.1770, in: OETINGER, Beurteilungen (1771), 16f.
[392] OETINGER, Schreiben (1770), 4, 9.
[393] OETINGER, Schreiben (1770), 11, 5.
[394] OETINGER, Schreiben (1770), 11, 7.

zwischen einer Offenbarung und ihrer – schriftgemäßen – Auslegung unterscheiden könne. Zwar sei – und das ist unausgesprochen Swedenborgs eigene Theorie – nach der Sintflut die „Connexion" mit der anderen Welt schwächer geworden und in dieser „Grundsuppe der Welt" würden Offenbarungen nur noch wenigen zuteil. Solche Erscheinungen, meinte Oetinger, dürfe man aber nicht für fanatisch halten, denn die „verkehrte Flucht des fanaticismi thut grosen Schaden in der ganzen Kirche".[395]

Neben dieser Forderung einer „prophetischen Theologie", mit der Swedenborgs Irrtümer ausgeräumt werden konnten, druckte Oetinger unter dem Kürzel „T." einen wahrscheinlich von ihm selbst stammenden Brief ab, der eine Liste von Lehrinhalten Swedenborgs enthielt, die in Stockholm gar nicht verhandelt wurden, auch nicht mit den Bekenntnisschriften kollidierten und somit eigentlich nicht zur Debatte standen. Offensichtlich versuchte er damit, den Sprengstoff, der in dem Vorwurf der Bekenntnisverletzung lag, zu entschärfen, nicht nur in Swedenborgs Interesse, sondern in seinem eigenen. Denn die zehn aufgezählten Punkte entsprachen zum großen Teil den Überschriften seines mittlerweile fünf Jahre zurückliegenden Swedenborg-Buches.[396] Die eigentlich strittigen Punkte, die Trinitäts- und Rechtfertigungslehre und die Christologie bleiben in diesem Anhang schlichtweg unerwähnt.[397]

ee) Swedenborg in der Metaphysic

Die wegen des kirchenamtlich verhängten Publikationsverbots von Oetingers Sohn Theophil Friedrich ebenfalls 1770 herausgegebene umfangreiche *Metaphysic in Connexion mit der Chemie* war zwar vor allem von „theoalchemische[m] Gedankengut"[398] geprägt, enthielt an vielen Stellen aber sowohl Angriffe als auch versteckte Anlehnungen an Swedenborg. Gleich zu Beginn verteidigte Oetinger den *status post mortem* als Bestandteil der Metaphysik. Auch müsse die „actio" der Geister in die Leiber verteidigt werden,[399] und Böhmes *signatura rerum*, die Oetinger ohne Erwähnung Swedenborgs mit dessen „scientia correspondentiarum" ineinssetzt, wird hervorgehoben, weil sie die Harmonie der Dinge und die „Endursachen auf das Unsichtbare" offenlege.[400]

Einige Seiten später greift er allerdings direkt den „sonst hochverständige[n] Geometra und Seher, Emanuel Schwedenborg" an, der ein „heterocliter Schrifter-

---

[395] OETINGER, Schreiben (1770), 10f.
[396] 1. Der verborgene Sinn der Bibel, 2. die Geistersprache, 3. die Wohnungen der Geister, 4. die Wirkungskreise der Geister, 5. der Raum und Ort der Geister, 6. das Jus talionis der Geisterwelt, 7. das Strafen nach Augenlust, Fleischeslust und Hoffart, 8. Lehren, die die Seligen einander „suppliren", 9. die allgemeine Harmonie des Himmels in der Liebe, 10. der Zustand nach dem Tod vor Auferstehung, vgl. OETINGER, Schauplatz, 12f.; BENZ, 1947, 177. Gerade der letzte Punkt zeigt erneut Oetingers Umdeutung der Eschatologie Swedenborgs: die Geisterwelt wird zum Zwischenzustand vor der Auferstehung und dem Gericht.
[397] Vgl. auch BENZ, 1947, 180f.
[398] So der passende Terminus von KUMMER, Autobiographie, 18, sowie 15–26 insgesamt.
[399] OETINGER, Metaphysic, 10.
[400] OETINGER, Metaphysic, 18.

klärer" sei und dem man „hart widersprechen" müsse, auch wenn die „Dinge de
statu post mortem nicht so ridicul seyn, wie es scheint". Denn er lege nur den
sensus internus aus und halte die „symbolische Beziehung auf das Unsichtbare"
für den „Kern und das Wesentliche der heiligen Schrift". Wiederum führt Oetinger als Beispiele nur Figuren aus der Offenbarung an: Pferde, Mauern, Tore, Höhen, Längen und Breiten „des neuen Jerusalems".[401] Oetingers Kritik an Swedenborgs Allegorese entpuppt sich erneut als Thema seiner Apokalyptik.

Allerdings treten jetzt verstärkt die Vertreter der Kanonskritik an Swedenborgs Seite. Semler sowie die verstorbenen Johann Jakob Wettstein und nun
auch Malebranche und Wolff werden hier als diejenigen genannt, die die Redens-
arten der Bibel für nach der „Dummheit der Juden accomodirt" hielten.[402] Man
wundere sich, dass diesen Lästerern die „Haut vor dem ewigen Gericht nicht
schaudert".[403] Gegen deren Auslegungsmethode entwickelt Oetinger Regeln für
seine emblematische Theologie,[404] die er sechs Jahre später im *Wörterbuch* anwendete.

Was „zur Psychologie gehört", möchte Oetinger von Swedenborg aber nach
wie vor übernehmen: dass die Geister Menschenform besitzen, dass sie in die
Weite agieren, dass ihre Atmosphäre groß und verschieden sei, dass die Gegenstände in der anderen Welt unseren glichen und dass die Geister über Sinnlichkeit
verfügten, um die Farben, Lichter, „Paradies-Früchten", Schall, Geruch und Figuren dort wahrzunehmen. Das sei Swedenborg zu entnehmen. Einen Punkt, den
Oetinger schon 1765 an Swedenborg kritisiert hatte, lässt er nun aber wieder hervortreten: seine Unkenntnis der Kabbala und Jakob Böhmes. Swedenborg wisse
nichts vom „Septenario", also von der Siebenzahl der göttlichen Selbstbewegungskräfte. Also, resümierte Oetinger, müsse Swedenborgs Sehergabe beschränkt sein. Es müssten „höhere Ordnungen von Geistern" existieren, „wohin
Schwedenborgs sensorium nicht reicht". Beweis dafür sei schließlich auch Swedenborgs Leugnung der apokalyptischen Eckdaten,

„indem der status post morten überhaupt eine Bereitung zu höhern Kräften zu seyn
scheint, biß er in den fixen Stand der Auferstehung übergeht, wohin Schwedenborgs sensorium abermahl nicht hinreicht. Es soll auch einer nicht alles sehen, sondern mit seinem
Maas zufrieden seyn, und nicht bald auf alles schliessen."[405]

Der Apostel Johannes habe weiter gesehen, meint Oetinger lapidar. Und im Register merkte er zu dieser Stelle an, man müsse Swedenborgs Geisterlehre durch
die „hypothesin" der transzendierenden Dimension und durch das Septenarium
„intelligibler" machen.[406]

---

[401] OETINGER, Metaphysic, 25. Ferner erinnerte er nochmals an Swedenborgs Drohung,
„wer ihm nicht folge, der werde dorten degradirt". Aber Oetinger drohte nun zurück: „denn
so jemand zu den gewissen und wahrhaftigen unverblümten Worten darzu thut, oder davon
thut, dem drohet Gott eine größere Degradation."

[402] OETINGER, Metaphysic, 26.

[403] OETINGER, Metaphysic, 600.

[404] OETINGER, Metaphysic, 27.

[405] OETINGER, Metaphysic, 452 f.

[406] OETINGER, Metaphysic, 457.

Trotz seiner Distanzierungen greift Oetinger in der *Metaphysic* auch wörtlich auf Swedenborg zurück, ohne ihn zu nennen. Im Zusammenhang mit seiner kabbalistisch-hermetischen Kosmogonie, die vom Urchaos bis zur Erschaffung der Menschheit reicht, vermerkt er den im ersten Teil von Swedenborg stammenden Kernsatz:

„Die Erde oder die Pflanzstadt für die künftige geistliche Innwohner der vierten unsichtbaren Region sollte den Hauptregenten des ganzen Systems, nemlich den Sohn Gottes, zuerst im sichtbaren Theil solches Systems offenbaren."[407]

Swedenborgs Formulierung *seminarium caeli*, die Oetinger seit 1766 kannte und kritisierte, weil sie den ewigen Fortbestand der Erde zu implizieren schien,[408] wird vom Ursprung entkoppelt und in Oetingers christologische Kosmologie eingetragen, die Swedenborg in dieser Form gerade abweist. Auch in der *Metaphysic* blieb Oetingers partielle Rezeption erhalten.

ff) Oetinger, Swedenborg, ,Aliens' und Jüngstes Gericht

Das trifft noch mehr auf seine Anmerkungen zu, die er zu der Übersetzung von Swedenborgs Buch über die Planetenbewohner anfertigen ließ, *Von den Erdcörpern und des gestirnten Himmels Einwohnern*, das allein in den 1770er Jahren fünf Auflagen erlebte. Ernst Benz hat dieses Kapitel der Swedenborg-Rezeption umfassend dargestellt,[409] daher werden hier nur die wichtigsten Punkte skizziert: Oetinger hält wie viele seiner Zeitgenossen Planetenbewohner für möglich, aber er meint nicht, dass deren Existenz aus der Bibel geschlossen werden könne.[410] Aus diesem Grund ist er im Gegensatz zu seiner Position gegenüber den Memorabilien Swedenborgs nicht abgeneigt, dessen Planetenreisen als „Roman mit gutem Fug" zu betrachten, der ihn „nicht wenig ergözt" habe.[411] Oetingers umfangreiche Anmerkungen und seine Reflexionen über die ‚Gesellschaftslehre' auf den Planeten, die Swedenborg präsentiert, wägen dessen Aussagen aber ernsthaft ab. Seine „fugitive Anzeigen" sollten dazu dienen, „die Wissenschaften mit mehr Nachdenken aus Schwedenborg zu bereichern" und daraus Nutzen für die Philo-

---

[407] OETINGER, Metaphysic, 531 f. Durch die gesamte *Metaphysic* zieht sich Oetingers Kabbala- und Böhme-Rezeption. Hier wiederholt er auch seine Ansicht, Platon sei der Schüler von Jeremia und Ezechiel. Vgl. ebd., 521.

[408] Vgl. GROTH, 1984, 132. In den Beurtheilungen (1771), 129, heißt es ausdrücklich: „Auch ist der Himmel nicht die Pflanz-Stätte der Menschen, sondern die Erde. Aber von der Erde sind die Menschen zu Himmels-Einwohnern bestimmt." Die Formel von der Pflanzschule ist ohne Erwähnung Swedenborgs, aber dafür im Zusammenhang mit der ersten und der zweiten Auferstehung enthalten in CLEMM, Einleitung (1773), Bd. 7, 48.

[409] Vgl. BENZ, 1947, 114–144.

[410] In OETINGER, Schauplatz, 40, wird eine Aussage über Sternenbewohner mit dem Zusatz „wann es solche gibt" kommentiert. Man solle zu diesem Thema aber besser wie Christus davon sprechen, dass in der Endzeit die Sterne auf die Erde fallen werden. Im *Wörterbuch* (OETINGER, 1999, Bd. 1, 305 f.), werden unter dem Lemma „Sterne, Asteres" trotz Nennung Fontenelles keine möglichen Bewohner mehr erwähnt, sondern nur noch der bereits im *Schauplatz* genannte Gedanke.

[411] SWEDENBORG, Erdcörper, unpaginierte Vorrede, Zitate hier und im Folgenden aus der Auflage Anspach 1771.

sophie und Logik zu ziehen.[412] Er berichtet über die intuitive Sprache der Jupiterbewohner und vermerkt dazu, es sei zweifellos wahr, dass es eine Sprache „aus dem Grund der innern Seelen-Kräften" gebe wie zur Zeit von Adams Unschuld. Wenn Oetinger sich hierbei an Christian Wolffs „Universalkonzepte" erinnert, so assoziiert er in der Tat eine Quelle für Swedenborgs Engelssprache.[413] Und Swedenborgs Schilderung des Soziallebens der Extraterrestrischen mit Elterngehorsam, ungeschriebenen Gesetzen ohne ein „Jus criminale" sowie Swedenborgs Begründung für die Inkarnation des Wortes ausgerechnet auf dieser „kothige[n] Erde" referiert Oetinger ohne kritische Attitüden.[414] Am Ende gab er bei aller Zurückhaltung über den Wahrheitsgehalt seiner „Nachrichten" Swedenborg den „Vorrang" vor Fontenelles Schilderungen, aber man brauche noch weitere Zeugen, damit sie „confirmirt" werden könnten. Bis dahin solle man durch das „Geheimnis GOttes und Christi" seine „Wissensbegierde [...] in Schranken" halten.[415]

Aber schon bei seiner Übersetzung greift Oetinger auf ein textgestalterisches Mittel zurück. Diejenigen Textstellen, die seine eigene Theologie und Swedenborgs Rechtgläubigkeit scheinbar unterstützen, druckt Oetinger fett. Dies trifft beispielsweise auf Swedenborgs Referenz auf das Athanasianum mit der Aussage zu, dass Christus eine Person sei, so wie Leib und Seele im Menschen. Die folgende Passage, nach der Christus auch mit seinem Leib auferstanden sei, wird wieder im Normaldruck präsentiert. Dass Christus anders als die Geister aus Fleisch und Blut bestehe, druckt Oetinger dann wieder fett, wie auch die Aussage, Christus sei der Pantokrator.[416] Obwohl Oetinger genau weiß, dass Swedenborg eine personelle oder gar leibliche Parusie ablehnt, hebt er den Halbsatz, „daß Er samt den Engeln kommen werde in den Wolken des Himmels mit Herrlichkeit und Kraft" durch Fettdruck heraus.[417] Swedenborg wird auf diese textgestalterische Weise umgeformt. Selbst ein Text, der an vielen Stellen Oetingers Widerspruch erregt, wird noch dem Versuch einer Adaption unterzogen.

In Oetingers Anmerkungen findet sich eine der wenigen Stellen, an denen Oetinger die *maximus-homo*-Figur Swedenborgs würdigt. Der große Raum könne durchaus die Form eines „Polygoni", eines Vielecks, haben, meint Oetinger, es „hat aber die Figur eines grosen Menschen, weil Christus der Menschen Sohn ist". Dies sei „contingent und keine ridicule Idée", denn der postmortale Raum könne nicht unendlich sein und müsse daher eine „Figur" haben, ob nun die eines Menschen oder die eines großen „Polygon".[418] Es geht Oetinger demnach nicht um die genaue Gestalt des Raumes, sondern um dessen Begrenztheit, eine Konsequenz aus seinem apokalyptischen Weltbild, das die Unendlichkeit Gottes gegen-

---

[412] Vgl. SWEDENBORG, Erdcörper, 173 f.
[413] Vgl. SWEDENBORG, Erdcörper, 189 f.
[414] SWEDENBORG, Erdcörper, 205 f.
[415] SWEDENBORG, Erdcörper, 211 f.
[416] Vgl. SWEDENBORG, Erdcörper, 144 f.
[417] SWEDENBORG, Erdcörper, 163.
[418] SWEDENBORG, Erdcörper, unpaginierte Anmerkungen, 5 und 186. Der gleiche Gedanke findet sich noch einmal in OETINGER, Beurtheilungen (1771), 88 f. Das Polygon könnte aber auch das Blutkraut bezeichnen.

über der Endlichkeit der Schöpfung, auch der geistigen Welt, impliziert. Deshalb lehnt er auch Swedenborgs Annahme ab, es gebe im All unendliche Welten.[419] Und Oetinger kritisiert ausdrücklich, dass Swedenborg Gott selbst, nicht etwa nur dem *maximus homo*, die Figur eines Menschen gebe, das sei nicht schriftgemäß, auch wenn sich Gott wohl die Figur eines Menschen geben könne.[420]

Vor allem aber würdigt Oetinger erneut Swedenborgs Geisterweltlehre, die er als „Interimszustand", „locus tertius" oder „millesimum" präsentiert und nun mit Hinweisen auf Lavaters *Aussichten in die Ewigkeit* und auf die christliche Kabbala illustriert.[421] Swedenborg wird auf diese Weise – sozusagen gegen seinen Willen – zum Bengelianer und zum Chiliasten gemacht. Dies betrifft aber nicht seine Leugnung der leiblichen Auferstehung der Toten. Hier sieht Oetinger unverändert eine unüberbrückbare Grenze, denn wenn man nicht an die Auferstehung glaube, dann sei auch Christus nicht auferstanden, erinnert er an 1. Korinther 15.[422]

Für problematisch hält Oetinger es nun auch, dass Swedenborg keine Engel kennt, die vorher nicht „in den Hülsen der groben Materie herausgekeimt und fortgewachsen", also Menschen gewesen seien, und er beruft sich ausdrücklich auf die Angelologie des oben erwähnten, von Ernesti scharf kritisierten Johann Gottlob Lorenz Sembeck.[423]

An verschiedenen Stellen knüpft Oetinger an seine frühere Beschäftigung mit Swedenborgs Naturphilosophie an. So stellt er insbesondere heraus, dass die postmortale Seele Christian Wolffs in Swedenborgs Geisterwelt nach dessen eigener ‚Erfahrung' als Materialist und mechanischer Metaphysiker „hart mitgenommen" und zu Recht gegenüber Aristoteles herabgesetzt werde. Dessen gegen Leibniz vertretene „Endelechie" der Seele vertrete Swedenborg selbst, so schiebt es Oetinger Swedenborg unter und macht aus ihm dadurch einen tendenziellen Böhmisten.[424] Und wie bereits 1765 würdigt er Swedenborgs drei „Geburten" – *finitum*, *activum* und *elementare* – die viel „gedenklicher" seien als die „ganze Lehre von der idealistischen Materie" bei Leibniz.[425]

Unverkennbar moniert Oetinger aber auch in dieser Schrift, dass Swedenborg die „materialischen Ausdrücke" der Apokalypse „verneint". Er werde sich dadurch „selbst ungleich", urteilt Oetinger im Hinblick auf die plastischen Schilderungen Swedenborgs aus der Geisterwelt:

---

[419] Vgl. SWEDENBORG, Erdcörper, unpaginierte Anmerkungen.

[420] Vgl. SWEDENBORG, Erdcörper, 186.

[421] Vgl. SWEDENBORG, Erdcörper, 176–181, Zitat: 181.

[422] Vgl. SWEDENBORG, Erdcörper, 187 f.; 1Kor 15,13: „Wenn es aber keine Auferstehung der Toten gibt, so ist auch Christus nicht auferweckt."

[423] Vgl. SWEDENBORG, Erdcörper, 184. Zu Sembeck vgl. Kap. 5.1.2., c), ff). Möglicherweise kannte Oetinger Sembeck nur aus Ernestis Rezension, denn er zitiert die dort enthaltene Aussage, dass „die Menschheit in die verlassene Wohnung der Engel gesezt sey, und die Stelle der Engel einnehmen solle".

[424] Vgl. SWEDENBORG, Erdcörper, 172. Zur positiven Würdigung der Seelenlehre vgl. auch ebd., 185 f., hier die Erinnerung, dass der innere Mensch dieselbe Figur habe wie der äußere, aber die merkwürdige Verkehrung seiner Auffassung, der innere Mensch müsse aus dem äußeren geboren werden.

[425] SWEDENBORG, Erdcörper, 185.

„Wie wichtige Reflexionen könnte man anstellen! aber wir besehen die Dinge jezo nur im Vorbeygehen. Das bleibt übrig bey allem, daß alles sehr materialisch aussieht, welches den bilderlosen Wolfianern nothwendig muß anstösig seyn: denn sie wollen in denen unendlichen Monaden mehr Harmonie sehen, als in der willkührlichen Erwählung der Aeonen, und in der Stadt GOttes."[426]

Oetinger findet bei Swedenborg also nicht etwa die den Wolffianern und – hier nicht genannt – Semler zugeschriebenen doketistischen, sondern eher naturalistische, im positiven Sinne seiner Geistleiblichkeitslehre „materialische" Tendenzen. Er benutzt dessen plastische Berichte aus der Geisterwelt zur „Bestätigung seiner eigenen Theologie der Leiblichkeit".[427]

Seine Kritik betrifft erneut die Abschaffung der Apokalypse. Swedenborg sei „weniger Chemist als Mechanicus", wenn er „die fixe Wesen der Stadt GOttes in Zweifel zieht, und sie nur metaphorisch erklärt", ein Hinweis auf Oetingers Verbindung Böhmes – und der Alchemie – mit Bengel. Oetinger ordnet Swedenborgs Allegorese ausdrücklich in die Tradition der „Beschauungen" von Dionysius Areopagita ein und stellt ihr die „Wolfianer, Semler und dergleichen Idealisten" gegenüber, die die Offenbarung als Text nicht erklären, sondern „sogar in Zweifel" zögen.[428]

Swedenborgs oben bereits erwähnte Ankündigung eines endzeitlichen Ereignisses sieht Oetinger jetzt als Irrtum, die „man einem Seher nicht so hoch anrechnen" solle.[429] Und überhaupt fordert er unvermindert die kritische Prüfung seiner Berichte, wozu eine „Pansophie" und ein „Collegium von unbefangenen Männern" gehöre.[430] Böhme habe weniger in die andere Welt geblickt als Swedenborg, dafür aber höhere kosmo-theogonische Einsichten besessen, nämlich in das „Innere der Selbstbewegung". Aber die Zeit sei „noch nicht da, daß die Visa Jacob Böhms und Schwedenborgs rectificirt werden, es wird aber weder dieses noch jenes umsonst geschrieben seyn".[431] Oetinger hielt unverändert an seiner kritischen Prüfung Swedenborgs unter einem eschatologischen Vorbehalt fest. Zugleich popularisierte und verbreitete er gerade Swedenborgs Planetenreisen in einer kaum zu unterschätzenden Weise.

gg) Oetinger und Beyer

Während das Verfahren gegen Swedenborg in Schweden im Sande verlief, versuchte Oetinger unvermindert, in der Frage der Schriftauslegung ein Einlenken Swedenborgs herbeizuführen. Dafür versuchte er, die Korrespondenz mit dem Göteborger Gabriel Beyer zu nutzen. Allerdings verteidigte Beyer Swedenborgs Schriftauslegung mit der Begründung, Swedenborg habe „all seine theosophischen Lehren und alle Erklärungen der heiligen Weissagungen einzig dem Worte

[426] SWEDENBORG, Erdcörper, 173.
[427] BENZ, 1947, 143.
[428] SWEDENBORG, Erdcörper, 175 f.
[429] SWEDENBORG, Erdcörper, 175.
[430] SWEDENBORG, Erdcörper, 174.
[431] SWEDENBORG, Erdcörper, 204.

Gottes und der Erleuchtung des Herrn zu danken".[432] Oetinger glaubte offenbar dennoch an einen Ausgleich. Er gestand Swedenborg zu, dass es neben dem buchstäblichen Sinn auch einen inneren Sinn gebe, meinte jedoch, dass der innere Sinn nicht die einzige Basis der Schriftauslegung sein dürfe. Auf dieser Basis legte er sogar einen Kompromissvorschlag vor: Wenn Swedenborg einzelnen Worten Jesu, worunter er gewöhnlich vor allem die Apokalypse meinte, einen „realen" Sinn zugestehe, dann werde er ihm einräumen, dass es auch noch einen anderen „Verstand" gebe. Außerdem bat er nochmals, Swedenborg solle in der Geisterwelt Bengel befragen, ob er auch jetzt noch an seiner Erklärung des „Litteral-Sinn[s]" der Offenbarung festhalte.[433] Am Ende des Jahres 1771, als die *Vera christiana religio* bereits erschienen war, teilte Swedenborg Oetinger mit, er habe mit Bengel und Fricker in der Geisterwelt gesprochen, ohne allerdings von seiner Eschatologie abzurücken.[434]

Auch der Plan, dass Oetinger und Swedenborg in einem mündlichen Gespräch die strittigen Fragen klären würden, kam nicht zur Ausführung. Die gebrochenen Fronten blieben demnach bestehen, aber es dürfte wohl nicht angemessen sein, dass im Laufe des Jahres 1771 der „Gegensatz zwischen den beiden Theologen in seiner ganzen Unversöhnlichkeit offenbar" geworden wäre und sich schließlich geradezu in einem Desinteresse und einer völligen Ablehnung auch der Lehre Swedenborgs bei Oetinger niedergeschlagen habe. Benz stützt sich vor allem auf Notizen des 70-jährigen Oetinger in der *Genealogie,* die seine gewachsene Todesgewissheit verraten. Die Gläubigen erführen über das Leben auf den Planeten erst „künftig", „Neuigkeiten" aus der anderen Welt spielten für sie keine Rolle, sie seien stets dem Herrn zu eigen. Swedenborg trage zum Kampf um die „Krone des Lebens" „nicht viel" bei.[435] Diese Passage bezieht sich jedoch auf Oetingers Verbindung zwischen der Eschatologie und seinem über den Tod hinaus geltenden Vertrauen in die Erlösung durch Christus, auf einen Punkt also, der in Swedenborgs Geisterweltlehre nicht vorkam. Es ging ihm demnach keinesfalls um den *ganzen* Swedenborg. Diese Interpretation wird durch einen Blick auf die *Beurtheilungen* von 1771 verstärkt, wo die Passage aus der *Genealogie* fast wortgetreu vorhanden ist. Swedenborg trage zum Streit um die „Crone des Lebens" zwar nicht viel bei. Aber dann folgt ein entscheidender Zusatz: „Eine Rede, wie man Swedenborgs Lehren seitwärts zu den Kampf-Regeln solle anwenden, gibt groses Licht. Vielleicht wird sie hinten [im Text – FS] angebo-

---

[432] Beyer an Oetinger, 15.6.1771, zitiert nach BENZ, 1971, 183.
[433] OETINGER, Beurtheilungen (1771), 160, 163; BENZ, 1947, 185 f.
[434] Vgl. BENZ, 1947, 223.
[435] So BENZ, 1947, 230; OETINGER, Selbstbiographie, 105. In den Ausgaben von KUMMER, Autobiographie, 111, und ISING, Geneaologie, 191 f. (beide 2010) findet sich der Swedenborg betreffende Abschnitt an dieser Stelle nicht (vgl. oben Anm. 86, Seite 523). Benz stützt sich nicht auf die den neuen Editionen zugrunde liegenden Handschriften, sondern auf die Ausgabe der *Geneaologie* von Karl Christian Eberhard Ehmann (1859), die auch die Grundlage für die Ausgabe von Roessle ist. Offenbar ist die entsprechende Passage durch den Eingriff Ehmanns aus dem „Vorbericht" der *Beurtheilungen* in die *Genealogie* geraten. Zu Ehmanns Verfahren insgesamt vgl. OETINGER, Genealogie, 254; KUMMER, Autobiographie, 58. Beide Editionen gehen nicht auf diese Textverschiebung ein.

gen."[436] Swedenborg *selbst* trägt demnach nicht viel bei, aber die Anwendung und Prüfung seiner *Lehre* durch Oetinger gibt „groses Licht".

Auch wenn er jetzt glaubte, „vielleicht" noch Swedenborgs „größter Widersacher" zu werden, weil er wie Semler die Heilige Schrift, mit der Oetinger die Offenbarung des Johannes meint, „schwächt und entkörpert",[437] so standen ihm doch immer noch dieselben Differenzpunkte vor Augen, die er seit 1765 geäußert hatte. Weder Swedenborgs Ankündigung der Parusie des Herrn als Wort, nicht als Person, noch seine Lehre von einer neuen Kirche[438] und seine Leugnung der „Hauptlehren der Schrift"[439] waren Oetinger wirklich neu, auch wenn er offenbar tatsächlich entsetzt war, als anstelle der neuen, endzeitlichen Kirche nur die Lehre dieser Kirche, nämlich in Gestalt der *Vera christiana religio*, erschien.[440]

Trotz aller Empörung Oetingers kann aber keine Rede davon sein, er habe nur in einem „Winkel seines Herzens" an Swedenborg festgehalten.[441] Brieflich hatte er gegenüber dem spiritistisch interessierten Landgrafen Ludwig IX. von Hessen-Darmstadt am 24. März 1771 ausdrücklich betont, Swedenborg sei das „größte Phänomenon an dem geistlichen Himmel", und

> „seine fehler in Erklärung der offenbahrung schreken mich sogar nicht, dass ich vielmehr darauß sehe, wie er auß besonderer Zulaßung Gottes etliches falsch interpretirt, damit man nicht zu viel auß ihm mache und doch wozu er gesandt ist, zu hertzen ziehe".[442]

hh) Beurtheilungen *und* Unterricht – *Oetingers ‚letztes Wort'?*

Dass sich Oetinger dieser Grundunterscheidung bewusst blieb, zeigen zunächst seine beiden umfangreichsten Schriften, die er in der Auseinandersetzung um Swedenborg publizierte: die 1771 gedruckten *Beurtheilungen der wichtigen Lehre von dem Zustand nach dem Tod und der damit verbundenen Lehren des berühmten Emanuel Swedenborgs* und sein Anfang 1772 gedruckter *Höchstwichtiger Unterricht vom Hohenpriesterthum Christi*. Die ebenfalls 1772 herausgegebene *Sammlung etlicher Briefe Herrn Emanuel Swedenborgs* folgt diesen beiden

---

[436] OETINGER, Beurtheilungen (1771), 3 f.

[437] Schreiben Oetingers an Harttmann, 19.9.1771, zitiert nach BENZ, 1947, 216.

[438] In den Beurtheilungen (1771, 45) berichtete Oetinger von Swedenborgs Ankündigung (1769), in zwei Jahren werde eine „neue Gemeine" den Sinn von Apk 21 f. offenlegen. Oetinger vermutete aber, dass „Er es nur von unserer publication der Lehre wolte verstanden haben, welches aber dem Ausdruck unähnlich ist". Dass Swedenborg nur eine neue Lehre gemeint haben könnte, war Oetinger keinesfalls neu. Gabriel Beyer hatte es ihm schriftlich am 15.6.1771 mitgeteilt. Vgl. OETINGER, Beurtheilungen (1771), 141–155, hier: 153.

[439] Oetinger nannte in seinem Schreiben an Johann Gerhard Hasenkamp vom 15.10.1771 zwar die „Heilige Schrift" als solche, führte jedoch nur Begriffe aus der Apokalyptik auf: Pferd, zwei Zeugen, drei Engel, das Hohepriestertum Christi einschließlich des Hebräerbriefes, die Erlösung durch Christus, das Millennium, die Stadt Gottes – also nur solche Topoi, deren Uminterpretation durch Swedenborg Oetinger schon lange bekannt war. Vgl. BENZ, 1947, 218.

[440] Vgl. insgesamt BENZ, 1947, 201–219.

[441] BENZ, 1947, 217.

[442] Schreiben Oetingers, in: OETINGER, 1977 [1765], LXXII–LXXIV, hier: LXXII.

Schriften. Mehrere Briefe aus dem schwedischen Prozess waren bereits in den *Beurtheilungen* enthalten.

Oetinger fasste in diesen Schriften die wesentlichen Punkte seiner Swedenborg-Rezeption zusammen:

1. Swedenborg habe den Interimszustand nach dem Tod gemäß den Lehren der ersten 300 Jahre nach Christus erklärt, „daß man frölicher sterbe".[443] Nicht die Schrifterklärung, sondern seine „Grund-Weisheit" von der Seele und vom *mundus spirituum* sind „das wichtigste" bei Swedenborg.[444] Der Interimszustand aber ist für Oetinger nicht gegen die ordentliche „Lehr-Form", also gegen das Bekenntnis gerichtet, schlichtweg weil sich „überall so viel Erscheinungen, die von dem Interims-Zustand zeugen", ereigneten.[445]

2. Dabei habe er aber viel „von menschlichen Heffen" beigemischt, weil er sich nach „wissenschaftlicher Art" ausgedrückt habe.[446] Um diese Hefe auszusondern, brauche es „verständige Eclectici", denn Swedenborg trage, hier zu einer schriftgemäßen Theologie vom Hohenpriestertum, „directe nichts, aber indirecte viel" bei.[447]

3. Oetinger schrieb Swedenborg nach wie vor eine göttliche Sendung zu, nämlich

„mehr die Schrift – Grund – Weißheit, als die ganze Theologie zu beleuchten. Absonderlich zu lehren, daß das Obere wie das Untere aussehe, nur die Grobheit hinweg gethan, nemlich es gibt in der Geisterwelt, Berge, Kluften, Hügel, Thäler, Wasser, Feuer, Luft, Atmosphären wie hier".[448]

Swedenborgs Sendung besteht demnach in der detaillierten, sogar topographischen Beschreibung des Interimszustandes.

Mit seiner Sehergabe und seiner Kenntnis der „uralten Wahrheit" übertreffe Swedenborg „Plato, Philo, Plotinus, Ammonius und Origenes; die alle einen ziemlichen Blitz von der uralten Wahrheit gehabt; bey weiten aber nicht gewust etwa so vernünftig in denen hohen Dingen hervor zu bringen, als wie einer jetzt, unter den Menschen hier, erleuchteter Swedenborg".[449] Oetinger bekannte ganz freimütig:

---

[443] OETINGER, Beurtheilungen (1771), unpaginiertes Register (A), sowie 80, 89 (Nennung von Irenäus, Tertullian, Cyprian u. a.).

[444] OETINGER, Beurtheilungen (1771), unpaginiertes Register (A), sowie 45.

[445] OETINGER, Beurtheilungen (1771), 87, unter anderem mit dem Hinweis auf Pontoppidan, auf „D. Vinzenzi" (muss möglicherweise heißen: Georg Venzky), und den vormaligen Spezialsuperintendenten von Blaubeuren, Johann Conrad Engelhardt, den Oetinger immer wieder herangezogen hatte (vgl. Rechtfertigungsschrift von 1767, OETINGER, 1977 [1765], LXIII). Hier widersetzte sich Oetinger nochmals der Gleichsetzung des Fegefeuers mit dem Zwischenzustand.

[446] OETINGER, Beurtheilungen (1771), unpaginiertes Register (A).

[447] OETINGER, Unterricht (1772), 29. Immerhin relativierte Oetinger mit Blick auf Swedenborg auch die differenten Aussagen der neutestamentlichen Autoren Johannes, Petrus und Jakobus gegenüber Paulus.

[448] OETINGER, Beurtheilungen (1771), unpaginiertes Register (A); OETINGER, Unterricht (1772), 7 f.

[449] OETINGER, Beurtheilungen (1771), 6.

„Ich glaube nach seinem eigenen aufgesetzten Leben in der *Theosophical Lucubration*, daß ihm der Herr erschienen, ihm die innere Stimme oder sensoria aufgethan, zu hören und zu sehen, was wir nicht sehen oder hören."[450]

Gott brauche „so wunderbarliche Werkzeuge" wie Swedenborg, nun sei er auf dem Wege, „durch des gottseeligen Lavaters Arbeit" und andere „den Unterschied des Wunder-Glaubens, und des Ueberzeugungs-Glaubens" zu offenbaren.[451] Offensichtlich im Rückgriff auf die Unterstellung des Fanatismus im Sinne der religiösen Schwärmerei, die seit Ernestis Rezensionen kursierte, wandte sich Oetinger ausdrücklich gegen die Alternative „aut Fanaticus, aut Wolffianus". Swedenborg könne nicht als „Fanaticus" bezeichnet werden, dafür sei er zu sehr ein „geometrischer Geist", der nichts dafür könne, dass Gott ihn „zu seinem Werkzeug ersehen" habe.[452]

Die Hauptirrtümer sah Oetinger in diesen Punkten:

1. Swedenborg habe die Versöhnung durch Christi Blut nicht auf das Leben nach dem Tod bezogen. Swedenborgs dualistische Eschatologie unter eindeutigem Ausschluss einer *Apokatastasis* und eines postmortalen Erlösungsgeschehens lehnt Oetinger ab, denn das „Blut Jesu reinigt auch die himmlische Dinge, das ist Swedenborg einzusehen, nicht gegeben".[453] Zugleich verstärkt Oetinger gegen Swedenborgs Abschaffung der lutherischen Rechtfertigungslehre die Dimension des Selbstopfers Christi zur „Vergebung und Tilgung unserer Sünden".[454]

2. Swedenborgs Trinität habe „etwas Schwenkfeldisches in sich", wenn sie „Vatter, Sohn und Geist [...] in einer Person eines Menschen" betrachte. Die Bibel spreche zwar „viel pünctlicher" darüber, „doch ohne Benennung dieser Worte". Man solle das „nicht so genau nehmen".[455]

3. Swedenborg habe seine Korrespondenzlehre, die Oetinger wie an vielen Stellen mit Böhmes *signatura rerum* gleichsetzt, „zu hoch getrieben". Die Schrift sei zwar nach dieser Lehre abgefasst, aber so „popular" und massiv, „daß die höchste Dinge sehr vernehmlich darum verborgen seyen". Oetingers emblematische Theologie, mit der er den biblischen Text in eigenartiger Gebrochenheit entweder „massiv" oder allegorisch auslegte, deutet sich in diesem Zugeständnis an Swedenborg an. Hier spricht er sich eindeutig dafür aus, die „hieroglyphische oder übermystische Erklärung" Swedenborgs abzulehnen.[456] Die Heilige Schrift

---

[450] OETINGER, Beurtheilungen (1771), 43. Oetinger äußerte allerdings auch Zweifel. So glaubte er nun ausdrücklich nicht, dass Swedenborg mit Paulus persönlich geredet habe, sondern „nur im Gesicht". Ebd., 66. An anderer Stelle hält Oetinger Swedenborg für einen „Propheten", aber nicht für einen „Gerechten" wie den biblischen Samuel und Moses Mendelssohn. Vgl. ebd., 76. Und etwas weiter versucht er, Swedenborgs Offenbarung dadurch einzuschränken, dass ihm offenbar nur „Elohim" erschienen sei. Er hätte erforschen sollen, ob sich ihm auch Jehovah offenbart habe, vgl. ebd., 77. Zum *Theosophical Lucubration*, der Grundlage der von Oetinger übersetzten Lebenslaufs Swedenborgs, vgl. oben Anm. 368.

[451] OETINGER, Beurtheilungen (1771), 90 f.

[452] OETINGER, Unterricht (1772), 28.

[453] OETINGER, Beurtheilungen (1771), unpaginiertes Register (B).

[454] OETINGER, Unterricht (1772), unpaginierte Vorrede vom 19.2.1772.

[455] OETINGER, Beurtheilungen (1771), unpaginiertes Register (D), sowie 80 f.

[456] OETINGER, Beurtheilungen (1771), unpaginiertes Register (H), sowie 45. An anderen

ist ihm das „Lagerbuch der ganzen Erde". Ihr dürfe nichts angedichtet werden.[457]

Ohne Quelle bei Swedenborg ist Oetingers Behauptung, Swedenborg wolle
im Hinblick auf die Gemeinde an der Auslegung des Literalsinns festhalten,
auch wenn er den Buchstaben nur für die äußere Schale halte.[458] Trug Oetinger,
der sich in der Zwischenzeit mit Semler befasst hatte, dessen Unterscheidung
zwischen öffentlicher und privater Religion in Swedenborg ein, um den Dissens
in der Hermeneutik zu begradigen? Er ist sich allerdings sehr wohl bewusst, dass
es auch innerhalb der Kirche keine Einigkeit über den Schriftsinn gebe.[459]

Gegen Swedenborg lehnt Oetinger die Verbalinspiration „durch ein Sprach-
rohr" ab, wenn auch die „wichtigen Sachen [...] unmittelbar eingegeben" seien,
„aber die Worte per προορισμον [eine vorhergegangene Bestimmung – FS], welches determinirter ist, als durch Eingebung aller Worte". Wie Semler und Ernesti
wandte sich Oetinger damit von der nun auch von Swedenborg behaupteten Verbalinspiration ab, hielt aber an der Theopneustie fest, ohne den Begriff zu verwenden, der von Propst Ekebom gegen Swedenborg ins Feld geführt worden
war.[460]

4. Oetinger bezieht seinen Protest gegen Swedenborgs Schriftauslegung erneut
ausschließlich auf dessen Allegorisierung und Spiritualisierung der Apokalypse.
Bei deren Auslegung hätte Swedenborg „seine Visa und Audita nicht zu Rath
ziehen, sondern seine Augen niederschlagen" sollen.[461] Da er aber seinen Visionen vertraue, könne er auch seinen Fehler nicht entschuldigen. Swedenborg
taucht hier wie an vielen Stellen als Bundesgenosse Semlers auf.[462]

Oetingers Einspruch gegen Swedenborgs Eschatologie richtet sich dabei auch
an die ewige Fortdauer der im irdischen Leben zugezogenen seelischen Neigungen, aus denen es keine Erlösung geben könne. Hinter diesem Protest steht letztlich Oetingers Festhalten an einer *Apokatastasis panton:* „Es wird herrlich werden in jener Welt, das glaubt weder Swedenborg noch Gelehrte."[463] Aber auch

---

Stellen setzt er Swedenborgs Korrespondenzlehre aber scharf gegen Böhmes *signatura rerum* ab, vgl. ebd., 74, sowie OETINGER, Unterricht (1772), 3 f.

[457] OETINGER, Beurtheilungen (1771), 67.

[458] Möglicherweise bezog sich Oetinger damit auf Swedenborgs Schreiben an Ekebom
vom 15. 4. 1769, wo er beteuerte, trotz seiner geistigen Auslegung den Literalsinn nicht abzulehnen. Vgl. OETINGER, Beurtheilungen (1771), 11.

[459] „Wir selbs sind in unserer Kirche am wenigsten einig von dem eigentlichen und unei-
gentlichen Sinn heiliger Schrift." OETINGER, Beurtheilungen (1771), 81.

[460] Swedenborg, der „verführerische, ketzerische, verfängliche, und aufs höchste verwerf-
liche" Lehren vertrete, wolle einem „Vir Theopneustos" nicht „unähnlich" sein, hatte Ekebom in seinen „Bedenken" geschrieben, vgl. OETINGER, Beurtheilungen (1771), 7 f.

[461] Vgl. OETINGER, Beurtheilungen (1771), unpaginiertes Register (S), sowie 91. Im gesamten Text polemisiert Oetinger gegen die Auslegung der Stadt Gottes und der dazugehöri-
gen Details durch Swedenborg. Zu Recht werde ihm seine Schriftauslegung in Göteborg zum
Vorwurf gemacht, vgl. ebd., 67 f., 70.

[462] OETINGER, Beurtheilungen (1771), 46, 75.

[463] OETINGER, Beurtheilungen (1771), 59. Ebd., 55: „Hinweg Swedenborgs Verdrehungen
von dem [sic!] künftigen Pracht der Hochzeit des Lammes. Zu was End hat der höchste Verstand uns solche Wortspiele vorlegen sollen, wenn sie nichts als Dinge, die auch ein Heyd

das Millennium, die erste und zweite Auferstehung, weiße Pferde, Auserwählte und die Schlacht von Harmageddon vermisste der Bengelianer Oetinger bei Swedenborg.[464]

5. Mit Blick auf Swedenborgs Polemik gegen die Rechtfertigungslehre geht Oetinger einen geschickten Weg und gibt ihm indirekt Recht: Die „justificatio ex sola fide sine charitate", eine Deutung, die Swedenborg den Lutheranern insgesamt vorgehalten hatte, „wird verworfen, und ist schon verworfen worden im Hofgericht zu Stockholm und von Upsal".[465] An anderer Stelle distanziert sich Oetinger zwar von Swedenborgs Abschaffung der Rechtfertigungslehre, er habe die Rettungstat Christi schlicht nicht verstanden. Hier, an der Zentralstelle des Registers, nimmt er eine – eigentlich gegen ein amsdorfisches Luthertum vertretene – Position ein und beruft sich auf eine offizielle kirchenamtliche Entscheidung in Schweden.

6. Eine Bagatellisierung stellt Oetingers Urteil über Swedenborgs Dämonologie dar. Er habe den Teufel „sehr ungewiß und mangelhaft beschrieben". Dass es einen Teufel in Swedenborgs Lehre nicht gibt, wird von Oetinger, der diese Tatsache kannte, unerwähnt gelassen.

Neben diesen theologischen Würdigungen und Kritikpunkten findet Oetinger die Gründe für die Mängel der Lehre Swedenborgs vor allem in seiner Unkenntnis der sieben Geister Böhmes begründet, obwohl er nach wie vor daran festhält, dass Swedenborgs Interimszustand Böhme, diesen anderen „Prophet[en] unserer Zeit", ergänze, der „zu grosser Verantwortung verlacht, verlästert" werde.[466] Böhmes Offenbarung sei „ungleich profunder" als Swedenborgs. Er habe sich nicht „wissenschaftlich" ausdrücken können, darum habe Gott Swedenborg „auftretten" lassen.[467] Aber Böhmes Schau habe sich durch die sieben Geister ins „innerste der Wesen" erstreckt, während Swedenborg, der in Algebra, Geometrie und Kosmologie „Leibnizen gleich zu achten" sei, die Offenbarung „mechanisch" ausgelegt habe.[468] Aber, so betont Oetinger seine an Spener angelehnte

---

weißt, bedeuten sollen? Ein Heyd weißt wohl, daß das künftige Leben voll Freude, voll Wahrheit und Güte seyn werde."

[464] Vgl. OETINGER, Beurtheilungen (1771), 92 f. Seinen Bengelianismus musste Oetinger nun auch gegen andere Fronten verteidigen. Sein Korrespondent, der Duisburger Rektor Hasenkamp, hatte gemeint, Bengels Apokalyptik stimme eher mit den holländischen Reformierten überein als mit der Confessio Augustana. „Was liegt uns daran? ist dann Bengel für euch gekreuzigt?", kommentierte Oetinger. „Paulus, Kephas, Apollo, Inspirirte, Arndianer, Herrnhuter, sind ja alle unser. Wahrheit bringt Freyheit, Freyheit erst Einigkeit. Wären nur viele Hasencamp und weniger Semler, welche alle denken müssen: wenn diese Sachen wahr seyn, so muß ich meine Philosophie umgiesen! Ja meine ganze Theologie. Hieraus nehme man etliche Kampfregeln." Ebd., 66 f. Im Unterricht (1772), 39, wiederholt Oetinger seine Bengelkritik: Bengel werde wegen seiner „Litteral-Erklärung" unter den „Seeligen" oft „Anstand" haben und das „Physico-Spirituale", um das er sich zu Lebzeiten nicht gekümmert habe, nun ganz anders betrachten. Swedenborg wird auf diese Weise zum Korrektor Bengels.
[465] OETINGER, Beurtheilungen (1771), unpaginiertes Register (J).
[466] OETINGER, Beurtheilungen (1771), unpaginiertes Register (T).
[467] OETINGER, Beurtheilungen (1771), 43.
[468] OETINGER, Beurtheilungen (1771), 43 f.

Behauptung der Bekenntniskonformität Böhmes, Swedenborg verstoße auch mehr gegen die „evangelischen Grundsätze" als Böhme.[469]

Schließlich stellte sich Oetinger erneut gegen eine vorschnelle Verdammung und votierte für eine Prüfung der Lehre Swedenborgs, allerdings nicht durch Akademien, die an ihren „etat" gebunden seien und „Zuflucht" zu „künstlichen" und nach allen Seiten biegsamen Auslegungen nähmen.[470] Oetingers häufige Forderungen nach einer Prüfung Swedenborgs dürften sich jedoch nicht nur gegen erklärte Swedenborg-Gegner gerichtet haben, sondern auch gegen solche, die offenbar zu einer eher vorbehaltlosen Annahme der neuen Geisterweltlehre und ihren theologischen, vor allem antiapokalyptischen Implikationen neigten. Im *Unterricht* warnte Oetinger vor der Aufgabe einer ‚realistischen' Apokalyptik nach Bengel, die offenbar von deutschen Swedenborg-Anhängern debattiert oder bereits vollzogen wurde. Mit einem kombinierten Hinweis auf die Gemeindespaltung in Korinth und die christliche Freiheit, die nach Paulus nicht zu einem Rückfall unter das Gesetz führen dürfe, mahnte Oetinger geradezu mit apostolischem Gestus: „Schwedenborg ist nicht für euch gekreuzigt, verkaufet eure Freiheit nicht unter die Schwedenborgische Idéen." Es solle nichts verworfen werden,

„was statt haben kan, aber was Schwedenborg vom Raum sagt, absonderlich in Ansehung der Stadt GOttes, das laßt fahren. Haltet euch an die massive Begriffe der Schrift: Gesetzt, sie wären allzuanthropopatisch, genug, ihr seid unter dem Schild des Worts GOttes sicher."[471]

An Swedenborg und an seiner Auflösung der Apokalyptik entzündete sich nach Oetingers Eindruck offenbar eine Kirchenspaltung, wie schon Ernst Benz mit etwas anderem Akzent bemerkt hat.[472] Neben einer Gruppe, die eine differenzierte Sicht auf Swedenborg und zugleich die Bengelianische Apokalyptik beibehielt, trat nun eine Gruppe, die offensichtlich nicht nur spiritistische Interessen aus Swedenborg ableitete, wie der von Benz mehrfach genannte Baron von Bernerdin oder Ludwig IX. von Hessen-Darmstadt, sondern zugleich auch das apokalyptische Weltbild aufgab. Oetingers Äußerungen richten sich vor diesem Hintergrund gegen Swedenborgianer und Anti-Swedenborgianer gleichermaßen. Diese

---

[469] OETINGER, Unterricht (1772), 43.

[470] OETINGER, Beurtheilungen (1771), 48. Im *Unterricht* (1772), 46 f., bekräftigt Oetinger erneut, dass Swedenborg kein Häretiker sei, sondern „unschuldig, gottesfürchtig, regulair und gar nicht imaginativ", denn die Geometrie, die Algebra und die Mechanik hätten ihn vor den „gewohnten Phantastereien" bewahrt.

[471] OETINGER, Unterricht (1772), 57. 1Kor 1,12 f.: „Ich meine aber dies, daß unter euch der eine sagt: Ich gehöre zu Paulus, der andere: Ich zu Apollos, der dritte: Ich zu Kephas, der vierte: Ich zu Christus. Wie? Ist Christus etwa zerteilt? Ist denn Paulus für euch gekreuzigt? Oder seid ihr auf den Namen des Paulus getauft?" Gal 5,1: „Zur Freiheit hat uns Christus befreit! So steht nun fest und laßt euch nicht wieder das Joch der Knechtschaft auflegen." Wenn Oetinger seinen Unterricht (1772), 104, damit beschließt, man könne die „Schwedenborgische Entdeckungen benutzen, wenn man vorher mit aller Weisheit des Geheimnisses GOttes und Christi ausgerüstet ist", dann bekräftigt er seine Gleichsetzung der massiven Apokalyptik mit der Heiligen Schrift selbst – gegen die Eschatologie Swedenborgs.

[472] Vgl. BENZ, 1947, 112.

doppelte Frontstellung schlug sich in Oetingers eigener, gebrochener und partieller Rezeption Swedenborgs nieder, die er aktiv betrieb, weil er selbst meinte: „Schwedenborgs Lehre ist eine auserordentliche Sache."[473]

Die Übersetzungen von Swedenborgs *De nova Hierosolyma et ejus doctrina coelesti* und seinem Traktat *De commercio animae et corporis*, die Oetinger 1772 herausbrachte, zeigen, dass er aber trotz aller Differenzen an der Verbreitung von Swedenborgs Lehre arbeitete. Und sein im selben Jahr publizierter *Höchstwichtiger Unterricht vom Hohenpriesterthum Christi* bestätigte noch einmal systematisch alle Übereinstimmungen, Abweichungen und Ablehnungen. Oetinger legte sie in fünf Kategorien nieder:

Von Swedenborg „anzunehmen ist" *erstens* die „Beschreibung des Zustandes nach dem Tod", *zweitens* seine Lehre von der „unsichtbaren Welt" mit der Einschränkung, „sofern" sie mit Ezechiel, Oetingers böhmistisch-kabbalistischer Theosophie, und mit der Apokalypse, Oetingers Bengelianismus, übereinstimme, *drittens* seine Auffassung eines dynamischen und progressiven postmortalen Lebens, in dem es „große Veränderungen" sowohl zum Guten als auch zum Bösen geben werde. Der *vierte* Punkt ist missverständlich, denn Oetinger will Swedenborgs Lehre von der Geisterpredigt Christi an den „unterste[n] Oerter[n] der Erde" annehmen. Da Swedenborg nirgendwo eine solche Lehre vertritt, fragt sich natürlich, worauf damit angespielt wird. Offensichtlich schreibt Oetinger eine eigene Auffassung, die er bei Swedenborg gerade vermisst hatte, hier in Swedenborgs Lehre kurzerhand ein: das postmortale Aufgehobensein bei Christus, die Gültigkeit und Wirksamkeit einer Erlösung über den Tod hinaus und damit eine wenigstens angedeutete *Apokatastasis*. *Fünftens* nimmt Oetinger von Swedenborg an, dass die postmortalen Seelen sich in „animalischer Menschengestalt" und mit „Leiblichkeit in Atmosphären und Paradiesen praesentiren".[474] Auch hier handelt es sich um eine Umschreibung der Lehre Swedenborgs. Oetinger macht die ausgedehnte Substantialität der menschlichen Seele zur Leiblichkeit und inkorporiert dadurch Swedenborgs Geisterwelt seiner Geistleiblichkeitslehre. Gegen Swedenborgs Auffassung, dass Zeit und Raum im *mundus spiritualis* lediglich – ewige – Zustände bezeichneten, beharrt Oetinger auf der Konkretheit wenigstens des Raumes. Das, was Oetinger von Swedenborg annimmt, zeigt sich bei genauerer Betrachtung als ein hybrides Konglomerat aus beiden Positionen.

In einer zweiten Kategorie zählt Oetinger Elemente aus Swedenborgs Lehre auf, die zu „toleriren" seien: *erstens* dass er meine, Gott sei ihm „nach der Natur" als Elohim und „nach der Gnade" als Jehovah erschienen, *zweitens* dass er in seinem Lebenslauf behaupte, 1743 eine „Erscheinung" gehabt zu haben und noch jetzt mit Geistern rede, „was die Königin von Schweden bekräftigt", und *drittens*, dass er die Trinität „auf Schwenkfeldische Art, wie Zinzendorf" erkläre.[475]

---

[473] OETINGER, Unterricht (1772), 97.

[474] OETINGER, Unterricht (1772), 43–45. BENZ, 1947, 198, arbeitet nicht die Einschreibung der Positionen Oetingers in Swedenborgs Auffassungen heraus.

[475] OETINGER, Unterricht, (1772), 45. Böhme habe Schwenckfelds Trinitätslehre „am schärfsten und profundesten widerlegt". BENZ, 1947, 199, lässt in seiner Aufzählung den ersten und zweiten Punkt des zu Tolerierenden weg.

Die Behauptung, Gott sei Swedenborg in zweifacher Gestalt erschienen, findet sich bei Swedenborg nicht. Es handelt sich offenbar um eine Zuschreibung Oetingers, der im Hinblick auf die beiden Gottesbezeichnungen in Genesis 1 in der *Metaphysic* und in anderen Schriften selbst zwei Namen Gottes unterschieden hatte: Elohim nach der Natur oder nach der Gerechtigkeit und Jehovah nach der Liebe.[476] Der zweite Punkt des Tolerablen scheint auf den ersten Blick Oetingers Festhalten an Swedenborgs Offenbarungsträgerschaft zu erschüttern. Genauer betrachtet wird durch den autoritativen Hinweis auf die schwedische Königin der Bereich des nur Tolerablen mit einer beweisähnlichen Qualität versehen. Oetinger zweifelte durchaus daran, dass Swedenborg mit dem Geist des Paulus gesprochen habe, stellte diesem Zweifel aber gleichsam die königliche Autorität gegenüber.

In der dritten Kategorie weist Oetinger das zurück, was von Swedenborg „nicht angenommen werden" kann: *erstens* die Parusie Christi nicht als Person, sondern als Wort, das werfe „zu Boden den Litteral-Verstand", *zweitens* Swedenborgs Korrespondenzlehre, mit der er seine Visionen auslege und auf diese Weise die Massivität des endzeitlichen Jerusalem, die weißen Pferde und die Schlacht von Hamargeddon abweise.[477] Hier fällt wiederum ins Auge, dass Oetinger nicht die Korrespondenzlehre als solche ablehnt, sondern deren Anwendung auf die Apokalypse. Dies ist im Hinblick auf seine emblematische Hermeneutik von Belang.

Die vierte Kategorie dessen, was „noch weniger ist anzunehmen", enthält Swedenborgs Umdeutung der lutherischen Rechtfertigungslehre. Keinesfalls könne akzeptiert werden, dass es Swedenborg für einen fundamentalen Irrtum halte, in der Erlösung durch Christus etwas anderes als die Unterwerfung der Hölle zu sehen.[478] Damit eröffnet Oetinger die Möglichkeit, den stellvertretenden Opfertod und die Erlösung von der Macht der Sünde beizubehalten und dennoch Swedenborgs Umdeutung nicht abzulehnen. Schließlich weist er ja aus-

---

[476] Vgl. OETINGER, Metaphysic, 547. In den Beurtheilungen (1771), 77, hatte Oetinger bezweifelt, ob Swedenborg außer Elohim auch Jehovah erschienen sei. Elohim steht für die „Allmacht und Allgenugsamkeit Gottes", Jehovah für väterliche „Verwandtschaft mit den Wiedergebohrnen, kurz aus der Liebe Gottes in Christo Jesu", vgl. oben Anm. 450. Zum Unterschied zwischen Elohim und Jehovah bei Oetinger vgl. DEGHAYE, 2000, 148; SPINDLER, 1999, 96. Swedenborg differenziert in der Tat zwischen Elohim und Jehovah in Gen 1: „Jehovah" ist „Gott im Worte der Herr allein". Elohim bezieht sich auf die Vielzahl der Engel, die selbst über keine Macht verfügen, sondern durch die die Macht des einen Jehovah wirkt. Mit den Engeln wird zugleich der *homo caelestis* auf eine Stufe gestellt, weil er nicht mit Jehovah, sondern nur mit den Engeln verglichen werden kann. Vgl. AC 300. Oetinger muss diese Stelle aus Band 1 der AC gekannt haben. Möglicherweise griff er auf sie zurück, um seine These zu bestätigen, nicht Gott direkt, sondern vielleicht (böse) Engel hätten sich Swedenborg offenbart. Vgl. auch AC 4400: „Elohim wird in der Mehrzahl gesagt, weil unter dem göttlich Wahren alle Wahrheiten, die vom Herrn ausgehen, verstanden werden, daher werden auch die Engel im Worte einige Male Elohim oder Götter genannt". Vgl. auch AC 7873, 9160. In VCR 19 kennt Swedenborg zwar den Unterschied zwischen Jehovah und Elohim, knüpft daran aber keine Interpretation wie in den AC an.

[477] OETINGER, Unterricht (1772), 45 f., BENZ, 1947, 199.

[478] OETINGER, Unterricht (1772), 46: „daß es ein Error fundamentalis sie, wenn man die Erlösung anderst als per Subjugationem Inferni erklärt". BENZ, 1947, 199.

drücklich Swedenborgs *alternativlose* und dezidiert antilutherische Sichtweise zurück.

Der am „wenigsten" anzunehmende Aspekt bezieht sich nochmals auf die Apokalyptik: Swedenborgs Auffassung vom Jüngsten Gericht, von der Auferstehung und von der „Erde als einer ewigen Geburts-Stätte der Menschen".[479] Hierin zeigt sich Oetingers Grunddifferenz gegenüber Swedenborg.

Trotz dieser deutlichen Worte bleibt Oetingers Swedenborg-Rezeption partiell und innerlich gebrochen, weil selbst die angeeigneten Positionen keine eindeutige Identifizierung mehr gestatten, sondern hybridisiert und Oetingers eigenem Verständnis anverwandelt sind.

Folgt man der Darstellung von Ernst Benz, dann endet die Rezeption Swedenborgs bei Oetinger mit dem *Unterricht*, mit dem Tod Swedenborgs im gleichen Jahr und aufgrund seiner empörten Reaktion auf die 1771 erschienene *Vera christiana religio*, nachdem eine geplante persönliche Begegnung nicht mehr zustande gekommen war.[480] Dieser Schlussfolgerung ist aber nur teilweise Recht zu geben. Von einigen brieflichen Äußerungen abgesehen, hat Oetinger nach 1772 keine Schrift mehr verfasst, die die ‚Causa Swedenborgiana' offiziell zum Gegenstand gehabt hätte. Nichtsdestoweniger lässt sich Oetingers Beschäftigung mit Swedenborg ohne weiteres in mehreren Büchern über 1772 hinaus verfolgen. Eines der letzten Werke Oetingers überhaupt verdankt sich in erster Linie seinem seit 1765 verfolgten Thema: Swedenborg. Wie Oetinger seine Rezeption Swedenborgs modifizierte, maskierte und innerhalb seiner lutherischen Theosophie zwischen Bengel und Böhme transformierte, wird im übernächsten Abschnitt dargestellt, in dem die letzte Station der literarischen Konfrontation Oetingers und Swedenborgs besprochen wird. Zuvor wird der Frage nachgegangen, wie sich die Auseinandersetzung mit Oetinger in Swedenborgs eigener Theologie niedergeschlagen hat.

c) Oetinger bei Swedenborg

Bereits in dem Kapitel über Swedenborgs Theologie wurde gezeigt, dass Swedenborg auch in seinen theologischen Schriften auf die zeitgenössischen Debatten um seine Lehre einging und dabei Modifikationen, Verschärfungen und auch Verschiebungen seiner Positionen vornahm. Er verarbeitete dabei besonders auch die Angriffe gegen zwei seiner Anhänger in Göteborg. Die Position der Lutheraner gegenüber den Katholiken ‚verschlechterte' sich in Swedenborgs Geisterwelt nach diesen Debatten.[481] In der *Vera christiana religio* ging Swedenborg ausdrücklich auf das Göteborger Verfahren ein und schilderte ein „Synhedrium" in der Geisterwelt, in dem der Vorwurf des Mohammedanismus gegen seine Trinitätslehre und Christologie zurückgewiesen wurde.[482] Neben dem Göteborger

---

[479] OETINGER, Unterricht (1772), 46; BENZ, 1947, 199.
[480] Vgl. dazu insgesamt BENZ, 1947, 201–232.
[481] Vgl. Kap. 3.3.7., c), ee).
[482] Vgl. VCR 137. „[...] Daran sind die zwei Ausdrücke schuld: Naturalismus und Mohammedanismus, welche schändliche, arglistig erfundene Lügen und zwei tödliche Brandmale sind, die Willen abzuwenden und abzuschrecken von frommer Verehrung des Herrn."

Propst Ekebom ließ Swedenborg in diesem *Memorabile* auch Johann August Ernesti[483] auftreten, der gegen Swedenborg die nicänische Trinitätslehre verteidigt hatte.

Allerdings scheint Swedenborg in der *Vera christiana religio* wenigstens sprachliche Kompromisse gegenüber seinen lutherisch-orthodoxen Gegnern eingegangen zu sein. Dies zeigt sich nicht nur in den Zitaten aus den lutherischen Bekenntnisschriften und aus den altkirchlichen Symbolen, die Swedenborg benutzte, um für sich selbst Orthodoxie oder wenigstens Konformität mit den Bekenntnissen zu reklamieren. So wies er einen präexistenten Sohn zwar nach wie vor zurück und hielt zugleich an der Inkarnation und der leiblichen Auferstehung fest, räumte aber ein, dass man von einer „Trinität" erst seit der Inkarnation sprechen könne – eine trinitarische Dynamik, die sich in den *Arcana coelestia* so nicht findet und in eigentümlichem Widerspruch zu Swedenborgs *Trinum* zu stehen scheint.[484] Auch in der Soteriologie fallen solche offensichtlichen Kompromissformulierungen ins Auge. Im Gegensatz zu früheren Schriften sprach Swedenborg nun häufig von Jesus Christus als dem Heiland und Erlöser. Er konnte nun sogar sagen:

> „Daß der seligmachende Glaube der an Gott den Heiland ist, hat seinen Grund darin, daß Er Gott und Mensch ist, und Er im Vater und der Vater in Ihm ist, und so eins; daher die, welche sich an Ihn wenden, sich zugleich auch an den Vater, und so an den einen und einzigen Gott wenden, und einen seligmachenden Glauben an einen anderen gibt es nicht. Daß man glauben, das heißt, Glauben haben solle an den Sohn Gottes, den Erlöser und Heiland, empfangen von Jehovah und geboren von Maria, der Jungfrau, genannt Jesus Christus, ergibt sich aus den häufig von Ihm selbst und nachher von den Aposteln wiederholten Geboten."[485]

Solche Modifikationen stehen in eigentümlichem Widerspruch zu Swedenborgs Theologie und lassen sich nur aufgrund seines apologetischen Gestus verstehen, der zwischen Beharren, Zurückweisen und der Suche nach theologischen Kompromissen geprägt zu sein scheint.

Neben dem Referenzrahmen, der in dem Göteborger Verfahren und in anderen Angriffen auf seine Lehre begründet ist, hat sich auch seine Korrespondenz mit Oetinger in seinen Schriften niedergeschlagen.

Wenn er beispielsweise in der *Vera christiana religio* bekräftigte, dass es keine Auferstehung erst am Jüngsten Tag gebe und die Leiber nicht wiedererweckt würden,[486] dann knüpfte Swedenborg einerseits an frühere Entscheidungen an, andererseits dürften solche Aussagen gerade im Hinblick auf die theologischen Differenzpunkte gegenüber Oetinger zu verstehen sein.

---

[483] Vgl. Kap. 5.1.2., h).

[484] Vgl. VCR 170. Hier ist von der *trinitas*, nicht von Swedenborgs *trinum* die Rede.

[485] VCR 337.

[486] Vgl. VCR 693. Schlug sich diese unerbittliche Abwehr gegen Oetinger noch in der ersten, 1788 gedruckten Liturgie der Neuen Kirche nieder, die geradezu schroff betont, der Mensch werde seinen toten materiellen Körper nie wieder bekommen, aber bald nach dem Tod auferstehen „in Ansehung seines geistigen oder substantiellen Körpers, in welchem er als in einer vollkommenen menschlichen Gestalt existirt, und daß also der Tod nichts anderes, als eine Fortsetzung des Lebens sey"? Zitiert nach SCHNEIDER, 1789, 78.

Swedenborgs Auseinandersetzung mit Oetinger über die Frage nach dem *sensus internus* oder *spiritualis* hinter dem Buchstabensinn dürfte sich in solchen Äußerungen wie in *De amore coniugali* niedergeschlagen haben, wo behauptet wird, der innere Sinn oder die „Weisheit" hinter dem Schriftbuchstaben werde nur dem eröffnet, der in den Wahrheiten der Lehre und zugleich in dem Guten des Lebens sei. Außerdem sei die Bibel von „Jehovah, dem Herrn, diktiert" worden.[487] Swedenborg erteilte damit Oetingers Forderung nach einer ‚massiven' Auslegung der Bibel eine Absage und hielt gegen seine Theopneustie an der Verbalinspiration fest.

Ein weiterer Streitpunkt zwischen Oetinger und Swedenborg bestand in der Frage des Raumbegriffs. Oetinger hatte Swedenborgs Definition des intelligiblen Raums im *mundus spiritualis* als bloß substantiellen Zustand stets zurückgewiesen und demgegenüber behauptet, ein Raum könne nicht ohne Ort und nicht ohne Beziehung auf etwas „Fixes" gedacht werden. Bereits in der *Theologia ex idea vitae deducta* hatte Oetinger darauf insistiert, dass Himmel und Hölle nicht nur als „status" zu verstehen seien, sondern auch „als ein gewisser Ort, als ein gewisses πο῀υ", auch wenn sich bei „den Theologen" über die Zurückweisung des „Fegfeuers" der Katholiken, des „Limbus der Väter" und anderer Jenseitsauffassungen hinaus „schwerlich" etwas finden lasse.[488] Drei Jahre später reagierte Swedenborg offensichtlich genau auf diese Kritik an seinem Raumbegriff, wenn er Vorstellungen zurückwies, die Seele sei postmortal aus Luft oder Äther oder wie ein Windhauch, der auf die Wiedervereinigung mit ihrem Körper warte. Wenn die Seele nach dem Tod ein „solcher Geist" wäre, würde sie entweder im Weltall „umherschweben, oder nach der Überlieferung einiger in einem gewissen Wo oder auch mit den Vätern im Limbus aufbewahrt werden, bis zum Jüngsten Gerichte".[489] Als Swedenborg diese Zurückweisung von Oetingers Raumverständnis schrieb, lag ihm offensichtlich nicht Oetingers auf Deutsch verfasste *Irdische und himmlische Philosophie* vor, sondern seine lateinische *Theologia* aus demselben Jahr, in der Oetinger möglicherweise bereits auf Swedenborgs Begriff des intelligiblen Raumes als eines reinen Zustandes reagiert hatte.

---

[487] Vgl. Coniug 24.

[488] Vgl. OETINGER, 1979 [1765], 219 („Et infernus et coelum non solum ut status, sed et ut certum quoddam πο῀υ in scripturis diversis nominibus indigitantur.") = OETINGER, 1852 [1765], 423. Im selben Jahr bekräftigte Oetinger ausdrücklich gegen Swedenborg, dass ein „status oder Zustand [...] schwerlich ohne Ort, ohne Raum begriffen werden" könne. OETINGER, 1977 [1765], 136.

[489] Coniug 29 („in quodam pu, aut cum Patribus in limbo, usque ad ultimum judicium"). In HH 422 hatte Swedenborg noch geschrieben: „Die Geisterwelt ist ein Ort (locus medius) zwischen Himmel und Hölle, sowie ein Zwischenzustand (locus medius) des Menschen nach dem Tode. Offenbar wurde mir, daß sie ein Mittelort ist, weil die Höllen unterhalb und die Himmel oberhalb liegen, und daß sie ein Zwischenzustand ist, weil der Mensch, solange er sich dort aufhält, sich weder im Himmel noch in der Hölle befindet." Nach HH 183 besitzen Engel keinen ätherischen Leib und leben nicht in ätherischen Wohnungen, sie sind nichts Windartiges und flattern nicht in der Luft herum. Bemerkenswerterweise setzte der Übersetzer von HH, Friedemann Horn, den *Ort* aus HH 422 in Anführungszeichen, die im Original nicht stehen.

Der Cartesianer Swedenborg, der die Herkunft des Bösen in die menschliche Willensfreiheit verlegte und die Natur selbst für tot hielt, behauptete nun in der *Vera christiana religio*, es gebe selbst in der Pflanzen- und Mineralwelt ein „*Analogon*" zur menschlichen Freiheit, so dass auch in der Natur Böses entstehen könne.[490] Handelt es sich dabei um einen Reflex auf Oetinger, der das Böse und die Freiheit im Zusammenhang mit der Selbstbewegung der lebenden Natur dachte? In den *Arcana coelestia* findet sich eine solche Ausdehnung der Freiheit und des Bösen über die menschliche Ebene hinaus jedenfalls nicht.

Bezog sich Swedenborg auf Oetingers Selbstbewegungskräfte in der Natur, wenn er diejenigen entschuldigte, die meinten, die Natur bringe die „sichtbaren Dinge" aufgrund einer in sie gelegten Kraft hervor? Nicht zu entschuldigen seien nämlich diejenigen, die durch diese Annahme einer in der Natur befindlichen Generationskraft Gottesleugner geworden seien.[491]

Swedenborgs in der *Vera christiana religio* mehrmals ausgesprochene Zurückweisung eines Urchaos und der Vorstellung eines ursprünglichen Welteies, aus dem die Schöpfung generiert worden sei, könnte sich gegen seine eigene vorvisionären Theorie, aber auch gegen Oetinger gerichtet haben.[492]

Aber auch positive Bezugnahmen auf Oetinger lassen sich finden. Wenn Swedenborg den Glauben an einen unsichtbaren Gott explizit als einen blinden Glauben bezeichnet, und demgegenüber fordert, man solle an Gott als den inkarnierten Heiland Jesus Christus glauben, liest sich eine solche Aussage, die im Gegensatz zu Swedenborgs Beharren auf der völligen Immaterialität Gottes steht, wie ein Zugeständnis an Oetinger, für den die Leiblichkeit und vor allem der Glaube an den Inkarnierten ein zentrales Thema war.[493]

Dem korrespondiert die erstaunlich an Oetingers Satz von der „Leiblichkeit" als „Ende der Werke GOttes" erinnernde Aussage Swedenborgs bereits in den *Arcana coelestia*, die göttliche Ordnung komme erst „bei dem Menschen in seinem Leiblichen zum Abschluss, nämlich in seinen Gebärden, Handlungen, Gesichtsmienen, in seiner Rede, seinen äußeren Sinnesempfindungen und deren Lustreizen".[494] Und in der *Vera christiana religio* bekräftigte er, dass „alles Innere und Äußere des Menschen nach seinem Äußeren, ja Äußersten strebt und sich fortsetzt, um seine Wirkungen hervorzubringen und seine Werke zu verrichten (operentur opera sua)".[495] In der Forschung ist angenommen worden, Oetinger habe im Anschluss an einen Brief Malebranches und an den Sprachgebrauch des

---

[490] Vgl. VCR 491 f., 499; Kap. 3.3.5., a).

[491] Vgl. Coniug 422.

[492] Swedenborg setzte an die Stelle seiner eigenen Chaostheorie aus den *Principia* nun die Genese des *mundus naturalis* und des *mundus spiritualis* aus der natürlichen und der geistigen Sonne. Vgl. VCR 76, 79.

[493] VCR 339; so auch VCR 621, wo Gott nicht als ätherhafter Geist begriffen, sondern erneut die Vorstellung Gottes als eines Menschen – nämlich des Inkarnierten – betont wird. „Die Vorstellung von Gott im Himmel ist die Vorstellung vom Herrn und Heiland."

[494] AC 3632: „Ordo Divinus et inde caelestis non terminatur quam apud hominem in ejus corporeis, nempe in ejus gestibus, actionibus, vultibus faciei, loquela, sensationibus externis, inque illorum jucundis [...]."

[495] VCR 462.

Neuen Testaments den „Tempel GOttes" als „das Ende seiner Werke" mit dem Leib gleichgesetzt.[496] Diese Annahme besitzt zweifellos hohe Wahrscheinlichkeit, da Oetinger den Brief Malebranches an Arnauld, in dem allerdings keine Identifikation von „Tempel" und „Leib" vorgenommen wird, selbst übersetzt hatte. Dennoch stellt sich die Frage, ob auch Swedenborg zu der Formulierung, die sich erstmals im *Wörterbuch* von 1776 findet, wenigstens beigetragen hat, obwohl sich zahlreiche semantisch ähnliche Vorläufer bei Oetinger aufzeigen lassen.[497] Der wesentliche Unterschied dürfte nun aber nicht darin bestehen, dass Oetinger das „Leibliche allzu materiell verstand, während Swedenborg den materiellen Leib nur als temporäre ‚Zugabe' für das Leben des geistleiblichen Menschen in der materiellen Welt bezeichnet".[498] Während Swedenborg die Entsprechung zwischen dem inneren und dem äußeren Menschen hervorhebt, wobei der äußere ein „Werk" des inneren sei, setzt Oetinger ausdrücklich nicht die Seele oder den inneren Menschen, sondern Gott als Subjekt seiner Werke.

Neben diesen eher versteckten Äußerungen finden sich auch andere Belegstellen für den Einfluss Oetingers auf Swedenborgs Spätwerk. Oetingers mehrfach geäußerte Bitte, seine Gespräche mit den Aposteln zu veröffentlichen, ist Swedenborg in der *Vera christiana religio* nachgekommen, und er hat sie durch Begegnungen mit mehreren anderen Persönlichkeiten der Kirchen- und Religionsgeschichte ergänzt.[499]

1769 gab Swedenborg Antwort auf Oetingers Frage, wie er sich von einem theologischen Laien und Philosophen zu einem Theologen entwickelt habe, und er verwies dabei auf das Beispiel der Apostel, die zuvor Fischer gewesen waren.[500] Und ein Jahr vorher hatte er als Reaktion auf Oetingers Bitte, ein Zeichen für seine übersinnlichen Fähigkeiten zu geben, ein *Memorabile* verfasst, in dem feindselige Stimmen aus der „Unterwelt" forderten: „Tue Wunder, so wollen wir dir glauben!" Er solle die Zukunft vorhersagen und wie Mose Wunder vollbringen. Swedenborg schlug diese Bitte in dem Geisterwelt-Dialog aus und verwies darauf, dass das Herz des Pharao trotz der Wunder Moses verhärtete und sich das Volk ein Goldenes Kalb gebaut habe, obwohl sie Jehovah aus dem brennenden Sinai gehört hatten.[501] Bereits 1766 hatte Swedenborg fast mit den gleichen Worten Oetingers „Zeichenforderung" zurückgewiesen.[502] In der Öffentlichkeit er-

---

[496] Vgl. WEYER-MENKHOFF, 1990a, 216f. 1759 übersetzte Oetinger: „Ich fürchte mich nicht zu sagen, der Tempel GOttes, welcher ist das Ende seiner Werke, wird durch die allersimpelste und allerweiseste Mittel und Wege GOttes aufgerichtet." Zitiert nach Ebd.

[497] Vgl. WEYER-MENKHOFF, 1990a, 215f.

[498] Anmerkung des Übersetzers Friedemann Horn zu VCR 462, in Bd. 2 [Zürich 1961], 597.

[499] Vgl. Kap. 3.3.7., c), hh); sowie Benz, 1947, 71f.

[500] Com 20, sowie Kap. 3.3.2., k).

[501] Coniug 535.

[502] In seinem Brief vom 11.11.1766 hatte Swedenborg an Oetinger geschrieben, Zeichen würden nicht mehr gegeben, weil sie dazu nötigten, etwas zu glauben, „ohne von innen zu überzeugen". Auch die Wunder in Israel und die „Herabkunft Jehovahs" auf dem Sinai hätten nicht verhindert, dass das Volk sich ein Goldenes Kalb baute. Vgl. BENZ, 1947, 64. Auch andere Zeitgenossen wie Lavater baten Swedenborg, Kontakt zu Verstorbenen aufzunehmen und andere Beweise für seine Visionen zu liefern. Vgl. URSULA CAFLISCH-SCHNETZLER: La-

schien Oetinger nunmehr inmitten des „feindselige[n] Gemurmel[s] aus der Unterwelt".

Es wird deutlich, dass sich die Kommunikation zwischen Oetinger und Swedenborg nicht nur in den Schriften Oetingers niederschlug. Swedenborg baute in seine Werke nicht nur seine Positionen in den strittigen Fragen ein. Er antwortete zuweilen direkt auf verschiedene Anliegen Oetingers. Die Kollisionen solcher Aussagen innerhalb seines Systems sind nur verständlich, wenn seine Auseinandersetzung mit Oetinger mitgelesen wird.

d) Subkutane Rezeption

aa) Böhme gegen (und als) Swedenborg

Während des württembergischen Konflikts um sein Swedenborg-Buch hatte Oetinger 1769 sein Bekenntnis zum massiv-biblizistischen Bengelianismus strategisch ins Feld geführt, um seine partielle Anlehnung an Swedenborg durch die Bekräftigung seiner bengelianischen ‚Orthodoxie' zu legitimieren. Im zweiten Jahr nach Swedenborgs Tod knüpfte er erneut an dieses Vorgehen an, verwendete aber nun Jakob Böhme, seine zweite theologisch-philosophische Autorität neben Bengel. Nach seinen zwischen 1770 und 1772 gedruckten Swedenborg-Büchern hatte Oetinger 1774 anonym nämlich nochmals eine Übersetzung auf den Markt gebracht, die mehrmals aufgelegt und vielfach verkauft wurde: Swedenborgs populärstes Werk *Himmel und Hölle*. Als dieser fast 900-seitige Band herauskam, legte Oetinger – ebenfalls anonym – eine kleine Schrift *Inbegriff der Grundweisheit, oder kurzer Auszug aus den Schriften des teutschen Philosophen* vor, in der er seinen Böhmismus nachhaltig bekräftigte und zugleich relativierte. Swedenborg wird in diesem knappen Büchlein zwar nur am Rande erwähnt. Allerdings ist es signifikant, dass Oetinger nun Auffassungen, die er nur wenige Jahre zuvor Swedenborg zugeschrieben hatte, in Böhmes Mund legte und sie sich dadurch ‚böhmistisch' aneignete. Gleich zu Beginn behauptet Oetinger nämlich die Plastizität der ‚anderen' Welt, die er an Swedenborg so geschätzt hatte: „Alles himmlische, alles unsichtbare, hat seine Gestalt, Form und Figur, wie das irrdische. Das ist die Summe von J. Böhm, darum hat ihn GOtt uns gesandt."[503] Bislang hatte Oetinger vor allem seine Theo-Kosmogonie und seine Elementenlehre aus Böhme geschöpft und sich auch an dessen Christologie sowie an andere theologische Lehren angelehnt. Nun schrieb er ihm ausgerechnet eine Auffassung zu, die er in den *Beurtheilungen* ausdrücklich als eine von Swedenborg anzunehmende Lehre angesehen hatte. Hier hatte er Swedenborg aus genau denselben Gründen als „gesandt" betrachtet, „absonderlich zu lehren, daß das Obere wie das Untere aussehe, nur die Grobheit hinweg gethan, nemlich es gibt in der Geisterwelt, Berge, Kluften, Hügel, Thäler, Wasser, Feuer, Luft, Atmosphären wie hier".[504]

---

vaters Himmel und Swedenborgs Träume. Die Beziehung zwischen Johann Caspar Lavater und Emanuel Swedenborg. In: Offene Tore 2006, 171–195, hier 182–184.
[503] OETINGER, Inbegriff, 1.
[504] Vgl. u. a. oben Seite 582 f.

Und noch zwei andere Aussagen hatte Oetinger kurz vorher auf Swedenborg angewendet: „Kein Geist", ja nicht einmal Gott selbst – und damit ging er freilich über Swedenborg hinaus – werde „uns ohne Bild zu glauben angezeiget".[505] Auch die Figürlichkeit der postmortalen Seele bei Swedenborg wird hier Böhme zugewiesen. An anderer Stelle verteidigt er Böhme gegen den Vorwurf, seine Lehre sei nicht schriftgemäß, mit dem Hinweis, selbst die Apostel Paulus, Petrus und Jakobus redeten unterschiedlich.[506] Zwei Jahre zuvor hatte er mit demselben Argument Swedenborg in Schutz genommen, aber noch Johannes hinzugesetzt.[507]

Swedenborg taucht zwei Jahre nach seinem Tod in der Maske Böhmes erneut auf. Im Fortgang seines *Inbegriffs* referiert Oetinger zwar vor allem seine böhmistische Theo- und Kosmogonie gerade an den Stellen, die Swedenborgs Lehre eindeutig widersprachen, wie etwa die Entstehung der Materie durch den „Schrack", den Fall des Morgensterns und den menschlichen Sündenfall.[508]

Zum Thema der Auferstehung lässt Oetinger nun Bemerkungen folgen, deren Herkunft aus seiner Swedenborg-Adaption unverkennbar ist. Wie Georg Venzky und ausdrücklich gegen Luthers Auffassung von der Hölle nennt Oetinger den *status post mortem* „Scheol" oder „Hades" und einen „Uebergang zum neuen Leben". In diesem Zustand nach der „Auferweckung" wachen die Seelen mehr und mehr auf, sie entwickeln sich, erhalten aber erst das ewige Leben, „wenn sie das Fleisch und Blut JEsu essen". Diesen Zustand nach der Auferweckung unterscheidet Oetinger aber von der eigentlichen Auferstehung am Ende der Welt, „nach der Erneuerung der Elementen und Principien dieser Welt". Nach dieser knappen Skizze lässt Oetinger sofort den Hinweis auf Böhme folgen, den man zusätzlich zur Bibel „mässig" lesen solle, dann bringt er aber eine Passage zu Swedenborg:

„Die Weltweisen führen uns, wie Swedenborg in seinen letzten Schriften, in eine apparente Scheinerklärung heil. Schrift. Seine Ideen vom Zustande nach dem Tode sind uns nützlich, mit Prüfung gelesen; aber seine Erklärung der h. Offenbarung ist grundfalsch. Er hält es mit Semler, und seine Lehre von der Zukunft Christi ist abominabel."[509]

Ein paar Seiten später kommt Oetinger nochmals auf Swedenborg zurück: Er habe sein Buch von 1765 nicht geschrieben, um ihm „in allem Recht zu geben, sondern aus ihm das beste zu wählen".[510] Dieses Beste hatte er gerade benannt: die Lehre vom *status post mortem*, die er hier nur andeuten musste, hatte er sie doch in seinen Traktaten und Übersetzungen vielfach referiert. Die „apparente Scheinerklärung" der Bibel bezog sich wiederum explizit auf die Spiritualisierung

---

[505] OETINGER, Inbegriff, 2. Dieser Gedanke findet sich noch einmal 40f., wo er durch Detlev Cluver ergänzt wird: Gottes Herrlichkeit [nicht Gott selbst! – FS] offenbare sich in leiblichen Eigenschaften, der Leib sei ein „reelles Bild der Gottheit", die Seele habe die Figur eines Menschen.

[506] OETINGER, Inbegriff, 4.

[507] Vgl. oben Anm. 447.

[508] Vgl. OETINGER, Inbegriff, 10–12.

[509] OETINGER, Inbegriff, 38f. (abominabilis: verabscheuungswürdig, abscheulich).

[510] OETINGER, Inbegriff, 41.

der Offenbarung des Johannes, die Swedenborg wie Semler ihrer Massivität beraube, und zugleich auf seine „abscheuliche" Umdeutung der Parusie. Wie seit 1765 entkontextualisierte Oetinger Swedenborgs *mundus spiritualis* und formte ihn zum Interimszustand zwischen zwei Auferstehungen in einem universalen, apokalyptischen Szenarium um.

Den Schluss des *Inbegriffs* bildet ein „Anhang, wie man Jacob Böhm mit Vorsicht lesen solle". Bereits in früheren Schriften hatte Oetinger Kritik an Böhme, besonders wegen dessen Nonkonformität mit der Bengelschen Apokalyptik, geäußert, aber stets dessen Vorrangstellung vor allen anderen Philosophien behauptet. Nun gelangt Oetinger nicht nur zu einer Distanzierung, die seine eigene Rezeption der Theosophie Böhmes berührt. Er stellt ihn zu derselben Disposition wie Swedenborg. Einerseits betraf das eine Reihe „irrige[r] Ausdrücke" Böhmes, über die man aber „nicht so grimmig" sein solle, die Oetinger aber jahrzehntelang selbst verwendet hatte.[511] Im Anschluss geht er gegenüber seinen früheren Aussagen über Böhme auf Distanz. 1. Gott habe die „der Welt anstößige Schreibart" Böhmes so gewollt, damit „die Welt es nicht mißbrauche". 2. Gott zeige „seine Offenbahrung καιροῖς ἰδίοις, in eigenen Zeiten", und „jede Zeit hat andere Werkzeuge". „Weisheit in der Tiefe" habe Böhme zwar besessen, aber „die Weisheit in Stylo JEsu Christi hat er nicht gehabt": „Er hat oft seine Schlüsse für Eingebungen des h. Geistes gehalten: aber das sind Fehler aller Heiligen."[512]

Durch diese Lektüreempfehlungen wurde Böhme einerseits formal und offiziell gegenüber seiner früheren autoritativen Rolle in Oetingers Lehre deutlich degradiert – eine auffällige Diskrepanz zum *Wörterbuch* zwei Jahre später, in dem Oetinger Böhme als „Prophet unserer Zeit" und „vielleicht" als „Engel des ewigen Evangelii" bezeichnet, dessen Irrtümer im Millennium korrigiert würden.[513] Oetinger vollzog diese Degradierung andererseits in deutlicher Anlehnung an Swedenborg, dem er nicht nur vorgeworfen hatte, nicht schriftgemäß zu lehren, sondern dem er auch unterstellt hatte, seine Visionen mit seinen Schlüssen zu verwechseln und mit deren Hilfe die Schrift auszulegen.

Böhme und Swedenborg verschwimmen in Oetingers Repräsentation identifikatorisch miteinander. Nach den jahrelangen Auseinandersetzungen erhält Swedenborg nun an manchen Stellen die Maske Böhmes dort, wo er rezipiert bleibt, und er behält seinen Namen dort, wo er abgewiesen wird. Auf quantitativ und qualitativ unterschiedliche Weise bleiben der Görlitzer Theosoph und der Stockholmer Geisterseher aber in Oetingers apokalyptischer und zunehmend lutherischer Theologie fest integriert. Ihr Offenbarungsanspruch wird – wie schon früher – parallelisiert und zugleich relativiert.

---

[511] Er zählt auf: Sophia, Tinktur, die sieben Gestalten, Magie, Zorn und Grimm Gottes, Kälte, Feuer, Licht, Salz, Sulphur, Mercurius. Vgl. OETINGER, Inbegriff, 45.
[512] Vgl. OETINGER, Inbegriff, 45 f.
[513] OETINGER, 1999, Bd. 1, 21 f., Lemma: Adam.

bb) Swedenborg – Zeuge und zugleich Irrlehrer

Im selben Jahr 1774 brachte Oetinger eine weitere kleinere Schrift zu einem aktuellen Buch heraus, zu der Übersetzung von Charles Bonnets *Palingenesie* durch Johann Caspar Lavater.[514] Seinem kritischen Kommentar zu Bonnets Lehre gab er den Titel *Gedanken über die Zeugung und Geburt der Dinge*.[515] Oetinger sprach sich hier unter anderem aus christologischen Gründen für die Epigenese gegen Bonnets an Leibniz angelehnte Präformationslehre aus[516] und brachte dagegen wiederholt seine böhmistisch geprägte Geistleiblichkeits- und Lebenstheologie vor.[517] An nur wenigen Stellen erwähnte er auch Swedenborg, wiederum nicht ohne sich von ihm an den theologischen Positionen zu distanzieren, die er bereits seit langem bei ihm attackiert hatte. So erkannte er in der Präformation, hinter der er wie schon früher Schwenckfelds Trinitätslehre vermutete,[518] einen Widerspruch zur Sündenlehre, und er sprach sich in diesem Zusammenhang deutlich für „Imputation und Satisfaction" aus. Dabei sei es aber unwichtig, ob man meine, Gott habe „uns mit sich" oder Christus habe „uns mit Gott" versöhnt – denn die „Zurechnung und nicht-Zurechnung bleibt in einem wie im andern".[519] Wer aber wie Dippel „und noch mehr" wie Swedenborg die Imputation verlache, sterbe „mit viel Angst" oder gar, wie Oetinger lapidar behauptete, „mit Angst und Schrecken, wie Swedenborg".[520]

Gegenüber dieser schon mehrfach geäußerten Kritik an Swedenborg fällt nun aber ins Auge, an welcher Stelle sich Oetinger in diesem Text plötzlich auf ihn

---

[514] CHARLES BONNET: Philosophische Palingenesie. Oder Gedanken über den vergangenen und künftigen Zustand lebender Wesen. Als ein Anhang zu den letztern Schriften des Verfassers; und welcher insonderheit das Wesentliche seiner Untersuchungen über das Christenthum enthält. Aus dem Französischen übersetzt und mit Anmerkungen herausgegeben von Johann Caspar Lavater. 2 Bde., Zürich 1769f.

[515] FRIEDRICH CHRISTOPH OETINGER: Gedanken über die Zeugung und Geburt der Dinge, aus Gelegenheit der Bonnetischen Palingenesie von Herrn Lavater in Zürch aus dem Französischen übersetzt. Frankfurt; Leipzig 1774. Sein Hauptargument gegen Bonnet war dasselbe wie gegen Oetingers ‚idealistische' Gegner: Dessen Lehrgebäude falle in sich zusammen, weil er „alles übersinnlich und monadologisch haben will", ebd., 58. Zu dieser Schrift vgl. auch KUMMER, Autobiographie, 221f.

[516] Wenn Bonnet mit seiner Präformationstheorie „alle Geburt" leugne, meinte Oetinger, dann müsse er den von ihm behaupteten Evolutionen das männliche und weibliche Prinzip absprechen und könne überdies nicht die Inkarnation Christi als Mensch zugeben, da er nach Bonnets Präformationsidee bereits vor aller Welt Mensch geworden sei. Christus könne nach dieser Auffassung nicht Sohn Davids gewesen sein, sein „Fleisch" wäre nur „Capsul" und „Futteral". OETINGER, Gedanken, 38f., vgl. auch 31f., 46.

[517] Vgl. etwa OETINGER, Gedanken, 40f., mit Hinweis auf den „Spiritus plasticus", den Oetinger im Melissenexperiment erwiesen haben will, der aber wohl kaum präexistieren könne.

[518] Dabei gelangte Oetinger zu einer unausgesprochenen Parallelisierung gegenüber der kabbalistischen Adam-Kadmon-Vorstellung. Aber auch eine denkbare Assoziation zu Swedenborgs *maximus homo* erwähnte er nicht: Schwenckfeld hielte Christus nicht für den präexistenten Logos, er sei als Mensch „vorgebildet geschaffen worden, ehe die Erde entstanden, und daß in diesem Original-Menschen alle Creaturen [...] präexistiert haben". OETINGER, Gedanken, 43f.

[519] Vgl. OETINGER, Gedanken, 50, 52f.

[520] Vgl. OETINGER, Gedanken, 53.

bezog. Gegen Bonnets metempsychotische Aussagen, dass nämlich die präexistenten Keime „auch in andere Cörper übergehen" könnten, zog er zunächst Lavater
heran, der sich angeblich „mehr" für die Unsterblichkeit des Leibes als der Seele
erklärt hätte. Dies sei schließlich auch biblisch bezeugt.[521] Offensichtlich um der
hier drohenden Schlagseite zu einer explizit materialistischen Unsterblichkeitsauf-
fassung auszuweichen, ging Oetinger – zunächst ohne Namensnennung und ganz
unvermittelt – zu Swedenborg als Kronzeuge über, indem er fragte:

„Was sagt Herr Lavater von der Seele nach dem Tode? lobt er nicht die Meynung jenes
Geistersehers? Er [Lavater – FS] sagt: Wie! wenn dieser seelische Leib der Sitz der Emp-
findung, ein Mittelding zwischen Geist und Leib wäre. Ich sehe unbeantwortliche
Schwierigkeiten. Man lese Tertulliani Buch von der Seele, da findet man was, das Swe-
denborg beytritt; nämlich, daß es einen ganzen inwendigen Menschen gebe, der alle
Gliedmassen des äussern habe [...]."[522]

Oetinger nahm demnach nicht nur eine Tendenz Lavaters in Anspruch, um seine
eigene Geistleiblichkeitslehre als Antwort zu geben. Er zog als Beleg auch Swedenborg, den „Geisterseher", heran, den er durch Tertullian gestützt sah und den
Lavater, der offenbar gerade aufgrund seiner ausgesprochen starken Swedenborg-
Affinitäten namentliche Erwähnungen offenbar strikt zu vermeiden versuchte,
selbst nicht ausdrücklich genannt hatte.[523] Ein Jahr vorher hatte Oetinger den
Gedanken des inneren, unsterblichen und geistleiblichen Seelenmenschen an die
Inkarnation Jesu aus Maria gebunden: Dem sei zu verdanken, dass unsere Seelen
in der anderen Welt menschlich, aufgrund ihrer Bekleidung mit dem Geist Jesu
sogar „mit Kleidern" erschienen und „unsere Seele" der „ganze Mensch" sei.[524]
An dieser auffälligen Stelle wird Swedenborg gerade nicht genannt, aber in der
Schrift über Bonnets *Palingenesie* fungiert er entgegen allen eschatologischen,

---

[521] Oetinger verwies summarisch auf Mt 22,23, den Beginn der Auseinandersetzung Jesu
mit den Sadduzäern.
[522] OETINGER, Gedanken, 41 f. Zitat: 42. Diese Referenz auf Lavaters Bonnet-Übersetzung findet sich auch bei Hennings, 1774, 286 f., der sie – wie Lavater – als Theorie neben
anderen anerkennt, aber ihr keinen genügenden Beweisgrund zuspricht. Hennings erwähnte
wie Lavater und im Gegensatz zu Oetinger Swedenborg nicht.
[523] Die Stelle, die Oetinger aus Lavaters Bonnet-Übersetzung (BONNET, Bd. 1, 1770,
150 f.) entnahm, lautet: „Wie, wenn es wahr wäre, was einige Geisterseher [Anm. bei Lavater:
‚Man sehe Kants Träume eines Geistersehers.'] und einige Metaphysische Träumer, die im
Scherze mehr Metaphysik in einer Seite anbringen, als mancher in vielen ernsthaften, in ei-
nandergeketteten Bänden, träumen, daß es einen ganzen inwendigen seelischen Menschen
gebe, der alle Gliedmassen des äussern habe? – Wie, wenn dieser seelische Leib der Sitz der
Empfindung, ein Mittelding zwischen dem geistlichen und irdischen Leib der Offenbarung,
oder gar der ausgewachsene Keim, der unendlich feine Zettel unsers groben Körpers wäre,
der durch keine Flamme zerstört, der durch keinen Stahl verwundet werden könnte, der bey
Abhauung eines Gliedes, sich aus demselben zurück, an den ganzen Körper zöge, und die
Empfindung der abgehauenen Hand verursachte! Ich sehe unbeantwortliche Schwierigkeiten.
[...]."
[524] Vgl. OETINGER, Predigt (1773), 12. In einer Anmerkung ergänzte Oetinger: „Die Seele
siehet man erst nach dem Tod." Oetingers hier (ebd., 8) vertretene Ansicht, Jesu Seele stamme
aus Marias Seele, widersprach Swedenborg natürlich diametral. Vgl. oben Kap. 3.3.6., c). Das
trifft auch auf die Behauptung (ebd., 10 f.) zu, Christus sei als Hoherpriester „Quelle der 7.
Geister GOttes", weil Jesu Seele selbst mit den sieben Geistern vereint sei.

biblizistischen und soteriologischen Bedenken Oetingers als Zeuge für ebendiese Geistleiblichkeitslehre vom inneren, eigentlichen Menschen. Hier erscheint Swedenborg nicht in der Maske Böhmes. Er wird je nach Frontziehung entweder mit Dippel oder mit Lavater und Tertullian in eine Reihe gestellt, als gewichtiger Zeuge herangezogen, andernorts aber als Irrlehrer attackiert.

cc) Swedenborg im Wörterbuch

Oetinger behielt auch in seinem letzten größeren Werk, dem *Biblischen und Emblematischen Wörterbuch* (1776) seine verdeckte und partielle Rezeption Swedenborgs bei. Der Titel verrät nur teilweise Oetingers Frontstellung: „dem Tellerischen Wörterbuch und Anderer falschen Schrifterklärungen entgegen gesezt".[525] In Abraham Wilhelm Tellers *Wörterbuch des Neuen Testaments* erblickte Oetinger den Kulminationspunkt der ‚idealistischen' kritischen Exegese, die das Neue Testament vor allem im Hinblick auf die Offenbarung des Johannes entleiblichte. Die „anderen" Hermeneutiken werden hier nicht näher genannt, aber die Durchsicht der einzelnen Lemmata zeigt deutlich, dass Swedenborg dabei eine prominente Rolle spielte.

Die in einem eigenen Abschnitt noch zu thematisierende emblematische Auslegungsmethode Oetingers richtet sich gegen die Spiritualisierung und gegen die Historisierung des Bibelgehalts vor allem hinsichtlich der apokalyptischen Implikationen. Oetinger kommt es nicht darauf an, dass die Historisierung und Grammatikalisierung der Bibel bei Semler, Teller und anderen ‚Neologen' einer anderen Theorie folgt als die Auslegung des „inneren Sinns" bei Swedenborg. Ihm geht es um das Ergebnis: die Entleiblichung des Schriftbuchstabens und die Eliminierung einer ‚realistisch' verstandenen Apokalyptik im Sinne Bengels. Dass Oetinger trotz seiner Abwehr einerseits der spiritualistischen Hermeneutik Swedenborgs und andererseits der historisch-kritischen Exegese, die er freilich nicht so bezeichnete, theoretische Ansätze und einzelne Segmente aus beiden Verfahren entlehnte, wird noch zu zeigen sein.

Die Rezeption Swedenborgs zeigt sich im *Wörterbuch* auf fünffache Weise: *Erstens* wird Swedenborgs Name noch an den Punkten genannt, die Oetinger schon immer als unannehmbar bezeichnet hatte. *Zweitens* wird Swedenborg genau dort geradezu demonstrativ nicht genannt, wo Oetinger in seinen früheren Schriften positiv an Swedenborg angeknüpft hatte. *Drittens* werden verschiedene

---

[525] Vgl. WILHELM ABRAHAM TELLER: Wörterbuch des Neuen Testaments zur Erklärung der christlichen Lehre. Berlin 1772 [6 Aufl. bis 1805]. Vgl. dazu HORNIG, 1998, der Teller und Oetinger an manchen Stellen aber aus „heutiger Sicht" und durch die tendenzielle Gleichsetzung der Aufklärungstheologie mit der Moderne bewertet und Oetingers Emblematik als „unzureichend" betrachtet. Ebd., 83. Es sei Oetinger nicht „bewußt geworden, wie fremd solche Rezeption und Revitalisierung biblischer Mythen und apokalyptischer Vorstellungen für das moderne Wirklichkeitsverständnis sein mußten". Ebd., 86. In merkwürdigem Kontrast zu diesem Attest der Unzeitgemäßheit muss dann auch Hornigs Befund stehen, dass Oetinger Einfluss auf den deutschen Idealismus und besonders Schelling genommen habe. Dieser Kontrast ließe sich leicht auflösen, wenn bei der Bewertung Oetingers nicht vom modernen, sondern vom zeitgenössischen Referenzrahmen ausgegangen würde.

Lehrsegmente Swedenborgs auch im *Wörterbuch* adaptiert, ohne dass deren Herkunft bezeichnet wird, die bei Oetinger seit 1765 mit dem Namen Swedenborgs verbunden war. *Viertens* werden verschiedene Lehrentscheidungen Oetingers, die er seit 1765 explizit gegen Swedenborg verstärkt oder entwickelt hatte, nun ohne deren Negativfolie aufgeführt. Und schließlich werden *fünftens* einige Elemente, die Oetinger unter Referenz auf Swedenborg entwickelt hatte, nun mit den Masken anderer Autoren versehen – auffälligstes Beispiel dafür ist Kant.

Durch diese Vorgehensweise wird Swedenborg personal aus Oetingers Theologie ausgegrenzt, so dass oberflächlich der Eindruck entsteht, er habe jede produktive Relevanz für Oetinger verloren und sei zu einer *persona non grata* geworden. Material wird seine Lehre aber weiterhin modifiziert beibehalten. Im Folgenden werden die genannten fünf Rezeptionsebenen anhand der auffälligsten Beispiele illustriert.

(1) Negative Konnotation. Die namentlichen Erwähnungen Swedenborgs sind fast ausschließlich negativ konnotiert. Unter dem Lemma „Phantasia" wird Gottfried Ploucquet mit der Ansicht zitiert, jeder „Affect" könne sich ein „Sensorium" von „wahren oder falschen Phantasien" bauen. Oetinger fügt hier den Satz ein: „Schwedenborg ist deßwegen nicht in allem zu trauen", um weiter auszuführen, dass der Teufel in den Phantasien „gauckeln" könne: „Dadurch wirkt Satan in uns und führt uns scheinbar ab aus der Wahrheit in die Concinnité, die auch viel ähnliches hat mit der Wahrheit."[526] Swedenborgs Visionen werden auf diese Weise texträumlich wenigstens in die Nähe einer teuflischen Wirkung gebracht. So weit war Oetinger bislang nicht gegangen, denn ursprünglich hatte er die Offenbarungsträgerschaft Swedenborgs anerkannt und nur deren Interpretation durch den „Mechanicus" zurückgewiesen.

Unter „Empfindung, Sensus, aestisis" ordnet Oetinger die übersinnlichen „Empfindungs-Werkzeuge" Swedenborgs in ähnlicher Weise ein: die Seele habe sich, „wie ich von Schwedenborg vermuthe", durch „lange Einkehr" zugezogen. Aber: „Man nehme sich wohl in acht." Denn es bestehe die Gefahr, dass sich „geistliche Boßheiten im Himmlischen darein mischen". Oetinger verwarf Swedenborgs Visionen hier nicht gänzlich, sondern votierte dafür, die [übersinnliche – FS] „Empfindung nicht weg" zu werfen, weil sonst gar keine wahre Erkenntnis möglich wäre, weil das „Erkennen" nichts anderes als „eine erhöhete Empfindung" sei. Da aber nur Adam als erster Mensch Empfindung und Erkenntnis gleichermaßen besessen habe, müsse man heute eklektisch, „*stükweiß* und syllogistisch erkennen".[527] Oetinger entzieht Swedenborgs übersinnliche, wenn auch potentiell mit den Einflüssen böser Mächte gemischte „Empfindung" also ausdrücklich nicht seinem eklektischen Verfahren, das angesichts der noch unerlösten Erkenntnisfähigkeit eklektisch bleiben muss.

---

[526] Oetinger, 1999, Bd. 1, 253 [Hervorhebung bei Oetinger].

[527] Oetinger, 1999, Bd. 1, 93 f. [Hervorhebung bei Oetinger], mit Hinweis auf Eph 6,12: „Denn wir haben nicht mit Fleisch und Blut zu kämpfen, sondern mit Mächtigen und Gewaltigen, nämlich mit den Herren der Welt, die in dieser Finsternis herrschen, mit den bösen Geistern unter dem Himmel."

Unter „Stadt GOttes – neu Jerusalem", einem der Hauptthemen Oetingers, wird Swedenborg gleich zu Beginn als Gegner genannt, aber etwas später erwähnt Oetinger dessen Sehergabe: Swedenborg habe die „Stadt GOttes", die in drei Dimensionen bestehe und durch eine vierte Dimension „von der neuen Erde bis in den neuen Himmel" reiche, „gesehen in einer weiten Distanz sehr nahe".[528] Auch hier wird die Vision von der Deutung unterschieden. Die Vision wird zwar relativiert – „in einer weiten Distanz" –, denn Swedenborg konnte ja nach Oetingers früherer Einschätzung nicht bis zum Ende der Dinge, sondern nur in den Interimszustand blicken, den er fälschlicherweise mit dem Zustand der Auferstehung gleichgesetzt hatte. Allerdings wird an der Tatsache der Vision selbst nicht gezweifelt.

Dem entspricht auch Oetingers, wie in seinen früheren Schriften, positive Würdigung der Sehergabe Swedenborgs unter dem Stichwort „Erscheinungen, Epiphania, Optasia". Hier nennt er zunächst eine „Jungfer in Herrenberg", Oetingers Pfarrstelle vor seiner Prälatur in Murrhardt, die durch „ihre Begierde nach Gesichten elendiglich betrogen" worden sei, um Swedenborg positiv davon abzusetzen und seiner Fähigkeit als Seher zugleich einen gewissen Beweischarakter zuzusprechen:

„SCHWEDENBORG hatte eine besondere Gabe, die sich legitimirt hat mit der Königin von Schweden, dennoch wurde er betrogen, da er doch so viel schönes entdeckt. Wir warten auf die grosse Erscheinung JEsu vom Himmel. Da hat SCHWEDENBORG sich vergriffen und gesagt, die Erscheinung JEsu vom Himmel seye an ihm geschehen. Mit nichten."[529]

Oetinger folgt hier seiner bisherigen Trennung zwischen Gabe und Deutung. Swedenborgs Gabe wird anerkannt, Oetinger stattet sie sogar mit legitimatorischer Kraft aus.

Die Trennlinie wird nach wie vor durch Swedenborgs Deutung der Apokalyptik, inbesondere seiner Interpretation der Parusie als Wiederkunft im Wort und in einer neuen Kirche markiert. Diesen Kurs hält Oetinger an weiteren Stellen durch. Unter dem Lemma „Christus" wird die Erwartung der Wiederkunft Christi in der Gestalt, in der er „aufgefahren" ist, ausgesprochen, „und daran hat sich SCHWEDENBORG zu seiner Schande vergriffen".[530] In dem Anhang *Was besonders in heiliger Offenbarung sinnbildlich oder nach dem klaren Ausdruck zu nehmen* votiert Oetinger durchaus für das allegorische Verständnis einzelner Aussagen, vor allem wenn ein „Zeitlauf von etlich 100 Jahren" in einem „Sinnbild" ausgedrückt ist. Das endzeitliche Jerusalem will er aber massiv und „unverblümt" verstanden wissen. Dagegen hätten sich Swedenborg und „CANZENS Philosophie", die die Offenbarung leugneten, vergangen: „Was sollen die SCHWEDENBORGISCHE Mißdeutungen? Er wird Rechenschaft geben müssen von seinem Mystischen Unfug."[531]

---

[528] OETINGER, 1999, Bd. 1, 303.
[529] OETINGER, 1999, Bd. 1, 111 [Hervorhebung bei Oetinger].
[530] OETINGER, 1999, Bd. 1, 69 [Hervorhebung bei Oetinger].
[531] OETINGER, 1999, Bd. 1, 425 [Hervorhebung bei Oetinger].

In dem Artikel „Spectrum, Phantasma, πνεῦμα, Daimon" weist Oetinger auf die vielen „Erzählungen" über „erscheinende Geister" hin. Man solle alle die „aufzeichnen", die „gewiß seyn", um sie zu prüfen. Gott wolle durch solche „Erscheinungen" die „Nachrichten vom Zustand nach dem Tod nicht untergehen" lassen.[532] An dieser Stelle hatte Oetinger vor 1776 stets Swedenborg angeführt, so dass es geradezu zu erwarten gewesen wäre, dass er sich zum Thema „Geister" auch ausdrücklich auf dessen Visionen als Bekräftigung der Lehre vom *status post mortem* beziehen würde. Doch der Name Swedenborg fällt hier nicht. Offensichtlich vermied Oetinger eine positive Konnotation. Stattdessen erwähnte er Swedenborg gleich im folgenden Eintrag „Stadt GOttes – neu Jerusalem", und zwar wiederum mit negativer Akzentuierung:

„SCHWEDENBORG verwandelt die Stadt GOttes in ein Spiel der Gedanken und erdichtete statt deren eine Gemeine auf der Welt, welche aber nicht kommt. So gibt es viele. Man besinne sich. GOtt wird solchen abthun ihren Theil am *Holz des Lebens*, wenn sie auch zur Noth errettet werden."[533]

Die Möglichkeit einer positiven Konnotation, die im übrigen jedem Oetinger-Kenner beim Thema „Geister" hätte vor Augen stehen können, wird durch eine negative Konnotation ersetzt, die überdies durch den Hinweis auf die *Apokatastasis* wieder entschärft wird, ohne ihren sachlichen Gehalt zu relativieren. Der im ganzen *Wörterbuch* auffälligerweise nur am Rande erwähnte postmortale Zwischenzustand, der jahrelang Oetingers Beschäftigung mit Swedenborg bestimmt hatte, wird von dem Namen Swedenborg gelöst, um zugleich zu betonen, dass Swedenborg wegen seiner Umdeutung des neuen Jerusalem abzulehnen sei.

Unter dem Lemma „Paradiß, Paradisos" wiederholt Oetinger seine bereits in der *Irdischen und himmlischen Philosophie* geäußerten Vorbehalte gegen Swedenborg, der den intelligiblen Raum des *mundus spiritualis* lediglich als Zustand beschrieben hatte, in dem Raum und Zeit nur als etwas Reales erscheinen würden. Oetinger räumt ein, nicht zu wissen, was „Spatium" ist. Er betrachtete Swedenborgs Definition aber unverändert als zu ‚idealistisch'. Denn ein „Status" könne nicht ohne Raum sein, sondern nur als eine „Coordinatio variabilium ad fixum, eine Zusammenordnung der veränderlichen Dinge zu etwas Standhaltendes" verstanden werden.[534] Oetingers Raumbegriff war an dieser Stelle von seiner Paradiesvorstellung bestimmt, denn im Paradies müssten nach seiner Deutung der Apokalypse auch „körperliche" Dinge vorhanden sein. Solche „vernehmliche Ideen" hätten aber „weder BOEHM noch SCHWEDENBORG gehabt" – eine Parallelisierung, die seiner Teil-Degradierung Böhmes neben Swedenborg im Hinblick auf die Apokalyptik nach Bengel entsprach.

Swedenborg, der jahrelang einer der Hauptgegenstände der theologischen Arbeit Oetingers gewesen war, wird durch diese acht namentlichen Erwähnungen zu einem auf den ersten Blick zu vernachlässigenden und für seine gesamte ‚lu-

---

[532] OETINGER, 1999, Bd. 1, 301.

[533] OETINGER, 1999, Bd. 1, 301 [Hervorhebung bei Oetinger].

[534] OETINGER, 1999, Bd. 1, 252 [Hervorhebung bei Oetinger]; zu der gleichlautenden Stelle in *Swedenborgs und anderer irdischer und himmlischer Philosophie* vgl. oben Seite 560 f.

therische Theosophie' geradezu irrelevanten Person. Genauer besehen ist aber selbst die Marginalisierung und Bagetellisierung Swedenborgs in sich gebrochen. Seine Deutung der Apokalyptik und vor allem der Parusie wird durchweg als falsch abgewiesen. Seine Sehergabe aber wird einerseits anerkannt, ihr wird sogar ein gewisser Beweiswert zugesprochen. Andererseits stellt Oetinger sie in den Kontext mit bösen Geistern und sogar mit dem Teufel. Diese Ambivalenz zeigt, dass Oetinger zwar weiterhin an der übersinnlichen Fähigkeit Swedenborgs festzuhalten strebte, aber den Bruch nicht nur zwischen Vision und Deutung, sondern auch in die Visionen selbst hineinzuverlegen versuchte.

(2) *Demonstrative Nichtnennung.* Wie im Falle der Nichtnennung Swedenborgs im Kontext der Geistererscheinungen fallen noch weitere Themen ins Auge, aus denen Oetinger diesen referentiellen Zusammenhang gelöst hatte. Das Stichwort „Daemon, Daimonion", in dem es vorwiegend um das Phänomen der Besessenheit geht, enthält beispielsweise keinen Hinweis auf Swedenborg. Dafür wird erneut eine „Jungfer", nämlich die oben erwähnte aus Herrenberg, genannt, die einen dämonischen Umgang gehabt haben soll, wie es Oetinger selbst von ihr erfahren haben will. Oetinger hielt sich mit einer Bewertung dieser Begebenheit zurück, „man glaube es oder glaube es nicht", aber er betrachtet Dämonen im Gegensatz zu den „Vielwisser[n]" Teller, Voltaire, dem hier nicht genannten Semler und Swedenborg nicht ausschließlich als ehemalige Menschen, die zudem nicht leiblich zu wirken vermögen. Oetinger erwähnt aber Swedenborgs Dämonologie, die er gut kannte, nicht, sondern verweist nur auf seinen Artikel „Besessene", in dem er sich vor allem gegen Teller gewandt hatte, der Semlers Historisierung und ‚Pathologisierung' der Dämonologie folgte.[535]

Der Artikel „Gesicht", der „Gesichte" im Traum- und im Wachzustand unterscheidet, nennt neben den neutestamentlichen ‚Zeugen' Jesus und Paulus nun auffälligerweise nicht Swedenborg, sondern eine Person des vergangenen Jahrhunderts, nämlich van Helmont, der als ein von „Einbildungen" freier Mensch seine eigene Seele auf „viel hellere Art" gesehen habe als Oetingers Onkel, der Tübinger Medizinprofessor Elias Camerarius (1673–1734), dem Oetinger visionäre Neigungen zugeschrieben hatte.[536] Swedenborg, dessen Visionen viele Bände Oetingers bestimmt hatten, wird gerade hier nicht genannt.

Unter dem Lemma „Sterne, Asteres" geht Oetinger ausdrücklich nicht auf das Thema möglicher Planetenbewohner ein, das er von Swedenborg kannte. Er stellt aber eine Frage, die Swedenborg selbst beantwortet hatte: Es sei „bedenklich", dass GOtt gerade auf der Erde als dem „mittelsten unter den Planeten" solche

---

[535] OETINGER, 1999, Bd. 1, 75, 53 f., Lemma: Besessene, Daemonizomenoi. Zu Semler vgl. Kap. 5.1.2., f).

[536] OETINGER, 1999, Bd. 1, 155, Lemma: Gesicht, Optasia 2. Kor. 12,1, auch Horama. 2Kor 12,1: „Gerühmt muss werden; zwar nützt es nichts, aber ich will auf Erscheinungen und Offenbarungen des Herrn kommen." Danach folgt der Entrückungsbericht des Paulus. Zu Camerarius, dem Oetinger zeitweilig eine „Zentralerkenntnis" nach Böhme zuerkannte, ebd., 56; OETINGER, Selbstbiographie, 37–39; KUMMER, Autobiographie, 81; WEYER-MENKHOFF, 1990a, 82, 89 f.; DEGHAYE, 2005, 187.

„grosse Religions-Absichten" wie die Menschwerdung „auszuführen sich vorge-
sezt" habe. Swedenborg, der dieses Problem in seinem Buch über die Planetenbewohner ausführlich zu beantworten versucht hatte, wird hier nicht erwähnt.
Oetinger verweist hingegen auf Fricker und Cluver als Autoren, die sich mit diesen Fragen beschäftigt hätten.[537]

In diesen vier Themenbereichen, die in Oetingers früheren Schriften ‚sweden-
borgaffin' gewesen waren, verschwieg Oetinger die ‚Causa Swedenborgiana' ausdrücklich und fügte an deren Stelle andere Namen als Platzhalter ein.

(3) Anonymisierte Adaption.   Daneben finden sich eine ganze Reihe von theologischen und philosophischen Themen, die Oetinger in der Auseinandersetzung
mit Swedenborg entwickelt hatte, die nun aber im *Wörterbuch* ohne die Nennung
seines Namens referiert werden. Die Segmente aus Swedenborgs Lehre bleiben
auf diese Weise bei Oetinger erhalten, ohne dass deren Herkunft erklärt wird.

Dass alles Geistige und Unsichtbare nur als Figur vorstellbar sei, hatte Oetinger bei Swedenborg bestätigt gefunden und als eine der von ihm annehmbaren
Ansichten bezeichnet. Diese Auffassung wird nun unter dem Eintrag „Unsichtbar, Aoratos" wiederholt: „jedes unsichtbare Wesen stellen wir uns unter einer
Figur vor, sonst rühren uns die Dinge nicht."[538] Die Quelle aller „Sinnbilder"
für seine emblematische Hermeneutik ist für Oetinger die Tatsache, dass die
„ganze irrdische Welt […] eine Abbildung der Geister-Welt" sei.[539] Gott habe
den *mundus intelligibilis*, seit seiner Kenntnis der Inauguraldissertation Kants
Oetingers häufiger Begriff für die „geistliche Welt", in ein „äusseres Wesen eingeführt", darum sei die Welt „nur halb" zu sehen. Das „innere sehen wir nicht",
sondern – und darin scheint Oetingers Vorbehalt gegen Swedenborg ausgedrückt
zu werden – wir „verstehen es durch den Glauben". Anstelle der Erkenntnis des
mundus spiritualis bei Swedenborg verweist Oetinger nun auf Böhme: Wie die
„intelligible geistliche Welt greiflich und sensible" geworden sei, müsse aus Gottes Sprechakt verstanden werden, durch Attraktion und Repulsion sowie durch
die „Progressionen" der „7 Geister".[540] Die Figürlichkeit des *mundus spiritualis*,
die sich Oetinger nach eigener Auskunft durch Swedenborgs Visionen so nachhaltig bestätigen ließ, dass er genau in diesem Punkt seinen göttlicher Sendungs-
auftrag erkannte, blieb im *Wörterbuch* als Grundgedanke bestehen und wurde
wie schon Jahre zuvor durch die kabbalistisch-böhmistische Kosmogonie ergänzt.

Wie bei Swedenborg wird auch für den Oetinger des *Wörterbuchs* der Körper
aus einem „innerlich Geistwesen" gebildet. Aber auch hier ergänzt Oetinger seine kabbalistisch-böhmistischen Anleihen und geht mit ihrer Hilfe über Swedenborg hinaus. Denn das „Geistwesen" wird von Gott nicht durch Emanation, sondern als ein Schöpfungswerk zuerst aus Chaos und danach aus „Feuer und Licht"

---

[537] OETINGER, 1999, Bd. 1, 305 f.
[538] OETINGER, 1999, Bd. 1, 333.
[539] OETINGER, 1999, Bd. 1, 427.
[540] OETINGER, 1999, Bd. 1, 289.

„durch die Grade der Schöpfung hervorgebracht und specificirt".[541] Hier wäre allerdings zu ergänzen, dass Oetinger die nichtemanative und graduelle Generation in Swedenborgs *De infinito* ausdrücklich gewürdigt hatte.[542] Möglicherweise spielte er mit dieser Bemerkung darauf an.

Weitere Themen aus Swedenborgs Naturphilosophie werden mit Selbstverständlichkeit auch im *Wörterbuch* referiert, ohne dass Swedenborgs Name erwähnt wird. Die beiden dualistischen Schöpfungsprinzipien, das *activum* und das *passivum*, die Oetinger aus seiner Übersetzung von *De commercio corporis et animae* kannte, werden an mehreren Stellen neben den Prinzipien der „Diastole" und der „Systole" aufgeführt.[543] Dies betrifft auch Swedenborgs *punctum naturale*, das Oetinger unter dem Stichwort „Punkt"[544] zwar nicht aufführt, dafür aber in anderen Zusammenhängen als Ursprung der Welt positiv und neben anderen Modellen nennt, ohne Swedenborg noch zu erwähnen.[545] Und schließlich rezitiert Oetinger Swedenborgs Figur des *nexus infiniti cum finito*, den er aus *De infinito* kannte und in der *Irdischen und himmlischen Philosophie* referiert hatte.[546] Dieser *nexus* entspricht nicht Swedenborgs späterem Sabellianismus. Er geht als „bewegliche[s] Leben in der Gottheit" von Gott aus, ist aber sowohl von ihm unterschieden als auch „eins mit ihm".[547] Der *nexus* ist „Anfang" der Natur, aber die Natur ist nicht in ihm präformiert. Damit rezipiert Oetinger einen logostheologischen Akzent der vorvisonären Naturphilosophie Swedenborgs.

Wie bereits bemerkt wurde, findet sich das gesamte Thema des *status post mortem* bis zur zweiten Auferstehung im *Wörterbuch* nur noch am Rande. Im Artikel „Ende aller Dinge" nennt Oetinger neben zwei Toden, der ersten Auferstehung, die „uns vor jezo unbekannt" sei, der zweiten Auferstehung, ein erstes Gericht des Antichrists und der Wiederkunft als Tag Christi geradezu beiläufig

---

[541] OETINGER, 1999, Bd. 1, 71, Lemma: Creatur, Ktisis.

[542] ZWINK, 2005, 227, spricht m. E. zu Unrecht von einer „emanative[n] Reihung", vgl. auch oben Seite 562 und Anm. 328.

[543] OETINGER, 1999, Bd. 1, 56f., Lemma: Bliz und Donner, Astrape, Brontae; 217, Lemma: Leben, Zoe; 245, Lemma: Nein, U. 1765 hatte Oetinger noch Swedenborgs Unterscheidung zwischen einem *activum* und einem *finitum* übernommen, aus denen ein *elementare* hervorgebracht wird. In Com 11 spricht Swedenborg nun vom *activum* und *passivum* aus dem das Dasein stamme.

[544] Vgl. OETINGER, 1999, Bd. 1, 259. Lemma „Punct, Stigme" bezieht sich aber auf einen anderen Gegenstand, nämlich auf den „Punct der Zeit", den Oetinger in Anlehnung an 1 Kor 15,52 als den Moment der Verwandlung ansieht.

[545] Vgl. OETINGER, 1999, Bd. 1, 89f., Lemma: Eins, Hen. Einheit, Monas. Oetinger versteht die Einheit nicht arithmetisch, sondern sieht im „wahren Eins" den „Inbegriff aller Kräfften Gottes". Dieses Eins sei äußerlich „Monas, Punctum, diffusivum & manifestativum sui", aber „innerlich Myrias". Oetinger trägt auf diese Weise die göttlichen Selbstbewegungsquellen in das Konzept des *punctum naturale*, die Swedenborg mit der mechanischen Wirbelbewegung zu erklären versucht hatte. Wie Swedenborg widersprach er aber Leibniz' Definition der Seelenmonade als eines punctum indivisibile. Vgl. ebd., 294.

[546] Vgl. SWEDENBORG 1977 [1765], 172, 214 (Der Ausdruck „nexus infiniti cum finito" wird auf Böhme angewandt), 243, 274 (Hier wird Ploucquet vorgehalten, dass er den „nexus cum universo" nicht erklären könne.).

[547] OETINGER, 1999, Bd. 1, 286, Lemma: Schöpfung, Genesis, Ktisis.

den Zwischenzustand, der „auch" zum „Ende aller Dinge" gehöre.[548] Subkutan wird aber auch an anderen Stellen auf den *status intermedius* rekurriert. Der knappe Artikel „Strafe, Timoria" endet mit der Ankündigung, dass „Schuld und Strafe" erst in „jener Welt ausgeglichen" würden. Damit dürfte Oetinger kaum auf das Jüngste Gericht abgezielt haben, das er stets vom Interimszustand abgetrennt hatte. Vielmehr dürfte es sich hier um einen Hinweis auf die *Vastationes*, die „Abstreifungen" handeln, Oetingers Interpretation der swedenborgischen Geisterwelt als Reinigungszustand, der die Seligen auf die Parusie, das Jüngste Gericht und die *Apokatastasis panton* vorbereite, der Zustand also, der von seinen kirchenamtlichen Gegnern als Variante des römisch-katholischen Fegefeuers abqualifiziert und von Oetinger mit dem Hinweis verteidigt wurde, dass Swedenborg nicht ein „würkliches" Feuer meine.

Schließlich sind einige dogmatische Aussagen zu nennen, die Oetingers vorsichtige Distanz zu den lutherischen Bekenntnisschriften ausdrücken. Wenn er „Dreieinigkeit" als einen Begriff bezeichnet, der „kein *Schrift*-Wort" sei, ohne den sich die *„Schrift"* aber nicht erklären lasse, dann schuf er selbst eine Referenz zu der Debatte um Swedenborgs dezidiert antinicänischen Trinitätsbegriff, der den christlichen Konfessionen einen Tritheismus unterstellte, aber in Form des „Trinum" zugleich an der Dreiheit festhielt.[549]

Möglicherweise war auch Swedenborgs dezidiert nichtanthropomorphes Gottesbild bei Oetinger nicht ohne Spuren geblieben, wenn er mehrmals betonte, nicht Gott versuche oder quäle die Menschen, sie selbst seien „Ursach ihrer Qualen, weil sie keine Weißheit annehmen".[550]

Dem entsprach offenbar auch Oetingers Auffassung der Erlösungstat Christi. Für den späten Oetinger war es zwar immer wichtiger geworden, dass Erlösung und Versöhnung als die beiden soteriologischen Folgen von Kreuz und Leiden sogar postmortal wirkten. Denn Swedenborgs ewige Fortdauer in Himmel und Hölle ohne jede Aussicht auf eine (All-) Versöhnung und Erlösung schien für Oetinger eine untragbare Vorstellung zu sein. Wie aber die „Erstattung durch Christi Leiden und Tod" und die „Herstellung seiner Herrlichkeit durch Christi […] Proceß" zu verstehen sei, erschien Oetinger „unbegreiflich".

Hat sich in dieser doppelt erklärten Unbegreiflichkeit Oetingers Kenntnis von Swedenborgs Polemik gegen die anselmische Satisfaktionslehre und eine mit ihr zusammenhängende Rechtfertigungslehre niedergeschlagen? Versöhnung und Er-

---

[548] OETINGER, 1999, Bd. 1, 95, Lemma: Ende aller Dingen, Pantos to telos. 1. Petr. 4,7: „Es ist aber nahe gekommen das Ende aller Dinge." Der Zustand nach dem Tod wird von Oetinger nach dem Alten Testament bezeichnet als „Stille", „Land der Vergessenheit", „Schatten des Todes", „Scheol", „Grube, darinn kein Wasser ist", für das Neue Testament verweist er auf Apk 20,5: „Die übrigen der Toten wurden nicht lebendig, bis die tausend Jahre vollendet waren. Dies ist die erste Auferstehung."

[549] OETINGER, 1999, Bd. 1, 81, Lemma: Dreieinigkeit, Dreiheit, Trinitas, Trias. [Hervorhebung bei Oetinger].

[550] OETINGER, 1999, Bd. 1, 259, Lemma: Quaal, Basanos, quälen, basanizo. Ebd., 347, Lemma: Versuchen, Pirazein: „GOtt versucht eigentlich niemand, sondern ein jeder wird versucht, weil er gutes und böses in sich hat, wenn er von seiner eigenen und verborgenen heraus gelockten Lust gereizet wird."

lösung bleiben für Oetinger zentrale Topoi, aber ein Gottesbild, das einen stellvertretend für die Sünden der Gläubigen und zur Satisfaktion Gottes leidenden Christus implizieren würde, scheint auch Oetingers auf die *Apokatastasis* hinauslaufender Theologie fremd zu sein.

(4) Anonymisierte Zurückweisung. Hatte Oetinger seit 1765 verschiedene thematische Bereiche seiner Theologie ausdrücklich gegen Swedenborg weiterentwickelt und verfestigt, so verzichtete er nun im *Wörterbuch* auf die namentliche Erwähnung seiner Negativfolie. Manche theologischen Entscheidungen sind in ihrer Prägnanz und Schärfe aber nur beschreibbar, wenn Swedenborg als Entscheidungsanlass im Hintergrund mitgedacht wird. In zahlreichen Artikeln breitet Oetinger sein ,realistisches' und an Bengel orientiertes Verständnis der Offenbarung des Johannes und anderer apokalyptischer Texte aus. Wie oben bereits erwähnt, wird Swedenborgs Eschatologie gelegentlich und sehr knapp als die gegnerische Front auch benannt. An den meisten Stellen fällt sein Name jedoch nicht. Dafür wird Bengel nun zum entscheidenden Ausleger: „Die ganze *Offenbarung* Johannis ist nun mehr als iemal entdeckt durch Hülfe des Manns GOttes, den Bengel."[551] Jeder Pfarrer und Student solle das „BENGELISCHE apocalyptische System" kennen.[552] Bei dieser geradezu kanonisierenden Würdigung Bengels verschwindet nicht nur die relativierende Kritik, die Oetinger an Bengels Unkenntnis der böhmistisch-kabbalistischen Kosmogonie geübt hatte. Wenn Oetinger in Anlehnung an Bengel an vielen Stellen das endzeitliche Jerusalem mit seinen Ausmaßen, Farben und seiner ,Inneneinrichtung', wie etwa dem Thron Gottes, „Gassen, Mauren, Fenster" und den „Lampen", als „höchst sinnlich und unverblümt" beschreibt, dann geschieht das in ganz offensichtlicher Abwehr auch gegen Swedenborgs Allegorisierung dieser Details, obwohl als Gegner häufig Leibniz, Teller, Semler, Michaelis, gelegentlich auch Basedow und Lavater genannt werden.[553]
Auch die spezielle Einfügung eines Artikel „Thiere" dürfte Swedenborg zu verdanken sein, für den das „weiße Pferd" in Offenbarung 19,11 im inneren Sinn das Verständnis des Wortes bedeutete. Oetinger erwähnt dies hier im Gegensatz zu früheren Texten nicht, betont aber,

„daß es noch wirklich im Unsichtbaren solche weisse Pferde gebe, und daß diß keine Bilder, sondern wirklich wahre Originale der irrdischen Pferde seyn. Das mögen die Philosophen in jener Welt erst lernen. Ich glaube es schon jetzt aus der heiligen *Offenbarung*."

---

551 OETINGER, 1999, Bd. 1, 100, Lemma: Entdecken, Apocalypto [Hervorhebung bei Oetinger].
552 OETINGER, 1999, Bd. 1, 196, Lemma: Johannes [Hervorhebung bei Oetinger].
553 OETINGER, 1999, Bd. 1, 64, Lemma: Bund. An dem „ganzen Elend" der falschen Auslegung sei „die mißverstandene PLATONISCHE Philosophie schuld". Leibniz habe Plato „aufgeholfen" und die „Körper und Stoff nur als einen Schein, wie den Regenbogen, nicht als ein subsistierendes Wesen angegeben" (ebd., 64f.); 72, Lemma: Crystallen und Edelgesteine, Crystallus, Margaritae; 211, Lemma: Lampen, Lampades, hepta. Offenb. 4,5., 260.

Diese Extrastellung scheint gerade deshalb gegen Swedenborg gerichtet zu sein, weil er an anderen Stellen Tiere als „Sinnbilder" für Menschen und in möglicherweise direkter Anknüpfung an Swedenborg für Bezeichnungen von menschlichen „Eigenschaften" hielt.[554]

Weitere Punkte weisen auf Swedenborg als Adressaten hin, ohne dass dessen Name genannt wird. Gegen Swedenborg und gegen Teller hält Oetinger an Engeln als eigens geschaffenen Wesen fest, die aber „niedriger subordinirt" seien als die Menschen und am Ende, „wenn JEsus *alles neu* macht", als androgyne Wesen den Menschen gleich würden.[555] An vielen Stellen betont Oetinger die leibliche Auferstehung, die vor allem deshalb leiblich geschehen müsse, weil man sonst Christus nicht sehen könne.[556]

Gegen Swedenborgs dualistische Eschatologie, die eine Wiederbringung und die Versöhnung auch der Höllenbewohner ausschließt, betont Oetinger nun noch offensiver als zuvor seine Auffassung, dass Christi Totenpredigt und das Gericht letztlich zur Gnade für alle führen werde.[557]

Es ist auch auffällig, an wie vielen Stellen Oetinger ein realistisches und (nur teilweise) personelles Teufelsverständnis vertritt.[558] Dies richtet sich nicht nur gegen die ‚Neologen' wie Teller, die einen personellen Teufel abschaffen wollten oder die Realität des Bösen nur als Mangel an Gutem zu beschreiben versuchten.[559] Oetinger beharrt aber auf dem kosmogonischen Fall des Teufels oder eines Engels,[560] und er verbindet damit die soteriologische Funktion Christi, der die Menschen „durch den Werth seines Bluts" aus der Macht des Satans auskaufe.[561]

Die Hinwendung Oetingers zur Betonung des Kreuzes und zum stellvertretenden Versöhnungstod Christi scheint sich ebenfalls gegen Swedenborg zu richten, der die Soteriologie an diesem Punkt umgedeutet hatte.[562]

---

[554] Oetinger, 1999, Bd. 1, 402 f., Lemma: Thiere, sowie Lemma: Vögel, unreine, ebd., 404.

[555] Oetinger, 1999, Bd. 1, 96, Lemma: Engel, Angelos [Hervorhebung bei Oetinger]. Ob die von Oetinger im Anschluss an Böhme mehrmals betonte Androgynität Adams sich gegen Swedenborg richtet, sei dahingestellt. Vgl. ebd., 58, Lemma: Braut, Nymphe; 234 f., Lemma: Mensch, Anthropos.

[556] Oetinger, 1999, Bd. 1, 68 f., Lemma: Christus; 52 f., Lemma: Beine, Ostea; 69 f., Lemma: Cörper, Soma, chros; 123, Lemma: Fleisch, Sarx.

[557] Vgl. Oetinger, 1999, Bd. 1, 44, Lemma: Auslegen der Schrift, Epilyein; 108, Lemma: Erlösung, Apolytrosis; 116 f., Lemma: Ewig, Aidios, aionios, aperantos; 312, Lemma: Tag Christi, Hemera Christu; 355, Lemma: Wiederbringung, Apocatastasis, Apgsch. 3,21.

[558] Vgl. etwa Oetinger, 1999, Bd. 1, 278, Lemma: Rüstung GOttes, Panoplia Theu. Ephes. 6,11. Hier ist von der hierarchischen Struktur des Reichs des Teufels die Rede. Auf Seite 280 f., Lemma: Satan, beschreibt Oetinger den Teufel nicht nur als eine „böse Intelligenz, sondern als ein ganzes Reich, eine Sphaere von widerwärtigen zusammenhangenden Kräften, die wider GOtt streiten". Im Eintrag „Zorn, Orge", ebd., besonders 366, 369, ist hingegen deutlich von einem personellen Satan die Rede.

[559] Vgl. zu Tellers Teufelsverständnis Hornig, 1998, 79 f.

[560] Vgl. Oetinger, 1999, Bd. 1, 147 f., Lemma: Zu dem Wort „Genugthuung"; 32, Lemma: Ankläger, Kategor.

[561] Vgl. Oetinger, 1999, Bd. 1, 42 f., Lemma: Auskaufen, Exagorazein.

[562] „Die Versöhnung der Schuld und Strafe geschahe demnach durch *das Kreuz*". Durch das Blut seien die Sünder erkauft worden. Vgl. Oetinger, 1999, Bd. 1, 71, Lemma: Creuz,

Dieser Front scheint auch Oetingers Betonung des Zornes Gottes[563] zu verdanken zu sein, den Jesus stellvertretend getragen habe. Man dürfe den Zorn nicht aufheben und Gott nicht einseitig als Liebe verstehen.[564] Zwar nennt Oetinger an diesen Stellen ausdrücklich Dippel,[565] aber Swedenborgs *Theologia specialis* dürfte ihm dabei ebenfalls vor Augen gestanden haben.

Wenn sich der Philosemit Oetinger deutlich gegen die Herabsetzung der Juden durch Christian Tobias Damm und Voltaire wandte, dürfte auch Swedenborgs expliziter Antijudaismus eine Rolle gespielt haben.[566] Schon einige Jahre zuvor hatte er Semler empfohlen, sich von Juden „unterweisen" zu lassen. Immerhin habe „unter dem Professor Kant [...] ein Jud von Berlin Namens Marcus Herz respondirt".[567] Von den späteren Überschneidungen zwischen Swedenborgs und Kants antijudaistischen Tendenzen[568] konnte Oetinger zu diesem Zeitpunkt freilich nichts wissen.

Und Oetingers Artikel „Seyn, Einae", der gegen die „Weltweise[n]", die an diesem Topos beim „Esse und Existere" begännen, betont, dass das Sein „zuerst Leben, hernach Bewegung" enthalte,[569] scheint eine deutliche Reminiszenz an Swedenborgs Gottesbegriff zu sein, für den Esse und „Existere" neben dem hier von Oetinger unerwähnten Fieri elementare Definitionen sind.

Diese Liste der Themen, die Oetinger bei impliziter Ablehnung theologischer Auffassungen Swedenborgs entwickelt und im *Wörterbuch* ohne die Nennung seines Namens ausführt, macht auch im Vergleich mit den anderen Rezeptionsebenen deutlich, wie stark Swedenborgs Lehre subkutan bei Oetinger wirkte. Gerade die ‚massiv' vorgetragene Apokalyptik, die zwar eine Naherwartung etwa im Sinne Bengelscher Berechnungen vermied, unterstreicht die Beobachtung, dass Oetinger die Trennlinie bei Swedenborgs spiritualistischer Umdeutung der Parusie, des Jüngsten Gerichts und der Allversöhnung zog und auf diese Weise seinen Bengelianismus vertiefte.

(5) Maskierte Adaption. Bereits im letzten Abschnitt ist erwähnt worden, dass Oetinger dort, wo Swedenborg adaptiert oder attackiert wurde, anstelle seines Namens andere Platzhalter einfügte, um offenbar den Namen desjenigen zu umgehen, der einen großen Teil seines Alterswerkes bestimmt hatte. Diese Platzhalter konnten die ‚Aufklärer' von Semler bis Teller sein, aber wenn Oetinger seinen Onkel, Elias Camerarius, als Beispiel für die Sehergabe nannte,[570] dann trat auch

---

Stauros [Hervorhebung bei Oetinger]; vgl. auch ebd., 86, Lemma: Eifer, Zelus; 106 f., Lemma: Erlöser, Goel, Lytrotes; 107 f., Lemma: Erlösung, Apolytrosis.

[563] Vgl. dazu oben Seite 542 f.

[564] Vgl. OETINGER, 1999, Bd. 1, 86, Lemma: Eifer, Zelus.

[565] Vgl. OETINGER, 1999, Bd. 1, 263, Lemma: Rache üben an der Schlange, ecdikin, sowie auch ebd., 340, Lemma: Verhaftet seyn, enochos.

[566] Vgl. OETINGER, 1999, Bd. 1, 84, Lemma: Ebräer.

[567] OETINGER, Beurtheilungen (1771), 90. Gemeint ist Kants Inauguraldissertation von 1770, die Herz als Jude auf dem Titelblatt nennt.

[568] Vgl. dazu Kap. 5.3.4., e).

[569] OETINGER, 1999, Bd. 1, 296.

[570] OETINGER, 1999, Bd. 1, 56, Lemma: Bildniß, Bild GOttes, jkon, morphe. Camerarius habe nach dem Bericht von Heinrich Wilhelm Clemm „mit offenen und geschlossenen Augen

er an die Stelle desjenigen Visionärs, dessen ‚Gesichte' Oetinger übersetzt und verbreitet hatte. Oetinger, der seine ambivalente Beurteilung der Visionen Swedenborgs in den zurückliegenden Auseinandersetzungen mit dem Konsistorium und mit Swedenborg selbst verstärkt hatte, behielt dadurch das übersinnliche „Sensorium" zwar bei, koppelte es aber von Swedenborg ab und ‚legitimierte' es durch andere Autoritäten.

Das auffälligste Beispiel für diese Maskierung ist die Art und Weise, wie Oetinger seine Rezeption Swedenborgs mit seinem Verständnis von Immanuel Kant kombinierte, dessen Inauguraldissertation er an mehreren Stellen des *Wörterbuchs* zitierte. Neben den *Träumen eines Geistersehers*, die Oetinger als merkwürdig gebrochenes Votum eines Parteigängers für Swedenborg interpretierte, wie im folgenden Kapitel auszuführen ist, war die Dissertation offenbar die einzige Schrift Kants, die er zur Kenntnis genommen hatte. Mehrere Passagen im *Wörterbuch* führen die Autorität Kants gegen die Leibniz-Wolffsche Philosophie ins Feld und greifen dabei direkt auf diese beiden vorkritischen Texte zurück. Unter dem Stichwort „Welt, unsichtbare, Mundus intelligibilis, aorata"[571] führt Oetinger neutestamentliche Belegstellen aus dem Kolosserbrief[572] und aus dem Matthäusevangelium[573] auf, die dafür sprächen, dass es erstens den *mundus intelligibilis* geben müsse und dass zweitens alle unsichtbaren Details der Offenbarung leiblich zu verstehen seien. Daran knüpft Oetinger die sieben Sephiroth an, die alle „ein leibliches Kleid" hätten. Schließlich kommt er auf Kant als *die* zeitgenössische Autorität zu sprechen.

„Die immaterielle Welt, sagt das tiefdenkende Original Genie des Prof. KANT in seinen *Träumen*, kan als ein vor sich bestehendes Ganze angesehen werden und man hat wohl Ursache zu bedenken, was Er p. 13–31 mit Grund behauptet. Er ist geneigt mit MALEBRANC überal eine Extensionem intelligibilem zu concipiren. Das ist sein Raum und Zeit, womit er die ganze neue Philosophie zu Boden wirft. Wir seyn an uns selbst ein finstrer Staub. Wäre GOttes Extensio intelligibilis nicht unser Eigenthum, so würden wir nichts sehen. In dieser extensione intelligibili, in diesem Raum und Zeit, als in GOtt, sehen wir alles, per continuam assistentiam, aber nicht mit leiblichen Augen, sondern als νοούμενα durch den Verstand."

Das Zitat aus den *Träumen eines Geistersehers* ist wörtlich,[574] und auf den angegebenen Seiten finden sich genau die Ausführungen Kants, in denen er Swedenborgs System ausführlich und ohne Sarkasmus oder offene Ablehnung darlegt.[575]

---

das Bild der Seele gesehen". Genau die Fähigkeit der Schau in das innere Wesen hatte Oetinger aus Swedenborg herausgeschrieben.

[571] OETINGER, 1999, Bd. 1, 405 f. [Folgende Hervorhebungen bei Oetinger].

[572] Kol 1,16: „Denn in ihm ist alles in den Himmeln und auf der Erde geschaffen worden, das Sichtbare und das Unsichtbare, es seien Throne oder Herrschaften oder Gewalten oder Mächte: alles ist durch ihn und zu ihm hin geschaffen."

[573] Mt 25,31: „Wenn aber der Sohn des Menschen kommen wird in seiner Herrlichkeit und alle Engel mit ihm, dann wird er auf seinem Thron der Herrlichkeit sitzen."

[574] „[…] ein vor sich bestehendes Ganze". Vgl. AA II, 330. Dies deutet darauf hin, dass Oetinger bei der Abfassung des *Wörterbuchs* die *Träume* oder ein Exzerpt aus der Schrift vor sich hatte.

[575] Die von Oetinger genannten Seiten der Erstausgabe der *Träume* (Riga 1766) umfassen den Hauptteil von I.1 und die ersten drei Seiten von I.2, also genau jene Abschnitte, die die

1766 hatte Oetinger wegen dieser Passagen an Swedenborg geschrieben, die *Träume* seien merkwürdig, weil sie sein ganzes System mit Idealismus vermischt darstellten, ja ihm geradezu lobredeten und ihn gleichzeitig, „um nicht fanatisch zu scheinen, durch Beschuldigungen" erniedrigten.[576] Swedenborg erschien Oetinger 1776 nach seinen jahrelangen Kämpfen und Rechtfertigungen offenbar nicht mehr geeignet, als Autorität für die intelligible Welt herzuhalten. An seine Stelle rückt jetzt Kant dort, wo Swedenborg vorher als *der* große Zeuge für die Geisterwelt gegolten hatte. Stattdessen suggeriert Oetinger nun, dass Kant seine Ausführungen unter Rückgriff auf Malebranche vorgebracht habe, wovon er in seinen ersten Reaktionen auf die *Träume* nichts erkennen ließ, obwohl er schon damals über ausgezeichnete Kenntnisse der Schriften Malebranches verfügte.

Oetinger schreibt nun Kant und Malebranche gleichermaßen zu, eine intelligible Ausdehnung, die er mit der Geisterwelt Swedenborgs gleichsetzt, zu vertreten und in ihr die Voraussetzung für die Erkenntnis zu sehen, die der Mensch nicht als Phainomenon, sondern nur als Noumenon mit dem Verstand und nur durch göttliche Assistenz zustande bringen kann.

Im Anschluss wendet Oetinger den für ihn typischen inkarnationstheologischen Ansatz in Verbindung mit Jakob Böhme und der christlichen Kabbala auf seine Raumtheorie an: Der Raum ist mit den Sephiroth gefüllt, Kraft ist seine Materie. „Geistes-Sachen" sind „intensa", nicht substantielle oder einfache Dinge, wie es Oetinger der Leibniz-Wolffschen Monadologie zugeschrieben hatte. Die „intensa" liegen „uniprincipialiter" ineinander und können „mit Unterschied wieder heraus treten" und in die „Sinnlichkeit fallende Produkte hervorbringen". Der Begriff der „Uniprinzipialität" stammt von Gottfried Ploucquet.[577] Oetinger verwendet ihn, um das Ineinander der Kräfte zu beschreiben, die von Gott als „Essentiator" zu einem Prinzip „essentifiziert" werden.[578] Erkenntnis ist aber

---

stärksten Affinitäten zu Swedenborg aufweisen und die Oetinger als mit Idealismus vermischte Lehre Swedenborgs ansehen konnte. Vgl. dazu Kap. 5.3.2., b), Punkt 3. Das Zitat aus der Erstausgabe der *Träume* befindet sich auf Seite 32.

[576] Oetinger an Swedenborg, 4.12.1766, in: ACTON, Letters and Memorials II, 628–630, Übersetzung nach dem Auszug bei: IMMANUEL KANT: Träume eines Geistersehers, erläutert durch Träume der Metaphysik, textkritisch hg. und mit Beilagen versehen von RUDOLF MALTER. Stuttgart 1976, 127 f.

[577] Vgl. GOTTFRIED PLOUCQUET: Institutiones philosophiae theoreticae sive de arte cogitandi. Tübingen 1772, §452, vgl. OETINGER, 1999, Bd. 2, 290 [hier unrichtige Titel- und Jahresangabe], sowie OETINGER, Ploucquet (1777), 652. Vgl. auch WEYER-MENKHOFF, 1990a, 184. Die Ploucquet-Rezeption ändert sich bei Oetinger. 1765 hatte Oetinger in Ploucquet noch stärker einen Wolffianer gesehen, der zwar die Monaden widerlegt habe, aber letztlich an den einfachen Dingen „ohne Intension oder Extension" festhalte und die Welt überdies als eine „series infinita" ansehe. Vgl. OETINGER, 1977 [1765], 272 f. 1777 las Oetinger bei Ploucquet die Vorstellung, dass die Seele aus Kräften und Bildern bestehe und ein sich ausdehnendes, nicht ein ausgedehntes Wesen sei, das durch Uniprinzipialität eins werde. Ploucquet war für Oetinger nunmehr besser mit Böhme und Swedenborg kompatibel, weil er annahm, Geister und Leiber entstünden aus zwei gegeneinander wirkenden Grundkräften der Natur; „die Monaden, woraus die Leiber zusammengesezt seyn sollen, haben keinen Plaz mehr". Gott lasse sich aus Freiheit in die Natur herab, formulierte Oetinger seine Übereinstimmung mit Ploucquet. Vgl. OETINGER, Ploucquet (1777), 645, 651 f., 654.

[578] Vgl. oben Seite 546 f. und Anm. 220.

letztlich nur aufgrund der auch für Malebranche elementaren Inkarnation möglich, die wiederum auf die endzeitliche Christusschau vorausweist. In diesem Abriss zeigt sich nicht nur Oetingers Geistleiblichkeitstheologie *in nuce*, auch sein eklektisches Verfahren wird eindrucksvoll sichtbar.

Ab der ersten Erwähnung von Malebranche bezieht sich Oetinger nicht mehr auf die *Träume eines Geistersehers*, sondern auf Kants *De mundi sensibilis atque intelligibilis forma et principiis* von 1770 und auf Malebranches *Méditations chrétiennes et métaphysiques*, die von Kant in der *Dissertatio* erwähnt werden. Malebranche unterscheidet an der von Kant zitierten Stelle zwischen einer materiellen und einer intelligiblen, ewigen und unermesslichen Ausdehnung als der „Unermesslichkeit des göttlichen Wesens". Nur durch diese intelligible Ausdehnung erkennt der Mensch bei Malebranche überhaupt die von Gott geschaffene sichtbare Welt, die durch sich selbst nicht sichtbar werden kann, weil Materie den menschlichen Geist nicht zu berühren vermag.

„Sie ist nur deswegen sichtbar und durch die Sinne wahrnehmbar, weil Gott dem Geist bei der Präsenz der Körper die intelligible Ausdehnung repräsentiert und sie ihm durch die verschiedenen Farben oder durch andere Sinnesempfindungen wahrnehmbar macht, die nur Modifikationen deines Wesens sind. Denn nur Gott wirkt in den Geistern: nur er kann sie erhellen und sie berühren."[579]

Oetinger, der Malebranche kennt,[580] liest nun Kant durch die Brille Malebranches und schreibt Kant zu, dessen Position zu teilen, um sie gegen die idealistische Raumtheorie von Leibniz und Wolff, die „ganze neue Philosophie", ins Feld zu führen. Der Kommentator des *Biblischen und Emblematischen Wörterbuchs* weist darauf hin, dass Kant in der *Dissertatio* keinesfalls eine Raumtheorie wie Newton vertrete, sondern Raum und Zeit für apriorische Anschauungsformen halte.[581] Oetingers Verständnis von Raum und Zeit als göttliche Größen und als

---

[579] NICOLAS MALEBRANCHE: Méditations chrétiennes et métaphysiques, hg. von HENRI GOUHIER und ANDRÉ ROBINET. Œuvres complètes. Bd. 10, Paris 1986, 99, IX,IX: „Mais tu dois distinguer deux espèces d'étenduë, l'une intelligible, l'autre matérielle. L'étenduë intelligible est éternelle, immense, nécessaire. C'est l'immensité de l'Être Divin, entant qu'infiniment participable par la créature corporelle, entant que représentatif d'une matière immense, c'est en un mot l'idée intelligible d'une infinité de mondes possibles. C'est ce que ton esprit contemple, lorsque tu penses à l'infini. C'est par cette étenduë intelligible que tu connois ce monde visible : Car le monde que Dieu a créé est invisible par lui-même. La matière ne peut agir dans ton esprit, ni se représenter à lui. Elle n'est intelligible que par son idée qui est l'étenduë intelligible : elle n'est visible & sensible, que parce qu'à la présence des corps, Dieu représente à l'esprit l'étenduë intelligible, & la lui rend sensible par les différentes couleurs, ou les autres sensations qui ne sont que des modifications de ton Être. Car il n'y a que Dieu qui agisse dans les esprits : il n'y a que lui puisse les éclairer & les toucher." Zur Stellenangabe vgl. auch OETINGER, 1999, Bd. 2, 290.

[580] Im Wörterbuch, Bd. 1, 288 (Lemma: Schöpfung, Genesis, Ktisis) findet sich nochmals ein Hinweis auf die *extensio intelligibilis* Malebranches, die Oetinger ebenfalls mit dem *mundus intelligibilis* Kants konnotiert: „Als GOtt die geistliche Welt mundum intelligibilem in sensibilem, in ein äusseres Wesen eingeführt, so blieb das Innere im Aeussern. Das Aeussere als ein Geschöpf, das Innere als ein innerlich wirksam Wesen. Darum sehen wir die Welt nur halb, das Innere sehen wir nicht, sondern verstehen es durch den Glauben." Die Genese der sensiblen aus der intelligiblen Welt habe sich durch die Bewegung der sieben Geister ereignet. Ebd., 289.

[581] Vgl. OETINGER, 1999, Bd. 2, 290.

sensorium Dei würde aus dieser Sicht ‚illegitim' an Kant anknüpfen und ihn zu Unrecht mit Malebranche und Swedenborg parallelisieren. Doch wird die entsprechende Stelle aus der *Dissertatio* sehr verschieden interpretiert. Kant schreibt am Ende der Sektion IV:

„Porro, quoniam possibilitas mutationum et successionum omnium, cuius principium, quatenus sensitive cognoscitur, residet in conceptu temporis, supponit perdurabilitatem subiecti, cuius status oppositi succedunt, id autem, cuius status fluunt, non durat, nisi sustentetur ab alio: conceptus temporis tanquam unici infiniti et immutabilis, in quo sunt et durant omnia, est *causae* generalis *aeternitas phaenomenon*. Verum consultius videtur littus legere cognitionem per intellectus nostri mediocritatem nobis concessarum, quam in altum indagationum eiusmodi mysticarum provehi, quemadmodum fecit Malebranchius, cuius sententia ab ea, quae hic exponitur proxime abest: *nempe nos omnia intueri in Deo.*"[582]

Ältere und neuere Ausleger sind sich uneinig, wie gerade der letzte Satz zu übersetzen ist, der sich auf das Verhältnis Kants zu Malebranche bezieht. Eine Übersetzung liest 100 Jahre nach Kant so:

„Indeß ist es rathsamer, sich an der Küste der bei der Mittelmäßigkeit unseres Geistes erreichbaren Kenntnisse zu halten, als auf das hohe Meer solcher mystischen Erforschungen sich zu wagen, wie M a l e b r a n c h e es gethan hat, dessen Ansicht von der hier vorgetragenen weit ab liegt, da nach ihm wir A l l e s i n G o t t s c h a u e n."[583]

Hier erscheint Malebranche als der Mystiker, dessen Spekulationen abgewiesen werden. Eine zeitgenössische Übersetzung von 1797 überträgt die Schlusspassage aber so:

„Indessen scheint es doch weiser, sich an dem Ufer der Erkenntnisse, die uns nach dem Mittelmeer unseres Verstandes zugestanden sind, zu halten, als sich auf das Meer mystischer Untersuchungen zu wagen, wie auch Mallebranch that, dessen Meinung von dem hier Vorgetragenen nicht weit entfernt ist: N e m l i c h , d a ß w i r A l l e s i n G o t t s c h a u e n. "[584]

Eine englische Übersetzung verstärkt die Referenz Kants auf Malebranche sogar als „ziemliche" Nähe:

„But it seems more cautious to hug the shore of the cognitions granted to us by the mediocrity of our intellect than to be carried out upon the high seas of such mystic investigations, like Malebranche, whose opinion that *we see all things in God* is pretty nearly what has here been expounded."[585]

Und Norbert Hinske überträgt 1958:

---

[582] AA II, 410, §22, Scholion [Hervorhebung im Original].

[583] Vgl. IMMANUEL KANT: Sämmtliche Werke, hg. von PAUL GEDAN, WALTER KINKEL, JULIUS HERMANN VON KIRCHMANN, FRIEDRICH MICHAEL SCHIELE, THEODOR VALENTINER und KARL VORLÄNDER. Leipzig 1901, Bd. 5, 3. Abt., 163 [Hervorhebung im Original].

[584] IMMANUEL KANT: Von der Form und den Prinzipien der Sinnen- und Verstandeswelt. In: I. Kants sämmtliche kleine Schriften, nach der Zeitfolge geordnet. Königsberg; Leipzig 1797, Bd. 3, §22 (unpaginiert) [Hervorhebung im Original].

[585] WILLIAM J. ECKOFF: Kant's Inaugural Dissertation of 1770 translated into English with an Introduction and Discussion. New York, Columbia College, Diss. phil. 1894, 73 f. [Hervorhebung im Original].

„Doch scheint es geratener: am Ufer derjenigen Erkenntnisse entlangzusegeln, die uns durch die Mittelmäßigkeit unseres Verstandes vergönnt sind, als sich auf die hohe See derart mystischer Nachforschungen hinauszuwagen, wie es Malebranche getan hat, dessen Meinung von der hier erörterten nicht weit entfernt ist: n ä m l i c h , d a s s w i r a l -
l e s i n G o t t s c h a u e n . "[586]

Kants Formulierung „proxime abest" birgt für die Übersetzer Schwierigkeiten. „Proxime" ist der Superlativ von „prope": „nahe", „unweit", „in der Nähe". Und „abesse" kann als „wegsein", „fortsein", „entfernt sein von", aber auch einfach nur „gelegen sein von" im Sinne einer örtlichen Differenz übersetzt werden. Was nun: „am nächsten entfernt sein" oder als Verstärkung des Entferntseins: „am weitesten entfernt sein"? Fest scheint nur zu stehen, dass bei der Lesart „nicht weit von der unseren Meinung entfernt" Malebranche gerade nicht mystisch geschwärmt hätte, sondern Kant dafür votiert, es so wie er zu tun und nicht mystische Nachforschungen anzustellen. Allerdings kann auch gelesen werden, dass Malebranches Ansicht, dass wir alles in Gott sehen, Kants Meinung nahe sei, nicht aber dessen mystische Schwärmerei. Die alten und neuen Übersetzer sind sich darüber nicht im Klaren.

Wenn Oetinger den Text genauso versteht wie die zeitgenössische und die englische Übersetzung sowie Weischedel und Hinske, dann dürfte es problematisch sein, ihm an dieser Stelle ein rezeptives Missverständnis oder eine fehlerhafte Übersetzung zu attestieren. Denn mit Oetingers Lesart des „proxime abest" setzte er sein Verständnis Kants fort, der ihm bereits in den *Träumen eines Geistersehers* als Parteigänger des ausgedehnten intelligiblen Raums der Geisterwelt erschienen war. Auf dieser Grundlage vertauschte Oetinger nun den Namen Kants mit dem des obsolet gewordenen Swedenborg. Er versteht die Apriorizität von Raum und Zeit scheinbar so, dass sie als göttlicher Raum und göttliche Zeit ‚apriorische' Voraussetzungen der Erkenntnis schlechthin sind, aber in diesen göttlichen Bereich nicht ‚geschwärmt' werden könne. Auf diese Weise verwendet er Kant als ‚moderne' Zementierung der intelligiblen göttlichen Ausdehnung bei Newton, Malebranche und Swedenborg, auch wenn er dabei schlichtweg übersieht, dass sich Kant in der *Dissertatio* sowohl von der Raumtheorie der „Engländer" als auch von der Leibnizschen abgrenzt.[587]

Kant wird von Oetinger an mehreren Stellen als prominenter Zeuge gegen den Leibniz-Wolffschen ‚Idealismus' herangezogen, und zwar stets im Zusammenhang mit der intelligiblen Welt, die Oetinger nach seiner Lektüre der *Träume eines Geistersehers* mit der Geisterwelt gleichsetzt. Wolff habe die „intelligible Welt" nicht verstanden, liest Oetinger in der Inauguraldissertation, er habe nur „die Gemüther ad logicas minutias abgekehrt".[588] Gegen Leibniz' idealistisch

---

[586] IMMANUEL KANT: Werke in sechs Bänden, hg. von Wilhelm Weischedel. 6. Aufl. Darmstadt 2005 [1958], Bd. 3, 81 [Hervorhebung im Original].
[587] Vgl. AA II, 403 f. Auch das 1772 von Oetinger in einem Brief ausgesprochene Urteil, „Professor Kant ist ein schöner Mann, und doch ein Weltgeist. Es wird ihm schwer werden, Platons Sentenz von der intelligibeln und sensibeln Welt zu erklären", verhinderte nicht, dass Oetinger immer wieder auf ihn zurückgriff. Zitiert nach BENZ, 1947, 224.
[588] OETINGER, 1999, Bd. 1, 351, Lemma: Warheit, Alethia. Wolff habe nach Kant den Unterschied zwischen dem Sinnlichen und dem Intellektuellen nicht verstanden: Dissertatio, §7:

aufgefasste Monadenlehre führt Oetinger nun nicht mehr nur noch Swedenborg, Böhme, die Kabbala und Bengel ins Feld, sondern den Königsberger:

„KANT, Professor in Königsberg, greift die Sache ganz anderst an in seiner *Dissertation de Mundi sensibilis atque intelligibilis forma & Principiis*. Er nimmt an einen ewigen Raum und eine ewige Zeit und heißt Wolff einen Luft-Baumeister, wie auch Crusium."[589]

Auch hierbei handelt es sich um ein Zitat aus den *Träumen eines Geistersehers*.[590] An vielen Stellen verwendet Oetinger nicht nur den Ausdruck „intelligible Welt", sondern auch „transzendentale Dimension".[591] Wie auch immer die Übersetzungsleistung und das Verständnis Oetingers bewertet werden – seine Rezeption ist als faktisch anzusehen und gerade im Hinblick auf die fragliche Textstelle aus Kants Dissertation nicht ohne weiteres als ‚illegitim' zu bewerten. Schließlich darf nicht vergessen werden, dass Oetinger den kritischen Kant der *Kritik der reinen Vernunft* (1781) nicht mehr erlebt hat. 1778 hatte der schwäbische Prälat seine letzte Predigt gehalten.

Hinsichtlich der Maskierung Swedenborgs mit dem Namen Kants ist aber festzuhalten, dass Oetinger den Verfasser der *Träume* in den 1760er Jahren noch nicht kannte. Es ist nicht herauszufinden, wann Oetinger zu dem Wissen gelangt war, dass Kant der Verfasser der *Träume* war.[592] Auffällig ist jedoch, dass er die Vorstellung vom *mundus intelligibilis*, die er jahrelang mit Swedenborg verbunden und in den *Träumen* bestätigt gefunden hatte, jetzt von der Person des im Zuge der theologischen und kirchenamtlichen Auseinandersetzungen obsolet gewordenen Swedenborg löste und sie an Malebranche koppelte. Das Entscheidende an dieser Rezeption der *Träume* durch Oetinger liegt jedoch darin, dass er Kant nun als den einen Hauptzeugen für den *mundus intelligibilis* betrachtete und die vom ihm als swedenborgisch erkannten Ausführungen der *Träume* wiederum nicht für ironisierend oder auch distanziert, sondern für so ‚authentisch' hielt, dass sie für diese Zeugenschaft taugten. An dieser Stelle verschwindet Swe-

---

„Vereor autem, ne Ill. WOLFFIUS per hoc inter sensitiva et intellectualia discrimen, quod ipsi non est nisi logicum, nobilissimum illud antiquitatis *de phaenomenorum* et *noumenorum* indole disserendi institutum, magno philosophiae detrimento, totum forsitan aboleverit, animosque ab ipsorum indagatione ad logicas saepenumero minutias averterit." AA II, 395 [Hervorhebung bei Kant].

[589] OETINGER, 1999, Bd. 1, 268, Lemma: Raum, Platysmos, Rakia. Oetinger referiert Kant ausdrücklich gegen Leibniz' Ansicht, dass Gott nicht etwa Farben sehe, sondern nur „in das Innerste der Monaden und der vielen Welten" blicke. Vgl. ähnlich auch ebd., 48, Lemma: Begehren, Orego. Schon 1774 (Reichs-Begriffe, 31 f.) hatte Oetinger an Kant angeknüpft, der versuche, die „Grund-Begriffe" von Zeit und Raum „in Ordnung" zu bringen. Aufhänger waren Oetingers Erwägungen über die Körperlichkeit der Kräfte, die der Satan haben müsse, damit er in der Apokalypse ins Feuer geworfen werden könne. Um dies zu verstehen, fehlten Oetinger die genannten „Grund-Begriffe".

[590] AA II, 342. „Luftbaumeister" ist in der Verbindung mit Wolff und Crusius *hapax legomenon* in Kants publiziertem Werk.

[591] Auch die endzeitliche Stadt Gottes besitze die „transcendenzal-Dimension", schreibt Oetinger schon in der Metaphysic, 458 f., sowie 457.

[592] Möglicherweise wurde er durch eine 1767 in Greifswald erschienene Rezension darauf aufmerksam. Vgl. OETINGER, Beurtheilungen (1771), 106 f. Im Unterricht (1772) nannte Oetinger Kants Namen allerdings nicht.

denborg und taucht, mit der Maske des vorkritischen Kant versehen und aus dem ‚Material‘ Malebranches rekonstruiert, wieder auf. Ebenso verschwindet auch Oetingers Erinnerung daran, dass Kant Swedenborg in den *Träumen* nicht nur gepriesen, sondern auch beschuldigt und erniedrigt[593] hatte. Als Platzhalter für Swedenborg schien er offenbar dennoch (oder gerade deshalb) geeignet zu sein – ein bemerkenswerter Befund angesichts der bis in die modernen Interpretationen hinein vertretenen Behauptung, Kant sei der prominenteste Gegner Swedenborgs gewesen.[594]

(6) Resümee. Oetinger drängt Swedenborgs Person im *Wörterbuch* äußerlich an die Peripherie seiner theologischen Arbeit. Er wird fast ausschließlich negativ konnotiert. Lehrsegmente, die Oetinger stets gewürdigt und sogar übernommen hatte, werden mit anderen Herkunftsbezeichnungen versehen oder verschwinden gänzlich. Dem irenischen Eklektiker Oetinger stand ein ganzes Arsenal von augenscheinlich unschwer auswechselbaren Autoritäten zur Verfügung. An vielen Stellen zeigt sich aber deutlich, dass Oetinger seine Beschäftigung mit Swedenborg nicht eingestellt hatte.[595] Verschiedene Lehrelemente bleiben subkutan erhalten und geben sich aus dem Textfluss nicht als swedenborgianisch zu erkennen. Hinter dem pointiert ausformulierten bengelianisch-biblischen Apokalyptizismus und Oetingers Insistieren auf der Zentralstellung des Versöhnungs- und Erlösungswerks Christi, seiner Teufelsvorstellung, aber auch auf der *Apokatastasis panton*, dürfte neben den ‚Neologen‘ stets Swedenborg als Kontrast oder als Negativ zu sehen sein. Schließlich ist die emblematische Hermeneutik als ein ‚Dritter Weg‘ zwischen dem historisierenden Ansatz Semlers, Tellers und anderer ‚Neologen‘ auf der einen und Swedenborgs spiritualistischer Auslegung auf der anderen Seite zu betrachten. Nähme man Bengels ‚realistischen‘ Biblizismus hinzu, dann wäre Oetingers Auslegungsmethode eine vierte Alternative der Bibelhermeneutik im Zeitalter der Aufklärung.

dd) Swedenborg als Negativfolie der biblisch-emblematischen Hermeneutik Oetingers

Seit seiner ersten Swedenborg-Lektüre erkannte Oetinger die Schriftauslegung als eine wesentliche Trennlinie gegenüber Swedenborg, der die gesamte Schrift durch die Lesart eines *sensus spiritualis* nicht nur enthistorisierte, sondern auch entleiblichte. Wie gezeigt worden ist, war Oetingers Abwehr gegen diese Entleiblichung vor allem gegen die spiritualistische Erklärung der Offenbarung und die Liquidierung der Eckdaten seines apokalyptisch-biblischen Weltbildes durch Sweden-

---

[593] Vgl. Schreiben Oetingers an Swedenborg, 4.12.1766, wie Anm. 576.
[594] Vgl. dazu aber Kap. 5.3.1. und insgesamt Kap. 5
[595] Hanegraaff, 2007, 85, hält es demgegenüber sogar für möglich, dass Oetinger mittlerweile mehr oder weniger über sein „Trauma" hinweggekommen sei. Wenn man lediglich Swedenborgs Namen über das Register nachschlägt, ist ein solches Ergebnis scheinbar unausweichlich. So muss Hanegraaff seine Studie auch mit der Behauptung beenden, Swedenborg sei durch Oetinger als „Gefahr für den wahren Glauben" zurückgewiesen worden.

borg gerichtet. Oetinger lehnte nämlich weder eine christo-typologische Auslegung des Alten Testaments noch die Anwendung einer allegorischen Methode
ganz ab. Am Ende des *Wörterbuchs* druckte Oetinger eine Liste von 20 „Abbildungen" aus dem Alten Testament ab, die in der katechetischen Unterweisung
auf Jesus Christus gedeutet werden sollten. Hierbei handelt es sich um nichts anderes als um eine Christo-Typologie mit einer eschatologischen Perspektive.[596]
    Oetingers Emblematik verlässt an mehreren Stellen den von ihm selbst gefor-
derten ‚massiven' Buchstabenbegriff, der auf einer untrennbaren Verbindung
zwischen Signifikant und Signifikat basieren würde. Daher enthält das *Wörterbuch* in seinem emblematischen Teil vorwiegend Konkreta, im biblischen vorwiegend Abstrakta.[597] Embleme sind Bilder für Sichtbares, für historische Zeiträume
und moralische Signaturen.[598] Sie sind nach fünf Regeln auszulegen: nach Gottes
Endzweck, wobei sich Oetinger mit dem bekämpften Semler überschneidet,[599]
nach gleichlautenden Worten, nach „Extension und Comprehensionen oder das,
worinnen alles und jedes miteinander zusammenhängt",[600] nach der *analogia fidei*, und ökonomisch: nach den Werken Gottes.[601] Oetinger gesteht eine sinn-
bildlich-allegorische Auslegung ausdrücklich zu, wo die Schrift selbst eine metaphorische Deutung vornimmt.[602] Dort, wo der buchstäbliche Sinn für Oetinger
nicht eindeutig zu erkennen ist, greift er aber selbst auf eine bildliche Deutung
zurück.[603] Diese Auslegungsregeln scheinen in einem Widerspruch zu Oetingers
Ansatz zu stehen, der durch die Fronten beschrieben werden kann, gegen die die
Emblematik entwickelt wurde, auch wenn sich schon vor seiner Auseinander-
zung mit Semler, Teller und Swedenborg ein mittlerer Weg zwischen einer ge-

---

[596] OETINGER, 1999, Bd. 1, 433 f. Adam: „Bild des Bundes GOttes von einem auf alle";
Habel und Seth: „Bild des Todes und der Wiederherstellung Christi"; Henoch: „Bild der Auf-
fahrt Christi"; Noah: „Bild des Kirchen-Baues nach Christi Auffahrt"; Abraham: „stellet den
Glauben"; Isaak: „Segen"; Jakob: „Verdienst"; Joseph: „Erniedrigung und Erhöhung Christi";
Elias: „Wunder JEsu auf der Welt"; Elisa: „mehrere und grössere Wunder Christi durch seine
Jünger"; Serubbabel und Josua: „Fürsten und Priester, die in der aus Babel ausgeführten Kir-
che wieder verbesserte Lehr-, Wehr- und Nährstände"; Judas Maccabäus: „anfängliche Befrey-
ung vom Joch des Antichrists". Dass Oetinger Sinnbilder typologisch auslege, betont auch
BREYMAYER, 1999, 43. SCHOBERTH, 1994, 56, meint demgegenüber, Oetinger betreibe eine
christologische, nicht eine typologische Exegese des Alten Testaments. Sein Biblizismus beziehe sich nicht auf den unmittelbaren Buchstaben, sondern auf die Gesamtintention der
Bibel, in der sich das göttliche Heilshandeln in Christus zeige.
[597] Vgl. BREYMAYER, 1999, 59.
[598] Vgl. OETINGER, 1999, Bd. 1, 431, und dazu GRIFFERO, 2005, 243; BREYMAYER, 1999,
52. Oetinger versteht Sinnbilder hier als Zusammenfassung von größeren Zeiträumen auf „ein
kurzes Bild". An manchen Stellen unterscheidet Oetinger Sinnbilder von „verblümten Reden,
Gleichnissen, Rätzeln, Fürbildern", OETINGER, 1999, Bd. 1, 420, sowie 424. Hieroglyphen
hielt Oetinger hingegen für willkürlich. Sie hätten im Gegensatz zu den Emblemata keine „gewisse Gleichheit" mit den „Sachen". Ebd., 428.
[599] Vgl. HARDMEIER, 1999, 117.
[600] Im *Schauplatz* (1769), 42, empfahl Oetinger den Talmud, um die innere Beziehung ver-
streuter Schriftstellen aufzudecken und dadurch deren Sinn wechselseitig zu erklären.
[601] OETINGER, 1999, Bd. 1, 6, 430–433.
[602] Vgl. OETINGER, 1999, Bd. 1, 416, 420 u. ö. Vgl. auch SCHOBERTH, 1994, 127.
[603] Vgl. GRIFFERO, 2005, 239.

schichtlich-emblematischen und einer spiritualistisch-pneumatischen Deutung findet.[604]

Aber der Haupttenor liegt auf der Verbindung seiner Geistleiblichkeitslehre mit der Schriftauslegung.[605] Das Wort der Natur und die Schrift ergänzen und erklären sich wechselseitig und sind beide Wort Gottes.[606] Genauso wie die Geistleiblichkeit stets unter dem eschatologischem Vorbehalt steht, dass sie erst nach der Wiederkunft Christi und dem Jüngsten Gericht vollkommen hergestellt sein wird, so vollzieht Oetinger auch seine Schriftauslegung unter eschatologischer Perspektive. Das Unerkennbare des Emblems wird erst am Ende der Dinge geistleibliche Realität.[607] Die epistemologisch-eschatologische Zurückhaltung Oetingers lässt ihn sogar daran zweifeln, dass es überhaupt möglich sei, eine „völlige Theologiam emblematicam auszuarbeiten; daraus wir das sinnbildliche und eigentliche durchaus bestimmen", weil in jener Welt das Obere und das Untere verkehrt würden, die jetzige Welt sich aber „im Gemisch des guten und bösen Lebens" befinde.[608] Das Urteil, dass Oetinger sowohl Idealist als auch Materialist gewesen sei,[609] dürfte daher nicht zutreffen. Denn Oetinger spricht nicht von einer idealen Leiblichkeit, sondern von einer eschatologisch sich erfüllenden Leiblichkeit, die bereits jetzt anbricht und sich im Horizont des Jüngsten Tages vollenden wird.

Mit Bengel betont Oetinger die Kondeszendenz Gottes, der sich in emblematischer Rede in der Heiligen Schrift heruntergelassen habe und dabei dem beschränkten menschlichen Erkenntnisvermögen gerecht werden wollte.[610] Damit vertritt Oetinger gegen Swedenborg und die lutherische Orthodoxie keine Inspirationslehre, sondern eine eigene Form der Akkomodationslehre, die Semler, einer seiner schärfsten Gegner, in seinem Historisierungsansatz zeitgleich ausgebaut hat. Auch Oetinger gesteht den biblischen Autoren einen eigenen Stil zu. Aber er hält auf andere Weise als Semler und Ernesti an der Theopneustie fest. Denn in der emblematischen Theologie verweist das Emblem nicht auf etwas Höheres oder einen inneren Sinn wie bei Swedenborg, es „bedeutet" nicht und ist keine Umschreibung, sondern es „ist". Der höhere Sinn wird im Emblem selbst offenbart.[611] Das Emblem ist durch die Leiblichkeit des kondeszenten Gottes gefüllt. Auf dieser Basis versteht Oetinger die plastischen Schilderungen vor allem in den apokalyptischen Abschnitten des Neuen Testaments ‚realistisch'.

---

[604] Schon in OETINGER, Divisch (1765), 169, wird zwischen Allegorie und Emblem unterschieden. Vgl. zu noch früheren Anzeichen der Emblematik: BREYMAYER, 1999, 54; GRIFFERO, 2005, 233, erkennt Oetingers Methode bereits in der *Lehrtafel*.

[605] So auch GRIFFERO, 2005, 235, der diesen Zug der antiidealistischen Theosophie Oetingers zusammen mit Breymayer betont.

[606] Vgl. BETZ, 1999, 15.

[607] Vgl. BREYMAYER, 1999, 43.

[608] OETINGER, Beurtheilungen (1771), 74.

[609] So DEGHAYE, 1984, 88. M. E. stimmt Oetinger nicht dem Idealismus und dem Materialismus gleichermaßen zu, wie Deghaye meint. Vielmehr schlägt er mit seiner Eschatologisierung der Leiblichkeit gerade einen Mittelweg ein, der beide vereint und dabei zugleich übertrifft.

[610] Vgl. auch BREYMAYER, 1999, 56.

[611] Vgl. GRIFFERO, 2005, 236; sowie das Vorwort von GERHARD SCHÄFER in: OETINGER, 1979 [1765], Bd. 1, 8; SCHAUER, 2005, 176.

Das endzeitliche Jerusalem, Pferde, Thron und Drache sind Stadt, Pferde, Thron und Drache in einem eschatologisch-leiblichen Sinn.[612] Zwischen Signifikant und Signifikat besteht auf diese Weise eine essentielle Analogie der Eigenschaften. Es geht dabei um mehr als um die thomistische *analogia entis*. Oetinger trägt die verborgene Heilsökonomie Gottes ein.[613] In diesem Sinne könnte seine Emblematik genauer als eine eschatologische Auslegungstheologie spezifiziert werden, die weniger Methode als Theorie und Theologie wäre.[614]

Trotz seiner „unverblümten" Auslegung der Embleme bleibt Oetinger zwischen Sinnimmanenz und Sinntranszendenz unentschieden, gerade wenn er davon ausgeht, dass die Schrift emblematische Rätsel und Allegorien enthalte.[615] Diese scheinbare Inkonsequenz gegenüber einer ‚massiven' Exegese dürfte ebenso in der Kontextbezogenheit seiner Methode begründet sein, wie Oetingers nur seltene Referenz auf Motive der älteren emblematischen Literatur.[616] Oetinger legt nämlich an den meisten Stellen gezielt ‚realistisch' aus, wo es gegen die Abschaffung oder Umdeutung der Apokalyptik geht,[617] während er an anderen Stellen durchaus auf allegorisierende Verfahren zurückgreift, wo die *analogia fidei* zu wahren oder das Alte Testament auf Christus hin auszulegen ist. Die Bedeutung der Signaturenlehre Böhmes und der Korrespondenzlehre Swedenborgs für den in der Emblematik dennoch enthaltenen allegorischen Anteil ist in der Forschung mehrfach betont worden.[618]

Das Hauptmotiv seiner Ablehnung der Schriftauslegung Swedenborgs bezieht sich stets auf die Passagen, an denen der Geisterseher die Apokalypse spiritualisiert. Wenn sich Swedenborg an Oetingers Bengelianismus ‚vergreift', dann rüttelt er gleichsam an den Grundpfeilern seiner Theologie. Es ist daher eine Überzeichnung der durch Swedenborgs Figürlichkeit des *mundus spiritualis* mitinspirierten Geistleiblichkeitslehre Oetingers, wenn man meint, Oetinger würde Swedenborg tendenziell als Doketisten behandeln.[619] Denn Oetinger weiß, dass

---

[612] In dem gegen Swedenborg gerichteten *Schauplatz* (1769), 20, meint Oetinger, in der Bibel „ist ein Hund ein Hund und eine Katz eine Katze, da ist ein Wolf ein Wolf und ein Lamm ein Lamm". Auch alttestamentliche Figuren werden sowohl ‚realistisch' als auch als „Vorbilder" ausgelegt. Elia ist für Oetinger einerseits in der Tat mit „Rossen und Wagen gen Himmel gefahren", andererseits ist er „eine Figur von JEsu, der gen Himmel gefahren", doch „ohne feurige Rosse und Wagen". Elisa hingegen ist „Fürbild der Wunder Christi". Vgl. OETINGER, 1999, Bd. 1, 92 f., Lemmata: Elias und Elisa.

[613] Vgl. GRIFFERO, 2005, 233 f.

[614] So auch SCHOBERTH, 1994, 119, der die inhaltliche Ausrichtung der Emblematik nicht in der Enthüllung eines Zusammenhangs, sondern in der „Funktion" dieses gesamtbiblischen Zusammenhangs innerhalb der göttlichen Ökonomie erblickt. In diesem Sinne setzt Emblematik einen aus dem biblischen Realismus abgeleiteten Glauben voraus. Vgl. ebd., 124.

[615] Vgl. GRIFFERO, 236.

[616] Dies hat SCHOBERTH, 1994, 115, beobachtet.

[617] Man müsse bei der Erklärung der Auferstehung, der Stadt Gottes, des Throns, der Herrlichkeit, des Fleisches und Blutes Christi in der Seele, der Aufnahme in die himmlischen Wohnungen „ohne Verblümung physice, nicht nur moralisch" verfahren, „proprie nicht figurate". „Contradictiones" mit der Philosophie dürften dabei nicht „verläugnet werden". OETINGER, Schauplatz (1769), 45 f.

[618] Vgl. SCHOBERTH, 1994, 118, im Anschluss an Spindler.

[619] So HANEGRAAFF, wie oben Seite 511, Anm. 27.

Swedenborg die Inkarnation Gottes als Christus und eine Figürlichkeit der postmortalen Seelen behauptet, die er selbst für annehmbar hielt, auch wenn er die
leibliche Seite der postmortalen Seele bei Swedenborg als zu undeutlich beurteilte
und Swedenborgs Substanzbegriff als zu schwach erachtete. Nur vor diesem Hintergrund kann sichtbar werden, warum Oetinger Swedenborgs Negation der „materialischen Ausdrücke" der Apokalypse nicht verstand – Swedenborg werde sich
auf diese Weise „selbst ungleich".[620] Oetinger sah in Swedenborg zweifellos den
Vertreter eines „Hyper-Symbolismus", der aber zu sehr Rationalist war, um alle
massiven Elemente in die „allegorisch-unkörperliche Dimension zu verban-
nen".[621] Auf diese Weise kann auch gezeigt werden, warum Oetingers emblematische Theologie selbst partiell allegorisch verfährt wie Swedenborg, sich aber genau an den Punkten, an denen Swedenborg apokalyptische Kerngehalte spiritualisiert, ‚emblematisch' gegen ihn wendet. Immer wieder nennt Oetinger die *signatura rerum* Böhmes und – ohne Namensnennung Swedenborgs – die *scientia
correspondentiarum* nebeneinander als die beiden Lehren, die ihn beeinflusst haben, weil sie von der Beziehung der Dinge auf das Unsichtbare ausgehen,[622] ja an
einer Stelle meint er gar, die Korrespondenzlehre sei lange vor Swedenborg schon
von Böhme gelehrt worden, durch die „7. Geister" aber mit „noch tiefern Gründen".[623] Erst mit zunehmender Schärfe der in Oetingers Augen apokalyptischen
Anmaßungen Swedenborgs beurteilt er die Rolle seiner Korrespondenzlehre so
negativ, dass man davon sprechen kann, er habe die nun wieder auf Böhme zurückgeführte „Signatur mißbraucht".[624] Dieser Vorwurf betrifft aber nicht die
Auslegung als solche, sondern deren Anwendung gegen die Massivität und den
‚Realismus' der Apokalyptik. Wenn er Swedenborgs spiritualistische „Verblümung" des Schriftgehalts angreift, dann fast immer mit Blick auf den Rahmen
und die Details seiner Apokalyptik. Handelt es sich nicht um apokalyptisch rele-
vante Textstellen, dann verfährt Oetinger nicht anders als Swedenborg, wenn er
etwa „unreine" Vögel und andere Tiere als „Sinnbilder für böse Menschen" bezeichnet, was der „Herr LAVATER in seinem kostbaren Buch, *Phisionomie* [...]
nicht vergessen werde".[625] Auch die Stiftshütte deutet Oetinger auf höhere „Geistes-Sachen", die Oetinger nur nennen, aber nicht „erklären" will.[626] Und der
Weinberg aus Jesaja 5 ist auch für Oetinger ein „Sinnbild" für die Gemeinde.[627]

---

[620] Oetingers Übersetzung von SWEDENBORG, Tell (1771), 173.

[621] GRIFFERO, 2005, 241.

[622] Oetingers Rechtfertigungsschrift von 1767, in OETINGER, 1977 [1765], LIII; OETIN-
GER, Metaphysic, 18; OETINGER, Unterricht (1772), 81. In OETINGER, Schauplatz (1769), 22,
und OETINGER, Beurtheilungen (1771), 45, wird nicht die Korrespondenzlehre kritisiert, sondern deren Anwendung bei der Auslegung der Apokalypse.

[623] OETINGER, Beurtheilungen (1771), 157.

[624] So BENZ, 1947, 109; HANEGRAAFF, 2007, 85.

[625] OETINGER, 1999, Bd. 1, 403 f., Lemmata: Thiere und Vögel, unreine.

[626] OETINGER, 1999, Bd. 1, 400, Lemma: Stifts-Hütte. Im Folgenden deutet er die alttestamentliche Stiftshütte aber ausdrücklich als „Sinnbilder von geistlichen Kräften und Gaben, die
aus JEsu Christo in seine Gemeine kommen".

[627] OETINGER, Beurtheilungen (1771), 71, mit der sofortigen Warnung: „Aber deßwegen
ist das übrige nicht auch sinnbildlich, sondern es beleibt dem heiligen Geist einerley Sache,
bald sinnbildlich und bekleidet, bald eigentlich und nackt vorzutragen. Hier brauche der Le-

Von der Front gegen Swedenborg aus gesehen wird auch die zweite, bereits mit Dippel als Pionier der metaphorischen Exegese[628] beginnende Front deutlich, gegen die die Emblematik gerichtet ist: die ‚Neologen' um Semler, und vor allem das *Wörterbuch des Neuen Testaments* von Teller, denen Oetinger vorwirft, die Leiblichkeit nicht nur zu ‚idealisieren', sondern ganz für Schein zu halten.[629] Es fällt auch hier auf, dass Oetinger bei seiner ‚realistischen' Auslegung genau die Begriffe auswählt, die *theologisch* gegen seine Gegner auf beiden Seiten gerichtet sind und dass er genau dort eine emblematische Deutung ins Feld führt, wo es um die Widerlegung *theologischer* Argumente geht. Vielfach geißelt Oetinger die idealistische Auslegung ausdrücklich im Zusammenhang mit der ‚spiritualistischen' Auslegung: Man wundere sich, dass Semler und anderen „Lästerern" die „Haut vor dem ewigen Gericht nicht schauert"; entweder deren Idealismus oder Oetingers „Schriftmaterialismus" müssten falsch sein.[630] Viele Angriffe auf Semler betreffen explizit dessen historische Erklärung der Apokalypse als „asiatische Schilderungen".[631] Zu diesen theologischen Themen sind natürlich auch Oetingers Christologie, seine Engels- und Teufelslehre und seine Soteriologie zu zählen, die organisch zu seinem theologischen Leitgedanken vom göttlichen „Vorsatz" gehören und daher integraler Bestandteil seiner apokalyptischen Theologie sind. Nicht nur die Stadt Gottes, auch Christi Blut, Kreuz und Auferstehung gehören zu den Topoi, die Oetinger emblematisch und „unverblümt" ausgelegt haben will.

Die bemerkenswerte Einzigartigkeit der Emblematik Oetingers, die von verschiedenen Interpreten nicht nur als eine Vorstufe von Schellings Hermeneutik gesehen wird,[632] sondern auch als eine elementare Umformung der älteren Emblematik, besteht in der Umwandelbarkeit des Geistigen ins Leibliche und der Aufhebung des Unterschieds zwischen Bild und Zeichen.[633] Diese Feststellung wäre dadurch zu ergänzen, dass sich die Umwandelbarkeit in erster Linie auf Oetingers ‚realistische' Apokalyptik bezieht. Durch diese Fokussierung kann auch die eigenartige Gebrochenheit seines emblematischen Ansatzes beschrieben werden, der Allegorien, Sinn- und Vorbilder sowie christo-typologische Auslegungen in anderen Feldern als dem apokalyptischen durchaus zulässt. Swedenborgs, Semlers und Tellers Umdeutungen und Historisierungen einer biblischen Eschatologie, die für Oetinger mit einem Weltende, einem Richtergott und einer *Apokatastasis* verbunden ist, hätten als Reflexe nicht nur dessen Bengelianismus

---

ser die Morgenröthe des Verstands von oben, die kommt ihm ja zuvor." Ebd., 73 f., zählt Oetinger eine ganze Reihe weiterer Sinnbilder auf.

[628] DEGHAYE, 1984, besonders 71 f. Dippel rief noch auf andere Weise als Swedenborg Oetingers Protest hervor. Ihm schrieb er zu, nicht nur den Zorn Gottes zu bagatellisieren, sondern auch die Bibel selbst nur teilweise für „wahr" zu halten.

[629] Vgl. oben Seite 532 f., sowie DEGHAYE, 1984, besonders 67. HARDMEIER, 1999, hat neben Semler und Teller noch folgende Theologen behandelt, die Oetinger im *Wörterbuch* angreift: Gottfried Less, Michaelis, Damm und Spalding.

[630] OETINGER, Metaphysic, 600 f.

[631] OETINGER, 1977 [1765], 298, sowie weitere Beispiele oben Seite 533 f., 551, 571.

[632] So vor allem von GRIFFERO, 2005.

[633] So GRIFFERO, 2005, 246.

verstärkt, sondern auch die emblematische Methode hervorgebracht, um die Offenbarung des Johannes und die anderen apokalyptischen Texte des Neuen Testaments in seinem Sinn zu ‚retten'.

ee) Eine vergessene Arbeit am Ende: Oetingers ‚letztes Wort'

Sowohl der Oetinger- als auch der Swedenborg-Forschung ist bisher entgangen, dass eine der letzten[634] Schriften Oetingers zum größten Teil eine Übersetzung Swedenborgs ist. Diese Tatsache bestätigt nachhaltig, dass Swedenborg in Oetingers theologischer Biographie nicht als folgenloses Zwischenspiel anzusehen ist. Bis an das Ende seiner gelehrten und schriftstellerischen Aktivitäten erstreckt sich Oetingers Arbeit an Swedenborg.

An keiner Stelle der 1777 erschienenen, 114 Seiten umfassenden *Freymüthigen Gedanken von der ehelichen Liebe* erwähnt der anonym[635] schreibende Oetinger, dass dieses Büchlein überwiegend aus der Übersetzung und Kritik der Paragraphenüberschriften von Swedenborgs 1768 publiziertem Buch *Delitiae sapientiae de amore coniugali*[636] bestand. Diese Feststellung ist besonders im Hinblick darauf bemerkenswert, dass er Swedenborg durchaus namentlich nennt, aber in völlig anderen Zusammenhängen und mit negativer Konnotation. In einem Abschnitt unter dem Titel „Herablassung Gottes in der ehelichen Liebe", den Oetinger nicht aus *De amore coniugali* übernommen, sondern selbst verfasst hatte, wendet er sich gegen Semler, dem die Offenbarung des Johannes „lächerlich" vorkomme, und sogar gegen Böhme, der „sich in diese Herablassung Gottes nicht finden" könne, womit Oetinger allerdings hier auf das 1000-jährige Reich hinweist. Nun nennt Oetinger auch Swedenborg: Dieser „sonst grosse gründlich gelehrte Physicus und Mathematicus *Schwedenborg*" stoße – wie Böhme – „wider diesen Grundsatz", hier das Millennium, „sehr oft an". Deshalb sei „seinen Geschichten wenig zu trauen, wenigstens eine grosse Auswahl zu machen, und viel critischer Fleiß anzuwenden [...], um das Wahre von dem Wahrscheinlichen und Falschen zu unterscheiden".[637] Das war Oetingers alte Position gegen Swedenborgs Anti-Apokalyptik.

Die zweite Erwähnung ganz am Ende des Textes enthält ebenfalls nur einen indirekten Hinweis auf die eklektische und kritische Prüfung Swedenborgs, die

---

[634] 1777 erschien neben OETINGER, Ploucquet, noch die *Beihilfe zum reinern Schriftverstand* [Schwäbisch Hall] und ein letztes Testament Oetingers zum Thema Böhme: Versuch einer Auflösung der 177 Fragen aus Jakob Böhm, vgl. WEYER-MENKHOFF, 1990a, 286.

[635] Dass er der Verfasser war, wussten aber bereits die Zeitgenossen, so der Rezensent im *Schwäbischen Magazin von gelehrten Sachen* 1777, 787 f., der allerdings kein Wort über Swedenborg verlor: „Wir suspendiren unser Urtheil von dieser Schrift vollkommen, deren Verfasser unser Herr Prälat Oetinger in Murrhardt ist."

[636] Die einzelnen Kapitel von Coniug enthalten im Vorspann alle Überschriften der folgenden Paragraphen. Oetinger hat sich an diesen Überblickskapiteln orientiert und nicht die detaillierten Ausführungen verarbeitet. Er hat unter anderem weggelassen: Coniug 506 (Von der Lust der Abwechslungen), 511 (Von der Lust zur Notzucht), 515 (Von der Entsprechung der Buhlereien und der Verletzung der geistigen Ehe).

[637] OETINGER, Freymüthige Gedanken, 21 f., Zitat: 22 [Hervorhebung bei Oetinger].

Oetinger mit den *Freymüthigen Gedanken* nach zwölf Jahren wiederholt hatte. Man könne

„viel neue Säze von der ehelichen Liebe nehmen, absonderlich wann man die prophetische Ausdrücke von der lezten Zeit dazu nimmt, welche viel weiter gehen, als irgend eine neue Offenbahrung, es sey von *Böhm*, oder *Schwedenborg*, oder andern gestellt. Der Tempel Ezechiels und vorher die zwey Zeugen werden unsere Gedanken sehr viel läutern. Die Kinder Levi werden sehr geschmelzt werden."[638]

Dies sind die beiden einzigen namentlichen Erwähnungen in der gesamten Schrift. Swedenborg erscheint als kritisch zu prüfender Neuoffenbarer neben Böhme. Dass das Buch über weite Strecken aus einer Übersetzung Swedenborgs besteht, wird auf diese Weise ausdrücklich verborgen gehalten. Nur gelegentlich lässt Oetinger einfließen, dass er die „Sätze eines Denkers der Prüfung der Weisen" unterwerfe, ohne zu sagen, wer hiermit gemeint ist.[639]

Im Folgenden wird zunächst ein Überblick über die Passagen gegeben, die Oetinger von Swedenborg direkt übersetzt oder modifiziert übertragen hat. Hierbei kann es nicht darum gehen, eine vollständige Konkordanz vorzulegen. In einem zweiten Schritt werden die wichtigsten Punkte benannt, die Oetinger gerade nicht aus *De amore coniugali* übernommen oder von denen er sich auf andere Weise distanziert hat.

    I. Ursprung der ehelichen Liebe (1 f.; Coniug 83).
   II. Hohe Würde derselben (2–4; Teile aus Coniug 116).
  III. Vereinbarung der Seelen und Lebensgeister durch den Ehestand (4–15; Coniug 156).[640]
  IV. Veränderungen des Lebenszustandes bey Männern und Weibern durch die Ehe (15–17; aus Coniug 184).[641]
   V. Allgemeine Dinge von der Ehe (17 f.; Teile aus Coniug 209).
  VI. Herablassung Gottes in der ehelichen Liebe (18–25, ein eigener Abschnitt Oetingers).
 VII. Ursachen der Erkaltung der Liebe und veranlaßte Trennungen und Ehescheidungen (25–27; aus Coniug 234).
VIII. Ursachen der scheinenden Liebesneigungen, scheinenden Freundschaften und Gunstbezeugungen (28–30; aus Coniug 271).
  IX. Von den Verlobungen und Hochzeiten (30–32; Coniug 295).
   X. Von den zweyten Ehen (32 f.; Coniug 317).
  XI. Von der Polygamie oder Vielweiberey (33–35; aus Coniug 332).[642]
 XII. Von der Eifersucht (35–37; aus Coniug 357).[643]

---

[638] OETINGER, Freymüthige Gedanken, 114 [Hervorhebung bei Oetinger]. Eine ähnliche Formulierung hinsichtlich der Kinder Levi findet sich bereits in Oetingers Übersetzung von Tell (1771), 174 f.

[639] OETINGER, Freymüthige Gedanken, 43.

[640] Alle 22 Punkte sind bei Oetinger vorhanden.

[641] Bei Swedenborg 18, bei Oetinger 9 Punkte.

[642] Hier fehlen bei Oetinger Swedenborgs Ausführungen über die Polygamie der Mohammedaner. Er schreibt stattdessen, in der Stadt Gottes fänden sich auch die, für die die Polygamie keine Sünde war. Auch folgt Oetinger nicht dem Antijudaismus Swedenborgs, für den es in Israel keine echte Ehe gab.

[643] Oetinger verkürzt Swedenborgs 14 Punkte ohne substantielle Differenzen auf 5.

XIII. Von der Verbindung der ehelichen Liebe mit der Liebe zu den Kindern (38–42; aus Coniug 385).

XIV. Von dem Keuschen und Unkeuschen (43–47; aus Coniug 138).[644]

XV. Zeugnisse der alten Weisen von der ehlichen Liebe (48–54, eigener Abschnitt Oetingers).[645]

XVI. Von der Hurenliebe überhaupt (54 f.; aus Coniug 423).

XVII. Von der Fornication insonderheit (55–57; wenig Übereinstimmendes aus Coniug 444).

XVIII. Von dem Concubinat (57 f.; aus Coniug 462).

XIX. Von den mancherley Arten des Ehebruchs (59 f.; aus Coniug 478).

XX. Von der muthwilligen Ausgelassenheit, eine Jungfrau zu defloriren und andere Unkeuschheit zu begehen (60 f.; aus Coniug 501–514).

XXI. Von der Zurechnung der Hurenliebe (61 f., aus Coniug 523).

Anhang verwandter Materien,

I. Ueber die Frage, ob Eheverbindnisse, welche auf Erden gemacht werden, auch im Himmel, nach dem Tod fortdauern? (63–87, keine direkte Entsprechung, sondern eine Kritik zu Coniug 27–54).[646]

II. Noch einige Gedanken, insonderheit von den venerischen Trieben, und wie denselben zu begegnen; von der Fortpflanzung, und dergleichen (88–101, eigener Abschnitt Oetingers).[647]

Schluss (ohne Überschrift, 101–114, eigener Abschnitt).

Die Übertragungen und Übersetzungen Oetingers folgen an manchen Stellen genau der Gliederung Swedenborgs, an manchen Stellen haben sie paraphrasierende

---

[644] Swedenborg führt hier 16 Punkte, Oetinger nur 9 auf.

[645] Hier nennt Oetinger unter anderem Orpheus, Parmenides, Pythagoras, Platon, Francis Bacon, Demokrit, Irenäus, den Propheten Ezechiel und wie häufig Claude-Nicolas Le Cats „durchdringendes Geistwesen", womit er dessen „fluidum animal" meint, das „amphibium" zwischen Geist und Materie. Erneut bekräftigt Oetinger seinen ausdrücklich nicht emanativen Panentheismus. Die Schöpfung ist kein „nothwendiger Ausfluß" Gottes, sondern weit von ihm unterschieden, die muss sich freiwillig zu Gott ziehen lassen nach dessen „Vorsatz".

[646] Seite 77 bis 87 ist etwas unvermittelt ein Abriss der böhmistisch-kabbalistischen Kosmogonie eingeschoben, wobei Oetinger auch auf die alchemistische Scheidungslehre, auf die Generationslehre und die vis plastica eingeht. Zitiert werden hierbei: Francesco Maria Pompeo Colonna: Les principes de la nature, ou la génération des choses. Paris 1731, und gegen dessen Ansicht, in den Eiern von Hühner und Frauen befänden sich kleine Menschen oder Hühner: William Harvey: Exercitationes de generatione animalium. Lugduni Batavorum 1737 [Opera, Bd. 2, erstmals 1651], sowie Georg Ernst Stahl, Isaac Holland und andere. Dieses Kapitel, das die Generation durch einen *spiritus rector* oder einen *vis formatrix* oder einen „Spiritum plasticum" behauptet, könnte sich gegen Swedenborgs *Memorabile* in Coniug 417 richten, wo eine modifizierte Präformiertheit der Dinge ohne eigene Selbstbewegungsquellen erklärt wird. Tiere und Pflanzen sind in Samen enthalten, werden aber nicht aus eigener Kraft oder durch die Natur, sondern durch die Wärme und das Licht der Sonne hervorgebracht. Oetinger betonte demgegenüber mit seinem *spiritus rector* die in jedem Wesen liegenden Selbstbewegungsquellen.

[647] Hier und im folgenden Schluss finden sich ein Exzerpt aus David Cranz: Historie von Grönland, enthaltend die Beschreibung des Landes und der Einwohner etc. insbesondere die Geschichte der dortigen Mission der evangelischen Brüder zu Neu-Herrnhut und Lichtenfels. Leipzig 1765, über das Sozialverhalten der Grönländer, Hinweise auf die Überwindung des *Nisus venerei* bei Jünglingen, auf Basedows Pädagogik und Wolffs und Thümmigs Morallehre sowie auf Clemens Alexandrinus' Analogie zwischen Fortpflanzung und dem Gleichnis vom Sämann. Dass sich die „planetischen Lüfte" auf die Fötalisation auswirken (ebd., 112), ist Swedenborg fremd.

Züge. Gelegentlich werden gezielt bestimmte Paragraphenüberschriften weggelassen.

Was hat Oetinger nun von Swedenborgs Konzept der „Ehelichen Liebe" übernommen? Ihrer Verankerung in der göttlichen Liebe und Weisheit oder dem göttlichen Guten und Wahren folgt Oetinger. Die Ehe ist für ihn eine der göttlichen Beschaffenheit entsprechende Schöpfungsordnung.[648] Er folgt auch der von Swedenborg behaupteten Entsprechung der Verbindung des Herrn mit der Kirche als „Grund der ehelichen Liebe auf Erden".[649] Die Ehe ist damit für Oetinger wie für Swedenborg eine himmlisch verwurzelte Institution: „Nun ist wahr, die Ehen werden im Himmel gemacht, das versteht sich aber also bey Redlichen."[650] Dieser Satz muss vor dem Hintergrund der himmlischen Ehe Swedenborgs gelesen werden.

Wie Swedenborg ordnet Oetinger Liebe und Willen der Frau, Weisheit und Verstand aber dem Mann zu. Die weiblichen und männlichen Tugenden, die aus dieser Zuordnung resultieren, übernimmt Oetinger ebenfalls.[651]

Zahlreiche Überschriften werden ohne Kommentar abgedruckt. Swedenborgs Ausführungen über legitime und illegitime Ehescheidungen, über Verlobungen und Hochzeiten, über zweite Ehen, Polygamie, Eifersucht, Kinder, Keuschheit, Ehebruch und „Hurenliebe" werden auf diese Weise zu Oetingers eigener Stimme, da er an keiner Stelle zu erkennen gibt, welcher Textabschnitt von ihm selbst stammt und welchen er übernommen hat. Selbst Swedenborgs Ansicht, dass ein Konkubinat „aus gerechten Realursachen"[652] während der Ehe möglich ist, wird von Oetinger unkommentiert gelassen.

Eine entscheidende Differenz besteht nun freilich in Oetingers Adaption der Ehe als einer postmortal fortdauernden Institution. Einerseits zitiert er entsprechende Aussagen Swedenborgs und ergänzt sie sogar durch seine Geistleiblichkeitslehre, dass die postmortalen Vereinigungen nämlich „nach lauter geistleiblichen offenbaren Kennzeichen" nicht im groben, sondern in einem „zarte[n] Leib" fortdauern,[653] ja er hält es für „wahrscheinlich daß die Eheverbindnisse der Frommen nach dem Tod dauren werden", weil es auch dann eine „gewisse Ordnung" geben müsse.[654] Ehepaare, „die sich wohl verstanden haben", würden wohl in „ihr Bündelein zusammen kommen".[655] Schließlich hätten die postmor-

---

[648] Vgl. OETINGER, Freymüthige Gedanken, 1 f. Ebd., 70, distanziert sich Oetinger aber von Swedenborgs Anbindung der Ehe an das Gute und Wahre Gottes und betont nun die göttliche Einsetzung des Ehestandes unter Hinweis auf Adam und Eva.

[649] Vgl. OETINGER, Freymüthige Gedanken, 2; Coniug 62, 116.

[650] OETINGER, Freymüthige Gedanken, 74. Anders als Swedenborg knüpft Oetinger hier eine Kritik an der Standesheirat an. Die „Weltgefälligkeit" störe die göttliche „Zusammenfügung"; Reiche und Adlige heiraten ihresgleichen, „sonst würde manche Dienstmagd einem Edelmann zugefügt". Standeskritik war dem Aristokraten Swedenborg eher fremd.

[651] Vgl. OETINGER, Freymüthige Gedanken, 8–10.

[652] OETINGER, Freymüthige Gedanken, 58.

[653] OETINGER, Freymüthige Gedanken, 29.

[654] OETINGER, Freymüthige Gedanken, 63.

[655] OETINGER, Freymüthige Gedanken, 64. Das Hauptmissverständnis zwischen Oetinger und Swedenborg besteht demnach nicht in der Beurteilung der Geistleiblichkeit, die Swedenborg mit dem Substanzbegriff eher als Figürlichkeit als als Leiblichkeit beschreibt, während

talen Seelen die „Figur" eines Menschen, wobei Oetinger hier gerade nicht an Swedenborg erinnert, sondern an die Erscheinungen bei den Kirchenvätern und an die Frauen, die den Auferstandenen in „Menschenform" gesehen hätten, einen Hinweis, den Swedenborg allerdings selbst gegeben hatte.[656] Als würde er sich zum wiederholten Mal von Swedenborg distanzieren, betont Oetinger ferner, dass der „Interims-Zustand [...] weit unterschieden" sei von dem „Zustand der Auferstehung". Aber bereits im Interimszustand, so knüpft er wieder an Swedenborg an, müsse vom „Leib" so viel übrig bleiben, „daß ein Mann würklich Mann sey und ein Weib würklich Weib".[657] Hier veränderten sich zwar Stimmen und Mienen,[658] aber das Männliche und Weibliche verliere sich in diesem *status post mortem* „nicht bald". Nun stülpt Oetinger – wie bereits in seinen zurückliegenden Schriften – seine Apokalyptik über Swedenborgs *mundus spiritualis*: Denn nach der (zweiten) Auferstehung werde es weder Frau noch Mann geben.[659] Daher findet er nun, dass die Frage nach der Fortdauer der Ehen „im Himmel" nicht „auf einerley Art" beantwortet werden könne.[660] Und Oetinger greift auf seinen alten epistemologisch-eschatologischen Vorbehalt zurück: Erst der Tag Christi werde dies offenbaren, solange seien wir „Kinder und reden hier davon als Kinder".[661] Am Ende betont er jedoch nochmals:

„[...] die Frag ist: ob die Ehen im Himmel dauren? Antwort: gleiches kommt zu gleichem. In dem Interimsstand ist Mann noch Mann, Weib noch Weib. Die Seele behält ihren eigenen Leib, und wann Glaubige auf Erden eins seyn, seyn sie auch dorten eins. Die Weisheit macht alles ganz. Wenn Mann und Weib Kinder zeugen, so sind sie doppelt eins, und gehören zusammen."[662]

Oetinger übernimmt demnach Swedenborgs Ehevorstellung und baut sie als Zwischenzustand in seine Apokalyptik ein. Die (zweite) Auferstehung und ein Jüngstes Gericht mit letztendlicher *Apokatastasis* sind nach wie vor die entscheidenden Trennlinien. Ohne sich mit Swedenborg offensiv auseinanderzusetzen, trägt Oetinger seine theologischen Akzente in dessen Text ein und eignet ihn sich auf diese Weise modifiziert an. Neben dem 1000-jährigen Reich[663] und der

---

Oetinger mit seinem Begriff der Tinktur einen feinstofflichen Leib mit den Merkmalen des „groben" irdischen Leibes auch postmortal annimmt. Substanz bei Swedenborg ist ebenfalls Basis des Materiellen, aber er vermeidet es in seiner visionären Phase ausdrücklich, Feinstofflichkeit damit zu verbinden.

[656] OETINGER, Freymüthige Gedanken, 64 f.; Coniug 31.
[657] OETINGER, Freymüthige Gedanken, 67.
[658] So auch Coniug 33.
[659] OETINGER, Freymüthige Gedanken, 68.
[660] OETINGER, Freymüthige Gedanken, 69. Swedenborg hält es demgegenüber in Coniug 40 für bewiesen, dass es Ehen im Himmel gibt.
[661] OETINGER, Freymüthige Gedanken, 69.
[662] OETINGER, Freymüthige Gedanken, 87.
[663] Beispielsweise fügt er in sein Zitat des Abschnittes über Keuschheit und Unkeuschheit den Millenniumsgedanken ein, der sich bei Swedenborg nicht findet. Vgl. OETINGER, Freymüthige Gedanken, 46. Die ewige Fortdauer der Ehe zitiert Oetinger zwar aus Coniug (ebd., 7), an anderer Stelle behauptet er gegen ihn aber die leibliche Auferstehung „durch die Menschheit Christi" (ebd., 19). Es ist daran zu erinnern, dass der verherrlichte Leib Christi im Gegensatz zu allen anderen Leibern auch für Swedenborg auferstanden ist.

Apokalyptik insgesamt betrifft dies vor allem die Christologie. Christus wird von Oetinger dort ergänzt, wo er bei Swedenborg fehlt.[664] Oetinger behält auch seine Ablehnung der modifizierten Soteriologie Swedenborgs bei, nach der es keine Versöhnungsmöglichkeit für alle gibt. So lässt er einen Affront Swedenborgs gegen die Imputation[665] kurzerhand weg und schreibt ihn in eine *Apokatastasis* um:

„Es scheint nicht, dass eine Zurechnung des Guten auf einem beharrlichen Bösen möglich sey. Eine jede Sünde straft sich selbst, aber daraus folgt nicht, dass kein Ersatz oder Compensation aus dem unaussprechlichen Reichthum Christi auf andere möglich seye. Es ist freylich wahr, kann auch ein Parter seine Flecken ändern? aber der Löwe kann auch zu seiner Zeit Stroh essen müssen. Jes. 11,7.“[666]

Gerade der letzte Satz zeigt, dass Oetinger Swedenborg vor Augen hatte, bei dem auch postmortal niemand gegen seinen Willen erlöst werden kann. Die individuelle Freiheit, die sich in den irdisch geformten Neigungen zeigt, steht der Fremderlösung entgegen. Wenn Oetinger betont, dass auch der Löwe zu seiner Zeit Stroh essen können *muss*, scheint er sich genau gegen diese Neudefinition der Soteriologie auf der Grundlage des elementaren Freiheitsverständnisses bei Swedenborg zu wenden.

In einem eigenen Abschnitt baut Oetinger seine wuchtige Inkarnations- und Kondezendenzlehre von der „Herablassung Gottes" ein.[667] Dies könnte als bengelianischer Einspruch gegen Swedenborgs Ehekonzept verstanden werden. Auch seine Hochschätzung der Taufe, die „viel böses" bei den Kindern verhindere, ist zwar ausdrücklich keine Anknüpfung an einen Taufexorzismus, denn es „ist selten, daß aus einem schwarzen Raben ein weisser wird".[668] Aber Swedenborgs Verständnis der Taufe, bei der die Kinder Engelstutoren erhalten, wird damit nicht gefolgt.

An verschiedenen Stellen korrigiert Oetinger Swedenborgs himmlische Ehen durch Anleihen nicht nur bei Bengel, sondern auch bei Jakob Böhme. Nach Swedenborg werden ‚unpassende' Paare nach dem Tod getrennt und unverheiratet Gestorbene erhalten einen geeigneten Partner. Oetinger stellt dem seinen böhmistischen Androgynitätsgedanken entgegen. „Der Richter der Lebendigen und Toden" werde „durch die Weisheit dem Mann das Weibliche, und dem Weib das Männliche zugebe[n]."[669] Überhaupt stellt die Androgynität ein häufig wieder-

---

[664] Frau und Mann streben zwar nach Einheit und zielen „auf das unsichtbare und ewige". Sie werden aber nicht ewig Frau und Mann bleiben und nur als Einheit scheinen wie bei Swedenborg, sondern alle „einer seyn Christo". Oetinger, Freymüthige Gedanken, 17.

[665] Ohne Erwähnung Christi schreibt Swedenborg in Coniug 523: „II. Die Übertragung des Guten des Einen auf den Andern ist unmöglich. III. Zurechnung, wenn darunter eine solche Übertragung verstanden wird, ist ein nichtssagender Ausdruck. IV. Das Böse wird einem jeden zugerechnet gemäß der Beschaffenheit seines Willens, und gemäß der Beschaffenheit seines Verstandes; ebenso das Gute."

[666] Oetinger, Freymüthige Gedanken, 62. Jes 11,7: „Kuh und Bärin werden zusammen weiden, ihre Jungen werden zusammen lagern. Und der Löwe wird Stroh fressen wie das Rind."

[667] Vgl. Oetinger, Freymüthige Gedanken, 18–25, besonders 23.

[668] Oetinger, Freymüthige Gedanken, 112f.

[669] Oetinger, Freymüthige Gedanken, 90.

kehrendes Motiv Oetingers gegen Swedenborg dar, denn Oetinger vermutet auch eine ursprüngliche Androgynität, die durch den Fall zerbrochen ist.[670] Swedenborg kennt demgegenüber nur zwei Geschlechter, keinen Sündenfall und demnach auch keine aus dem Fall folgende Trennung der Geschlechter. Der Ursprung der Geschlechtlichkeit liegt in der göttlichen Ehe des Guten und Wahren als universalen Prinzipien. Während Swedenborg die Androgynität nur als einen Schein ansieht, wachsen Mann und Frau bei Oetinger, „bis sie englisch werden; da sie nicht mehr zwei, sondern eins seyen".[671] Swedenborg hält auch an diesem Punkt an seinem Dualismus fest, während Oetinger eschatologisch alle Gegensätze in einer Einheit verschwinden sieht.

Neben diesen Modifikationen, denen Oetinger Swedenborgs himmlisches Ehemodell unterzogen hat, sind eine ganze Reihe von Stellen zu verzeichnen, an denen er Swedenborgs Text ganz ignoriert hat. Swedenborgs in *De amore coniugiali* umfangreiche *Memorabilia*, die Berichte über Begebenheiten in der Geisterwelt, lässt Oetinger weg. „Himmlische Sexualität", aus denen „himmlische Kinder" entstehen,[672] kommt bei Oetinger nicht vor. Aber auch Swedenborgs ausgedehnte Begründungen „buhlerischer" Ehen durch den Einfluss höllischer Geister[673] und seine „höllischen" Ehen[674] finden sich bei Oetinger nicht.

Trotz dieser Auslassungen und der vielfachen Modifikationen ist Oetingers letzte Arbeit zum Thema Swedenborg eine partielle Rezeption, die auf der Basis seiner bereits 1765 getroffenen Grundentscheidungen vollzogen wird. Swedenborgs spiritualistische und dualistische Eschatologie wird in Oetingers ‚realistische' Apokalyptik eingebaut, die letztlich auf eine *Apokatastasis panton* hinausläuft. Die Plastizität und Figürlichkeit der Jenseitsschilderungen Swedenborgs wird auch hier anerkannt. Am Ende seines Lebens übernimmt Oetinger, wenngleich unter Vorbehalt, auch das Motiv der himmlischen Ehe – und der irdischen Ehemoral – von Swedenborg. Auf diese Weise sind die wichtigsten Topoi der Lehre Swedenborgs von Oetinger modifiziert und mit seinen Modifikationen in Deutschland popularisiert worden. Dass Oetinger Swedenborgs Namen von seinem Werk völlig abtrennte und gezielt von seiner eigenen, bis zum Ende der eigenen Schaffensphase anhaltenden Rezeptionsarbeit ablenkte, war eine Begleiterscheinung, die sich den jahrelangen Auseinandersetzungen um die ‚Causa Swedenborgiana' verdankte. Die Beobachtung, dass Swedenborgs Lehre vielfach von seinem Namen separiert wurde und dass man sich öffentlich von ihm distanzierte, um insgeheim Segmente seiner Theologie zu übernehmen,[675] trifft demnach auch auf Oetinger zu, der Swedenborg als einer der ersten überhaupt las, kriti-

---

[670] OETINGER, Freymüthige Gedanken, 18, 53 f., 106 (Adam habe bei der Scheidung des Weiblichen vom Männlichen einen „Riß" bekommen).
[671] OETINGER, Freymüthige Gedanken, 14.
[672] Coniug 44, 51, 55 fehlen bei Oetinger. Aus den himmlischen Kindern (Gutes und Wahres) in Coniug 116 macht Oetinger geistige Kinder, die aus der Ehe des Herrn mit der Kirche geboren sind. Dass Frauen postmortal ihre Kinderliebe behalten (Coniug 385), übernimmt Oetinger ebenfalls nicht.
[673] Coniug 423.
[674] Coniug 271.
[675] So bereits BENZ, 1947, 105.

sierte und popularisierte und dabei seinen Namen zunächst keinesfalls verschwieg. Ohne Swedenborg lässt sich die Zuspitzung und Frontstellung der Theologie des späten Oetinger seit 1765 nicht angemessen beschreiben.

e) Zusammenfassung: Swedenborg bei Oetinger

1. Oetingers Auseinandersetzung mit Swedenborg lässt sich von Beginn an als eine partielle Rezeption beschreiben. Zwar werden die zentralen Kritikpunkte, allen voran Swedenborgs Umdeutung der Apokalyptik in eine spiritualistische und dualistische Eschatologie, seine Abschaffung der lutherischen Soteriologie und seine Schriftauslegung immer deutlicher ausgesprochen, während Oetinger infolge der Debatten um seine Bücher über Swedenborg immer stärker zu subkutanen Rezeptionsformen überging. Auch wandte er sich von Swedenborgs Person zunehmend ab, während Swedenborg sein Selbstverständnis als Träger der Offenbarung eines neuen göttlichen Wortes und einer neuen Kirche seit dem Ende der 1760er Jahre bis zur *Wahren Christlichen Religion* immer stärker zu erkennen gab. Oetinger verstärkte im Gegenzug seine Gegenpositionen, ohne seine Swedenborg-Rezeption einzustellen. Dies ist gegen die bisherigen Thesen einzuwenden, die nach Swedenborgs Tod bei Oetinger keine produktiven Spuren mehr erkennen wollen. Es ist zwar durchaus angemessen, in dem Rückbezug auf Bengel das entscheidende Motiv zu erkennen, das Oetinger vor Swedenborg, nämlich vor dessen Eschatologie, „bewahrt" hat.[676] Diese Diagnose trifft jedoch nur zum Teil zu. Denn es dürfte Oetinger einerseits bereits seit 1765 klar gewesen sein, dass Swedenborg mit seiner bengelianischen Apokalyptik kollidieren musste. Daher kann nur bedingt von einer ‚Bewahrung' durch Bengel gesprochen werden. Andererseits arbeitete Oetinger Swedenborgs figürliche und quasi-leibliche Geisterwelt von Anfang an als Zwischenzustand in sein bengelianisches System ein, in eine „Lücke" nämlich, die Bengels Apokalyptik gelassen hatte.[677] Durch diesen Transformationsprozess wurde Bengels Lehre erweitert, während Swedenborgs Lehre den Koordinaten Bengels angepasst wurde. Alle Lehrsegmente, die Oetinger von Swedenborg übernahm, eignete er sich nur durch Modifikationen und Anverwandlungen an. Diese Arbeitsweise des irenisch-alchemischen Eklektikers „Halatophilus Irenaeus" endete im Gegensatz zu den bisherigen Vermutungen der Oetinger- und der Swedenborgforschung nicht in einer unqualifizierten Abweisung, mit Swedenborgs Tod oder als ein folgenloses Zwischenspiel, sondern hielt bis zum Ende seines produktiven Lebens an, obwohl Swedenborgs Name kaum mehr erwähnt wird, und wenn, dann mit kritischer oder negativer Akzentuierung. Gleichzeitig wird Swedenborg maskiert und die Referenzen auf ihn werden anonymisiert. Die Fronten, die zur Entwicklung neuer oder zur Verstär-

---

[676] MARTIN BRECHT: Johann Albrecht Bengel und der schwäbische Biblizismus. In: KURT ALAND (Hg.): Pietismus und Bibel. Witten 1970, 193–218, hier: 205; Groth, 1984, 132f.
[677] GROTH, 1984, 134, nach CARL AUGUST AUBERLEN: Die Theosophie Friedrich Christoph Oetinger's nach ihren Grundzügen. Ein Beitrag zur Dogmengeschichte und zur Geschichte der Philosophie. Mit einem Vorwort von RICHARD ROTHE. Tübingen 1847, 531.

kung alter theologischer Positionen bei Oetinger führten, werden darum nicht mehr ohne weiteres sichtbar. Oetinger bezeichnet gerade nach Swedenborgs Tod viel häufiger die Vertreter der ‚Neologie' als seine theologischen Gegner, obwohl sich hinter dieser Gegnerschaft häufig auch Swedenborg befindet, der offenbar deshalb weniger namentlich genannt wird, weil Oetinger ja gerade an seinen verdeckten Adaptionen festhielt.

Durch die maskierende und verborgene Behandlung Swedenborgs durch Oetinger entstand eine Rezeptionsbasis, in die Swedenborg zusammem mit kabbalistischen und böhmistischen Anleihen, mit naturphilosophischen Ansätzen und seiner lutherischen, apokalyptischen Theosophie insgesamt eingeschrieben wurde. Swedenborgs Geisterwelt und verschiedene naturphilosophische sowie theologische Topoi sind als integraler Bestandteil seiner lutherischen Theosophie anzusehen. Autoren wie etwa Schelling, die Oetinger rezipierten, konnten durch Oetinger zwar auch den Namen Swedenborgs wahrnehmen. Sie sahen sich aber auch Lehrelementen gegenüber, die Oetinger in Verbindung mit dem anonymisierten Swedenborg entwickelt hatte, aber als solche nicht mehr zu erkennen waren. Der Transport und die Transformation Swedenborgs über das 18. Jahrhundert hinaus lässt sich darum nur beschreiben, wenn die subkutane Implantation Swedenborgs bei Oetinger in den Blick genommen wird. Swedenborg wurde neben der Kabbala, Böhme, dem Hermetismus, der *Magia naturalis* und der Alchemie durch Oetinger kanonisiert, wobei nicht ignoriert werden darf, dass Oetingers Einordnung selbst als ausgesprochen differenziertes Verfahren anzusehen ist, das gerade auch die fundamentalen Unterschiede des Mechanikers Swedenborg gegenüber seinen kabbalistischen und theosophischen Prinzipien offenlegte und nicht einfach einebnete.

2. Wie nahm der lutherische Theosoph Oetinger Kontinuitäten und Diskontinuitäten in Swedenborgs intellektueller Biographie wahr? Oetinger stellte überwiegend einen Bruch zwischen dem mechanistischen Philosophen und dem Geisterseher fest. An nur wenigen Stellen seiner Rekonstruktion der Naturphilosophie Swedenborgs meinte Oetinger, auch Anzeichen für dessen spätere „himmlische" Philosophie zu erkennen. Aber eine über den biographischen Bruch hinweg führende kontinuierliche Entwicklung des Geistersehers Swedenborg konnte er nicht erkennen. Dies dürfte vor allem auch daran gelegen haben, dass er die Visionen Swedenborgs tatsächlich als Offenbarungen anerkannte. Sie standen für ihn diametral Swedenborgs naturphilosophischen Spekulationen und seiner „irdischen" Philosophie entgegen. Oetingers Kritik an Swedenborgs „hieroglyphischer" Auslegungsmethode bezog sich gerade auf dessen mechanistische Prägung. Er gestand Swedenborgs Offenbarung ‚Wahrheit' zu, wandte sich aber gegen ihre Deutung, die seinem eigenen Biblizismus und Apokalyptizismus widersprach. Swedenborg erschien Oetinger als ein göttlich begnadeter Prophet, der seine Prophetie mechanistisch und algebraisch auf der Basis seiner Korrespondenzlehre und nicht anhand des Schriftbuchstabens auslegte, der also seine *res* in das *verbum* hineintrug und nicht aus ihm ableitete.

Es wäre reine Spekulation anzunehmen, dass Oetinger den Übergang zwischen dem Naturphilosophen und dem Geisterseher Swedenborg anders wahrgenommen hätte, wenn ihm die *Oeconomia regni animalis* und das *Regnum animale* bekannt gewesen wären, in denen Swedenborg ausführlich über das *fluidum spirituosum* und die *spiritus animales* reflektiert hatte, eine Theorie, die Oetinger in seiner Lebens- und Geistleiblichkeitstheologie mit der *Tinktur* und dem *spiritus rector* aus Jakob Böhmes Theosophie als einem Dritten zwischen Geist und Materie verband. Oetinger kannte anstelle der naturphilosophisch-anatomischen Werke Swedenborgs aus den 1740er Jahren aber Claude-Nicolas Le Cats Theorie vom *fluide animal*, die Swedenborgs Ansichten ausgesprochen ähnlich ist. Über diesen Umweg integrierte Oetinger auch die bereits neuplatonisierenden Tendenzen des vorvisionären Swedenborg in seiner eigene Theosophie. Le Cat gehörte schließlich zu seinen immer wiederkehrenden Referenzautoren, die die Modernität von Böhmes *Tinktur* oder dem *ens penetrabile* belegen sollten. Dieser Umweg zog aber die Konsequenz nach sich, dass Oetinger Swedenborgs Verbindung zwischen neuplatonisierenden Akzenten mit seinem Mechanizismus und die mit dieser Verbindung einhergehende Entwicklung Swedenborgs zur Geisterwelt nicht wahrnahm.[678] Umso disparater musste Oetinger das Gegenüber zwischen dem ‚Mechaniker‘ und dem Geisterseher vorkommen.

3. Dass Swedenborg aus der Perspektive Oetingers ein mechanistischer Philosoph war, hatte aber noch andere Folgen: Verbindungen zwischen Swedenborg und der Kräfte- und Sephirothlehre Böhmes und der Kabbala vermochte Oetinger bei Swedenborg nicht zu erkennen. Ganz im Gegenteil monierte er dessen Festhalten an rationalistischen und mechanistischen Modellen, wie etwa dem Kontiguitätsprinzip, das es Swedenborg verbot, eine Transmutationsalchemie für möglich zu halten. Es ist aber auch zu bedenken, dass Oetinger gerade die Topoi, die er Böhme und der Kabbala entnahm, weder in Swedenborgs vorvisonärer Naturphilosophie noch in seiner Theologie fand, wie vor allem die Sephirothlehre, das „Rad der Geburten“, die Selbstbewegung der lebenden Natur, ein *ens penetrabile*, die Transmutation der Metalle. Der Mechanist Swedenborg konnte aus Oetingers Sicht auch die Herkunft des Bösen nicht erklären, und er vertrat das Bild eines unfreien, notwendigen Gottes, der sich zu weit außerhalb der Welt befand. Oetinger erkannte bei seiner naturphilosophischen Kanonbildung in Swedenborg stets eher einen dualistischen Cartesianer als einen Spinozisten. Auch hätte er seinen „Panentheismus“ bei Swedenborg, der schließlich selbst einen

---

[678] Es ist ein Irrtum, die Korrespondenzlehre Swedenborgs nur für eine „wissenschaftliche Hypothese“ zu halten. Die materielle Welt sei von einem göttlichen Prinzip oder einer Lebenskraft nicht durchdrungen, sondern ohne jede Verbindung zur Geisterwelt. Aus diesem Grund sei es völlig unmöglich, sich Geistiges in körperlicher Form vorzustellen. Vgl. HANEGRAAFF, 2007, 75. Diese These bestätigt Hanegraaffs Verständnis der dualistischen Cartesianismus, geht aber an Swedenborgs Verbindung von Neuplatonismus und Cartesianismus und an seinem Begriff der geistigen Substanz als etwas Ausgedehntem ebenso vorbei wie an den vielfach von Swedenborg dargelegten Einflüssen des *Dominus* über die Geisterwelt in die natürliche Welt, vor allem aber an der Figürlichkeit der postmortalen Welt. Das Verhältnis zwischen Swedenborg und Oetinger kann auf diese Weise nicht angemessen dargestellt werden. Vgl. u. a. Kap. 3.3.4., b).

den Dualismus neuplatonisierend überbrückenden Ansatz vertrat, nicht bestätigt gefunden. Denn dort, wo Swedenborg aus Oetingers Perspektive an der göttlich belebten *Mechanik* festhielt, setzte Oetinger gerade die freien Selbstbewegungsquellen, die zwar wie bei Swedenborg göttlichen Ursprungs sind, aber der Natur selbst innewohnen und im Rahmen einer endlichen Welt nicht ewig wirken.

Trotz dieser Differenzen ist Oetinger und Swedenborg der Versuch gemeinsam, den Dualismus und den Spinozismus zu überwinden. Swedenborg führt seinen beide Reiche durchdringenden und ontologisch akzentuierten Substantialitätsbegriff ins Feld, Oetinger seinen eschatologisch akzentuierten Geistleiblichkeitsbegriff. Bei Swedenborg bleiben natürliche und geistige Welt zwar getrennt, sie sind aber durch die Substanz der Seelen, in die das göttliche Leben wirkt, zugleich miteinander verbunden. Die konstabilierte Harmonie enthält sowohl vitalistische als auch mechanistische Züge. Oetingers Projekt richtet sich ebenfalls gegen Dualismus und Spinozismus, wendet sich aber als einer dritten Front zugleich gegen den Mechanizismus und Idealismus im Leibniz-Wolffianismus. Oetingers Alternative besteht gleichsam in der ‚Taufe' des Materialismus zur Geistleiblichkeit, die mit ihrer Durchdringung beider Reiche die gleiche Funktion wie Swedenborgs Begriff der Substantialität und des göttlichen Lebens erfüllt, aber eschatologisch bestimmt ist.

4. Dem böhmistisch-kabbalistischen Naturphilosophen Oetinger erschien Swedenborg trotz seiner Offenbarungsträgerschaft stets als Rationalist, auch wenn er im Vergleich mit der Philosophie Wolffs, Leibniz' und Malebranches gerade die Differenzpunkte gegenüber Swedenborg herausstrich. Gegenüber den nach Oetingers Auffassung idealisierenden Tendenzen der rationalistischen Philosophen wies Swedenborgs figürlicher und quasi-leiblicher *mundus spiritualis* hingegen ‚realistische' Merkmale auf. Zwar ist kaum zu verkennen, dass Oetingers Geistleiblichkeitslehre mit einer Auferstehung auch der Leiber und deren Wiedervereinigung mit den – nicht gänzlich leiblosen – Seelen eine Diskrepanz zu Swedenborgs Modell enthielt. Dennoch war Swedenborg für Oetinger kein Doketist, sondern ein Seher, der nur in den Zwischenzustand der figürlichen Seelen blicken konnte und diese Perspektive mit der Ewigkeit verwechselte. Die entscheidende Trennlinie verläuft nicht auf der Ebene der Geistleiblichkeit, sondern auf der Ebene der apokalyptischen Weltsicht. Während Swedenborg – ähnlich wie Malebranche – eine ewig anhaltende Vergeistigung der Menschheit in Himmel oder Hölle vor sich sah und die Erde als *seminarium caeli* ebenfalls mit dem Prädikat der Ewigkeit ausstattete, beharrte Oetinger auf der Endlichkeit der Welt, die durch die Parusie Christi, durch die Restitution der Leiber zu einer vollkommenen Geistleiblichkeit und letzten Endes durch die *Apokatastasis panton* begrenzt ist. Dass der Cartesianer Swedenborg sich wegen der Unendlichkeit der Spiralbewegung die natürliche und geistige Welt nur unendlich und ewig vorstellen konnte, war für den Bengelianer Oetinger nicht nachvollziehbar. Anstelle der ‚unendlichen Mechanik' Swedenborgs postulierte Oetinger eine Vielzahl nichtgeometrischer und nichtmechanischer Bewegungen und Kräfte in der Natur, denn Geometrie und Mechanik bedeuteten ihm Notwendigkeit statt Freiheit.

Trotz dieser Differenzen modifizierte Oetinger verschiedene Segmente von Swedenborgs Naturphilosophie innerhalb seines eigenen Systems und verband sie mit Auffassungen, die er Newton und Böhme entnahm. Vor allem das *punctum naturale*, die Generation aus *finita* und *activa*, den *nexus infiniti cum finito* und Swedenborgs Magnetismustheorie, die er als Bestätigung der Wirkung immaterieller Kräfte wie der Gravitation, der Elektrizität und Böhmes Kräftelehre verwendete.[679] Nach seinem durchgängig eklektischen Prozedere entnahm Oetinger Swedenborg wie allen seinen Autoren nur die Elemente, die in sein eigenes System zu passen schienen. Aber schon während dieses Anpassungsverfahrens modifizierte und veränderte er sie.

5. Aus Swedenborgs Lehre über den *status post mortem* machte sich Oetinger fünf Punkte zu eigen: *erstens* das selbstverantwortete, aus dem moralischen Zustand zu Lebzeiten resultierende postmortale Schicksal in Hölle oder Himmel, mithin die Selbstverantwortung des Individuums; *zweitens* die Annahme von Entwicklungen, Klassen und Graden im postmortalen Leben; *drittens* die postmortale Fortdauer des Gedächtnisses, der Figur, des Geschlechts und sogar der Ehe; *viertens* die Korrespondenz zwischen der sichtbaren, natürlichen Welt und der unsichtbaren, geistigen Welt; *fünftens* akzeptierte Oetinger die Universalität des Schöpfungs- und Verherrlichungsprozesses auch im Blick auf die von Swedenborg geschilderten Planeten- und Sternenbewohner. Diese Aspekte des Interimszustandes, vor allem aber die Geistleiblichkeit der postmortalen Seelen, wurden durch Oetinger popularisiert. Er übernahm sie in sein teleologisch-apokalyptisches Weltbild mit zwei Toden und zwei Auferstehungen, zwei Millennien, dem Weltende, der Wiederkehr des Messias, der endzeitlichen Bekehrung der Juden, dem Jüngsten Gericht, der Schaffung einer neuen Erde und eines neuen Himmels, einem leibhaften himmlischen Jerusalem und schließlich mit einer *Apokatastasis panton* und der Herstellung der vollkommenen Geistleiblichkeit. Gegen Swedenborg hielt Oetinger an Engeln als nichtmenschlichen Wesen und an einem Teufel als bösem Prinzip fest. Vor allem aber betonte er die universale soteriologische Dimension des Opfertodes Christi über den Tod hinaus, für Oetinger letztlich die Voraussetzung der *Apokatastasis*.

6. Um Swedenborgs dualistischen *mundus spiritualis* in seine biblizistische Apokalyptik integrieren zu können, entwickelte Oetinger eine „prophetische Theologie",[680] mit der er die Sehergabe Swedenborgs ernstnehmen, aber die Gabe von Swedenborgs Deutung trennen und an deren Stelle sein eigenes emblematisches Verständnis der Apokalypse setzen konnte. Oetingers prophetische

---

[679] So auch ZWINK, 2005, 228. Im *Wörterbuch* knüpfte Oetinger auch an den Mesmerismus (Pater Maximilian Hell in Wien) positiv an: Krankheiten befänden sich nicht im „Geblüt", sondern im „unsichtbaren Wesen" des Werkzeugs der Seele. Sie seien ein „verwirrter Magnetismus im fluido nerveo". Dies könne durch den „wahren Magnetismo" repariert werden. Vgl. OETINGER, 1999, Bd. 1, 207, Lemma: Krankheit, Nosos. Den Mesmerismus konnte er allerdings nicht als Bestätigung Swedenborgs erkennen, da er dessen *fluidum spirituosum* nicht kannte. Vielmehr sah er die Übereinstimmung mit Böhme und van Helmont.

[680] Im unpaginierten Register der Beurtheilungen (1771) findet sich dieser Ausdruck, den Benz, 1947, häufig verwendet, wörtlich.

Theologie griff zwar auch auf frühe Erfahrungen mit seherischen Personen aus seinem Umfeld zurück,[681] sie wurde aber auch durch den Kontakt mit Swedenborg neben der Bibel und dem *sensus communis* zu einem dritten Erkenntniszugang, der allerdings dem Kriterium der Schriftgemäßheit zuzuordnen und – das zeigte Oetinger mit seiner Beurteilung Swedenborgs selbst – gegebenenfalls unterzuordnen war, „weil immer von der Hefe des Leibs des Todes gewisse Nebendinge sich einmischen",[682] sich also gewissermaßen zwangsläufig Irrtümer in den Deutungsprozess einschleichen würden. Der Stellenwert übersinnlicher „Schickungen", Weissagungen und Offenbarungen, als Wirkungen des Heiligen Geistes in Oetingers Erkenntnistheorie ist im ,Jahrhundert der Aufklärung' als signifikant anzusehen und dürfte vor allem der Auseinandersetzung mit den Visionen des ,Rationalisten' Swedenborg zu verdanken sein.

7. Die emblematische Theologie Oetingers ist als Reaktion auf die Spiritualisierung der Apokalypse durch Swedenborg und auf die – wenigstens tendenzielle – Liquidierung der Apokalyptik durch die Pioniere der historisch-kritischen Theologie wie Semler und Teller zu beschreiben.[683] Gegen diese Tendenzen hält Oetinger am Kanon und am Buchstaben der Bibel fest. Er wehrt sich gegen eine einseitige moralische und einseitige historisch-kritische Schriftauslegung. Oetingers Ansatz erweist sich als ,Dritter Weg' zwischen beiden Modellen, und die Inkonsequenz, mit der er einerseits selbst allegorische Verfahren anwendete, andererseits aber strikt gegen ,idealisierende' und spiritualisierende Exegesen stritt, dürfte in der Stoßrichtung der Emblematik begründet sein: Oetinger legt letztlich nicht die gesamte Schrift emblematisch, ,massiv' und ,realistisch' aus. Er interpretiert genau dort ,realistisch', wo er theologisch widerspricht. Seine eschatologisch und christologisch gewichtete Geistleiblichkeitstheologie stand vor seiner Auslegung. Der Fokus seines emblematischen Verständnisses liegt vor allem auf der Apokalyptik. Die gerade in der Folge seiner doppelten Auseinandersetzung verstärkte Betonung der Apokalyptik wäre ebenso wie die emblematische Hermeneutik ein Reflex auf deren Infragestellung.

---

[681] Neben dem bereits erwähnten Medizinprofessor Elias Camerarius bezog sich Oetinger häufig auf seine Kontakte zu dem ,geistersehenden' Schulrektor Johann Martin Schill aus Calw. Der Stuttgarter Prälat Johann Oechslin, der wie Swedenborg die *Apokatastasis* ablehnte, wurde erst nach seinem Tod vom Gegenteil überzeugt, wie Schill aus Gesprächen mit Oechslins Geist erfahren haben will. Vgl. etwa Oetinger, Selbstbiographie, 79–82; Kummer, Autobiographie, 98 f.; Oetinger, Beurtheilungen (1771), 66; Oetinger, 1977 [1765], 122; sowie Beyreuther, in: ebd., XXXIV; Weyer-Menkhoff, 1990a, 187; Weyer-Menkhoff, 1990b, 79–82; Benz, 1947, 14; Groth, 1984, 121, 125, 149.

[682] Oetingers Rechtfertigungsschrift von 1767, in: Oetinger, 1977 [1765], LII.

[683] Bei aller Kritik erkannte sie schon 1765 Ernestis *Neue Theologische Bibliothek* als „Gegengift" gegen die Einführung eines theologischen Idealismus. Oetinger wolle die „Grundbegriffe" der Bibel und die Lehrbegriffe wie etwa „Wiedergeburt" nicht als „metaphorische Wörter", sondern eigentlich betrachten. Allerdings sei Oetingers Forderung, die Schrift müsse „eigentlich und sinnlich" verstanden werden, der „gerade Weg in die Schwärmerey". [Rez. zu] Oetinger: Theologia ex Idea vitae deducta. In: Neue Theologische Bibliothek 1765, 617–643, hier: 621, 624, 627. Manche Abschnitte der *Theologia* wie etwa die über Theologie und Schrift hielt der differenziert abwägende Rezensent aber für „nicht übel geraten".

8. Schließlich wäre das Augenmerk noch auf einen anderen Aspekt zu richten, den die Oetinger-Forschung herausgearbeitet hat. Oetinger entwickelte nämlich seit Mitte der sechziger Jahre den Begriff der „Nützlichkeit" in seiner Theologie und richtete ihn vor allem gegen Wolffs intellektualistische Ethik.[684] Sicherlich stimmte Oetinger bei dieser Orientierung „mit Tendenzen der Aufklärung" insgesamt überein.[685] Seit seiner Übersetzung des ersten Bandes der *Arcana coelestia* weiß Oetinger aber von der zentralen Position des Zweck- und Nützlichkeitsgedankens bei Swedenborg. Er übersetzte schon in der *Irdischen und himmlischen Philosophie* Swedenborgs zentrale Aussage *regnum Domini est regnum finium et usuum*: „das Reich des Herrn ist ein Reich der Endzwecke und der Nuzbarkeiten."[686] Und einige Jahre später zählte er zu den Zentralsätzen Swedenborgs, „daß das Reich des Herrn insgemein ein Reich ist für unendliche Art Nutzen und Gebrauch in allerley Dingen, von dem allergrößten bis zu dem allermindesten".[687] Diese auf Zweck und Nutzen abzielende Neuorientierung Oetingers dürfte der Lektüre Swedenborgs zu verdanken sein, der die Gesamtkonzeption der Schöpfung durch Zweck und Nutzen strukturiert sah und diese Bestimmung auf die individuelle und auf die soziale Ethik gleichermaßen ausdehnte.

9. Die Rezeption Swedenborgs bei Oetinger ließe sich auf folgende Kurzformel bringen: Swedenborgs *mundus spiritualis* wird bei Oetinger zum Interimszustand umgebaut. Infolge dieser Modifizierung festigte Oetinger sein an Bengel orientiertes Verständnis der Apokalypse und entwickelte seine als biblischer ‚Realismus' beschreibbare emblematische Theologie. Mit seiner „prophetischen Theologie" erkannte Oetinger die Möglichkeit göttlicher Offenbarungen als Erkenntnisquelle an und legte Kriterien vor, wie mit ihnen umzugehen ist. Schließlich wurde Oetingers Geistleiblichkeitslehre durch Swedenborgs figürliche Geisterweltlehre ausgebaut und durch seine Berichte über die quasi-leiblichen postmortalen Seelensubstanzen verstärkt. Dass Oetingers gesamte Theologie von der Eschatologie und diese wiederum von der *Apokatastasis panton* überwölbt ist, schlägt sich in seinem Festhalten an der letztendlichen Erlösung auch der Leiber zu einer nur durch die Erlösungstat Christi ermöglichten vollkommenen Geistleiblichkeit nieder.

---

[684] Eine umfangreiche Kritik an Wolffs Moral- und Glückseligkeitslehre ist enthalten in: OETINGER, Metaphysic, 589–598. Hier findet sich noch eine andere bemerkenswerte Anlehnung an Swedenborg: Wolff berücksichtige in seiner Morallehre nicht den Geist Gottes sowie den Raum und die Einwirkung der übrigen guten und bösen Geister, „ohne welches die ganze Moral zu einem todten Gewohnheits-Werk ausschlägt, da das Vertrauen auf Gott nur ein Neben-Gedank ist". Ebd., 595.
[685] Vgl. WEYER-MENKHOFF, 1990a, 47, 150, 248f.
[686] AC 696 in OETINGER, 1977 [1765], 67.
[687] OETINGER, Beurtheilungen (1771), 41.

5.3. Immanuel Kant[1]

5.3.1. Das Problem

In der Kant- und ebenso in der Swedenborgforschung wird zumeist die Ansicht vertreten, dass es zwischen Kant und Swedenborg nur negative Berührungspunkte gegeben habe. Swedenborg erscheint als einer der wichtigsten Vorläufer des Spiritismus und Okkultismus des 19. Jahrhunderts und damit geradezu als das prominente Gegenstück Kants als des führenden Vertreters der philosophischen Aufklärung. Diese Lesart wird mit anderer Zielrichtung auch von Hartmut Böhme und Gernot Böhme vertreten, die Swedenborg in den 1980er Jahren als Repräsentant des *Anderen* der durch Kant verkörperten *Vernunft* und zugleich als einen „Zwillingsbruder" Kants bezeichnet haben, „von dem sich zu trennen für ihn lebenswichtig war".[2] Diese Zuschreibung verlängert gewissermaßen die von Gregory Johnson als „überlieferte Sicht" *(received view)*[3] bezeichnete Interpretation der *Träume eines Geistersehers* von 1766 auf einer anderen Ebene: Hier habe Kant mit Swedenborgs Lehre insgesamt abgerechnet und seitdem gebe es keinerlei Spuren Swedenborgs mehr in seinem Werk. Für den deutschen Raum ist etwa die ältere Interpretation der *Träume* durch Julius Ebbinghaus signifikant: Wenn man Swedenborg und seinen Bericht über das lese, „was er im Jenseits alles erblickt haben will", dann sei es „schwerlich möglich, anders zu reagieren, als Kant wirklich reagiert hat". Swedenborgs Schilderungen seien eine „Herabschraubung dantaesker Visionen auf das Niveau von Jahrmarktströdel".[4] Hartmut Böhme und Gernot Böhme behandeln den Fall hingegen exemplarisch: Kants Umgang mit Swedenborg zeige die Verdrängungsmechanismen der Aufklärung, die nicht nur die Geisterseherei Swedenborgs als ihr Dunkles, sondern parallel zu ihr auch Phantasie und Einbildungskraft, das Verhältnis zum Körper und zur Natur und die Sexualität rationalisiert und verdrängt habe.

Die jüngste Studie, die der „überlieferten Sicht" eines überschneidungslosen Bruches zwischen Kant und Swedenborg vollauf gefolgt ist, geht davon aus, dass in der literarischen Begegnung nicht mit David Hume,[5] sondern mit Swedenborg

---

[1] Kapitel 5.3. beruht auf einer überarbeiteten und erheblich ergänzten Fassung von: FRIEDEMANN STENGEL: Kant – „Zwillingsbruder" Swedenborgs? In: STENGEL, 2008b, 35–98.

[2] Vgl. HARTMUT BÖHME, GERNOT BÖHME: Das Andere der Vernunft. Zur Entwicklung von Rationalitätsstrukturen am Beispiel Kants. Frankfurt a. M. 1983, besonders 250–261.

[3] Vgl. JOHNSON, 2001; GREGORY R. JOHNSON: Träume eines Geistersehers – Polemik gegen die Metaphysik oder Parodie der Popularphilosophie? In: STENGEL, 2008b, 99–122.

[4] Vgl. EBBINGHAUS, 1990, 115 f.

[5] Die Hume-These sieht Rauer schlicht als nachträgliche Verfälschung oder „populärwissenschaftliche Vereinfachung" Kants, vgl. RAUER, 2007, 39, 45.

der Kern und Auslöser der kritischen Wende Kants bestehe.[6] In *Wahn und Wahrheit* will Constantin Rauer herausgearbeitet haben, dass sich Kant schon vor den *Träumen eines Geistersehers* mit Swedenborg auch literarisch[7] befasst habe. Kant sei zu der Erkenntnis gelangt, dass Leibniz' Erkenntnistheorie und Swedenborgs Wahnsystem nahezu deckungsgleich seien.[8] Aufgrund dieser Erkenntnis habe er die „vorherrschende Philosophie insgesamt für wahnsinnig"[9] erklärt, indem er die Lehrsätze der Leibnizschen Philosophie wie die Projektionen oder Halluzinationen Swedenborgs behandelt habe.[10] Kant verdanke alle Grundentscheidungen seiner kritischen Philosophie seiner Reflexion der Psychose Swedenborgs und der auf „Swedenborgs Psychose bezogenen empirischen Psychologie".[11]

Rauer attestiert Swedenborg das moderne Krankheitsbild der Schizophrenie,[12] die Kant seinerseits, ohne den Begriff zu kennen, bei Swedenborg diagnostiziert habe. Damit wird die lange Tradition der psychohistorischen Deutungen Swedenborgs, in der stets die jeweils modernen psychiatrischen Paradigmen der Episteme des im 18. Jahrhundert zeitgenössischen Diskurses zugrunde gelegt werden, fortgeführt und verstärkt.[13] Unter anderem erscheinen Swedenborgs Geister bei Rauer als Metaphern für eine (homo-) sexuelle Penetration. Der *maximus homo* sei eine Projektion des durch den Vater verkörperten „Über-Ich".[14] Hinter der trotz seiner Paranoia durchgehaltenen Rationalität des Lehrsystems Swedenborgs

---

[6] Kant habe sich in den 1760er Jahren weniger mit Hume als mit Swedenborg befasst, vgl. RAUER, 2007, 43.

[7] Mindestens drei Schriften habe Kant Swedenborg gewidmet, vgl. RAUER, 2007, 44. Den *Versuch über die Krankheiten des Kopfes* (1764) versteht Rauer als erste Reaktion auf Swedenborg, vgl. ebd., 132. Der Text beziehe sich nicht, wie bislang angenommen, auf den Ziegenhirten Jan Pawlikowicz Zdomozyrskich Komarnicki, sondern auf Swedenborg, den Kant zwar noch nicht gelesen, mit dem er sich aber bereits beschäftigt habe, vgl. ebd., 334 f. Das kann natürlich nur behauptet werden, wenn ein schon zu diesem Zeitpunkt eindeutiges Urteil Kants über Swedenborg als Phantasten vorausgesetzt wird. Ambivalenzen müssen daher ausgeschlossen werden.

[8] Vgl. RAUER, 2007, 73.

[9] Vgl. RAUER, 2007, 73.

[10] Vgl. RAUER, 2007, 74. Auf Seite 280 wird behauptet, Kant habe die *Arcana coelestia* und Leibniz' *Neue Essays* (1765) gleichzeitig gelesen. Beide Werke sind für Rauer aufgrund ihrer gemeinsamen neuplatonischen Weltvorstellung gleichermaßen „phantastisch und verrückt". Erst diese Erkenntnis, „eine der aufklärendsten Sternstunden der Philosophiegeschichte", habe die KrV möglich gemacht.

[11] Vgl. RAUER, 2007, 76. Rauer sieht Kants Wahnkritik als „Antipsychosetheorie", als „Antineuplatonismustheorie", als „Antiparanoiatheorie" und als „Antignosistheorie", vgl. ebd., 79.

[12] Vgl. RAUER, 2007, 70 u. ö. Katatonie findet Rauer in Kants Begriff der Verrückung wieder, Hebephrenie in Wahnwitz und Aberwitz, Paranoia in Wahnsinn, Erotomanie und Größenwahn, vgl. ebd., 86. Die dreifache Schizophrenie hält Rauer für einen empirischen Sachverhalt von serieller komparativer Allgemeingültigkeit. Sie habe Kant zur Amphibolie, Antinomie und zum Paralogismus geführt.

[13] Vgl. auch Kap. 1.6. Rauer findet die von ihm selbst konstruierte Psychosetheorie ohne weiteres in den heutigen Psychosedefinitionen der Weltgesundheitsorganisation WHO wieder, vgl. Rauer, 2007, 80–85.

[14] Vgl. RAUER, 2007, 200. Swedenborg projiziere seine Erziehungsideale als „Ich-Ideale" als körperliche Gewänder in das „Riesengespenst" dieses „Hyper-Vater-Imago". Ebd., 201 f.

wird das von Jacques Lacan beschriebene seltene Phänomen der „Schizographie" erblickt.[15]

Rauer legt seiner Arbeit jedoch nicht nur psychohistorische Erwägungen zugrunde, sondern betrachtet Swedenborg und Kant überdies als Repräsentanten zweier sich diametral gegenüberstehender philosophiegeschichtlicher Traditionen. In Kant erblickt Rauer den „bedeutendsten Antiplatoniker der Philosophiegeschichte", dessen Kritik nichts anderes sei als eine Widerlegung des Neuplatonismus.[16] Swedenborg verkörpere neben Locke, Newton, Leibniz, Goethe, Lavater, Schelling und Hegel den neuplatonischen Geist, insbesondere den Geist Plotins.[17] Von Swedenborg führe ferner eine Linie über Hans Driesch, Franz Hartmann und Rudolf Steiner bis zu Adolf Hitler; das „M a r i o n e t t e n s p i e l d e s h o m o m a x i m u s " sei der Kern der totalitären politischen Systeme des 20. Jahrhunderts.[18]

Rauers phänomenologischer und psychohistorischer Ansatz ist nun aber auch mit historischen Betrachtungen verbunden, die seine Arbeit absichern und ohne die deren Ergebnis nicht erzielt werden kann. Wenn Swedenborg ausschließlich als Negativfolie für die kritische Wende und für den Kern der kritischen Philosophie in der *Kritik der reinen Vernunft* präsentiert werden soll, dann kann es nach den *Träumen eines Geistersehers* keinerlei positive Überschneidungen geben. Die in diesem Kapitel noch zu besprechende, meist auf das Ende der 1770er Jahre datierte Vorlesung L1 wird daher kurzerhand auf das Jahr 1765 vordatiert.[19] Dass Kant das Thema Swedenborg in mehreren noch späteren Vorlesungen und – ohne namentliche Erwähnung – auch in anderen Schriften auf eine ähnliche Weise wie L1 behandelt, bleibt unerwähnt. Es wird schlichtweg ignoriert, dass neben L1 überhaupt noch andere Quellen existieren.[20] Kants Religionslehre, ins-

---

[15] Vgl. RAUER, 2007, 168.

[16] Vgl. RAUER, 2007, 222, im Anschluss an Gerold Prauss. Kants Kritik richte sich gegen alles, was auf eine Zweiweltenlehre ziele: Plotins Eines, Leibniz' schlummernde Monaden, Swedenborgs Geisterwelt, die *ideae innatae* Descartes' und den „sich selbst verwirklichenden Geist" Hegels, vgl. ebd., 224.

[17] Vgl. RAUER, 2007, 103.

[18] Vgl. RAUER, 233 [Hervorhebung im Original], sowie Kap. 4.3.1.

[19] Der Grund für die Frühdatierung von L1 wird darin gesehen, dass die Vorlesung in die *Träume* von 1766 eingegangen sei, sich aber die Kritik aus den *Träumen* umgekehrt nicht in der Vorlesung niedergeschlagen habe. Vgl. RAUER, 2007, 336. Besonders die auffälligen Parallelen zu der eindeutig auf 1782/83 datierten Mitschrift von Mrongovius werden dadurch ignoriert. Als weiteren Beweis für die Frühdatierung von L1 betrachtet Rauer Kants Ankündigung einer Metaphysik-Vorlesung mit empirischer und rationaler Psychologie von 1765/66 (ebd., 336 f.) – ein kaum tragbares Argument angesichts der Tatsache, dass Kant bis zum Anfang der 1790er Jahre die Metaphysik nach Baumgarten mit beiden Psychologien las. Eine bloße Durchsicht derjenigen Bände der AA, in denen die Vorlesungen enthalten sind, hätte dies gezeigt.

[20] Andere Fehlurteile finden sich etwa auf Seite 210, wo Rauer den Brief von Carl Arnold Wilmans Kant selbst zuschreibt. Swedenborgs Werke werden als Quelle kaum herangezogen. Rauers Ausführungen über Swedenborgs Höllenvisionen (ebd., 307 f.) basieren ausschließlich auf Zitaten aus LÉON POLIAKOV: Geschichte des Antisemitismus. Bd. 6, Worms 1987. Das der Studie zugrundeliegende Swedenborg-Bild weist darum zahlreiche Fehleinschätzungen auf, wie etwa 220: Kants *mundus intelligibilis* und Swedenborgs Geisterwelt unterschieden sich darin, dass Kant auf Freiheit und Gesetz beharre, während Swedenborg beides leugne.

besondere seine Eschatologie, wird ebenso wenig in die Untersuchung einbezogen wie Swedenborgs Lehrsystem selbst. So bedenkenswert die Ausführungen über Swedenborgs Bedeutung als Negativfolie und Auslöser für Kants philosophisch-psychiatrische Erkenntnistheorie auch sind – aufgrund der mit ihnen verbundenen problematischen Quellenauswertung und der ahistorischen phänomenologischen Reduktionen zeigt sich dieser Ansatz mit dem hier eingeschlagenen historischen Verfahren nicht kompatibel.

Im Gegensatz zu der „überlieferten Sicht" wird in diesem Kapitel die These aufgestellt, dass es irreführend ist, wie Böhme / Böhme von Swedenborg als einem „dunklen", unbekannten und gleichsam ‚entbruderten' Zwilling zu sprechen, sondern dass Kants ambivalente Auseinandersetzung mit Swedenborg umgekehrt Folgen für seine eigene Philosophie hatte und zu unübersehbaren Transformationen swedenborgischer Systemelemente in Kants Werk geführt hat.

Nur einzelne Ansätze stellen die Sicht eines scharfen Bruchs in den *Träumen* in Frage und gelangen über eine erneute dekonstruierende Lektüre zu einem differenzierteren Verständnis des Textes.[21] Es gilt also, wenigstens zwei einseitigen und intereressegeleiteten Interpretationen der *Träume* auszuweichen: dem „Fluch der Lächerlichkeit", mit dem Kant gleichsam ein „Todesurteil" über Swedenborg ausgesprochen habe,[22] und den parapsychologischen Lesarten vor allem seit den achtziger Jahren des 19. Jahrhunderts,[23] die Kant okkulte oder mystische Tendenzen insgesamt unterschieben wollten, um dem zeitgenössischen Materialismus einen autoritätsgestützten Beweis für die Existenz von Seele und Geist entgegenzuhalten – eine Bewegung, die im Neukantianismus etwa bei Hermann Cohen mit dazu beitrug, als Gegenreaktion das gesamte Postulatenkapitel als „bedenklich und anstößig" und als „Interessen-Annahmen" aus der kantischen Moralphiloso-

---

Auch wird ohne Beleg behauptet, Swedenborg selbst habe die drei Begebenheiten (Stadtbrand, Quittung, Königin, vgl. Kap. 1.7.) angeführt, „um seine Erfahrungen mit der Geisterwelt quasi wissenschaftlich zu belegen". Ebd., 74. Ganz im Gegenteil hat Swedenborg diese Begebenheiten selbst nicht kolportiert. Oetinger, Kant selbst und zahlreiche spätere Zeitgenossen waren für ihre Popularisierung verantwortlich.

[21] Vgl. vor allem GREGORY R. JOHNSON, GLENN ALEXANDER MAGEE (Hgg.): Kant on Swedenborg. Dreams of a Spirit-Seer and Other Writings. West Chester 2002, und JOHNSON, 2001; GREGORY R. JOHNSON: Kant on Swedenborg in the Lectures on Metaphysics. In: Studia Swedenborgiana 10 (1996), 1–38; 11 (1997), 11–39; GREGORY R. JOHNSON: Swedenborg's Positive Influence on the Development of Kant's Mature Moral Philosophy. In: STEPHEN McNEILLY (Hg.): On the True Philosopher and the True Philosophy. Essays on Swedenborg. London 2003, 21–38.

[22] Vgl. BENZ, 1941, 2, 12. So auch der Swedenborgianer MAYER, 2005, 178.

[23] CARL DU PREL (Hg.): Immanuel Kants Vorlesungen über Psychologie. Mit einer Einleitung „Kants mystische Weltanschauung". Pforzheim 1964 [Leipzig 1889]. Der Band enthält neben dem ausführlichen Vorwort du Prels die separate Veröffentlichung der rationalen Psychologie aus der Metaphysik-Vorlesung L₁ (AA XXVIII/1, 193–350). Zur Auseinandersetzung um parapsychologische oder spiritistische Deutungen des Verhältnisses zwischen Kant und Swedenborg gehören: WALTER BORMANN: Kantsche Ethik und Okkultismus. In: Beiträge zur Grenzwissenschaft. Ihrem Ehrenpräsidenten Dr. Carl Freiherr du Prel gewidmet von der „Gesellschaft für wissenschaftliche Psychologie" in München. Jena 1899, 107–139; RICHARD ADOLF HOFFMANN: Kant und Swedenborg. Wiesbaden 1909; ROBERT ZIMMERMANN: Kant und der Spiritismus. Wien 1879. Zu du Prel vgl. SAWICKI, 2002, 306 f., 334, 348.

phie zu entfernen, um eine reine Pflichtethik zu konstruieren.[24] Wenn die literarische Begegnung Kants mit Swedenborg aber zu der Diagnose führt, dass sich in
den *Träumen* mit der von Rousseau angeregten sittlichen Gesinnung und dem
Glauben an die Unsterblichkeit der Seele und an die Existenz Gottes die „Keim-
zelle" der Postulatenlehre und die erste Formulierung der kritischen Ethik befindet,[25] dann ist es unumgänglich, die „überlieferte Sicht" als Konstrukt des Diskurses um Kant seit dem 19. Jahrhundert[26] anzusehen und sie erneut zu überprüfen.

5.3.2. Träume eines Geistersehers

a) Schwedenbergs Ambivalenz

Es ist natürlich kaum zu übersehen, dass sich für eine abwertende, ja vernichtende Beurteilung Swedenborgs durch Kant gravierende Anhaltspunkte in den *Träumen* finden. Damit ist weniger die durchgängige Bezeichnung Swedenborgs als
„Schwedenberg" gemeint, die immer wieder als abfällige Note gedeutet worden
ist. Swedenborgs *Arcana coelestia* waren anonym erschienen und Johann Georg
Hamann kannte bereits 1764 einen „Schwedenberg" als Verfasser.[27] Moses Mendelssohn nannte Swedenborg in seiner Rezension von 1766 gar „Schredenberg".[28]
Selbst Friedrich Christoph Oetinger schrieb bis zu seinem Lebensende wech-
selnd Schwedenborg und Swedenborg, daneben war manchmal von Schweden-
burg oder Suedenborg die Rede, und Justus Christian Hennings stellte 1780 ausdrücklich fest, „daß man bald Swedenborg bald aber Schwedenborg schreibt".[29]
Die Deutung des *gewissen Herrn Schwedenberg*, der in Stockholm ohne „Amt
und Bedienung" von seinem ziemlich ansehnlichen Vermögen lebe, als mutwillig
verballhornende Namensverzerrung geht auf die anonyme Breslauer Rezension
von 1786 zurück.[30] In diesem Kontext ist allerdings auch die Beobachtung zu

---

[24] GIOVANNI B. SALA: Kants „Kritik der praktischen Vernunft". Ein Kommentar. Darmstadt 2004, 354 f.

[25] Vgl. JOSEF SCHMUCKER: Kants kritischer Standpunkt zur Zeit der Träume eines Geistersehers, im Verhältnis zu dem der Kritik der reinen Vernunft. In: INGEBORG HEIDEMANN
und WOLFGANG RITZEL (Hgg.): Beiträge zur Kritik der reinen Vernunft 1781–1981. Berlin; -
New York 1981, 1–36, hier: 20. Rousseaus Einfluss dürfte auch dann durch Swedenborg zu
ergänzen sein, wenn man Johnson und Magee nicht folgt, die die These vertreten, Kant habe
Rousseau (und andere) natürlich schon vor seiner Lektüre Swedenborgs gekannt, ihn aber erst
danach zu einer Synthese mit der Lehre Swedenborgs genutzt, vgl. JOHNSON / MAGEE, 2002,
XX. Zu Rousseaus Einfluss auf Kant vgl. auch JOHN H. ZAMMITO: Kant, Herder and the
Birth of Anthropology. Chicago; London 2002, 91–99, 113–120, 125–128.

[26] Nach Johnson und Magee geht die „überlieferte Sicht" auf den Kantforscher Kuno Fischer (1824–1907) zurück, vgl. JOHNSON / MAGEE, 2002, XII.

[27] Vgl. Hamann an Moses Mendelssohn, 6.11.1764, mit der Ankündigung, Kant werde die
„Opera omnia eines gewißen Schwedenbergs recensiren, die neun [sic!] große Quartanten betragen und in London ausgekommen sind", in: KANT / MALTER, 111.

[28] KANT / MALTER, 1976, 118.

[29] JUSTUS CHRISTIAN HENNINGS: Von Geistern und Geistersehern. Leipzig 1780, 51.

[30] Vgl. KANT / MALTER, 1976, 152, sowie unten Seite 659–661. Der Rezensent entgegnete

notieren, dass Swedenborg vor 1745 durchaus auch namentlich veröffentlichte und seiner Autorperson durch die Gelehrtenzeitschriften bekannt war. Die Rezensenten nach 1760 konnten (oder wollten) offenbar nicht ein und denselben Verfasser beider literarischer Genres in Swedenborg erkennen.

Ebenso wenig lässt sich Kants Rekonstruktion der swedenborgischen Lehre als eine „karikaturhafte Verzeichnung" beschreiben, wie es Ernst Benz getan hat.[31] Ganz im Gegenteil zeugt sein knappes Referat für ein intensives Studium, eine sorgfältige Rekonstruktion und für ein ernsthaftes Bemühen um eine zusammenhängende Analyse der *Arcana coelestia*.[32]

Kant befasste sich offenbar über längere Zeit intensiv mit Swedenborg. Bereits 1763 hatte er auf eine briefliche Anfrage Charlotte von Knoblochs seine unentschiedene Meinung über die drei hellseherischen Begebenheiten mitgeteilt, die über Swedenborg offenbar europaweit kursierten.[33] Und in seinen Vorlesungen über Metaphysik referierte er zeitgleich zu den *Träumen* über Swedenborg. Johann Gottfried Herder, der zwischen 1762 und 1764 Kants Hörer war, schrieb mit: Swedenborg sei „vielleicht wirklich Phantast", aber es sei nicht „alles zu verachten". Er rede „ungereimt dreust, de statu post mortem", aber man könne „vielleicht den Rest behalten; nicht alles ausschütten: so wie partial falsche beobachtung reinigen und den Grund des Irrtums leichter entdecken". Denn wer die Unmöglichkeit solcher Begebenheiten behaupte, müsse auch die

„Seele oder Zustand nach dem Tode leugnen – Gespenster haben uns unter 100 99 betrogen. Man inclinirt also es nicht zu glauben nach der Wahrscheinlichkeit der Mehrheit der Fälle: aber verwerfe nicht alles kurz! nicht Lügner schelten, sondern non liquet!"[34]

Auffälligerweise ähnelt die hier von Kant ausdrücklich geforderte differenzierte und explizit als partiell bezeichnete Rezeption Swedenborgs dem Vorgehen Oetingers seit 1765.

Nach Kants eigener Auskunft sind die *Träume* durch seine eigenen Nachforschungen hinsichtlich der „Wahrheit einiger Erzählungen" und durch das „ungestüme Anhalten bekannter und unbekannter Freunde" veranlasst worden.[35] Die Gerüchte über Swedenborgs hellseherische Fähigkeiten waren offenbar mündlich schon weit verbreitet. Oetingers Allusion auf die Begebenheit um die schwedische Königin zeigt bereits 1765, dass dieses Gerüchte so bekannt war, dass es nicht ausführlich erzählt werden musste.[36] Kant hatte sich brieflich, und hier keineswegs ablehnend, geäußert, und er hatte persönliches Interesse an dem Geister-

---

Kant (offenbar in Anspielung auf dessen Vermögen), es sei ja nicht anders, wenn jemand aus Stockholm schriebe: „„Es lebt zu Königsberg ein gewisser Herr *Cont* von seiner philosophischen Professur.'"

[31] BENZ, 1941, 12.

[32] Vgl. ROBERT H. KIRVEN: Swedenborg and Kant Revisited. The Long Shadow of Kant's Attack and a New Response. In: BROCK, 1988, 103–120, hier: 114. Sogar EBBINGHAUS, 1990, 115, erscheint Kants Schilderung von „großer Korrektheit".

[33] Vgl. dazu Kap. 1.7.

[34] Metaphysik Herder. AA XXVIII/1, 113 f.

[35] AA II, 318.

[36] Vgl. Kap. 5.2.5., a), bb).

seher bekundet, von dem nun bekannt geworden war, dass er der anonyme Verfasser der seit zehn Jahren auf dem Markt befindlichen *Arcana coelestia* war. Mit den *Träumen* wiederholte Kant die von Herder notierte Unterscheidung zwischen annehmbaren Resten und auszuschüttenden Irrtümern Swedenborgs in einer eigenen Schrift und veröffentlichte damit ein Ergebnis seiner Nachforschungen und seiner Lektüre Swedenborgs.

b) Die Ambivalenz der Träume

1. Vor allem in dem mit „Antikabbala" überschriebenen dritten Haupstück des ersten Teils und im zweiten Hauptstück des zweiten Teils wendet sich Kant gegen die *Memorabilia* in den *Arcana coelestia*, in denen Swedenborg seinen andauernden Kontakt mit den Bewohnern der Geisterwelt auf dieser Erde und auf anderen Planeten und Sternen des Alls, dort geführte Gespräche, Dispute und Visionen schildert. Es sei dem Leser nicht zu verdenken, so Kant, wenn er die Geisterseher nicht als „Halbbürger einer anderen Welt" ansehe, sondern sie „kurz und gut als Candidaten des Hospitals" abfertige. Und da man es „sonst nöthig fand", einige von ihnen zu „b r e n n e n", so sei es „jetzt gnug", sie „nur zu p u r g i r e n".[37] Swedenborg sei nach seinem eigenen Zeugnis nicht nur der „Erzgeisterseher unter allen Geistersehern", sondern „sicherlich auch der Erzphantast unter allen Phantasten".[38] Seine Schilderungen scheinen „fanatischem Anschauen" entsprungen zu sein, obwohl sie „gar wenig Verdacht" erregten, gänzlich „erdichtet" und „zum Betruge" angelegt worden zu sein.[39]

Neben der Geisterseherei sind es noch zwei Momente in Swedenborgs System, die Kant geradezu infantilisiert: Swedenborgs Vorstellung des *maximus homo* als die Gestalt des Himmel und Geisterwelt umfassenden Teils des Universums, für Kant eine „ungeheure und riesenmäßige Phantasie" und eine „alte kindische Vorstellung",[40] und Swedenborgs allegorische Exegese, „schwärmende Auslegungen", die Kant aber nicht konkret kritisieren will. Stattdessen verweist er auf die Rezension der *Arcana* durch den Leipziger Theologen und Philologen Johann August Ernesti.[41]

2. Der Abschnitt „Antikabbala" macht aber noch eine weitere Front auf: die Leibniz-Wolffsche Schulphilosophie, die Kant vor Augen hatte und deren Extrakt ihm in der Metaphysik Alexander Gottlieb Baumgartens als Lehrbuch bei seinen Metaphysik-Vorlesungen über Jahrzehnte mehrmals in der Woche vorlag.

---

[37] AA II, 348 [Hervorhebung im Original]. Folgt man der These Gregory Johnsons, dass Kant in diesem Kapitel einen fiktiven „diktatorischen" Skeptiker etwa aus der Berliner Aufklärung spotten lässt, der nicht Kants eigene Meinung repräsentiert, dann wird hier nicht Swedenborg attackiert, sondern der Skeptiker selbst, der in die Gemeinschaft der Hexenverbrenner gestellt wird. Der Skeptiker – nicht Kant, sondern die Popularphilosophie – versuche, das Paranormale durch einen reduktionistischen Materialismus überflüssig zu machen und seine Gegner mit fäkalsprachlichen Versen zu verspotten, vgl. JOHNSON, 2001, 207 f.

[38] AA II, 354.
[39] AA II, 360.
[40] AA II, 365 f.
[41] AA II, 360; zu Ernesti vgl. Kap. 5.1.2., a).

Diese „Träumer der Vernunft", die er den „Träumern der Empfindung", also Swedenborg, gegenüberstellte, hätten aus „erschlichenen Begriffen" ihr System abgeleitet. „Luftbaumeister" wie Wolff und Crusius hätten aus „wenig Bauzeug der Erfahrung" oder durch die „magische Kraft einiger Sprüche vom *Denklichen* und *Undenklichen* aus Nichts" die „Ordnung der Dinge" gezimmert.[42] Nicht nur gegen Swedenborg, auch gegen Leibniz, Wolff und Crusius sind die *Träume* gerichtet, nicht aber gegen die Metaphysik als solche, denn in diese verliebt zu sein, sei sein Schicksal, so Kant an anderer Stelle.[43] Diese Beobachtung ist für die Gesamtbeurteilung der *Träume* kaum zu unterschätzen. Wenn Kant Swedenborg mit der rationalistischen Philosophie parallelisierte, dann nahm er diese Verbindung nicht willkürlich wahr, sondern erkannte Swedenborgs philosophische Wurzeln, die auch in den *Arcana coelestia* nicht zu übersehen sind.[44] Wenn Swedenborg eine zentrale Rolle bei Kants kritischer Wende zugesprochen wird, dann dürfte diese vor allem darin zu suchen sein, dass er durch die Begrenzung der menschlichen Erkenntnismöglichkeiten nicht nur der swedenborgischen Geisterseherei einen epistemologischen Riegel vorschob, sondern zugleich erkannte, dass die Grundlagen Swedenborgs in der Leibniz-Wolffschen Philosophie lagen, die er während seiner philosophischen Entwicklung einer fundamentalen Kritik unterzog.[45] Diese Verwandtschaft wird in den *Träumen* deutlich ausgesprochen.

Wenn es in der Literatur um die Beschreibung des Verhältnisses zwischen Kant und Swedenborg ging, wurden gerade die abqualifizierenden Stellen aus dem Abschnitt „Antikabbala" als Beleg dafür zitiert, dass Kant Swedenborg als wahnsinnig und unvernünftig abgetan habe. Diese Sichtweise entspricht den Ausschließungsprozeduren, die nach Michel Foucault in Diskursen wirken.[46] Von diesen Prozeduren ausgehend konnte Kant die Schriften des Geistersehers nicht verbieten, er musste deshalb mit der Macht seiner Feder und Autorität zwischen „wahr" und „falsch" unterscheiden, zwischen ‚vernünftig' und ‚wahnsinnig'. Swedenborg fiel als das ‚Andere' oder ‚Dunkle' der Aufklärung durch Kants Verdikt aus den Aufklärungsdiskursen heraus und wurde aus den Rationalitätsstrukturen der Aufklärung als ‚wahnsinnig' und ‚falsch' verbannt. Doch würde einer solchen Interpretation zunächst ein Missverständnis des Diskursbegriffes bei Foucault zugrunde liegen. Denn das ‚Falsche', ‚Wahnsinnige' und ‚Verbotene' verschwindet nicht aus dem Diskurs, sondern verbleibt als, vielleicht sprachloser,

---

[42] AA II, 342 [Hervorhebung im Original].

[43] AA II, 367.

[44] Auch Friedrich Bassenge, der die *Träume eines Geistersehers* 1954 in der DDR herausgab, weist auf diesen Zusammenhang hin: Kant habe sich Wolff durch Swedenborg „erläutern'" lassen, und es sei „erstaunlich", wie deutlich es Kant war, dass er sich mit seiner Lehre von der Doppelbürgerschaft des Menschen in der Nähe von „‚Träumen'" befand, vgl. FRIEDRICH BASSENGE: Einleitung. In: IMMANUEL KANT: Träume eines Geistersehers, erläutert durch Träume der Metaphysik. Berlin (Ost) 1954, 5–9, hier: 7. Vgl. dazu STENGEL, Zwillingsbruder, 35.

[45] Vgl. dazu vor allem REINHARD BRANDT: Überlegungen zur Umbruchsituation 1765–1766 in Kants philosophischer Biographie. In: STENGEL, 2008b, 13–33.

[46] Vgl. MICHEL FOUCAULT: Die Ordnung des Diskurses. 7. Aufl. Frankfurt a. M. 2000, 11–17; ULRICH BRIELER: Die Unerbittlichkeit der Historizität. Foucault als Historiker. Köln; Weimar; Wien 1998, 279–285.

Wirkfaktor weiterhin Adresse und Quelle innerhalb der Kommunikation des *einen* Diskurses. Es bleibt integriert und wird nicht in einen diskursfreien luftleeren Raum verdrängt.[47] Außerdem würde durch diese einseitige Anwendung der Ausschlussprozeduren auf die *Träume* der Blick auf die Ambivalenz der Schrift verdeckt, die schon von den Zeitgenossen erkannt worden ist, wie noch auszuführen sein wird.

3. Auch in den *Träumen* finden sich neben den scharf verspottenden Zurückweisungen Kants Formulierungen, die entweder auf eine kritische Prüfung der Lehre Swedenborgs schließen lassen oder an seine *Arcana coelestia* positiv anknüpfen, indem sie einzelne Motive transformieren und konstruktiv modifizieren. Die Darlegungen der ersten beiden Hauptstücke des ersten, „dogmatischen" Teils enthalten Aussagen über Seele und Unsterblichkeit, in denen Swedenborgs Name nicht einmal auftaucht, die aber mit den Grundlagen seiner Lehre nahezu identisch sind. Die Seele ist in diesen beiden Kapiteln ganz in der Tradition der Leibniz-Wolffschen Philosophie nicht nur „einfache Substanz", sie ist auch unausgedehnt und immateriell[48] und existiert über den Tod hinaus,[49] ein Gedanke, dessen Beweisbarkeit Kant in der ersten Kritik als Paralogismus abweisen würde, der aber in der Moralphilosophie und der Religionslehre im Kontext der Postulatenlehre epistemologisch umgewertet fortbestand. In den ersten beiden Abschnitten der *Träume* kann die Seele nicht im Raum sein und demzufolge nicht an einem konkreten Ort im Körper, sondern: „wo ich empfinde, da b i n i c h ", nämlich im ganzen Körper und in jedem seiner Teile.[50] Er selbst, so gesteht Kant ausdrücklich als Autor zu, sei geneigt, „das Dasein immaterieller Naturen in der Welt zu behaupten" und seine eigene Seele selbst in die „Klasse dieser Wesen" zu versetzen.[51] Er betont das Geheimnisvolle der zeitweiligen Gemeinschaft des Körpers mit der Seele, warnt aber zugleich davor, aus dieser „zufällige[n] Vereinigung" den Schluss zu ziehen, dass die Seele wieder zu ihrem Ursprung zurückkehre. Eine solche Folgerung kann nicht als stringente philosophische und erfahrungsbezogene Argumentationskette gelten und übersteigt seine „Einsicht".[52]

---

[47] Bei Foucault sind die Grenzziehungen ja gerade deshalb beabsichtigt, um die Angst vor dem „großen unaufhörlichen und ordnungslosen Rauschen des Diskurses" einzudämmen und sein „Wuchern" zu bändigen. Vgl. FOUCAULT, 2000, 33. Eine Verkürzung der Ausschließungsprozeduren Foucaults nimmt auch vor: WOUTER J. HANEGRAAFF: Swedenborg aus der Sicht von Kant und der akademischen Kantforschung. In: STENGEL, 2008b, 157–172, hier: 164 f. Hanegraaff projiziert die von ihm diagnostizierte Ausschließung Swedenborgs in der Philosophiegeschichte auf Kant zurück. Dass er dennoch Überschneidungen zwischen Kant und Swedenborg feststellt (HANEGRAAFF, 2007, 87–107), steht in einem unlösbaren Widerspruch zu seiner Anwendung der Ausschließungsprozeduren aus der *Ordnung des Diskurses*. Denn dadurch wird einerseits die „überlieferte Sicht" mit einem (missverstandenen) Foucault autoritativ zementiert. Anschließend wird Foucault aber implizit – und ohne weitere Erklärung – widerlegt, wenn trotz der Anwendung der Ausschließungsprozedur inhaltliche Parallelen behauptet werden.
[48] AA II, 322–324.
[49] AA II, 336.
[50] AA II, 325 [Hervorhebung im Original].
[51] AA II, 327.
[52] AA II, 328.

Dennoch verharrt der Abschnitt bei der Doppelnatur des Menschen als Teil der natürlichen und einer geistigen Welt und führt den Terminus *mundus intelligibilis*[53] ein. Er hält es für

„so gut als demonstrirt, oder es könnte leichtlich bewiesen werden, [...] daß die menschliche Seele auch in diesem Leben in einer unauflöslich verknüpften Gemeinschaft mit allen immateriellen Naturen der Geisterwelt stehe, daß sie wechselweise in diese wirke und von ihnen Eindrücke empfange, deren sie sich aber als Mensch nicht bewußt ist, so lange alles wohl steht".[54]

Diese „i m m a t e r i e l l e Welt" könne als ein „vor sich bestehendes Ganze" betrachtet werden, dessen „Theile untereinander in wechselseitiger Verknüpfung und Gemeinschaft stehen" und dem alle geschaffenen Intelligenzen angehören.[55] In diesem Zusammenhang findet sich auch ein Umriss des späteren moralisch-teleologischen Unsterblichkeitsbeweises, der hier mit der auch von Swedenborg vertretenen Eschatologie verbunden wird: Die Moralität der Handlungen könne im leiblichen Leben niemals eine „vollständige Wirkung" haben, „wohl aber in der Geisterwelt nach pneumatischen Gesetzen".[56] In einer Anmerkung wird die Verortung des Himmels im „Weltraume" oder auf anderen Planeten als Wahn zurückgewiesen. Demgegenüber wird genau wie bei Swedenborg der Himmel als Geisterwelt bestimmt, die nicht räumlich lokalisierbar sei, sondern in „geistigen Verknüpfungen" bestehe.[57] Ende die Verbindung der Seele mit dem Körper, so bleibe die „Gemeinschaft" übrig, in der die Seele bereits jetzt mit den „geistigen Naturen" stehe, und sie werde nun „zum klaren Anschauen eröffnet".[58] Die Kontinuität zwischen Geisterwelt und natürlicher Welt beziehe sich, so wird differenziert, selbstverständlich nicht auf die Person, sondern auf das Subjekt, denn die Seele steht ja in Verbindung mit dem Körper und gewinnt dadurch ihre Individualität. Die Einflüsse der Geisterwelt gingen in das menschliche Bewusstsein nicht direkt über, sondern passten sich nach dem „Gesetz der vergesellschafteten Begriffe" den Sinnen und der Sprache an.[59]

Es ist bemerkenswert, dass Kant sich in dem Abschnitt der *Träume*, der sich explizit auf das „Zeugnis" Swedenborgs selbst bezieht, dessen Ähnlichkeit mit seiner eigenen „philosophischen Hirngeburt" eingesteht, obwohl es „verzweifelt mißgeschaffen und albern aussieht". Eben aus diesem Grund verstehe er „keinen Spaß", was „solche Vergleichungen anlangt".[60]

4. Die entscheidende Differenz Kants zu Swedenborg wird jedoch hier wie auch in den beiden Anfangskapiteln der *Träume* deutlich, die in Grundzügen Swedenborgs Modell enthalten: Eine Anschauung der „a n d e r n Welt" kann nur erlangt werden, „indem man etwas von demjenigen Verstande einbüßt, wel-

[53] AA II, 329.
[54] AA II, 333.
[55] AA II, 330 [Hervorhebung im Original].
[56] AA II, 336.
[57] AA II, 332.
[58] AA II, 332.
[59] AA II, 337–339.
[60] AA II, 359.

chen man für die g e g e n w ä r t i g e nöthig hat".[61] Und am Ende des gesamten ersten „dogmatischen" Teils kommt Kant trotz der in dem Abschnitt „Antikabbala" enthaltenen Qualifizierungen Swedenborgs als „Kandidat des Hospitals" eher zu einem unentschiedenen Urteil: Die geistige Natur als das Prinzip des Lebens könne nicht positiv gedacht werden, weil hierzu die „Data" fehlten. Daher müsse man sich mit „Verneinungen" behelfen. Deshalb geht Kant die „ganze Materie von Geistern [...] künftig nichts mehr an".[62] Es wird auch dort, wo Kants Darlegungen Swedenborgs Lehre am nächsten kommen, nicht unterlassen, auf die unüberwindbare epistemologische Distanz zu verweisen.

5. Bereits im zweiten Hauptstück des ersten Teils verknüpft Kant die Geisterwelt, zu der alle geschaffenen Intelligenzen gehören, mit dem „allgemeinen menschlichen Verstande", der dem „Ganzen denkender Wesen eine Art von Vernunfteinheit" verschafft, mit einem Prinzip also, das sich nicht in der Natur und im Körper befindet. Aus ihm leiten sich aber die „Regel des allgemeinen Willens", die moralische Einheit „aller denkenden Naturen", die Regeln der Sittlichkeit und die „sittlichen Antriebe" ab, die zu den „mächtigsten" Kräften gehören, „die das menschliche Herz bewegen", aber „außerhalb demselben" liegen. Der Privatwille und der allgemeine Wille, „d. i. der Einheit des Ganzen der Geisterwelt", sind miteinander verknüpft.[63]

6. Am Ende der Schrift gelangt Kant zu einer Neudefinition der Metaphysik, die fortan als „W i s s e n s c h a f t v o n d e n G r e n z e n d e r m e n s c h l i c h e n V e r n u n f t"[64] zu gelten hat und die er mit Hilfe der „durch Erfahrung gereifte[n] Vernunft"[65] vor unnützen Spekulationen ebenso wie vor der Geisterseherei schützen müsse. Für pneumatische Gesetze unabhängig von der Verbindung mit dem Körper gibt es keine empirischen Beweise und für deren Beschreibung keine der „Naturwissenschaft" analoge Verfahren – eine Hypothese, die im Schlusswort der zweiten Kritik modifiziert und nunmehr als erfüllt angesehen wird.[66] Es kommt auf die Moral an, auf Handlungen, die nicht um der Beloh-

---

[61] AA II, 341 [Hervorhebung im Original].

[62] AA II, 352.

[63] AA II, 334 f. Giovanni Sala hat darauf aufmerksam gemacht, dass Kant in Abschnitt I.2 der *Träume* die Gemeinschaft der Seelen mit den immateriellen Naturen der Geisterwelt zwar nicht beweisen, wohl aber „plausibel machen" wolle. Wenn er [in I.3 – Antikabbala] die metaphysische Begründung des Sittengesetzes ablehne, hebe er alle Spekulationen über die Gemeinschaft mit der Geisterwelt zwar auf, nicht aber „das Faktum des Gesetzes als Gesetz des allgemeinen Willens", die beide – so wäre Sala zu ergänzen – aus der Geisterwelt abgeleitet sind. Dadurch wird das Gesetz als bloßer Formalismus und als Verpflichtung der Übereinstimmung des Privatwillens mit dem allgemeinen Willen begründet. Vgl. SALA, 2004, 44.

[64] AA II, 368 [Hervorhebung im Original].

[65] AA II, 369.

[66] Von der Einsicht in den „Weltbau" durch mathematisch-physikalische Gesetze ist zu hoffen, dass sie „niemals" zurückgehen wird. „Diesen Weg nun in Behandlung der moralischen Anlagen unserer Natur gleichfalls einzuschlagen, kann uns jenes Beispiel anräthig sein und Hoffnung zu ähnlichem guten Erfolg geben." Die Beispiele der „moralisch-urteilenden Vernunft" können zwar nicht mathematisch, aber durch ein „der Chemie ähnliches Verfahren, der Scheidung des Empirischen vom Rationalen" zergliedert werden, wodurch „Beides rein [...] und mit Gewißheit erkennbar" werde. Diese „Wissenschaft (kritisch untersucht und methodisch eingeleitet) ist die enge Pforte, die zur Weisheitslehre führt [...]", vgl. AA V, 163. Ich

nung in einer anderen Welt willen begangen werden, sondern „an sich selbst gut und tugendhaft"[67] sind. Es erscheint wie ein Vorgriff auf seine Moralphilosophie, wenn Kant deutlich macht, dass nicht wegen eines – wenn auch künftigen – Lohns gehandelt werden soll. Die Handlung muss als Handlung gut sein, und sie muss autonom geschehen. Sie wäre aber gewissermaßen heteronom, wenn man „die Maschinen an eine andere Welt" ansetzen würde, denn dann wäre sie determiniert. Ist es aber nicht so, wendet Kant ein, dass das menschliche Herz selbst „unmittelbare sittliche Vorschriften" enthält und – so könnte man ergänzen – dadurch die Fähigkeit zur Autonomie aus sich selbst heraus besitzt? Die Geisterseherei wie auch die Geisterwelt werden nicht nur epistemologisch durch das „unter den meisten Menschen einstimmige Gesetz der Empfindung"[68] abgeschnitten, Kant kennt bereits in den *Träumen* zwei später ausgebaute moralphilosophische Argumente: die Autonomie und das moralische Gesetz als alleinige Triebfeder.

Diese ambivalenten Aussagen der *Träume*, die zwischen Anlehnung, scharfer Zurückweisung und Transformation, zwischen Satire und gleichsam psychiatrischer Diagnose changieren, sind nicht benannt worden, um eine stringente und konsistente Interpretation der Schrift im Hinblick auf die ‚eigentliche‘ Intention und den ‚wahren‘ Inhalt zu liefern. Es dürfte schwer sein, eine ‚eindeutige‘ Deutung der *Träume* vorzulegen, die durch eine plausible Harmonisierung oder Auflösung der verbalen und strukturellen Widersprüche zu einem einheitlichen Bild mit einer eindeutigen Gesamtaussage führen würde. Dies liegt nicht zuletzt daran, dass sich die Ambivalenz der einzelnen Kapitel auch stilistisch niederschlägt. Ironische Referate und Spott gegenüber dem Geisterseher und der rationalistischen Philosophie wechseln mit konjunktivischen Erwägungen, mit persönlichen Positionierungen durch in die erste Person gesetzte Indikative und mit kräftigen Zurückweisungen, deren Objekte sich aus dem Textfluss nicht mehr ohne weiteres erschließen. Die Absichten Kants bleiben durch ein solches Vorgehen an vielen Stellen verdeckt, vor allem da, wo die konkreten Gegner im Dunkeln bleiben. Es wird oftmals nicht deutlich, welche Abschnitte miteinander korrespondieren oder ob Kant gar mehrere Personen sprechen lässt.[69] Auch wenn der moralisch-

---

verstehe Kants Verfahren in Analogie zu den pneumatischen Gesetzen, die er in den *Träumen* (AA II, 335) entsprechend der newtonschen Gravitation als eine gesetzmäßige Wechselwirkung zwischen allgemeinem Willen und Privatwillen erwog, die durch die Einheit der immateriellen Welt gewährleistet ist und durch die Moralität der Handlungen in der Geisterwelt nach „pneumatischen Gesetzen" zum Ziel gelangt. Im Brief an Mendelssohn bezeichnete er diese Analogie zwischen dem pneumatischen und dem Gravitationsgesetz nicht als seine eigene Meinung, sondern als philosophische Erdichtung, vgl. KANT/MALTER, 1976, 117. Am Ende der KpV wendet Kant allerdings den Anspruch eines dem „naturwissenschaftlichen" Bereich analogen Verfahrens explizit auf die „Behandlung der moralischen Anlagen" an, wobei die immaterielle Welt als Bedingung für die Übereinstimmung zwischen Privatwillen und allgemeinem Willen selbst natürlich nicht Untersuchungsgegenstand ist.

[67] AA II, 372.

[68] AA II, 371 f.

[69] Die These, dass Kant in den *Träumen* einen (selbst-) ironischen und apologetischen Metaphysiker (in den Teilen I.1 und I.2), dann einen aufgeklärten, materialistischen Skeptiker in

pragmatische Schluss, das dritte Hauptstück des zweiten Teils, als das eigene abschließende Wort Kants angesehen wird, kann die Gesamtintention mit Blick auf die vorhergehenden, sich teilweise stark widersprechenden Abschnitte nicht hinreichend begründet werden.

c) Die ersten Leser der Träume

Die historische Untersuchungsperspektive, die dieser Arbeit zugrunde liegt, lenkt den Blick zu den Reaktionen der Zeitgenossen Kants auf die Schrift. Und diese Äußerungen sind nichts anderes als auffällig – auffällig wegen ihrer eigenen Unklarheit über die Intention des Textes im Hinblick auf die Ambivalenz der Schrift, und auffällig, weil sie keinesfalls mit der modernen Lesart eines radikalen Bruchs oder gar einer „Hinrichtung der Swedenborgschen Lehre"[70] in den Träumen konform gehen.

1. Nur eine einzige Stellungnahme Kants selbst zu den Träumen liegt vor. Moses Mendelssohn, dem Kant die Schrift zugeschickt hatte,[71] hatte offenbar sein „Befremden" über Kants Umgang mit der Metaphysik geäußert,[72] so dass Kant ihm ein Entschuldigungsschreiben zukommen ließ und ihm darin seine Motive zu erklären versuchte.[73] Er bat um Verzeihung angesichts der unordentlichen Form des Textes, betonte aber vor allem, dass es ihm natürlich nicht darum gegangen sei, die Metaphysik an sich für „gering oder entbehrlich" zu erachten, sondern nur bestimmte Auswüchse eines verderbten Kopfes, der eines „catarcticon" bedürfe. Es sei ihm bei aller Skepsis vor allem um die „Anwendung" der Metaphysik und um die Frage nach der Präsenz der Seele in den Körpern gegangen, die ohne Erfahrung nicht zu klären sei.

---

der Manier der zeitgenössischen Popularphilosophie (I.3) sprechen lasse, um am Ende dieses Dialogs der Einwände gegen Swedenborg in Gestalt eines pragmatisch-vernünftigen Metaphysikers (II.3) mit eigener Stimme aufzutreten, hat Gregory Johnson in seiner Dissertation eindrücklich dargelegt, vgl. JOHNSON, 2001, 86–89; sowie JOHNSON, 2008. In Analogie zu ROUSSEAUS Emile vertrete die ironische Metaphysiker eine dualistische, theistische und von Swedenborg abgeleitete Weltsicht als These, der Skeptiker setze einen epikureischen Materialismus dagegen, und der pragmatische Metaphysiker (aus II.3), der die Vorstellungen des ironischen Metaphysikers gelten lasse und die Kritik des Skeptikers billige, rekonstruiere dann die Metaphysik Swedenborgs auf der Grundlage der praktischen Vernunft neu. Vgl. ebd., 217. Mit dieser These befindet sich Johnson wenigstens in der Nähe zu einigen zeitgenössischen Rezensionen und könnte von hier aus gestützt werden, sein Ansatz ist aber deutlich von der Suche nach der Autorintention bestimmt. Neben RAUER (2007) verfolgt ein weiterer neuerer Erklärungsversuch der Träume noch intensiver das Ziel, unabhängig vom Diskursfeld die ursprüngliche Intention herauszuarbeiten, vgl. FRIEDRICH BALKE: Wahnsinn der Anschauung. Kants Träume eines Geistersehers und ihr diskursives Apriori. In: MORITZ BASSLER, BETTINA GRUBER, MARTINA WAGNER-EGELHAAF (Hgg.): Gespenster: Erscheinungen – Medien – Theorien. Würzburg 2005, 297–313.

[70] Vgl. BENZ, 1941, 13.

[71] Vgl. Kant an Mendelssohn, 7.2.1766, in: KANT/MALTER, 1976, 111f.; AA X, 67f.

[72] Der Brief ist nicht erhalten, Kant bezieht sich aber in seinem Antwortschreiben unmittelbar darauf. Der Ausdruck „Befremden" entstammt Kants Schreiben.

[73] Vgl. Kant an Mendelssohn, 8.4.1766, in: KANT/MALTER, 1976, 112–117; AA X, 69–73.

Kants Schreiben erbrachte für Mendelssohn indes keine befriedigende Klärung, denn dieser zeigte sich 1767 in seiner kurzen Rezension unsicher darüber, ob Kant mit den *Träumen* denn nun die Metaphysik „lächerlich" oder die „Geisterseherey" glaubhaft machen wollte. Der „scherzende Tiefsinn", mit dem Kant das Werk abgefasst habe, lasse den Leser in dieser Beurteilung „zuweilen in Zweifel".[74] Dennoch enthalte es den „Saamen zu wichtigen Betrachtungen", neue Gedanken über die Natur der Seele und „Einwürfe" gegen „die bekannten Systeme", die einer ernsthaften „Ausführung" würdig seien. Es war Mendelssohn also durchaus nicht klar, welches Ziel Kant verfolgte oder ob er etwa verschiedene Personen in den *Träumen* sprechen ließ.

2. Dies traf auch auf *Johann Georg Heinrich Feder* (1740–1821) zu, der sich nicht sicher war, ob die Schrift „im Ernste, oder zum Scherze" geschrieben worden sei; wenigstens sei „beides fast immer beysammen".[75] Offenbar mache der Verfasser von der Metaphysik nicht „Profession", sei aber „ein eben so sinnreicher Philosoph, als ein witziger Spötter". Und: auf Feder wirkte Kants Geständnis, dass Swedenborgs Lehre seiner eigenen „Hirngeburt so ungemein ähnlich" sei und dass er gerade deshalb keinen Spaß verstehe,[76] offenbar so stark, dass er Kants scharfsinnigen Tadel Swedenborgs im Widerspruch dazu sah, dass Kant „durch ihn erst ein kleines System sich gebauet hätte, wo er nachher erweitern, ändern, abbrechen und zubauen konnte, wo sein weiteres Forschen es für gut befand". Der Spott, den Kant über Swedenborg ausgoss, stand also in Feders Augen im Gegensatz zu der Ähnlichkeit beider Systeme.

3. Dieser Ähnlichkeiten zwischen Kant und Swedenborg war sich der wohl beste Kenner Swedenborgs im deutschsprachigen Raum ebenfalls bewusst: *Friedrich Christoph Oetinger* schrieb Ende des Jahres 1766 an Swedenborg, die *Träume*, deren Verfasser er zunächst nicht kannte, würden ihn „gerade so viel durch Lobreden" erheben, wie sie ihn, „um nicht fanatisch zu scheinen, durch Beschuldigungen" erniedrigten.[77] Diese Ambivalenz stellte Oetinger ausdrücklich in Analogie zu den Spöttern, die ihn selbst wegen seiner Sympathie für Swedenborg als „Fanatiker" bezeichnet hatten. Denen habe er oft die Frage entgegengehalten, ob es denn möglich sei, dass aus dem Philosophen Swedenborg, der in „geometrischer Weise nach der Art Wolffs" die Dinge messe und beurteile, plötzlich ein „törichter Mensch" werden könne, der „von den geordneten Regeln des Denkens abgekommen" sei, aber dennoch 22 Jahre lang „über den Zustand nach dem Tod sieht und hört", und das in „Übereinstimmung" mit bestimmten Schriftstellen und dem „System". Vernünftiges Philosophieren, Seherei und Prophetie schlossen sich für Oetinger nicht aus, sondern bildeten eine stimmige Einheit. Die

---

[74] Moses Mendelssohn: Rezension in: Allgemeine deutsche Bibliothek 1767, Bd. 4, 2. Stück, 281; abgedruckt bei: Kant / Malter, 1976, 118.

[75] Johann Georg Heinrich Feder: Rezension in: Compendium Historiae Litterariae novissimae Oder Erlangische gelehrte Anmerkungen und Nachrichten 21 (1766), 308 f.; abgedruckt bei Kant / Malter, 1976, 125–127.

[76] Vgl. AA II, 359.

[77] Oetinger an Swedenborg, 4.12.1766, in: Acton, Letters and Memorials I, 628–630; Übersetzung nach dem Auszug bei Kant / Malter, 1976, 127 f.

Träume Kants, um dessen Verfasserschaft Oetinger zunächst nicht wusste, stellten in seinen Augen lediglich ein Beispiel für die interpretatorische Unsicherheit bei der Beurteilung der *Arcana coelestia* Swedenborgs dar, wenn sie gleichzeitig lobredeten, beschuldigten und erniedrigten. Schließlich enthielten die *Träume*, so Oetinger in einer Schrift, die er zur Klarstellung seiner mittlerweile kritischen Haltung gegenüber Swedenborg verfasste,[78] Swedenborgs „ganze Lehre mit dem Idealismus vermischet": „nemlich alle Menschen stehen in gleich inniger Verbindung mit der Geisterwelt, nur sie empfinden es nicht, weil sie zu grob sind". Oetinger skizzierte im Anschluss vor allem die Verbindung der Menschen mit der Geisterwelt bei Swedenborg näher, nicht ohne sich von Swedenborgs exegetischer Methode, seiner Eschatologie und von seiner *maximus-homo*-Figur zu distanzieren – in diesen Punkten stimmte er übrigens genau mit der Kritik Kants überein.[79] Eine eindeutige Distanzierung von Swedenborgs System insgesamt konnte er aber in den *Träumen* nicht erkennen. Oetingers Beurteilung der Schrift als ambivalent nicht nur für eine „höchst seltsame Charakteristik" zu halten, sondern auch noch ihre Nähe zur „Wirklichkeit" anzuzweifeln, verhindert nicht nur die historische Einordnung der Sichtweise Oetingers, sondern ‚berichtigt' durch ein modernes Vorverständnis der *Träume* deren Rezeptionsgeschichte![80]

Wie oben dargestellt worden ist, hielt Oetinger bis in seine letzten Werke hinein daran fest, dass Kant als Parteigänger der ausgedehnten Geisterwelt Swedenborgs anzusehen sei. Dies galt auch noch, als er sich nachhaltig von Swedenborgs Person distanziert hatte und seinen Namen nur noch selten, und wenn, dann mit negativer Konnotation, nannte. Als bemerkenswertestes Beispiel ist die Maskierung Swedenborgs mit dem Namen Kants anzusehen, wie oben ausgeführt worden ist. Nochmals ist an dieser Stelle an das *Biblische und Emblematische Wörterbuch* zu erinnern, wo Oetinger als autoritativen Beleg für die Existenz und die Ausgedehntheit der Geisterwelt nun nicht mehr auf Swedenborg, sondern auf Kants Referat der swedenborgischen Geisterwelt in den *Träumen* verweist.

„Die immaterielle Welt, sagt das tiefdenkende Original Genie des Prof. Kant in seinen *Träumen*, kan als ein vor sich bestehendes Ganze[81] angesehen werden und man hat wohl Ursache zu bedenken, was Er p. 13–31[82] mit Grund behauptet. Er ist geneigt mit Malebranc überal eine Extensionem intelligibilem zu concipiren."[83]

---

[78] Oetinger, Unterricht (1772); Auszug bei Kant / Malter, 1976, 128–130. Dem *Unterricht* lag teilweise wörtlich eine Schutzschrift Oetingers von 1767 zugrunde, vgl. Oetinger, 1977 [1765], LI–LXX.

[79] Seiner Hauptkritik an Swedenborg gemäß, wandte Oetinger vor allem ein, dass dessen hieroglyphische Methode dem Buchstabensinn der heiligen Offenbarung „besonders am Ende" entgegenstehen könnte. Dass die „Apparenz" des *maximus homo* mit dem Jesus-Wort Joh 17 übereinstimme („daß sie alle eines seien"), „steht dahin".

[80] Vgl. Benz, 1947, 69 f.

[81] „[...] ein vor sich bestehendes Ganze". Vgl. AA II, 330.

[82] Diese Seiten der *Träume* (Riga 1766) beinhalten den Hauptteil von I.1 und die ersten drei Seiten von I.2, also genau die Abschnitte, die die stärksten Affinitäten zu Swedenborg aufweisen. Oetinger, der die *Arcana coelestia* genauso intensiv wie Kant studiert hatte, dürfte genau hierin die mit Idealismus vermischte Lehre Swedenborg erblickt haben.

[83] Zu dieser Stelle vgl. ausführlich Kap. 5.2.5., d), cc), (5): Maskierte Adaption.

Swedenborg, dessen Lehre Oetinger mit Idealismus vermischt noch wenige Jahre zuvor in den *Träumen* erkannt hatte, taucht in diesem Kontext nicht mehr auf. Oetinger verwendet die Repräsentation der Lehre Swedenborgs in den *Träumen* als Beleg für die intelligible Welt, schreibt sie Kant selbst zu und verkoppelt sie nicht mehr mit Swedenborg, sondern mit Malebranche. Man könnte daher sogar von einer doppelten Maskierung sprechen. Kant erscheint nun als aktueller Kronzeuge für den *mundus intelligibilis*. Die auf Swedenborgs Geisterweltlehre basierenden Ausführungen der Teile I.1 und I.2 der *Träume* betrachtet Oetinger als Kants eigenes Wort. Dass Swedenborg von Kant in den *Träumen* aber nicht nur positiv referiert, sondern auch pathologisiert und geradezu für ‚wahnsinnig‘ erklärt wurde, blendet Oetinger kurzerhand aus. Er selbst hatte Swedenborg schließlich gerade nicht als Kandidat für das Hospital, sondern als irregeleiteten, aber doch gottgesandten Seher betrachtet. Die Ambivalenz der *Träume*, die Oetinger einige Jahre vorher deutlich wahrgenommen hatte, wird nun im Interesse einer positiven Referenz eingeebnet. Swedenborg verschwindet nicht, er wird unter der Maske des vorkritischen Kant verborgen gehalten. Noch zehn Jahre nach den *Träumen* erschien Kant in den Augen Oetingers als Parteigänger wenn schon nicht der Person, dann aber eines gewichtigen Teils der Lehre Swedenborgs.

4. Im Umfeld Oetingers sind ähnliche Kommentare zu finden. Sein ehemaliger Vikar *Philipp Matthäus Hahn* (1739–1790) etwa hielt den anonymen Verfasser der *Träume* noch deutlicher als Oetinger für einen „Anhänger“ Swedenborgs, auch wenn er wie Oetinger (und Kant) seiner Auslegungsmethode kritisch gegenüberstand.[84] Hahn fasste die *Träume* auch nicht ambivalent auf wie Oetinger, sondern meinte aufgrund seiner guten Kenntnis der Werke Swedenborgs verstehen zu können, dass die *Träume* jedem ein „Rätsel“ sein müssten, der Swedenborg nicht gelesen habe. Selbst den negativen Äußerungen Kants versuchte er einen positiven Sinn abzugewinnen. So deutete er Kants Bemerkung, die *Arcana* seien acht „Quartbände voll Unsinn“[85] so, dass ihr Inhalt eben nicht der *sensatio* entstamme, sondern dass es sich vielmehr um Visionen handele. Kant habe wohl „sagen wollen“, so notierte Hahn, dass die Systeme Wolffs, Crusius’ und Swedenborgs alle „auf eines hinaus“ laufen. Keines sei vollkommen, in jedem seien „verkehrte Phantasien“. Darum solle man aus Swedenborg das „Nötigste und Nützlichste und das Überzeugende lernen und beybehalten. Und das übrige stehen lassen.“

Hahns Lesart entspricht einerseits ganz der Sichtweise Oetingers, der in den *Träumen* ein „Lobpreis“ Swedenborgs zu erkennen meinte. Sie geht aber auch über Oetinger hinaus, denn Hahn erblickt in den *Träumen* eine differenzierte Swedenborg-Rezeption und nicht etwa eine grundsätzliche Ambivalenz. Es ist fraglich, ob man unterstellen kann, Hahn habe vielfach nicht verstanden, nicht verstehen wollen, er habe den Sinn seiner Aussagen verändert oder „absichtlich

---

[84] Hahns handschriftliche *Theologische Notizen und Exzerpte* befinden sich in der Württembergischen Landesbibliothek; die Zitate stammen aus: WALTER STÄBLER: Hahn und Swedenborg. In: ZWINK, 1988, 82–88, hier: 83 f.

[85] AA II, 360.

ad bonam partem" interpretiert.[86] Insbesondere das zweite Hauptstück des ersten Teils der *Träume* war für Hahn, wie ja auch für Oetinger, als Plädoyer für Swedenborg so eindeutig, dass es durch die anderen Abschnitte der Schrift nicht entkräftet werden konnte, auch nicht durch den Abschnitt „Antikabbala", der in der „überlieferten Sicht" als vernichtender Spott verstanden wird:

> „Das 2te Hauptstück war das schwerste, allein ein schwerer Aufschluß zur Beurtheilung der Visionen Schwedenborgs zu finden. Und ist Autor gewiß ein Anhänger Schwedenborgs."[87]

5. Der Tübinger Theologieprofessor, Superintendent und Mathematiker *Heinrich Wilhelm Clemm*, legte seine Position gegenüber Swedenborg im 1767 erschienenen vierten Band seiner *Vollständigen Einleitung in die Religion und in die gesammte Theologie* ausführlich dar.[88] Clemm, der offenbar selbst zuweilen für den Verfasser der *Träume* gehalten wurde, nahm Swedenborg gegen manche Vorwürfe in der anonymen Schrift in Schutz[89] und sprach sich für ein deutlicheres *non liquet* bei der Beurteilung von Geistererscheinungen insgesamt aus.[90] Offenbar handelte es sich bei dieser mehrmals wiederholten Vorsicht Clemms um eine Replik auf diejenigen Bemerkungen in den *Träumen*, die Swedenborg als Geisterseher für wahnsinnig erklärten, obwohl an anderen Stellen ein „ernsthaft[es] und unentschieden[es]" Urteil bekundet wurde.[91] Derjenige, der die *Träume* verfasst habe, „er mag auch seyn wer er will", sei trotz mancher „allzuscherzhafte[r] Gedanken und Ausdrücke, die wohl hätten wegbleiben können", „kein ungeschikter Kopf".[92] Er teilte bei aller Sympathie für die – allerdings nicht beweisbaren – Geisterkontakte Swedenborgs die Kritik Oetingers und Kants an Swedenborgs Auslegungsmethode und an der fehlenden Schriftgemäßheit, vor allem in der Rechtfertigungslehre und in der Eschatologie. Das „unvergängliche und ewig bleibende" Wort Gottes müsse allein Richtschnur des Glaubens daran bleiben, dass Christus nach seinem Tod zu den „abgeschiedenen Geistern" gepredigt

---

[86] So STÄBLER, 1988, 84.

[87] STÄBLER, 1988, 84.

[88] Auszug abgedruckt in: KANT/MALTER, 1976, 130–142. Vgl. auch Kap. 5.1.2., g), sowie 4.3.4., f).

[89] So stellte er etwa richtig, dass Swedenborg sich nicht nur mit Spekulationen beschäftige – Kant hatte behauptet, er wäre ohne „Amt und Bedienung" und lebe nur von seinem „ziemlich ansehnlichen Vermögen" –, sondern in wichtigen schwedischen Ämtern stehe [Swedenborg war zu diesem Zeitpunkt allerdings aus seinen Ämtern bereits ausgeschieden – FS]. Durch große Reisen sei Swedenborg gegen „Anfälle einer hypochondrischen Lebensart gesichert". KANT/MALTER, 1976, 132.

[90] Vgl. KANT/MALTER, 1976, 138, 141. Clemm nannte Gottfried Ploucquet und Elias Camerarius als Beispiele für die Möglichkeit übersinnlicher Wahrnehmungen und für Spekulationen über das postmortale Leben. „Non liquet", das einige Jahre zuvor auch Herder in seiner Mitschrift von Kants Metaphysikvorlesung als dessen Urteil notiert hatte (vgl. oben Seite 641), entstammt nach Cicero dem römischen Gerichtswesen, wo es in Zweifelsfällen von den beteiligten Richtern auf Stimmtäfelchen hochgehalten wurde. Jeder Richter bekam drei Täfelchen zur Stimmabgabe (absolvo, condemno, N. L. = non liquet). Vgl. GEORGES, 1918, Bd. 2, 3000 (Lemma: tabella).

[91] AA II, 351.

[92] CLEMM in: KANT/MALTER, 1976, 131.

habe. Selbst „wenn tausend Swedenborge noch aufstünden, und eben so viel Engel vom Himmel kämen" und ein anderes Zeugnis ablegten, dürfe „ihren Nachrichten schlechterdings kein Gehör" geschenkt werden. Geister, die etwas mitteilten, was der Schrift „zuwider" ist, seien „gewiß keine von Gott gesandte Geister".[93]

Clemms Interesse gilt vor allem der Kritik der Lehre Swedenborgs. Der Verfasser der *Träume* wird an den erwähnten Punkten zwar verbessert, dennoch wird er für „geschickt" gehalten. Es gibt aber keinen Hinweis darauf, dass Clemm in den *Träumen* einen deutlichen Bruch mit Swedenborg gesehen hätte. Er teilt vielmehr die differenzierte Rezeption seiner Lehre im württembergischen Pietismus um Oetinger. Allerdings ist es auch unangemessen, ausgerechnet aus Clemms Äußerungen den Schluss zu ziehen, Kant sei zeitgenössisch als Fürsprecher Swedenborgs betrachtet worden.[94] Dies trifft eher auf Hahn und Oetinger zu.

6. Im dritten Band seiner *Aussichten in die Ewigkeit* (1773) reflektierte der mit Oetinger ebenfalls bekannte und mit dem Thema Swedenborg befasste[95] *Johann Caspar Lavater* (1741–1801) die Möglichkeit übersinnlicher Wahrnehmungen und verwies auf ein

„Beispiel, welches Herr Kant in Königsberg – ein wol nicht schwacher Kopf – von Emanuel Swedenborg erzählt; der zu Gothenburg einen Brand zu Stockholm gesehen und einer Gesellschaft beschrieben haben soll".[96]

Auch hier wird Kants Bericht in den *Träumen* offenbar nicht als Kritik an Swedenborg, sondern eher als tendenziell zustimmendes Referat einer Begebenheit

---

[93] CLEMM in: KANT / MALTER, 1976, 140 f.

[94] So FLORSCHÜTZ, 1992, 100. Es stimmt mit der differenzierten Sicht Clemms ebenfalls nicht überein, als Ergebnis pauschal festzuhalten, dass Clemm auf den ungerechten Umgang mit Swedenborg durch Kant aufmerksam gemacht habe, so JÖRG WALTER: Kants Auseinandersetzung mit Swedenborg. Versuch einer Kritik. In: Offene Tore 1993, 175. Der Kern seiner Kritik an Swedenborg wird damit verfehlt.

[95] Vgl. BENZ, 1938; HORST BERGMANN: Swedenborgs und Lavaters „Physiognomische Fragmente". In: ZWINK, 1988, 121–127; CAFLISCH-SCHNETZLER, 2006.

[96] JOHANN CASPAR LAVATER: Ausgewählte Werke in historisch-kritischer Ausgabe. Bd. 2: Aussichten in die Ewigkeit 1768–1778, hg. von URSULA CAFLISCH-SCHNETZLER. Zürich 2001, 429. Lavater kannte die *Träume* bereits 1768, denn im zweiten Band der *Aussichten* wünschte er sich, dass Kant über die Beschaffenheit des postmortalen Körper „geschrieben hätte", fürchtete aber, dass dieser Mann mit „einem so seltenen Maasse von philosophischem Genie" darüber „raisonniren" könne – und zwar aus moralischen Gründen. Denn „er hat vielleicht viele Leute gesehen, die, je mehr sie über die Zukunft philosophirten, derselben nur desto unwürdiger lebten; und das mag vielleicht die Ursache seyn, warum er mit Voltärens *Candide lieber in den Garten gehen, und Früchte pflanzen will*." Ebd., 319 [Hervorhebung bei Lavater]. Der Hinweis auf Voltaire ist Schlusssatz in den *Träumen*. Auch diese Stelle, die Swedenborg nicht erwähnt, zeigt, dass Lavater Kant eher als tendenziellen Befürworter des *mundus intelligibilis* und der postmortalen Existenz der Seelen betrachtete. Wenn er sich wünscht, Kant sollte trotz seiner moralischen Bedenken auch darüber schreiben, gibt er zu erkennen, dass er die entsprechenden Abschnitte in den *Träumen* als Swedenborg-Referat, aber den Gesamtkontext der *Träume* gerade nicht als einen radikalen Bruch betrachtet. Vielmehr interpretiert Lavater Kants Schweigen so, dass er einen moralischen Verfall damit verhüten wollte.

beurteilt, die sich so zugetragen haben *soll*. Denn der Zusatz, dass Kant „ein wol nicht schwacher Kopf" sei, spricht dafür, dass Kants Autorität für die Glaubwürdigkeit der geschilderten Begebenheit in Gothenburg in Anspruch genommen wird. Bereits 1768 hatte Lavater in einem Brief an Johann Friedrich Wilhelm Jerusalem (1709–1789) gegen die Lehre vom postmortalen Seelenschlaf unter anderem damit argumentiert, dass gerade die „beynahe unläugbaren historischen Beweise" Swedenborgs dagegen sprächen, die Kant in den *Träumen* angeführt habe.[97] Lavater liest die *Träume* als Quelle, nicht als ironisch-distanzierten Kommentar. Damit bewegt er sich in der Nähe von Oetinger und Hahn.

7. Im Gegensatz zu den süddeutschen Lesern zeigte sich ein mit dem Kürzel „Z." unterzeichnender Rezensent in den *Neuen critischen Nachrichten* aus *Greifswald* nicht als ein Kenner der *Arcana coelestia*.[98] Wenn er in seinem Beitrag nur den ersten, dogmatischen Teil der *Träume* referierte, weil dieser den „Liebhabern der Metaphysik angenehmer seyn" werde als der zweite, historische Teil, dann sah er hierin keinerlei Spuren von Swedenborgs Lehre. Nach Ansicht des Rezensenten hatte Kant, um dessen Verfasserschaft er wusste, die *Arcana coelestia*, die immerhin ein „ganzes hermeneutisches und theologisches System" enthielten, überhaupt nicht behandelt. Kant habe sich lediglich mit den „auditis et visis" beschäftigt, also mit den *Memorabilia* aus der Geisterwelt und mit der Möglichkeit von Geistern und Geisterkontakten überhaupt, die „dem größten Theil unserer Leser bekannt sind" und „noch leicht" durch andere Begebenheiten ergänzt werden könnten. Die Auseinandersetzung mit Swedenborg wird demnach ausschließlich im historischen Teil der Schrift erblickt – also dort, wo sein Name auch erwähnt wird, wobei es Kant selbst überlassen werde, „die zuweilen sehr strengen und bittern Verurtheilungen" Swedenborgs „zu verantworten". „Die Einfälle einer originalen Laune", die die Lektüre aufheiterten, werden zwar erkannt, diese Wahrnehmung führt aber im Gegensatz zu Mendelssohn oder Feder nicht zu einer interpretatorischen Unsicherheit über den Zweck der Schrift.[99] In den vier Hauptstücken des ersten Teils vermag der Rezensent weder Affinitäten noch ironisierende Anlehnungen an Swedenborg zu entdecken. Vielmehr sieht er in der Zweiweltentheorie, nach der die immateriellen Wesen ein großes Ganzes, eine immaterielle Welt ausmachen, nach der die Seele mit dieser und der natürlichen Welt zugleich verknüpft ist und zum „klaren Anschauen" erst nach dem Ende ihrer Verbindung mit dem Körper gelangt, Kants eigenes Wort und keine ironisierende Persiflage Swedenborgs. Aus dieser „Geistergemeinschaft" leitet Kant nach dem Urteil des Greifswalder Rezensenten die Vernunfteinheit der denkenden Wesen, die Gesetze von „Schuldigkeit" und „Gütigkeit", mithin

---

[97] Vgl. Lavater an Jerusalem, 22.1.1768, bei HORST WEIGELT: Das Verständnis vom Zwischenzustand bei Lavater. Ein Beitrag zur Eschatologie im 18. Jahrhundert. In: PuN 11 (1985), 111–126, hier: 121 f.; zitiert nach GEORG GESSNER: Johann Kaspar Lavater's Lebensbeschreibung. Bd. 1, Winterthur 1802, 323.

[98] „Z.": Rezension zu den *Träumen*. In: Neue critische Nachrichten. Greifswald 1767, 257–262.

[99] Neue critische Nachrichten. Greifswald 1767, 257.

„die moralische Einheit in der Welt aller denkenden Naturen" ab.[100] Geisterseherei, so liest er es in dem Abschnitt „Antikabbala", sei nichts anderes als eine krankhafte organische Störung des „focus imaginarius", aber der Geisterlehre insgesamt müsse trotz ihres rein spekulativen Charakters dennoch „Glaubwürdigkeit" zugesprochen werden, „weil sie unsere Hoffnung stärkt und mit einer [...] Neigung, künftig fortzudauern, in Sympathie steht". Mit diesen Überlegungen befinde sich Kant „nicht gerade im Geleise herrschender Systeme", aber seine „Vermuthungen" führten „forschende Geister" doch auf „neue Spuren".[101] „Z." ist sich durchaus der Kluft zwischen Kant und der (von ihm gar nicht besprochenen) Geisterseherei (auch) Swedenborgs bewusst. Aber Kants Ausführungen im ersten Teil der *Träume*, die Oetinger und Hahn (als Swedenborgkennern) gerade als Indiz für Kants Anhängerschaft galten, werden nicht als ironische Distanzierung von Swedenborg oder als eine Auseinandersetzung mit seiner Lehre verstanden, sondern als Kants eigene Stimme. Hier ging „Z." mit den Württembergern konform, auch wenn er Swedenborg aus offensichtlicher Unkenntnis der *Arcana* nicht hinter Kants Text vermuten konnte.[102] Deutlicher als sie betrachtete er die moralphilosophischen Erwägungen Kants aber als Anknüpfung an die Zweiweltentheorie des ersten Teils der *Träume*.

8. Aus ganz ähnlichen Gründen zeigte sich *Johann Gottfried Herder* angetan von der Schrift.[103] Denn auch er schrieb eine ganze Reihe von Äußerungen aus den Teilen I.1 und I.2, die in der „überlieferten Sicht" als satirisch oder distanzierend verstanden wurden, Kants eigener Meinung zu, so seine Ansichten über die Wirksamkeit des Geistes im Raum bzw. der Seele im Körper,[104] die Konstruktion einer immateriellen, aus allen Intelligenzen in oder außerhalb von Körpern bestehenden Welt, die Doppelbürgerschaft der Seele, ihr künftiger Zustand in der Geisterwelt und die aus ihr abgeleitete „moralische Einheit aller denkenden Naturen". Zu dieser Geisterwelt wollten Kant (der Verfasser) und „einige ausser- und überordentliche Genies den Schlüßel haben".[105] Herder bemerkte allerdings sehr wohl den Bruch in den *Träumen*. Der Abschnitt „Antikabbala" schränke das vorher Gesagte wieder „völlig ein" und nehme „einen entgegenge-

---

[100] Neue critische Nachrichten. Greifswald 1767, 260 f.

[101] Neue critische Nachrichten. Greifswald 1767, 261 f.

[102] Oetinger druckte 1771 einen Brief des Amsterdamers Johann Christian Cuno ab, der sich über Swedenborg äußerte und sich auch auf die *Träume* bezog, die er „aber" für „eine Satyre" hielt, „mehr wider die Gelehrten überhaupt, als wider die Geisterseher insbesondere". Oetinger kommentierte diese Bemerkung mit einem längeren Zitat aus der Greifswalder Rezension. Dadurch wird deren Nähe zur Sichtweise der Württemberger dokumentiert, denn Oetinger rückte auch jetzt nicht von seiner Bewertung der *Träume* ab. Immerhin hielt er die drei Geisterseher-Begebenheiten, die Kant in den *Träumen* kolportierte, für neutrale Erzählungen und stellte sie neben CLEMMS Bericht. Vgl. OETINGER, Beurtheilungen (1771), 106 f., 111.

[103] Herders Rezension zu den *Träumen*. In: Königsbergische gelehrte und politische Zeitungen auf das Jahr 1766, 3. Merz; abgedruckt bei KANT / MALTER, 1976, 118–124; sowie in: JOHANN GOTTFRIED HERDER: Sämmtliche Werke, hg. von BERNHARD SUPHAN. Bd. 1, Berlin 1877, 125–130.

[104] Vgl. KANT / MALTER, 1976, 120 f.

[105] Vgl. KANT / MALTER, 1976, 122 f.

sezten Weg". Ihm blieb nichts anderes übrig, als im letzten Teil (I.4 und II.3) „allgemeine Betrachtungen über die Geisterlehre und Metaphysik" zu entdecken und auf die Züge eines Planes aufmerksam zu machen, den Kant wohl noch selber ausführen und anwenden werde. Er bemängelte, dass die Schrift nicht „gnug Einheit" aufweise und die Beziehung zwischen den einzelnen Teilen nicht deutlich genug sei. Der Verfasser trage „die Wahrheiten von beiden Seiten vor".[106] Herder sah also in den *Träumen*, wenn schon nicht ausdrücklich mehrere fiktive Personen, dann doch wenigstens mehrere widersprüchliche Sichtweisen. Was er aber als Kants eigene Sprache verstand, war die Rede von einer immateriellen Welt, in der die Seelen bereits jetzt verankert sind, aus der sie moralische Einflüsse und die moralische Einheit empfangen und in die sie postmortal unter Beibehaltung ihres moralischen Status gänzlich und körperlos einkehren. Von einem eindeutigen Bruch mit dem gesamten Swedenborg ist hier nichts zu spüren. Da Herder die *Arcana* offenbar nicht selbst gelesen hatte,[107] konnte er unterhalb der Abweisung von Swedenborgs Visionen in den *Träumen* auch keine weiteren Übereinstimmungen und Modifizierungen feststellen. Immerhin riet er von einer Lektüre der *Arcana coelestia* ab und empfahl sie nur demjenigen, der „das Haupt einer neueren Dichterischen Sekte werden will". Die Art, mit der der (ungenannte) Kant den „Schwärmer" behandele, sei geradezu ein „Muster" für die Kritik gegenüber solchen und ähnlichen Schriften.[108]

9. *Justus Christian Hennings*, der als Professor für Logik und Metaphysik 1765 anstelle von Kant nach Jena berufen wurde und seit den 1770er Jahren mit mehreren Büchern zu dem Thema vermeintlich übersinnlicher Erscheinungen und Phänomene[109] hervorgetreten war, hatte trotz seiner Kenntnis[110] der *Träume eines Geistersehers* und des Komplexes Swedenborg jahrelang darauf verzichtet, überhaupt einen Kommentar zu dem schwedischen Geisterseher abzugeben. Dies fällt angesichts der gewaltigen Stoffsammlung über Geisterseher-Begebenheiten, Betrügereien und Scharlatane, Phantasten und vermeintliche Visionäre, die er bis

---

[106] Vgl. KANT/MALTER, 1976, 123.

[107] Herder kannte Swedenborg zu dieser Zeit bereits als Hörer der Metaphysik-Vorlesung Kants. Hier war Kant allerdings nur auf die Geisterseherbegebenheiten eingegangen, die er auch in seinem Brief an Charlotte von Knobloch referierte. Die *Arcana* hatte er zu diesem Zeitpunkt offenbar noch nicht gelesen. Seine Haltung gegenüber Swedenborg war, den Notizen Herders nach zu urteilen, eher vorsichtig und unentschlossen, vgl. Metaphysik Herder. AA XXVIII/1, 113 f., sowie oben Seite 641.

[108] Vgl. Metaphysik Herder. AA XXVIII/1, 120. Fast 40 Jahre später hielt es Herder, ohne Kant zu nennen, allerdings für „ein überflüssiges gutes Werk", die „Träume dieses Geistersehers durch neue Träume einer fremden Metaphysik zu erläutern", und votierte für eine Deutung der Visionen Swedenborgs aus der Person heraus. Vgl. HERDER, 1802, 366. Zur weiteren Beurteilung Swedenborgs durch Herder vgl. RALF HÄFNER: Macht der Willkür und Poesie des Lebens. Herders Swedenborg-Lektüre zwischen Saint-Martin und Friedrich Schiller. In: SABINE GROSS, GERHARD SAUDER (Hgg.): Der frühe und der späte Herder. Kontinuität und/oder Korrektur. Heidelberg 2007, 399–413.

[109] Vgl. HENNINGS 1774; HENNINGS 1777a; HENNINGS 1780; HENNINGS 1784; DERS.: Von den Ahndungen und Visionen. 2 Bde., Leipzig 1777, 1783; DERS.: Visionen vorzüglich neuerer und neuester Zeit philosophisch in ein Licht gestellt. Ein Pendant zu des Verfassers vorigen Schriften von Ahndungen, Visionen, Geistern und Geistersehern. Altenburg 1781.

[110] Vgl. HENNINGS, 1774, 286; HENNINGS, 1777a, 94 (Hylozoismus-Zitat aus AA II, 330).

dahin vorgelegt hatte, besonders ins Auge. Schon ein zeitgenössischer Rezensent tadelte Hennings, dass er in seiner Schrift *Von den Ahndungen und Visionen* ausgerechnet Swedenborg an keiner Stelle erwähnt hatte.[111] In seinem noch umfangreicheren Buch *Von Geistern und Geistersehern* ging Hennings 1780 daher auch auf Swedenborg ein, und zwar vor allem auf der Basis langer und fast durchweg nicht nachgewiesener Zitate aus den *Träumen eines Geistersehers*, die mit nur knappen eigenen Bemerkungen versehen waren.[112] Swedenborgs „Weissagungen und Aussprüche", die offenbar „Resultate einer überspannten Imagination" seien, urteilte Hennings, würden von „gar vielen" so hoch eingeschätzt, „daß sie in Ansehung der Wahrhaftigkeit den göttlichen Aussprüchen gleich geachtet wurden".[113] Offenbar aus diesem Grund schien Hennings nicht nur eine eindeutige Beurteilung Swedenborgs zu vermeiden, was sich daran zeigt, dass er ihn an keiner Stelle mit den zeitgenössischen Nekromanten, Betrügern und Scharlatanen in einem Atemzug nannte. Auch Hennings' Bezug auf die *Träume eines Geistersehers* von Kant fiel ambivalent aus, denn er nannte Kant nicht namentlich, sondern sprach nur von einem „gewisse[n] Schriftsteller", und nur ein einziges Zitat aus den *Träumen* wies er nach.[114] Er zitierte Kants Qualifizierung Swedenborgs als „Erzgeisterseher" und dessen Urteil über Swedenborgs Exegese. Dann referierte er aus den *Träumen*, vielfach wörtlich, die Begebenheiten, die Swedenborg einen „großen Ruf"[115] eingebracht hätten, wobei er Kants Text an signifikanten Stellen kürzte.

Bei der Geschichte um die schwedische Königin ließ er ausgerechnet zwei Feststellungen Kants weg, nämlich a) dass die Information Swedenborgs die Königin „ihrem eigenen Geständnisse nach" in Erstaunen versetzt habe, und b) dass die ganze Erzählung aus dem Bericht eines Gesandten am „dortigen Hofe" an einen anderen Gesandten, der Augenzeuge gewesen sei, „gezogen" wurde und genau mit dem übereinstimme, „was die besondere Nachfrage darüber hat erkundigen können".[116] Bei dem Bericht über den Stockholmer Stadtbrand verzichtete Hennings auf Kants Bemerkung, „daß sich sehr leicht ein vollständiger Beweis ihrer Richtigkeit oder Unrichtigkeit muß geben lassen".[117] Anstelle dieses Ne-

---

[111] Ein Rezensent lobte HENNINGS, 1777b – ohne Namensnennung. Hier finde sich die „wahre Philosophie, nicht alles so gleich als unmöglich zu verwerfen, wovon wir die Entstehungsart nicht angeben können, und, wo sie eintritt, die Unzulänglichkeit unserer Hypothese freymüthig einzugestehen". Hennings habe seine Beispiele so dargestellt, dass der Leser selbst deren „Richtigkeit" beurteilen könne. Allerdings hätte der Rezensent dabei auch den „verstorbenen Suedenborg gern angetroffen". [Rez. zu] HENNINGS, 1777b. In: Hallische Neue Gelehrte Zeitungen 1779, 6.3., 154–157, hier: 156 f.

[112] Neben den *Träumen* kannte Hennings zum Thema noch den 4. Band von H. W. CLEMMS *Einleitung* und die 1771 in Hamburg herausgegebene *Sammlung einiger Nachrichten* [...], vgl. HENNINGS, 1780, 114. Als Quelle zog er aber ausschließlich die *Träume* heran.

[113] HENNINGS, 1780, 43 f.

[114] HENNINGS, 1780, 52, Zitat aus den *Träumen eines Geistersehers* (1766), 72 f. (vgl. AA II, 348), wo Kant sich auf Hudibras beruft und den „hypochondrische[n] Wind" benennt, der entweder ein „F–" oder eine „heilige Eingebung" werden könne.

[115] HENNINGS, 1780, 46.

[116] AA II, 355. Stattdessen vermutete Hennings, womöglich habe sich Swedenborg bei Bediensteten informiert oder diese bestochen, vgl. HENNINGS, 1780, 46.

[117] AA II, 355.

bensatzes, der immerhin die unproblematisch zu erbringende Beweisbarkeit behauptete, fragte Hennings: „wo sind die Zeugen, dass sich alles so verhalte"; man werde „doch nicht verlangen, daß man ausernatürliches und ungewöhnliches sogleich frisch weg glauben soll?"[118] Hennings beschnitt Kants Text also genau dort, wo Kant auf die vorhandenen Zeugen, deren Prominenz und auf seine eigenen Nachforschungen verwiesen hatte. Nicht nur Swedenborgs in manchen Kreisen vorhandene Dignität, sondern auch die den *Träumen* offenbar zugeschriebene autoritative Rolle für diese Wertschätzung schienen die inhaltliche Reduktion Hennings nötig zu machen. Kant wurde demnach noch nach 14 Jahren als Quellenbeleg und als geradezu authentischer, wenigstens aber hochautoritativer Bericht über Swedenborg gelesen!

Für Hennings scheint es jedoch noch einen anderen, textinternen Grund für seine Reduktionen gegeben zu haben. Fast 350 Seiten später stellte er nämlich im selben Buch einen Kriterienkatalog zur Beurteilung von Geistergeschichten auf. Die dritte Regel lautete, es müssten als „Probierstein" „verständige, erwachsene, nicht abergläubische, furchtsame, oder mit ausschweifender Imagination begabte" Zeugen vorhanden sein, die frei von Empfindungsstörungen und Bosheit zu sein und sich keine Vorteile von der Verbreitung der fraglichen Geschichten zu erhoffen hätten.[119] Vor diesem Hintergrund dürfte deutlich werden, warum Hennings nicht nur Kants Zeugen – die von ihm ungenannte Fürstin und zwei Gesandte – wegließ, sondern auch Kants Namen selbst. Hätte er dies nicht getan, hätte er entweder die Glaubhaftigkeit renommierter und politisch hochstehender Personen angegriffen oder umgekehrt Swedenborg Glaubhaftigkeit bescheinigen müssen.[120] Kants *Träume eines Geistersehers* wurden offensichtlich auch von Hennings als historischer Beleg und gerade nicht als Satire gelesen.

Denn Hennings leugnete darüber hinaus keinesfalls übersinnliche Begebenheiten insgesamt, sondern bejahte vielmehr ausdrücklich die „Möglichkeit der Seelenerscheinungen nach dem Tode", auch wenn er zu deren „Wahrscheinlichkeit" nicht mehr als ein unentschiedenes Urteil fällen zu können meinte, ohne dieselbe aber ausschließen zu wollen.[121] Offenbar sah er sich auch aus diesem Grund ge-

---

[118] HENNINGS, 1780, 50. Die Erzählung über die verloren geglaubte Quittung hielt Hennings schlicht für die Nachahmung einer anderen angeblichen Begebenheit dieser Art.

[119] HENNINGS, 1780, 420–427, Regel 3: 426f. Regel 1: Geistergeschichten müssen so lange natürlich erklärt werden, bis das Gegenteil „hinlänglich bewiesen" sei. Regel 2: Sie müssen widerspruchsfrei sein. „Probirstein" gehörte seit der KrV ein Jahr später (1781) zu einem geradezu typischen Ausdruck Kants (allein in der KrV 20mal, vorkritisch nur 5mal). Zufall?

[120] Schließlich blieb Hennings – offenbar auch angesichts der immerhin gewichtigen Zeugenschaften – selbst uneindeutig, wenn er lediglich in Frage stellte, dass diese Geschichten zwingend „außernatürlich" zu begründen seien und ob man „ausernatürliches und ungewöhnliches" denn „sogleich frisch weg" glauben solle. Wie oben Anm. 118.

[121] Vgl. etwa HENNINGS, 1780, 297–300. Hennings' eigene Spekulationen über das Leben der Seele nach dem Tod sind denen Swedenborgs überdies sehr ähnlich, allerdings verwies er dabei nicht auf Swedenborg, sondern u. a. auf das Werk des anonym schreibenden EMANUEL WOLLEB: Gedanken über die Seele des Menschen und Muthmassungen über den Zustand derselben nach dem Tode meistens auf Erfahrung gegründet. 2 Bde., Berlin; Leipzig 1777, das ohne Namensnennungen ebenfalls zahlreiche Elemente eines anthropozentrischen (swedenborgianischen?) Jenseits enthält.

nötigt, Kants Text dort zu beschneiden, wo er nach seiner eigenen Logik den Kriterien genügt hätte, die eine ‚Geistergeschichte' erfüllen musste, um geglaubt werden zu können. Dem entspricht noch ein weiterer Befund: An einer ganz anderen Stelle zitierte Hennings den Anfang der *Träume eines Geistersehers* über das „Schattenreich" als „Paradies der Phantasten", wo sich „hypochondrische Dünste, Ammenmärchen und Klosterwunder" fänden.[122] Und Hennings nannte hier auch Namen, allerdings ausgerechnet nicht den ‚Helden' und literarischen Gegenstand der *Träume*, sondern Semler und Georg Friedrich Meier als aufklärerische Kritiker solcher „hypochondrischen" Geschichten und den Streit um die Lohmannsche Besessenheit.[123] Kant hatte Swedenborg nach Hennings Urteil – und Text – nicht in dieses „Schattenreich" versetzt.

10. Zwanzig Jahre nach den *Träumen* erschien in Breslau ein *Prüfungsversuch: ob es wol schon ausgemacht sei, dass Swedenborg zu den Schwärmern gehöre*, der sich auch ausführlich mit den *Träumen* auseinandersetzte.[124] Dem anonymen Verfasser, ganz offensichtlich einem Anhänger oder wenigstens Sympathisanten Swedenborgs, ging es nicht um die Aufdeckung von Gemeinsamkeiten zwischen Kant und Swedenborg. Er vertrat bereits eine Lesart der *Träume*, die sich aus den abqualifizierenden Ausführungen im Kapitel „Antikabbala" speiste. Daher lag sein Interesse daran, Swedenborgs Visionarität gegen Kants strenge Abweisung in Schutz zu nehmen und umgekehrt Kant eine nicht seriöse Argumentation vorzuwerfen. Im ersten „dogmatischen" Teil der Schrift, so der Rezensent, finde sich nichts außer Skeptizismus gegenüber allem, was „Geist, geistig, Geisterwelt, Zusammenhang irgendeiner geistigen Welt mit der, die wir vermittelst körperlicher Sinne wahrnehmen", bedeute. Noch sonderbarer als Swedenborg selbst sei aber die plötzliche Wandlung dieses (inkonsequenten) Skeptikers im zweiten „historischen" Teil der Schrift: Er verwandle sich nun gänzlich in einen „Diktatoriker" und „völlige[n] Entscheider" – das sei dem „Charakter eines Vernunftweisen" nicht angemessen.[125] Als Skeptiker entwickele er auf der einen Seite ein „künstliches Hypothesengewebe, durch welches sich Geisterseherei, oder wol gar geis-

---

[122] AA II, 317, bei Hennings, 1780, 241, nicht wörtlich, sondern in den Textfluss eingebaut.
[123] Vgl. Hennings, 1780, 241f. Zur Lohmannschen Besessenheit vgl. oben Kap. 5.1.2., f).
[124] Emanuel Swedenborg's, weiland Königl. Schwedischen Assessors beim Bergwerkskollegium, der Königl. gelehrten Societät zu Upsala und Königl. Akademie der Wissenschaften zu Stockholm Mitgliedes, der Akademie der Wissenschaften zu Petersburg Korrespondenten. Revision der bisherigen Theologie, sowol der Protestanten als Römischkatholischen. Aus der lateinischen Urschrift übersezt; nebst einem Prüfungsversuche: Ob es wol schon ausgemacht sei, daß Swedenborg zu den Schwärmern gehöre. Breslau 1786, III–LIV. Der *Prüfungsversuch* ist auszugsweise abgedruckt in: Kant / Malter, 1976, 144–157. Johann Salomo Semler befürwortete den Druck dieses Werks, obwohl er sich 1787 in den *Unterhaltungen mit Herrn Lavater* massiv gegen den anonymen Verfasser wandte, den er allerdings gerade nicht für Swedenborg hielt, vgl. ebd., VIIf. u. ö.; sowie Hornig, 1996, 57f. Die *Revision* ist eine Übersetzung von Swedenborgs apologetisch-polemischer Schrift Sum exp (1769).
[125] Vgl. Swedenborg, Revision, 148, 152. Die von Johnson in seiner Dissertation konstruierten sprechenden Personen (vgl. oben Seite 647f., Anm. 69) sind zum Teil offenbar der Breslauer Rezension entlehnt. Lediglich der „pragmatische Metaphysiker" findet sich in diesem Text nicht. Dennoch könnte Johnsons Grundthese mit Hilfe einer zeitgenössischen Interpretation, der Breslauer Rezension, partiell zementiert werden.

tiger Offenbarungszustand einsehen lasse", und gestehe zugleich ein, dass die Metaphysik von „Geist und geistiger Welt nicht das geringste wisse". Als Diktatoriker erkläre er auf der anderen Seite „jeden behaupteten Offenbarungszustand [...] nach bloß windigen eitlen Hypothesen der Metaphysik für Phantasterei".[126] Kein echter Philosoph dürfe aber sagen: „Dies oder jenes hab ich nicht gesehen, nicht gehört, nicht unmittelbar erfahren; daher ist es nicht wahr, daher ist es Täuschung, daher nicht möglich", ohne sich „an den allgemeinen gesunden Menschensinn zu versündigen".[127] Dies widerspricht nach dem Urteil des Rezensenten den Maßstäben der historischen Kritik, die organisch zur „Vernünftelung" gehören müsse. Wie könne man gegenüber einem „aussergewöhnlichen Mann, den wir mit einem schielenden Ausdruck *Geisterseher* nennen" erst eine skeptische, „in geistigen Sphären" gleichsam agnostische Haltung einnehmen und dann zum „Diktatoriker" werden![128] Wenn Kant die durch Zeugen beglaubigten Begebenheiten um Swedenborgs Geisterseherei als „Märchen" abtue, dann habe er dafür keinen ausreichenden historisch-kritischen Grund. Dieses unbegründete Vorurteil habe dazu geführt, dass es Kant gar nicht gelingen konnte, die „Quintessenz" der *Arcana coelestia* auf „wenig Tropfen zu bringen". Er musste die Schrift missverstehen, so wie sicherlich auch die *Kritik der reinen Vernunft* „von vielen missverstanden und verkant [sic!]" werde. Ob Swedenborg hingegen ein Schwärmer sei, könne aus der Perspektive des Skeptizismus niemals geklärt werden und müsse „völlig unausgemacht und unentschieden" bleiben. Dies vermöge ebenso wenig ein „diktatorischer Dogmatismus", der das voraussetzt, „was noch zuerst erwiesen werden soll". Dieses Verfahren in den *Träumen* ist für den Rezensenten nichts weniger als „eine grosse Sünde gegen die Logik".[129]

Die Breslauer Rezension sucht nicht Überschneidungen zwischen Swedenborg und Kant, sie sieht aber die starken Widersprüche und sogar mehrere sprechende Personen in den *Träumen*. Sie beklagt nicht nur die für einen skeptischen Standpunkt erforderliche, hier aber nicht eingehaltene Zurückhaltung gegenüber Swedenborg, sie will auch seine Einordnung in die Schwärmerei vermeiden. Der Rezensent wendet die Abweisung Swedenborgs als „Sünde gegen die Logik" gegen Kant selbst zurück, der zwischen einem gewissen Verständnis für Swedenborg und einer brüsken (und inkonsequenten) diktatorischen Entscheidung gegen ihn changiert. Die Ambivalenz der *Träume* wird demnach noch zwanzig Jahre nach den ersten Reaktionen wahrgenommen, auch wenn sich die Position des Rezensenten gegenüber Swedenborgs Lehre von den ersten Rezensionen unterscheidet. Ihm geht es nicht mehr um theologische Differenzen wie Oetinger, Hahn und Clemm, er widmet sich nicht der Spurensuche nach Kants philosophischen Neuansätzen in den *Träumen*, die bereits Herder wahrgenommen hatte. Der Anonymus nimmt vielmehr den ambivalenten Umgang Kants als des führ-

---

[126] Vgl. SWEDENBORG, Revision, 149 f.
[127] Vgl. SWEDENBORG, Revision, 150 f.
[128] Vgl. SWEDENBORG, Revision, 151.
[129] Vgl. SWEDENBORG, Revision, 155 f. Wenn Kant Swedenborg als „Unsinn" abtue, dann müssten auch die Apostel und Propheten der Bibel als „Erzphantasten" gelten.

enden kritischen Philosophen mit Swedenborg in Augenschein. Ziel des Breslauer Rezensenten ist offenbar nicht nur der Schutz der Integrität Swedenborgs,
sondern auch die kritische Offenlegung einer prinzipiellen und zugleich nicht
schlüssig begründeten Ablehnung der Geisterseherei seitens einer Philosophie,
die sich ganz offenbar auf Kant beruft.

11. Der Breslauer *Prüfungsversuch* wurde 1788 in der *Allgemeinen deutschen
Bibliothek* in einem längeren Aufsatz[130] besprochen, denn mittlerweile hatte sich
eine Debatte entwickelt, in der es weniger um das Verhältnis zwischen Kant und
Swedenborg, als um die Aktivitäten der *Exegetischen und Philanthropischen Ge-
sellschaft* zu Stockholm ging – Anhänger Swedenborgs, die sich europaweit in
Akademikerkreisen bekannt machten und die Verbindung von Swedenborgs
Lehre, dem animalischen Magnetismus Franz Anton Mesmers und dem Somnambulismus proklamierten.[131] Der anonyme Verfasser der Rezension in der
Allgemeinen deutschen Bibliothek widmete sich aber ganz explizit den Vorwürfen, die der Breslauer *Prüfungsversuch* gegen die *Träume* erhoben hatte. Er nahm
Kant dagegen in Schutz, Swedenborgs Visionen ungerecht oder diktatorisch einfach nur abgetan zu haben, unterstützte zugleich aber auch dessen Urteil. Denn
was man bei Swedenborg finden könne, seien allenfalls „läppische Kindereyen",
die wohl kaum „würdige Gegenstände einer Geisterunterhaltung" seien könnten.[132] Swedenborgs Werke enthielten so viele „läppische Grillen, ewige Wieder-
holungen und ekelhafte Tautologien", dass er ohne Zweifel als „Erzphantast"
gelten müsse, „der bey aller seiner Gelehrsamkeit, und Anlage zu richtiger Philosophie und Menschenkenntniß noch eine weit ausschweifendere Einbildungskraft als Vernunft hatte".[133] Allerdings würdigte der Rezensent auch Swedenborgs theologischen Ansatz, der „mit dem, was die bessern Theologen auch wissen und annehmen", übereinstimme, in der Rechtfertigungslehre etwa mit Johann August Eberhard (1739–1809).[134] Für diese Theologie hätte Swedenborg
aber keine Offenbarung gebraucht. So schloss sich der Anonymus Kants Urteil
über Swedenborg als Geisterseher an und würdigte zugleich einen Teil seiner
theologischen Überlegungen, die der Breslauer *Prüfungsversuch* als „Swedenborgische Reformation" bezeichnet hatte, die „in der kirchlichen Welt eine Revolu-

---

[130] Vgl. Rezension zu: SWEDENBORG, Revision der bisherigen Theologie. In: Allgemeine
deutsche Bibliothek 83 (1788), 40–58.

[131] Vgl. Sendschreiben der Exegetischen und Philanthropischen Gesellschaft zu Stockholm
an die Gesellschaft der vereinigten Freunde zu Straßburg über die einzige genügliche Erklärung der Phänomene des thierischen Magnetismus und Somnambulismus. In: Der teutsche
Merkur (1787), Bd. 4, 153–192; sowie die geradezu empörte Reaktion von FRIEDRICH GOTT-
LIEB KLOPSTOCK: Antwort an die Société Exégétique et Philanthropique zu Stockholm. In:
Berlinische Monatsschrift 1788, Bd. 1, 514–517. Vgl. zu der sich zunächst vor allem in französischen Freimaurerlogen ausbreitenden Kombination aus Swedenborgianismus und Mesmerismus GABAY, 2005; GABAY, 2007; SAWICKI, 2002, 77 u. ö.

[132] Vgl. Allgemeine deutsche Bibliothek 83 (1788), 46.

[133] Vgl. Allgemeine deutsche Bibliothek 83 (1788), 58.

[134] Vgl. Allgemeine deutsche Bibliothek 83 (1788), 51. Genannt ist hier die „Lehre de im-
putatione", die Swedenborg wie die meisten Aufklärer ablehnte, weil sie der Selbstverantwortung und moralischen Autonomie des Einzelnen widersprach, vgl. unten Seite 676 f., sowie
Kap. 3.3.5., f).

tion bewirkt" habe.[135] Außerdem machte der Rezensent darauf aufmerksam, dass es der *Prüfungsversuch* versäumt habe, die Vorteile des Kantschen Systems der „Critik der reinen Vernunft" für die Rechtfertigung der Visionen Swedenborgs zu nutzen. Zwar sei es nach Kant lediglich möglich, „die ganze Geisterwelt mit der Gottheit an der Spitze" für eine nur logische Möglichkeit zu halten. Aber Swedenborg könnte sich, wenn ihm Kants Lehre bekannt gewesen sei, darauf zu seiner Rechtfertigung beziehen. Er könnte, so der Rezensent, darauf insistieren, dass seine Visionen alle Merkmale der Realität aufwiesen, und dass es nicht möglich sei, ihnen abzusprechen, unter der „Leitung des Verstandes und der Oberaufsicht der Vernunft gestanden" zu haben. Da nach Kant alles „Reelle nur innerlich und subjectiv" sei und von den äußeren Sinnen lediglich wahrgenommen werde, Swedenborgs Visionen aber innerlich geschehen seien, könnten seine Geistergespräche durchaus für „sehr reelle Dinge" gehalten werden.[136]

Auch wenn der Rezensent daran festhielt, Swedenborg für „eines der merkwürdigsten Phänomene für den Psychologen"[137] zu halten, unternahm er einen differenzierten Versuch, erstens Kant gegen Angriffe durch einen offensichtlichen Swedenborgianer in Schutz zu nehmen, zweitens Möglichkeiten einzuräumen, Swedenborgs visionärem Anspruch wenigstens ein subjektives Recht einzuräumen, und drittens sogar inhaltliche Übereinstimmungen der Lehren Swedenborgs zwar nicht mit Kant, aber mit der theologischen Aufklärung zu betonen. Offenbar ging es dabei um den versachlichenden Versuch, zwischen einer sich auf Kant beziehenden Aufklärung und sich auf Swedenborg berufenden Gruppierungen zu vermitteln, die Swedenborg im Bereich des Mesmerismus sozusagen ‚anwenden' wollten. Die Interpretation der Breslauer Rezension, die in den *Träumen* einen deutlichen Bruch mit Swedenborg entdecken will und diesen Bruch in einem pro-swedenborgischen Sinne ausformuliert, findet so ihre Entsprechung gleichsam auf der ‚anderen', sich selbst für pro-kantisch haltenden Seite.

12. Diese Bruchtheorie fand ihre Fortsetzung in einem Aufsatz, den der Züricher Theologe und Lavater-Vertraute *Johann Konrad Pfenninger* (1747–1792) 1788 veröffentlichte.[138] Pfenninger bezog sich darin ausdrücklich auf die Rezension in der *Allgemeinen deutschen Bibliothek* von 1788 und die Breslauer *Revision* mit *Prüfungsversuch* von 1786 und druckte schließlich längere Passagen aus den *Träumen* nach. Sein Ziel bestand darin, Swedenborgs Lehre angesichts des

---

[135] Vgl. Allgemeine deutsche Bibliothek 83 (1788), 52. Einige der von Swedenborg vorgenommenen Abweichungen von der protestantischen Theologie wurden von dem Rezensenten aber auch angegriffen (z. B. seine Trinitätslehre), vgl. insgesamt 51–57.

[136] Vgl. Allgemeine deutsche Bibliothek 83 (1788), 42–44. Diese Deutung der KrV könnte durchaus eine Anspielung auf den Vorwurf des „empirischen Idealismus" sein, den Christian Garve gegen die 1. Auflage von 1781 vorgebracht hatte – einer der Gründe, die Kant zur Umarbeitung u. a. des Kapitels über die Paralogismen der reinen Vernunft in der 2. Aufl. veranlassten, vgl. dazu etwa ARSENIJ GULYGA: Immanuel Kant. Frankfurt a. M. 2004, 155, 157.

[137] Vgl. Allgemeine deutsche Bibliothek 83 (1788), 58.

[138] JOHANN KONRAD PFENNINGER: Ueber Swedenborg und Swedenborgianismus. In: DERS.: Sokratische Unterhaltungen über das Älteste und Neueste aus der christlichen Welt. Bd. 2, Leipzig 1788, 383–406. Die hier angekündigte Fortsetzung ist nicht erschienen, so dass keine Information über Pfenningers abschließendes Urteil in dieser Sache vorliegt.

sich ausbreitenden Swedenborgianismus erneut zu prüfen und der Tatsache nachzugehen, dass sich Kant 22 Jahre zuvor mit Swedenborg befasst habe, um ihn
zum „Gegenstück einer philosophischen Phantasiade" zu machen.[139] Indem
Pfenninger in den *Träumen* ein Gegenstück zu Swedenborg erblickte, vertiefte
er die Lesart eines Bruchs, die sich bereits im *Prüfungsversuch* und in der Rezension von 1788 niedergeschlagen hatte, noch weiter. Denn, so bemerkte er, während sich Kants „Kritik der Metaphysik und Gränzscheidung des Vernunftge-
biets" seitdem zu einem „Grad von Reife" entwickelt habe, der „Deutschlands
Denker in Erstaunen – und große Bewegung" versetzt habe, sei Swedenborgs
„System" das geblieben, was es war. Ja geradezu „merkwürdig" fand es Pfenninger, dass sich unter den „Metaphysikern" Kants System und unter den „Revela-
tionisten" Swedenborgs System „zum Erstaunen schnell weit ausgebreitet haben": „Ob jemand, der im Jahre 1766. jene Schrift gelesen, diesen Zustand des
Kantianismus und Swedenborgianismus auf 1789. – geweissagt hätte?"[140] Mit
dieser Deutung dokumentierte Pfenninger, dass sich Kantianismus und Swedenborgianismus mittlerweile als zwei konträre Bewegungen in Philosophie und
Theologie entwickelt hatten. Zugleich machte er deutlich, dass 1766, also durch
die Lektüre der *Träume*, solch eine Entwicklung noch nicht abzusehen war, denn
das Gegenstück zu Swedenborg war für ihn ja eine „Phantasiade" Kants. Die später in der „überlieferten Sicht" vertretene Interpretation führte er demnach weniger auf die *Träume* selbst, sondern in erster Linie auf eine Entwicklung in den
späten 1780er Jahren zurück, die mit der Ausbreitung des Swedenborgianismus
und den entsprechenden Gelehrtendebatten zusammenhing.

13. Während die Breslauer Rezension die Hauptbedeutung der *Träume* in der
ungerechtfertigten diktatorischen Entscheidung über Swedenborgs Geisterseherei erblickt und sich hieraus bei einem Teil der Rezipienten die Lesart eines deutlichen Bruchs zwischen Kant und Swedenborg entwickelt hatte, blendete Kants
Biograph und Schüler *Ludwig Ernst Borowski* diesen Aspekt in seiner *Darstellung des Lebens und Charakters Immanuel Kants*, die Kant selbst durchgesehen
und revidiert hatte, gänzlich aus.[141] Stattdessen wird die Begegnung mit Swedenborg rückblickend zu der Gelegenheit, bei der Kant „zugleich die Metaphysik für
Kontrebande" erklärt habe. Fragen des Geistes, der Seele und des *commercium
animae et corporis* überstiegen „alle unsere Einsicht", und Kant habe die Metaphysiker nun aufgefordert, anstelle des „stolzen ‚Ich weiß, ich kann es demonst-
rieren!' " ein „vernünftiges Geständnis ‚Ich weiß nicht' " abzulegen. Bei Borowski (und Kant!) kommt der Kritikpunkt der Breslauer Rezension, dass die *Träume* bei einem *non liquet* gerade nicht stehengeblieben waren, sondern diktatorisch entschieden hätten, schlichtweg nicht vor. Nach ihrer Lesart gab es in den
Träumen keinen radikalen Bruch, sondern eine unentschiedene Zurückhaltung –
der „Diktatoriker" wäre nach Borowski nicht Kants eigene Stimme. Ganz im
Gegenteil wird bei Borowski (und Kant) die positive Wendung im letzten Teil

---

[139] Pfenninger, 1788, 386f.
[140] Pfenninger, 1788, 387.
[141] Auszug abgedruckt bei Kant / Malter, 1976, 157f.

der *Träume* als entscheidend herausgehoben – ein Aspekt, der wiederum in der Breslauer Rezension fehlt: Hier fänden sich nicht nur die „Keime der Kritik der reinen Vernunft und dessen, was K. uns später gab", auch werde „schon damals die Erwartung einer künftigen Welt an den moralischen Glauben angeknüpft". Borowski zieht (mit Kant) 1804 also zwei Momente aus den *Träumen:* eine gegenüber Swedenborg unentschiedene epistemologische Position und den Beginn der Modifikation der Unsterblichkeitserwartung in Kants Moralphilosophie, die – unter neuen epistemologischen Bedingungen – der Hauptgegenstand der *Arcana coelestia* waren, nämlich ihre Verbindung mit der Vernunftreligion.

d) Resümee

Die frühen Rezensionen zusammenfassend lässt sich feststellen, dass sie sich entweder im Unklaren darüber waren, worauf die *Träume* eigentlich abzielten, dass sie die Gemeinsamkeiten zwischen Swedenborgs Geisterwelt und Kants moralischer intelligibler Welt bemerkten oder dass sie Kants Umgang mit Swedenborg für ungerechtfertigt hielten. Erst am Ende der 1780er Jahre trat mit der Ausbreitung eines sich mit Mesmers Magnetismus verbindenden Swedenborgianismus eine neue Entwicklung ein, die eine klare Schnittlinie zwischen Kant und Swedenborg in die *Träume* zurückverlegte. Dabei darf aber nicht vergessen werden, dass die aktive Werbung der *Exegetischen und Philanthropischen Gesellschaft* für eine Lehre Swedenborgs, die mit Mesmers Lehre angereichert war, in den Augen des informierten Publikums auch deshalb negativ auf Swedenborg zurückfallen musste, weil der Mesmerismus seit 1784 durch eine vernichtende Bewertung einer Kommission der Pariser Akademie der Wissenschaften in manchen Teilen der Gelehrtenöffentlichkeit desavouiert worden war.[142]

Den frühen Rezensionen aus den 1760er und 1770er Jahren ist demgegenüber die Wahrnehmung der Schrift als missverständlich, ambivalent oder sogar widersprüchlich gemeinsam. Deutlich wurde aber verstanden, dass Kant Swedenborgs Geisterkontakt ebenso zurückgewiesen hatte wie das *maximus-homo*-Motiv und die exegetische Methode.

Es dürfte daher problematisch sein, wie Carl du Prel im Nachhinein einen okkulten Kant zu konstruieren,[143] die Möglichkeit okkulter Phänomene etwa über das Wirken des kategorischen Imperativs in die Sinnenwelt zu behaupten, okkul-

---

[142] Vgl. DARNTON, 1986, besonders 62–64; GODWIN, 1994, 151 f. Die weitere Verbreitung der Verbindung von Mesmerismus und Swedenborgianismus über die Freimaurerei, den Spiritismus bis hin zum Okkultismus des letzten Viertels des 19. Jahrhunderts wurde dadurch allerdings nicht verhindert. Vgl. dazu insgesamt GODWIN, 1994, und GABAY, 2005; GABAY; 2007.

[143] Auch Paul Bishop betont, dass eine Neigung Kants zu Geistern von spiritistischen Lesern des 19. Jahrhunderts, wie auch von Carl Gustav Jung, aus den *Träumen* herausgelesen wurde, die den Teil „Antikabbala" bei ihrer Interpretation schlichtweg ignorierten. Vgl. PAUL BISHOP: Synchronicity and Intellectual Intuition in Kant, Swedenborg, and Jung. Lewiston u. a. 2000, 239. Diese selektive Lektüre ist damit gleichsam die Umkehrung der „überlieferten Sicht", die das Kapitel „Antikabbala" zum Ausgangspunkt ihrer Position macht.

te Tendenzen in Kants Moralphilosophie insgesamt festzustellen[144] oder Kant –
neben Swedenborg selbst – im Rahmen einer parapsychologischen Gesamtkonzeption als *den* autoritativen Kronzeugen für spätere Hellsehereien auf der Basis
der spiritistischen Kommunikation mit den Seelen Verstorbener aufzurufen.[145]

Der *mundus intelligibilis* und die Doppelbürgerschaft des Menschen in der
Sinnenwelt und in der intelligiblen Welt bleiben bei Kant zwar im Bereich der
praktischen Vernunft als „assertorisch" erhalten, aus dem der spekulativen Vernunft sind sie als „problematisch" fortan ausgeklammert. In der praktischen Vernunft gelten sie als „immanent", in der theoretischen aber als „transcendent
(überschwenglich)".[146] Hier ist das in den *Träumen eines Geistersehers* aufgestellte Programm der Metaphysik als „Wissenschaft von den Grenzen der menschlichen Vernunft"[147] erfüllt. Ein aus den *Träumen* abgeleiteter eindeutiger und über
die okkulte Jenseitsschau hinausgehender Bruch mit dem gesamten Swedenborg
in allen Bereichen lässt sich vor dem Hintergrund der zeitgenössischen Rezensionen aber keinesfalls stützen. Lässt er sich für Kants weiteres Werk wirklich behaupten? Es steht nicht in Frage, dass Kants Abrechnung mit Swedenborgs Behauptung des Geisterkontakts, mit der „Apparenz" des Großen Menschen und
mit der allegorischen Exegese eindeutig ist, und es ist späterhin – vor allem in
der anonymen Breslauer Rezension und von Heinrich Wilhelm Clemm – lediglich kritisiert worden, dass er es nicht bei einem deutlichen *non liquet* aufgrund
der fehlenden empirischen „Data" bewenden ließ, die ihn zu einer Entscheidung
berechtigt hätten. Die Überschneidungen zwischen Kant und Swedenborg, die
mehrere frühe Rezensenten in den *Träumen* zu erkennen meinten, geben Anlass
zu der Frage, ob die kritische Wende Kants tatsächlich mit einer radikalen Distanzierung gegenüber Swedenborg einherging, ob solche Überschneidungen auch
später noch vorhanden waren, und wenn ja, wie sich diese Transformationen beschreiben lassen.

---

[144] Vgl. FLORSCHÜTZ, 1992, 136, 147 f. 193–197. Eine „bedenkliche Nähe zu parapsychologischen Theorien" wird Florschütz aber selbst attestiert, vgl. DIETHARD SAWICKI: Die Gespenster und ihr Ancien régime. Geisterglauben als „Nachtseite" der Spätaufklärung. In:
NEUGEBAUER-WÖLK / ZAUNSTÖCK, 1999, 364–396, hier: 380. Johnsons Bemerkung, durch
die Berührung mit Swedenborg sei Kant aus einem „charitable agnostic" zu einem „positive
believer" gegenüber dem Paranormalen geworden, lässt sich auf der Basis der *Träume*, der
Vorlesungen und seiner anderen Schriften nicht belegen, vgl. Johnson, 2001, 49. Und auch
seine These, Kant habe die Grundlage dafür schaffen wollen, angesichts des aufgeklärten
Skeptizismus an eine swedenborgische Geisterwelt glauben zu können, dass diese Geisterwelt
gar als nützliche Illustration der Moraltheorie Kants und als seine private Überzeugung zu
gelten habe, ist aus den Quellen nicht begründbar, sondern eine – wenn auch nicht völlig aus
der Luft gegriffene – Spekulation, vgl. JOHNSON, 1996 f., 38.
[145] In diesem Sinne deutlich über Florschütz hinausgehend: HARALDSSON / GERDING,
2010, 434 f., im Anschluss an JOHAN L. F. GERDING: Kant and the anomalous experiences of
Swedenborg. In: Acta Comparanda XX (2009), 105–128.
[146] KpV. AA V, 105.
[147] AA II, 368.

5.3.3. Swedenborg in Kants Eschatologie

Direkte Spuren Swedenborgs in Kants publizierten Schriften lassen sich in nur geringem Maße ausmachen. Die wenigen Stellen beziehen sich auf die Ablehnung seiner Auslegungsmethode[148] und seiner „analogischen" Korrespondenzlehre.[149] Vorsicht ist hingegen geboten, Swedenborg ohne weiteres unter schwärmerische Gruppen zu subsumieren, wenn sein Name nicht ausdrücklich genannt wird. In seinen Vorlesungen etwa referiert Kant Swedenborg durchweg nicht im Zusammenhang mit „Aberglauben", Gespenstern, Theurgie, Kabbala, Magie und dem „ganze[n] Wahn der neu platonischen Philosophie" („ecclectices"), aus dem die „Kunst" entsprungen sei, „in Gemeinschaft mit solchen Wesen zu treten, wozu Büßung, Tödtung und allerley abergläubische Formeln etc. gehörten".[150] Die genannten Gruppen, insbesondere die „neuplatonische Sekte", werden geradezu im Gegensatz zu Swedenborg als „äußerst verwerflich" angesehen. In der zweiten Kritik bezeichnet Kant die praktische Vernunft dann als pathologisch, wenn sie wie „Mahomets Paradies und der Theosophen und Mystiker schmelzende Vereinigung mit der Gottheit [...] der Vernunft ihre Ungeheuer" aufdrängt.[151] Es ist durchaus fraglich, ob damit auch Swedenborg gemeint ist.[152] Kants hervorragende Kenntnisse der *Arcana coelestia*[153] dürften dies ausschließen, denn Swedenborgs System enthält ausdrücklich keine *unio mystica*. Auch die höchsten Engel bleiben von Gott selbst getrennt; sie können niemals zur absoluten Vollkommenheit gelangen, die dem Herrn allein zusteht.[154] Nur die Vereinigung des göttlichen Wesens des Herrn mit seinem menschlichen Wesen ist eine *unio*, die Verbindung des Herrn mit dem Menschengeschlecht hingegen eine *conjunctio*.[155] Eine *unio mystica* existiert für Swedenborg demzufolge nur im Rahmen seiner modifizierten Christologie.

---

[148] Der Streit der Fakultäten. AA VII, 46.

[149] Anthropologie in pragmatischer Hinsicht. AA VII, 191.

[150] Vgl. die Abschnitte zu Baumgartens §§796–799 über „andere" Geister: Metaphysik nach Volckmann. AA XXVIII/1, 448, Metaphysik nach Herder, Lose Blätter XXV f., AA XXVIII/1, 145–148; Metaphysik L₁. AA XXVIII/1, 278; Metaphysik L₂. AA XXVIII/2.1, 593 f. Es dürfte daher sehr fraglich sein, hinter der Überschrift „Antikabbala" in den *Träumen* die Gleichsetzung von Swedenborgs Lehre und der Kabbala durch Kant zu sehen. Handelt es sich um eine bewusste Kontextualisierung des – nach G. R. Johnson und der Breslauer Rezension – in diesem Kapitel sprechenden (fiktiven) „Diktatorikers"? Vgl. oben Seite 659–661, sowie Seite 642, Anm. 37 und Seite 647 f., Anm. 69. Oder spielt Kant mit „Antikabbala" nicht etwa auf Swedenborg an, sondern auf den 1754 von dem Portugiesen Jacques Martinès de Pasqually gegründeten, okkulten und an der christlichen Kabbala orientierten Freimaurer-Orden Elus Coëns, der in aristokratischen Kreisen Frankreichs verbreitet war? Diesen Vorschlag unterbreitet Ralf HÄFNER, 2007, 402 f. Zu Pasqually vgl. WILHELM SCHMIDT-BIGGEMANN: Politische Theologie der Gegenaufklärung. Saint-Martin, De Maistre, Kleuker, Baader. Berlin 2004, 24–34.

[151] KpV. AA V, 120 f.

[152] Dies implizieren etwa BÖHME / BÖHME, 1983, 248 f.

[153] Vgl. oben Seite 641, Anm. 32.

[154] Vgl. z. B. AC 2021, 4803.

[155] AC 2034.

Bei der Suche nach Hinweisen auf Swedenborg in Kants Werk fallen zunächst die acht erhaltenen Vorlesungen über Metaphysik in den Blick, in denen die rationale Psychologie auf der Grundlage von Alexander Gottlieb Baumgartens *Metaphysik* verhandelt wird.[156] Der deutlichste Hinweis findet sich in L₁, einer anonymen Leipziger Vorlesungsnachschrift, die 1821 von dem Historiker und Staatswissenschaftler Karl Heinrich Ludwig Pölitz (1772–1838) herausgegeben wurde. Sie wird meist auf die Mitte oder das Ende der 1770er Jahre datiert.[157] Hier bezeichnet Kant unter dem Topos des *status post mortem* Swedenborgs Lehre in einer ihrer zentralen Aussagen als „sehr erhaben", weist aber zugleich die Möglichkeit ab, irdisch mit Geistern in Kontakt treten zu können.[158] Hatte er in der Frühvorlesung nach Herder (1762/64)[159] und partiell auch in den *Träumen* noch eine zurückhaltendere Position vertreten, so erscheinen ihm Swedenborgs Visionen jetzt „contradiktorisch" und der „Maxime der gesunden Vernunft entgegengesetzt", die es gebiete, solche „Erfahrungen und Erscheinungen" nicht zuzulassen, die moralische Handlungen auf das Konto von Geistern zurückführen und auf diese Weise den autonomen Vernunftgebrauch einschränken. Dieses Urteil dehnte er aber nicht auf Swedenborgs Lehre vom postmortalen Leben der Seele aus. Der Körper, so Kant, sei „Hinderniß" des Lebens, und ein „ganz reines geistiges Leben" nach dem Tod sei die „allerangemessenste" philosophische Meinung. Die Seele befinde sich aber schon jetzt in der Geisterwelt und dort in Verbindung mit anderen Geistern, und die moralische Qualität dieser Gemeinschaften sei nichts anderes als Himmel und Hölle: Wenn diese Geister „wohldenkende

---

[156] Zur Datierung und Bewertung der Vorlesungen: STEVE NARAGON: The Metaphysics Lectures in the Academy Edition of Kant's gesammelte Schriften. In: Kant-Studien 91 (2000), 189–215 (Sonderheft). Die Swedenborg-Rezeption in den Vorlesungen muss in den Zusammenhang mit Kants Rezeption der rationalen Psychologie nach Baumgarten gestellt werden, auf die zweifellos Josef Schmuckers Beobachtung zu den Vorlesungen über die Rationaltheologie übertragen werden kann, dass sich hier nämlich vorwiegend vorkritische Gedanken finden und der Kritizismus eine untergeordnete Rolle spielt, vgl. SCHMUCKER, 1981, 32 f.

[157] Vgl. NARAGON, 2000, 189; Einleitung zu AA XXVIII/2.2, 1345 f. Für Paul Menzers Datierung zwischen 1778 und 1780 spricht die Ausführlichkeit des Abschnitts „Rationale Psychologie" und die inhaltliche Nähe zwischen L₁ und der Mitschrift von Mrongovius, die auf das Wintersemester 1782/83 datiert ist. Es ist ein Rätsel, aus welchen Gründen neuere Darstellungen kollektiv den späten 1780er oder den frühen 1790er Jahren zuweisen, vgl. KIEFER, 2004, 23; CONRAD, 1999, 402 f. In den entsprechenden Texten aus den 1790er Jahren K₂, K₃, L₂ und Dohna taucht Swedenborg entweder gar nicht oder in einem anderen Kontext auf als in L₁. Schon du Prel hatte L₁ wie Pölitz auf 1788–1790 datiert und betont, die Vorlesung sei sieben Jahre nach der KrV und zwei Jahre vor der KU gehalten worden. Das veranlasste den Kantforscher Benno Erdmann immerhin, L₁ als „Rückfall" hinter die KrV zu betrachten und ihr eine wissenschaftliche Untersuchung schlicht zu verweigern, vgl. DU PREL, 1964 [1889], 18. Neuere Forscher benutzen die Spätdatierung, um ihre These von einer späten Rehabilitation Swedenborgs durch Kant zu stützen, so vor allem Florschütz, der die Vorlesungen entweder widersprüchlich datiert oder ihre Datierung für irrelevant erklärt und dem es daher nicht gelingt, sie in die philosophische Biographie Kants einzuordnen, vgl. FLORSCHÜTZ, 1992, 42, 152–154. RAUER, 2007, 336, muss außer der frühdatierten L₁ (1765) alle Vorlesungen ignorieren, um seine Gesamtthese durchführen zu können.

[158] Vgl. im Folgenden Metaphysik L₁ nach Pölitz. AA XXVIII/1, 295–300.

[159] Vgl. Metaphysik nach Herder. AA XXVIII/1, 113, 120–122 par. Metaphysik nach Herder Nachträge. AA XXVIII/2.1, 904–906.

und heilige Wesen" seien, befinde sich die Seele im Himmel, sei die Gemeinschaft aber „bösartig", in der Hölle. Solche Gemeinschaften existierten unabhängig von Ort und Körperwelt, nicht im unermesslichen Raum der Weltkörper „in blauer Farbe", und man werde nach dem Tod nicht auf andere Planeten versetzt,[160] mit denen man jetzt schon in einer wenn auch entfernten Verbindung stehe, sondern die Seele bleibe in dieser Welt, habe aber eine „geistig Anschauung" von allem. Postmortal werde sie sich dessen lediglich bewusst und ändere nicht ihren Ort, sondern nur ihre Anschauung, die nun rein geistig sei. Der irdische moralische Zustand der Seele bleibe nach dem Tod also unverändert erhalten – „schrecklicher Gedanke für den Bösewicht". Einen Weltenrichter oder ein Jüngstes Gericht kennen weder Kant noch der von ihm zitierte Swedenborg. Es geht nur um die moralische Qualifizierung und damit um das Selbstgericht der Person. Im selben Kontext weist Kant alle anderen Vorstellungen über den postmortalen Status zurück. Eine „lamaische" Wiedergeburt, Palingenesie, Metamorphose, Metempsychose, den Seelenschlaf der „Hypnopsychisten", Leibniz' Theorie von einem postmortalen *corpusculum* der Monade oder die zur selben Zeit von bengelianischen Theologen wie Oetinger vehement gegen Swedenborg vertretene leibliche Auferstehung lehnt Kant ab.[161]

Diese Grundgedanken, die schon in den ersten beiden Hauptstücken des ersten Teils der *Träume* im Zusammenhang mit Swedenborg entfaltet werden, tauchen in allen Vorlesungen bis Mitte der 1790er Jahre auf, nun allerdings ohne Namensnennung, und immer wieder wird Swedenborgs Eschatologie zitiert, während gleichzeitig die Möglichkeit von Geisterkontakten abgewiesen wird – eine partielle Aneignung also, die mit der Entkoppelung Swedenborgs von seiner Eschatologie einhergeht. „Schon jetzt", so Kant auch noch nach der ersten Auflage der *Kritik der reinen Vernunft*, „finden wir uns in der Intelligiblen Welt", und man habe sich nichts anderes vorzustellen, als dass die Scheidung der Seele vom Körper nur der „Anfang des Intellectuellen und das Ende des sinnlichen Lebens" sei. Dann beginne die Seele, die Dinge anders anzuschauen, „als sie es in der Verknüpfung mit dem Leibe gewohnt gewesen ist". Jeder Mensch könne sich „nach Beschaffenheit seiner Denkungs Art entweder zur Gesellschaft der Seeligen oder der Verdammten" zählen.[162] Der Tugendhafte werde nach seinem Tod „die Dinge an sich selbst" erkennen, das „vernünftige Reich unter moralischen Gesezzen", „das Reich Gottes und das Reich der Zweke" als die eine Welt, in der er sich bereits jetzt befindet, die dann nur der „Form", aber nicht dem „Inhalt" nach

---

[160] Das war eine Klarstellung gegenüber Kants 1755 geäußerten Überlegungen, vgl. Kap. 4.3.3., a).

[161] Vgl. etwa Metaphysik nach Dohna [mit großer Wahrscheinlichkeit 1792/93]. AA XXVIII/2.1, 689; Metaphysik K₂ [Anfang der 1790er Jahre]. AA XXVIII/2.1, 769 f.; Metaphysik L₂ [vermutlich 1790/91]. AA XXVIII/2.1, 592 f.; Metaphysik nach Volckmann [sicher 1784/85]. AA XXVIII/1, 445. Diese Abschnitte in Kants Vorlesungen setzen sich kritisch mit den §§ 784–786 bei Baumgarten auseinander, der die Palingenesie, die Metemsomatose oder Metempsychose dem Modell einer *metempsychosis crassa* vorzieht, bei dem die Seelen nicht wieder in ein neues *commercium* mit dem Körper gelangen, vgl. BAUMGARTEN, 1757.

[162] Metaphysik nach Mrongovius. AA XXIX/1.2, 919 f.

eine andere Welt sei; „weiter können wir hierin nicht gehen".[163] Auch die letzten Vorlesungen aus den 1790er Jahren halten an diesem Gedanken fest: Das ganze Kapitel über den *status post mortem* sei zwar nichts weiter „als ein Traum" und man könne eigentlich „nicht viel" sagen, „außer was negatives". Die Notanten vermerken aber dennoch Kants Annahme, „daß unser künftiges Leben ein reines, geistiges Leben sei", aber nicht als Ortswechsel, da die Seele „kein Verhältnis dem Orte nach zu andern Dingen" besitze. Der Wechsel „aus der sinnlichen Welt in eine andere ist blos die Anschauung seiner selbst".[164] Der Himmel als „Maximum alles Guten in Ansehung des Wohlbefindens" und die Hölle als sein Gegenteil sind zwar nichts anderes als „Ideale"; aber die Seele bleibe sich bewusst, „entweder in der Welt der Seeligen oder der Unseeligen" zu sein.[165] Seit der Frühvorlesung nach Herder wird der Zustand des jenseitigen Lebens als *progressus infinitus*, zunehmend nur noch als Fortschritt zum Guten hin, beschrieben.[166]

Diese eschatologischen Gedanken sind nicht nur in dem semi-öffentlichen Raum der Vorlesungen zu finden, aus dem sie die Hörer überliefert haben, sondern auch in den publizierten Schriften Kants. Im *Ende aller Dinge* (1794) votiert Kant gegen die *Apokatastasis* und ein unitarisches System für ein dualistisches System mit Himmel und Hölle, in das man entsprechend seines bisherigen Lebenswandels versetzt wird, auch wenn beide Systeme die spekulative Vernunft übersteigen.[167] Der moralische Zustand des *homo Noumenon*, „dessen Wandel im Himmel ist", ist nicht der Zeit unterworfen, sondern übersinnlich,[168] es gibt keinen Richter und kein Weltgericht.[169] An deren Stelle setzt Kant einen jenseits der Zeit verlaufenden *progressus infinitus* hin zum Endzweck,[170] in der zweiten Kritik: zur Heiligkeit und zum Höchsten Gut, das kein Geschöpf erreichen kann.[171] Das Höchste Gut aber ist nicht nur Objekt und Maxime, sondern der

---

[163] Metaphysik nach Volckmann. AA XXVIII/1, 445.

[164] Metaphysik L₂. AA XXVIII/2.1, 592; Metaphysik K₂. AA XXVIII/2.1, 768.

[165] Metaphysik nach Dohna. AA XXVIII/2.1, 689.

[166] Vgl. Metaphysik nach Herder. AA XXVIII/1, 117. Baumgarten, dessen §791 Kant nach Herders Mitschrift als zu weitreichend angesehen hatte, geht dagegen von einer Beförderung der Glückseligkeit oder Unglückseligkeit der Seele bei ihrer Fortdauer aus, legt also einen doppelten *progressus* nahe.

[167] Das Ende aller Dinge. AA VIII, 329 f.

[168] Das Ende aller Dinge. AA VIII, 333 f.

[169] Im *Ende aller Dinge* wird die Liebe als subjektives Handlungsprinzip im Gegensatz zur KpV aufgewertet, wo sie eher unter die Handlungsmaximen hypothetischer Imperative fällt. Das Christentum, so Kant 1794, habe etwas „Liebenswürdiges" an sich, weil es die Liebe als „Aufnahme des Willens eines Andern" betone, die zum Ausgleich der menschlichen Unvollkommenheit diene. Im Widerspruch zu dieser Liebe sieht Kant eine Liebe gebietende göttliche Autorität, vgl. AA VIII, 337 f.

[170] Vgl. AA VIII, 334. SALA, 2004, 278–280, moniert, dass der *progressus* dennoch den Zeitbegriff enthalte, weil er von Veränderungen ausgehe. Damit widerstrebe er aber dem Unsterblichkeitsgedanken. Zugleich impliziere der Gedanke eines weiteren Fortschritts in der Tugend, dass der Mensch sich postmortal in einem „Bewährungszustand" befindet, dass also auch ein Rückschritt zum Bösen möglich wäre. Dies würde mit dem Gedanken der Glückseligkeit kollidieren.

[171] KpV. AA V, 123.

Begriff des moralischen Gesetzes, und es ist nur unter der Voraussetzung des Postulats der Unsterblichkeit möglich.[172] Diesen Gedanken wiederholt auch die Religionsschrift: Wer hier zur Vollkommenheit gestrebt habe, könne hoffen, es auch dort zu tun, und wer hier böse war, werde es auch dort sein. Diese „Kinderfragen"[173] taugten nicht zum Dogma und dürften auch nicht zu Spekulationen führen,[174] sie seien aber dennoch sinnvoll im praktischen Gebrauch, unter anderem im Hinblick darauf, dass alle Sünden vor dem Tod abgegolten werden müssen, weil hier Versäumtes im künftigen Leben nicht nachgeholt werden kann.[175]

Vor allem der Empirismus und der „Materialism der Persönlichkeit", den Kant hinter der Annahme einer leiblichen Auferstehung mit Himmelfahrt sieht, wird durch die „Hypothese des Spiritualismus vernünftiger Weltwesen" abgewehrt: „wo der Körper todt in der Erde" bleibt „und doch dieselbe Person lebend" nach ihrem Geist zum „Sitz der Seligen" gelangen kann.[176] Hinter dem Materialismus sah Kant offenbar den im Gesamtwerk mehrfach zitierten englischen unitarischen Pfarrer Joseph Priestley, der vom Tod des ganzen Menschen und einer kompletten Neuschöpfung ausging, ja sogar meinte, „die Unsterblichkeit der Seele sei der christlichen Religion entgegen, denn in dem neuen Testament wird blos von Erweckung des Körpers geredet".[177] Daraus folgerte Kant die Vorstellung einer materiellen Persönlichkeit, die mit dem Tod der Seele ebenfalls aufhöre zu existieren. Freiheit und Unsterblichkeit der Seele, die „Grundpfeiler aller Religion", würden durch Priestley niedergerissen, „der selbst ein frommer und eifriger Lehrer der Religion ist".[178] Dies widersprach Kants Unsterblichkeitspostulat zutiefst, und er setzte Priestleys Seelenmaterialismus entgegen:

„Wenn das künftige Leben zur Natur des Menschen gehört, d. h. nothwendig ist, so folgt, dass er unsterblich ist, d. h. dass alle Menschen ewig leben werden. Ich habe nicht den geringsten Grund anzunehmen, dass diese Naturbeschaffenheit je werde aufhören. Dieser eigentlich teleologische Beweis nach der Analogie der Natur, ist der herrlichste, erhebt den Menschen am meisten und lehrt uns unsere eigene Natur recht zu studieren."[179]

Das Argument des Spiritualismus wird in der zweiten Kritik auf den „Mysticism" ausgedehnt, um den Empirismus abzuwehren, auch wenn die „Typik" zugleich auch vor dem „Mysticism der praktischen Vernunft" warne, der Symbole

---

[172] KpV. AA V, 122. Wenn das Höchste Gut nach praktischen Regeln unmöglich ist, muss auch das moralische Gesetz „phantastisch und auf leere eingebildete Zwecke gestellt, mithin an sich falsch sein", ebd., 114.

[173] RGblV. AA VI, 68 f.

[174] Das Ende aller Dinge. AA VIII, 329, 334.

[175] RGblV. AA VI, 68. Im Gegensatz zur Religionsschrift und dem *Ende aller Dinge* kennt Kant in der KpV keine ausdrückliche Unveränderlichkeit der Gesinnung über den Tod hinaus und keine ausgeprägte dualistische Lehre. Vielmehr hält er hier deutlich abgeschwächter die Kontinuität der „erprüften Gesinnung" und ein Fortfahren im bisherigen Vorsatz für möglich, was eine „tröstende Hoffnung" erlaube, vgl. SALA, 2004, 278.

[176] RGblV. AA VI, 128.

[177] Metaphysik K$_2$. AA XXVIII/2.1, 767.

[178] KrV. B 773; sowie Metaphysik nach Volckmann. AA XXVIII/1, 440; Metaphysik nach Mrongovius. AA XXIX/1.2, 911.

[179] Metaphysik K$_2$. AA XXVIII/2.1, 767.

zum Schema mache und durch nichtsinnliche Begriffe zum „Überschwenglichen" hinausschweife. Der praktischen Vernunft ist nach Kants strikter Scheidung zwischen Erkenntnis und Glaube am ehesten der Rationalismus der Urteilskraft angemessen, der nichts weiter annimmt als das, was auch die reine Vernunft denken kann. Noch „anrathungswürdiger" aber ist es, sich vor dem „Empirism der praktischen Vernunft" zu verwahren, wo sich der „Mystizism" mit der „Reinigkeit und Erhabenheit des moralischen Gesetzes" am besten vertrage.[180] Denn der Empirismus rottet die Gesinnungssittlichkeit „mit der Wurzel" aus und degradiert die Menschheit. Er muss deshalb als gefährlicher angesehen werden als die „Schwärmerei", die niemals ein Dauerzustand „vieler Menschen" sein kann, auch wenn Kant sie an anderer Stelle als „Überschreitung der Grenzen der menschlichen Vernunft"[181] beschreibt. Im Interesse der Moral votiert Kant trotzdem für einen Mystizismus, der den Empirismus und damit die Degradierung der Moral zu verhindern imstande ist.[182]

Selbst der einzige zusammenhängende Kommentar zur Religionsschrift von Josef Bohatec kommt an diesem eschatologischen Punkt nicht umhin, an Swedenborg zu erinnern und zu behaupten, „daß Kant an dem ihm durch Swedenborg nahe gelegten Spiritualismus immer festgehalten, aber die okkultistischen Auswüchse des letzteren energisch bekämpft hat".[183] Es wundert, dass Bohatec dem einzigen in weiten Teilen theologischen Werk, dessen Lektüre Kant in den *Träumen* selbst eingestanden hat – den *Arcana coelestia* Swedenborgs, nicht weiter nachgegangen ist, sondern sich vielfach auf theologische Literatur bezieht, die Kant nicht nach eigenem, sondern nur nach sekundärem Zeugnis gelesen haben soll.[184] Seine Untersuchung bleibt daher vorwiegend motivgeschichtlich und lässt für die Religionslehre eine empfindliche Lücke, die in der Forschungsgeschichte bisher nicht geschlossen worden ist.[185]

Es dürfte auf der Hand liegen, dass sich die einst in direkter Referenz auf Swedenborg ausgeführte Eschatologie aus den *Träumen* und aus der Metaphysik-Vorlesung L$_1$ als Motiv in Kants Werk erhalten hat. Kant votiert nicht für eine *Apokatastasis panton*, nicht für Seelenwanderungsvorstellungen und nicht für eine leibliche Auferstehung, sondern wie Swedenborg für einen dualistischen

---

[180] KpV. AA V, 70 f.

[181] KpV. AA V, 85.

[182] Vgl. SALA, 2004, 159 f.

[183] JOSEF BOHATEC: Die Religionsphilosophie Kants in der „Religion innerhalb der Grenzen der bloßen Vernunft" mit besonderer Berücksichtigung ihrer theologisch-dogmatischen Quellen. Hamburg 1938, 471.

[184] Vgl. BOHATEC, 1938, 19–32. Lediglich Johann Daniel Michaelis hat Kant nach Zeugnis aus eigenem Mund selbst gelesen. Die Lektüre des Schweizer reformierten Theologen Johann Friedrich Stapfer ist nicht bewiesen, ebenso wenig die Verarbeitung des pietistischen Königsberger Katechismus, Lessings, Semlers und deistischer Schriften, die in der Forschungsgeschichte für die Religionsschrift behauptet worden ist. Der Versteigerungskatalog umfasst neben Michaelis nur zwölf weitere theologische und nur eine kleine Zahl theologisch relevanter Titel, aber auch nicht die *Arcana coelestia,* vgl. WARDA, 1922.

[185] Vgl. etwa GEORG ESSEN, MAGNUS STRIET (Hgg.): Kant und die Theologie. Darmstadt 2005. Der Name Swedenborgs wird in diesem aktuellen Sammelband zur Religionslehre Kants nicht erwähnt.

und ewigen *status post mortem*, der die irdische moralische Qualität fortführt, ohne dass eine Erlösung oder eine Annihiliation möglich wäre. Daher ist es nicht angemessen, von einer späteren Rehabilitierung[186] Swedenborgs in den Vorlesungen zu sprechen. Wie im Falle Oetingers handelt es sich auch bei Kants Rezeption Swedenborgs von Beginn an um eine partielle Aneignung von Elementen seiner Lehre in der Moralphilosophie und der Religionslehre. Die Rehabilitierungsthese kann nur aufgestellt werden, wenn lediglich die Bewertung der Person[187] Swedenborgs durch Kant betrachtet und nicht die Möglichkeit einer unterhalb dieses Interesses liegenden Rezeption von Elementen seiner Lehre aus den *Arcana coelestia* einbezogen wird, während und obwohl Kant an seiner offenen Ablehnung Swedenborgs als Geisterseher festhielt. Außerdem wird die singuläre Qualifizierung der Lehre Swedenborgs als „sehr erhaben"[188] in der zum gleichen Zweck spät datierten Vorlesung L₁ zur Stützung der Rehabilitierungsthese überinterpretiert. Die Abweisung der Geisterseherei bleibt unverändert bestehen, ja Kant verstärkt sie sogar noch, wenn er Swedenborg um 1790 in einer Vorlesung als „vorsätzliche[n] Betrüger" bezeichnet, anderenfalls hätte er bei seinen Planetenreisen in den *Arcana* den erst 1781 entdeckten Uranos wohl schon gekannt und beschrieben[189] – ein Verdacht, mit dem Kant nicht allein stand, denn der erwähnte Joseph Priestley fragte sich 1791 in seinem Swedenborg-Buch, ob denn der Uranos, den Herschel 1781 entdeckt hatte, etwa noch nicht existiert habe, als Swedenborg seine Visionen hatte, und er ergänzte etwas schwächer als Kant: „This does not look like inspiration."[190]

Die in den *Träumen* dargelegte und in den Vorlesungen ausdrücklich mit Swedenborg in Verbindung gebrachte Grundannahme einer dualistischen Welt, deren Doppelbürger der Mensch schon jetzt ist und der er sich postmortal durch den Wechsel in eine raum- und zeitlose Anschauung erst vollauf bewusst wird, bleibt aber ebenso erhalten wie Kants Abweisung der Geisterseherei. Nun geht es keinesfalls darum, aus Kant einen Swedenborgianer, geschweige denn einen Gläubigen der Geisterwelt zu machen, sondern die Quellen seiner Philosophie um Swedenborg zu erweitern, ohne allzu generalistisch zu verfahren und dabei durch bloß phänomenologische Vergleiche Übereinstimmungen zu behaupten, die über

---

[186] So neben du Prel und Florschütz jetzt KIEFER, 2004, 23, mit einer unbegründeten kollektiven Spätdatierung aller Vorlesungen.

[187] Der Swedenborgianer Robert H. Kirven gelangt nach seiner Analyse zu dem Urteil, dass Kant seine Bewertung Swedenborgs in den *Träumen* niemals berichtigt habe. Es gebe keine Übereinstimmung zwischen beiden. Dieser Schluss stimmt natürlich hinsichtlich der Bewertung Swedenborgs als Geisterseher mit den Quellen überein, etwaige modifizierende Rezeptionen seiner Lehre werden dabei aber nicht in Betracht gezogen, vgl. KIRVEN, 1988, 118.

[188] Vgl. zu einer Exegese des Ausdrucks „erhaben" bei Kant: BISHOP, 2000, 277.

[189] Vgl. Danziger Rationaltheologie nach Baumbach. AA XXVIII/2.2, 1325. Es ist nicht nachvollziehbar, dass Johnson dieser Quelle im Gegensatz zu allen anderen Vorlesungen einen geringeren Quellenwert beimisst, vgl. JOHNSON, 1996f., Punkt 8. Diese Vorlesungsnotiz geht mit den übrigen Äußerungen Kants zur Geisterseherei durchaus konform.

[190] PRIESTLEY, 1791, 54f., Zitat: 55. Eine wechselseitige literarische Bekanntschaft zwischen Kant und Priestley ist durchaus denkbar, im Falle Kants vielleicht sogar näherliegend, da er ihn häufig nannte.

einzelne Elemente hinausgehen. Die Frage nach dem epistemologischen und ontologischen Status dieser Elemente soll am Ende dieses Kapitels besprochen werden.

5.3.4. Swedenborg in Kants Religionslehre

Im Folgenden werden einige Beispiele für die Modifizierung von Elementen aus der Lehre Swedenborgs genannt, die sich unmittelbar in Kants Religionsschrift finden. Motivgeschichtler mögen zwar einwenden, dass Kant die folgenden Topoi auch aus anderen Quellen entwickelt haben kann – warum sollte aber nicht auch das Werk dessen betroffen sein, dem er eine eigene Schrift gewidmet und dessen *Himmlische Geheimnisse* er nach eigenem Zeugnis komplett studiert hat?[191]

a) Sündenlehre

Im ersten großen Abschnitt der Religionsschrift unterzieht Kant die orthodoxe Sündenlehre einer eingehenden Kritik. Die Erbsünde geht nicht auf eine Tat in der Zeit der Stammeltern zurück – das ist von allen Vorstellungen die „unschicklichste".[192] Sie besitzt ihren Ursprung nicht in der Zeit, ja der historische Ursprung des Bösen in der Schöpfung ist schlichtweg „nicht bekannt".[193] Vielmehr ist sie in der Vernunft begründet[194] und geht auf eine intelligible Tat des Menschen nach seiner intelligiblen Existenz zurück, die die Selbstliebe und ihre Neigungen zu Handlungsmaximen und zur Bedingung der Befolgung des moralischen Gesetzes macht.[195] Dieser Vernunftursprung des Bösen aber bleibt „unerforschlich", da er aber nicht in der Zeit liegt, nimmt Kant an, dass sich der erste Mensch im „Stand der Unschuld" befunden hat und der Mensch durch

---

[191] Es ist unverständlich, warum in der neueren Forschung über die *Träume* nicht die *Himmlischen Geheimnisse,* sondern vielfach andere Schriften Swedenborgs herangezogen werden. So verwendet BALKE, 2005, die AC gar nicht, sondern zitiert ausschließlich aus *Himmel und Hölle* und *De Coelo.* Auch FLORSCHÜTZ, 1992, zieht häufig andere Schriften Swedenborgs heran, die Kant nirgendwo erwähnt. Kants Reaktion in den *Träumen* wie auch sein gesamtes Rezeptionsverhalten lässt sich auf diese Weise kaum erklären. RAUER, 2007, verwendet Swedenborg kaum als eigene Quelle, sondern leitet sein Bild fast durchweg aus der Sekundärliteratur ab.

[192] RGblV. AA VI, 40

[193] RGblV. AA VI, 78. Gutes und Böses sind für Kant nicht deduzierbar und anthropologisch nicht zu begründen. Indem er den Ursprung des Bösen nicht in der Zeit, sondern in der Vernunft sucht, ihn aber zugleich als unbekannt bezeichnet, bleibt er in gewisser Weise bei der mythologischen Rede von der Sünde stehen. Vgl. KNUT WENZEL: Die Erbsündenlehre nach Kant. In: ESSEN/STRIET, 2005, 224–250, hier: 228, 237 f. Auch in Wenzels Aufsatz über das Böse bei Kant taucht an keiner Stelle ein Hinweis auf Swedenborg auf.

[194] RGblV. AA VI, 41.

[195] Vgl. SALA, 2004, 209, 181. Das Prinzip der Selbstliebe taugt (wie bei Swedenborg) nicht zum praktischen Gesetz, vgl. KpV. AA V, 26.

den angeborenen Hang zum Bösen täglich so agiert wie Adam.[196] Das Böse besteht aber nicht nur in einem angeborenen, sondern auch in einem erworbenen und zugezogenen Hang.[197] Es handelt sich in diesem Sinne um ein „radikales Böses". Ein historischer Ursprung des Bösen würde die Willensfreiheit aufheben, denn alles, was der Mensch tut, tut er aus freier Willkür.[198] Da das Böse nicht aus der Kausalität der Natur stammt, sondern intelligibel ist, kann es dem Menschen wegen der gesetzmäßigen Maxime der Willkür auch zugerechnet werden, es ist gleichsam gewählt wegen eines Hanges, der um der Freiheit willen als zufällig angesehen werden muss.[199] Die in der Zeit begangenen bösen Taten weisen den Charakter aus, den sich der Täter selbst verschafft hat; die Taten des sinnlichen Menschen entsprechen den Neigungen des intelligiblen Menschen. Darin ist für Kant die Verantwortlichkeit des Menschen für seine Handlungen begründet.[200]

Swedenborgs Sündenlehre in den *Arcana coelestia* sagt dem gegenüber nichts anderes. Auch für ihn gibt es keine Erbsünde als Tat der Stammeltern, Sünde ist nicht historisch, sie besitzt als *malum hereditarium*, als Erbböses, keinen gleichsam genetischen Charakter,[201] sondern wird über die Gewohnheit der eigenen Eltern als Neigung angeeignet und wirkt sich auf die innere Beschaffenheit des Menschen aus. Die Sünde liegt im Willen und im Denken eingewurzelt, sie ist nicht in der Tat begründet, sondern im „inneren", man könnte sagen: intelligiblen, Trieb.[202] An mehreren Stellen bezeichnet sie Swedenborg als *malum*, das eingewurzelt *(radicitus* oder *irradicatus)* ist:[203] als „Wurzelböses". Das „radikale Böse" bei Swedenborg äußert sich in der Ausrichtung der Neigungen zur Selbst- und Weltliebe, nicht zur Gottes- und Nächstenliebe; und diese Neigung ist der ganze Mensch.[204] Die Annehmlichkeiten des Lebens *(jucunda vitae)* sind für den inneren Menschen, der das ewige Leben erlangen will, erst dann schädlich, wenn er sie zu Zwecken *(fines)*, also zu den Gegenständen seiner inneren Neigungen und der daraus resultierenden Handlungen werden lässt.[205] Alexander Gottlieb Baumgarten kennt den Begriff des „eingewurzelten" Bösen als Verderbtheit der

---

[196] RGblV. AA VI, 42 f.

[197] Vgl. RGblV. AA VI, 28 f., 32.

[198] Vgl. RGblV. AA VI, 44.

[199] Vgl. RGblV. AA VI, 32; WENZEL, 2005, 234.

[200] SALA, 2004, 209.

[201] Der Mensch ererbt das Erbböse von seinen Eltern, er wird nicht hinein geboren. In Schuld *(culpa)* kommt der Mensch nicht wegen des angeerbten Bösen *(malum hereditarium)*, sondern wegen des wirklichen Bösen *(malum actuale)*, vgl. AC 4563.

[202] Vgl. AC 313, 3318, 3469, 4317, 4563. Es gibt kein böses Prinzip außerhalb des Menschen selbst, aber: der Mensch bringt das Böse und Falsche nicht aus sich selbst hervor, dies tun böse Geister und Dämonen. Damit sind bei Swedenborg allerdings keine äußerlichen Agenten einer eigenen Geistgattung gemeint. Engel und böse Geister sind nichts anderes als menschliche Seelensubstanzen, vgl. AC 154, 761, sowie AC 987.

[203] AC 4174, 8403, 8869, 9336, 10173; sowie 1679: falsche eingewurzelte Grundsätze *(principia radicata)*; 2910: das von den Eltern angehäufte Böse wird eingewurzelt *(irradicatur)* und auf die Nachkommen übertragen.

[204] AC 3078, sowie 1568, 2708, 8550 u. ö.

[205] AC 3425.

Gedankenbildung in einem ähnlichen Wortfeld zwar auch,[206] bei Swedenborg, den Kant nach eigenem Zeugnis gelesen hat, taucht er aber häufiger und explizit auf.

In der *Vera christiana religio* (1771), die 1784 und 1786 in Altenburg auf Deutsch erschien,[207] aber bereits seit 1772 in Gelehrtenzeitschriften vorgestellt wurde,[208] sprach Swedenborg selbst von einem „Hang" *(proclivitas)* oder einer „Neigung" *(inclinatio)* zum Bösen. Ein rezeptioneller Zusammenhang lässt sich in diesem Falle natürlich nicht mit Sicherheit behaupten, da nur die Lektüre der *Arcana coelestia* durch Kant bezeugt ist und seine Kenntnis der theologischen Gelehrtenzeitschriften nicht bewiesen werden kann.[209]

b) Rechtfertigungslehre

Gehört die Erbsünde nicht zur menschlichen Substanz, dann kann es auch keine universale Verdammung geben, die nur durch die Stellvertretungstat Christi wieder aufgehoben werden könnte. Schuld und Verantwortung sind, so Kant, ebenso wie das zugrunde liegende „radikale Böse" nicht „transmissibel". Die „a l l e r - p e r s ö n l i c h s t e [...] Sündenschuld" kann anstelle des „Strafbare[n]" selbst niemand übernehmen.[210] Kant betrachtet „die ganze Reihenfolge" der Existenz des Täters in der Sinnenwelt zwar als Folge seiner Kausalität als Noumenon. Die zu verantwortende Tat kann – obwohl sie wegen ihrer Zeitlichkeit notwendig ist und von vergangenen Taten abhängt – aber nur vom Täter als Subjekt der Bedingungen verantwortet werden.[211] Damit entfällt die soteriologische Funktion Christi. Sie würde die Autonomie und Selbstverantwortlichkeit des Einzelnen aufheben. Die Zurechnung eines fremden Verdienstes oder der göttlichen Gnade auf bloßen Glauben hin kommen für Kant in der Religionsschrift nicht in Frage. Es ist für ihn nicht einzusehen, dass man durch bloßen Glauben seine Schuld als getilgt ansehen könnte.[212] Kant betrachtet Christus entweder im Sinne eines Ur-bildes oder „Ideal[s] der Gott wohlgefälligen Menschheit"[213] oder er vertritt eine

---

[206] Vgl. BOHATEC, 1938, 269–271. BAUMGARTEN hat die Verbindung *malum/radix* in den *Praelectiones theologicae dogmaticae* (Halle 1773), FRANZ ALBERT SCHULTZ nennt in seiner Vorlesung *Theologia thetico-antithetica* (1741/1774) im Anschluss an den Neuplatonismus, Augustin und Leibniz eine *limitatio radicalis* anstelle des *malum radicitum*. Swedenborg und Baumgarten kommen damit Kants Wortwahl am nächsten, wobei Swedenborg weitaus mehr Referenzstellen aufweist. Weitere Quellen nennt Bohatec nicht, und er schließt aus, dass Kant die Schriften Martin Luthers gelesen hat, wo der Begriff häufiger vorkommt.

[207] Vgl. HYDE, 1906, 569. Die nächste deutsche Übersetzung wurde 1795 in Basel veröffentlicht.

[208] Vgl. die erste ausführliche und detailliert auf die dogmatischen Kernaussagen Swedenborgs eingehende Rezension in: Theologische Berichte von neuen Büchern und Schriften von einer Gesellschaft zu Danzig ausgefertigt (1772), 100–124, 186–214.

[209] Vgl. VCR 512 f., 520 f. In den AC tauchen diese Begriffe kaum auf, vgl. dazu Kap. 3.3.5., b) und c).

[210] RGblV. AA VI, 72 [Hervorhebung im Original].

[211] KpV. AA V, 97 f.; SALA, 2004, 209.

[212] RGblV. AA VI, 116.

[213] RGblV. AA VI, 60 f.

eher arianische Christologie: Jesus ist kein Christus in orthodoxem Sinne, sondern er ist natürlich gezeugt.[214] Er besitzt keine soteriologische, sondern eine
exemplarische Funktion als Morallehrer, als der „w e i s e Lehrer", der göttlich
gesinnt, aber „ganz eigentlich" menschlich ist.[215]

Allerdings ist der historische oder empirische Kirchenglaube an den „Gottmen-
schen" mit dem „Princip des guten Lebenswandels" nicht vereinbar, das nur rational sein kann, nicht empirisch.[216] Die Geschichte des historischen Jesus selbst ist
nur Beispiel und Vorbild für die sittliche Gesinnung.[217] Wenn von Vertretern der
theologischen Kantforschung der sehr allgemeine und unscharfe Befund erhoben
wird, dass Kant die (orthodoxe) Vorstellung des Strafleidens Christi und der An-
rechnung des von ihm erworbenen Verdienstes zum Heil des Gläubigen gemeinsam mit der Aufklärung und den Sozinianern verworfen habe,[218] so ist hier Swedenborg als konkreter Autor zu ergänzen, den Kant tatsächlich gelesen hat.

Denn die soteriologischen Aussagen Kants finden sich in ihren Grundzügen
auch in Swedenborgs *Arcana coelestia*. Die lutherische Rechtfertigungslehre *sola
fide* und die Imputationslehre gehören hier zu den am heftigsten bekämpften
dogmatischen Topoi. Sogar gestorbene Kinder werden nicht durch den bloßen
Glauben selig, sondern müssen postmortal vom Herrn selbst erst im Guten der
Liebe und im Wahren des Glaubens *(in bonis charitatis et veris fidei)* unterrichtet
werden.[219] Das Leiden Christi bedeutet für Swedenborg nicht die Grundlegung
eines Verdienstes, durch das die Gläubigen gerechtfertigt oder selig werden können.[220] Für Swedenborg kann es bei Menschen aber nur um die Änderung der
Neigungen gehen. Der Glaube an ein fremdes Verdienst steht dem geradezu entgegen und verhindert ein in der Praxis der *charitas* zu führendes Leben, wenn er
der Liebe übergeordnet wird.[221] Trotz der Kant und Swedenborg gemeinsamen
Abweisung der Rechtfertigungs- und Imputationslehre ist natürlich die Diskrepanz zu betonen, die in ihrer Sicht der Christologie besteht. Kant tendiert zu einer ‚arianiden' Gewichtung des Menschen Jesus, Swedenborg zu einer ‚sabellianiden' Akzentuierung der Gottheit Christi, die sich in seiner Umdeutung der Soteriologie als eines heilsnotwendigen Geschehens in der Geisterwelt niederschlägt.
Bei Kant finden sich solche spiritualistischen Transformationen der Christologie

---

[214] RGblV. AA VI, 63.
[215] RGblV. AA VI, 65, 80–84.
[216] RGblV. AA VI, 119f.
[217] Vgl. Michael Murrmann-Kahl: Immanuel Kants Lehre vom Reich Gottes. Zwischen historischem Offenbarungsglauben und praktischem Vernunftglauben. In: Essen /
Striet, 2005, 251–274, hier: 265.
[218] Vgl. Murrmann-Kahl, 2005, 262.
[219] AC 4721. Dass der Mensch allein aus Glaube ohne *charitas* selig werden könne, ist eine
Sinnestäuschung *(fallacia sensus)*, vgl. AC 4663, 5084. Die Polemik gegen die paulinisch-lu-
therische Rechtfertigungslehre nimmt in Swedenborgs Werk bis zur *Vera christiana religio*
noch deutlich zu, wo sie gar einem Teufel in den Mund gelegt wird (vgl. VCR 71). Luther
schwört in der Geisterwelt dem Solifideanismus ab (vgl. VCR 137).
[220] AC 2776. Das Leiden bis zum Kreuz ist in Swedenborgs eigentümlicher Christologie
der letzte Grad der Versuchung des Herrn vor der Vereinigung des *Divinum* mit dem *Humanum*, um sich auf diese Weise selbst zu verherrlichen.
[221] Vgl. AC 34, 2027: es geht um eine *fides charitatis*.

selbstverständlich nicht. Rechtfertigung *sola fide* und Imputation werden von beiden aber im Interesse der Freiheit und der sittlichen Autonomie – wie noch zu zeigen sein wird: fast – verworfen, wobei manche Zeitgenossen feststellten, dass Swedenborg in der Frage der Imputation mit anderen Aufklärern wie dem erwähnten Johann August Eberhard[222] konform ging.

c) Moral und Freiheit

Anstelle der traditionellen Soteriologie setzt Kant in der Religionsschrift die autonome Sinnesänderung, nicht als „allmählige Reform" auf der Basis des Fortbestehens unlauterer Maxime, sondern als „Revolution" im Sinne eines „Übergang[s] zur Maxime der Heiligkeit". Es geht um die Tugendhaftigkeit nach dem intelligiblen Charakter *(virtus Noumenon)*, nicht nach dem empirischen Charakter *(virtus phaenomenon)*.[223] Reue, Strafe und der Übergang in den Gnadenstand werden als „Akt der Revolutionierung der Gesinnungsart" modifiziert, „als Verlassen des Bösen und Übergang ins Gute eodem actu".[224] Nicht die Selbstliebe mit den aus ihr folgenden hypothetischen Imperativen ist fortan Triebfeder, sondern allein das moralische Gesetz mit seinem kategorischen Imperativ. Das böse Prinzip wird dadurch nicht besiegt, aber seine Herrschaft wird gebrochen und es wird eine moralische „Freistatt" für die Tugendhaften eröffnet, wo diejenigen „Schutz für ihre Moralität finden können", die die alte moralische Herrschaft verlassen wollen: das Reich Gottes.[225] Diese Sinnesänderung ist „Ausgang vom Bösen" und „Eintritt ins Gute"; sie entspricht dem neutestamentlichen Bild vom Ablegen des alten und Anziehen des neuen Menschen aus dem 4. Kapitel des Epheserbriefs.[226]

Auch für Swedenborg kann die Sinnesänderung nicht durch äußeren Zwang geschehen, nur der freie Mensch ist in der Lage, sich vom Bösen weg und zum Tun des Guten und Glauben und Reden des Wahren hin zu bekehren: Ohne frei *(liber)*, freiwillig *(spontaneus)* und gewillt *(voluntarius)* zu sein, kann kein Mensch gebessert werden. Zwang ist auf dem Weg der Besserung des Menschen nur als Selbstzwang *(se cogere)* zum Guten und als Unterwerfung unter die Gewalt des inneren Menschen möglich, dessen *anima* göttlichen Ursprungs ist, nicht durch ein Gezwungenwerden *(cogi)*. Nichts, was nicht aus Freiheit geschieht, ist Gott angenehm, er selbst zwingt nicht zum Handeln. Die zum Selbstzwang führende Freiheit entsteht durch ein inneres Gefühl im Gewissen *(conscientia)*. Freiheit, nicht Zwang, ist göttlichen Ursprungs.[227] Im Mittelpunkt steht die Autono-

---

[222] Vgl. oben Seite 661, Anm. 134.
[223] RGblV. AA VI, 47.
[224] MURRMANN-KAHL, 2005, 262.
[225] RGblV. AA VI, 82 f.
[226] RGblV. AA VI, 74. Eph 4,22–24: „dass ihr, was den früheren Lebenswandel angeht, den alten Menschen abgelegt habt, der sich durch die betrügerischen Begierden zugrunde richtet, dagegen erneuert werdet im Geist eurer Gesinnung und den neuen Menschen angezogen habt, der nach Gott geschaffen ist in wahrhaftiger Gerechtigkeit und Heiligkeit."
[227] AC 1937, 1947, 2873, 2876f., 2880f., 4031. Das Gute und Wahre muss im Willen *(voluntas)* eingewurzelt *(irradicandum)* sein, und der Zwang bessert nicht, weil dabei nichts einwurzelt, denn: „coactum enim non est hominis velle, sed liberum est ejus velle" (AC 7007).

mie des Menschen, der – wie bei Kant – im sinnlichen Bereich der Kausalität der Natur unterworfen, aber intelligibel frei ist, gut zu werden, und nur durch Freiheit wiedergeboren werden kann, nicht durch Gnade und Glaube. Jeder entscheidet selbst frei über seine Seligkeit.[228] Bei Swedenborg besteht sogar die soteriologische Funktion der Inkarnation des Herrn *(dominus)*, des einen Gottes, nicht in der Erlösung der Sünder, sondern in der Gewährleistung der menschlichen Freiheit.[229] Freiheit ist *die* Voraussetzung für die Wiedergeburt, die allerdings von Gott bewirkt wird, nachdem sich der erwachsene Mensch, der im Gegensatz zum Kind Vernunft *(ratio)* und Urteilskraft *(judicium)* besitzt, dafür entschieden hat und in der Lage ist, das Wahre und Gute vom Herrn aufzunehmen.[230]

In Kants Religionsschrift findet sich an dieser Stelle nicht nur der äquivalente Hinweis auf die bloße Hoffnung auf eine überirdische Ergänzung der irdischen moralischen Bemühungen zum Guten durch „höhere Mitwirkung".[231] Die „Revolution in der Gesinnung" ist auch für Kant nichts anderes als „eine Art von Wiedergeburt gleich als durch eine neue Schöpfung [...] und Änderung des Herzens" nach Johannes 3,5, „verglichen" mit Genesis 1,2,[232] die letztlich „Gottes Werk" ist.[233] Soteriologische ‚Reste' sind Kant und Swedenborg gemeinsam.

d) Moral und Kirchenglaube

So wie Kant die übernatürliche Zurechnung von Gnadenmitteln als Beeinträchtigung der individuellen Autonomie abweist, wendet er sich in der Religionsschrift auch gegen Schwärmerei, Aberglauben, „Illuminatism" und „Adeptenwahn", Thaumaturgie, außerordentliche Verstandeserleuchtung und Wunder, die die Vorschriften der Pflicht, die durch die Vernunft „ins Herz des Menschen" einge-

---

[228] AC 9453.

[229] Bedingung für die menschliche Freiheit ist ein Gleichgewicht zwischen Himmel und Hölle, Bedingung für die moralische Besserung, Umbildung und Wiedergeburt aber ist seine Freiheit, AC 8209, 5982f., 6308, 6477. Am Beginn der christlichen Kirche kam der Herr selbst, um das Verhältnis von Himmel und Hölle wieder so zu ordnen, damit sein Einfluss aufgenommen und von den bösen Geistern nicht mehr gestört werden konnte (vgl. AC 10355). Vgl. Kreuch, 2001, 24f.; Lamm, 1922, 282f.

[230] AC 677, 2636, 9452.

[231] RGblV. AA VI, 51f.

[232] RGblV. AA VI, 47f. Joh 3,5: „Wahrlich, wahrlich, ich sage dir: Wenn jemand nicht aus Wasser und Geist geboren wird, kann er nicht in das Reich Gottes hineingehen." Gen 1,2: „Und die Erde war wüst und leer, und Finsternis war über der Tiefe; und der Geist Gottes schwebte über den Wassern."

[233] Bohatec, 1938, 455, interpretiert diese Stelle so, dass die Revolution der Gesinnungsart „wesentlich Gottes Werk" ist. Die aufgrund der Hindernisse der Sinnesart hingegen nur „allmähliche" Reform ist durch die Anlage zum Guten aber ebenfalls möglich. Der Redewendung von der Wiedergeburt und der neuen Schöpfung steht allerdings Kants Aussage gegenüber, dass dem Menschen sowohl die Revolution als auch die Reform möglich sein müsse, erstere durch den Akt einer „einzige[n] unwandelbare[n] Entschließung": die Umkehrung des obersten Grundes seiner Handlungsmaximen, also seines Hanges zum Bösen (RGblV. AA VI, 47f.). Diese Interpretation ist daher nur möglich, wenn man die Termini „Wiedergeburt" und „neue Schöpfung" so versteht, wie es Kant durch den Verweis auf Joh 3,5 nahe legt, nämlich als von Gott selbst gewirkte Akte.

schrieben sind, beschneiden.[234] Auch die Riten des Kirchenglaubens – Gebet, Kirchgang, Taufe und Kommunion – bringen keine besonderen Gnadengaben und keine Sündenabwaschung. Sie in die Glaubensartikel aufzunehmen, wäre „Wahn der Religion", „Afterdienst" und „Pfaffenthum" als „usurpirte Herrschaft der Geistlichkeit über die Gemüther".[235] Sakramente und kirchliche Riten haben nur als moralische Haltung eine Bedeutung und erweitern die Idee einer weltbürgerlichen moralischen Gemeinschaft. Wunder hingegen, die der Ordnung der Natur widersprechen, entziehen sich dem menschlichen „Begriff", und die Vernunft wird „wie gelähmt", weil sie diejenigen Gesetze, nach denen Gott gegen die „bekannten" Gesetze „Wunder" vollbringt, nicht einsehen kann.

Auch für Swedenborg – das mag auf den ersten Blick erstaunen – gibt es keine ‚echten' Wunder: Wunder erscheinen nur als Wunder, denn die göttliche Allmacht ist der göttlichen Vernunft und Ordnung untergeordnet und vermag nicht gegen sie zu verstoßen. Die Offenbarung, die ihm selbst zuteil geworden sein soll, trennt Swedenborg von seinem Wunderverständnis ab und betrachtet sie als exklusiv und als eine außerordentliche Gnade Gottes, ja er warnt sogar vor Nachahmungsversuchen. Für typische konfessionelle Irrtümer hält er hingegen die Auffassung, dass Gott jeden selig machen könne, den Wunderglauben im Speziellen, eine unmittelbare Auferstehung der Toten, unmittelbare Offenbarungen und Schutzengel, die vor dem Bösen abhalten und zum Guten antreiben. All dies sind Zwangsmittel *(media coacta)*, durch die der Mensch im Sinne einer Änderung seiner Neigung nicht gebessert wird. Gott gewährleistet lediglich die Willensfreiheit und wirkt durch sie auf den Menschen ein.[236] Auch kirchliche Riten wie die Taufe wirken keinen Glauben, keine Seligkeit und keine moralische Wiedergeburt, sie stehen nur für die Fähigkeit dazu.[237] An dieser Stelle wird ebenfalls deutlich, dass Kant und Swedenborg gleichermaßen die Willensfreiheit gegen jede äußerliche Autorität oder kirchlich vermittelte Zurechnung von außen verteidigen und beide an der Wunderkritik des englischen Deismus und der Leibniz-Wolffschen Philosophie festhalten, die etwa von Johann Christian Förster[238] zusammengefasst worden war.

e) *Judentum*

Wenn als Voraussetzung der moralischen Entwicklung des Menschen Freiheit gefordert wird, dann müssen alle gesetzlichen Vorschriften als heteronom und als drohender Zwang abgewehrt werden. Davon ist vor allem das Judentum betroffen, das nach dem Verständnis Kants „ein Inbegriff bloß statutarischer Gesetze"

---

[234] RGblV. AA VI, 84.

[235] RGblV. AA VI, 194–200.

[236] AC 4031.

[237] Die Wiedergeburt geschieht nur durch den Herrn. Die Taufe bezeugt lediglich, dass der Mensch der Kirche angehört und wiedergeboren werden kann. Die Kindertaufe ist möglich, weil sie nur als Zeichen und zum Gedächtnis dient. Vgl. AC 10387, 10390f., sowie Kap. 3.3.7., d), bb).

[238] Vgl. Kap. 5.1.2., c), ee).

ist. Diese „Zwangsgesetze" stehen der autonomen Entscheidungspflicht des Einzelnen entgegen und heben sie durch die Forderung nach blinder Befolgung von Regeln geradezu auf. Der „jüdische Glaube" ist mit seiner nur äußeren Gesetzlichkeit nicht auf der Unsterblichkeit der Seele aufgebaut und hat mit der inneren Gesinnung nichts zu tun. Er enthält daher nach Kants Ansicht überhaupt keinen „Religionsglauben". Für die „allgemeine Kirche" werde kein Gott gebraucht, der nur die Befolgung von Geboten, nicht die Änderung der Gesinnung fordere und sich nur um ein „politisches Wesen" kümmere, nicht aber um das „künftige Leben". Ein solcher Gott sei ganz sicher nicht „dasjenige moralische Wesen, dessen Begriff wir zu einer Religion nöthig haben". Die „Zwangsgesetze" des Judentums zielen lediglich auf einen weltlichen Staat ab, ihre Befolgung oder Übertretung wird irdisch belohnt oder geahndet. Die Vernunftreligion, die Kant in der Religionsschrift vorschwebt, zielt auf eine „allgemeine Kirche" als Voraussetzung für einen „ethischen Staat Gottes" ab. Lediglich das Christentum ist dazu in der Lage, weil es so völlig mit dem Judentum gebrochen habe und nach Kants Lesart vor allem auf der Unsterblichkeit und auf der inneren Gesinnung gründet.[239]

Diese tendenziöse Konstruktion des Judentums bei Kant durchzieht bereits die *Arcana coelestia*, auch wenn selbstverständlich einzuräumen ist, dass Kant gerade an diesem Punkt auf eine breite Tradition des literarischen Antisemitismus zurückgreifen konnte.[240] Die Gründe aber, die Swedenborg zu seiner Sicht des Judentums führten, weichen von denen Kants nicht ab. Sie sind vor allem deshalb auffällig, weil sie innerhalb seines Gesamtkonzept eine ähnliche Funktion besitzen. Es geht nämlich auch bei Swedenborg vor allem um die Moral und um das Gegenüber von äußerlichem Glauben und innerlicher – moralischer – Gesinnung. Jakobs „Kirche" orientiert sich nicht an innerer, sondern nur an äußerer Gottesverehrung.[241] Das Judentum ist mit diesem äußerlichen Glauben lediglich eine rein historische Größe, es versteht nur den historischen Sinn des Schriftbuchstabens und ist daher vom wahren Verständnis des Wortes weit entfernt.[242] Juden (und Israeliten) wissen nichts um die Unsterblichkeit und das Leben nach dem Tod.[243] Das Festhalten am Äußerlichen, Geschichtlichen, Materiellen, ja gleichsam an der niedrigsten irdischen Begierde *(cupiditas infima terrestris)*, am

---

[239] RGblV. AA VI, 124–128. Kuno Fischer hat Kants Aversion gegen das Judentum als Argument dafür benutzt, dass Lessing wohl nicht zu seinen religionsphilosophischen Quellen zu zählen ist, vgl. Bohatec, 1938, 27.

[240] Es ist darum kaum nachvollziehbar, dass Bohatec aufgrund der Übereinstimmung von Kants Sicht des Judentums mit der Semlers eine „direkte Abhängigkeit" von Semler behauptet und Swedenborg an diesem Punkt nicht erwähnt, obwohl die inhaltlichen Parallelen nicht weniger stichhaltig sind – und Kant ihn nach eigener Auskunft gelesen hat, vgl. Bohatec, 1938, 460. Selbst wenn sich eine literarische Beziehung zwischen Kant und Semler erweisen ließe, wäre überdies die Rezeption Swedenborgs bei Semler – gerade an dem signifikanten Punkt der scharfen theologisch begründeten Ablehnung des Judentums – noch zu überprüfen. Schließlich hatte Semler Swedenborgs Werke nach eigener Auskunft von 1787 bis dahin „einer besonderen Aufmerksamkeit viel mehr werth gehalten" als andere „unanstößig[e]" Autoren. Vgl. Semler, Unterhaltungen, 192.

[241] AC 422, 8588.

[242] AC 878f., 7012.

[243] AC 2722, 2724.

Geiz, führt dazu, dass die Insassen der Hölle der Geizigen, die Swedenborg nach seinen Himmelsreisen beschreibt, vorwiegend Juden sind.[244] Die Kirche des Herrn wurde nicht bei den Juden wiederhergestellt, weil sie das Licht der Wahrheit und die Erkenntnisse des Glaubens verfinstert haben, sondern bei den Heiden, die nicht um das Wahre des Glaubens wissen und ihn deshalb auch nicht entweihen können, ja die Wahrheit sei den Juden nach göttlicher Voraussicht nicht enthüllt worden, weil sie sie wegen ihrer materiellen Beschaffenheit nur entweihen können. Deswegen seien sie bis jetzt im Unglauben.[245] Wie bei Kant ist das jüdische Gottesverständnis wegen seiner Forderung nach nur äußerlicher Erfüllung von Geboten einem „inneren" moralischen Gesinnungswandel entgegengesetzt. Das Judentum übertrifft in seiner Neigung zur Selbst- und Weltliebe – Swedenborgs typische Bezeichnung für den Gegensatz zur Gottes- und Nächstenliebe – alle anderen Völker.[246]

f) Hermeneutik

Ein negativer Einfluss Swedenborgs lässt sich in Kants Hermeneutik der Bibel finden.[247] Im *Streit der Fakultäten* wendet er sich gegen die „allegorisch-mystisch[e]" Schriftauslegung, die weder philosophisch noch biblisch sei, und er verweist dabei auf Swedenborg, der das ganze Alte Testament als „fortgehende Allegorie (von Vorbildern und symbolischen Vorstellungen)" betrachtet habe, um eine zukünftige Religion in den Text hineinzulesen und um zu vermeiden, dass der biblische Text als Zeugnis einer vergangenen „wahren Religion" angesehen wird. Um eine solche Hermeneutik zu vermeiden, schlägt Kant aber nicht eine ‚historisch-kritische' oder grammatikalische Auslegung des Textes wie Semler und Ernesti vor. Vielmehr bezeichnet er die „vorgebliche Mystik der Vernunftauslegungen", mit der die Philosophie in einzelnen Schriftpassagen einen „moralischen Sinn" aufspäht, „ja gar ihn dem Texte aufdringt", als einziges „Mittel, die Mystik (z. B. eines S w e d e n b o r g s)" abzuwenden. Das Übersinnliche muss an die moralische Vernunft geknüpft werden, um einen „Illuminatism innerer Of-

---

[244] AC 940 f., 1327. Die Juden in der Geisterwelt weinen über ihre Irrtümer, vor allem über ihren Glauben an die Verheißung des irdischen Landes Kanaan und an einen irdischen Messias (vgl. AC 3481). Swedenborg beschreibt Räuber auf dem Planeten Venus, die nicht so barbarisch sind wie die Juden. Diese werfen ihre Opfer den wilden Tieren und den Vögeln zum Fraß vor (vgl. AC 7248). Vgl. dazu insgesamt Kap. 3.3.7., c), dd).

[245] AC 1366, AC 3398, 6963.

[246] Die Juden lieben „bis heute" Silber und Gold nicht wegen irgendeines Nutzzweckes, sondern um des Silbers und Goldes selbst willen (vgl. AC 10407). In Swedenborgs Entwicklung verschärft sich seine Abweisung des Judentums noch weiter, dessen Quelle in der Hurerei Judas mit Thamar zu finden ist. In den Beschreibungen der Geisterwelt werden den Juden alle anderen ‚Religionen' vorgezogen. Der Kontakt zwischen Juden und Christen ist in der Geisterwelt untersagt. Vgl. etwa VCR 678, 841, 845; auch AC 2602–2604.

[247] Auch Johnson und Magee weisen darauf hin, dass Kant durch Swedenborgs Korrespondenzlehre und symbolische Exegese zur Entwicklung einer Hermeneutik motiviert wurde, die auf die Interpretation der moralischen Erfahrungen von Verpflichtung und Respekt und auf die ästhetischen Erfahrungen des Schönen und Erhabenen abzielt, vgl. JOHNSON / MAGEE, 2002, XIX.

fenbarungen" zu vermeiden. In einem solchen Fall hätte jeder seine eigene Offenbarung, ein „Probirstein der Wahrheit" werde damit ausgeschlossen.[248] Gegen die schwärmerische Auslegung der Schrift fordert Kant eine „Aufklärung" auf dem Feld der biblischen Hermeneutik, die sich an der moralischen Essenz von Religion orientiert:

„Die wirklichen, den Sinnen vorliegenden Welterscheinungen (mit S c h w e d e n b o r g) für bloßes S y m b o l einer im Rückhalt verborgenen intelligibelen Welt ausgeben, ist S c h w ä r m e r e i . Aber in den Darstellungen der zur Moralität, welche das Wesen aller Religion ausmacht, mithin zur reinen Vernunft gehörigen Begriffe (Ideen genannt), das Symbolische vom Intellectuellen (Gottesdienst von Religion), die zwar einige Zeit hindurch nützliche und nöthige H ü l l e von der Sache selbst zu unterscheiden, ist Aufklärung: weil sonst ein Ideal (der reinen praktischen Vernunft) gegen ein Idol vertauscht und der Endzweck verfehlt wird."[249]

Damit spricht sich Kant ausdrücklich gegen Swedenborgs Korrespondenzlehre aus, mit der dieser vor allem seine Verfallsekklesiologie und Christologie hinter dem Buchstaben des Schrifttextes erblickte. Für Kant geht es aber darum, den Geist der Moralität in der Schrift zu finden und alles, was in ihr für den historischen Glauben noch enthalten „sein mag", auf die „Regeln und Triebfedern des reinen moralischen Glaubens" zu beziehen, der nach Kants Verständnis innerhalb des „Kirchenglaubens" die eigentliche Religion darstellt.[250] Die Schrift bleibt zwar auch für Kant alleinige „Norm des Kirchenglaubens", aber ihr alleiniger Ausleger ist die Vernunftreligion, gepaart mit Schriftgelehrsamkeit.[251] Auf diese Weise betont Kant gleichsam die absolute Autorität der Vernunft, während er zugleich das protestantische *sola scriptura* als Prinzip beibehält. Allerdings: Setzt Kant mit diesem mehrfach wiederholten Gedanken einer moralischen Schriftinterpretation nicht ebenfalls voraus, dass sich hinter dem Schriftbuchstaben ein anderer als der literarische Sinn verbirgt, dessen Auslegung nun lediglich an das scharfe Schwert einer vernünftigen Moralität geknüpft wird? Fordert er nicht auch, die Schrift nur als Symbol eines ‚eigentlichen', in diesem Fall: moralischen Gehalts anzusehen? Bewegt er sich damit, zwar in einer anderen Richtung, aber nicht doch auf der gleichen Ebene wie Swedenborg, der durch seine ‚analogische' Hermeneutik den Bibeltext vor der historisch-kritischen Methode und vor der Wunderkritik der frühen Aufklärung ‚retten' wollte? Als der Erlanger Theologieprofessor Christoph Friedrich Ammon 1792 auf der Basis der moralischen Hermeneutik Kants den *Entwurf einer reinen biblischen Theologie* vorlegte,[252] wurde dieses Vorgehen von Vertretern eines historisch-kritischen Ansatzes in der Tat als Spielart der eigentlich überwunden geglaubten „allegorischen Exegese" zurückgewiesen.[253]

---

[248] Der Streit der Fakultäten. AA VII, 45 f. [Hervorhebung bei Kant].
[249] Anthropologie in pragmatischer Hinsicht. AA VII, 191 f. [Hervorhebungen bei Kant].
[250] RGblV. AA VI, 112.
[251] RGblV. AA VI, 114.
[252] Christoph Friedrich von Ammon: Entwurf einer reinen biblischen Theologie. Erlangen 1792.
[253] Vgl. Walther Zimmerli: Art. Biblische Theologie I. Altes Testament. In: TRE 6 (1980), 426–455, hier: 428.

Signifikanterweise nennt Kant weder hier noch an anderen Stellen die historisch-kritische Methode der Schriftauslegung als Abwehrmittel gegen Swedenborg, sondern eine moralische Hermeneutik, die ebenfalls hinter den Text blickt. Kants Vorschlag erweist sich gegenüber Semler und Ernesti als Vertretern der sogenannten „hermeneutischen Wende", gegenüber Swedenborgs innerem Schriftsinn und gegenüber Oetingers emblematischer Theologie als eine vierte hermeneutische Alternative der protestantischen Theologie des zweiten Hälfte des 18. Jahrhunderts.

5.3.5. Swedenborg in Kants Moralphilosophie

a) Ohne intelligible Welt keine Moral

Die von Kant in den *Träumen* genannte Ähnlichkeit der „Hirngeburten" ist auch auf dem Feld seiner späteren Moralphilosophie zu beobachten. In den *Träumen* hatte Kant ja die Geisterwelt nicht *per se* als undenkbar und unmöglich zerschlagen, er verbannte sie vielmehr aus dem Bereich der Erkenntnis. Sie geht ihn „künftig nichts mehr an"[254] und verbleibt als *mundus intelligibilis* im Bereich der praktischen Vernunft. Hier ist sie aber Voraussetzung für seine gesamte Moralphilosophie. Es besteht kein Zweifel, dass Kant, wenn er in der zweiten Kritik die „herrliche Eröffnung" einer „intelligibelen Welt" durch die „Realisierung des sonst transscendenten Begriffs der Freiheit"[255] preist, nicht von Erkenntnis spricht, sondern von Hoffnung, von einer Idee. Wenn er aber für die von Swedenborg abgeleitete These einer postmortalen Fortdauer der Seele jenseits von Zeit und Raum bei bloßem Anschauungswechsel und unter Beibehaltung ihrer irdischen moralischen Qualität votiert, überschreitet er – im Interesse der Moral – damit nicht sein selbstauferlegtes Schweigegebot aus den *Träumen*, allerdings ohne die Grenzen der Vernunft zu verletzen?

Kant braucht eine intelligible Welt dringend für seine Moralphilosophie, und zwar eine Welt, die nicht ausschließlich mit einem künftigen Jenseits identisch, sondern Heimstatt des Menschen nach seinem „intelligibele[n] Substrat"[256] schon während seines irdischen Lebens ist. Es muss hier nicht näher dargelegt werden, wie eng Moralität bei Kant mit Freiheit verknüpft ist, dass Freiheit nur intelligiblen Ursprungs sein kann,[257] um nicht der Kausalität der Natur in Raum und Zeit zu unterliegen, dass die Antinomie der Freiheit nur durch die „kosmologische Idee einer intelligibelen Welt"[258] aufgelöst werden kann, und schließlich: dass der kategorische Imperativ in seiner rein formalen Gestalt eine Tugendhaf-

---

[254] AA II, 352.

[255] KpV. AA V, 94.

[256] KpV. AA V, 99.

[257] Das Gesetz der Autonomie der reinen praktischen Vernunft ist das „Grundgesetz einer übersinnlichen Natur und einer reinen Verstandeswelt", deren „Gegenbild" die sinnliche Welt ist. Die *natura archetypa*, die nur durch die Vernunft erkannt werden kann, entfaltet ihre Wirkung in der *natura ectypa* und ist Bestimmungsgrund des Willens. Vgl. KpV. AA V, 43.

[258] KpV. AA V, 133.

tigkeit fordert, die den menschlichen Willen ohne Beimischung sinnlicher Triebfedern in die Pflicht nimmt.

Noch in der ersten Kritik hatte Kant die Freiheit im Sinne eines Vermögens, das die Ursache von Erscheinungen in der Sinnenwelt enthält, weder für wirklich noch für möglich, sondern für eine transzendentale Idee gehalten.[259] Aber in der *Grundlegung zur Metaphysik der Sitten* hatte er aus der Freiheit nicht nur die Möglichkeit, sondern auch die Notwendigkeit des moralischen Gesetzes abgeleitet,[260] um dann in der zweiten Kritik das apriorische Bewusstsein des moralischen Gesetzes zum „Factum der Vernunft" zu erklären, das berechtigt, Freiheit gewissermaßen ebenfalls als Faktum der Vernunft anzunehmen[261] – eine Tatsache, die als Verzicht auf einen Beweis für die Existenz von beidem gedeutet werden kann.[262] Ungeachtet dieser philosophischen Entwicklung zum Faktum, kann Freiheit in ihrer Verknüpfung mit dem moralischen Gesetz nur intelligibel begründet werden. Und ohne unsterbliche Seele, intelligible Welt, Gott und Höchstes Gut[263] fällt Kants gesamte Moralphilosophie. Moral wäre ein „*absurdum pragmaticum*", die Tugend eine „Chimäre". Ohne die Annahme Gottes würde man wie ein „Narr"[264] oder wie ein „tugendhafter Phantast"[265] handeln. Ja, die Sinnhaftigkeit des menschlichen Lebens wäre ohne eine „andre Welt" in Frage gestellt.[266]

„Wenn wir also eine Moral annehmen: so verflechten wir uns in ein absurdum practicum, wenn wir nicht das Daseyn Gottes und die Hofnung einer andern Welt voraussetzen. Das Dilemma woraus man zeigen könnte, daß der, der das sittliche Gesez für ein Vernunft-Gesez hält, sich in ein absurdum practicum verflechte, wenn er nicht Gott und eine andre Welt voraussezt, ist dieses: Wenn kein Gott und eine andre Welt ist; so muß ich entweder sehr standhaft die Tugendregeln befolgen, aber alsdenn bin ich ein tugendhafter Phantast, denn ich ginge der Glükseeligkeit nach ohne zu hoffen, ihrer je theilhaftig zu werden; denn nach dem Lauf der Natur kan ich nicht hoffen, daß die Glükseeligkeit des Verhaltens mir werde zu theil werden: oder ich werde die Gesezze der Tugend verwerfen, und soviel Lust des Lebens sammlen, als ich kan, indem die Moral mir kein Glük verschaffen kan, und kein künftiges Leben verspricht; aber da mache ich mich selbst zum Bösewicht und faße die Gesinnung eines sehr schlechten Menschen. [...]. Wenn ich also nicht Gott

---

[259] KrV. A 557 f. / B 585 f.

[260] GMS. AA IV, 447 f. Vgl. Sala, 2004, 203.

[261] Das Vermögen der Freiheit ist nicht nur Möglichkeit, sondern auch Wirklichkeit. Dies wird durch das moralische Gesetz bewiesen. Das moralische Gesetz als Gesetz der Kausalität durch Freiheit aber bestimmt, was die spekulative Vernunft unbestimmt ließ; es verschafft diesem Gesetz „also zuerst objective Realität" – das ist das „Creditiv des moralischen Gesetzes". Vgl. KpV. AA V, 47 f.

[262] Vgl. Sala, 2004, 99.

[263] Kant unterscheidet ausdrücklich Seele, intelligible Welt und höchstes Wesen und fasst sie unter dem „praktischen Begriffe des höchsten Guts" zusammen, vgl. KpV. AA VI, 133.

[264] Vgl. Metaphysik L₁. AA XXVIII/1, 320.

[265] Vgl. Metaphysik nach Volckmann. AA XXVIII/1, 385 f.; Sala, 2004, 252.

[266] Vgl. KU. AA V, 446. „Wenn man Gott leugnet, so ist der tugendhafte ein Narr und der Kluge Mann ein Schelm. Klugheit und Sittlichkeit könen im practischen nur Verbunden werden, wenn ich das Daseyn Gottes annehme." Vgl. R 4256. AA XVII, 485. Die Annahme einer „andre[n] Welt" ist eine notwendige Hypothese. Sonst droht ein „absurdum practicum". Vgl. R 5477. AA XVIII, 193.

und eine andre Welt annehme: so muß ich maximen faßen, die absurditatem practicam enthalten. Ich entschließe mich entweder ein Narr oder ein Bösewicht zu werden."[267]

Um den *mundus intelligibilis* vor den ihm offenbar lächerlich erscheinenden Zumutungen der Geister Swedenborgs zu retten, der ja den Zustand der postmortalen Seelen ausladend und bis ins Detail beschrieben hatte, musste Kant in den *Träumen* mit einem geradezu aggressiv spottenden Gestus jede Möglichkeit eines Geisterkontakts und jede Beschreibbarkeit der Geisterwelt ablehnen, um sie als Voraussetzung seines Systems erhalten zu können und sie gleichzeitig in den Bereich des Unerkennbaren zu verweisen. Davon ist jedoch nicht das System Swedenborgs insgesamt betroffen, auch nicht im Bereich der Moralphilosophie Kants.

b) Für wen gilt das Sittengesetz?

In der *Kritik der praktischen Vernunft* nennt Kant drei Gruppen, für die das Sittengesetz gültig ist: Menschen, alle „endliche[n] Wesen" mit Vernunft und Willen sowie, von beiden unterschieden, das „unendliche Wesen als oberste Intelligenz".[268] Schopenhauer hat vermutet, dass Kant dabei wohl „ein wenig an die lieben Engelein gedacht, oder doch auf deren Beistand in der Überzeugung des Lesers gezählt" habe.[269] Es ist fraglich, ob Schopenhauers Assoziation mit dem Argument zu entkräften ist, Kant habe lediglich betonen wollen, dass Sittlichkeit auf Vernunft gründe und mit ihr „unzertrennlich" zusammenhänge.[270]

Denn wenn man aus Swedenborgs Lehre weiß, dass die „Engelein" dort keine von Gott geschaffenen Zwischenwesen sind, sondern nichts anderes als die Seelensubstanzen von abgeschiedenen Menschen und Planetenbewohnern,[271] dann ergibt sich in diesem Kontext eine andere Lesart der Rede von den „endlichen Wesen" mit Vernunft und Willen.[272] Das Sittengesetz gilt eben auch postmortal

---

[267] Metaphysik Volckmann. AA XXVIII/1, 385 f.; sowie Religionslehre Pölitz. AA XXVIII/2.2, 1083; Metaphysik L₁. AA XXVIII/1, 320; Danziger Rationaltheologie nach Baumbach. AA XXVIII, 1291. Stellen auch bei SALA, 2004, 252. In der KU betont Kant am Beispiel Spinozas die „Nichtigkeit" der Verpflichtung eines moralischen Gesetzes ohne einen transzendenten Endzweck, vgl. ebd., 362.

[268] KpV. AA V, 32.

[269] Vgl. ARTHUR SCHOPENHAUER: Preisschrift über die Grundlage der Moral. In: DERS.: Sämtliche Werke, hg. von ARTHUR HÜBSCHER. Bd. 4, Leipzig 1938, 103–276, hier: 132.

[270] So SALA, 2004, 175 f.

[271] Auch der kritische Kant rechnet noch mit der Existenz von Planetenbewohnern, obwohl keine Aussage über sie getroffen werden kann: „Die Rolle des Menschen ist also sehr künstlich. Wie es mit den Einwohnern anderer Planeten und ihrer Natur beschaffen sei, wissen wir nicht; wenn wir aber diesen Auftrag der Natur gut ausrichten, so können wir uns wohl schmeicheln, daß wir unter unseren Nachbarn im Weltgebäude einen nicht geringen Rang behaupten dürften. [...]" Idee zu einer allgemeinen Weltgeschichte in weltbürgerlicher Absicht (1784). AA VIII, 23. In R 6050 (AA XVIII, 435) hält Kant eine „Große Stufenleiter Geschöpfe" zwischen Mensch und Gott für „wahrscheinlich": „(genii), astralische Geister, Aeonen". In der KrV (A 27 / B 43) ist in eben diesem Sinne von „Anschauungen anderer denkender Wesen" die Rede, vgl. gleichlautend HANS VAIHINGER: Kommentar zu Kants Kritik der reinen Vernunft. 2. Aufl. Stuttgart u. a. 1922, Bd. 2, 345.

[272] Tiere besitzen bei Kant zwar eine Seele, aber nicht Vernunft und Willen. Auch Tierseelen werden möglicherweise ewig fortdauern, aber nur sensitiv, während Menschenseelen die

für diejenigen Wesen, die im Vergleich zu dem „unendlichen Wesen" nur endlich
sein können, und zwar – wie Kant in seinen moralphilosophischen Schriften vielfach betont – in Gestalt eines *progressus infinitus* hin zu der für Geschöpfe uner-
reichbaren Heiligkeit, ein Fortschreiten, das „nur unter Voraussetzung einer ins
Unendliche fortdaurenden Existenz, und Persönlichkeit" möglich ist.[273] Dies ist
zwar nicht „erweislich". Es gründet auf der Hoffnung als Folge einer „mit De-
muth verbundene[n] Selbstschätzung"[274] und ist zugleich Postulat der reinen
praktischen Vernunft. Das Sittengesetz gilt demnach auch für postmortale Seelen
von Menschen und, unter Vorbehalt: von möglichen Planetenbewohnern, die, anders als die Tiere, Vernunft und Willen besitzen, im Gegensatz zu Gott nicht unendlich, aber – mit Swedenborg – auch keine Menschen mehr sind, sondern Engel und Geister.

Diese „stille Voraussetzung" Kants erkannte übrigens auch Schopenhauer,
wenn er hinter seiner Rede von den (nichtmenschlichen) „vernünftigen Wesen"
die *anima rationalis* vermutete, die im Gegensatz zur *anima sensitiva* und zur
anima vegetativa nach dem Tod übrig bleibt. Dieser „transcendenten Hyposta-
se", so Schopenhauer verwundert, habe Kant doch aber in der *Kritik der reinen
Vernunft* „ausdrücklich und ausführlich ein Ende gemacht"![275]

c) Die neue Ethik

Abweichend von Wolffs intellektualistischer Ethik, in der das Gefühl der Lust als
einziger Bestimmungsgrund des Begehrens gilt,[276] konstruiert Kant ein moralisches Gesetz, dem Triebfedern weder aus der Sinnlichkeit noch aus dem Streben
nach Glückseligkeit beigelegt werden dürfen, weil es sonst keinen Einfluss auf
das menschliche Herz gewinnen kann.[277] Gute Handlungen im Sinne des moralischen Gesetzes sind nicht wegen ihres Ziels und ihrer Folgen „gut" – ihnen läge
sonst ein hypothetischer Imperativ zugrunde, sondern weil sie als Handlungen
nach dem Prinzip eines der Vernunft gemäßen Willens „a n   s i c h" gut und notwendig sind. In diesem Fall basiert die Handlung auf einem kategorischen Impe-

---

Kräfte ihrer Vernunft und ihres Willens entwickeln können. Tierseelen haben deshalb nicht
den Status von „Geistern" wie der menschliche Geist. Denn Geister sind „specifice denken-
de immaterielle substanzen, so auch ohne Verbindung mit dem Materiellen denken können". Dies betonte Kant im Anschluss an Baumgarten in mehreren seiner Metaphysik-Vorlesungen. Vgl. für das Zitat Metaphysik K₃ (1794/95). AA XXIX/1.2, 1026; sowie Metaphysik L₁. AA XXVIII/1, 274–276; Metaphysik nach Mrongovius. AA XXIX/1.2, 907;
Metaphysik nach Volckmann. AA XXVIII/1, 449f., Metaphysik L₂. AA XXVIII/2.1, 594;
Baumgarten, Metaphysica, 1757, §§ 777, 792–795.
[273] KpV. AA V, 122.
[274] KpV. AA V, 128.
[275] Vgl. SCHOPENHAUER, 1938, 132. Schopenhauer teilte den Verdacht, dass gerade in der
KpV der Gedanke vorhanden sei, das ewige Wesen des Menschen sei seine Vernunft. Er sah
sich zu nichts anderem in der Lage, als es bei der „Assertion des Gegentheils" zu belassen.
[276] SALA, 2004, 91.
[277] KpV. AA V, 156. Aus dem moralischen Gefühl bei Hutcheson, Shaftesbury, Rousseau
und Hume wird bei Kant in der KpV die „Achtung" vor dem moralischen Gesetz, vgl. JOHN-
SON, 2001, 146f.

rativ.[278] Hypothetische Imperative werden durch sinnlich und empirisch affizierte Handlungsziele determiniert. Sie sind heteronom und „taugen" nicht zum allgemeingültigen moralischen Gesetz,[279] das nicht darauf abzielt, „wie wir uns glücklich m a c h e n , sondern wie wir der Glückseligkeit w ü r d i g werden sollen".[280]

Auch Swedenborg vertritt eine Gesinnungsethik, wenn auch im Gegensatz zu Kant auf der Basis einer modifizierten neuplatonischen Seelenlehre.[281] Der Mensch ist bei Swedenborg in *anima, animus/mens* und *corpus* geteilt.[282] Um wiedergeboren zu werden, muss sich der Mensch von allen Einflüssen des *mundus naturalis* befreien und seinen *amor regnans* an der göttlichen Lebensquelle seiner *anima* orientieren, die zur Geisterwelt oder zum *mundus spiritualis* gehört.[283] Die *mens* ist dabei der Ort des Gewissens und der Willensfreiheit. Wahre Tugendhaftigkeit, bei Swedenborg das Tun des Guten und das Glauben des Wahren, wird nur in Freiheit von Sinnlichkeit erlangt. Und eine gute Handlung ist wie bei Kant nicht wegen eines Lohns oder eines Verdienstes „gut", sondern weil sie an sich gut ist. Sie wird aus Liebe zum Guten und um des Guten willen getan.[284] Wahre *charitas* besteht etwa nicht darin, Armen und Bedürftigen zu helfen, sondern klug *(prudenter)* zu handeln; wer einem bösen Armen hilft, bewirkt nämlich Böses.[285] Die Art der Ausrichtung der inneren Gesinnung ist Voraussetzung für die Wiedergeburt erst des inneren und dann des äußeren Menschen schon zu Lebzeiten, bevor seine *anima* aus der Geisterwelt in den Himmel versetzt wird,[286] wenn im anderen Leben alle Äußerlichkeiten des Menschen entfernt sind und nur noch seine Gesinnung übrig bleibt.[287]

Übrigens wird auch in Kants Religionsschrift das Ideal des „Gott wohlgefälligen Menschen" – Christus, des „göttlich gesinnte[n], aber ganz eigentlich menschliche[n] Lehrers" – „in uns", nämlich in unserer Vernunft gesucht, um ihm nachzufolgen.[288] Bei Kant wie bei Swedenborg besteht die Anknüpfung für

---

[278] GMS. AA IV, 414 [Hervorhebung im Original].

[279] GMS. AA IV, 433, 442; KpV. AA V, 28, 34, 41.

[280] KpV. AA V, 130 [Hervorhebung im Original].

[281] Vgl. Kap. 3.3.8., a).

[282] Vgl. Kap. 3.3.4., c).

[283] Der äußere Mensch (entspricht dem *animus* in Swedenborgs vorvisionärer Seelenlehre) ist höllischen Lustreizen ausgesetzt, der innere *(anima)* himmlischen (vgl. AC 3928).

[284] AC 9982–9984. Der Glaube, dass man belohnt wird, wenn man Gutes tut, ist nur bei Erwachsenen schädlich, nicht aber bei denen, die in der Unschuld sind, wie z. B. Kinder. Die – in dieser Reihenfolge dreigestufte – Liebe im Reich des Herrn zeichnet sich bei Swedenborg allerdings durch Motive aus, die Kant im Interesse der Allgemeinheit des moralischen Gesetzes als „Triebfedern" für den kategorischen Imperativ gerade ausschließt: eheliche Liebe, Liebe zu Kindern und „gesellschaftliche" Liebe *(amor societatis seu mutuus)*. Zu den Tugenden, die aus der geistigen Liebe resultieren, zählt Swedenborg gelegentlich noch die Liebe zum Vaterland und zur Kirche [!] (z. B. AC 2039, 3952, 7814). Diese Tugenden sind aber alle im Reich der Zwecke als dem Reich des Herrn gebündelt und führen zu einer Moral, die nicht sich selbst, sondern letztlich das Übergeordnete des Zweckganzen zum Ziel hat.

[285] AC 8120f.; auch AC 9119–9122.

[286] AC 2979 u. ö.

[287] AC 1680: „*homo est ibi sicut cogitat et intendit.*"

[288] RGblV. AA VI, 63–65. Es sei schon „unbegreiflich genug", dass dieses „Urbild" in der

ein tugendhaftes Leben im inneren Menschen: entweder in der *anima*, die trotz des eingewurzelten Bösen mit göttlichen Überresten *(reliquiae)*[289] versehen ist, die wiederum den Menschen zu Vernunft und Verstand überhaupt erst befähigen, oder in der Vernunft, die sich ebenfalls in uns befindet und zugleich Ort des Urbildes oder der Idee einer Gott wohlgefälligen Menschheit ist. Nicht Fremderlösung, sondern individuelle moralische Qualifizierung durch eine Gesinnung, die sich nicht an sinnlichen Maximen, sondern an universalisierbaren Prinzipien orientiert – das sind auffällige Parallelen zwischen Swedenborg und Kants Moralphilosophie.

d) Der Mensch als Zweck

Nicht von der Sinnlichkeit und nicht von der eigenen Glückseligkeit wird das moralische Gesetz bei Kant abgeleitet, sondern vom Höchsten Gut als einer „unbedingte[n] Totalität",[290] von der „Idee des Ganzen aller Zwecke"[291] und vom „Endzweck", der in der dritten Kritik ausdrücklich in den Bereich der praktischen Vernunft verwiesen wird, weil er nicht durch „Datis der Erfahrung" aus der Natur geschlossen werden kann. Dass die Welt als Schöpfung mit einem Endzweck ausgestattet und von einem moralischen „Welturheber" geschaffen ist, kann nur aus einem moralischen Grund behauptet werden.[292] Als moralisches Wesen ist der Mensch deshalb selbst „Endzweck" der Schöpfung (nicht der Natur), und die „Ordnung der Zwecke" bewirkt, so Kant bereits in der *Kritik der praktischen Vernunft*, dass der Mensch als Subjekt des moralischen Gesetzes und „(mit ihm jedes vernünftige Wesen)" immer „Zweck an sich selbst" ist, niemals Mittel.[293]

In den *Arcana coelestia* spielt der Begriff des Endzwecks ebenfalls eine zentrale Rolle. Swedenborg hat sein Verständnis des *finis* in enger Verbindung mit Texten aus der Leibniz-Wolffschen Philosophie entwickelt.[294] Wer sich irdisch seine eigene Glückseligkeit als Tugendmotiv vorgestellt hat, der wird nicht in den Genuss der wahren himmlischen Freude kommen, die aus Lust an den Nutz-

---

Seele des schließlich natürlichen Menschen zu suchen ist. Daher hat „man" es nicht nötig, Jesus einen übernatürlichen Ursprung zuzuschreiben.

[289] Diese Überreste des Herrn im Menschen sind Triebe zum Guten und Wahren. Auf ihrer Grundlage können das die Vernunft und das Wissen im Menschen Betreffende *(rationalia et scientifica)* erleuchtet werden, und der Mensch besitzt durch sie überhaupt die Fähigkeit zu denken und vernünftig zu schließen *(cogitare et ratiocinari)*. Die Überreste machen den Unterschied zum Tier aus. Vgl. AC 530, 560, 565, 857, 1738, 2280.

[290] KpV. AA V, 108, 110.

[291] Über den Gemeinspruch: Das mag in der Theorie richtig sein, taugt aber nicht für die Praxis (1793). AA VII, 279.

[292] KU. AA V, 453–455; RGblV. AA VI, 5f.

[293] KpV. AA V, 131; KU. AA V, 428, 435f. Die in Klammern gesetzte Erweiterung dürfte nicht nur den Welturheber einschließen, sondern wie oben „nichttierische" Intelligenzen wie Seelen, Engel [oder Planetenbewohner]. Noch in der KrV hatte Kant die „Ordnung der Zwecke" zugleich als „Ordnung der Natur" bezeichnet (B 425).

[294] Vgl. Kap. 4.2.10., j) und k). Christian Wolff spricht vom *finis ultimus*, vgl. WOLFF, *Psychologia Rationalis* (3. Aufl. 1740, § 689).

wirkungen im Reich der Zwecke besteht. Alle weltlichen Vergnügungen werden dem Kriterium der Zweckhaftigkeit und der Nutzwirkung unterworfen. Gott sieht nur den Zweck, das eigentliche Leben des Menschen an. In Swedenborgs Geisterwelt werden nicht gute und böse Handlungen belohnt oder bestraft, nur der Zweck und die Absichten *(fines)* fallen ins Gewicht, erst danach die aus ihnen resultierenden Handlungen.[295] Ziel ist es, den inneren Menschen, der himmlisch orientiert ist, zum Endzweck des irdischen Handelns zu machen.[296] Urheber aller Zwecke ist aber bei Swedenborg Gott selbst, der erster und letzter Zweck ist.[297]

e) Reich der Zwecke

In Swedenborgs Lehre fließen bei Gott alle Zwecke intelligibel zusammen im Reich der Zwecke, dem Reich Gottes, in dem eine sinnlich affizierte Moral keine Rolle mehr spielt, sondern die hinter den Ursachen und Wirkungen liegenden Zwecke und das Schöpfungsziel sichtbar sind. Hier entfalten sich nur noch „Nutzwirkungen", die individuellen und göttlichen Zwecke sind auf höchster Ebene vereint und in eins gebracht: *regnum Domini est regnum finium et usuum*.[298]

Dieser in den *Arcana coelestia* so zentrale Terminus besitzt als Supplement zur zweiten Formel des kategorischen Imperativs[299] auch in der *Grundlegung zur Metaphysik der Sitten* als „herrliche[s] Ideal"[300] eine exponierte Stellung und ist sicherlich aus dem *„corpus mysticum* der vernünftigen Wesen" als Bezeichnung der moralischen, intelligiblen Welt in der ersten Kritik[301] entwickelt worden. Kant dürfte den Begriff des Reichs der Zwecke, der etwa bei Leibniz nicht vorkommt und den er von Leibniz' Reich der Gnade ausdrücklich absetzt, von Swedenborg übernommen haben.[302] Bereits in den *Träumen* hatte er aus der Hypo-

---

[295] AC 1936, 2303, 3078, 4839.

[296] AC 3928.

[297] AC 3702. Die Ursachen entsprechen der Geisterwelt, die Wirkungen entfalten sich im *mundus naturalis*.

[298] AC 696. Das gleiche Wortfeld: 3645, 3796, 6574. AC 9828 setzt das *regnum Domini* mit dem *mundus spiritualis* gleich. Vgl. auch AC 1097, 3646. Oetinger übersetzt: „[...] das Reich des Herrn ist ein Reich der Endzwecke und der Nuzbarkeiten", vgl. OETINGER, 1977 [1765], 67.

[299] DIETER SCHÖNECKER, ALLEN W. WOOD (Hgg.): Immanuel Kant „Grundlegung zur Metaphysik der Sitten". Ein einführender Kommentar. Paderborn u. a. 2002, 160 f.; SALA, 2004, 192. Kant hat den Begriff des Reichs der Zwecke der 3. Formel des kategorischen Imperatives von der Autonomie als Variante hinzugefügt, um die Lehre vom Menschen als Gesetzgeber des universalen moralischen Gesetzes mit der Lehre vom Menschen als Zweck an sich selbst zu vereinbaren. Zu diesem Thema vgl. nun auch: GREGORY R. JOHNSON: From Swedenborg's Spiritual World to Kant's Kingdom of Ends. In: Aries 9.1 (2009), 83–99.

[300] GMS. AA IV, 462 f.

[301] KrV. B 836. Der Begriff des *corpus mysticum* bezieht sich bei Baumgarten aber auf die (einzelne) moralische Person als ganzer Geist, nicht auf die Gemeinschaft mehrerer Geister; vgl. BAUMGARTEN, Metaphysica, 1757, § 742.

[302] Bei Leibniz taucht „Reich der Zwecke" nicht auf. Er verwendet „règne" sonst vor allem als Reich der Gnade, Reich der Natur oder als Reich Christi. Das in Kap. 4.2.10., k) er-

these eines *mundus intelligibilis* die „Regel des allgemeinen Willens", einen „fremden Willen" und die moralische Einheit der Menschheit als Faktum gezogen, auch wenn er die epistemologische Aussagbarkeit der Geisterwelt wie auch die Spekulationen über die Gemeinschaft mit ihr am Beispiel Swedenborgs zugleich strikt zurückwies.[303] Der *mundus intelligibilis* als eine Gemeinschaft von Geistern bleibt als Basis der Moralität bei Kant aber bestehen.[304] In der *Kritik der reinen Vernunft* macht die „systematische Einheit der Zwecke in dieser Welt der Intelligenzen" die intelligible moralische Welt aus, das *regnum gratiae*, das Baumgarten unter ausdrücklichem Hinweis auf Leibniz als pneumatische Welt bezeichnet. Diese Einheit führt in der ersten Kritik noch zur zweckmäßigen Einheit aller Dinge, also nicht nur der intelligiblen, sondern auch der sinnlichen, und sie vereinigt die praktische und die spekulative Vernunft in einer einzigen Idee.[305] Auch in den Reflexionen bezeichnet Kant zu dieser Zeit das Reich der Natur selbst noch als Reich der Zwecke. Hier erscheint das „Reich der Sitten" überdies synonym mit dem (moralischen) Reich der Zwecke. Die Moraltheologie ermöglicht den Begriff eines Oberhaupts im Reich der Sitten – aus dem höchsten Wesen wird das Höchste Gut. Was Physikotheologie, Ontotheologie und Kosmotheologie nicht vermögen, das macht die Moraltheologie möglich.[306] Gott ist Ursache, Schöpfer und „Baumeister" einer Welt, die zugleich Reich der Natur und Reich der Zwecke ist, aber in der „Civitas Dei" zusammengefasst ist, im „Himmelreich", wo die Natur gänzlich mit dem moralischen Gesetz in Übereinstimmung gebracht wird.[307] Nur durch eine intelligente Weltursache ist es möglich, Leibniz' prästabilierte Harmonie nicht nur auf Körper und Seele, sondern auch auf die Übereinstimmung zwischen dem Reich der Natur und dem Reich der Gnade als dem Reich der Zwecke auszudehnen und eine Harmonie zwischen Natur und

---

wähnte Reich der Wirk-Ursachen und das parallel laufende Reich der (End-) Zweck-Ursachen als Ausdruck der prästabilierten Harmonie sind seltene Begriffe bei Leibniz. Ein Hörer seiner Moralphilosophie-Vorlesung von 1784/85 notierte Kants Bemerkung über die „Glieder eines Reichs der Zweke, deren Haupt Gott ist, die eigentlich intellectuelle Welt". Augustin und Leibniz hätten es „Reich der Gnaden genannt". „Im Reiche der Zweke ist Gott Oberhaupt; im Reiche der Natur oberste Ursache." Vgl. Moralphilosophie Mrongovius. AA XXIX/1.1, 629, sowie ebd., 610.

[303] Vgl. SALA, 2004, 44.

[304] So auch CHRISTOPH JEDAN: De disciplinering van de ervaringsdrift. Kants kritiek op Swedenborgs esoteric. In: Groniek 38 (2005), 251–264, hier: 260.

[305] KrV. B 843; BAUMGARTEN, Metaphysica, 1757, §389. Swedenborg hat sich intensiv mit dem Verhältnis zwischen *regnum gratiae* und *regnum naturae* bei Leibniz auseinandergesetzt, in den AC ist das *regnum gratiae* jedoch nicht enthalten.

[306] R 6247. AA XVIII, 527. SALA, 2004, 114, macht darauf aufmerksam, dass durch die Setzung des Oberhaupts im Reich der Zwecke bzw. Sitten die Autonomie des Menschen relativiert wird, der in diesem Reich zwar gesetzgebend, aber doch nur Untertan ist. Kant kann jedoch nicht umhin, sich in der Moral immer wieder auf Gott zu berufen (vgl. KpV. AA V, 82; GMS. AA IV, 433 f.; Moralphilosophie Mrongovius, AA XXIX/1.1, 629).

[307] R 6149, 6159. AA XVIII, 469; 471. Vgl. dementsprechend in den Vorlesungen über Rationaltheologie (Mrongovius, 1783/84), AA XXVIII/2.2, 1294: „Wir stellen uns Gott als Regierer im Reiche der Zwecke und als Schöpfer im Reiche der Natur vor und betrachten uns in Ansehung dessen nach unserem ganzen Dasein."

Freiheit anzunehmen.[308] Und nur durch die Moral kann einer „Verbindung der Zweckmäßigkeit aus Freiheit mit der Zweckmäßigkeit der Natur, deren wir gar nicht entbehren können, objectiv praktische Realität verschafft" werden.[309]

In der *Grundlegung zur Metaphysik der Sitten* wird das Reich der Zwecke als „Verbindung verschiedener vernünftiger Wesen durch gemeinschaftliche Gesetze" verstanden, als ein „Ganzes aller Zwecke".[310] Nur „vernünftige Wesen", die zugleich gesetzgebend und den moralischen Gesetzen unterworfen sind, können darin Mitglied werden; hier fallen Privatzwecke und Allgemeinzwecke zusammen – die Anknüpfung an Rousseaus *volonté générale* wäre an dieser Stelle durch Swedenborg zu ergänzen.[311]

Auch nach der Differenzierung der Teleologie[312] in eine physische und eine moralische in der *Kritik der Urteilskraft* bleibt das Reich der Zwecke apriorischer Grundsatz für die teleologische Beurteilung der „Existenz der Dinge".[313] Die Hauptbedingung dafür, die Welt als System von Endzwecken anzusehen, besteht darin, Gott als obersten Grund im Reich der Zwecke anzuerkennen. Dies geht aber nun nicht mehr aus der physischen, sondern aus der moralischen Teleologie hervor, die den „Mangel" der physischen Teleologie ergänzt, „allererst eine Theologie" begründe, aber für die teleologische „Beurtheilung der Existenz der Dinge" notwendig sei. Die physische Teleologie vermag lediglich eine Dämonologie zu begründen.[314] Während die Teleologie als physische Teleologie aus der Erkenntnis verbannt wird, gerät sie als moralische Teleologie in den praktischen Bereich und unterliegt den erkenntnisbeschränkenden Kriterien der praktischen

---

[308] Über eine Entdeckung, nach der alle neue Kritik der reinen Vernunft durch eine ältere entbehrlich gemacht werden soll (1790). AA VIII, 250. Leibniz habe die prästabilierte Harmonie nicht nur auf Körper und Seele bezogen, sondern auch auf die Übereinstimmung „zwischen dem Reiche der Natur und dem Reiche der Gnaden (dem Reiche der Zwecke in Beziehung auf den Endzweck, d. i. den Menschen unter moralischen Gesetzen)", was aber nicht aus der „Beschaffenheit der Weltwesen", sondern nur durch eine „intelligente Weltursache" begriffen werden könne.

[309] RGblV. AA VI, 5.

[310] GMS. AA IV, 433; Moralphilosophie Mrongovius. AA XXIX/1.1, 629. Der Mensch gehört sowohl zur intelligiblen Welt nach seiner Freiheit als auch zur Natur nach seiner Unterworfenheit unter deren Gesetze, vgl. KpV. AA V, 87.

[311] So JOHNSON, 2003, 26–33. Kant hat Rousseau nach Johnson dort „verlassen" und sich Swedenborg zugewandt, wo Rousseau die Herkunft der Moral aus der Sinnlichkeit behauptet.

[312] Der Qualifizierung der Physikotheologie als einer missverstandenen physischen Teleologie, die höchstens als theologische Propädeutik denkbar ist (KU. AA V, 442), steht allerdings die immer wieder vorgebrachte These gegenüber, die Idee eines höchsten Wesens stecke in uns. Dies werde dann deutlich, wenn die theoretische Berechtigung der Physikotheologie zur Annahme unseres Strebens und Gottes selbst angefragt wird (ebd., 437). Auch bezögen sich alle Naturzwecke auf eine verständige Weltursache, ein Prinzip als obersten Grund im Reich der Zwecke (ebd., 444).

[313] KU. AA V, 433–436, 438f. Zum Verständnis des Zweckbegriffs und zur Neubewertung der Teleologie in der KU vgl. RENATE WAHSNER: Mechanism – Technizism – Organism. Der epistemologische Status der Physik als Gegenstand von Kants *Kritik der Urteilskraft*. In: KAREN GLOY, PAUL BURGER (Hgg.): Die Naturphilosophie im Deutschen Idealismus. Stuttgart-Bad Canstatt 1993, 1–23.

[314] KU. AA V, 444f., 462. Die Zwecke der Natur können *a priori* nicht eingesehen werden. Vgl. auch Vorlesungen über die philosophische Religionslehre (nach Pölitz). AA XXVIII, 1002, 1088, 1113x, 1116.

Vernunft – die der theoretischen durch die Primatslehre allerdings vorgeordnet ist. Das Reich der Zwecke bezieht sich aber auch nach dieser Trennung auf beide Bereiche der Vernunft, obwohl eine epistemologische Differenz eingebaut worden ist.

Verschiedene Interpreten[315] haben ein Schwanken Kants in der Frage festgestellt, ob das Reich der Zwecke als durch Tugendhaftigkeit erreichbares Ideal zu gelten hat oder schon jetzt existiert. In der *Grundlegung zur Metaphysik der Sitten* wird es mit dem *mundus intelligibilis* als einer „reinen Verstandeswelt" identifiziert, zu der wir als vernünftige Wesen schon jetzt gehören und die auf der Basis von Kants Phänomenalismus der Sinnenwelt als Ding an sich schon jetzt entspricht.[316] Auf dieser Ebene liegen die Notizen, die Johann Wilhelm Volckmann (1766–1836), ein Hörer der Metaphysikvorlesung Kants 1784/85, also zur Zeit der Abfassung der *Grundlegung*, zum *status post mortem* anfertigte:

> „Nun können wir sagen: der Tugendhafte ist schon hier im Himmel nur er ist sich deßen nicht bewußt, denn er erkennt die Dinge an sich selbst, und das vernünftige Reich unter moralischen Gesezzen betrachtet ist: das Reich Gottes und das Reich der Zweke, und er ist ein wahres Glied im Reich der Zweke, der Uebergang in die andre Welt würde blos die Anschauung seyn, das heißt in eine andre Welt kommen diese ist nur der Form nach eine andre, dem Inhalt nach aber immer dieselbe Welt, weiter können wir hierin nicht gehen."[317]

Hier erstreckt sich das Reich der Zwecke auf beide Welten. Wer bereits in seinem irdischen Leben die moralischen Gesetze erfüllt, befindet sich in dem Reich, das er postmortal durch einen Wechsel der Anschauung in einer anderen Form wahrnehmen wird. Mehr möchte Kant hier nicht aussagen, aber auch nicht weniger. Das Reich Gottes ist das Reich der Zwecke – bei Swedenborg: *regnum Domini est regnum finium*, nicht *regnum gratiae* wie bei Leibniz. Diese singuläre Stelle, die das Reich der Zwecke mit dem lediglich als Anschauungswechsel verstandenen postmortalen Zustand verbindet, ist ein klares Zitat der Auffassungen, die Kant seinem Studium Swedenborgs entnommen hat. In der Volckmann-Mitschrift taucht der Name Swedenborgs zwei Seiten später, aber ebenfalls im Abschnitt über den *status post mortem* auf. Auf den möglichen zweiten eschatologischen Ausgang – die Hölle – wird ebenfalls verwiesen. Himmel und Hölle werden schließlich mit dem *progressus infinitus* verknüpft:

> „In der künftigen Welt können wir uns also nur einen Fortschritt zur Seeligkeit oder zum Elende denken, daß alles auf einem Haufen seyn wird [eine *Apokatastasis* – FS] können wir uns gar nicht vorstellen."[318]

Offen bleibt hier allerdings, ob denn der „Lasterhafte" nach seinem Tod etwa nicht das Reich der Zwecke nach seiner eigentlichen Form sehen werde, ob es gleichsam die Möglichkeit gibt, durch die Übertretung der moralischen Gesetze

---

[315] Nachweise bei SCHÖNECKER/WOOD, 2002, 158 f., und – bezogen auf den *mundus intelligibilis* und das Höchste Gut – SALA, 2004, 276, 280 f., 312.

[316] Vgl. SALA, 2004, 276. In der KrV (A 811) wird die intelligible Welt ganz anders als „eine für uns künftige Welt" angenommen; vgl. SALA, 2004, 312.

[317] Metaphysik nach Volckmann. AA XXVIII/1, 445.

[318] Metaphysik nach Volckmann. AA XXVIII/1, 446 f., Zitat: 447.

seinen Zweck zu verfehlen und bereits jetzt in einen Raum jenseits des Reichs der Zwecke zu gelangen. Dann wäre das Reich der Zwecke nicht universal, sondern eng an die Moral geknüpft und nur den Tugendhaften vorbehalten.

An anderen Stellen wird das Reich der Zwecke demgegenüber eindeutig als ein Ideal bezeichnet, das durch die Befolgung der Regeln des kategorischen Imperativs noch zustande kommen kann, obwohl man so handeln soll, als existierte es bereits jetzt:[319]

„Die Teleologie erwägt die Natur als ein Reich der Zwecke, die Moral ein mögliches Reich der Zwecke als ein Reich der Natur. Dort ist das Reich der Zwecke eine theoretische Idee zu Erklärung dessen, was da ist. Hier ist es eine praktische Idee, um das, was nicht da ist, aber durch unser Thun und Lassen wirklich werden kann, und zwar eben dieser Idee gemäß zu Stande zu bringen."[320]

Hier erscheint die intelligible Welt nur als Voraussetzung für das Reich der Zwecke; und nur diejenigen Intelligenzen werden seine Glieder, die sich vom moralischen Gesetz leiten lassen. Der Mensch ist von göttlicher Seite lediglich mit der Fähigkeit ausgestattet, sich für das Reich der Zwecke als „würdig" zu erweisen.[321] Wenn das Reich der Zwecke aber nicht nur mit dem *mundus intelligibilis*, sondern auch mit der „Idee einer moralischen Welt" und mit dem *corpus mysticum* aus der ersten Kritik[322] identisch wäre, als dessen Glieder wir uns bereits jetzt vorzustellen haben und die von allen Zwecken und Hindernissen abstrahiert, dann kommt es zu Kollisionen.[323] Kants Schwanken in dieser Frage wird meines Erachtens in der Religionsschrift aufgelöst.

Zweck *(finis)* der Schöpfung ist bei Swedenborg die Menschheit, weil sie als *seminarium caeli* die Basis für den Engelshimmel und das *regnum Domini* ist.[324] In Kombination mit Swedenborgs Auffassung von der Willensfreiheit wird das Reich des Herrn, das nach seinem Verständnis mit dem Reich der Zwecke zusammenfällt, nur durch eine in Freiheit vollzogene Entscheidung des inneren Menschen für eine nichtsinnliche moralische Qualifizierung betreten. Wer seine Neigungen nicht am Endzweck, sondern an den Sinnen, in Swedenborgs Sprachgebrauch: an der Selbst- und Weltliebe, ausrichtet, befindet sich und wird sich (postmortal) – wie bei Kant – in der Hölle befinden.

Was für Swedenborg die Vergeistigung der einmal körperlich gewordenen Menschheit innerhalb des *maximus homo* bedeutet, wandelt Kant, so meine These, in der Religionsschrift zu einer Verdiesseitigung und löst damit sein von den

---

[319] GMS. AA IV, 438 f., sowie 462.
[320] GMS. AA IV, 443.
[321] Vgl. Vorlesungen über Natürliche Theologie nach Volckmann (1783/84). AA XXVIII/2.2, 1217: „[...] Nur weiter konnte Gott ihm überwiegende Motive und Kräfte dazu geben, daß er dem göttlichen Ratschluß gemäß sich als ein Mitglied im großen Reich der Zwecke würdig machen sollte." Vgl. gleichlautend: Vorlesungen über die philosophische Religionslehre nach Pölitz (1783/84), ebd., 1113.
[322] KrV. A 808/B 836.
[323] Schönecker/Wood, 2002, 159, fragen sich etwa, ob Mitglieder im Reich der Zwecke auch unmoralisch handeln können. Dann existierte dieses Reich bereits jetzt, auch wenn die Regeln des kategorischen Imperativs noch nicht verwirklicht sind.
[324] AC 2039, 6697, 7069, 9237, 9941.

Interpreten beobachtetes „Schwanken" auf, ob das Reich der Zwecke nur als Ideal oder als bereits diesseitige Heimstatt der Tugendhaften zu verstehen ist. Schon 1784 hatte Kant in geschichtsteleologischer Absicht die Geschichte der Menschheit als „Vollziehung eines verborgenen Plans der Natur" betrachtet, der eine innerlich und äußerlich „vollkommene Staatsverfassung" hervorbringen werde und zugleich die Hoffnung nähre, dass alle Menschheit ihre „Keime" auf Erden erfüllen kann.[325] Bereits hier sind implizit beide Reiche in eins gesetzt: Der *progressus infinitus* bewegt sich zum Höchsten Gut auf Erden hin, und es wird die Hoffnung auf eine moralische Teleologie geäußert, die nicht auf eine andere, sondern auf diese Welt abzielt. In der Religionsschrift reformuliert Kant den Reich-Gottes-Gedanken auf der Basis der protestantischen Vorstellung von der *ecclesia invisibilis* und begründet damit eine folgenreiche Wirkungsgeschichte: Das Reich Gottes wird nunmehr als „moralisch bestimmte Gemeinschaft unter der göttlichen moralischen Weltregierung" verstanden.[326] Zu ergänzen wäre hier, dass es ja auch bei Swedenborg eine „neue Kirche", nämlich die des neuen Jerusalem ist, der die maßgebliche soteriologisch-eschatologische Funktion zukommt. Und auch diese Kirche wird nicht institutionell, sondern innerlich verstanden. Bei Kant ist es das Reich Gottes „in euch", ein „schönes Ideal", das durch die unsichtbare Kirche oder die Tugendgesellschaft vorbereitet wird und die intelligible Welt der schon jetzt moralisch Handelnden verdiesseitigt.[327] Durch kontinuierliches Fortschreiten und Annäherung an das Höchste Gut – ein nun verdiesseitigter *progressus infinitus* – kann das Reich Gottes auf Erden entstehen, wenn es auch noch „in unabsehlicher Ferne"[328] ist: Der Kirchenglaube wird dann zu einem für alle einleuchtenden Vernunftglauben,[329] der Tod hört auf, die Unsterblichkeit hebt an, „dem einen zum Heil, dem andern zum Verderben", „der Statthalter auf Erden" tritt „mit den zu ihm als Himmelsbürger erhobenen Menschen in eine Klasse" ein, und so ist „Gott alles in allem".[330] Das Reich der Natur und das Reich der Zwecke (hier als Ideal) werden letztlich zusammengeführt, wobei Gott, der nach allgemeinen Gesetzen in beiden Reichen regiert, als Urheber dieser Zusammenführung die geforderte sittliche, auch von seinem eigenen Willen unabhängige Autonomie synergetisch zu ergänzen scheint: Es bedarf eines Gottes, um der Überzeugung „Gewicht und Nachdruck auf mein Herz" zu

---

[325] Idee zu einer allgemeinen Weltgeschichte. AA VIII, 27, 30. Mit dieser Vorstellung dürfte nicht das Reich der Zwecke gemeint sein, denn auch der ideale Staat kennt das Recht des Zwangs. Für Kant ist aber nur eine sittliche Ordnung gültig. Vgl. SCHÖNECKER/WOOD, 2002, 160.

[326] MURRMANN-KAHL, 2005, 261, 266f., sieht hierin eine über Schleiermacher und Troeltsch bis zu Wilhelm Hermann reichende Wirkungsgeschichte mit der Gegenreaktion durch Karl Barth, Rudolf Bultmann und Paul Tillich begründet.

[327] RGblV. AA VI, 135f., 152f.

[328] RGblV. AA VI, 155.

[329] Der dem Kirchenglauben zugrunde liegende „historische Glaube" ist an sich tot und wird erst durch die moralische Schriftinterpretation lebendig. Der Offenbarungsglaube aber dient bei Kant nur noch dazu, die Alleinherrschaft des Vernunftglaubens abzusichern, vgl. MURRMANN-KAHL, 2005, 264f., 296.

[330] RGblV. AA VI, 136.

verleihen, dass die Gotteserkenntnis die Moral vollenden „muß".[331] Und nur Gott selbst kann der „Urheber seines Reichs" sein. Menschen bleibt nur die Rolle der „Urheber der Organisation",[332] ja sie sind bei ihrer Berufung in diesen „ethischen Staat" trotz ihrer Freiheit der göttlichen Gesetzgebung „unbedingt" unterworfen.[333]

Swedenborg setzt als Zielpunkt der Schöpfung die Vergeistigung des ‚guten' Teils der Menschheit im Reich der Zwecke – und die des ‚schlechten' in der Hölle, damit eine vollkommene Harmonie entstehen kann, zu der die Existenz des Bösen notwendig ist. Kant behält sein moralphilosophisches Unsterblichkeitspostulat mit einer ebenfalls dualistischen Eschatologie bei, aber das Reich der Zwecke (Sitten) und das Reich der Natur werden an einem dritten Ort zusammengeführt und nicht vergeistigt: im Reich Gottes auf Erden. Als Alternativen zu dem Weltbild Kants und Swedenborgs erweist sich Oetingers apokalyptisch-apokatastatische Theologie, die gerade nicht mit ewigen Annäherungsprozessen, sondern mit der Aufhebung aller Dualismen durch Parusie, Weltende und Allversöhnung rechnet.

5.3.6. Schluss: Die Grenze zwischen Kant und Swedenborg

Abschließend soll die Frage nach der substantiellen Differenz zwischen Swedenborg und Kant in ontologischer und epistemologischer Hinsicht gestellt werden. Swedenborg behauptet den ontologischen Status des *mundus intelligibilis* und der aus ihm abgeleiteten Moralreligion mit dem Hinweis auf eine außerordentliche Offenbarung, die ihm der Herr selbst gewährt habe. Seinen vorvisionär unternommenen Versuch, die Unsterblichkeit der Seele empirisch-wissenschaftlich zu beweisen, hat er damit aufgegeben und durch eine Theophanie ersetzt, die sich dem Beurteilungsvermögen der Vernunft und der Erfahrung nach Kants Verständnis entzieht, die man also nur glauben kann oder nicht. Hinter seinen Schilderungen verbirgt sich ein neuplatonisch und aus dem philosophischen Rationalismus vor allem Leibniz', Wolffs und Malebranches inspiriertes System, das von Kant zweifellos in den *Arcana coelestia* erkannt worden ist.

Bei Kant ist der ontologische Status der Postulate der praktischen Vernunft, der in der zweiten Kritik noch ausgebaut wird[334] – Gott, Unsterblichkeit, Freiheit und damit verknüpft: der *mundus intelligibilis* –, von der spekulativen Erkenntnis streng geschieden. Aber: Die Kategorien der Noumena besitzen (nicht in der theoretischen, sondern) in der praktischen Vernunft objektive Realität.[335] Durch das praktische Gesetz wird die noumenale Welt erkannt, sofern Sicherheit

---

[331] Vgl. Religionslehre nach Pölitz. AA XXVIII/2.2, 1088, 1115 f.

[332] RGblV. AA VI, 152. Kant erklärt (ebd., 143) damit die Vereinbarkeit von Schöpfung und Freiheit für die spekulative Vernunft zu einem „undurchdringliche[n] Geheimniß". Vgl. auch BOHATEC, 1938, 562 f.

[333] RGblV. AA VI, 142 f.

[334] Vgl. SALA, 2004, 55.

[335] KpV. AA V, 11.

besteht, „dass unseren transzendenten Ideen eine objektive Realität entspricht", obwohl dies keine Erkenntnis im spekulativen Sinn bedeutet.[336] Und Postulate sind keine theoretischen Dogmen, sondern Voraussetzungen in praktischer Hinsicht, sie erweitern die spekulative Vernunft, indem sie ihren Ideen durch die praktische Vernunft objektive Realität geben. Dies berechtigt die spekulative Vernunft zu Begriffen, die sie aus sich selbst nicht zulässt. Die Postulate besitzen zwar keine korrespondierende Anschauung und *theoretisch* keine objektive Realität, aber für die praktische Vernunft sind die postulierten Objekte wahr und wirklich, sie besitzen „o b j e c t i v e und, obgleich nur praktische, dennoch unbezweifelte R e a l i t ä t", sind „hinreichend beglaubigt", für die praktische Vernunft immanent und im Begriff des Höchsten Guts vereinigt, während sie für die spekulative nur transzendent waren.[337] Schwärmerei entsteht nur dort, wo die Postulate der praktischen Vernunft für Erkenntnis gehalten werden. „Übersinnliche Wesen (als Gott)" dürfen nur „praktisch" angenommen werden, und diese Annahme darf nicht zum „Schwärmen" führen.[338] Die Realität der Begriffe der praktischen Vernunft bleibt außerhalb der Erkenntnis und erweitert sie zugleich; sie ist ihr durch die Primatslehre sogar übergeordnet, weil das gesamte menschliche Leben zuerst von moralischem Interesse ist.[339] Den „leeren Platz" des Intelligiblen, den die spekulative Vernunft als Mangel aufweist, füllt „reine praktische Vernunft durch ein bestimmtes Gesetz der Causalität in einer intelligibelen Welt (durch Freiheit), nämlich das moralische Gesetz".[340] Giovanni B. Sala hat diese Ansätze als Versuche Kants bezeichnet, dem „Glauben eine Art von Erkenntnis" zuzusprechen – sie seien allerdings allesamt gescheitert.[341]

Wo Swedenborg durch außerordentliche Offenbarung die Erkenntnis ins „Übersinnliche" erweitert, hat Kant die praktische Vernunft, die mit ihren Postulaten ebenfalls die Erkenntnis erweitert, wenn auch – wie er immer wieder betont – nur in praktischer Hinsicht. Beide Ansätze führen aber in ihrer Konsequenz zu einer Gleichsetzung von Religion und Moral,[342] deren Prägung durch lutherisch-

---

[336] SALA, 2004, 128. Für Kant steht das Fürwahrhalten des Postulats „keinem Wissen" nach, auch wenn in der Ethik die Möglichkeit eines Gegenstands aus praktischen Gründen postuliert wird und dessen Möglichkeit nicht theoretisch angesichts der postulierten Objekte, sondern angesichts des postulierenden Subjekts zu gelten hat. Vgl. auch KpV. AA V, 47.

[337] KpV. AA V, 132, 134, 49, 121. SALA, 2004, 313, macht ebenfalls auf die Zweideutigkeit dieses Wahrheitsverständnisses aufmerksam, die darin liegt, dass die postulierten Begriffe zwar nicht gewusst werden können, aber dennoch wahr und ihre Objekte wirklich sein sollen. Dies wirkt sich sogar auf den Gottesbeweis aus, der nicht theoretisch, aber im Sinne der Postulate praktisch geführt werden kann (vgl. ebd., 61). In der KpV erscheint der moralische Beweis als Postulat, in der KU (§ 87) wird er zum moralischen Beweis des Daseins Gottes (vgl. ebd., 282). In *Zum ewigen Frieden* (1795) wird ein Postulat dann wieder als *a priori* gegebener und nicht beweisbarer „praktischer Imperativ" definiert (vgl. ebd., 310; AA VIII, 418).

[338] KpV. AA V, 56 f.

[339] KpV. AA V, 119–121.

[340] KpV. AA V, 49.

[341] SALA, 2004, 294.

[342] Bei Kant führt die Moral zur Religion, indem sie den „Endzweck aller Dinge" mit der Freiheit verbindet. Auf diese Weise wird eine objektiv reale Verbindung zwischen der Zweckmäßigkeit der Freiheit und der Natur geschaffen. Vgl. RGblV. AA VI, 5.

pietistische oder calvinistisch-pietistische Einflüsse im Falle Kants ausgesprochen fraglich ist, wie bereits Bohatec herausgearbeitet hat.[343] Der Glaube an eine überirdische Zurechnung oder an die Wirksamkeit übersinnlicher Gnadengüter entfällt bei beiden zugunsten einer auf intelligibler Freiheit und auf einem Reich der Zwecke basierenden Vernunftreligion.

Es wäre nun zu bedenken, worin die grundstürzende Differenz zwischen einer Wirklichkeit, die dem irdischen oder äußeren Menschen nicht zugänglich ist und nur durch Offenbarung erkannt werden kann, und einer Wirklichkeit besteht, die gleichfalls nicht erkannt, aber dennoch für real, hinreichend beglaubigt, wahr und wirklich zu halten (zu hoffen und zu glauben) ist und die überdies die Grundlage jeden moralischen Handelns bildet. Ohne Zweifel sind die barocken Auslegungen des Alten Testaments, die „kindische" Figur des *maximus homo* und die phantastischen Beschreibungen der Geisterwelt bei Swedenborg schon dem Kant der *Träume* ausgesprochen fremd. Aber das dualistische Weltsystem und die dualistische Eschatologie mit der daraus folgenden Ethik, die Swedenborgs Lehre zugrunde liegen, sind es nicht. Doch diese Übereinstimmung impliziert eine deutliche Grenze; sie ist nicht beim ontologischen Status, sondern beim epistemologischen Zugang zum Intelligiblen gezogen.

Swedenborgs Name fällt in Kants Werk nach den *Träumen* insgesamt kaum noch, und wenn, dann mit negativer Konnotation. Dennoch sind Elemente seiner Lehre bei Kant immer wieder festzustellen – ein Phänomen, das als subkutane und zugleich partiell negative Rezeption bezeichnet werden kann, wenn man wie die meisten zeitgenössischen Rezensenten in den *Träumen* anstelle eines eindeutigen Bruchs mit Swedenborg eher eine Ambivalenz oder gar Gemeinsamkeiten mit seiner Lehre erkennt. Dass Swedenborgs Lehre in enger Anlehnung an die rationalistische Philosophie entwickelt worden ist, an Leibniz, Wolff, Malebranche, bietet eine Erklärung dafür, warum Kant ausgerechnet nach seiner Lektüre der *Arcana* die Grundlagen der Leibniz-Wolffschen Schulmetaphysik aus dem Bereich der Erkenntnis verbannte und gegen ihre Methode seine kritische Erkenntnislehre entwickelte. Offenbar erkannte er in Swedenborg eine mögliche Konsequenz der rationalistischen Philosophie, speziell eine Art spiritistische Konkretion des Leibnizschen Monadenmodells „in the imagination of a poet and a prophet".[344] Wenn Kant den Erkenntnisanspruch der „Träumer der Vernunft" verwarf, die sich nach den Kriterien seiner Metaphysik als „Wissenschaft von den Grenzen der menschlichen Vernunft" mit ihren Spekulationen über den kosmologischen Zusammenhang des Universums und über das *commercium corporis et animae* beständig über die Grenzen der Vernunft hinaus bewegten, meinte er auch die Basis für die Geisterseherei aufzuheben. Gleichzeitig modifizierte er die rationale Psychologie und auch Swedenborgs Geisterweltlehre innerhalb der Postulatenlehre und in einer Vernunftreligion, die nicht ‚erkannt', sondern letztlich nur durch das Fürwahrhalten der Objekte eben jener Postulate erreicht

---

[343] BOHATEC, 1938, 16.
[344] Vgl. JONSSON, 1999, 63.

werden kann, das für Kant mit einer „mehr und mehr auch theoretisch begründe-te[n] Überzeugung von der Realität des Übersinnlichen"[345] einherging.

Es dürfte angemessen sein, die metaphysische Kantinterpretation vom Anfang des 20. Jahrhunderts ernstzunehmen, die mit Max Wundt die kritische Philoso-phie Kants in der Theologie und diese in der (Moral-) Religion gipfeln sah und den Kern der Philosophie in der Offenbarung Gottes in der Welt erblickte.[346] Swedenborg dürfte als wichtige Quelle auf diesem Weg keinesfalls zu unterschät-zen sein. Schon Hans Vaihinger hat darauf aufmerksam gemacht: Man dürfe das „positive Verhältnis Kants zu Swedenborg", das „auch in der kritischen Zeit noch gelegentlich hindurchbricht", weder übertreiben noch „a limine" abweisen oder ganz hinweg leugnen, auch wenn Swedenborgs Einflüsse von Kant in praktische Ideen gewendet würden und hier dann nicht mehr „Mysticismus" seien.[347]

Vaihinger wandte sich mit dieser Äußerung gegen die eingangs genannten zeit-genössischen Bestrebungen am Ende des 19. und am Beginn des 20. Jahrhunderts, einen okkulten oder mystischen Kant zu konstruieren, wie es besonders Carl du Prel versucht hatte. Für Vaihinger war es klar, dass Kant den „modernen Mysti-cismus, soweit er sich an seinen Rockschössen festhalten will, energisch von sich geschüttelt" hätte.[348]

Die Ambivalenz, die von manchen Zeitgenossen in den *Träumen* erkannt wur-de und Kant etwa in den Augen von Oetinger und Hahn als Parteigänger Swe-denborgs erscheinen ließ, setzte sich allerdings noch in Kants kritischer Phase wirkungsgeschichtlich fort. Wie in einem eigenen, abschließenden Abschnitt noch darzustellen sein wird, wurde Kants kritische Philosophie außerdem bereits von verschiedenen Zeitgenossen als Rationalisierung der älteren Mystik und so-gar in einem swedenborgischen Sinne als ‚Aufklärung' vorhandener Unsterblich-

---

[345] Vgl. Max Wundt: Kant als Metaphysiker. Ein Beitrag zur Geschichte der Deutschen Philosophie im 18. Jahrhundert. Stuttgart 1924, 316; zitiert nach Sala, 2004, 333.
[346] Vgl. Wundt, 1924, 435, 372.
[347] Vaihinger, 1922 [1. Aufl. 1881/92], 431, 512f.; Hans Vaihinger: Rezension zu Immanuel Kant's Vorlesungen über Psychologie, hg. von Carl du Prel. In: Benno Erd-mann: Bericht über die neuere Philosophie bis auf Kant für die Jahre 1888 und 1889, in: Ar-chiv für Geschichte der Philosophie 4 (1891), 721–723. Vaihinger weist hier ausdrücklich auf die Gemeinsamkeiten zwischen Kant und Swedenborg in der Zweiweltentheorie der *Träume* und bei dem *corpus mysticum* in der KrV hin, hält letzteres aber für den Beleg der Wandlung der „grobdogmatischen Vorstellungen" Swedenborgs in Ideen der praktischen Vernunft bei Kant – im Gegensatz zu seinem Kommentar zur KrV. Dort wird als Beleg für das positive Verhältnis Kants zu Swedenborg aufgeführt. In den von Vaihinger herausgegebenen *Kant-Stu-dien* wurde 1900 auf die aktuellen Versuche der Swedenborgianer in ihrer Zeitschrift *The New Philosophy* hingewiesen, die Verbindung zwischen Kant und Swedenborg unter Berufung aus-gerechnet auf Vaihinger zu stärken. Dies gehe „viel zu weit". Allerdings wurde Vaihingers Formulierung aus dem Kommentar zur KrV in diesem Zusammenhang ausdrücklich ver-stärkt: „deutliche Spuren" der „Beeinflussung Kants durch Swedenborg" seien „nicht abzu-leugnen". Schließlich sprächen auch die in den Metaphysik-Vorlesungen enthaltenen Stellen für Kants späte „gewisse Wertschätzung für Swedenborgsche Ideen". Vgl. Mitteilungen. Kant und Swedenborg. In: Kant-Studien 4 (1900), 134.
[348] Du Prel reagierte auf diesen Vorwurf Vaihingers mit der Bemerkung, „man" möge ihm wohl die „Originalität absprechen", weil er sich nur „an Kants Rockschöße halte". Er werde aber „nachweisen", „daß diese Rockschöße in der Tat existieren", vgl. du Prel, 1964 [1889], 26.

keits- und Geisterlehren gelesen. Auf diese Weise wurde er zu einem immer wieder autoritativ zitierten *Link* zum Spiritismus des 19. Jahrhunderts. Die Vereinnahmungen durch Zeitgenossen, die sich selbst als Mystiker verstanden und eine mystische Tradition konstruierten, die sie in Kant zugleich als erfüllt und überwunden betrachteten, unterschieden sich natürlich von den paranormalen oder okkultistischen Bestrebungen der „Grenzwissenschaft" an der Wende vom 19. zum 20. Jahrhundert bis hin zu Carl Gustav Jung, der sich als Kantianer in einem swedenborgischen Sinne verstand.[349] Für Kants mystische Parteigänger war es entweder um das moralische Gesetz als innere Offenbarung und zugleich um eine von der ritualisierten Kirchenreligion abgewandte moralische Gesinnungs- und Vernunftreligion (Wilmans, Ammon) oder um eine ‚aufgeklärte' Geisterlehre (Dedekind, Pölitz) gegangen. Diese Rezeptionsstränge zeigen, wie und in welche ambivalenten Kontexte Kants Philosophie von seinen Zeitgenossen bis in die Moderne eingeschrieben wurde.

War Swedenborg – ein „Zwillingsbruder" Kants? Auf keinen Fall der dunkle, ‚andere', ins Unbewusste Verdrängte wie in der Lesart von Böhme / Böhme. Dafür sind Versatzstücke und Ähnlichkeiten der „Hirngeburten" mit der swedenborgischen Lehre bei Kant zu deutlich erkennbar. Und ein radikaler Bruch mit dem gesamten Swedenborg ist in den *Träumen* nicht sichtbar. Es ist natürlich keine Frage, dass Kant ein für alle mal aus der Erkenntnis verbannt, was Swedenborg aus der Geisterwelt berichtet, und dass er den visionären Behauptungen empirischer übersinnlicher Erfahrungen eine Erkenntnislehre entgegensetzt, die solche Erfahrungen ausschließt. Die epistemologische Schranke ist fundamental. Für okkulte Phänomene ist hier – wie auch im Bereich der praktischen Vernunft – fortan kein Platz mehr: Geister wirken nicht in diese Welt.[350] Mit Lewis White Beck sollte jedoch nicht nur zwischen einer offiziellen und einer privaten Philosophie bei Kant unterschieden werden. Man dürfte kaum umhinkommen, eine ganze Reihe von Prinzipien seiner vorkritischen Philosophie und – das wäre zu ergänzen – eben auch Elemente aus Swedenborgs Lehre noch in seiner kritischen Phase festzustellen, und zwar im Umfeld der Postulate der praktischen Vernunft, als regulative Prinzipien oder als Gegenstände des vernünftigen Glaubens.[351]

---

[349] Vgl. dazu BISHOP, 2000; sowie PAUL BISHOP: Schwärmerei und Geisterseherei, Aufklärung und analytische Psychologie: Kant und Swedenborg aus der Sicht von C. G. Jung. In: STENGEL, 2008b, 133–155.

[350] Anders FLORSCHÜTZ, 1992. Die Forderung, es sei nicht nötig, (wie G. R. Johnson) einen Gegensatz zwischen Kant und Swedenborg zu konstruieren, ist daher ebenso zu kurz gegriffen wie das Argument, Kant habe die Grenze zwischen seiner „erleuchteten Wissenschaft" und der esoterischen Sicht Swedenborgs nicht so resolut gezogen, wie gemeinhin angenommen. Vgl. JEDAN, 2005, 251, 261. Jedan verzichtet auch darauf, den von ihm als „esoterisch" bezeichneten Charakter der Lehre Swedenborgs im Kontext eines schlüssigen Esoterikbegriffs näher als esoterisch zu definieren.

[351] LEWIS WHITE BECK, RALF MEERBOTE u. a. (Hgg.): Kant's Latin Writings. Translation, Commentaries and Notes. 2. Aufl. New York u. a. 1992, 3–5. Manche dieser vorkritischen Argumente stünden geradezu explizit den Positionen von Kants offizieller Philosophie gegenüber. Beck verweist sogar auf die zuweilen vertretene Ansicht, Kant habe die Wahrheit der monadologischen Metaphysik noch behauptet, nachdem er die Erkenntnis von Noumena bereits bestritten hatte, und er habe privat dem Glauben an die Geisterwelt angehangen, noch

Diese Elemente finden sich im Rahmen seiner Zweiweltentheorie „in der Fassung eines doppelten ontologischen Status"[352] auf der Seite der praktischen Vernunft, während sie von der theoretischen Vernunft epistemologisch abgeschnitten sind. Auf diese Weise bleibt dennoch ein Stück Swedenborg in Kant konserviert, nicht abgetrennt oder verdrängt, sondern – vielleicht bewusst – umgeformt und einverleibt.

5.3.7. Ausblick: Kant, ‚Mystiker' und Geister

a) Der mystische Kantianer: Carl Arnold Wilmans

Obwohl sich Kant in der Tat an vielen Stellen gegen den Mystizismus als Schwärmerei abgrenzte, wurde er von Zeitgenossen jedoch in diesen Kontext eingeordnet. Im Anhang zum *Streit der Fakultäten* druckte Kant auszugsweise den an ihn gerichteten Brief eines ehemaligen Schülers, des Mediziners Carl Arnold Wilmans (1772–1848), ab, der auf dessen philosophischer Dissertation *De similitudine inter mysticismum purum et Kantianam religionis doctrinam* beruhte.[353] Ausgehend von Kants Zweiweltenlehre, nach der der Mensch sowohl für das Reich der Sinne als auch für das Reich der Sitten als einer „Welt, die wir nicht kennen", bestimmt ist, entwickelte Wilmans eine scharfe Diastase zwischen dem „Ist" der Welt der Sinne, die der Verstand sich selbst erschaffe, und dem „Soll" des Reichs der Sitten, in dem die Vernunft als praktisches Vermögen des freien Willens herrscht. Das moralische Gesetz nun, das im „innern Wesen" des Menschen verankert sei, mache den Menschen erst zum Menschen. Und es sei nicht nur zu fragen, so Wilmans, ob nach dem „Tode des Menschenkörpers" sein Verstand sterbe und nunmehr der Vernunftgebrauch beginne, sondern auch, ob man diese Idee im Interesse der Moralität nicht auch auf den Verstand übertragen sollte. Dessen ungeachtet trage die Idee eines moralischen Reiches mit einem moralischen Welturheber zur Entstehung von Religion als Gefühl und Erkenntnis der göttlichen Gebote als Pflichten bei. Dies habe er, Wilmans, bei Kant herausgelesen und er habe sich daran erinnert, als er eine „Classe von Menschen" kennen-

---

nachdem er Swedenborg in den *Träumen* attackiert hatte. Letzteres bewegt sich freilich auf der Ebene der bloßen Spekulation und findet keinen Anhalt innerhalb der schriftlichen, stets distanzierten Äußerungen Kants zu diesem Thema. Den Hinweis auf Beck verdanke ich JOHNSON/MAGEE, 2002, XXI. Florschütz weist ebenfalls auf die Trennung zwischen Kants öffentlicher und persönlicher Philosophie hin und führt sie auf die philosophische Ambivalenz zwischen „rationalem Ethos und metaphysischer Ethik" zurück. Da in Florschütz' Ansatz die (unklar datierten) Vorlesungen überbewertet werden, gelingt es ihm nicht, die Modifikation einzelner Elemente herauszuarbeiten. Vgl. FLORSCHÜTZ, 1992, 70, sowie HARALDSSON/GERDING, 2010, 434. Bereits Alois Riehl hielt (1876) die Beschäftigung mit Swedenborg und insbesondere seine Zweiweltentheorie für „private Vorstellungen" des pietistisch erzogenen Kant, vgl. VAIHINGER, 1891, 721.

[352] SALA, 2004, 217.

[353] CARL ARNOLD WILMANS: Dissertatio philosophica de similitudine inter mysticismum purum et Kantianam religionis doctrinam. Halle 1797.

lernte, die sich „Mystiker" nennen, aber als „Separatisten" bezeichnet würden. Sie praktizierten keinen Gottesdienst und verwürfen alles, was nicht in Pflichterfüllung bestehe. Sie bezeichneten sich als Christen, wiewohl sie die Bibel nicht als Gesetzbuch betrachteten, sondern nur von einem „inneren, von Ewigkeit her in uns einwohnenden Christenthum" sprachen. Wilmans habe die „Moral und die Religionslehre" der beschriebenen Mystiker untersucht und „im Wesentlichen ganz Ihre [Kants] Moral und Religionslehre" wiedergefunden, mit dem Unterschied, dass sie das innere Gesetz für eine „innere Offenbarung" und Gott für dessen Urheber hielten. Der Bibel würde von ihnen durchaus ein göttlicher Ursprung zugesprochen, jedoch erst nach dem Nachweis, dass die biblischen Vorschriften mit dem inneren Gesetz identisch seien. Die Heilige Schrift sei eben kein Gesetzbuch, sondern die „historische Bestätigung" ihrer inneren Offenbarung – kurzum: „diese Leute", so Wilmans, „würden (verzeihen Sie mir den Ausdruck!) wahre Kantianer sein, wenn sie Philosophen wären". Unter ihnen gebe es aber nur selten Mitglieder höherer Stände und Gelehrte, sondern Kaufleute, Handwerker und Landbauern, „aber nie einen Theologen", denn denen seien sie ein „Dorn im Auge", obwohl sie ihnen nichts anhaben könnten. Von den Quäkern unterschieden sie sich nicht in den Religionsgrundsätzen, sondern darin, dass sie sich gesellschaftlich nicht absonderten. Wilmans habe unter ihnen niemals „Schwärmerei" ausmachen können, sondern nur „freies, vorurtheilloses Räsonnement und Urtheil über religiöse Gegenstände".[354]

Es ist fraglich, ob Kants Anmerkung zu diesem Brief als ironische Fußnote[355] zu interpretieren ist: Von Wilmans, einem „jungen Mann", der sich jetzt der „Arzneiwissenschaft" widme, sei wohl auch in anderen Fächern viel zu erwarten. „Wobei ich gleichwohl jene Ähnlichkeit meiner Vorstellungsart mit der seinigen unbedingt einzugestehen nicht gemeint bin." Wovon distanziert sich Kant mit dieser Bemerkung? Hier ist nicht die Rede von den Mystikern und ihrer von Wilmans geschilderten Lehre, sondern von dem, was Wilmans selbst aus Kants Schriften herauszulesen gemeint hatte, und dies macht mehr als zwei Drittel des Briefes aus. Etwas anderes geht aus der knappen Bemerkung Kants nicht hervor.

Aber immerhin ist der Entwurf eines Briefes überliefert, in dem sich Kant gegen die Behauptung eines gänzlichen Unterschieds zwischen Vernunft und Verstand und die Betrachtung des Verstands als eines „materiellen Wesen[s]" durch Wilmans aussprach. In eine solche Behauptung könne er, Kant, sich „schlechterdings […] nicht versetzen".[356] Daraus geht hervor, dass Kant sich nicht gegen Wilmans' „Mystiker" wandte, sondern gegen ein Missverständnis seiner Lehre als Diastase zwischen der Vernunft und einem materiell und sinnlich aufgefassten Verstand durch Wilmans. Die von jenem dargestellten Mystiker scheint Kant in keine der beiden Fronten, gegen die sich der *Streit der Fakultäten* richtete, den

---

[354] AA VII, 70–75.

[355] So BISHOP, 2000, 225.

[356] Dennoch gab er Wilmans den rätselhaften Rat, seine gewagten Behauptungen zu modifizieren, damit sie „vielleicht" auf ein „drittes haltbareres Princip [zwischen Vernunft und Verstand – FS] etwa führen". Entwurf eines Schreibens an Carl Arnold Wilmans, nach dem 4.5.1799. AA XII, 281 f.

„seelenlosen Orthodoxism" und den „vernunfttödtenden Mysticism" (als Schwärmerei),[357] eingeordnet zu haben. Aus welchem Grund hätte Kant das Schreiben auch abdrucken sollen, ohne sich in der Anmerkung von Wilmans *und* den „Separatisten" zu distanzieren? Gegen Orthodoxismus und Mystizismus (als Schwärmerei) setzte Kant ja die „wahre Religionslehre", die auf der biblischen Glaubenslehre und dem „Kriticism der praktischen Vernunft" beruht. Sie wirkt mit „göttlicher Kraft auf aller Menschen Herzen zur gründlichen Besserung" hin und vereinigt sie „in einer allgemeinen (obzwar unsichtbaren) Kirche".[358] Ein Widerspruch zu den „Mystikern" Wilmans' mit ihrer inneren Offenbarung lässt sich hieraus kaum konstruieren, und Kants Position zu den Riten der vorfindlichen Kirche sind aus der Religionsschrift hinlänglich bekannt. Waren Wilmans' Separatisten nach seinem Urteil etwa „vernünftige" und nicht „vernunfttödtende" Mystiker?

b) Kant als Vollender der Mystik: Christoph Friedrich Ammon

Die Rezeption der kantischen Religionslehre und Moralphilosophie in „mystischen" Kreisen des ausgehenden 18. Jahrhunderts war indes keine Einzelheit. Wilmans hatte auf eine Arbeit des mit Kant korrespondierenden, nun in Göttingen lehrenden Theologieprofessors Christoph Friedrich von Ammon (1766–1850) zurückgegriffen, der sich als Vertreter eines von ihm selbst so genannten „Offenbarungsrationalismus" betrachtete und unter anderem durch die Anwendung der Kantschen Forderung einer moralischen Hermeneutik hervortrat.[359] Ammon hatte sich ebenfalls mit der Verwandtschaft zwischen zeitgenössischen Mystikern und der moralischen Schriftauslegung bei Kant befasst.[360] Zu den Vorläufern dieser Mystiker zählte er dabei ausdrücklich die Lehren Kaspar von Schwenckfelds, Andreas Karlstadts, Valentin Weigels und Jakob Böhmes vom „inneren Worte". Während Karlstadt und Schwenckfeld die innere Offenbarung gegen den lutherischen Dogmatismus verteidigt hätten, habe auch Weigel betont, dass die „ewige Seele" den Heiligen Geist durch das „Einblasen Gottes" besitze, dass also alle Erkenntnis aus dem Menschen selbst und nicht aus Büchern käme. Die Erkenntnis der Dinge komme auch bei Böhme nur zustande, wenn der Geist Gottes die „Signatur" öffne, ansonsten bleibe alles Geredete, Gelehrte und Geschriebene „stumm".[361]

Die Parallele zu Kant sei, so Ammon, zwar noch niemals gezogen worden, erscheine aber nichtsdestoweniger vorteilhaft. Die innere Offenbarung der Mysti-

---

[357] Der Streit der Fakultäten. AA VII, 59.
[358] AA VII, 59.
[359] Vgl. ZIMMERLI, 1980, 428. Zu Ammon vgl. MARTIN PETZOLD: Art. Ammon, Friedrich Christoph [sic!] v. In: RGG⁴ 1 (1998), 415.
[360] CHRISTOPH FRIEDRICH AMMON: Ueber die Aehnlichkeit des inneren Wortes einiger neueren Mystiker mit dem moralischen Worte der kantischen Schriftauslegung als Ankündigung der ersten Vertheilung des neuen homiletischen Preißes für das Jahr 1796. Göttingen 1796. Die Erforschung der mystischen Gruppen, die Wilmans und Ammon konkret vor Augen hatten, ist ein Desiderat.
[361] AMMON, 1796, 6–9.

ker entspreche Kants aller Erfahrung vorhergehendem Sittengesetz, das in „den Tiefen unserer Vernunft" eingeschrieben sei, uns die lebendige „Wirksamkeit des Moralgesetzes" als „Wille der Gottheit" aufdränge und zur Religion führe.[362] Während für die Mystiker alle diejenigen, die diese „himmlische Weisheit" nicht besitzen, nur „Lehrer des Buchstabens und der Historien" seien, erkläre Kant allen Geschichtsglauben für „todt".[363] So wie die Mystiker nicht nur das äußere [moralische – FS] Wort, sondern die gesamte Theologie und Religion auf das „innere, himmlische Wort" zurückführten, so leite Kant seine moralische Schriftauslegung als Deutung der äußeren [Schrift-] Offenbarung aus dem Moralgesetz ab, das der Grund aller Religion ist.[364] Die Mystiker neigten zwar zu einem potentiell staatsgefährdenden Schwärmertum, indem sie „Gefühle und Bilder ihrer Imagination für reelle Gegenstände und Wirkungen aus einer übersinnlichen Welt" ausgaben, diesen Äußerungen des „Mysticismus" sei aber durch Kants Untersuchungen von den „Grenzen der menschlichen Vernunft [...] so sehr vorgebeugt worden", dass sie nicht mehr „täuschen" könnten. Die Begriffe der Schwärmer seien durch die „Feuerprobe der Kritik" zu „‚Sittengesetz, Pflicht und Tugend' geläutert" worden. „Höheren Geistern" sei der „Weg auf immer abgeschnitten", und die „Träumereyen der Theosophen und Schwärmer" seien als „nichtige Phantome" und durch die Phantasie bewirkte „Visionen" entlarvt worden. „Unmittelbare Offenbarungen Gottes" und ein in deren Folge entstehender religiöser Glaube würden nur durch die „sittliche Vernunft" eingeräumt, „kein positives Gebot" könne „unmittelbar" von Gott stammen.[365]

Im Anschluss an Kant glaubte Ammon nicht, dass sein „Zeitalter" jemals zu den „Allegorien und Träumen der Mystiker" zurückkehren, sondern vielmehr mittels der moralischen Schriftauslegung die „Wahrheiten der Religion Jesu als Lehren von Geist und Leben" sowie den „moralischen Sinn und Geist" in der Bibel aufsuchen werde.[366]

In der kritischen Moralphilosophie und Religionslehre erblickt Ammon demnach die ‚Kantianisierung' der mystischen Tradition durch ihre „Läuterung" und Konzentration auf den ‚wahren' Kern: das innere Wort der vernünftigen Offenbarung, das zur Moral führt und – wie bei Kant – Visionen und direkte Kontakte zur übersinnlichen Welt als subjektive Imaginationen interpretiert. Kant als Erfüller und Vollender des Mystizismus von Karlstadt bis Böhme! Swedenborg wird von Ammon zwar nicht erwähnt, seine Front gegen die allegorische Bibelauslegung mit dem Hinweis auf „Träume" könnte aber durchaus eine Anspielung auf ihn sein. Schließlich erscheint die von Kant geforderte und ausdrücklich gegen Swedenborg ins Feld geführte moralische Hermeneutik, die Ammon wenige Jahre vorher selbst programmatisch ausgearbeitet hatte,[367] erneut als Heilmittel gegen die mystisch-allegorische Schriftauslegung.

---

[362] AMMON, 1796, 10.
[363] AMMON, 1796, 10 f.
[364] AMMON, 1796, 11.
[365] AMMON, 1796, 12 f.
[366] AMMON, 1796, 14.
[367] Vgl. oben Seite 681–683.

c) Mystik der reinen Vernunft: Johann Georg Hamann

Die Verbindung Kants mit dem Mystizismus war im Jahrzehnt vor Ammon und Wilmans schon einmal hergestellt worden, wenn auch in einem anders akzentuierten Kontext. Johann Georg Hamann hatte bereits 1781 Kants Rede vom Ideal der einen Vernunft – Gott – in der ersten Kritik als ein „Ideal ihrer mystischen Einheit" bezeichnet und gemeint, dass die Kritik wegen dieses Ideals auch „Mystik" hätte heißen können. Stimmte er auf der einen Seite mit Kant in dessen Kritik an der spekulativen Theologie überein, so kritisierte Hamann vor allem Kants Diktion einer „von Materie leeren Formalität" als Mystik.

Kant konnte Hamanns Mystik-Vorwurf offenbar deshalb nicht verstehen, weil er Mystik wie später im *Streit der Fakultäten* als „vernunfttötend", mithin als Schwärmerei auffasste, oder mit ihrem Begriff eine intellektuelle Anschauung verband, die er durch seine Unterscheidung von Verstand und Sinnlichkeit für ausgeschlossen hielt – eine Entscheidung, die Wilmans nach seinem Brief ausdrücklich nicht in Kants Schriften erkannt hatte. Hamann verband mit seinem Mystik-Begriff hingegen eine gegenüber der Materie feindliche, die Leibhaftigkeit des Lebens negierende, rein formale Geistigkeit, die nicht nur ein intellektuelles Gebäude ist, sondern über verschiedene Stufen zur Gottesschau führen kann, die sich der Sprache aber verschließt. Nach Hamanns Verständnis zielte Kants transzendentale Theologie dagegen auf eben dieses Ideal ab, ja Kant schwärme „ärger als Plato in der Intellectualwelt, über Raum und Zeit". Dass Kant seine Kritik in einen Einheitsbegriff, also in ein Ideal der Vernunft münden ließ, war für Hamann nichts anderes als eine „mystische Synthese", und Kants Philosophie galt ihm auch weiterhin als eine Spielart des Platonismus.[368]

d) Ausblick im Ausblick: Gustav Ernst Wilhelm Dedekind und die Freiheit der Geister

Der Hildesheimer Pfarrer und spätere Garnisonsprediger Gustav Ernst Wilhelm Dedekind (1764–1832) legte 1793 eine Predigtsammlung unter dem Titel *Ueber Geisternähe und Geisterwirkung* vor, in der er sich einerseits „über die ärgerliche Classe überspannter Schwärmer" erheben und andererseits seine Ideen über den *status post mortem* „durch die practische Vernunft" absichern wollte.[369] Dedekind ging wie Kant und Swedenborg, den er an keiner Stelle dieses und der im Folgenden zitierten Werke erwähnte, davon aus, dass der Körper des Menschen

---

[368] Vgl. BAYER, 2002, 47–52; sowie SCHOBERTH, 1994, 171, 196–202.

[369] GUSTAV ERNST WILHELM DEDEKIND: Ueber Geisternähe und Geisterwirkung oder über die Wahrscheinlichkeit dass die Geister der Verstorbenen den Lebenden sowohl nahe seyn, als auch auf sie wirken können. Einige Versuche. Hannover 1793, 1f. Im selben Jahr erschien noch eine zweite Auflage. Knappe Informationen zu Dedekind bei: HEINRICH WILHELM ROTERMUND: Das gelehrte Hannover oder Lexikon von Schriftstellern und Schriftstellerinnen, gelehrten Geschäftsmännern und Künstlern die seit der Reformation in und außerhalb den sämtlichen zum jetzigen Königreich Hannover gehörigen Provinzen gelebt haben und noch leben, aus den glaubwürdigsten Schriftstellern zusammen getragen. Bd. 1, Bremen 1823, 442f.

nach dem Tod „gänzlich" zerstört werde, sein „eigentliches Ich" aber dasselbe bleibe.[370] Er beließ es jedoch nicht bei einer bloßen Behauptung der postmortalen Fortdauer des „Ich", sondern ergänzte Kants moralischen Unsterblichkeitsbeweis durch die Modifizierung einer Denkfigur aus der Leibniz-Wolffschen Philosophie: den Annihilationsgedanken.[371] Gott könne sich als vernünftiges Wesen nicht selbst zerstören wollen, und dies müsse auf die menschliche vernünftige Seele, die Dedekind als sich selbst bewusste Person spezifiziert, ausgeweitet werden. Ein vernünftiges Wesen könne nicht zerstört werden, denn in der Natur existiere kein „eigentlicher Tod, kein Rückgang in das Nichts":[372]

„Seele! Gotteskraft! Verwandtin jenes Wesens, das ewig und unsterblich ist! – wie solltest du, mein Geist! von der verworffen und vernichtet werden können, die nichts, auch nicht das Mindeste, verschwenderisch verdirbt und nichts verderben, sondern alles, auch das Geringste nach den ewigen Gesetzen einer weisen Sparsamkeit erhält, wiedersammlet und thätig bleiben läßt!"[373]

Mit ihren Kräften und mit ihrer „Erinnerungskraft" bleibt die Seele nach dem Tod „unverändert" auch deshalb bestehen, weil sonst die Verbindung zwischen guten Taten und jenseitigen Belohnungen sowie zwischen bösen Taten und jenseitigen Bestrafungen „aufhören" würde. Ein gerechter Richter könne schließlich niemanden bestrafen, der sich an seine Taten nicht erinnern kann.[374] Wie Swedenborg und wie Kant, der den Tod mehrfach als Wechsel der Anschauung bezeichnet hatte, meint auch Dedekind, dass der „Lebensabschnitt vor dem Tode" in „genauestem Zusammenhange" mit „jenem nach dem Tode" stehe. Ja der Tod verleihe die Freiheit, „da ganz zu seyn, zu wirken, zu genießen, wo wir dann seyn und wirken und genießen mögten". „Alles", was sich nicht im Körper, sondern im „Geiste" befinde, werde „mitgenommen" und auch „dort die Quelle unserer reinsten Freuden, oder unserer martervollsten Peinigungen" sein.[375]

Zu dem ‚Gepäck', das die Person über den Tod hinaus begleitet, gehören für Dedekind nun aber auch seine familiären und freundschaftlichen Beziehungen. Man werde nämlich auch seine Familien wiedersehen – eine Vorstellung, die unter den Zeitgenossen Konjunktur hatte, wie die mindestens fünfmal aufgelegte und übersetzte Schrift *Wir werden uns wiedersehen* bezeugt, die der in Halle promovierte und in Schwerin praktizierende Arzt Karl Christian Engel (1752–1801) 1787 erstmals herausgab.[376] Jahrzehnte vorher hatte sich die Kontinuität diessei-

---

[370] DEDEKIND, 1793, 7.
[371] Vgl. z. B. WOLFF, Psychologia rationalis (1740), §669f.: „Spiritus itaque omnis incorruptibilis est [...], nisi per annihilationem."
[372] DEDEKIND, 1793, 9.
[373] DEDEKIND, 1793, 10.
[374] DEDEKIND, 1793, 71f.
[375] DEDEKIND, 1793, 115.
[376] Vgl. etwa KARL CHRISTIAN ENGEL: Wir werden uns wiedersehen. Eine Unterredung nebst einer Elegie. Frankfurt; Leipzig 1787 [Göttingen 1788; Frankfurt; Leipzig 1789; schwedisch: Stockholm 1795; Leipzig 1797; Leipzig 1810]. Das Buch wurde schon vor Erscheinen in den Hallischen neuen gelehrten Zeitungen (1786, 256), angekündigt, dann im selben Blatt (277–279) besprochen und den Schilderungen Lavaters vorgezogen. Vgl. auch die Rezension von „Igh." in: Neue allgemeine deutsche Bibliothek, 1798, 332f.

tiger und jenseitiger Lebens- und Sozialverhältnisse in vielen Berichten Swedenborgs über seine Gespräche in der Geisterwelt und in seiner Lehre von der
himmlischen Ehe niedergeschlagen. Nun fand sie sich bei Dedekind, wenn auch
modifiziert, wieder, denn Dedekind versuchte nicht nur, sie unter Berufung auf
Kant abzusichern. Als Garnisonsprediger scheint er auch seelsorgerliche Zwecke
verfolgt zu haben: „harre du, der du um deinen dir entriß'nen Liebling weinest!
harre nur auf jene Zeit des Wiedersehens, dann wirst du alles, was du liebtest,
wieder finden."[377] Durch das Ende des körperlichen Lebens werde man zwar
dem „Blick" seiner Angehörigen entzogen, aber nicht von ihnen getrennt, „sondern eigentlich noch ihnen näher" gebracht.[378] Man werde ihre Gedanken und in
ihren Seelen lesen können und der postmortale menschliche Geist könne für seine Hinterbliebenen ein „Schutzgeist" werden.[379]

Nicht nur der Trost über den Verlust von Angehörigen spielte hier eine Rolle,
sondern die Angst vor dem Tod insgesamt. Denn der menschliche Geist hatte für
Dedekind beim Tod seines Körpers nichts zu „fürchten".[380] Weil der Tod den
„Kerker" der Seele „zerbricht" und die „Fesseln, die an den niedern Staub dich
binden", löse, „vernichtet" er das „Hinderniß" der Seele;[381] Dedekind kann ihm
sogar eine soteriologische Funktion zusprechen und ausrufen: „der Tod ist mein
Erretter!"[382]

Wie in Swedenborgs *mundus spiritualis* erhält die Seele im Jenseits gesteigerte
Erkenntnismöglichkeiten. Ihr Blick werde auf die „grenzenlose Schöpfung" ge-
weitet, die „fernen Welten" könnten nun erforscht werden, „von einem Stern
zum andern hin zu der fernsten Sonne" könne man wandern.[383] Man könne nicht
nur in die „geheimnißvolle Werkstatt der Natur" eindringen und ihr „verborgnes
Triebwerk kennen lernen".[384] Jetzt ist auch der Kontakt mit den extraterrestrischen Wesen, ob nun des Mondes oder „jener Sternensaat von unzählbaren Welten", möglich, ob nun vernünftig oder unvernünftig. Nun werde man ihre „uns
ganz verschiedenen körperlichen und geistigen Beschaffenheiten", ihre „anders
eingerichteten Sinne", ihre „Künste, Fähigkeiten, ihre Sitten, ihren Umgang, ihre
Wohnungen, ihre Einrichtungen, ihre Beschäftigungen und alle ihre gegenseitigen
Verhältnisse" kennenlernen.[385] Schließlich werde man das „Geheimniß des Erlösungswerks mit einem Engelblick betrachten" und dem Auferstandenen, durch
den „ich" erlöst bin, „näher werden"[386] – ein Hinweis auf die problematische
Rolle der Soteriologie in Dedekinds Kombination aus Freiheits- und Geisterlehre.

Wie Kant und Swedenborg nimmt Dedekind für die postmortale Person einen
progressus infinitus, einen „stuffenweisen Gang der Glückseligkeit" an, der dem

---

[377] DEDEKIND, 1793, 17.
[378] DEDEKIND, 1793, 48.
[379] DEDEKIND, 1793, 49 f.
[380] DEDEKIND, 1793, 31.
[381] DEDEKIND, 1793, 45.
[382] DEDEKIND, 1793, 50.
[383] DEDEKIND, 1793, 45.
[384] DEDEKIND, 1793, 62.
[385] DEDEKIND, 1793, 62 f.
[386] DEDEKIND, 1793, 64.

„stuffenweisen" Fortschritt der „Weißheit und der Güte Gottes in der Natur"
entspreche.[387] Gott werde zwar allen Wesen Glückseligkeit austeilen, sie aber
nicht schlagartig mit „allen Himmelsherrlichkeiten überladen", sondern in einen
Vervollkommnungsprozess versetzen.[388]

Auch die angelologischen Aussagen Dedekinds ähneln denen Swedenborgs
auffällig. Offensichtlich griff er auf die vor allem von Semler entwickelte Akkomodationslehre zurück, wenn er behauptete, dass die neutestamentliche Rede
von Engeln und höheren Wesen „dem allgemeinen Judenglauben" und dem
Sprachgebrauch der Zeit angepasst gewesen sei.[389] Da er hieran seine These anschloss, dass „die zur Engelwürde erhobenen Geister der Vollendeten Schutzgeister der Menschen sind",[390] legte er wenigstens nahe, dass es sich bei Engeln und
Geistern – wie in Swedenborgs *mundus spiritualis* – lediglich um menschliche
Seelen und nicht um eine eigene Geistgattung handele.

Die Geister der Verstorbenen können den Lebenden bei Dedekind jedoch
nicht erscheinen und nicht „sichtbar werden", denn das widerspreche „unsern
vernünftigen Begriffen und den Aeußerungen der Bibel". Nicht schriftwidrig sei
aber, dass die „abgeschiedenen Geister der Vollendeten uns nahe sein, unsichtbar
um uns seyn und an unsern Schicksalen Theil nehmen können"[391] – wie bei Swedenborg also ein sinnlich nicht wahrnehmbarer moralischer Einfluss, den Dedekind damit begründet, dass sich die Geister der Vollendeten bei Gott befänden
und daher auch körperlos wirken könnten wie Gott. Schließlich wirke auch der
Geist der Lebendigen auf den Körper.[392]

Dedekind eröffnete in seiner Geisterlehre auch eine soteriologische und eine
moralische Dimension: Zweifellos wolle Gott jeden Menschen selig machen,[393]
aber zunächst solle man sich durch „Wohlthun unter deinen Brüdern" soweit
qualifizieren, dass man selbst einst „eines großen Kreises Schutzgeist" werden
könne.[394] In zwei Predigten wandte er sich gegen den „aus der Lehre von dem
Zustande der Bösen nach dem Tode hergenommenen, Einwurff gegen das Ueber-
all- und Naheseyn der Geister der Vollendeten".[395] Die biblische Rede vom Zustand der Bösen verdanke sich der „Bildersprache" und den „unreifen Begriffen
der Juden", die man unter der Voraussetzung deuten müsse, dass sie sich „wie der
Unterricht des Vaters zu den unreifen Begriffen seines schwachen Kindes" verhalten.[396] Gott aber sei überall im Weltall, „bey den Sternenbewohnern" und bei
den „Erdbewohnern". Im ganzen „Weltenraume" befinde sich der „Himmel" als
Aufenthaltsort der Engel und der abgeschiedenen seligen Geister. Also müsse der

---

[387] DEDEKIND, 1793, 135, 139.
[388] DEDEKIND, 1793, 148, 159.
[389] DEDEKIND, 1793, 85.
[390] DEDEKIND, 1793, 87.
[391] DEDEKIND, 1793, 71.
[392] DEDEKIND, 1793, 99.
[393] DEDEKIND, 1793, 49.
[394] DEDEKIND, 1793, 100.
[395] DEDEKIND, 1793, 101.
[396] DEDEKIND, 1793, 105 f.

„quaalvolle Aufenthalt der Bösen, den man mit einem Wort H ö l l e nennt",
ebenfalls „in dem Auffenthalt der seligen Vollendeten, den wir mit einem Worte
H i m m e l nennen" liegen; kein Punkt im ganzen Weltall sei außerhalb des Himmels.[397] Die Verdammten befänden sich demnach immer in der Nähe der Guten,
auch wenn es eine „Scheidewand" zwischen ihnen gebe.[398] Einige Jahre später
arbeitete Dedekind die Lokalisierung auch der bösen Geister im Himmel zu einer
eigenen Erlösungslehre aus.

Hier ging es ihm zunächst darum, den „schreckenvollen Aberglauben" und
den „Wahn von einem furchtbaren Einfluß böser Geister auf den Menschen" zu
vermeiden, der überdies der „täglichen Erfahrung" widerspreche.[399] Seine Antwort ist bündig: „Teufel oder Teufelsähnliche"[400] sind von einem „höheren
Arm" gefesselt und können im Gegensatz zu den guten Geistern, die von Gott
„uneingeschränkt"[401] freigelassen sind, nicht wirken.[402] Ihre „Macht und Willkür" ist eingeschränkt, der „Geisterstaat" muss „Gottes Oberherrschaft" anerkennen, seine „Glieder" vermögen nur das zu tun, „was ihre allgeliebte oder all-
gefürchtete höchste Majestät gestattet".[403] Die Wirkung des Teufels und böser
Geister ist für Dedekind „Schwärmerey" und Aberglaube gegenüber seinem
Gottesbild *und* der unsichtbaren Wirkung guter Geister[404] – ein später Nachhall
der Position, die unter anderem Semler im Teufelsstreit vertreten hatte. Nun
tauchte sie nach mehr als dreißig Jahren in Dedekinds Konzeption einer ‚aufgeklärten' Geisterlehre wieder auf.

e) Gehört die Geisterlehre auf die Kanzel?

Dedekinds Predigten wurden viel verkauft und riefen eine eigene Debatte hervor.
Die *Dreßdnischen gelehrten Anzeigen* beließen es bei einem kommentarlosen Referat.[405] Die *Neue allgemeine deutsche Bibliothek* sparte indessen nicht mit Kritik. Dedekind habe mit seiner Geisterlehre ein „Feld von Hypothesen und Wahr-
scheinlichkeiten" betreten, über das sich auf der Basis von Vernunft und Erfahrung nichts sagen lasse. Lediglich analoge Schlüsse und eine trügerische Einbildungskraft kämen hier zur Geltung. Schließlich gebe es bis heute keinen „festen
und apodiktischen Beweis für die sogenannte Geisternähe und Geisterwirkungen".[406] Dedekind habe lauter fromme Wünsche, wenn auch „schön", aber doch
ohne Beweis vorgetragen – die Befreiung von körperlichen Hindernissen, die

---

[397] DEDEKIND, 1793, 108 f. [Hervorhebungen im Original].
[398] DEDEKIND, 1793, 112.
[399] DEDEKIND, 1793, 120.
[400] DEDEKIND, 1793, 123.
[401] DEDEKIND, 1793, 127.
[402] DEDEKIND, 1793, 124 f.
[403] DEDEKIND, 1793, 125 f.
[404] DEDEKIND, 1793, 129.
[405] Dreßdnische gelehrte Anzeigen 1793, 293 f.
[406] Az.: [Rez. zu] DEDEKIND: Ueber Geisternähe und Geisterwirkung […]. In: Neue allgemeine deutsche Bibliothek 1794, 365–368, hier: 365.

postmortalen Reisen im Weltall und der Kontakt mit den Planetenbewohnern seien nichts anderes als „Versprechungen", durch die man sich durch „Lavaterische Ewigkeitsaussichten hingezogen" fühle. Frage man nach der Begründung, schwinde das „schöne Luft- und Feenschloß" dahin.[407] Denn Christus habe keine neuen „Aufschlüsse" über die „Engel- und Geisterlehre" liefern, sondern „nur eine reine praktische Religion" lehren wollen. Dedekinds Geisterlehre bleibe daher eine „problematische Frage", die sich nicht für die Kanzel, sondern für die Gelehrtendebatte eigne.[408]

f) Karl Heinrich Ludwig Pölitz und die Geister

Der spätere Leipziger Professor für Geschichte, Moral und Staatswissenschaften Karl Heinrich Ludwig Pölitz, der Jahre später mehrere Kant-Vorlesungen wie die oben genannte anonyme Mitschrift L₁ herausgab, ging in seinem Buch *Können höhere Wesen auf den Menschen wirken und sich mit ihm verbinden?* auch auf Dedekind ein, den er mild beurteilte und nicht „in eine Klasse" mit den „neuen Rosenkreuzern" und Illuminaten, mit Johann Adam Joseph Weishaupt, Lavater, Cagliostro, Gaßner, Schrepfer, Anton Mesmer und Karl von Eckartshausen stellen wollte. Pölitz hielt es zwar nicht für unmöglich, wie Dedekind eine Verbindung zwischen Geistern und Menschen anzunehmen, allerdings könnten „Wesen aus höhern Gegenden" nicht durch „Räucherungen, Beschwörungen, gewisse Silben und Worte, gewisse Gebräuche" auf die Erde gezwungen werden.[409] Seine Schrift richtete sich vor allem gegen die zeitgenössischen Toten- und Geisterbeschwörer, die Pölitz in Gestalt des Leipzigers Schrepfer noch vor Augen gestanden haben könnten. In diesem Zusammenhang machte er geltend, dass die Wirkung höherer Geister der Erfahrung und den „vernunftmäßigen Vorstellungen" vom Weltall und dem dortigen Zustand höherer Wesen widersprächen.[410] Wenn es Geister gebe, seien diese an einen Ort gebunden, weil sie nicht völlig immateriell sein könnten.[411] Ein Geisterkontakt widerspreche einem vernünftigen Glauben an Gott.[412] Wenn äußere Instanzen wie die Geister in den Menschen wirkten, meinte Pölitz genau wie Kant, dann wäre die menschliche Freiheit in Gefahr, der Mensch würde zur „Maschine, die unsichtbare und verborgne Wesen nach Willkühr und Laune bestimmen und bewegen".[413]

Für berechtigt hielt Pölitz allerdings die Annahme einer progressiven Fortdauer der Seelen nach dem Tod. Er votierte wie Dedekind für einen „stete[n]

---

[407] Neue allgemeine deutsche Bibliothek 1794, 366 f.

[408] Neue allgemeine deutsche Bibliothek 1794, 368.

[409] KARL HEINRICH LUDWIG PÖLITZ: Können höhere Wesen auf den Menschen wirken und sich mit ihm verbinden? Leipzig 1794, 96 f. 1795 wurde Pölitz Professor für Moral und Geschichte an der Ritterakademie in Dresden, 1803 in Leipzig Professor der Philosophie, 1804 des Natur- und Völkerrechts in Wittenberg, 1815 der Geschichte und Statistik wieder in Leipzig, 1820 der Staatswissenschaften ebendort.

[410] PÖLITZ, 1794, 109.

[411] PÖLITZ, 1794, 112.

[412] PÖLITZ, 1794, 112, 125–127.

[413] PÖLITZ, 1794, 123 f.

Fortschritt in Gottes Geisterwelt" und für einen „stete[n] Fortgang vom Schlech-
tern zum Besseren", wobei er sich auf die Glückseligkeitslehre Gotthilf Samuel
Steinbarts (1738–1809) berief, in der auch Platz für höhere Wesen war, woraus
allerdings nicht geschlossen werden dürfe, dass diese auch wirkten.[414] Den Höl-
lenbegriff, an dem Dedekind modifiziert festgehalten hatte, lehnte Pölitz ebenso
ab wie Höllenstrafen insgesamt, wenn sie nicht zu einer „Besserung und Fortbil-
dung des Bestraften" führten. Denn dies widerspräche dem Wesen Gottes, auch
wenn aus moralischen Gründen über den Zustand der Lasterhaften nach dem
Tod gepredigt werden solle.[415]

Das bemerkenswerte an diesem Votum des erst 22-jährigen Pölitz ist dessen
Umgang mit dem Phänomen Swedenborg. An einer Stelle nannte er ihn als
„Held" des als Adaptor der Kabbala, als Magier und mystisch umnachtet dargestellten Eckartshausen. Diese marginale Erwähnung kommentierte Pölitz zwar
mit dem in Klammern gesetzten Urteil, dass Swedenborg „immer vielleicht mit
Recht" von vielen als Schwärmer verlacht werde.[416] Er stellte ihn jedoch nicht
neben die als Betrüger und Scharlatane demaskierten Cagliostro,[417] Schrepfer
und Gaßner. Und an keiner Stelle sah Pölitz eine Verbindung zwischen Swedenborgs Geisterwelt und Dedekinds Geisternähe, die an verschiedenen Punkten
übereinstimmten. Dedekinds und Pölitz' Erwägungen über den *status post mortem* besaßen nichts von Swedenborgs Plastizität, sondern waren, wie noch zu zeigen ist, trotz aller Spekulation von der Unsterblichkeitslehre Kants geprägt.

g) Einspruch von lutherischer Seite

In Weißenfels erschien 1795 ein *Gegenstück* zu Dedekinds Predigten, das von einem am lutherischen Bekenntnis orientierten Theologen zu stammen schien. Wie

---

[414] PÖLITZ, 1794, 128, 130 f. Steinbart hatte 1778 erwogen, dass sich wohl nichts Erhabe-
neres denken lasse, als dass Gott es höheren Geistern vergönnt habe, „Werkzeuge seiner Regierung über ganze Menschengeschlechter und Geisterfamilien zu seyn". Dadurch werde „zugleich ein allgemeinerer Zusammenhang des Geisterreichs nach dem wahrscheinlichen Stufen-
gefolge der vernünftigen Wesen ersichtlich". Ohne diesen Gedanken deutlich zu verwerfen,
wandte sich Steinbart aber dagegen, daraus Folgerungen für eine Geisterlehre zu ziehen: Diese
„Hypothese" sei nichts für „Seelenmenschen, die allzu leicht auf abergläubische Einbildungen
von Erscheinungen und Eingebungen der Schutzgeister und allerley Schwärmerey verfallen
würden, und daher soll dis nur hier für die Studierstube der Gelehrten hingeschrieben seyn".
GOTTHILF SAMUEL STEINBART: System der reinen Philosophie oder Glückseligkeitslehre des
Christentums. 2. Aufl. Züllichau 1780 [1778], 213 f. [Auf diese Seite verweist Pölitz.] Zu der
Auseinandersetzung um Steinbarts Lehre vgl. JOHANN SALOMO SEMLER: Hrn. Caspar Lavaters und eines Ungenannten Urtheile über Hrn. C. R. Steinbarts System reinen Christenthums. Halle 1780; [Rez.] zu diesem Buch Semlers in: Die neuesten Religionsbegebenheiten
mit unpartheyischen Anmerkungen (1780), 413–430; [H.]: [Rez. zu] JOHANN TRAUGOTT
MANGELSDORF: Etwas zur Beruhigung und Verwahrung gegen die dreiste Anpreisung einer
fälschlich so genannten Glückseligkeitslehre des Christenthums, in welcher die Lehre von der
stellvertretenden Genugtuung CHRISTI fehlt. Leipzig 1782. In: Dreßdnische gelehrte Anzeigen (1782), 518–520.
[415] PÖLITZ, 1794, 148 f.
[416] PÖLITZ, 1794, 73.
[417] Auch die Erwähnung der 1783 in London gegründeten swedenborgischen „theosophical society" wird auf Cagliostro als „Missionär der Jesuiten" bezogen. PÖLITZ, 1794, 78.

Pölitz konstatierte der Anonymus, dass Dedekinds Buch viel verkauft worden war, er meinte aber, dass es unter den Gelehrten keine größere Aufmerksamkeit erregt habe, weil seine Gegenstände nicht in deren Gesichtskreis lägen.[418] Zunächst wies er Dedekinds Unsterblichkeitsbeweise zurück. Dass die Seele unsterblich sei, erfahre man nur aus der Lehre Christi.[419] Auch wie der postmortale Körper ausgestattet sei, könne man nicht wissen. Dass man seine Angehörigen nach dem Tod wiedersehe, sei allerdings nicht unwahrscheinlich. Vor allem aber widersprach der Verfasser dem Gedanken, die postmortalen Seelen fungierten als Schutzgeister für ihre Angehörigen, weil dies der Vorstellung der Glückseligkeit entgegenstehe.[420] Das Jenseits entspreche wohl kaum irdischen Verhältnissen,[421] und der postmortale Geist werde „wieder mit einem andern feinern Körper umgeben werden", meinte sich der Anonymus in Übereinstimmung mit der Ansicht aller Theologen und Philosophen.[422]

Er erkannte bei Dedekind zudem die Eliminierung der Engel als einer eigenen Geistgattung und plädierte auf der Basis der Bibel für erhabenere Wesen mit höheren Kräften, die zwischen Gott und Menschen in der Mitte stünden.[423] Schließlich wies er gegen die Anerkennung nur natürlicher Strafen auf das biblische Zeugnis auch für positive Strafen und besondere Belohnungen hin, die über die natürlichen Folgen der irdisch begangenen guten und bösen Taten hinausgingen.[424] Obwohl der Hildesheimer Prediger gerade nicht über Geistererscheinungen gesprochen hatte, erkannte der Anonymus durch dessen Geisterlehre offenbar ein Einfallstor für solche Phänomene, denn er widmete der Unmöglichkeit von Geisterwirkung und Geistererscheinung ein eigenes Kapitel und nahm damit die gleiche Zielgruppe wie Pölitz in den Blick.[425]

h) Dedekinds Antwort: Kant!

Dedekind antwortete 1797 auf diese Kommentare, und er schien insbesondere auf den Vorwurf zu reagieren, seine Predigten gehörten nicht auf die Kanzel und seien zudem in den Gelehrtenkreisen nicht genügend zur Kenntnis genommen worden. In seinem zweiteiligen *Dokimion oder Praktischer Versuch über ein reales Verhältniß der Geister der Verstorbenen zu den hinterbliebenen Ihrigen* legte er nachdrücklich die Wurzeln für seine Ansichten vor: die Moralphilosophie Immanuel Kants, auf dessen drei Kritiken er sich häufig bezog.[426] Sein Hauptargu-

---

[418] Ist's auch wahrscheinlich, daß die Geister der Verstorbenen den Lebendigen nahe seyn und auf sie wirken können? Ein Gegenstück zu der Schrift des Herrn Dedekinds über Geisternähe und Geisterwirkung. Weißenfels 1795, VIII.

[419] Ist's auch wahrscheinlich, 1795, 1–17.

[420] Ist's auch wahrscheinlich, 1795, 34 f.

[421] Ist's auch wahrscheinlich, 1795, 39 f.

[422] Ist's auch wahrscheinlich, 1795, 46.

[423] Ist's auch wahrscheinlich, 1795, 48.

[424] Ist's auch wahrscheinlich, 1795, 61–63.

[425] Ist's auch wahrscheinlich, 1795, 66–71.

[426] GUSTAV ERNST WILHELM DEDEKIND: Dokimion oder Praktischer Versuch über ein reales Verhältniß der Geister der Verstorbenen zu den hinterbliebenen Ihrigen. Erster und Zweiter Theil. Hannover 1797.

ment stützt sich auf die Verbindung zwischen dem moralischen Gesetz und der in der *Kritik der praktischen Vernunft* behaupteten objektiven Realität der Postulate der praktischen Vernunft, vor allem der Unsterblichkeit, durch die die spekulative Vernunft erweitert und zu Begriffen berechtigt wird, die sie aus sich selbst nicht zu gewinnen vermag.[427] Dedekind leitet seine Philosophie über die postmortalen Geister nun explizit aus diesem Gedanken ab: „Das moralische Gesetz der praktischen Vernunft wird als der einzig sichere Erkenntnisgrund der objectiven Realität unsrer in Rede kommenden Ideen angenommen."[428] Bei diesen Ideen gehe es nämlich um „Gegenstände in dem übersinnlichen Gebiete". Darüber aber könne nur auf der Basis des moralischen Gesetzes etwas gesagt werden, und nur das moralische Gesetz, das von aller Erfahrung unabhängig und zugleich „nur durch Erfahrung" greifbar sei, besitze kraft seines „übersinnlichen Princips das unbezweifelte Befugniß, ein solches rechtliches Zeugniß für oder gegen die Realität solcherart Ideen auszusagen".[429] Das „Daseyn und der Charakter" des moralischen Gesetzes sei durch die „kritische Philosophie" in das „hellste Licht gestellt" worden.[430]

Dedekind knüpfte nun zunächst an Kants moralischen Gottesbeweis an, dass nämlich nach dem moralischen Gesetz ein „höchster moralischer Urheber des Weltganzen [...] notwendig" angenommen werden müsse.[431] Allerdings wandte er sich gegen Kants *progressus infinitus*, der niemals dazu führen werde, die vollkommene Heiligkeit zu erreichen. Ein solches Gesetz sei, meint Dedekind, selbst gegen die Vernunft.[432] Zugleich kritisierte er den Glückseligkeitsbegriff Kants und ungenannter Kantianer, die ein physisches Gut darunter verstünden und die Selbstzufriedenheit der Stoiker unter dem Begriff der Glückseligkeit subsumierten.[433] Dedekind wollte hingegen unter dem Höchsten Gut die „sinnliche Glückseligkeit" und die „Sittlichkeit oder moralische Glückseligkeit" verstanden wissen, wobei er die sinnliche Glückseligkeit, die Kant so sorgsam als Maxime ausgeschieden hatte, zwar nicht als Objekt, aber als Prinzip des moralischen Gesetzes definierte.[434]

Dedekind stimmte Kants Begründung des Postulats der Unsterblichkeit der Seele aus der *Kritik der praktischen Vernunft* ohne weiteres zu, widersprach aber Kants Ansicht, dass das moralische Gesetz von „keinem vernünftigen Wesen" zu keinem Zeitpunkt erfüllt werden könne. Es müsse erst bewiesen werden, dass die das moralische Gesetz gebietende Vernunft von der Vernunft unterschieden werden müsse, der geboten wird.[435] Breiten Raum widmete Dedekind der Darstellung des Unsterblichkeitsbeweises aus der Pflicht, den der hallesche Philosophie-

---

[427] Vgl. oben Seite 695 f.
[428] DEDEKIND, 1797, 1.
[429] DEDEKIND, 1797, 2.
[430] DEDEKIND, 1797, 3. Dedekind ging ausführlich auf den Unterschied zwischen dem praktischen Gesetz und dem „Klugheits-Gesetz" ein, vgl. ebd., 5–15.
[431] DEDEKIND, 1797, 16.
[432] DEDEKIND, 1797, 18–20.
[433] DEDEKIND, 1797, 21–23.
[434] DEDEKIND, 1797, 30, 37.
[435] DEDEKIND, 1797, 104 f.

professor Ludwig Heinrich Jakob (1759–1827) vorgelegt hatte.[436] Jakob folgere Unsterblichkeit und ein künftiges Leben daraus, dass es der „notwendige Zweck der Vernunft" sei, Sittlichkeit *und* Glückseligkeit hervorzubringen und dies erst nach dem Tode geschehen könne. Er betrachte die moralische Glückseligkeit als notwendigen Zweck der theoretischen, die sinnliche Glückseligkeit aber als notwendigen Zweck der praktischen Vernunft.[437] Diese Aufteilung lehnte Dedekind unter anderem deshalb ab, weil er es für ausgeschlossen hielt, dass es nach dem Tod noch eine „sinnliche – zum Theil grobsinnliche – Glückseligkeit" geben werde, die zu Lebzeiten im Interesse der Pflicht geopfert worden sei,[438] wobei er sich mit der Zurückweisung einer sinnlichen Glückseligkeit in der Tat in Übereinstimmung mit Kant befand.

In seiner eigentlichen Unsterblichkeitslehre, der „Einleitung in die Lehre von unserm Zustand nach dem Tode", nannte Dedekind dasjenige, was nach dem Tode fortdauere, das „Ich als dieselbige Person", die nicht nur einfach weiter „vorhanden" sei, sondern sich „selbst immer anschaue und erkenne". Diese nicht objektive, sondern subjektive Fortdauer sei es, die „das vernünftige Wesen von seinem moralischen Urheber" im Sinne eines Postulats fordere.[439]

Als nicht nur „erhabendsten sondern auch [...] wesentlichen Charakter unserer inneren Person", der auch postmortal erhalten bleiben müsse, erkannte Dedekind nun die Freiheit als das „Vermögen, mit der vollkommensten Unabhängigkeit von allem außer ihr, lediglich sich durch sich selber zu bestimmen".[440] Die theoretische Vernunft müsse zu dem Urteil gelangen, dass das „Bewußtseyn unserer Selbstheit ohne das Vermögen unseres Willens nicht statt haben" könne und die Freiheit mithin eine „wesentliche Bedingung des Bewußtseyns unserer Persönlichkeit ausmache".[441] Daraus folgerte Dedekind die

„praktisch-theoretische Ueberzeugung: daß das Bewußtseyn unsrer sittlichen Freiheit oder einer sittlichfreien Wirksamkeit mit dem Bewußtseyn unserer Persönlichkeit gleich endlos fortdauern werde".[442]

Durch diese Verbindung von Freiheit und postmortaler Person gelangte Dedekind zu einer sowohl Kants als auch Swedenborgs Eschatologie widersprechenden Soteriologie, die nicht an die Fremderlösung durch das Verdienst Christi und auch nicht an eine mit einem Jüngsten Gericht verbundene *Apokatastasis panton* gekoppelt war. Durch die ewige Fortdauer der Freiheit müssten nämlich sowohl eine „ewige Seligkeit" als auch eine „ewige Verdammniß" ausgeschlossen werden. „Sittlichgute" wie auch „sittlich Böse" müssten aufgrund ihrer postmortalen Freiheit dazu in der Lage sein, ihren moralischen Zustand entweder zu „ver-

---

[436] Vgl. Ludwig Heinrich [von] Jakob: Beweis für die Unsterblichkeit der Seele aus dem Begriffe der Pflicht. Eine Preißschrift mit einiger Veränderung von dem Verfasser selbst aus dem Lateinischen übersezt. Züllichau 1790 [weitere Aufl. 1790; 1794; 1974].
[437] Vgl. Dedekind, 1797, 119, 121.
[438] Vgl. Dedekind, 1797, 125 f.
[439] Vgl. Dedekind, 1797, 135.
[440] Vgl. Dedekind, 1797, 139 f.
[441] Dedekind, 1797, 140 f.
[442] Dedekind, 1797, 141.

schlimmern" oder zu „verbessern"; auch „sittlich Böse" besäßen das postmortale Vermögen, „zur Höhe moralischer Vollkommenheit wiederum aufzusteigen".[443]

„Nun sind wir aber von der endlosen Fortdauer unsrer sittlichen Freiheit praktisch-theoretisch überzeugt; mithin auch praktisch-theoretisch nun gewiß, dass auch in unsrer Fortdauer nach dem Tode, der Grad so wie die Dauer, sowohl der Seligkeit wie auch der Verdammniß von dem Gebrauche unsrer endlosen Freiheit d. i. von uns selber abhängen werde."[444]

Gegen die Furcht vor der Ewigkeit der Höllenstrafen wandte Dedekind ganz im Sinne Kants ein, dass dadurch nicht Moralität, sondern nur Legalität bewirkt werde, da das moralische Gesetz zu einem „Mittel, eine künftige Seligkeit zu erreichen, herabgewürdigt" werde.[445] Die körperliche Auferstehung hielt er mit Kant für eine Vorstellung unter „unaufgeklärten Völkern", die den äußeren Menschen von der inneren Person nicht voneinander zu unterscheiden vermögen.[446]

Allerdings betrachtete Dedekind die ewige Fortdauer der Sinnlichkeit als „theoretisch-praktisch[e]" Gewissheit, weil die Sinnlichkeit das Bewusstsein der Persönlichkeit so „wesentlich bedingt", dass die Person ohne Sinnlichkeit „verloschen wäre".[447] Nur durch Sinnlichkeit sei eine Anschauung des „Ich (als noumenon)" möglich. „Mithin muß eine Sinnenwelt für uns auch nach dem Tode fortdauern."[448] Man könne zwar nicht ausschließen, dass der „Urheber unserer Natur" der postmortalen Sinnlichkeit eine andere „formelle Beschaffenheit" verleihen werde. Der entscheidende Punkt bestehe jedoch darin, dass sich die künftige Welt der Erscheinungen auf analoge Weise[449] so zu uns verhalten werde wie die jetzige Erscheinungswelt und dass unser „künftiges Ich, als Noumenon" wie alle anderen, „den gegenwärtigen Erscheinungen zum Grunde liegenden, Noumena" dort in denselben Verhältnissen zueinander und sogar im Rahmen der gegenwärtigen Naturgesetze existierten.[450]

Schließlich sprach Dedekind aus, welches Ziel er mit seiner Argumentation verfolgte: Er habe „einen durch den Tod nicht aufzuhebenden thätigen Einfluß der Geister der Verstorbenen auf die noch Lebenden praktisch [...] erweisen" wollen.[451]

---

[443] DEDEKIND, 1797, 142.
[444] DEDEKIND, 1797, 143.
[445] DEDEKIND, 1797, 146.
[446] DEDEKIND, 1797, 146 f.
[447] DEDEKIND, 1797, 150.
[448] DEDEKIND, 1797, 152.
[449] Die Art dieser Analogie beschreibt Dedekind mit den Begriffen der Wesensgleichheit und Wesensähnlichkeit aus dem trinitarischen Streit: „Es versteht sich übrigens nach dem Obigen von selbst, dass wir hier nicht gerade dieselbige Natur (Φυσις ὁμοουσιος), sondern nur eine, der gegenwärtigen ganz analoge Natur (Φυσις ὁμοιουσιος) – welche freilich, sofern ihr die künftige vielleicht sehr veränderte Sinnlichkeit in uns die vollkommenste Analogie oder Gemäßheit zu der gegenwärtigen ertheilete auch als dieselbige Natur angesehen werden kann – gemeinet werde." DEDEKIND, 1797, 164 f.
[450] DEDEKIND, 1797, 163–165.
[451] DEDEKIND, 1797, 165 f.

„Die Fortdauer dieses Bewußtseyns unserer Persönlichkeit, d. i. Unsterblichkeit muß aber von der praktischen Vernunft schlechthin und unbedingt gefordert werden; mithin müssen auch alle jene sie wesentlich bedingenden Bedingungen, wie wir sie nach den gültigsten Principien der theoretischen Vernunft jetzt kennen lernten, mit einer praktisch-theoretischen Zuversicht von uns gefordert, mit einer praktisch-theoretischen Gewißheit von der Zukunft nach dem Tode von uns erwartet werden."[452]

i) Ist Dedekind Schwärmer oder Kantianer?

Dedekinds *Dokimion* wurde in der *Neuen allgemeinen deutschen Bibliothek* vorgestellt und trotz einzelner Kritik insgesamt gewürdigt. Der Rezensent sah Dedekinds Gegenüberstellung von Sittlichkeit und Glückseligkeit bei Kant als problematisch an, und er monierte insbesondere dessen Betonung des Strebens der theoretischen Vernunft nach einer absoluten Einheit. Aus diesem Grund habe Dedekind wohl übersehen, dass die theoretische Vernunft nur eine Idee von Gott hervorbringen, nicht aber die „objective Realität dieser Idee" fordern könne, denn dies vermöge nur die praktische Vernunft.[453] Den Unsterblichkeitsbeweis Dedekinds beurteilte der unter dem Kürzel „Am." schreibende Rezensent aber als „scharfsinnig", ja er wäre sogar „noch weiterer Begründung fähig".[454] Dass er Freiheit, Sinnlichkeit und die Analogie der Erscheinungen zur Personalität zählte, kritisierte „Am." nur hinsichtlich der Erscheinungen, wollte aber weitere Erklärungen Dedekinds abwarten.[455]

Dedekinds theoretische Absicherung seiner Geisterlehre durch die Argumentation mit der kritischen Philosophie Kants war bei aller Kritik offensichtlich auf Anerkennung gestoßen. Denn noch im selben Jahr veröffentlichte „Am." erneut eine Rezension zu Dedekinds Geisterlehre, in der er auf dessen Klage reagierte, dass er bisher so negativ beurteilt worden sei. „Am." sah hingegen keinen Anlass, Dedekind „Schwärmereyen, leere Träume, aus der Luft gegriffene Muthmaßungen" vorzuwerfen.[456] Über die künftige Welt sei zwar nichts bekannt, aber Dedekind rede darüber mit „nüchternem Sinn", auch wenn er manche Dinge wie das postmortale Wachstum in einem höheren Körper und unter Beibehaltung der irdischen Liebe mit „zu vieler Zuversicht" vortrage.[457] Dagegen sei aber nichts einzuwenden, wenn es als „Hoffnung" und „Mutmaßung" dargestellt werde. Die Ersetzung des Jüngsten Gerichts und der ewigen Strafen oder Belohnungen

---

[452] DEDEKIND, 1797, 167 f.

[453] Am.: [Rez. zu] DEDEKINDS *Dokimion*. In: Neue allgemeine deutsche Bibliothek 1798, 301–306, hier 304.

[454] Am.: [Rez. zu] DEDEKINDS *Dokimion*. In: Neue allgemeine deutsche Bibliothek 1798, 305.

[455] Am.: [Rez. zu] DEDEKINDS *Dokimion*. In: Neue allgemeine deutsche Bibliothek 1798, 305. Dedekind verwechsle „die Analogie der zukünftigen Welt zu sich selbst, und ihren Erscheinungen unter einander […] mit einer Analogie derselben zu den Erscheinungen der gegenwärtigen Sinnenwelt".

[456] Am.: [Rez. zu] DEDEKIND: Ueber Geisternähe und Geisterwürkung […]. 2. Theil 1797. In: Neue allgemeine deutsche Bibliothek 1798, 329–332, hier: 329.

[457] Am.: [Rez. zu] DEDEKIND: Ueber Geisternähe und Geisterwürkung […]. 2. Theil 1797. In: Neue allgemeine deutsche Bibliothek 1798, 330 f.

durch die sittliche Selbstverantwortung wurde als „Hauptsache" herausgestellt. Und der Rezensent würdigte auch Dedekinds „Lehre", dass der Mensch „von unsichtbaren Zeugen stets umgeben" sei, „besonders von solchen, mit denen er vorher genau verbunden war". Denn diese Vorstellung habe „auf unser sittliches Verhalten einen sehr wichtigen Einfluß" und es sei, setzte er in Klammern hinzu, „in der That" zu wünschen,

„daß man sich an diesen Gedanken gewöhnte, er wäre gewiß ein gutes moralisches Hülfsmittel, auch ist er unserer Einbildungskraft sehr gemäß, und unser Verstand kann wohl auch nichts gegen ihn einwenden".[458]

Dass man Dedekind „einen leeren Träumer nennen, oder der Schwärmerey beschuldigen könnte", sei nicht einzusehen.

„Es sind lauter nüchterne Vorstellungen, und es wäre gut, wenn dadurch die gewöhnlichen rohen Volksbegriffe verbessert würden; denn an lauter abstracte Vorstellungen können wir uns doch unmöglich halten."[459]

Kritischer als der anonyme Rezensent in der *Neuen allgemeinen deutschen Bibliothek* äußerte sich im selben Jahr ein anderer Anonymus, nämlich derjenige, der bereits 1795 gegen Dedekinds Geisterlehre ein *Gegenstück* publiziert hatte. Nun legte er als „G. A. P." einen zweiten Teil vor. Hierin attackierte er vor allem die unter Berufung auf Kant vorgetragenen Unsterblichkeitsbeweise Dedekinds, denn Unsterblichkeit könne man nur hoffen.[460] Es sei ein Grundsatz der kritischen Philosophie, „daß sich für das Daseyn übersinnlicher und unsichtbarer Dinge gar keine Beweise" erbringen ließen.[461] Unter dieser Bedingung stimmte G. A. P. aber einer ganzen Reihe von Aussagen Dedekinds auch zu: der Beibehaltung des personellen Bewusstseins in einem veredelten Leib,[462] der postmortalen Besserungsfähigkeit auch der Bösen,[463] der Unvollkommenheit und des stufenweisen Fortschritts im *status post mortem*.[464]

Allerdings wies er wie schon 1795 auf die soteriologische Funktion Jesu Christi hin; weder die Bibel noch Jesus sollten durch Kant außer Kraft gesetzt

---

[458] Am.: [Rez. zu] DEDEKIND: Ueber Geisternähe und Geisterwürkung […]. 2. Theil 1797. In: Neue allgemeine deutsche Bibliothek 1798, 332.
[459] Am.: [Rez. zu] DEDEKIND: Ueber Geisternähe und Geisterwürkung […]. 2. Theil 1797. In: Neue allgemeine deutsche Bibliothek 1798, 332.
[460] G. A.P.: Ist's auch wahrscheinlich, daß die Geister der Verstorbenen den Lebendigen nahe seyn und auf sie wirken können? Ein Gegenstück zu Herrn Dedekinds zweiten Theil über Geisternähe und Geisterwirkung [Gemeint ist das *Dokimion*]. Zweiter Theil. Weißenfels 1798, 18. Gegen Dedekind favorisierte G. A. P. die Unsterblichkeitsbeweise Kants und Ludwig Heinrich Jakobs. Vgl. ebd., 176.
[461] G. A. P., 1798, 159. Daneben lehnte er im Anschluss an L. H. Jakob Dedekinds Unterscheidung zwischen Glückseligkeit und Sittlichkeit ab. Die Gesetze der menschlichen Natur würden der sittlichen Ordnung widersprechen, wenn es nicht einen Zustand gäbe, in dem alles in harmonischer Ordnung aufgelöst ist. Dies wolle Dedekind nicht gelten lassen. Dass an eine solche Harmonie zu glauben sei, werde aber aus dem Glauben an Gott geradezu „gedrungen". Ebd., 173 f.
[462] G. A. P., 1798, 49, 65, 68.
[463] G. A. P., 1798, 98 f.
[464] G. A. P., 1798, 125 ff.

werden.[465] Erneut beharrte er auf Engeln als eigener Geistgattung.[466] Und er hielt sogar die an Swedenborg erinnernde Bestimmung des Todestages als Jüngstes Gericht für den einzelnen Menschen für schriftgemäß, auch wenn man des „gemeinen Mannes" wegen die Lehre vom Jüngsten Gericht beibehalten solle.[467]

In den folgenden Jahren meldete sich Dedekind als kritischer Kantianer noch in der Rechtsphilosophie[468] und im Atheismusstreit um Fichte in Jena[469] zu Wort, und er wurde in den Gelehrtenzeitschriften durchaus zur Kenntnis genommen. Mehr als dreißig Jahre nach seiner ersten Publikation zur Geisterlehre legte er eine dritte, gestraffte Auflage *Ueber Geisternähe und Geisterwirkung* vor, in der er seine Positionen von 1793 und 1797 bekräftigte. Gegen die Kritik an seiner Anwendung des kantischen moralischen Gesetzes unterstrich er, dass nur durch dieses Gesetz die Befugnis gegeben werde, ein „rechtliches Zeugniß für oder gegen die Wirklichkeit solcher Ideen", nämlich über den Zustand nach dem Tod, abzugeben.[470] Auch wiederholte er seinen Unsterblichkeitsbeweis aus der Unmöglichkeit der Annihilation vernünftiger Geschöpfe durch den „moralischen Urheber" als eine „absolute Forderung", mithin als Postulat der Vernunft.[471] An der postmortalen Fortdauer der Willensfreiheit,[472] der Sinnlichkeit[473] und der Analogie zwischen den irdischen und jenseitigen Verhältnissen nach dem Tod hielt er mit dem Ergebnis fest, „daß dieses unser gegenwärtiges Leben in Absicht seiner Wesenheit die größte Aehnlichkeit mit dessen Fortsetzung, d. i. mit unserm künftigen Leben haben werde".[474] Alle Vermutungen über das Ende der menschlichen Existenz, über ein völlig körperloses Leben nach dem Tod, über das Ende der irdischen Beziehungen und der Liebe zu den „Unsrigen" widersprächen nicht nur der Vollkommenheit Gottes, die als Vorstellung „in uns" unabänderlich vorhanden sei, sondern stünden auch im „größten Widerspruch" zur Vernunft.[475] Als wichtigste „Folgerung" aus seiner Erweiterung des Unsterblich-

---

[465] G. A. P., 1798, 8.

[466] G. A. P., 1798, 48.

[467] G. A. P., 1798, 91, 95.

[468] Vgl. [Rez. zu] DEDEKIND: Grundlinien der Rechtslehre, mit einer kritischen Beziehung auf den Kantischen Rechtsbegriff entworfen [Hildesheim 1798]. In: Neue allgemeine deutsche Bibliothek 1799, 102. Dedekind will in der Rechtslehre zwischen der praktischen und der theoretischen Vernunft unterscheiden und meint, dass ein allgemeingültiger Rechtsbegriff aus der theoretischen Vernunft abgeleitet werden müsse, weil die praktische Vernunft nur gebiete.

[469] [Rez. zu] DEDEKIND: Versuch Herrn Fichte mit seinem Publikum in Absicht seines Atheismus auszugleichen [Hildesheim 1799]. In: Neue allgemeine deutsche Bibliothek 1801, 363–408.

[470] GUSTAV ERNST WILHELM DEDEKIND: Ueber Geisternähe und Geisterwirkung oder über die Wahrscheinlichkeit, dass die Geister der Verstorbenen den Lebenden sowohl nahe seyn, als auch auf sie wirken können. 3te Auflage. Den Lesern seines Dokimion noch näher anzusprechen. Hannover 1825, 2. Das 41 Seiten umfassende Büchlein ist dem Abt von Loccum gewidmet. Im Wesentlichen werden hierin die Themen aus Dedekinds ersten beiden Büchern abgehandelt.

[471] DEDEKIND, 1825, 10–13.

[472] DEDEKIND, 1825, 14–17.

[473] DEDEKIND, 1825, 17–20.

[474] DEDEKIND, 1825, 20–29, Zitat: 26 f.

[475] DEDEKIND, 1825, 27 f.

keitspostulats nannte Dedekind neben einer quasikörperlichen unverweslichen Ausstattung der postmortalen Personen und der wachsenden Glückseligkeit die Fortführung der familiären und freundschaftlichen, durch „Liebe im erhabnern Sinne des Wortes" geprägten Beziehungen über den Tod hinaus.[476] Liebe sieht Dedekind als dasjenige an, was „im Menschen wesentlich" sei, dass sie über den Tod hinaus fortdauern müsse.[477] Auf diese Weise können sich Verstorbene ihren Hinterbliebenen nähern und sich wieder entfernen. Sie vermögen unsichtbare „Zeugen" zu sein, die nicht als „müssige Beobachter", sondern „mit dem Mitgefühlen eines Busenfreundes" das „Gute stärken" und das „Böse abhalten".[478]

Dedekind ersetzte hier die Bezeichnung „Schutzgeister", die er selbst mehr als dreißig Jahre vorher verwendet hatte, durch den neutraleren Begriff „Zeugen" offensichtlich deshalb, weil sich mittlerweile nicht nur Geistertheorien erheblich verbreitet hatten, die wie Johann Heinrich Jung-Stillings *Theorie der Geister-Kunde*[479] kantianische und swedenborgische Jenseitsvorstellungen miteinander kombinierten, sondern sich mit diesen Theorien auch Praxen verbanden, die man als Vorstufen des Spiritismus des 19. Jahrhunderts bezeichnen kann. Dedekind war mit der anthropozentrischen Geisterwelt, die eine *Apokatastasis* ohne Erlösung, sondern auf der Basis einer geradezu kosmischen Dimension der menschlichen Freiheit vertrat, offenbar ein wichtiges Kettenglied auf diesem Weg. Ohne dass er an irgendeiner Stelle Swedenborg erwähnen würde, las er Kant wie manche frühe Rezensenten der *Träume eines Geistersehers* so, als wäre er ein Parteigänger Swedenborgs. Ja, er kritisierte und erweiterte dessen Jenseitskonzeption, die in enger Verbindung mit Swedenborg entwickelt, wenn auch auf der Ebene der praktischen Vernunft postuliert und nicht theoretisch bestimmt worden war, indem er den Freiheitsbegriff auf den *status post mortem* übertrug. Zugunsten des Konzepts einer freiheitlichen, quasi-sinnlichen und quasi-körperlichen, nur von Menschen bevölkerten und mit dem *mundus naturalis* in wirksamer Verbindung stehenden Geisterwelt fiel die Ewigkeit der Höllenstrafen, das Jüngste Gericht, aber auch die soteriologische Dimension von Kreuz und Auferstehung dahin. Mit Hilfe der von Swedenborg entwickelten und von Kant partiell übernommenen und modifizierten Eschatologie und unter nachdrücklicher Berufung auf die kritische Philosophie Kants avancierte der freie Mensch zum Mittelpunkt beider Reiche.

j) Kontexte am Schluss: Personen, Geister und Kant

Als es der junge Friedrich Schleiermacher 1799 in der zweiten seiner Reden *Über die Religion* ausdrücklich ablehnte, eine Fortdauer der Persönlichkeit nach dem Tod anzunehmen, weil diese Vorstellung „ganz irreligiös" sei,[480] reagierte er of-

---

[476] DEDEKIND, 1825, 32.
[477] DEDEKIND, 1825, 34.
[478] DEDEKIND, 1825, 35 f., 40.
[479] JOHANN HEINRICH JUNG-STILLING: Theorie der Geister-Kunde. Nürnberg 1808 [mehrere Auflagen und Neudrucke]; SAWICKI, 2002, 56 f.
[480] Vgl. FRIEDRICH DANIEL ERNST SCHLEIERMACHER: Über die Religion. Reden an die Gebildeten unter ihren Verächtern. Berlin 1799, 130–133, sowie 96–108. Friedrich Wilhelm

fenbar auf diese Tendenzen, die auch von Dedekind verfolgt wurden. Denn mit diesen Tendenzen im Vorfeld des Spiritismus drohte nicht nur die umfassende Transformation der Theologie einherzugehen. Obwohl sich Dedekind, genauso wie Kant und im übrigen auch Swedenborg, gegen die Möglichkeit von Geistererscheinungen in der Sinnenwelt, sondern nur für moralische, unsichtbare Einflüsse ausgesprochen hatten, war es offensichtlich die Frage, wie denn nun die Quasi-Körperlichkeit der postmortalen Seelen zu verstehen sei, die dafür verantwortlich war, dass die Erscheinung der Geister verstorbener Menschen um 1800 auch im Zusammenhang mit Kants Unsterblichkeitslehre debattiert wurde. An einer anderen Stelle dieser Arbeit[481] ist bereits auf den schwäbischen Arzt Justinus Kerner hingewiesen worden, der mit seiner *Seherin von Prevorst* eine Theorie vorlegte, in der er die Möglichkeit von Geistererscheinungen mit dem unsterblichen „Nervengeist", dem von Swedenborg, Le Cat und anderen Medizinern behaupteten *spiritus animalis* oder *fluidum spirituosum*, begründete. Bei Kerner können sich allerdings nur noch unerlöste Geister bemerkbar machen, während sich die Seligen in einem postmortalen Wachstum bis zur allgemeinen Auferstehung befinden. Aber Geister sind auch sinnlich wahrnehmbar.

Gegen solche Auffassungen hatte sich der mittlerweile renommierte Professor Karl Heinrich Ludwig Pölitz 1821 zu Wort gemeldet, als er ausgerechnet die von ihm selbst entdeckte anonyme Vorlesungsmitschrift L₁ herausgab.[482] Damit wurden Kant und Swedenborg zwar wieder zusammengerückt, denn nach L₁ pries Kant Swedenborgs System vom bloßen Anschauungswechsel der Seele nach dem Tod als „sehr erhaben".[483] Zugleich konnte Pölitz seine Argumentation von 1794 nochmals untermauern, dass nämlich keine Geister erscheinen könnten. Mit dem Kant von L₁ konnte Pölitz dies autoritativ absichern, ohne zugleich seine Theorie von der postmortalen Fortexistenz der Seelen aufzugeben, die trotz mancher Unterschiede den Ansichten Dedekinds, des swedenborgisch gelesenen Kant und Swedenborgs selbst entsprach. Geister sollten nicht wirken können, aber das philosophisch-theologische System, das dem Gegenstand dieses Verdikts zugrunde

---

Jerusalem lehnte demgegenüber einige Jahre zuvor zwar die Spekulationen über den „Mittelzustand" der Seele nach dem Tod ab und hielt sich auch sonst mit Spekulationen zurück, doch vertrat er nach wie vor eine auch postmortal geltende Soteriologie, hielt sogar den Gerichtsgedanken modifiziert für tragbar und dachte den Himmel als „Sphäre höherer Geistigkeit, Erkenntnis und Moral". Die Ewigkeit der Höllenstrafen begriff er als Drohung, sprach sich aber für die Apokatastasis aus. vgl. Aner, 1929, 304. Insofern ist Sawickis, 2002, 62, Bewertung Jerusalems zu konkretisieren.

[481] Vgl. Kap. 2.4.1., c), cc).

[482] Immanuel Kant's Vorlesungen über die Metaphysik. Zum Drucke befördert von dem Herausgeber der Kantischen Vorlesungen über die philosophische Religionslehre [Leipzig 1817, 2. Aufl. 1830, Nachdruck Darmstadt 1982]. Nebst einer Einleitung, welche eine kurze Übersicht der wichtigsten Veränderungen der Metaphysik seit Kant enthält. Erfurt 1821. Die Bezeichnung dieser und mehrerer anderer Handschriften geht zurück auf: Max Heinze: Vorlesungen Kants über die Metaphysik aus drei Semestern. In: Abhandlungen der philologisch-historischen Classe der Königlich-Sächsischen Gesellschaft der Wissenschaften 14 (1894), 483–728.

[483] Vgl. oben Seite 667. Pölitz zeigte sich in seiner Einleitung lediglich befremdet darüber, dass Kant nach L₁ die Präexistenz der Seele für möglich hielt. Vgl. Kant / Pölitz, 1821, XI.

lag, sollte offenbar erhalten bleiben. Vor allem ging es Pölitz mit seiner Veröffentlichung von L₁ aber um die Widerlegung der „Beschuldigung des großen Mannes [...], e r s e y e i n A t h e i s t g e w e s e n!"[484] Die Vorlesung untermauere, dass sich Fichte schlichtweg zu Unrecht auf Kant berufen habe. Die anderen beiden Fronten, gegen die er L₁ ins Feld führte, nannte Pölitz ebenfalls: den „Mysticismus" und den „Pantheismus".[485] Dies sind die Gegner der durch Geister angereicherten Unsterblichkeitslehre Kants.

Bereits 1806 hatten die Pastoren der Generalinspektion Wolfenbüttel, im Zusammenhang weniger mit Schleiermachers als mit einer spinozistisch begründeten Abweisung der Unsterblichkeit der Person wie bei Schelling, darüber beraten, ob man nun die ewige Fortdauer der Person anzunehmen oder abzulehnen habe. Zu den Hintergründen dieser Beratung gehörte noch ein anderes Ereignis: 1804 hatte der promovierte Philosoph Johann Karl Wötzel (1765–1836) aus Großhelmsdorf bei Eisenberg die Öffentlichkeit über zwei Erscheinungen seiner verstorbenen Ehefrau informiert und dadurch eine breite Debatte ausgelöst.[486] Wötzel hatte diese „erste merkwürdige Geistererscheinung des 19. Jahrhunderts"[487] in Deutschland auch unter Rückgriff auf Kant und auf die von Dedekind – und Swedenborg – aufgestellte These erklärt, dass es zwischen dem jetzigen und dem anderen Leben eine gewisse Analogie geben müsse. Ähnlich wie in Kants *Träumen eines Geistersehers* ging Wötzel davon aus, dass die Sinnenwelt und die Geisterwelt nur verschiedene Anschauungsformen seien. Seine Ausführungen zielten darauf ab, dass man vor Erscheinungen von Geistern und Gespenstern keine Angst mehr haben müsse, weil es sich ja nur um Menschen aus einem „Jenseits" handele, das „unserer Welt ähnelt".[488]

Die Wolfenbütteler Pfarrerschaft, die auch den Fall Wötzel vor Augen hatte, entschied sich nach eingehender Beratung dafür, dass an der Unsterblichkeit der Person festgehalten werden müsse, und sie gab als die beiden wichtigsten Argumente zu Protokoll: *erstens* die Heilige Schrift, die die Unsterblichkeit bezeuge, und *zweitens* Immanuel Kant, nach dem es Gottes Weisheit und Güte widersprechen würde, wenn menschliche, besonders moralische Anlagen nicht entwickelt werden könnten. Der Mensch trage in sich selbst die Überzeugung von seiner Fortdauer, „vid. Kant et Paul Röm 6.8.", und das göttliche „Gesetz" sehe den ständigen „Fortschritt im Guten, von einer Vollkommenheit zu der anderen, bis ins Unendliche" vor. Dies aber könne im „kurzen Erdenleben" nicht geschehen,

---

[484] KANT/PÖLITZ, 1821, XI [Hervorhebung im Original]; gleichlautend das Urteil eines Rezensenten in KANT/PÖLITZ, 1982, XIV: Kant habe ein „wahrhaft frommes Gemüth" besessen, „frömmer vielleicht, als mancher von denen, die ihn des Atheismus zu beschuldigen wagen".

[485] KANT/PÖLITZ, 1821, IV.

[486] JOHANN KARL WÖTZEL: Meiner Gattinn wirkliche Erscheinung nach ihrem Tode. Eine wahre, unlängst erfolgte Geschichte für jedermann zur Beherzigung und vorzüglich für Psychologen zur unpartheiischen und sorgfältigen Prüfung. Chemnitz 1804 [zwei weitere Aufl. Leipzig 1805].

[487] SAWICKI, 2002, 115.

[488] Vgl. dazu SAWICKI, 2002, 115–128, Zitat: 121.

weshalb die Seele „fortdauern" müsse, und zwar „bis ins Unendliche".[489] Die Fortdauer der Seele nach dem Tod war nicht erst durch das mehrteilige, vielfach aufgelegte und vielgelesene Erbauungsbuch *Elpizon* des überaus populären Zerbster Pastors, Gymnasialprofessors und Konsistorialrats Christian Friedrich Sintenis (1750–1820)[490] propagiert worden. Es war bereits Kants moralisch-teleologischer Beweis für die Unsterblichkeit der Seele,[491] der hier trotz aller epistemologischen Relativierung in der dritten Kritik Wirkungen gezeigt hatte.

Swedenborg tauchte als Name in diesem Diskurs des frühen 19. Jahrhunderts nur noch gelegentlich auf – wie bereits bei seinen zeitgenössischen Rezipienten. Das änderte sich erst einige Jahrzehnte später, als es zu einer Neuauflage der Frontstellung Kant-Swedenborg im Kontext einer Entwicklung kam, die noch Ernst Troeltsch am Anfang des 20. Jahrhunderts darin münden sah, dass Spiritualismus und Mystik zu einem „Asyl für die Religiosität wissenschaftlich gebildeter Schichten"[492] und zu einer „heimliche[n] Religion der Gebildeten in der Moderne"[493] geworden seien. Swedenborgs Naturphilosophie, Theologie und Geisterweltlehre war schon lange vorher tief in den philosophisch-theologischen Diskurs des 18. Jahrhunderts eingedrungen und hatte hier eine kaum zu unterschätzende Rolle als Rezeptionsbasis, als katalysierendes Element oder als Negativfolie gespielt.

---

[489] Zitiert nach Sawicki, 2002, 121 f. Röm 6,8: „Wenn wir aber mit Christus gestorben sind, so glauben wir, daß wir auch mit ihm leben werden."

[490] Christian Friedrich Sintenis: Elpizon oder Ueber meine Fortdauer im Tode. 1. Aufl.: Teil 1, Danzig 1795; Teil 2, Zerbst 1804; Teil 3, Leipzig 1806. Kurt Nowak zählt den noch unerforschten Sintenis als Verfasser von mehr als 50 Romanen ausdrücklich zu den „Erfolgsautoren" unter den Pfarrern, vgl. Kurt Nowak: Vernünftiges Christentum? Über die Erforschung der Aufklärung in der evangelischen Theologie Deutschlands seit 1945. Leipzig 1999, 87.

[491] Gab es in der Wolfenbütteler Pfarrerschaft ehemalige Hörer, die wie Graf Heinrich zu Dohna-Lauck auf Wundlacken in Kants Vorlesung Anfang der 1790er Jahre diesen Satz gehört haben könnten: „wir können alle Entwürfe gegen die Behauptung eines künftigen Lebens widerlegen, aber nur einen Beweis dafür führen, den moralisch-teleologischen"? Metaphysik nach Dohna. AA XXVIII/2.1, 688 f., vgl. auch ebd., 687; sowie Metaphysik L₂. AA XXVIII/2.1, 592. Vgl. dazu auch oben Seite 645, 670, 691–695.

[492] Ernst Troeltsch: Die Soziallehren der christlichen Kirchen und Gruppen. Tübingen 1912, 967.

[493] Troeltsch, 1912, 931.

Auswertung

Geisterseher – Scharlatane – Swedenborg

1.1. Geisterseher waren in der zweiten Hälfte des 18. Jahrhunderts keine Seltenheit. Swedenborg scheint jedoch aus dem ‚Rahmen' zu fallen. Während Cagliostro, Schrepfer, Gaßner und andere, öffentlich ‚experimentierende' Geisterseher als Betrüger und Scharlatane entlarvt wurden, gestaltete sich die Rezeption Swedenborgs ausgesprochen ambivalent, ‚subkutan' und oft unter Trennung des Lehrsystems von Swedenborgs Namen. Möglicherweise war dies auch Swedenborgs Mitgliedschaft im schwedischen Reichstag und seinen persönlichen Verbindungen zu hochgestellten adligen und politischen Kreisen in Schweden geschuldet. In der Rezeption Swedenborgs kam es nur selten vor, dass Swedenborg zu den betrügerischen Geistersehern und Totenbeschwörern gezählt wurde.

Der Offenbarungsanspruch der Visionen Swedenborgs wurde sowohl bestritten als auch anerkannt. Das scheint sich stärker auf den Umgang mit Swedenborg und dessen Wirkung auf die Gelehrtendebatten niedergeschlagen zu haben, als es in den veröffentlichten Texten auf den ersten Blick sichtbar wird. Die auf verschiedene Weise mit verdeckten Rezeptionen hantierende Strategie Oetingers steht dafür. Aber selbst der späte Semler wandte sich gegen die diskreditierende Bewertung Swedenborgs durch Vertreter der Berliner Aufklärung, indem er einerseits erklärte, sich zwar ganz „unpartheyisch" gegenüber Swedenborg zu positionieren, zugleich aber „keine Schwierigkeit" sehe, dass es Menschen gebe, „deren Empfindungswerkzeuge" ihnen „selbst mehr leisten oder darstellen, was äusserliche vorübergehende unkörperliche Phänomene betrifft". Aus diesem Grund könne er Swedenborg auch nicht für einen „wissentlichen Betrüger halten", obwohl er im Anschluss vermutete, dass dessen Gabe ein „Zufall" und eine „moralische Art Fiebers, oder Epilepsie der Seelenkräfte" sei.[1] Gerade das Zeugnis der schwedischen Königin erkläre Swedenborg „für einen so ehrlichen Mann, daß er sich und seine Visionen nicht habe misbrauchen lassen".[2] Auf diese Weise wandte sich Semler gegen Swedenborgs Disqualifizierung als Betrüger und vermutete zugleich eine seelische Konfiguration, die dessen Geisterkontakt ermöglicht haben müsse. Swedenborgs Reputation als ‚Ehrenmann' und seine Bedeutung als Theologe wollte Semler offenbar nicht verletzt wissen.

---

[1] JOHANN SALOMO SEMLER: Einige Anmerkungen über die verschiedenen Nachrichten von Swedenborgs Karakter im April der Berl. Monatsschr. In: Archiv der Schwärmerey und Aufklärung 2 (1788), 301–309, 346–352, hier: 301.

[2] Ebd., 352.

Das Phänomen des Geistersehers Swedenborg wurde auf vierfache Weise diskutiert: Seine Visionen wurden entweder als lediglich falsch gedeutete, aber tatsächliche Prophetie oder gar als Offenbarung gesehen, oder es wurde Swedenborg eine seelische Erkrankung oder eine überschäumende literarische Phantasie attestiert. Eher selten wurde ihm oder seinen Anhängern vorsätzlicher Betrug unterstellt. Die Zahl derjenigen Swedenborganhänger, die sowohl Swedenborgs Offenbarungsanspruch als auch seine Lehre voll anerkannten, dürfte unter den Zeitgenossen eher gering gewesen sein. Von diesem Befund aus lassen sich aber noch keine Schlüsse auf das Gewicht ziehen, das Swedenborg von den Autoren beigemessen wurde, die ihn rezipierten.

1.2. Den drei von Kant verbreiteten und bis ans Ende des Jahrhunderts vieldiskutierten Geisterseher-Begebenheiten dürfte im Hinblick auf die Beurteilung Swedenborgs insgesamt ein hoher Stellenwert zuzuschreiben sein, denn Kant selbst lehnte diese Kolportagen nicht einfach ab, sondern beurteilte sie als unbeweisbar. Andere Quellen wie die Allusionen Oetingers sprechen dafür, dass diese Ereignisse gerüchteweise schon längst verbreitet waren, bevor sich Kant 1766 öffentlich und schriftlich – und zwar unentschieden – dazu äußerte. Es gehört zu den bemerkenswerten Befunden der Rezeption der *Träume eines Geistersehers*, dass Kants Bericht gerade als Fürsprache und als Zeugnis für Swedenborgs übersinnliche Begabungen angesehen wurde. Das dürfte im Hinblick etwa auf Oetinger, Lavater und gerade die populäre Rolle des Letzteren am Ende des 18. Jahrhunderts kaum zu unterschätzen sein. Denn wenn den Erzählungen um Swedenborg wenigstens zum Teil Glauben geschenkt wurde, dann wurde auch seine Theologie unter dieser Perspektive gelesen. Swedenborgs Aufklärungsprogramm, die Anthropologisierung des Himmels, die Kritik an zentralen Aussagen der Bekenntnisschriften, die Abschaffung von Apokalyptik und Teufel, wurden als zeitgenössisch debattierte Themen der Theologie und Religionsphilosophie von einem ehemaligen mechanistischen ‚Naturwissenschaftler' vertreten, dessen Glaubhaftigkeit in den höchsten Kreisen bezeugt wurde.

Erst am Ende der 1780er Jahre, in einem Zeitraum, der in dieser Studie nur am Rande besprochen worden ist, mehren sich Stimmen vor allem aus der Berliner Aufklärung, die Swedenborg oder die entsprechenden Zeugen für seine angeblichen telepathischen Fähigkeiten als Lügner und Betrüger zu qualifizieren versuchen. In diesem Zusammenhang ist Semlers Parteinahme für Swedenborg einzuordnen.

Esoterik – Theosophie

2.1. War Swedenborg ein Esoteriker? Erwägt man diese Frage auf der Grundlage der vier notwendigen und zwei nicht-notwendigen Kriterien, die Antoine Faivre als Kennzeichen von Esoterik als einer suprahistorischen religionsgeschichtlichen Strömung aufgestellt hat,[3] spricht mehr dagegen als dafür. Zwar ist die Anwen-

---

[3] Vgl. Faivre, 2001, 24–34.

dung ahistorischer Denkformen zur Beschreibung oder Einordnung historischer Phänomene im Rahmen einer historischen Arbeit nicht notwendig und es würde sich aus diese Perspektive erübrigen, anhand des Beispiels Swedenborg den Esoterik-Begriff Faivres und der ihm folgenden Forschung[4] überhaupt zu überprüfen. Versuchte man trotz dieser Bedenken, Antoine Faivres Kriterien auf Swedenborg anzuwenden,[5] stieße man sofort darauf, dass sich das Analogiedenken als einziges Kriterium eindeutig bei Swedenborg finden ließe. Die Vorstellung einer lebenden Natur, die eine lebendige Einheit der organischen und der anorganischen Schöpfung behauptete, wäre im Hinblick auf Swedenborg allerdings problematisch, denn Swedenborgs Natur ist zwar durch den Einfluss des göttlichen Lebens ‚belebt', aus sich selbst aber ist sie tot. Auch kann nicht davon die Rede sein, dass er anorganische Materie für belebt hält. Seine späte Annahme eines „Analogon" von Leben und Freiheit auch im ‚Reich der Natur' erfüllt einerseits noch nicht das Kriterium von Lebendigkeit, andererseits dürfte es sich bei dieser Denkfigur Swedenborgs um ein Zugeständnis an Oetinger gehandelt haben,[6] der anders als Swedenborg in der Tat eine durchweg selbst lebende Natur behauptet. Auf Oetinger träfe Faivres Kriterium der lebenden Natur durchaus zu, nicht aber auf den neuplatonisch vermittelten Cartesianismus Swedenborgs.

Der dritte notwendige Esoterik-Aspekt Faivres, die Imagination, ließe sich ebenfalls kaum auf Swedenborg übertragen, der ja sein gesamtes theologisches Werk auf der Basis einer göttlichen Offenbarung erlangt haben will, nicht durch eine Kontemplation oder durch einen medial vermittelten oder auch unvermittelten Erkenntniszugang, sondern durch einen Gnadenakt des Herrn. Dieser Akt ließe sich nur dann als Imagination bezeichnen, wenn Swedenborgs Offenbarung als Phantasie, als Ergebnis mystischer Kontemplation interpretiert und dadurch in eine Imagination umgeschrieben würde. Das lässt sich aber nicht mit den Mitteln der historisch-kritischen Methode, sondern nur aufgrund einer definitorisch-epistemologischen Vorentscheidung durchführen, die Offenbarungen ‚von oben' grundsätzlich als religiöse Phänomene ausschließlich ‚von unten' betrachtete, die von den angeblichen, psychisch defizitären Trägern nur als Offenbarungen ‚von oben' ausgegeben würden. Die wissenschaftlichen Möglichkeiten einer historiographischen Verfahrensweise würden durch einen solchen Ansatz gesprengt.

Allerdings wäre es möglich, das Esoterik-Kriterium der Imagination bei dem vorvisionären Swedenborg aufzufinden, der nach der Kombination empirischer und kontemplativer Erkenntniswege suchte.[7] Nach 1745 hätte er einen solchen ‚esoterischen' Erkenntniszugang gleichsam offenbarungstheologisch ‚aufgeklärt',

---

[4] Vgl. dazu aber MICHAEL BERGUNDER: Was ist Esoterik? Religionswissenschaftliche Überlegungen zum Gegenstand der Esoterikforschung. In: NEUGEBAUER-WÖLK/RUDOLPH, 2008, 477–507.

[5] Die hier vorgenommene Prüfung der Faivreschen Kriterien geht über den Ansatz der US-amerikanischen Swedenborgianerin JANE K. WILLIAMS-HOGAN, Place (2005), 217–229, hinaus.

[6] Vgl. Kap. 3.3.5., a); sowie Kap. 5.2.5., c).

[7] Vgl. etwa Kap. 2.4.2., b) und c), 4.2.11. u. ö.

weil er sich nicht erfüllen ließ, sondern nach Swedenborgs Zeugnis ‚von oben‘ ergänzt werden musste.

Auch das vierte notwendige Kriterium, die Transmutation im Sinne einer Wiedergeburt, lässt sich auf Swedenborg nicht anwenden, da nach seinem System der Akt der Wiedergeburt und Erlösung niemals vom Menschen selbst, sondern nur vom Herrn bewirkt werden kann. Dieser soteriologische ‚Rest‘ bleibt bei Swedenborg Kern der Erlösung des Menschen.

Von den beiden nicht-notwendigen Esoterik-Kriterien ließe sich hingegen die Konkordanz im Sinne der Annahme eines ältesten Wissens zwar bei Swedenborg finden, allerdings ist dieses Wissen bei Swedenborg gerade nicht verfügbar. Es ist verschüttet und kann nur durch Offenbarung zugänglich gemacht werden, und nur ihm selbst. Das Kriterium der Transmission träfe hingegen nicht zu, denn Swedenborg selbst war nicht an der Neugründung einer Religionsgemeinschaft außerhalb der schwedisch-lutherischen Reichskirche interessiert, von der er sich nicht separierte. Seine „neue Kirche" wird vom Herrn ausschließlich in der Geisterwelt gegründet und wirkt unabhängig von religiösen oder konfessionellen Institutionen aus dem übersinnlichen in den sinnlichen Bereich hinein. Swedenborgs Transmissionsarbeit besteht in der Übermittlung und Verbreitung des „neuen Wortes" dieser „neuen Kirche". Die Institutionalisierung des Swedenborgianismus geschah erst nach Swedenborgs Tod durch die swedenborgianischen Gesellschaften und Gemeinden, die sich außerhalb der verfassten Kirchentümer gründeten.[8]

Da die Esoterik ab dem 19. Jahrhundert ohne den Einfluss Swedenborgs nicht denkbar ist, Swedenborg selbst aber den bisher aufgestellten systematischen Esoterik-Kriterien nicht genügt, stellt sich eher die Frage nach der Konsistenz, Genauigkeit und historiographischen Anwendbarkeit, aber eben auch nach dem Nutzen solcher invarianten Definitionsmodelle wie dem Faivres, die auf ahistorischen, historisch nicht deutlich abgrenzbaren Denkformen beruhen.

Dies träfe auch auf Monika Neugebauer-Wölks Vorschlag eines Kriterien-Rasters zu, das sich als eine stärker an der sozialen und politischen Dimension orientierte Ergänzung des Faivreschen Modells versteht, Esoterik aber als einen vom Christentum unabhängigen religiösen Entwurf darstellen und die „Struktur eines esoterischen Sinnsystems der Frühen Neuzeit so […] formulieren" will, „daß es in den Strukturen des christlichen Sinnsystems nicht mehr integriert werden kann".[9] Nach diesem Modell, das nur über die Identifizierung des Christentums insgesamt mit bestimmten, historisch-kontingenten ‚orthodoxen‘ Ausprägungen des Christentums zur Konstruktion eines nichtchristlichen ‚esoterischen‘ Gegenübers gelangt, wären weder Swedenborg noch dessen in der vorliegenden Arbeit dargestellte Rezipienten wie etwa Friedrich Christoph Oetinger als Esoteriker zu betrachten. Dies wäre nur denkbar, wenn man ihnen posthum unterstell-

---

[8] Vgl. dazu Friedemann Stengel: Art. Swedenborgianismus. In: Enzyklopädie der Neuzeit. Stuttgart u. a., Bd. 13 (2011), 151–153.

[9] Vgl. Monika Neugebauer-Wölk: Esoterik und Christentum vor 1800. Prolegomena zu einer Bestimmung einer Differenz. In: Aries 3.2 (2003), 127–165, hier: 127, 143.

te, sich nur aus opportunistischen oder anderen Gründen selbst als Christen bezeichnet und zudem ihre bei aller Kritik und Modifikation eng an den evangelischen Bekenntnissen orientierte Lehre nur zum Schein entwickelt zu haben. Eine solche Vorentscheidung ist aus einer konsequent historisierenden Perspektive nicht durchzuhalten.

Auch nach der Forderung einer streng historischen Bestimmung des Esoterik-Begriffs von Michael Bergunder, die gegenüber den phänomenologischen und nominalistischen Esoterikbestimmungen Faivres und seiner Schüler entwickelt worden ist,[10] lässt sich Swedenborg nicht als Esoteriker bezeichnen. Denn die diachrone Rekonstruktion historischer Netzwerke ausgehend von den Esoterikern des 19. Jahrhunderts, die sich erstmals auch als solche bezeichneten, lässt sich bei Swedenborg nicht verifizieren. Swedenborgs Rezeption der christlichen Kabbala kann nur vermutet, aber historisch nicht abgesichert werden, und hinsichtlich weiterer esoterischer Segmente solcher Netzwerke wie der Alchemie, des Hermetismus, der Theosophie Jakob Böhmes und der Magie fällt der Befund noch schlechter oder gänzlich negativ aus. Ein diskursives Netzwerk, das von solchen historischen Elementen geprägt wäre, die dann im 19. Jahrhundert als esoterisch galten, ist bei Swedenborg nicht festzustellen.

Die Kontexte, in die Swedenborg später eingeordnet wurde, sind nicht ohne weiteres auch als Quellen zu bezeichnen, wenn eine Rezeption nicht sicher nachgewiesen werden kann und die Quellen für zahlreiche Topoi in Swedenborgs Werk rezeptionell außerdem anders als durch das Material aus dem Esoterischen Corpus nach Faivre zu belegen sind.

Demgegenüber lässt sich der von Bergunder zu Recht geforderte Nachweis esoterischer diskursiver Netzwerke[11] sehr wohl bei Oetinger und dessen prägendem Umfeld führen. Denn hier verbanden sich Kabbala, Böhme, Alchemie, natürliche Magie, Astrologie und Hermetismus miteinander. Allerdings ließe sich weder für Swedenborg noch für Oetinger ein Gegensatz zum Christentum herstellen, da Oetinger – auch durch die Auseinandersetzung mit Swedenborg – seine lutherische Theologie und seine Apokalyptik immer stärker ausprägte, wenn auch mit eigenen Gewichtungen.[12]

Wenn Swedenborg auch unter den Bedingungen eines historisch akzentuierten Esoterik-Begriffs nicht als Esoteriker bezeichnet werden kann, dann ist festzustellen, dass die Esoterik des 19. Jahrhunderts, deren integraler Bestandteil Swedenborg ist, sich auch aus dem visionären, neuplatonisch und zugleich cartesisch modifizierten Rationalismus Swedenborgs gespeist hat. Dass beispielsweise im Leibniz-Wolffianismus kabbalistische oder pythagoreische Motive rezipiert wurden, ist unbestritten. Den philosophischen Rationalismus aus diesem Grund dann aber selbst als (partielle) Esoterik zu qualifizieren, liefe auf ein tautologisches Ergebnis hinaus, zu dem ein Esoterik-Begriff zu zwingen scheint, der zugleich auch eine essentielle oder ursprüngliche ‚Nicht-Esoterik' behauptet, Überschneidun-

---

[10] Vgl. Bergunder, 2008.
[11] Vgl. Bergunder, 2008, 500–506.
[12] Zu Oetingers möglicher Einordnung in die Esoterik vgl. Kap. 5.2.1.

gen und wechselseitige Integrationen zwischen Esoterik und ‚Nicht-Esoterik' jedoch nicht erklären kann.[13]

2.2. Wie im Falle des Esoterikbegriffes ließe sich prüfen, ob Swedenborg, wie
es sehr häufig in älteren und vom heutigen Standpunkt aus zeitgenössischen Lexika und in der Swedenborgliteratur insgesamt geschieht, überhaupt als *Theosoph*
zu bezeichnen ist. Eine solche Entscheidung ist natürlich von den jeweiligen Definitionen abhängig.[14] Wenn man Theosophie aber als eine Theogonie begriffe,
die eine schöpfungsmittelnde Instanz, sei es die Sophia (Böhme), die Herrlichkeit
(Oetinger), die Schechina (in der Kabbala) oder etwa ein vom Inkarnierten unterschiedener präexistenter Logos, zwischen Schöpfung und Schöpfer stellte, dann
kann Swedenborg nicht als Theosoph bezeichnet werden. Denn Swedenborg
kennt – jedenfalls in seiner Theologie nach 1745 – keinen präexistenten Sohn
und auch keine schöpfungsmittelnde Instanz. Die göttliche Weisheit und Liebe
sind bei Swedenborg keine ‚Wesen', keine Substanzen oder sonstigen Instanzen,
kein Spiegel der göttlichen Selbsterkenntnis wie bei Böhme, sondern als Gottes
Kerneigenschaften nichts anderes als seine Allmacht und Allgegenwart.[15]

Würde die ältere Theosophie, nicht die institutionelle Theosophie der Theosophischen Gesellschaft am Ende des 19. Jahrhunderts, im engeren Sinne als Rezeption oder Wirkungsgeschichte Jakob Böhmes begriffen, könnte Swedenborg
ebenfalls nicht den Theosophen zugeordnet werden. Nicht zuletzt hat der lutherische Theosoph Oetinger die substantiellen Mängel der Naturphilosophie Swedenborgs auf dessen Unkenntnis Böhmes und der Kabbala zurückgeführt.[16]

Holistische Alternativen

2.3. Da es nicht möglich ist, Swedenborg in einen schlüssigen Esoterik-Begriff
einzuordnen, stellt sich die Frage, ob sich mit der Auseinandersetzung um seine
Lehre überhaupt ein *Paradigmenwechsel* im philosophisch-theologischen Diskurs beschreiben lässt, der Swedenborgs Qualifizierung als „Geburtshelfer"[17]
der modernen Esoterik mit Okkultismus und Spiritismus entspräche. Sweden-

---

[13] Vgl. dazu meine diskurstheoretische Perspektive in: FRIEDEMANN STENGEL: Diskurstheorie und Aufklärung. In: MARKUS MEUMANN (Hg.): Ordnungen des Wissens – Ordnungen des Streitens. Gelehrte Debatten des 17. und 18. Jahrhunderts in diskursgeschichtlicher
Perspektive. Berlin 2011.

[14] Vgl. jetzt FRIEDEMANN STENGEL: Art. Theosophie. In: Enzyklopädie der Neuzeit.
Stuttgart u. a., Bd. 13 (2011), 527–531.

[15] Vgl. zu Swedenborgs Gottesbild insgesamt oben Kap. 3.3.2., besonders d).

[16] Auch Antoine Faivre macht auf die fundamentalen Differenzen Swedenborgs gegenüber der böhmistischen Theosophie aufmerksam und verweist insbesondere auf die Kritik
Oetingers und Saint-Martins an dem Fehlen einer körperlichen Geistigkeit und der Inkarnation des Geistes bei Swedenborg. Merkwürdigerweise hält Faivre aber daran fest, Swedenborgs Lehre als Theosophie zu bezeichnen. Vgl. ANTOINE FAIVRE: Art. Christian Theosophy. In: WOUTER J. HANEGRAAFF u. a. (Hg.): Dictionary of Gnosis and Western Esotericism.
Bd. 1, Leiden; Boston 2005, 258–267, hier: 265.

[17] HANEGRAAFF, 1996, 424–429.

borgs Aufklärungsprogramm „bis zum Himmel" erweist sich als eine eigenwillige Kombination seiner Quellen auf der Basis einer selbst behaupteten Offenbarungsempirie. Die Schwerpunkte dieses Programms wurden von vielen Autoren seit dem philosophischen Rationalismus geteilt, von Swedenborg aber zu einem System kompiliert, das *mundus naturalis* und *mundus spiritualis* umfasste: die Abschaffung der Apokalyptik und die rationalistische Modifikation eines großen Teils der Kernaussagen der evangelischen Bekenntnisschriften, ein ewiges, holistisches Weltbild, eine mechanisch strukturierte, zugleich göttlich (nicht aus sich selbst) belebte und organische Natur, die Identität der physikalischen Gesetze in der Natur und der ‚pneumatischen' Gesetze in der Geisterwelt, die Integration der menschlichen Willensfreiheit und der Theodizee in das Gesamtsystem. Dieser rationalistische Holismus, der sich als alternativer Zwischenweg zwischen Cartesianismus und Pantheismus erweist, könnte mit dem Begriff des „Panentheismus", der nur wenige Jahrzehnte nach Swedenborg von dem Schelling-Schüler Karl Christian Friedrich Krause[18] generiert wurde, bezeichnet werden, als ein System also, in dem beide Welten sowohl verbunden, als auch getrennt sind, Gott zwar außerhalb der Welt steht, aber die Verbindung des Geistigen mit dem Natürlichen durch einen kontinuierlichen Einfluss gewährleistet, ohne mit der Welt identisch zu sein.

Dieser *Panentheismus*, der trotz aller Differenzen gegenüber Swedenborg auch auf Oetingers lutherische Theosophie zuträfe, wäre aber kein Paradigmenwechsel, sondern eine Kombination aus rationalistischen und neuplatonischen Strömungen, die als Alternative gegenüber materialistischen und idealistischen Konzeptionen einerseits und gegenüber pantheistischen und cartesisch-dualistischen Konzeptionen andererseits entwickelt worden wäre, wobei Elemente aus all diesen Richtungen in ihm konserviert geblieben wären – ob nun in Oetingers Geistleiblichkeitslehre oder in Swedenborgs substantiellem *mundus spiritualis*. Paradigmatisch wäre aus dem Blick der Zeitgenossen aber Swedenborgs Verbindung zwischen holistischem Rationalismus, Geisterwelt und Offenbarung in einem ‚spiritistischen Rationalismus'.

3.1. Swedenborgs *frühe Forschungen* waren von Beginn an auch ein theologisches Unternehmen. Sie zeigen die enge Aufeinanderbezogenheit von Naturforschung, Naturphilosophie und Theologie. Besonders seine geologisch-paläontologischen Arbeiten weisen Swedenborgs Einbindung in den Diluvianismus- und Fossiliendiskurs der Zeitgenossen auf, die die biblische Schöpfungsgeschichte mit den Ergebnissen der modernen empirischen Forschung verbinden wollten.

3.2. Allerdings finden sich bereits hier Ansätze für Swedenborgs spätere Methode der Schriftauslegung: Wenn er den biblisch geschilderten Ablauf und die hier erwähnten Ereignisse ernstnahm, aber zugleich versuchte, die biblischen Angaben im Interesse seiner kosmologischen Theorie auszulegen, dann lässt sich bereits in den frühen Arbeiten erkennen, dass Swedenborg am Wortlaut der Bibel zwar festhielt, aber einen anderen, verborgenen und nun für ihn mit rationaler

---

[18] Vgl. ULRICH DIERSE, WINFRIED SCHRÖDER: Art. Panentheismus. In: HWPh 7 (1989), 48.

Methodik eruierbaren Sinn hinter dem Buchstaben annahm. Swedenborgs visio-när-rationalistische Schrifthermeneutik ist im Ansatz schon früh vorhanden. Sie trägt die Züge eines Programms, die Bibel als göttliche Urkunde angesichts der Wunderkritik und eines rein historischen Verständnisses zu ‚retten' und sie als göttliches Zeugnis verlorengegangener Wahrheiten zu bewahren. Mit den kosmo-theologischen und physikotheologischen Intentionen seiner naturphilosophi-schen Phase befand sich Swedenborg auf demselben Weg wie Whiston, Burnet und andere, die die newtonsche oder cartesische Kosmologie in Übereinstim-mung mit den biblischen Berichten zu bringen versuchten.

Vitalismus und Mechanismus

3.3. Neben diesem Versuch, die Bibel der zeitgenössischen Kritik zu entziehen, strebte Swedenborg bereits in seiner Naturphilosophie danach, eine Verbindung zwischen dem Wirken Gottes und einer zunächst mechanistisch, zunehmend aber organisch-vitalistisch verstandenen Welt herzustellen, die Gott nicht als ei-nen Uhrmacher betrachtete, der nur am Anfang der Schöpfung mit der Welt in Verbindung stand und danach nur noch indirekt in ihr wirkt, die Gott mit der Welt nicht identifizierte, sondern an einer unendlichen Distanz zwischen Schöp-fer und Schöpfung festhielt, aber nach Vermittlungsinstanzen zwischen beiden suchte. Bereits vorvisionär lassen sich einerseits Spuren für Swedenborgs Schöp-fungsmittlerchristologie feststellen, die in sein cartesisches Weltmodell eingebaut wird und dessen Dualismus christologisch durch einen *Nexus* überbrückt. Dem korrespondiert seine Sicht der Seele als einer göttlich-unsterblichen Substanz, die die Verbindung zwischen Gott und dem materiellen Körper herstellt. Auf kos-mologischer Ebene hatte Swedenborg die Überbrückung der dualistischen Welt-sicht mit dem *punctum naturale* als der Schaltstelle zwischen der göttlichen Un-endlichkeit und der Endlichkeit versucht, der die Getrenntheit und zugleich die Verbindung zwischen dem bewegenden Gott und der mechanischen Welt ge-währleistet – ein zu diesem Zeitpunkt nicht vitalistischer, sondern mechanisti-scher Panentheismus, könnte man sagen.

Seele und Körper – Überbrückter Dualismus

4.1. Schon Swedenborgs frühe empirisch vorgehende Naturforschung und Natur-philosophie war durch einen *Cartesianismus* geprägt, der zwar die Dualität von Geist und Materie behauptete, aber Mittlerinstanzen zwischen beiden Bereichen annahm, die quasimateriell interpretiert wurden. Diese Orientierung bezog Swe-denborg bereits in seinen frühen Studien auf das Verhältnis zwischen Körper und Seele. Schon in Descartes' System selbst war eine, allerdings materielle, Mittler-instanz in Gestalt des *spiritus animalis* enthalten – eine Annahme, die es Sweden-borg ermöglichte, nicht nur den Verkehr zwischen Seele und Körper, sondern geistige Phänomene insgesamt, einschließlich der Erscheinung von Geistern, mechanisch und materiell zu erklären und dem Mechanizismus auf diese Weise die Erklärungshoheit in beiden Reichen zuzuschreiben. Damit war der Anspruch verbunden, das natürliche und das geistige Universum auf der Basis natürlicher Gesetze interpretieren und durchdringen zu können.

4.2. Swedenborgs langjähriges Interesse am menschlichen Gehirn als dem Austauschort zwischen den Bewegungen des Körpers und dem Willen der Seele lässt sich hieraus erklären. Für die Beschreibung des Transfers zwischen Seele und Körper knüpfte Swedenborg schon frühzeitig an die cartesischen Lebensgeister an, die er allerdings vorerst für unbeweisbar und unerkennbar hielt. Auch war sich Swedenborg selbst zunächst nicht sicher, ob die *spiritus animales* vielleicht mit der Seele identisch seien, bevor er dazu überging, die Seele im Rahmen seiner konstabilierten Harmonie als Erbauerin des Körpers zu betrachten und dennoch an den *spiritus animales* als Mittlerinstanzen festzuhalten. Der Seele-Körper-Konnex wurde zu einem in sich strukturierten und organischen Komplex.

4.3. Die Seele blieb aber zugleich außerhalb des Körpers, wurde jedoch dessen eigentliche – und unsterbliche – Gestalt: seine Substanz. An die Stelle der in den zeitgenössischen Debatten vertretenen subtilen Materien und verschiedenen Äther- und Feuervorstellungen trat der lebendigmachende Geist Gottes, der die konstabilierte Harmonie belebte, ohne den aber auch die seelisch-organische Struktur des Menschen gar nicht existieren würde. Wahrscheinlich unter Zuhilfenahme von Andreas Rüdigers Begriff der Seele als eines ausgedehnten, aber weder materiellen noch immateriellen Wesens entwickelte Swedenborg seinen Begriff von der Seele als einer Substanz, die allem Körperlichen zugrunde liegt, aber nur durch göttliche Gnade – nämlich aufgrund des in sie einfließenden Lebens – unsterblich ist und aus sich selbst kein Leben besitzt. Hier lag die Basis für Swedenborgs Verknüpfung des irdischen und des postmortalen Lebens und die Entsprechung der Lebensverhältnisse vor und nach dem Tod.

Der cartesische Mechanizismus und Dualismus Swedenborgs wurde auf diese Weise beibehalten, aber neuplatonisch modifiziert. Die mechanisch funktionierende Maschine wurde als belebt betrachtet; zwischen der Sichtweise des Körpers als Maschine oder als Vitalorganismus bestand kein Gegensatz.

Swedenborgs neuplatonisch vermittelter Cartesianismus in der Seelenlehre erscheint erneut als Versuch, zwischen einem dualistischen Cartesianismus und einem monistischen Spinozismus einen Weg zu finden, der weder auf einer radikalen Berührungslosigkeit von Geist und Materie, Seele und Körper, Gott und Welt, beruhte, noch beide miteinander identifizierte.

Zwischen Descartes und Newton

4.4. Swedenborgs Suche nach einem dritten Weg zwischen Geist und Materie vollzog sich auch kosmologisch-physikalisch in der Auseinandersetzung mit newtonschen und cartesischen Modellen. Wenn Swedenborg bereits im Rahmen seiner frühen Bullulartheorie leere Räume zwischen den (runden) Materieteilchen annahm, in denen er die an subtilmaterielle Substanzen gebundene Bewegung verortete, bezog er auch aus der Sicht der Zeitgenossen eine Position zwischen Newton und Descartes. Gänzlich materiefreie, leere Räume lehnte Swedenborg ab – für die Behauptung mechanischer Wirbelbewegungen benötigte er aber dennoch leere Räume, in denen diese subtilen Kräfte wirken. Dieser Ort zwischen den Materiepartikeln ist der dritte Ort, an dem Swedenborgs Seelen – und später Geister – auf die Sinnenwelt wirken und an dem die göttliche Lebenskraft das Reich der selbst toten Natur baut. Nicht der monistische Pantheismus, sondern der modifizierte cartesische Dualismus erweist sich als Ausgangspunkt für die Installation immaterieller Wirkkräfte, die nur aufgrund der Beschränkung der menschlichen Sinnesvermögen nicht empirisch zugänglich sind.

Eklektizismus

5.1. Dass sich Swedenborg in seiner vorvisionären Naturphilosophie immer weniger auf eigene Forschungen stützte, dürfte auch auf die öffentliche Kritik an seinem Verfahren und an den hieraus gewonnenen Ergebnissen zurückzuführen sein. Bei wichtigen Projekten wie etwa dem Längengradproblem oder der Hydrostatik waren seine Thesen als nicht weiterführend erkannt worden. Swedenborg wandte sich daher immer stärker den Arbeiten anderer Forscher zu, deren Ergebnisse er miteinander kombinierte. Auf diese Weise kam er durchaus zu eigenen, auch in der Gelehrtenöffentlichkeit als innovativ bewerteten Theorien. An die Stelle der eigenen *experientia* und selbst erbrachter *observationes* traten bei Swedenborg schon frühzeitig Beobachtungen und Erfahrungen fremder Autoritäten, die er in einem eklektizistischen Gesamtkonzept kombinierte und verarbeitete. Dieses eklektizistische Vorgehen prägt sein Werk vor und nach der visionären Wende. Wenn Swedenborgs Verdienste in der Wissenschaftsgeschichte wie auch im Hinblick auf seine Theologie und Geisterweltlehre gewürdigt werden, darf darum nicht übersehen werden, dass sein Vorgehen programmatisch vorwiegend – und zunehmend – auf der Kompilation der Ergebnisse von Forschungen beruhte, die er nicht selbst vorgenommen, sondern aus der Literatur zusammengetragen hatte.

Trotz seiner auch von den Zeitgenossen gewürdigten Verdienste in der Mechanik und in der Mineralogie und Montanwissenschaft ist kaum zu übersehen, dass Swedenborgs Rolle in der Wissenschaftsgeschichte vielfach mit hagiographischer Intention beschrieben worden ist, ohne dass seine Kompilationsarbeit auf der Basis von Forschungsergebnissen aus zweiter Hand hinreichend berücksichtig worden wäre. Das zeigt sich bereits in der zeitgenössischen Behauptung, Swedenborg sei korrespondierendes Mitglied der russischen Akademie der Wissenschaften gewesen. Demgegenüber ist herausgearbeitet worden, dass Swedenborgs Schriften in der Gelehrtenöffentlichkeit sehr wohl wahrgenommen, aber sowohl gewürdigt als auch kritisiert worden sind, und zwar nicht nur von seiten anderer philosophischer Richtungen, sondern auch aus ‚handwerklicher‘ Sicht.

Offenbarung als Empirie

5.2. Swedenborgs Weg von der Naturphilosophie zu seiner Geisterweltlehre und seiner Theologie war mit einem Wechsel seines Vorgehens verbunden. Hatte er in seinen Arbeiten vor 1745 an der Stelle der Empirie häufig auf die Forschungsergebnisse anderer zurückgegriffen und diese mit einer apriorisch verfahrenden rationalistischen Methode verknüpft, so musste seiner Theologie nach 1745 ein anderer ,empirischer' Zugang zugrunde gelegt werden. Swedenborgs Weg folgte einem eigens aufgestellten Programm. Er hatte beabsichtigt, nach den Reichen der Natur auch das Reich der Seele und schließlich das Reich Gottes nach den zeitgenössisch geltenden Kriterien der Erfahrung, des Urteilsvermögens und der Geometrie zu beschreiben. Dass er dieses Vorgehen nach 1745 auf den *mundus spiritualis* zu übertragen vermochte, war nach seinem eigenen Zeugnis das Ergebnis einer göttlichen Offenbarung, die nun an die Stelle der *experientia* trat. Es lässt sich daher bei Swedenborg von einem *Offenbarungsempirismus* sprechen, der sich als eine epistemologische Variante des Empirismus im 18. Jahrhundert zeigt.

Sieht man von Swedenborgs Offenbarungsanspruch ab, war der Plan zu diesem Wechsel des epistemologischen Zugangs jedoch schon lange vor seiner visionären Wende vorhanden. Die anderen beiden epistemologischen Zugänge – Geometrie und Urteilsvermögen – blieben neben der Offenbarungsempirie ebenso erhalten wie Swedenborgs Zugriff auf die philosophisch-rationalistischen, neuplatonisch-augustinischen und sonstigen Autoren, deren Arbeitsergebnisse er nun modifizierte und in einem das Reich der Natur und das Reich Gottes umgreifenden holistischen System zusammenfasste, sie aber durch die Behauptung der Offenbarung auch ,empirisch' abzusichern meinte.

Damit ging er nicht nur über das logisch-mathematische, demonstrative Vorgehen der wechselseitigen Durchdringung von Philosophie und Theologie etwa bei Christian Wolff weit hinaus. Er gab auch seinen ursprünglichen Plan auf, durch Analogieschlüsse im Rahmen seiner Korrespondenzlehre zur Erkenntnis der Seele und des Übersinnlichen zu gelangen. Durch die göttliche Bestätigung seines holistischen Systems schien der Analogieschluss von ,unten' nach ,oben' überflüssig geworden zu sein, nachdem er als unmöglich erkannt worden war – wie von Kant. Dennoch weist Swedenborgs gesamte Geisterweltlehre durchgängig eine durch seine Korrespondenzlehre gewonnene analogische Struktur auf, die durch das Votum von Geistern lediglich ,himmlisch' zementiert und ,abgesichert' wird.

Erkennbare Seele?

5.3. Als das zentrale Thema Swedenborgs, das ihn vom *mundus naturalis* zum *mundus spiritualis* führte, erweist sich die Seelenlehre. Das Forschungsziel des empirisch auf der Basis der Forschungsergebnisse der zeitgenössischen Mikroskopie arbeitenden Naturphilosophen Swedenborg war der Nachweis der Seele und ihrer Unsterblichkeit mit empirischen Mitteln und durch Analogieschlüsse, nach der Methode des Rationalismus. Dabei ging es aber nicht nur um die Seele, sondern um die rationalistische und experimentelle Durchdringung unsichtbarer Wirksubstanzen und die empirisch nachprüfbare Bestimmung des Verhältnisses zwischen Gott und Welt. Swedenborg betrachtete unsichtbare Substanzen wie die Seele zunächst als subtilmateriell, um sie mit Hilfe von mechanischen Gesetzen beschreiben zu können.

Als dieses Programm Swedenborgs scheiterte, gab er auch seine letztlich als apriorisches Verfahren erkannte Methode auf. Nicht Analogieschlüsse und nicht die Mikroskopie vermochten dem Unsichtbaren und Immateriellen auf die Spur zu kommen. Dies war nur durch göttlich gewährte Offenbarung möglich, auch wenn das Ergebnis dieser Offenbarung im Grunde die rationalistisch gewonnenen Erkenntnisse bestätigte, was die Empirie *ohne* Offenbarung eben nicht vermochte.

Erklärbare Freiheit?

6. Bereits in seiner Naturphilosophie vor 1745 versuchte Swedenborg, die zeitgenössisch vieldiskutierte Frage nach der menschlichen Freiheit innerhalb einer mechanisch determinierten Welt und insbesondere in einem nach mechanischen Gesetzen funktionierenden Körper zu klären. Zu diesem Zweck stellte er den Menschen aus den (determinierten) Serien der Natur heraus und entwickelte einen modifizierten neuplatonischen Begriff der Seele, die in drei, später zwei Stufen hinab bis in den Körper führt. In der mittleren dieser drei Stufen verortete er die menschliche Freiheit, sich für ein göttlich oder ein natürlich-weltlich orientiertes Leben zu entscheiden.

Da Swedenborg Freiheit in einer mechanisch strukturierten Natur nicht zu erklären vermochte, sie aber nicht nur – wie später Kant – postulieren, sondern auch rationalistisch absichern wollte, musste er ihr einen übersinnlichen Ursprung zuschreiben, der auch den Mechanismus des Körperlichen beeinflussen konnte, zugleich aber von ihm unabhängig war. Dies meinte er mit seiner modifizierten neuplatonischen Seelenlehre, die er organologisch auf die anatomische Beschaffenheit des menschlichen Körpers übertrug, geleistet zu haben.

Auch in seiner theologisch-visionären Phase gelangte Swedenborg nicht zu einem Postulat von Freiheit, er begründet sie mit dem Gleichgewicht von Himmel und Hölle, von guten und bösen Geistern, die wiederum ein Produkt der menschlichen Willensfreiheit waren. Auf diese Weise beantwortete er die in der zeitgenössischen Theologie und Philosophie zentrale Frage nach der Möglichkeit von Freiheit angesichts des herrschenden mechanizistischen Determinismus. Für Swedenborgs innere Entwicklung zum Geisterseher dürfte seine Suche nach der rationalen Begründung und Erklärung von Freiheit kaum zu unterschätzen sein.

Die menschliche Freiheit erlangt bei Swedenborg einen Stellenwert, der sein gesamtes theologisches System beherrscht und mit dazu beiträgt, dass die gesamte Theologie umgeformt wird.

Bruch und Kontinuität

7. Zwischen Swedenborgs vorvisionärer und visionärer Phase liegt ein scharfer Bruch im Forschungsbereich. Arbeitete er vor 1745 erst technisch-mathematisch, dann kosmologisch und zunehmend biologisch-anatomisch, so wendete er sich nach 1745 ausschließlich theologisch-philosophischen, besonders exegetischen Fragen zu.

Die beiden Felder vor und nach der Mitte der 1740er Jahre sind äußerlich zwar voneinander getrennt. Zahlreiche Lehrsegmente aus der naturphilosophischen Phase wurden in der visionären aber fortgeführt und in Swedenborgs Geisterwelt im Sinne einer durch Offenbarung fabrizierten organischen Verbindung zwischen Glauben und Wissen, ‚Wissenschaft' und geistigem Universum oder, wenn man so will, in einer organischen und gerade nicht dualistischen Sicht auf die Beziehung zwischen Leib und Materie, Geist und Seele modifiziert. Das demonstrative Vorgehen, das er aus seiner naturphilosophischen Phase kannte, blieb erhalten. Swedenborgs Geister sprechen logisch, sie folgen den Kriterien der ‚Vernunft'.

Aufklärung als Kritik

8.1. Swedenborgs Theologie ist zunächst ein Aufklärungsprojekt insofern, als die Bekenntnisschriften der protestantischen und schließlich auch der römisch-katholischen Kirche einer rationalistisch geprägten Kritik unterzogen werden. Swedenborgs Theologie liegt das nicht-anthropomorphe und in der Tendenz unitarische Gottesbild der rationalistischen Philosophie zugrunde, das die göttliche Ordnung und Vernunft dem göttlichen Willen und der Allmacht subordiniert. Es ist besonders die Akzentuierung der menschlichen Freiheit, der Swedenborg einen großen Teil seiner theologischen Aussagen unterordnet. Vor allem die Soteriologie – und hier besonders die Imputations- und Rechtfertigungslehre – werden unter der Perspektive der Freiheit maßgeblich umgestaltet. Erlösung kann nur freiwillig geschehen – selbst postmortal bleibt die zu Lebzeiten in Freiheit erworbene irdische Gesinnung entscheidend. Die Funktion Christi beschränkt sich auf die Gewährleistung der Freiheit, auch wenn ein soteriologischer Rest, nämlich die nur durch den Herrn vollziehbare Wiedergeburt des Gläubigen, auch bei Swedenborg verbleibt.

8.2. In der *Schöpfungslehre* plädiert Swedenborg gegen eine *creatio ex nihilo* und gegen einen nur mittelbaren Kontakt zwischen Gott und Welt, den er in der prästabilierten Harmonie von Leibniz und Wolff erblickt. Demgegenüber hält er an einem dauerhaften Einfluss göttlichen Lebens auch in den menschlichen Körper im Rahmen einer *creatio continua* fest und betont auf diese Weise eine organisch-vitalistische Kontinuität zwischen Gott und Welt, Geist und Leib, ohne dass der Dualismus aufgegeben würde, der durch die Installation von Mittlerinstanzen in sich gebrochen und vermittelt wird.

Aufklärung als Anthropologisierung

8.3. Als zentrales Aufklärungsthema Swedenborgs erweist sich die *Anthropozentrierung des ‚Himmels'*, der nur noch von Menschen als Ziel und Zweck der Schöpfung bevölkert wird. Engel oder Dämonen entfallen als eigene Geistgattung und werden ebenfalls zu postmortalen menschlichen Seelen. Selbst Gottes eigentliche, von der natürlichen und geistigen Welt unendlich getrennte Form ist die eines Menschen, und auch die Gestalt des *mundus spiritualis* ist menschlich. Der *maximus homo*, der das gesamte geistige Universum umfasst, ist aber nicht ein eigenes Wesen zwischen Gott und Mensch, etwa der erste Adam, sondern die Form, die sich der geschaffene *mundus spiritualis* geben muss, weil die Form Gottes die des Menschen ist. Der Mensch dominiert auf diese Weise alle Bereiche nicht nur der geschaffenen Welt, sondern wird sogar in Gott zurückverlagert. Der Mensch wird Zentrum einer Schöpfung, die aus Gott fließt, ohne mit ihm identisch zu sein. Swedenborgs Geisterwelt korrespondiert der sogenannten anthropologischen Wende, die als Kennzeichen der Aufklärung des 18. Jahrhunderts erkannt worden ist.[19] Swedenborgs Lehre ist insofern Teil dieser anthropologischen Aufklärung, als er eine anthropomorphe Geisterwelt entwirft, die konsequent anthropozentrisch ausgerichtet ist.

8.4. Die anthropologische Aufklärung des Himmels erstreckt sich noch auf weitere Bereiche: *Erstens* sind in die physische Welt wirkende ‚Gespenster', ob nun teuflischer oder dämonischer Provenienz, als Zwischenwesen ausgeschlossen, wenn alle Bewohner der übersinnlichen Welt menschliche Seelen sind. Aber auch diese Seelen können *zweitens* nicht erscheinen oder physisch wirken. Sie wirken nur ‚moralisch' und auf eine sinnlich nicht erfassbare Weise, indem sie die menschliche Freiheit gewährleisten. Das ist angesichts der zeitgenössischen Debatten um Gespenstererscheinungen und Geisterbeschwörungen von erheblichem Belang.

8.5. Anthropologisiert wird bei Swedenborg auch das *Weltall*. Sämtliche vermuteten Bewohner anderer Planeten und Sterne besitzen wie bei vielen anderen Zeitgenossen menschenähnliche Gestalt und leben in Verhältnissen, die den irdischen vergleichbar sind. Teleologisch sind sie dem universalen Schöpfungsplan untergeordnet, der auf den Menschen hinausläuft und dessen Mitte er zugleich ist.

---

[19] Vgl. insgesamt Jörn Garber, Heinz Thoma (Hgg.): Zwischen Empirisierung und Konstruktionsleistung. Anthropologie im 18. Jahrhundert. Tübingen 2004.

Aufklärung als Freiheitsprogramm

8.6. ‚Aufgeklärt‘ wird bei Swedenborg auch die *Eschatologie*. Apokalyptische Szenarien, die angesichts zeitgenössischer Spekulationen auch auf dem Boden der ‚theologischen Astronomie‘ im Gefolge Isaac Newtons entstanden sind, werden zurückgewiesen. Das Jüngste Gericht wird spiritualisiert, individualisiert, anthropologisiert und an die menschliche Freiheit angekoppelt. Ein Ende des irdischen wie auch des geistigen Teils des Universums wird nicht für möglich gehalten. Die Welt besitzt aufgrund ihrer Strukturähnlichkeit – nicht Strukturgleichheit – mit Gott das Prädikat der Ewigkeit. Gleichzeitig weist Swedenborg die *Apokatastasis panton* zurück, weil sie seiner Extrastellung der Freiheit widersprechen würde, die eine Fremderlösung gegen den zu Lebzeiten freiwillig erworbenen, inneren ‚Charakter‘ ausschließt. Swedenborg hält an einer dualistischen Eschatologie mit Himmel und Hölle fest, die dem irdischen moralischen Gesinnungshandeln auch für den postmortalen Zustand die heilsentscheidende Funktion zuweist.

Anstelle positiver Strafen und Belohnungen, die ein Richtergott für irdisch begangene Handlungen verhängen würde, setzt Swedenborg ausschließlich natürliche Strafen und Belohnungen, die lediglich eine notwendige Folgeerscheinung der Qualität des individuellen irdischen Lebens sind. Swedenborgs *Dominus* verliert seine Rolle als Richter und ist lediglich für die Gewährleistung des Gleichgewichts zwischen Himmel und Hölle zuständig, das wiederum die menschliche Freiheit zu sichern hat, damit der Mensch die Fähigkeit der Wiedergeburt und der ewig fortschreitenden Qualifikation zum Himmel – oder im umgekehrten Fall: zur Hölle – besitzt. Strafe und Lohn im Jenseits erweisen sich demzufolge als Selbstbelohnung oder Selbstbestrafung.

8.7. Der Abschaffung des *Teufels* korrespondiert die Abschaffung der *Erbsünde*, wobei Swedenborg aufgrund seiner Bindung an das lutherische Bekenntnis und an den Dualismus Gott / Natur hier nur zu einer inkonsequenten Position gelangt. Das Böse ist zwar nicht mehr Substanz der Seele, es wird aber dennoch vererbt, allerdings nicht als unumgängliches Schicksal, sondern als „Hang zum Bösen“. Dennoch entfallen als Quellen des Bösen der Teufel, böse Geister, aber auch die Erbsünde als historische Tat der „Stammeltern“ (Kant). Sünde und Böses sind keine moralischer Heteronomie Vorschub leistenden Instanzen, sie werden vollständig in den Bereich der menschlichen Freiheit verlagert.

8.8. Ist der Mensch für seine Neigungen und Handlungen vollständig selbst verantwortlich und werden heteronome, seiner Freiheit entgegenstehende Instanzen ausgeschlossen, ist für Swedenborg auch die Umformung der *Soteriologie* unumgänglich. Die lutherische Imputations- und Rechtfertigungslehre wird (amsdorfianisch) polemisch zugespitzt und aufgrund dieser Zuspitzung scharf verworfen, weil sie der Verantwortlichkeit und Freiheit des Einzelnen entgegensteht. Dasselbe Verdikt trifft die calvinistische, von Swedenborg ebenfalls überspitzt gezeichnete Prädestinationslehre, weil sie der Freiheit des Menschen nicht weniger entgegensteht.

Aufklärung als Ethik: Der Mensch als Zweck

8.9. Die ‚irdische' Ethik, die Swedenborg entwirft, ist primär *Gesinnungsethik* und *Zweckethik*. Die Ausrichtung moralischer Handlungsmaximen an dem nur übersinnlich erfassbaren Zweck fordert die gesinnungsmäßige Abwendung des Menschen von den sinnlich konnotierten Bedürfnissen und Notwendigkeiten, um für den Einfluss des göttlichen Guten und Wahren Platz zu schaffen. Das *Reich der Zwecke*, das mit dem *mundus spiritualis* als Reich Gottes identisch ist, erweist sich als Dreh- und Angelpunkt nicht nur der Kosmologie, sondern auch der Ethik Swedenborgs. Da der Mensch Endzweck der Schöpfung, das Reich der Zwecke aber der zentrale Orientierungspunkt des menschlichen Lebens sein soll, wird der Mensch zum Zweck allen Handelns erklärt.

8.10. Die *anthropomorphe Plastizität* der postmortalen Verhältnisse, die den irdischen Verhältnissen bis ins Detail entsprechen, macht einen großen Teil der Schriften Swedenborgs aus und ist im öffentlichen Diskurs auf starke Reaktionen gestoßen. Wenn das Leben nach dem Tod nichts anderes war als die Fortdauer der Seele in ihrer personellen Kontinuität und in ihrer eigentlichen, menschlichen Gestalt, dann lag es nahe, das postmortale Leben gegenüber früheren theo- oder christozentrischen Jenseitsentwürfen gänzlich anthropozentrisch zu zeichnen. Dass Swedenborg Arbeit und Nutzen als Leitelemente des Jenseits betrachtete, gehört zu den Eigentümlichkeiten seiner Himmelslehre im Zeitalter des Utilitarismus. Wenn er sogar familiäre Verhältnisse, soziale Bindungen und vor allem die Ehe als himmlische Institution mit einer der irdischen Liebe analogen Sexualität nach dem Tod unter anderen Verhältnissen fortdauern ließ, dann ging er über überkommene Jenseitsvorstellungen weit hinaus.

Aufklärung als überkonfessionelles Projekt

8.11. Swedenborgs Lehre erweist sich in seinen Schriften zunehmend als Dogmatik einer *neuen Kirche*, die vom Herrn selbst gegründet wird – allerdings nicht als eine irdische Institution, die sich neben die bestehenden Konfessionen stellen würde, sondern als ein im *mundus spiritualis* beginnendes Geschehen. Swedenborg versteht sich selbst als Träger des Wortes dieser neuen Kirche, die sich überkonfessionell gibt, aber zwischen den verschiedenen zeitgenössischen Konfessionen und Religionen deutliche Abstufungen vornimmt. Besonders Swedenborgs ausgeprägter Antijudaismus und seine Bevorzugung der vermeintlichen afrikanischen Naturreligion fallen dabei ins Auge. Grundsätzlich sind aber alle Mitglieder der Konfessionen, Religionen – und auch Nationen – in der Lage, Mitglieder der neuen Kirche zu werden. Unabhängig davon ist es auch Nichtchristen möglich, ohne Kenntnis des christlichen Dogmas in den Himmel zu gelangen, wenn die moralischen Voraussetzungen gemäß den Vorschriften der jeweiligen Religion oder Konfession gegeben sind.

8.12. Swedenborg ist niemals aus der lutherischen Kirche Schwedens ausgetreten. Dass nur einige seiner Anhänger, nicht aber er persönlich, Zielscheibe theologisch-kirchenrechtlicher Angriffe wurden, dürfte nicht nur an seiner Stellung in der schwedischen Gesellschaft gelegen haben, sondern auch daran, dass er in der Tat über eine nicht unerhebliche Anhängerschaft verfügte, und dass es keinen Konsens gab, seinen Offenbarungsanspruch als Betrug oder Phantasie abzutun oder seine Dogmenkritik als häretisch einzustufen.

Ferner erwies sich die von Swedenborg aufgestellte Ethik insofern als lutherisch, als sie bei allen Forderungen nach bürgerlichen und parlamentarischen Freiheiten doch die monarchischen Strukturen nicht in Frage stellte.

8.13. Swedenborgs anthropologische *Aufklärung bis zum Himmel* führte zu einem theologischen Programm, das Johann August Ernesti 1760 der Öffentlichkeit vorstellte und das verschiedene Eckpunkte der Aufklärungstheologie, insbesondere der sogenannten ‚Neologie‘, enthielt, so dass man es als eine ‚spiritistische Neologie‘ bezeichnen könnte. Im Gegensatz zur Aufklärungstheologie war Swedenborgs Projekt von der Rechtfertigungs- und Sünden- bis hin zur Trinitäts- und Teufelskritik aber mit einer holistischen Geisterweltlehre und der Behauptung einer göttlichen Offenbarung verbunden.

Was noch bleibt

9.1. Es gehört zu den zunächst als *Inkonsequenzen* erscheinenden Eigentümlichkeiten der Lehre Swedenborgs, dass er trotz seiner Angriffe auf die Bekenntnisschriften an zentralen Topoi in ihnen festhielt. Auf diese Weise entstand eine eklektische, aus den Leitfragen des 18. Jahrhunderts resultierende Theologie, die auf den ersten Blick den Inhalt der Bekenntnisschriften naturphilosophisch-rationalistisch vereinnahmt und umformt. Auf den zweiten Blick lässt sich das Verhältnis zwischen Rationalismus und Theologie bei Swedenborg jedoch nicht einseitig beschreiben. Nicht nur sein Festhalten an einer übersinnlichen, persönlichen Offenbarung und an einem persönlichen, christologisch abgesicherten Gottesbild stellt dies in Frage. Zwar stehen die Strukturiertheit, Rationalität und Zweckhaftigkeit der Welt bis hin zum menschlichen Körper im Zentrum der Lehre Swedenborgs. Sein Interesse an der Aufrechterhaltung protestantisch-dogmatischer Aussagen ist jedoch unübersehbar und führt nicht selten zu systemimmanenten Widersprüchen.

9.2. Swedenborg hält im Rahmen seines Willenssynergismus an der *Wiedergeburt* und an einer modifizierten Soteriologie fest, ja er schreibt Christus, wenn auch unter synergistischen Bedingungen, die entscheidende Rolle im Heilsgeschehen zu. Der sich zu Gott hinwendende Mensch kann nur – und keinesfalls gegen seinen eigenen Willen – durch den Herrn erlöst und wiedergeboren werden. Aufgrund eigener Kräfte kann sich der Mensch nicht erlösen.

9.3. Swedenborgs *Gottesbild* ist – wie in weiten Teilen der Aufklärungstheologie – unitarisch geprägt. Er behält aber dennoch einen modifizierten Trinitarismus bei, nicht ohne sich zugleich von der kirchlichen Trinitätslehre abzugrenzen, der er polemisch Tritheismus unterstellt.

9.4. In der Christologie trifft Swedenborg von den arianischen und adoptianischen Tendenzen vieler Zeitgenossen abweichende Entscheidungen. Seine *,sabellianide' Christologie* hält an der Inkarnation ebenso fest wie an der Gottheit des Inkarnierten und an der Historizität des inkarnierten Gottes. Der Sabellianismus erweist sich dabei als eine Alternative zu den arianischen und adoptianischen Konsequenzen einer unitarisch motivierten Trinitätskritik.

9.5. Schließlich hält Swedenborg gegen viele Tendenzen in der Theologie des 18. Jahrhunderts, die Bibel zu historisieren und wie einen profanen literarischen Text grammatikalischen Analyseverfahren zu unterziehen, an der *Verbalinspiration* fest. Indem er mit seiner spiritualistischen Auslegungsmethode alle anstößigen, ,historischen' oder auch mirakulösen Bestandteile des biblischen Textes beseitigt, begegnet er derselben Kritik am biblischen Text, die für andere theologische Zeitgenossen wie Ernesti und Semler der Anlass für die Historisierung und Grammatikalisierung oder für eine moralische Hermeneutik (Kant) war. Swedenborg wendet nicht einen historischen oder philologischen Fokus an, sondern trägt mit Hilfe seiner rationalistisch und neuplatonisch beeinflussten Theologie eine Moralreligion in den Text ein, die sich über dessen Historizität und die Kritik an ihren Inkonsistenzen schlicht hinwegsetzt.

9.6. Diese auf den ersten Blick ,orthodoxen' Tendenzen Swedenborgs lassen sich nicht alle als apologetische Zugeständnisse gegenüber seinen theologischen Gegnern beschreiben, weil sie zum Teil schon lange vor ihren Angriffen entwickelt worden sind. Sie können auch nicht darüber hinwegtäuschen, dass Swedenborg selbst einen radikalen Aufklärungsanspruch vertrat, der sich von der Erkenntnis der Reiche der Natur über das Reich der Seele bis hin zum ,Himmel' erstreckte. Swedenborgs Projekt verläuft gemäß seiner Serien-Grade-Lehre aufsteigend und lässt nur den unerkennbaren, aber das gesamte Universum belebenden Gott ,außen vor'. Die *Aufklärung bis zum Himmel* bezeichnet den holistischen Anspruch, nach allgemeingültigen und ewigen Gesetzen nicht nur die Mineral-, Pflanzen-, Tier- und Menschenwelt rationalistisch zu erfassen, sondern mit denselben Methoden auch das ,andere', intelligible, jenseitige Leben vor und nach dem Tod in ein und dasselbe System einzugliedern.

Aufklärung als Offenbarung

10. Dass sich Swedenborgs Aufklärungs- und Erkenntnisanspruch mit der Behauptung einer göttlich gewährten Offenbarungsempirie verband, gehört zu den eigentümlichen, gerade im zeitgenössischen Diskurs bedeutsamen Elementen von Swedenborgs Lehre. Es ist kaum zu übersehen, dass Swedenborg meinte, seinen Weltdeutungsanspruch nur durch Offenbarung erfüllen zu können, dass mithin die herkömmlichen Methoden der *experientia* und *observatio*, der *geometria* und der *facultas ratiocinandi* nur dann auf den *mundus spiritualis* ausgedehnt werden

könnten, wenn die göttliche Offenbarung an die Stelle des Kriteriums der Empirie träte. Hinsichtlich der *menschlichen Erkenntnismöglichkeiten* vertrat Swedenborg daher eine restriktive Position, die sich mit der eschatologisch-epistemologischen Zurückhaltung Oetingers, aber auch mit der Erkenntniskritik Kants überschneidet: Die *Dinge an sich* entziehen sich der Erkenntnis auf der Ebene der theoretischen Vernunft. Während für Kant diese Grenze unüberwindbar bleibt und Oetinger sie nur im Lichte der Parusie und des Jüngsten Gerichts für aufgehoben hält, nimmt Swedenborg gegenüber dem Erkenntnisoptimismus der Rationalisten ebenfalls eine ablehnende Haltung ein. Seine ,Erkenntnis' des *unus mundus* will ihm nicht aus Spekulation, nicht durch Analogieschluss und nicht durch sinnlich konnotierte und dadurch beschränkte Empirie, sondern durch Gott selbst erwachsen sein. Dies ist trotz der Tatsache, dass Swedenborgs Universum durchweg rational strukturiert ist, festzuhalten. Was offenbart wird, ist – genauer betrachtet – die Vernunft selbst, mit der die *eine* Welt von Swedenborg epistemologisch durchdrungen wird.

Swedenborg als Rationalist

11.1. Swedenborg hat seine Theologie und Geisterweltlehre in erster Linie auf der Basis philosophisch-rationalistischer, neuplatonischer und augustinischer Schriften entwickelt. Das lässt sich anhand seiner handschriftlichen Exzerpte nachweisen. Insbesondere die Philosophien von Leibniz, Wolff, Malebranche, Platon, Augustin und die pseudepigraphischen Schriften *De spiritu et anima* und die *Theologie des Aristoteles* haben nachhaltigen Einfluss auf Swedenborgs Theologie und Geisterweltlehre ausgeübt. Es lässt sich gar die These aufstellen, dass Swedenborgs visionäres Lehrsystem an den tragenden Eckpunkten als ein *eklektizistisches Kompilat* aus den ihm vorliegenden Quellen anzusehen ist. Swedenborgs Lehre ist demzufolge nicht als Produkt einer besonderen, etwa ,esoterischen' Tradition zu verstehen, die sich parallel zur Aufklärung erhalten und sich nun mit der zeitgenössischen Theologie und Philosophie selbst zu einem Aufklärungsprodukt verbunden hätte. Swedenborgs System ist eine faktische Konsequenz aus den Fragestellungen der zeitgenössischen rationalistischen Philosophie der ersten Hälfte des 18. Jahrhunderts, von der Swedenborg die Kritik an den konfessionellen Christentümern ebenso übernahm wie seine rationalistisch begründeten theologischen Alternativen. Die wichtigsten Themen dieser Kritik und der vorgelegten Alternativen lassen sich vor dem Hintergrund von Swedenborgs Rezeptionen beschreiben.

11.2. Dass sich im philosophischen Rationalismus selbst modifizierte kabbalistische und andere Motive aus dem Esoterischen Corpus fanden, an die Swedenborg anknüpfen konnte, ist in den Sachkapiteln dargelegt worden. Signifikanterweise bestätigt sich für Swedenborg der häufig in der einschlägigen Forschung erhobene Befund eines direkten Einflusses böhmistischer, hermetischer, alchemistischer, naturmagischer, astrologischer oder renaissanceneuplatonischer Schriften nicht. In dem besonderen Fall des *maximus homo* lässt sich eine *memoriale* Anknüpfung an das kabbalistische *Adam-Kadmon*-Motiv lediglich vermuten, nicht aber rezeptionell absichern. Eine *literarische* Beschäftigung Swedenborgs mit kabbalistischen Quellen ist hingegen unwahrscheinlich. Falls dennoch motivische Überschneidungen mit kabbalistischen Denkfiguren angenommen würden, hätte Swedenborg diese Motive im Rahmen seines rationalistisch-neuplatonischen Systems in einer Weise ‚aufgeklärt‘, dass sie für die Zeitgenossen kaum mehr erkennbar waren, wie aus verschiedenen Reaktionen hervorgeht.

11.3. Dies trifft grundsätzlich auch auf die zeitgenössischen *Kontexte* zu. Der Topos der Sternen- und Planetenbewohner wurde seit Jahrzehnten diskutiert und ist fast zeitgleich von Kant und von renommierten Astronomen noch über die Wende zum 19. Jahrhundert hinaus vertreten worden, ohne dass sich ein direkter literarischer Einfluss dieser Schriften auf Swedenborgs Planetenwanderungen nachweisen ließe.

11.4. Dies gilt auch für die Vermutung, dass sich der Wandel von Swedenborgs Apokalyptik zu einer dualistischen Eschatologie im Kontrast zu Weltuntergangsszenarien entwickelt hat, die in den 1740er Jahren in der Theologie, Astronomie und hier besonders in der Kometentheorie blühten. Auch wenn Swedenborgs Abschaffung der Apokalyptik sich in enger zeitlicher Nähe zu solchen Spekulationen befand und ihnen gegenüber häufig Überschneidungen aufweist, können diese Parallelen als Kontexte, nicht aber als rezeptionell gesicherte Quellen gelten.

11.5. Auch im Falle der unitarisch akzentuierten Trinitätskritik Whistons, der alchemistischen Theologie Dippels, des verfallsgeschichtlichen Konzepts pietistischer Kreise, der Hermeneutik der Berleburger Bibel oder der Apokalyptik Georg Venzkys lassen sich keine Belege für eine Rezeption, dafür aber ebenso viele Überschneidungen wie Differenzen feststellen. Dessen ungeachtet ist angesichts von Swedenborgs Eklektizismus die Annahme einer Rezeption zwar nicht zwingend, aber ebenso denkbar wie ein kabbalistischer Einfluss auf den *maximus homo*. An diesem Punkt mehr als nur Hypothesen aufzustellen, würde allerdings die Kriterien historisch-kritischer Arbeit verletzen.

Lebensgeister nach Swedenborg

12. Die Rezeption der naturphilosophischen Schriften Swedenborgs lässt sich für die zweite Hälfte des 18. Jahrhunderts – von Oetinger abgesehen – nicht genau nachweisen. Von besonderem Belang sind hierbei Swedenborgs Theorien über Lebensgeister und geistige *Fluida*, die mit der unsterblichen Seele konnotiert sind. Ungeachtet der Tatsache einer nicht klar nachweisbaren Rezeption lässt sich feststellen, dass Swedenborgs Theorien im deutschsprachigen und im frankophonen Bereich besprochen wurden. Dass der französische Arzt Claude-Nicolas Le Cat, der 1753 nur wenige Jahre nach Swedenborgs Veröffentlichungen mit seiner Theorie von einem universalen und im Körper wirkenden *Fluidum* den Preis

der Preußischen Akademie gewann, auf Swedenborg auch zurückgegriffen hat, kann aber trotz signifikanter Ähnlichkeiten nicht bewiesen werden.

Swedenborg, der während seiner Spekulationen über Lebensgeister, feinstoffliche Körperflüssigkeiten und die im Leibniz-Wolffianismus vertretene Lehre von der Unsterblichkeit der Seele zu seiner Geisterwelt gelangte, wurde auf diese Weise rezeptionell zunächst gespalten. Denn der medizinisch-philosophische Diskurs über Lebens- oder Nervengeister in der zweiten Hälfte des 18. Jahrhunderts bezog sich nicht – sichtbar – auf Swedenborg. Nur dessen Geistweltlehre und Theologie wurden noch – erkennbar – wahrgenommen und rezipiert. Beide Segmente wurden über den Umweg Le Cat, von Haller, Oetinger, Bonnet, Mesmer und über die Stockholmer Swedenborgianer in den Vorformen spiritistischer Konzepte des 19. Jahrhunderts wieder miteinander verbunden.

Swedenborg und die hermeneutische Wende

13.1. Für die sogenannte hermeneutische Wende, die mit den Namen Johann August Ernesti und Johann Salomo Semler verbunden ist, stellte Swedenborgs allegorische Bibelauslegung nicht nur eine Negativfolie dar. Sie scheint auch den konkreten historischen Anlass geboten zu haben, mit dem nach wie vor sowohl im Pietismus als auch im theologischen Wolffianismus verbreiteten mehrfachen Schriftsinn zu brechen und eine historische und philologische Methode auszuarbeiten, um zu verhindern, dass über eine allegorische Schriftauslegung heterodoxe Theologien wie die Swedenborgs in die Bibel hineingelegt werden können. Ernesti, der als erster prominenter Theologe – vermutlich in ganz Europa – Swedenborgs *Arcana coelestia* anonymisiert der Öffentlichkeit vorstellte, bezog sich ohne Namensnennung, aber mit einer deutlichen Allusion, auf die *Arcana* als die gegnerische Front, der er die Reduktion des Schriftsinns auf seine historisch-grammatikalische Gestalt entgegensetzte.

Zugleich stellte er der Öffentlichkeit das an vielen Stellen dem lutherischen Bekenntnis widersprechende theologische Programm vor, das Swedenborg in den *Arcana coelestia* und den folgenden Schriften entwickelt hatte. Dieses von Ernesti rekonstruierte Programm enthielt verschiedene theologische Topoi, die später von einem großen Teil der theologischen Aufklärer, vor allem von den sogenannten ‚Neologen' vertreten wurde.

Dieser Befund wirft umgekehrt ein Licht auf die bereits von den Zeitgenossen diagnostizierte Inkonsequenz Ernestis bei der Durchführung der historisch-philologischen Exegese, die einerseits unter Rückgriff auf die *analogia fidei* vor dem lutherischen Bekenntnis haltmachte und andererseits die Einheit der Bibel beider Testamente mit einer modifizierten Christo-Typologese zu sichern bestrebt war.

Dies zeigt auch ein Blick auf Ernestis Position gegenüber wolffianisch geprägten Seelen-, Unsterblichkeits- und Jenseitsvorstellungen, die er akzeptierte, sofern sie nicht das Bekenntnis verletzten, die also nicht solche dogmatischen Konsequenzen wie Swedenborg zogen, obwohl sie auf denselben theoretischen Grundlagen beruhten.

Swedenborg im Teufelsstreit

13.2. Der parallel zur hermeneutischen Wende ausgefochtene Lohmannsche Teufelsstreit zeigt die eigenartige Inkonsequenz Semlers und Ernestis, die einerseits – wie Swedenborg – die Möglichkeit leiblicher Besessenheit zurückwiesen, andererseits aber – gegen Swedenborg – die Existenz des Teufels nicht in Frage stellten. Dafür scheint Swedenborgs Teufelsleugnung verantwortlich gewesen zu sein. Denn Swedenborgs Abschaffung eines personalen Teufels zog als unausweichliche Konsequenz auch die Abschaffung oder Modifizierung der Rechtfertigungs-, Sünden- und Trinitätslehre sowie der Apokalyptik nach sich. Offenbar erkannte der Swedenborg-Experte Ernesti diesen organischen Zusammenhang, obwohl er – wie auch Semler – Swedenborgs Argument eines nur moralischen, nicht physischen, Einflusses von Geistern als menschlichen Seelen aufnahm, um die leibliche Besessenheit der „Lohmännin" zu bestreiten.

Die während des ersten Teufelsstreits von lutherisch-konfessioneller Seite vorgebrachten Kritikpunkte gegen Swedenborg bezogen sich explizit auf dessen Teufels- und Engelsleugnung sowie auf seine Umgestaltung der Eschatologie. Swedenborgs rationalistische und zugleich ‚spiritistische' Aufklärung des Himmels geriet auf diese Weise zu einem Projekt, das den einen als Infragestellung des Bekenntnisses, den anderen in der Tat als radikales Aufklärungsprojekt erschien, zu dem man sich aber nicht ausdrücklich bekennen konnte, um nicht unter Heterodoxieverdacht zu fallen oder mit den bei allen Rezipienten umstrittenen Jenseitsschilderungen Swedenborgs in Verbindung gebracht zu werden.

Ohne die katalysierende Rolle der Theologie und Geisterweltlehre Swedenborgs dürfte die historisch-kontingente Situation, in der es zu einer Anthropologisierung der orthodoxen Teufels-, Dämonen- und Engellehre kam, ebenso wenig zu beschreiben sein, wie die kontextuellen Hintergründe der hermeneutischen Wende. In beiden Fällen verschob und verschärfte Swedenborgs Lehre die Positionen der verschiedenen theologischen Lager.

Die Fronten eines lutherischen Theosophen

14.1. Die Rezeption Swedenborgs bei *Friedrich Christoph Oetinger* ist ohne die Fronten, in denen seine lutherische Theosophie entwickelt wurde, nicht zu beschreiben. Seine erste Frontstellung führte ein vitalistisches und antimechanistisches Konzept gegen den zeitgenössischen Mechanizismus ins Feld. Oetingers Vitalismus ist insofern theosophisch akzentuiert, als die lebende und sich selbst bewegende Natur von göttlichen Kräften belebt wird, die nicht als ‚okkult' verstanden werden, weil sie beschreibbar und durch das biblische Zeugnis in ihrem göttlichen Ursprung auch erkennbar sind, obwohl das Erkenntnisvermögen für den Apokalyptiker Oetinger stets unter eschatologischem Vorbehalt steht.

14.2. Die zweite Frontstellung richtete sich gegen den unterstellten Idealismus der Leibniz-Wolffschen Philosophie und zugleich gegen den zeitgenössischen Materialismus. Als Alternative entwickelte Oetinger seine Geistleiblichkeitslehre. Sie verstand sich trotz *und* aufgrund ihrer böhmistisch-kabbalistischen Anleihen stets als lutherisch, sofern sie an den soteriologischen und christologischen Grundentscheidungen der Bekenntnisschriften festhielt, auch wenn diese Grundentscheidungen gerade gegen Swedenborgs Bekenntniskritik ausgebaut und bekräftigt worden sind.

Oetingers Idealismus- und Materialismuskritik beruft sich nicht nur auf die Kabbala und Böhme, sondern auch auf die newtonsche Naturphilosophie. Sie stellt darum den Versuch dar, Naturphilosophie und Theologie zusammenzuschauen.

14.3. Oetingers eschatologische Theologie rekurriert auf den Apokalyptizismus Bengels, und es stellt sich heraus, dass die Umformung der Eschatologie, die im Gefolge des philosophischen Rationalismus vorgenommen und auch von Swedenborg vertreten wurde, zu den Kernthemen Oetingers gehört, mithin also als dritte Frontstellung angesehen werden kann.

Swedenborg zwischen den Fronten

14.4. Swedenborg wird mit seinem Offenbarungsanspruch von Oetinger als Prophet anerkannt, aber die Deutungshoheit über seine Visionen übernimmt Oetinger selbst, ja er entwickelt sogar Ansätze für eine *prophetische Theologie*, die zur Bewertung göttlicher ‚Schickungen‘ dienen soll. In deren Folge wird Swedenborgs ewiger *mundus spiritualis* zum Interimszustand zwischen dem Tod des irdischen Menschen und den Ereignissen des Jüngsten Gerichts. Die Anthropologisierung des Jenseits wird von Oetinger partiell übernommen, wie man überhaupt betonen muss, dass der Interimszustand nach den ergebnislos verlaufenden kirchenamtlichen Attacken auf Oetinger sich bei vielen, ihm und/oder Swedenborg folgenden Autoren durchgesetzt hat.

Bei Oetinger wird Swedenborgs Projekt der rationalistischen *Aufklärung bis zum Himmel* einer theosophisch und zugleich lutherisch geprägten Apokalyptik einverleibt und dabei nachhaltig umgeformt. Beibehalten wird die quasikörperliche Plastizität des *status post mortem*, die Oetinger insofern modifiziert, als er Swedenborgs Substanzbegriff durch die (bis zum Jüngsten Gericht unvollkommene) Geistleiblichkeit ersetzt. Aber auch die postmortale Fortdauer der Person und ihres Gedächtnisses, die Selbstverantwortung für den individuellen Zustand im *status post mortem* und die ‚massive‘ – bei Oetinger nunmehr: emblematische – Analogie der irdischen und der jenseitigen Welt übernahm er von Swedenborg. Sogar Swedenborgs Vorstellung von der himmlischen Ehe hielt Oetinger für möglich.

In der Frage des Teufels, der heilsgeschichtlichen Rolle Christi und der Soteriologie insgesamt bekräftigte Oetinger in der Auseinanderseztung mit Swedenborg hingegen seine modifizierten lutherischen Positionen, denen aber Segmente der Lehre Swedenborgs – etwa in der Trinitätslehre – implementiert wurden. Wie im Falle Oetingers trug Swedenborgs gegenüber der ‚Orthodoxie' der Bekenntnisschriften kritische Theologie zur Entwicklung oder Befestigung nicht nur ‚neologischer', sondern auch ‚lutherischer' Positionen bei.

Die Vielfalt der Rezeptionen

14.5. Geradezu exemplarisch konnte überdies gezeigt werden, dass Oetinger Swedenborg zwar als Person zunehmend aus seinen Schriften ausgrenzte und ihn nur noch an den Stellen erwähnte, die für ihn unannehmbar waren. Demgegenüber griff er aber zu verschiedenen Strategien, um seine positiven Rezeptionen und produktiven Anknüpfungen an Swedenborg zu verhüllen: durch demonstrative Nichterwähnung bei den Topoi, die er ursprünglich in Verbindung mit Swedenborg entwickelt hatte, durch die Produktion eigener Lehrelemente, die gegen Swedenborg gerichtet gewesen waren, ohne dass sie als solche ausgewiesen wurden, sowie durch die Anonymisierung von swedenborgischen Lehrsegmenten. Dies gipfelte in der Maskierung Swedenborgs durch Böhme und durch Kant, die Oetinger in seinem Spätwerk vornahm, vor allem aber in der Übersetzung eines Teils einer Schrift Swedenborgs, ohne dass Oetinger ihren Autor nannte.

Durch die Beschreibung dieser Varianten einer subkutanen Rezeption kann erklärt werden, wie Swedenborg in die von Oetinger geschaffene Rezeptionsbasis eindringen konnte, ohne dass in jedem Fall kenntlich gemacht worden wäre, welche Segmente sich der produktiven Auseinandersetzung mit seinem Werk verdanken.

Emblematik als Antwort

14.6. Mit Hilfe dieses Untersuchungsverfahrens konnte ferner herausgearbeitet werden, inwieweit bestimmte Lehrentscheidungen Oetingers aus seinem theologischen Konflikt (auch) mit Swedenborg generiert worden sind. Insbesondere Oetingers *biblisch-emblematische Hermeneutik* erweist sich als eine Alternative gegenüber der allegorischen Auslegungsmethode Swedenborgs und dem historisch-philologischen Ansatz Semlers, Tellers und anderer Vertreter der ‚hermeneutischen Wende'. Diese hermeneutische Alternative beruht grundsätzlich zwar auf einem massiv-realistischen Schriftverständnis, enthält jedoch Auslegungselemente beider ‚gegnerischer' Systeme. Oetingers Emblematik, die sich in erster Linie auf die Anwendung einer zugespitzten bengelianischen Apokalyptik in der Exegese bezog, musste daher inkonsequent bleiben, obwohl sie die in seinen Augen historisierende Entwertung der Schrift insgesamt und besonders eine doketistische Rationalisierung der Apokalyptik vermeiden wollte.

Mechanist, nicht Theosoph

14.7. Schließlich ist für Oetingers Swedenborg-Rezeption bezeichnend, dass er – auch aufgrund der Unkenntnis der psychologisch-hirnanatomischen Werke Swedenborgs – nicht in der Lage war, eine stringente Kontinuität zwischen dem ‚Mechanisten‘ und dem ‚Geisterseher‘ zu erkennen. Der sich selbst als Böhmist und Kabbalist verstehende Naturphilosoph Oetinger vermisste bei Swedenborg gerade diejenige Lebens- und Kräftephilosophie, die er Böhme, der Kabbala und Newton entnommen und gegen den Mechanizismus der Leibniz-Wolffianer gestellt hatte: die Wirkkraft der göttlichen Sephiroth sowie die freiheitlich und aus sich selbst heraus lebende Natur. Swedenborg repräsentierte sich Oetinger auch als Geisterseher noch im Gewand eines Mechanikers, wenn er seine unbezweifelt göttlichen Offenbarungen nicht nach dem (apokalyptisch-bengelianischen) Maßstab der Heiligen Schrift auslegte, sondern von der Annahme einer unendlichen Welt ausging, in der kein Platz für das Erlösungswerk Christi und sein endzeitliches Richteramt war. Beide Themen prononcierte der lutherische Theosoph kräftig gegen Swedenborgs ewigen *mundus spiritualis*. Insbesondere Oetingers wachsende Betonung der *Apokatastasis panton* ist in diesen polemischen Zusammenhang einzuordnen.

Trotz der zum Teil scharfen Distanzierungen Oetingers von der nicht-kabbalistischen, nicht-böhmistischen und zugleich antibengelianischen Naturphilosophie und Theologie Swedenborgs adaptierte er zentrale Elemente auch aus dessen vorvisionärem Werk.

14.8. Swedenborg erschien Oetinger trotz der unterstellten Bundesgenossenschaft mit den Doketisten der ‚Neologie‘ aber nicht selbst als Doketist, auch wenn Swedenborgs substantielle Seelengeister dem Theologen der Geistleiblichkeit zweifellos zu wenig leiblich vorkamen. An der endzeitlichen Auferstehung auch der irdischen Körper hielt Oetinger auch deshalb fest, weil Swedenborg diese Möglichkeit vehement bestritten und demgegenüber eben keine ‚Endzeit‘, sondern ein ewiges Wachstum zum Guten oder Bösen angenommen hatte.

Antworten aus Königsberg: Immanuel Kant

15.1. Kant ist neben Oetinger als einer der wichtigsten Swedenborg-Rezipienten im 18. Jahrhundert anzusehen. In den *Träumen eines Geistersehers* nahm er Swedenborgs Lehre zum Anlass, die Methode der Metaphysik des philosophischen Rationalismus einer generellen Kritik zu unterziehen und die in den kritischen Schriften durchgeführte Neuaufteilung des Verhältnisses von theoretischer und praktischer Philosophie vorzubereiten. Die *Träume* und damit auch Kants Auseinandersetzung mit Swedenborg sind wesentlicher Bestandteil der kritischen Wende.

Kants Kritik an Swedenborg in den *Träumen* fällt ausgesprochen ambivalent aus. Sie changiert zwischen der scharfen Abweisung von Swedenborgs Anspruch als Geisterseher, wo sein Name genannt wird, und der Würdigung seines theologisch-philosophischen Systems ohne Namensnennung, nämlich hinsichtlich der Doppelnatur des Menschen und der Zweiweltenlehre einer natürlichen und einer intelligiblen Welt, in der der Mensch sich bereits jetzt befindet und in die er nach der Befreiung von seiner körperlichen Sinnlichkeit gänzlich gelangt. Kant verbindet diese intelligible Welt mit dem allgemeinen menschlichen Verstand, um zugleich eine Neudefinition der Metaphysik als „Wissenschaft von den Grenzen der menschlichen Vernunft"[20] vorzunehmen. Der spekulativen Vernunft bleibt es fortan verwehrt, über den Bereich des Intelligiblen Aussagen zu treffen.

15.2. Wie die Auswertung der Rezensionen zu den *Träumen* ergeben hat, kann die spätere Lesart eines radikalen Bruches zwischen Kant und Swedenborg nicht auf die zeitgenössischen Rezipienten übertragen werden, die sich zum einen Teil unsicher darüber waren, was Kant überhaupt gemeint haben könnte, und Kant zum anderen Teil für einen Anhänger Swedenborgs hielten. Das traf insbesondere für mehrere süddeutsche Autoren, unter ihnen Oetinger, zu.

Swedenborg als Element in Kants Philosophie

15.3. Die Auswertung der Vorlesungen Kants und – damit übereinstimmend – der sonstigen publizierten Äußerungen zur *Eschatologie* hat erbracht, dass Kant gegen alle anderen Varianten stets Swedenborgs System zum ‚Ende aller Dinge' favorisierte. Nur Swedenborgs System schien mit Kants moralphilosophisch verankerter Unsterblichkeitslehre vereinbar zu sein. Einer von Engeln, dem Teufel, einem Jüngsten Gericht, einem Heteronomie Vorschub leistenden Richtergott oder von einer *Apokatastasis panton* gekennzeichneten Eschatologie zog Kant Swedenborgs dualistische Lehre vom *status post mortem* vor, die die völlige Eigenverantwortlichkeit des Individuums ebenso betont wie seine jenseitige Entwicklung in einem *progressus infinitus* entweder hin zum Höchsten Gut oder, unveränderlich in der irdisch angeeigneten Neigung, zum Bösen.

Ähnlich wie bei Oetinger ließ sich nachweisen, dass Kant nur im semi-öffentlichen Raum seiner Vorlesungen auch in diesem Kontext ausdrücklich Swedenborg erwähnte, dieses Lehrsegment aber öffentlich, in seinen Publikationen, ohne namentliche Konnotation referierte.

Der Zurückweisung des Geisterseher-Anspruchs Swedenborgs, seiner exegetischen Methode und anderer Details seiner Lehre stand bei Kant also die epistemologische Umarbeitung und Annahme seiner Eschatologie und Unsterblich-

---

[20] AA II, 368.

keitslehre im Bereich der praktischen – nicht der theoretischen – Vernunft gegenüber.

15.4. Partielle Rezeptionen ließen sich auch auf anderen Gebieten feststellen. In der *Religionsphilosophie* weisen – trotz Modifizierungen und verschiedenen Differenzen – vor allem Kants Sündenlehre, seine Rechtfertigungslehre, seine Kritik am „Kirchenglauben" und am Judentum strukturelle, inhaltliche und sogar sprachliche Parallelen zu den Argumentationsmustern Swedenborgs auf.

In der *Hermeneutik* forderte er zur Abwehr der allegorischen Auslegungsmethode Swedenborgs nicht etwa ein historisches oder philologisches, sondern ein moralisches Verfahren, das, als es von einem theologischen Kantianer tatsächlich durchgeführt wurde, bald ebenfalls als allegorischer Ansatz und als Rückfall hinter die Grundsätze der Vertreter der hermeneutischen Wende zurückgewiesen wurde. Kants Forderung nach einer moralischen Hermeneutik geriet auf diese Weise in die Nähe zu Swedenborgs Allegorese, die Kant mit seinem Programm ausdrücklich abwehren wollte.

In der *Moralphilosophie* weisen vor allem Kants Entscheidungen in Anbetracht einer Gesinnungsethik, die keinen subjektiven, sinnlich konnotierten Maximen zu folgen, sondern den Menschen als Zweck an sich selbst zu betrachten hat, Überschneidungen mit Swedenborgs Lehre auf.

Besonders im Hinblick auf Kants Begriff des *Reiches der Zwecke* lässt sich eine sprachliche und inhaltliche Parallele zu Swedenborgs *regnum finium* nicht übersehen, auch wenn Kant das *regnum finium* und das Reich der Natur an einem dritten Ort zusammenführt: dem Reich Gottes auf Erden, das von Gott als dem Regenten beider Reiche und von der sich am moralischen Gesetz orientierenden Menschheit gemeinsam zustande gebracht wird. Gegen Swedenborgs ewige Vergeistigung der Menschheit in Himmel und Hölle setzt Kant die Vereinigung der intelligiblen und der natürlichen Welt unter den Bedingungen des kategorischen Imperativs und des Zusammenwirkens von Gott und Mensch.

Grenze – Umwertung – Aneignung

15.5. Nicht zu übersehen bleibt die unüberwindbare *epistemologische Grenze* zwischen Kant und Swedenborg. Die theoretische Vernunft vermag keine sicheren Aussagen über den noumenalen Bereich zu treffen, die praktische Vernunft aber kann nur im Rahmen der Postulatenlehre über Gott, Unsterblichkeit und Freiheit sprechen. Dies muss sie aber unbedingt tun, um überhaupt die Voraussetzung für ein sinnvolles moralisches Handeln zu schaffen. In diesem Sinne ziehen die Postulate der praktischen Vernunft objektive, die theoretische Vernunft ergänzende, *Realität* nach sich. Die Grenze zwischen Kant und Swedenborg ist auf den ersten Blick epistemologischer, nicht ontologischer Natur.

Allerdings bleibt hierbei anzumerken, dass Swedenborg seine Aussagen zum *mundus spiritualis* nicht spekulativ oder auf der Basis apriorisch-demonstrativer Verfahren trifft, obwohl die Struktur und die Gestalt der Geisterwelt in verschiedener Hinsicht rationalistische Züge aufweist. Der ‚Beweis' für die Existenz der anderen Welt ist auch für Swedenborg empirisch nicht zu erbringen. Dem irdischen Menschen ist sie aufgrund der Beschränkung seiner Sinnesfähigkeit ebenso entzogen wie bei Kant. Swedenborg vermag seine Aussagen über den *mundus spiritualis* nur auf ‚offenbarungsempirischer' Grundlage zu treffen, während Kant bei der Postulierung von Gott, Unsterblichkeit und Freiheit verbleibt, ohne die allerdings kein sinnvolles und freiheitliches sittliches Handeln möglich wäre.

Aus dieser Perspektive wären Kant und Swedenborg als zwei Alternativen einer empiristisch akzentuierten Rationalismuskritik zu verstehen, zwischen denen weit mehr Überschneidungen zu erkennen sind, als es die Annahme eines radikalen Bruches in den *Träumen eines Geistersehers* erlaubt. Es ist kaum zu übersehen, dass Kant auch noch in seiner kritischen Phase Segmente aus Swedenborgs Lehre epistemologisch umgewertet und als Gegenstände eines vernünftigen Glaubens sowie im Umfeld der Postulatenlehre beibehalten hat.

Kant – Mystiker – Geister – Swedenborg

16.1. Die in dieser Arbeit vorgestellten Rezipienten Kants bestätigen das Untersuchungsergebnis, das auf der Basis der frühen Leser der *Träume eines Geistersehers* und Kants eigener Schriften entstanden ist, vollauf. Kant ist von den Zeitgenossen keineswegs nur als ‚Alleszermalmer' (Mendelssohn),[21] sondern auch als Vollender und ‚Aufklärer' der älteren Mystik (Ammon, Wilmans) gelesen oder selbst als platonisierender Mystiker (Hamann) kritisiert worden. Spiritistische Konzepte beriefen sich am Ende des 18. Jahrhunderts ausdrücklich auf Kants Postulatenlehre, um ihren ‚aufklärerischen' Thesen über das Leben nach dem Tod in praktischer Hinsicht objektive Realität, und – im Sinne der Kantischen Ausführungen über die Erweiterung der theoretischen durch die praktische Vernunft – sogar praktisch-theoretische Gewissheit zuzusprechen (Dedekind). Diese Ansätze einer kantianischen Geisterlehre wurden in den Debatten zwar als pure Spekulationen, die über die Moralreligion weit hinausgingen, auch bestritten. Sie wurden aber gegenüber zeitgenössischen Totenbeschwörern und Geistersehern (nicht Swedenborg!), die einen physischen Kontakt mit der Geisterwelt behaupteten, als ‚aufklärerisch' verteidigt (Pölitz).

16.2. An der Schwelle zum 19. Jahrhundert geriet Kant bei diesen Autoren zu *der* Autorität für die Annahme der postmortalen, ewigen Fortdauer der Persönlichkeit, die nach dem Tod wie bei Swedenborg in analogen Lebensverhältnissen weiterexistiert und nicht nur ihr Gedächtnis, sondern auch ihre Freiheit und vor allem die irdischen Familien- und Liebesbeziehungen beibehält. Gustav Ernst

---

[21] MOSES MENDELSSOHN: Morgenstunden oder Vorlesungen über das Daseyn Gottes. In: DERS.: Gesammelte Schriften, hg. von ISMAR ELBOGEN, u. a., Bd. 3,2, bearb. von LEO STRAUSS. Stuttgart-Bad Canstatt 1974, 3: „[…] die Werke *Lamberts*, *Tetens*, *Plattners* und selbst des alles zermalmenden *Kants* […]." [Hervorhebungen im Original].

Wilhelm Dedekind brachte es fertig, durch die These von der postmortalen Fortdauer der Freiheit, die er unter Berufung auf Kant aufgestellt hatte, gegen Kants und Swedenborgs dualistische Eschatologie die postmortale Erlösungsfähigkeit aller zu behaupten und auf diese Weise apokatastatische Tendenzen, allerdings nicht auf der Basis des Erlösungswerkes Christi, sondern eben aufgrund der ,Freiheit zum Guten' mit dem *progressus infinitus* bei Kant (und Swedenborg) zu verbinden.

16.3. Kant wurde an der Schwelle zum 19. Jahrhundert sogar gegen solche Voten ins Feld geführt, die die Unsterblichkeit der Person in Frage stellten wie Schleiermacher. Da Kants Anhänger um und nach 1800 an der im swedenborgischen Sinne ,aufgeklärten' Geisterwelt festhielten und zeitgenössische Diskussionen über die Möglichkeit physischer Geisterwirkungen zurückwiesen, kann davon gesprochen werden, dass eine Lesart Kants als Parteigänger swedenborgischer Systemelemente – ohne dessen Namen – noch Jahrzehnte später vertreten und im Rahmen spiritistischer Konzepte des 19. Jahrhunderts rezipiert wurde.

Apokatastasis – Freiheit – Moral

17. Swedenborgs dualistische Eschatologie hat sich besonders durch ihre Verbindung mit der menschlichen Freiheit und der umfassenden Kritik an zentralen Themen der evangelischen Bekenntnisschriften im theologisch-philosophischen Diskurs des 18. Jahrhunderts als wirkmächtig erwiesen. Swedenborgs Position teilte Kant, der wie Swedenborg und gegen viele Zeitgenossen die Metempsychose, die Seelenwanderung, den Seelenschlaf, die Neuschöpfung oder die Wiedergeburt des Menschen nach seinem Tod ablehnte. Der Tod als Anschauungswechsel in einen ewigen *mundus spiritualis* und vor allem die enge Verbindung dieser Unsterblichkeitsvariante mit der irdischen Moral – das sind die beiden zentralen Punkte, die Kant neben verschiedenen Kritiken Swedenborgs an den Bekenntnissen übernahm.

Demgegenüber waren nicht nur in ,neologischen' Kreisen apokatastatische Eschatologien und Glückseligkeitsvorstellungen weit verbreitet. Vor allem die von Oetinger gegen Swedenborg vorgebrachte Allversöhnungslehre und ihre Verbindung mit dem universalen und kosmischen Erlösungswerk Christi ist ohne Swedenborg als Kontrastfolie wohl kaum angemessen zu beschreiben. Dass auch der Löwe „zu seiner Zeit Stroh essen müssen"[22] kann, ist Oetingers Plädoyer gegen die in seinen Augen abschreckende Aussicht auf eine ewige Unveränderlichkeit der inneren menschlichen Grundausstattung. Die *Apokatastasis panton* erweist sich als offenbar einzige Möglichkeit, die universale, letztlich über der menschlichen Synergie stehende Gültigkeit der Erlösungstat Christi gegenüber der Absolutsetzung der menschlichen Freiheit im Rahmen der dualistischen Eschatologie Swedenborgs zu behaupten und dennoch – geistleiblich modifiziert

---

[22] OETINGER, Freymüthige Gedanken, 62; vgl. Kap. 5.2.5., d), ee).

– an der rationalistischen Lehre von der Unsterblichkeit der Seele festzuhalten. Das gesamte apokalyptisch-apokatastatische Programm der württembergischen Theologie des späten 18. Jahrhunderts und ihrer vielfältigen Wirkungsgeschichte dürfte trotz der Rückbindung an Bengel kaum ohne die Protesthaltung gegen Swedenborgs Lehre von den ewigen Folgen der menschlichen Freiheit zu interpretieren sein.

Vernunft und Glaube – nunc licet!

18. Swedenborgs Werk und dessen Rezeption zeigt, dass im Jahrhundert der Aufklärung auch eine *Aufklärung bis zum Himmel* stattgefunden hat, und zwar im Rahmen und als Konsequenz aus den Fragestellungen des philosophischen Rationalismus: „Nun ist es erlaubt [...], verstandesmäßig in die Geheimnisse des Glaubens einzudringen.“[23] In den Kanon der Aufklärungsforschung ist diese Variante der theologischen und philosophischen Aufklärung bislang nicht eingegangen.

---

[23] VCR 508.

Abkürzungen und Literatur

A. Abgekürzt zitierte Werke

AA   Kant's gesammelte Schriften, hg. von der Königlich Preußischen Akademie der Wissenschaften. 29 Bde., Berlin 1902 ff. [Akademie-Ausgabe].

AC   SWEDENBORG, EMANUEL: Arcana coelestia, quae in scriptura sacra, seu verbo domini sunt, detecta: nempe quae in GENESI ET EXODO una cum mirabilibus quae visa sunt in Mundo Spirituum et in Caelo Angelorum. 8 Bde., Londini 1749–1756 [3. Aufl. 1949–1973); deutsch: Himmlische Geheimnisse, die in der Heiligen Schrift, dem Worte des Herrn, enthalten und nun enthüllt sind, übers. von J. F. IMMANUEL TAFEL. 9 Bde., Zürich 1975. Zitate nach dem orthographisch und typographischen revidierten Nachdruck der Ausgabe Basel 1867–1869 Zürich 1998.

Amore / Sap   SWEDENBORG, EMANUEL: Sapientia angelica de Divino Amore et de Divina Sapientia. Amstelodami 1763; deutsch: Die Weisheit der Engel betreffend die göttliche Liebe und die göttliche Weisheit, übers. von J. F. IMMANUEL TAFEL. Zürich 1940.

Apoc   SWEDENBORG, EMANUEL: Apocalypsis revelata, in qua deteguntur arcana quae ibi praedicta sunt, et hactenus recondita latuerunt. Amstelodami 1766; deutsch: Die enthüllte Offenbarung Johannis, worin die Geheimnisse, die darin vorhergesagt waren, aufgeschlossen werden, übers. von J. F. IMMANUEL TAFEL. Zürich o. J. [Nachdruck der 2. Aufl. 1872–1874].

Catalogus   Catalogus bibliothecae Emanuelis Swedenborgii, hg. von ALFRED H. STROH. Stockholm 1907.

Com   SWEDENBORG, EMANUEL: De Commercio Animae et Corporis, quod creditur fieri vel per influxum physicum, vel per influxum spiritualem, vel per harmoniam praestabilitam. Londoni 1769; deutsch: Der Verkehr zwischen Seele und Körper, der wie man glaubt, stattfindet, entweder durch natürlichen Einfluß oder durch geistigen Einfluß oder durch vorherbestimmte Harmonie. Berlin 1925.

Coniug   SWEDENBORG, EMANUEL: Delitiae sapientiae de Amore coniugiali; post quas sequuntur voluptates insaniae de Amore scortatorio. Amstelodami 1768; deutsch: Die Wonnen der Weisheit betreffend die eheliche Liebe. Dann die Wollüste der Torheit betreffend die buhlerische Liebe. Stuttgart 1891.

De equo albo   SWEDENBORG, EMANUEL: De Equo Albo, de quo in Apocalypsi, cap: xix. Et dein de verbo et ejus sensu spirituali seu interno, ex Arcanis coelestibus. Londini 1758; deutsch: Das weiße Pferd in der Offenbarung. Über das Wort. 2. Aufl. Zürich o. J.

De Infinito SWEDENBORG, EMANUEL: Prodromus philosophiae ratiocinantis de infi-
The Infinite nito. Dresdae; Lipsiae 1734; englisch: Forerunner of a Reasoned Philosophy concerning the Infinite and Final Cause of Creation. London 1992.

Diarium SWEDENBORG, EMANUEL: Experientiae Spirituales [intra annos 1745 ad
spirituale 1765]. 6 Bde., Bryn Athyn 1982–1997 [Stuttgart 1843–1860].

GMS KANT, IMMANUEL: Grundlegung zur Metaphysik der Sitten. 1785.

HH SWEDENBORG, EMANUEL: De Coelo et ejus mirabilibus, et de Inferno, ex
auditis et visis. Londini 1758; deutsch: Himmel und Hölle. Visionen und
Auditionen, übers. von FRIEDEMANN HORN. revidierte Aufl. Zürich
1992.

Hieroglyphic SWEDENBORG, EMANUEL: Clavis hieroglyphica arcanorum naturalium et
Key spiritualium per viam repraesentationum et correspondentiarum. London
Clavis 1784; englisch: A Hieroglyphic Key to Spiritual and Natural Arcana. In:
EMANUEL SWEDENBORG: Psychological Transactions And Other Posthu-
mous Tracts 1734–1744, übers. und hg. von ALFRED ACTON. 2. Aufl.
Bryn Athyn 1984, 157–213.

HWPh Historisches Wörterbuch der Philosophie. 13 Bde., Basel 1971–2007.

KpV KANT, IMMANUEL: Kritik der praktischen Vernunft. 1788.

KrV KANT, IMMANUEL: Kritik der reinen Vernunft. 1. Aufl. (A) 1781; 2. Aufl.
(B) 1787.

KU KANT, IMMANUEL: Kritik der Urteilskraft. 1790.

LThK Lexikon für Theologie und Kirche. 11 Bde., 2. Aufl. Freiburg i. Br. 1993–
2001.

NJ SWEDENBORG, EMANUEL: De nova Hierosolyma et eius doctrina coelesti,
ex auditis de coelo: quibus praemittitur aliquid de novo coelo & nova terra. Londini 1758; deutsch: Von dem neuen Jerusalem und seiner himmlischen Lehre nach Gehörtem aus dem Himmel, übers. von J. F. IMMANUEL
TAFEL. 2. Aufl. Frankfurt 1884 [Nachdruck Zürich 1976].

PhN SWEDENBORG, EMANUEL: A Philosopher's Note Book. Excerpts from
Philosophical Writers and from the Sacred Sriptures on a variety of Philosophical Subjects; together with some Reflections, and Sundry Notes and
Memoranda, übers. von ALFRED ACTON. Philadelphia 1931 [Zitate aus
dem PhN beziehen sich auf Seiten, nicht auf Nummern].

Prov SWEDENBORG, EMANUEL: Sapientia angelica de Divina Providentia.
Amstelodami 1764; deutsch: Die Weisheit der Engel betreffend die göttliche Vorsehung, übers. von J. F. IMMANUEL TAFEL. 4. Aufl. Zürich o. J.

PuN Pietismus und Neuzeit. Jahrbuch zur Geschichte des neueren Protestantismus. Göttingen 1974 ff. [bis 1976 Bielefeld].

R KANT, IMMANUEL: Reflexionen aus dem Nachlaß [Angaben nach AA].

RGblV KANT, IMMANUEL: Die Religion innerhalb der Grenzen der bloßen Vernunft. 2. Aufl. 1794.

RGG³ Religion in Geschichte und Gegenwart. Handwörterbuch für Theologie
und Religionswissenschaft. 6 Bde., 3. Aufl. Tübingen 1957–1962.

RGG⁴ Religion in Geschichte und Gegenwart. Handwörterbuch für Theologie
und Religionswissenschaft. 8 Bde., 4. Aufl. 1998–2007.

Sum exp SWEDENBORG, EMANUEL: Summaria expositio doctrinae Novae ecclesiae,
quae per Novam Hierosolymam in Apocalypsi intelligitur. Amstelodami
1769; deutsch: Kurze Darstellung der Lehre der Neuen Kirche, welche
unter dem Neuen Jerusalem in der Offenbarung verstanden wird, übers.
von J. F. IMMANUEL TAFEL. Zürich o. J.

Tell	SWEDENBORG, EMANUEL: De Telluribus in Mundo nostro Solari, quae vocantur Planetae, et de telluribus in coelo astrifero, deque illarum incolis, tum de spiritibus et angelis ibi, ex auditis es visis Londoni 1758; deutsch: Die Erdkörper in unserem Sonnensystem, welche Planeten genannt werden, und einige Erdkörper am Fixsternhimmel, sowie ihre Bewohner, Geister und Engel. Nach Gehörtem u. Gesehenem. Zürich 1961 [1875].
TRE	Theologische Realenzyklopädie. 36 Bde., Berlin 1977–2007.
TTB	SWEDENBORG, EMANUEL: Das Traumtagebuch 1743/44, übers. von FELIX PROCHASKA. Zürich 1978.
UJ	SWEDENBORG, EMANUEL: De Ultimo Judicio, et de Babylonia destructa: ita quod omnia, quae in Apocalypsi praedicta sunt, hodie impleta sint. Ex auditis et visis. Londoni 1758; deutsch: Vom Jüngsten Gericht und vom zerstörten Babylonien; wonach alles, was in der Offenbarung vorausgesagt worden, nun erfüllt ist; so wie es gehört und gesehen worden. Zürich 1962 [1874].
UJ cont	SWEDENBORG, EMANUEL: Continuatio de Ultimo Judicio, et de mundo spirituali. Amstelodami 1763; deutsch: Fortsetzung von dem Jüngsten Gericht und von der geistigen Welt. Zürich 1962 [1874].
VCR	SWEDENBORG, EMANUEL: Vera christiana religio, continens Universam Theologiam Novae Ecclesiae a Domino apud Danielem VII. 7, 13–14 et in Apocalypsi XXI, 1.2 praedictae. Amstelodami 1771; deutsch zuletzt: Die wahre christliche Religion, enthaltend die ganze Theologie der Neuen Kirche wie sie vom Herrn bei Daniel Kap. VII 13,14 und in der Offenbarung Kap. XXI 1,2 vorausgesagt wurde, übers. von FRIEDEMANN HORN. 4 Bde., Zürich 1960; Zitate nach der Übers. Stuttgart 1873.
WA	LUTHER, MARTIN: Werke. 120 Bde., Weimar 1883–2005 [Weimarer Ausgabe].
ZKG	Zeitschrift für Kirchengeschichte. Zeitschrift der Sektion für Kirchengeschichte im Verband der Historiker Deutschlands. Stuttgart u. a. 1877 ff.

B. Archivalien

Swedenborgsammlung des Archivs der Königlichen Akademie der Wissenschaften zu Stockholm.

C. Nicht abgekürzt zitierte Schriften Swedenborgs[1]

A theosophical Lucubration on the Nature of Influx, as it respects the Communication and Operations of Soul and Body. By the honourable and learned EMANUEL SWEDENBORG, übers. und hg. von THOMAS HARTLEY London 1770.

Adversaria in Libros Veteris Testamenti, hg. von FRIEDRICH IMMANUEL TAFEL. 6 Bde., Tübingen; London 1847–1854 = englisch: The Word of the Old Testament Explained, übers. von ALFRED ACTON. 8 Bde., Bryn Athyn 1928–1948.

Beschreibung, wie eingelegte Arbeit in Marmorscheiben gemacht wird. In: Der Königl. Schwedischen Akademie der Wissenschaften Abhandlungen aus der Naturlehre,

---

[1] Swedenborgs Werke werden, wenn nicht anders angegeben, nicht nach Seiten, sondern nach Nummern zitiert.

Haushaltungskunst und Mechanik, auf das Jahr 1763, übers. von ABRAHAM GOTT-HELF KÄSTNER. Bd. 25 Leipzig 1766, 166–121.

Camena Borea. Greifswald 1715, lateinisch und englisch hg., übers. und kommentiert von HANS HELANDER. Stockholm; Uppsala 1988.

Clavis hieroglyphica arcanorum naturalium et spiritualium per viam repraesentationum et correspondentiarum. London 1784; in EMANUEL SWEDENBORG: Psychological Transactions. 2. Aufl. Bryn Athyn 1984, 157–213; auszugsweise übersetzt von THO-MAS NOACK in: Offene Tore 2000 (Heft 2), 83–92.

Daedalus hyperboreus. Bd. 1–5 Uppsala 1716–1717; Bd. 6 Skara 1718 [Reprint Uppsala 1910].

De cultu et amore Dei: Pars prima de cultu et amore Dei; ubi agitur de telluris ortu, paradiso, et vivario, tum de primogeniti seu Adami nativitate, infantia, et amore. Londini 1745; Pars secunda [...], ubi agitur de conjugio primogeniti seu Adami, et inibi de anima, mente intellectuali, statu integritatis, et imagine Dei. Londini 1745; englisch: The Worship and Love of God. West Chester; London 1995.

De fide et bonis operibus, als Faith and Good Works in: Psychological Transactions And Other Posthumous Tracts 1734–1744, übers. und hg. von ALFRED ACTON. 2. Aufl. Bryn Athyn 1984, 11–18.

Festivus applausus in Caroli XII in Pomeraniam suam adventum. Greifswald 1714; 2. Aufl. 1715, lateinisch und englisch hg., übers. und kommentiert von HANS HELAN-DER. Stockholm; Uppsala 1985.

Förslag til wårt mynts och måls indelning så at rekningen kan lettas och alt bråk afskaf-fas. Stockholm 1719.

Försök att finna östra och westra lengden igen, igenom månan. Uppsala 1718.

Geistiges Tagebuch, übers. von WILHELM PHILIPP PFIRSCH. Philadelphia 1902 [Nach-druck Zürich 1986, enthält nur Auszüge aus dem Diarium spirituale].

Ludus Heliconius, sive Carmina Miscellanea. Greifswald 1714; 2. Aufl. Skara 1716, latei-nisch und englisch hg., übers. und kommentiert von HANS HELANDER. Uppsala 1995.

Methodus nova inveniendi longitudines locorum terra marique ope lunae (Amstelodami 1721; Opera quaedam III, 201–212).

Miscellanea observata circa res naturales & praesertim circa mineralia, ignem & montium strata. Lipsiae 1722.

Nova observata et inventa circa ferrum et ignem et praecique circa naturam ignis elemen-tarum; una cum nova camini inventione, Amstelodami 1721.

Oeconomia regni animalis in transactiones divisa: quarum haec prima de sanguine, ejus arteriis, venis et corde agit: anatomice, physice & philosophice perlustrata. Cui accedit introductio ad psychologiam rationalem; quarum haec secunda de cerebri motu et cortice et de anima humana agit. 2 Bde., Londini et Amstelodami 1740–1741; eng-lisch: London 1845–46; Bryn Athyn 1955 [zitiert als Economy].

Oförgripelige tanckar om swenska myntets förnedring och forhögning. Stockholm 1722.

Om jordenes och planeternas gång och stånd, Skara 1719.

Om wattnens högd, och förra werldens starcka ebb och flod. Bewis utur Swerje frams-teld. Uppsala 1719.

On Tremulation. Boston 1899; Bryn Athyn 1976, 2005.

Ontology or The Signification of Philosophical Terms. Boston 1901.

Opera philosophica et mineralia. Dresdae; Lipsiae 1734 [Bd. 1: Principia rerum natura-lium sive novorum tentaminum phaenomena mundi elementaris philosophice expli-candi; Bd. 2: Regnum subterraneum sive minerale de ferro; Bd. 3: Regnum subterra-neum sive Minerale de cupro et orichalco].

Opera quaedam aut inedita aut obsoleta de rebus naturalibus. 3 Bde., Holmiae 1907 f., 1911.

Prodromus principiorum rerum naturalium sive novorum tentaminum chymiam et physicam experimentalem geometrice explicandi. Amstelodami 1721; englisch London 1847, Bryn Athyn 1976.

Psychological Transactions And Other Posthumous Tracts 1734–1744, übers. und hg. von ALFRED ACTON. 2. Aufl. Bryn Athyn 1984.

Rational Psychology. A Posthumous Work Written in 1742, übers. von NORBERT H. ROGERS und ALFRED ACTON. Bryn Athyn 2001.

Regel-Konsten författad i tijo böcker. Uppsala 1718.

Regnum animale, anatomice, physice et philosophice perlustratum. Bd. 1–2 Hagae Comitum 1744; Bd. 3 Londini 1745; englisch: The Animal Kingdom. 2 Bde., London 1843 f.; Bryn Athyn 1960; Bd. 4: The Five Senses. Tübingen; London 1848, Philadelphia 1914; Bd 6,2: Generation. Tübingen; London 1849, London 1852; Bd. 7: De anima. Tübingen; London 1849; englisch als Rational Psychology. Philadelphia 1950; Bryn Athyn 2001.

Resebeskrifningar, under åren 1710–1739. 3. Aufl. Uppsala 1911.

Revision der bisherigen Theologie, sowol der Protestanten als Römischkatholischen. Aus der lateinischen Urschrift übersezt; nebst einem Prüfungsversuche: Ob es wol schon ausgemacht sei, daß Swedenborg zu den Schwärmern gehöre. Breslau 1786.

Small Theological Works and Letters of EMANUEL SWEDENBORG. London 1975.

The Cerebrum. 3 Bde., Bryn Athyn 1976 [1938–1940].

The Five Ages. Swedenborg's View of Spiritual History; Extracts from EMANUEL SWEDENBORG with Commentary by P. L. JOHNSON. London 2008.

The Origin and Propagation of the Soul. In: Psychological Transactions And Other Posthumous Tracts 1734–1744, übers. und hg. von ALFRED ACTON. 2. Aufl. Bryn Athyn 1984, 67–71.

The Soul and the Harmony between Soul and Body. Psychological Transactions And Other Posthumous Tracts 1734–1744, übers. und hg. von ALFRED ACTON. 2. Aufl. Bryn Athyn 1984, 23–64.

The Spiritual Diary, übers. von GEORGE BUSH und JOHN H. SMITHSON. London 1883–1902.; übers. von ALFRED ACTON (Bd. 1) London 1962; in neuer Übersetzung London 2002 f.

Vom Himmel und von den wunderbaren Dingen desselben; wie auch von der Geisterwelt und von dem Zustand des Menschen nach dem Tod; und von der Hölle […] nebst einem Vorbericht von des Verfassers rümlichen Leben und Schriften. o. O. 1774 [anonym übers. von FRIEDRICH CHRISTOPH OETINGER].

Von den Erdcörpern der Planeten und des gestirnten Himmels Einwohnern, allwo von derselben Art zu denken, zu reden und zu handeln, von ihrer Regierungs-Form, Policey, Gottesdienst, Ehestand und überhaupt von ihrer Wohnung und Sitten, aus Erzählung derselben Geister selbst durch Emanuel Schwedenborg Nachricht gegeben wird. Ein Werk zur Prüfung des Wahren und Wahrscheinlichen, woraus wenigst vieles zur Philosophie und Theologie, Physik, Moral, Metaphysik und Logik kann genommen werden, aus dem Latein übersezt und mit Reflexionen begleitet von einem der Wissenschaft und Geschmack liebt [FRIEDRICH CHRISTOPH OETINGER]. Anspach 1771.

D. Zeitschriften des 18. Jahrhunderts[2]

Acta eruditorum. Lipsiae 1682–1731.

Acta historico-ecclesiastica nostri temporis oder gesammlete Nachrichten und Urkunden zu der Kirchengeschichte unserer Zeit. Weimar 1774–1790.

Acta literaria Sueciae. Upsaliae; Stockholmiae 1720–1725.

Allgemeine deutsche Bibliothek. Berlin; Stettin 1765–1792.

Archiv der Schwärmerey und Aufklärung. Hamburg 1787–1791.

Berlinische Monatsschrift, hg. von JOHANN ERICH BIESTER und FRIEDRICH GEDICKE. Berlin 1783–1796.

Bibliothèque Raisonnée des Ouvrages des Savans de l'Europe. Amsterdam 1728–1753.

Commentarii de Rebus in Scientia Naturali et Medicina Gestis. Lipsiae 1752–1808.

Commercium litterarium ad res medicae et scientiae naturalis incrementum institutum. Nürnberg 1731–1745.

Danziger Berichte von neuen theologischen Büchern und Schriften von derselben dasigen Gesellschaft, welche bishero die theologischen Berichte ausgefertiget, herausgegeben Leipzig 1771–1783.

Der teutsche Merkur, hg. von CHRISTOPH MARTIN WIELAND. Frankfurt; Leipzig 1773–1789.

Deutsche Acta eruditorum. Leipzig 1712–1739.

Die neuesten Religionsbegebenheiten mit unpartheyischen Anmerkungen, hg. von HEINRICH MARTIN GOTTFRIED KÖSTER. Gießen 1778–1797.

Dreßdnische gelehrte Anzeigen. Dresden 1749–1794.

Erlangische Gelehrte Anmerkungen und Nachrichten [Compendium historiae litterariae novissimae oder Erlangische gelehrte Anmerkungen und Nachrichten]. Erlangen 1746–1769.

Göttingische Anzeigen von Gelehrten Sachen. Göttingen 1753–1801.

Hallische neue gelehrte Zeitungen. Halle 1766–1790 [1792].

Historie der Gelehrsamkeit unserer Zeiten, darinn Nachrichten von neuen Büchern, Leben gelehrter Leute, und andern dergleichen Merckwürdigkeiten ertheilet werden. Leipzig 1721–1725.

Königsbergische gelehrte und politische Zeitungen. Königsberg 1764–1793.

Nachrichten von den merkwürdigsten theologischen Schriften unserer Zeit. Lübeck 1765–1771.

Neue allgemeine deutsche Bibliothek. Berlin; Stettin [bis 1800 Kiel] 1793–1805.

Neue critische Nachrichten. Greifswald 1765–1774.

Neue theologische Bibliothek, darinnen von den neuesten theologischen Büchern und Schriften Nachricht gegeben wird, hg. von JOHANN AUGUST ERNESTI. Leipzig 1760–1769.

Neue Zeitungen von Gelehrten Sachen. Leipzig 1715–1784.

Neueste theologische Bibliothek, darinnen von den neuesten theologischen Büchern und Schriften Nachricht gegeben wird, hg. von JOHANN AUGUST ERNESTI. Leipzig 1760–1769.

Nova acta eruditorum. Lipsiae 1732–1782.

Nova acta historico-ecclesiastica oder Sammlung zu den neuesten Kirchengeschichten. Weimar 1758–1774.

Schwäbisches Magazin von gelehrten Sachen. Stuttgart 1775–1780.

---

[2] Anonyme und mit Verfassernamen veröffentlichte Rezensionen in den Zeitschriften des 18. Jahrhunderts werden nicht gesondert aufgeführt.

Theologische Berichte von neuen Büchern und Schriften von einer Gesellschaft zu Danzig ausgefertigt. Danzig 1764–1773.

Zuverlässige Nachrichten von dem gegenwärtigen Zustande, Veränderung und Wachsthum der Wissenschaften. Leipzig 1740–1757.

E. Zitierte Literatur[3]

[Anonymus]: Abhandlung von dem Nerven-Safte, dessen Eigenschaften und Würckungen, woraus sowohl die natürlichen als willkührlichen Bewegungen des menschlichen Cörpers auf eine ungezwungene der Vernunft und Erfahrung gemäße Art erkläret werden. In: Dissertation qui a remporté le prix proposé par l'Académie Royale des sciences et belles-lettres de Prusse, sur le principe de l'action des muscles avec les pièces qui ont concouru. Berlin 1753.

[Anonymus]: Geheime Unterredungen zwischen zweyen vertrauten Freunden, einem Theologo Philosophizante und Philosopho Theologizante von Magia naturali, deren Ursprung und Principiis, wo bewiesen wird, daß dieselbe eine natürliche, nützliche und zuläßliche Wissenschafft sey. Nebst einer Widerlegung aller Objectionum und Anführung vieler raren und natürlichen Experimenten. Zum Druck gegeben vom Collegio Curiosorum in Deutschland. Cosmopoli [Nürnberg] 1702.

ACTON, ALFRED (Hg.): The Letters and Memorials of EMANUEL SWEDENBORG. 2 Bde., 2. Aufl. Bryn Athyn 1948, 1955.

ADELUNG, JOHANN CHRISTOPH: Grammatisch-kritisches Wörterbuch der Hochdeutschen Mundart. 4 Bde., 2. Aufl. Leipzig 1793–1801.

AGRICOLA, GEORG: De re metallica libri XII […] Basileae 1657.

ALBERTUS, PAULUS MARTINUS: Lexicon novum Hebraeo-Latino-biblicum. Budissae 1704.

AMMON, CHRISTOPH FRIEDRICH: Entwurf einer reinen biblischen Theologie. Erlangen 1792.

–: Ueber die Aehnlichkeit des inneren Wortes einiger neuerer Mystiker mit dem moralischen Worte der kantischen Schriftauslegung als Ankündigung der ersten Vertheilung des neuen homiletischen Preißes für das Jahr 1796. Göttingen 1796.

ANER, KARL: Die Theologie der Lessingzeit. Halle 1929.

–: Gottfried Ploucquets Leben und Lehren. Halle 1909 [Reprint Hildesheim u. a. 1999].

ARISTOTELES: Opera omnia graece et latine doctissimorum virorum interpretatione & notis emendatissima, & nunc tandem in quatuor tomos distributa. Guillelmus Du-Vallius regis christianissimi consiliarius & medicus tertio recognouit, Synopsin analyticam adiecit, nouis disquisitionibus, notis, & Appendicibus illustrauit. Cum tribus indicibus. Quae huic editioni accesserunt pagina proxima indicabit. Parisiis 1654.

ARRHENIUS, GUSTAF: Swedenborg as Cosmologist. In: BROCK, 1988, 179–186.

ARRHENIUS, SVANTE: Emanuel Swedenborg as a Cosmologist. In: ALFRED H. STROH (Hg.): Emanuel Swedenborg as a Scientist. Miscellaneous Contributions. Stockholm 1908. Bd. 1, 59–79.

Art des forges et fourneaux à fer. Par M. le Marquis DE COURTIVRON, et par M. BOUCHU, Correspondant de l'Académie Royale des Sciences. Quatrième section. Traité du fer, par M. SWEDENBORG; traduit du Latin par M. BOUCHU. Paris 1762.

ARVASTSON, ALLAN: Art. Swedberg, Jesper. In: RGG[3] Bd. 6 (1962), 535.

---

[3] Zwischen Quellen und Forschungsliteratur kann aufgrund der methodischen Vorgehensweise dieser Arbeit nicht sinnvoll unterschieden werden.

AUBERLEN, CARL AUGUST: Die Theosophie Friedrich Christoph Oetinger's nach ihren Grundzügen. Ein Beitrag zur Dogmengeschichte und zur Geschichte der Philosophie. Mit einem Vorwort von Richard Rothe. Tübingen 1847.

AUGUSTINUS, AURELIUS: Opera quae reperiri potuerunt omnia, tomis decem comprehensa: per theologos Lovanienses ex vetustissimis manuscriptis codicibus ab innumeris mendis vindicata, [et] hac postrema editione locis S. Sae. a textu, typorum varietate, Doctor. Viror. consilio distinctis, ornatius in lucem emissa. Illustrata praeterea eruditis censuris et locupletata multis homiliis, & aliquot epistolis eiusdem S. Augustini, antea non editis. Coloniae Agrippinae 1616.

BAHRDT, KARL FRIEDRICH: Kirchen- und Ketzeralmanach aufs Jahr 1781. Häresiopel [Züllichau].

BAIER, KARL: Meditation und Moderne. Zur Genese eines Kernbereichs moderner Spiritualität in der Wechselwirkung zwischen Westeuropa, Nordamerika und Asien. 2 Bde., Würzburg 2009.

BALKE, FRIEDRICH: Wahnsinn der Anschauung. Kants Träume eines Geistersehers und ihr diskursives Apriori. In: MORITZ BASSLER, BETTINA GRUBER, MARTINA WAGNER-EGELHAAF (Hgg.): Gespenster: Erscheinungen – Medien – Theorien. Würzburg 2005, 297–313.

BARTH, HANS-MARTIN: Atheismus und Orthodoxie. Analysen und Modelle christlicher Apologetik im 17. Jahrhundert. Göttingen 1971.

BASSENGE, FRIEDRICH: Einleitung. In: IMMANUEL KANT: Träume eines Geistersehers, erläutert durch Träume der Metaphysik. Berlin (Ost) 1954, 5–9.

BAUER, SONJA-MARIA: Das Studium an der Philosophischen Fakultät der Universität Tübingen zur Zeit von Friedrich Christoph Oetinger. In: HOLTZ / BETSCH / ZWINK, 2005, 25–41.

BAUMGARTEN, ALEXANDER GOTTLIEB: Metaphysica. 4. Aufl. Halae Magdeburgicae 1757.

–: Praelectiones theologicae dogmaticae. Halae Magdeburgicae 1773.

BAUMGARTEN, SIEGMUND JACOB: Unterricht von Auslegung der heiligen Schrift. Halle 1742.

BAYER, OSWALD: Vernunft ist Sprache. Hamanns Metakritik Kants. Stuttgart-Bad Cannstadt 2002.

BECK, LEWIS WHITE / RALF MEERBOTE u. a. (Hgg.): Kant's Latin Writings. Translation, Commentaries and Notes. 2. Aufl. New York u. a. 1992.

BECKER, JOHANN HEINRICH: An Dn. D. Tellerus nisi negata vera Spiritus Sancti deitate de illo adorando, speciale Scripturae Sacrae mandatum postulare queat, expendit. [...]. Rostochii 1766.

–: Creationis universi gloria filio Dei, Jesu Christo, vendicata contra Dn. Tellerum. [...]. Rostochii 1764.

–: De speciali, ac sensuali angelorum cum hominibus commercio hac mundi aetate non sine causa suspecto nunnulla praefatus, festum sanctorum angelorum, Christo, angelorum principi, sacrum, pro more indicit; utque illud, beneficiorum divinorum, per angelorum custodiam, memores, christiana erga deum pietate celebrent. Rostochii 1763.

–: Personalitatem Spiritus S. contra perversam pseudonymi Theodori Klema scripturae interpretationem defendit [...]. Rostochii 1765.

–: Redemptionis nostrae per Christum, Dei filium, factae, necessitas a theologis non temere et absque fundamento, adserta. Contra Dn. Doct. Tellerum. Rostochii 1765.

BEKKER, BALTHASAR: Die bezauberte Welt. Amsterdam 1693.

BENGEL, JOHANN ALBRECHT: Apparatus criticus ad Novum Testamentum [...]. 2. Aufl. Tübingen 1763.

BENZ, ERNST: Adam. Der Mythus vom Urmenschen. München-Planegg 1955.

–: Die Naturtheologie Friedrich Christoph Oetingers. In: FAIVRE/ZIMMERMANN, 1979, 256–277.

–: Emanuel Swedenborg. In: ZWINK, 1988, 8–15.

–: Emanuel Swedenborg. Naturforscher und Seher. 2. Aufl. Zürich 1969 [1948, Nachdruck 2004; englisch West Chester 2002].

–: Immanuel Swedenborg als geistiger Wegbahner des deutschen Idealismus und der deutschen Romantik. In: Deutsche Vierteljahresschrift für Literaturwissenschaft und Geistesgeschichte 19 (1941), 1–32.

–: Swedenborg in Deutschland. F. C. Oetingers und Immanuel Kants Auseinandersetzung mit der Person und Lehre Emanuel Swedenborgs. Frankfurt a. M. 1947.

–: Swedenborg und Lavater. Über die religiösen Grundlagen der Physiognomik. In: ZKG 57 (1938), 153–216.

–: Theologie der Elektrizität. Zur Begegnung und Auseinandersetzung von Theologie und Naturwissenschaften im 17. und 18. Jahrhundert. In: Abhandlungen der geistes- und sozialwissenschaftlichen Klasse der Akademie der Wissenschaften und der Literatur zu Mainz (1971), 685–782.

BERGMANN, HORST: Die Flugmaschine des Daedalus. In: ZWINK, 1988, 24–26.

–: Swedenborgs und Lavaters „Physiognomische Fragmente". In: ZWINK, 1988, 121–127.

BERGQUIST, LARS: Swedenborg und die himmlische Hermeneutik. In: Offene Tore 2001, 60–74.

–: Swedenborg's Dream Diary, übers. von ANDERS HALLENGREN. West Chester 2001.

–: Swedenborg's Secret. The Meaning and Significance of the Word of God, the Life of the Angels and Service to God. A Biography. London 2005.

BERGUNDER, MICHAEL: Was ist Esoterik? Religionswissenschaftliche Überlegungen zum Gegenstand der Esoterikforschung. In: NEUGEBAUER-WÖLK/RUDOLPH, 2008, 477–507.

BETSCH, GERHARD: Johann Conrad Creiling (1673–1752) und seine Schule. In: HOLTZ/BETSCH/ZWINK, 2005, 43–59.

BETZ, OTTO: Friedrich Christoph Oetinger und die Kabbala. In: OETINGER, 1999, Bd. 2, 1–41.

–: Kabbala Baptizata. Die jüdisch-christliche Kabbala und der Pietismus in Württemberg. In: PuN 24 (1998), 130–159.

BEUTEL, ALBRECHT: Art. Crusius, Christian August. In: RGG⁴ 2 (1999), 502.

–: Causa Wolffiana. Die Vertreibung Christian Wolffs aus Preußen 1723 als Kulminationspunkt des theologisch-politischen Konflikts zwischen Halleschem Pietismus und Aufklärungsphilosophie. In: DERS.: Reflektierte Religion: Beiträge zur Geschichte des Protestantismus. Tübingen 2007, 125–169.

BEYER, MICHAEL: Art. Amsdorf (Amsdorff), Nikolaus v. In: RGG⁴ 1 (1998), 422.

BEYREUTHER, ERICH: Art. Crusius, Christian August. In: RGG³ 1 (1957), 1888.

–: Einführung in Oetingers „Swedenborgs und anderer irdische und himmlische Philosophie". In: OETINGER, 1977 [1765], IX–LXXIX.

BIENERT, WOLFGANG A.: Art. Sabellius/Sabellianismus. In: RGG⁴ 7 (2004), 721.

–: Sabellius und Sabellianismus als historisches Problem. In: Beiheft zur Zeitschrift für die neutestamentliche Wissenschaft und die Kunde der älteren Kirche 67 (1993), 124–150.

BILFINGER, GEORG BERNHARD: De harmonia animi et corporis humani, maxime praestabilita, ex mente illustris Leibnitii commentatio hypothetica. Francofurti; Lipsiae 1741.

–: Dilucidationes philosophicæ de Deo, anima humana, mundo, et generalibus rerum affectionibus. Tubingae 1725.

BISHOP, PAUL: Schwärmerei und Geisterseherei, Aufklärung und analytische Psychologie: Kant und Swedenborg aus der Sicht von C. G. Jung. In: STENGEL, 2008b, 133–155.

–: Synchronicity and Intellectual Intuition in Kant, Swedenborg, and Jung. Lewiston u. a. 2000.

BLAUFUSS, DIETRICH und FRIEDRICH NIEWÖHNER (Hgg.): Gottfried Arnold (1666–1714). Wiesbaden 1995.

BODE, JOHANN ELERT: Anleitung zur Kenntniss des gestirnten Himmels. 4. Aufl. Berlin; Leipzig 1778.

BOHATEC, JOSEF: Die Religionsphilosophie Kants in der „Religion innerhalb der Grenzen der bloßen Vernunft" mit besonderer Berücksichtigung ihrer theologisch-dogmatischen Quellen. Hamburg 1938.

BÖHME, HARTMUT und GERNOT BÖHME: Das Andere der Vernunft. Zur Entwicklung von Rationalitätsstrukturen am Beispiel Kants. Frankfurt a. M. 1983.

BÖHME, JAKOB: Vom dreyfachen Leben des Menschen [1620]. In: DERS.: Sämtliche Schriften, hg. von WILL-ERICH PEUCKERT. Bd. 3, Stuttgart 1960, 167 ff.

BONDE, GUSTAF: Clavicula hermeticae scientiae ab hyperboreo quodam horis subsecivis calamo consignata anno MDCCXXII. Marburgi 1746.

BONNET, CHARLES: Analytischer Versuch über die Seelenkräfte. Aus dem Französischen übersetzt und mit einigen Zusätzen vermehrt von M. CHRISTIAN GOTTFRIED SCHÜTZ. 2 Bde., Bremen; Leipzig 1770.

–: Philosophische Palingenesie. Oder Gedanken über den vergangenen und künftigen Zustand lebender Wesen. Als ein Anhang zu den letztern Schriften des Verfassers; und welcher insonderheit das Wesentliche seiner Untersuchungen über das Christenthum enthält. Aus dem Französischen übersetzt und mit Anmerkungen herausgegeben von JOHANN CASPAR LAVATER. 2 Bde., Zürich 1769 f.

BORMANN, WALTER: Kantsche Ethik und Okkultismus. In: Beiträge zur Grenzwissenschaft. Ihrem Ehrenpräsidenten Dr. Carl Freiherr du Prel gewidmet von der „Gesellschaft für wissenschaftliche Psychologie" in München. Jena 1899, 107–139.

BOS, ABRAHAM PAULUS: Aristotle, on the Life-bearing Spirit (De Spiritu). A Discussion with Plato and His Predecessors on Pneuma as the Instrumental Body of the Soul. Leiden u. a. 2008.

–: The Soul and Its Instrumental Body. A Reinterpretation of Aristotle's Philosophy of Living Nature. Leiden u. a. 2003.

BOULLIER, DAVID RENAUD: Essai philosophique sur l'âme des bêtes, ou l'on traite de son existence et de sa nature […] ou l'on réfute diverses objections de Mr. Bayle. Amsterdam 1728.

BRANDT, REINHARD: D'Artagnan und die Urteilstafel. Über ein Ordnungsprinzip der europäischen Kulturgeschichte. Überarb. Neuaufl. München 1998.

–: Überlegungen zur Umbruchsituation 1765–1766 in Kants philosophischer Biographie. In: STENGEL, 2008b, 13–33.

BRAUN, JOHANN FRIEDRICH: Unionis animae cum corpore systemata tria. Harmonia, praestabilitae, influxus et assistentiae in unum fusa, praeside ELIA CAMERARIO. Tubingae 1721.

BRECHT, MARTIN und KLAUS DEPPERMANN (Hgg.): Geschichte des Pietismus. Bd. 2 Göttingen 1995.

BRECHT, MARTIN: Art. Andreae, Johann Valentin. In: RGG⁴ 1 (1998), 470–472.

–: Johann Albrecht Bengel und der schwäbische Biblizismus. In: KURT ALAND (Hg.): Pietismus und Bibel. Witten 1970.

–: Johann Valentin Andreae 1586–1654. Eine Biographie. Göttingen 2008.

–: Philipp Jakob Spener und die württembergische Kirche. In: HEINZ LIEBING und KLAUS SCHOLDER (Hgg.): Geist und Geschichte der Reformation. Festgabe Hanns Rückert zum 65. Geburtstag. Berlin 1966, 443–459.

BRECKLING, FRIEDRICH: Autobiographie. Ein frühneuzeitliches Ego-Dokument im Spannungsfeld von Spiritualismus, radikalem Pietismus und Theosophie, hg. und kommentiert von JOHANN ANSELM STEIGER. Tübingen 2005.

BRECKLING, FRIEDRICH: Then sidste basun öfwer Tyskland til at upwieckia werlden ifrå syndennes sömn. Skara 1724.

BREYMAYER, REINHARD : Oetingers geheime Fehde mit Christian Thomasius. In: HOLTZ / BETSCH / ZWINK, 2005, 251–283.

–: „Anfangs glaubte ich die Bengelische Erklärung ganz …". Philipp Matthäus Hahns Weg zu seinem wiederentdeckten „Versuch einer neuen Erklärung der Offenbarung Johannis" (1785). In: PuN 15 (1989), 172–219.

–: Friedrich Christoph Oetinger und die Emblematik. In: OETINGER, 1999, Bd. 2, 42–70.

BRIELER, ULRICH: Die Unerbittlichkeit der Historizität. Foucault als Historiker. Köln; Weimar; Wien 1998.

BROCK, ERLAND J. u. a. (Hg.): Swedenborg and his Influence. Bryn Athyn 1988. [BROCK, 1988].

BROSSARD, SÉBASTIEN de und JAMES GRASSINEAU: A Musical Dictionary being a Collection of Terms and Characters, as well Ancient as Modern; including the Historical, Theoretical, and Practical Parts of Music. London 1740.

BROWNELL COLLIER, KATHARINE: Cosmogonies of our Fathers. Some Theories of the Seventeenth and Eighteenth Centuries. New York 1968 [1934].

BULTMANN, CHRISTOPH: Die biblische Urgeschichte in der Aufklärung. Johann Gottfried Herders Interpretation der Genesis als Antwort auf die Religionskritik David Humes. Tübingen 1999.

BURNET, THOMAS: Telluris theoria sacra: orbis nostri originem et mutationes generales, quas aut jam subiit, aut olim subiturus est, complectens. Libri duo priores de diluvio & paradiso; posteriores duo de conflagratione mundi & meliori rerum statu. Francofurti ad Moenum 1691.

–: Tractatus de statu mortuorum et resurgentium liber. Londini 1726.

BUTTNER, DAVID SIGISMUND: Rudera diluvii testes, i. e. Zeichen und Zeugen der Sündfluth, in Ansehung des itzigen Zustandes unserer Erd- und Wasser-Kugel, insonderheit der darinnen vielfältig auch zeither in Querfurtischen Revier unterschiedliche angetroffenen, ehemals verschwemten Thiere und Gewächse. Leipzig 1710.

CAFLISCH-SCHNETZLER, URSULA: Lavaters Himmel und Swedenborgs Träume. Die Beziehung zwischen Johann Caspar Lavater und Emanuel Swedenborg. In: Offene Tore 2006, 171–195.

CALVÖR, HENNING: Acta historico-chronologico-mechanica circa metallurgiam in Hercynia superiori. Braunschweig 1763.

CAMERON, JAMES K.: Art. Presbyterianer. In: TRE 27 (1997), 340–359.

CANZ, ISRAEL GOTTLIEB: De regimine Dei universali, sive jurisprudentia civitatis Dei publica […]. Tubingae 1737.

CASTELLIO, SEBASTIAN (Hg.): Biblia Sacra […]. 4 Bde., London 1727.

– (Hg.): Biblia Sacra […]. Lipsiae 1738.

– (Hg.): Novum Jesu Christi Testamentum. Editio novissima. Amstelodami 1683.

CELSIUS, ANDERS: Anmerkungen über die stündlichen Veränderungen der Magnetnadel in ihrer Abweichung. In: Der Königl. Schwedischen Akademie der Wissenschaften Abhandlungen aus der Naturlehre, Haushaltungskunst und Mechanik, auf das Jahr

1740, übers. von ABRAHAM GOTTHELF KÄSTNER. Bd. 2 Hamburg; Leipzig 1749, 45–48.

–: Beurtheilung über ein, in England, unter dem Titel: The Longitude discovered by the eclipses, occultations and conjunctions of Jupiters Planets, herausgekommenes Buch, so von Herrn Whiston herausgegeben [...]. In: Der Königl. Schwedischen Akademie der Wissenschaften Abhandlungen aus der Naturlehre, Haushaltungskunst und Mechanik, auf das Jahr 1740, übers. von ABRAHAM GOTTHELF KÄSTNER. Bd. 2 Hamburg; Leipzig 1749, 219–223.

–: Von der Misweisung oder Abweichung der Magnetnadel von dem Nordstriche, angemerkt in Upsal. In: Der Königl. Schwedischen Akademie der Wissenschaften Abhandlungen aus der Naturlehre, Haushaltungskunst und Mechanik, auf das Jahr 1740, übers. von ABRAHAM GOTTHELF KÄSTNER. Bd. 2 Hamburg; Leipzig 1749, 161–164.

Christliches Concordien-Buch, das ist: Der Evangelisch-Lutherischen Kirche Symbolische Bücher, als: Die drey Hauptsymbola. Die ungeänderte Augspurgische Confeßion. Derselben Apologie. Die Schmalkaldischen Artikel. D. Luthers kleiner und grosser Katechismus. Die Formula Concordiae, mit den Zeugnissen der heiligen Schrift, und kleinen Kirchen-Lehrer von Christo, nebst denen Sächsischen Artikeln. Leipzig 1766.

Christliches Gesang-Buch der Evangelischen Brüder-Gemeinen. 1. Aufl. 1735; 3. Aufl. 1741.

CLARK, SAMUEL: Geistliche Reden. 10 Teile, Leipzig 1732–1738; 2. Aufl. Leipzig, 5 Bde., 1744–1765.

CLARK, WILLIAM: The Death of Metaphysics in enlightend Prussia. In: WILLIAM CLARK, JAN GOLINSKI und SIMON SCHAFFER (Hgg.): The Sciences in Enlightend Europe. Chicago; London 1999, 423–473.

CLEMM, HEINRICH WILHELM: Schriftmässige Betrachtung über den Tod der Menschen und ihren Zustand nach dem Tod. 3. Aufl. 1761 [1760].

–: Vollständige Einleitung in die Religion und gesammte Theologie. 7 Bde., Tübingen 1762–1773.

CLISSOLD, AUGUSTUS: The Creeds of Athanasius, Sabellius and Swedenborg. Whitefish 2004 [1873].

CLUVER, DETLEV: Geologia sive philosophemata de Genesi ac structura globi terreni. Oder: Natürliche Wissenschafft von Erschaffung und Bereitung der Erd-Kugel. Wie nemlich nach Mosis und der ältesten Philosophen Bericht aus dem chao durch mechanische Gesetze der Bewegungen die Erde sey herfür gebracht worden, da insonderheit die neueste Theorie und Lehre betreffend die Vereinigung der H. Schrifft mit der Vernunfft die Erschaffung der Welt in Zeit von 6. Jahren, der Auffgang der Sonnen im Westen die Erregung der Sündfluth, wie auch Verbrennung der Erden durch einen Cometen, nebenst vielen andern Paradoxis und ungemeinen Sachen, aus den besten Englischen Autoren fürgestellet und zur ferneren Censur und Nachforschung der Wahrheit denen Curiosis auffgegeben wird. Hamburg 1700.

–: Nova crisis temporum oder curieuser philosophischer Welt-Mercurius oder Zeitvertreiber. Hamburg 1701–1703.

COLE, STEPHEN D.: Swedenborg, Psychology, and the Cerebellum. In: The New Philosophy 91 (1988), 529–543.

COLONNA, FRANCESCO MARIA POMPEO: Les principes de la nature, ou la génération des choses. Paris 1731.

Concordia pia et unanimi consensu repetita confessio fidei et doctrinae electorum, principum et ordinum imperii, atque eorundem theologorum, qui augustanam confessionem amplectuntur: Cui e Sacra Scriptura, unica illa veritatis norma et regula, quorundam Articulorum, qui post D. Martini Lutheri felicem ex hac vita exitum in controversiam venerunt, solida accessit declaratio; Ante haec tempora communi eorundem Electorum, Principium ac Ordinum Imperii consilio, post vero singulari Serenissimi Saxoniae Electoris Christiani II. mandato, instituendis et erudiendis subditis Ecclesiis atque Scholis suis ad posteritatits memoriam typis vulgata. Cum appendice tripartia, novis indicibus, et seren. ac potent. polon. reg. et. sax. elect. privilegio. Editio nova a mendis denuo repurgata. Lipsiae 1756.

CONRAD, ANNE: „Umschwebende Geister" und aufgeklärter Alltag. Esoterik und Spätaufklärung. In: NEUGEBAUER-WÖLK/ZAUNSTÖCK, 1999, 397–415.

COOPER, LISA HYATT: Swedenborg's Science meets his Theology. In: The New Philosophy 106 (2003), 519–523.

COUDERT, ALLISON: Leibniz and the Kabbalah. Dordrecht 1995.

– , R. H. POPKIN und G. M. WEINER (Hgg.): Leibniz, Mysticism and Religion. Dordrecht 1998.

CRAMER, JOHN ANDREW: Elements of the Art of Assaying Metals. London 1741.

CRANZ, DAVID: Historie von Grönland, enthaltend die Beschreibung des Landes und der Einwohner etc. insbesondere die Geschichte der dortigen Mission der evangelischen Brüder zu Neu-Herrnhut und Lichtenfels. Leipzig 1765.

CRASTA, FRANCESCA MARIA: La filosofia della natura di Emanuel Swedenborg. Milano 1999.

–: Metaphysics and Biology. Thoughts on the Interaction of the Soul and Body in Emanuel Swedenborg. In: STEPHEN MCNEILLY (Hg.): On the True Philosopher and the True Philosophy. Essays on Swedenborg. London 2003, 39–58.

CRÜGER, JOHANNES ERNST: Analecta Transalpina. Venetiis 1762.

CUNO, JOHANN CHRISTIAN: Aufzeichnungen eines Amsterdamer Bürgers über Swedenborg. Hannover 1858 [1770].

– (Hg.): Sammlung einiger Nachrichten, Herrn Eman. Swedenborg und desselben vorgegebenen Umgang mit dem Geisterreich betreffend. Hamburg 1771.

CYRANKA, DANIEL: Der „fromme Wilde". Erik Pontoppidans Menoza-Roman. In: WINFRIED ECKEL u. a. (Hg.): Projektionen – Imaginationen – Erfahrungen. Indienbilder der europäischen Literatur. Remscheid 2008, 71–89.

–: Lessing im Reinkarnationsdiskurs. Eine Untersuchung zu Kontext und Wirkung von G. E. Lessings Texten zur Seelenwanderung. Göttingen 2005, 429–455.

–: Zwischen Neurophysiologie und ‚Indischen Märchen'– Anmerkungen zu Schlossers Gesprächen über die Seelenwanderung. In: MICHAEL BERGUNDER (Hg.): Religiöser Pluralismus und das Christentum. Göttingen 2001, 35–54.

DARNTON, ROBERT: Der Mesmerismus und das Ende der Aufklärung in Frankreich. Frankfurt a. M.; Berlin 1986.

Das achtzehnte Jahrhundert. Zeitschrift der Deutschen Gesellschaft für die Erforschung des achtzehnten Jahrhunderts. Wolfenbüttel 1977 ff.

DEDEKIND, GUSTAV ERNST WILHELM: Dokimion oder Praktischer Versuch über ein reales Verhältniß der Geister der Verstorbenen zu den hinterbliebenen Ihrigen. Erster und Zweiter Theil. Hannover 1797.

–: Grundlinien der Rechtslehre, mit einer kritischen Beziehung auf den Kantischen Rechtsbegriff entworfen. Hildesheim 1798.

–: Ueber Geisternähe und Geisterwirkung oder über die Wahrscheinlichkeit dass die Geister der Verstorbenen den Lebenden sowohl nahe seyn, als auch auf sie wirken können. Einige Versuche. Hannover 1793.

–: Ueber Geisternähe und Geisterwirkung oder über die Wahrscheinlichkeit, dass die Geister der Verstorbenen den Lebenden sowohl nahe seyn, als auch auf sie wirken können. 3te Auflage. Den Lesern seines Dokimion noch näher anzusprechen. Hannover 1825.

–: Versuch Herrn Fichte mit seinem Publikum in Absicht seines Atheismus auszugleichen. Hildesheim 1799.

DEGHAYE, PIERRE: La philosophie sacrée d'Oetinger. In: DERS.: De Paracelse à Thomas Mann. Les avatars de l'hermétisme allemand. Paris 2000, 116–163.

–: Oetinger und Boehme. Von der verborgenen Gottheit bis zum offenbaren Gott. In: HOLTZ / BETSCH / ZWINK, 2005, 183–196.

–: realiter und idealiter. Zum Symbolbegriff bei Friedrich Christoph Oetinger. In: PuN 10 (1984), 66–89.

DESCARTES, René: De Homine Figuris, et latinitate donatus a Florentio Schuyl, inclyae urbis sylae-ducis senatore, & ibidem philosophiae professore. Lugduni Batavorum 1664.

–: Meditationes de prima philosophia. Ed. ultima prioribus auctior & emendatior. Amstelodami 1654.

–: Philosophische Schriften in einem Band. Hamburg 1996.

DIBB, ANDREW M. T.: Servetus, Swedenborg and the Nature of God. Lanham u. a. 2005.

Die Bekenntnisschriften der evangelisch-lutherischen Kirche. 9. Aufl. Göttingen 1982.

DIERSE, ULRICH und WINFRIED SCHRÖDER: Art. Panentheismus. In: HWPh 7 (1989), 48.

DIETERICI, FRIEDRICH: Die sogenannte Theologie des Aristoteles. Aus dem Arabischen übersetzt und mit Anmerkungen versehen. Leipzig 1883.

–: Die sogenannte Theologie des Aristoteles. Aus arabischen Handschriften zum ersten Mal herausgegeben. Leipzig 1882.

DIPPEL, JOHANN CONRAD: Eröffneter Weg zum Frieden mit GOTT und allen Creaturen, durch die Publication der sämtlichen Schriften CHRISTIANI DEMOCRITI. 3 Bde., Berleburg 1747.

DÖRING, DETLEF: Die Philosophie Gottfried Wilhelm Leibniz' und die Leipziger Aufklärung in der ersten Hälfte des 18. Jahrhunderts. Leipzig 1999.

DÖRRIES, HERMANN: Geist und Geschichte bei Gottfried Arnold. Göttingen 1963 (Abhandlungen der Akademie der Wissenschaften zu Göttingen, Philologisch-Historische Klasse; Folge 3; Bd. 51).

DOLE, GEORGE F.: *True Christian Religion* as Apologetic Theology. In: BROCK, 1988, 339–355.

DUNÉR, DAVID: Bubblor, kanonkulor och en tunna ärtor. Polhem och Swedenborg om materiens struktur. In: Tidskrift för teknikhistoria 2000/2001, årg. 18/19, 3–27.

–: Daedalus flykt. In: Teknikhistorisk årsbok 2005, 100–118.

–: Polhems huvudvärk. In: Sjuttonhundratal 2005, 5–12.

–: The World Machine: Emanuel Swedenborg's natural philosophy. In: The New Philosophy 108 (2005), 225–231.

–: Världsmaskinen. Emanuel Swedenborgs naturfilosofi. Nora 2004.

DUPLEIX, SCIPION: Corps de philosophie contenant la logique, la physique, la métaphysique et l'éthique. Genève 1636.

EBBINGHAUS, JULIUS: Kant und Swedenborg, in: DERS.: Gesammelte Schriften, hg. von HARIOLF OBERER und GEORG GEISMANN. Bd. 3: Interpretation und Kritik. Schriften zur Theoretischen Philosophie und zur Philosophiegeschichte 1924–1972. Bonn 1990, 99–120 [Vortrag von 1740, Erstveröffentlichung im: Jahrbuch des Auslandsamtes der deutschen Dozentenschaft, 1943, 80–94].

EBELING, GERHARD: Art. Hermeneutik. In: RGG³ 3 (1959), 242–262.

ECKHOLT, MARGIT: Vernunft in Leiblichkeit bei Nicolas Malebranche. Die christologische Vermittlung seines rationalen Systems. Innsbruck; Wien 1994.

ECKOFF, WILLIAM J.: Kant's Inaugural Dissertation of 1770 translated into English with an Introduction and Discussion. New York, Columbia College, Diss. phil. 1894.

EDEL, SUSANNE: Die individuelle Substanz bei Böhme und Leibniz. Die Kabbala als tertium comparationis für eine rezeptionsgeschichtliche Untersuchung. Stuttgart 1995.

–: Kabbala in der Theosophie Jacob Böhmes und in der Metaphysik Leibnizens. In: DIETER BREUER u. a. (Hg.): Religion und Religiosität im Zeitalter des Barock. Wiesbaden 1995. Teil 2, 845–856.

EHRENBERG, STEFAN: Gott, Geist und Körper in der Philosophie von Nicolas Malebranche. Sankt Augustin 1992.

ELZE, MARTIN: Art. Sabellius. In: RGG³ 5 (1961), 1262.

ENGEL, KARL CHRISTIAN: Wir werden uns wiedersehen. Eine Unterredung nebst einer Elegie. Frankfurt; Leipzig 1787.

ENGELHARDT, DIETRICH von und ALFRED GIERER (Hgg.): Georg-Ernst Stahl (1659–1734) aus wissenschaftshistorischer Sicht. Halle 2000.

ERIKSON, ALVAR (Hg.): Letters to Erik Benzelius the Younger from Learned Foreigners. 2 Bde., Göteborg 1979.

– und EVA NYLANDER NILSSON (Hgg.): Erik Benzelius' Letters to his Learned Friends. Göteborg 1983.

ERNESTI, JOHANN AUGUST: De futura mortuorum resurrectione ex I. Cor. XV. Duisburgum 1752.

–: Institutio interpretis Novi Testamenti ad usus lectionum. Lipsiae 1761.

–: Programmum de officio Christi triplici. Lipsiae 1768 f.

–: Anti-Muratorius sive confutatio disputationis Muratorianae de rebus liturgicis. Lipsiae 1755 [deutsch: Kurze Wiederholung und Bestätigung der lutherischen Lehre von der Gegenwart des Leibes und Blutes Jesu Christi im Heiligen Abendmahle. Leipzig 1766].

ESSEN, GEORG und MAGNUS STRIET (Hgg.): Kant und die Theologie. Darmstadt 2005.

FAIVRE, ANTOINE: Art. Christian Theosophy. In: WOUTER J. HANEGRAAFF u. a. (Hg.): Dictionary of Gnosis and Western Esotericism. Bd. 1, Leiden; Boston 2005, 258–267.

–: Eckartshausen et la théosophie chrétienne. Paris 1969.

–: Esoterik im Überblick. Freiburg; Basel; Wien 2001.

–: und ROLF CHRISTIAN ZIMMERMANN (Hg.): Epochen der Naturmystik. Hermetische Tradition im wissenschaftlichen Fortschritt. Berlin 1979.

FASCHER, ERICH: Art. Typologie III. Auslegungsgeschichtlich. In: RGG³ 6 (1962), 1095–1098.

FAULENBACH, HEINER: Art. Coccejus, Johannes. In: TRE 8 (1981), 131–140.

FECHT, JOHANN: Consideratio status damnatorum, quod actiones ipsorum, imprimis malas, concernit. [u. a.] Francofurti; Spirae 1684.

FIEDLER, CARL GOTTLOB: Nachricht von des Herrn von Schwedenborg Schriften und Meynungen: Prüfet die Geister, ob sie aus GOTT sind. In: Dreßdnische Gelehrte Anzeigen 1778, 571–586.

FISCHER, ERNST GOTTFRIED: Betrachtungen über die Kometen, bey Gelegenheit der vermutheten Wiedererscheinung eines Kometen im Jahre 1789. Berlin 1789.

FLORSCHÜTZ, GOTTLIEB: Swedenborgs verborgene Wirkung auf Kant. Swedenborg und die okkulten Phänomene aus der Sicht von Kant und Schopenhauer. Würzburg 1992.

FONTENELLE, BERNARD LE BOVIER DE: Entretiens sur la pluralité des mondes. Amsterdam 1686 [deutsch erstmals Leipzig 1698, englisch London 1702].

FÖRSTER, JOHANN CHRISTIAN: Philosophische Abhandlung über die Wunderwerke. Halle 1761.

FORCE, JAMES EDWIN: William Whiston. Honest Newtonian. Cambridge u. a. 1985.

Fors, Hjalmar: Occult Traditions and Enlightened Science. The Swedish Board of Mines as an Intellectual Environment 1680–1760. In: Lawrence M. Principe (Hg.): Chymists and Chymistry. Studies in the History of Alchemy and Early Modern Chemistry. Sagamore Beach 2007, 239–252.

–: Speaking About the Other Ones. Swedish Chemists on Alchemy, c. 1730–70. In: Jose Ramón Bertomeu-Sánchez, Duncan Thorburn Burns und Brigitte Van Tiggelen (Hgg.): Neighbours and Territories. The Evolving Identity of Chemistry Proceedings of the 6th International Conference on the History of Chemistry. Leuven 2008, 283–289.

Foucault, Michel: Die Ordnung des Diskurses. 7. Aufl. Frankfurt a. M. 2000, 11–17.

Francke, August Hermann: Manuductio ad lectionem Sacrae Scripturae [...]. Halae 1693.

–: Praelectiones Hermeneuticae ad viam dextre indagandi, Halae 1717.

Fretcher, Giles: A Discourse concerning the Tartars, proving (in all Probability) that they are the Israelits, or Ten Tribes, which being captivated by Salmaneser, were transplanted into Media. In: Whiston, 1749, 576–592.

Freyer, Hieronymus: Erste Vorbereitung zur Universalhistorie. 4. Aufl. Halle 1736.

–: Nähere Einleitung zur Universal-Historie. Halle 1728.

Friedrich, Martin: Art. Swedberg, Jesper. In: RGG⁴ Bd. 7 (2004), 1915.

G. A. P.: Ist's auch wahrscheinlich, daß die Geister der Verstorbenen den Lebendigen nahe seyn und auf sie wirken können? Ein Gegenstück zu Herrn Dedekinds zweiten Theil über Geisternähe und Geisterwirkung. Zweiter Theil. Weißenfels 1798.

–: Ist's auch wahrscheinlich, daß die Geister der Verstorbenen den Lebendigen nahe seyn und auf sie wirken können? Ein Gegenstück zu der Schrift des Herrn Dedekinds über Geisternähe und Geisterwirkung. Weißenfels 1795 [nach G. A. P., 1798, ebenfalls von G. A. P. verfasst].

Gabay, Alfred J.: The Covert Enlightenment. Eighteenth-century Counterculture and Its Aftermath. West Chester 2005.

–: The Stockholm Exegetic and Philanthropic Society and Spiritism. In: The New Philosophy 110 (2007), 219–253.

Gadamer, Hans-Georg: Einleitung. In: Friedrich Christoph Oetinger: Inquisitio in sensum communem et rationem. Stuttgart-Bad Canstatt 1964 [1753], V–XXVIII.

Gaier, Ulrich: Herder und Oetinger. In: PuN 28 (2002), 213–236.

Garber, Jörn und Heinz Thoma (Hgg.): Zwischen Empirisierung und Konstruktionsleistung. Anthropologie im 18. Jahrhundert. Tübingen 2004.

Geberi Des Königes der Araber [...] Curieuse vollständige Chymische Schrifften, Worinnen vier Büchern das Quecksilber, Schweffel, Arsenicum, Gold, Silber, Bley, Zinn, Kupffer, Eißen etc. [...] Wie auch das Testament, Güldene Buch der dreyen Wörter Kallid Rachaidibi und andere Chymische Tractätgen, summa, die gantze Kunst die unvollkommenen Metalle, als Kupffer, Zinn, Bley, Eissen etc. in Vollkommene, als Silber und Gold zu verwandeln, das ist, Wie man Silber und Gold machen soll, enthalten. Franckfurth; Leipzig 1710.

Geffarth, Renko: The Masonic Necromancer. Shifting Identities in the lives of Johann Georg Schrepfer. In: Olav Hammer und Kocku von Stuckrad (Hgg.): Polemical Encounters. Esoteric Discourse and its Others. Leiden 2007, 181–197.

–: Von Geistern und Begeisterten. Semler und die „Dämonen". In: Neugebauer-Wölk/Rudolph, 2008, 115–130.

Gehler, Johann Samuel Traugott: Physikalisches Wörterbuch oder Versuch einer Erklärung der vornehmsten Begriffe und Kunstwörter der Naturlehre mit kurzen

Nachrichten von der Geschichte der Erfindungen und Beschreibungen der Werkzeuge begleitet. Leipzig 1795. Bd. 5 (Supplementband).

GEMELLI CARERI, GIOVANNI FRANCESCO: Voyage du Tour du Monde. 6 Bde., Paris 1719 [Neapel 1699].

GEORGES, KARL-ERNST und HEINRICH GEORGES: Ausführliches Lateinisch-Deutsches Handwörterbuch. 2 Bde., 8. Aufl. Hannover; Leipzig 1918.

GERDING, JOHAN L. F.: Kant and the anomalous experiences of Swedenborg. In: Acta Comparanda XX (2009), 105–128.

GERLACH, HANS-MARTIN (Hg.): Christian Wolff oder von der ‚Freyheit zu philosophiren‘ und ihre Folgen. Dokumente über Vertreibung und Wiederkehr eines Philosophen. Halle 1992.

GESSNER, GEORG: Johann Kaspar Lavater's Lebensbeschreibung. 3 Bde., Winterthur 1802 f.

GEYMÜLLER, HENRY DE: Swedenborg und die übersinnliche Welt. Zürich [ca.] 1975 [Stuttgart 1936].

GODWIN, JOSCELYN: The Theosophical Enlightenment. New York 1994.

GOERKE, HEINZ: Carl von Linné. Arzt, Naturforscher, Systematiker. 2. Aufl. Stuttgart 1989.

GORDH, TORSTEN E., WILLIAM G. P. MAIR und PATRICK SOURANDER: Swedenborg, Linnaeus and Brain Research and the Roles of Gustaf Retzius and Alfred Stroh in the Rediscovery of Swedenborg's Manuscripts. Uppsala Journal of Medical Sciences 112 (2007), 143–164.

GOTTSCHED, JOHANN CHRISTOPH: Erste Gründe der gesammten Weltweisheit, darinn alle philosophische Wissenschaften in ihrer natürlichen Verknüpfung abgehandelt werden. 2 Bde., Leipzig 1736 [1733 f.].

GOUHIER, HENRI: Cartésianisme et augustinisme au XVIIe siecle. Paris 1978.

–: La vocation de Malebranche. Paris 1926.

GRADIN, ARVID: A Short History of the Bohemian-Moravian Protestant Church of the United Brethren. London 1743.

GRIFFERO, TONINO: Figuren, Symbolik und Emblematik in Oetingers „Signatura rerum". In: HOLTZ / BETSCH / ZWINK, 2005, 231–249.

GRIMM, JACOB und WILHELM GRIMM: Deutsches Wörterbuch. Leipzig 1854–1971.

GROLL, URSULA: Die Einheit von Orient und Okzident im Werk des Sehers Emanuel Swedenborg. München 2003.

GROSS, CHARLES G.: Emanuel Swedenborg. A Neuroscientist before his Time. In: The Neuroscientist 1997, 142–147.

–: The Discovery of Motor Cortex and its Background. In: Journal of the History of the Neurosciences 16 (2007), 320–331.

–: Three before their Time. Neuroscientists whose Ideas were ignored by their Contemporaries. In: Experimental Brain Research 2008, 19. Juli.

GROTE, SIMON: Moral Philosophy and the Origins of Modern Aesthetic Theory in Scotland and Germany. Berkeley, University of California. Diss. phil. 2010.

GROTH, FRIEDHELM: Die „Wiederbringung aller Dinge" im württembergischen Pietismus. Theologiegeschichtliche Studien zum eschatologischen Heilsuniversalismus württembergischer Pietisten des 18. Jahrhunderts. Göttingen 1984.

GROTIUS, HUGO: De Veritate religionis christianae. Editio Novissima, in qua ejusdem Annotationes suis quaeque Paragraphis ad faciliorem usum subjectae sunt. Amstelodami 1662.

GUGGISBERG, HANS RUDOLF: Art. Bretschneider, Karl Gottlieb. In: RGG^3 1 (1957), 1409.

GULYGA, ARSENIJ: Immanuel Kant. Frankfurt a. M. 2004.

GUTEKUNST, EBERHARD: „Spötter, die mich um Ihrer willen für einen Fanatiker ausrufen". Swedenborg und Friedrich Christoph Oetinger. In: ZWINK, 1988, 77–81.

GUTTMANN, CHRISTIAN GOTTLIEB: Vernünftige Gedancken über die neue Cometenlehre des S. T. Herrn Rector Johann Heyns [...], nebst einem Beweis a priori von dem Umschwunge der Erde und der andern Planeten, wider die langen Whistonischen Schöpfungstage. Leipzig 1744.

HADOT, PIERRE: Art. Praedominium. In: HWPh 7 (1989), 1225–1228.

HÄFNER, RALF: Macht der Willkür und Poesie des Lebens. Herders Swedenborg-Lektüre zwischen Saint-Martin und Friedrich Schiller. In: SABINE GROSS und GERHARD SAUDER (Hgg.): Der frühe und der späte Herder. Kontinuität und/oder Korrektur. Heidelberg 2007, 399–413.

HAGEN, KENNETH: Luther's Approach to Scripture as seen in his „Commentaries" on Galatians. 1519–1538. Tübingen 1993.

HAHN, PHILIPP MATTHÄUS: Die Kornwestheimer Tagebücher 1772–1777, hg. von MARTIN BRECHT und RUDOLF F. PAULUS. Berlin; New York 1979.

HALLENGREN, ANDERS: Gallery of Mirrors. Reflections of Swedenborgian Thought. Foreword by INGE JONSSON. West Chester 1998.

HALLER, ALBRECHT VON: Anfangsgründe der Phisiologie des menschlichen Körpers. 8 Bde., Berlin 1759–1776.

–: Bibliotheca anatomica. Qua scripta ad anatomen et physiologiam facientia a rerum initiis recensentur. Tiguri 1777.

–: Grundriß der Physiologie für Vorlesungen. Nach der vierten lateinischen und mit den Verbeserungen und Zusätzen des Herrn Prof. Wrisberg in Göttingen, vermehrten Ausgabe aufs neue übersetzt, und mit Anmerkungen versehen durch Herrn Hofrath SÖMMERING in Mainz, mit einigen Anmerkungen begleitet und besorgt von P. E. MECKEL, Professor in Halle. Berlin 1788.

–: Von den empfindlichen und reizbaren Teilen des menschlichen Körpers. Leipzig 1968 [1756].

HAMANN, JOHANN GEORG: Briefwechsel, hg. von WALTHER ZIESEMER und ARTHUR HENKEL. 7 Bde., Wiesbaden u. a. 1955–1979.

HANCOCKE, JOHN: Arianism not the Primitive Christianity: or, the antenicene Fathers vindicated, from the Imputation of being favourable to that Heresy. Design'd as an Answer (in part) to Mr. Whiston's Primitive Christianity reviv'd. London 1713 [2. Aufl. 1719].

HANEGRAAFF, WOUTER J.: Art. Occult/Occultism. In: DERS. u. a. (Hg.): Dictionary of Gnosis & Western Esotericism. Leiden; Boston 2005, 884–889.

–: New Age and Western Culture. Esotericism in the Mirror of Secular Thought. Leiden 1996.

–: Swedenborg aus der Sicht von Kant und der akademischen Kantforschung. In: STENGEL, 2008b, 157–172.

–: Swedenborg, Oetinger, Kant. Three Perspectives on the Secrets of Heaven. West Chester 2007.

HANNACK, KRISTINE: Die „alte, vernünftige Philosophie" als „Weg=Weiser" zur Aufklärung. Johann Conrad Dippel als Grenzgänger zwischen Pietismus, Hermetik und Frühaufklärung. In: NEUGEBAUER-WÖLK/RUDOLPH, 2008, 51–75.

HARALDSSON, ERLENDUR und JOHAN L. F. GERDING: Fire in Copenhagen and Stockholm. Indridason's and Swedenborg's „Remote Viewing" Experiences. In: Journal of Scientific Exploration 24 (2010), 425–436.

HARDMEIER, URSULA: Friedrich Christoph Oetingers Kampf gegen „falsche Schriftauslegung". In: OETINGER, 1999, Bd. 2, 108–128.

HARENBERG, JOHANN CHRISTOPH: Erklärung der Offenbarung Johannis. Braunschweig 1759.

HARNACK, ADOLF VON: Geschichte der Königlich Preußischen Akademie der Wissenschaften zu Berlin. 3 Bde., Berlin 1900.

HARRISON, PETER: Art. Whiston, William. In: RGG⁴, Bd. 8 (2005), 1506.

–: Physico-Theology and the Mixed Science. The Role of Theology in Early Modern Natural Philosophy. In: PETER R. ANSTEY und JOHN A. SCHUSTER (Hgg.): The Science of Nature in the Seventeenth Century: Patterns of Change in Early Modern Natural Philosophy. Dordrecht 2005, 165–183.

HARTBECKE, KARIN: „Ein Evangelischer Theologus und Platonischer Philosophe" – Sigmund Ferdinand Weißmüller und die pythagoreische Tetraktys. In: NEUGEBAUER-WÖLK/RUDOLPH, 2008, 283–298.

HARTMANN, GEORG VOLKMAR: Anleitung zur Historie der Leibnitzisch-Wolffischen Philosophie und der darinnen von Hn. Prof. Langen erregten Controvers, nebst einer historischen Nachricht vom Streite und Übereinstimmung der Vernunfft mit dem Glauben, oder Nutzen der Philosophie in der Theologie, und denen drey Systematibus der Gemeinschafft zwischen Seele und Leib; Nach ihrem natürlichen Zusammenhange deutlich und gründlich fürgetragen. Franckfurth; Leipzig 1737.

HARVEY, WILLIAM: Exercitationes de generatione animalium. Lugduni Batavorum 1737 [Opera, Bd. 2, erstmals 1651].

HAUBELT, JOSEF: Václac Prokop Diviš und Johann Ludwig Fricker. In: HOLTZ/BETSCH/ZWINK, 2005, 153–164.

HÄUSSERMANN, FRIEDRICH: Einführung. In: OETINGER, 1977 [1763], Bd. 1, 31–50.

HAYER, JEAN-NICOLAS-HUBERT: La spiritualité et l'immortalité de l'âme, avec le sentiment de l'antiquité tant sacrée que profane par rapport à l'une et à l'autre. 3 Bde., Paris 1757.

HEINRICHS, MICHAEL: Emanuel Swedenborg in Deutschland. Eine kritische Darstellung der Rezeption des schwedischen Visionärs im 18. und 19. Jahrhundert. Frankfurt a. M. u. a. 1979.

HEINZE, MAX: Vorlesungen Kants über die Metaphysik aus drei Semestern. In: Abhandlungen der philologisch-historischen Classe der Königlich-Sächsischen Gesellschaft der Wissenschaften 14 (1894), 483–728.

HEISTER, LORENZ: Compendium anatomicum totam rem anatomicam brevissime complectens. 4. Aufl. Norimbergae; Altdorfii 1732.

–: Practisches Medicinisches Handbuch. Leipzig 1744.

HELMONT, FRANCISCUS MERCURIUS VAN: Kurzer Entwurff des Eigentlichen Natur-Alphabets der Heiligen Sprache, nach dessen Anleitung man auch Taubgebohrne verstehend und redend machen kan. Sulzbach 1667 [Nachdruck 1916; 2008].

HENCK, HERBERT: Johann Ludwig Frickers irdische und himmlische Musik. Rechnungen und Reflexionen einer „sich Bilder-machenden Vernunft". In: HOLTZ/BETSCH/ZWINK, 2005, 129–144.

HENCKEL, JOHANN FRIEDRICH: Pyritologia oder Kieß-Historie, Als des vornehmsten Minerals, Nach dessen Nahmen, Arten, Lagerstätten, Ursprung, Eisen, Kupffer, unmetallischer Erde, Schwefel, Arsenic, Silber, Gold, einfachen Theilgen, Vitriol und Schmeltz-Nutzung, Aus vieler Sammlung, Gruben-Befahrung, Umgang und Brief-Wechsel mit Natur- und Berg-Verständigen, vornehmlich aus Chymischer Untersuchung. Leipzig 1725.

HENNING, KARL: Johan Conrad Dippels vistelse i Sverige samt dippelianismen i Stockholm 1727–1741. Uppsala, Univ., Diss. phil. 1881.

HENNINGS, JUSTUS CHRISTIAN: Anthropologische und pneomatologische Aphorismen. Halle 1777 [Hennings, 1777a].

–: Die Einigkeit Gottes nach verschiedenen Gesichtspunkten geprüft, und sogar durch heidnische Zeugnisse erhärtet. Altenburg 1779.

–: Geschichte von den Seelen der Menschen und Thiere. Halle 1774.

–: Visionen vorzüglich neuerer und neuester Zeit philosophisch in ein Licht gestellt. Ein Pendant zu des Verfassers vorigen Schriften von Ahndungen, Visionen, Geistern und Geistersehern. Altenburg 1781.

–: Von den Ahndungen und Visionen Zweyter Theil, der die Voraussehungen und Ahndungen der Thiere enthält. Leipzig 1783.

–: Von den Ahndungen und Visionen. Bd. 1, Leipzig 1777 [Hennings, 1777b].

–: Von den Träumen und Nachtwandlern. Weimar 1784.

–: Von Geistern und Geistersehern. Leipzig 1780.

HERDER, JOHANN GOTTFRIED: Emanuel Swedenborg, der größeste Geisterseher des achtzehnten Jahrhunderts. In: DERS.: Adrastea 3 (1802), 350–368.

–: Sämmtliche Werke, hg. von BERNHARD SUPHAN. 33 Bde., Berlin 1877–1913.

HESSE, OTTO JUSTUS BASILIUS: Versuch einer biblischen Dämonologie, oder Untersuchung der Lehre der heil. Schrift und vom Teufel und seiner Macht. Mit einer Vorrede und einem Anhang von D. JOHANN SALOMO SEMLER. Halle im Magdeburgischen 1776.

HEUBACH, JOACHIM (Hg.): Welthandeln und Heilshandeln Gottes. Deus absconditus – Deus revelatus. Erlangen 1999.

HEYN, JOHANN (Hg.): Eines Parisischen Astronomi [Pierre Louis Moreau de Maupertuis] Sendschreiben von den Cometen […] mit einem Brief eines Schlesischen Freyherrn nebst dessen Beantwortung von eben dieser Sache, begleitet von Johann Heyn. Berlin; Leipzig 1744.

–: Gesamlete Briefe von den Cometen, der Sündflut, und dem Vorspiel des jüngsten Gerichts, worinnen er sich theils den Unternehmungen des Herrn Professor Wiedeburgs, Hn. Prof. Knutzen, Hn. Rect. Guttmanns, Hn. Mag. Schuberths, Hn. Mag. Obbarius und seiner übrigen Gegner bescheiden widersetzet. Berlin; Leipzig 1745.

–: Sendschreiben an des Hrn. Magister Semlers […], worinnen einige unmaßgebliche Vorschläge gethan werden, wie dessen vollständige Beschreibung des Sterns der Weisen noch etwas vollständiger gemacht werden könnte. Berlin; Leipzig 1743.

–: Versuch einer Betrachtung über die Cometen, die Sündfluth und das Vorspiel des jüngsten Gerichts, nach astronomischen Gründen und der heiligen Schrift angestellet, und mit Herrn JOHANN CHRISTOPH GOTTSCHEDS […] Vorrede begleitet. Berlin; Leipzig 1742.

HÖDL, LUDWIG: Art. Anselm von Canterbury. In: TRE 2 (1978), 759–778.

HOFFMANN, FRIEDRICH: Observationum physico-chymicarum selectiorum libri III. In quibus multa curiosa experimenta et lectissimae virtutis medicamenta exhibentur, ad solidam et rationalem chymiam stabiliandam praemissi. Halae 1722.

HOFFMANN, RICHARD ADOLF: Kant und Swedenborg. Wiesbaden 1909.

HOFFMANN, THOMAS SÖREN: Art. Zweck; Ziel 3. Neuzeit. In: HWPh 12 (2004), 1500–1502.

HOFMANN, MARTIN: Theologie und Exegese der Berleburger Bibel (1726–42). In: Beiträge zur Förderung christlicher Theologie 39 (1937).

HOHLWEIN, HANS: Art. Morus, Samuel Friedrich Nathanael. In: RGG³ 4 (1960), 1142.

HOLBERG, LUDVIG: Nicolai Klims unterirdische Reise, worinnen eine ganz neue Erdbeschreibung wie auch eine umständliche Nachricht von der 5. Monarchie, die uns bishero ganz und gar unbekannt gewesen, enthalten ist. Copenhagen; Leipzig 1741.

HOLM, LARS: Jesper Swedberg's Swensk Ordabok. Background and Origin. Uppsala 1986.

HOLMES, STEPHEN R.: Art. Satisfaktionslehre. In: RGG⁴ 7 (2004), 845f.

HOLTZ, SABINE, GERHARD BETSCH und EBERHARD ZWINK (Hgg.): Mathesis, Naturphilosophie und Arkanwissenschaft im Umkreis Friedrich Christoph Oetingers (1702–1782). Stuttgart 2005.

HOOGHT, EVERHARD VAN DER und SEBASTIAN SCHMIDT (Hgg.): Biblia Hebraica Secundum Editionem Belgicam. 2. Bde., Leipzig 1740.

HOORN, TANJA VAN: Entwurf einer Psychophysiologie des Menschen. Johann Gottlob Krügers *Grundriß eines neuen Lehrgebäudes der Artzneygelahrtheit* (1745). Hannover-Laatzen 2006.

HOPPE, HANS: Die Kosmogonie Emanuel Swedenborgs und die Kantsche und Laplacesche Theorie. In: Archiv für Geschichte der Philosophie 25 (1912), 53–68 [Abdruck bei ZWINK, 1988, 30–38].

HORN, FRIEDEMANN: Schelling und Swedenborg. Ein Beitrag zur Problemgeschichte des deutschen Idealismus und zur Geschichte Swedenborgs in Deutschland. Zürich 1954.

HORNIG, GOTTFRIED: Die Anfänge der historisch-kritischen Theologie. Johann Salomo Semlers Schriftverständnis und seine Stellung zu Luther. Lund; Göttingen 1961.

–: Johann Salomo Semler. Studien zu Leben und Werk des Hallenser Aufklärungstheologen. Tübingen 1996.

–: Wilhelm Abraham Tellers Wörterbuch des Neuen Testaments und Friedrich Christoph Oetingers Emblematik. In: Das achtzehnte Jahrhundert 22 (1998), 76–86.

HOWSE, DEREK: Nevil Maskelyne. The Seaman's Astronomer. Cambridge 1989.

HUYGENS, CHRISTIAAN: Cosmotheoros, sive de terris coelestibus. Hagae Comitum 1699; deutsch: Cosmotheoros Oder Welt-betrachtende Muthmassungen von denen himmlischen Erd-Kugeln und deren Schmuck […]. Leipzig 1703 [2. Aufl. 1743].

HYDE, JAMES: A Bibliography of the Works of Emanuel Swedenborg. London 1906.

ILGNER, FRIEDRICH CHRISTOPH: Art. Ernesti, Johann August. In: RGG⁴ 2 (1999), 1461 f.

–: Die neutestamentliche Auslegungsmethode des Johann August Ernesti (1707–1781). Ein Beitrag zur Erforschung der Aufklärungshermeneutik. Leipzig, Univ., Diss. theol. 2002.

JAHN, ILSE: Caspar Friedrich Wolffs *Theoria generationis* und der Aufbruch in eine neue Richtung der anatomischen Forschung. In: RÜDIGER SCHULTKA und JOSEF N. NEUMANN (Hgg.): Anatomie und Anatomische Sammlungen im 18. Jahrhundert. Anlässlich der Wiederkehr des Geburtstages von Philipp Friedrich Theodor Meckel (1755–1803). Berlin 2007, 131–141.

JAKOB, LUDWIG HEINRICH: Beweis für die Unsterblichkeit der Seele aus dem Begriffe der Pflicht. Eine Preißschrift mit einiger Veränderung von dem Verfasser selbst aus dem Lateinischen übersezt. Züllichau 1790 [2. Aufl. 1794].

JAKUBOWSKI-TIESSEN, MANFRED: Art. Pontoppidan, Erik. In: RGG⁴ 6 (2003), 1490.

JASPERS, KARL: Strindberg und van Gogh. Versuch einer vergleichenden pathographischen Analyse. Mit einem Essay von MAURICE BLANCHOT. Berlin 1998 [1922].

JEDAN, CHRISTOPH: De disciplinering van de ervaringsdrift. Kants kritiek op Swedenborgs esoteric. In: Groniek 38 (2005), 251–264.

JOHNSON, GREGORY R. und GLENN ALEXANDER MAGEE (Hgg.): Kant on Swedenborg. Dreams of a Spirit-Seer and Other Writings. West Chester 2002.

JOHNSON, GREGORY R.: A Commentary on Kant's Dreams of a Spirit-Seer. Washington, The Catholic University of America, Diss. phil. 2001.

–: From Swedenborg's Spiritual World to Kant's Kingdom of Ends. In: Aries 9.1 (2009), 83–99.

–: Kant on Swedenborg in the Lectures on Metaphysics. In: Studia Swedenborgiana 10 (1996), 1–38; 11 (1997), 11–39.

–: Swedenborg's Positive Influence on the Development of Kant's Mature Moral Philosophy. In: STEPHEN MCNEILLY (Hg.): On the True Philosopher and the True Philosophy. Essays on Swedenborg. London 2003, 21–38.

–: Träume eines Geistersehers – Polemik gegen die Metaphysik oder Parodie der Popularphilosophie? In: STENGEL, 2008b, 99–122.

JOHNSON, WILLIAM A.: Christopher Polhem: The Father of Swedish Technology. Hartford 1963.

JOLLY, NICHOLAS: The Light of the Soul. Theories of Ideas in Leibniz, Malebranche, and Descartes. Oxford 1998.

JONSSON, INGE: A Drama of Creation. Sources and Influences in Swedenborg's Worship and Love of God. West Chester 2004 [= Swedenborgs skapelsedrama De cultu et amore Dei. En studie av motiv och intellektuell miljö. Stockholm 1961].

–: Die Swedenborgforschung. Ein persönlicher Überblick. In: STENGEL, 2008b, 1–11.

–: Emanuel Swedenborgs Naturphilosophie und ihr Fortwirken in seiner Theosophie. In: FAIVRE / ZIMMERMANN, 1979, 227–255.

–: Swedenborg and his Influence. In: BROCK, 1988, 29–43.

–: Swedenborgs korrespondenslära. Stockholm [u. a.] 1969.

–: Visionary Scientist. The Effects of Science and Philosophy on Swedenborg's Cosmology. West Chester 1999.

JUNG, MARTIN H.: 1836 – Wiederkunft Christi oder Beginn des Tausendjährigen Reichs? Zur Eschatologie Johann Albrecht Bengels und seiner Schüler. In: PuN 23 (1997), 131–151.

JUNG-STILLING, JOHANN HEINRICH: Theorie der Geister-Kunde. Nürnberg 1808.

KANT, IMMANUEL: Gesammelte Schriften, hg. von der Königlich Preußischen Akademie der Wissenschaften. 29 Bde., Berlin 1902 ff. [Akademie-Ausgabe, abgekürzt: AA].

–: Sämmtliche kleine Schriften, nach der Zeitfolge geordnet. 3 Bde., Königsberg; Leipzig, 1797 f.; hier Bd. 3, 1797.

–: Sämmtliche Werke, hg. von PAUL GEDAN, WALTER KINKEL, JULIUS HERMANN VON KIRCHMANN, FRIEDRICH MICHAEL SCHIELE, THEODOR VALENTINER und KARL VORLÄNDER. Leipzig 1901; hier: Bd. 5.

–: Träume eines Geistersehers, erläutert durch Träume der Metaphysik, textkritisch hg. und mit Beilagen versehen von RUDOLF MALTER. Stuttgart 1976 [KANT / MALTER].

–: Träume eines Geistersehers, erläutert durch Träume der Metaphysik. Riga 1766.

–: Vorlesungen über die Metaphysik. Zum Drucke befördert von dem Herausgeber der Kantischen Vorlesungen über die philosophische Religionslehre [KARL HEINRICH LUDWIG PÖLITZ]. Nebst einer Einleitung, welche eine kurze Übersicht der wichtigsten Veränderungen der Metaphysik seit Kant enthält. Erfurt 1821.

–: Vorlesungen über die philosophische Religionslehre. Leipzig 1817 [2. Aufl. 1830, Nachdruck Darmstadt 1982, hg. von KARL HEINRICH LUDWIG PÖLITZ].

–: Werke in sechs Bänden, hg. von WILHELM WEISCHEDEL. 6. Aufl. Darmstadt 2005 [1958].

KAULBACH, FRIEDRICH: Art. Punkt, Punktualität. In: HWPh 7 (1989), 1712 f.

KEMPE, MICHAEL: Wissenschaft, Theologie, Aufklärung. Johann Jakob Scheuchzer (1672–1733) und die Sintfluttheorie. Epfendorf 2003.

KERNER, JUSTINUS: Die Seherin von Prevorst: Eröffnungen über das innere Leben des Menschen und über das Hereinragen einer Geisterwelt in unsere. 3. Aufl. Stuttgart; Tübingen 1838 [1829].

KETTLER, FRANZ-HEINRICH: Art. Trinität. III. Dogmengeschichtlich. In: RGG³ 6 (1962), 1025–1032.

KIEFER, KLAUS H.: „Die famose Hexenepoche". Sichtbares und Unsichtbares in der Aufklärung; Kant – Schiller – Goethe – Swedenborg – Mesmer – Cagliostro. München 2004.

KINDERMANN, EBERHARD CHRISTIAN: Geschwinde Reise auf dem Lufft-Schiff nach der oberen Welt, welche jüngsthin fünff Personen angestellet, um zu erfahren, ob es eine Wahrheit sey, dass der Planet Mars den 10. Jul. dieses Jahres das erste mahl, so lange die Welt stehet, mit einem Trabanten oder Mond erschienen? Rudolstadt 1744 [Berlin 1964].

–: Reise in Gedancken durch die allgemeinen Himmels-Kugeln, auf welcher alle von Gott erschaffene Welt-Cörper, sowohl deren Namen, Natur und Eigenschafften nach, gantz genau betrachtet, als auch, wie alle diese Cörper in Cometen, und endlich in ein Nichts verwandelt werden, ingleichen auf was vor Art eines jeden, und besonders unser jüngster Tag dereinsten erfolget, gründlich gehandelt wird [...] von Einem Christlichen Künstler, Kinder! man nennet sich zur Vermeidung eitler Ehre nicht gerne. Rudolstadt 1739.

–: Vollständige Astronomie, oder: Sonderbare Betrachtungen derer vornehmsten an dem Firmament befindlichen Planeten und Sternen, so wohl ihren Nahmen, Bedeutung und Situation nach, als auch was etwan von einer jeden dieser sichtbaren Himmels-Kugeln vor Meynungen von verschiedenen Auctoribus geheget, und davon vor wahr gehalten werden [...]. Rudolstadt 1744.

–: Wahre Betrachtungen über den, in diesem Jahre, erschienenen Cometen, so wohl nach dessen Ursprung und Beschaffenheit, ingleichen, wohin sein Lauff gerichtet, und wie lange er sichtbar sey, als auch vornehmlich nach seiner Bedeutung, und ob wir Ursach haben, uns vor ihm zu fürchten? Wobey dieses Cometen eigentliche Gestalt recht physicalisch in einem Kupffer vor Augen geleget. Rudolstadt 1744.

KINDLEBEN, CHRISTIAN WILHELM: Der Teufeleien des achtzehnten Jahrhunderts letzter Akt, worin des Emanuel Schwedenborgs demüthiges Danksagungsschreiben kürzlich beantwortet, der ganze bisher geführte Streit friedlich beygeleget, und in dem Büchlein über die Nonexistenz des Teufels manches zurückgenommen, ergänzt und berichtigt wird. Leipzig 1779.

–: Ueber die Non-Existenz des Teufels. Als eine Antwort auf die demüthige Bitte um Belehrung an die großen Männer, welche keinen Teufel glauben. Berlin 1776.

KING, WILLIAM: De origine mali. Londini 1702.

KIRCHER, ATHANASIUS: De arte magnetica opus tripartitum. Coloniae Agrippinae 1643.

–: Itinerarium exstaticum: quo mundi opificium id est coelestis expansi, siderumque tam errantium, quam fixorum natura, vires, proprietates, singulorumque compositio & structura, ab infimo telluris globo, usque ad ultima mundi confinia, per ficti raptus integumentum explorata, nova hypothesi exponitur ad veritatem Interlocutoribus Cosmiele et Theodidacto. Romae 1656.

–: Magneticum naturae regnum. Amsterdam 1667.

KIRN, HANS-MARTIN: Deutsche Spätaufklärung und Pietismus. Ihr Verhältnis im Rahmen kirchlich-bürgerlicher Reform bei Johann Ludwig Ewald (1748–1822). Göttingen 1998.

KIRVEN, ROBERT H.: Swedenborg and Kant Revisited. The Long Shadow of Kant's Attack and a New Response. In: BROCK, 1988, 103–120.

–: Swedenborgs Theologie im Überblick. Zürich 1983.

KLEEN, EMIL A. G.: Swedenborg, en lefnadsskildring. 2 Bde., Stockholm 1917. 1920.

Königlich Schwedische Akademie der Wissenschaften: Abhandlungen aus der Naturlehre, Haushaltungskunst und Mechanik, übers. von ABRAHAM GOTTHELF KÄSTNER. 41 Bde., Hamburg [bis 1765]; Leipzig 1739/40–1779.

KOERNER, LISBET: Daedalus Hyperboreus. Baltic Natural History and Mineralogy in the Enlightenment. In: WILLIAM CLARK, JAN GOLINSKI und SIMON SCHAFFER (Hgg.): The Sciences in Enlightend Europe. Chicago; London 1999, 389–422.

KÖSTER, HEINRICH MARTIN GOTTFRIED: Demüthige Bitte um Belehrung an die großen Männer, welche keinen Teufel glauben. o. O. 1775.

–: Emanuel Swedenborgs demüthiges Danksagungsschreiben an den grossen Mann, der die Nonexistenz des Teufels demonstrirt hat. Frankfurt; Leipzig 1778.

–: Emanuel Swedenborgs Epilog zu dem letzten Act der Teuffeleien des Magister Kindleben. Stockholm [Berlin] 1780.

KOYRÉ, ALEXANDRE und I. BERNHARD COHEN: The Case of the Missing Tanquam. Leibniz, Newton and Clarke. In: Isis 52 (1961), 555–566.

KRAYE, JILL, WILLIAM F. RYAN und CHARLES B. SCHMITT (Hgg.): Pseudo-Aristotle in the Middle-Ages. London 1986.

KRAYE, JILL: The Pseudo-Aristotelian Theology in Sixteenth- and Seventeenth-Century Europe. In: KRAYE / RYAN / SCHMITT, 1986, 265–286.

KREUCH, JAN: Die Rechtfertigungslehre nach Luthers Schmalkaldischen Artikeln und ihre Kritik in der „Wahren Christlichen Religion". In: Offene Tore 2001, 13–31.

KRISTELLER, PAUL OSKAR: Die Philosophie des Marsilio Ficino. Frankfurt a. M. 1972.

KROLZIK, UDO: Art. Physikotheologie. In: RGG⁴, Bd. 6 (2003), 1328–1330, hier: 1329.

KRÜGER, JOHANN GOTTLOB: Träume. Halle 1754.

KUHN, THOMAS K.: Carl Friedrich Bahrdt. Provokativer Aufklärer und philanthropischer Pädagoge. In: PETER WALTER und MARTIN H. JUNG (Hgg.): Theologen des 17. und 18. Jahrhunderts. Konfessionelles Zeitalter – Pietismus – Aufklärung. Darmstadt 2003, 204–225.

KULLIN, LORENZ JULIUS: De usu algebrae. Uppsala, Univ., Diss. 1743.

KUMMER, ULRIKE: Autobiographie und Pietismus. Friedrich Christoph Oetingers *Genealogie der reellen Gedancken eines Gottes=Gelehrten*. Untersuchungen und Edition. Frankfurt a. M. u. a. 2010.

LAGERCRANTZ, OLOF: Vom Leben auf der anderen Seite. Ein Buch über Emanuel Swedenborg. Frankfurt a. M. 1997.

LAMM, MARTIN: Swedenborg. Eine Studie über seine Entwicklung zum Mystiker und Geisterseher. Leipzig 1922.

LAMY, FRANÇOIS: De la connaissance de soi-même. Paris 1700.

LANG, BERNHARD: Glimpses of Heaven in the Age of Swedenborg, in: BROCK, 1988, 309–338.

–: Himmel und Hölle. Jenseitsglaube von der Antike bis heute. München 2003.

–: On Heaven and Hell. A Historical Introduction to Swedenborg's Most Popular Book. In: Emanuel Swedenborg: Heaven and Its Wonders and Hell Drawn from Things Heard & Seen. West Chester 2000, 9–69.

–: Vom Himmel und seinen Wundern (1758). Eine kurze Einführung in Emanuel Swedenborgs populärstes Werk. In: Offene Tore 2001, 106–121.

– und COLLEEN MCDANNELL: Der Himmel. Eine Kulturgeschichte des ewigen Lebens. Frankfurt a. M. 1996.

LANGE, JOACHIM: Biblisches Licht und Recht, oder Richtige und Erbauliche Erklärung der Heiligen Schrift Altes und Neues Testaments, mit einer ausführlichen Einleitung. Halle; Leipzig 1733.

LAUSTER, JÖRG: Die Erlösungslehre Marsilio Ficinos. Theologiegeschichtliche Aspekte des Renaissanceplatonismus. Berlin; New York 1998.

LAVATER, JOHANN CASPAR: Ausgewählte Werke in historisch-kritischer Ausgabe. Bd. 2: Aussichten in die Ewigkeit 1768–1778, hg. von URSULA CAFLISCH-SCHNETZLER. Zürich 2001.

–: Tagebuch von der Studien- und Bildungsreise nach Deutschland 1763 und 1764, hg. von HORST WEIGELT. Göttingen 1997.

LE CAT, CLAUDE-NICOLAS: Mémoire qui a remporté le prix sur la question proposée par l'Académie pour le sujet du prix de l'année 1753. In: Dissertation qui a remporté le prix proposé par l'Académie Royale des sciences et belles-lettres de Prusse, sur le principe de l'action des muscles avec les pièces qui ont concouru. Berlin 1753.

–: Traité de l'existence, de la nature, & des proprietés du fluide des nerfs. Berlin 1765.

LEIBNIZ, GOTTFRIED WILHELM: Die Theodizee. Von der Güte Gottes, der Freiheit des Menschen und dem Ursprung des Übels, hg. und übers. von HERBERT HERRING. 2 Bde., 2. Aufl. Frankfurt a. M., 1986.

–: Epistolae ad diversos, theologici, iuridici, medici, philosophici, mathematici, historici et philologici argumenti: cum annotationibus suis primum divulgavit CHRISTIANUS KORTHOLTUS. 4 Bde., Lipsiae 1734–1742.

–: Metaphysische Abhandlung. 2. Aufl. Hamburg 1985.

–: Sämtliche Schriften und Briefe, hg. von der Preußischen Akademie der Wissenschaften. 1923 ff.

–: Tentamina Theodicaeae. De bonitate Dei, libertate hominis et origine mali. Versio nova, vita auctoris, catalogo operum et variis observationibus aucta. Francofurti & Lipsiae 1739.

–: Système nouveau pour expliquer la nature des substances et leur communication entre elles, aussi bien que l'union de l'âme avec le corps (1695). In: DERS.: Philosophische Schriften, hg. von C. I. GERHARDT. Hildesheim; New York 1978 [1880], Bd. 4, 471–477.

–: Theoria Motus abstracti seu Rationes Motuum universales, a sensu et phaenomenis independentes (1671). In: DERS.: Mathematische Schriften, hg. von C. I. GERHARDT. Hildesheim; New York 1971 [1860], Bd. 6, 61–80.

LENZ, CHRISTIAN LUDWIG: Fortgesetzte Auszüge eines Tagebuchs einer Reise durch Schweden zu Ende des Jahres 1796. In: Der neue Teutsche Merkur 1797, Heft 3, 3–30.

LEONARDY, ERNST u. a. (Hg.): Traces du mesmérisme dans les littératures européennes du XIXe siècle = Einflüsse des Mesmerismus auf die europäische Literatur des 19. Jahrhunderts. Bruxelles 2001.

LEPPIN, VOLKER: Martin Luther. Darmstadt 2006.

LESSER, FRIEDRICH CHRISTIAN: Insecto-Theologia, oder: Vernunfft- und Schrifftmäßiger Versuch, wie ein Mensch durch aufmercksame Betrachtung derer sonst wenig geachteten Insekten zu lebendiger Erkänntniß und Bewunderung der Allmacht und Weisheit, der Güte und Gerechtigkeit des großen Gottes gelangen könne. Leipzig 1738.

Lexikon der Naturwissenschaftler. Astronomen, Biologen, Chemiker, Geologen, Mediziner, Physiker. Heidelberg 2000.

LI, WENCHAO: Leibniz, Wolff und G. Bernhard Bülffinger. Metamorphosen der China-Thematik. In: ALEXANDRA LEWENDOSKI (Hg.): Leibnizbilder im 18. und 19. Jahrhundert. Wiesbaden 2004, 65–79.

LICHTENBERG, GEORG CHRISTOPH: Schriften und Briefe. 3. Aufl. München; Wien, Bd. 2, 1991.

LINDH, FRANS G.: Swedenborgs Ekonomi. In: Nya Kyrkans Tidning. Stockholm 1927–1930.

LINDROTH, STEN: Kungl. Svenska Vetenskapsakademiens Historia 1739–1818. 2 Bde., Stockholm 1967.

LOCKE, JOHN: Versuch über den menschlichen Verstand. 2. Bde., 4. Aufl. Hamburg 1988.

LOHSE, BERNHARD: Martin Luther. Eine Einführung in sein Leben und Werk. 1. Aufl. Berlin (Ost) 1983 nach der 2. Aufl. München 1981.

LÖWENSTERN, JOHANN KUNCKEL VON: Collegium Physico-Chymicum Experimentale, Oder Laboratorium Chymicum, In welchem deutlich und gründlich Von den wahren Principiis in der Natur und denen gewürckten Dingen, sowol über als in der Erden, Als Vegetabilien, Animalien, Mineralien, Metallen wie auch deren wahrhaften Eigenschaften und Scheidung, Nebst der Transmutation und Verbesserung der Metallen gehandelt wird. 2. Aufl. Hamburg und Leipzig 1722.

LUFT, STEFAN: Leben und Schreiben für den Pietismus. Der Kampf des pietistischen Ehepaars Johanna Eleonora und Johann Wilhelm Petersen gegen die lutherische Orthodoxie. Herzberg 1994.

LUNDIUS, DANIEL und FRIDRICUS SWAB (resp.): Dissertatio historico-philologica de sapientia Salomonis. Uppsala 1705.

M. N. O.: Neue, doch unvorgreifliche Gedancken von dem Ursprunge und der Materie derer Cometen. Halle; Leipzig 1744.

MAITTAIRE, MICHAEL: Essay against Arianism and some other Heresies: or, A Reply to Mr. William Whiston's historical Preface and Appendix to his Primitive Christianity revived. London 1711.

MALEBRANCHE, NICOLAS: De inquirenda veritate libri sex, in quibus mentis humanae natura disquiritur, & quomodo variis illius facultatibus, ut in Scientiis error vitetur, utendum sit, demonstratur. Ex ultima editione Gallica, pluribus Illustrationibus ab ipso Authore aucta, Latine versi. Genevae 1691.

–: Œuvres complètes, hg. von HENRI GOUHIER und ANDRÉ ROBINET. Œuvres complètes. 20 Bde., Paris 1958 ff. [hier: Bd. 10, Paris 1986].

–: Von der Wahrheit, oder von der Natur des menschlichen Geistes und dem Gebrauch seiner Fähigkeiten um Irthümer in Wissenschaften zu vermeiden. 6 Bücher in 4 Bänden. Halle 1776–1780.

MALPIGHI, MARCELLO: Dissertationes epistolicae duae, una de formatione pulli in ovo. Altera de bombyce. Londini 1673.

MANGELSDORF, JOHANN TRAUGOTT: Etwas zur Beruhigung und Verwahrung gegen die dreiste Anpreisung einer fälschlich so genannten Glückseligkeitslehre des Christenthums, in welcher die Lehre von der stellvertretenden Genugtuung CHRISTI fehlt. Leipzig 1782.

MARTIN, BENJAMIN: Pangeometria or the Elements of all Geometry. Containing I. The Rudiments of Decimal Arithmetic. V. An Appendix, Containing an Epitome of the Doctrine of Fluxions. London 1739.

MATTHIAS, MARKUS: Johann Wilhelm und Johanna Eleonora Petersen. Göttingen 1993.

MEIER, GEORG FRIEDRICH: Philosophische Gedanken von den Würkungen des Teufels auf dem Erdboden. Halle 1762.

–: Vertheidigung seiner Gedancken von dem Zustande der Seele nach dem Tode. 3. Aufl. 1762.

MEINERS, CHRISTOPH: Grundriß der Seelen-Lehre. Lemgo 1786.

MAYER, JEAN-FRANÇOIS: Swedenborg and Continental Europe. In: JONATHAN S. ROSE u. a. (Hg.): Scribe of Heaven. Swedenborg's Life, Work and Impact. West Chester 2005, 157–194.

MELLE, JAKOB VON: De lapidibus figuratis agri litorisque Lubecensis. Lubecae 1720.

MENDELSSOHN, MOSES: Morgenstunden oder Vorlesungen über das Daseyn Gottes. In: DERS.: Gesammelte Schriften, hg. von ISMAR ELBOGEN, u. a., Bd. 3,2, bearb. von LEO STRAUSS. Stuttgart-Bad Canstatt 1974, 1–175.

MERK, OTTO: Art. Bibelwissenschaft II. In: TRE 4 (1980), 375–409.

MEYER, DIETRICH: Zinzendorf und Herrnhut. In: MARTIN BRECHT und KLAUS DEPPERMANN (Hgg.): Geschichte des Pietismus. Bd. 2 Göttingen 1995, 5–106.

MONTFAUCON DE VILLARS, NICOLAS PIERRE HENRI DE: Comte de Gabalis, ou entretiens sur les sciences secrètes. renouvellé & augmenté d'une lettre sur ce sujet. Amsterdam 1715 [Paris 1670; deutsch: Graf von Gabalis oder Gespräche über die verborgenen Wissenschaften. Berlin 1782].

MONTGOMERY, INGUN: Der Pietismus in Schweden im 18. Jahrhundert. In: MARTIN BRECHT und KLAUS DEPPERMANN (Hgg.): Geschichte des Pietismus. Bd. 2 Göttingen 1995, 490–522.

MÖRT, JOHAN: En Klar och Tydelig Genstig eller Anledning til Geometrien och Trigonometrien […]. Stockholm 1727.

MÜLLER, GOTTLIEB: Gründliche Nachricht von einer begeisterten Weibesperson Annen Elisabeth Lohmannin von Horsdorf in Anhalt-Dessau. Wittenberg 1759.

MÜLLER-WILLE, STAFFAN: Botanik und weltweiter Handel. Zur Begründung eines natürlichen Systems der Pflanzen durch Carl von Linné (1707–78). Berlin 1999.

MULSOW, MARTIN: Aufklärung versus Esoterik? Vermessung des intellektuellen Feldes anhand einer Kabale zwischen Weißmüller, Ludovici und den Gottscheds. In: NEUGEBAUER-WÖLK / RUDOLPH, 2008, 331–376.

–: Das Planetensystem als Civitas Dei. Jenseitige Lohn- und Strafinstanzen im Wolffianismus. In: LUCIAN HÖLSCHER (Hg.): Das Jenseits. Facetten eines religiösen Begriffs in der Neuzeit. Göttingen 2007, 40–62.

–: Freigeister im Gottsched-Kreis. Wolffianismus, studentische Aktivitäten und Religionskritik in Leipzig 1740–1745. Göttingen 2007.

–: Monadenlehre, Hermetik und Deismus. Georg Schades geheime Aufklärungsgesellschaft 1747–1760. Hamburg 1998.

–: Pythagoreer und Wolffianer: Zu den Formationsbedingungen vernünftiger Hermetik und gelehrter ‚Esoterik' im Deutschland des 18. Jahrhunderts. In: ANNE-CHARLOTT TREPP und HARTMUT LEHMANN (Hgg.): Antike Weisheit und kulturelle Praxis. Hermetismus in der Frühen Neuzeit. Göttingen 2001, 337–396.

MURRMANN-KAHL, MICHAEL: Immanuel Kants Lehre vom Reich Gottes. Zwischen historischem Offenbarungsglauben und praktischem Vernunftglauben. In: ESSEN / STRIET, 2005, 251–274.

MUSSCHENBROEK, PIETER VAN: Physicae experimentales, et geometricae, de magnete […] dissertationes. Lugduni Batavorum 1729.

–: Tentamina experimentorum naturalium captorum […]. Lugduni Batavorum 1731.

MUSSNER, FRANZ: Art. Ephesus. In: TRE 9 (1982), 753–755.

NARAGON, STEVE: The Metaphysics Lectures in the Academy Edition of Kant's gesammelte Schriften. In: Kant-Studien 91 (2000), 189–215 (Sonderheft).

NATHORST, ALFRED GABRIEL: Swedenborg as a Geologist. Stockholm 1907.

NEMITZ, KURT P.: Leibniz and Swedenborg. In: The New Philosophy 114 (1991), 445–488.

–: The Development of Swedenborg's Knowledge of and Contact with Wolff. In: The New Philosophy 102 (1999), 467–526.

NEUBER, WOLFGANG: Die Theologie der Geister in der frühen Neuzeit. In: MORITZ BASSLER, BETTINA GRUBER und MARTINA WAGNER-EGELHAAF (Hgg.): Gespenster. Erscheinungen – Medien – Theorien. Würzburg 2005, 25–37.

NEUGEBAUER-WÖLK, MONIKA: Art. Esoterisches Corpus. In: Enzyklopädie der Neuzeit. Bd. 3, Stuttgart; Weimar 2006, 552–554.

–: Esoterik und Christentum vor 1800. Prolegomena zu einer Bestimmung einer Differenz. In: Aries 3.2 (2003), 127–165.

– unter Mitarbeit von ANDRE RUDOLPH (Hg.): Aufklärung und Esoterik. Rezeption – Integration – Konfrontation. Tübingen 2008.

– unter Mitarbeit von HOLGER ZAUNSTÖCK (Hg.): Aufklärung und Esoterik. Hamburg 1999.

NEUMANN, HANNS-PETER: Atome, Sonnenstäubchen, Monaden. Zum Pythagoreismus im 17. und 18. Jahrhundert. In: NEUGEBAUER-WÖLK/RUDOLPH, 2008, 205–282.

–: „Den Monaden das Garaus machen". Leonhard Euler und die Monadisten. In: WLADIMIR VELMINSKI und HORST BREDEKAMP (Hgg.): Mathesis & Graphé. Leonhard Euler und die Entfaltung der Wissenssysteme. Berlin 2010, 121–156.

–: Zwischen Materialismus und Idealismus – Gottfried Ploucquet und die Monadologie. In: DERS. (Hg.): Der Monadenbegriff zwischen Spätrenaissance und Aufklärung. Berlin 2009, 203–270.

NIERAAD, JÜRGEN: Art. Conatus. In: HWPh 1 (1971), 1028f.

NORDENMARK, NILS V. E.: Swedenborg och longitudproblemet. Med anledning av ett nyfunnet brev från Wargentin. In: Lychnos (årsbok för idé- och lärdomshistoria) 1944–1945.

NORPOTH, LEO: Der pseudo-augustinische Traktat *De Spiritu et Anima*. Köln; Bochum 1972 [1924].

NOWAK, KURT: Vernünftiges Christentum? Über die Erforschung der Aufklärung in der evangelischen Theologie Deutschlands seit 1945. Leipzig 1999.

NYRÉN, MAGNUS: Ueber die von Emanuel Swedenborg aufgestellte Kosmogonie, als Beitrag zur Geschichte der s. g. Kant-Laplace'schen Nebular-Hypothese; nebst einem Resumé von Thomas Wright's „New Hypothesis of the Universe". In: Vierteljahrsschrift der Astronomischen Gesellschaft 14 (1879), 80–91.

NYSTRÖM, BENGT: Christopher Polhem 1661–1751 – „The Swedish Daedalus" – „Der schwedische Dädalus". Wanderausstellung des Schwedischen Institutes in Zusammenarbeit mit dem Schwedischen Technischen Museum. Stockholm 1985.

OBST, HELMUT: Jakob Böhme im Urteil Philipp Jakob Speners. In: Zeitschrift für Religions- und Geistesgeschichte 23 (1971), 22–39.

–: Reinkarnation. Weltgeschichte einer Idee. München 2009.

OELKE, HARRY: Martin Luther und die Reformation in Gottfried Arnolds „Unparteiischer Kirchen- und Ketzerhistorie". In: JÖRG HAUSTEIN und HARRY OELKE (Hgg.): Reformation und Katholizismus. Beiträge zu Geschichte, Leben und Verhältnis der Konfessionen. FS Gottfried Maron. Hannover 2003, 200–221.

OESER, ERHARD: Geschichte der Hirnforschung. Von der Antike bis zur Gegenwart. 2. Aufl. Darmstadt 2010.

OETINGER, FRIEDRICH CHRISTOPH: Abhandlung von dem Zusammenhang derer Glaubens-Articul mit den letzten Dingen. Görlitz 1757.

–: Abhandlung, daß die übersinnliche Leiber- und Geisterlehre des Herrn Professors Ploucquets in Tübingen, unter allen bisher bekandten Lehrversuchen der neueren Weltweisen, der in heiliger Schrift enthaltenen Naturlehre am nächsten komme. In: Schwäbisches Magazin der gelehrten Sachen 1777, 644–655.

–: Aufmunternde Gründe zu Lesung der Schrifften Jacob Boehmens, bestehend in Joh. Theod. von Tschech Schreiben an Henr. Brunnium und ejusd. Kurtzer Entwerffung der Tage Adams im Paradiese wie auch Halatophili Irenaei Vorstellung wie viel J. B. Schrifften zur lebendigen Erkänntniss beytragen. Franckfurt; Leipzig 1731.

–: Beurtheilungen der wichtigen Lehre von dem Zustand nach dem Tod und der damit verbundenen Lehren des berühmten Emanuel Swedenborgs theils aus Urkunden von Stockholm theils aus sehr wichtigen Anmerkungen verschiedener Gelehrten. o. O. 1771.

–: Biblisches und Emblematisches Wörterbuch, hg. von GERHARD SCHÄFER. 2 Bde., Berlin; New York 1999 [1776] [OETINGER, 1999].

–: Die Eulerische und Frickerische Philosophie ueber die Music als ein Grund zum Neuen philosophischen System: nebst einigen Anmerkungen ueber eine Göttingische Recension, von einem Freund Sr. Hochwürden Herrn Praelat Oetingers. Neuwied 1767.

–: Die Lehrtafel der Prinzessin Antonia, hg. von REINHARD BREYMAYER und FRIEDRICH HÄUSSERMANN. 2 Bde., Berlin; New York 1977 [1763] [OETINGER, 1977 [1763]].

–: Die Metaphysic in Connexion mit der Chemie, worinnen sowohl die wichtigste übersinnliche Betrachtungen der Philosophie und theologiae naturalis & revelatae, als auch ein clavis und Select aus Zimmermanns und Neumanns allgemeinen Grundsätzen der Chemie nach den vornehmsten subjectis in alphabetischer Ordnung nach Beccheri heut zu Tag recipirten Gründen abgehandelt werden, samt einer Dissertation de Digestione, ans Licht gegeben von Halophilo Irenäo Oetinger [= THEOPHIL FRIEDRICH OETINGER]. Schwäbisch Hall [1770].

–: Die Philosophie der Alten wiederkommend in der güldenen Zeit; worinnen von den unsichtbaren Anfängen des Spiritus Rectoris oder bildenden Geists in den Pflanzen, von der Signatura rerum & hominum, von den Lehr-Sätzen des grossen Hippocratis und der Alten, und besonders der gemeinen und künstl. Gedenkungs-Art wie auch dem Ursprung der Puls gehandelt wird. 2 Bde., Franckfurt; Leipzig 1762 [OETINGER, 1762].

–: Einleitung zu dem Neu-Testamentlichen Gebrauch der Psalmen Davids, der heutigen Ausschweifung in Liedern und Mund-Gebetern entgegengesezt. Neue verbesserte Aufl. Stuttgardt 1776 [1748].

–: Freymüthige Gedanken von der ehelichen Liebe nebst einem Anhang verwandter Materien für Wahrheitsforscher, welche prüfen können. o. O. 1777.

–: Gedanken über die Zeugung und Geburt der Dinge, aus Gelegenheit der Bonnetischen Palingenesie von Herrn Lavater in Zürch aus dem Französischen übersetzt. Frankfurt; Leipzig 1774.

–: Genealogie der reellen Gedancken eines Gottes-Gelehrten. Eine Selbstbiographie, hg. von DIETER ISING. Leipzig 2010.

–: Gespräch im Reiche der Todten zwischen dem gewesenen Urheber, Aeltesten und Bischof derer sogenannten mährischen Brüder, Nikolaus Ludwig, Grafen von Zinzendorf und Pottendorf, und dessen ehemaligen Freunde, dem berüchtigten Schwärmer, Johann Konrad Dippel, sonst DEMOCRITUS RIDICULUS genannt, der Arzneykunst Doktor und deklarirten Dänischer Kanzleyrath, worinnen beider seltene Handlungen und Begebenheiten erzählt werden. 2 Bde., Frankfurt 1760 f.

–: Höchstwichtiger Unterricht vom Hohenpriesterthum Christi, zur richtigen Beurtheilung der Nachrichten des Herrn von Schwedenborgs, in einem Gespräch nach Art des Hiob, zwischen einem Mystico, Philosopho und Orthodoxo, da jedesmal ein heutiger Hiob, ein um der Wahrheit willen leidender antwortet, sammt einer Vorrede vom Neide bei Frommen und Gelehrten, herausgegeben von einem Wahrheitsfreunde, der GOtte besonders über Oetinger danket. Frankfurt; Leipzig 1772 [OETINGER, Unterricht].

–: Inbegriff der Grundweisheit, oder kurzer Auszug aus den Schriften des teutschen Philosophen, in einem verständlicheren Zusammenhang. Frankfurt; Leipzig 1774.

–: Inquisitio in sensum communem et rationem, nec non utriusque regulas, pro dijudicandis philosophorum theoriis ad normam scripturae sacrae, imprimis autem pro systematis Newtoniani prae Leibnitiani consensu cum scriptura sacra eruendo. Tubingae 1753.

–: Kurzgefaßte Grundlehre des berühmten Würtenbergischen Prälaten Bengels betreffend den Schauplatz der Herabkunft Jesu zum Gericht des Antichrists vor dem jüngsten Tag samt den mitverbundenen lezten Dingen durch Halatophilum Irenaeum auf Kosten guter Freunde von Nürnberg zum Beweiß daß die H. Schrift in ihrem eigentlich unverblümten Verstand zu nehmen, samt einem Kupfer zum Druck befördert. o. O. 1769 [OETINGER, Schauplatz].

–: Predigt von der weinenden Seele JEsu: Durch einen Freund zum Druck gegeben. Philadelphia 1773.

–: Procopii Divisch Theologiae Doctoris & Pastoris zu Prendiz bey Znaim in Mähren längst verlangte Theorie von der meteorologischen Electricite, welche er selbst magiam naturalem benahmet. Tübingen 1765 [OETINGER, Divisch].

–: Reichs-Begriffe, Von dem Streit des Teufels und der bösen Geister, wider Christum und das Würmlein Jacob, dem Herrn Lavater in Zürch, zur Prüfung übergeben; und zum Druck befördert, von einigen Freunden in Strasburg. Strasburg 1774.

– (Hg.): Sammlung etlicher Briefe Herrn Emanuel Swedenborgs, betreffend einige Nachrichten von seinem Leben und Schriften, von einem Kenner und Liebhaber ins Deutsche übersetzt. o. O. 1772.

–: Schreiben von einer angeblichen Vermittlung des Streits zwischen dem Gothenburgischen Consistorio und zwischen den beyden Verfechtern der Schwedenborgischen Lehren. Frankfurt; Leipzig 1770.

–: Selbstbiographie. Genealogie der reellen Gedanken eines Gottesgelehrten, hg. von JULIUS ROESSLE. 2. Aufl. Metzingen 1978.

–: Swedenborgs irdische und himmlische Philosophie. Stuttgart 1977 [1765] [OETINGER, 1977 {1765}].

–: Theologia ex idea vitae deducta. 2 Bde., Berlin; New York 1979 [1765], hg. von KONRAD OHLY [OETINGER, 1979 [1765]]; deutsch: Die Theologie aus der Idee des Lebens abgeleitet und auf sechs Hauptstücke zurückgeführt, deren jedes nach dem Sensus communis, dann nach den Geheimnissen der Schrift, endlich nach dogmatischen Formeln, auf eine neue und erfahrungsmäßige Weise abgehandelt wird, übers. von JULIUS HAMBERGER. Stuttgart 1852 [OETINGER, 1852 [1765]].

Offene Tore. Beiträge zu einem neuen christlichen Zeitalter. Zürich 1957 ff.

OHLY, KONRAD: Einleitung. In: FRIEDRICH CHRISTOPH OETINGER: Theologia ex idea vitae deducta. Berlin; New York 1979, Bd. 1, 13–42.

OHST, MARTIN: Art. Wunder V. In: TRE 36 (2004), 379–409.

ORTH, CHRISTINE: Malebranche und Augustinus. Köln 1940.

OTTO, RÜDIGER: Johann Franz Buddes Verständnis der Kabbala. Einführung und Bemerkung zum Forschungsstand. In: DANIEL J. COOK, HARTMUT RUDOLPH, CHRISTOPH SCHULTE (Hgg.): Leibniz und das Judentum. Stuttgart 2008, 223–249.

PAGNINUS, XANTES und BENEDICTUS ARIAS MONTANUS (Hgg.): Biblia universa et hebraica [...]. Lipsiae 1657.

PALMROOT, JOHANN und BENEDICTUS LUND (resp.): Exercitium academicum Aserim seu Lucos hebraeorum & veterum gentilium vel veterum gentilium adumbrans. Stockholm 1699.

PÄLTZ, EBERHARD H.: Art. Haug, Johann Heinrich. In: RGG³ 3 (1959), 87.

–: Jacob Böhmes Gedanken über die Erneuerung des wahren Christentums. In: PuN 4 (1977/78), 83–118.

PATUZZI, GIOVANNI VINCENZO: De sede inferni in terris quaerenda dissertatio ad complementum operis de futuro impiorum statu, tributa in partes tres. In quarum prima nova refellitur opinio Swindenii Doctoris Angli sedem inferni in sole collocantis. In altera communis sententia de sede inferni subterranea defenditur, & illustrator. In tertia sensus ac doctrina Ecclesiae catholicae de articulo Symboli Apostolici discendi ad inferno propugnatur, tum contra Swindenium, tum contra Vossium, Bochartum, aliosque Heterodoxos. Venetiis 1763.

PERLER, DOMINIK: Repräsentation bei Descartes. Frankfurt a. M. 1996, 171–189.

PETERSEN, JOHANN WILHELM: Mysterion Apokatastase hos Panton. Das ist: Das Geheimniß Der Wiederbringung aller Dinge, Darinnen In einer Unterredung zwischen Philaletham und Agathophilum gelehret wird, Wie das Böse und die Sünde solle aufgehoben und vernichtet; Hergegen die Creaturen Gottes, durch Jesum Christum, Den Wiederbringer aller Dinge, errettet werden. Pamphilia 1700.

PETZOLD, MARTIN: Art. Ammon, Friedrich Christoph v. In: RGG⁴ 1 (1998), 415.

PFENNINGER, JOHANN KONRAD: Ueber Swedenborg und Swedenborgianismus. In: DERS.: Sokratische Unterhaltungen über das Älteste und Neueste aus dem christlichen Welt. Bd. 2, Leipzig 1788, 383–406.

PIEPMEIER, RAINER: Friedrich Christoph Oetinger – Distanz und Gegenwärtigkeit. In: PuN 10 (1984), 9–21.

PIETSCH, ROLAND: Friedrich Christoph Oetinger und Jakob Böhme. In: OETINGER, 1999, Bd. 2, 71–84.

PLACE, CONYERS: Heretical Characters illustrated and confirmed, with some Applications of them to Mr. Whiston, from Passages in his Primitive Christianity. London 1713.

PLATON: Hapanta Ta Sozomena. Ex nova Ioannis Serrani interpretatione, perpetuis eiusdem notis illustrata. Eiusdem annotationes in quosdam suae illius interpretationis locos. Henrici Stephani de quorundam locorum interpretatione iudicium, & multorum contextus Graeci emendatio. 3 Bde., Genf 1578.

PLOTINI Platonicorum facile coryphaei operum philosophicorum omnium libri LIV. in sex enneades distributi. Ex antiquiß. Codicum fide nun primum Graece editi, cum Latina MARSILII FICINI interpretatione & commentatione. Basileae 1580.

PLOUCQUET, GOTTFRIED: Institutiones philosophiae theoreticae sive de arte cogitandi. Tübingen 1772.

PLUCHE, ABBÉ NOËL ANTOINE: Le spectacle de la nature, ou entretiens sur l'histoire naturelle et les sciences. 2. Aufl. Paris 1732.

POLHEM, CHRISTOPHER: Efterlämnade Skrifter, hg. von AXEL LILJENCRANTZ. Uppsala 1952f.

PÖLITZ, KARL HEINRICH LUDWIG: Können höhere Wesen auf den Menschen wirken und sich mit ihm verbinden? Leipzig 1794.

POLONOFF, IRVING I.: Force, Cosmos, Monads and other Themes of Kant's early thought. Bonn 1973 (Kantstudien; Ergänzungshefte; 107).

PONTOPPIDAN, ERIK: Schrift- und Vernunftmäßige Abhandlung I. Von der Unsterblichkeit menschlicher Seelen, II. Von deren Befinden in dem Tode, III. Von deren Zustand gleich nach dem Tode, bis an das jüngste Gericht. 2. Aufl. Kopenhagen; Leipzig 1766.

POWERS, JOHN C.: Scrutinizing the Alchemists. Herman Boerhaave an the Testing of Chymistry. In: LAWRENCE M. PRINCIPE (Hg.): Chymists and Chymistry. Studies in the History of Alchemy and Early Modern Chemistry. Sagamore Beach 2007, 227–238.

PREL, CARL DU (Hg.): Immanuel Kants Vorlesungen über Psychologie. Mit einer Einleitung „Kants mystische Weltanschauung". Pforzheim 1964 [Leipzig 1889].

PRIESTLEY, JOSEPH: Letters to the Members of the New Jerusalem Church, formed by Baron Swedenborg. Birmingham 1791.

Procés-verbaux des séances de l'académie impériale des sciences depuis sa fondation jusqu'à 1803. Bd. 1, St. Peterburg 1897.

QUISTORP, BERNHARD FRIEDRICH, JONAS WALLIN (resp.): Mataeologiae Suedenborgianae specimen vindicias humanitatis Christi ab eius depravationibus exhibens quod sub auspice summi numinis praeside Bernh. Fridr. Quistorpio S. S. Theol. Doct. et P. P. O. ac ad aedem D. Jacobi pastore die 10. Octobr. A. O. R. MDCCLXXIII. H. L. Q. C. publicae disquisitioni subjiecit Jonas Wallin Westro-Gothus. S. S. Theol. Cultor. Gryphiae 1773.

QUISTORP, JOHANN JAKOB: De recentissima loci de angelis bonis ex theologia dogmatica proscriptione Telleriana. Rostochii 1764.

RAEDER, SIEGFRIED: Art. Bibelwerke. In: TRE 4 (1980), 311–316.

RAMBACH, JOHANN JAKOB: Institutiones hermeneuticae sacrae. Ienae 1725.

RAMSTRÖM, MARTIN: Emanuel Swedenborgs investigations in natural science and the basic for his statements concerning the functions of the brain. Uppsala 1910.

RAUER, CONSTANTIN: Wahn und Wahrheit. Kants Auseinandersetzung mit dem Irrationalen. Berlin 2007.

RÉAUMUR, RENÉ ANTOINE FERCHAULT DE: L'art de convertir le fer forgé en acier et l'art d'adoucir le fer fondu, ou de faire des ouvrages de fer fondu aussi finis que le fer forgé. Paris 1722.

REILL, PETER HANNS: Vitalizing Nature in the Enlightenment. Berkeley; Los Angeles; London 2005.

REINECCIUS, CHRISTIANUS (Hg.): Biblia Hebraica […]. 2. Aufl. Lipsiae 1739.

RENDTORFF, HEINRICH: Art. Allegorie. III. In der praktischen Schriftauslegung. In: RGG³ 1 (1957), 240.

RETZIUS, GUSTAF: Emanuel Swedenborg als Anatom und Physiolog auf dem Gebiete der Gehirnkunde. Abdruck aus den Verhandlungen der Anatomischen Gesellschaft auf der siebzehnten Versammlung in Heidelberg vom 29. Mai bis 1. Juni 1903 [hier als titellose Eröffnungsrede des Vorsitzenden Retzius, 1–14].

REYNEAU, CHARLES RENÉ und PIERRE VARIGNON: Usage de l'analyse. Paris 1708.

RHENFERD, JAKOB: Dissertatio de stylo apocalypseos cabbalistico. In: DERS.: Opera philologica. Utrecht 1722.

RITTER, ADOLF MARTIN: Art. Arianismus. In: TRE 3 (1978), 692–719.

RIVET, ANDRÉ, IMMANUEL TREMELLIUS, FRANCISCUS JUNIUS und THEODOR DE BEZA (Hgg.): Biblia Sacra. Sive Testamentum Vetus, ab Im. Tremellio et Fr. Junio ex hebraeo latinè redditum, et Testamentum Novum, à Theod. Beza è Graeco in latinum versum. Amstelodami 1632.

ROBERTSON, WILLIAM: Thesaurus linguae sanctae compendiose scil contractus, plane tamen reseratus, pleneque explicatus […]. Londini 1680.

RÖD, WOLFGANG: Descartes. Die Genese des cartesianischen Rationalismus. 3. Aufl. München 1995.

ROE, SHIRLEY A.: Matter, Life, and Generation. Eighteenth-century Embryology and the Haller-Wolff Debate. Cambridge u. a. 2002 [1981].

ROESSLER, BALTHASAR: Speculum Metallurgiæ Politissimum. Oder: Hell-polierter Berg-Bau-Spiegel […]. Dresden 1700.

ROGGE, JOACHIM: Art. Amsdorff, Nikolaus von. In: TRE 2 (1978), 487–497.

ROHR, JULIUS BERNHARD VON: Compendieuse Haußhaltungs-Bibliothek. 2. Aufl Leipzig 1726.

–: Physikalische Bibliothek, worinnen die vornehmsten Schriften die zur Naturlehre gehören angezeiget werden. 2. Aufl. Leipzig 1754.

ROLING, BERND: Emanuel Swedenborg, Paracelsus und die esoterischen Traditionen des Judentums in Schweden. In: Offene Tore 2008, 181–228.

–: Erlösung im angelischen Makrokosmos. Emanuel Swedenborg, die Kabbala Denudata und die schwedische Orientalistik. In: Morgen-Glantz 16 (2006), 385–457.

ROSENMÜLLER, JOHANN GEORG: Briefe über die Phänomene des thierischen Magnetismus und Somnambulismus. Leipzig 1788.

ROTERMUND, HEINRICH WILHELM: Das gelehrte Hannover oder Lexikon von Schriftstellern und Schriftstellerinnen, gelehrten Geschäftsmännern und Künstlern die seit der Reformation in und außerhalb den sämtlichen zum jetzigen Königreich Hannover gehörigen Provinzen gelebt haben und noch leben, aus den glaubwürdigsten Schriftstellern zusammen getragen. 2 Bde., Bremen 1823.

ROTHSCHUH, KARL E.: Die Rolle der Physiologie im Denken von Descartes. In: RENE DESCARTES: Über den Menschen (1632) sowie Beschreibung des menschlichen Körpers (1648), hg. und übers. von KARL E. ROTHSCHUH. Heidelberg 1969, 11–27.

RÜDIGER, ANDREAS: Anweisung zu der Zufriedenheit der Menschlichen Seele, als Dem Höchsten Gute dieses zeitlichen Lebens. Leipzig 1726.

–: Herrn Christian Wolffens, Hochfürstl. Heßischen Hoff-Raths und Prof. Philos. & Mathem. Primarii etc. Meinung von dem Wesen der Seele und eines Geistes überhaupt; und Andreas Rüdigers, Hochfürstl. Sächsischen wircklichen Raths und Leib-Medici in Forst, Gegen-Meinung. Leipzig 1727.

–: Physica Divina, recta via, eademque inter superstitionem et atheismum media, ad utramque hominis felicitatem, naturalem atque moralem. Francofurti ad Moenum 1716.

RUDOLPH, ANDRE: Figuren der Ähnlichkeit. Johann Georg Hamanns Analogiedenken im Kontext des 18. Jahrhundert. Tübingen 2006.

RÜSCHE, FRANZ: Das Seelenpneuma. Seine Entwicklung von der Hauchseele zur Geistseele; ein Beitrag zur Geschichte der antiken Pneumalehre. Paderborn 1933.

RUYSCH, FREDERIK: Observationum Anatomico-Chirurgicarum Centuria. Amstelodami 1691.

–: Thesaurus anatomicus. Amstelodami 1721–1738.

RYDELIUS, ANDREAS: Nödiga förnufts-öfningar. At lära kenna thet sundas wägar och thet osundas felsteg. 2. Aufl. Linköping 1737.

SAALFELD, ADAM FRIEDRICH WILHELM: Die Beschaffenheit der von den Todten erweckten Leiber, vernunft- und schriftmäßig untersuchet. Erfurt 1759.

SALA, GIOVANNI B.: Kants „Kritik der praktischen Vernunft". Ein Kommentar. Darmstadt 2004.

SALATOWSKY, SASCHA: De Anima. Die Rezeption der aristotelischen Psychologie im 16. und 17. Jahrhundert. Amsterdam; Philadelphia 2006.

SANDEL, SAMUEL: Rede zum Andenken des Herrn Emanuel Swedenborg, gewesenen Mitgliedes der Königlichen Akademie der Wissenschaften und Assessors bei S. M. und des Reichs Bergwerks-Collegium, gehalten im Namen der Königl. Akademie der Wissenschaften im großen Saale des Adelshauses den 7. Okt. 1772. In: TAFEL, Sammlung, 7.

SAWICKI, DIETHARD: Die Gespenster und ihr Ancien régime. Geisterglauben als „Nachtseite" der Spätaufklärung. In: NEUGEBAUER-WÖLK/ZAUNSTÖCK, 1999, 364–396.

–: Leben mit den Toten. Geisterglauben und die Entstehung des Spiritismus in Deutschland 1770–1900. Paderborn u. a. 2002.

SCHAUER, EVA JOHANNA: Friedrich Christoph Oetinger und die kabbalistische Lehrtafel der württembergischen Prinzessin Antonia in Teinach. In: HOLTZ/BETSCH/ZWINK, 2005, 165–181.

SCHERINGSSON, REINHOLD: Dissertatio sistens observationes nonnulas philosophia recentiorum Platonicorum indolem atque originem fanatismi novi aevi illustrantes. Uppsala 1786.

SCHLEIERMACHER, FRIEDRICH DANIEL ERNST: Über die Religion. Reden an die Gebildeten unter ihren Verächtern. Berlin 1799.

SCHLIEPER, HANS: Emanuel Swedenborgs System der Naturphilosophie, besonders in seiner Beziehung zu Goethe-Herderschen Anschauungen. Berlin, Univ., Diss. phil. 1901.

SCHMIDT, MARTIN: Art. Arnold, Gottfried. In: TRE 4 (1979), 136–140.

–: Art. Whiston, William. In: RGG³ 6 (1962), 1673 f.

–: Pietismus. Stuttgart u. a. 1972.

SCHMIDT, SEBASTIAN (Hg.): Biblia Sacra sive Testamentum Vetus et Novum ex linguis originalibus in linguam Latinam translatum [...]. Argentorati 1696.

SCHMIDT-BIGGEMANN, WILHELM: Philosophia perennis. Historische Umrisse abendländischer Spiritualität in Antike, Mittelalter und Früher Neuzeit. Frankfurt a. M. 1998.

–: Politische Theologie der Gegenaufklärung. Saint-Martin, De Maistre, Kleuker, Baader. Berlin 2004.

–: Theodizee und Tatsachen. Frankfurt a. M. 1988.

SCHMINKE, HEINRICH: Emanuel Swedenborgs naturwissenschaftliche Studien als Vorstufe zum physikalischen Feldbegriff. In: ZWINK, 1988, 26–29.

SCHMUCKER, JOSEF: Kants kritischer Standpunkt zur Zeit der Träume eines Geistersehers, im Verhältnis zu dem der Kritik der reinen Vernunft. In: INGEBORG HEIDEMANN und WOLFGANG RITZEL (Hgg.): Beiträge zur Kritik der reinen Vernunft 1781–1981. Berlin; New York 1981, 1–36.

SCHNEIDER, CHRISTIAN WILHELM: Kurze Nachricht von dem in diesem Jahre im Würtembergischen verstorbenen Herrn Prälaten M. Fried. Christ. Oetinger, nebst einigen Beilagen. In: Acta historico-ecclesiastica nostri temporis 1782/83, 297–320.

–: Nachricht von der so genannten neuen Kirche, oder dem neuen Jerusalem der Anhänger Emanuel Swedenborgs, und von ihren gottesdienstlichen Versammlungen in England. Dem Herrn Superintendent, Doctor [Johann Georg] Rosenmüller in Leipzig zugeeignet. Weimar 1789.

SCHNEIDER, HANS: Art. Arnold, Gottfried. In: RGG⁴ 1 (1998), 791 f.

–: Der radikale Pietismus in der neueren Forschung. In: PuN 8 (1982), 15–42.

SCHOBERTH, WOLFGANG: Geschöpflichkeit in der Dialektik der Aufklärung. Zur Logik der Schöpfungstheologie bei Friedrich Christoph Oetinger und Johann Georg Hamann. Neukirchen-Vluyn 1994.

SCHÖNECKER, DIETER und ALLEN W. WOOD (Hgg.): Immanuel Kant „Grundlegung zur Metaphysik der Sitten". Ein einführender Kommentar. Paderborn u. a. 2002.

SCHOPENHAUER, ARTHUR: Preisschrift über die Grundlage der Moral, nicht gekrönt von der Königlich Dänischen Societät der Wissenschaften zu Kopenhagen, am 30. Januar 1840. in: DERS.: Sämtliche Werke, hg. von ARTHUR HÜBSCHER. Bd. 4, Leipzig 1938, 103–276.

SCHUCHARD, MARSHA KEITH: Leibniz, Benzelius, and the Kabbalistic Roots of Swedish Illuminism. In: ALLISON P. COUDERT, R. H. POPKIN und G. M. WEINER (Hgg.): Leibniz, Mysticism and Religion. Dordrecht 1998, 84–106.

–: Swedenborg, Jakobiten und Freimaurer. In: Offene Tore (2002), 168–192.

SCHWEDENBERG, T. H.: The Swedenborg Manuscripts. A Forgotten Introduction to Cerebral Physiology. In: Archives of Neurology: Official Organ of the American Neurological Association 2 (1960), April, 407–409 [deutsch in: ZWINK, 1988, 39–42].

SCRIVER, CHRISTIAN: Seelen-Schatz, darinn von der menschlichen Seelen hohen Würde, tieffen und kläglichen Sündenfall, Busse und Erneuerung durch Christum [...] gehandelt wird [...]. Leipzig u. a. 1675.

SEMBECK, JOHANN GOTTLOB LORENZ: Versuch, die Versetzung der begnadigten Menschen an die Stelle der verstoßenen Engel schriftmäßig zu beweisen. Göttingen 1759.

SEMLER, CHRISTIAN GOTTLIEB: Astronomische Beschreibung und Ausrechnung des Cometen Anno 1769. Sammt einer mathematischen und philosophischen Schöpfungshistorie der gantzen Welt. Zum Beweis dass unsere Erde nicht aus einem Cometen geschaffen sey. Halle im Magdeburgischen 1770.

–: Vollständige Beschreibung von dem neuen Cometen des 1742sten Jahres samt einer Astronomischen Widerlegung das der Stern der Weisen kein Comet gewesen wieder Herrn Rector Haynen und alle diejenigen, welche solches jemahls behauptet haben. Halle 1742.

SEMLER, JOHANN SALOMO: Einige Anmerkungen über die verschiedenen Nachrichten von Swedenborgs Karakter im April der Berl. Monatsschr. In: Archiv der Schwärmerey und Aufklärung 2 (1788), 301–309; 346–352.

–: Hrn. Caspar Lavaters und eines Ungenannten Urtheile über Hrn. C. R. Steinbarts System reinen Christenthums. Halle 1780.

–: Hugo Farmer's Briefe an D. Worthington über die Dämonischen in den Evangelien. Mit einer Zusäzen und einer Vorrede, den Begriff der Inspiration zu bessern. Halle 1783.

–: Sammlungen von Briefen und Aufsätzen über die Gaßnerischen und Schröpferischen Geisterbeschwörungen. Erstes und zweites Stück. Halle 1776.

–: Umständliche Untersuchung der dämonische Leute, oder der so genannten Besessenen nebst Beantwortung einiger Angriffe. Halle 1762.

–: Unterhaltungen mit Herrn Lavater, über die freie practische Religion; auch über die Revision der bisherigen Theologie. Leipzig 1787.

–: Vindiciae plurium praecipuarum lectionum codicis graeci Novi Testam. adversus Guilielm. Whiston Anglum atque ab eo latas leges criticas. Halae 1750.

–: Zusätze zu Herrn O. C. R. Tellers Schrift über Herrn D. Ernesti Verdienste. Halle 1783.

Sendschreiben der Exegetischen und Philanthropischen Gesellschaft zu Stockholm an die Gesellschaft der vereinigten Freunde zu Straßburg über die einzige genügliche Erklärung der Phänomene des thierischen Magnetismus und Somnambulismus. In: Der teutsche Merkur (1787), Bd. 4, 153–192.

SIEBERT, HARALD: Die große kosmologische Kontroverse. Rekonstruktionsversuche anhand des Itinerarium exstaticum von Athanasius Kircher SJ (1602–1680). Stuttgart 2006.

SINTENIS, CHRISTIAN FRIEDRICH: Elpizon oder Ueber meine Fortdauer im Tode. 1. Aufl.: Teil 1, Danzig 1795; Teil 2, Zerbst 1804; Teil 3, Leipzig 1806.

SMITH, ROBERT: A Compleat System of Opticks in Four Books, viz. a Popular, a Mathematical, a Mechanical, and a Philosophical Treatise. Cambridge 1738.

SNOEK, JAN A. M.: Swedenborg, Freemasonry, and Swedenborgian Freemasonry. An Overview. In: MIKAEL ROTHSTEIN und REENDER KRANENBORG (Hgg.): New Religions in a Postmodern World. Aarhus 2003, 23–75.

SOBEL, DAVA und WILLIAM J. H. ANDREWS: Längengrad. Die wahre Geschichte eines einsamen Genies, welches das größte wissenschaftliche Problem seiner Zeit löste. 6. Aufl. Berlin 2007.

SOMMER, GOTTFRIED CHRISTOPH: Specimen Theologiae Soharicae exhibens articulorum fidei fundamentalium probationes, e Sohare antiquissimo Judaeorum monumento, petitas. Gotha 1730.

SPAEMANN, ROBERT: Art. Fanatisch, Fanatismus. In: HWPh 2 (1972), 904–908.

SPARN, WALTER: Formalis Atheus? Die Krise der protestantischen Orthodoxie, gespiegelt in ihrer Auseinandersetzung mit Spinoza. In: WILHELM SCHMIDT-BIGGEMANN (Hg.): Spinoza in der Frühzeit seiner religiösen Wirkung. Heidelberg 1984, 27–64.

SPEHR, CHRISTOPHER: Aufklärung und Ökumene. Reunionsversuche zwischen Katholiken und Protestanten im deutschsprachigen Raum des späteren 18. Jahrhunderts. Tübingen 2005.

SPEIRS, JAMES (Hg.): Transactions of the International Swedenborg Congress 1910. London 1911.

SPINDLER, GUNTRAM: Das „Wörterbuch" als Werk der Philosophia sacra. In: OETINGER, 1999, Bd. 2, 85–107.

–: Oetinger und die Erkenntnislehre der Schulphilosophie des 18. Jahrhunderts. In: PuN 10 (1984), 22–65.

SPINOZA, BARUCH DE: Renati DesCartes Principiorum Philosophiae. Pars I, & II, more geometrico demonstratae. Amstelodami 1663.

SPRENGEL, KURT: Sendschreiben über den thierischen Magnetismum. Aus dem Schwedischen und Französischen mit Zusätzen von KURT SPRENGEL. Halle 1788.

STÄBLER, WALTER: Hahn und Swedenborg. In: ZWINK, 1988, 82–88.

STAUNTON, WILLIAM: A Review of Mr. Whiston's XXIII Propositions concerning the Primitive Faith of Christians about the Trinity and Incarnation. With Alterations, Distinctions, and Notes thereupon […]. London 1723.

STEAD, GEOFFREY und MARGARET STEAD: The Exotic Plant. A History of the Moravian Church in Britain 1742–2000. Werrington 2003.

STEBBINS, SARA: Maxima in minimis. Zum Empirie- und Autoritätsverständnis in der physikotheologischen Literatur der Frühaufklärung. Frankfurt a. M. u. a. 1980.

STECK, KARL GERHARD: Art. Unigenitus Dei Filius. In: RGG³ 6 (1962), 1136.

ŠTEFAN, JAN: Art. Wunder VI. In: TRE 36 (2004), 409–413.

STEINBART, GOTTHILF SAMUEL: System der reinen Philosophie oder Glückseligkeitslehre des Christentums. 2. Aufl. Züllichau 1780.

STEINER, RUDOLF: Die geistige Eigentümlichkeit und das „Karma" Swedenborgs. Aus Vorträgen vom 25.8.1923 (Penmaenmawr) und 24.8.1924 (London). In: ZWINK, 1988, 154–158.

STEINKE, HUBERT: Irritating Experiments. Haller's Concept and the European Controversy on Irritability and Sensibility 1750–90. Amsterdam; New York 2005.

STENGEL, FRIEDEMANN (Hg.): Kant und Swedenborg. Zugänge zu einem umstrittenen Verhältnis. Tübingen 2008 [STENGEL, 2008b].

–: Art. Okkultismus 1. Europa. In: Enzyklopädie der Neuzeit. Stuttgart u. a., Bd. 9 (2009), 376–378.

–: Art. Swedenborgianismus. In: Enzyklopädie der Neuzeit. Stuttgart u. a., Bd. 13 (2011), 151–153.

–: Art. Theosophie. In: Enzyklopädie der Neuzeit. Stuttgart u. a., Bd. 13 (2011), 527–531.

–: Diskurstheorie und Aufklärung. In: MARKUS MEUMANN (Hg.): Ordnungen des Wissens – Ordnungen des Streitens. Gelehrte Debatten des 17. und 18. Jahrhunderts in diskursgeschichtlicher Perspektive. Berlin 2011.

–: Emanuel Swedenborg – ein visionärer Rationalist? In: MICHAEL BERGUNDER und DANIEL CYRANKA (Hgg.): Esoterik und Christentum. Religionsgeschichtliche und theologische Perspektiven; FS Helmut Obst. Leipzig 2005, 58–97.

–: Kant – „Zwillingsbruder" Swedenborgs? In: STENGEL, 2008b, 35–98.

–: Swedenborg als Rationalist. In: NEUGEBAUER-WÖLK/RUDOLPH, 2008, 149–203 [Stengel, 2008a].

STROH, ALFRED H.: Emanuel Swedenborg as a Cerebral Anatomist and Physiological Psychologist. In: The New Philosophy 17 (1910), 161–176.

–: The Sources of Swedenborg's early Philosophy of Nature. In: DERS. (Hg.): Emanuel Swedenborg as a Scientist: Miscellaneous Contributions. Stockholm 1911, 83–112.

STROHMAIER, GOTTHARD: Avicenna. 2. Aufl. München 2006.

Studia Swedenborgiana, hg. von der Swedenborg School of Religion. Newton 1974–2005.

STURM, JOHANN CHRISTOPH: Collegium Experimentale [...] Norimbergae 1701.

–: Mathesis Juvenilis, D. i. Anleitung vor die Jugend zur Mathesin. Nürnberg 1705.

–: Physica electiva sive hypothetica. Norimbergae 1697.

Svenska Vetenskapsakademiens protokoll för åren 1739, 1740 och 1741 med anmärkningar utgifna af ERIK WILHELM DAHLGREN. 2 Bde., Stockholm 1918.

SWEDBERG, JESPER: Lefwernes Beskrifning, hg. von GUNNAR WETTERBERG. Teil 1 Lund 1941.

SYNNESTVEDT, DAN A.: Swedenborg and ancient philosophy. In: The New Philosophy 105 (2002), 357–371.

TAFEL, JOHANN FRIEDRICH IMMANUEL (Hg.): Sammlung von Urkunden betreffend das Leben und den Charakter Emanuel Swedenborg's. Tübingen 1839.

TAFEL, RUDOLF LEONHARD (Hg.): Documents concerning the Life and Character of Emanuel Swedenborg. 3 Bde., London 1875, 1877 [Nachdruck Whitefish 2004].

TALBOT, BRIAN: Schuchard's Swedenborg. In: The New Philosophy 110 (2007), 165–218.

TARNOV, HERMANN: Grammatica Hebraeo-Biblica [...]. Rostochii 1722.

TELFORD, MAXIMILIAN J.: Evolution of the animals. A Linnean tercentenary celebration; papers of a discussion meeting issue. London 2008.

TELLER, WILHELM ABRAHAM: Defensio inspirationis divinae vatum sacrorum adversus enthusiasmum poeticum. Helmstadii 1762.

–: Des Herrn Joh. August Ernesti gewesenen Professor Primarius der Theologie in Leipzig Verdienste um die Theologie und Religion. Ein Beytrag zur theologischen Litteraturgeschichte der neuern Zeit. Berlin 1783.

–: Wörterbuch des Neuen Testaments zur Erklärung der christlichen Lehre. Berlin 1772.

TESAK, JÜRGEN: Geschichte der Aphasie. Idstein 2001.

The New Philosophy. The quartal Journal of the Swedenborg Scientific Association. Bryn Athyn 1898 ff.

THOMASIUS, CHRISTIAN: De crimine magiae. Halle, Univ., Diss. Jur. 1701.

TISELIUS, DANIEL: Uthförlig beskrifning öfwer den stora Swea och Giötha siön, Wätter, til des belägenhet, storlek och märkwärdiga egenskaper. Uppsala 1723.

–: Ytterligare Försok och Siö-profwer uthi Wättern. Stockholm 1730.

TÖLLNER, JOHANN GOTTLIEB: Kurze vermischte Aufsätze. 2 Bde., Frankfurt/Oder 1766–1770.

TOURNEMINE, RENÉ JOSEPH DE: Commentatio trivultina. In: Mémoires de Trévoux, mai 1703, 870–875; septembre, 1066 f.

TROELTSCH, ERNST: Die Soziallehren der christlichen Kirchen und Gruppen. Tübingen 1912.

TRUESDELL, CLIFFORD: Maria Gaetana Agnesi. In: Archive for History of Exact Sciences. 40 (1989), 113–142.

UNZER, JOHANN AUGUST: Erste Gründe einer Physiologie der eigentlichen thierischen Natur thierischer Körper. Leipzig 1771.

–: Sammlung kleiner Schriften. [3 Bde., 1766 f.] Bd. 2: Zur speculativischen Philosophie, Rinteln; Leipzig 1766.

VAIHINGER, HANS: Kommentar zu Kants Kritik der reinen Vernunft. 2 Bde., 2. Aufl. Stuttgart u. a. 1922.

–: Rezension zu Immanuel Kant's Vorlesungen über Psychologie, hg. von CARL DU PREL. In: BENNO ERDMANN: Bericht über die neuere Philosophie bis auf Kant für die Jahre 1888 und 1889, in: Archiv für Geschichte der Philosophie 4 (1891), 721–723.

VENZKY, GEORG: Die Geschichte des Menschen in seinem Zwischenzustande, vom Tode an bis zu seiner Auferstehung, vornämlich nach den Entdeckungen der Offenbarung nebst der Widerlegung der Selenschläfer und einigen Anhängen, die dahin gehören. Rostock; Wismar 1755. 2. Aufl. Bützow; Wismar 1762.

–: Die Herlichkeit der verklärten menschlichen Körper in jener Welt, und die Wonungen, welche uns zubereitet worden. Breßlau 1752.

–: Die Herlichkeit GOttes in unzähligen Welten, oder: Es ist höchst wahrscheinlich, das noch mehr Weltkörper mit vernünftigen Einwohnern besetzt sind. [...] Prenzlau 1744.

VERY, FRANK W.: Swedenborg's Bullular Hypothesis. Whitefish 2006 [nachgedruckter Auszug aus FRANK W. VERY: Epitome of Swedenborg's Science. Boston 1927].

VOLTAIRE, FRANÇOIS MARIE AROUET DE: Eléments de la philosophie de Neuton. Mis à la portée de tout le monde. Amsterdam 1738.

WAHSNER, RENATE: Mechanism – Technizism – Organism. Der epistemologische Status der Physik als Gegenstand von Kants *Kritik der Urteilskraft*. In: KAREN GLOY und PAUL BURGER (Hgg.): Die Naturphilosophie im Deutschen Idealismus. Stuttgart-Bad Canstatt 1993, 1–23.

WALLERIUS, JOHAN GOTSCHALK: Mineralogia Eller Mineral-Riket. Stockholm 1747.

WALLMANN, JOHANNES: Der Pietismus. Göttingen 1990.

WALTER, JÖRG: Kants Auseinandersetzung mit Swedenborg. Versuch einer Kritik. In: Offene Tore 1993, 48–57, 119–135, 157–176, 233–246.

WARDA, ARTHUR: Immanuel Kants Bücher. Mit einer getreuen Nachbildung des bisher einzigen bekannten Abzuges des Versteigerungskataloges der Bibliothek Kants. Berlin 1922.

WARTENBERG, GÜNTHER: Art. Sachsen II. In: TRE 29 (1998), 558–580.

WEIGELT, HORST: Das Verständnis vom Zwischenzustand bei Lavater. Ein Beitrag zur Eschatologie im 18. Jahrhundert. In: PuN 11 (1985), 111–126.

WENZEL, KNUT: Die Erbsündenlehre nach Kant. In: ESSEN/STRIET, 2005, 224–250.

WETTERBERG, LENNART: Swedenborg's View of the Brain. In: The New Philosophy 106 (2003), 427–436.

WEYER-MENKHOFF, MARTIN: „... den Umfang aller Wissenschaften darzu nehmen ...". Friedrich Christoph Oetinger, württembergischer Gottes- und Naturforscher. In: HOLTZ / BETSCH / ZWINK, 2005, 7–25.

–: Christus, das Heil der Natur. Entstehung und Systematik der Theologie Friedrich Christoph Oetingers. Göttingen 1990 [WEYER-MENKHOFF, 1990a].

–: Friedrich Christoph Oetinger. Wuppertal; Zürich 1990 [WEYER-MENKHOFF, 1990b].

WHISTON, WILLIAM: Memoirs of the Life and Writings. London 1749.

–: Nova Telluris Theoria. Das ist: Neue Betrachtung der Erde, nach ihren Ursprung und Fortgang biß zur Hervorbringung aller Dinge, oder: eine gründliche, deutliche, und nach beygefügten Abrissen eingerichtete Vorstellung, daß so wohl die sechstägige Schöpffung, und darauf erfolgte Sündfluth, als auch die annoch zukünftige Conflagration der Welt, wie solche in Heil. Schrift beschrieben werden, mit der gesunden Vernunfft und wahren Philosophie keinesweges streite, sondern von beyden gar wohl begriffen, und folglich um so viel mehr, als untrügliche Wahrheiten angenommen werden können. Franckfurt 1713.

–: The true Origin of the *Sabellian* and *Athanasian* Doctrines of the *Trinity*. Or, A Demonstration that they were first Broach'd by the Followers of *Simon Magus*, in the First Century, and Reviv'd by the *Montanists* in the Second. *Drawn from all the Original Accounts now Extant*. And Humbly Recommended to the Consideration of the Learned Dr. Daniel Waterland. London 1720.

WICKHAM, LIONEL R.: Art. Nestorius / Nestorianischer Streit. In: TRE 24 (1994), 276–286.

WIEDEBURG, JOHANN BERNHARD: Astronomisches Bedenken ueber die Frage ob der bevorstehende Untergang der Welt natürlicher Weise entstehen ins besondere durch Annäherung eines Cometen zur Erden befördert werden auch binnen vier Jahren ein schreckliches Vorspiel desselben zu erwarten. Jena 1744.

WILLIAMS, ROWAN: Art. Jesus Christus II. In: TRE 16 (1987), 726–745.

WILLIAMS-HOGAN, JANE K.: The Place of Emanuel Swedenborg in Modern Western Esotericism. In: ANTOINE FAIVRE und WOUTER J. HANEGRAAFF (Hgg.): Western Esotericism and the Study of Religion. Leuven 1995, 201–251.

–: The Place of Emanuel Swedenborg in the Spiritual Saga of Scandinavia. In: Western Esotericism. Based on Papers Read at the Symposium on Western Esotericism Held at Åbo, Finland, on 15–17 August 2007, hg. von TORE AHLBÄCK. Vammala 2008, 254–280.

WILMANS, CARL ARNOLD: Dissertatio philosophica de similitudine inter mysticismum purum et Kantianam religionis doctrinam. Halle 1797.

WOLF, ERNST: Art. Konkordienbuch. In: RGG³ 3 (1959), 1776 f.

WOLFF, CASPAR FRIEDRICH: Theorie der Generation. Berlin 1764.

WOLFF, CHRISTIAN: Cosmologia generalis. 2. Aufl. Francofurti; Lipsiae 1737 [Nachdruck 1964].

–: Elementa matheseos universae. 5 Bde., Editio nova Genevae 1732–1741.

–: Geometrie i sammandrag, til svenska ungdomens tjenst utgifven af Carl Stridsberg. Stockholm 1793.

–: Philosophia prima sive ontologia. Francofurti; Lipsiae 1736 [Nachdruck 1977].

–: Philosophia rationalis sive Logica, methodo scientifica pertractata et ad usum scientiarum atque vitae aptata. Praemittitur discursus praeliminaris de philosophia in genere. Francofurti; Lipsiae 1728.

–: Psychologia empirica, methodo scientifica pertractata, quae ea, quae de anima humana indubia experientiae fide constant, continentur et ad solidam universae philosophiae practicae ac theologiae naturalis tractationem via sternitur. Editio nova priori emendatior Frankfurt; Leipzig 1738.

–: Psychologia rationalis methodo scientifica pertractata, qua ea, quae de anima humana indubia experientiae fide innotescunt, per essentiam et naturam animae explicantur, et ad intimiorem naturae ejusque autoris cognitionem profutura proponuntur. Editio nova priori emendatior. Frankfurt; Leipzig 1740.

–: Vernünftige Gedancken von Gott, der Welt und der Seele des Menschen, auch allen Dingen überhaupt, den Liebhabern der Wahrheit mitgetheilet. Halle [u. a.] 1751.

WOLLEB, EMANUEL: Gedanken über die Seele des Menschen und Muthmassungen über den Zustand derselben nach dem Tode meistens auf Erfahrung gegründet. 2 Bde., Berlin; Leipzig 1777.

WÖTZEL, JOHANN KARL: Meiner Gattinn wirkliche Erscheinung nach ihrem Tode. Eine wahre, unlängst erfolgte Geschichte für jedermann zur Beherzigung und vorzüglich für Psychologen zur unpartheiischen und sorgfältigen Prüfung. Chemnitz 1804.

WRIGHT, THOMAS: An Original Theory or new hypothesis of the Universe, founded upon the Laws of Nature, and solving by mathematical principles the general phenomena of the visible creation; and particularly the Via Lactea. London 1750 [1971].

WUCHERER, JOHANN FRIEDRICH: Vindiciae aeternae divinitatis Jesu Christi adversus Guil. Whistoni Account of the Primitive Faith X : Cum prolusione: De Arii, verae divinitatis Christi hostis, morte misera. Jenae 1730.

WUNDT, MAX: Kant als Metaphysiker. Ein Beitrag zur Geschichte der Deutschen Philosophie im 18. Jahrhundert. Stuttgart 1924.

ZAMMITO, JOHN H.: Kant, Herder and the Birth of Anthropology. Chicago; London 2002.

ZEDELMAIER, HELMUT: Art. Possevino, Antonio. In: LThK 8 (1999), 451 f.

ZIMMERLI, WALTHER: Art. Biblische Theologie I. Altes Testament. In: TRE 6 (1980), 426–455.

ZIMMERMANN, FRITZ W.: The Origins of the So-called Theology of Aristotle. In: JILL KRAYE, WILLIAM F. RYAN und CHARLES B. SCHMITT (Hgg.): Pseudo-Aristotle in the Middle-Ages. London 1986, 110–240.

ZIMMERMANN, ROBERT: Kant und der Spiritismus. Wien 1879.

ZINZENDORF, NIKOLAUS LUDWIG: A Manual of Doctrine or a Second Essay to bring into the form of question and answer as well the fundamental doctrines, as the other scripture-knowledge, of the Protestant congregations who for 300 years past have been call'd the Brethren. Written in High-Dutch, by the author of the first essay; and now translated into English. London 1742.

ZWINK, EBERHARD (Hg.): Emanuel Swedenborg 1688–1772. Naturforscher und Kundiger der Überwelt. Stuttgart 1988 [ZWINK, 1988].

–: „Schrauben-förmige Bewegung ist in allem". Oetinger lenkt den Blick auf Swedenborgs „irdische Philosophie". In: HOLTZ / BETSCH / ZWINK, 2005, 197–229.

–: Einleitung. In: ZWINK, 1988, 6 f.

Personenregister

Beiträge zur historischen Theologie

Herausgegeben von Albrecht Beutel

Alphabetische Übersicht

Albrecht, Christian: Historische Kulturwissenschaft neuzeitlicher Christentumspraxis. 2000. *Band 114.*

Alkier, Stefan: Urchristentum. 1993. *Band 83.*

Appold, Kenneth G.: Abraham Calov's Doctrine of Vocatio in Its Systematic Context. 1998. *Band 103.*

– Orthodoxie als Konsensbildung. 2004. *Band 127.*

Axt-Piscalar, Christine: Der Grund des Glaubens. 1990. *Band 79.*

– Ohnmächtige Freiheit. 1996. *Band 94.*

Barth, Friederike: Die Wirklichkeit des Guten. 2011. *Band 156.*

Bauer, Walter: Rechtgläubigkeit und Ketzerei im ältesten Christentum. ²1964. *Band 10.*

Bayer, Oswald / Knudsen, Christian: Kreuz und Kritik. 1983. *Band 66.*

Betz, Hans Dieter: Nachfolge und Nachahmung Jesu Christi im Neuen Testament. 1967. *Band 37.*

– Der Apostel Paulus und die sokratische Tradition. 1972. *Band 45.*

Beutel, Albrecht: Lichtenberg und die Religion. 1996. *Band 93.*

Beyschlag, Karlmann: Clemens Romanus und der Frühkatholizismus. 1966. *Band 35.*

Bonhoeffer, Thomas: Die Gotteslehre des Thomas von Aquin als Sprachproblem. 1961. *Band 32.*

Bornkamm, Karin: Christus – König und Priester. 1998. *Band 106.*

Brandy, Hans Christian: Die späte Christologie des Johannes Brenz. 1991. *Band 80.*

Brecht, Martin: Die frühe Theologie des Johannes Brenz. 1966. *Band 36.*

Brennecke, Hanns Christof: Studien zur Geschichte der Homöer. 1988. *Band 73.*

Bultmann, Christoph: Die biblische Urgeschichte in der Aufklärung. 1999. *Band 110.*

Burger, Christoph: Aedificatio, Fructus, Utilitas. 1986. *Band 70.*

Burrows, Mark Stephen: Jean Gerson and 'De Consolatione Theologiae' (1418). 1991. *Band 78.*

Butterweck, Christel: ‚Martyriumssucht' in der Alten Kirche? 1995. *Band 87.*

Campenhausen, Hans von: Kirchliches Amt und geistliche Vollmacht in den ersten drei Jahrhunderten. ²1963. *Band 14.*

– Die Entstehung der christlichen Bibel. 1968 (unveränd. Nachdruck 2003). *Band 39.*

Christophersen, Alf: Kairos. 2008. *Band 143.*

Claussen, Johann Hinrich: Die Jesus-Deutung von Ernst Troeltsch im Kontext der liberalen Theologie. 1997. *Band 99.*

Conzelmann, Hans: Die Mitte der Zeit. ⁷1993. *Band 17.*

– Heiden – Juden – Christen. 1981. *Band 62.*

Cordemann, Claas: Herders christlicher Monismus. 2010. *Band 154.*

Dahlke, Benjamin: Die katholische Rezeption Karl Barths. 2010. *Band 152.*

Deppermann, Andreas: Johann Jakob Schütz und die Anfänge des Pietismus. 2002. *Band 119.*

Deuschle, Matthias A.: Brenz als Kontroverstheologe. 2006. *Band 138.*

Dierken, Jörg: Glaube und Lehre im modernen Protestantismus. 1996. *Band 92.*

Dietz, Thorsten: Der Begriff der Furcht bei Luther. 2009. *Band 147.*

Drecoll, Volker Henning: Die Entstehung der Gnadenlehre Augustins. 1999. *Band 109.*

Elliger, Karl: Studien zum Habakuk-Kommentar vom Toten Meer. 1953. *Band 15.*

Esch, Tabea M.: „Freie Kirche im freien Staat". 2011. *Band 157.*

Evang, Martin: Rudolf Bultmann in seiner Frühzeit. 1988. *Band 74.*

Friedrich, Martin: Zwischen Abwehr und Bekehrung. 1988. *Band 72.*

Fritz, Martin: Vom Erhabenen. 2011. *Band 160.*

Gestrich, Christof: Neuzeitliches Denken und die Spaltung der dialektischen Theologie. 1977. *Band 52.*

Gößner, Andreas: Der terministische Streit. 2011. *Band 159.*

Gräßer, Erich: Albert Schweitzer als Theologe. 1979. *Band 60.*

Graumann, Thomas: Die Kirche der Väter. 2002. *Band 118.*

Grosse, Sven: Heilsungewißheit und Scrupulositas im späten Mittelalter. 1994. *Band 85.*

Gülzow, Henneke: Cyprian und Novatian. 1975. *Band 48.*

Hamm, Berndt: Promissio, Pactum, Ordinatio. 1977. *Band 54.*

– Frömmigkeitstheologie am Anfang des 16. Jahrhunderts. 1982. *Band 65.*

Hammann, Konrad: Universitätsgottesdienst und Aufklärungspredigt. 2000. *Band 116.*

Hoffmann, Manfred: Erkenntnis und Verwirklichung der wahren Theologie nach Erasmus von Rotterdam. 1972. *Band 44.*

Holfelder, Hans H.: Solus Christus. 1981. *Band 63.*

Hübner, Jürgen: Die Theologie Johannes Keplers zwischen Orthodoxie und Naturwissenschaft. 1975. *Band 50.*

Hyperius, Andreas G.: Briefe 1530–1563. Hrsg., übers. und komment. von G. Krause. 1981. Band 64.

Jacobi, Thorsten: „Christen heißen Freie": Luthers Freiheitsaussagen in den Jahren 1515–1519. 1997. *Band 101.*

Jetter, Werner: Die Taufe beim jungen Luther. 1954. *Band 18.*

Jørgensen, Theodor H.: Das religionsphilosophische Offenbarungsverständnis des späteren Schleiermacher. 1977. *Band 53.*

Jung, Martin H.: Frömmigkeit und Theologie bei Philipp Melanchthon. 1998. *Band 102.*

Käfer, Anne: „Die wahre Ausübung der Kunst ist religiös". 2006. *Band 136.*

Kasch, Wilhelm F.: Die Sozialphilosophie von Ernst Troeltsch. 1963. *Band 34.*

Kaufmann, Thomas: Die Abendmahlstheologie der Straßburger Reformatoren bis 1528. 1992. *Band 81.*

– Dreißigjähriger Krieg und Westfälischer Friede. 1998. *Band 104.*

– Das Ende der Reformation. 2003. *Band 123.*

Kleffmann, Tom: Die Erbsündenlehre in sprachtheologischem Horizont. 1994. *Band 86.*

– Nietzsches Begriff des Lebens und die evangelische Theologie. 2003. *Band 120.*

Klein, Dietrich: Hermann Samuel Reimarus (1694–1768). 2009. *Band 145.*

Klein, Michael: Westdeutscher Protestantismus und politische Parteien. 2005. *Band 129.*

Koch, Dietrich-Alex: Die Schrift als Zeuge des Evangeliums. 1986. *Band 69.*

Koch, Gerhard: Die Auferstehung Jesu Christi. ²1965. *Band 27.*

Koch, Traugott: Johann Habermanns „Betbüchlein" im Zusammenhang seiner Theologie. 2001. *Band 117.*

Köpf, Ulrich: Die Anfänge der theologischen Wissenschaftstheorie im 13. Jahrhundert. 1974. *Band 49.*
– Religiöse Erfahrung in der Theologie Bernhards von Clairvaux. 1980. *Band 61.*
Korsch, Dietrich: Glaubensgewißheit und Selbstbewußtsein. 1989. *Band 76.*
Korthaus, Michael: Kreuzestheologie. 2007. *Band 142.*
Kraft, Heinrich: Kaiser Konstantins religiöse Entwicklung. 1955. *Band 20.*
Krarup, Martin: Ordination in Wittenberg. 2007. *Band 141.*
Krause, Gerhard: Andreas Gerhard Hyperius. 1977. Band 56.
– Studien zu Luthers Auslegung der Kleinen Propheten. 1962. *Band 33.*
– siehe Hyperius, Andreas G.
Krauter-Dierolf, Heike: Die Eschatologie Philipp Jakob Speners. 2005. *Band 131.*
Krüger, Friedhelm: Humanistische Evangelienauslegung. 1986. *Band 68.*
Kubik, Andreas: Die Symboltheorie bei Novalis. 2006. *Band 135.*
Kuhn, Thomas K.: Der junge Alois Emanuel Biedermann. 1997. *Band 98.*
– Religion und neuzeitliche Gesellschaft. 2003. *Band 122.*
Laube, Martin: Theologie und neuzeitliches Christentum. 2006. *Band 139.*
Lindemann, Andreas: Paulus im ältesten Christentum. 1979. *Band 58.*
Mädler, Inken: Kirche und bildende Kunst der Moderne. 1997. Band 100.
Marga, Amy: Karl Barth's Dialogue with Catholicism in Göttingen and Münster. 2010. *Band 149.*
Markschies, Christoph: Ambrosius von Mailand und die Trinitätstheologie. 1995. *Band 90.*
Mauser, Ulrich: Gottesbild und Menschwerdung. 1971. *Band 43.*
Mooney, Hilary Anne-Marie: Theophany. 2009. *Band 146.*
Mostert, Walter: Menschwerdung. 1978. *Band 57.*
Negrov, Alexander: Biblical Interpretation in the Russian Orthodox Church. 2008. *Band 130.*
Nottmeier, Christian: Adolf von Harnack und die deutsche Politik 1890 bis 1930. 2004. *Band 124.*
Ohst, Martin: Schleiermacher und die Bekenntnisschriften. 1989. Band 77.
– Pflichtbeichte. 1995. *Band 89.*
Osborn, Eric F.: Justin Martyr. 1973. *Band 47.*
Osthövener, Claus-Dieter: Erlösung. 2004. *Band 128.*
Pfleiderer, Georg: Theologie als Wirklichkeitswissenschaft. 1992. *Band 82.*
– Karl Barths praktische Theologie. 2000. *Band 115.*
Raeder, Siegfried: Das Hebräische bei Luther, untersucht bis zum Ende der ersten Psalmenvorlesung. 1961. *Band 31.*
– Die Benutzung des masoretischen Textes bei Luther in der Zeit zwischen der ersten und zweiten Psalmenvorlesung (1515–1518). 1967. *Band 38.*
– Grammatica Theologica. 1977. *Band 51.*
Rieger, Reinhold: Contradictio. 2005. *Band 133.*
Sallmann, Martin: Zwischen Gott und Mensch. 1999. *Band 108.*
Schaede, Stephan: Stellvertretung. 2004. *Band 126.*
Schäfer, Rolf: Christologie und Sittlichkeit in Melanchthons frühen Loci. 1961. *Band 29.*
– Ritschl. 1968. *Band 41.*
Schröder, Markus: Die kritische Identität des neuzeitlichen Christentums. 1996. *Band 96.*
Schröder, Richard: Johann Gerhards lutherische Christologie und die aristotelische Metaphysik. 1983. *Band 67.*

Schwarz, Reinhard: Die apokalyptische Theologie Thomas Müntzers und der Taboriten. 1977. *Band 55.*

Slenczka, Björn: Das Schisma der Augsburger Konfessionsverwandten von 1557. 2010. *Band 155.*

Sockness, Brent W.: Against False Apologetics: Wilhelm Herrmann and Ernst Troeltsch in Conflict. 1998. *Band 105.*

Spehr, Christopher: Aufklärung und Ökumene. 2005. *Band 132.*

-: Luther und das Konzil. 2010. *Band 153.*

Stegmann, Andreas: Johann Friedrich König. Seine Theologia positiva acroamatica (1664) im Rahmen des frühneuzeitlichen Theologiestudiums. 2006. *Band 137.*

Stengel, Friedemann: Aufklärung bis zum Himmel. 2011. *Band 161.*

Sträter, Udo: Sonthom, Bayly, Dyke und Hall. 1987. *Band 71.*

– Meditation und Kirchenreform in der lutherischen Kirche des 17. Jahrhunderts. 1995. *Band 91.*

Straßberger, Andres: Johann Christoph Gottsched und die „philosophische" Predigt. 2010. *Band 151.*

Strom, Jonathan: Orthodoxy and Reform. 1999. *Band 111.*

Tietz-Steiding, Christiane: Bonhoeffers Kritik der verkrümmten Vernunft. 1999. *Band 112.*

Thumser, Wolfgang: Kirche im Sozialismus. 1996. *Band 95.*

Trelenberg, Jörg: Augustins Schrift De ordine. 2009. *Band 144.*

– Das Prinzip „Einheit" beim frühen Augustinus. 2004. *Band 125.*

Treusch, Ulrike: Bernhard von Waging († 1472), ein Theologe der Melker Reformbewegung. 2011. *Band 158.*

Voigt, Christopher: Der englische Deismus in Deutschland. 2003. *Band 121.*

Voigt, Friedemann: Vermittlung im Streit. 2006. Band 140.

Wallmann, Johannes: Der Theologiebegriff bei Johann Gerhard und Georg Calixt. 1961. *Band 30.*

– Philipp Jakob Spener und die Anfänge des Pietismus. ²1986. *Band 42.*

Waubke, Hans-Günther: Die Pharisäer in der protestantischen Bibelwissenschaft des 19. Jahrhunderts. 1998. *Band 107.*

Weinhardt, Joachim: Wilhelm Hermanns Stellung in der Ritschlschen Schule. 1996. *Band 97.*

Wendebourg, Dorothea: Essen zum Gedächtnis. 2009. *Band 148.*

Werbeck, Wilfrid: Jakobus Perez von Valencia. 1959. *Band 28.*

Weyel, Birgit: Praktische Bildung zum Pfarrberuf. 2006. *Band 134.*

Wiedenroth, Ulrich: Krypsis und Kenosis. 2011. *Band 162.*

Wiggermann, Uta: Woellner und das Religionsedikt. 2010. *Band 150.*

Witt, Christian: Protestanten. 2011. *Band 163.*

Wittekind, Folkart: Geschichtliche Offenbarung und die Wahrheit des Glaubens. 2000. *Band 113.*

Ziebritzki, Henning: Heiliger Geist und Weltseele. 1994. *Band 84.*

Zschoch, Hellmut: Klosterreform und monastische Spiritualität im 15. Jahrhundert. 1988. *Band 75.*

– Reformatorische Existenz und konfessionelle Identität. 1995. *Band 88.*

ZurMühlen, Karl H.: Nos extra nos. 1972. *Band 46.*

– Reformatorische Vernunftkritik und neuzeitliches Denken. 1980. Band 59.

*Einen Gesamtkatalog schickt Ihnen gerne der Verlag
Mohr Siebeck · Postfach 2040 · D-72010 Tübingen.
Neueste Informationen im Internet unter www.mohr.de*